최고의 영예

옮긴이 | 정윤미

경북대학교 영어교육학과를 졸업하고 5년 동안 외국어고등학교 교사를 역임했으며, 경제 경영을 위주로 인문, 자기 계발 등 다양한 분야에서 활발한 번역 활동을 하고 있다. 현재 번역에이전시 엔터스코리아에서 출판 기획과 전문 번역가로 활동 중이다. 주요 역서로는 《원 심플 아이디어:남들과 1% 다르게 사는 법》 《비즈니스의 거짓말》 《브랜드인셉션》 《SNS 마케팅 교과서 조엘 컴의 카칭》 《착한 맥주의 위대한 성공 기네스》 《17일 다이어트》 《부는 종교다》 《혁신의 탄생》 《CEO의 글쓰기엔 뭔가 비밀이 있다》 《사모님 마케팅》 《브랜드 심플》 《지금 당장 손에 넣어라》 《착한 맥주의 위대한 성공 기네스》 《기억력 천재의 비밀노트》 《하버드대 입학사정관의 미국 명문대 진학 가이드》 《친구일까 적일까》 《장학금 신청 영어 에세이 영어 인터뷰 모범답안》 등이 있다.

최고의 영예

초판 1쇄 인쇄 2012년 7월 20일
초판 4쇄 발행 2012년 9월 27일

지은이 콘돌리자 라이스
옮긴이 정윤미
펴낸이 박상진

편집위원 이광옥
편집장 권희대
편집 신유진 김경호
제작 김현주 **경영관리** 최수정 **마케팅** 박훈
디자인 디자인 지폴리 (02)326-3625

펴낸곳 진성북스
출판등록 2011년 9월 23일
주소 서울시 강남구 대치동 944-25번지 진성빌딩 10층
전화 (02)3452-7762 **팩스** (02)3452-7761
홈페이지 www.jinsungbooks.com

ISBN 978-89-97743-02-5 03340

본서의 내용을 무단 복제하는 것은 저작권법에 의해 금지되어 있습니다.
파본이나 잘못된 책은 교환하여 드립니다.

콘돌리자 라이스
최고의 영예
No Higher Honor

콘돌리자 라이스 지음 | **정윤미** 옮김

잔성북스

No Higher Honor : A Memoir of My Years in Washington
by Condoleezza Rice
All rights reserved

Copyright ©2011 by Condoleezza Rice
This Korean translation published by arrangement with Condoleezza Rice
c/o Teri Tobias Agency acting in conjunction with WSK Management
through Milkwood Agency.

이 책의 한국어 판 저작권은 밀크우드 에이전시를 통해 Teri Tobias Agency와 독점 계약한 진성북스에 있습니다.
저작권법에 의해 한국 내에서 보호받는 저작물이므로 무단 전재와 무단 복제를 금합니다.

나의 부모님, 자유의 최전방에서 국도 방위에 힘쓴 남녀 군인,
그리고 머나먼 타국에서 위험을 무릅쓰고 자유를 증진시키기 위해 노력한
수많은 외교관들과 민간인 봉사자들에게 이 책을 바칩니다.

▎프롤로그

역사의 소용돌이를 온몸으로 겪다

　워터게이트에 있는 우리 집은 국무부에서 가깝다. 사무실에서 자동차로 4분 거리에 있어 편리한 점이 많았다. 야근을 하거나 긴장감을 고조시키는 사건 때문에 아예 퇴근을 못할 때는 더욱 도움이 되었다.
　마지막 출근일에는 그동안 근무했던 날들을 되돌아볼 시간이 충분했다. 하지만 나는 일찍 출근해서 장관 전용 엘리베이터를 타고 7층으로 올라가 전임 국무장관들의 사진이 걸린 복도를 지나 사무실로 갔다.
　직원들과의 모임을 끝내고 마지막으로 감사 인사를 전할 차례였다. 놀랍게도 직원들은 선물을 준비해서 기다리고 있었다. 백악관 각료 회의실에서 내가 앉던 자리의 의자를 구입해둔 것이었다. 대통령 각료 회의에 참석하는 사람들은 각자 정해진 자리가 있다. 갈색 가죽 의자의 등받이에는 직위가 쓰여 있다. 내 의자에 '국무장관'이라고 쓰인 것을 처음 보았을 때 묘한 기분이 들었다. 과거에도 이런 식으로 의자를 배정했을까? 토머스 제퍼슨도 이렇게 멋진 자리가 정해져 있었을까?
　모임은 간단하게 끝냈다. 다들 업무로 빨리 복귀해야 했다. 이스라엘 외무장관 치피 리브니가 가자에 있는 이스라엘 군대의 철수 조건을 협상하러 백악관에 올 예정이었다. 내가 국무장관이 되기 전부터 중동 상황은 혼란스러웠으며 물러날 때까지도 호전될 기미가 보이지 않았다. 그렇지만 2001년에 비하면 근본적인 부분에서 변화가 일어났다고 할 수 있다. 많은 사건을 거치면서 중동 상황은 새로운 윤곽을 드러내고 있었다.

퇴근 무렵, 나는 잠시 업무를 접고 책상 가까이에 걸린 전임 국무장관 네 명의 사진을 오랫동안 바라보았다. 토머스 제퍼슨의 사진이 눈에 들어왔다. 나뿐만 아니라 백악관의 모든 직원들이 그의 사진을 가까이 두고 있다. 미국 역사상 가장 위대한 국방장관으로 추앙받는 조지 마샬도 보였다. 그 역시 모든 사람들에게 사랑받는 인물이다.

그렇지만 나는 딘 애치슨과 윌리엄 슈어드도 높이 평가한다. 애치슨의 사진은 사무실 밖에 걸려 있다. 그는 1953년 국무장관에서 물러날 때 '중국 공산화의 책임은 누구에게 있는가?'라는 질문에 몹시 시달렸다. 미국 정부가 마오쩌둥의 공산주의 정부를 막지 못한 것을 두고 수많은 사람들이 그에게 비난의 화살을 돌렸다. 하지만 지금은 NATO 결성을 추진한 일등 공신 중 하나로 꼽힌다.

이들 옆에 윌리엄 슈어드의 사진이 놓인 까닭이 궁금할 것이다. 윌리엄 슈어드가 존경할 만한 사람일까? 적어도 내게는 그렇다. 그는 바로 알래스카를 사들인 주역이다. 1867년, 알래스카 매입에 대한 승인을 요청했을 때 상원의원들은 "도대체 얼음으로 뒤덮인 땅을 7백만 달러나 주고 사려는 이유가 뭡니까? 러시아 정부의 배만 부르겠군요."라며 거세게 반발했다.

알래스카를 매입하기로 결정하자 사람들은 '슈워드의 어리석은 짓'이라고 손가락질하며 노골적으로 불만을 드러냈다. 한번은 당시 러시아 국방장관 세르게이 이바노프를 만날 기회가 있었다. 그는 막 알래스카에 다녀오는 길이라며 "정말 아름다운 곳이에요. 러시아가 생각나더군요."라고 말했다. 나는 "한때 러시아 영토였던 곳이니 그럴 만도 하지요."라고 응수했다. 지금은 모든 사람이 알래스카 매입을 매우 다행스럽게 생각한다.

네 사람의 사진은 장식용으로 걸어둔 것이 아니다. 그 사진들은 나에게 중요한 점을 일깨워준다. 현재의 뉴스 헤드라인과 훗날의 평가가 일치하는 경우는 거의 없다는 사실이다. 나는 공식석상에서 이 점을 자주 강조한다. 역사에 대한 평가는 시간이 지나야 좀 더 정확해진다. 그러므로 훗날 어떤 평가를 받느냐가 더 중요하다. 국가의 중책을 맡은 사람이 뉴스 헤드라인에 휘둘리면 역사의 준엄한 평가 앞에서 흔들릴 우려가 크다.

그런 의미에서 나와 딘 애치슨은 격동의 시기에 국무장관으로 일했다는 것 이상의 공통점이 있다. 이를테면 우리는 영국 역사가인 C. V. 웨지우드의 명언을 똑같이 좋아한다.

'역사는 항상 같은 방향으로 흘러가지만 역사를 기록하는 사람은 늘 과거를 되돌아보게 된다. 사건의 시작을 제대로 살펴보기도 전에 이미 결말을 아는 상태이므로 시작만 아는 것이 어떤 상태인지를 정확하게 파악하는 것은 불가능하다.'

나는 애치슨의 사진을 보며 '역사의 소용돌이를 온몸으로 겪었겠군요.'라고 생각했다. 그러고는 이스라엘 외무장관을 맞으러 갔다. 국무장관으로서 손님을 맞이하는 것도 마지막이었다.

❚ 들어가며

모든 것을 한순간에 바꿔버린 사건

유난히 길고 힘들었던 이틀이 지나갔다. 2001년 9월 13일 아침, 나는 욕실 거울 앞에 말없이 한참 서 있었다.

'어떻게 이런 일이 생긴 거지? 우리가 혹시 놓친 것이 있었나? 정신을 차리자. 일단 오늘 하루를 버텨야 해. 내일 일은 내일 생각하고, 그 다음 일은 그때 생각하자. 지금은 혼란스럽지만 시간이 흐르면 모든 게 이해될 거야. 지금은 할 일에 집중하자.'

2004년 4월, 9.11위원회에서 증언할 때 비로소 모든 사건이 머릿속에 정리되는 것 같았다. 그제야 테러 사건을 객관적으로 직시하고 국민들 앞에 설 용기가 생겼다. 위원회 출범과 더불어 사람들이 정부에 어떤 질문을 퍼부을지 예상할 수 있었다. 그것은 머릿속을 떠나지 않고 끊임없이 괴롭히던 바로 그 의문이었다.

'도대체 이런 일이 벌어지는 동안 정부는 뭘 하고 있었던 겁니까? 경보 시스템에 빨간불이 켜진 걸 몰랐단 말입니까?'

과거에 이런 위원회가 어떻게 운영되었는지 나는 누구보다 잘 알고 있었다. 루스벨트 정부가 진주만 공격 정황을 미리 파악하지 못한 이유를 조사한 경위에 대해서 강의한 적도 있었다. 하지만 문서 자료를 읽으며 머릿속으로 상상하는 것과 사건의 중심에 서서 공격의 대상이 되는 것은 하늘과 땅 차이였다.

"라이스 장관, 8월 6일자 PDB*resident's Daily Briefing, 매일 대통령 앞에서 실시하는 브리핑(*편집자 주)에서 본토 침공 가능성에 대한 경고를 언급한 것은 부인할 수 없는 사실 아닙니까?"

45분에 걸쳐 말하는 동안 조용히 듣고 있던 리처드가 갑자기 목소리를 높였다. 그는 경험 많고 실력 있는 검사였다. 순간, 정신이 멍해졌다. PDB 가운데 2001년 8월 6일자 수사국 보고서 내용을 가리키는 것이었다. 그 보고서는 알카에다가 미국 본토를 공격할 가능성을 알아보라는 대통령의 지시 후에 작성된 것이었다. 대통령이 그런 의혹을 제기한 것은 수사국이 그 가능성을 완전히 배제하고 있었다는 결정적인 증거였다.

그것은 예전 정보국 문서에 들어 있는 역사적 자료를 요약해서 이미 대중들에게 공개한 미디어 인터뷰 내용을 인용한 보고서였다. 오사마 빈 라덴이 미국 여객기를 납치하려는 의도가 있다는 1998년 보고서를 확증할 수 없다는 점도 이미 언급되어 있었다. 사실 2002년 5월에 CBS 이브닝 뉴스에서 그 보고서를 언급할 때까지 PDB를 까맣게 잊고 있었다. 나는 밥 우드워드와 《워싱턴포스트》에 근무하는 그의 동료 대니얼에게 오래전 그 보고서에 대해서 이야기했다. 백악관 기자 회견실 브리핑에서도 자세하게 설명한 적이 있었다. 그 이야기는 거의 잊힌 상태였다.

그러나 '빈 라덴이 미국 본토를 공격하기로 결심하다'라는 보고서 제목은 충격이었다. 9.11테러 한 달 전에 발표된 보고서라는 이유로 청문회 내내 질문이 끊이질 않았다. 나는 9.11위원회에서 이번 사건에 관한 구체적인 협박 정황이 전혀 없었음을 가장 먼저 분명하게 밝혔다. 국방부가 몇몇 의심스러운 상황을 철저히 조사한 적은 있다. 하지만 보고서 자체는 일종의 경고가 아니었으며, 그 점을 청문회에서 줄곧 강조했다. 그런데도 위원들은 보고서 내용을 계속 따져 물었으며 위협적인 질문도 서슴지 않았다. 기밀 사항으로 분류된 보고서여서 대답할 때 적절한 표현을 찾느라고 진땀을 흘렸다. 사실 보고서 내용을 가장 직접적으로 다룬 것은 PDB이다. 하지만 이것은 대통령과 부통령을 비롯해 특정 관료들만 볼 수 있는 문서였다. PDB는 가장 민감한 최신 안보 사항을 많이 다루기 때문에 언제나 극비였다. 그런데도 리처드는 "8월 6일자 PDB의 제목이 무엇이었는가?"라는 질문을 던졌다. 답을 하지 않을 수 없는 질문이었다.

"제 기억으로는 '빈 라덴이 미국 본토를 공격하기로 결심하다'였습니다."라는 내 말이 떨어지기 무섭게 청문회에 참석한 모든 사람들이 경악을 금치 못했다. 특히 희생자 가족들은 비명을 지르다시피 했다. 보고서 제목이 밝혀지자 청문회 분위기는 완전히 달라졌다.

사건 발생 시점을 기준으로 국가 안보에 관련된 여러 에이전시를 통제하고 관리할 책임은 당시 대통령의 국가 안보 자문인 내 몫이었다. 그 시점에서 필요하다고 판단되는 일은 모두 해야 한다는 생각이 들었다. 처음부터 내 목표는 알카에다 저지 전략을 세우는 것이었다. 그래서 나는 백악관의 테러 진압 전문가인 리처드 클라크에게 전략을 세우도록 지시했다. 알카에다의 위협 수준이 최고조에 달한 2001년 여름, 미국 정부의 모든 산하 기관들에게 최고 수준의 경계를 유지하도록 지시했다. 국무장관인 콜린 파월과 국방장관인 도널드 럼즈펠드는 세계 곳곳의 미국 대사관과 군사 기지의 보안을 강화했다. 요르단, 사우디아라비아, 이스라엘이 아니면 유럽에서 공격이 일어날 가능성이 가장 높다고 판단했기 때문이다. 우리 셋은 매일 아침 상황을 살핀 후 추가 대책이 필요한지 논의했다. CIA 국장인 조지 테닛에게 우리가 행동할 일이 생기면 즉시 연락하도록 지시했다. 그리고 알카에다의 실권자인 아부 주바이다를 찾는 데 주력했다. 부통령인 딕 체니는 아부 주바이다의 행방을 찾기 위해 사우디아라비아와 요르단에 협조를 요청했다. 나는 비서실장 앤드루 카드가 지켜보는 가운데, 테러리스트들이 본토를 공격할 것이라는 증거가 없었지만 만약의 경우에 대비해서 국내 정부 기관들에게 최고 경계 수준을 유지하도록 딕 클라크가 지시한 점을 강조했다. 그야말로 할 수 있는 것은 모두 했다.

이성적으로 판단하자면 소임을 다했다는 데 의심의 여지가 없었다. 그렇지만 피해가 워낙 심각해서 아무리 애를 써도 부족한 느낌을 떨칠 수 없었다. 그날 아침 가장 견디기 어려웠던 일은 청문회장에서 희생자들의 가족과 마주치는 것이었다. 정부를 원망하는 사람이나 이해하는 사람이나 모두 감당하기 어려운 슬픔에 빠져 있었다. 정부가 3,000명에 가까운 무고한 시민들을 지키지 못했다는 사실에 내 가슴도 미어졌다.

청문회장은 발 디딜 틈이 없을 만큼 북적거렸고 곳곳에서 카메라와 촬영장비의 불빛이 번쩍거렸다. 그렇지만 나는 스스로도 믿지 못할 만큼 침착했으며 보고를 시작하기 전에 짧게나마 애도를 표했다.

우선 나는 정부가 이러한 사태에 철저하게 준비하지 못한 것은 사실이라고 인정했다. 그렇지만 어떤 정부 기관이나 특정인의 부주의 또는 잘못이 아니라 조직상의 실패라는 점을 분명히 했다. 누구에게도 9.11테러를 방지할 묘책은 없었다. 증언을 끝낸 후에 테러리스트의 승리는 이번뿐이며 주야로 경계를 늦추지 않는 한 그들의 공격은 결코 되풀이되지 못할 것이라고 힘주어 말했다.

"우리가 무엇을 더 할 수 있었을까, 하는 생각을 천 번도 넘게 해봤습니다. 만약 워싱턴이나 뉴욕이 공격 지점이라는 것을 알았다면 천지를 뒤엎어서라도 그들의 공격을 저지했을 겁니다."

사람들의 관심은 정부의 대책에 쏠려 있었다. 모든 책임을 알카에다에게 묻고, 또 다른 공격을 방지하기 위한 대책을 제시해서 부시 정부에 대한 신뢰를 회복시켜야 했다. 감정대로 하자면 대국민 사과라도 하고 싶었다. 하지만 정책 조언가들은 사과하는 순간 내 말이 모두 그 속에 묻힐 것이라며 고개를 가로저었다. 결국 유감을 표하는 수준에서 매듭짓는 수밖에 없었다.

어느덧 2008년이 되어 임기도 막바지에 접어들었다. 바로 그 무렵, 뭄바이에서 또 테러 공격이 일어났다. 나는 인도 정부를 지원하고, 인도와 파키스탄 정부의 불화를 누그러뜨리기 위해 뉴델리로 날아갔다. 만모한 싱 수상의 집무실로 들어서자 국가 안보 자문 나라야난이 기다리고 있었다. 그는 체격이 왜소한 데다 짙은 색의 커다란 안경을 쓴 탓에 마치 올빼미처럼 보였다. 충격으로 넋이 나간 듯한 모습을 보니 쌍둥이 빌딩과 펜타곤*^{미 국방부 건물}이 공격받았을 때 거울 앞에 우두커니 서 있던 내 모습이 떠올랐다.

"이건 당신 잘못이 아닙니다. 지금 심정이 어떨지 충분히 압니다. 어두컴컴하고 사방에 문이 달린 방 안에 서 있는 느낌이죠? 당장이라도 테러리스트들이 들이닥칠 듯한 느낌일 겁니다. 하지만 지금은 또 다른 테러 공격을 막기 위해서 즉시 조처를 취해야 합니다. 정신을 바짝 차리세요."

그런 말을 하면서 옛 생각에 잠겼다. 그가 뭐라고 대답했는지 전혀 기억나지 않는다. 9.11테러 직후의 끔찍한 모습과 그 뒤에 이어진 일들이 주마등처럼 스쳐갔다. 9월 12일에서 시간이 멈춰버린 것 같았다. 그 사건은 모든 것을 송두리째 바꿔놓았다. 시간의 흐름이 9월 11일에서 제대로 뒤엉켜버렸.

아무리 자신을 다독이고 국민들과 세계 모든 나라들 앞에서 자신을 변호해봐도 '그때 더 잘했더라면 좋았을 텐데.'라는 후회를 떨칠 수 없다. 그럴 때마다 다시는 그런 일이 일어나지 못하게 하겠다는 결의만 다질 뿐이었다.

차례

프롤로그 · 7

들어가며 · 11

1. 시간의 흐름이 뒤엉키기 전에 —— 22
2. 끝없는 알력, 럼즈펠드와 파월 —— 39
3. 바그다드가 망친 멕시코 순방 —— 52
4. 영원한 앙숙, 이스라엘과 팔레스타인 —— 89
5. 푸틴에게 속다 —— 98
6. 테러가 발생했습니다! —— 115
7. 탈레반과의 전쟁 —— 139
8. 테러와의 전쟁 선포 이후의 국내 전선 상황 —— 149
9. 아시아에 핵전쟁 위기가 발생하다 —— 178
10. 이스라엘과 팔레스타인의 벽 허물기 —— 189
11. 세상에서 가장 위험한 무기 —— 213

12. 사담 후세인의 재등장 235
13. 국제사회에 타협의 여지가 없음을 알리다 258
14. 이라크의 해방 287
15. 아프리카에 대한 부시 대통령의 애정 312
16. 이라크에 새로운 문제가 발생하다 323
17. 9·11청문회 350
18. 이라크에는 자치 정부가 있어야 합니다 365
19. 팔레스타인 독립 국가를 향해 한 걸음 더 전진하다 380
20. 부시 대통령이 재선에 성공하다 386
21. 국무장관이 되다 392
22. 해외 순방에 나서다 428
23. 험준한 산과 흙 456
24. 색깔 혁명이 급물살을 타다 473
25. 바그다드와 카이로 488
26. 다르푸르에서 벌어진 참사 509
27. 태풍 카트리나가 부른 비상사태 523
28. 극적인 뉴스거리를 만들다 536
29. 상황이 지금보다 더 나빠질 수 있을까? 544
30. 변혁 외교 562
31. 인도와 다시 시작하다 576

32. 라틴아메리카의 민주주의를 위하여   591

33. 새로운 이라크 총리가 등장하다   599

34. 이란 정책의 방향을 바꾸다   610

35. 중동 지역이 전쟁에 휩싸이다   623

36. 테러와의 전쟁 체제를 개편하다   654

37. 이라크가 수렁에 빠지다   665

38. 북한의 핵무기 실험이 미-중 관계를 위기에 빠뜨리다   678

39. 마지막 카드를 꺼내다   705

40. 외교 정책이 급물살을 타다   717

41. 라틴아메리카 정책을 재정비하다   738

42. 팔레스타인 안정화에 힘쓰다   749

43. 이라크와 국내 전선   768

44. 아나폴리스로 가는 길   781

45. 비상사태가 선포되다   788

46. 최종 회담을 시작하다   796

47. 백악관에서 보낸 마지막 1년   807

48. 잊을 수 없는 추억   821

49. 중국은 어디로 가고 있는가?   832

50. 올메르트가 손을 내밀다   840

51. 유럽의 통합, 자유, 평화를 위하여   862

52. 그루지야에 전쟁이 발발하다 — 880

53. 이라크, 인도와 외교 관계를 돈독히 하다 — 897

54. 카다피를 만나다 — 905

55. 북한에게 마지막 기회를 주다 — 909

56. 2008년에 찾아온 금융 위기 — 922

57. 뭄바이 테러 — 928

58. 팔레스타인 국가를 건설할 단 한 번의 마지막 기회 — 933

에필로그 • 942

참고자료 • 950

역자후기 • 954

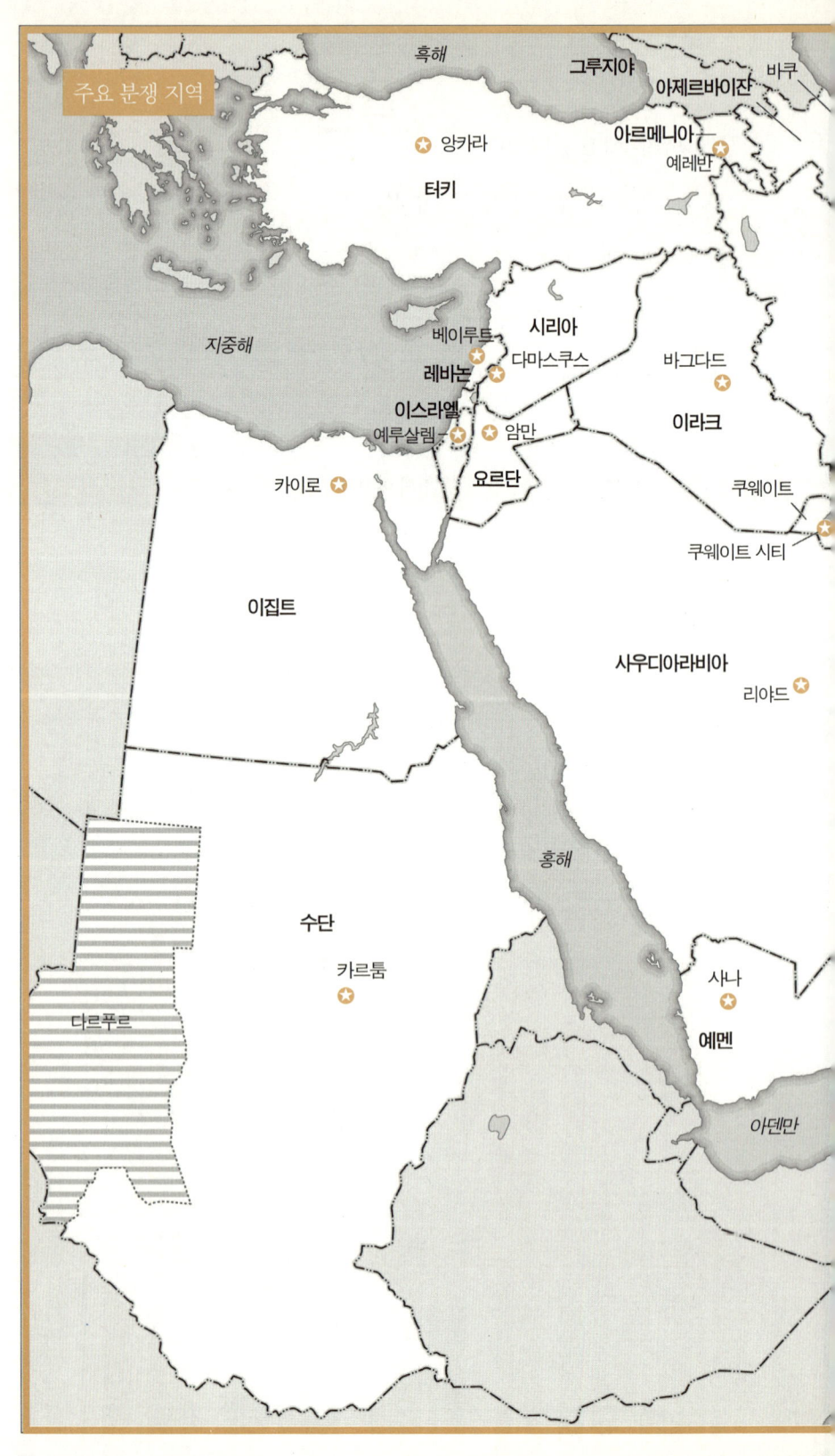

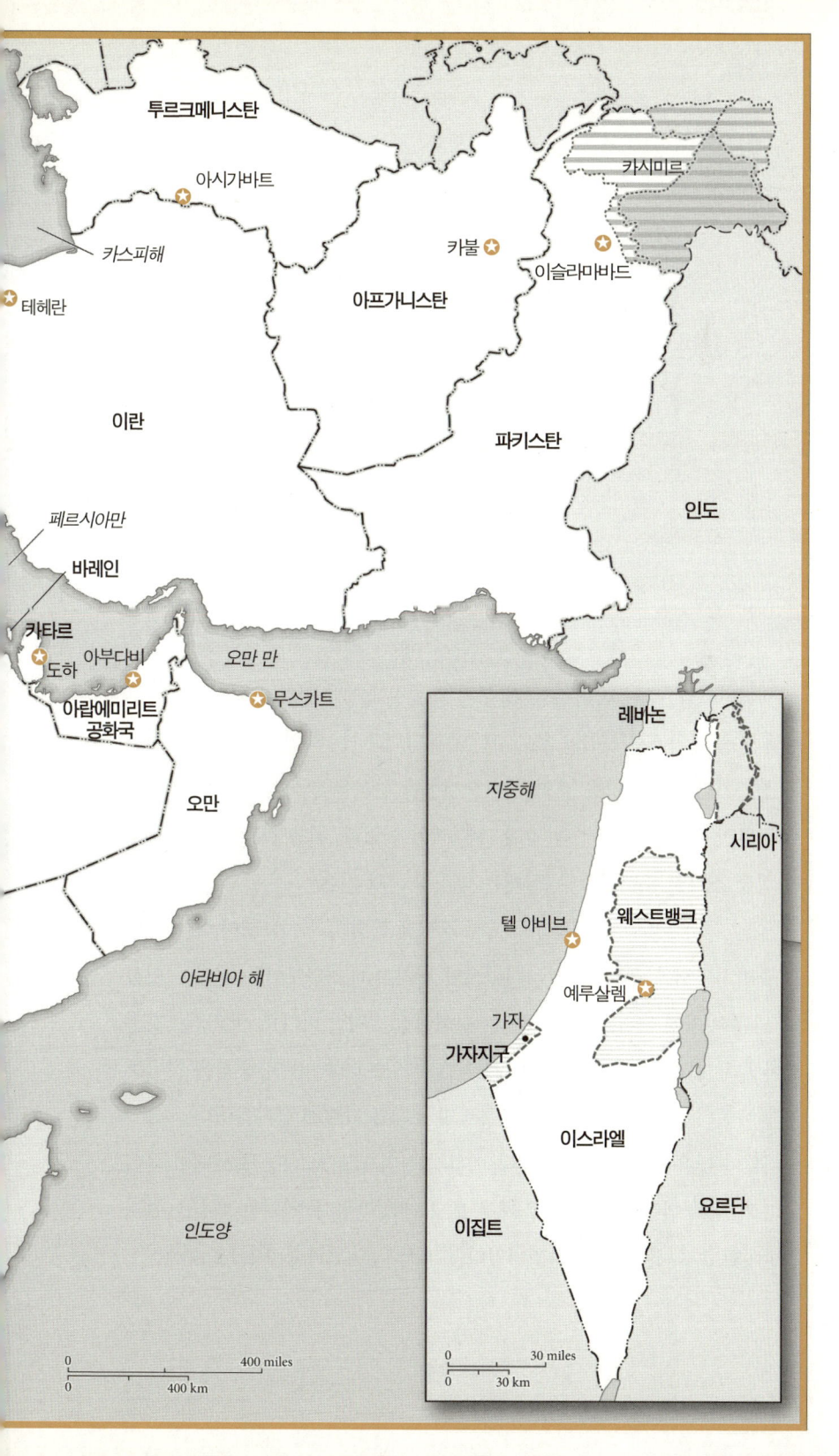

# 1
시간의 흐름이 뒤엉키기 전에

1998년 8월, 조지 허버트 워커 부시 대통령에게서 전화가 왔다. 그들 부부와 함께 메인에서 시간을 보내자는 초대였다. 나는 국가안보회의의 구 소련 전문가로서 대통령을 보좌하며 오랫동안 친분을 쌓아왔다. 케네벙크포트의 멋진 사택에도 이미 몇 차례 가본 적이 있었다. 천연 건조 목재를 사용한 싱글 스타일 주택이었다. 실내는 파스텔 톤의 친츠*chintz, 꽃무늬가 날염된 광택 나는 면직물로서 커튼이나 가구 커버 등으로 사용됨로 장식해 분위기가 아늑했다. 전체적으로 소박하면서 기품이 있는 집이었으며 바다가 내려다보이는 전망이 멋졌다. 나는 바다에 들어가 노는 것에는 관심이 없었지만 바다를 감상하는 것은 좋아했다. 워커스포인트에서 바라보는 대서양보다 더 멋진 풍경은 찾아보기 힘들었다. 그래서 나는 부시 대통령의 초대를 기쁘게 받아들였다.

바위가 많은 뉴잉글랜드 해안을 따라서 한참 달리자 대통령 사택이 나타났다. 입구에 펄럭이는 깃발 두 개를 보고 깜짝 놀랐다. 하나는 텍사스 주의 깃발이었고, 다른 하나는 성조기였다(젭 부시가 플로리다 주지사가 된 후에는 플로리다 주의 깃발로 바꿔 내걸었다). 이 집에 사는 사람들이 평범하지 않다는 것을 은근히 드러내는 것 같았다. 나는 색다른 주말이 될 것임을 직감했다.

노신사가 된 부시 전 대통령은 내가 큰아들 조지와 친해지길 바라는 마음을 노골적으로 드러냈다. 그는 우리가 친해져서 외교 정책에 관해 대화를 많이 나누면 좋겠다고 말했다. 바닷가재 요리가 준비될 때까지 기다리면서 (당시 텍사스 주지사였던) 조지와 나는 뒷마당에서 담소를 나누었다. 그는 11월 재선 승리를 확신했다. (그는 눈을 반짝거리며) 선거에서 압도적으로 승리하면 다음에는 대통령 선거에 출마할 계획이라고 말했다.

내가 보기에 텍사스 주지사가 대통령에 당선될 확률은 거의 없었다. 클린턴 대통령 재임 기간은 스캔들로 얼룩지긴 했지만 전반적으로 평화로웠으며 경제적으로도 순탄했다. 그렇지만 주지사 부시는 전혀 검증되지 않은 인물이었고 앨 고어 부통령이라는 엄청난 적수를 상대해야 했다. 그날 저녁에는 초대받은 손님으로서 예의를 지키느라고 차마 입 밖에 내지 않았지만 조지의 계획은 전혀 승산이 없다고 생각했다.

주말 내내 함께 낚시를 하고(조지가 낚싯대를 잡았고, 나는 옆에 앉아 지켜보기만 했다) 자그마한 가족 전용 체육관에서 가볍게 운동하며 러시아, 중국, 라틴아메리카에 대해 많은 이야기를 나누었다. 대통령에 당선되면 외교 정책을 어떤 방향으로 추진할지 고민하는 것이 분명했다. 이야기를 나누어보니 멕시코를 비롯한 남쪽 이웃 나라들에 대해서는 나보다 훨씬 많이 알고 있었다. 그래서 캘리포니아로 돌아가면 멕시코에 대해서 읽어볼 기사 몇 개를 따로 기억해 두었다.

우리는 정치 외에도 여러 가지 주제로 이야기꽃을 피웠다. 그는 내가 인종 차별이 심한 버밍엄*앨라배마 주 최대의 도시에서 자랐다는 사실에 큰 관심을 보였다. 불우 청소년들을 위한 교육 제도 개선을 열정적으로 논하는 그의 모습은 매우 인상적이었다. 우리는 대학 입시와 소수 집단 우대 정책의 문제점에 대해서 각자 메모해 둔 것을 비교하기도 했다. 나는 다양한 인종에게 입학 기회를 제공하는 기존 방식을 선호했다. 하지만 조지는 다른 방법으로도 텍사스주립대학의 다양성을 확보할 수 있다고 주장했다. 그는 흑인계 미국인의 25퍼센트가 자신을 지지하는 것보다 히스패닉 출신의 국민들 절반이 자신에게 표를 던지는 것이 낫다고 말했다.

유머 감각이 넘치는 그가 마음에 들었다. 다소 무례한 구석도 있었지만 정치를 논할 때는 한없이 진지했다. 가을에는 몇 차례 이메일을 주고받으며 친분을 이어갔다. 주로 뉴스 기사에 대한 내용이었는데, 발칸 반도의 분쟁 상황이나 NATO를 확장하려는 클린턴 정부의 노력에 대한 이야기가 주를 이루었다.

11월 선거에서 부시가 압도적인 승리를 거둔 지 이틀 만에 연락이 왔다. 국제 정세를 더 자세히 알고 싶다는 것이었다.

1999년 3월 초, 주지사 부시의 정책 고문관인 칼 로브에게서 연락이 왔다. 주지사가 향후 캠페인에 대해 의논할 일이 있으니 오스틴으로 잠깐 와 달라는 것이었다.

"그러면 호텔을 예약해주시겠어요?"

"호텔에 묵으실 필요 없습니다. 주지사께서 자택으로 초대하셨거든요."

그 말은 내가 부시의 편에 서서 선거 운동을 주도하라는 뜻이었다. 친구 사이가 아니라 동지가 된다는 것은 매우 신중해야 할 문제였다. 몇 주 후 《뉴욕타임스》 1면에 대문짝만한 사진과 함께 내가 부시의 대통령 선거 출마 여부를 결정하는 '검토위원회'의 임원이 되었다는 기사가 보도되었다. 갑자기 언론에 노출되어 당혹스러웠지만 마음을 가다듬고 일단 맡은 일에 집중하기로 했다.

선거 운동에 참여해 달라는 부탁을 받았을 때 가장 먼저 아버지의 의견을 구했다. 아버지 존 웨슬리 라이스 주니어는 정치에 관심이 많아서 텔레비전 앞에 앉으면 몇 시간이고 〈C-SPAN〉과 같은 뉴스쇼를 지켜보곤 했다. 인종 차별이 심한 앨라배마 주에서 공화당 소속의 어느 서기보가 아버지를 등록시켜 정식 투표권을 안겨주었을 때는 어린아이처럼 기뻐했다. 그 후로는 공화당을 충성스럽게 지지했다.

선거 운동 자체는 정치인으로서 매우 만족스러운 경험이었다. 나는 일찌감치 이 일에 전적으로 매달려야 한다는 것을 깨달았다. 무려 6년이나 스탠퍼드대학의 교무처장*나중에 부총장에 오름으로 일했지만 선거 운동과 관계없이 일단 그만두기로 결정했다. 주지사의 치명적인 약점은 바로 외교 정책이었다. 예비 선거에서 쟁쟁한 후보들과 맞설 생각에 걱정이 태산이었다. 총선에서도 외교 정책이 그의 발목을 잡을 것이 분명했다. 총사령관의 책임을 받아들일 준비가 됐느지 물을 것이 분명하므로 부시에게는 내 도움이 절실했다.

1999년에는 주지사 선거 운동에 필요한 정책을 개발할 외교 정책 전문가들을 찾는 데만 주력했다. 가장 먼저 생각난 사람은 폴 월포위츠였다. 그는 로널드 레이건 대통령 시절 인도네시아 대사관에 근무했으며, 나중에 부시 행정부에서 펜타곤 정책 차관을 지냈다. 매우 지적인 데다 세속적인 정치인과는 거리가 먼 인재였다. 코넬대학에서 학사 학위를 받고, 명문 시카고대학에서 박사 학위를 받았으며, 공공 정책 분야에서는 타의 추종을 불허하는 저명 인사였다. 실제로 이야기를 나눠보면 한없이 따뜻하고 이지적인 사람이었다. 1980년대부터 좋은 친구로 지냈기에 내가 외교 정책 자문단의 공동 대표직을 제안하자 기꺼이 응해주었다.

리처드 아미티지와 스티븐 해들리도 부시 전 대통령의 행정부 출신이었다. 리처드는 베트남 전쟁을 겪은 해군 장교 출신으로 아시아 외교 정책에 밝았다. 영화 〈람보〉의 실제 주인공이 리처드라고 말하는 사람들도 많았다. 강인해 보이는 외모와 달리 리처드와 그의 아내는 장애 아동을 여러 명 입양해서 키울 만큼 마음이 따뜻했다. 콜린 파월과 절친한 사이였는데 나중에 정부와 첨예한 대립 관계를 형성하기도 했다.

오하이오 주 클리블랜드 출신인 스티븐 해들리는 예일대학 출신 변호사로 말수가 적고 굵은 뿔테 안경을 쓰고 다녔다. 두뇌 회전이 빠르고 일 처리가 꼼꼼해서 선거 운동에 쓰일 중요한 자료를 만들 때면 모두들 스티븐만 쳐다보았다(선거 유세나 토론에 쓰일 간단한 자료는 다른 사람이 처리할 때도 많았다). 그는 한 번도 싫은 내색 없이 초안을 만들었는데, 우리를 실망시킨 적이 없었다.

냉전이 끝날 무렵인 1989년부터 1991년까지 로버트 졸릭, 로버트 블랙윌과 긴밀한 협조 관계를 유지하며 일한 적이 있었다. 두 사람은 내가 알고 있는 정책 전문가 중에서 단연 최고였다. 현실적인 해결책을 세우는 것은 물론이고 실행에 옮기는 것까지 흠 잡을 데가 없었다. 졸릭은 전 국무장관 제임스 베이커의 최측근으로 활동했으며, 중앙아메리카와 유럽에 대한 다수의 주요 정책을 수립했다. 그는 독일 통일 회담에 미국 대표단으로 참석하기도 했다. 대표단 세 명 가운데 나도 백악관 대변인 자격으로 포함되어 있었다.

블랙윌은 내가 유럽 및 구 소련 담당자로서 국가안보회의에 처음 들어왔을 때 잠시나마 상관이었던 사람이다. 그는 고위직을 두루 섭렵했다. 캔자스 출신답게 전통적 가치를 중시했으며 유머 감각과는 거리가 멀었다. 게다가 퉁명스럽고 참을성이 없어 원망을 듣는 일도 많았다. 어떤 사람들은 그가 까다로운 사람이지만 주지사에게 꼭 필요한 존재임을 예견하기도 했다. 다행히 나는 그와 잘 지내는 편이었으며 문제가 생겨도 솔직하게 의논할 수 있는 사이였다.

리처드 펄에게는 공화당 외교 정책 수립의 우익 대표자로 합류할 의향이 있는지 물어보았다. 보수주의 외교 정책가인 브렌트 스카우크로프트와 헨리 키신저는 리처드 펄을 눈엣가시처럼 여겼다. 그도 그럴 것이 리처드 펄은 무례하고 거칠기로 소문이 자자했다. 하지만 주지사를 지원하려면 한마음으로 뭉쳐야 했다. 나는 '빅 텐트big tent' 외교 정책의 명분을 위해 다양한 분야의 사람들이 필요하다고 판단했다. 국방부 개혁안을 지지하는 일을 도맡아 처리한 도브 자크하임을 끝으로 전문가 섭외는 얼추 마무리되었다. 젠데이 프레이저를 비롯한 지역 외교 전문가들도 많이 참여했다. 젠데이는 아프리카 외교 정책 개발을 추진했다.

전체적으로 볼 때 전문가들은 큰 마찰 없이 잘 지내는 것 같았다. 나는 팀을 조직하고, 강한 개성과 자존심 때문에 충돌을 빚는 사람들을 다독이는 데 힘을 기울였다. 늘 그들을 격려하면서, 각자의 생각을 관철시키는 것보다 선거 운동을 성공적으로 이끄는 것이 중요하다고 누누이 강조했다. (부시 행정부에서 함께 일한 사람들 중에는 내가 제일 나이가 적어서) 누군가는 불만을 품었을지도 모를 일이다. 어쨌든 그들 모두는 내가 주지사와 개인적으로 가장 가깝다는 점을 알고 있었다. 우리는 별다른 문제 없이 평화롭게 지냈으며 정책에 대한 질문이나 외부의 요청을 처리했다. 나는 재미 삼아 팀의 이름을 '벌컨'이라고 지었다. 로마 신화의 대장장이 신 벌컨은 내 고향 앨라배마 주 버밍엄의 상징이었다. 정말 아무 생각 없이 붙인 이름인데도 음모 이론을 좋아하는 사람들은 그 이름의 숨은 의미를 찾아내겠다고 법석을 떨었다.

선거 운동은 순조롭게 진행되었다. 나는 자주 오스틴을 방문해서 주지사에게 현황을 보고했다. 때로는 몇몇 주요 정책 초안을 작성하고 선거 연설문 만드는 작업을 도와주었다. 부시 후보를 대신해서 기자 회견에도 자주 참석했다. 어디를 가나 기자들의 질문은 동일했다.

"텍사스 주지사를 한 번 해본 것이 정치 경력의 전부인데 어떻게 미국 대통령이 될 자격이 있다고 보시는 겁니까?"

크리스 매튜가 진행하는 〈하드볼〉*미 NBC 방송의 시사 토크쇼 인터뷰가 나에게는 최초의 방송 출연이었다. 그 인터뷰는 6월에 방송되었다. 크리스는 초대 손님에게 말할 틈을 주지 않고 거침없이 질문을 퍼부었다. 부시가 대통령에 당선되어 백악관에 입성하면 "그때부터 현장 실습을 하게 되는 것 아닙니까?"라고 추궁하듯 물었다. 나는 부시 후보가 텍사스 주지사로서 매우 복잡하고 중요한 업무를 처리하고 있다며 응수했다. 텍사스는 규모가 큰 데다 복잡한 업무가 많은 곳이었다. 따라서 주지사는 많은 정보를 다루되 문제를 정확히 파악해야 하고, 항상 원칙을 준수하며 결단력과 추진력을 갖춰야 했다. 한마디로 텍사스 주지사는 그렇게 만만한 자리가 아니었다.

내가 부시의 후보 자격과 빌 클린턴이 처음으로 대통령 선거에 출마할 당시를 비교한다고 생각했는지 크리스는 이렇게 말했다.

"그렇군요. 〈프라이머리 컬러스〉*빌 클린턴 민주당 대통령 후보의 지명 과정을 그린 소설을 바탕으로 만든 영화에 나오는 주지사의 아내처럼 말씀하시네요. '알칸사스라니요? 남편이 주지사로 있는 주는 실제로 존재하는 거란 말이에요.'라고 했잖아요."

"저는 앨라배마 출신이에요. 그러니 어떤 주가 실제로 존재하는지는 따지지 않겠어요."

나는 그 말이 영화 대사인 줄 모른 채 이렇게 쏘아붙였다.

크리스는 배꼽이 빠져라 웃기 시작했고 나는 선거 운동을 시작한 이래 첫 방송 출연이라는 관문을 무사히 통과했다고 생각했다.

정치에 관심이 있는 사람이라면 적어도 한 번은 선거 운동의 실체를 경험해봐야 한다. 선거 초반에는 교통 체증에 발목이 잡혀 짐을 직접 들고 다녀야 했다. 어디를 가나 대환영을 받았지만 많은 사람이 모이지 않을 때도 있었다. 선거 운동을 할 때 주지사를 소개할 때면 스티비 원더의 〈난 네 거야 Signed, Sealed, Delivered I'm Yours〉를 배경 음악으로 사용했다. 이유는 정확히 몰랐다. 하지만 지금도 그 노래만 나오면 부시를 지지하는 사람들이 스타디움, 강당, 술집을 가득 채웠던 광경이 생생하게 기억난다.

나는 긴장감을 맛볼 수 있는 모험을 좋아한다. 교무처장에서 물러난 뒤에 생활도 서서히 안정을 되찾았다. 새로운 삶이 그리 나쁘지 않다는 생각도 들었다. 1999년 7월에는 조지 H. W. 부시 전 대통령이 팔로 알토로 가는 길에 나의 아버지를 잠깐 만날 자리를 마련했다. 아버지는 전 대통령에게 완전히 매료되었고, 밤마다 비공개 선거 전략에 대해서 질문을 퍼부으며 나를 괴롭혔다.

"뉴햄프셔에서는 왜 고배를 마신 거냐? 조지 부시는 본인이 기존의 공화당원들과는 본질적으로 다르다는 걸 이해시키지 못한 거야. 그 점을 제대로 설명했더라면 좋았을 텐데."

아버지는 부시 주지사를 매우 높이 평가했으며 딸이 그를 위해 선거 운동에 앞장섰다는 사실을 뿌듯하게 여겼다.

2000년 2월, 나는 일단 고향으로 돌아왔다. 뉴햄프셔와 미시간 주에서 고배를 마셨기에 캘리포니아 주 예비 선거는 제대로 준비할 필요가 있었다. 앤 다우드라는 기자와 간단한 프로필을 작성하는 인터뷰를 하기로 했다. 앤은 인터뷰 당일, 집에서 아버지와 먼저 인터뷰를 진행했다. 그런데 아버지가 갑작스레 심장 발작을 일으켰다. 앤은 911에 신고한 뒤 오랫동안 나를 보좌한 메릴린 스탠리에게 연락했다.

그때 나는 회의 중이었다. 메릴린은 회의장으로 문을 벌컥 열고 들어와서 아버지가 쓰러져 숨을 쉬지 못한다고 알려주었다. 그 말을 듣자마자 개인 비서인 루스 엘리어트와 함께 회의장을 박차고 나왔다. 전속력으로 집을 향해 내달렸다. 의학 드라마 〈ER〉를 방불케 하는 순간이었다. 응급 요원들이 바닥에 쓰러진 아버지에게 심장 마사지를 하고 있었다. 그중 한 사람이 "맥박이 매우 약합니다."라고 말했다. 급히 아버지를 병원으로 옮겼다. 심장 발작은 아니었지만 심장이 멎은 시간이 꽤 길었다. 담당 의사는 무산소성 뇌 손상이라는 진단을 내렸다. 뇌의 산소 공급이 부족해서 혼수상태에 빠진 것이었다. 예후가 어떨지 아무도 예측할 수 없는 상황이었다.

아버지는 일주일이 지난 후에야 조금씩 몸을 움직였다. 그렇지만 두뇌에 치명적인 문제가 생긴 것이 분명했다. 정상으로 회복될 가능성은 없었지만 그래도 생명의 끈을 놓지 않았다. 몇 번 위험한 고비가 찾아왔지만 무사히 넘겼다. 세상 그 누구보다 나를 사랑해준 아버지가 생사를 오가는 모습을 지켜보기란 죽기보다 더 힘들었다. 특히 선거 운동을 하면서 겪은 일들을 아버지에게 말할 수 없다는 사실이 너무 답답했다. 이제 막 인생의 전성기가 찾아왔는데 아버지는 나를 위해 기뻐해줄 수 없는 상태였다. 무엇보다도 아버지가 쓰러진 순간, 곁에 있지 못한 것이 너무 죄송스러웠다. 그 전까지만 해도 마법에 홀린 듯 꿈만 같던 선거 유세 활동이 이제는 견디기 힘든 고역으로 바뀌었다.

그래도 나는 멈추지 않기로 결심했다. 아버지도 내가 선거 활동에 계속 참여하기를 바랄 거라고 굳게 믿었다. 주지사에 대한 지지율은 조금씩 오름세를 보였다. 대통령에 당선될 가능성이 있었다. 물론 외교 정책 능력에 대한 의구심은 여전히 약점으로 남아 있었다. 솔직히 말해 선거 초반 한 번의 실수로 굉장히 큰 타격을 입었으며, 그것을 만회하는 데 꽤 오랜 시간이 필요했다.

1999년 11월, 어느 날 저녁이었다. 오스틴 공항에 도착하자마자 휴대폰이 울렸다. 선거 사무실 직원 조엘 신이었다. 그는 사무실에서 숙식을 해결하며 일에 매달리는 열정적인 젊은이였다(결국 선거 정책 국장을 거쳐 행정관리예산국 국장이자 백악관 부실장 자리에 오른 뒤 백악관 비서실장이 된 조슈아 볼턴이 그에게 아파트를 마련해주었다). 조엘은 나에게 앤디 힐러와 주지사의 인터뷰를 보았냐고 물었다. 그 시간에 비행기로 이동하느라 보지 못했다고 말하자 인터뷰 대본을 읽어주었다. 심장이 덜컥 내려앉았다.

"대만 총통의 이름을 아십니까?"

"리입니다."

"파키스탄 정상의 이름은요?"

"모릅니다."

"인도 수상은요?"

마지막 질문에는 아무 대꾸도 하지 못했다는 것이었다.

"세상에, 주지사께서 정말 그랬단 말이에요?"

"더 심한 문제가 있어요. 지금 방송에서 비디오테이프로 녹화된 것을 반복해서 보여주고 있어요."

나는 일단 호텔로 향했다. 그날 저녁에는 주지사에게 전화하지 않기로 마음먹었다. 이튿날 아침 직접 만나 이 사태를 어떻게 헤쳐나갈지 의논하는 편이 낫다고 판단했다. 그런데 주지사에게서 먼저 연락이 왔다. 그는 대뜸 "이탈리아 총리 이름이 뭡니까?"라고 묻는 것이었다. 웃음이 터져 나오는 것을 가까스로 참았다. 정작 본인은 아무렇지도 않다는 것을 확인하니 한결 마음이 놓였다. 따지고 보면 다른 나라 지도자의 이름을 모른다고 해서 대통령이 될 자격이 없다는 뜻은 아니지 않은가. 클린턴 대통령도, 부시 주지사가 백악관에 입성하기만 한다면 각국 정상들의 이름을 단숨에 외울 것이라고 말했다. 언론에서는 결정적인 약점이라도 잡은 것처럼 호들갑을 떨었지만 그리 큰 문제는 아니었다. 하지만 이튿날 주지사 저택 안뜰에서 이루어진 아침 식사 자리에서 나는 솔직하게 충고했다.

"이런 일이 다시는 생기지 않도록 신경을 좀 쓰셔야겠습니다."

"맞는 말이에요."

부시 주지사는 달라진 모습을 보여주었다. 이후로 유권자들에게 주지사의 다른 재능과 그동안의 업적들을 홍보하고 외교 정책에 희망을 가질 수 있도록 유도했다. 미사일 방어, 핵무기 감축, 인도를 비롯한 신흥 민주주의 국가와의 외교 관계, 멕시코와 라틴아메리카에 대한 해박한 지식 따위들을 집중적으로 부각시킨 것도 그 때문이었다.

공화당 출신의 몇몇 고위 정치인들은 초반부터 부시 주지사를 응원해주었다. 특히 딕 체니, 도널드 럼즈펠드, 스탠퍼드대학 캠퍼스의 자택에서 정책 세미나를 개최한 조지 슐츠는 든든한 후원자였다. 예비 선거가 끝나자 콜린 파월, 헨리 키신저 등의 거물들이 우리 편으로 돌아섰다. 앨 고어와 정면 대결을 펼친 두 번째 공개 토론에서 마침내 그동안의 노력이 빛을 발했다.

조지 부시는 첫 번째 토론에서 외교 정책에 대해 다소 흔들리는 모습을 보였다. 하지만 앨 고어가 메이크업 실수 때문에 누런 얼굴로 한숨을 내쉬는 모습에 사람들의 관심이 더 집중되었던 탓에 큰 문제로 부각되지 않았다. 두 번째 공개 토론에서 외교 문제가 여론을 좌우하는 결정타가 될 것이라고 예감했다. 드디어 공개 토론일이 다가왔다. 그날 오후, 주지사가 가장 신임하는 인물이자 선거대책본부 대변인인 카렌 휴스와 함께 노스캐롤라이나에 묵고 있던 주지사의 숙소를 찾아갔다. 우리는 주요 외교 정책에 대한 예상 질문을 오랫동안 토의했다. 얼마 후 주지사는 피곤에 지쳐 "이만하면 됐어요."라고 말했다.

우리는 이미 주지사가 세계 발전과 빈곤 퇴치에 대한 질문을 받을 것에 대비해 기막힌 답변을 미리 귀띔해주었다. 아니나 다를까 두 번째 토론에서 그 질문이 대두되었다. 주지사는 미국이 관대한 나라임을 강조하며, 빈곤국의 심각한 부채를 해결하는 데 앞장서야 한다고 말했다. 며칠 후《뉴욕타임스》에는 교황과 조지 부시 주지사를 비롯한 세계 주요 인사들이 함께 채무 구제를 적극 지원할 예정이라는 기사가 실렸다. 앨 고어는 〈새터데이 나이트 라이브〉*미국의 대표적인 코디미쇼에서 풍자 개그를 할 정도로 시종일관 긴장한 기색이 역력했으나 부시는 모든 질문에 똑 부러지는 대답을 내놓았다. 드디어 조지 부시는 외교 정책 부재라는 끈질긴 논란을 잠재웠다. 약점을 극복한 것이다.

부시도 공개 토론의 성공이 얼마나 큰 의미가 있는지 잘 알고 있었다. 토론이 끝난 후 숙소로 돌아온 그는 나를 끌어안고 "수고했소."라고 말했다. 그의 진심 어린 말은 내게 큰 힘이 되었다.

플로리다

토론 이후의 시간은 쏜살같이 흘러갔다. 투표가 끝난 뒤 나는 곧장 오스틴으로 향했다. 포 시즌 호텔에 도착하니 주 단위 개표가 끝날 때마다 앨 고어가 앞서고 있다는 뉴스가 흘러나왔다. 나는 아래층으로 내려가 텔레비전 앞에 앉았다. 주지사의 가족과 친구들은 이미 텔레비전 앞에 모여 있었다. 미시간, 일리노이, 펜실베이니아, 플로리다 주의 개표 결과는 모두 패배였다. 내 옆에 앉은 주지사의 여동생 도로시 부시 고크도 절망스런 표정이었다. 나는 그녀에게 넌지시 "자리 좀 바꿔 앉아요."라고 말했다.

내게는 묘한 버릇이 하나 있다. 내가 속해 있거나 응원하는 팀이 질 것 같을 때 소파의 반대쪽에 가서 앉는 것이다. 예전에 육상 선수로 활동할 때와 스포츠 경기를 관람할 때 생긴 버릇이었다. 말이 안 되는 것은 알지만 자리를 바꿔 앉는다고 해서 해가 될 것도 없지 않은가?

도로시와 자리를 바꿔 앉은 지 얼마 되지도 않았을 때였다. 조지아 주 개표에서 우리가 승리했다는 NBC 뉴스가 흘러나왔다. 마침 그때 부시 주지사 부친의 보좌관인 진 베커의 전화벨이 울렸다. 베커가 기자로 활동하던 시절의 친구이자 현재 《USA투데이》의 기자였다. 놀랍게도 그는 플로리다에서 우리가 역전했다는 소식을 알려주었다. 우리에게는 길고 지루하게 느껴졌지만 몇 분 사이에 뉴스 헤드라인이 모두 바뀌기 시작했다. 그리고 꿈에 그리던 '조지 W. 부시, 미국 43대 대통령 당선'이라는 보도가 뒤를 이었다. 심장이 터질 것 같았다. 아버지에게 이 기쁜 소식을 알려야겠다는 생각이 들었지만 너무 흥분하면 아버지의 건강에 좋지 않을까 봐 참아야 했다.

우리는 곧장 미니밴에 올라 텍사스 주 의사당에 마련된 당선 소감 발표 장소로 갔다. 오스틴의 매서운 겨울바람에 아랑곳하지 않고 광장에서 조크 잼스의 〈준비되어 있다네〉에 맞춰 춤을 추고, 서로 부둥켜안으며, 기쁨을 나누었다. 하지만 그 기쁨은 오래가지 않았다. 앨 고어가 순순히 물러나지 않았기 때문이다. 우리는 모두 대형 전광판의 CNN 선거 개표 방송으로 눈길을 돌렸다. 플로리다 주의 승리 가능성이 빠른 속도로 줄어들고 있었다.

카렌 휴스는 남편 제리와 통화한 후 앨 고어가 처음에는 패배를 인정하는 듯했으나 입장을 바꾸었다고 전했다. 우리는 한 시간쯤 뒤에 미니밴을 타고 호텔로 돌아왔다. 상황이 어떻게 될지 몰라 불안했지만 절망적인 수준은 아니었다. 그래서 잠깐 눈을 붙였다가 플로리다 주의 개표 결과에 문제가 있었다는 뉴스에 화들짝 놀라 눈을 떴다.

호텔 로비에서 폭스 뉴스의 칼 캐머런을 만났다. 나는 어찌된 영문이냐고 다그쳐 물었다.

"이미 알고 계신 줄 알았는데요."

플로리다 주의 투표 결과를 다시 계수한다는 얘기였다. 로비에서 만난 로버트 블랙월은 이렇게 말했다.

"이런 상황을 어디에 비유해야 하는지 알아요? 자기 전에 정말 매운 음식을 먹어서 악몽을 꾸는 것에 비할 수 있지요. 한번 생각해보세요. '어젯밤에 먹은 것 때문에 이런 거야. 휴, 꿈이라서 정말 다행이다.'"

그러나 이 모든 상황은 현실이었다. 나는 오스틴에 며칠 더 머무르며 사태를 지켜보았다. 가끔 칼 로브와 대화를 나누며 앞일을 예상해보기도 했다. 그는 여러 나라의 사례를 잘 알고 있어서 플로리다 개표 결과가 우리의 승산에 미치는 영향을 점치는 데 적잖은 도움이 되었다.

선거가 끝난 뒤 부시 주지사는 내게 전화로 국가안보좌관을 맡길 계획이었다고 털어놓았다. 하지만 아직 그런 이야기는 때 이른 감이 있었다. 아무튼 우리는 외교 정책을 수정하는 방안까지 논의를 마친 상태였다. 수정안이 무용지물이 될 가능성도 있었다. 게다가 결정적인 실수도 있었다. 주지사와 내가 벽난로 앞에 앉아 외교 정책을 논의하는 사진이 흘러나간 것이었다. 그 사진이 가상으로 대통령 집무실을 연출한 것처럼 보인다는 이유에서 적잖은 놀림과 비난을 감수해야 했다. 나는 일단 캘리포니아로 돌아가서 휴식을 취하기로 했다.

모처럼 아버지와 시간을 보낼 수 있었다. 플로리다 개표 결과가 엎치락뒤치락하는 것도 지켜보았다. 법원 판결이 나올 때마다 천국과 지옥을 오가는 기분이었다. 나는 상황을 지켜보다가 스티븐 해들리를 국가안보좌관으로 추천할 생각이었다.

우리는 워싱턴에서 공화당 의원들을 만나보았다. 기회가 생기면 부시의 외교 정책에 대한 의견도 나누었다. 공화당 의원들을 만나고 스티븐의 법률 사무소 회의실에 모여 있는데 플로리다 주 대법원에서 수작업 개표를 명령했다는 소식이 전해졌다. 부시 측 변호사들은 이러한 결정을 막으려고 최선을 다했지만 소용이 없었다. 결과는 아무도 예측할 수 없었지만 불길한 예감을 좀처럼 떨칠 수 없었다.

스티븐과 나는 저녁을 먹으러 밖으로 나왔다. 함께 식당으로 걸어가며 이렇게 말했다.

"스티븐, 당신과 함께 일할 수 있으면 좋을 텐데 그럴 기회가 있을지 모르겠어요. 국가안보보좌관으로 당신만한 사람이 없다고 생각해요."

모든 게 끝이라는 생각을 안고 이튿날 캘리포니아로 돌아왔다. 비행기에서 내려 차에 오르자 운전사인 메이 레이놀드가 반가운 소식을 알려주었다. 대법원이 5대 4로 수작업 재개표 판결을 보류시키고 12월 11일에 공청회를 열기로 결정했다는 소식이었다. 그 판결은 대법관 절반 이상이 부시 주지사에게 유리한 판결을 내린 것으로, 플로리다 주에서 그가 승리할 가능성을 지켜준 것이었다. 제43대 미국 대통령이 되는 것은 이제 시간 문제였다.

그날 밤, 샌프란시스코의 보헤미안 클럽에서 열린 조지 슐츠의 생일 파티에 참석했다. 모두가 축제 분위기였고 사람들은 내가 곧 국가안보좌관으로 임명될 것이라며 축하 인사를 건넸다. 공식 발표는 아니었지만 주지사가 대통령에 당선되면 내가 국가안보좌관으로 그를 수행할 것이라는 점은 오래 전부터 기정사실로 받아들여졌다. 사람들의 축하 인사를 고맙게 받았지만 이튿날 아침 주지사에게 전화를 걸어 임명을 받아들일 수 없다고 말했다. 아버지의 건강이 너무 악화되어 도저히 곁을 떠날 수 없었다. 사실 가장 친한 친구 두어 명에게는 이미 나의 결정을 알려주었다. 1981년에 스탠퍼드대학에서 연구 교수로 근무할 때 함께 일했던 잔 놀란에게는 이렇게 말했던 기억이 난다.

"내가 자녀 문제로 임명을 거절한다면 아마 사람들이 이해해줄지도 몰라. 그렇지만 자식 도리를 하느라 대통령 곁을 떠난다고 하면 아무도 이해하지 못할 거야."

"그럼 아이를 하나 빌려오면 되겠네."

잔의 농담에 우리 둘은 낄낄대며 웃었다. 그 당시 내 사정을 이해해주는 사람은 잔을 포함해서 손에 꼽을 정도였다.

주지사에게서 다시 전화가 왔다. 그는 내 사정을 충분히 이해하지만 백악관으로 함께 가야 한다고 강력히 주장했다.

"아버지를 홀로 남겨 두고 오라는 뜻이 아닙니다. 그분이 지금껏 한결같이 당신을 응원한 것을 나도 잘 압니다. 그런 아버지가 병상에 누워 계시는데 곁에 있고 싶은 것은 당연하지요. 아버지를 돌볼 수 있을 테니 걱정 말고 와요."

그렇게 해서 백악관으로 들어가되 2주에 한 번씩 캘리포니아에 들르기로 결정했다. 마음에 쏙 드는 해결책은 아니었지만 아버지를 외면한 채 국사에 매달리는 것은 상상할 수 없었다.

크리스마스를 사흘 앞두고 로리 화이트가 저녁 식사에 초대했다. 로리는 함께 운동했던 오랜 친구였다. 그녀의 집으로 가는 길에 잠깐 아버지를 보러 갔다. 아버지는 기분이 여느 날보다 좋아 보였다. 유쾌한 기분으로 로리와 저녁을 먹을 수 있었다. 그리고 몇 시간 후 로리의 집을 나서면서 아버지에게 전화를 걸었다.

"애야, 나는 집으로 갈 것 같다."

"무슨 말씀이세요? 지금 집에 계시면서 어딜 가신다는 거예요?"

"그런 뜻이 아니다. 이제 집으로 갈 시간이야."

순간, 아버지가 말하는 집이 죽음이라는 생각이 들었다. 온몸에 소름이 돋았다. 장로교 목사로서 신앙심이 깊었던 아버지는 인간의 지상 생애가 끝나면 하느님이 끝없는 생명으로 그를 불러들이신다고 생각하셨다.

나는 서둘러 아버지에게 달려갔다. 상태가 좋아진 것을 확인하고서야 일어날 수 있었다. 아버지가 계신 곳은 우리 집에서 자동차로 10분 거리였다. 집에 도착해서 문을 열자마자 전화벨이 울렸다. 의붓어머니인 클라라는 아버지가 숨을 쉬지 않는다며 울부짖었다. 서둘러 병원으로 모셨지만 더 이상 손을 쓸 수 없는 상태였다. 아버지는 혼수상태에서 깨어나지 못하고 크리스마스이브에 세상을 떠났다.

선거가 끝나고 부시가 대통령에 당선되면 내가 국가안보보좌관이 될 것이라고 아버지에게 말했다. 그때 아버지는 의사 표현을 자유롭게 할 수 있는 상태였는데도 눈물만 계속 흘렸다. 기쁨의 눈물인지 아니면 곁에 끝까지 있어줄 수 없음을 예감한 슬픔의 눈물인지 구분할 수 없었다. 아버지가 세상을 떠나자 나의 딜레마는 자연스레 해결되었다. 아버지의 죽음은 우연의 일치였을까? 우연이라고 믿고 싶다. 아버지가 내 꿈을 이루어주기 위해 일부러 마지막 선물을 준 것이라는 생각은 도저히 견딜 수 없기 때문이다. 솔직히 말해서 아버지는 충분히 그럴 만한 분이다.

대통령 취임식

나는 연단 위에서 대통령 당선자 뒤쪽으로 몇 줄 떨어진 자리에 앉아 있었다. 한겨울 날씨답게 무척 쌀쌀했다. 판초로 온몸을 감싸고 있었지만 발이 시린 것은 어쩔 수 없었다. 그래도 이 순간을 얼마나 기다렸던가? 대통령이 취임 선서를 하고 백악관으로 입성할 때 내가 뒤따르는 모습을 부모님께 보여드릴 수 없어 가슴이 몹시 저렸다. 그래도 취임식을 맞이한 기쁨은 그 모든 것을 상쇄해주었다. 선거를 둘러싼 논쟁이 아직 가라앉지 않았지만 미국 민주주의의 힘이 그 어느 때보다 여실히 증명된 날이었다. 나는 취임식의 모든 순간을 소중한 추억으로 간직하기로 했다. 국립동상기념관에 준비된 연회장에 들어서자 대통령 찬가가 울려 퍼졌다. 그 순간, 온몸에 전율을 느꼈다. 축하 인사를 받으며 기쁨을 만끽하는 시간은 길지 않았다. 연회가 끝난 뒤 곧장 백악관으로 돌아와 업무를 시작했다.

그날부터 나의 '일과'는 하루도 평범하지 않았다. 매일 아침 군기가 바짝 든 해병대의 경례를 받으며 게이트를 통과하거나 링컨, 루스벨트, 트루먼, 케네디, 레이건 대통령이 지나다니던 복도를 걸을 때면 화려하지도 웅장하지도 않은 그 복도마저 역사적으로 매우 특별한 곳이라는 생각에 가슴이 뭉클했다. 하지만 분위기에 빠져드는 사람은 정작 그곳에서 오래 버티지 못하는 법이다. 백악관은 할 일이 넘쳐나는 곳이었다. 조금이라도 실수하면 심각한 문제로 이어진다는 압박감이 극심했다. 모든 국민들이 백악관에서 벌어지는 크고 작은 일에 촉각을 곤두세우고 있었기에 잠시도 긴장을 풀 수 없었다. 이곳을 꿈꾸는 사람이라면 누구나 그 고충을 잘 알 것이다.

2
끝없는 알력, 럼즈펠드와 파월

나는 어떤 정부를 세울 것인지 고심하느라고 오랜 시간을 보냈다. 2차대전이 끝나고 미국은 세계 정치를 영구적으로 주도할 것이 분명해졌다. 1947년 국가안전보장법에 따라 국가안전보장회의 National Security Council, NSC 가 설립되었다. NSC 설립 멤버는 대통령, 부통령, 국무장관, 국방장관이었다. 국가안전보장법에 의해 유일하게 추가된 직책은 NSC 비서실장이었다. 비서실장의 업무는 주로 행정 처리였으나 매우 중요하고 필수적인 역할을 수행했다. 문서 흐름을 관리하고, 상황실을 감독하고, 정부 기관 사이의 연락망을 수립하고, 대통령이 다른 지역이나 국가를 방문할 때 수행단을 조직했다. 탁월한 행정 능력이 없으면 국내 업무를 제 시간에 처리하거나 여러 정부 기관 사이의 분쟁과 갈등을 막을 수 없었다. 그뿐만 아니라 외교 정책에도 눈이 밝아 상황을 빨리 파악하고 문서를 정확히 이해하는 능력을 갖추어야 했다. NSC 비서실을 맡은 로버트 브래드키, 스티브 비건, 그레그 슐츠는 그런 면에서 손색이 없는 인재들이었다.

뛰어난 실력을 갖춘 직원들 덕분에 NSC 운영은 날개를 단 것 같았다. 국가 보안 업무가 원래 큰 비중을 차지하는 업무는 아니었지만 다른 국내 업무보다 훨씬 더 순조롭게 진행되었다. 워싱턴에 돌아오니 서류가 산더미처럼 쌓여 있었다. 1991년 조지 H. W. 부시 대통령의 NSC에서 구 소련 전문가로 일할 때 서류 작업에 파묻혀 살던 기억이 되살아날 정도였다.

지금은 국가안보보좌관의 영향력이 크지만 국가 안보 문제를 담당하는 대통령 직속 차관에 불과했다. 1947년에 발효된 국가안전보장법에는 국가안보보좌관에 대한 언급조차 없었다. 흔히 존 F. 케네디 대통령을 보좌한 맥조지 번디를 첫 번째 국가안보보좌관으로 일컫는다. 번디 이후로 국가안보보좌관의 역할은 많은 변화를 겪었다. 헨리 키신저와 같은 일부 국가안보좌관들은 독자적인 세력을 형성했다. 그런가 하면 브렌트 스카우크로프트는 각급 장관들의 의견을 가감 없이 대통령에게 전달하는 중재자 역할에 충실했으며, 대통령에게 조언할 때는 공식적인 자리를 피할 줄 알았다.

그러나 국가안보보좌관도 어디까지나 백악관 비서실 소속이었다. 많은 특권이 따랐지만 비서실 소속이라는 점에는 변함이 없었다. 대통령 집무실에 가깝다는 것은 누구나 가질 수 있는 권리가 아니었다. 하지만 국가안보보좌관의 영향력은 대통령의 그늘 아래에서만 가능한 것이므로 한계가 있었다. 국가안보보좌관의 임무는 대통령이 원하는 바를 각급 장관들이 실행에 옮길 방법을 모색하는 것이었다. 한번은 국가안보보좌관의 역할이 정책을 원격 리모컨으로 조종하는 것 같다고 대통령에게 말하기도 했다. 국가안보보좌관에게는 군대나 외교관을 감독할 권한은커녕 예산을 조정할 권리도 없었다. 대통령과 직접 만나 안보 문제를 논하는 것이 유일한 특권이었다. 그렇지만 나는 국가안보보좌관으로서 남다른 자부심을 가졌으며 어떤 식으로 NSC를 이끌어가야 할지 잘 알고 있었다.

사람은 누구나 자신의 경험에 따라 새로운 상황에 대처하기 마련이다. 브렌트 스카우크로프트와 일한 경험은 큰 자산이었다. 나는 독자적인 권력을 추구하지 않고 브렌트처럼 정직한 중재자형 국가안보좌관이 되기로 결심했다. NSC 요원들이 많지는 않았지만 각급 부처가 할 수 없는 일을 처리하는 데 열성적으로 매달렸다. 단, 정책 실행에 대해서는 조금도 관여하지 않았다. 그것은 상원의회의 승인을 받은 각급 부처 장관들의 권한이었다. NSC는 대통령 직속 기관이므로 의회는 책임을 물을 수 없었다. 대통령과 매우 가까운 데다 규모도 작은 편이어서 NSC가 국가의 이익을 위해 실제로 할 수 있는 일은 많지 않았다.

정책 실행을 전적으로 각 부처 장관들에게 맡기는 것은 대통령이 직면한 문제들을 제대로 연구한 사람이라면 누구나 당연하게 여겼다. NSC는 조정 및 자문 기관에서 한 걸음 더 나아가려는 참이었다. 실제로 이란-콘트라 사건은 NSC가 직접 나선 것이었다. 아무리 좋게 표현해도 그 일은 위험천만했으며 사실상 위법 행위에 가까웠다. 비밀리에 이란에 무기를 팔아 그 대금을 니카라과의 콘트라 반군에게 건네는 것을 국회나 국무부에 알리지 않은 NSC의 독자적인 계획이 분명했다. 이 사실은 엄청난 파장을 일으켰으며 레이건 대통령이 이끄는 행정부는 무너지기 일보 직전까지 갔다.

텍사스 전 상원의원 존 타워가 이끄는 타워위원회가 레이건 대통령을 대신해 이 사건을 수사하기 시작했다. 위원회 고문은 NSC 차관 스티븐 해들리였다. 우리 둘은 NSC 요원들이 각 부처 장관들에게 반드시 대통령에 관한 사항을 알린 후에 행동하는 것으로 굳게 합의했다. 요원들의 행동 범위는 분명 제약이 있었으나 막중한 임무를 수행하는 것이었다.

NSC가 정직한 중재자라면 각 부처 장관들이 조화롭게 일하는 데 큰 도움을 줄 수 있었다. NSC는 여러 부처가 정책을 두고 갈등을 빚거나 자체적으로 해결할 수 없을 때 조정자 역할을 맡았다. 하지만 크고 작은 갈등이 생길 때마다 일일이 NSC가 나선다면 모든 부처의 업무가 거의 마비되어 효율성이 크게 떨어질 우려가 있었다. 사실 국무부와 국방부는 거의 모든 업무가 겹쳤으므로 갈등을 최소화할 수 있는 방안을 하루빨리 모색해야 했다.

국무부와 국방부의 불편한 관계는 이미 해묵은 것이었다. 두 부처 장관이 서로에게 한마디도 하지 않을 때도 있었다. 캐스퍼 와인버거와 조지 슐츠는 자주 그런 모습을 보였다. '화성에서 온 남자와 금성에서 온 여자'처럼 둘은 원래 그럴 수밖에 없는 사이라고 생각하는 사람들도 있지만 항상 그런 것은 아니었다. 펜타곤보다 국무장관이 더 적극적으로 무력 사용을 주장하면서 군 관계자들이 너무 보수적이라고 일침을 가할 때도 많았다.

그러나 국무장관들은 펜타곤이 외교 정책에 참견이 심하다고 생각했다. 국방부는 국무부보다 예산이 40배나 많은 만큼 엄청난 병참력을 가지고 있어 국무부가 울며 겨자 먹기로 의존하는 상황이 자주 벌어졌다. 2004년, 인도네시아에 발생한 대지진처럼 심각한 자연 재해가 발생할 때면 펜타곤의 힘을 빌리지 않고서는 대대적인 원조가 거의 불가능했다. 미 국방부는 세계 곳곳에서 인도주의적인 활동을 펼치고 있었다. 예를 들어, 미 해군은 '머시'라는 병원선을 운영했다. 상황이 좋을 때는 국방부의 자원과 각국 대사관의 외교 정책이 완벽한 조화를 이루어 각종 재난과 사고를 훌륭하게 수습했다.

그러나 상황이 나쁠 때도 있었다. 세계 곳곳에 파견된 전투 사령관들은 저마다 현지 정치가들과 친분을 형성하고 자신의 영향력을 여러 면에서 독립적으로 행사했다. 그들의 태도는 외교 및 국가 안보 정책과 맞아떨어질 때도 있고 반대 방향으로 치달을 때도 있었다. 각 사령관이 갖추고 있는 자원이나 기동력은 결코 무시할 만한 수준이 아니었다. 예를 들어, 미 태평양 사령부 책임자는 하와이에 거처를 두고 전용 군 비행기로 태평양을 넘나들거나 아시아를 휘젓고 다녔다. 하지만 동아시아-태평양 부보좌관은 민간 항공사를 이용하기 때문에 이동할 때마다 연결 노선을 찾느라 24시간 이상 허비하기 일쑤였다.

게다가 국방장관 사무실에 근무하는 비무장 요원들은 외교 정책을 펼치는 방식에 대해 한 번도 의견이 일치된 적이 없었다. 그럴 때면 국무부 관리들이 나서 미국이 원하는 대로 다른 나라가 움직이게 만드는 것이 그리 쉬운 일이 아니라고 정중하게 일러주어야 했다. 실제로 업무를 처리하는 것은 국무부의 몫인데도 모두들 이러쿵저러쿵 말이 많았다. 한술 더 떠서 국무부의 업무 방식에 대해 노골적으로 비판을 가하는 사람도 있었다. 상황이 이렇다 보니 국무부와 국방부 사이에 자주 긴장감이 고조되었다.

콜린 파월과 도널드 럼즈펠드의 관계는 업무상 불가피하게 긴장감이 유발되는 정도가 아니었다. 두 사람은 오랜 기간 친분이 있었으며 서로를 깍듯이 대했지만 그만큼 상대방에 대한 불신도 깊었다. 대통령 앞에서 대면할 때를 제외하면 얼굴을 마주치려 하지 않았다. 럼즈펠드는 국무부나 NSC에 불만이 생기면 조용히 메모를 보냈다. 공개적으로 그런 메모를 보낼 때도 있었다(우리는 럼즈펠드가 메모를 보낼 때마다 '눈송이'를 날렸다고 우회적으로 표현했다). 이미 논의가 끝난 이야기를 다시 끄집어내서 마치 럼즈펠드 자신이 새로운 점을 부각시키거나 기막힌 제안을 했던 것처럼 마무리했다. 회의 때도 특정 입장을 고수하기보다는 소크라테스식 질문을 늘어놓으며 콜린 파월의 심기를 건드렸다. 이런 식으로 두 사람의 관계는 한시도 편하지 않았다.

설상가상으로 콜린 파월은 국무부가 백악관의 말에 종종 어깃장을 놓는다는 편견에 시달렸다. 미 국무부 소속으로 해외에 근무하는 장교들은 대통령과 그의 정책 보좌관을 아무것도 모르는 애송이로 치부했다. 나아가 몇 년 후면 물러날 사람이라며 대수롭지 않게 여겼다. 심지어 《워싱턴포스트》나 《뉴욕 타임스》에 '대통령의 발언이 뜻한 바'를 따로 설명하는 자료를 보낸 적도 있었다. 특히 부시 정권 초반에 국무부의 몇몇 인사들은 자신들의 전문성을 뽐내고 싶은 마음을 주체하지 못했다. 그런데 전 국무장관 딘 애치슨은 수십 년 전에 이러한 현상을 예견하면서 회고록에 이렇게 기술했다.

'각 부처는 그대로 있지만 대통령과 장관은 계속 바뀌기 마련이다. 많은 대통령이 국무부를 불신하고 못마땅하게 여긴 이유가 바로 여기에 있다.'

이러한 긴장을 완화하는 것은 바로 국가안보보좌관의 몫이었다. 나는 모든 사람과 두루 잘 지내는 편이었다. 부통령은 대통령과 직접 대면할 기회가 많았으므로 내 도움이 필요하지 않았다.

한편, 대통령은 부통령이 다녀간 후에 나를 불러 그가 어떤 생각을 하고 있는지 알려주었다. 부통령을 직접 만나 그의 속내를 들은 적도 많았다. 훗날 국무장관이 되었을 때 대통령이 있는 자리에서 부통령과 언성을 높인 적도 몇 차례 있었지만 개인적인 감정이 얽힌 적은 한 번도 없었다.

문제는 부통령실 직원이었다. 그들은 자신들이 권력의 핵심인 양 강경한 태도를 굽히지 않았다. 부통령의 지시가 있든 없든 걸핏하면 '부통령'을 내걸었다. 사실 부통령도 직원들과 생각이 거의 일치하는 편이었다. 손발이 맞지 않았다면 그냥 보고 있을 사람이 아니었다. 하지만 부통령실의 일 처리 방식은 내가 부통령을 대하는 방식과 도통 맞지 않았다.

도널드 럼즈펠드와 나는 상당히 복잡한 관계였다. 워싱턴에서 흔히 볼 수 있는 정치적 친분으로도 설명하기 어려울 정도였다. 우리는 사실 매우 오래 전부터 친구처럼 지냈다. (냉전이 끝나기 전에) 핵전쟁을 준비하기 위해 수립한 3일 과정의 '정부 상시 운용 프로그램'에서 그를 처음 만났다. 럼즈펠드는 총책임자였고 나는 참모총장이었다. 그 후로도 몇 년 동안 계속 연락을 주고받았다. 스탠퍼드대학 업무 때문에 시카고에 갈 때면 럼즈펠드와 아내 조이스는 나에게 저녁 식사를 제공하거나 함께 외식 자리를 갖기도 했다. 럼즈펠드는 자신이 몸담고 있는 기업 이사회에 나를 영입하려고 몇 차례 시도했다. 나도 1999년에 조지 W. 부시 대통령에게 도널드 럼즈펠드를 적극 추천한 적이 있었다. 처음에 국방장관으로 지명된 후보가 물러났을 때 대통령 당선자에게 럼즈펠드를 추천했다. 그가 관료제 조직에서 종종 불협화음을 일으키긴 하지만 '펜타곤을 손바닥 들여다보듯 잘 아는 데다' 냉전이 종식되면 군 제도 개편상 할일이 많아서 그만한 적임자를 찾기 어려울 것이었다.

임기 중에 우여곡절도 많았지만 우호적인 관계를 유지했다. 럼즈펠드는 내가 준비한 크리스마스 파티에 와서 〈우리는 동방의 왕 we three kings〉을 열창하기도 했다. 2006년에는 워싱턴을 벗어나 메릴랜드 동쪽 해안에 위치한 자신의 별장에서 기분 전환을 해보라는 편지를 보냈다. 나는 그 편지를 오랫동안 소중히 간직했다. 우리 사이에 긴장이 고조되는 이유는 개인적인 감정이 아니라 모두 일 때문이었다.

그의 불만은 국가안보보좌관으로서 내가 맡은 역할에 대한 것이었다고 생각한다. 여러 정부 기관이 관련된 정책의 세부 사항을 조정하려고 펜타곤의 군 장교들에게 사람을 보내면 그는 불쾌한 기색을 감추지 않았다. NSC의 업무상 당연한 절차인데도 무슨 이유에서인지 럼즈펠드는 이를 자신의 권위에 대한 도전이라고 여긴 듯하다.

2002년 12월, 드디어 그가 나에게 눈송이를 날렸다. 나는 '명령권을 가진 사람이 아니므로'-내가 그 점을 모를 리 없었는데도-내가 나서거나 사람을 보내 전투 장교들이나 관계자들에게 '지시하거나 일을 맡기는 행위'를 중단하지 않으면 대통령을 찾아가 이의를 제기하겠다는 내용이었다. 다소 무례하게 들릴지 모르지만 사실 나는 그 메모를 받고 웃음이 나왔다. 차라리 그가 정말로 대통령을 찾아가서 이야기하는 편이 낫겠다는 생각이 들었다. 대통령도 분명히 그런 일을 문제 삼는 것 자체가 말이 안 된다고 판단했을 것이다.

나의 역할에 대한 분노가 계속 쌓이자 결국 그는 NSC 업무 처리 방식에 대한 불만을 표출했다. 그는 NSC가 열리기 전에 대통령과 내가 미리 이야기를 나눈다는 사실을 전혀 모른 채, 회의에서 내가 줏대 없이 대통령이 하는 말에 무조건 맞장구를 친다고 생각했던 모양이다. 그는 대통령이 최종 승인 여부만 결정하도록 유도하면 되는 상황에서도 내가 괜히 전반적인 여론을 도출해 시간을 낭비한다고 지적했다. 하지만 실은 대통령이 나에게 한 번 더 나서서 모든 사람의 의견이 일치되는 점을 찾아보라고 지시했기 때문이다. NSC의 논의를 다 듣고 나서 대통령이 원하는 바를 나에게 말하는 경우도 있었다. NSC가 의견을 하나로 모으지 못할 때도 조지 W. 부시 대통령은 최종 결정을 내리는 데 별 어려움을 느끼지 않았다. 물론 대통령이 어떤 안건을 거부하는 것보다 국가안보좌관이 나서 NSC에 참석한 장관 중 누군가가 거부했다는 소식을 전하는 편이 더 바람직했다. 그리고 결정 메모는 대통령이 체크 박스에 표시만 하면 승인되는 형식이었다. 따라서 그 메모에 적힌 결정을 이끌어낼 때까지 얼마나 힘든 과정을 거쳤는지 알릴 방법이 없었다. 또한 언론에 그 메모가 공개되면 NSC에 참여한 장관 중에서 누군가는 자신의 의견을 관철시킨 반면, 다른 누군가는 그렇게 하지 못한 사람으로 비칠 우려가 있었다.

언젠가는 럼즈펠드가 내게서 걸려온 전화를 한 번도 받지 않았다는 기사가 보도되었다. 하지만 이것은 전혀 사실과 달랐다. 정말 그랬다면 아마 내가 견디지 못했을 것이며 대통령도 그냥 넘기지 않았을 것이다. 사실 콜린 파월, 도널드 럼즈펠드, 그리고 나는 멀리 출장을 가지 않는 한 매일 아침 얼굴을 맞대고 국정을 논하던 사이였다. 럼즈펠드가 NSC 관계자들을 만나기 싫어한 것은 사실이었다. 그는 펜타곤을 지휘하는 일만 하기에도 하루가 너무 짧다며 NSC에 노골적으로 불만을 표시했다. 그렇긴 하지만 우리 사이에 대화가 단절된 적은 한 번도 없었다.

아이러니한 사실은 내가 국무장관이 되고 나서 그의 생각과 태도에 공감하게 되었다는 점이다. 국가안보보좌관의 핵심 업무는 여러 부서의 업무를 조정하고 대통령을 보좌하는 것이다. 그런데 NSC에서 관리해야 할 사람은 100여 명이었다. 국방부 업무는 매우 까다로운 데다 각 부서 장관들이 하는 일과는 판이했다. NSC의 몇 십 배에 달하는 대규모 조직을 관리해야 하므로 감독하고, 지시하고, 결정할 일이 산더미 같았다(일례로, 국무부는 직원 5만 7,000명이 세계 곳곳에 배치되어 있었으며, 펜타곤은 관리해야 할 민간인만 해도 70만 명 이상이었다). 이런 규모의 부서를 관리한다는 것은 결코 만만한 일이 아니었다. 가끔 국방장관 로버트 게이츠는 나에게 농담 반 진담 반으로 이런 말을 건넸다.

"우리 부서가 어떻게 돌아가는지 꿰뚫고 있는 사람은 아무도 없어요. 문제가 생긴 것을 알았을 때는 이미 늦어 손을 쓸 수 없을 겁니다."

장관들은 헌법에 따라 의회에 대한 책임도 지고 있었다. 상, 하원의원들은 각 선거구의 문제점에서 주요 정책에 이르기까지 관심을 기울여야 할 부분을 적절하게 부각시키는 역할이 바로 장관들의 몫이라고 여겼다. 따라서 각 부처 장관들은 보고서 제출, 브리핑, 심지어 공청회 참석으로 눈코 뜰 새 없이 바빴다. 더욱이 기자 간담회, 각종 행사, 잦은 출장 등으로 아무리 부지런하게 움직여도 늘 시간이 부족했다. 이런 상황에서 두 시간에 걸친 NSC는 국가안보보좌관에게는 매우 중요한 일이었지만 그들이 보기에는 시간 낭비에 불과했다. 더구나 하루에도 두세 번씩 백악관을 드나드는 것은 여간 번거로운 일이 아니었다.

이제 와서 하는 이야기지만 도널드 럼즈펠드와 콜린 파월은 뿌리 깊은 불신 때문에 각 부처 장관급 이하의 간부들에게 전혀 결정권을 허락하지 않았다. 그것만 아니었다면 NSC 횟수가 훨씬 줄었을지도 모른다. 두 사람은 정말이지 하나부터 열까지 달랐다. 콜린 파월이 국제 정세를 논할 때 서두르지 않고 조용히 여론을 만들어가는 스타일인 반면, 도널드 럼즈펠드는 대립과 충돌을 밥 먹듯 일으켰다. 흑백논리에 충실한 럼즈펠드는 시종일관 회색지대를 조금도 용인하지 않았고, 콜린 파월은 그런 태도를 아주 못마땅하게 여겼다. 물론 책임과 직무가 다르므로 의견 차이가 있는 것은 당연한 일이었지만 둘 사이의 문제는 심각한 수준이었다. 따지고 보면 성격뿐만 아니라 세계관도 완전히 대조적이었다. 도널드 럼즈펠드는 모든 문제를 흑백논리로 따지려 했다. 공교롭게도 이런 태도는 대통령 임기 초반에, 특히 9.11테러가 발생한 후에 대통령과 잘 맞을 때가 많았다.

그 밖에도 도널드 럼즈펠드가 펜타곤 운영에 대한 사항을 외부에 철저히 비밀로 한 것 때문에 여러 문제가 나타났다. 그는 의사 결정권을 직속 부하들에게 위임했다고 큰소리쳤지만 구체적으로 어떤 결정권을 위임했는지 한 번도 속 시원하게 밝히지 않았다. 럼즈펠드 밑에서 일하는 사람들은 그가 화를 낼까 봐 한시도 마음을 놓지 못했다. 펜타곤의 분위기는 살얼음판 같아서 국방장관이 입을 열 때까지는 아무것도 결정할 수 없었다. 그 때문에 스티븐이 이끄는 국가안보차석위원회*각 부처에서 두 번째 자리에 있는 실권자들의 모임가 삐걱거렸고, 도널드 럼즈펠드 본인이 그토록 싫어하는 장관급 회의가 자주 소집되었다.

대체적으로 럼즈펠드와 나 사이의 문제는 주변의 도움 없이 해결되곤 했다. 그렇지만 시간이 흐를수록 부딪치는 일이 늘어나기만 했다. 대통령 비서실 관계자가 부처 장관의 의견을 반박하는 것은 그리 쉬운 일이 아니다. 그런 상황을 지켜보는 대통령도 마음이 불편할 수밖에 없다. 그런 점을 잘 알면서도 NSC에서 팽팽하게 맞서는 상황이 여러 차례 벌어졌다. 하루는 회의에서 금방이라도 서로를 잡아먹을 것처럼 으르렁거린 후에 나란히 로즈가든을 따라 걸을 기회가 생겼다. 나는 럼즈펠드를 쳐다보며 물었다.

"우리는 도대체 뭐가 문제일까요?"

"나도 모르겠어요. 예전에는 참 잘 맞았는데 말이죠. 당신은 똑똑하고 헌신적으로 일하는 사람이에요. 그런데 지금은 그게 아무 소용이 없군요."

'내가 똑똑하다고?'

그제야 비로소 문제의 발단을 알 것 같았다. 예전에 럼즈펠드와 함께 일할 때는 모든 것이 편안하고 순조로웠다. 그는 고위급 정치인이었고 나 역시 승승가도를 달렸다. 하지만 이제는 상관과 부하 직원이 아니라 둘의 지위가 동등해진 것이다. 럼즈펠드는 이런 변화를 받아들이기 어려워했다.

반면, 콜린 파월은 내가 맡은 직책에 대해 전혀 거부감을 느끼지 않았고 개인적으로도 나와 좋은 관계를 유지했다. 우리가 처음 만난 1987년에 그는 국가안보부 차관이었고 나는 합동참모본부에서 1년간 펠로십을 밟고 있었다. 한번은 파월과 아내 앨마가 근사한 점심을 대접했다. 우리 셋은 나의 미래에 대해 의논하면서 많이 친해졌다. 앨마는 나와 마찬가지로 앨라배마주 버밍엄 출신이었다. 그녀의 삼촌은 주에서 두 번째로 큰 흑인 대상 고등학교 교장이었는데 나의 아버지를 잠깐 고용한 적이 있었다. 그녀의 부친인 R.C. 존슨 씨는 주에서 가장 큰 피커고등학교의 교장이었으며 흑인 중산층 사회에서 전설적인 인물로 알려져 있었다.

콜린 파월은 NSC를 이끌어가는 것이 얼마나 힘든지를 잘 알기에 언제나 도움과 지지를 아끼지 않았다. 하지만 그 역시 내가 국무부 일이나 그의 의견을 별로 존중하는 편이 아니라고 생각하는 듯했다. 파월은 대통령에게 국방부가 잘못한 점이나 어물쩍 피해가려는 태도를 제재하도록 재촉하곤 했다. 하지만 그가 지적한 문제들의 일부는 사실이 아니거나 오해에서 비롯되었다. 그동안 국무부 일로 얼마나 자주 대통령을 만났는지를 알면 오히려 나에게 미안함을 느낄 것이다.

한편, 콜린 파월이 자신의 영향력을 온전하게 과시하지 않은 까닭은 아직도 풀리지 않은 수수께끼다. 나는 이따금 대통령에게 콜린 파월과 함께 저녁 식사를 하라고 제안했다. 그렇게 시간을 보내고 나면 두 사람 사이는 눈에 띄게 개선되었다. 회의가 열리기 전, 대통령에게 콜린 파월의 기분이 몹시 언짢아 보인다고 여러 번 얘기했으며, 파월도 자기 입으로 그렇게 말할 것이라고 귀띔한 적이 여러 번 있었다. 파월이 입을 열지 않으면 대통령으로서는 그의 불만이 얼마나 심각한지를 알 길이 없었다. 나는 겉으로 드러난 표정이나 행동만으로 속마음을 짐작하는 것을 싫어하지만 어떤 때는 콜린 파월이 화난 이유가 정말 궁금했다. '뼛속까지 군인'이라서 대통령이 이래라 저래라 하는 느낌이 싫었을지 모른다. 직접 대통령 선거에 출마해서 당선되지 않은 이상 참아야 한다는 것은 본인도 알고 있었을 것이다. 이처럼 대통령과 콜린 파월의 관계는 분명한 선을 지켰으나 미묘하게 얽힌 구석이 있었다.

대통령은 콜린 파월과 도널드 럼즈펠드가 앙숙 관계이며 의사 결정을 어렵게 하는 장본인이라는 것을 알고 있었다. 내가 할 일은 두 사람 사이의 인간적인 불신을 될 수 있는 대로 무마하는 것이었지만 갈수록 관계가 악화되는 바람에 내 역할도 힘들어졌다. 콜린 파월도 오랫동안 고민한 끝에 어느 날 이렇게 말했다.

"대통령께서는 이런 상황을 아시면서 왜 방관하시는 걸까요? 우리 둘 중 한 사람이 빠져야 해결될 문제 아닙니까?"

어쩌면 그의 견해가 옳았을지도 모른다. 그의 말대로 내가 직접 대통령을 찾아가서 둘 중 한 사람을 물러나게 하라고 요청했어야 했는지도 모른다. 내가 대통령이라면 누구를 물러나게 할 수 있었을까? 콜린 파월은 외교 정책에 필수적인 인물이었으며, 도널드 럼즈펠드는 펜타곤을 지휘하며 한창 전쟁을 치르고 있었다. 그래서 나는 둘 중 하나를 버리는 것보다 어떻게든 두 사람이 손발을 맞추도록 구슬려야 한다고 생각했다. 힘든 순간이 아주 많았지만 두 사람의 문제를 온몸으로 막아내면서 배운 교훈은 국무장관이 되었을 때 큰 도움이 되었다.

결국 나는 이러지도 저러지도 못하고 묵묵히 참았다. 하지만 도널드 럼즈펠드는 부통령에게 내가 국무부 편을 들어 왜곡된 결정을 내린다고 비난했다. 또 콜린 파월은 국방부가 부통령과 손을 잡고 국무부의 힘을 약화시키려 한다면서 나를 다그쳤다. 이렇게 두 부처의 수장들이 서로 잡아먹지 못해 안달하자 국무부와 국방부 직원들의 사이도 계속 멀어져 업무 협조를 기대하기란 사실상 불가능했다. 끝내는 국방부가 국무부의 허를 찌르고 이용한다는 제보까지 언론사에 들어갔다. 물증은 없지만 정황으로 보아 국무부 직원들이 흘린 게 분명했다. 그 때문에 상황은 더욱 악화되었다. 누구보다 긴밀하게 협조해야 할 부서 사이에 불신의 골은 더욱 깊어졌으며, 대통령이 어느 부서 편에 서는지를 두고 온갖 억측이 난무했다. 사람들이 기자들에게 섣부른 이야기를 흘리는 목적은 아는 척하거나 영향력을 과시하려는 데서 비롯된다. 하지만 나로서는 콜린 파월이 다른 부처와 대립 관계에 놓일 때마다 번번이 고배를 마신다는 것이 어떻게 국무부의 영향력을 다지는 데 도움이 되는지 이해할 수 없었다. 그런데 국무부에 대한 지지도가 나날이 높아지는 것을 보고 나는 할 말을 잃었다.

이처럼 뿌리 깊은 불신과 악순환에서 벗어나기 위해 얼마나 오랫동안 고민했는지 모른다. 스티븐 해들리와 나는 이런 문제점을 끌어안은 채 국정이 제대로 돌아가게 하려고 온갖 애를 썼다. 그런 와중에도 아프가니스탄 내전과 라이베리아 분쟁을 가라앉히고, NATO에 파격적인 안건을 상정하고, 팔레스타인과 이스라엘 분쟁에 대한 접근 방법을 바꾸는 등 힘겨운 몇 차례의 고비를 넘겼다. 하지만 이라크 전쟁세 부과로 온 나라가 떠들썩해졌을 때, 사적인 대립 구도라는 NSC의 최대 약점 때문에 무너지기 일보 직전까지 가고 말았다.

3

바그다드가 망친 멕시코 순방

　누구나 대통령에 당선되면 새로운 외교 정책을 품고 백악관에 첫발을 내딛는다. 집권당이 선거 결과에 따라 바뀌지 않을 때도 마찬가지이다. 조지 H.W. 부시 대통령이 1989년에 백악관에 들어오자 브렌트 스카우크로프트는 NSC 위원들에게 새로운 정책을 구상하라고 지시했다. 새로운 백악관 식구들이 자리 잡을 시간을 만들어주려는 의도였다. 또한 유럽과 구 소련 정책의 경우, 로널드 레이건 대통령이 1988년에 미하일 고르바초프와 지나친 친화 정책을 추진한 것으로 보였기 때문에 두 나라의 거리를 다시 적정선으로 되돌리려는 것이었다. 나도 두 가지 안건을 처리했는데 전체적인 검토 결과는 동유럽과 구 소련의 변화에 대한 불신으로 가득했다. 우리는 공산주의가 빠르게 붕괴하는 모습에 주목했다. 그리고 비로소 해묵은 경계심을 늦출 수 있었다. 우리의 정책 방향에 고르바초프의 동기에 대한 의심이 가득했으며, 심지어 모스크바에서 일어나는 변화의 배후를 캐기 위해 주도면밀한 '테스트' 장치까지 마련했다는 사실을 아무도 기억하지 않았다. 그로부터 불과 몇 달 후에 동유럽 국가들은 구 소련의 손아귀에서 완전히 벗어났으며, 독일은 마침내 통일을 맞았다.

열띤 경쟁으로 수놓인 선거가 끝난 후 집권당이 바뀔 때면 언론의 이목을 장악하려는 움직임이 그 어느 때보다도 활발해진다. 부시 대통령의 정책은 선거 운동 과정에서 이미 여러 번 공개되었으므로 즉시 선거 공약을 실천하는 데 주력했다.

1999년 11월, 로널드 레이건 대통령 기념 도서관에서의 연설은 그의 정책을 가장 포괄적으로 다룬 것이었다. 연설 내용만큼이나 장소가 주는 의미도 컸다. 그곳에서 연설한다는 것은 마치 레이건 대통령이 새로 취임한 대통령에게 선뜻 손을 내미는 것에 견줄 만한 일이었다. 특히 낸시 레이건은 많은 사람들의 기억 속에 고매한 이미지로 남아 있었다. 그녀는 레이건 대통령의 임기 내내 뜨거운 사랑과 존경을 받았다.

그러나 당시 선거 운동에는 또 다른 의미가 숨어 있었다. 그것은 바로 조지 W. 부시의 당선이 조지 H.W. 부시의 재선을 사실상 뜻할 것인지 하는 문제였다. 이 문제는 세금에 대한 국내 정책뿐만 아니라 외교 정책에서도 시사하는 바가 컸다(상당수의 공화당 지지자들은 41대 조지 H.W. 부시 대통령이 '세금을 더 부과하는 일이 없을 것'이라는 공약을 어긴 것에 분노했다. 그들은 43대 조지 W. 부시 대통령이 또 실망을 안겨주는 일이 없기를 기대했다). 당시 보수파 정권 인사들은 조지 H.W. 부시를 매우 의심스런 눈으로 지켜보고 있었다. 사람들은 시종일관 두 부자의 정책을 비교, 대조했다. 그야말로 현실주의 대 이상주의, 유연한 외교 정책 대 대립 정책, 타협 대 절대주의, 신중함과 무모함 등의 표현처럼 극적인 대조가 이루어졌다. 하지만 나는 이런 흑백논리에 치중한 표현이 마음에 들지 않았다. 두 부자의 기질이나 스타일에는 분명 차이가 있었다. 조지 W. 부시 대통령이 화를 잘 내는 편이었으나 일 처리는 더 명확했다. 하지만 두 사람의 차이 못지않게 1989년과 2001년의 세계정세도 크게 달라져 있었다. 조지 H. W. 부시 대통령은 시의적절한 대응과 노련한 화술로 냉전을 종식시킨 주역으로 역사에 길이 남을 것이다. 완벽하지는 않지만 걸프전 승리 역시 화려한 업적에서 빼놓을 수 없다.

그러나 냉전을 승리로 이끈 결정적인 순간은 이오시프 스탈린과 니키타 흐루시초프가 맹위를 떨치던 암울한 시기로 거슬러 올라가야 한다. 로널드 레이건 대통령은 1980년대에 들어서자마자 구 소련을 상대로 마지막 경고를 발했다. 그는 구 소련을 악의 제국이라고 명명하고 막대한 예산을 국방부에 쏟아부었다.

조지 H. W. 부시가 대통령에 당선될 무렵, 구 소련은 이미 이빨 빠진 호랑이였다. 물론 임종을 코앞에 둔 상태였지만 한때 세계를 공포에 몰아넣은 강국이었으므로 여전히 조심스럽게 다뤄야 했다. 평화로운 협정 조건에 따라 동, 서독을 통합시키고 동유럽에 자유의 물결이 흐르게 하는 것은 상당히 어려운 일이었다. 그렇지만 구 소련은 결국 꺼질 수밖에 없는 촛불이었다. 미하일 고르바초프와 그의 오른팔 예두아르트 셰바르드나제 외무장관도 그 점을 알고 있었다. 2001년에 구 소련은 국제 무대에 새로 등장한 알카에다와 그에 못지않은 세력을 자랑하며 혁명을 외치는 극단주의자들의 위협에 맞서기 위해서 어쩔 수 없이 조지 W. 부시에게 무릎을 꿇었다. 이를 계기로 역사는 새로운 무대 위에 서게 되었고, 모든 것이 불안정한 상태였다.

1999년에도 미국 정부가 맞설 문제가 얼마나 심각한지 파악할 수 없었다. 레이건 기념 도서관 연설에서 부시 대통령은 러시아와 중국을 비롯한 주요 국가들에 대한 외교 정책 방향을 대략 제시했다. 기존의 정부 방침에 비해서 크게 다른 것이 없다고 생각한 사람들도 있었다. 대통령은 또한 인도가 세계 최대 규모의 민주주의 국가로 발돋움해 국제사회에서 중요한 역할을 수행할 것이라고 예견했다. 동시에 미국과 인도의 무역 및 투자 기회를 확대, 개선할 것이라고 힘주어 말했다. 그날 발표된 외교 정책의 핵심은 라틴아메리카 지역에 대한 부시 대통령의 남다른 관심과 해박한 지식으로 점철되었으며, 미국 정부의 외교 정책에 새로운 측면이 부각될 것임을 예고했다. 그해 겨울, 나는 이 연설을 더 자세히 설명한 기사를 《포린 어페어스》*국제 관계 평론 잡지에 넘겼다. 하지만 역시 그날 발표한 외교 정책의 핵심은 라틴아메리카 지역에 대한 미국 정부의 외교 정책에 새로운 측면이 부각될 것임을 예고했다.

주지사는 2000년 8월, 마이애미 연설에서 '인접 국가, 즉 이웃'의 중심적인 역할과 중요성을 강조한 바 있다. 그는 라틴아메리카를 외교 정책의 핵심에 둘 것이며, 멕시코와 우호 관계를 돈독히 하고 자유 무역을 재개해 남-북 아메리카 대륙 국가들의 자유, 발전, 민주주의 정착에 지원을 아끼지 않겠다고 약속했다.

2001년 2월, 대통령이 처음으로 외교 순방에 나섰다. 이번 순방은 그의 약속을 실행에 옮길 수 있는 최초의 기회를 뜻했다. NATO 정상회담과 G8 회의*서방 선진 8개국 회의 등은 반드시 참석해야 할 일정이었다. 나머지 일정은 대통령의 선거 공약을 실천하는 것과 밀접한 관련이 있었다. 부시 대통령은 첫 번째 일정으로 산크리스토발에 있는 비센테 폭스 멕시코 대통령의 사유 목장을 방문했다. 외교 정책에서 라틴아메리카 지역을 우선시하겠다는 강한 의지를 엿볼 수 있는 대목이었다.

이것은 라틴아메리카 지역 전체를 우선 공략하면서, 특히 멕시코와 우호 관계를 돈독히 한다는 뜻으로 해석할 수 있었다. 비센테 폭스 대통령과 부시 대통령은 당선 직후 댈러스에서 무역 확대, 국경 재정비, 이민 정책 개선, 자유 시장 전면 확대 등을 논의한 바 있었다. 주지사로 활동할 때부터 잘 알던 사이였기에 두 사람은 돈독한 유대 관계를 오랫동안 유지해왔다.

멕시코는 민주주의 운동이 한창 진행되고 있었으며 폭스 대통령의 당선으로 민주주의 열기가 더욱 고무된 상태였다. 그의 당선은 71년 만에 야당이 거둔 승리였다. 이전 대통령인 에르네스토 세디요는 임기를 마칠 때 개인 재산이 더 늘어나는 일이 없을 것이라고 단언하며 청렴한 정치인으로서 새로운 모범을 제시했다. 바통을 이어받은 폭스 대통령은 더 높은 이상을 제시했다. 그것은 바로 멕시코를 민주주의 국가로 확립하고 여, 야 사이에 정권 교체가 평화롭게 이루어질 수 있는 토대를 놓는 것이었다.

조지 W. 부시 대통령은 비센테 폭스 대통령이 멕시코 발전에 크게 기여할 것이라고 굳게 믿었다. 멕시코는 부패 정권과 독재적인 정치가들 때문에 경제, 사회적으로 오랫동안 발이 묶여 있었다. 부시 대통령은 이러한 멕시코 정권을 개혁하려는 비센테 폭스 대통령을 전폭 지원하겠다는 의사를 표명했다. 사실 두 나라는 오랫동안 좋지 않은 관계가 이어졌으며 서로에 대해 부정적인 기억만 가지고 있었다. 멕시코는 미국에게 중요한 존재임을 거듭 강조하면서 과거의 오만함을 버리고 진정한 의미의 친선국이 될 것임을 약속했다.

대통령 전용기는 2001년 2월 16일 오전에 출발했다. 멕시코 과나후아토에 내리자 비센테 폭스 대통령과 그의 언론 대변인이었다가 결혼을 약속한 마르타 사하건이 우리를 맞이했다. 비센테 폭스는 피부색이 짙고 몸집이 큰데다 인물도 훤칠했다. 19세기 후반 멕시코 대농장을 배경으로 하는 영화 주인공에 어울리겠다는 생각이 들었다. 그는 코카콜라 멕시코 지사장을 지낸 비즈니스맨 출신으로 영어를 모국어처럼 유창하게 구사했다. 드넓은 농장에서 말을 타고 달리는 모습도 아주 잘 어울렸다. 승마를 무척 좋아하는 것이 분명했다. 승마에 관심이 없던 부시 대통령이 백악관에서는 말을 키우지 않는다는 말에 실망하는 기색이 역력했다는 말을 나중에 들었다.

목장으로 가는 길에 비센테 폭스 대통령의 81세 노모를 찾아가 인사를 드렸다. 우리는 차에 남아 있고 두 대통령만 집으로 들어갔다. 집의 겉모습을 보고 비센테 폭스 대통령이 자수성가한 인물임을 알 수 있었다. 집에서 나와 다시 목장으로 향하는 길 양쪽으로 늘어선 멕시코 시민들의 열렬한 환호에 우리는 모두 기분이 으쓱했다. 성조기를 흔드는 사람들도 간간이 보였다. 어느 나라에 가든 사람들이 성조기를 흔들며 자동차 행렬을 환호하는 모습을 볼 수 있지만 그중에는 미국에 대한 반감을 강하게 드러내는 경우도 있다. 이번에는 모든 시민들이 우리를 따뜻하게 환영해주었다.

목장에 도착하니 내가 상상했던 것과 전혀 다른 경관이 펼쳐졌다. 한 폭의 그림 같은 멕시코 특유의 자연 경관을 배경으로 집들이 끝도 없이 이어져 있었다. 우리가 들어간 집은 그중에서 가장 큰 저택이었다. 형형색색의 타일로 한 쪽을 막고 하얀 스투코로 천장을 장식한 파티오가 인상적이었으며, 평온하고 아름다운 시골 마을이 한눈에 내려다보이는 곳에 자리 잡고 있었다. 커다란 목재 테이블에 둘러앉으면서 나는 이렇게 생각했다.

'모든 일이 다 잘 풀리고 있어서 정말 다행이야.'

미국과 멕시코 두 정상의 만남은 순조롭게 시작되었다.

그곳에서 이야기를 나눈 지 한 시간쯤 지났을까? 백악관 대변인으로 대통령을 그림자처럼 수행하는 아리 플레이셔가 아주 낮은 목소리로 나를 불렀다. 그는 거의 하루도 빠지지 않고 언론사의 질문과 독촉에 시달렸지만 나와는 항상 편안하고 우정에 가까운 관계를 유지하고 있었다. 오래전부터 국가안보보좌관과 백악관 대변인이 서로 믿고 의지할 수 있는 사이가 되어야 한다고 누누이 강조하던 사람이었다. 매일 아침 찾아와서 대통령에 대한 새로운 소식이 있는지 확인하고 그날 대통령이 공격과 방어 중 어느 노선을 선택할 것인지 예측하려 했다. 나는 종종 외부에 공개할 수 없는 사안에 대해 묵비권을 행사할 것이므로 이해해줄 것을 부탁하면서 어떤 일이 있어도 그를 속이는 일은 없을 거라고 약속했다.

그 순간에 아리가 무슨 생각을 하는지 알 수 없었지만 잠깐 자리를 옮겨서 긴히 할 말이 있는 것은 분명했다. 몹시 다급해 보였지만 대통령 바로 옆자리에 앉은 터라 선뜻 빠져나오기 곤란한 상황이었다. 그렇지만 아리의 표정을 보니 더 이상 꾸물거릴 수 없었다. 나는 양해를 구한 후 자리를 옮겼다. 아리는 다짜고짜 "도대체 무슨 이유로 바그다드에 폭격을 가한 겁니까?"라고 다그쳤다.

"아니, 지금 무슨 말을 하는 겁니까?"

"바그다드를 폭격했다는 뉴스가 벌써 나갔답니다. 모든 기자들의 전화가 불통이 될 지경이에요."

즉시 테이블 쪽으로 가서 콜린 파월과 카렌 휴스를 조용히 불러냈다. 출연자들이 하나씩 자리를 뜨고 결국 한 명만 무대 위에 덩그러니 남는 텔레비전 쇼를 연상시키는 순간이었다. 멕시코 대통령과 그의 측근들이 뭐라고 할지 생각할 겨를도 없었다. 미국과 멕시코의 외교 관계가 새로운 출발을 맞는 역사적인 순간에 초를 치는 것이나 다름없었다. 마침내 부시 대통령도 하던 말을 끝내지도 않은 채 무슨 일이냐며 불편한 심기를 드러냈다. 나는 귓속말로 이라크에 문제가 생겼다며 곧 자초지종을 말씀드리겠다고 했다. 더 말할 것도 없이 멕시코와의 관계 개선을 위한 방문은 보기 좋게 실패로 끝나버렸다.

나는 떨리는 가슴을 누르며 백악관에 계속 전화를 걸었다. 마침내 스티븐 해들리와 통화할 수 있었다. 그는 펜타곤에 연락을 취한 후 '평소대로' 미국이 장악하고 있는 이라크 영공을 정찰하던 중 "바그다드 영공에 조금 가까이 다가간 것 같다."고 설명했다. 펜타곤에서 들은 내용을 우회적으로 표현한 것이었다. 그 때문에 도시 전체에 공습경보가 울린 것 같았다. 상황을 정확히 파악하느라 시간을 더 허비할 수 없었다. 언론 보도 자료를 만드는 것이 우선이었다. 1991년, 걸프 전쟁을 종식시킨 군사 협정에 대한 의무를 다하기 위해 미국 정찰기가 운항 중이었으며 이는 사담 후세인이 항공기로 민간인이나 이웃 나라를 위협하지 못하도록 억제하는 방침이라고 밝혔다. 이른바 '비행 금지 구역'에 대한 정찰이었다.

　기자회견장은 한마디로 아수라장이었다. 대통령은 당황하지 않고 미국과 멕시코의 외교 관계, 멕시코에서 민주주의가 자리 잡기를 염원하고 지지하는 미국 정부의 입장, 비센테 폭스 대통령과 우호적인 관계를 형성하려는 개인적인 의지에 대해 먼저 이야기했다. 그렇지만 아무도 귀를 기울이지 않았다.

　'바그다드를 왜 폭격했습니까?' '전쟁을 선포하는 겁니까?' '멕시코 대통령에게도 우리가 전쟁을 할 거라고 말씀하셨나요?'라는 질문이 쏟아져 나왔다. 사실 나는 그날 오후 내내 뜨거운 햇볕 때문에 몸 상태가 좋지 않았다. 그렇지만 갑작스레 이런 문제가 터지자 너무 당황한 나머지 몸이 안 좋은 것도 모두 잊어버렸다. 두 대통령은 기자회견을 마무리했고 우리는 각별 인사를 하는 둥 마는 둥 한 채로 돌아왔다.

　그런 일이 없었다면 비센테 폭스 대통령과 부시 대통령은 훨씬 돈독한 사이가 되었을 것이다. 두 사람의 관계가 더 이상 발전하지 못한 또 다른 이유도 있었다. 이를테면, 멕시코는 이민 정책 개혁에 큰 기대를 걸었지만 워낙 민감한 사안이라 우리 힘으로는 아무것도 바꿀 수 없었다. 심지어 대통령도 정책 개혁을 간절히 원했지만 끝내 이룰 수 없었다.

　2001년 9월 11일 테러를 계기로 양측이 또 한 번 실망하는 일도 있었다. 멕시코 정계 인사들이 미국을 방문해 양국 각료들이 역사적인 만남을 이룬 지 불과 며칠도 지나지 않아서 9.11사태가 벌어진 것이었다. 이 사건 때문에 백악관의 관심은 국내로 방향을 틀었고, 미국이 시급한 당면 과제를 해결하는 데 멕시코가 지원하기를 기대했지만 비센테 폭스 대통령은 아무 반응을 보이지 않았다. 아무래도 첫 만남이 뜻하지 않은 이유로 어색하게 끝난 것이 그 후 계속된 시도에도 부정적인 영향을 주었던 것 같다.

　그날 밤 우리는 텍사스 주 크로포드에 있는 부시 대통령의 사유 목장으로 향했다. 또 전쟁이 터져 장기화될까 다들 잔뜩 긴장한 상태였다. 텔레비전 채널마다 공습 당시 상황을 반복해서 보여주고 있었다. 사담 후세인은 각 병원마다 부상자와 사망자가 넘친다며 온갖 자료를 내놓았다. 언론을 장악하고 대중을 현혹시키는 데 그를 따를 자가 없다는 말이 옳았다. 영공 침해가 발생한 지점은 바그다드에서 멀지 않은 곳이었다. 뉴스에 대대적으로 보도될 만큼 민간인 부상자가 대거 발생했다는 것은 앞뒤가 맞지 않았다. 대통령은 "딕(부통령)에게 전화해봐야겠어."라고 말했다. 외교 정책에 노련한 사람에게서 위로와 조언을 얻으려는 것이 분명했다. 부통령은, 미국이 사담 후세인을 강하게 제압하는 모습을 보여준 것이라며 손해 볼 것이 없다고 말했다. 하지만 멕시코 '손님'들의 눈에는 미국이 또 한 번 거만함을 드러낸 사건일 뿐이라고 비쳤을 것이다.

다음 날 아침, 《뉴욕타임스》에 부통령의 말이 고스란히 보도된 것을 보고 화들짝 놀랐다. 이번 공습이 '시의적절한 경보'였으며, 부시 정부는 '이라크에서 또다시 군사적 위협이 발생하는 것을 막기 위해 무력 사용도 서슴지 않을 것'이라는 기사였다. 《워싱턴포스트》는 '이번 공습을 계기로 다소 해이한 모습을 보이던 미 정부의 방침이 제자리를 찾는 것 같아서 다행이며 안심'이라고 보도했다. 나는 대통령과 아침 식사를 하러 식당으로 향하며 이렇게 말했다.

"각하, 저는 단지 운이 좋은 것과 바람직한 것의 차이 정도는 알고 있습니다. 그 점을 각하께서도 알아주셨으면 좋겠습니다."

우리는 워싱턴으로 돌아가 당시 상황에 대해서 자세한 보고를 받았다. 멕시코를 출발하기 며칠 전에 스티븐 해들리와 나는 조만간 비행 금지 구역 미션이 실시될 것이라는 보고를 받았다. 하지만 안타깝게도 비행 금지 구역에 대해 아는 바가 없어 몇 가지 중요한 질문을 빠뜨리고 말았다. '정찰 임무는 얼마나 자주 수행합니까?'라든가 '바그다드까지 거리는 얼마나 됩니까?'라는 질문을 하지 못한 것이 정말 후회스러웠다. 그렇게 질문했다면 그 장교는 분명히 '자주는 아닙니다.'라든가 '매우 가깝습니다.'라고 대답했을 것이다. 그렇게 대답한 후라도 정찰기가 직접 무기를 발사해 교전을 벌일 가능성이 있었다고 순순히 인정하지는 않았을 것이다. 그런 질문을 빠트린 것은 오롯이 내 실수였다. 시간이 지나고서야 그때 더 예리하게 묻지 못한 것을 후회했다. 지금까지 백악관에 근무하는 동안 군에서 예기치 못한 사건이 발생해 엄청난 파장을 일으킨 사건을 수도 없이 목격하지 않았던가? 의도하지 않은 사건 때문에 곤욕을 치르거나 뒷수습을 하느라 진땀을 흘린 적이 얼마나 많았던가? 이번 실수는 또 한번 나에게 잊을 수 없는 교훈을 남겼다.

멕시코에 있는 동안 벌어진 이 사건을 통해 사담 후세인이 장악한 이라크가 미국에 가하는 위협이 얼마나 고질적인지 새삼 깨닫게 되었다. 사실 처음부터 국가안전보장회의는 이라크 문제를 무엇보다 염두에 두고 있었다. 일반인들은 사담 후세인을 타도하는 것이 최우선이라고 여겼지만 우리의 목적은 그게 아니었다. 걸프전 이후로 자리 잡은 견제 세력을 강화하는 것이었다. 걸프전은 후세인 정권을 뒤엎지 못한 채 이라크군을 쿠웨이트에서 쫓아내는 것으로 어정쩡하게 마무리되었다. 조지 H. W. 부시 정권은 1991년에 사담 후세인 정권이 와해되어 그가 권력에서 물러났거나 은신했을 것이라고 추론했으나 그 예상은 완전히 빗나갔다.

국제사회는 사담 후세인이 자국민들과 인근 국가를 공격하거나 대량 살상 무기를 다시 비축하지 못하게 하려고 여러 가지 제약을 마련해두었다. 비행 금지 구역도 그런 방편에서 만든 것이었다. 하지만 그런 제약은 곳곳에서 눈 녹듯이 무너지고 있었다. 예를 들어, 중국이 수도 내부와 근교에 광섬유 시스템을 건설하는 바람에 이라크의 군 통신망을 추적하는 데 어려움이 가중되었다. 사담 후세인은 자신의 영향력을 지키기 위해 끊임없이 새로운 방법을 개발하고 있었다.

걸프전은 1991년에 종식되었다. 국제사회는 그제야 비로소 사담 후세인이 대량 살상 무기를 손에 넣는 데 기대 이상으로 능숙하다는 점을 알았다. 사담 후세인이 고배를 마시고 떠난 뒤 현장에 도착한 조사관들은 그가 1년 후에 핵무기가 완성되기를 기다리고 있었다는 사실을 알고 깜짝 놀랐다. 사담 후세인은 두 차례에 걸쳐 화학 무기를 살포한 적이 있었다. 처음에는 이란을 공격했고 두 번째는 쿠르드를 표적으로 삼았는데, 두 번 다 수천 명의 무고한 사람들을 희생시켰다. 1990년대가 다 지나가도록 국제사회는 사담 후세인의 재기를 억제하는 데 온 힘을 기울였다. UN 사찰위원회의 권한을 확대해야 한다는 내용의 결의문을 연속해서 16회까지 채택했다. 그렇지만 해가 거듭될수록 감찰 체제는 여러 측면에서 약화되었다. 사담 후세인은 영국과 미국 출신의 감찰관을 제외하고 다양한 국적의 감찰관을 투입하려 했다. 새로운 요원들 대다수는 대량 살상 무기 분야에 대한 지식이나 경험이 없었다. 1990년대 말에 안전보장이사회는 후세인의 끈질긴 요구에 두 손을 들었다. 사담 후세인은 일부 지역에서 무기 검열을 실시할 때 사전 통보를 요구했으며 실제로 사전 통보를 받아내기에 이르렀다(심지어 사담 후세인의 수하들은 검열관들에게 학대와 폭력을 행사하는 일도 있었다). 검열관들은 불시에 들이닥칠 권한을 잃고 빛 좋은 개살구 처지가 되었다. 그렇게 서서히 국제사회는 '이라크 정권을 존중'하는 분위기에 젖어들었다. 시간이 흐를수록 이라크는 이미 통제력을 잃다시피 한 UN 사찰위원회를 노골적으로 무시한 채 제멋대로 굴었으며, '이라크에서 도대체 무슨 일이 벌어지고 있는가?'라는 의구심이 증폭되었다.

마침내 빌 클린턴 대통령은 1998년 12월 의심되는 지역에 군사 공격을 가하도록 지시했다. UN 사찰위원회 위원들은 공습이 시작되기 직전에 이라크를 빠져나가서 2002년까지 돌아오지 않았다. 그때까지 이라크 정권은 비협조적인 태도로 일관했다.

　1991년 이후로 오일 판매 금지 정책을 비롯해 이라크의 군사력 증강에 기여할 수 있는 요소들은 모두 금지되거나 광범위한 제약을 받고 있었다. 따라서 시민들은 의약품이나 식량과 같은 기본적인 생필품을 구할 수입마저 확보할 수 없었다. 제약이 계속되자 국민들의 생활은 몹시 피폐해졌다. 1990년대 후반부에는 영양실조에 걸린 사람들이 전체의 20퍼센트를 넘어섰다. 1996년에 비로소 오일-식량 프로그램이 도입되어 일정량의 원유를 수출하게 되었다. 수출액은 에스크로*escrow, 구매자와 판매자 사이의 신용 관계가 불확실할 때 제3자가 중개하는 매매 보호 서비스에 맡겨 식량과 약품을 구매했다. 하지만 이러한 대책 마련은 어디까지나 원칙일 뿐이었고 이라크 정부가 순응하리라는 기대는 헛된 꿈이었다. 사담 후세인은 원하는 것을 사들이기 위해 위상 기업을 만들고 금융 거래를 조작하는 데 이골이 난 인물이었다. 그는 온갖 계략을 동원하고 뇌물을 사용해 국제사회의 제재를 무용지물로 만들었으며 엄청난 자금을 착복했다.

　1월 초 어느 날, 부시 대통령은 인터뷰 자리에서 이러한 문제점을 논하며 사담 후세인에 대한 제재가 '스위스 치즈처럼' 구멍투성이라고 말했다. 나는 즉시 NSC를 소집해서 기존의 제재 정책을 재검토하고 비행 금지 구역의 효율성을 강화할 방안을 논의했다. 이라크 상황을 더 이상 방치해서는 안 될 수준에 이르렀으며 시급한 조처를 취해야 한다는 내용의 보고서를 작성해 장관급 외교-안보 회의에 제출하자 그날 바로 승인이 떨어졌다.

　첫 번째 안건은 국무부의 몫이었다. 이라크 정권의 세력 확장이나 군비 증강에 반드시 필요한 것만 추려서 '속임수나 빠져나갈 구멍이 전혀 없는 제재'를 가하는 것이었다.

　아쉽게도 새로 고안한 프로그램은 처참한 실패로 끝났다. 미국은 영국의 적극적인 후원을 믿고 새로운 제재 프로그램을 밀어붙였으나 금세 반대 의견에 부딪혀 좌절되었다. 예컨대, 미국은 헥트*트럭을 운반하는 대형 트레일러가 탱크로 개조될 가능성이 있으므로 이라크에 제공할 수 없다는 강경한 입장을 보였으나 호응을 얻지 못했다. 러시아가 제재 강화를 결사적으로 반대했으며 프랑스도 러시아 다음으로 부정적인 태도를 보였다.

알고 보니 러시아와 프랑스는 제재가 약화된 덕분에 비즈니스 거래에서 큰 이익을 누리고 있었다. UN이 단독으로 부패와 불법 거래를 조사한 결과, 이 사실이 분명하게 드러났다. 오일-식량 프로그램 감사팀은 이라크가 프로그램의 통제 시스템을 무너뜨렸으며 뇌물, 추가 요금, 밀반입을 통해 무려 130억 달러의 불법 수익을 챙긴 것을 적발했다. 보고에 의하면 이라크 정권은 이라크에 '우호적인 태도'를 보인 국가, 특히 '안전보장이사회의 상임 이사국으로서 이라크에 대한 제재를 약화시킬 수 있는 입장에 있는' 국가에 오일을 판매하는 '정책을 시종일관' 고수했다. 오일-식량 프로그램이 도입된 이래로 이라크에서 오일을 가장 많이 사들인 국가는 러시아였으며 프랑스가 뒤를 이었다.

이처럼 국제사회의 동의를 얻는 것도 어려웠지만 더 큰 문제는 사담 후세인의 군사력 증강을 억제하는 정책을 유지하는 것이었다. 왜냐하면 산업용으로는 합법적인 재료로 화학 무기나 생물학 무기를 만들 수 있었기 때문이었다. 예를 들면, 수영장 소독에 사용되는 염소는 치명적인 신경가스를 만드는 원료이기도 했다. 상황이 이렇다 보니 간결하고도 강력한 제재 프로그램을 완성할 기미가 보이지 않았다. 국제사회의 동의를 구하는 것은 고사하고 미국 정부의 입장을 단일화하는 데에도 오랜 시간이 걸렸다. NSC 장관들은 물론, 차관들까지도 의견이 분분해서 결론을 내리기 어려웠다.

합의를 도출하는 것은 거의 불가능한 것처럼 보였다. 한번은 일요일 오후에 NSC가 소집되었다. 대통령은 국무부가 프랑스, 영국, 러시아, 중국(미국까지 포함시키면 모두 안전보장이사회의 상임 이사국들로서 거부권을 행사할 수 있다)과 충분한 협상을 거쳤다는 이사회의 결의를 채택할 것인지 고심하고 있었다. 이 결의문은 '새로운 제재' 프로그램에 대한 세부 사항을 다루고 있었다. 도널드 럼즈펠드와 부통령은 결의문 내용이 부실하다고 생각했으나 내 생각은 달랐다. 우리는 합의점을 도출하지 못하고 결국 대통령을 찾아갔다.

콜린 파월에게 더 분발하라고 지시했지만 러시아 측은 이미 지금보다 더 강경한 제재를 가하는 방안은 거부할 것이라는 의사를 굽히지 않았다. 콜린 파월도 더 이상 손쓸 도리가 없는 것 같았다. 이틀 후 되돌아온 결의문은 일요일에 본 내용 그대로였다.

국무부가 '새로운 제재' 프로그램을 놓고 고심하는 동안 국방부는 비행금지 구역 개선 방안을 연구하고 있었다. 미국과 영국 조종사들이 쿠웨이트와 터키를 출발해서 이라크 영공을 일주일에 몇 차례씩 정찰했다(터키 수도 앙카라에서는 정찰 횟수를 줄이라는 압력을 계속 받아야 했다). 사담 후세인의 공군력은 최신 장비로 무장한 정찰기와 비교할 수준이 아니었으나 이라크군은 상습적으로 정찰기에 공습을 가했다. 그래서 이라크군의 '운이 좋으면' 정찰기가 추락할지 모른다는 우려의 목소리가 끊이지 않았다. 도널드 럼즈펠드는 이러한 가능성에 대한 대비책을 마련해야 했다. 특히 정찰 요원이 인질로 잡힐 가능성도 배제할 수 없었다.

우리는 또한 정보력을 최대한 동원해 외국으로 추방된 반대 세력을 파악해서 힘을 실어주는 방편도 연구했다. 의회는 휴전 협정에 따른 의무를 수시로 무시하며 제멋대로 행동하는 사담 후세인에게 강한 거부감을 느꼈다. 따라서 1998년에 이라크 해방법을 채택했으며 클린턴 대통령도 이를 승인했다. 그런데 추방된 사람들은 구성이 매우 복잡했다. 조직력이 뛰어난 쿠르드인들은 이라크 북쪽에 자리 잡고 살면서 그 지역을 휘어잡고 있었으며, 시아파 교도들과 수니파 교도들*시아파와 수니파는 이슬람교의 양대 분파은 시리아, 이란, 런던, 뉴욕 등 세계 전역에 흩어진 데다 동족들의 후원을 거의 받지 못하고 있었다.

정확히 말해서 휴전 협정을 강화하려고 1991년에 여러 조치를 취했으나 이렇다 할 효과를 보지 못했다. 결국 이라크 전쟁이 발발했고 전쟁을 둘러싼 논쟁이 불거지면서 한 가지 사실이 묻혀버렸다. 이미 10여 년 전부터 국제사회는 물론이고 미국의 양대 정당은 사담 후세인이 이끄는 이라크 정부가 중동을 또다시 위협하는 존재로 부상할 것을 우려했다. 1998년, 빌 클린턴 대통령이 지시한 공습은 의회에서 지지 417표, 반대 5표를 기록했다. '사담 후세인을 필두로 하는 이라크 정권을 무너뜨리고 민주주의 정부가 출범할 수 있도록 전폭적으로 지원'해야 한다는 의회의 결의는 조금도 흔들리지 않았다. 로버트 버드, 조셉 바이든, 다이앤 페인스타인을 비롯한 민주당 상원의원들은 모두 클린턴 정부의 무력 사용을 공개적으로 지지했다. 사담 후세인은 2001년에 걸프전 10주년을 맞이해 '승리'를 자축했으며, 심지어 쿠웨이트가 이라크 영토에 속한다고 말해 세상을 경악시켰다. 콜린 파월은 미국을 비롯한 우방 국가들이 쿠웨이트의 자유를 수호할 것임을 공개적으로 선언해 쿠웨이트를 안심시켰다. 그렇지만 내 기억에는 NSC 첫 회의는 물론이고 2001년에 열린 NSC 회의에서도 미국이 군사력을 동원해 이라크 정권을 타도할 것이라는 계획은 전혀 거론되지 않았다.

이라크 외에도 대량 살상 무기를 손에 넣으려 혈안이 된 악의 정권이 또 하나 있었다. 우리는 NSC 첫 회의부터 북한을 요주의 대상으로 지목했다. 대통령 취임식 얼마 후 남한은 김대중 대통령과 부시 대통령이 직접 만나 북한에 대한 미국 정부의 입장을 재고할 것을 강력히 요구했다.

우리는 선거 운동을 할 때 클린턴 정부의 미-북 핵 동결 협약 체결을 강하게 비판했다. 1993년에 북한은 UN 산하 핵무기 조사단인 국제원자력기구에서 보낸 무기 감찰원들을 몰아내고 핵확산금지조약에서 탈퇴하겠다며 으름장을 놓았다. 그 후로 클린턴 정부는 북한과 몇 차례 외교 협상을 시도했으며 1년 반이 지난 후 비로소 미-북 핵 동결 협약을 체결했다. 1994년 10월 21일에 체결된 이 협약은 핵무기 개발 프로그램의 일부로 추정되는 북한의 원자로 건설 및 가동을 중단시키는 것이었다. 그 대가로 미국은 원자로 두 대의 건설 작업을 지원하고 연료를 공급하며, 북한은 핵 개발에서 손을 떼기로 했다. 그런 뒤에 두 나라의 정치, 경제적 관계를 정상화시키는 것이 이 협약의 목적이었다.

클린턴 정부는 임기를 마무리하기 전에 북한과의 외교 관계를 획기적으로 발전시키기 위해 많은 노력을 기울였다. 당시 국무장관이었던 매들린 올브라이트의 평양 방문 계획도 클린턴 대통령이 '은자의 나라*중국 외에는 문호를 닫고있던 17~18세기 조선을 상징'를 방문할 초석을 놓으려는 의도였다(당시 내형 스타디움에 북한 주민들 10만 명이 동원되어 '북한 고유의 전통을 자랑하는' 퍼포먼스를 선보였다고 한다).

선거가 마무리되자 매들린은 콜린 파월을 통해 클린턴 정부의 행보를 간단히 알려주겠다며 만남을 요청했다. 1월 초에 나는 업무 인수를 위해 대통령 당선자와 함께 텍사스에서 워싱턴으로 날아갔다. 덜레스 공항에 도착한 직후 일행과 헤어져 콜린 파월의 집으로 향했다. 그곳에는 국무장관 고문인 웬디 셔먼과 NSC 아시아 지역 총책임자인 잭 프리처드가 기다리고 있었다. 두 사람이 클린턴 정부의 외교 정책을 설명하는 동안 콜린 파월과 나는 아무 말 없이 듣기만 했다. 부시 대통령 당선자는 전임 대통령과는 다른 행보를 취할 것이 분명했기 때문이었다. 콜린 파월과 나는 공식적인 자리에서도 사적인 모임에서도 이 문제를 입 밖으로 내지 않았다. 결국 NSC에 이 안건을 상정하려는 노력은 수포로 돌아갔으며(미국이 일정한 보상을 해주면 미사일 개발과 테스트를 중단하겠다는 북한의 약속도 안건에 포함되어 있었다) 클린턴 대통령은 방북길에 오르지 않았다.

콜린 파월의 집에서 간단한 브리핑을 받은 것이 정권 교체 기간에 외교 정책 고문들이 가장 세부적인 점을 고려했던 유일한 기회였다. 그 후에도 알카에다 문제로 긴 회의가 몇 차례 열렸으나 내가 보기에 클린턴 정부의 최대 관심사는 테러리즘이 아니라 북한이었다.

김대중 대통령과의 회담은 2001년 3월 7일로 정해졌다. 그는 여러 분야에서 존경받는 인물이었다. 전두환 대통령의 군사 정권이 맹위를 떨친 1980년대에는 투옥되어 고초를 겪기도 했다. 미 정부가 적극적으로 그의 석방을 요구하지 않았더라면 그는 감옥에서 생을 마감했을지도 모른다. 이제 그는 나이 지긋한 정치가로 자리 잡았으며 여전히 온화한 모습을 간직하고 있었다. 그는 이른바 '햇볕 정책'을 통해 북한을 설득하면 언젠가는 북한의 자세가 달라질 것이라고 믿는 이상주의자였다. 햇볕 정책은 아무 조건을 걸지 않고 대대적인 지원을 베푸는 것이었다. 이러한 방침은 미-북 핵 동결 협약의 엄격한 요구 조건을 관철시키려는 미국 정부의 입장과 잘 맞지 않았다. 김대중 대통령은 어떤 희생을 치르더라도 김정일과 대립 구도를 형성하는 일만은 피하려 했다는 견해도 있다.

김대중 대통령이 입국하기 전날, 우리는 장관급 회의를 열어 미 행정부의 입장을 정리했다. '햇볕 정책'을 공식적으로 거부하거나 비판할 생각은 없었지만 미국의 대북 방침은 분명히 다르다는 점을 전달하는 것으로 결론지었다. 그를 당혹스럽게 할 의도는 없었지만 새로운 미 행정부가 미-북 핵 동결 협약을 계속 추진하지 않을 것이라는 점은 명확히 알릴 필요가 있었다. 그날 오후 나는 대통령 집무실로 직접 가서 장관급 회의 결과를 전달했다. 대통령도 우리와 같은 생각이었다.

다음 날 새벽 5시에 전화벨이 울렸다. 나는 워싱턴 시내 7번가에 있는 조그마한 임시 아파트에 묵고 있었다. 캘리포니아에 살 때부터 새벽 조깅을 빠트린 적이 없었지만, 워싱턴에 와서는 조깅할 여유를 찾지 못했기에 전화벨이 울릴 때 깊이 잠들어 있었다. 전화를 받으려면 침대에서 일어나 거실까지 가야 했다. 부시 대통령이었다. 어느덧 대통령이 직접 전화하는 것은 흔히 있는 일이 되어버렸다. 이미 내 번호는 대통령의 전화기에 단축 번호로 등록되어 있었다. 교환수가 "각하께서 거신 전화입니다."라고 말하는 과정이 생략되므로 마음을 추스를 여유가 없어 조금 아쉽기도 했다. 부시 대통령은 다짜고짜 《워싱턴포스트》를 봤습니까?"라고 물었다.

"아직 못 봤습니다."

"당장 가서 확인해봐요."

이렇게 명령조로 짧게 말하는 것은 분명 화가 머리끝까지 치밀었다는 뜻이었다. 얼른 옷을 챙겨 입고 밖으로 나갔다. 웬일인지 신문 배달부가 다른 날보다 일찍 다녀간 것 같았다.

"A20쪽부터 펴봐요."

콜린 파월과의 인터뷰가 대문짝만하게 보도되어 있었다. 부시 정부가 클린턴 정부의 대북 정책을 그대로 이어받을 것이라고 남한에 공식 통보한다는 기사였다.

"누가 이 사태를 처리하면 좋겠소? 내가 직접 나서야겠소, 아니면 보좌관이 하겠소?"

"제가 하겠습니다."

무엇이 됐든 사태를 처리한다는 표현은 보좌관이 할 일을 지칭하는 것이었다. 나는 당장 콜린 파월에게 전화를 걸어 대통령이 했던 말을 그대로 반복했다.

"당장 신문부터 갖고 들어오세요."

그는 당장 문제의 기사를 발견했다. 원래 그가 하려던 말은 이전 행정부의 대북 방침을 검토 중이며 클린턴 정부의 방침을 모두 배척할 의도는 아니라는 것이었다. 《워싱턴포스트》가 표현을 너무 과장한 것이 문제였다. 8

년 동안 워싱턴에 머물면서 기자들은 아주 사소한 말 하나를 눈덩이처럼 부풀린다는 것을 알았으며 실제로 여러 차례 곤욕을 치러야 했다.

콜린 파월은 조금도 흥분하거나 동요하는 기색을 보이지 않고 자신에게 맡겨 달라고 했다. 또 한번 그의 프로다운 면모를 확인하는 순간이었다. 나는 백악관에 들어서자마자 대통령 집무실로 달려가 콜린 파월이 회의에 참석할 무렵이면 그 보도가 사실과 다르다는 보도가 나갈 것이라고 보고했다. 실제로 콜린 파월은 언론사에 연락해 "내가 조금 앞서간 것 같다."고 말했다. 하지만 엎질러진 물을 완전히 주워 담는 것은 불가능했다. 콜린 파월의 대외적인 이미지는 백악관에 눌려 조종당하는 사람으로 추락했다.

김대중 대통령과의 회담 분위기는 우호적이었으나 대북 정책에 대한 입장 차이는 조금도 좁힐 수 없었다. 그는 동정심이 많아 북한에서 벌어지는 인권 침해와 영양 부족으로 인해 평균 신장이 남한보다 10센티미터나 작다는 점을 가슴 아프게 여겼고, 어떤 식으로든 북한을 직접 도발해서는 안 된다고 생각했다. 한편, 우리는 미-북 핵 동결 협약이 무기 생산을 억제하는 데 아무 도움이 되지 못하며 남한의 후한 원조금은 북한 정권의 세력을 키우는 데 일조할 뿐이라고 믿었다. 조지 W. 부시 대통령은 김정일의 폭정에 이미 질린 터여서 남한 정부가 원조를 고집하는 이유를 도무지 납득할 수 없었다.

외교 문제를 처리할 때 가장 어려운 점은 소신을 지키면서 상대방의 입장을 헤아리는 것이다. 미국은 언제 터질지 모르는 폭탄과 같은 북한 정권과 지리적으로 멀리 떨어져 있으므로 비교적 안전한 편이기에 강경한 자세로 대북 정책을 추진할 수 있었다. 그렇지만 남한은 민주주의가 뿌리를 내린 지 얼마 되지 않은 데다 눈부신 경제 발전을 이루고 있었기에 대외적으로 평화를 유지하고 안정을 얻을 수 있다면 북한에 보내는 원조금은 조금도 아깝지 않았을 것이다. 북한은 국경에서 불과 48킬로미터 떨어진 곳에 수천 개의 미사일과 대포를 갖추고 언제든 서울을 폭격할 태세였다. 게다가 북한

국민들의 딱한 처지에 초점을 맞추는 것은 사실 남한에게 유리한 태도가 아니었다. 통일이라도 되면 그때는 도대체 어떻게 하려는 것인지 의문스러웠다. 여러 해가 지난 후 남한의 고위 외교관 한 사람이 북한에서 내려온 '다소 모자란 난쟁이들'로 서울이 북적거릴까 봐 큰 걱정이라고 털어놓았다. 그 말이 심한 것만은 아니었다. 남한이 직면한 특수 상황을 솔직히 표현한 것뿐이었다.

미국 정부의 관심사는 전혀 달랐다. 북한의 핵무기 개발 프로그램은 남한만 위협하는 것이 아니라 세계를 위협하는 국제 문제였다. 북한이 자국민을 짓밟고 방치하는 문제를 김대중 대통령 한 사람만 가슴 아프게 여긴 것은 아니었다. 미국 또한 인권을 중시하는 국가로서 그러한 상황을 참을 수 없었다. 우리는 남한 정부와 견해 차이를 좁히지 못했다. 2008년에 출범한 이명박 정부는 예전 정권들보다 북한 사회의 인권 문제를 공개적으로 더욱 부각시켰다. 당시로서는 한국 정부와 손을 잡을 수 있는 공통 관심사를 찾을 수 없었다.

회담이 끝난 후 기자회견장에서도 그러한 입장 차이를 숨길 수 없었다. 부시 대통령은 원래 외국에서 온 손님들과 의견 차가 있어도 덮고 넘어가는 편이었다. 두 사람은 평소처럼 기자회견장에 나란히 서서 까다로운 문제들이 남아 있지만 최대한 협조해서 해결하겠다고 말했다. 그렇지만 전날 콜린 파월의 발언으로 이미 흥분된 기자들은 대통령의 말을 믿으려 하지 않았다. 미국과 가장 긴밀한 아시아 국가인 한국 대통령의 방미 회담은 두 국가 사이의 첨예한 대립과 의견 차이를 확인하는 것으로 끝나고 말았다.

특별한 사이가 시작되다

유럽 국가들과의 외교 관계는 비교적 부드럽게 시작되었다. 부시 대통령이 가장 먼저 만난 유럽 국가의 정상은 영국의 토니 블레어 총리였다. 2월

23일로 계획된 회담은 큰 기대를 불러일으켰다. 영국과 미국은 이미 '특별한 사이'라고 일컬을 만큼 전례 없이 돈독했다. 서로를 피를 나눈 형제라고 여겼으며, 2차대전과 같은 고비를 넘길 때마다 손을 맞잡고 큰 희생을 감수하는 등 오랜 세월에 걸쳐 비슷한 가치관을 공유할 정도로 편안한 관계였다. 한번은 대통령 연설 원고를 맡은 직원에게 미국과 가장 오랫동안 동맹을 유지한 나라는 영국이 아니라 프랑스라는 점을 일러주었다. 물론 두 나라의 입장에는 어느 정도 차이가 있었다. 하지만 영국마저 믿지 못하게 되면 그때는 정말 외톨이가 된다는 생각이 깊게 뿌리를 내리고 있었다.

이러한 정치적 관계는 영국과 미국의 정권이 바뀌어도 달라지지 않았다. 반면에 영국 수상과 미국 대통령의 개인적인 관계는 좋을 때도 있고 나쁠 때도 있었다. 로널드 레이건 대통령과 마거릿 대처 수상은 동일한 이상을 추구했으며 세계관도 비슷해서 아주 친하게 지냈다. 그런가 하면 대처 수상과 조지 H.W. 부시 대통령은 그럭저럭 지내는 편이었다. 특히 독일 통일 기간에는 냉기가 감돌았다. 대처 수상은 그 문제에 대해 강한 불만을 품고 있었다.

빌 클린턴과 토니 블레어도 레이건 대통령과 대처 수상처럼 좋은 관계를 자랑했다. 두 사람의 관계는 중도 좌파 정치의 승리를 뜻하는 것으로서 '제3의 길'이라고 일컬었다. 둘의 관계가 가까워질수록 영국에서는 노동당, 미국에서는 민주당이 힘을 얻었다. 두 사람만 두터운 우정을 쌓은 것이 아니었다. 토니 블레어의 아내인 체리 블레어 여사와 클린턴 영부인은 둘 다 1960년대 후반의 사회 행동가를 닮은 법조인 출신으로 서로를 각별히 여겼다. 몇 달 후 캠프 데이비드*미국 메릴랜드 주에 있는 대통령 전용 별장에 해당하는 영국 수상 관저를 방문했는데 블레어 총리 부부가 클린턴 부부와 사이좋게 찍은 사진이 눈에 잘 띄는 곳에 걸려 있었다. 순간, 터져 나오는 웃음을 참느라 혼이 났다. 깜박 잊고 치우지 못한 것 같았다.

블레어 총리의 방문일이 다가오자 텍사스 출신으로서 보수적 성향이 강한 데다 아직 외교 정책 경험이 부족한 조지 W. 부시 대통령이, 좌파 성향이 강하고 부드럽지만 예민한 성품의 토니 블레어 총리와 과연 공통분모를 찾을 수 있을지 걱정하는 목소리가 커졌다. 워싱턴뿐만 아니라 런던에서도 같은 점을 우려했을 것이다. 언론사들은 의도적으로 신임 미 대통령을 시험대에 올려놓았다. 부시 대통령이 블레어 총리와의 첫 만남을 어떻게 풀어갈지 귀추가 주목되는 시기였다.

메릴랜드 주에 있는 캐톡틴 산에 자리 잡은 캠프 데이비드는 프랭클린 딜라노 루스벨트 대통령 시절부터 대통령의 주말 별장이었다. 화려하지만 스트레스가 많고 가슴을 옥죄는 백악관의 일상을 벗어나고 싶을 때 캠프 데이비드가 제격이었다. 자연의 정취가 물씬 풍기면서 세련되고 편안한 분위기에, 방마다 벽난로와 나무로 만든 넓은 테라스가 갖추어져 있었다. 외국에서 중요한 손님이 오거나 대통령과 남다른 동지애를 나누는 사람이 방문할 때면 어김없이 캠프 데이비드로 초대되었다.

블레어 총리 부부는 2001년 2월 23일 오후에 도착했다. 부시 대통령이 캠프 데이비드로 초대한 첫 외국 손님이었다. 캠프 데이비드의 목가적인 풍경을 뒤로 한 채 소규모 헬리콥터 착륙장에서 간단한 환영 행사가 벌어졌다. 국가도 연주하지 않았으며 해군 의장대가 양국의 국기만 들고 도열해 있었다. 외국 인사가 도착하면 바로 회담을 갖는 것이 아니라 잠깐 휴식할 시간을 주는 것이 일반적이다. 관례에 따라 휴식 시간이 지난 후 캠프 데이비드의 주회의장 로렐 로지에서 회담이 열렸다.

두 나라 정상이 만나면 미리 준비된 원고에 따라 회의를 진행할 때가 많다. 특히 처음 만나는 자리에는 반드시 원고가 있어야 한다. 그래서 NSC 요원들은 회담에 거론될 수 있는 문제나 안건을 모두 예상해 브리핑 자료를 준비한다. 모임 장소, 분위기, 참석 인원 등을 계획하는 것도 무시할 수 없는 일이다. 장관급 회의가 끝난 후 이어지는 식사에는 누가 참석할 것인지,

외국 정상의 수행원들은 누가 대접할 것인지, 기자회견은 누구에게 맡길 것이며 어떤 기자들을 초대할지 결정해야 한다. 영국 총리의 방문 일정은 이틀로 끝났지만 준비 기간은 몇 달로도 부족하게 느껴졌다. 더군다나 경험이 많고 두뇌 회전이 빠른 국가안보보좌관이라면 방문 일정이 아무리 짧아도 원고를 글자 하나하나 확인하고 그 밖의 준비 사항도 철저히 점검할 것이다.

그 밖에도 영국 총리를 수행하는 보좌관과 처리할 업무도 있었다. 블레어 총리가 특별히 신임하는 외교 정책 고문이자 유능한 정치인인 데이비드 매닝은 나와 손잡고 이번 방문 프로그램을 이끌어갈 사람이었다. 두 정상이 만나기 전에 관행적으로 거치는 절차를 함께 밟다 보니 그와 나의 관계가 이번 방문으로 끝나지 않을 것이라는 예감이 들었다. 데이비드는 외교관으로서 화려한 경력을 가지고 있었으며, 예의 바르고 세련된 데다 유머 감각까지 갖춘 신사였다. 그는 모스크바 영국 대사관에서 정치부 고문이자 책임자로 일한 적이 있어 러시아와 그곳 사람들의 장단점을 속속들이 알고 있었다. 우리는 금세 친해졌다. 데이비드와 부인 캐서린을 친구로 얻은 것은 큰 행운이었다. 오랜 세월이 흘러 정부 요직에서 물러난 후에도 우리의 우정은 변하지 않았다.

2001년 9월 11일에 벌어진 테러 사건 이후 두 나라 정상이 손을 맞잡고 걸어온 길을 생각하면 캠프 데이비드에서 이루어진 최초의 회담에서 거론된 안건은 굉장히 시시한 것이었다. 두 사람은 유럽 안보 방위 정책에 대해 논의했다. 당시 대다수의 미국 전문가들은 이 정책이 NATO를 위협하는 것이라고 생각했다. 블레어 총리는 유럽 국가들이 더욱 독립적으로 군사 행동을 취하는 것을 미국이 지원해주기를 원했다. 부시 대통령은 국방비 지출을 아까워하는 유럽 국가들이 이미 바닥난 예산으로 허덕이는 각국의 군대 업무를 가중시켜 NATO를 빛 좋은 개살구로 만드는 일이 없어야 한다고 못을 박았다. 우리는 또한 미사일 방어의 중요성도 회담에서 언급할 생각이었다.

미사일은 추후에 논하더라도 공격과 방어 모두 중요하다는 점을 반드시 강조할 필요가 있었다. 두 사람은 서로 원하는 바를 관철시켰다. 그뿐만 아니라 세계의 동향을 함께 검토한 후 사담 후세인에 대한 제재를 더욱 강화해야 한다는 결론을 내렸다. 러시아의 블라디미르 푸틴 대통령과 미사일 방어에 대한 이야기도 빠지지 않았다. 대통령은 탄도미사일제한조약을 철회할 의사를 내비쳤다. 블레어 총리는 담담한 표정으로 무조건 조약을 철회하기보다는 두 나라가 힘을 모아서 러시아와 협상을 벌이는 것이 바람직하다고 힘주어 말했다.

이렇게 두 나라의 첫 번째 정상회담은 무난하게 마무리되었다. 부시 대통령이 워낙 긴장해서 속사포처럼 말하는 통에 블레어 총리가 적잖이 애를 먹었을 것이다. 바나나 때문에 유럽연합과 미국 사이의 무역 갈등이 대하에 등장하자 블레어 총리가 번뜩이는 기지를 발휘해 어색한 분위기를 수습했다. 애써 머리를 짜낸 결과인지 우연찮게 위기를 모면한 것인지는 알 수 없다. 솔직히 말해서 무역 분쟁에 대해 대통령은 아는 바가 많지 않았고 블레어 총리도 그 점을 분명히 눈치 챈 것 같았다. 그는 두세 가지 요점을 언급한 뒤에 말했다.

"방금 말씀드린 게 제가 아는 전부입니다."

이 문제는 '전문가에게 맡기고' 두 사람은 빠지기로 하면서 회담 분위기는 다시 부드러워졌다. 블레어 총리와 부시 대통령은 이야기를 계속하면서 가벼운 산책 뒤에 기자회견장으로 갔다. 회견이 끝날 무렵 "두 분의 공통점을 찾으셨습니까?"라는 질문이 나왔다. 그런 질문 자체가 두 사람 사이에 공통점이 있을 리 없다는 전제를 달고 있었다. 부시 대통령은 이렇게 응수했다.

"아, 우리는 둘 다 콜게이트 치약을 씁니다."

사람들은 '블레어 총리가 쓰는 치약을 부시 대통령이 어떻게 알아냈을까?'라며 별별 추론을 내놓았다. 아무튼 그날의 모든 일정은 부시 대통령의 기지로 기분 좋게 마무리되었다.

그날 밤, 저녁 식사 후 우리는 모두 조그만 영화관으로 몰려가 〈미트 더 페어런츠Meet the Parents〉를 감상했다. 나도 영화의 앞부분은 즐겁게 감상했다. 대통령의 말을 빌리자면, 내가 영화의 앞부분은 박장대소하며 보더니 어느 순간 갑자기 조용해졌다고 한다. 영국 총리와 부시 대통령이 "라이스 박사, 이제 그만 일어나세요."라고 깨우는 소리에 눈을 떴다. 누구라도 내 처지가 되면 기회가 생길 때마다 잠을 청했을 것이다.

조지 W. 부시 대통령과 토니 블레어 총리는 사적인 대화를 나누며 근대 정치의 관점에서 이상적인 동맹 관계를 누리는 것보다 더 중요한 공통점을 발견했다. 두 사람의 가치관은 매우 비슷했다. 특히 까다롭고 논쟁의 소지가 많은 문제를 회피하지 않고 정면 대응하려는 의지는 완벽하게 일치했다. 사람들의 생각과 달리 둘은 분명 공통점을 갖고 있었다. 그것은 가까운 시기에 두 사람이 손을 맞잡고 세계 정세를 크게 바꿔놓을 개혁을 단행하는 원동력이 되었다.

교토 의정서라는 결정 조직

블레어 총리와 친분을 쌓은 것은 유럽 각국을 상대해야 할 부시 대통령에게 큰 힘이 되었다. 유럽 국가들은 부시 대통령을 처음부터 의혹 가득한 눈으로 지켜보고 있었다. 텍사스 출신으로 거칠 것 없이 행동하는 그가 미국이라는 강대국을 어떻게 끌어갈지 아무도 예측할 수 없었다. 아이러니하게도 유럽 국가들과 처음 대면한 이유는 전쟁이나 평화 문제가 아니라 기후 변화 때문이었다.

부시 대통령은 선거 운동을 할 때부터 산업 국가들이 향후 10년 내로 온실가스 방출량을 1990년대에 비해 5.2퍼센트나 감축한다는 내용의 교토 의정서를 반대했다. 인도와 중국처럼 세계 인구의 대다수를 차지하는 국가를 포함해 세계의 약 80퍼센트가 의정서의 적용 범위에서 배제된 것이 이유였다. 또한 교토 의정서가 미국 경제에 치명타를 가할 것이라고 주장했다. 이는 부시 대통령의 단독 의견이 아니었다. 일찍이 상원의회가 95대0으로 협약을 거부하는 바람에 클린턴 대통령은 교토 의정서 문제를 보류할 수밖에 없었다.

주지사로 근무할 당시 기후 변화에 대한 극단적인 예측 자료를 살펴보며 일부 내용에 의구심을 품었다. 특히 탄소 배출 문제에 민감한 반응을 보였고, 온실가스를 포함해 공장에서 배출하는 네 가지 오염 물질을 반드시 규제한다는 선거 공약을 내세웠다.

2001년 3월 13일에 사무실로 전화 한 통이 걸려왔다. 공화당 상원의원 네 사람이 대통령에게 온실가스 문제를 해결하기 위해 오염 물질 규제에 대한 정부의 입장 표명을 요구했는데, 대통령이 이들에게 보내는 답장에 '서명'하라는 전화였다.

편지를 보자마자 문제점이 눈에 띄었다. 상황이 급하다는 것을 감지하고 곧바로 대통령을 찾아가 문장 하나를 고쳐야 한다고 보고했다. 교토 의정서를 지나치게 공격적으로 비판하는 표현 때문에 미 정부가 교토 의정서를 전혀 개의치 않는 것처럼 비칠 우려가 있었다. 심각한 결함이 있으므로 미 정부는 교토 의정서에 동의할 수 없지만 기후 변화 문제에 대해 모든 동맹국들과 함께 고심하고 해결책을 강구할 것이라고 바꾸는 것이 훨씬 나을 듯했다. 외교관들은 늘 그런 식의 표현을 사용하므로 대통령이 보낸 편지에서도 그런 표현 방식을 사용해야 문제의 소지가 남지 않는다는 생각이었다.

집무실에 가서 이런 생각을 설명하자 대통령은 당황한 기색을 보이며 이렇게 말했다.

"그 편지는 이미 보냈는데 어떻게 하지요? 부통령이 의사당 회의에 가는 길에 가지고 나갔소. 나는 라이스 보좌관이 이미 서명한 줄 알았소."

정신이 아찔했다. 즉시 콜린 파월에게 연락을 취한 다음, 미국환경보호국 담당자인 크리스틴 토드 휘트먼에게 자초지종을 설명하고 즉시 달려가서 편지가 공개되지 못하게 하라고 요청했다. 대통령은 이렇게 말했다.

"이미 늦었어."

더 이상 손쓸 방법이 없다는 것을 확인한 후 나는 다시 대통령 집무실로 향했다.

"각하, 이번 사건 때문에 새 정부의 외교 정책은 처음부터 오해를 안고 출발하게 됩니다. 상당한 어려움이 예상됩니다."

게다가 국제적으로 중대한 사안에 대한 편지가 내 서명은 물론이고 국무장관의 서명이 없는 상태로 부통령의 손을 거쳐 국회의사당에 전달된 것은 경악을 금치 못할 일이라고 덧붙였다.

대통령 처지에서는 다소 억울했을지 모른다. 그는 편지 내용이 국내 경제에 관한 문제이므로 의회가 처리하면 된다고 생각한 것 같다. 아무튼 교토의정서를 용납할 수 없다는 우리의 입장은 확실히 공포되었다. 그 선에서 만족하면 된다고 생각한 사람도 있었을지 모른다. 하지만 나는 그 정도로 어리석지 않았다. 예상대로 이 문제는 해를 거듭해도 고질적인 문제를 야기했다. 초반부터 강경한 태도를 서슴없이 드러내는 바람에 우리 정부는 '독단주의'가 강하다는 평판을 얻었다. 참으로 안타까운 실수였다.

하지만 그 당시에는 실수를 즉시 인정할 수 없었다. 하필이면 바로 이튿날에 스웨덴 영사 집에서 유럽연합 국가의 대사들과 회의 일정이 잡혀 있었다. 그 편지는 우리 정부의 입장을 제대로 설명한 것이 아니며 기후 변화 문제에 대해 미 정부도 적극 나설 것이라고 말했더라면 얼마나 좋았을까. 하지만 상대방이 공격적으로 질문을 퍼붓자 나도 모르게 방어적이 되고 말았다. 나는 "교토 의정서는 처음부터 말이 안 되는 것이었습니다."라고 딱 잘라 말했다. 그날 회의는 비공식적인 자리였으나 각국 대사들은 틀림없이 그날 들은 바를 그들의 정부에 보고했을 것이다. 내 입에서 그 말이 떨어지자마자 유럽에 거의 생중계되다시피 순식간에 퍼져나갔다.

설상가상으로 상황은 더욱 심각하게 치달았다. 부시 대통령은 처음으로 미국-유럽연합 정상회담에 참석하기 위해 스웨덴을 방문할 예정이었다. 당시 유럽연합은 15개국이 참여해서 유럽 의회, 유럽 위원회, 유럽 이사회를 비롯한 주요 의회들로 나뉘었으며 6개월 단위로 돌아가면서 의장을 맡았다. 부시 대통령이 유럽을 방문했을 때는 스웨덴 대통령이 의장이었다. 회담 분위기는 참기 어려울 만큼 지루했다. 참석자들은 모두 미리 준비한 요점을 책 읽듯 이야기했으며 어떤 안건을 내놓아도 누군가 뒤에서 조종하기라도 하듯 '이의'를 제기했다. 동유럽으로 NATO를 확장하는 문제를 논할 때 나는 대통령에게 발언권을 요청했다.

"좋아요. 얼른 말하고 앉아요."

내가 낄 자리가 아니라는 듯 무뚝뚝하게 내뱉는 말에 기분이 상당히 불쾌해졌다. 임기 초반에 대통령은 내가 할 말을 본인이 마무리하려는 경향을 자주 나타냈다. 결국 어느 날 대통령 집무실에서 이 문제를 끄집어내야 했다.

"아시다시피 저와 각하는 굉장히 가까운 사이라고 할 수 있습니다. 제가 무슨 말을 하려는지 각하는 다 알고 계시지요. 나쁜 뜻이 없다는 것은 알지만 다른 사람들이 보기에는 각하께서 제 의견을 무시하는 것이 될 수 있습니다."

그러자 부시 대통령은 풀이 죽었고 괜한 이야기를 꺼낸 듯해서 마음이 무거웠다. 그렇지만 한 번쯤은 짚고 가야 할 문제였다. 나는 장관급 인사가 아니라 대통령의 최측근이며, 대통령이 내 의견에 귀를 기울인다는 사실을 국내외 모든 사람들에게 분명히 드러내야 했다. 시간이 흐르면서 대통령이 내

의견을 존중한다는 사실을 아무도 의심하지 않는다는 확신이 차츰 생겼다. 대통령은 만나는 사람마다 우리가 친남매 같은 사이라고 말했다. 그래도 항상 균형을 유지하기란 쉽지 않은 일이었다.

스웨덴에 도착한 후 부시 대통령은 유럽연합의 정상들과 만찬을 가졌다. 콜린 파월은 장관급 인사들을 위한 만찬에 초대받았고 카렌 휴스와 나는 대통령 옆에 남았다. 연회장은 볼품이 없고 한기마저 돌았다. 긴 테이블에 앉아 식사하는 동안 부시 대통령은 기후 변화에 대한 설교를 귀에 못이 박히도록 들었다. 사람이 바뀔 때마다 언어만 달라질 뿐 기본 내용은 조금도 바뀌지 않았다.

"기후 변화는 세계를 위협하는 심각한 문제입니다. 미국은 지금 세계 국가들과 동맹국에 대한 신의와 책임을 저버리는 겁니다."

"이건 인류 전체의 미래가 달린 문제입니다. 교토 의정서만이 우리 모두를 살리는 길이란 걸 모르십니까?"

그날 만찬에 참석한 사람들은 기후 변화 외에는 세상에 아무런 문제가 없다고 생각하는 것 같았다. 어느 정도 이런 반응을 예상했던 나조차 몹시 당혹스럽고 힘들었다.

그러던 중에 부시 대통령이 통역이 흘러나오는 이어폰을 슬그머니 빼는 것을 보았다. 나는 속으로 생각했다.

'아이쿠, 저 사람들이 뭐라고 하든 각하께서는 전혀 개의치 않는다고 말씀하시겠구나.'

그러나 대통령은 이어폰을 반대쪽 귀에 다시 꽂았고 나는 안도의 한숨을 내쉬었다.

다행히도 호세 마리아 아스나르 스페인 총리가 담배에 불을 붙이면서 격앙된 분위기를 가라앉혔다. 그는 나중에 부시 대통령과 각별한 사이가 되었다. 몇 사람이 스페인 총리의 말을 두둔했다. 모두들 비판적인 어조로 만찬 분위기를 무겁게 만들고 있었지만 블레어 총리는 분위기에 휩쓸리지 않고 점잖게 의견을 내놓았다. 덴마크 측에서 세계 기후 문제의 해결책은 바로 풍차를 활용하는 것이라고 말하자 핀란드 대표는 말도 안 되는 소리라고 단번에 일축했다.

부시 대통령은 단단히 화가 났다. 그날 밤 만찬에서 들은 비아냥거리는 어조는 그의 뇌리에 깊이 박혔다. 우리는 분위기를 바꾸어 기후 변화에 대한 진지한 해결책에 초점을 맞추도록 유도했다. 그러자 회의장 분위기가 달라졌다. 모든 참석자들은 환경 보호와 경제 성장이라는 두 마리 토끼를 잡을 수 있는 깨끗한 에너지원이 궁극적인 목표라는 점에 동의했다. 배터리 기술에서 섬유소 바이오매스에 이르기까지 다양한 대체 에너지원에 대해 활발한 토의가 이어졌다. 부시 대통령은 많은 자료를 소개하고 기업가들의 의견에 귀를 기울였다. 루이스 이나시우 룰라 다 시우바 브라질 대통령도 적극적인 태도를 보였다. 결국 미국은 기후 변화에 대한 프로그램에 400억 달러 이상을 투자하게 되었다.

어떤 이는 기후 변화 문제에 경각심을 고취하기 위해 극단적인 대처 방안을 제시했고, 다른 사람들은 이 상황에서 '조금이라도 양보하면' 더 이상 걷잡을 수 없는 파국으로 치달을 것이라고 생각했다. 객관적으로 말해 미 행정부는 극단적인 양측의 주장에 휘둘리지 않고 중간점을 찾으려 했다. 부시 대통령에 동조하는 주요 인사들 중에서 '이 문제를 아예 인정조차 하지 않으려는 사람'은 없었다. 그렇지만 대통령이 어떻게 대응해야 할 것인지를 두고 의견이 분분했다.

시간이 흐르자 국제사회의 움직임에 동참하려는 강력한 의지를 보인 끝에 미 정부는 몇 차례의 돌파구를 만들어냈다. 아시아-태평양기후파트너십을 통해서 2005년에 인도와 중국도 이 문제에 참여하게 되었으며, 온실가스를 가장 많이 배출하는 국가들이 한자리에 모여 온실가스 문제를 개선할 방법을 논의했다. 그뿐만 아니라 2005년 7월에는 대통령이 기후 변화를 유발하는 원인에 인간이 포함된다는 점을 공식적으로 인정했다. 이것이야말로 가장 의미 있는 행동이라고 할 수 있을 것이다. 그런데도 미 정부를 의심의 눈초리로 바라보는 사람들이 많았다. 특히 수석 환경 고문인 제임스 코너턴이 국무부의 국제 문제 담당 차관인 파울라 도브리안스키와 협력해 백악관 환경보호위원회를 획기적으로 이끌었지만 오해를 풀기에는 역부족이었다.

여러 해가 지난 뒤 나는 대통령과 마주 앉아 2001년 당시의 반응이 그토록 냉담했던 이유를 따져보았다.

"각하, 유럽은 그때 이미 교토 의정서라는 결정 조직을 갖추고 있었습니다."

"나도 알고 있소. 우리가 나타나서 그걸 산산이 부숴버렸지."

"부수기만 한 것이 아닙니다. 그걸 깨뜨린 다음에 '어, 내가 방금 뭘 넘어뜨렸나?'라는 말만 하고 그냥 가버린 겁니다."

조금만 주의했더라면 피할 수 있었던 상황이었다. 스스로 자초한 상처라는 것을 지금도 부인할 수 없다.

첫 번째 위기가 닥치다

기후 변화와 같은 문제는 어디에서든 등장하기 마련이다. 특히 국가 원수를 만나는 자리나 국제회의에서는 이런 문제가 자주 대두된다. 이런 문제는 담당 기관과 관련 전문가들이 도맡아 처리하는 것이 일반적이다. 그들은 정상적으로 출퇴근하며 자료를 조사하고 충분한 시간을 들여 보고서를 작성할 것이다. 그렇지만 국가안보좌관의 생활은 그렇지 않다. 심각한 사건이 발생하거나 위기가 닥치면 만사를 제쳐놓고 그 문제를 해결하는 데 매달려야 한다. 그런 순간은 언제나 생각지도 못한 전화 한 통으로 시작된다.

"라이스 박사님, 상황실에서 연락이 와 있습니다. 사령실에서 받으시면 됩니다."

캠프 데이비드 직원이 이런 말을 할 때가 제일 무서운 법이다. 토요일 밤 10시에 홀리 캐빈 영화관에서 영화를 보고 있는 중에 그런 보고를 받으니 가슴이 철렁 내려앉았다. 뭔가 큰 사건이 벌어졌으리라는 예감은 어김없이 적중했다.

사령실로 가서 전화를 받았다. 선임 당직 장교는 중국 해안가에서 발생한 사건 보고가 펜타곤에서 들어왔다고 말했다. 자세한 내용을 알 수 없지만 미국 해병 정찰기가 여느 때와 마찬가지로 정찰을 수행하던 중에 중국 전투기 두 대와 신경전을 벌이다 그중 한 대와 충돌했다는 것이었다. 양쪽 기체 모두 크게 파손되었고 우리 쪽 정찰기는 하이난 섬의 군용 비행장에 비상 착륙했으며, 승무원 24명은 전원 구금되었다. 사건 발생 시점에 정찰기는 공해를 지나고 있었다.

사상자는 없었지만 승무원들이 모두 구금된 상태였다. 다행히 착륙 전에 비상 보안 조치를 취했다고 했다. 이는 해외에서 추락하거나 비상 착륙할 때 우리 공군의 기술이 유출되거나 도난당하는 불상사를 예방하는 조치를 말한다. 조종사는 비상 착륙을 시도하면서 조난 신호인 '메이데이' 경보를 발신했다. 전화 한 통으로 (국가 운영 정보 감시 연결망에 속한) 정부 기관 담당자들이 모두 소집되었으며 이미 긴급회의가 시작된 상태였다.

나는 전속력으로 달려가면서 머릿속으로 할 일을 정리했다. 대통령은 이미 걸어 나오고 있었다. 나는 콜린 파월과 도널드 럼즈펠드에게 연락을 취한 뒤에 다시 오겠다고 말했다. 도널드 럼즈펠드는 내가 말한 것 외에는 아무것도 보고받지 못한 상태였지만 서둘러 대처하겠다고 말했다. 콜린 파월은 즉시 중국 외무장관에게 연락을 취하기로 했다.

사건이 발생한 4월 1일부터 승무원들이 풀려난 4월 11일까지 만사를 제쳐놓고 이 일에 매달렸다. 중국과의 외교 관계를 이런 식으로 시작할 생각은 추호도 없었다. 선거 운동을 할 때 우리는 중국을 전략적 경쟁자라고 규정했으며, 아시아권에서는 대한민국, 일본, 호주와 같은 민주주의 국가들과 오랜 친분을 강화하는 것이 우선이라고 여겼다. 중국에 대한 적대감을 표현하려던 의도는 아니었지만 베이징의 일부 기자들은 그런 뜻으로 해석한 것 같았다. 워싱턴에서도 그런 해석을 내놓는 기자들이 있었다.

대통령은 대량의 무기를 대만에 수출할 계획이었으며 이미 언론에 알려진 상태였다. 거래량이 워낙 많아서 앞으로 몇 년 동안은 무기 수출을 놓고 중국과 신경전을 벌일 필요가 없을 정도였다. 중국이 거세게 항의할 것이 분명했지만 적어도 해마다 이런 갈등을 반복할 필요가 없다는 데 의의를 둘 수 있었다. 그런데 무기 수출로 인한 갈등이 불거진 직후 사건이 발생한 데다 미-중 관계 개선을 위한 건설적인 기초를 마련하지 못한 상태였기에 불안이 더욱 가중되었다.

중국과 미국 모두 갈등을 더욱 심화시킬 의도는 전혀 없었다. 그렇지만 이번 사건을 해결하기가 어렵다는 것이 문제였다. 첫째, 우리 측 정찰기는 공해를 지나고 있었으며 항해의 자유를 지켜내야 했다. 설상가상으로 인민해방군이 중국 정부에 잘못된 정보를 제공해 상황을 더욱 악화시켰다. 인민해방군은 어떻게 해서든 자신들이 피해자이며 미 정찰기가 침범한 것으로 주장할 심산이었다. 중국 정부는 초반에 인민해방군의 말을 곧이곧대로 믿었으며 미국이 잘못을 인정하기는커녕 적반하장으로 나온다고 판단했다.

사건을 해결하기 어려웠던 또 다른 심각한 이유가 있었다. 미 정찰기를 들이받은 중국 측 조종사가 그 자리에서 즉사했고 중국 언론은 일제히 그를 영웅으로 만들었다. 중국이 조종사의 죽음에 대한 사과를 요구했지만 우리는 그 조종사가 어설픈 묘기를 부린 것이 사고의 주된 원인이라는 것을 알기에 공식적으로 사과할 이유가 없다고 판단했다. 중국 정부는 사과를 받아내는 것에 국가의 자존심이 걸렸다고 판단한 듯했다. 중국은 걸핏하면 이런 식으로 우리를 난처하게 만들었다. 정부가 언론을 통제하고 있었기에 애국주의를 내세워 국민들을 선동하는 것은 식은 죽 먹기보다 쉬운 일이었다. 일단 국민들의 감정이 격앙되면 정부도 그들을 달래거나 진정시키기 어려울 때가 많았다. 이렇게 권위주의적인 정부가 '여론'을 조작하는 것은 민주주의 사회가 아닌 국가에서 가장 위험한 상황이 될 수 있었다. 민주주의 국가에서는 시민들이 자율적으로 판단하고 행동하므로 정부가 나서 여론 몰이를 할 필요가 전혀 없었다.

며칠 동안 중국 정부와 제대로 된 의사소통을 할 수 없었다. 사건 당일 밤에 콜린 파월은 중국 외교부 장관에게 여러 차례 전화를 걸었지만 끝내 통화하지 못했다. 꼬박 이틀 동안 중국 정부와 연락을 취하기 위해 모든 방편을 동원했지만 별다른 성과가 없었다. 이튿날인 일요일 오후 나는 아르헨티나와 칠레 정부에 도움을 요청했다(당시 중국 수뇌부 한 사람이 남미 지역을 순방하고 있었다). 놀랍게도 아르헨티나 정부는 바비큐 파티에 참석한 수석 안보 보좌관을 찾아내 전화를 연결해주었다.

우리는 중국의 행동에 유의할 필요가 있다고 판단했다. 중국 수뇌부가 정확한 사실 판단을 위해 시간을 벌려고 하는 것일지 모른다는 추측이 나왔다. 클린턴 정부의 장관들도 1999년에 미국이 실수로 세르비아에 있는 중국 대사관을 폭격했을 때도 중국이 똑같은 반응을 보였기 때문이다. 그때도 며칠이 지나서야 중국 정부와 연락이 겨우 닿았다. 진짜 이유가 무엇이든 중국 정부가 침묵으로 일관하는 동안 우리는 살얼음판을 걷는 기분이었다.

캠프 데이비드에서 백악관으로 돌아온 후 위기 대처 프로그램을 만들었다. 콜린 파월은 중국이 항상 오전 4시 30분에 자신에게 전화하는 것으로 보아 그들은 중국 시각으로 오후 4시 30분에 의사 결정을 내리는 것 같다고 말했다. 그래서 내가 매일 아침 5시에 콜린 파월에게 연락을 취하기로 했다. 그러고 나서 6시쯤 백악관에 갔고 오전 7시에 대통령, 카렌 휴스, 앤디 카드에게 상황을 보고했다. 가끔 콜린 파월도 그 자리에 참석했다. 콜린 파월이 적절한 해결책을 찾는 동안 보고 내용은 철저히 비밀에 부쳤다.

미디어가 발달한 사회에서는 날마다 언론에 새로운 정보를 제공해야 하므로 위기 대처 프로그램을 실행하는 데 어려움이 생길 수 있다. 정신을 바짝 차리지 않으면 언론에 과장된 표현을 흘릴 수 있으며, 그로 인해 상대방의 기대치가 너무 높아지면 나중에 감당할 방법이 없다. 상대방도 동일한 실수를 할 수 있으므로 위기 상황은 불길이 번지듯 순식간에 걷잡을 수 없는 상태에 빠질 수 있다. 이를테면, 미국 태평양 함대 사령관이었던 데니스 블레어는 중국 공군이 프로답게 미 항공기를 저지하지 못하고 '상공에서 범퍼카를 운전하듯 상대방을 들이받은 것'은 부끄러운 일이라고 말했다. 결국 미 정부가 직접 그의 말을 공식적으로 철회해야 했다.

한편, 중국에 감금된 승무원들의 안전도 몹시 염려스러웠다. 우리는 중국 측에 비공식적으로 연락을 취해서 억류된 승무원들에게 행군을 시키는 등 공개적인 망신을 시키는 일을 하지 말라고 경고했다. 전 해군 장성이자 외교 수완이 뛰어난 대사관인 조지프 프루어가 영사를 보내 승무원들의 안전을 확인한 덕에 가족들과 모든 국민들을 안심시킬 수 있었다.

문제의 핵심은 중국의 체면을 지켜주면서 상황을 끝내는 것이었다. 그렇다고 우리 잘못이 아닌 일에 대해 공식적으로 사과할 수도 없는 노릇이었다. 며칠 후 중국이 한 가지 제안을 했다. 콜린 파월이 중국 조종사의 죽음을 애도하는 편지를 보내면 이 사건을 마무리하겠다는 것이었다. 도널드 럼즈펠드는 농담조로 콜린 파월이 '그들을 잘 구슬리면' 모두 해결될 거라고 말했다. 이튿날 곧바로 적절한 표현을 만들기 시작했다. 인명 피해에 대한 애도를 전하며 이런 사건이 없도록 주의를 기울일 필요가 있다고 전하되, 우리에게 잘못이 있거나 책임질 이유가 있다는 뉘앙스는 전혀 풍기지 않았다.

4월 11일 아침, 마침내 구금된 승무원들이 풀려났다는 소식이 전해졌다. 그때 나는 대통령과 함께 노스캐롤라이나 콩코드를 방문 중이었다. 그날 오후 부시 대통령은 풀려난 승무원 한 사람의 가족을 방문할 계획이라고 말했다. 온 국민의 관심은 석방된 승무원들에게 집중되었다. 대통령이 방문 계획을 밝히는 순간 많은 사람들이 '미국 만세!'를 외치며 환호했다.

나도 눈물이 솟구치는 것을 억지로 참아야 했다. 몇 주 후 대통령 집무실에서 무사히 돌아온 승무원들을 만날 때도 눈물이 날 것 같았다. 그들을 직접 보니 그제야 마음이 놓였다. 그 후로도 중국 정부와 정찰기 반환 문제를 놓고 몇 차례 격론이 벌어졌다. 결국 우리 측 공군을 중국에 보내 사고 정찰기를 해체해서 부품을 다시 미국으로 가져오게 했다. 공군 요원들의 보고에 의하면 중국 군 장교들이 '해체 과정을 면밀하게 관찰'했으며, 작업 과정을 사진으로 찍거나 동영상으로 촬영하고 우리 요원들이 찍은 사진과 동영상도 모두 검토했다고 한다.

그해 봄에는 이 사건 외에 큰 문제가 없었다. 그 후로는 비교적 조용하게 시간이 흘러갔다. 발칸 반도 사태가 악화되고 마케도니아에서 폭력 사태가 발생해 그 지역의 분위기가 크게 불안정해졌지만 백악관에서 주목할 만큼 심각한 일은 아니었다. 국무부는 관련 국가들의 협조를 얻어 여름을 넘기지 않고 두 가지 사태를 모두 해결했다.

4월 말에 개최된 미주정상회담에서 라틴아메리카 문제를 강조할 기회를 얻었다. 서반구 43개국이 반세계화 시위의 배경을 논하기 위해서 퀘벡에 모인 것이었다(쿠바는 민주주의 절차에 따라 대통령을 선출하는 국가가 아니므로 제외되었다). 삼엄한 보안 때문인지 차를 타고 지나갈 때 길가에 사람이 하나도 보이지 않았다. 상점들도 거의 문을 닫아서 유령 도시에 온 것 같았다.

그러나 우리가 모인 컨벤션 홀의 분위기는 사뭇 달랐다. 회의장 분위기는 시종일관 편안하고 우호적이었다. 회담 참석자들은 자유무역과 자유로운 기업 활동 지지를 선언하고 미주자유무역지역을 마련할 필요성을 재확인했다. 라틴아메리카의 주요 정부들은 중도 우파 입장을 취했으며 모두 비슷한 생각을 가지고 있었다. 우고 차베스 베네수엘라 대통령이 강하게 반대했지만 라틴아메리카에서 영향력이 큰 나라가 아니었으므로 걸림돌이 되지 않았다.

회담이 끝나기 직전 안데스산맥 지역의 국가 정상들과 따로 자리를 마련했는데 우고 차베스 대통령은 함박웃음을 지으며 부시 대통령과 사진을 찍으려고 적극적인 자세를 보였다. 부시 대통령이 가까이 오자 그는 테이블에 거의 올라올 것 같은 자세로 악수를 청했고 자신도 부시 대통령처럼 야구를 좋아한다며 친근하게 대화를 이어갔다. 나중에 대통령은 차베스가 '뒷골목 불량배'처럼 보였으며 국가 원수로서의 입지를 확고하게 다지지 못했다고 혹평했다. 그쯤이면 상당히 좋게 평가해준 것이었다. 차베스 대통령은 카리스마의 진정한 의미를 모른 채 카리스마를 갖춘 대통령으로 보이기 위해 어설픈 연기를 하고 있었다. '뒷골목 불량배'는 무자비하기 짝이 없으며 어떻게든 자기 뜻을 관철하는 독재자가 될 수밖에 없었다. 또한 자신의 입지에 대한 '불안감' 때문에 언젠가는 민주주의 원칙과 자유 시장 등을 모두 무시할 가능성이 높았다. 만약 그렇게 된다면 베네수엘라에 대한 미국의 영향력도 큰 타격을 받을 수밖에 없었다.

4

영원한 앙숙, 이스라엘과 팔레스타인

그해 봄, 중동 분위기는 사뭇 달랐다. 치열한 전쟁은 아니었지만 팔레스타인과 이스라엘의 대립 상황은 국가안보회의에서 자주 거론되었다. 이 지역에서 발생한 폭발 사고는 행정부가 알기 전에 언론에 먼저 보도되었다. 클린턴 행정부는 캠프 데이비드에 두 나라의 회담을 마련해 수십 년 동안 이어진 갈등 관계가 해소될지 모른다는 기대를 불러일으켰다. 노동당 대표를 역임한 육군 출신 이스라엘 국무총리 에후드 바라크가 절실하게 원한 자리였다. 자세한 기록은 없지만 에후드 바라크는 웨스트 뱅크와 가자 지역의 군대를 철수시키고, 상당수의 팔레스타인 난민들이 이스라엘로 돌아오게 하고, 어떤 식으로든 예루살렘 일부 지역에 대한 이스라엘의 지배권을 넘겨줄 방안을 모색할 의향도 있었다. 캠프 데이비드에서 에후드 바라크가 얼마나 많은 것을 버리려 했는지 알아야 한다. 2000년 당시에 이스라엘 국민들 사이에서 팔레스타인 사람들이 국가를 세운다는 것은 상상도 못할 일이었다.

수포로 돌아간 캠프 데이비드의 협상이 열리기 전에 이스라엘의 분위기를 몸소 느낄 기회가 찾아왔다. 오랜 친구인 샤이 펠드먼이 텔아비브대학에서 강연하도록 초대한 덕분에 그해 7월 성지를 둘러보았다. 예수가 걸었던 갈릴리 바다와 팔복산을 처음 가보는 것이었지만 이미 부시의 측근으로 알려졌기 때문에 일정은 정치적 색깔이 강했다. 나는 바라크를 위시한 이스라엘 각 부처 장관들을 만나 평화를 이룰 수 있는 방안을 함께 논의했다.

캠프 데이비드가 팔레스타인 분쟁을 끝내줄 것이라는 기대감이 팽배한 분위기였다. 따뜻한 여름날 저녁에 예루살렘에 있는 킹 데이비드 호텔 정원에 대학 시절 친구들과 둘러앉아 이스라엘과 팔레스타인이 함께 평화를 추구할 수 있는 방법에 대해 의견을 나누던 기억이 아직도 생생하다. 이스라엘의 최근 역사는 아랍인들과의 전쟁으로 점철되어 있었다. 그들은 '전쟁이 사라진 세상은 어떤 모습일까?'라는 의문을 품고 있었다.

이스라엘은 최신 기술 분야에서도 두각을 드러내고 있었다. 한번은 이스라엘 출신의 유망한 엔지니어들 앞에서 실리콘 밸리 근무 경험에 대해 이야기할 기회가 있었다. 지겨운 전쟁이 끝나면 이스라엘의 경제 전망이 매우 밝다는 점을 강조했다. 여러 가지 이유로 불안감과 의구심을 모두 떨칠 수 없었지만 낙관적인 기대감이 조금씩 자리를 잡고 있었다.

그 모임이 끝난 후 보수 세력인 리쿠드당 대표 아리엘 샤론과 그의 고문들을 만나러 갔다. 그는 다가오는 선거에서 바라크에게 도전장을 내밀기 위해 칼을 갈고 있었다. 아리엘 샤론을 만나보니 모든 이스라엘 국민들이 캠프 데이비드와 같은 자리를 통해 전쟁 종식을 염원하는 것은 아니라는 생각이 들었다.

건물 옥상에 자리 잡은 그의 사무실은 정말 작고 볼품이 없었다. 텔아비브의 뜨거운 날씨에도 냉방이 전혀 되지 않았다. 큰 키만큼이나 육중한 몸집을 보고 놀랐다. 시력이 좋지 않은 듯했고, 이목구비는 큼직한 데다 영어로 말할 때 억양이 매우 강했다. 처음 만났을 때 나는 그의 영어 실력이 상당한 수준이라고 생각했다. 꽤 오랜 시간이 흐른 뒤에야 그의 영어 듣기 실력보다 말하기 실력이 낮다는 것을 알았다. 그 때문인지 아리엘 샤론은 대화의 흐름과 관계없는 말을 여러 번 반복하는 버릇이 있었고 주변의 오해를 살 때도 많았다.

그는 이스라엘을 지키기 위해 어떤 것도 양보하지 않았다. 사브라와 샤틸라에 있는 팔레스타인 난민 수용소 공격을 주도해서 1982년에 수많은 팔레스타인 사람들을 죽음으로 몰고 가는 등 매우 악독한 사람으로 알려져 있었다. 사실 그는 아랍인들이 가장 싫어하는 이스라엘 정치인이었다(진보주의 이스라엘 국민들이나 미국인들도 마찬가지였다). 강경파로서 조금도 양보하지 않는다는 평판을 얻은 이유를 첫 만남에서도 충분히 이해할 수 있었다. 하지만 그가 인간적으로 싫지는 않았다. 그를 보면 이스라엘이 지금까지 걸어온 길이 눈앞에 보이는 듯했다. 그런 고집, 끈기, 무자비함, 단호한 태도가 없었다면 이스라엘을 삼키려고 혈안이 된 이웃 나라들 사이에서 결코 버티지 못했을 것이다.

부시 주지사에 대한 이야기가 나오자 아리엘 샤론의 태도는 확 달라졌다. 그는 부시에 대한 호감을 적극적으로 표현했다. 2년 전 부시를 비롯한 몇몇 주지사들이 이스라엘을 방문했을 때 아리엘 샤론이 헬리콥터까지 동원해 직접 가이드 노릇을 한 모양이었다. 이스라엘의 안보 수준이 불안하기 짝이 없다는 점을 강조하는 부시의 모습은 그에게 잊을 수 없는 인상을 남겼다. 부시는 이스라엘 전체의 처지만 동정한 것이 아니라 아리엘 샤론에게도 개인적으로 그런 감정을 품었다.

나를 만난 자리에서 아리엘 샤론은 웨스트 뱅크, 가자, 예루살렘을 모두 망라한 '지도'를 계속 강조했다. 이 지역을 분할하거나 팔레스타인 국가 설립을 용인할 의사가 전혀 없는 것이 확실했다. 만일 바라크가 팔레스타인과 협상을 성공시키더라도 아리엘 샤론이라는 더 높은 장벽이 남아 있었다.

샤론은 자신의 최측근 자문인 치피 리브니를 꼭 만나보라고 제안했다. 치피는 내 또래의 여성 정치가로서, 이스라엘이 성지 전역을 차지할 권리가 있다는 주장에 한 치의 양보도 없는 사람이었다. 아리엘은 그녀가 이르군 출신이라는 점을 자랑스럽게 여겼다. 이르군은 2차대전 후 영국군을 중동 지역에서 몰아내기 위해 조직된 유태주의자들의 군사 조직이었다. 그녀의 아버지는 1946년 영국군 최고사령부가 있던 킹 데이비드 호텔 폭파 사건이 발생했을 때 이르군의 작전 지휘관이었다. 말할 것도 없이 그날 회의의 분위기는 내가 여행의 대부분을 함께했던 이스라엘 좌파 출신 지식인들과 어울리는 자리와 대조적이었다.

클린턴 행정부는 여름이 가고 가을이 저물 때까지 캠프 데이비드의 협상에 매달렸으나 결렬되고 말았다. 팔레스타인 대표 야세르 아라파트는 클린턴 행정부에게 협상이 결렬되지 않았다면 자신은 '죽은 목숨'이었다고 말했으며 죽을 때까지 캠프 데이비드에 간 것을 후회했다. 바라크도 거센 비판에 휩쓸렸으며 선거에서 패배하고 말았다.

2000년 9월 28일, 아리엘 샤론은 성전산을 방문해 유태인들에게 가장 중요한 성지는 이스라엘의 것이라고 강력히 주장했다. 6일전쟁*제3차 중동 전쟁당시 이스라엘 정부는 유태교 신자들에게 성전산을 완전히 봉쇄했다. 성전산에는 예언자 마호메트가 날개가 달린 말을 타고 승천한 장소로 알려진 바위 사원과 알아크사 모스크*예루살렘에 있는 이슬람 성원가 있었다. 성전산은 이슬람교도들에게 가장 중요한 성지였다. 일부 유태인들은 고대 이스라엘의 폐허가 되어버린 첫 번째 성전과 두 번째 성전의 터를 더럽히려고 7세기에 이슬람교도들이 바위 사원을 세웠다고 믿었다.

여름이 시작될 무렵, 나도 이 장소들을 직접 눈으로 확인했다. 예루살렘을 직접 돌아다녀 보니 세계를 대표하는 종교들이 바로 이곳에서 얼마나 큰 갈등을 빚고 있는지 느낄 수 있었다. 바위 사원은 도시 전체를 호령할 수 있는 자리에 보란 듯이 서 있었다. 이스라엘 군사들은 철통 벽을 만들어 성전산 꼭대기의 바위 사원을 봉쇄하고 있었으며 수많은 그리스도교 종파들이 성묘 교회의 자리를 놓고 옥신각신하고 있었다. 예루살렘은 매혹적인 도시였지만 하루도 조용할 날이 없었다. 신에 대한 숭배를 핑계로 다른 사람을 지배하려는 인간의 욕망이 가장 두드러지게 나타나는 곳이었다.

어쨌든 캠프 데이비드에서 자신이 저지른 실수를 덮으려는 의도인지 모르지만 야세르 아라파트는 샤론이 성전산을 찾은 것을 핑계로 다시 무력을 동원했다. 이는 1993년 오슬로 협정에서 폭력 중단을 선언한 것을 정면으로 부인하는 행위였다. 이렇게 '2차 이스라엘-팔레스타인 분쟁'이 시작되었고 곳곳에서 이스라엘에 대한 공격이 발생했다. 10월 26일 자살 폭탄 테러, 11월 2일 자동차 폭탄 테러, 11일 20일 스쿨버스 폭파 사건, 11월 22일 자동차 폭탄 테러, 12월 22일 자살 폭탄 테러, 이듬해 1월 1일 자동차 폭탄 테러, 1월 23일 웨스트 뱅크 지역 투르캄 이스라엘 시민 2명 납치 및 총살 사건 등이 이어졌다. 2001년 2월 6일 총선에서 에후드 바라크를 누르고 아리엘 샤론이 당선된 것은 놀랄 일도 아니었다. 샤론은 예루살렘을 하나로 통합해 이스라엘 정부가 다스려야 한다고 굳게 믿었으며 팔레스타인이 폭력적인 대응을 그만둘 때까지는 협상의 여지가 없다고 선언했다. 총리에 당선된 지 며칠 후인 2월 14일에 이스라엘 정부는 팔레스타인 지역을 원천봉쇄했다. 이는 팔레스타인 버스 기사가 군인 여덟 명과 민간인 한 명을 살해한 사건에 대한 보복 조치였다.

8년 동안 이어진 부시 정권 시절에 유행어처럼 입에 오르내리던 표현이 있었다. 부시 정권은 평화 추구에 초점을 맞춘 정권이 아니며, 그 점은 캠프 데이비드에서 진작 밝혔어야 한다는 말이었다. 2001년에는 이스라엘과 팔레스타인이 협상에 임할 용의가 분명히 있었다. 야세르 아라파트는 자신이 평화를 이룰 수 있다고 감히 생각해본 적이 없으며 그럴 의사도 없었다. 아리엘 샤론은 팔레스타인과 협상하려는 것이 아니라 팔레스타인을 철저히 응징하기로 굳게 마음먹고 있었다.

그런 상황은 내가 백악관에 들어간 후에도 전혀 달라지지 않았다. 클린턴 행정부를 원망하거나 탓하려는 것은 아니다. 그렇지만 우리가 평화 협상을 다시 시도했을 때 아랍, 팔레스타인, 이스라엘의 반응은 매우 강경했다. 다들 캠프 데이비드는 두 번 다시 돌아보지 않으려 했다.

부시 행정부의 1차 목표는 팔레스타인 지역을 최대한 안정시키는 것이었다. 그렇지만 행정부 내에서도 미묘한 의견 차이가 존재했다. 대통령은 이스라엘에게 자기 방어권이 있으며 이를 지원해야 한다고 생각했다. 그는 민주주의 국가의 원수라면 무고한 이스라엘 시민들이 끊임없는 외세 공격에 시달리는 것을 외면하지 말아야 한다고 생각했다. 또한 팔레스타인 지도층이 테러리즘과 부패 정치를 일삼는 한 그들과 평화 협상을 추구하는 일은 없다고 천명한 아리엘 샤론의 입장에도 적극 동의했다. 그 점에서는 나도 같은 생각이었다.

대통령은 나와 함께 이 문제를 다른 방법으로 해결할 수 있는지 검토했다. 팔레스타인에 근본적인 변화를 도모하는 것으로서, 그것이야말로 궁극적인 평화를 얻을 수 있는 해결책이었다. 이스라엘 처지에서는 군사 공격을 받으면서 협상을 수락하거나 국경을 끼고 테러리스트들이 정부를 세우는 것을 용인할 수 없었다. 우리 정부는 평화 수립에 초점을 맞추긴 했지만 팔레스타인 정부의 특징을 간과하지 않았다. 대통령은 야세르 아라파트를 테러리스트이자 비열한 사기꾼으로 규정했다. 그 판단은 정확했다.

한편, 국무부는 대통령보다 보수적인 견해를 드러냈다. 즉, 평화를 이루려면 미국이 누구의 편도 들지 말아야 한다는 것이었다. 국무부는 이스라엘이 팔레스타인 영토와 일부 거주 시설을 장악하고 있다는 점을 지적하면서 폭력 사태를 용인하더라도 평화 협정을 계속 시도할 것을 촉구했다. 야세르 아라파트에 대한 심판은 마땅하지만 팔레스타인의 실권자이므로 두 나라가 평화를 누릴 것인지에 대한 직접적인 답을 쥐고 있었다.

콜린 파월은 여름내 중동 지역의 불을 끄느라고 바쁜 나날을 보냈다. 그는 날마다 언론사의 요청과 미국이 개입해 이스라엘을 제압하기를 기대하는 아랍 국가들에게 시달렸다. 아리 플레이셔는 하루도 빼놓지 않고 찾아와 언론사에 발표할 자료 검토를 요청했다. 그는 종종 이렇게 말했다.

"저도 압니다. 테러 행위는 분명 사라져야 합니다. 이스라엘도 스스로를 방어할 권리가 있지요. 우리는 다만 무고한 희생자가 계속 발생하기 때문에 그들을 자제시키는 것뿐입니다."

그럴 때면 나는 "옳은 말이에요."라고 응수했다.

팔레스타인 분쟁이 극한으로 치달을 무렵, 콜린 파월은 미-이스라엘공공문제위원회의 초대를 받아들여 3월 19일에 강연을 하기로 결정했다. 이 단체는 수많은 이익 단체 중에서 가장 친이스라엘 성향이 강했다. 언론사는 이번 연설이야말로 미 정부의 중동 정책을 처음으로 소개할 것이라고 보도했다. 실제로 그의 연설을 살펴보면 새로운 주제나 논쟁의 소지가 있는 것은 전혀 없었다. 그저 미 정부가 평화 실현이라는 목표에 초점을 맞추고 있다는 사실만으로 세계적인 호응을 얻었다. 전 상원의원인 조지 미첼의 이름을 따서 지은 미첼 보고서는 우리의 입장을 대변하기에 매우 유용한 자료였다. 조지 미첼은 클린턴 정부의 임기가 끝나갈 무렵 걷잡을 수 없이 폭력 사태가 증가하자 이를 처리하기 위해 투입된 인물이었다. 미첼 보고서는 사건 양측이 해야 할 행동을 단계별로 정리한 것으로 최종 단계는 평화 협상을 재개하는 것이었다.

그러나 양측 모두 그럴 생각이 조금도 없었다. 3월 28일에 하마스*팔레스타인 지역에 거점을 두고 있는 이슬람 수니파의 원리주의 단체에서 보낸 자살 폭탄 테러범이 학교 근처의 버스 정류장에서 십대 청소년 두 명을 죽이는 사건이 벌어지자 샤론은 곧바로 대응에 나섰다. 이스라엘 무장 헬리콥터가 가자와 라말라*팔레스타인 자치 정부의 임시 행정 수도를 공격했고 그에 대한 보복과 반격이 반복되었다. 설상가상으로 이스라엘 주택환경부는 칼킬리야와 예루살렘에 유태인 거주자를 위해 700채 이상의 주택 건설 계획을 발표했다. 이 계획은 부시 대통령 임기 내내 이어진 갈등의 시작점이 되었다. 이스라엘 정부는 건축을 시작하려면 여러 해를 기다려야 하는 상황에서도 건축 계획을 연이어 발표했다. 과거 특정 시점에 몇몇 연립 선거구에 약속한 공약을 실천하는 것이라며 건축 계획을 내놓을 때도 있었다. 그렇지만 이런 발표가 나올 때마다 분쟁은 더욱 고조되었으며, 이스라엘을 둘러싼 오랜 영토 분쟁을 부각시켜 국제사회의 이맛살을 찌푸리게 했다. 2001년 발생한 테러 사건에 비추어보더라도 그러한 행보는 이스라엘에 득이 될 것이 하나도 없었다. 팔레스타인과 이스라엘의 대립 구도는 좀처럼 끝날 것 같지 않았다.

초반에 벌어진 이런 사건들은 중동 정책의 기본 방향에 큰 영향을 주었다. 그렇지만 2001년 봄과 여름에는 대대적인 충돌만 막을 수 있어도 성공이라고 생각했다. 백악관은 이스라엘 편에 서기로 결정했으나 국무부는 여전히 아랍 국가들의 견해에 더 귀를 기울이고 있었다. 이러한 입장 차이는 서서히 수면 위로 떠오르고 있었다.

콜린 파월은 백악관에서 많은 문제를 직접 해결할 것이며 대통령이 나서 중동 정책 방향을 제시할 것으로 기대했을 것이다. 그가 날마다 중동 문제로 동분서주하는 모습은 가여울 지경이었다. 국무부와 백악관의 입장이 다르다는 것은 누구나 다 아는 사실이었지만 그 차이를 좁히기 위해 당장 조치를 취해야 한다는 생각은 들지 않았다. 나는 매일 대통령과 직접 이야기를 나눴으므로 누구보다 그의 생각을 잘 알고 있었다. 이스라엘 민간인이 끊임없이 테러에 희생되었지만 아라파트는 매번 얼버무리거나 핑계를 댈 뿐 테러리즘을 그만둘 의사를 전혀 보이지 않았기에 대통령은 점점 이스라엘을 두둔했다. 2001년에 대통령이 어떤 행동 방침을 설정했다면 분명 이스라엘에게 전적으로 유리했을 것이기 때문에 이미 심각한 두 나라의 대립 관계를 더욱 악화시킬 것이 불 보듯 뻔했다.

나는 이 점을 콜린 파월에게 충분히 설명했다. 그래서 우리는 여름내 팔레스타인 문제에 매달렸다. 그 문제는 8년 내내 우리를 괴롭혔다. 지금 돌이켜보면 그해 여름이 비교적 조용한 편이었다. 백악관 생활은 눈코 뜰 새 없이 바빴지만 어느 정도 예측 가능한 패턴을 보이기 시작했다. 나는 고모와 루이스 올레이브라는 친구 도움을 받아 워터게이트 아파트에 새 둥지를 마련하고 종종 워싱턴 이곳저곳을 돌아보러 다녔다. 일요일에는 차를 몰고 니기 친구인 메리 부시와 시간을 보내거나 쇼핑센터로 향했다. 쇼핑 장소는 주로 메릴랜드, 체비 체이스에 있는 갤러리아였다. 9.11테러가 발생하기 전에는 운전대를 잡고 출퇴근할 때 주말에 무엇을 할지 생각하며 힘을 내곤 했다.

무엇보다 집 앞의 케네디예술센터에서 시간을 보낼 때가 가장 좋았다. 가끔 친구들과 공연을 보러 다녔는데, 백악관 동료인 해리엇 마이어스, 내게는 가족이나 다름없는 스티븐 해들리 부부와 두 자녀가 자주 시간을 내주었다. 성 금요일*예수의 죽음을 기념하는 날에는 해들리 가족과 함께 브람스의 독일 레퀴엠 연주를 들으러 갔다. 공연이 끝난 뒤 걸어서 집으로 돌아오는데 아늑하고 따스한 밤공기가 정말 좋았다. 뒤따르는 경호원이나 수행원 없이 한가롭게 걸어보는 것이 얼마나 오랜만이었던가. 집 가까이에 케네디예술센터가 있어 참 좋다는 생각이 들었다. 앞으로도 공연 후에 산책을 자주 하리라고 다짐했다. 그렇지만 2001년 9월 11일 이후로는 한 번도 그런 시간을 낼 수 없었다.

5

푸틴에게 속다

누가 뭐라 해도 2001년 최고의 이슈는 단연 새로 취임한 미 대통령과 러시아 대통령의 첫 만남이었다. 어떤 면에서는 미국 대통령과 구 소련 공산당 서기장 정상회담의 연장선이었다. 케네디 대통령과 흐루시초프, 닉슨 대통령과 브레즈네프*구 소련의 공산당 제1서기, 카터 대통령과 브레즈네프, 레이건 대통령과 고르바초프에 이어 마지막으로 부시 대통령과 고르바초프가 정상회담을 개최한 바 있다. 이름만 들어도 그들의 만남에 얽힌 극적인 순간들이 주마등처럼 머릿속을 스친다. 당시 정상회담은 세계 양대 강국의 긴장 관계가 어느 정도 가라앉았다는 증거였기에 큰 의미가 있었다. 적어도 두 나라 정부가 대화하는 동안에는 핵전쟁을 꾀할 가능성이 없었다. 냉전의 긴장감이 모두 사라진 후에도 정상회담은 여전히 중대한 이슈였다. 특히 부시 대통령과 블라디미르 푸틴 대통령의 첫 번째 만남은 큰 기대감을 불러일으켰다.

회의는 이탈리아 제노바에서 열리는 G8 정상회담이 열리기 전에 슬로베니아에서 열릴 예정이었다. 우선 두 사람이 친분을 쌓고 또한 처음으로 직접 만나 미사일 방어 문제를 논할 생각이었다. 부시 주지사는 1999년 9월,

사우스캘리포니아 주 찰스턴에 있는 성당에서 선거 유세를 할 때 기초 군사력은 물론이고 핵 문제와 관련해 군 제도를 전면 개편하겠다고 선언했다. 기초 군사력 개편이란 고도의 현대 기술을 바탕으로 더 강하고 민첩한 군을 양성해 세계 각지에 효율적으로 배치할 여지가 크다는 생각에서 비롯된 것이었다. 냉전 종식 후에도 미군은 여전히 구 소련군이 독일 북부 국경을 넘을까 봐 노심초사하는 것처럼 보였다. 그 당시 주지사였던 부시 대통령은 은폐형 무기, 정밀 유도 무기를 현대화하고 정보 수집 및 분석력을 강화해야 한다고 주장했다. 대통령에 당선되면 국방장관에게 군 수뇌부와 정보국을 통합시켜 특수 작전 수행 능력과 원거리 공격 능력을 향상시키도록 지시하겠다고 약속했다. 그뿐만 아니라 시대에 뒤떨어진 무기를 처분하고 군용 신기술 연구 및 개발에 200억 달러를 투자한다는 공약을 내세웠다.

현행 군 체제에서 어느 부분을 실제로 없앨 계획인지에 대한 질문은 난감하기 짝이 없었다. 어떻게 대답하더라도 몇몇 주에서 유권자들이 반감을 드러낼 것이 분명했다. 우리는 이미 비난의 대상으로 자리잡은 크루세이더*미국이 운용하는 M109A6 팔라딘 자주포를 대체하기 위해 개발에 착수했다가 전장 환경의 변화와 예산 문제로 취소된 자주포를 지적한 다음, 얼른 화제를 바꾸어 군의 현대화를 위해서라면 어떤 변화도 수용할 의지가 있으며, 특히 관사와 외부 숙소 마련 개선에 힘쓰겠다고 약속했다. 훗날 재래식 병력 구조의 근본적인 개편이라는 숙제는 도널드 럼즈펠드의 몫이 되었다.

핵무기 문제는 더 까다로웠다. 냉전 시대의 핵무기 협정은 이해하기 어려운 측면이 많았다. 구 소련과 미국이 서로 피해를 입히지 않고 핵무기를 사용할 방법이 전무해야 핵전쟁을 막을 수 있다는 것이 기본 전제였다. '상호확증파괴'라는 말처럼 일단 핵전쟁을 벌이면 양측 모두 이로울 것이 없었다. 무기의 규모 때문에 군대를 동원해서 선제 공격을 한 다음에 적군의 반격을 미사일로 방어하는 작전도 사실상 불가능한 일이었다. 양측 모두 나가

사키와 히로시마에 투하된 폭탄의 수만 배에 달하는 핵탄두 수만 개를 보유하고 있었으므로 둘 중 하나라도 살아남을지 의문스러웠다. 그런데도 양측은 현상 유지에 초점을 맞추고 다수의 군비통제협약을 체결했다. 일례로, 1972년에 체결된 탄도요격미사일제한조약은 미사일 방어를 규제하는 것이었으나 실질적인 영향력은 미미한 수준이었다.

1983년, 로널드 레이건 대통령은 이 전략의 전제에 강한 의혹을 제기했다. 그는 방어력이 전혀 개선되지 않은 이유를 이해할 수 없다며 핵무기의 '무력화'를 지향하는 전략방위계획을 발표했다. 여러 가지 군비 통제 전략 중에서 전략방위계획은 사실 전략적 안정성에 오히려 위협적인 요소였다. 상호확증파괴 이론을 믿지 않는 사람들이 보기에도 레이건 대통령이 성공할 가능성은 희박했다. 미국이 방어에 성공하려면 말 그대로 수천 개의 핵탄두를 막아내야 했다. 계산상 말이 안 되는 일이었다. 설령 이 시나리오가 가능하다 하더라도 미사일 한두 개만 잘못 쏘면 차마 상상하기도 싫은 처참한 꼴을 당해야 했다. 그런데도 레이건 대통령은 뜻을 굽히지 않았다. 흥미롭게도 그의 고집 덕에 군 명령 체계와 통제 구조는 커다란 변화를 겪었으며 오히려 재래식 병력의 전투 능력을 크게 향상시켰다.

한편, 구 소련의 핵무기로부터 조국을 수호할 방패를 만들겠다는 희망은 냉전 종식과 함께 물거품이 되고 말았다. 레이건 대통령과 고르바초프는 주요 군비통제협정을 추가로 체결했으며 탄도요격미사일제한조약도 유효한 상태로 남겨 두었다. 조지 H.W. 부시 대통령과 빌 클린턴 대통령도 동일한 방식, 즉 새로운 협정을 체결하고 기존의 조약을 그대로 유지하는 방식을 답습했다.

그러나 조지 W. 부시 대통령 행정부가 들어서자 판도가 크게 달라졌다. 긴급하게 대처해야 할 상황이 연이어 발생했으며 핵전략을 다시 정비할 이유도 충분했다. 그 전에는 모스크바와 워싱턴 사이에 핵무기가 날아다니는 것을 상상조차 하기 어려웠다. '마른하늘에 날벼락'처럼 어느 한쪽이 갑작스런 공격을 감행하는 것은 자살 행위와 다름없었다. 이보다 조금 더 현실성 있는 시나리오는 유럽 중심부에서 흔히 발생하는 갈등이나 대립을 계기로 핵 공격이 시작되는 것이었다. NATO와 바르샤바조약기구를 각각 대표하는 두 나라는 냉전 기간 내내 독일 분단선에서 고도로 훈련된 군대를 대치시켰다. 이처럼 두 나라의 군대는 핵전쟁이라는 만일의 사태에 이미 대비한 상태였으며 새로 취임한 미 대통령과 (구 소련의) 서기도 최악의 상황을 고려하지 않을 수 없었다. 내가 워싱턴에 첫발을 디디면서 바로 이 일을 맡았고 1986년부터 1987년까지는 합참의장의 전략핵 정책('누크엠NUCHEM'이라고 일컬었다) 고문으로 활동했다.

2001년에야 핵전쟁이라는 악몽 같은 두려움에서 완전히 벗어났다. 구 소련이 무너지고 붉은 군대는 유럽에서 완전히 추방되었다. 독일이 마침내 통일을 맞았고 폴란드, 체코공화국, 헝가리와 같은 국가들이 NATO에 가입했다. 바르샤바조약기구도 무용지물이 되었다. 적이 사라진 마당에 미국과 러시아 사이에 핵전쟁이 벌어질 가능성을 논하는 것은 더없이 무의미한 짓이었다.

이에 부시 대통령은 핵무기의 대폭 감축을 제안했다. 냉전 시대에 수없이 반복된 힘겨운 협상을 이제는 할 필요가 없었다. 대통령은 먼저 미국의 핵탄두 보유량을 적정 수준으로 줄인 다음 러시아도 동일한 절차를 밟도록 요구할 생각이었다. 이 경우에는 탄도요격미사일제한조약을 개정해야 했다. 아니면 더 좋은 방법으로서 핵무기를 양측 모두 완전히 파기하되, 북한이나 이란 같은 국가가 미사일 공격을 감행할 가능성이 갈수록 커지므로 이를 감안해 소규모의 방어책을 남겨 두기로 합의하는 방안도 있었다.

후자의 경우는 욕심을 너무 많이 부린 것이라는 의견도 있었다. 푸틴 대통령과의 회담이 시작되기 전에 워싱턴에서는 새로운 시대를 맞이해 30년간 유지해온 탄도요격미사일제한조약 폐지 여부가 초미의 관심사로 떠올랐다. 오래 전에 끝난 것처럼 보였던 군비 규제를 둘러싼 논란이 모스크바, 워싱턴, 유럽 전역에서 갑자기 불거졌다. 외관상으로는 '전략적 안정성'을 강조하고 있었으나 러시아는 다른 꿍꿍이가 있었다.

러시아 정부, 특히 군 장교들이 군사력 균형에 전혀 무관심했다는 뜻으로 오해하지 않기 바란다. 그렇지만 넓은 의미에서 보면, 군비 규제를 끝내는 것은 러시아 정부와 백악관의 동등한 관계에도 종지부를 찍는다는 뜻이었다. 러시아 정부는 여러 해가 걸리는 대규모 협상을 통해 조약을 체결하고 화려한 정상회담을 여는 것을 선호했다.

군비 규제 정책은 닉슨 행정부에서 시작한 것으로 미국과 구 소련이라는 두 강대국이 국제 문제를 '다루는' 원칙을 정리한 문서인 미-소 관계의 기본 원칙을 등장시켰다.

구 소련이 사라진 자리에 들어선 러시아는 강대국일지 몰라도 냉전 용어로 초강대국은 아니었다. 상상의 나래를 아무리 펴봐도 러시아는 핵무기를 빼놓으면 미국에 견줄 상대가 아니었다. 러시아 측 국가 안보 담당자는 냉전 종식 시대에 걸맞은 협조를 논할 때 옳은 말만 늘어놓았고 실제로도 그렇게 행동했다. 하지만 그들의 마음 깊숙한 곳에는 모스크바가 세계를 호령하고, 미 정부를 위시한 서방 국가들과 대립 구도를 형성하며, 인류 역사에 새로운 방향을 암시하던 시절에 대한 그리움이 남아 있었다. 군비 규제와 탄도요격미사일제한조약은 러시아의 전성기를 상징하는 부적과도 같아 쉽게 내버릴 수 없었다.

이런 배경을 뒤로한 채 우리는 슬로베니아 류블랴나*슬로베니아 수도에 있는 16세기식 브르도성에 도착했다. 러시아 대표단보다 훨씬 일찍 도착한 것이었다. 조지 W. 부시 대통령은 시간을 잘 지키기로 정평이 나 있었으며, 특히 회의장에는 항상 일찍 도착했다. 약속이 있을 때마다 그렇게 일찍 움직이면 대통령 임기도 6개월쯤 일찍 끝낼 수 있겠다고 내가 농담을 할 정도였다.

러시아 대표단이 도착했다는 소식에 대통령은 그들을 맞이하러 정원으로 나갔다. 부시 대통령을 향해 걸어오는 푸틴을 처음 본 순간, 나는 놀란 기색을 감출 수 없었다. 키는 170센티미터 정도로 크지 않은 편이었으나 떡 벌어진 어깨 때문에 육상 선수처럼 보였다. 성품이 내성적인 편인지 몰라도 얼굴에는 긴장한 기색이 역력했다.

악수를 청하며 "오쳔 쁘리야뜨나(만나서 반갑습니다)."라고 인사를 건네는 순간, 불현듯 예전에 푸틴과 인사를 나눈 기억이 떠올랐다.

1992년 아나톨리 솝차크 시장을 만나러 상트페테르부르크를 방문했다. 이제 고인이 된 아나톨리는 개혁주의를 부르짖는 시장이었다. 그는 러시아 제국의 화려한 옛 수도에 유럽 대학을 신설할 계획을 세우고 스탠퍼드대학 교수 몇 사람에게 조언을 구하려 했다. 아나톨리 시장은 대표단을 위해 멋진 이브닝 파티를 열었다. 그의 아내는 19세기의 우아한 분위기를 좋아하는 귀족 부인답게 상트페테르부르크의 화려한 과거를 현대 러시아에서 재현하는 데 노력을 아끼지 않았다. 연회장은 검은 옷을 입은 사람들로 북적거렸다(대륙 지식인들은 20세기가 동틀 무렵 바로 그런 모습으로 연회장에 모습을 드러냈다고 한다). 참석자들 대부분이 자신을 톨스토이, 푸슈킨이라고 소개했다. 유명한 문학가 또는 예술가의 먼 친척 행세를 하는 것인지, 아니면 정말로 혈연관계가 있는 것인지 알 수 없었다. 그중 딱 한 사람이 구 소련 고위급 간부처럼 입고 나타나서 눈길을 끌었다. 상트페테르부르크 부시장이라며 내게 인사를 건넨 그 사람이 바로 블라디미르 푸틴이었다.

예전에 인사를 나눈 일에 대해서는 전혀 언급하지 않고 이번 회의에만 집중하기로 결심했다. 두 정상은 개별 회담 장소로 이동했다. 개별 회담이라고 해서 정말 '두 사람만 참석'하는 것은 아니었다. 부시 대통령 옆에는 내가 항상 있었고 푸틴도 국가안보좌관 블라디미르 루살리오를 대동했다. 그는 내무장관 출신이었으며 나와 마찬가지로 최근에 국가안보좌관으로 임명된 것 같았다. 몸집은 레슬링 선수 못지않았으며 눈썹이 매우 인상적이었다. 눈썹 한 가닥이 어찌나 길던지 '이마를 덮을' 수 있을 것 같았다.

두 정상은 가벼운 농담을 주고받으며 화기애애한 분위기로 회담을 시작했지만 얼마 지나지 않아서 본격적인 주제로 접어들었다. 부시 대통령은 이렇게 질문했다.

"푸틴 대통령께서 누구를 신임하는지 저도 알아야 합니다. 미국과 러시아 사이에 민감한 문제가 발생하면 우리 정부는 누구에게 연락해야 합니까?"

"국방장관인 세르게이 이바노프입니다."

대통령은 고개를 끄덕인 다음 "우리 측은 콘돌리자입니다."라고 덧붙였다. 그 순간, 나는 다른 사람들도 뭔가 짝이 맞지 않는다고 느꼈는지 궁금했다. 나는 부시 대통령의 최측근이었다. 그 대화를 통해 나는 루살리오가 구색을 맞추는 인물에 불과하다는 것을 알아차렸다.

이렇게 해서 나는 세르게이 이바노프와 친분을 쌓게 되었다. 그는 푸틴과 마찬가지로 KGB 장교 출신이었으며 외국어에 능숙했다. 금발머리나 파란 눈은 푸틴 대통령과 비슷했지만 더 나은 점도 많았다. 그는 록 음악을 들으며 영어를 공부했다고 말했다. 그래서 그런지 러시아 억양을 거의 찾아볼 수 없는 완벽한 영어를 구사했다. 그는 다소 거친 면이 있고 미국에 대한 의심도 많은 것 같았다. 하지만 차츰 그를 알수록 신임할 만한 사람이라는 생각이 들었다. 약속한 것은 철저히 지키는 사람이었다. 그의 직위나 보직이 바뀐 뒤에도 민감한 문제를 논할 때는 반드시 그를 거쳐야 푸틴 대통령과 의견을 교환할 수 있었다(그는 훗날 최초의 부총리가 되었으며, 푸틴의 대통령직을 이어받을 유력한 후보로 떠올랐으나 실제로 대통령 자리에 오르지 못했다. 나는 훗날 국무장관이 되어 그를 다시 만났다). 이렇게 우리 두 사람은 백악관과 크렘린 궁을 잇는 가장 중요하고 확실한 연결 통로가 되었다.

푸틴 대통령과 부시 대통령은 회의에서 굉장히 다양한 문제들을 논의했다. 대통령은 탄도요격미사일제한조약을 탈퇴할 생각이며 러시아도 동참해주기를 바란다고 말했다. 푸틴 대통령은 차분하고 단호한 목소리로 그럴 수 없다고 잘라 말했다. 하지만 그는 위협을 가하려 하거나 보복하겠다는 암시를 남기지 않았다. 두 사람은 마찰 없이 이 문제를 해결할 수 있는 방법을 더 생각해보기로 합의했다.

몇 가지 사안을 마무리한 뒤에 푸틴이 갑작스레 파키스탄 문제를 끄집어냈다. 페르베즈 무샤라프*파키스탄 대통령 정권이 극단주의자들을 도와주고 있으며, 파키스탄 군이 탈레반 및 알카에다의 첩보 활동에도 연루되어 있다며 거칠게 비난을 퍼붓는 것으로 그의 얘기는 시작됐다. 그리고 모든 극단주의자들이 사우디아라비아의 원조를 받고 있으며 그들이 돌이킬 수 없는 재앙을 일으키는 것은 시간 문제라고 주장했다. 물론 우리 정부도 파키스탄이 탈레반과 연계된 정황을 알고 있었으며 클린턴 정부를 시작으로 극단주의자들에 대한 지원을 차단하고자 이슬라마바드*파키스탄 수도를 수차례 공격하기도 했다. 아무튼 나는 푸틴 대통령이 그토록 강경하게 토로하는 것을 보고 깜짝 놀랐다. 아무래도 1980년대에 구 소련에 굴욕을 안긴 아프가니스탄 무자헤딘을 지원한 것 때문에 파키스탄에 대한 원한이 남아있는 것 같았다. 하지만 푸틴 대통령의 말 중에 틀린 것은 하나도 없었다. 탈레반과 알카에다는 2001년 9월 11일에 폭발할 예정인 시한폭탄이었다. 파키스탄과 극단주의자들의 긴밀한 협조 관계는 우리 정부의 입장에서 가장 심각한 문제였다. 푸틴 대통령은 몇 번이고 그 점을 반복하면서 그들에 대한 경계를 늦추지 말라고 경고했다.

회의가 끝나기 전에 푸틴 대통령은 어머니에게 받은 십자가를 보여주며 다소 감상적인 이야기를 늘어놓았다. 사실 부시 대통령이 개인적인 친밀감을 높일 기회를 찾다가 러시아 사람들이 목에 걸고 다니는 십자가에 대해 질문한 것이지 푸틴 대통령이 먼저 이야기를 꺼낸 것은 아니었다. 시골집에 불이 나서 어머니의 물건이 모두 타버렸는데 다행스럽게 일꾼들이 십자가를 주워 그에게 돌려주었다고 한다. 사실 나로서는 그의 이야기에 공감하기 어려웠다. 지금 이 순간에도 무신론을 앞세운 공산주의 국가의 고위 인사였던 푸틴에게 종교가 있다는 것이 믿어지지 않을 뿐이다.

회담 후 이어진 기자회견에서 부시 대통령은 푸틴 대통령을 신뢰하느냐는 질문을 받았다. 그 순간, 기자회견을 준비할 때 그 질문에 대한 대비가 빠졌다는 생각이 내 머리를 스쳤다. 함정이 많은 질문이었다. 대통령은 "그렇습니다."라고 짧게 대답했다. 아니라고 하면 두 나라의 관계가 처음부터 삐걱거릴 것이 분명했기에 나쁘지 않은 대답이라는 생각이 들었다. 그런데 부시 대통령이 한마디를 덧붙이는 바람에 내 표정은 얼음처럼 굳어버렸.

"저는 푸틴 대통령의 눈을 봤습니다. 진심을 느낄 수 있습니다."

그 말 때문에 분위기는 매우 어색해졌다. 그 후로 부시 대통령이 순진하게 푸틴을 믿었다가 배신당했다는 이미지를 벗지 못했다. 2001년 당시의 주변 정황이나 블라디미르 푸틴과의 관계가 나중에 벌어진 상황과는 사뭇 달랐다는 점을 혹독한 비평을 쏟아내는 사람들에게 납득시키기란 거의 불가능했다.

거짓 경보

푸틴 대통령의 예상대로 테러 위협이 피부로 느껴지기 시작했다. 6월과 7월에는 알카에다의 활동이 눈에 띄게 활발해졌다. 선거를 마치고 워싱턴에 도착한 후 곧 물러날 클린턴 대통령의 국가안보팀과 여러 차례 회의를 열었다. 나는 백악관에서 샌디 버거*클린턴 행정부의 국가안보보좌관와 여러 문제를 논의했다. 그는 중동 문제와 캠프 데이비드에서 마지막 순간까지 이어진 격론을 부각시켰을 뿐만 아니라 대통령이 직접 북한을 방문하는 가능성도 조심스럽게 언급했다.

우리는 NSC의 역할뿐만 아니라 여러 부처의 역할과 기능에 대해서도 의견을 나누었다. 한번은 1993년 세계무역센터 폭탄 테러 사건과 1998년 케냐와 탄자니아에서 미 대사관을 공격한 사건을 언급하며 내가 테러 문제를 처리하는 데 생각보다 훨씬 더 많은 시간을 보내게 될 것이라고 말했다. 할 말이 많지만 아끼는 표정이었다. 9.11테러가 발생한 후로는 그와 비슷한 말을 귀에 딱지가 앉도록 들었다.

샌디는 또한 NSC의 대테러 고문인 리처드 클라크가 나에게 따로 브리핑을 하도록 자리를 마련했다. 그는 브리핑을 시작할 때 잠깐 앉아 있다가 이내 사라졌다. 클라크는 샌디가 자리를 지키고 있어야 내가 브리핑에 귀를 기울일 것이라고 생각하는 것 같았다. 하지만 그것은 괜한 걱정이었다. 심각한 테러 위협이 있다는 사실은 누구보다도 잘 알고 있었다. 선거 운동을 할 때 디트로이트의 어느 라디오 방송에 출연해서 이렇게 말한 적도 있었다.

"미 정보기관들은 앞으로 더 긴밀한 협조 관계를 구축해야 합니다. 아침에 눈을 뜨자마자 오사마 빈 라덴이 우리의 보금자리를 공격했다는 황당한 소식을 듣고 싶지 않다면 말입니다."

작전 수행에 대한 설명이 조금 아쉬웠지만 브리핑은 대체적으로 매우 훌륭했다. 알카에다 조직에 대한 설명은 많았으나 구체적인 대응 방안은 언급되지 않았다. 그는 알카에다의 궁극적인 목표가 미국을 무너뜨리는 것이라고 강조했다. 알카에다 작전 요원들의 사진이 끝없이 이어졌다. 아프가니스탄에 있는 본거지에 대한 자료도 있었다. 그렇지만 파키스탄이나 사우디아라비아에 대한 언급은 찾아볼 수 없었다. 브리핑이 끝날 무렵, 나는 기존의 국가안보팀이 알카에다를 저지하기 위해 정부가 할 수 있는 모든 수단을 동원했는지 물어보았다. 그는 몇 가지 비밀 작전을 간단히 언급한 후 나중에

다시 기회를 마련하겠다고 했다.

리처드 클라크와 함께 일한 사람들은 하나같이 그를 싫어했다. 그렇지만 나는 클린턴 정부의 대테러대책반을 그대로 유지시켜야 한다고 결론지었다. 스티븐 해들리도 나와 같은 생각이었다. 첫 번째 각료 회의에서 (NSC의 주요 부처 및 기관 책임자들에게) 가장 시급한 문제를 알려달라고 했다. 리처드 클라크는 1월 25일에 알카에다를 겨냥한 한층 강화된 방어 대책을 설명하는 편지를 보냈다. 아이러니하게도 첨부 자료를 보니 알카에다와 미국 본토 공격 가능성에 대해 언급한 부분은 한 문단을 넘기지 않았다. 거기에는 FBI가 미국 내의 은신처를 추적하고 있다는 주장도 있었다. 요점은 크게 두 가지였다. 하나는 탈레반 대항 조직인 북부동맹*탈레반 정권에 대항하는 아프가니스탄의 7개 분파가 1997년 결성한 정치, 군사 조직의 무장 태세를 강화하는 것이고, 다른 하나는 우즈베키스탄과 대테러 협동 작전을 추진하는 것이었다. 우즈베키스탄은 전략적인 위치상 군사 작전이나 첩보 활동을 펼치기에 가장 유리한 곳이었다. 리처드는 또한 적의 위치를 찾아내면 곧바로 발포할 수 있는 '무인 정찰기' 개발을 원했다.

나는 1월 31일에 클라크를 사무실로 불러 전략을 수립하라고 지시했다. 도널드 럼즈펠드, 콜린 파월, 부통령은 이미 알카에다에 대한 브리핑을 받았으므로 장관급 회의를 소집할 필요가 없었다. 대통령은 이미 조지 테넛에게 보고를 받아 모든 사실을 알고 있었다. 우리가 원한 전략은 알카에다를 '위축'시키는 것이 아니라 테러 위협을 완전히 근절하는 것이었다. 대통령은 1998년 다르에스살람과 나이로비에서 발생한 미국 대사관 폭탄 테러 사건과 2000년 USS 콜*알카에다 공격으로 폭파된 미 구축함 폭파 사건으로 인해 클린턴 행정부가 곤욕을 치른 일을 언급하면서 그런 상황이 반복되어서는 안 된다고 힘주어 말했다. 이제 유일한 대안은 공해나 미군 기지에서 크루즈 미사일 또는 폭탄을 쓰는 것이었다. 현지의 도움이나 협조 없이는 더 이상 아무것도 할 수 없었다. 사실 미국 정부는 콜 폭파 사건에 군사적 대응을 취하지 않았다. 무턱대고 크루즈 미사일을 날렸다가 알카에다에게 치명타를 입히지 못하면 오사마 빈 라덴이 건재함을 과시하며 미국의 군사력을 비웃을 것이 분명했기 때문이다. 우리는 총체적인 해결책을 찾기로 했다. 스티븐과 내가 보기에, 리처드가 맡은 작전에는 대테러 활동에 필요한 현지 정부의 지원을 확보해서 파키스탄에게 특별한 역할을 맡기고 관리할 사람이 필요했다. 파키스탄이 탈레반에 지원을 끊게 만들지 않고서는 어떤 전략도 실패할 수밖에 없었다. 우리는 아프가니스탄 출생으로 그 지역에서 학교를 마쳤으며 남아시아 전문가인 잘메이 칼릴자드를 불러들였다.

파키스탄 남부 지역에 연락책이 없는 것도 염려되었다. 북부동맹은 대부분 우즈베키스탄과 타지키스탄 출신의 군인들로 이루어졌으며 그들이 장악하는 범위는 아프가니스탄 영토의 10퍼센트에도 미치지 못했다. 전략상 요지인 헬만드 강과 칸다하르 내에서도 파슈툰 남부 구역이 문화, 정치, 지리의 요충지였다. 북부 지역에는 CIA의 연락책이 두터웠으나 남부 지역에 있는 탈레반 요새에서 활동하는 반대 세력 수장들과 접촉할 방법은 거의 전무했다. 칼릴자드와 CIA는 함께 남부 지역을 공략할 전략 수립에 매달렸다.

어느덧 2001년 봄이 다 지나가고 있었다. 우리는 탈레반에게 법의 심판을 받도록 오사마 빈 라덴을 내놓으라는 압력을 늦추지 않았다. CIA도 대통령 승인을 얻어 탈레반에 반대하는 나라들을 비밀리에 지원하는 대규모 작전을 준비했다. 이 작전은 대통령 승인을 얻은 후에 핵심적인 역할을 맡은 일부 국회의원들과 정보위원회에 보고되었다. 꾸물거릴 시간이 없었다. 그렇지만 이 작전은 어느 모로 보나 알카에다에게 일시적인 충격을 가하는 것으로 끝날 것 같지 않았다. 나는 대통령에게 3년에서 5년 내에 알카에다에게 치명타를 가할 수 있을 것이라고 말했다. 그 사이에 벌어질 테러 위협은 기존의 체제 및 대응 전략으로 막아내는 것 외에 도리가 없었다.

그래서 5월 말 조지 테닛이 테러리스트들 사이에 곧 공격이 있을 것이라는 '소문'이 돈다는 소식을 전하며 우려를 나타냈을 때 기존의 대테러 체제를 가동했다.

우리는 테러 공격이 해외에서 벌어질 것이라고 추측했다. 요르단, 사우디아라비아 및 2001년 G8 정상회담이 열릴 이탈리아 제노바가 가장 유력했다. 범위를 종잡을 수 없는 테러 위협에 대응하느라 5월 말부터 7월 중순까지 한시도 긴장을 풀 수 없었다. 도널드 럼즈펠드와 콜린 파월, 그리고 나는 거의 하루도 거르지 않고 아침마다 전화로 이 문제를 논의했다. 특히 두 사람은 해외에 있는 미국 기업, 정부 기관 등의 보안을 철저히 강화했다. 이를테면, 국무부는 보안 차원에서 사우디아라비아 대사관 앞에 사람들이 길게 줄 서서 기다리는 현상을 해소하기 위해 익스프레스 비자 발행 제도를 도입했다. 예멘의 미 대사관은 6월 21일경에 폐쇄되었으며, 미군 총사령부는 언제라도 공격을 받을 수 있다고 판단해 6개국에 주둔한 미군 부대의 경계 수준을 최고로 높였다. 제노바도 예외가 아니었다. 미 정부는 항공기 폭파 가능성을 고려해 제노바는 물론이고 주변을 지나가는 항공기까지 모두 차단하는 특별 보안 체제를 가동했다.

조지 테닛은 하루도 거르지 않고 아침마다 대통령 집무실에 들러 상황을 보고했으며 나와 일주일에 몇 차례씩 만나서 진행 상황을 점검했다. 그의 자서전 《폭풍의 중심에서》에서는, 내가 7월 10일에 그를 불러들여 아프가니스탄으로 이동하는 이슬람 출신의 테러리스트들이 급증하는 것으로 보아 테러 공격이 임박했으므로 경보를 발하도록 요청했다고 기술한다. 하지만 내가 기억하기로는 조지가 먼저 전화를 걸어 "요즘 들리는 소문이 심상치 않습니다."라고 말했다. 어떻게 했으면 좋겠냐고 되묻자 곧바로 찾아오겠다고 했다. 나 역시 당장 만날 필요가 있다고 느꼈다.

하루도 빠지지 않고 테러 위협을 논했기 때문에 그날 회의가 자세히 기억나지는 않는다. 그동안 매일 검토하던 자료와 몇 가지 새로운 소식을 다룬 프레젠테이션이 있었다. 나는 조지에게 알카에다의 행동 대장으로서 음모의 전말을 알고 있는 유력 용의자인 아부 주바이다를 체포하기 위해 CIA가 더 손쓸 방도가 있냐고 질문했다. 부통령은 요르단과 사우디아라비아에 연락해 두 나라의 안보에 대한 우려를 표명하면서 아부 주바이다를 체포할 수 있도록 협조를 요청했다. 국무부와 국방부의 경계 경보를 최대한 높였으므로 우리가 할 수 있는 조치는 다 했다고 생각했다.

한편, 리처드 클라크는 매일 백악관 대테러안보팀을 소집했다. 하루에 두 번씩 소집할 때도 있었다. 대테러안보팀은 CIA, FBI 등의 대테러 부서와 합동참모본부 및 국무부, 국방부, 법무부 소속 테러 전문가들로 구성되었으며 모든 자료를 분석해 관련 기관이나 부서가 테러 위협에 적절히 대응하도록 지휘했다.

훗날 우리를 탓하는 비난의 목소리 중에는 6월과 7월에 발생한 테러 위협에 '면밀한' 관심을 기울이지 않았다는 의견이 있었다. 밀레니엄을 앞둔 1999년에는 테러 위협에 대한 신고가 하늘 높은 줄 모르고 치솟았으며 실제로 미리 손써 참사를 막은 적도 있었다. 9.11테러가 발생한 이후 매일 장관급 회의를 열었다면 본토를 겨냥한 테러 공격에 대한 실마리를 분명히 얻었을 것이라는 주장도 제기되었다. 하지만 그 당시에 샌디 버거의 주재로 장관급 회의가 하루도 빠짐없이 진행되었다는 사실을 모르는 사람들의 성급한 비난일 뿐이다.

테러 위협에 대처하는 노력이 부족했기 때문에 문제가 생긴 것이 아니었다. 근본적으로 우리의 대응 체제에 고질적인 약점이 있었다. 무엇보다도 '국내' 정보기관과 '해외' 정보기관이 철저하게 분리되어 있었던 것이 가장 큰 이유였다. 이를테면, 국가안전보장국은 국외에 있는 테러리스트의 연락망을 맡고, FBI는 국내에 있는 테러리스트 용의자들을 감시하도록 보안 장비가 아예 구분되어 있었다. 따라서 국내에 근거지를 두고 있는 행동 대원들과 해외에 있는 테러리스트 집단이 주고받는 정보는 아무도 추적하거나 감시하지 않았다.

CIA와 FBI도 같은 방식으로 철저히 분리되어 있었으므로 긴밀한 협조를 기대할 수 없는 상황이었다. FBI는 국내에서 발생하는 테러 사건을 정보국에서 관여할 일이 아니라 사법적인 문제로 간주했다. CIA가 해외 곳곳에서 확보한 테러 집단에 대한 정보는 국내에서 발생하는 테러 위협을 조사할 때 전혀 활용되지 않았다. 테러 사건을 방지하는 것보다 사건이 터진 후에야 주범을 잡아들여 처벌하는 것이 항상 우선하는 분위기였다. 수사 기관들은 증거를 제시할 때 사건이 국내 법원의 손에서 벗어나지 않도록 처리하려고 신경을 곤두세웠다. 그야말로 법이 우선이었다. 법 적용에 치중하다 보니 부서 내에서도 범죄 수사와 첩보 활동 사이에 벽이 생길 지경이었다. FBI는 현장 요원들과 고위 간부들 사이에 의사소통이 원활하지 못해 사분오열이 심각한 상황이었다. 피닉스에 있는 요원에게 오사마 빈 라덴이 미국에서 비행 훈련을 받도록 학생들을 보내고 있다는 소식을 전해도 FBI 본부는 귀담아 듣지 않았다. 만약 그 정보대로 움직였다면 자카리아스 무사위를 조사했을 것이고, 그가 직접 미네소타에 와서 비행 훈련을 받고 있었다는 점도 알아냈을 것이다.

클린턴 행정부에서 법무부 차관을 지낸 제이미 고어릭은 9.11청문회에서 부시 정부가 테러리즘에 제대로 대비하지 않았다고 주장했다. 나는 항상 그를 존경했지만 그 말을 듣는 순간 머리끝까지 화가 났다. 그녀는 1995년에 범죄조사국과 정보국을 확실히 분리하게 만든 보고서를 작성해 역사에 한 획을 그었다. 두 가지 요소를 분리하면 (시민의 자유를 비롯해) 여러 가지 유리한 점도 있었겠지만 9.11테러가 발생하기 전에 FBI가 무사위의 단서를 추적하는 데 큰 걸림돌이 되었을 뿐만 아니라 정부가 초국가적인 테러리스트의 위협에 훨씬 유연하게 대처할 여지를 앗아가버렸다.

9.11테러가 벌어지기 전에는 아무도 본토를 겨냥한 테러 위협을 진지하게 고려하지 않았다. 입수된 정보는 해외에 있는 미국 관련 기관을 공격할 것이라는 확실한 증거를 제시했다. 그렇지만 혹시라도 미국 본토를 공격할 경우를 대비해 국내의 각급 정부 기관에게 이러한 가능성을 알려야 했다는 생각이 들었다. 나는 FBI까지도 감독하는 조지 테닛과 먼저 이야기를 나눈 뒤 법무부 장관에게 브리핑을 요청했다. 그뿐만 아니라 7월 5일에는 리처드 클라크를 통해 앤디 카드를 우리 팀에 합류시켰다. 나는 딕에게 국내 정부 기관을 모두 소집하도록 지시했다. 백악관 비서실장은 필요하면 국내 정부 기관을 개입시키겠다고 말했다. 리치드는 관계자 회의에서 FBI, 미연방항공청을 비롯한 관계 기관들이 테러 위협에 대한 보고를 받았으며 적절한 대응 태세를 갖추고 있다고 보고했다.

9.11테러가 발생한 지 며칠 후 리처드 클라크가 뜻밖의 이메일을 보냈다. 백악관은 국내 법 집행 기관과 미연방항공청을 포함한 관계 기관에게 모든 자료를 송부했고 특별 조치를 강구하라고 지시했다는 내용이었다. 〈60분〉에서 우리 정부가 테러리즘에 충분히 주의를 기울이지 않았다는 식으로 말한 것과는 전혀 다른 분위기였다. 게다가 9월 16일에는 또 다른 사실이 밝혀졌다. 밀레니엄 계획 발표에 이어 미국 본토에 대한 테러 위협과 관련해서 2000년 봄에 작성된 작전 후 보고서가 있었다. 리처드 본인도 부시 행정부에 넘겨준 모든 자료 중에서 국토 방어에 대한 이 보고서가 얼마나 중요한지를 미처 깨닫지 못한 상태였다.

테러 위협에 대한 긴장감은 7월 말에 최고조에 올랐다가 서서히 사그라졌다. 대통령은 8월 6일에야 빈 라덴 및 미국 본토 공격 가능성에 대한 보고를 받았다. 지금은 이 보고 내용이 많은 주목을 받고 있다. 빈 라덴이 미국을 공격할 마음을 굳힌 것은 모두가 아는 사실이었다. 하지만 그가 1993년에 세계무역센터에 폭탄 테러를 일으킨 후 자신감을 얻었다는 정도만 예상할 뿐 구체적으로 어떤 계획을 구상했는지 알 길이 없었다.

부시 대통령이 임기 중에 처리한 192개의 PDB 중에서 본토에 대한 테러 공격 가능성을 다룬 것은 한 번뿐이었다. 8월 6일에 대통령은 크로포드에 있었다. 2003년에 대통령이 나에게 말한 것을 그대로 인용하자면, 조지 테닛은 '뉴저지의 어느 해변에서' 시간을 보내고 있었다. 대통령 앞에서 수없이 반복한 정보국의 브리핑에서 테러 위협은 관심 밖의 문제였다.

사실 미국은 2001년 9월 11일에 벌어진 테러 공격에 거의 무방비 상태였다. 정부 각 기관의 대응 체제는 허술하기 짝이 없었고 테러 발생 가능성에 대한 관심이나 우려도 찾아볼 수 없는 분위기였다. 1812년 영국군의 손에 백악관이 화염에 싸인 사건을 끝으로 미국 본토가 외세의 침략을 받은 적은 한 번도 없었다. 진주만 해군 기지가 기습 공격으로 아수라장이 된 적도 있었고, 2차대전 중에 미국 본토의 침공 가능성이 대두된 적도 있었다. 그렇지만 돌이켜보면 미국 본토는 안전지대로 남아 있었다. 그래서 아무도 9.11 테러와 같은 공격에 대비하지 않았다.

아이러니하게도 9월 4일자 장관급 회의에서 알카에다 소탕 작전에 대한 모든 자료를 검토했다. 이번 회의는 매우 성공적이었다. 우리는 야심차게 아프가니스탄에서 실행할 비밀 작전을 마무리하고 프레데터라는 무인 정찰기에 대한 논의를 모두 끝냈다. 무인 정찰기는 무기로 전환해 활용할 수 없었으므로 알카에다 수뇌부의 위치 추적 및 조준에 필요한 정보를 제공하는 목적에만 초점을 맞추었다. 나는 전략 검토를 끝낸 후 9월 10일에 대통령에게 보고했다.

6
테러가 발생했습니다!

2001년 9월 11일 아침도 여느 날과 다를 바 없었다. 10일에는 오스트레일리아 총리인 존 하워드와 부시 대통령의 회담에 참석한 다음 토니 블레어의 외교 정책 고문을 맡고 있는 데이비드 매닝을 만찬에 초대했다.

오전 6시 30분에 출근해 뉴스와 외신 기사 및 정보국의 보고서를 훑어보았다. 특별히 눈에 띄는 점은 없었다. 그날 주요 일정은 존스홉킨스대학 강연이었다.

강연 주제로 미사일 방어를 생각하고 있었다. 북한이나 이란 같은 국가들은 전통적인 방식의 테러나 최신 기술을 앞세운 테러를 저지를 가능성이 모두 높았기 때문에 만반의 준비를 갖출 필요가 있었다. 테러리스트의 위협은 NSC 시스템에서 대처하는 문제였으므로 크게 부각시킬 생각이 없었다. 나는 스티븐과 테러 위협 문제를 의논한 후 우리 두 사람 또는 대통령이 직접 나서 알카에다를 무너뜨릴 새로운 전략을 소개하는 것이 좋겠다고 결론지었다. 내가 할 일은 대통령이 미사일 위협에만 너무 치중한다고 생각하는 비판적인 여론을 가라앉히기 위해 미사일 방어를 부각시키는 것이었다.

그날 오전 부시 대통령은 플로리다 주에서 열린 교육 행사 일정을 위해 이동 중이었다. 평소라면 스티븐이나 내가 수행했겠지만 하루 일정의 간단한 행사였기 때문에 상황실 책임자인 해군 제독 데보라 로우어를 대신 보냈다.

시계가 오전 9시를 가리킬 무렵, 의자에서 몸을 일으키는데 수행 비서인 육군 사령관 토니 크로포드가 들어와서 비행기 한 대가 세계무역센터와 충돌했다고 보고했다. 소형 비행기가 항로를 벗어났다고 생각해 "별일이 다 있군."이라고 대답했다. 불과 며칠 전 유명 골프 선수 페인 스튜어트가 비행기 사고로 사망한 사건이 있었다. 조종실 내부의 압력이 떨어져 조종사가 의식을 잃은 것이었다. 나는 그와 비슷한 사건일 거라고 추측했다.

몇 분 후 토니가 다시 와서 세계무역센터와 충돌한 비행기는 민간 항공기라고 말했다. 나는 즉시 대통령에게 전화로 상황을 보고했다. 대통령도 "정말 이상한 사건이군."이라고 말했다. 나는 자세히 알아본 후 다시 전화하겠다고 말했다.

업무 회의에 참석하기 위해 상황실로 내려갔다. 선임 장교들의 말을 들으려고 테이블 옆을 돌아가는데 토니가 불쑥 들어와 메모 하나를 건넸다. 또 다른 비행기가 세계무역센터와 충돌했다는 것이었다. 담담한 얼굴로 "일이 생겨서 먼저 가겠습니다."라고 말한 후 상황실을 빠져나왔다. 솔직히 나는 그때가 기억나지 않지만 상황실에 있던 사람들에 따르면 내가 그랬다고 한다. 표정은 담담했을지 몰라도 나는 테러 공격이라는 점을 바로 알아차렸다. 나는 뼛속까지 부들부들 떨고 있었다.

당시 상황실은 회의실 한쪽을 칸막이로 가린 공간이었다(지금은 리노베이션을 끝내 전혀 다른 모습을 갖추고 있다). 바로 옆에는 민간 장교들과 군 장교들이 정보국의 움직임을 지켜보고 대통령 및 국가안보회의 관계자들에게 걸려오는 전화를 처리하고 있었다. 그들은 중앙정보국과 국무부에 있는 작전실 및 펜타곤의 군사지휘본부와 잠시도 쉬지 않고 연락을 주고받았다.

작전실은 한마디로 아수라장이었다. 여기저기서 전화가 빗발치고 사람들은 벽을 가득 메운 스크린으로 뉴욕 사건 현장을 지켜보며 큰 소리로 떠들고 있었다. 나는 NSC 관계자들에게 차례로 연락을 취했다. 조지 테닛은 이미 랭리의 안전한 곳으로 가버린 후였고 콜린 파월은 라틴아메리카에 있었다. 그가 테러리즘의 온상인 콜롬비아에 있을지 모른다는 생각에 눈앞이 깜깜했다. 다행히도 파월은 페루에서 열리는 미주기구 회의에 참석 중이었다. 도널드 럼즈펠드는 아무리 전화해도 받지 않았다. 뒤를 돌아보니 텔레비전 화면에 비행기가 펜타곤으로 날아가는 장면이 보였다.

내가 정신을 차리기도 전에 비밀경호국 요원들이 나타났다.

"라이스 박사님, 당장 벙커로 가십시오. 지금 여러 대의 항공기가 워싱턴 곳곳에 있는 고층 빌딩으로 돌진하고 있습니다. 백악관도 금방 공격을 받을 겁니다!"

벙커에 들어가려는 순간, 또 다른 비보가 들어왔다. 국무부에 자동차 폭탄이 터졌다는 소식이었다. 이는 나중에 오보로 밝혀졌다.

시간이 갑자기 빨리 지나가는 것 같았다. 나는 버밍엄의 숙부 내외에게 우선 전화를 걸었다.

"지금 워싱턴에 무시무시한 사건이 벌어지고 있어요. 식구들에게 저는 무사하다고 전해주세요."

그러고는 즉시 대통령에게 전화를 걸었다. 대통령은 "당장 그리로 가겠소."라고 말했다.

"절대 안 됩니다. 각하, 거기 그대로 계십시오. 여기는 너무 위험합니다."

내 옆에 서 있던 프랭크 밀러도 같은 생각이었다.

"절대 워싱턴으로 오시지 말라고 말씀드리십시오."

그는 방어 정책 및 무기 관리를 맡고 있는 고위 장교로서 내가 각별히 신임하는 사람이었다.

"당연히 그래야죠."

프랭크에게 그렇게 말하고 나서 목소리를 높여 대통령에게 명령하듯 쏘아붙였다. 아마 내 인생에서 두 번 다시 그런 용기는 낼 수 없을 것 같다.

"대통령 각하, 절대 돌아오려고 하지 마십시오. 워싱턴, 아니 미국은 지금 테러리스트의 공격을 받고 있습니다."

수화기 건너편에서는 아무 말도 들리지 않았다. 비밀경호국 요원은 말 그대로 나를 번쩍 들어 벙커에 밀어 넣었다.

대통령비상작전센터로 가는 길은 손바닥 보듯 잘 알고 있다. 하지만 그날은 어떻게 거기까지 갔는지 기억나지 않는다. 가장 먼저 눈에 띈 사람은 대통령과 통화 중인 부통령이었다. 청렴하고 경우가 바른 공무원으로 잘 알려진 교통부 장관 노먼 미네타도 있었다. 그는 내 고향 노스캐롤라이나에서 멀지 않은 지역 출신으로 민주당 국회의원을 지낸 인물이었다. 그의 가족은 일본계 미국인이라는 이유로 2차대전 중에 미 정부로부터 차마 입에 담지 못할 박해를 받았다. 그런데도 그들은 미국에 대한 충성을 저버리지 않았다.

노먼은 긴 탁자의 모서리에 앉아 노트북으로 항공기 식별 번호를 추적하고 있었다. 그 당시에는 고층 건물을 겨냥한 항공기가 모두 몇 대인지 알 수 없었다. 그래서 가능한 한 빨리 비행 중인 모든 항공기를 착륙시키는 것이 급선무였다. 항공 교통 관제탑에서 교신을 시도할 때 정해진 기준에 따라 응답하지 않는 항공기들 때문에 문제가 발생했다. 통신이 연결되었다가 끊긴 항공기도 있었다. 그러다가 마드리드에서 항공기 한 대가 관제탑의 허가가 떨어지기 전에 뉴욕으로 출발했다는 소식이 전해졌다. 몇 분 후 포르투갈에 착륙했다는 보고가 들어왔으나 아무래도 여전히 뉴욕으로 날아오는 것 같은 느낌이 들었다. 어찌 된 영문인지 모르지만 그 항공기는 결국 마드리드로 회항했다. 순식간에 민간 항공기가 무시무시한 공격 수단으로 변해 버렸다. 그날 미국 영공을 지날 항공기는 모두 4,500대였다. 우리는 한 대도 빠트리지 않고 정확한 위치를 파악해 비행 목적을 알아내야 했다.

부통령은 대통령을 연결한 다음 "항공기가 교신에 응답하지 않으면 어떻게 할까요?"라고 물었다.

"각하, 그런 비행기는 무조건 격추시킬까요?"

대통령은 교신을 거부하는 항공기를 적으로 간주하고 격추시키라는 명령을 내렸다. 부통령은 곧바로 펜타곤에 이 명령을 전달했다. 간담이 서늘해졌지만 아무런 말도 할 수 없었다. 이제 미 공군은 무고한 승객들이 탑승한 민간 항공기를 격추시키라는 명령을 받은 것이다. 이런 명령이 내려질 순간이 올 것이라고는 아무도 상상조차 하지 못했을 것이다. 너무 갑작스런 상황이었지만 우물쭈물할 시간이 없었다. 대통령도 다른 방법이 없었을 것이다.

얼마 후 노먼은 항공 교통 관제탑 레이더에 감지된 항공기 한 대가 갑자기 사라졌다고 보고했다. 유나이티드 항공사의 플라이트 93이었다. 그로부터 악몽 같은 순간이 이어졌다. 모두들 플라이트 93이 격추되었다고 생각했다. 부통령은 펜타곤과 계속 통화 중이었다. 스티븐 해들리는 군사지휘본부에 다시 연락을 취했다. 부통령은 "민간 항공기인지 확인해야 합니다. 민간 항공기인지 아닌지를 모른다는 게 말이 됩니까?"라고 종용했다. 대답을 기다리는 시간은 한없이 길게 느껴졌다. 뜻밖에도 공군이 민간 항공기를 격추시킨 적이 없다는 대답이 돌아왔다. 나중에 안 사실이지만 플라이트 93의 승객들과 승무원들은 테러리스트들이 다른 건물을 공격하지 못하도록 항공기를 추락시키는 쪽을 선택한 것이었다. 그 항공기에 탑승한 테러리스트들은 국회의사당이나 백악관을 노린 것이 분명했다. 그들의 용기 있는 희생이 수백 명의 시민들을 구한 것이었다.

1년 후 펜실베이니아에서 플라이트 93과 함께 희생된 사람들의 추도식이 열렸다. 희생자의 가족 중에는 아프리카계 미국인들이 있었다. 그들을 보니 친척들이 떠올랐다. 그들은 플라이트 93의 부조종사 리로이 호머 주니어를 잃고 큰 슬픔에 잠겨 있었다. 그의 희생이 수많은 사람들을 살렸다는 점을 꼭 기억하기 바란다는 말로 위로의 뜻을 전했다.

그러나 9월 11일에 신변의 위험을 느낀 기억은 없다. 많은 사람들이 그때 얼마나 무서웠냐고 물었지만 솔직히 말해서 무섭다고 느낄 시간조차 없었다. 그보다는 미리 훈련받은 방침과 나름대로 생각한 위기 대처 방법에 따라 기계처럼 움직였다.

벙커에 들어간 지 조금 후 러시아에 연락해야겠다는 생각이 번쩍 들었다. 러시아 군대는 세계에 퍼져 있고 종종 우리 군대와 지척의 거리에 주둔할 때도 있었다. 냉전 시대에는 미군 기지의 경계 수준이 올라가기만 하면 구소련도 덩달아 경계 수준을 높이는 악순환이 벌어지곤 했다.

뒤늦게 알고 보니 푸틴도 이미 부시 대통령에게 계속 연락을 시도하고 있었다. 그때 부시 대통령은 플로리다와 루이지애나 사이에 있는 안전한 곳에 머무르고 있었다. 러시아에 연락해서 세르게이 이바노프를 찾았지만 푸틴 대통령과 직접 연결되었다.

"대통령 각하, 부시 대통령께서는 지금 다른 곳으로 이동 중이셔서 전화를 받을 수 없습니다. 미군 기지의 경계 수준을 높여야 할 상황임을 알려드리려고 연락드렸습니다."

"우리도 이미 알고 있습니다. 그래서 러시아 군 기지의 훈련을 모두 중단시키고 경계 수준도 낮췄습니다. 그 밖에 또 어떻게 도와드릴 수 있을까요?"

고맙다는 말 외에 할 말이 없었다. '냉전이 정말 끝난 것이 맞구나.' 라는 생각이 머릿속을 스쳤다.

또 한 가지 중요한 일이 남아 있었다. 세계 사람들에게 미국은 아직 무너지지 않았다는 사실을 빨리 알려야 했다. 지금 수많은 국가들이 어떤 상상을 할지 충분히 예상할 수 있었다. 이런 상황에서 미국 정부가 침묵을 지키면 의혹은 더욱 커질 것이 분명했다. 뉴욕의 고층 건물이 무너지고 펜타곤 건물이 공격받는 시점에, 미국의 우방 국가와 적국 모두에게 우리 정부가 건재하다는 사실을 알려야 했다. 테러리스트의 공격이 있었지만 수뇌부는 아무 피해를 입지 않았으며 모든 활동이 정상적으로 이루어지고 있었다. 스티븐 해들리는 국무부를 통해 이 점을 국내외 언론에 공표했다.

지금 돌이켜보면 믿기 어려울 만큼 민첩하고 신속하게 대처한 것이었다. 어려운 점도 많았다. 벙커 내의 스크린에서도 상황실의 화면을 연결하거나 텔레비전 방송을 볼 수 있었지만 시간차가 있었다. 한번은 벙커 내의 산소가 급격히 부족해져 '주요 인사가 아닌 사람들' 상당수를 밖으로 내보내야 했다.

그 뒤로 몇 시간 동안 외부 세계와 원활한 의사소통을 유지할 수 없었다. 국내 교신마저 원활하지 않았던 것은 정말 큰 문제였다. 대통령이 워싱턴에 없어 아무래도 상황에 대처하는 것이 쉽지 않았다. 그때 대통령이 보낸 첫 번째 메시지는 카렌 휴스와 아리 플레이셔가 대충 끼워 맞춘 것이라서 그런지 별로 도움이 되지 않았으며 마음을 가라앉히는 효과도 없었다. 사실 당시에는 아무도 추후에 어떤 일이 벌어질지 감히 이야기할 엄두를 내지 못했다.

우리는 최후의 결정을 내렸다. 길고 긴 냉전 시대를 견뎌낸 베테랑답게 이대로 계속 밀어붙이기로 한 것이다. 핵전쟁이 발발할 경우에 생존할 수 있는 전략을 훈련받은 적이 있었다. 사실 이런 경우에도 적용되는 훈련이었지만 그런 상황까지 치닫지 않은 것에 대해 지금도 감사하고 있다. 그렇지만 또 다른 종류의 '상상을 초월하는' 사건과 갑자기 맞닥뜨리자 생존 본능이 꿈틀거렸다.

그날 하루가 어떻게 저물었는지 잘 떠오르지 않는다. 부시 대통령은 루이지애나에 있는 바크스데일 공군 기지에 도착했으나 백악관과 통신하기에는 보안 상태가 좋지 않다고 판단했다. 대통령은 다시 네브래스카의 오푸트

공군 기지로 자리를 옮겼으며 오후 3시경 국가안보회의와 화상 회의를 시작했다. 콜린 파월은 페루에서 돌아오는 비행기 안에 있었으므로 리처드 아미티지가 국무부 대리인으로 참석했다. 도널드 럼즈펠드와 조지는 서둘러 백악관으로 달려왔다. 회의 내용은 간단명료했다. 대통령은 이번 공격을 도발 행위로 보고 테러 행위를 응징하는 것이 행정부의 우선적인 책임이자 목표라고 선언했다. 하지만 정말 중요한 일은 또 다른 공격이 일어날 경우에 대비해서 보호책을 강구하고 사상자들을 돌보는 것이었다. 뉴욕 시내와 펜타곤에서 부상당한 사람들에게는 가능한 모든 지원과 도움을 베풀기로 했다. 그런데 놀랍게도 부상자는 극소수에 불과했다. 알고 보니 너무도 끔찍한 사고였기에 희생자들 대다수가 즉사한 탓이었다.

회의를 마친 후 몇 시간이 지나서 대통령에게서 전화가 왔다.

"나는 워싱턴으로 돌아갈 겁니다. 아무 말도 하지 마시오. 이건 명령이오."

더 이상 설득해봐야 대통령의 의지를 꺾을 수 없다는 것이 분명해졌다.

대통령이 탄 헬리콥터는 오후 7시 백악관 남쪽 잔디밭에 착륙했다. 대통령은 나를 보더니 영부인이 어디에 있냐고 물었다. 영부인이 비상작전센터에 있다는 것을 확인한 후 대통령은 집무실에 들렀다가 비상작전센터로 향했다. 잠시 후 카렌 휴스, 아리 플레이셔와 나는 대통령 집무실의 복도 끝에 있는 대통령 전용 식당에 모였다. 대통령이 저녁 9시에 대국민 성명을 발표할 것이라고 언론에 예고했기 때문에 방송국 직원들이 집무실에 장비를 설치하고 있었다.

마이크 거슨이 대통령 성명 원고의 초안을 작성했다. 누구나 예상할 수 있는 내용이었다. 무엇보다 이번 사건의 희생자들에게 깊은 애도를 표하며 미국에는 아무런 문제가 없을 것이라고 국민들을 안심시키는 것이었다. 테러리스트에 대해서는 무엇이라고 말해야 할지 난감했다. 효과적인 대처 방안을 논의하려면 시간이 더 필요했다. 다만, 지금은 시민들과 세계인들, 특히 알카에다를 비롯해서 또 다른 공격을 감행할지 모르는 적들에게 정부의 입장을 처음 밝히는 것이므로 신중을 기해야 했다.

우리는 테러리스트를 찾아내서 법의 심판대에 세울 것임을 분명히 밝히기로 했다. 테러리스트들을 도와준 나라들에게도 경고 메시지가 필요했다. 테러리스트들은 별로 잃을 것이 없는 자들이라는 점에서 승부를 내기 어려운 대상이라고 할 수 있다. 그들은 정부도, 영토도 없으므로 일반적인 국가를 대하는 방식은 무용지물이었다. 단, 이들을 도와준 나라에게는 미국 정부의 의사를 분명히 전할 필요가 있었다. 우리는 강력한 경고 메시지를 완성했다.

"정부는 이번 테러 행위를 서슴지 않은 자들과 이들을 지원한 자들을 동일하게 응징할 것입니다."

대통령은 그 문장을 보더니 나를 쳐다보면서 지금 그 말을 하는 것이 옳다고 생각하는지 물어보았다. 대통령 본인의 생각은 그렇지만 혹시 내 생각은 다르지 않으냐고 말했다. 나중에 말하는 것보다 처음으로 입을 열 때 이 점을 확실히 해 두는 것이 가장 효과적일 것 같았다. 나는 이 점에 대해 부통령과 상의했으며 콜린 파월과 도널드 럼즈펠드에게도 이 표현을 보여주었다. 모두들 지금 짚어줘야 한다고 생각했다. 그렇게 해서 '부시 독트린 *9.11테러 사건과 관련해 테러와의 전쟁 수행을 위한 원칙을 담은 부시 행정부의 정책'에서도 가장 중요한 사항이 되었다.

대통령 연설이 끝나자 곧바로 NSC 회의가 밤 10시까지 이어졌다. 페루에서 돌아온 콜린 파월도 회의에 참석했다. 모든 부처의 장관들이 간단하게 상황 보고를 했다. 조지 테닛은 알카에다의 소행이 확실하지만 증거를 확보하려면 내일 아침까지 기다려야 한다고 덧붙였다.

대통령은 조금도 지친 기색을 보이지 않았다. 그는 사건 직후의 상황을 처리하는 데 모든 부처가 합심해야 한다고 생각했다. 또한 몇 번이고 테러의 범인들을 색출해 처벌해야 한다고 강조했다. 하지만 처벌 여부는 당장 어떻게 할 수 있는 문제가 아니었다. 아무튼 대통령은 모든 상황을 완벽하게 제어하고 있었다. 도대체 어디에서 그런 기운이 솟는지 궁금할 정도였다.

한편, 비밀경호국은 나에게 워터게이트의 숙소에 가지 말라고 했다. 개인 신변을 위한 보안 지침은 다음 날 아침에나 받을 수 있을 것 같았다. 그때까지는 백악관을 벗어나지 않기로 결정했다. 별다른 이의를 제기하지 않고 비밀경호국의 지시에 따르기로 했다. 사무실에서 잠을 청할 생각이었는데 고맙게도 대통령이 숙소를 제공해주었다. 직속 부하 사라 렌티에게 내 아파트에 가서 옷가지를 챙겨 오라고 부탁했다. 그때부터 만약의 경우를 대비해 사무실에 항상 여분의 옷을 준비해 두었다.

NSC 회의가 끝난 후 스티븐 해들리와 앤디 카드를 데리고 사무실로 돌아왔다. 그제야 피로가 물밀듯 밀려왔다. 정말이지 뼛속까지 텅 빈 느낌이었다. 이튿날에 처리할 일을 논의하고 있는데 비밀경호국 요원이 벌컥 문을 열고는 "당장 벙커로 들어가세요. 알 수 없는 비행기 한 대가 백악관으로 돌진하고 있습니다!"라고 외쳤다. 우리 셋은 벌떡 일어나 종종걸음으로 비상작전센터로 갔다. 제일 처음 눈에 띈 것은 바니와 스팟(대통령 내외가 키우던 강아지들)이었다. 부시 대통령을 만나러 와 있던 네일(부시 대통령의 남동생)과 대통령의 하우스키퍼인 마리아 갤번도 보였다. 그들 뒤로 부시 대통령 내외가 모습을 드러냈다. 영부인은 잠옷 바람이었고 대통령도 티셔츠와 반바지 차림이었다. 누가 누군지 알아보기 어려운 차림이었다.

다행히 백악관을 겨냥한 테러 경보는 오보로 판명되었다. 하지만 비밀경호국 요원은 단호하게 "각하, 그래도 오늘 밤은 벙커에 계십시오."라고 말했다. 대통령 부부가 잘 곳을 묻자 1960년대 이후로는 한 번도 사용하지 않았는지 낡고 삐걱거리는 소파형 침대를 가리키는 것이었다. 대통령은 그것을 보더니 "난 자러 가겠소."라며 돌아서서 위층으로 향했고 영부인과 직원들,

강아지들이 졸졸 따라 나갔다. 스티븐과 앤디, 나는 웃음을 겨우 참으며 발걸음을 옮겼다. 나는 스티븐에게 "이 상황이 현실이란 것을 도저히 믿을 수가 없군."이라고 귓속말을 건넸다.

숙소가 있는 층에서 침실 하나를 배정받았다. 텔레비전에는 사건 당시의 모습이 계속 방영되고 있었다. 나는 다른 생각에 잠겨 있었다. 몸은 너무 피곤했지만 한두 시간밖에 자지 못했다. 새벽 4시 30분에 깨서 옷을 챙겨 입고 사무실로 내려갔다.

NATO에 대변인으로 파견한 니컬러스 번스에게서 연락을 요청하는 메시지가 와 있었다. 전화를 연결하자 니컬러스는 동맹국들이 제5조에 대한 표결을 원한다는 소식을 전해주었다.

"유럽이나 북미 지역의 국가 한 곳이라도 무장 공격을 하는 것은 유럽과 북미 전체에 대한 선전포고로 봐야 합니다."

눈물이 핑 돌았다. 나는 적극 찬성했다. NATO를 누구보다도 잘 알기에 이번 결정이 동맹의 핵심을 이루는 집단적 자위권을 처음 적용하는 것이라는 사실이 매우 감동적이었다. NATO는 1949년에 체결되었는데, 이중에서 제5조는 적잖은 논란을 일으켰다. 이 조약에 가입한 유럽 국가에 무력 침략이 발생하면 미국이 나서 방어한다는 내용이었는데, 구 소련과의 갈등 상황은 이미 예정된 것이나 다름없었기 때문이다.

구 소련이 사라진 지 10년이 되자 동맹국들이 미국과 가장 긴밀한 결속 관계를 공식적으로 확인하며 도움의 손길을 내미는 순간이었다. 나는 가슴이 뭉클했다. '우방 국가가 있으니 정말 든든하다.'는 생각이 들었다.

시간이 흐르자 동맹국들은 9.11테러에 대한 미국 정부의 대응책에서 자신들의 할 일이 별로 없다는 사실에 유감을 표했다. '동맹국 입장에서 제5조를 실행할 기회를 좀 더 찾아보아야 하지 않았을까?'라는 생각을 얼마나 많이 했는지 모른다. 물론 미국 정부는 혼자 힘으로 충분히 탈레반을 상대할 수 있다. 하지만 그들은 수년간 군사력 관리에 소홀했다. 더구나 탈레반과의 전투를 벌일 경우 현대전이 될 것이 분명한데, 동맹국들은 수년간 전투력 증강에 노력하지 않은 데다 현대전에 임할 준비가 전혀 되지 않은 상태였다. 우리는 그들을 기다려주거나 다독일 여유가 없었다. 돌이킬 수 없는 상처를 입은 우리는 9.11테러에 대한 복수 외에는 아무것도 생각하지 않았다. 알카에다를 철저히 무너뜨리고 그들의 근거지를 최대한 빨리 폐쇄시켜 테러 위협을 제거하겠다는 목표만 눈앞에 보일 뿐이었다. 늦은 감이 있지만 한껏 차려입고 찾아온 손님을 문전박대한 것 같아서 지금도 미안함을 떨칠 수 없다. 조금 더 그들의 입장을 배려하지 못한 것이 못내 아쉬웠다.

시간이 9월 12일에서 멈춘 것 같았다

9.11테러가 부시 행정부의 정책 방향과 나에게 개인적으로 끼친 영향을 설명할 때면 떠오르는 생각이 있다.

'시간이 9월 12일에서 멈춘 것 같았다.'

그 후로는 안보 문제에 대한 시각이 완전히 달라졌다. 또 다른 테러 시도가 있는지 조사하고 예방하는 것이 가장 중요한 일과로 자리 잡았다. 당시 미국은 군사력이나 경제력에서 세계 최고의 자리에 서 있었다. 그런데 무정부 국가 출신으로서, 최빈국의 어느 지역에 몰래 자리를 잡은 테러리스트들이 저지른 참사를 막아내지 못한 것이다. 이 사건은 국가 안보에 대한 근본적인 생각을 송두리째 흔들어놓았다. 정부 기관은 이런 위협에 대처하는 것 외에도 할 일이 많으므로 몇 달 동안 임시 대책 위원회를 운영해야 했다.

처음에는 CIA 국장이 대통령 앞에서 브리핑을 하는 자리에 FBI 총책임자와 변호인이 참석했다. 국내에서 활동하는 수사국과 해외 수사국이 대통령 집무실에서 잠시나마 손을 잡은 것이었다. CIA와 FBI에서 가져온 보고서를 살펴보니 온몸에 소름이 돋았다. 그야말로 우리가 상상할 수 있는 모든 테러 공격이, 도저히 말도 안 되는 것까지 포함해 전부 대통령을 겨냥하는 것 같았다. 9.11테러를 막지 못한 것에 큰 책임감을 느낀 두 수사 기관은 또다시 테러리스트에게 당하는 일은 없어야 한다는 결의에 차 있었다.

9월 12일 오전 브리핑에서 조지 테닛은 이번 사건에 알카에다가 관여한 증거를 제시했다. 알카에다의 소행이 확실해지자 대통령은 전시 내각에게 그들을 처단하는 일만 남았다고 단호한 의지를 전했다. 더 중요한 것은 2차 공격 시도를 막는 것이었다.

대통령은 모두가 깜짝 놀랄 정도로 일의 우선순위를 분명히 설정했다. 첫 번째는 국가 안보를 지키는 것이고, 두 번째는 민심을 안정시켜 나라 전체를 평상시로 되돌려놓는 것이었다. 미국이 주춤하거나 방향을 잃고 헤매는 것은 테러리스트에게 패배를 자인하는 것이었다. 세 번째는 테러리스트의 네트워크를 차단하고 그들을 도와준 나라들에게 미국의 적이 될 것인지 말지를 결정하게 하는 것이었다. 네 번째로 할 일은 전쟁 준비를 확실히 해서 알카에다를 무너뜨리는 것이었다. 아프가니스탄에 있는 근거지도 반드시 없애야 할 대상이었다. 아무도 없는 적진에 크루즈 미사일을 퍼붓는 공격이 아니라 아프가니스탄 현지에 있는 군대를 직접 공격할 방법이 필요했다. 우리는 적당한 시기를 택해 알카에다를 소탕하기로 결정했다.

대통령의 생각은 명확했으나 이를 뒷받침해야 할 의사 결정 구조는 실타래처럼 뒤엉켜 있었다. 대통령은 몇몇 주요 국가의 정상들과 통화하고 수사 기관의 브리핑을 받은 후 NSC를 소집했다. 직면한 상황이 워낙 복잡해서 참석 인원도 그만큼 늘어나 있었다. NSC의 핵심 멤버인 국무부, 국방부, 참모총장, CIA 책임자에 더해서 일곱 개의 새로운 부처가 추가되었다. 국내 수사 및 안보를 맡은 FBI와 법무부 관계자, 이번 사건이 경제에 미치는 파급 효과를 논하기 위해 재정부와 국가경제회의 관계자, 공항 및 고속도로 관리, 통제를 위해 교통부 장관이 참석했다.

참석자가 많아지자 대통령의 의도대로 명확성을 추구하는 것이 쉽지 않았다. 한마디로 사공이 늘어나자 배가 산으로 올라갈 기세였다. 오스트레일리아 총리 존 하워드는 본국으로 돌아가야 했으나 발이 꽁꽁 묶인 상태였다. 연방준비은행 총재 앨런 그린스펀도 유럽에서 마냥 기다릴 수 없는 처지였다. 대통령은 얼마나 기다려야 공항을 다시 안전하게 열 수 있는지 궁금하게 여겼다. 월스트리트와 은행 업무가 정상화되는 데 시간이 얼마나 걸릴지도 의문이었다. 테러리스트들의 표적에 포함된 발전소에 대해서도 방어 계획을 세워야 했다. 게다가 테러 공격에서 제외된 47개 주지사들은 백악관에서 대처 방안이 내려오기만을 손꼽아 기다렸다. 할 일이 태산 같았다. 나는 회의장을 한번 둘러보고 마음을 다잡았다.

'그래, 나는 국가안보보좌관이야. 이럴 때는 대통령을 위해 내가 나서서 상황을 정리해야 해.'

그날 오후에 2차 회의가 열렸지만 분위기는 크게 다르지 않았다. 도리어 새로운 문제가 추가되었다. 예기치 못한 테러 사건 때문에 국경을 모두 봉쇄하자 경제가 거의 마비되다시피 했다. 캐나다와 거래가 많은 분야에서는 금방 문제가 발생했다. 디트로이트에 있는 GM 등의 자동차 생산 업체들은 캐나다에 있는 거래 업체와 단절되자 하루아침에 마비되고 말았다. 대통령은 하루빨리 공항을 다시 열어 국민들이 안전하게 다닐 방법을 찾으려고 백방으로 알아보았다.

백악관 부실장 조슈아 볼턴, 스티븐 해들리와 나는 업무 분담 계획을 마련했다. 조슈아는 국내의 모든 상황과 각 주에서 들어오는 요청을 맡았다. 그리고 법무부 차관 래리 톰슨에게 주요 인프라 방어 계획을 수립하도록 했다. NEC의 래리 린지는 경제 회생 및 회복에 대한 여러 측면을 조절하기로 했다. 스티븐과 나는 갑자기 늘어난 전시 내각 업무 때문에 숨 돌릴 틈도 없었다. 몇 년 후 래리 톰슨과 점심 먹을 기회가 있었는데 그가 이렇게 질문했다.

"그때 왜 저에게 주요 인프라를 맡기셨습니까? 제가 전혀 모르는 분야였잖아요."

다른 사람들도 주요 인프라에 대해 모르기는 마찬가지였다고 대답했다. 하지만 그는 유능한 사람이었고 모두의 신임을 얻고 있었다. 9.11테러 직후 일을 맡기기에 충분했다.

9월 12일 오후에 대통령과 펜타곤을 방문했다. 펜타곤 건물이 가까워지자 자동차 안에서도 항공기가 들이받은 흔적이 눈에 들어왔다. 원래 벽이 있던 자리에 큰 구멍이 나 있었으며, 엿가락처럼 구부러진 철근과 콘크리트 조각이 어지럽게 흩어져 있고, 구조대원들이 분주하게 움직이고 있었다. 내 통령은 구조 대원들을 격려하려고 차를 세웠다. 나는 잠깐 대통령 옆에 서 있다가 의사와 간호사를 비롯해서 건물 파편에 깔린 희생자들을 구조한 사람들을 만나 이야기를 나누었다. 희생자들은 심하게 다치거나 이미 목숨을 잃은 상태였다. 후들거리는 다리를 겨우 이끌고 차로 돌아왔다. 백악관에 돌아와서 밤 10시가 넘도록 일에 매달렸다. 집에 돌아와 주차를 하고 나오는데 이상한 냄새가 났다. 펜타곤의 연기와 그을음이 온몸 깊숙이 밴 것이었다.

이튿날도 평소와 마찬가지로 출근길에 올랐다. 충격으로 마음이 어수선했지만 할 일이 있었기에 그런 감정은 접어두기로 했다. 하지만 뜻대로 되지 않고 자꾸 이상한 기분이 들었다. 그럴 때면 가벼운 운동을 하면서 마음을 가다듬은 후 업무에 매달렸다. 그동안 바빠서 미루기만 했던 머리 손질을 하러 갔다. 거울 앞에 앉아 있는데 라디오에서 존 레넌의 〈이매진 Imagine〉이 흘러나왔다. 울컥 눈물이 치밀어 그대로 사무실로 돌아와버렸다. 그날도 일을 마치니 11시 49분이었다. 하루에 17시간씩 근무하는 것이 당연한 듯 반복되었다.

다음 날 잠을 깨자마자 텔레비전을 켰다. 런던 버킹엄 궁이 화면에 나타났다. 궁 앞에 있는 광장에서 군악대가 연주하는 장면이었다. 자세히 들어보니 미국 국가를 연주하고 있었다. 나는 그만 목 놓아 울고 말았다.

9.11테러가 벌어진 후 이틀 동안 공황 상태에 빠져 안갯속을 헤매는 기분이었다. 9월 14일에 워싱턴 국립 성당에서 열릴 추도 행사를 준비할 때도 마찬가지였다. 대통령을 태운 차량 행렬은 장례 행렬처럼 보였다. 나와 앤디 카드는 함께 '지휘 차량'에 타고 있었다. 원래 국가안보좌관과 대통령 비서실장은 대통령 경호담당자와 함께 같은 차를 타고 다니는 법이다. 매사추세츠 애비뉴를 지날 때 창밖을 보니 어떤 남자가 '이 나라에 신의 가호가 있기를. 더 이상 테러의 희생양이 되는 일은 없을 것이다.'라고 쓴 푯말을 들고 있었다. 러시아 정교회 앞에서는 사제들이 커다란 종을 흔들고 있었다. 차량 행렬은 속도를 낮춰 성당 앞으로 진입했다. 성당 안에는 한자리에 모이기 힘든 특별한 인사들이 있었다. 전직 대통령들과 각급 부처 장관들, 대법관들, 의회 의원들, 군 관계자들이 한마음으로 엄숙하게 추도 행사를 지켜보았다. 이슬람교를 포함해 유일신을 믿는 세 가지 종교 단체가 종파를 초월해 손을 잡고 마련한 자리였다. 빌리 그레이엄 목사는 창백해 보였으나 그의 설교는 감동적이었다. 유명한 성악가 데니스 그레이브즈가 주기도문을 낭송했고 곧이어 대통령이 추도사를 했다. 내가 부시 대통령이었다면 목이 메어 준비한 원고를 끝까지 읽지 못했을 것이다. 사실 부시 대통령도 추도식 직전에 열린 장관급 회의에서 북받치는 슬픔을 가누지 못했다. 대통령 옆에 앉은 국무장관 콜린 파월은 걱정스런 마음에 부시 대통령에게 조그만 쪽지를 건넸다. 거기에는 '각하, 추도식에서는 절대로 이러시면 안 됩니다.'라고 쓰여 있었다. 대통령은 추도식에서는 감정 관리를 잘 할 테니 걱정

하지 말라며 모두를 안심시켰다. 그의 추도사는 많은 사람의 심금을 울렸으나 시종일관 침착하고 안정된 어조였다. 내가 그 자리에 섰다면 결코 부시 대통령처럼 하지 못했을 것이다.

추도식 내내 눈물이 멈추지 않았다. 장로교 목사인 아버지와 교회 오르간 연주자였던 어머니 덕분에 나는 아주 어릴 때부터 음악을 벗 삼아 지냈다. 〈예부터 도움 되시고〉를 들으면 추도식이 생각난다. 그때 웅장한 음악과 애국가 한 소절 한 소절이 가슴 깊이 와 닿았다.

슬픔에 가득 찬 얼굴로 하루를 시작했지만 조금씩 강한 의지가 타오르기 시작했다. 마지막 곡은 〈승전 찬가〉였다. 내전을 기리는 노래의 원래 가사는 '그분은 인간을 영광스럽게 하려고 목숨을 내주셨으니 우리는 그들에게 자유를 주고자 목숨을 바치리라'였다. 그런데 세월이 흐르면서 교회 측이 '그분은 인간을 영광스럽게 하려고 목숨을 내주셨으니 우리는 살아서 그들을 자유롭게 하리라'로 가사를 약간 바꾸었다(특정 표현에 대한 오해가 없기를 바란다). 놀랍게도 사람들은 바뀌기 전의 가사로 노래를 불렀다. 군 합창단이 클라이맥스 부분에서 "아멘, 아멘"을 외치자 정신이 들었다. 희생자들에게 애도의 뜻을 전했으니 이제 조국을 지키는 일만 남았다는 생각이 들었다.

추도식이 끝나자 대통령은 뉴욕으로 떠났다. 동행하기를 원하는지 물어보자 곧바로 캠프 데이비드로 가라는 명령이 떨어졌다. 부통령, 콜린 파월, 도널드 럼즈펠드도 동일한 지시를 받았다. 도널드 럼즈펠드와 함께 군용 헬리콥터를 타고 캠프 데이비드로 향했다. (부통령이 좋아하는 음식인) 버팔로 스테이크로 저녁 식사를 한 뒤 다음 날 아침에 열릴 회의에 대해서 논의했다. 탈레반에 선전포고를 하고 아프가니스탄에서 전쟁을 벌인다는 사실은 다들 이미 알고 있었다. 하지만 앞으로 대통령에게 제기될 여러 질문을 예상하고 그에 대한 답변을 준비하려면 충분한 논의가 필요했다.

그 순간, 난생처음으로 외톨이가 된 것 같았다. 그들은 이미 수십 년 동안 정부에서 함께 일한 사이였고 셀 수 없이 많은 위기를 겪어본 사람들이었다. 그런 위기를 혼자 감당할 때도 있었고 서로 의지할 때도 있었을 것이다. 나로서는 이번 사태의 피해 규모가 큰 데다 뒷수습을 하려니 어디서부터 어떻게 시작해야 할지 막막했다. 사상 초유의 비상사태였다. 텍사스 오스틴에서 지난 3월에 내가 기대했던 것과는 전혀 딴판이었다.

이튿날 아침 6시 30분에 대통령의 호출을 받았다. 캠프 데이비드에 묵을 때면 으레 그 시간에 회의를 하곤 했다. 대통령은 어제 저녁에 무슨 내용을 논의했는지 확인한 다음, 모든 장관들의 의견을 들은 후 최종 결정을 내리겠다고 말했다. 우리는 오전 내내 회의를 하고 오후에 잠시 휴식을 취하고 나서 최종 결론을 내리기 위해 마무리 작업에 돌입했다. 대통령은 모두들 과로로 쓰러질까 봐 염려하는 기색이었다. 전날 밤에 잘 쉬었기 때문에 괜찮다고 안심시켰다. 대통령도 몹시 피곤해 보였지만 괜찮다며 손사래를 쳤다.

대통령의 전화는 나를 안심시키는 효과가 있었다. 나를 의지한다는 느낌이 들자 어떤 일이 있어도 대통령을 끝까지 보좌해야겠다는 결의가 솟았다. 불안한 마음과 걱정 따위는 접어 두고 역할에 충실해야 할 시기였다. 로렐로지 회의실에서 정보국 관계자의 일일 브리핑이 끝나자 NSC 장관들과 각 부처 차관들이 들어왔다. 우리는 회의실의 대형 테이블 위에 지도를 펼쳤다. 세계 강대국들이 모두 주시하는 아프가니스탄 지도였다. 신경을 곤두세우고 으르렁거리는 이웃 나라들이 둘러싸고 있었을 뿐만 아니라(그중에는 이란처럼 미국에게도 으르렁대는 나라가 있었) 험한 지형도 한눈에 들어왔다. 그렇지만 이 지역에서 성공하기만 하면 지도를 다시 그릴 수 있다는 생각도 들었다. 인도의 남쪽 끝에서 시작해 파키스탄과 아프가니스탄을 지나 (우즈베키스탄, 투르크메니스탄, 키르기스스탄, 타지키스탄, 카자흐스탄 등) '스탄'으로 끝나는 나라들로 구성된 남아시아가 이 지역의 축을 이루고 있었다. 또 한쪽에는 중동과 이란, 반대쪽에는 중국을 끼고 있었다. 9.11테러로 어쩔 수 없이 아프가니스탄과 주변 국가에 미군이 주둔하면 남아시아의 정세는 한결 안정될 것 같았다. 또한 아프가니스탄에 민주주의 성향이 강한 정부가 들어서고 '스탄'으로 끝나는 나라들과 외교 관계를 강화하면 즈비그뉴 브레진스키*전 국가안보보좌관*가 '위기 궁선弓線'이라고 칭했던 이 지역에 대한 미국의 지형적인 전략의 영향력도 키울 수 있었다. 나는 스티븐에게 이 지역은 기회의 궁선으로 보는 것이 좋겠다고 말했다. 물론 실제로 그렇게 되려면 많은 시간과 노력이 필요할 것이라는 점을 잘 알고 있었다. 아프가니스탄은 수십 년 동안 전쟁으로 황폐화된 지역이었다. 구 소련이 1979년에 침공했을 때, 국내 투항군은 종족이나 민족 간의 갈등을 덮어 두고 무자헤딘이라는 동맹군을 결성했으며 아랍인들도 이들과 손을 잡았다. 무자헤딘은 미국의 원조아 더불어 파키스탄을 통해 사우디아라비아에서 자금과 무기를 공급받았으며 1980년대 후반에는 구 소련 군을 완전히 몰아냈다.

그러나 힘을 모아 맞서야 할 적이 사라지자 이들 사이에 다시 분쟁이 생겼고 결국 내전이 벌어졌다. 마침내 물라 무하마드 오마르가 이끄는 이슬람 무장 단체인 탈레반이 파슈툰 남부를 장악했고 1996년에 카불을 손에 넣었다. 탈레반이 수도를 기점으로 영향력을 모두 통합할 무렵, 오사마 빈 라덴이 아프가니스탄 동부에 모습을 드러냈다. 그는 사우디아라비아 시민권이 말소된 상태로 수단을 거쳐 아프가니스탄으로 돌아온 것이었다. 이곳은 한때 테러리스트 작전 본부를 세우기 위해 반 구 소련 저항 단체에 몸을 담고 전투를 벌이던 장소였다. 탈레반은 테러리스트 출신 지도자인 빈 라덴을 친족처럼 받아주었고 알카에다 훈련 캠프를 만들 때나 대의명분을 내세워 극우주의자들을 모을 때마다 지원을 아끼지 않았다.

파키스탄에서 극단주의 무장 군인으로 훈련받은 사람들은 아프가니스탄에서 붉은 군대를 몰아내기 위해 몸을 사리지 않았다. 붉은 군대가 물러간 후에도 파키스탄은 이들 무장 단체와 긴밀한 관계를 계속 유지했다. 탈레반의 영향력이 커지자 파키스탄 군대와 안보군 장교들, 특히 파키스탄 정보국의 고위급 인사들은 먼저 탈레반에게 손을 내밀었고 그 후로 오랫동안 협력 관계를 이어왔다. 여기에는 영국이 문화나 부족의 특성을 전혀 고려하지 않고 제멋대로 경계를 만드는 바람에 파슈툰 족이 여기저기 흩어진 배경도 관련이 있었다. 그들은 다시 하나로 뭉치기 위해 적극적으로 나선 것이었다. 파키스탄은 조지 H. W. 부시 대통령이 정권을 잡을 때까지 극단주의자들과 관계를 청산하라는 미 정부의 요청을 수용하는 시늉만 했다.

9.11테러가 발생한 직후 우리 정부가 직면한 문제는 탈레반을 무너뜨릴 전략을 마련하는 것이었다. 구 소련이 예전에 같은 문제로 고민했지만 결국 물러서고 말았던 사실을 우리도 알고 있었다. 펜타곤이 제시한 군사 작전은 미군 부대가 '가벼운 발자국'이라도 남겨야 한다고 지적했다. 하지만 파병은 결코 쉽게 결정할 문제가 아니었다. 아프가니스탄 '현지에 부대를 보내긴' 하겠지만 대규모 파병은 상상도 못 할 일이었다. 아프가니스탄 현지 병력과 미 특수 부대, 정보국, 공군을 활용하는 쪽으로 분위기가 기울었다. 최종 목표는 미국이 탈레반의 손아귀에서 아프가니스탄 국민들을 해방시키고 또다시 외세의 침략에 시달리지 않도록 도와주었다는 역사적 기록을 남기는 것이었다. 아무도 이의를 제기하거나 다른 방법을 제안하지 않았다. 파키스탄을 우리 편으로 만들어 중앙아시아에 주둔권을 확보하는 데 동의했다.

다양한 의견이 제시되고 추진 방법에 대한 논의가 무르익을 무렵, 갑자기 도널드 럼즈펠드가 국방부 차관 폴 월포위츠에게 발언 기회를 주었다. 폴은 이라크에 대한 이야기를 꺼내더니 이라크가 아프가니스탄에 대해 전략상 비교적 중요한 곳이라고 주장했다. 그의 주장도 어느 정도 일리가 있었다. 사담 후세인은 분명히 미국의 적이며 테러리스트와 공범이었다. 사담 후세인의 군대를 '직접' 공략하는 것이 아니라 아프가니스탄에서 전쟁을 일으키면 문제는 더 복잡해질 것이 뻔했다.

다만, 그 자리에 있던 사람은 모두 전쟁 장소가 아프가니스탄이라는 것을 안다는 것이 문제였다. 미국에 대한 공격은 결국 아프가니스탄에서 비롯된 것이었다. 안 그래도 처리할 문제가 산더미처럼 쌓여 있는 상황인데 폴 월포위츠는 요점에서 빗나간 이야기로 회의 분위기를 흐렸다. 대통령은 그의 말을 듣기만 했을 뿐 아무런 말도 하지 않았다. 계획된 대로 대통령은 몇 시간 후 휴회를 선언했다. 모두에게 점심을 먹은 다음 두어 시간 정도 여유를 줄 테니 몸을 풀거나 산책하면서 머리를 좀 식히라고 말했다(점심 식사에는 회의 참석자들의 아내들도 초대받은 상태였다). 오후 4시에 다시 회의가 시작되었다. 대통령은 제안할 것이 있는지 물어보았다.

점심을 먹은 후 대통령을 따로 찾아갔다. 내 생각을 회의에서 말해야 할지 따로 보고해야 할지 알고 싶었다. 대통령은 "따로 말해줘요."라고 말했다. 그는 앤디 카드를 통해 폴을 따로 불러 아까처럼 회의의 흐름을 방해하지 말라는 당부도 잊지 않았다. 대통령이 원한 것은 차관들의 생각이 아니라 핵심 부처 장관들의 생각이었다. 앤디 카드가 정확하게 무슨 말을 했는지 알 수 없지만 폴은 오후 회의 내내 입을 다물고 있었다.

회의가 시작되자 대통령은 전시 내각을 구성하는 사람들에게 돌아가며 의견을 내보라고 제안했다. 콜린은 일단 전쟁은 피할 수 없는 현실이라며 비겁하게 기습 공격을 하는 것은 미국의 위상을 해치는 것이므로 탈레반에게 최후통첩을 하자고 말했다. 그러자 일본의 진주만 습격에 대한 이야기가 길어지면서 '기습 공격'은 절대 안 된다는 의견이 모아졌다. 선전포고는 최후통첩 이후의 문제였다. 파키스탄에게 선택권을 내놓는 것은 콜린 파월의 몫이었다. 그들에게는 두 가지 옵션이 주어졌다. 끝까지 테러리스트의 편으로 남을 것인지, 아니면 미국과 손을 잡을 것인지 결정해야 했다. 제3의 옵션이나 회색 지대는 허용되지 않았다. 다만, 지금 시기가 좋지 않으며 탈레반 반대 세력의 결속력을 약화시킬 우려가 있다고 덧붙였다. 도널드 럼즈펠드는 구체적인 의견을 내지 않고 형식적인 질문으로 자신도 전쟁에 동의한다는 것만 밝혔다.

합동참모본부 의장 휴 셸턴은 당장이라도 아프가니스탄으로 군대를 보낼 수 있지만 현지의 협조를 얻는 것이 우선이라고 덧붙였다. 조지 테닛은 CIA 국장답게 아무 의견을 내놓지 않았다. 앤디 카드는 국민들이 원하는 것은 이라크가 아니라 아프가니스탄과 전쟁을 벌이는 것이라고 지적했다.

대통령은 부통령에게 눈길을 돌렸다. 부통령도 전쟁에 동의하며 최후통첩의 필요성을 강조했다. 또한 폴의 실수를 살짝 나무란 후 이 전쟁이 9.11 테러에 대한 보복이라는 생각을 버려야 한다는 콜린 파월과 앤디 카드의 말에 동의를 표했다. 부통령이 이라크와 9.11테러에 대해 이러저러한 말을 했다는 내용으로 별별 기사가 나왔지만 캠프 데이비드에서 그의 태도는 요지부동이었다. 테러 공격의 뒤처리를 하는 데 이라크가 걸림돌이 될 것이라는 주장에 일말의 의심도 없는 것 같았다.

대통령은 월요일 아침 자신의 결정을 모두에게 알리겠다고 말했다. 보고 내용을 철저하게 검토할 시간이 필요했던 것이다. 온 국민이 큰 상처를 입고 슬픔에 잠겼으나 대통령마저 감정적으로 대응해서는 안 될 일이었다. 그는 심사숙고한 후 공식적인 입장을 표명하려 했다. 이번에는 어떤 수를 써서라도 알카에다를 철저히 무너뜨려야 했다.

그날 저녁 식사를 하기 전에 존 애쉬크로프트가 피아노로 가스펠송을 몇 곡 연주했다. 모두들 열정적으로 노래를 불렀다. 나는 브람스나 모차르트와 같은 정통 클래식을 연주하는 편이었으나 존은 의외로 가스펠송을 멋지게 연주했다. 나는 그의 반주에 맞추어 〈그분의 눈길은 참새에게〉를 불렀다. 하느님은 참새 한 마리도 놓치지 않으시며 우리도 지켜보시는 분이라는 가사였다. 가슴이 뭉클해지면서 눈물이 날 것 같은 순간이었다. 식탁에서 대통령은 나에게 기도를 부탁했다. '우리는 악마의 얼굴을 보았으나 두려워하지 않을 것입니다. 주님께서는 우리에게 충성스러우시기 때문입니다.'라고 기도했다. 캠프 데이비드에서 열린 미사는 당연히 9.11테러 추도 행사였다. 우리는 희생자들을 애도한 후 나라를 지켜주기를 염원하는 기도를 드렸다. 이 성당은 조지 H.W. 부시 대통령 집권 시절에 완공된 것으로 대통령이 캠프 데이비드에 머무르는 동안 기도나 예배를 드릴 수 있도록 특별히 마련되었다. 군 관계자들과 그들의 가족들이 주로 예배에 참석했다. 대통령과 그의 가족, 측근들과 군 관계자들도 그들의 가족들과 나란히 앉아서 예배에 집중했다.

평등을 강조하는 미국 민주주의의 감동적인 면을 엿볼 수 있는 순간이었다. 그날 총사령관은 상처 입은 조국의 명예 회복과 국가 안보를 위해 곧 먼 나라로 떠날 부하들을 생각하는 듯 엄숙한 표정이었다.

예배가 끝난 후 우리는 백악관으로 돌아왔다. 대통령의 지시대로 집무실까지 조용히 따라갔다. 그는 비센테 폭스가 연락을 기다린다는 말에 통화하고 나서 머리를 식힐 시간을 달라고 했다. 그러고는 나에게 저녁 6시쯤 다시 오라고 했다. 나는 정확히 6시까지 기다렸다가 집무실 문을 두드렸다.

대통령은 내 생각을 알고 싶어 했다. 나는 전쟁을 아예 회피할 수는 없지만 중앙아시아 국가들에게서 우리에게 필요한 기본적인 권리를 얻어내는 것도 쉽지 않다고 대답했다. 말이 끝나기가 무섭게 대통령은 30분이나 쉬지 않고 이야기를 쏟아냈다. 토요일부터 미국 전체가 큰 충격에 빠져 있으며 적을 급습할 여건이 되지 않는다는 말을 수없이 반복했다. 당장 아프가니스탄에 군을 파견하는 방법밖에 없었지만 그 지역에서 전쟁을 하려면 우려되는 점이 많았다. 무슨 수단을 써서라도 이겨야 하는 싸움이었다. 지금까지 미국 역사에 기록된 모든 전쟁과 비교할 때 가장 큰 차이점이었다. 권투에 빗대면 (대통령은 스포츠를 예로 드는 것을 좋아했다) 알카에다가 펀치를 몇 개까지 날릴 힘이 있는지 몰라서 답답한 심정이라고 했다. 조용히 들으면서 에이브러햄 링컨 이후로 부시 대통령보다 더 힘든 짐을 떠안은 대통령은 없을 거라고 생각했다. 물론 전쟁을 겪은 대통령들이 있었지만 워싱턴과 뉴욕에 돌이킬 수 없는 치명적 공격을 당한 전례는 없었다. 그때로서는 너무 암담했고 또 다른 공격이 이어질 것이라는 두려움을 떨치기 어려웠다. 하필이면 조약실에서 그런 대화가 이어지고 있었다. 웨스트 윙에 오벌 오피스가 완공되기 전에 대통령 집무실로 쓰이던 사무실이었지만, 지금은 낡은 가구에 남북전쟁 당시의 링컨 대통령과 군 장교들의 초상화만 남아서 분위기가 암울했다. 그때처럼 부시 대통령이 우울해 보인 적은 이후로 다시는 없었다.

대통령은 그날 밤 결정한 사항을 공식 문서로 작성하라고 지시했다. 다음 날 동이 트면 곧바로 회의를 소집해서 장관들에게 나누어주려는 것 같았다. 문서를 작성하러 사무실로 돌아왔다. 밤 9시였다. 대통령은 홀로 집무실에 남아 있었다. 앞으로 할 일을 생각하니 집으로 돌아오는 내내 마음이 무거웠다.

7

탈레반과의 전쟁

　9.11테러가 일어난 다음 날부터 수습 작업을 시작했다. 하루 일과는 PDB로 시작했다. 회의는 그 어느 때보다 바쁘게 진행되었다. 특히 CIA와 FBI의 활동을 방해하려는 시도나 위협에 대한 보고가 연일 이어졌다. 대통령은 정보국에서 제공한 자료를 바탕으로 정책 질문을 하는 편이라서 CIA와 FBI 사태는 의사 결정을 더욱 어렵게 만들었다. 국무장관과 국방장관이 없을 때면 정보 전문가들이 여러 상황에 대해 정책 중립적인 태도를 유지하면서 객관적인 사실만 보고하도록 주의를 주는 것은 고스란히 내 몫이었다. 정책 결정을 어렵게 만드는 상황이 제기될 때면 대통령이 불안해하거나 정책적 딜레마에 압도되지 않도록 도와주어야 했다. 그래서 나는 회의 중에 국가안보팀이 해결책을 내놓을 것이라는 점을 반복적으로 강조했다.
　회의가 끝나자 세계 각국 정상들에게서 전화가 걸려왔다. 대부분 9.11테러 뒷수습에 힘을 보태겠다는 격려 인사였다. 그런데 푸틴 대통령은 조금 달랐다. 부시 대통령은 푸틴과 매우 고무적인 대화를 나누었다. 러시아는 중앙아시아 국가의 협조를 얻을 수 있도록 도와주겠다고 굳게 약속했다. 매우 반가운 소식이었다. 사실 러시아 정보기관은 중앙아시아와 서남아시아 지역에 방대한 정보망이 있으므로 우리에게 꼭 필요한 정보를 가져다줄 수 있었다. 뒤이어 NSC는 처음으로 아프가니스탄 전쟁 준비에 관해 구체적으로 논의할 수 있었다. 대통령은 전날 밤 내가 준비한 자료를 모두에게 나눠준 뒤 가장 우선적으로 생각할 점은 2, 3차 공격으로부터 미국 본토를 수호하는 것이라고 강조했다. 그 말은 아프가니스탄에 있는 알카에다의 본거지를 제거하라는 것이었다.

그뿐만 아니라 아프가니스탄 국민들을 염두에 두고 몇 가지 원조 활동 원칙을 수립했다. 아프가니스탄에 미군이 도착할 때와 견주어 철수 무렵에는 그곳 사람들의 생활이 훨씬 더 나아져야 한다는 책임감이 느껴졌다. 그래서 아프가니스탄 여성들을 해방시키는 것이 우선적인 정책 목표로 대두되었다. 아프가니스탄 여성들이 탈레반에게서 짐승보다 못한 처우를 받는 것은 이미 잘 알려진 사실이었다. 여성들은 교육을 받을 수 없었으며, 집을 떠나 직장에 다니거나 자신의 친가족인 남자를 대동하지 않고서는 공공 장소에 모습을 드러내지 못했다. 탈레반은 UN 지원을 받아 개조 공사를 마친 스타디움에서 여자 죄수들을 공개적으로 처형했다. 그들의 죄명은 정권이 내놓은 이슬람 법규에 대한 극단적인 해석을 무시하고 제멋대로 행동했다는 것이었다. 탈레반 지도자 중 한 사람은 뻔뻔스럽게도 스타디움에서는 축구 경기를 해야 한다며 처형 장소를 따로 만들어 달라고 UN에 요청하기까지 했다. 이것만 보더라도 탈레반 정권이 제정신이 아니라는 것을 알 수 있다. 로라 부시는 11월 17일 대통령의 라디오 연설을 대신 전하는 자리에서 아프가니스탄 문제의 중심에는 불운하기 짝이 없는 아프가니스탄 여성들이 있다고 말했다.

다음 단계는 외교 전략 문제였다. 전략을 수립하는 것은 어렵지 않았으나 실행에 옮기는 것은 쉽지 않았다. 무엇보다도 탈레반과 긴 세월을 함께한 파키스탄이 결정을 내려야 했다. 우리는 리처드 아미티지를 통해 무샤라프 대통령에게 더 이상 이중적인 태도를 용납할 수 없다고 알렸다. 지금 미국의 손을 잡지 않으면 적이 되겠다는 뜻으로 받아들일 작정이었다. 무샤라프 대통령은 손을 잡겠다는 의사를 확고히 밝혔다. 대통령은 첫 회의에서 우리가 아프가니스탄 국민들을 대하는 태도는 구 소련이 전쟁 초반에 나타낸 태도와 확연히 달라야 한다고 말했다. 대통령은 오래 전부터 전쟁이 터지면 나라 전역이 금세 심각한 식량 부족에 시달릴 것이므로 폭탄을 투하하기 전에 식품부터 공급하면 어떻겠냐고 말했었다. 국제개발처 책임자 앤드루 나치오스가 나서 대규모 국제 원조를 얻으면서 이 문제는 순조롭게 처리되었다.

그동안 우리는 탈레반에 보낼 최후통첩을 마무리하고 전쟁 초반 준비 작업을 시작했다. 대통령은 콜린 파월이 캠프 데이비드에서 주장한 견해를 다시 강조했다. 신사적인 나라는 일본이 진주만 습격을 벌인 것과 달리 기습 공격을 하지 않는다는 것이었다. 우리는 여러 방법을 모두 검토한 후 CIA가 아프가니스탄 작전을 개시할 만반의 준비를 갖추었다는 결론을 얻었다. 9.11테러가 일어나기 오래전부터 알고 있었듯이 남부 지역 파슈툰족 연락망은 북부동맹보다 우리 정보국이 훨씬 믿을 만했다.

대통령은 대규모 파병 작전을 극구 반대했다. 대신 아프가니스탄 군을 앞세우고 미 정보국과 특수 작전 부대, 공군이 지원하는 쪽을 원했다. 이렇게 하려면 정보국과 군 당국이 지금껏 한 번도 해보지 않았던 협력 체계를 구축해야 했고 지휘 체계가 불분명해질 수밖에 없었다.

며칠 뒤 결국 문제가 생기고 말았다. 대통령은 명령 체계가 불분명한 것을 탐탁지 않게 여겼으며 '누가 작전을 지휘하는 건가?'라고 꼬집어 물었다. 그날 회의에는 조지 테닛을 대신해 CIA 차관 존 맥래플린이 와 있었다.

그는 도널드 럼즈펠드를 가리켰고, 도널드 럼즈펠드는 다시 존을 가리켰다. 대통령은 나에게 "당장 이 문제부터 해결하세요!"라고 쏘아붙이고는 나가 버렸다. 회의는 어색하게 끝났지만 장관들에게 모두 자리에 남아 있으라고 요청했다. 그렇지만 내가 말을 많이 할 상황이 아니었다. 도널드 럼즈펠드와 CIA가 알아서 할 문제였기 때문이다. 그들은 전쟁을 개시한 후 대부분의 통솔권을 펜타곤에 넘기는 것으로 합의했다.

이 사건만 보더라도 냉전 시대에 만들어진 국가 안보 체제가 지금처럼 종류가 전혀 다른 전쟁을 준비할 때는 전혀 맞지 않다는 점을 알 수 있다. 대통령이 한번 역정을 낸 후로 조지와 도널드 럼즈펠드는 긴밀하게 협조하지 않을 수 없었다. 펜타곤과 CIA의 관계가 항상 좋은 것은 아니었지만 시간이 갈수록 호흡이 잘 맞는 것 같았다. 마침내 2011년 오사마 빈 라덴을 추적해 사살하는 쾌거를 이루었다. 이때야말로 펜타곤과 CIA의 협력 체제가 가장 빛을 발했다. 물론 아프가니스탄 전쟁을 준비할 때부터 꾸준히 노력한 것이 밑거름이었다고 할 수 있다.

처음부터 각 부처 간 협력이 필요할 때면 주로 인맥을 앞세우거나 각 부처 총책임자와 대통령이 매일 점검하는 식으로 일을 진행했다. 그래서 새로운 문제가 생겼을 때 곧바로 상황에 적응할 수 있었다. 1947년에 제정된 국가보안법에 따라 설립된 NSC와 CIA는 지금이야 막강한 영향력을 행사하지만 처음에는 일종의 임시방편에 불과했다. NSC는 원래 프랭클린 D. 루스벨트 대통령이 2차대전 중 전시 작전 수립에 효율성을 높이기 위해서 마련한 전쟁위원회였고, CIA는 전략 서비스 담당국이었다.

예상치 못한 상황이 이어졌지만 NSC는 큰 문제 없이 대처할 수 있었다. 콜린 파월과 도널드 럼즈펠드도 함께 일하는 데 별다른 어려움이 없는 듯했다. 국무부는 적극적인 자세로 군사 작전을 지원했고 필요한 정책을 즉각 마련했다. 고집 센 중앙아시아 국가의 지도자들을 설득해서 아프가니스탄 안팎에 주둔권을 얻어내는 것이 급선무였다. 우리가 가장 염려한 것은 우즈베키스탄의 이슬람 카리모프였지만 여러 차례 협상을 벌인 끝에 가까스로 주둔권을 얻어냈다. 협상이 아니라 바자회를 연 기분이었다. 카리모프는 두둑한 사례를 받고서야 협조를 약속했다.

러시아는 지금까지도 러시아가 아니었다면 우즈베키스탄, 타지키스탄, 키르기스스탄을 설득할 수 없었을 것이라고 떠벌린다. 미군이 이 지역에 '잠시' 주둔하도록 러시아가 힘써주지 않았다면 중앙아시아 정부들은 러시아의 눈치를 보느라고 안절부절못했을 것은 사실이다.

그런데 아이러니하게도 러시아 정부의 도움을 얻은 것이 나중에는 미국과 러시아 사이에 가장 시끄러운 문제를 일으켰다. 미군 주둔이 장기화되고 우즈베키스탄과 키르기스스탄에 정식 군 기지가 계속 늘어나자 러시아 정부는 불안한 기색을 감추지 못했다.

2003년에 '색깔 혁명'이 구 소련의 위성 국가들을 휩쓸었다. 그루지야, 우크라이나, 키르기스스탄에서 부정 관료들이 쫓겨나고, 새로운 관료가 민주적인 절차로 선출되었으며, 서방 국가와 우호적인 관계를 추구하는 지도자가 나타났다. 이렇게 되자 푸틴 대통령은 미국 정부와 협조한 것을 크게 후회했다. 그는 두 번 다시 협조라는 말을 입에 올리지 않았으며 미 정부가 공격적인 기세로 러시아를 '포위'하고 있다고 말했다.

푸틴도 9.11테러를 기점으로 테러와의 전쟁은 두 나라 관계의 새로운 구심점으로 자리 잡은 것을 깨달았을 것이다. 그것은 곧 두 나라가 이념, 정책, 군사 전략까지 모두 터놓고 공유해야 한다는 뜻이었다. 푸틴은 금세 말을 바꿔 미국에 발생한 테러 공격이 체첸 군의 소행이라고 주장하기까지 했다. 정부는 푸틴의 주장을 옹호하거나 러시아가 체첸공화국에 잔인한 보복을 가하는 것을 지지하지 않았다. 하지만 체첸이 알카에다와 점차 가까워지는 것은 사실이었다. 부시 대통령 임기 중에는 대테러 작전에 관해서 러시아의 협조를 얻는 데 아무런 문제가 없었다. 2004년, 러시아 베슬란에 있는 학교가 테러 공격을 받았을 때 부시 대통령은 가장 먼저 테러범의 소행이며 우리가 겪은 테러 사건과 다를 바 없다고 말했다. 러시아 정부는 부시 대통령이 명료한 입장을 취한 것을 높이 평가했다.

푸틴은 미국과 러시아가 같은 배를 탄 것이나 다름없다고 생각했지만 우리 정부는 그렇지 않았다. 테러와의 전쟁에서 궁극적인 목표는 민주주의와 자유를 수호하는 것이었다. 러시아 정권은 서서히 전제주의 색채를 드러내면서 두 나라 관계를 복잡하게 만들었다. 그렇지만 당분간은 이러한 갈등이 수면 위로 떠오르지 않았다. 러시아는 우리가 아프가니스탄 전쟁을 준비하는 과정을 지원하는 데 수고를 아끼지 않았으며 어려움이 생길 때마다 손을 내밀어주었다. 또한 북부동맹과 오랜 협력 관계를 저버리지 않고 군사 장비 지원을 약속했다.

하루는 조지 테닛이 아프가니스탄 군대를 지휘하는 북부동맹 사령관 무하마드 파힘 칸과 압둘 라시드 도스툼에게 군수품이 전달되지 않았다는 소식을 가져왔다. 대통령 지시에 따라 세르게이 이바노프에게 연락해서 자초지종을 물었다. 이바노프는 그들이 요구에 부응하기 위해 최선을 다하고 있다며 이렇게 말했다.

"그렇지만 당나귀를 마련하는 게 쉬운 일이 아니거든요."

"당나귀라고요?"

그 순간, 내 귀를 의심하지 않을 수 없었다.

"네, 당나귀요. 험한 산의 좁은 길을 지날 때 당나귀로 이동해요."

나중에 우리는 21세기 최첨단 장비를 갖춘 미 전투기가 당나귀를 타고 진군하는 아군 '보병'들을 엄호하는 사진을 보며 폭소를 터뜨렸다.

싸구려 양복처럼 무너지다

작전 계획은 순조롭게 진행되고 있었으나 속도가 붙지 않았다. 대통령도 서서히 지쳐가는 눈치였다. 국방부가 대통령에게 제출할 최종 계획안을 마무리하지 못한 탓에 NSC 회의는 매번 아무 결론을 내지 못한 채 끝났다. 대통령도 무턱대고 전쟁을 서두를 생각이 없었다. 이번 전쟁은 만반의 준비를 갖출 필요가 있었다. 그렇긴 하지만 국민들과 세계가 미 정부의 대응을 기다리고 있었다. 대통령 본인도 아프가니스탄에 있는 알카에다의 본거지에서 또 다른 테러 공격을 감행할지도 모르는 상황에서 무작정 기다릴 마음은 없었다.

결국 그의 인내심이 바닥을 드러냈다. 9월 27일 오후 CIA 브리핑에 참석했다가 대통령에게 전화가 왔다는 말을 듣고 밖으로 나왔다. 수화기로 전해 오는 그의 목소리는 불쾌한 기색이 역력했다.

"내일까지 계획서를 가져와요. 도널드 럼즈펠드에게도 그렇게 전해요. 내일을 넘기지 않도록 해요."

"알겠습니다. 각하."

전화를 끊고 곧장 백악관으로 돌아왔다. 랭리 게이트를 지나 주차장으로 진입하는데 또 전화가 울렸다. 보안용 회선으로 걸려온 대통령의 전화였다. 그런데 보안용 회선은 걸핏하면 두절되었다. 긴급 상황일 때면 백발백중 고장이었다. 정말 이해하기 힘든 문제였다. 기술이라면 미국이 세계에서 단연 으뜸인데 어찌된 영문인지 미 정부의 통신망, 특히 국가 안보 업무용 보안 회선은 문제투성이였다. 펜타곤에 있는 도널드 럼즈펠드와 국무부의 콜린 파월을 연결해 화상 회의를 할 때도 통신 장애로 애를 먹은 게 한두 번이 아니었다. 몇 년 후 스티븐 해들리, 국방부 차관 로버트 게이츠와 화상 회의를 할 때도 상황은 마찬가지였다. 문제를 해결하려고 부단히 노력했지만 소용이 없었다. 내가 알기로 여기에 쏟은 수리 비용도 만만치 않았다. 그런데도 정부 기관의 통신 장비는 늘 말썽을 부렸다.

그날은 유독 전화 연결 상태가 엉망이었다. 대통령이 계획안에 대해 뭔가 중요한 말을 하려고 할 때마다 전화가 끊겼다. 나는 "백악관에 거의 다 왔습니다. 바로 올라가서 뵙겠습니다."라고 말했다.

집무실에 도착하니 대통령은 계속 전화를 붙들고 있었다.

"여기까지 올 필요는 없었는데. 도널드 럼즈펠드에게 전화나 해봐요."

나는 즉시 도널드 럼즈펠드에게 전화를 걸어 방금 대통령과 나눈 대화를 전했다.

"이제 더 이상 기다릴 수 없다고 하십니다. 내일은 무조건 최종 계획안이 나와야 해요."

"알겠습니다."

도널드는 짤막하게 대답했다.

그날 저녁, 퇴근하기 전에 프랭크 밀러를 만나 도움을 요청했다. 그는 NSC 국방부 정책 총책임자이며 펜타곤에서 21년이나 근무한 베테랑이었다. 그에게 "연락책을 모두 동원해주세요. 내일까지 모든 계획을 마무리해야 된다고 반드시 전하세요."라고 당부했다. 집으로 가면서 내일 아침 NSC 회의에서 부디 계획이 완성되기를 기도할 수밖에 없었다.

이튿날 아침 회의에서 도널드 럼즈펠드는 최종 계획안을 아주 멋지게 소개했다. 일단 마음이 놓였지만 펜타곤의 브리핑은 언제나 허술한 점이 많았다. 그래서 나는 회의가 끝난 후 대통령 집무실로 따라가 전원 각료 회의를 다시 소집해 계획안을 다시 검토하자고 건의했다. "각하보다는 장관들이 더 자세하고 직설적인 질문을 할 수 있습니다. 대통령이 계시는 자리에서는 이해가 안 되는 부분이 있거나 다른 장관의 주장에 허점이 보여도 말을 꺼리게 됩니다. 잘 아시지 않습니까?"라고 말하자 부통령은 그럴 필요 없다며 반박했다. 전 국방장관 출신으로서 도널드 럼즈펠드와 개인적 친분이 두터위 펜타곤 일이라면 무조건 감싸 안으려 했다.

"대통령 각하, 지금 필요한 것은 군사 계획이 아니라 정치, 군사 계획입니다. NSC 장관 모두의 지혜와 경험, 통찰력을 모아야 합니다."

대통령은 동의하는 듯 고개를 끄덕이며 부수적인 피해를 포함해서 하나도 빠트리지 말고 세심하게 따져보는 것이 필요하다고 말했다. 그렇지만 도널드 럼즈펠드는 NSC 장관들과 작전 계획을 검토하는 것을 반대했다. 그는 종종 작전 세부 계획을 대통령에게 브리핑하는 것으로 충분하다며 고집을 꺾지 않았다. 대통령은 베트남 전쟁에 대해 잘 알고 있었다. 그는 린든 존슨처럼 백악관에 앉아 공격 대상을 선택할 생각이 없었다. 대통령은 원래 크게 따지지 않고 국방부 관계자들의 의견을 수렴하는 편이었다. 하지만 임기 후반으로 갈수록 대통령도 그래서는 안 된다는 것을 깨닫는 것 같았다.

드디어 모든 계획이 완성되었다. 2001년 10월 7일, 대통령은 국민들 앞에 섰다. 참으로 오랫동안 기다려온 순간이었다. 탈레반이 알카에다의 수장들을 미국에 넘기고 테러리스트 훈련 캠프를 폐쇄하라는 미 정부의 요구에 응하지 않아 탈레반에 정식으로 선전포고를 했다. 이번 전쟁의 작전명은 '항구적 자유 작전'*일반적으로 종결 시간이 확실히 정해지지 않은 채 목표를 이룰 때까지 수행하는 광범위한 범위의 작전을 가리키는 말이었다. 그런데 우리는 작전 초반부터 생각지 못한 문제에 부딪혔다. 미 전투기가 공습 대상으로 삼았던 시설을 모두 폭파해버린 것이었다. 아프가니스탄은 거의 개발되지 않은 시골이라서 건물 자체가 많지 않았다. 그래서 원거리 공격을 가할 대상이 일순간에 사라져버렸고 지상 공격으로 넘어가야 했지만 '기병대'는 감감무소식이었다. 10월 7일을 기점으로 며칠 동안 NSC 회의에서는 같은 이야기가 반복되었다. "파힘 칸은 언제 진격할 수 있는 겁니까?"라고 물으면 조지 테닛은 "장비가 아직 미흡한 데다 정찰대도 더 필요하다고 합니다."라는 말만 되풀이했다. "정찰대는 왜 부족한 겁니까?"라고 따지면 테닛은 "부대가 진격해서 탈레반 군과 맞붙으면 정찰대가 온다고 하는데요."라고 대꾸했다. 그럴 때면 대통령은 "이것저것 따지지 말고 당장 진격하라고 해!"라고 소리쳤다. 아무 움직임 없이 며칠이 지나가자 미 전투부대가 '수렁'에라도 빠진 것이 아니냐는 보도가 쏟아져 나왔다.

　10월이 다 가도록 파힘 칸은 소식이 없었다. 기다리다 지친 도스툼 장군은 마자르 이샤리프*아프가니스탄 북부 도시에 공습을 가했다. 대통령은 상하이 방문 및 아시아-태평양경제협력체*APEC 회의 참석 일정을 위해 출국했다. 회의는 9월 11일 이후로 미뤄졌다. 그로부터 얼마 지나지 않아 아프가니스탄 전역에서 승전보가 이어졌다. 카불을 점령하던 날, 우리는 블라디미르 푸틴과 함께 있었다. 러시아 정부와 머리를 맞대고 동맹군이 카불을 점령해야 할지, 아니면 그 도시를 포위하고 탈레반에게 항복을 종용할지를 논의했다. 탈레반이 카불을 초토화하면서 저항할지 모른다는 우려 때문에 단번에 제압하는 것이 좋겠다는 의견이 조금 우세했다. 파키스탄 측에서도 타지키스탄과 우즈베키스탄 군대가 이끄는 북부동맹이 불쑥 나타나면 민족적 반감이 표출될 우려가 있다고 말한 적이 있었다.

　그런데 이런 논의 결과를 전달하기도 전에 동맹군은 탈레반 군의 방어를 뚫고 수도를 점령했다. 대통령은 푸틴에게 일단 공습이 시작되기만 하면 탈레반 군은 '싸구려 양복처럼' 일시에 망가져버린다고 말했다. 과연 통역관이 그 표현을 어떻게 옮겼는지 모르지만 푸틴 대통령은 금세 알아듣고 큰 소리로 승전보를 반겼다.

8

테러와의 전쟁 선포 이후의
국내 전선 상황

우리에게 아프가니스탄 문제에 매달리는 것은 사치였다. 부시 대통령은 9월 11일 밤 대국민 담화를 통해 미국이 '테러와의 전쟁'에 돌입한다고 천명했다. 그렇지만 전쟁의 구체적인 범위는 이제부터 정할 문제였다. 테러 집단의 배경이나 목적 등을 따지지 않고 모든 테러 집단을 상대로 전쟁을 벌일지, 아니면 알카에다와 그들의 지지 세력으로 공격 대상을 좁힐지 정해야 했다. 모든 테러 집단을 적으로 규정할 명분이 충분했을까? 알카에다만 공격하는 것이 합리적이었을까?

결국 우리는 적의 범위를 더 넓게 규정하기로 했다. 즉, 우리 국민들뿐만 아니라 우방 국가와 동맹국의 평온한 생활을 위협하는 테러리스트를 모두 적으로 간주한 것이다. 대통령은 오랜 고심 끝에 결정을 내렸다. 적의 범위를 국제적으로 확대하지 않으면 국제사회에 협조를 요청해 세계적인 수사망을 형성할 수 없었다. 그것만이 국제사회를 안정시키고 미국과 우방 국가를 지키는 길이었다. 그런데 어떻게 다른 나라들에게 테러 공격에 방어는 하지 말고 미국에 협조만 하라고 요구할 수 있단 말인가?

　대통령의 결정은, 테러리즘은 어떤 경우라도 불법 행위라는 국제적인 기준을 설정하는 동시에 각국이 즉각 방어 태세를 갖출 수 있도록 적의 정체를 분명하게 설정할 필요가 있다는 것을 보여주었다. 우리가 '알카에다와의 전쟁'이 아니라 '테러와의 전쟁'이라는 표현을 사용한 이유를 몇몇 사람들이 이해하지 못한 이유가 바로 여기에 있었던 것 같다. 이번 전쟁은 테러 행위 자체와 테러리스트 집단을 동시에 겨냥한 것이었다.

　실제로 전쟁 대상을 광범위하게 설정한 탓에 알카에다와 관련이 거의 없는 상황에도 연루된 적이 있었다. 인도네시아의 이슬람 단체 자마아 이슬라미야가 벌인 폭탄 테러 사건이나 필리핀에 있는 아부 사야프*필리핀의 2대 이슬람 무장 단체 중 하나 사건이 바로 그런 경우였다. 오사마 빈 라덴이 주도하는 테러 단체와는 분명 별개의 단체였으나 가끔 알카에다와 손을 잡고 테러를 자행할 때가 있었다. 200명의 사상자를 낸 2002년 발리 나이트클럽 폭탄 테러 사건도 그들의 합작품이었다.

　테러와의 전쟁을 선포한 이후로 체첸 테러 단체와 대립하는 상황도 피할 수 없었다. 하지만 모스크바 정부가 코카서스에서 벌어지고 있던 상황을 무자비할 정도로 제압하고 있었기 때문에 우리는 사실 나설 마음이 전혀 없었다. 그렇지만 때때로 스페인 바스크 지역의 '조국과 자유'라는 테러 조직처럼 알카에다와 뚜렷한 연관성이 없으며 활동 범위도 국지적인 테러 단체를 진압해 달라는 요청에 응했다.

　적의 범위는 폭넓게 규정하되, 구체적인 전략은 상황별로 다르게 하기로 했다. 무조건 군사력에 의존하거나 군사력을 우선적으로 내세우는 것이 아니라 외교력, 경제력, 정보력 등 미 정부가 동원할 수 있는 모든 방법을 동원해서 테러리스트에 맞설 생각이었다. 이를테면, 치명적인 무기 사용이 관련된 몇 가지 방법은 알카에다와 직접 관련되거나 불가분의 관계에 놓인 조직이나 개인에게만 사용할 수 있었다. 하지만 명분상 협조 관계에 있거나 테러리스트의 자금을 동결할 수 있는 방법을 어떻게 사용할 것인지를 논할 때는 주관적인 여지가 너무 컸다. 다만, 어떤 경우에도 테러 행위를 무기로 사용하는 것은 금기사항이었다. '자유의 전사'도 예외가 될 수 없었다. 테러 행위를 정당화할 수 있는 명분이란 없기 때문이다.

하루가 멀다 하고 새로운 테러 공격 의혹이 제기되었다. 그 때문에 정보기관들은 헛소문과 실제 가능성이 있는 제보를 구분하느라 애를 먹었다. 그러다가 10월 15일에 NBC 방송국에 탄저균에 오염된 상자가 배달되었으며, 곧이어 상원의원 톰 대슐의 사무실에도 탄저균에 오염된 우편물이 도착했다. 그러자 며칠 전에 플로리다 주 출신의 남자가 알 수 없는 이유로 틴지병에 걸려 사망한 것도 결국 테러리스트의 소행이라는 의혹이 커졌다. 미국을 겨냥한 테러 공격이 또 발생한 것이었다. 탄저균에 오염된 상태로 발견된 편지 봉투는 모두 다섯 개였으며 9.11테러를 언급하는 암호를 수기로 작성한 쪽지가 들어 있었다. 이렇게 연속해서 발생한 테러 사건으로 다섯 명이 희생되었다. 미국 역사상 가장 끔찍한 생물학 테러였다. 후에 FBI는 탄저균 사건이 외부 침입자가 아니라 내국인의 소행이라고 규정했다. 그렇지만 9.11테러가 터진 지 한 달밖에 안 된 상황에서 내국인이 테러 행위를 저지를 가능성은 희박했다. 우리는 모두 이것이 알카에다의 두 번째 움직임이라고 믿었다.

얼마 후 미국에 천연두 테러가 발생할 가능성이 있다는 보고가 들어왔다. 이미 근절된 질병이라 기본적인 예방 접종도 하지 않았고 온 국민이 무방비 상태였다. 정말이지 아이러니하고 당혹스런 상황이었다. 나는 이 문제를 검토하고자 NSC 위원들과 최근에 설립되어 전 펜실베이니아 주지사 톰 리지가 지휘하는 국토안보위원회를 모두 소집했다.

모든 국민에게 예방 접종을 실시하는 것은 상상조차 힘들 만큼 어려운 일이었다. 게다가 백신 알레르기가 있는 사람들 중에 사망자가 나올 가능성도 배제할 수 없었다. 실제로 테러 발생 가능성을 알 수 없는 상황에서 예방 접종을 밀어붙여 수많은 사람들을 죽음으로 몰아가는 것은 무모하게 보일 수 있었으므로 대통령도 쉽게 결정을 내리지 못했다. 그때 누군가가 나서 예방 접종 희생자가 속출하면 집단 법정 소송 사태가 발생할 가능성이 크다고 지적했다. 대통령은 지금 법정 소송 따위를 걱정할 상황이 아니라고 응수했다.

그 순간에 고심했던 문제들은 부시 대통령이 임기를 마칠 때까지 끈질기게 반복되었다. 국민들을 공포의 도가니로 몰아넣지 않으면서 생물학 테러의 가능성을 알릴 방법이 있을까? 지금 확보한 정보만으로 테러 위협이 있다고 판단해도 되는 걸까? 대처 방안을 강구할 때 어떤 위험을 감수해야 할까? 아무 대응을 하지 않았다가 큰 낭패를 보는 건 아닐까? 부시 대통령은 그야말로 이럴 수도 저럴 수도 없는 딜레마에 빠진 것 같았다.

우리는 중도의 해결책을 선택했다. 최초 반응자와 군인들에게 예방 접종을 실시했다. 군인들 중에서도 최전방 근무자에게 우선권을 주었다. 줄리 게버딩 박사가 이끄는 질병통제예방센터에 테러 위협이 높아질 경우에 대비해서 국민 일제 예방 접종 계획을 마련하도록 따로 부서를 마련하고 부통령이 직접 감독하도록 했다.

대통령과 그의 최측근 보좌관들도 예방 접종을 받아야 하는지에 대한 문제가 제기되었다. 접종을 실시하는 것이 좋겠다는 의견에 따라 예방 접종 대상자 명단을 작성했다. 명단에 포함된 사람들에게 개별 통보를 하되, 다른 사람들의 접종 여부는 알려주지 않았다.

백악관 주치의 리처드 터브 박사는 나에게 이미 예방 접종을 했는지, 만약 했다면 이상 반응이 없었는지 물었다. 초등학교 시절에 소매를 걷어 올린 기억이 희미하게 떠올랐지만 천연두 예방 접종인지 아닌지 알 길이 없었다. 부모님이 모두 돌아가셔서 물어볼 사람도 없었다. 떨리는 가슴을 누르며 예방 접종을 받았다. 그저 이상 반응이 나타나지 않기를 기도하는 수밖에 없었다. 그때 내 목숨이 위험해질지 모른다는 두려움을 느꼈지만 그리 오래 가지 않았다. 그 후로 죽음의 공포가 몇 차례 코앞까지 닥친 적이 있었다.

2001년 10월, 대통령과 나는 아시아-태평양경제협력체 정상회담이 열리는 상하이로 출국했다. 우리는 하루도 거르지 않고 전용 보안선으로 화상회의를 열었다. 부통령과 스티븐 해들리는 워싱턴에 있었고 대통령, 콜린 파월, 앤디, 나는 중국에 있었다.

어느 날 아침, 부통령이 흰색 넥타이 정장 차림으로 화면에 등장했다. 그날 밤 뉴욕에서 열리는 얼 스미스 자선 행사에서 연설할 준비가 모두 끝난 상태였다(미국 동부 지역이 중국보다 시차에서 12시간 앞서 간다). 그런데 부통령 얼굴빛이 매우 좋지 않았다. 무슨 이유인지 몰라도 긴장한 기색이 역력했다.

부시 대통령이 아침 인사를 건넸다. 그는 곧 부통령 표정이 심상치 않은 것을 보고는 무슨 일이냐고 다그쳐 물었다.

"백악관 탐지기에 보툴리눔톡신이 감지되었습니다. 이 독소는 제대로 된 해독제가 없습니다. 노출된 사람은 사망할 수도 있답니다."

"방금 뭐라고 했나? 독소?"

대통령은 털썩 주저앉으며 되물었다. 그때 콜린 파월이 끼어들었다.

"검출 시각은 언제였습니까?"

자신이 백악관에 있던 시간과 겹치는지 확인하려는 것 같았다. 자신도 노출 대상이라는 것을 깨닫고는 대통령처럼 망연자실한 표정으로 주저앉았다.

우리는 아프가니스탄 문제와 그 밖의 몇 가지 안건을 서둘러 검토한 후에 회의를 마무리했다. 대통령은 나에게 "당장 해들리에게 연락해서 상황을 자세히 알아보라고 해요."라고 지시했다.

곧바로 스티븐에게 전화를 걸었다. 백악관 탐지기가 치명적인 신경 마비 독소를 감지한 것이 사실이었다. 이미 쥐로 임상 실험을 진행하는 중이었으나 결과를 알려면 24시간을 기다려야 했다. 스티븐은 "쉽게 말씀드릴게요. 내일 쥐들이 네 발로 서 있으면 백악관도 무사한 겁니다. 그런데 그 녀석들이 배를 내놓고 있으면 우리도 죽은 목숨인 거죠."라고 말했다. 법무부 장관 존 애쉬크로프트와 보건복지부 장관 토미 톰슨이 스티븐과 함께 상황을 지켜본 후 결과가 나오면 즉각 연락을 주기로 했다.

우리는 마치 아무 일도 없는 것처럼 상하이에서 일정대로 움직였다. 각종 회의와 행사에 참석했지만 마음 한구석에는 온갖 불길한 생각이 끊이지 않았다. 감지기가 오작동을 일으킨 것이라고 생각하며 마음을 다잡으려고 부단히 노력했다. 그러다가 갑자기 귀국하기도 전에 온몸에 독이 퍼질지 모른다는 생각이 들었다. 중국에서 생을 마감하는 것은 몸서리날 만큼 싫었다.

이튿날 점심을 먹고 있는데 어느 직원이 해들리에게 전화가 왔다는 쪽지를 건네주었다. 나는 대통령에게 다가가서 "전화가 왔습니다."라고 말했다. 대통령은 아무 말도 하지 않았다. 나는 조심스럽게 전화를 받았다.

"쥐들이 네 발로 서 있습니다."

그 말을 듣자 겨우 마음을 놓을 수 있었다.

나는 식사 장소로 가서 대통령에게 "네 발로 서 있답니다."라고 전했다. 그제야 대통령의 얼굴에 미소가 번졌다. 아마 중국인들은 내 말이 일종의 암호라고 생각했을 것이다.

9.11테러가 발생한 후 나는 신변에 두려움을 느낀 적이 없냐는 질문을 얼마나 많이 받았는지 모른다. 종종 백악관 감지기 사건과 같은 상황이 발생하면 죽음의 공포를 느끼기도 했다. 그렇지만 대다수의 경우, 당장 눈앞의 업무에 매달리느라 그런 두려움은 깊숙이 넣어 두어야 했다.

무시무시한 테러 위협에 대한 보고가 들어왔지만 확실하지 않은 점이 있을 때야말로 도덕적으로 가장 힘든 순간이었다. 그럴 때면 과연 국민들에게 어떻게 말해야 할지 난감했다. 제대로 아는 것이 없으니 국민들이 어떻게 대피하거나 준비해야 할지 설명할 수 없었다.

월말이 가까워지자 드디어 상황이 분명해졌다. 워싱턴을 또 공격하려는 시도가 분명히 드러났다. 일부 보고 자료에 의하면, 방사능이나 핵무기를 사용할 가능성도 배제할 수 없었다. 알카에다가 직접 핵무기 개발을 시도한 적도 있으며 온갖 방법으로 핵무기를 손에 넣으려고 애쓴 사실은 오래전부터 알고 있었다. 핵무기 테러 위협은 그 어느 때보다 실질적으로 느껴졌다.

그 주의 초반에 NSC와 국토안보위원회가 한자리에 모여 대처 방안을 논의했다. 서부 해안에 있는 방사능 전담팀과 검출 장비를 동부 지역으로 옮기자는 의견도 있었다. 회의가 끝난 후 곧장 대통령 집무실로 가서 회의 내용을 간단히 전달한 뒤에, 이튿날 NSC 회의에서 완성된 보고서를 제출하겠다고 보고했다.

대통령은 뭔가 깊이 생각하더니 "이번 주말에 워싱턴에 친구들 몇 명을 초대했는데 오지 말라고 해야 하나? 어떻게 생각해요? 오면 안 된다고 말해야 하는 상황인가?"라고 물었다. 굳이 대답할 필요가 없는 질문이었다. 나도 캘리포니아에 사는 수전 포드에게 아들 토미를 데리고 워싱턴에 놀러오라고 한 것이 생각났다.

그동안 하루도 제대로 쉬지 못하고 일에만 매달렸다. 정신적인 스트레스와 긴장감도 이루 말할 수 없을 만큼 심했다. 9.11테러 이후로 격무에 시달리다 카렌과 제리 휴스와 아들 로버트에게 초대받아 3주 만에 숨을 돌릴 수 있었다. 카렌은 "정말 피곤해 보여요. 집에서 정성스럽게 준비한 식사를 먹으면 힘이 날 거예요."라고 위로해주었다. 그 후로 또 눈코 뜰 새 없이 바쁜 나날들이 이어졌다. 오랜만에 편한 친구와 함께 시간을 보내며 쉬고 싶었지만 나도 어느새 대통령과 같은 고민에 빠져 있었다. 대통령은 또 이렇게 물었다.

"내 친구들에게는 워싱턴에 오지 말라고 하면서 국민들에게는 아무것도 걱정할 필요가 없다고 큰소리칠 수 있을까?"

공격 대상이 백악관으로 추정되니까 국민들의 안전과는 별개의 문제인 것 같다고 말했다. 그래도 대통령의 생각은 흔들리지 않았다. 그는 국민들에게 말할 책임을 느낀 것이다. 그렇지만 도대체 뭐라고 해야 한단 말인가? 아예 이 나라의 수도를 버리고 떠나라고 해야 할까? 그럴 필요가 있다 해도 수많은 사람들을 대피시킬 준비가 되어 있는 걸까?

대통령의 친구들에게 워싱턴 방문을 취소하되, 안전상의 이유가 아니라 대통령이 외부에 공개할 수 없는 방문 일정이 생겨 취소하는 것으로 하도록 제안했다. 대통령은 단박에 거절했다.

"그 친구들은 대통령 집무실에 와서 내가 있는지 없는지 확인해야 직성이 풀릴 사람들이야."

나는 조금 놀랐지만 이내 그의 말뜻을 이해할 수 있었다.

"저라도 그럴 것 같군요."

대통령은 혼자 생각할 시간을 원하는 것 같았다. 굳이 말하지 않아도 그런 순간은 쉽게 알아차릴 수 있었다. 나는 사무실로 돌아와 스티븐 해들리에게 전화로 자초지종을 알려주었다.

"당신도 두렵지 않나요?"

"제가 죽을까 봐 두려운 것은 아닙니다. 하지만 우리 딸들에게 무슨 일이 생길지 모른다고 생각하니 정말 괴롭습니다."

마음을 무겁게 짓누르는 딜레마는 잠시 접어 두고 일단 수전에게 연락해서 워싱턴에 오지 말라고 해야겠다는 생각이 들었다. 어찌 됐든 주말은 극도로 긴장되고 정신없이 보낼 것이 확실했다.

"그냥 내가 바빠서 그래."

나중에 수전의 말을 들어보니 그때 구체적인 이유는 몰랐지만 내 목소리만 듣고도 심각한 상황이 벌어진 것을 직감했다고 한다. 수전과 나는 한참 후에 약속을 다시 잡아 얼굴을 볼 수 있었다.

9.11테러 이후로 몇 달 동안 그렇게 일에 매달려 지냈다. 몇 년 후 부시 행정부가 9.11테러에 과잉 대응을 보였으며, 아무것도 보장할 수 없었던 테러와의 전쟁에서 다소 과격하고 논란의 여지가 큰 행보를 보였다는 평이 나올 정도였다. 버락 오바마 대통령은 자신의 집권 초기에 부시 행정부가 뉴욕과 워싱턴에 테러 공격이 발생하자 "두려움에 휘둘려서 결정을 내렸다."고 말하기까지 했다.

어쩌면 맞는 말인지도 모른다. 하지만 편집증에 가까운 비합리적인 두려움이 아니었다. 9.11테러 이후로 위협천만하고 불법이 난무하는 지역에서 비롯된 불안감과 불확실성에서 단 하루도 벗어날 수 없었다. 알카에다 조직과 그들의 행동 방식에 대해 아는 바가 거의 없는 데다 앞으로 무슨 짓을 할지 예측하는 것도 불가능했다. 지도 한 장 없이 낯선 곳에 버려진 기분이었다. 지도는 없었지만 나침반이 있었다. 불법을 저지르지 않는 범위 내에서 최선을 다해 또 다른 공격을 막아내자는 원칙마저 없었다면 우리는 정말 한 발짝도 움직이지 못했을 것이다.

테러와의 전쟁을 준비하다

9.11테러 이후 세 가지 문제가 크게 대두되었으며 이는 국가 안보에 대한 기존 개념을 완전히 바꿔놓았다. 첫 번째 문제는 억류자 구분 및 처우 문제였으며, 두 번째는 테러 용의자에 대한 법정 처분이었고, 마지막 문제는 취조 및 전자 감시 장치를 통해 수집한 정보를 확보하는 방법이었다. 우리가 전쟁을 선포한 대상은 미국 본토에 치명적인 공격을 가한 제3국의 범죄

자들이었다. 이는 역사상 유례를 찾아볼 수 없는 일이었다. 전쟁을 선포할 정도로 알카에다가 심각한 잘못을 저지른 것이냐고 반문한 사람은 한 명도 없었다. 따라서 처음부터 정부가 전쟁 기반을 마련할 것이며 대통령이 총사령관이라는 점에 아무도 이의를 제기하지 않았다. 하지만 합의가 거기서 끝났다는 것이 문제였다.

역사적 중요성에 법적 해석을 부여하는 법조인들에게 이 문제를 맡기기로 했다. NSC 담당 변호사인 존 베링거는 둘째가라면 서러워할 실력파였다. CIA와 법무부에 근무한 경력이 있었으며, 믿을 만하고 일 처리에 빈틈이 없었다. 그래도 힘만 내세울 수 없는 현대전을 논하기에는 부통령의 법률 고문 데이비드 에딩턴의 적수가 되지 못했다. 에딩턴은 부통령의 전폭적인 후원을 받고 있는 데다, 전쟁이 일어났을 때 대통령의 특권을 속속들이 알고 있었다. 그는 법무부 법률자문국의 제이 바이비, 존 유 등의 자문을 얻어 정부의 행동 범위를 최대한 넓힐 기세였다. NSC 장관(때로는 백악관 고문도 포함되었다)들도 때로는 뒷자리로 밀려났으며 국무부, 국방부, 심지어 법무부 장관까지도 종종 뒤통수를 얻어맞았다. 하지만 내가 보지도 못한 군사명령을 대통령이 승인한 사건이 벌어지고 나서야 이 사실을 깨달았다. 아무튼 나는 한번 제대로 놀란 후에야 이런 문제를 검토하는 관료적 절차에 신경을 쓰기 시작했다. 이 문제가 국내외 정책에 미칠 여파를 생각할 때 오직 법률가들에게 맡겨 둘 일이 아니었다.

가장 먼저 직면한 문제는 전쟁터에서 잡아들인 포로들을 어떻게 처리할 것인지에 관한 것이었다. 아군과 시민들에게 위협적인 존재였기에 함부로 석방할 수 없는 노릇이었다. 일단 전쟁 관련법에 따라 구금 절차를 정하기로 했다. 범죄에 직접 가담하지 않은 자들의 경우, 민간 법정에서 재판을 받게 하자니 걱정스러운 것이 한두 가지가 아니었다. 보편적인 증거 위주의 재판 방식을 따르다 보면 적군에 대한 정보를 수집하는 방법이 노출될 우려가 있었다. 우리가 바라는 사법 제도는 우리가 보유한 정보 및 자원을 보호하고, 미국을 위협하는 자들을 처단하고, 충분한 조사 후에 혐의가 없는 사람은 석방하는 책임을 다하는 것이었다.

정책 문제에서 대통령의 법률 자문 총책임자인 백악관 고문 알베르토 곤살레스는 이 문제를 조사하기 위해 일종의 중간 기관을 형성했다. 피에르-리처드 프라스퍼가 총지휘를 맡았으며 국무부의 전쟁 범죄 담당 특사*특정 국가에 매이지 않고 특별한 임무를 수행하는 대사 NSC, 국방부, 국무부, 법무부의 법률가들이 머리를 맞대고 억류자 처리 대책을 논의했다.

그러나 몇몇 인사들은 이 중간 기관의 일 처리를 답답하게 여겼다. 위기 상황에 재빨리 대처하는 동시에 달라진 현실에 어울리는 새로운 체제를 수립하기란 여간 어려운 일이 아니었다. 아프가니스탄 전쟁에서 생포한 용의자는 수백 명이 넘었다. 그렇지만 상황이 아무리 긴박해도 결과에 대한 책임을 회피할 수 없다는 생각이 들었다.

2001년 11월 13일에 대통령은 내가 보지도 못한 군사 명령을 승인했다. 그 사실을 저녁 무렵에야 알았다. 그 명령은 국방부에 군사 법원을 설립해 전쟁 포로 처우 절차를 수립하고 포로들에 대한 심리를 진행하는 것이었다. 내가 반대한 것은 군사 법원 뒤에 숨은 대의가 아니었다. 2차대전의 전례를 생각하더라도 군사 법원을 설립하면 우리 정부의 정보 수집 과정을 지킬 수 있다는 점에는 의문의 여지가 없었다. 사실 그렇게만 된다면 나로서도 큰 시름을 더는 것이었다.

그러나 대통령 직속의 국가안보최고위원들이 계략을 쓴 것은 도저히 용납할 수 없었다. 중간 기관을 만든 목적은 다각도로 분석한 자료를 제시해 최종 결정이 어떤 파급 효과를 일으킬지 대통령이 충분하게 이해하고 검토하도록 지원하는 것이었다. 콜린 파월도 CNN 뉴스에서 그런 명령이 내려진 사실을 들은 것이 분명했다. 법 집행에 관한 최고 책임자인 법무부 장관은 법원 설립 과정에 법무부가 공식적으로 개입할 여지가 없다는 점에 우려를 표명했고, 대통령 승인이 떨어지기 불과 며칠 전에 반대 의사를 굳혔다. 더 철저히 검토했더라면 절차에 대한 이의가 더 많이 발생했을 것이다. 대법원이 2006년에 군사 법원을 무효화한 것도 다 이유가 있었다. 이 점에 대한 진실은 끝내 드러나지 않았다. 여기서 배울 수 있는 한 가지 중요한 사실은 논쟁의 여지가 많을수록 철저히 검토해야 한다는 것이다.

소식을 듣자마자 대통령을 찾아갔다.

"이런 일이 한 번만 더 생기면 곤살레스나 저 중에서 한 사람은 반드시 물러나야 할 겁니다."

대통령은 즉시 미안하다고 했지만 따지고 보면 대통령 잘못이 아니었다. 나는 곤살레스와 허물없는 친구였으며 그를 진심으로 존경했다. 그렇다 해도 이번 일은 백악관 보좌관과 부통령실에서 우를 범한 것이었다.

전쟁터에서 생포된 수많은 사람들을 안전하게 가둘 장소도 마땅치 않았다. 불안정하기 짝이 없는 아프가니스탄에 그대로 둘 수도, 미국에 데려올 수도 없었다. 이러지도 저러지도 못할 상황이었다. 내 기억으로는 바로 그때 부통령이 '해안' 기지를 활용하자는 제안을 내놓았다. 쿠바의 관타나모만에 있는 구치소를 뜻하는 말이었다. 쿠바의 최대 장점은 미국 본토가 아니지만 미 정부의 지배를 받는다는 점이었다. 9.11테러가 벌어진 지 불과 몇 달밖에 지나지 않은 시점이라 이처럼 위험한 자들을 미국 본토에 들여서는 안 된다는 의견이 지배적이었다. 어느 부처가 비용을 부담할 것인지로 논쟁이 벌어지긴 했지만 이들을 관타나모수용소로 보내는 것은 아무도 반대하지 않았다. 결국 국방부가 비용을 부담하기로 했다.

군사 법원에 대한 논쟁은 더 중대한 질문으로 이어졌다. 즉, 국제법상 전쟁 포로의 권리와 지위는 어떠하며 우리 정부가 그들을 어떻게 대우해야 하는지에 대한 것이었다. 질문의 핵심은 1949년 제네바 협정의 적용 여부였다. 제네바 협정은 전쟁 중 무장 군대와 민간인의 처우에 대한 네 가지 협정인데, 세 번째 협정에서는 전쟁 포로 처우에 대한 기본 원칙을 제시했다. 특히 네 가지 협정에 모두 적용되는 일반 조항 3조는 협약의 보호를 받지 못하는 개인에게도 최소한의 인간적인 처우를 해주어야 하며 '인간의 존엄성을 해치는 잔혹 행위'에서 보호받을 권리를 보장한다.

백악관 비서실이 총지휘를 맡았다. 우선 법무부는 알카에다와 탈레반을 상대로 전쟁을 벌일 때도 제네바 협정이 적용되는지를 검토하기로 했다. 법무부 법률고문실은 2002년 1월에 결론을 내놓았다. 알카에다는 무정부 조직이며 폭력을 일삼는 정치 단체로서, 협약 당사국 자격이 없으므로 적군을 생포할 경우 제네바 협정에 의한 전쟁 포로 지위를 인정할 필요가 없다는 것이었다. NSC 장관들도 알카에다 직진 요원들은 합법적인 전투원들이 아니므로 법무부가 내린 결론이 당연한 것 아니냐는 반응이었다. 알카에다는 제네바 협정 당사국이 될 자격이 없었다. 군복을 제대로 갖추어 입는 자들도 아니었고 민간인들을 아무렇지 않게 해치는 악당들이었다.

그러나 다른 전쟁 포로에 대한 적용 여부에는 의견이 분분했다. 특히 탈레반 전쟁 포로들을 어떻게 해야 할지 결정하기가 쉽지 않았다. 법무부는 탈레반 포로들도 정식 전쟁 포로 자격이 없으며, 대통령 권한으로 아프가니스탄 전쟁에 관한 제네바 협정의 효력을 중단시키면 일반 조항 3조는 적군의 포로에게 적용되지 않는다고 설명했다. 대통령은 법무부의 의견을 받아들여 군사 명령을 내릴 준비를 시작했다. 그렇지만 당시 아시아를 순방 중이던 콜린 파월은 대통령의 결정에 강한 우려를 표명했다. 무엇보다도 제네바 협정 당사국인 아프가니스탄에서 전쟁이 벌어지고 있는데 이 협정을 적용하지 않으면 정치적 파장이 클 것이라는 주장이었다. 나는 대통령에게 반대 의사가 제기되고 있다는 사실을 분명히 주지시켰다. 콜린은 대통령이 참석한 NSC 회의에서 직접 의견을 밝혔다.

회의 결과는 억류자 처우에 대한 여러 장관들의 견해를 충분히 고려하고 의견 차이를 최대한 줄이려는 노력을 담고 있었다. 대통령은 제네바 협정이 아프가니스탄 전쟁에서 유효하다는 점을 인정하되, 알카에다와 탈레반 측 억류자들은 일반 조항 3조의 전쟁 포로 자격이 없다는 법무부 의견을 수용했다. 그는 '미 육군이 국가 정책에 따라 모든 억류자들을 인도주의적으로 대우하고, 조직의 일관성을 유지하며, 군사적 필요에 적합하다고 판단되는 범위 내에서 제네바 협정의 기본 원칙을 준수할 것'이라는 말로 회의를 마무리했다. 대법원은 2006년에야 일반 조항 3조에 대한 행정부의 법적 판단이 부당하다고 판결했다.

해가 바뀔 무렵에는 뭔가 방향이 잡힌 느낌이 들었다. 아프가니스탄 전쟁은 순조롭게 진행되었으며 정부는 국제사회와 손잡고 새로운 아프가니스탄 정부 설립을 추진하고 있었다. UN 원조에 힘입어 아프가니스탄의 주요 정파들이 독일 본에 모여 국가 통합 및 새로운 정부 수립 계획을 마련했다. 8일 동안 이어진 협상에서 참석자들은 전국 부족장 회의를 통해 과도 정부를 설립하고 헌법 초안을 만들 때까지 아프가니스탄을 이끌어갈 임시 행정부를 마련하기로 합의했다.

참석자들은 칸다하르 출신의 파슈툰족 지도자 하미드 카르자이를 임시 행정부 수반으로 임명했다. 그는 항구적 자유 작전 중에 남쪽 요새에서 탈레반에 저항하는 단체를 조직한 경력을 바탕으로 미 정부에 적극 협조하며 신임할 만한 사람을 찾은 것 같았다. 2002년 1월, 대통령이 국정 연설을 하는 자리에서 처음 만났지만 오래 알고 지낸 사람처럼 믿음이 갔다. 반년 후 전국 부족장 회의에서 아프가니스탄 과도 정부가 설립되었고 하미드 카르자이는 대통령으로 선출되었다.

아프가니스탄 영구 정부 재건립 임시방편을 위한 협정은 간단하게 본 협정으로 일컬어졌다. 이 협정에서 그들은 카불 안팎의 상황을 안정시키고, 아프가니스탄 정부가 군대를 마련해 훈련할 수 있도록 도와줄 국제안보지원군을 투입하기로 결정했다. UN 안전보장이사회는 2001년 12월 20일자로 본 협정을 공식 지지하고 국제안보지원군 형성을 허가했다. 이틀 후 과도 정부는 드디어 대표 민주주의를 향한 첫걸음을 내디뎠다. 험난한 여정을 앞두고 있었지만 매우 의미 깊은 날이었다.

이러한 정치적 변화에 발맞추기 위해 우리는 국제사회의 원조를 요청하고 아프가니스탄 정부의 입지를 공고히 하려고 많은 노력을 기울였다. 아프가니스탄 사회를 안정시키고 재건하는 일도 더 이상 미룰 수 없었다. 2002년 1월 도쿄 모임에서 60개 이상의 국가들이 2002년 재건 사업에 필요한 180억 달러를 지원하기로 합의했다. 그중에서 미국이 부담하는 액수는 3억 달러 정도였다. 후원 자금은 긴급 구호 활동, 도로 사업, 여성 프로그램, 보건 및 교육 사업과 같이 여러 분야에 고루 분배되었다. 최종 목표는 아프가니스탄 정부를 굳건히 해서 자립할 수 있는 능력을 키워주는 것이었으며 재건 사업은 그 목표로 나아가는 중요한 단계였다. 현실은 조금 달랐다. 아프가니스탄에서는 재건 사업이라는 말보다 신축 공사라는 표현이 더 어울리는 것 같았다. 또한 부정부패와 마약 거래로 약해진 경제 기반도 전면 개혁해야 했다.

9.11테러 사건을 계기로 힘이 약하거나 불안정한 나라들이 미국에 심각한 안보 위협을 가하는 요소라는 점이 명백해졌다. 테러리스트들은 이러한 나라가 경계 관리에 소홀한 점을 악용해 자신들의 은신처를 곳곳에 마련했다. 이들을 회생시키는 것은 결코 만만한 일이 아니었다. 제도상 여러 나라의 군사력과 민간 자원을 통합하는 것은 사실상 불가능에 가까웠다. 처음에는 거대한 그림을 이루는 퍼즐 조각들이 어지럽게 섞여 있는 것 같았으나 2002년이 저물어갈 무렵에 문제 해결 방법을 찾았다. 민사 장교와 시민들

이 향토방위군과 손을 잡고 국토 개발 및 보수 작업을 할 수 있도록 지역재건팀을 구성한 것이다.

그 뒤로 몇 달 동안 여러 지역재건팀을 구성해서 곳곳에 파견했다. 팀마다 구성원이나 전문 분야는 달랐지만 아프가니스탄 중앙 정부의 영향력을 확대하고, 시민들의 안전을 보장하며, 생활 터전을 개선한다는 동일한 목표를 갖고 있었다. 취지는 바람직했고 방법도 좋았으나 갈 길은 멀기만 했다.

이렇게 국가 안보 체제는 테러와의 전쟁이 하루하루 진척됨에 따라 대두되는 새로운 필요에 맞춰 서서히 발전했다. 내가 할 일은 무장 단체를 연구하는 것이었다. 이들이 어떻게 생겨나며 주변 환경의 변화에 적응해가는 방법 또는 적응하지 못하고 무너지는 이유 등을 연구했다.

나는 '신제도주의'라는 새로운 학파에 초점을 맞추었다. 이 제도는 사회 전반의 문제에 영향을 주며 합리적으로 영향력을 행사하기 위해 전문성과 능력을 갖추어야 한다는 이론이다. 그렇지만 일 처리 방식에 대한 기대치를 비롯해 오랜 전통이나 근본적인 기준은 달라지지 않았다. 그로 인해 새로운 제도는 변화에 발 빠르게 적응하지 못하는 아쉬움을 남겼다. 새로운 문제가 발생하면 우선 기존 제도 내에서 해결해보려는 것이 자연스러운 반응일지 모른다. 하지만 때로는 접근 방식을 완전히 바꾸어야 해결의 실마리가 보일 때도 있다.

나는 1차대전 이후 군 조직이 전투 장비의 현대화 현상과 2차대전부터 등장해 지금까지 주도권을 잡고 있는 공군의 원거리 공격 전략 및 핵무기의 등장에 어떤 반응을 보였는지 알아보았다. (핵무기를 염두에 두고) 전략공군사령부와 같은 새로운 제도가 마련되자 구 소련에도 전략로켓부대사령부가 생겼다. 기존 제도의 반발도 있었고 새로운 사령부가 제대로 자리를 잡기까지는 업무가 겹쳐 혼선을 빚는 것을 피할 수 없었다. 예를 들면, 1차대전이 끝난 직후 몇몇 국가에서 탱크 부대를 기병대와 통합하는 등 시대에 역행하는 현상이 발생했다. (패전국인) 독일은 가장 먼저 기계화 장비를 모두 갖춘 여단을 별도로 설립해 기계화 효과를 극대화했다.

9.11테러 이후 날마다 전쟁터를 방불케 하는 바쁜 스케줄을 소화하면서도 이 문제를 머릿속에서 떨쳐낼 수 없었다. 기존 체제가 전혀 예상치 못한 난관에 대처하느라 안간힘을 쓰는 것이 눈에 보였기 때문이다. 200년 가까이 본토 침공의 위협을 느낀 적이 없었기 때문에 제도적으로 허술한 점이 많았다. 그동안 국가 안보는 외부 보안과 같은 뜻으로 사용되었다. 미국은 막강한 군사력을 앞세워 세계 전역에서 수호자를 자처했으나 정작 미국 본토를 제대로 방어할 준비가 되어 있지 않았다(이 점을 보완하기 위해 북부사령부를 신설했다). 내무부는 환경 자원 보호, 공원, 인디언 관리를 맡고 있었는데, 다른 나라를 보면 내무부기 FBI의 법 집행 역할보다 더 큰 범위의 국내 안보 문제도 맡고 있었다. 사실 나는 국가안보보좌관으로 일하던 첫날부터 국토안보부 차관을 따로 두어야 한다고 느꼈다.

전략국제문제연구소 소장 존 햄리가 국토안보부 마련에 대한 보고서를 가져와 간단한 브리핑을 실시했다. 우리는 확산 전략, 대확산 및 국토 방위 부처에 국내 안보 문제를 위임하고 대 테러 업무는 따로 리처드 클라크에게 맡기기로 결정했다. 그렇게 하지 않았더라도 9.11테러가 발생하기 전까지 8개월 만에 큰 변화를 기대하는 것은 무리였다. 그래도 돌이켜보면 (그때 국토안보부를 설립하지 않은 것은) 참으로 안타까운 실수였다.

상황이 이렇다 보니 내가 국토안보부를 따로 마련하는 것을 마다할 이유가 하나도 없었다. 2001년 9월 20일에 계획된 대통령의 대국민 담화 전날에 부통령, 앤디 카드와 함께 대통령을 찾아가 그 문제를 상의했다. 대통령은 국가안보보좌관에 상응하는 국토안보부 장관직을 마련하기로 결정하고 펜실베이니아 주지사 톰 리지를 초대 장관으로 임명했다.

대통령은 몇 번이나 안보 문제 총책임자로서 나의 역할이 줄어드는 것이 아니라며 위로했다. 그런 걱정은 기우에 불과했다. 나는 국가 안보를 위해 교통부, 에너지국, 국경보호청까지 소집해 아수라장으로 변한 9월 12일 회의장을 잊을 수 없었다. 9.11테러 사건이 시사하는 바를 캐묻던 주지사들과 지역자치단체장들은 또 어떻게 할 것인가? 그들에게 워싱턴 정부와 각 주정부의 책임 분담을 어떻게 설명할 것인가? 이처럼 새로운 체계의 필요성은 누구도 부인하거나 외면할 수 없었다. 나는 국내 정책과 외교 정책 사이에 또 틈이 생기게 해서는 안 된다고 힘주어 말했다. 대통령이 톰 리지를 임명한 것은 탁월한 선택이었다. 그는 능력이나 인성 모두 훌륭한 데다 열정까지 갖추고 있었다. 국토안보부와 국가안보회의는 언제나 한자리에 모여 테러 문제를 논의했다.

이렇게 해서 10월 8일에 국토안보위원회가 설립되었다. 이튿날 우리는 웨인 다우닝 대령을 새로운 대 테러 고문으로 임명하고 톰과 나에게 똑같이 보고하도록 지시했다. 리처드 클라크는 사이버 테러 전담 고문으로 자리를 옮겼다. 우리는 정부와 민간 기업이 일심동체로 인프라 구축 및 보호에 힘쓸 수 있도록 핵심인프라보호위원회를 구성한 뒤 리처드에게 맡겼다. 매우 바람직한 결정이었다.

그러나 제도 정비를 한다고 해서 무조건 기본 구조를 바꾼 것은 아니었다. 국가안보보좌관으로 임명되었을 때 나는 외교 정책에서 국제 금융의 역할을 누구보다도 잘 알고 있었다. 세계 경제에서 국제 금융의 중요성은 날로 커지고 있었다. 2001년 2월 13일, 부시 대통령은 첫 번째 대통령 작전 명령을 내렸으며 NSC에 재무장관의 정식 자리를 만들어주었다. 2008년 9월, 세계 전역에 금융 위기가 휩쓸아쳤을 때는 NSC에서 경제적인 문제를 다루는 것이 다행이라고 생각했다. 사실 우리는 9.11테러가 벌어지기 전에 이미 금융 제재가 미 정부에게 중요한 도구가 될 것이라고 판단해 몇 가지를 조정해 둔 상태였으므로 마음이 한결 가벼웠다.

첫 번째 공습은 무력 충돌에서 시작된 것이 아니었다. 2001년 9월 23일, 부시 대통령은 테러 분자들의 자산을 동결하고 테러 조직으로 유입되는 자금을 차단하는 내용의 집행 명령 13224호를 승인했다. 이에 스탠퍼드대학 출신의 저명한 경제학자이며 나의 친구이자 재무부 국제 문제 담당 차관인 존 테일러는, 모든 국가가 따라야 할 행동 기준인 G7 통합 대테러 정책을 제시했다. 이 정책은 엄청난 반향을 불러일으켰다. 각국은 유례를 찾아보기 어려울 만큼 적극적으로 협조해주었다. 120여 개국에서 테러리스트 자금 조달 억제에 대한 새로운 법을 제정했으며 1,400여 개 계좌에 들어 있는 1억 3,700만 달러의 자금이 동결되었다. 재무부와 정보기관이 합심해 계좌를 추적하고 자금 유입을 차단한 것은 테러와의 전쟁에서 어떤 무기와도 비교할 수 없을 만큼 큰 힘을 발휘했다.

테러 조직의 자금을 차단하는 것도 중요한 목표였지만, 하왈라*아랍어로 '신뢰'라는 뜻. 세계 조직망을 통해 은행을 통하지 않고 자금을 유통하는 이슬람의 전통적인 송금 시스템을 의미와 자선 단체를 가장한 네트워크를 통해 자금을 추적하다 보면 용의자들을 잡아들이는 데 결정적인 단서가 나오곤 했다. 애국자법*미국 대폭발 테러 사건 직후 테러 및 범죄 수사에 관한 수사 편의를 위해 시민의 자유권을 제약할 수 있도록 새로 제정된 미국 법률. 정식 명칭은 테러대책법은 우리가 사용하는 경제적 무기에 몇 가지 도구를 더해주었다. 그중 한 가지는 바로 재무부에게 국제적인 돈 세탁이나 테러 분자의 자금 지원을 금지, 추적, 고발할 권한을 부여한 311조 항목이었다. 이 조항에 따라 '자금 세탁 가능성이 큰' 용의자로 지목된 사람이나 단체는 미국 금융기관에서 여러 가지 제약을 받거나 아예 거래할 수 없도록 거부당했다.

이러한 금융 제재는 매우 효과적이긴 했으나 만족할 만한 정도는 아니었다. 매일 아침 수십 페이지에 달하는 테러 위협 보고서를 검토할 때면 우리가 처한 상황이 얼마나 위험한지를 절감해야 했다. 아직도 테러 분자들이 우리보다 한 걸음 앞에 있으며 또 다른 테러 공격을 성공시킬지 모른다는 불안감이 팽배했다. 실제로 대형 사건이 터질 뻔한 순간들도 있었다. 12월 22일에 리처드 레이드라는 사람이 신발에 폭발물을 숨긴 채 파리에서 마이애미행 항공기에 탑승했지만 다행히 기내에서 폭발시키지 못했다.

애국자법 덕분에 FBI를 비롯한 주요 정부 기관들은 테러리즘에 다양한 방법으로 대응할 수 있게 되었다. 9.11테러 이전에는 법이라는 장벽 때문에 각 부처와 기관 사이에 정보를 공유하는 데 제약이 많았고 그로 인해서 대테러 작전을 수행할 때 긴밀하게 협조할 수 없었다. 새로운 법은 법적 장벽을 모두 제거해 업무 효율성을 한층 높여주었다. 부시 대통령은 이것으로 만족하지 않았다. 그는 주요 안보 고문들에게 더 적극적인 방안을 제시하도록 종용했다.

그 때문에 더 진보적이지만 부정적인 면이 큰 아이디어가 나오기도 했다. 법률 고문 존 애쉬크로프트는 각 지역의 법 집행관들이 수상한 행동이나 용의자의 범위를 확대하자는 의견을 내놓았다. 시기상 적절한 제안이라는 평가도 있었으나 실제로 테러리스트를 본 적이 없으며 이들을 가려내는 훈련을 받지 못한 경관들이 의욕만 앞세워 테러리스트와 외모가 비슷한 사람들을 과잉 진압할 가능성이 있었다. 어느 날, 상황실에서 존이 그와 비슷한 아이디어 몇 가지를 거론했다. 그때 분위기가 존에게 찬성하는 쪽으로 기우는 것을 막아야겠다는 생각으로 조심스레 입을 열었다.

"대통령 각하, 대통령이나 저의 고향처럼 보안관의 권한을 섣불리 확대하면 안 되는 지역도 있다는 점을 생각하셔야 합니다."

더 길게 설명할 필요가 없었다. 대통령은 이 나라의 모든 보안관들이 자유훈장*<small>미국에서 공이 뛰어난 민간인에게 주는 최고의 훈장</small>을 받으려고 테러리스트 색출에 나설 필요는 없다고 말했다. 그 말을 듣자 안심되긴 했지만 나 때문에 존이 무안했을까 봐 걱정스러웠다. 오후에 존에게 전화하자 그는 기분 좋게 웃으며 자신의 생각이 짧았다고 말했다.

"제 고향도 만만치 않습니다. 보안관이나 경찰의 권한을 확대하면 분명 말썽이 생길 겁니다."

그보다 더 심각한 상황도 있었다. 당시 미국국가안전보장국NSA 국장이었던 마이클 헤이든은 더 포괄적이며 중요한 의견을 제시했다. 대통령은 9.11 테러가 벌어지기 전에 테러 조직의 연락망을 도청했더라면 테러 공격을 막을 수 있었던 것이 아니냐는 의혹을 제기한 적이 있었다. NSA는 이미 해외에서 활동하는 테러리스트를 지속적으로 감시하고 있었다. 헤이든 국장은 알카에다와 연관성이 있거나 이 조직에 도움을 주는 사람들의 국제 통신 내용을 모두 감시하겠다며 대통령 승인을 요구했다. 그는 NSA가 알카에다 용의자들을 전자 감시 장치로 추적하되, 그들이 연락을 주고받는 대상이 국내에 있어도 감시 대상에서 제외하지 않는다는 방침을 제안했다. 일명 테러리스트 감시 프로그램이었다. 많은 사람들은 미국 본토에 있는 사람들끼리 연락을 주고받는 것도 이 프로그램의 감시 대상이 된다고 생각했지만 그것은 잘못된 소문이었다. NSA는 여러 단계에 걸친 검토 절차를 수립해 알카에다와 연관성이 있으며 감시 대상으로 적합한지를 판단하기로 했다.

전자 감시 장치를 동원하려 하자 몇 가지 법적 제약이 걸림돌로 작용했다. 1978년에 제정된 해외정보감시법에 의하면, 먼저 미국 내에 거주하는 개인에 대한 감시 요청을 검토하기 위해 설립한 특수 법원에서 영장을 받아야 했다. 그런 방식으로는 휴대 전화나 이메일처럼 최신 기술을 사용하는 고속 통신 수단을 추적하는 것이 거의 불가능했다. 백악관 법률 고문 알베르토 곤살레스는 훗날 이 프로그램에 대해 이렇게 말했다.

"테러와의 전쟁에서 해외정보감시법은 매우 중요한 부분입니다. 하지만 그 법은 새로운 테러 위협에 대처할 때 필요한 민첩성과 유연성이 절대적으로 부족합니다."

그날 헤이든과 만난 자리에서 대통령은 자신의 생각을 가감 없이 털어놓았다. 나는 한마디도 놓치지 않으려고 귀를 기울였다. 대통령은 NSA가 적절한 시기에 유용한 정보를 수집할 수 있도록 필요한 것을 모두 마련해줄 생각이었고, 법무부 법률고문실에서 적법성 검토가 끝나면 이 프로그램을 승인하겠다고 말했다. 나는 대통령의 주장에 대한 법적 조언을 한마디도 놓치지 않고 머릿속에 새겼다. 상당한 논란이 이어질 것이 분명했다.

법무부는 최고사령관으로서 이 감시 프로그램을 승인하는 것은 대통령의 권한에 어긋나지 않으며 전쟁이 발발했을 때 전임 대통령들도 이와 비슷한 조치를 취했다고 알려주었다. 부시 대통령은 무고한 시민들의 자유와 권리를 보호하기 위한 적절한 안전 수단의 필요성도 간과하지 않았다. 그래서 NSA가 행여 실수로 무고한 사람이나 기관의 국내 통신 내역을 도청한 경우에는 즉각 법무부에 보고해서 해결하기로 했다. 대통령도 이 프로그램을 꼭 필요한 경우에만 사용하기로 굳게 약속했다. 45일마다 대통령의 재승인을 받아야 했고, 재승인하기 전에는 테러리스트 감시 프로그램에 더해서 최근 승인 기간에 실시한 기타 프로그램을 통해 수집한 정보와 국가 정보기관이 제시한 테러 위협의 현재 위험성 등을 모두 종합해 검토하는 방식을 채택했다.

이 프로그램은 철저히 비밀리에 실시되었으므로 내용을 자세히 알거나 정기적으로 보고를 받는 사람은 극소수로 제한되었다. 국가안보보좌관인 나는 극소수에 포함되었으나, 워낙 민감한 사항인 만큼 고위 안보보좌관들 중 몇몇은 제외되었다. 이런 상황 때문에 가끔 불편할 때도 있었다. 2004년 3월, 대통령의 대테러 책임 고문 프랜시스 타운센드가 나를 찾아와 자신이 전혀 모르는 어떤 프로그램에 대한 암호 이야기를 꺼냈다. 프랜시스는 웨스트 윙에서 이미 제임스 코미 법무부 차관을 만난 상태였다. 제임스 코미는 프랜시스에게 조용한 곳으로 가자며 회의실과 각료실 사이에 있는 복도로 이동한 후에야 입을 열었다.

"이제부터 제 말씀을 잘 들으세요. 혹시 이해되지 않는 부분이 있으면 반드시 말씀해주세요."

그러고 나서 코미는 테러리스트 감시 프로그램의 코드명을 언급했다.

"잠깐만요."

프랜시스는 그가 말하려는 내용에 대해서 내가 알지도 모른다며 나를 찾아가서 방금 코미가 한 말에 대해 물어보겠다고 했다. 코미는 뉴욕에서 검사로 활동하며 화려한 경력을 쌓은 법조인이었다. 그렇긴 하지만 극비에 부친 일을 제3자에게 알리라고 한 것은 분명 큰 실수였다. 나는 그 점을 묵과할 수 없다고 생각했다.

3월 12일 오전, 나는 대통령에게 이 사실을 보고하면서 직접 코미를 만나도록 제안했다. 나도 코미가 무슨 생각으로 그렇게 행동했는지 도무지 짐작이 가지 않았다.

"코미는 믿을 만한 사람입니다. 그 사람 말을 끝까지 들어보시는 게 좋겠습니다."

대통령은 오전에 대테러 작전 보고를 받은 후 코미에게 따로 할 말이 있으니 잠시 남으라고 지시했다. 나중에 알고 보니 테러리스트 감시 프로그램에 대한 정기 감사가 있었는데 법무부의 반대 이유를 무시하고 대통령이 프로그램을 재승인한 일이 있었다. 백악관 측 변호인들은 법무부의 반대 의사를 이미 오래 전부터 알고 있었지만 대통령 본인은 테러리스트 감시 프로그램의 실시 기간이 끝나는 날 아침까지 아무 보고를 받지 못한 상태였다. 그래서 국가 안보에 핵심적인 프로그램을 무효화할 것인가, 법무부의 반대를 무릅쓰고 이 프로그램을 계속 실시할 것인가 하는 어려운 결정을 내려야 했다.

대통령은 법무부의 반대를 일단 제쳐 두고 프로그램을 승인하는 쪽을 선택했다. 그는 코미를 만나서 자초지종을 듣기 전까지는 상황이 얼마나 심각한지를 깨닫지 못했다. 코미는 물론이고 법무부 직원들 다수와 FBI 국장 로버트 밀러는 사의를 표명했다. 1973년 10월, 리처드 닉슨 대통령이 워터게이트 사건 특별 검사로 임명된 아치볼드 콕스를 해임하자 법무부 장관과 차관이 차례로 사임한 사건인 '토요일의 대학살'에 버금가는 위기가 찾아온 것이었다. 대통령은 법무부 의견을 수렴해 프로그램을 수정했고 코미를 위시한 법무부 요원들은 사직을 철회했다. 그제야 나도 놀란 가슴을 쓸어내릴 수 있었다.

하지만 이렇게 전면적인 구조 개편을 단행하고 새로운 프로그램을 실시한 것도 알카에다 핵심 인물들에게서 직접 수집한 정보에 비할 것이 아니었다. 그 뒤로 얼마 지나지 않아 반가운 소식이 날아들었다. 2002년 3월 28일에 파키스탄 파이살라바드에서 아부 주바이다가 체포된 것이었다. 그는 알카에다 조직의 관계자로서 수포로 돌아간 '밀레니엄 음모'를 주도한 것으로 알려져 있었다. 파키스탄 테러 조직인 라슈카르 에 타이바의 안전 가옥에 몸을 숨기고 있었으나 미국과 파키스탄 당국이 동이 트기 전 이곳을 급습해 생포하는 쾌거를 이루었다.

격렬한 총격전으로 안전 가옥은 아수라장이 되었다. 주바이다는 세 발이나 맞았지만 CIA는 최고 실력을 자랑하는 미국인 의사를 급히 불러들여 그를 살려놓았다. 그가 죽었다면 미국으로서는 알카에다의 배후를 캘 수 있는 절호의 기회를 놓쳤을 것이다. 주바이다는 빈 라덴이 특별히 신임하는 보좌관으로서 테러리스트를 모집하는 일을 맡았다. 그가 주로 하는 일은 신병들을 아프가니스탄에 있는 훈련소로 보내고 훈련이 끝난 자들에게 지령을 내려 해외로 내보내는 것이었다. 따라서 아프가니스탄은 물론이고 해외 각국에서 활동하는 알카에다 요원들의 직책에 관해서라면 주바이다를 당할 사람이 없었다. 그뿐만 아니라 알카에다 조직원들을 위해 심문 대처 요령을 매뉴얼로 만든 사람이었다. 실제로 심문 과정 내내 검사관들이 애를 먹었다.

정보기관들은 물론이고 주바이다를 직접 심문한 관리들은 그가 털어놓은 것은 빙산의 일각에 불과하다고 확신했다. 알카에다가 곧 실행에 옮길 테러 작전에 대한 중요 사항을 그가 모를 리 없었다. 결국 CIA는 '강화된 심문 기법'을 동원하기 위해 승인을 요청했다. 그러자 대통령은 두 가지 질문을 제시했다.

'CIA가 요청한 심문 기법은 법적으로 문제가 없는가? 그리고 그것 외에는 다른 방법이 없는가?'

부통령, 스티븐 해들리, 나는 대통령 지시에 따라 그날 오후 CIA 국장 조지 테닛을 만나러 갔다. 조지는 대통령을 직접 만나 강화된 심문 기법이 필요한 이유를 설명하겠다고 말했다. CIA는 알카에다가 조만간 벌일지 모르는 테러에 대응하려면 무슨 수를 써서라도 주바이다의 입을 열어야 한다는 입장이었다. 그는 물 고문을 포함해서 몇 가지 심문 기법에 대해 설명해주었다. 의료진을 항상 대기시켜 심문 과정에서 불의의 사고가 일어나는 일은 없도록 할 것이라는 말도 잊지 않았다. CIA 국장은 수천 명이 넘는 군인들이 훈련 중에 이런 과정을 당연히 겪는다며 심문 기법의 안전성과 효과에 대해 호언장담했다. 스티븐은 법무부에 연락해 이 심문 기법이 현행 국내법이나 국제법에 비추어볼 때 문제가 없는지 알아보겠다고 말했다. 나는 콜린 파월과 도널드 럼즈펠드에게도 방금 들은 내용을 보고해줄 것을 요청했다. 대통령이 질문한 점에 대해서도 답변해야 했다. 심문 기법의 필요성은 CIA가 맡고 법적 허용 여부는 법무부에서 직접 맡아 보고하기로 했다.

CIA는 대통령 승인을 하루라도 빨리 받으려고 안달이었다. 주바이다가 뭔가 중요한 점을 알고 있는 것은 확실했지만 시간이 많지 않았다. 나는 대통령 집무실을 찾아갔다. 대통령은 법무부에서 연락이 왔는지를 궁금하게 여겼다. 법무부 장관은 아직 문제를 검토하는 중이었다. 사실 나는 법무부 장관에게 직접 그 사안을 검토하도록 요청했다. 대통령이 원한 것은 법률고문실의 의견이 아니라 법무부 최고 책임자가 보증하는 답변이었다.

대통령은 드디어 결정을 내렸다. 일단 심문 준비를 하되, 법무부에서 연락이 올 때까지 대기하는 것이었다. 나는 대통령의 명령을 조지 테닛에게 전달했다. 법무부에서 심문 과정에 법적인 문제가 없다고 판단할 때까지 CIA는 기다리는 수밖에 없었다. 8월 초에 비로소 법무부 승인이 떨어졌다. 예상대로 아부 주바이다는 알카에다의 핵심 세력이었다. 무엇보다도 그에게서 칼리드 셰이크 모하메드를 추적하는 데 결정적인 단서를 얻은 것은 큰 수확이었다. 'KSM'으로 일컬어지는 이 자는 1년 후인 2003년 3월 1일 파키스탄의 한 아파트에서 생포되었다. 우리는 2003년 초반부터 KSM의 행방을 쫓고 있었다. 최신 통신 장비를 모두 동원했고 (알카에다 조직의) 또 다른 행동 요원들을 심문한 것도 도움이 되었다. 2월 말에 CIA의 정보원이 KSM의 거처를 알려주면서 사태는 급격히 진전되었다. 불과 몇 시간 만에 CIA의 지시에 따라 파키스탄 군대가 동트기 전에 라왈핀디*파키스탄 북동부 도시에 있는 아파트를 급습해 자고 있던 KSM을 체포했다.

그때 대통령과 나는 캠프 데이비드에 있었다. 한밤중에 조지 테닛에게서 전화가 왔다. "칼리드 셰이크 모하메드를 사살했습니다."라고 한 뒤에 그는 사건 현장을 간략히 언급하고 전화를 끊었다. 자세한 점은 이튿날 아침에 다시 보고받기로 했다.

굳이 대통령을 깨울 필요가 없다는 생각이 들었다. 기쁜 소식이긴 하지만 대통령이 이 보고를 받고 당장 처리해야 할 문제는 없었기 때문이다. 전화를 끊자 절로 감사의 기도가 나왔다. 우리는 KSM이 알카에다 조직에서 북미 지역의 작전 사령관을 맡고 있으며, 9.11테러를 계획한 장본인이며, 또 다른 테러 계획의 세부 사항과 주동자를 알 것이라고 믿었다. 게다가 그는 제 손으로 대니얼 펄을 죽였다고 떠벌린 살인마였다.

대니얼 펄은 스탠퍼드대학 출신으로 《월스트리트저널》의 동남아 지국장이었다. 그는 2002년 1월에 파키스탄에서 취재하다가 무장 군인들에게 납치되었다. 저명한 종교 지도자와 인터뷰할 수 있으리라는 거짓 약속을 믿은 것이 화근이었다. 그들은 인터뷰하기로 약속한 장소에서 대니얼 펄을 납치해 카라치 외곽의 안전 가옥에 며칠 동안 가두었다가 살해했다. 납치범들은 그 후로 며칠에 걸쳐 대니얼 펄이 스파이 노릇을 했다는 주장을 펼쳤으며 머리에 총을 맞은 시신 사진을 공개했다. 세계인들은 물론이고 당시 임신 중이었던 대니얼의 아내 마리앤은 큰 충격을 받았다. 납치범들은 대니얼이 유태인이라는 것을 알게 되자 24시간 내로 그를 처형할 것이라고 선언했다. 우두머리인 아메드 오마르 셰이크는 KSM이 그를 넘기라고 위협하자 알카에다 무장 군인들에게 대니얼 펄을 넘겨주었다. 그들은 잔인하기 짝이 없는 펄의 처형 장면을 생생하게 담은 동영상을 공개했다. 후에 이 자료는 KSM의 자백을 받아내는 데 사용되었다.

마리앤에게 전화하기 전에 얼마나 망설였는지 모른다. 내가 공직에 있는 동안 전화기 앞에서 그렇게 고심했던 적도 없었던 것 같다. 나는 KSM에게서 다니엘 펄을 살인했다는 자백을 받았지만 당분간은 언론에 밝히지 않을 것이라고 설명했다. 마리앤은 차분하게 이야기를 들어주었고, 고맙게도 자세한 점을 캐묻지 않았다. 너무 끔찍하고 소름끼치는 일이라서 나도 입에 올리고 싶지 않았다. KSM은 자신의 수하들에게 다니엘 펄을 끔찍하게 처형한 과정을 사진으로 상세히 보여주며 자축한 것이 분명했다.

아부 주바이다, KSM을 비롯해서 알카에다의 핵심 요원들을 적잖게 잡아들인 후에도 우리는 오사마 빈 라덴을 계속 쫓았다. 2001년 아프가니스탄 선거 운동이 끝날 무렵, 토라 보라*^{아프가니스탄의 잘랄라바드 남서쪽에 있는 산악 지대}에서 그를 생포하거나 사살할 기회가 있었다고 주장하지만 당시 빈 라덴의 행방에 대한 억측이 난무했고 군 당국은 수색에 필요한 추가 병력을 요청하지 않았다. 내가 알기로도 대통령에게 작전 수행 여부를 결정해 달라는 요청은

한 차례도 없었다. 그렇지만 한 가지 사실에는 변함이 없다. 빈 라덴의 행방을 알았더라면 어떤 수단을 써서라도 그를 잡아들였을 것이다.

그 후로도 빈 라덴을 '목격'했다는 보고는 계속 이어졌지만 제대로 된 단서는 발견되지 않았다. 그럴 때마다 실망감은 이루 말할 수 없었다. 그를 잡기 전에는 두 다리를 뻗고 잘 수 없을 것 같았다. 2007년 CIA 국장이 된 마이크 헤이든이 대통령에게 반가운 소식을 전해주었다. 알카에다 수장의 은신처를 알려주겠다는 현지 관광 가이드를 찾은 것이었다. 그렇지만 이번에도 추적 작전은 수포로 돌아갔다.

2011년 5월, 마침내 빈 라덴을 찾아냈다. 안도감과 자부심이 물밀듯 밀려왔다. 또한 주저 없이 공습 작전을 지휘한 오바마 대통령에게 고마운 마음이 들었다. 그때까지 미 정부가 온갖 방법을 동원한 것이 결코 헛되지 않았음을 느낄 수 있었다.

언젠가는 빈 라덴을 찾아내리라는 것을 한 번도 의심한 적이 없다. 9.11 테러가 발생한 지 2년 만에 KSM과 9.11테러 사건의 자원 조달을 맡은 람지 빈 알-시브를 잡아들여 중요한 정보를 얻어낸 후로 추적 작업이 한결 쉬워졌다. 2차대전 중에 비상한 머리와 악랄한 인간성으로 이름을 떨친 에르빈 롬멜을 잡아들여 철창에 가두었더라면 아마 이런 기분이었으리라는 생각이 들었다.

그러나 나는 9.11테러에 대한 악몽이 희미해진 후 미 정부의 몇 가지 행보가 구설수에 오를 것을 예상하고 있었다. 특히 CIA의 심문 프로그램은 비난의 화살을 피할 도리가 없었다. 스티븐 해들리와 이 문제를 놓고 얼마나 많이 고민했는지 모른다. 그 후 몇 년이 흐르면서 CIA 심문 방식은 수정과 보류를 거듭하다가 결국 다시 사용하기 시작했다. CIA 국장을 지낸 세 사람 모두 그런 심문이 필수적이라고 주장했으며, 그때마다 법무부 장관이 심문 방식의 법적 허용성을 심사한 후 CIA의 손을 들어주었다. 상원의회의 주요 인사들과 하원정보위원회도 이 프로그램에 대한 브리핑을 받은 상태였다. 내가 보기에 주변 상황이 변함에 따라 정부 안팎에서 논란이 계속되는 것은 당연한 일이었으므로 반가운 마음마저 들었다. 진정한 민주주의 국가라면 국가의 법과 가치관을 일정하게 유지할 수 있도록 제도적 장치를 사용해 정부가 나아가는 방향을 끊임없이 평가하고 필요한 경우에는 과감하게 수정하기 마련이다. 이 점은 아무리 힘든 상황이 발생해도 예외가 될 수 없다. 시간이 흘러 나는 국무장관이 되어 이러한 논란에 직접 참여해야 할 처지가 되었다.

쌍둥이 빌딩(세계무역센터)과 펜타곤이 테러 공격을 받은 뒤 공포에 떨며 보낸 시간을 다시 돌아보면서 당시 미 정부가 내린 결정을 후회한 적은 결코 없었다. 일단 법에 저촉된다고 판단되는 일을 대통령에게 권한 적도 없으며 대통령이 그런 결정을 내리는 것을 못 본 척 외면한 적도 없다. 법무부가 주요 정책 결정에 나서 일일이 참견하는 이유도 바로 그런 것이다. CIA 국장이 꼭 필요하다고 말한 것은 모두 받아들였지만 당시 상황에서 결정된 사실에 모두 공감하거나 적극 지지한 것은 아니었다. '사살 또는 생포' 대상으로 지목된 용의자 목록 또한 마음에 들지 않았다. 그들을 사살하거나 생포하는 과정에서 무고한 시민들이 다치거나 희생되는 일이 종종 발생했기 때문이다.

9.11테러 사건 이후로 내가 상대한 사람들은 대충 그런 식이었다. 법적으로 문제가 없고 다른 대안이 전혀 없으나 훗날 논란의 여지가 있으므로 거부했어야 한다고 후회하는 것은 아니다. 그러다 또 다른 테러 공격이 발생했더라면 내 자신을 결코 용서할 수 없었을 것이다. 게다가 그런 상황은 또 다른 비난을 일으켰을 것이다. '두 번 다시 테러가 발생하지 못하도록 만반의 준비를 했어야죠. 도대체 정부는 뭘 하는 겁니까?'라고 따지면 입이 열 개라도 할 말이 없지 않겠는가?

9

아시아에 핵전쟁 위기가 발생하다

 역사는 모든 사건을 시간 순으로 보여주지만 정작 사건을 직접 경험하는 사람들은 순서를 파악할 겨를이 없다. 2001년 가을, 테러 위협에 대한 보고가 하루도 빠지지 않고 이어졌다. 그 순간에도 지구 반대편, 특히 동남아시아와 중동에서는 또 다른 극적인 사건들이 이어지고 있었다. 안보 문제가 어느 때보다 강조되는 상황이었기에 동남아시아와 중동에서 벌어지는 사건들과 과격주의자들의 등장, 테러와의 전쟁은 서로 무관하게 여길 일이 아니었다.

 2001년 12월 중순의 어느 날 오전 회의는 그 어느 때보다도 긴장감이 감돌았다. '쌍둥이 빌딩이 테러 공격을 당한 후 이만큼 분위기가 살벌했던 때가 또 있었을까?'라는 생각이 들 정도였다. 12월 13일에 뉴델리의 인도 국회의사당이 공격받아 9명이 희생된 탓에 인도와 파키스탄 사이에 전운이 감돌았다. 파키스탄 대통령 페레베즈 무샤라프는 인도 수상 아탈 비하리 바지파이에게 조의를 전하는 편지를 보냈으며 국제사회, 특히 미국과 영국의 성화를 이기지 못하고 이틀 후 텔레비전 연설을 통해 이번 공격을 공식적으로 비난했다.

그러나 무샤라프 대통령은 인도에게 두 나라의 관계를 악화시킬 수 있는 행동을 조심하라고 경고했다. 그러한 행동은 '매우 심각한 반향을 일으킬 것이므로 반드시 주의해야 한다.'는 것이었다. 그의 말은 오히려 인도의 반감을 자극했고, 파키스탄에 본거지를 두고 있으며 ISI*파키스탄 정보국의 지원을 받는 것으로 알려진 라슈카르 에 타이바라는 극단주의 조직이 주범이라는 의혹을 일으켰다. 바지파이 수상은 군대를 동원해 국회의사당을 함부로 짓밟은 자들을 응징해야 한다는 여론이 거세지자 어찌할 바를 몰랐다.

그날 오전 NSC가 열릴 시각에 현지 부대는 바쁘게 움직이고 있었다. 그 속도라면 몇 주 만에 백만 대군이 국경 지대에 집결할 수 있었다. 1947년, 파키스탄이 독립 국가로 자리 잡은 이래로 이슬라마바드와 뉴델리 사이의 긴장감은 최고조에 달했다. 사실 카슈미르 지역을 놓고 두 나라는 끈질기게 대립했다. 지금까지 네 차례나 전쟁을 벌였으며, 2001년 겨울에는 반감이 최고조에 달했다. 다시 전쟁을 벌이는 것은 어떻게든 막아야 했다. 그렇지만 상대국의 핵무기를 의식해서 이미 며칠 안에 군대를 동원하고 경계령을 높일 준비가 되어 있었다.

정책 수립자는 증거 해석을 놓고 늘 고민에 빠진다. 이번에는 더욱 난감했다. 동일한 상황을 놓고 펜타곤과 CIA는 전쟁 가능성에 대해 상반된 의견을 내놓았다. 국방부는 국방정보국의 보고 및 분석 결과에 주로 의존했다. 그런 상황에서는 누구나 (심지어 미국이라도) 두 나라와 같은 반응을 보였을 것이라며, 무장 태세를 강화하는 것을 공격을 개시한다는 정식 의사 표현으로 해석하는 것은 무리가 있다고 지적했다.

한편, CIA는 인도가 이미 파키스탄을 '응징'하기로 결정했기 때문에 무력 사용이 불가피하다고 주장했다. 파키스탄 정부도 같은 생각이었을지 모른다. 또한 미국 정부도 내심 그렇게 추론하기를 기대했을 것이다. 사실 인도는 수십 년 동안 미국을 의혹의 눈초리로 바라볼 뿐 교류가 거의 없어 2001년 당시 CIA는 파키스탄 정보원에 크게 의존하고 있었다. 그 후로 7년간 이 지역의 갈등 문제를 계속 다룬 후에야 비로소 상황을 이해할 수 있었다. 당시에는 CIA의 정보가 한쪽으로 편향되어 있다는 점을 알 도리가 없었다.

사흘 내내 두 나라의 긴장 관계에 대한 해석이 엎치락뒤치락하자 대통령과 NSC 장관들은 어이없다는 표정이었다. 국방부와 CIA는 조금도 양보하거나 타협할 조짐을 보이지 않았다. 그러던 어느 날 오전에 카슈미르 국경에서 총격전이 벌어졌다는 보고가 들어왔으나 군 관계자 한 사람이 오보일 것이라고 추측했다. 다행히도 그의 추측이 옳았다. 우리는 날마다 회의를 열어 상황의 추이를 분석했다. 분명한 것은 단 하나뿐이었다. 양측의 의도가 무엇이든, 전쟁을 실제로 원하든 그렇지 않든, 두 나라는 일촉즉발의 위기에 놓여 있었다. 두 나라 모두 핵무기를 보유했으므로 몇 시간 내로도 양국이 초토화될 가능성이 농후했다. 일단 전쟁이 터지면 핵전쟁으로 이어질 게 분명했다.

국무부는 신속하게 외교에 나서 양측을 진정시킬 방안을 모색했다. 일촉즉발의 긴장을 해소하는 것도 중요하지만 인도의 자주 방어권을 확립할 필요성도 있었다. 아리 플레이셔는 12월 18일자 성명에서 그 점을 조심스럽게 언급한 뒤 인도 정부에게 상황을 악화시킬 수 있는 행동을 절대 삼가도록 촉구했다. 9.11테러를 겪은 후 테러 문제를 바라보는 미 정부의 새로운 관점을 솔직하게 표현한 것이기도 했다. 이 경우에는 그들에게도 쌍둥이 빌딩이 공격받은 뒤에 우리가 보인 반응과 동일한 반응을 보일 권리를 먼저 인정해야 했다. 다만, 우리는 그렇게 하지 않는 편이 훨씬 낫다는 것을 인도 정부가 깨닫기를 간절히 원했다.

인도에 테러 공격을 가한 자들은 파키스탄이 관리하던 극단주의 단체의 연락망을 통해 알카에다와 모종의 관계를 맺고 있었다. 아프가니스탄에 있던 구 소련 세력을 몰아내기 위해 전쟁이 일어났고 그 때문에 파키스탄 정보국 ISI는 카슈미르와 아프가니스탄에 있는 폭력적인 극단주의 단체 사이에 연락망을 구축했다. 극단주의 단체란 무자헤딘과 손을 잡고 구 소련에 저항하던 자들이었다. 성급하게도 ISI는 이 단체에 군수 물자를 공급하고 군사 훈련까지 해주었다. 1989년에 구 소련 세력이 모두 물러나자 미국이 무자헤딘에게 공급한 장비와 물자 일부가 이들의 손에 들어가 세력 확장에 큰 힘을 실어주었다.

2001년 당시에는 파키스탄 정부와 극단주의 단체의 연결 고리를 끊는 것이 가장 시급한 일이었다. 무샤리프 대통령은 동맹 대상으로 믿을 만한 인물이 아니었다. 그는 1999년 군사 쿠데타로 정권을 장악한 후 국내 사법부를 억압했기 때문이다. 하지만 그도 9.11테러가 가져온 참사와 그로 인해 현실이 크게 달라졌다는 점을 이해하고 있었다. 이제 인도와 파키스탄이 일촉즉발의 위기에 직면했으므로 무샤라프 대통령도 마냥 손을 놓고 있을 상황이 아니었다.

파키스탄 정부가 인도 국회의사당 폭파 사건의 공동 수사를 제안했지만 인도는 예상대로 단번에 거절했다. 12월 21일에 인도 정부가 이슬라마바드에 있는 인도 대사들을 불러들이자 두 나라 사이의 긴장이 더욱 고조되었다. 지난 30여 년간 두 나라 관계가 나아지는 기미를 보이다가 금세 악화되고 무장 대립이 벌어진 적도 있었지만 파키스탄에서 인도 외교관을 모두 철수시킨 것은 이번이 처음이었다. 상황이 얼마나 심각한지를 보여주는 결정적인 증거였다.

우리는 영국과 의논한 끝에 이 문제에 대해 세 가지 방안을 제시했다. 첫째, 무샤라프 대통령에게 극단주의 단체와 공식적으로 절교를 선언하도록 압력을 가하는 방안이었다. 하지만 그는 어떤 말도 할 수 없었다. 극단주의자들을 체포하려면 파키스탄 안보군은 그들을 계속 추적해야 했다. 둘째, 우리도 구체적인 행동을 취한다는 것을 보여줘야 했다. 이를테면 미국 정부는 우마 타미에르 이 나우(UTN)로 알려진 '자선' 단체와 라슈카르 에 타이바를 포함해 파키스탄의 몇몇 테러 조직 자산을 동결하겠다고 선언했다. 특히 UTN은 알카에다의 핵무기 개발 프로젝트를 지원한다는 소문이 있었다. 파키스탄 정부는 미 정부의 압력을 버티지 못하고 UTN 자산도 동결하겠다고 선언했다.

무샤라프는 정부 내의 안보 관계자들과 군 관계자들로부터 거센 반대에 부딪히고 있었다. 그들은 무샤라프 대통령의 행보가 인도에 대한 조건부 항복이라고 생각했다. 무샤라프 대통령은 미 정부의 요청에 신속히 응하되, 자국 정부의 반대 세력 때문에 몸을 사릴 수밖에 없었다. 이때 영국 외무장관 잭 스트로와 콜린 파월은 아주 기발한 외교 정책을 내놓았다. 파키스탄과 인도 양국에 외국인 방문객을 최대한 많이 보내는 것이었다. 외국 고위인사들이 방문한 와중에 두 나라가 전쟁에 돌입할 리 없었다. 방문 신청을 수락할 때마다 우리는 안도의 한숨을 내쉬었다. 그렇게 해서라도 시간을 벌어야 했다.

그러나 상황은 갈수록 악화되었다. 나는 12월 23일 버지니아 주 노퍽의 숙부를 방문했다. 멀지 않은 곳이라 급한 일이 생기면 백악관으로 빨리 돌아올 수 있을 것 같았다. 12월 25일, 가족들이 아래층에서 저녁 식사를 준비하는 동안 나는 위층에서 콜린 파월, 잭 스트로, 데이비드 매닝과 통화하느라 시간 가는 줄 몰랐다. 현지 부대의 이동에 대한 몇 가지 보고에 더해서 인도가 파키스탄 접경 지역으로 핵탄두를 쏠 수 있는 단거리 탄도미사일을 옮기려 한다는 소식도 들어왔다. 우선 국경에 가장 가까이 있는 고위 관리 명단을 놓고 두 나라 사이의 중개자 역할을 할 만한 인물이 있는지 의견을 교환했다. 결국 이튿날 아침 다시 통화하기로 하고 수화기를 내려놓았다. 식사하러 아래층으로 내려갔지만 입맛이 하나도 없었다. 가족들에게 양해를 구하고 다시 콜린에게 전화를 걸었다. 또한 백악관의 상황 보고를 받고 대통령과 통화한 뒤에야 잠자리에 들었다. 날이 밝으면 백악관으로 돌아가는 수밖에 없었다.

12월 27일에 인도가 국경 지대로 핵 미사일을 옮긴 것이 사실로 확인되었다. 콜린은 인도 외무장관인 자스완트 싱에게 연락해 우리 정부와 만나서 이야기해보자고 제안했지만 보기 좋게 거절당했다. 나도 경험 많은 고위 외교관 브라제시 미슈라에게 연락을 취했다. 브라제시는 영국식 교육을 받은 세련되고 비범한 사람이었다. 그는 어지간한 일에 동요하거나 흥분하지 않았으며 언제나 합리적이고 이성적이었다. 그런데 이번에는 브라제시도 신경이 날카로웠다. 그는 무샤라프 대통령과 파키스탄 정부가 아무것도 하지 않았다며 목소리를 높였다. 그야말로 인도 전역은 전쟁 분위기에 휩싸여 있었다. 마침내 12월 31일, 파키스탄 정부는 라슈카르 에 타이바의 창립자이자 수장을 잡아들였다. 그러고 나서 며칠 후인 1월 12일에 무샤라프 대통령은 텔레비전에 출연해서 모든 형태의 테러리즘을 강하게 비난했다. 그는 카슈미르라는 이름으로 자행하는 테러 행위를 용납하지 않을 것이며 테러 조직을 모두 일소하겠다고 선포했다. 국제사회는 그의 연설을 듣고 크게 환호했다. 여러 나라들이 앞다퉈 파키스탄 지지 성명을 발표했다. 그래도 인도는 믿기 어렵다는 반응을 보이며 국경 근처의 부대를 철수시키지 않았다.

이튿날 대통령이 무샤라프와 바지파이에게 전화를 걸어 두 나라 사이의 긴장 상태가 걷잡을 수 없이 악화되지 않게 한 것에 대해서 고마움을 전하는 것이 좋겠다고 제안했다. 그러자 "지금 두 나라의 문제가 해결되었다고 보는 겁니까?"라고 되물었다. 나는 "그런 것은 아닙니다. 하지만 앞으로 그렇게 되리라고 믿는다는 것을 보여줄 필요가 있습니다."라고 대답했다. 대통령은 콜린 파월을 직접 아시아로 보냈다. 콜린은 실제 상황이 많이 안정되었다고 보고했다. 그 후로도 8년에 걸친 부시 대통령의 임기 동안 인도와 파키스탄은 몇 차례 더 위기를 맞았다. 아무튼 첫 번째 고비는 그렇게 넘어갔다. 핵 보유국 사이에 불화가 생기는 것은 결코 방심할 문제가 아니었다. 아프가니스탄에 미군이 있는 데다 알카에다와 정면 대결을 하려면 파키스탄을 안정시키는 것이 무엇보다 중요한 상황이었으므로 이 지역에서 전쟁이 터지면 우리는 그 어느 때보다도 큰 위험을 감수해야 했다.

5월에 또 위기가 발생했다. 카시미르 칼루차크에 있는 군 기지에 3인조 무장 강도가 침입해 30명 이상을 사살했다. 희생자 명단에는 어린 아이도 10명이나 포함되어 있었다. 이번에도 라슈카르 에 타이바의 소행이라는 소문이 나돌았다. 파키스탄 정부가 불과 몇 주 전 치밀하게 감시할 것이므로 문제가 없다며 이 조직의 수장을 석방해주었다는 사실이 알려지자 인도 국민들은 노발대발했다. 여전히 국경 지대에 백만 대군이 결집된 상태였으므로 분위기는 일순간에 악화되었다.

다시 핵전쟁으로 이어질지 모르는 위기를 무마해야 할 상황에 놓였다. 부시 대통령은 인도에 있는 자국민들에게 상황의 심각성을 강조하며 즉시 떠나라고 경고했지만 6만 명이나 되는 사람들을 움직이기란 쉽지 않은 일이었다.

이렇게 두 나라에 전운이 감돌 무렵, 부시 대통령은 양자 회담과 러시아-NATO 정상회담 때문에 유럽에 있었다. 나는 대통령과 회의에 참석했다가 브라제시 미슈라의 긴급 전화를 받으러 회의장을 빠져나왔다. 브라제시는 "이곳 분위기가 너무 심각합니다. 제 힘으로는 더 이상 막을 수 없을 것 같아요. 도움이 필요합니다."라고 말했다. 그는 본인 단독으로 도움을 청하는 것임을 분명히 밝힌 다음, 부시 대통령이 나서주면 그것에 기대어 인도 정부 내의 흥분을 가라앉혀보겠다고 했다. 나는 콜린 파월과 대통령에게 브라제시의 제안을 전달했다. 대통령은 기꺼이 찬성했으며 무샤라프에게 과거에 한 약속을 충실히 이행하라고 강력히 촉구했다.

사실 대통령은 무샤라프가 핵탄두를 사용할 수 있는 단거리 및 중거리 미사일을 몇 차례나 실험한 것 때문에 그를 못마땅하게 여기던 차였다. 대통령은 공식적으로 파키스탄에 관해 '깊은 우려'를 표명한 후 무샤라프 대통령에게 군사 행동을 삼가도록 강력히 경고했다. 그런데도 무샤라프는 계속 상황을 악화시켰다. 무샤라프는 파키스탄이 '총력을 기울여 대응'할 것이며 아프가니스탄과 맞닿은 국경 지대의 병력 일부를 카슈미르에 재배치하겠다고 선언했다. 그래서 부시 대통령은 무샤라프에게 곧바로 전화를 걸어 앞서 공식석상에서 했던 말을 그대로 반복했다. 즉, 9.11테러 공격을 기점으로 파키스탄은 미국과 손을 잡을 것인지, 미국의 원조를 포기할 것인지 결정해야 한다는 얘기였다. 도널드 럼즈펠드는 파키스탄을 직접 방문해 상황이 더 심각해지지 않도록 조치를 취했다. 몇 주에 걸쳐 양국을 오가며 협상을 주도한 결과, 인도와 파키스탄 사이의 긴장감은 눈에 띄게 줄어들었다. 개인적으로 나는 브라제시 미슈라가 물심양면으로 노력한 덕분에 위기를 모면한 것이라고 믿는다.

두 차례의 위기를 겪은 뒤에 우리는 인도와 파키스탄에 대한 외교 정책을 전면 수정했다. 대통령 선거 운동 초반에 우리는 인도가 세계 무대에 다민족 민주주의 국가로 크게 부상할 것을 예견했다. 부시 대통령은 레이건 도서관에서 선거 연설을 하며 인도와 국교를 강화하겠다고 약속했고 나 역시 2000년 외교 정책 계획에 이 점을 포함시켰다. 선거본부 외교 정책 관계자들은 인도-파키스탄의 갈등 관계에 초점을 맞춘 외교 정책을 하루빨리 폐지해야 한다며 몇 번이고 강조했다.

2001년 12월과 2002년 5, 6월을 겪고 나니 그렇게 했던 것이 정말 다행스러웠다. 파키스탄은 회교 사원, 고등 교육 기관, 심지어 안보 기관에 이르기까지 극단주의가 미치지 않은 곳이 없을 정도로 심각한 상태였다. 1947년, 영국의 '분리' 정책 때문에 인도에 있던 이슬람 세력은 파키스탄이라는 이름으로 철저히 분리되었다. 분리 정책의 원래 의도가 무엇이었든 파키스탄은 인도와 적대 관계에 놓일 수밖에 없었다. 일부 국민들은 인도와의 분쟁에서 조국의 존폐가 결정된다고 생각했다. 1980년대를 주름잡은 지아 울 하크를 시작으로 파키스탄에서는 군부 정치가 깊숙이 자리 잡았다.

파키스탄 국교 문제는 테러리스트를 추적, 체포하는 문제에 초점을 맞추었다. 우리는 무샤라프 대통령에게 극단주의를 근절해서 국가의 근간을 튼튼히 하는 데 지원을 아끼지 않겠다고 약속했다. 실제로 우리는 파키스탄 외교 지원 프로그램에 무려 12억 달러를 들였으며 고등 교육 시설 개혁 방안을 지원하는 데 별도로 1억 달러를 내놓았다. 또한 파키스탄 정부가 경제 개혁을 단행할 수 있도록 국제부흥개발은행, 국제통화기금, 아시아개발은행의 지원을 주선해주었다. 하지만 미 정부의 아낌없는 지원은 밑 빠진 독에 물 붓는 격이었다. 무샤라프 대통령은 개혁의 필요성을 절실히 느꼈으나 독재 정치로 국내에서 지지를 얻지 못한 데다 인도에 대한 적개심 때문에 때로는 무심하게 행동했다.

파키스탄은 알 카디르 칸 박사가 주도하는 핵 확산 네트워크의 중심지였다. 우리는 이 나라에서 알카에다의 핵심 요원들을 가장 많이 생포했다. 아프가니스탄에 전쟁이 벌어지면 이곳은 테러리스트에게 더할 나위 없이 좋은 피신처가 되었다. 이 상황은 중환자실에서 환자를 돌보는 일에 비유할 만했다. 하루도 긴장을 늦추지 못하고 이들을 주시하며 겉으로 드러난 증상에만 대처할 뿐 극단주의라는 불치병 자체는 시간이 치료해주기만 기다리는 것밖에 방법이 없었다. 훗날 국무장관이 된 후로는 바그다드와 카불을 비롯해서 가장 위험한 곳도 마다하지 않고 직접 방문했다. 2006년에는 레바논에 다녀왔으며 웨스트 뱅크*요르단 강 서안 지구와 예루살렘을 옆집 드나들 듯 했다. 수단의 다르푸르도 가보았지만 가장 위험한 곳은 역시 파키스탄이었다. 내가 방문할 당시에도 이런 곳들은 전운이 감돌았다. 어디를 가나 팽팽한 긴장감이 온몸으로 느껴졌다. 파키스탄은 이론적으로 보자면 전쟁이 없던 시기였으나 이슬라마바드 거리 곳곳에는 일자리를 찾지 못한 젊은이들이 방황하고 있었다. 그들은 미래에 대한 아무 희망도 없이 분노와 절망에 짓눌린 표정이었다. 극단주의는 거의 모든 국민들에게 마의 손길을 뻗치고 있었다.

그러나 인도의 분위기는 전혀 달랐다. 이곳에는 민주주의가 성숙해 다양한 이념과 종교를 가진 사람들이 조화를 이루며 살고 있었다. 물론 시크 족, 이슬람교인, 힌두교인을 비롯해 많은 종파 사이에 갈등이 남아 있었고 소수민족에 대한 편견과 차별도 만만치 않았다. 그렇지만 정부 기관과 민간 기업 모두 구성원이 매우 다양했다. 아직 풀어야 할 숙제가 많이 있었지만 10억 명에 달하는 국민들이 매번 분쟁 없이 자유롭고 공정하게 선거를 치르는 모습을 보면 누구나 큰 감동을 받을 것이다.

심각한 가난과 부패로 낙후된 지역이 많은데도 인도는 이미 경제 대국으로 국제 무대에서 부상하고 있었다. 인도의 원동력은 국민들의 창의력이었다. 인도 출신 인재들이 미국으로 대거 유입된 후 정보 혁명이 큰 힘을 얻은 것은 누구도 부인할 수 없는 사실이었다. 대통령은 텍사스 주지사로 일할 때 이미 그 사실에 주목했고 실리콘 밸리에 자리 잡은 스탠퍼드대학 교무처장이었던 나도 그 점을 모를 리 없었다. 그들은 새로운 기회를 찾아 미국으로 이주한 후에도 모국을 잊지 않고 도왔다. 그 결과, 인도는 급속도로 성장했으며 카슈미르와 캘커타에 더해 벵갈로르, 뭄바이, 볼리우드 등 신도시가 속속 등장했다.

대통령은 인도와 폭넓고 돈독한 관계를 맺을 생각이었다. 그것이야말로 미국의 전략적 이익에 가장 유리한 방안이었다. 2001년 봄이 다 가도록 우리는 미-인도 관계를 전면적으로 개편할 수 있는 발판을 마련하는 데 주력했다. 이듬해 4월 첫 번째 정치-외교 교섭이 시작되었다. 또한 인도 해군은 세계에서 가장 왕래가 많은 연해 무역 경로인 말라카 해협에서 미군 함대와 6개월 동안 공동 에스코트 미션을 실시했다. 또한 대테러 및 법 집행 공동 협력 단체를 결성해서 테러와의 전쟁에 적용할 공동 대책을 강구했다.

대인도 정책을 근본적으로 개혁하는 데 한 가지 걸림돌이 남아 있었다. 그것은 바로 최신 기술 분야의 협력 문제였다. 1974년에 뉴델리에서 처음 실시된 핵무기 실험으로 생긴 각종 제재와 제약 때문에 최신 기술 분야에 인도 기업이나 기술자가 진출하는 것은 거의 불가능했다. 나는 대통령과 함께 이 문제에 대한 방안을 여러 번 논의했다. 스티븐 해들리도 자기 일처럼 나섰다. 다들 매우 조심스럽게 접근할 사항이라는 것을 알고 있었다. 행정부는 인도와의 국교 개선을 위해서라면 무엇이든 해야 한다는 분위기였으나 핵무기확산방지조약을 중시하는 국회의원들과 몇몇 국무부 관계자들은 기존의 정책은 털끝 하나라도 건드리지 못하게 반대했다.

2001년과 2002년은 이미 세계의 모든 나라들이 녹초가 될 정도로 힘든 시기였다. 그래서 우리는 당장은 급진적인 변화를 밀어붙이지 않기로 했다. 그렇지만 이 문제에 대해 인도 측과 논의를 시작했다. 그 결과로 2002년 11월에 미-인도 첨단 기술 협력 그룹이 출범해 두 나라의 첨단 기술 교류를 약속했다. 전략적 파트너십의 다음 단계로 알려진 계획은 결정적인 전환점이 되었으며, 인도의 핵 지위를 제어하고 미국과 인도가 전략적 파트너로 손을 잡는 데 큰 힘이 되었다.

10
이스라엘과 팔레스타인의 벽 허물기

부시 대통령 연설문 담당자 마이클 거슨은 대통령의 동정심 넘치는 보수주의적 성향을 강경한 산문체로 바꿔놓는 재주가 남달랐다. 아마도 본인의 성향이 자신도 모르게 묻어나는 것 같았다. 나는 개인적으로 마이클과 함께 일할 수 있어 운이 좋았다고 생각한다. 그의 의견은 여러 모로 도움이 되었기 때문이다. 연설문을 작성하는 능력이 탁월했을 뿐만 아니라 새로운 아이디어나 계획을 구상할 때도 날카로운 통찰력을 발휘했다. 2001년 10월 말에 우리는 부시 대통령의 UN 총회 연설을 준비하고 있었다. 이번 총회는 9.11테러 때문에 두 달이나 연기된 것이었다. 9.11테러 이후로 세계 사람들 앞에 서는 첫 번째 공식석상인 만큼 테러리즘에 대한 이야기를 빼놓을 수 없었다. 또한 대통령은 이 기회에 이스라엘과 팔레스타인의 평화를 이루기 위해서 미 정부가 지지를 아끼지 않을 것이며, 두 나라의 평화는 중동이 더욱 새롭고 안정된 모습으로 거듭나는 데 이바지할 것이라고 확언할 계획이었다.

연설문 초안에는 '국가'라는 말을 쓰지 않고 미 정부 방침에 따라 팔레스타인이 자체적으로 나라를 이끌어가야 한다고 표현했다. 초안을 본 대통령은 직설적인 성격대로 "이 문장은 팔레스타인이 자체 국가를 세워야 한다는 뜻인가?"라고 물었다. 나는 그렇다고 대답한 후, 지금까지 우리 정부가 팔레스타인 자치권 문제를 가장 마지막에 처리할 문제로 여겼으므로 협상의 여지가 있다고 덧붙였다.

부시 대통령은 중동 평화 문제를 다룰 때 완곡한 표현 사용을 못마땅하게 여겼다. 대통령이 된 지 며칠 만에 그는 불만을 터뜨리고 말았다. 대통령 전용 헬리콥터에 오르기 전 백악관의 사우스론 기자회견에 대비해서 단어 선택에 만전을 기울인 자료를 만들어주자 "도대체 왜 내가 이런 표현을 써야 하는 거지?"라며 불편한 심기를 드러냈다. 길게 설명할 시간이 없었으므로 이렇게 대답했다.

"각하, 여기서 쉼표 하나라도 바꾸시면 그 순간 중동 지역에 대한 미 정부의 정책이 달라지는 겁니다."

대통령은 끝내 못마땅한 표정이었지만 내가 쓴 자료를 바꾸지 않고 그대로 낭독했다.

임기가 1년이나 지났고 중동 문제에 이력이 난 터라 하고 싶은 말을 직설적으로 하겠다는 기세였다. 결국 마이클과 내가 한 발 물러서서 팔레스타인의 국가 수립이라는 표현을 사용하기로 했다.

그러자 대통령은 새로 등장할 국가를 '팔레스타인'으로 명명할 것인지 되물었다. 이스라엘 사람들이 그 단어에 역사적으로 큰 의미를 부여하기 때문에 선뜻 대답하기 어려웠다. 그들은 팔레스타인이라는 표현을 사용하는 것이 웨스트 뱅크 즉, 성서에 '유다와 사마리아'로 알려진 지역에서 이스라엘이 울며 겨자 먹기로 양보해야 할 구역을 우리가 멋대로 정하는 것이라고 여겼다. 그래서 나는 팔레스타인이라고 명명될 가능성이 높지만 조심할 부분이 있다고 말한 뒤에 이스라엘이 그 단어에 대해서 펼치는 논리를 자세히 설명했다. 대통령은 전혀 관심을 보이지 않았다. 그의 머릿속에는 온통 팔레스타인 국가를 설립하는 것과 이 나라가 이스라엘과 평화를 깨트리지 않고 자유를 지키며 살아갈 수 있는지에 대한 생각뿐이었다.

대통령이 직접 결정을 내린 문제이므로 관계 기관을 소집해 회의를 따로 열 필요조차 없었다. 나는 콜린 파월에게 전화로 대통령의 결정을 알려주었다. 그는 중동 문제에 대한 미 정부의 방침이 한 걸음 크게 내디뎠다며 두 팔 벌려 환영한다고 말했다. 부통령실 관계자들은 몹시 놀라며 반감을 드러냈지만 끝까지 막을 태세는 아니었다.

그날 오후, 대통령은 뉴욕으로 출발하기 전에 백악관 이스트 윙에 있는 가족 전용 영화관에서 연설문 낭독을 연습했다. 가족 전용 영화관은 프랭클린 D. 루스벨트 대통령의 아이디어였다. 자유주의 국가의 대통령이 최신 영화를 보러 가까운 영화관을 찾는 것은 그때나 지금이나 생각도 할 수 없는 일이었다. 가끔은 영화 감상이 아니라 대통령의 연설 연습 장소로 사용되었다. 텔레프롬프터를 사용해 리허설을 하는 내내 비서실장을 비롯한 주요 관계자들이 지켜보았다. 연습 과정 전체는 카렌 휴스가 지휘했다. 이번이야말로 연설 원고를 수정할 수 있는 마지막 기회였다. 그렇지만 대통령은 리허설을 끝낸 후 원고를 바꾸는 것을 질색했다. 리허설 전까지 생각지 못한 점을 막판에 '벼락치기'로 넣거나 빼는 것이 미덥지 않은 모양이었다.

이번에는 연습이 순조롭게 진행되었다. 몇몇 관계자들은 '팔레스타인 국가'라는 표현을 눈으로 보는 것보다 귀로 들으니 훨씬 강하게 느껴진다며 우려하는 눈치였다. 스티븐 해들리는 나에게 낮은 목소리로 이스라엘 측에 미리 귀띔해주는 것이 좋겠다고 말했다. 그러자 대통령은 해들리가 하는 말을 눈치채고는 연설문을 절대 바꾸지 않겠다고 못 박았다. 나는 황급히 이렇게 대답했다.

"각하, 그런 게 아닙니다. 단지 이스라엘 측이 충격을 받을까 걱정된다는 뜻입니다."

이스라엘 총리 샤론의 외교 정책 고문을 맡고 있는 대니 아얄론에게 전화를 걸었다. 예루살렘은 이미 늦은 시각이었지만 어쩔 수 없었다. 다행히 그는 아예 잠을 안 자는 사람이라는 생각이 들 정도로 연락이 잘 되었다. 대니는 미국에서 학교를 다녔으며 미국 여성과 결혼했으므로 완벽한 영어를 구사했다. 이스라엘 국익이라면 물불을 가리지 않았으며 이스라엘 총리가 가장 신임하는 사람이었다. 나 역시 그의 외교 실력을 높이 평가했으며 합리적이고 믿을 만한 사람이라고 생각했다. 무엇보다 샤론 총리와 가까운 사람이었으므로 매우 유용한 연락책이었다.

"대니, 내일 부시 대통령이 연설하실 겁니다."

그 말을 듣자마자 대니가 바짝 긴장하는 것이 느껴졌다.

"팔레스타인 국가 수립을 공식적으로 요청하실 겁니다."

그러자 수화기 너머로 그가 안도의 한숨을 내쉬는 소리가 들렸다. 지금까지 미 대통령이 국가 정책의 일환으로 팔레스타인 국가 수립을 직접적으로 촉구한 적은 한 번도 없었다. 그래서 이번 연설은 매우 의미심장한 변화의 시작이었다. 대니가 걱정할 정도로 파격적인 수준은 아니었다. 평화 협상이나 그와 비슷한 자리를 요구하지 않았으므로 팔레스타인 국가 수립의 필요성을 논하는 것은 그리 큰 문제가 아니었다. 바로 그때, 나는 한 가지 사실을 더 알려주었다.

"새로 설립될 국가의 명칭은 팔레스타인이라고 부를 겁니다."

"그건 안 됩니다."

대니의 목소리는 매우 단호했다.

"팔레스타인은 유대와 사마리아를 가리키는 말입니다. 성서에 나오는 유태인들의 고향이란 말입니다."

대니는 흥분된 목소리로 역사적 의미를 길게 설명했다. 그의 말을 끝까지 들어준 후 다시 한번 말했다.

"대니, 그래도 대통령께서는 신생 국가를 팔레스타인이라고 명명하실 겁니다."

대니는 부시 대통령이 이스라엘 총리와 먼저 논의해야 한다고 응수했다. 그렇지만 부시 대통령은 이미 결정을 내렸으며 이스라엘 총리의 의견을 구할 생각이 없었다.

잠시 후 대니에게 전화가 왔다. 그는 '뉴 팔레스타인'으로 정정해 달라고 요청했다. 그 표현은 너무 어색할뿐더러 대통령은 한 단어도 더하거나 빼지 않으려 한다고 설명한 뒤 이렇게 덧붙였다.

"대니, 국회 쪽에 도움을 얻으려고 하지 마세요. 그래 봐야 이제는 소용이 없습니다."

연설이 나간 후 이스라엘 언론의 반응은 생각보다 조용한 편이었다. 대통령은 팔레스타인 국가 건설을 미 외교 정책의 목표로 설정했다. 콜린 파월은 9일 후 루이즈빌대학에서 대통령의 의지를 재확인하는 연설을 했으며 안토니 지니를 중동 지역에 특별 대사로 파견했다. 이듬해 3월, UN 안전보장이사회 결의 1397호에는 부시 대통령의 강력한 의지가 고스란히 반영되었다.

미국과 이스라엘 외교 관계의 첫 경험이라 조금 자세히 적어보았다. 조지 W. 부시 대통령은 임기 초반에 이스라엘이 테러 공격을 막아낼 수 있도록 물심양면으로 지원해 이스라엘의 신임을 이미 얻은 상태였다. 샤론 총리는 백악관을 두 차례 방문했으며 대통령은 팔레스타인의 무력 대응 때문에 최종 협상이 제자리걸음을 할 때 이스라엘의 손을 들어주었다.

나도 테러와의 전쟁을 추진하면서 이스라엘의 고충에 감정이입을 나타내 신임을 얻었다. 특히 기자회견에서 '알카에다를 규탄하면서 하마스*팔레스타인의 과격주의 이슬람 무장 단체를 감싸 안는 것은 옳지 않습니다.'라고 말한 것이 이스라엘 국민들에게서 높은 점수를 얻었다.

이렇게 두터운 신뢰 관계를 형성해두었지만 조금이라도 변화를 시도하려는 낌새가 있으면 이스라엘은 경계 태세를 보였으며 한마디도 쉽게 넘어가지 않았다. 게다가 이스라엘 정부와 의견 충돌이 생기면 금세 국회의사당과 미-이스라엘공공문제위원회를 비롯한 로비 단체에 알려졌다. 이들은 백악관, 특히 부통령실과 직접 연결되어 있었다. 이 때문에 국무부는 친아랍 정책의 선두라는 이미지로 자주 곤욕을 치렀다. 이스라엘 정부가 이런 식으로 백악관과 국무부 사이를 이간질한 것은 일시적인 현상이 아니었다. 대통령이 몇 차례 바뀌었지만 이 문제는 고질적으로 남아 있었다.

다행히도 나는 워싱턴의 유태인 단체 및 이스라엘 출신의 시민들과 개인적인 관계가 두터운 편이었다. 친유태인 단체인 반명예훼손연대 대표 아브라함 폭스먼, 주요 유태인 조직 대표자 회의 부의장 맬컴 혼레인, 미 유태인 위원회 회장 해럴드 태너, 미-이스라엘공공문제위원회 실무 책임자 하워드 코어는 이미 나에게 든든한 후원자였다. 특히 아브라함은 대통령과 유태인 단체의 거리가 많이 벌어지면 내게 전화를 걸어 주요 기관이나 조직의 책임자들을 만나보라고 귀띔해주었다. 그런 기관이나 단체가 거부권을 가지고 있었기 때문에 만나보라는 게 아니었다. 오히려 그들은 미 정부의 행보에 대한 중간 진단을 내려주었다. 그들 역시 정부의 관심, 지원, 격려가 필요할 때가 있었다. 이처럼 서로 만나는 자리를 통해 우리는 심각한 문제를 예방하거나 크게 줄일 수 있었다.

어떤 문제가 발생해도 중요한 점 한 가지를 끊임없이 되뇌며 스스로를 다독였다. 그것은 이스라엘 수뇌부를 상대하는 것이 때로는 악몽을 꾸는 것처럼 힘들었지만 그들은 미국에게 매우 중요한 동맹국이며 중동 지역에서는 유일한 민주주의 국가라는 사실이었다. 미국과 이스라엘의 관계는 그저 전략적인 필요로 이어지는 것이 아니었다. 그보다 더 중요한 것은 오랫동안 친구로 지내온 정이었다.

아랍 언론들은 부시 대통령의 연설을 1면 기사로 다루지 않았다. 이집트, 요르단, 사우디아라비아는 '평화 협상 과정'에 온통 정신이 팔려 미국 대통령이 팔레스타인 국가 설립을 요청했다는 점은 아예 잊어버린 것 같았다. 아랍 국가들은 여러 해가 지난 후 대통령의 발언이 의미심장한 것이었다고 인정했다. 이번 사건은 중요한 점을 가르쳐주었다. 중동 지역의 평화를 위해 아무리 노력해도 그들을 만족시키는 것은 불가능했다.

또다시 폭력 시대기 발생히디

팔레스타인 국가를 위한 미 정부의 희망찬 노력에도 이스라엘과 팔레스타인 사이의 전쟁은 끝날 기미가 보이지 않았다. 안토니 지니 특사가 최선을 다했지만 하마스는 2001년 12월 초에 연쇄 자살 폭탄 테러 사건을 일으켜 예루살렘과 하이파에서 24시간 만에 이스라엘 국민 26명을 희생시켰다. 이에 이스라엘 헬리콥터가 라말라에 있는 야세르 아라파트의 본거지를 공격했으며, 샤론 총리는 곧바로 아라파트가 더 이상 '고개를 들지 못할 것'이라고 선포했다. 그 소식을 듣자 이스라엘 정부가 예전 부시 대통령에게 아라파트를 죽이지 않겠다고 약속한 점을 일깨워줘야겠다는 생각이 들었다. 미 정부는 다시 위기 관리 모드에 돌입했다. 이번에도 우리의 목표는 폭력 사태를 방지하고 이 지역의 긴장을 해소하는 것이었지만 아라파트가 계속 리더십을 발휘할 가능성은 희박했다.

홍해에서 발생한 사건 때문에 아라파트의 리더십은 더욱 불투명해졌다. 나도 대통령도 아라파트를 직접 만난 적이 없었지만 그가 팔레스타인 지역 평화를 위해 다시 나설 수 없다는 점이 분명해졌다. 대통령은 아라파트 때문에 캠프 데이비드 협상이 성사되지 못했다고 여겼다. 그가 보기에 아라파트는 부패한 정치가이며 평화를 위해 어려운 선택을 받아들일 의사가 전혀 없었다. 2002년 1월에 그의 이름이 테러리스트 명단에 추가되었다. 아라파트는 1988년에 표면상으로 테러 행위를 규탄했고 팔레스타인해방기구를 팔레스타인의 실질적인 정부로 인정한 1993년 오슬로 협정을 체결했다. 하지만 1월 3일에 팔레스타인 정부가 무기를 잔뜩 실은 화물선 카린 A를 가자로 보낸 것이 이스라엘 해군과 미군에게 적발되었다. 이 사건으로 아라파트의 이중성이 만천하에 드러났다.

며칠 후 NSC는 이 사건의 증거를 검토해서 중동 지역에 대한 미 정부 방침에 끼친 영향을 논의했다. 이란이 무기의 출처라는 가능성 때문에 결정을 내리기가 쉽지 않았다. 팔레스타인 정권이 손잡고 있는 지원 단체는 우리 정부가 절대 용납할 수 없는 대상이었다. 우리는 아라파트에 대한 대안을 검토하기 시작했다. 이 문제는 매우 신중하게 다루어야 했다. 특히 우리가 원하는 것은 아라파트를 암살하는 것이 아니라 평화로운 변화라는 점을 이스라엘 정부에게 명백히 납득시켜야 했다.

폭력 사태는 좀처럼 수그러들지 않았다. 웨스트 뱅크의 툴크하람이라는 도시에서 팔레스타인 무장 단체의 핵심 인물이 암살당하자 분위기는 더욱 험악해졌다. 보름 후에는 예루살렘에서 최초로 파타*팔레스타인해방기구 최대의 조직으로 '팔레스타인 민족해방운동' 이라고도 한다의 여성 당원이 자살 테러를 감행해 한 사람이 사망하고 100여 명이 크게 다쳤다. 부상자 중에는 세계무역센터에서 9.11테러를 경험한 미국인도 포함되어 있었다.

이런 와중에 사우디아라비아 왕세자 압둘라는 《뉴욕타임스》 칼럼니스트 토머스 프리드먼과 만찬을 즐긴 후 '평화안'을 발표했다. 토머스는 2002년 2월 18일자 칼럼을 통해 평화안의 존재를 공개했다. '1967년 국경'을 기준으로 팔레스타인 국가를 세우는 것으로 아랍권 국가와 이스라엘의 갈등을 모두 끝내는 내용이었다(1967년 국경이란 아랍연합군을 대상으로 1967년에 벌인 전쟁에서 이스라엘이 차지한 영토를 가리키는 표현이었다). 꽤 파격적인 아이디어였다. 어쩌면 실제 협상에서 매우 중요한 출발점이 될 가능성도 있었다. 시간이 흐른 뒤에 사우디아라비아는 왕세자의 발언을 우리 정부가 우호적으로 받아주지 않은 것에 유감을 표명했다. 하지만 그때는 시기가 너무 좋지 않았다. 샤론 총리가 선출된 이유는 평화를 이루는 것이 아니라 인티파다*
팔레스타인 사람들의 반 이스라엘 저항 운동를 잠재우는 것이었다. 우리는 아라파트를 정치적 파트너로 믿을 만한 사람이 못 된다고 결론지었다.

사우디아라비아 왕세자의 발언이 세계에 알려질 무렵, 중동 지역의 폭력 사태는 악화일로를 걸었다. 3월 초반에 샤론 총리는 연쇄 자살 폭탄 테러 사건에 대응하기 위해서 기지와 웨스트 뱅크 곳곳에 분포한 팔레스타인 거주 지역에 무장 급습을 지시했다. 테러리스트를 응징하고 이스라엘 국가 안보를 지키겠다는 의지를 강하게 드러냈다. 솔직히 말해 아무도 샤론의 결정을 비난하지 않았다. 부시 대통령도 마찬가지였다.

그러나 폭력 사태가 걷잡을 수 없이 악화되자 아랍동맹국과 다수의 유럽 국가들이 미 정부에게 대책을 내놓으라고 강하게 요구했다. 부통령은 2002년 3월 12일부터 19일까지 중동 지역을 방문해 CIA 국장 조지 테닛이 만든 안보 협조 대책을 팔레스타인이 충실하게 이행한다면 아라파트를 직접 만나는 방안을 고려하겠다고 통보했다.

클린턴 행정부의 임기 중에는 웨스트 뱅크와 가자를 둘러싼 안보 문제를 CIA가 맡아서 처리했다. 당시 팔레스타인 정보군은 철저히 비밀리에 활동했다. 얼핏 보면 그들은 마피아 조직원이나 거리의 폭력배 같았다. 아라파트는 이런 식의 비밀 조직을 10여 개 이상 두고 있었다. 각 조직은 '수장'의 지시에 따라 움직였으며 모든 조직원들은 수장에게 절대 충성을 맹세했으나 서로를 감시하고 치열하게 경쟁을 벌였다. 그런가 하면 비밀 조직 사이에 아라파트가 부정한 방법으로 얻은 전리품이나 구역을 놓고 폭력 사태가 자주 발생했다. 상황이 이렇다 보니 국무부나 국방부보다는 CIA가 더 효과적으로 대처할 수 있었다. 실제로 CIA는 다수의 폭력 사태를 성공적으로 진압했다. 하지만 그런 식의 협조 관계는 팔레스타인 단체의 민주화를 유도하거나 내부의 부패 세력을 몰아내는 데 아무 도움이 되지 않았다.

팔레스타인은 조지 테닛이 고안한 안보 협조 대책을 충실하게 실행하지 않았고 부통령과 아라파트의 회담은 성사되지 않았다. 백악관으로 돌아온 부통령의 보고를 들은 뒤에 우리는 팔레스타인이 두 국가 해결안을 받아줄 새로운 지도자를 찾을 가능성을 심각하게 고려했다. 이제는 아라파트가 통수권을 장악할 가능성이 없다는 사실을 모두에게 숨김없이 알릴 생각이었다.

그런데 갑자기 예상치 못한 변화가 일어났다. 유월절을 틈타 하마스가 네타니아에 있는 파크 호텔에 자살 테러를 일으켜 이스라엘 국민 수십 명이 희생되고 100여 명의 부상자가 발생했다. 이런 일을 겪은 후에도 이스라엘 정부는 조지 테닛이 고안한 안보 협조 대책을 기초로 만들어진 지니 특사의 안보 계획을 수용하겠다는 의사를 표명했다. 팔레스타인은 끝까지 고집을 꺾지 않았다.

이에 이스라엘이 방벽 작전이라는 명분을 내세워 웨스트 뱅크 지역 전체를 다시 장악했을 때 우리 정부는 전혀 놀라지 않았으며 그들을 규탄하지도 않았다. 대통령과 콜린 파월은 이스라엘에게 자기 방어권이 있다는 사실을 재차 강조했다. 아리 플레이셔는 그 말을 입버릇처럼 반복했다. 하지만 이스라엘은 늘 정도가 지나친 것이 문제였다. 그들은 라말라에 있는 팔레스타인 본부까지 장악했다. 그곳은 아라파트의 근거지였다. 그 뒤 며칠 동안 CNN은 이스라엘 군에 속수무책으로 당하는 아라파트의 근황을 생생하게 전달했다.

이스라엘 군이 베들레헴에 나타나자 수십 명의 무장 군인들이 숨을 곳을 찾아 예수탄생교회로 몰려들었다. 예수의 탄생지로 잘 알려진 교회는 곧 이스라엘 군에게 포위되었고 뒤이어 벌어진 무차별 총격전에 쑥대밭으로 변했다. 바티칸 국무원장은 이 일로 화가 머리끝까지 나서 나에게 항의 전화를 걸었다. 교황이 당장 전화하라고 지시했으며, 기독교인들에게 가장 신성하고 중요한 장소가 이렇게 된 것을 결코 용납할 수 없다며 언성을 높였다. 우발적인 사건이었다고 변명했지만 내 말을 아예 들은 척도 하지 않았다. 아랍 국가들은 이스라엘 군대가 물러나지 않으면 모든 수단을 강구해서 보복하겠다고 으름장을 놓았다. 결국 중동 지역에 최대 위기가 닥치고 말았다. 이번에 해결책을 찾지 못하면 이스라엘은 영원히 그들과 등을 돌리게 될 것 같았다.

이스라엘 위기에 대처할 때면 국가안보보좌관이 항상 앞장섰다. 업무 성격상 그럴 수밖에 없었다. 이스라엘 외무장관은 종종 국내 연합 세력을 형성하는 데 앞장섰으나 전쟁이나 평화 문제에 대한 결정권은 부족했다. 그뿐만 아니라 이스라엘 국민들은 자신들의 나라가 계엄 상태라고 생각했기 때문에(실제로는 그렇게 말할 정당한 이유가 전혀 없었다) 외교 정책을 브리핑할 때면 마치 전쟁이 끝없이 계속될 것처럼 말하곤 했다. 또한 우리 정부를 대하는 일은 다비드 벤구리온*이스라엘 초대 총리부터 이츠하크 라빈, 베냐민 네타냐후에 이르기까지 총리가 '전적으로' 도맡았다. 앞서 언급한 대로 국무부가 친아랍 성향이 강하다는 의혹도 총리가 발 벗고 나서는 데 크게 기여했다.

폭력 사태는 날로 심각해졌다. 그래서 우리는 장관급 회의와 NSC를 잇달아 소집해 대통령이 언제 무슨 말을 해야 할지 논의했다. 이스라엘이 방벽 작전을 개시한 지 닷새째 접어들면서 아랍권 국가들은 초조함을 감추지 못했고 미 정부에게 이스라엘을 저지할 것을 강력히 요구했다. 하지만 우리를 주춤거리게 만드는 문제점이 몇 가지 있었다. 첫째, 아랍 국가들은 미국이 외교적으로 고립시키겠다고 위협하거나 금융 또는 군사 원조에 제약을 가하면 이스라엘이 당장 아무 조건 없이 순응할 것이라고 생각했다. 심지어 일부 유럽 국가들도 그렇게 믿고 있었다. 하지만 현실은 그럴 리가 없었다. 이스라엘 정부는 엄연히 민주주의 절차에 의해 수립되었으며 이 정부가 국가 안보를 위해 군사 작전을 수행하는 상황에서 미 정부의 위협에 아랑곳할 리 만무했다. 부시 대통령이 아니더라도 방어 작전에 돌입한 동맹국을 위협적으로 저지할 대통령은 한 사람도 없을 것이다. 둘째, 부시 대통령도 자신의 평판을 생각해야 했다. 그가 나서서 말리는데도 이스라엘 정부가 듣지 않으면 부시 대통령의 위신은 물론이고 미국의 체면도 크게 손상될 우려가 있었다. 또한 미 행정부 내에도 이스라엘 정부를 두둔하는 목소리가 높았다. 특히 부통령과 럼즈펠드는 먼저 공격한 테러리스트를 응징하는 것은 이스라엘의 당연한 권리라고 주장했다. 부시 대통령도 두 사람의 말에 고개를 끄덕였지만 무고한 팔레스타인 국민들이 불가피하게 희생되는 것이나 미국의 위신이 땅에 떨어지는 것도 간과할 수 없다는 콜린 파월의 주장에 더 크게 공감했다. 우리는 일단 제시된 의견을 모두 정리했다. 아무 조치도 취하지 말자는 의견에서 이스라엘 작전을 중단하자는 주장에 이르기까지 다양한 방안이 제기되었다.

   관계자들이 하나같이 말렸지만 소용이 없었다. 대통령은 누가 뭐라 해도 이스라엘 정부에게 정착촌 건설 활동과 방벽 작전을 중단할 것을 촉구할 생각이었다. 연설 일자는 2002년 4월 4일로 정해졌다. 콜린 파월마저 이스라엘 정부가 미 정부의 요청을 무시하면 미국의 위신이 땅에 떨어질 것이라며 걱정스런 표정을 지었다. 이런 상황에서 대통령은 국가 원수로서 할 수 있는 모든 방법을 동원했다. 그는 국무장관 콜린 파월을 사건 현장에 보냈다. 정작 그가 할 수 있는 것이 없다는 것을 알면서도 그렇게 했다. 대통령은 콜린 파월에게 그의 개인적 신뢰도를 미 행정부를 위해 써 달라고 개인적으로 부탁했다. 결국 콜린 파월은 부시 대통령의 결정을 못마땅하게 여기면서도 부탁을 들어주었다.

그 후로 3주간 팽팽한 긴장감이 흘렀다. 정말 감당하기 힘든 시간이었다. 콜린 파월은 충실하게도 직접 중동 지역을 다녀왔다. 이스라엘 탱크가 둘러싸고 있는 무카타*라말라에 있는 팔레스타인 청사에 들어가서 아라파트를 만났다. 테러 단체를 물러서게 하지 않으면 더 이상 미 정부 관계자를 만날 기회가 없을 거라고 강력히 경고했다. 한편, 이스라엘 정부는 이스라엘과 웨스트 뱅크 사이에 일종의 안전 구역을 만들 계획이었다. 정확한 위치는 북쪽의 길보아 산부터 남쪽 유태 광야까지였다. 명목상으로는 테러리스트가 이스라엘에 들어오지 못하게 하는 것이었으나 실상은 '벽'*이스라엘은 '담장'이라고 불렀다을 만들어 영토 구분을 현재 상태로 유지해 팔레스타인 국가의 경계를 미리 정해버리려는 것이었다. 벽을 세워놓은 모습을 상상하니 끔찍했다. 평화롭게 살아갈 방법을 모색해야 할 사람들 사이에 장벽을 세우는 것은 처음부터 말이 안 되는 계획이었다.

콜린 파월은 아무 성과를 얻지 못했다. 그는 폭력 사용을 끝낼 방법을 협상으로 문서화하려고 부단히 노력했다. 그 협상이 성공했다면 일종의 평화 회담을 열 수 있었을지 모른다. 그렇지만 부시 대통령은 이스라엘 정부가 아라파트와 협상하는 것 자체를 거부하는 이유에 공감할 수 있다고 말했다. 나는 협상 자체를 유도하는 것은 크게 위험이 없을 것이라고 대통령을 진정시키려 했지만 소용이 없었다. 하는 수 없이 중동에 있는 콜린에게 연락해서 그가 보내준 협상 초안은 이곳에 도착하자마자 휴지 조각이 되어버렸다고 말했다. 외교 협상을 위한 우리 정부의 노력은 물거품으로 변하고 있었다. 이윽고 4월 18일, 대통령은 기자회견장에서 이스라엘 총리를 '평화의 사도'라고 평했다. 미 정부와 아랍 국가들의 관계에 쉽게 낫지 않을 상처를 남긴 발언이었다.

대통령이 이렇게 말했을 때 콜린 파월은 대통령 옆에 앉아 있었다. 그는 기자들이 떠난 후 나를 급히 찾았다.

"지금 저 발언이 아랍 언론에 보도되면 어떤 파장이 생길지 알고 있습니까? 지금 이스라엘이 부시 대통령을 얼마나 미워하는지 모릅니다. 대통령께서는 왜 샤론을 감싸는 겁니까?"

국무부는 대통령의 발언이 '실제로 뜻하는 바'를 설명하느라고 진땀을 흘렸다. 그 당시에는 나도 대통령이 실언한 것이라고 굳게 믿었다. 그렇지만 샤론의 손을 들어준 것이 고집 센 늙은 정치가의 마음에 큰 파장을 일으켰다는 사실을 나중에야 알았다. 결국 샤론은 팔레스타인을 위해 전혀 예상치 못한 행보를 밟았다. 팔레스타인이라면 치를 떨 정도로 미워하고 국가를 세우겠다는 그들의 목표를 철저히 무너뜨리려던 지금까지의 태도와는 전혀 다른 모습이었다. 부시 대통령이 이렇게 연설 원고에 없던 말로 상황을 역전시킨 것은 그 후로도 몇 차례 더 있었다.

그 당시에는 이스라엘이 웨스트 뱅크와 가자를 계속 공격해 초토화시키는 것이 문제였다. 무고한 팔레스타인 시민들의 시체가 여기저기 널려 있는 모습, 살아남은 사람들이 이스라엘 방위군에 둘러싸인 모습, 라말라가 포위된 모습이 텔레비전 뉴스에 계속 등장했다. 이스라엘 정부는 공격을 중단하라는 부시 대통령의 요청을 계속 무시했다. 우리 정부로서는 답답하고 당혹스러운 노릇이었다. 2002년 4월 7일, CNN 인터뷰에서 대통령이 '지체 없이' 이스라엘 군사 작전을 멈추라고 말한 것은 '지금 당장' 공격을 중단하라는 뜻이었다고 해명했다. 그러자 이스라엘 정부 관계자는 작전이 끝나는 대로 '지체 없이' 철수할 생각이라고 밝혔다. 우리 정부가 기대한 반응이 아니었다. 그렇게 이스라엘의 군사 작전은 거침없이 계속되었다.

4월 25일, 대통령은 사우디아라비아 왕세자 압둘라를 텍사스의 사유 목장으로 초대했다. 회의 중에 압둘라는 우리에게 잠시 자리를 비켜 달라고 요청했다. 조금 당혹스러웠지만 옆방으로 자리를 옮겨 기다렸다. 몇 분 후 통역관 가말 헬랄이 황급히 뛰어 들어왔다. 가말은 10년 이상 통역관으로 일하면서 여러 명의 국무장관을 거쳤으므로 아랍 관계자들에게 신임이 두터운 사람이었다. 그래서 그런지 사우디아라비아 사절단은 가말을 그 자리에 남아 있게 해주었다. 가말이 가져온 소식을 듣고 우리는 모두 기가 막힌다는 표정을 지었다. 부시 대통령이 이스라엘 정부를 설득해 그날 당장 철수시키지 않으면 사절단이 곧장 사우디아라비아로 돌아가겠다는 것이었다. 대통령은 "그들이 떠나는 게 대수인가?"라고 물었다. 고민할 필요가 없는 질문이었다.

내가 "만약 그렇게 된다면 최악의 상황이 벌어질 겁니다."라고 말하자 콜린도 고개를 끄덕였다. 대통령은 콜린에게 즉시 '가서 상황을 해결'하라고 지시했다. 하지만 콜린이 할 수 있는 것은 아무것도 없었다. 대통령은 잠시 고민하다가 압둘라에게 목장을 한 바퀴 돌면서 이야기를 나누자고 제안했다. 훗날 부시 대통령은 자신의 회고록에 함께 트럭을 타고 목장을 둘러본 것이 분위기 전환에 큰 도움이 되었다고 기술했다. 그들은 우연히 야생 칠면조를 발견했는데, 압둘라는 이 칠면조가 신이 보낸 것으로서 두 사람의 우정을 상징한다고 믿었다. 그날 저녁 식사를 하며 대통령이 칠면조 이야기를 들려주었다. 나는 '뭐가 됐든 압둘라의 마음을 돌리기만 하면 된 거야.'라고 생각했다.

그렇게 잠시 긴장이 풀리는가 싶었지만 사우디아라비아는 여전히 고집을 꺾지 않고 미국이 나서 이스라엘을 저지해야 한다고 주장했다. 우리도 이미 이스라엘 정부에게 군을 철수시키도록 강한 압력을 가하고 있었다. 나는 하루도 빠지지 않고 대니에게 전화를 걸었다. 어떤 날은 하루에도 몇 차례씩 전화를 걸어 설득했다. 대니도 난감한 입장이었지만 이스라엘 방위군은 작전을 완수하라는 명령을 받고 진격한 상태라서 중간에 되돌리기가 쉽지 않았다. 나는 무카타를 포위한 군대만이라도 철수시키라고 간청하다시피 했다.

"아라파트가 촛불을 켜놓고 생활하는 모습이 CNN에 방영되고 있습니다. 이대로 내버려두면 세계 사람들은 그를 테레사 수녀처럼 떠받들게 될 겁니다. 전기를 다시 공급하세요."

대니는 그 말을 듣고 벌컥 화를 냈다.

"무슨 말입니까? 전기가 끊긴 게 아닙니다. 아라파트가 동정심을 사려고 연극을 하는 겁니다."

"바로 그거예요. 외부 여론이 아라파트가 원하는 대로 흘러가고 있잖아요."라고 응수해주었다.

4월 27일에 다시 전화를 걸어 24시간 내로 아무 조처를 취하지 않으면 부시 대통령이 나서 이스라엘 정부와 샤론 총리를 공개적으로 매우 신랄하게 비판할 것이라는 대통령의 결정을 전달했다. 예전에 샤론 총리를 '평화의 사도'라고 치켜세운 것이 부시 대통령에게 얼마나 큰 희생이었는지 생각해보라는 당부도 잊지 않았다. 이제는 샤론 총리가 직접 나서 평화의 사도로 행동할 때였다.

드디어 이스라엘 정부가 조금씩 호응을 보였다. 우리는 영국의 도움을 얻어 이스라엘 문제의 일부를 해결할 수 있었다. 라말라에 있는 아라파트의 근거지에 몇몇 테러리스트가 함께 몸을 숨기고 있었다. 그중에는 몇 달 전에 이스라엘 관광부 장관을 암살한 범인들이 있었다. 이스라엘 정부는 암살범들을 요구했으나 팔레스타인은 그들을 자국 수용소에 가두어 두겠다며 고집을 부렸다. 우리는 협상 끝에 암살범들을 웨스트 뱅크에 있는 영국 관할 수용소로 옮기는 데 성공했다. 이스라엘 정부는 팔레스타인 도시마다 주둔하고 있는 군대를 한 번에 하나씩 철수하기로 했고(사실 몇몇 도시에서는 이미 철수가 끝난 상태였다) 그동안 테러 공격이 일어나지 않으면 모든 군대를 철수시키겠다고 확언했다. 드디어 5월 2일에 무카타를 점령한 이스라엘 방위군이 물러났다. 5주 동안 갇혀 지내던 아라파트는 웃는 얼굴로 모습을 드러냈다. 그는 이번 사건으로 단박에 영웅이 되었다. 정말이지 이스라엘 정부는 대외적 이미지를 요령 있게 관리하는 것과는 거리가 멀었다.

6월 10일에 샤론 총리가 백악관을 방문했다. 그에게는 여섯 번째 방문이었다. 부시 대통령은 미국 정부가 평화 협상에 앞서 팔레스타인 자치 정부가 개혁해야 한다는 주장을 꺾지 않으리라고 강변했다. 팔레스타인 자치 정부는 새로운 지도자가 필요했다. 샤론 총리는 이 말에 마음을 활짝 열고 미국과 긴밀하게 협조할 것을 약속했다. 그때 대통령에게 귓속말로 한 가지 중요한 점을 짚고 넘어가야 한다고 말했다. 대통령은 샤론 총리를 바라보며 말했디.

"제 말씀은 이스라엘 정부가 아라파트를 죽여도 된다는 뜻은 아닙니다."

그러자 샤론 총리도 알겠다는 듯 고개를 끄덕였다.

이렇게 해서 발등에 떨어진 급한 불이 꺼진 듯했고 우리는 앞으로 중동 지역을 어떻게 할 것인지에 대해 다시 논의하기 시작했다. 콜린 파월과 국무부는 다시 평화 협정을 제안했지만 대통령은 용납하지 않았다. 아라파트와 평화 협정을 벌이는 것은 결사반대였다. 팔레스타인 자치 정부는 100일 개혁안을 내놓았지만 우리는 그들이 개혁안을 정말 실행할 것이라고 생각하지 않았다. 여기서 한 가지 의문이 생겼다. 우리가 만약 평화 협상을 지지하지 않을 거라면 그 대신 무슨 방안을 내놓을 것인지였다.

대통령은 며칠 동안 이 문제에만 매달렸다. 아침마다 그의 집무실에 들어가면 팔레스타인에 대한 질문이 끝도 없이 쏟아져 나왔다. 팔레스타인 자치 정부가 제대로 된 지도자를 내세우지 못하는 이유를 도무지 이해할 수 없었다. 그는 미국에 거주하며 비즈니스를 하는 팔레스타인 사람들을 개인적으로 많이 알고 있었다. 대통령의 표현을 빌리자면, 아무리 생각해도 팔레스타인 국민을 위한 '넬슨 만델라 같은 인물을 찾지' 못하는 까닭을 알 수 없다는 것이었다. 각자 생업에 몰두하느라 바쁠 수도 있겠지만 그것은 큰 문제가 아니었다. 대통령은 연설을 통해 팔레스타인을 비롯한 세계인들을 향해 적절한 통치 체제의 필요성을 피력해야겠다고 생각하고 유럽연합과 미국의 정상회담 기자회견장에서 팔레스타인 지역 선거를 실시해야 한다고 목소리를 높였지만 아무도 귀를 기울이지 않았다. 평화 협상 요구에 완전히 묻혀버린 것이었다.

대통령은 일단 팔레스타인 정부를 세우고 보자는 식의 해결책은 바람직하지 않다고 여겼다. 정말 중요한 것은 '어떤 종류의 정부를 세울 것인가?'였다. 대통령은 팔레스타인 국민들이 이스라엘 정부나 팔레스타인 자치 정부의 부패한 지도자들에게 억압받지 않고 자유롭게 살아갈 권리를 부각시키려 온갖 애를 썼다. 아이러니하게도 부시 대통령이 내세운 자유 의제는 이스라엘과 팔레스타인 사이의 갈등을 해소하고 안정을 되찾으려는 노력을 주요 안건으로 다루고 있었다.

나는 마이크 거슨을 불러 대통령 연설문 초안을 구상했다. 대통령은 이번 연설에서 민주주의, 제도적 개혁 및 테러 행위 규탄을 중심으로 한 팔레스타인 임시 국가 수립을 선언할 예정이었다. 또한 이스라엘이 점령한 지역에 정착촌을 더 이상 확장하지 말고 이스라엘 군대를 2000년 9월 28일 이전의 위치로 물러날 것을 촉구했다. 그뿐만 아니라 이스라엘은 팔레스타인 경제 회생을 위해 영토 내에서 자유롭게 다닐 수 있는 자유를 회복시켜주어야 하며, 무엇보다도 팔레스타인 자치 정부를 맡을 새로운 지도자가 필요하다는 점을 강조하기로 했다.

그러나 연설문 초안은 여러 기관의 검토를 거치면서 대폭 수정되었다. 우리는 팔레스타인 자치 정부가 임시 국가 설립안을 거부할 것이라는 국무부

의견에 따라 설립안을 삭제했다. 팔레스타인이 원하는 것은 임시 국경이 아니라 영구적인 국경이었다. 그 밖에도 대통령 연설문 내용을 두고 치열한 공방이 벌어졌다. 거의 보름이 지나서야 대통령에게 완성된 원고를 전달했으나 이 또한 최종본은 아니었다. 나는 대통령에게 NSC를 소집해 연설문 내용을 검토하자고 제안했다.

6월 21일에 연설문 최종 검토 회의가 열렸다. 부통령은 인티파다가 한창 진행 중인 시점에 이런 연설을 하면 팔레스타인 자치 정부가 기고만장할 것이라며 극구 반대했다. 콜린 파월은 아라파트를 규탄하는 연설을 하면 미국 정부가 직접 나서 팔레스타인 자치 정부 지도자를 선택하겠다는 뜻으로 비칠 우려가 있다고 지적했다. 그렇지만 대통령은 팔레스타인 국민들이 정상적인 생활을 하고 합리적인 정부를 요구할 권리가 있다는 점을 꼭 강조해야 한다며 "중동 지역 최초의 민주주의 정부가 바위투성이의 웨스트 뱅크에 세워진다고 생각해봐요. 얼마나 멋진 일입니까?"라고 반문했다. 한참 후에야 콜린 파월과 부통령도 동의했으나 두 사람이 동의한 이유는 전혀 달랐다.

마침내 나도 의견을 말하기로 결심했다. 나는 NSC에서 좀처럼 의견을 내지 않는 편이었다. 평소에는 대통령을 위해 토의 사항을 정리하거나 대통령 발언에 대한 다른 장관들의 동의 여부를 확인하는 정도에 그쳤다. 이번에는 대통령이 원하는 바를 확실히 내세웠고 그럴 만한 이유도 충분히 있었지만 아무도 그를 지지해주지 않았다.

"각하, 잠시 한 말씀 드리겠습니다."

순간, 목소리가 너무 떨려 잠시 호흡을 가다듬고 다시 입을 열었다

"각하, 미국 대통령이라면 당연히 하셔야 할 일입니다. 회의의 최종 결론은 대통령의 몫입니다. 중동 지역에 이런 조처가 필요하다는 것은 하늘이 알고 땅이 아는 일입니다."

대통령은 예상치 못한 나의 발언에 조금 놀란 눈치였다. 평소라면 대통령

에게 개인적으로 의견을 알렸을 것이다.

회의장 곳곳에서 웅성거리는 소리가 났다. 대통령은 의자에 앉아 "나는 이 연설을 그대로 할 겁니다."라고 힘주어 말했다.

대통령이 로즈가든에서 연설하는 것은 매우 중요한 이야기를 한다는 뜻이었다. 구름처럼 몰려든 기자들 앞에서 대통령은 드디어 입을 열었다.

"나는 팔레스타인 국민들에게 새로운 지도자를 선출하도록 강력히 권하는 바입니다. 테러에 타협하지 않는 지도자를 반드시 찾아내야 합니다. 그들은 관용과 자유에 기반을 둔 민주주의를 실천해야 합니다. 팔레스타인 국민들이 이러한 목적을 향해 적극 노력한다면 우리 정부는 물론이고 세계가 그들을 아낌없이 지지할 것입니다."

연설을 끝낸 후 대통령 집무실에 모였다. 대통령은 아주 흡족한 표정이었으며 나도 기분이 좋았다. 단호하면서도 호소력 넘치는 연설이었다. 기존의 중동 정책은 양측의 협상만 강조해 진부하기 짝이 없었다. 이번에는 모두의 예상을 뒤엎고 새로운 아이디어를 내놓았다는 점에서 큰 의의가 있었다.

국무부의 아시아 문제 담당 차관인 윌리엄 번스가 떠올랐다. 그는 아랍 문제에서 둘째가라면 서러워할 전문가였으며 과장된 표현을 쓰는 법이 없었다. "반응이 어떻습니까?"라고 묻자 "난리가 났습니다."라는 대답이 돌아왔다. 윌리엄 번스가 그렇게 말했다면 정말 난리가 난 것이 분명했다. 그의 말은 "지옥에 떨어져도 이보다 더 소란을 피우지 않을 겁니다."라는 뜻이었다.

콜린에게 상황을 알아보았다. 나름대로 최선을 다해 아랍 세계를 진정시키고 부시 대통령의 속뜻을 설명하려 했지만 아무도 들으려 하지 않는다고 했다. 그는 "단단히 화가 난 게 분명합니다."라는 말만 남기고 서둘러 '수습할' 방도를 찾아 나섰다.

특히 이집트 대통령 호스니 무바라크는 매우 강경한 태도를 보였다. 부시 대통령은 6월 8일에 그를 캠프 데이비드로 초대했다. 두 사람은 중동 문제에 대해서 매우 직설적인 대화를 나누었다. 그는 나이가 많은 데다 중동 문제라면 자기를 따를 전문가가 없다고 자부했다. 이집트가 1979년에 이스라엘과 역사적인 평화 조약을 체결한 것이 이스라엘과 팔레스타인 협상에 결정적인 요소라고 생각하는 것 같았다. 그래서 중동 문제가 나오면 일장연설을 늘어놓으며 상대방을 가르치려 했다. 상대방의 말은 아예 들으려고 하지 않았다.

당시에는 무바라크에게 대통령이 곧 중요한 연설을 할 것이라고 말해줄 수 없었다. 연설 내용도 아직 손볼 것이 많이 남아 있었다. 무바라크는 자신의 방미 일정을 코앞에 두고 그런 연설을 한 것은 배신 행위라며 강한 반감을 드러냈다. 심지어 자신이 아라파트가 물러날 것을 촉구해 큰 파장을 일으킨 부시 대통령의 발언을 이미 알고도 묵과한 것이 아니냐는 의혹을 거정했다. 하지만 우여곡절 끝에 그를 설득해 이집트 정부의 협력을 얻어냈다. 무바라크 대통령은 이 사건을 오랫동안 마음에 담아 두었다.

국무부에 있는 아랍 관계자들도 놀라기는 마찬가지였다. 중동 지역에서 근무하는 어느 외교관은 칵테일 파티에서 만난 기자에게 '이번 연설' 덕분에 외교관 노릇을 더 이상 못하겠다며 푸념을 늘어놓았다. 그 말을 전해 들은 백악관 관계자들은 그 사람에게 크게 실망했다. 이로써 외교 전문가들이 부시 대통령을 전혀 지지하지 않는다는 인식이 더욱 강해졌다.

그날 저녁에 유태인 공동체의 대표자와 통화하면서 기분이 한결 나아졌다. 사전에 약속된 통화이긴 했으나 "감사합니다. 부시 대통령에게도 정말 감사드려요. 중동 지역에 관한 연설 중에서 이만큼 의미 깊은 연설은 들어본 적이 없다고 전해주세요."라는 말을 들으리라고는 기대하지 않았다. 어쨌든 모든 사람들이 백악관의 행보에 귀추를 주목하고 있다는 점을 다시 확인할 수 있었다.

이튿날 부시 대통령은 G8 정상회담이 열리는 캐나다 앨버타 주의 캐내내 스키스로 가야 했다. 아침 5시에 신문을 펼치자 '부시 대통령이 아라파트 축출 요구'라는 소름끼치는 헤드라인이 눈에 들어왔다. 아리 플레이셔는 대통령 전용기에 탑승해서 헤드라인을 함께 검토한 뒤 기자단을 만나러 갔다. 백악관 대변인들이 '대통령이 하신 말씀의 취지는……'이라는 말로 해명하는 버릇을 잘 알기에 대통령은 아리 플레이셔에게 단단히 주의를 주었다.

"내가 한 말을 번복할 생각은 꿈도 꾸지 마시오."

나는 아무 말 없이 뒤에서 지켜보고 있었다. 아리 플레이셔가 떠난 후 대통령과 나는 곧 불어닥칠 후폭풍에 대해서 논의했다. 아무리 신랄한 비판이 쏟아져도 대통령은 눈 하나 꿈쩍하지 않을 사람이었다. 오랫동안 그를 알고 지냈기에 나는 다른 사람들이 모르는 그의 진심을 꿰뚫어볼 수 있었다. 한 번은 대통령이 빈 라덴을 '사살해도 좋고 생포해도 좋다.'고 해서 온 나라를 들썩이게 만들었다. 사람들이 없는 자리에서 자기가 말실수를 한 것이냐고 물었다. 나는 "미국 대통령의 발언이라기에는 좀 지나친 표현이었습니다."라고 말해주었다. 그러자 대통령은 고개를 끄덕이며 사실 영부인도 나와 같은 말을 했다고 털어놓았다. 하지만 그는 몇 년이 지나도록 공개적으로 그 실수를 인정하지 않으려 했다.

이번에는 달랐다. 부시 대통령은 자신이 옳은 일을 했다고 절대적으로 확신했다. 중동 지역이 평화로워지려면 아라파트가 반드시 물러나야 했다. 나도 그렇게 생각했지만 G8 회담에서 강한 반대에 부딪힐 것이 자명했다. 유럽 국가들은 아라파트가 평화를 가져올 영웅이라고 굳게 믿었다. 그들은 부시 대통령의 발언을 친이스라엘 성향의 도를 넘어선 증거로 여겼다. 그런 오해는 유럽 국가들에서 끝나지 않았다. 대통령의 어머니까지 전화로 최초의 유태인 대통령이 된 기분이 어떠냐고 비꼬았다.

캐나다에 도착해서 가장 먼저 일본 총리 고이즈미 준이치로를 만났다. 그는 아라파트 문제를 언급조차 하지 않았다. 캐나다 총리 장 크레티앵은 부시 대통령의 발언에 상당히 충격을 받은 것 같았다. 그는 아라파트가 반드시 물러나야 하는지에 대해 '특정 의견'을 내지 않겠다고 말했다. 듣기에 거북한 말은 하지 않았지만 지금까지 중동 지역에서 평화 협상이 어떻게 진행되었는지를 장황하게 설명하면서 캐나다가 그동안 매우 중대한 역할을 수행했다고 강조했다. 부시 대통령은 예의상 귀를 기울였을 뿐 꿈쩍도 하지 않았다. 다행히 첫날 저녁은 '일정이 많지' 않았다. 우리는 중동 지역의 반응에 어떻게 대처할 것인지에 대한 문제는 잠시 잊은 채 앤디 카드, 카렌 휴스와 모처럼 느긋하게 저녁 식사를 했다.

이튿날 아침 헬스장에 갔다가 우연히 토니 블레어 총리와 마주쳤다. 부시 대통령은 그날 오전 토니 블레어를 만날 예정이었다. 그는 "대통령께서 일을 크게 만들어놓으셨더군요."라며 말을 건넸다. 야간 냉소적인 느낌을 주는 전형적인 영국식 농담이었다. 몇 분 후 부시 대통령이 모습을 드러냈다. 그는 토니에게 자신이 왜 그런 말을 했는지를 설명해주었다. 중동의 평화를 위해서라면 어떤 희생도 치르겠다는 단호한 의지를 보여준 것이라는 말도 잊지 않았다.

블레어 총리는 회담을 마친 후 언론 회동에서 부시 대통령에게 힘을 실어줄 방법을 생각해보겠다고 말했다. 그도 아라파트는 이제 무의미한 존재라고 생각했다. 또한 아랍과 유럽 국가들도 그 점을 분명히 알고 있었지만 아라파트가 팔레스타인 민족의 실질적 지도자라는 고정관념을 건드리지 않으려는 것이라는 추측을 내놓았다. 부시 대통령의 발언에 대해 어떻게 생각하느냐는 기자들의 질문에 블레어 총리는 노련하게 대처했다. 그는 최근 서른 번 이상 아라파트를 만났으며 자신도 '그 누구 못지않게 아라파트에게 개혁을 강력히 촉구'했으나 "이제 아무 기대를 할 수 없다는 판단이 듭니다. 테러 행위에 대한 아라파트의 태도는 이스라엘의 안보라는 개념과 상충되는 부분이 너무 많습니다."라고 설명했다.

아랍 국가들은 금세 조용해졌다. 콜린 파월이 애쓴 덕분에 부시 대통령이 원하는 대로 팔레스타인 민주주의 정부를 지지하는 움직임이 생겨났다. 지금까지 신랄한 비판과 오해에 시달린 것에 비하면 참으로 큰 성과였다. 7월 초에 요르단, 사우디아라비아, 이집트의 외교부 장관들이 백악관을 방문해 부시 대통령의 제안을 구체적으로 실천할 방안을 논의했다. 요르단 외교부 장관은 부시 대통령의 연설을 구체적인 단계별 계획으로 문서화하자고 제안했다. 다음 달에 백악관을 찾은 요르단 국왕도 동일한 아이디어를 재차 언급했다. 이 제안을 기초로 마침내 '중동 평화를 위한 로드맵'이 완성되었다. 블레어의 추측은 정확했다. 아랍 국가들도 아라파트가 평화를 이루지 못한다는 점을 깨닫고 있었지만 대외적으로는 인정하지 않았다. 다들 권위주의 국가였으므로 팔레스타인에 민주주의 정부를 설립하는 계획을 적극 지지할 마음은 없었을 것이다.

언젠가는 극복해야 할 금기 사항이었다. 그것을 부시 대통령이 과감하게 깨버린 것이었다. 이스라엘 국민들은 일단 부시 대통령의 연설을 열렬히 환호했다. 하지만 얼마 지나지 않아 부시 대통령이 이스라엘에게 변화하는 팔레스타인 자치 정부를 도와주고 지지할 것을 요구한다는 점을 깨달았다. '평화를 이유로 팔레스타인과 손을 잡는 일은 없을 것이다.'라는 오랜 편견도 버려야 할 순간이었다. 그렇게 해야 미국은 중동의 평화 문제에 종전과 전혀 다른 방식으로 접근할 수 있었다. 미국이 제시한 새로운 카드는 이스라엘 민주주의 정부와 팔레스타인 민주주의 정부가 어깨를 나란히 하는 두 국가의 해결안이었다.

11
세상에서 가장 위험한 무기

백악관이 매일 심각한 상황을 다루는 것처럼 보이지만 실상은 그렇지 않다. 어떤 날은 조용히 지나갔다. 우리는 2002년 초반부터 2001년 9월 11일 테러 사건이 국가 안보에 어떤 영향을 주었는지 체계적으로 정리하기 시작했다. 세계무역센터와 펜타곤이 공격받은 것은 1941년 12월에 진주만 공격을 받은 후로 미 정부의 정책이 크게 달라진 것에 비할 만한 일이었다. 사실 강대국이 아니라 나라도 없는 한낱 테러 조직이 현대 역사에서 미국 본토에 치명적인 공격을 감행했다는 사실은 미국인들에게 큰 충격이었다. 게다가 테러리스트들은 아프가니스탄이라는 최빈국에 본거지를 마련하고 비행기 몇 대를 무기 삼아 공격을 감행했다. 그들의 입장에서는 불과 수십 만 달러의 비용으로 미국을 농락한 것이었다. 9.11테러를 계기로 우리 정부는 보안 체제를 전면 개편하기에 이르렀다. 아무 경고도 없이 이런 공격이 발생한 사실과 다음에는 대량 살상 무기를 동원할 가능성에 비추어볼 때 안전하고 확실한 방어책이 필요했다. 요즘 시대에는 그저 테러 단체를 추적해 잡아들이는 것만으로는 문제가 해결되지 않았다. 테러 조직이 형성되고 사람을 납치해 조직원으로 양성하며, 무기와 마약 밀거래가 이루어지는 파탄 국가를 단속하는 것이 우선이었다. 파탄 국가를 추스르려면 안정된 민주주의 제도를 수립해 국민들을 정성껏 돌보고 위험한 테러 조직이 자리 잡지 못하도록 강력한 방어책을 세워야 했다. 물론 갓 출범한 민주주의 국가들은 안정기에 오르기까지 주변 국가의 도움이 절실했다. 이처럼 새로운 안보 개념의 방향은 무엇보다 철저한 방어책, 민주주의 강화, 약소국 지원으로 확정되었다. 세 가지 모두 안보 전략의 성공에 절대적인 요소였다.

2002년 연두교서는 부시 대통령이 새로운 안보 정책 방향을 설정할 첫 번째 기회였다. 9.11테러 이후 첫 번째 연두교서였기에 남다른 의미가 있었다. 테러와의 전쟁을 언급하는 것은 당연한 논리였다. 그보다 더 중요한 문제는 없었다. 2001년 9월 20일자 성명을 준비하면서 NSC는 테러와 대량 살상 무기의 관련성을 잠깐 의심했다. 9.11테러에 이은 2차 공격 가능성이 있다면 이번에는 대량 살상 무기가 등장하지 않을까를 논의했다는 뜻이다. 상황실에 앉아 9월 19일 연설 내용을 찬찬히 되짚어보았다. 아무래도 아직은 그런 이야기를 꺼낼 때가 아닌 것 같았다. 아직 9.11테러의 충격과 공포가 가시지 않았는데 핵무기 공격 가능성을 꺼내면 국민들을 더 불안하게 만들 뿐이었다.

그러나 더 이상 테러 조직과 대량 살상 무기가 결합될 가능성을 외면할 수 없었다. 9.11테러를 계기로 대량 살상 무기의 확산은 무엇보다 중요하고 시급한 문제로 부상했다. 세상에서 가장 위험한 무기이므로 테러 집단이나 악의 정권 같은 위험 분자들이 대량 살상 무기를 손에 넣기 전에 조처를 취해야 했다.

우리는 냉전 시대를 겪으면서 강대국이 생물학전, 화학전, 핵전쟁을 방지하기 위해 얼마나 많은 노력을 기울였는지 잘 알고 있었다. 북한과 이란은 독재자가 불투명한 정권을 유지하면서 미국에 강한 반감을 키우고 있었다. 이들은 핵무기를 포함해 대량 살상 무기를 생산하는 단계에 오른 것이 분명했다. 사담 후세인은 중동 지역을 마음대로 주무르면서 대량 살상 무기를 사들이거나 생산했다. 그는 이미 이웃 나라는 물론 자국민들에게도 이러한 무기를 사용한 적이 있었으므로 그가 대량 살상 무기에 눈독을 들이고 있다는 주장은 결코 가볍게 넘길 수 없는 이야기였다. 설상가상으로 파키스탄의 대표적인 핵물리학자인 알 카디르 칸이 남모르게 대가를 받고 핵 기술을 유출했다는 사실에 우리는 경악을 금치 못했다. 그는 대상을 가리지 않고 돈만 가져오면 누구에게나 핵 개발 기술과 핵무기 제조법을 넘기고 있었다.

2001년 9월 10일로 되돌아가더라도 세계는 이미 악의 국가들 때문에 두려움에 떨고 있었다. 쌍둥이 빌딩과 펜타곤이 습격당한 뒤로는 핵전쟁 위협이 더욱 피부에 와 닿았다. 테러 조직이 노리는 것은 9.11테러를 능가하는 대규모 테러를 감행할 만한 핵무기였다. 그들은 이미 이러한 핵무기 기술을 전수받거나 핵무기 거래를 할 수 있는 대상을 다수 확보하고 있었다. 2001년 10월에 믿을 만한 소식통으로부터 테러 집단이 또다시 미국을 노리고 있다는 보고를 받았다. 이번에는 방사능 무기나 핵무기를 사용할 가능성이 높았다.

부시 대통령은 2002년 연두교서를 준비할 때 이런 정황을 모두 고려했다. 핵 확산을 막는 것만이 미국을 수호할 수 있는 유일한 방법임을 강조하지 않을 수 없었다. 이번 연두교서는 부시 대통령이 임기 동안 남긴 말 중에서 가장 노골적이며 극적인 요소를 강조한 표현들이 넘쳐났다. 나중에 이런 표현들이 자주 인용된 것도 당연할 결과였다. 그는 북한, 이란, 이라크 정권을 낱낱이 분석한 뒤에 그들이 테러 조직 및 대량 살상 무기와 떼려야 뗄 수 없는 관계이므로 '이들 국가 및 그들과 손잡은 테러 조직은 악의 축이자 세계 평화를 위협하는 무장 단체'로 규정했다. 또한 '이들이 대량 살상 무기를 손에 넣는 것은 상상도 하기 싫을 정도로 무시무시한 일이며 시간이 흐를수록 위험이 더 커질 것'이며, '정부는 동맹국과 긴밀한 협조 관계를 구축해 테러 집단과 그들을 지원하는 국가를 응징할 것이며, 대량 살상 무기에 사용되는 재료, 장비, 첨단 기술을 모두 차단'하겠다고 선포했다. '국가 안보를 위해 필요한 조치라면 무엇이든' 추진할 것이라는 대통령의 강경한 의지가 그 어느 때보다 강하게 드러났다.

문장 내용은 별다른 점이 없었다. 사실 '악의 축'이라는 표현은 연설문 작성자가 임의로 삽입한 것으로서 대량 살상 무기를 손에 넣은 몇몇 국가의 정부가 이를 테러 집단에 넘길지 모른다는 사실을 강조하려던 것뿐이었다. 실제로 연설문 작성 과정에서는 아무도 그 표현에 신경을 쓰지 않았다. 스티븐과 나는 '악'이라는 단어의 어감이 너무 부담스럽다는 생각을 잠깐 했지만 '축'이 문제가 될 것이라고는 전혀 상상하지 못했다. 또한 이 표현이 악당 국가의 연합을 가리키는 표현으로 확대 해석될 가능성도 전혀 생각하지 않았다. 펜타곤과 국무부에서도 연설 원고를 검토했지만 전혀 이의를 제기하지 않았다. 나는 대통령 연설에 앞서 기자회견에 참석해 대통령 연설에서 주목할 점을 다음과 같이 간단히 소개했다.

"미국은 세계 곳곳에서 민주주의 가치를 옹호하는 용감한 사람들의 편에 설 것입니다. 이슬람 문화권도 예외가 되지 않을 것입니다."

대통령은 대다수의 정부가 전제 정치를 펼치는 지역에 사는 억압된 사람들에게 자유를 되돌려주어야 한다고 강조했다. 나는 사우디아라비아 정부 관계자들이 놀라지 않도록 주미 사우디아라비아 대사 반다르에게 미리 연락하는 것도 잊지 않았다.

이튿날 아침, 언론이 일제히 '악의 축'을 문제 삼은 것을 보고 말문이 막혔다. 대통령도 어안이 벙벙하기는 마찬가지였다. 많은 사람들이 미 정부가 이라크에 전쟁을 선포할 것이라고 예상하던 차였기에 일부 언론에서는 세

나라 전체에 무력을 행사할 것이라는 악의적인 추측도 서슴지 않았다. 일각에서는 미 정부가 수단과 방법을 가리지 않고 북한, 이란, 이라크를 상대로 전쟁을 벌일 것이라고 단언했다. 공교롭게도 나는 바로 다음 날 핵 확산 문제를 주제로 연설해야 할 상황이었다. NSC에서 핵 확산 방지 문제를 함께 논한 고위 관리인 로버트 조지프와 스티븐 해들리를 급히 불러들여 연설 원고를 급히 수정했다. 우선 대통령의 발언을 해명한 뒤 각종 언론 인터뷰 내용에 대해 부가적으로 설명할 점을 추가했다. 부시 대통령의 말은 세 나라가 공식적인 동맹 관계라는 뜻은 결코 아니었다. 그는 단지 대량 살상 무기를 확보하려는 의지가 강하며 비슷한 점이 많다는 말을 하려던 것이었다. 엄밀히 말해서 악의 축은 (세 나라가 아니라) 앞으로 그들과 손잡을 가능성이 있는 테러 조직과 세 나라 사이의 관계를 가리키는 말이었다. 어떤 경우라도 군사 대응이 최상이라고 생각한 적은 한 번도 없었다. 부시 대통령은 단지 모든 대안을 일단 고려해보기로 한 것뿐이었다. 그는 이 문제를 해결하려면 우방 국가와 손을 잡아야 한다고 생각했다. 외교는 방어의 첫걸음이었다. 하지만 이런 표현들이 오해를 불러일으켜 협상의 여지가 전혀 없다는 인상을 남기고 말았다. '악의 축'을 형성하는 나라와 협상한다는 것은 말도 안 되는 소리였다. 이 표현 때문에 부시 행정부는 물불을 가리지 않고 과격하다는 오명을 떠안았다. 구설수에 오를 말을 함부로 내뱉으며 걸핏하면 군사력을 동원하는 정부로 전락한 것이었다. 2002년, 웨스트포인트에서 대통령이 연두교서를 발표한 후 오해는 더욱 깊어졌다. 평소대로 연설 내용을 미리 물어보자 대통령은 다음 번에 기습 공격을 피하는 방법이라는 문제를 다루겠다고 했다. 그 문제는 미국이 아프가니스탄에서 단호한 행동을 취하지 않고 너무 오랫동안 시간을 낭비한 것이 아닌지에 대한 토의로 이어졌다. 세계 어느 나라의 역사나 법을 보더라도 공격받을 때까지 기다린 다음에 행동해야 한다는 원칙은 없었다. 선제공격도 엄연히 정식 군사 작전으로 보지 못할 이유가 무엇인가? 테러리스트나 악의 국가들이 공격할 가능성이 있다면 그들을 견제하거나 말리기만 할 것이 아니라 자기 방어 차원에서 먼저 공격하는 것이 당연하지 않을까? 우리는 선제공격, 예방, 견제 등에 대해 이론적인 이야기를 한참 주고받은 후에야 대통령 집무실을 벗어날 수 있었다.

곧장 사무실로 돌아왔다. 스티븐 해들리, 마이크 거슨, 앤디 카드, 카렌 휴스, 칼 로브도 뒤따라왔다. 우리는 상대방 의견을 존중하기 때문에 평소에 거의 부딪히는 법이 없었다. 하지만 연설문 내용을 정할 때면 다들 자신의 입장에 충실한 태도를 보였다. 예를 들어, 칼 로브는 대통령 연설이 정계에 미칠 영향을 논할 때 적극적인 태도를 보였으나 외교 정책에 대한 지식이 해박하면서도 자신이 그 분야의 전문가인 양 주제넘게 행동한 적이 한 번도 없었다. 그는 두뇌 회전이 빠르고 유머 감각이 뛰어나 함께 일하기에 더없이 좋은 동료였다. 그뿐만 아니라 대통령을 위해서라면 물불을 가리지 않았다. 내가 외교 정책 차원에서 바람직하지 않은 의견을 내놓으면 칼 로브는 어김없이 반기를 들었다. 반대로 그가 정치적으로 용납할 수 없는 의견을 내놓으면 내가 나서서 도와주었다. 그가 타협을 절대 용납하지 않으며 제로섬 게임*승자의 득점과 패자의 실점을 합하면 0이 되는 게임에 능하다는 평판이 자자했다. 하지만 그는 외교 정책에 끼어들려고 머리를 쓰지 않았다. 본인은 물론 대통령도 그 점을 잘 알고 있었다. 우리 둘은 그렇게 부담 없는 좋은 동료가 되었다.

마침내 우리는 다음과 같은 연설문을 완성했다.

"국가 안보를 위해 모든 국민들은 정신을 바짝 차리고 앞을 주시해야 합니다. 우리의 생명과 자유를 지키는 데 필요하다면 선제공격도 준비해야 합니다."

이 부분이 왜 논란거리가 되었는지 도통 이해되지 않는다. 대통령은 미국이 무조건 선제공격을 가할 것이라고 말하지 않았다. 그는 다만 현 상황이 그만큼 심각하다고 강조한 것뿐이었다. 적들이 사용하는 네트워크를 모두 알아내는 것도 어려울뿐더러 광기에 사로잡힌 독재자가 테러 집단에게 무기를 건네주거나 비밀리에 그들을 도와주는 것을 견제할 방법이 없었다. 연설문의 핵심은 본토 방어, 미사일 방어, 정보기관의 활약이 전부였다. 여러 해가 지난 후 그 연설문을 다시 읽어보아도 '머리털이 쭈뼛 서는' 느낌은 없었다. 그런데도 연설문은 벌집을 쑤신 듯 온 나라를 발칵 뒤집어놓았으며 미 정부가 기회를 봐서 이라크를 공격할 것이라는 결론으로 이어졌다. 이라크가 미국을 공격하지 않아도 미 정부의 결정은 확고하다는 소문이 파다했다.

이 점에 대한 논리를 다시 한번 펼치고 향후 전략의 다른 주요 사항에 대한 논의를 확대할 기회가 한 번 더 남아 있었다. 1947년에 제정되었으며 1986년 골드워터-니콜스 국방부 재편법에 의해 개정된 국가안전보장법에 의하면, 행정부는 매년 의회에 국가 안보 전략을 반드시 보고해야 했다. 그때까지만 해도 그 자료는 관료주의적 행정 절차를 비롯해 세세한 점을 모두 다루느라 수백 페이지가 훨씬 넘는 두꺼운 책으로 발행되었다. 브렌트 스카우크로프트가 NSC를 이끌 때 나도 그 책을 만드는 작업에 참여한 적이 있었다. 그렇지만 정부 내의 관계자들과 외부 세력 모두 이를 진지하게 받아들이지 않았다. 더 중요한 일이 남아 있으므로 최대한 노력을 적게 들여 빨리 끝내면 된다는 식이었다.

그러나 이번에는 분명히 달랐다. 백악관은 국가 안보 전략을 근본적으로 개편하고 중대한 의미를 부여했다. 우리는 냉전 초반에 폴 니체가 미국의 목적과 전략을 주제로 연설한 NSC-68을 모본으로 여겼다. 국무부와 국방부는 여전히 기존의 관료제 방식에 따라 분주하게 움직였다. NSC 장관들은 비밀리에 간단하고도 명료한 전략을 구상해냈다. 주요 관계자들은 이미 손이 열 개라도 모자랄 만큼 바쁜 상태였으므로 필립 젤리코에게 초안 작성을 맡겼다. 그는 예전에 함께 일한 동료이자 독일 통일에 관한 저서를 공동으로 집필해 큰 호응을 얻은 경력이 있었다. 마이크 거슨, 스티븐 해들리, 연설문 담당자인 마이클 앤턴과 몇몇 관계자들이 함께 점심 식사를 하는 자리에서 나는 필립에게 미국의 안보 환경이 크게 달라진 점을 연설문에 여과 없이 언급해 달라고 부탁했다. 논란의 소지가 있는 것을 두려워할 필요가 없었다. 오히려 사람들의 입에 오르내리게 만들어야 했다. 그러지 않고서는 쉽게 잊히기 때문이었다. 또한 테러 행위와 핵무기 사이의 연관성이나 9.11 테러와 같은 사건을 또 겪지 않으려면 어떻게 해야 하는가 하는 문제를 집중적으로 다루어야 한다고 덧붙였다. 그렇다고 부정적인 면을 계속 부각시킬 생각은 아니었다. 세계가 어떤 방향으로 나아가야 하는지 미국이 생각하는 바를 분명히 밝힐 필요가 있었다. 지금까지 해왔던 것처럼 앞으로도 적국에 당당히 맞설 것이며 냉전 종식이라는 쾌거를 이루었듯 테러와의 전쟁에서도 분명히 승리를 거둘 것이라는 확신을 표명하는 것으로 마무리하면 좋을 것 같았다.

필립이 만든 초안에는 그의 성격이 고스란히 드러나 있었다. 내용은 좋았으나 문장이 다소 길고 미사여구가 많았다. 초안을 처음부터 읽으면서 단순하고 직접적인 표현으로 수정했다. 글이 한결 깔끔하고 명확해진 느낌이 들었다. 대통령에게 미리 살펴보도록 수정본을 전달했는데 얼마 후 대통령 집무실로 오라는 호출이 왔다.

"이게 내가 원하는 전략을 설명한 건가요?"

나는 가만히 고개를 끄덕였다.

"중동 국가들은 절대 믿지 않을 거요. 내 말투가 아니잖소."

나는 펜을 들고 몇 번씩이나 수정 작업을 반복했다. NSC 사무국장이며 국방 및 외교 정책 전문가인 스티브 비건이 제시한 부처 사이의 협조 방침은 그대로 남겨 두었다. '인류의 자유를 위해 권력의 균형을 이루어야 한다.'는 첫 문장은 상당히 직설적이었다. 테러와의 전쟁을 선포한 미 정부의 입장은 이데올로기적 관점에서 20세기 자유주의와 전제주의의 팽팽한 대결로 묘사되었다. 현재 미국의 눈앞에서는 '자유와 두려움이 갈등을 빚고' 있었다. 새로운 시대를 맞이해 '지금 우리가 싸우는 이유는 민주주의 가치와 삶의 터전을 수호하는 것임을 결코 잊지 말아야 한다.'는 표현도 인상적이었다.

이 전략은 미 정부가 목표를 이루기 위해 '비길 데 없이 탁월한 군사력과 막강한 경제, 정치적 영향력'을 과감하게 사용할 것임을 강조했다. 군사력을 앞세워 주도권을 장악할 것이라는 표현에 일각에서는 예민한 반응을 보였다. 그들은 특히 '미국 본토에 대한 위협이 코앞에 닥치기 전에 밝혀내어 철저히 차단할 것'이라는 부분과 연결시키며 우려를 표명했다.

한편, 동맹국들을 긴장시킨 문구는 따로 있었다. 그것은 바로 '미국은 국제사회의 협조를 얻기 위해 지속적으로 노력할 것이나 테러 집단이 우리 국민과 조국에 해를 끼칠 우려가 있을 때에는 이를 막기 위해 먼저 행동을 취할 것이다. 이는 방어권을 행사하는 것이므로 주저 없이 단독으로 행동할 수 있다.'는 부분이었다.

전략 후반부에 언급했듯 미국은 오래 전부터 국가 안보에 대한 위협을 저지하기 위해 선제공격을 할 수 있다는 방침을 고수했다. 국제법도 수백 년 전부터 임박한 위협이 발생한 경우 조치를 취할 수 있다고 규정하고 있다. 여론에 알려진 바와 달리, 우리 정부가 발표한 선제공격 전략에서 한 가지 특별한 점이 있다면 '임박한 위협'을 현실에 조금 다르게 적용한 것뿐이었다. 전략 문서에는 분명히 이렇게 기술되어 있었다.

'미국은 위협이 발생하는 것을 차단한다는 이유로 모든 경우마다 무력을 동원하지 않을 것이다. 마찬가지로 다른 나라들도 선제공격을 핑계로 침략을 일삼아서는 안 된다. 하지만 우리는 문명사회의 적들이 뻔뻔스럽게도 물불 가리지 않고 세상에서 가장 파괴적인 무기 제조 기술을 손에 넣으려 하는 시대에 살고 있다. 미국은 위험이 수면 위로 드러나도록 내버려 두지 않을 것이다.'

여기서 '문명사회의 적들'이라는 표현도 예전과 다른 의미로 쓰인 것이었다. 과거에는 위협을 가하는 대상이 국가였으므로 무력 도발을 준비하는 과정이 먼저 포착될 것이라는 예상이 가능했다. 그렇지만 현대 사회를 위협하는 테러 집단은 은밀하게 움직였고 9.11테러처럼 경고 한마디 없이 기습 공격을 감행했다. 이런 면에서 적의 공격이 확실한 경우에만 선제공격을 허용하는 것은 어불성설이었다.

마지막으로 이번 전략에서는 테러 집단과 악당 국가로 인해 미국의 존립과 이상이 위협받을 경우에는 군대만이 아니라 '무기고에 있는 모든 자원을 총동원'하겠다는 의지를 표명했다. 또한 동맹국과 긴밀히 협조해 첩보 활동을 진행하고 테러 집단의 자금을 차단하는 데 주력할 필요성도 강조했다. 폐쇄된 곳을 자유 무역에 개방하고 여러 시장에 접근할 수 있도록 마련하는 방안도 다루고 있었다. 가장 혁신적인 것은 경제 개발 지원을 거버넌스 개혁과 민주주의 정부 건설과 동시에 추진해야 한다는 지적이었다. 그동안 정말 긴 세월 동안 해외 지원에 자금을 쏟았지만 최빈국 경제를 일으켜 세우기에는 역부족이었다. 경제 성장률이나 수혜자가 느끼는 빈곤 감소율이 아니라 달러 소득이 성공의 척도로 사용되었다.

이 전략의 요점은 경제가 성장하려면 투명성을 높이고 법치 국가 및 기본적인 인권을 존중하는 사회가 되어야 한다는 것이었다. 또한 성공 여부를 가늠할 수 있는 다양한 척도를 마련할 필요가 있었다. 이 프로그램을 주도하는 미 정부의 객관성과 투명성을 확보하기 위해 모든 방안은 미국과 당사국을 제외한 제3의 국가가 제시하도록 마련했다. 새천년도전기금을 모으긴 했지만, 우리는 '실질적인 정책 변화를 추구한 국가에 따로 포상금을 지급하고 그렇게 하지 않은 나라에 압력을 가해 개혁을 유도'할 계획이었다. 궁극적인 목표는 기본 인권과 정치, 경제 자유를 수호해 이들이 '국민들의 잠재력을 충분히 발휘하고 미래의 번영을 추구'하도록 도와주는 것이었다.

다행히도 대통령, 스티븐 해들리, 내가 기대했던 반응이 나타나기 시작했다. 《파이낸셜타임스》《워싱턴포스트》《뉴욕타임스》는 앞을 다투어 이번 전략에 대한 특집 기사를 발행했다. 예일대학 교수이자 저명한 역사학자인 존 루이스 개디스는 해리 트루먼 대통령의 NSC-68 이후로 가장 중요한 외교 정책이라고 평가했다. 정부의 한계 내에서 큰 성과를 이루어낸 뿌듯함이란 이루 말로 다 할 수 없었다. 국가 안보 전략의 기본 원칙은 2003년에 발표된 대테러 전략을 통해 한층 발전했다. 대테러 전략의 기본 틀은 미 해군 장교 출신으로 NSC를 거쳐 펜타곤 합동특수전사령부에서 근무한 윌리엄 맥레이븐이 기여한 바가 컸다. 세계인이 9.11테러라는 충격적인 사건에 미국이 어떤 대응을 내놓을지 지켜보고 있었다. 대통령 연설과 국가 안보 전략은 이 점에서 한 치의 의구심도 허락하지 않았다. 우리 정부는 위협에 대범하게 대처해서 미국이 지향하는 목표와 가치를 지켜낼 것임을 확고하게 밝혔다. 이러한 선언으로 적국은 물론 우방 국가도 크게 동요하기 시작했다.

확산 문제를 본격적으로 다루기 시작하다

안보 전략은 매우 광범위한 문제를 다루었으나 국내외 언론의 이목이 가장 집중된 것은 바로 대량 살상 무기WMD 확산 문제였다. 우리는 이 문제를 크게 세 부분으로 나누었다. 첫째는 악당 국가의 WMD 프로그램을 중단시키고 더 나아가 가능하다면 완전히 무산시키는 것이었다. 두 번째는 파키스탄과 러시아 등 세계 전역에 퍼져 있는 기존의 WMD와 핵물질의 소재를 파악하고 테러 집단이나 악당 국가의 손에 들어가지 못하도록 보호하는 것이었다. 마지막으로 테러 집단의 기습 공격에 대비해서 미국과 우방 국가를 방어할 책략을 세워야 했다.

기존의 핵무기를 안전하게 지키는 문제에 대해서는 별다른 이견이 없었다. 부시 대통령은 20년 동안 구 소련에 있는 다량의 핵무기, 화학 무기, 생물학 무기가 유출되거나 분실되는 것을 방지하고 이를 분해한 넌-루가 위협감축협력프로그램CTR에 어마어마한 자금을 지원했다. 이러한 무기가 저장된 장소는 기껏해야 철조망으로 두른 것이 전부였으며 구 소련이 무너진 뒤로 상당량의 WMD가 벨라루스, 카자흐스탄, 우크라이나, 러시아로 흘러 들어갔다.

상원의원 샘 넌과 리처드 루가는 테러 집단이나 기타 위험 인물이 옛 소비에트연방의 WMD를 차지할 가능성을 우려했다. 두 사람은 1991년에 구 소련 계승국이 WMD를 해체하고 핵물질 저장이나 운반에 관한 안전한 처리 절차를 마련하며, 핵무기 자체는 물론 개발 기술 확산을 방지하도록 지원하는 프로그램을 만들어야 한다고 주장했다. 부시 대통령은 넌-루가프로그램의 확산 방지 프로그램에 아낌없이 지원했다. 넌-루가프로그램과 방사능 물질 회수, 화학 무기를 안전하게 파기할 수 있는 시설 건축, 국경 관리 프로그램을 지원하는 데 투자된 금액은 32억 달러를 훌쩍 넘어섰다. 이 프로그램은 구 소련 계승국에 국한되지 않고 알바니아의 화학 무기를 해체하는 데에도 기여했으며 미 행정부가 주도적인 역할을 담당했다. 미국은 9.11 테러가 발생한 직후 핵무기고 방어를 강화하고 핵물질 관리 비법을 공유하는 등 특별한 지원을 베풀었다.

그에 덧붙여 2002년 6월, 캐나다 캐내내스키스에서 열린 G8 회담에서 부시 대통령을 비롯한 각국 수반들은 G8 대량 살상 무기 및 원료 확산 방지를 위한 글로벌 파트너십을 완성했다. 미국은 향후 10년 동안 러시아 및 구 소련 국가들의 지속적인 위협 감소 노력을 위해 100억 달러를 지원하고 나머지 G8 국가들에게 힘을 합쳐 100억 달러를 추가 지원하라고 촉구했다. 이후 열린 G8 회담을 통해 다수의 동맹국들이 이 협약에 수혜자 또는 기부자로 가입했다.

미사일 방어 체제를 강조하자 적잖은 논란이 일었으나 아무 제약 없이 미사일 방어 체제를 개발할 수 있도록 탄도요격미사일제한조약을 폐지한 덕분에 큰 도움이 되었다. 마지막 순간, 국회의 반대에 부딪혔지만 결국 2002년 6월 13일에 탄도요격미사일제한조약에서 공식적으로 탈퇴했다. 러시아가 가벼운 반대 성명을 발표하는 것 외에는 비교적 조용하게 지나갔다.

도널드 럼즈펠드는 1월에 펜타곤을 전면 재정비했다. 그의 목적은 미사일방어청을 설립해 미사일 방어 체제의 개발 및 조달 체제를 간소화하는 것이었다. 12월이 되자 대통령은 해상, 지상, 영공, 우주에 있는 감지 센서와 지상 및 해상 기반 요격기를 포함해 미사일 방어 장비를 현장에 투입할 것이라고 선언했다.

그러나 가장 힘들고 논란이 많은 문제는 WMD 프로그램에 강한 집착을 보이는 북한, 이란, 이라크를 주시하고 필요한 경우에는 제재를 가하는 것이었다. 이들 세 나라는 WMD 프로그램의 수준이나 주변 국가에 미치는 영향력이 제각각이었다.

이미 언급했듯 대통령은 미-북한 핵 동결 협약은 문제가 많다고 생각해 결사적으로 반대했다. 다른 사람도 마찬가지였다. 북한은 경수로 두 대를 건설할 비용 45억 달러를 포함해 여러 혜택을 누렸는데도 2002년 후반이 되자 다시 핵 사찰단을 몰아내고 영변의 플루토늄 재처리 설비를 재가동하겠다며 위협을 가했다. 부시 대통령의 말을 빌리자면, '김정일이 바다에 음식을 던지면 어른들이 모두 달려와 테이블 위에 음식을 다시 올려놓고 바다을 치우지만 김정일은 얼마 가지 않아서 음식을 또 집어던지는' 것이었다. 그야말로 딱 어울리는 설명이었다. 그렇지만 한반도 분쟁 결과를 볼 때 다른 대안을 찾기란 쉽지 않았다.

이런 상황에서 핵 동결 협약의 후속 전략을 개발하기 시작했다. 국방부와 부통령실이 손을 잡고 국무부와 강경한 대립 구도를 만들어냈다. 설상가상으로 국무부는 부처 내의 분열로 어려움이 가중된 상황이었다. 국무부의 확산 방지 대책 담당자는 새롭게 국무부 군축 담당 차관으로 임명된 존 볼턴이었다. 부시 대통령이 행정부 전체를 공화당 분위기로 몰아가는 것을 막기 위해 콜린 파월이 찾아낸 '신보수주의의 대표적 인물'이라는 소문이 있었지만 존 볼턴은 국무부 장관이 아니라 자신과 뜻을 같이하는 측근들에게 충성을 다했다. 그 후로도 콜린 파월은 존 볼턴 때문에 여러 번 곤욕을 치렀다.

부시 대통령의 임기 8년 내내 갈등의 골은 해결되지 않았다. 구조적인 허점도 원인 중 하나였다. 국무부 장관이 외교 책임자로서 이 문제를 외교 협상으로 해결하려는 것은 당연한 일이었다. 그렇게 하려면 마음에 들지 않는 나라나 적국과도 대화를 통해 두 나라가 공통으로 추구할 이익이 있는지 알아내야 했다. 상대국을 무너뜨리겠다고 공식적으로 선언한 상태에서 협상한다는 것은 말이 되지 않았다. 부통령은 북한과 같은 나라가 협상에 응할 리 없으며 설령 그렇다 해도 협상할 가치가 없다고 잘라 말했다. 도널드 럼즈펠드는 부통령만큼 부정적이지 않았으나 넓게 보면 결국 그와 의견이 같았다. 그들은 제재를 더욱 강화하고 고립 정책을 도입하는 것이야말로 정권 교체로 가는 첫걸음이라고 주장했다.

터놓고 이야기하자면 대통령은 절대적으로 강경파였다. 나도 적당히 구슬리는 것보다 제대로 압력을 가하는 것이 낫다고 생각했지만 강경파의 주장대로 하면 두 가지 문제가 생길 것 같았다.

첫째, 1994년 클린턴 정부 일각에서는 미국이 핵 동결 협약을 끝내기 전에 북한 정권이 무너질 것이라는 의견이 있었다. 그 예상은 보기 좋게 빗나갔고 북한은 예전보다 더 사악한 모습으로 변해 있었다. 연료 지원이 중단되어 국민들이 얼어 죽을 판이라도 김정일은 '눈 하나 깜짝하지 않을' 사람이었다. 정권과 군사력의 유지에 필요한 것이라면 무슨 수를 써서라도 사들이거나 방법이 없으면 도둑질이나 밀거래도 서슴지 않을 터였다. 이미 지칠 대로 지친 국민들은 오랫동안 압제에 익숙해진 데다 외부 세계와 철저히 고립되어 있었으므로 그들이 '위대한 수령 동지'를 거슬러 폭동을 일으킬 가능성은 없었다.

둘째, 미 정부가 북한을 완전히 고립시키는 정책은 장기적으로 볼 때 중국이나 한국 등 동북아 지역 국가의 협조를 이끌어낼 수 없었다. 그런 정책은 미 정부가 강압적이라는 인상만 키우고 결국에는 외교 관계의 긴장을 고조시킬 뿐이었다. 그들은 우리가 군사력을 동원할까 봐 우려했을지 모르지만 페타곤은 한반도의 무력 충돌에 끼어들 마음이 전혀 없었으므로 부질없는 걱정이었다. 우리에게는 당장 실행에 옮길 수 있는 정책이 하나도 없었다.

2002년이 되자마자 새로운 방법의 필요성이 크게 대두되었다. 3월에는 오랜 토의 끝에 북한이 미·북한 핵 동결 협약을 무시하고 있다는 점을 의회에 알렸다. 북한은 국내 핵무기 개발 활동 전반에 대해 정확한 보고를 내놓지 않았으며 관련 시설에 대한 사찰도 거부했다. 의회에 알리는 행위는 9,500만 달러의 해외 지원금을 내놓지 않겠다는 뜻이었다. 대통령은 막판에 한 발 물러서서 북한 지원금 9,500만 달러를 건드리지 않기로 했다. 덕분에 우리는 동맹국들의 거센 항의를 겪지 않고 새로운 접근법을 마련할 시간을 벌게 되었다.

나는 4월에 즉시 NSC 장관급 회의를 소집했다. 북한은 '악의 축' 연설이 발표된 후로 계속 엄포를 놓고 있었다. 그때 조지 H. W. 부시 대통령 시절에 주한 미국 대사로 일한 도널드 그레그가 평양을 방문했다 예상치 못한 소식을 가져왔다. 북한이 미 사절단 환영 의사를 밝혔다는 것이었다. 콜린 파월은 미 국무부 동아시아-태평양 담당 차관보 제임스 켈리를 평양에 보내자는 의견을 제시해 동의를 얻어냈다. 대통령은 별로 내키지 않은 표정이었으나 내가 간곡히 설득하자 동의해주었다. 그렇지만 '제임스 켈리가 일단 평양에 가면 그 후로 어떻게 할 것인가?'라는 질문이 남아 있었다.

콜린 파월은 양측이 단계적으로 움직여서 참여하는 방식을 제안했다. 자신이 생각해봐도 파격적인 것 같다고 슬며시 덧붙였다. 이는 미국과 북한의 관계를 전혀 다른 방향으로 새롭게 이끌어가는 것이었다(약간 모호한 부분도 있었다). 한창 준비가 진행 중인데 정보국에서 갑자기 폭탄 같은 소식이 날아들었다. 북한과 알 카디르 칸의 연관성을 찾았다는 보고였다. 확인이 더 필요한 부분도 있었지만 그냥 넘길 수 없었다. 평양은 오래 전부터 세계 곳곳에서 우라늄 농축 원료를 구하려 애쓴다는 의심을 받고 있었다. 9.11테러의 첫 번째 기념일을 불과 며칠 앞둔 어느 날, CIA 부국장 존 맥로린은 북한의 우라늄 농축 시설이 '생산 단계'에 올랐다고 보고했다. 플루토늄 생산을 늦추려는 핵 동결 협약에 관계없이 북한은 핵무기를 얻을 또 다른 방법을 찾은 것이 확실했다.

상황의 심각성에 대한 사람들의 의견은 큰 차이를 보였다. 아무튼 북한이 우리를 제대로 속였다는 점에는 모두 공감했다. 그렇지만 콜린은 북한을 자극해서 한반도를 또다시 위기에 빠트리는 것은 결사반대했다. 일단 우리는 켈리를 보내려던 계획은 취소하기로 했다.

이런 와중에 우방 국가들은 북한 관계 개선에 노력을 기울이고 있었다. 우리 정부가 머리를 싸매는 동안 일본 고이즈미 총리는 평양을 방문해 두 나라의 외교 관계를 회복하고 일본인 납치 사건으로 고조된 긴장감을 해소하기 위해 총력을 기울였다. 북한은 1970년대와 1980년대에 일본인을 납치해 그들의 신분을 악용하고 간첩에게 일본어를 가르쳤다고 시인했다. 현대사에서 가장 충격적이고도 엽기적인 고백이었다. 납치된 희생자의 가족은 물론이고 일본 열도 전체는 큰 충격에 빠졌다. 납치된 13명 중 살아남은 사람은 5명에 불과했으나 북한 정부는 그들을 풀어주겠다고 총리에게 약속했다(지금까지도 이 약속은 제대로 지켜지지 않았다). 일본 외무상 가와구치 요리코는 북한에 미 사절단을 파견하라고 콜린과 나를 종용했다. 그는 이틀 후 대통령에게 전화를 걸어 같은 요구를 반복했다.

그러나 국무부를 제외하고는 NSC 장관 중에서 그 누구도 북한에 갈 마음이 없었다. 나는 일본과 한국의 요구에 어떤 식으로든 반응을 보여야 한다고 느꼈다. 일방적인 고립 정책을 계속 밀어붙이는 것은 아무 효과를 기대할 수 없는 것이었다. 나는 대통령이 고이즈미와 통화를 끝낼 때까지 기다렸다가 "켈리를 보내시면 어떨까요?"라고 제안했다. 켈리라면 북한 정부를 상대할 수 있을 것이며 그를 보내는 것이 우방 국가에 도움이 될 것이라고 설명했다. 대통령은 생각해보겠다고 했더니 이튿날 아침 허가를 내주었다. 단, 북한에게 우리 정부의 입장은 예전에 비해 완화된 것이 아니라 더욱 강경하다는 것을 분명히 전하라고 지시했다. 사전에 이런 대화가 오간 것은 스티븐 해들리 외에 아무에게도 말하지 않았다. NSC에서 켈리를 보내는 문제를 다시 거론하기 전에 대통령의 '의사'를 분명히 알고 싶었던 것뿐이었다. NSC에 중대한 안건을 상정할 때면 가끔 이렇게 잔꾀를 부렸다. 대통령의 인내심의 한계를 미리 알아 두면 좋은 결과가 나올 확률이 높았기 때문이다. 이번 경우에는 대통령이 인내심을 크게 발휘할 생각이 없던 것 같다.

열띤 토론이 벌어진 끝에 켈리를 보내는 시기를 10월로 조정했다. 민감한 사안을 위해 미 외교관을 파견할 때는 항상 NSC에서 논의 사항을 미리 정해주었다. 미 정부의 방침을 제대로 전달하거나 지키기 위한 필수적인 절차였다. 국무부가 제시한 지침은 얼핏 보기에 강경책과 거리가 멀었다. 존 볼턴이 제일 먼저 거세게 항의했고 뒤이어 부통령실과 펜타곤에서 반대 의견이 쏟아졌다. 내가 생각하는 대통령의 허용 범위를 훨씬 넘어 북한의 의사를 수용하는 부분이 많았다.

스티븐 해들리는 서둘러 펜을 집어 들었다. 그는 NSC 아시아 담당관 마이클 그린과 함께 더욱 강경한 입장을 강조하는 수정안을 만들기 시작했다. 노련한 협상가를 보낼 때 가이드라인은 그저 참고용으로 만들어주는 것이었다. 하지만 이번 경우는 전혀 달랐다. 켈리는 가이드라인에서 한 단어도 더하거나 빼지 않고 그대로 적용해야 했다. 또한 가이드라인에 언급되지 않은 점은 이야기를 꺼내는 것조차 허용되지 않았다. 짐 켈리는 평양 대표단을 피해 말 그대로 몸을 숨겨야 할 처지였다. 콜린은 간섭이 지나친 데다 국무부의 이미지를 어떻게 세워야 할 것인지도 일일이 정해주는 것은 말이 안 된다고 항의했다. 나는 콜린에게 이번 사절단은 일체의 사교 활동에 참석할 수 없으므로 저녁 식사 일정을 취소하라고 요청했다. 콜린은 못마땅한 기색이 역력했지만 취소했다. 나로서는 켈리가 평양 방문 길을 열어주는 것 외에 아무것도 할 수 없었다. 사실 켈리와 국무부는 재량권을 전혀 발휘할 수 없었다. 나는 국무장관을 이런 식으로 대해서는 안 된다는 교훈을 가슴 깊이 새길 수밖에 없었다.

짐 켈리의 방문은 매우 중대한 결론으로 이어졌다. 그렇지만 우리가 예상한 것과는 방향이 달랐다. 우선 그는 가이드라인에 따라 우라늄 농축 프로그램을 강력하게 비난하고 이를 중단하기 전까지는 더 이상 협상을 진전시킬 수 없다고 선포했다. 북한은 우리가 이미 핵무기 프로그램을 알고 있다는 사실에 몹시 당황하면서도 처음에는 시치미를 뗐다. 하지만 바로 다음 날, 강석주 북한 외무성 제1부상은 연설을 통해 우리 정부의 주장을 고스란히 인정했다.

짐 켈리는 대표단 전체가 같은 말을 들었다고 콜린에게 보고했다. 북한은 비밀리에 우라늄 농축 프로그램을 추진했다고 시인했다. 그런데 가이드라인대로 하자니 제약이 너무 심해서 그 문제를 꺼낼 방법이 없었다. 켈리는 이런 사정을 워싱턴에 전보로 알렸는데 어찌된 영문인지 소식이 밖으로 새고 말았다. 강경주의자들이 협상의 여지를 주지 않으려고 일부러 흘린 것이 분명했다. 그들이 원한 대로 북한은 펄쩍 뛰며 핵무기 프로그램의 존재를 부인했다.

북한이 꿈쩍도 하지 않자 우리 정부는 강경하게 대응할 수밖에 없었다. 우리는 북한의 핵 프로그램을 동맹국에게 알리고, 미-북한 핵 동결 협약에서 연료 배송 자금 지원을 중단하겠다고 밝혔다. 국무부의 활약으로 남한, 일본, 유럽연합은 우리 정부의 결정을 지지해주었다. 핵 동결 협약에 따른 연료 배송은 11월 18일에 북한 남포항에 도착한 것이 마지막이었다. 3일 후, 북한은 미 정부가 핵 동결 협약을 저버렸다고 비난하는 성명을 발표했다. 북한 문제의 마지막 희망이었던 핵 동결 협약은 회복 가능성을 조금도 남기지 않은 채 무너져 내렸다.

연말이 되어서야 다시 대 북한 전략 문제를 논하게 되었다. 이번에 스티븐 해들리는 백악관 관계자들의 의견을 서면으로 받아서 모두 검토했다. 마이크 그린은 이 문제를 국제사회의 관점에서 다루되, 동맹국의 힘을 모으는 방향으로 정책을 추진해야 한다는 의견을 제시했다. 사만다 래비치*부통령실 안보 담당 보좌관는 정권 교체를 목표로 구체적인 실행 단계를 수립하자고 제안했다. 기발한 생각이었으나 그렇게 하면 국제사회의 지원을 받을 수 없는 데다 이미 잔뜩 긴장한 동맹국들이 완전히 겁에 질릴 위험이 컸다. 최종적으로 로버트 조지프가 외압을 가해서 정권의 행동을 변화시키는 '맞춤형 봉쇄' 정책을 내놓았다. 대통령은 나의 강력한 요청에 따라 11월 13일 NSC에서 맞춤형 봉쇄 정책에 대한 지지 의사를 표명했다.

하지만 상황실로 돌아오기 전에 대통령은 중국을 개입시키지 않으면 아무것도 달라지지 않을 것이라고 말했다. 틀린 말이 아니었지만 당시로서는 중국을 관여시킬 방법이 없는 데다 언제쯤 이야기를 꺼내야 좋을지 가늠조차 할 수 없었다. 그러던 와중에 2002년이 끝나갈 무렵, 북한은 국제원자력기구에 서한을 보내 원자로를 다시 가동하겠다고 선언함으로써 협상 가능성을 모두 차단시켰다. 자국의 핵 시설은 국제원자력기구 관련 협약에 좌우될 것이 아니라 북한과 미 정부의 관계에 달려 있다는 것이었다. 한마디로 김정일은 거의 다 차린 밥상을 뒤엎어버렸다. 당분간 우리 정부는 그가 벌여놓은 난장판에 손도 대지 않았다.

이란의 위협

이란은 북한과 성격이 다른 문젯거리를 내놓았다. 평양은 우리의 지역적 이익에 분명히 위협을 주었으며 남한에게는 직접적인 위협을 가했다. 그렇지만 한반도에서 미군의 영향력이 단연 우세했으므로 북한을 제압할 준비가 되어 있었다. 평양은 몇 차례 위험한 도발 행위를 저질렀다. 그래도 나는 김정일이 제정신은 아니지만 자살 행위는 하지 않으리라는 믿음을 버리지 않았다. 38선을 넘어 남한을 침공하는 것보다 북한의 핵물질이나 노하우가 다른 악당 국가나 테러 집단에게 넘어가는 것이 더 무서운 일이었다. 북한은 돈이 되는 것이라면 무엇이든 팔아치울 가능성이 컸다.

한편, 이란은 중동 지역에서 테러 집단을 정부 차원에서 지원하는 것으로 널리 알려져 있었으며 테러 집단의 세력 균형을 유지하려고 많은 노력을 기울였다. 이란 정부는 테러 조직의 네트워크를 직접 관리했다. 거기에는 세계 어디서라도 테러 행위를 저지를 수 있는 악명 높은 헤즈볼라*이란 정보기관의 배후 조종을 받는 중동 최대의 교전 단체도 포함되어 있었다. 레바논에 본거지를 둔 헤즈볼라는 라틴아메리카까지 손을 뻗쳐 1990년대에는 아르헨티나의 부에노스아이레스에 공격을 가했다. 조지 테닛은 헤즈볼라가 알카에다를 능가하는 조직이라며 'A급'으로 분류했다. 알카에다도 상당히 위험한 조직이었으나 '신의 당'이라는 뜻을 가진 헤즈볼라에 견줄 정도는 아니었다.

이란 정부는 시아파당이 장악했기 때문에 중동 지역의 수니파 동맹 세력은 이란의 침투를 늘 우려했다. 사우디아라비아, 쿠웨이트, 바레인 등 시아파가 사는 곳 어디에서든 이란인들이 말썽을 일으켰다. 이란의 희망 사항은 수니파가 우세한 국가를 모두 없애고 국경을 통합해 '시아 초승달'을 완성하는 것이었다. 수니파 사람들은 '페르시아의 도전'이라고 불렀다. 아예 제거하거나 뿌리 뽑는 것은 불가능했으므로 어떻게든 대처 방안을 찾아야 했다. 역사를 돌이켜보면 이라크는 이란을 막는 완충 장치 역할을 자주 했다. 이란-이라크 전쟁도 사실은 바그다드의 독재자 사담 후세인이 일으켰지만 미국이 편을 들어준 이유도 바로 거기에 있었다.

더군다나 미국에게 이란은 '사탄의 화신'이었다. 1979년부터 1981년까지 무려 444일간 인질을 억류했던 사건 때문에 미 정부가 붙여준 별명이었다. 하지만 유럽과 일본을 비롯해 세계 대다수의 나라들은 정치적으로 이란에 대해 별다른 반감이 없었다. 철저히 고립된 북한과 달리 테헤란에는 주요 국가들의 대사관이 늘어서 있었고 이란은 여러 국가들과 활발한 무역 활동을 벌였다. 2002년에 이란과 교역을 가장 많이 한 나라는 미국의 동맹국인 독일과 일본이었다.

당시 국제사회는 이란의 핵 프로그램을 위험하게 여기지 않았으므로 미국만 이란을 극도로 경계했다. 부시 정권은 신속하게 명확한 정책 방향을 설정했다. 이란에 있는 모든 핵 프로그램을 용납하지 않기로 한 것이었다. 우리는 부시르*이란 남서부에 있는 항구 도시에 핵발전소를 세우려는 러시아 정부를 만류하려고 엄청난 시간과 노력을 쏟았다. 러시아는 이란이 핵확산금지조약에 가입했으므로 핵발전소를 운영할 '권리'가 있다고 반박했다. 모든 핵연료를 모스크바에서 생산해 테헤란에 보내고 사용한 연료를 다시 러시아로 가져오는 '확산 방지형' 발전소를 만들 것이라며 우리 정부의 우려를 일축했다.

우리 정부는 이란에 핵 프로그램이 존재해서는 안 된다고 계속 주장했다. 또 이란이 보유한 유전과 천연 가스 매장량을 부각시켜 이를 개발하는 것이 더 실용적일 텐데 굳이 핵발전소를 세울 이유가 무엇이냐고 따졌다. 2002년 8월에 나탄즈와 아라크에 핵발전소가 숨어 있던 사실은 미국 정부의 주장에 더욱 힘을 실어주었다. 핵 기술을 얻으려고 노력하는 이유가 평화를 위협하지 않는 목적에서 비롯된 것이라면 핵발전소를 몰래 숨겨 둔 것은 말이 되지 않았다.

이처럼 2002년에 발견된 이란의 핵 프로그램은 적잖은 충격을 안겨주었으나 아직 개발 초기 단계를 넘지 못한 것 같았다. 국제사회도 이란을 100퍼센트 믿는 것은 아니었지만 테헤란을 중심으로 외부 국가와 경제, 정치 교류가 활발했기 때문에 누구 하나 개입할 필요성을 느끼지 못했다. 이란의 핵 위협은 세계가 이목을 집중할 정도는 아니었다. 우리 정부는 이곳의 위험이 갈수록 커지고 있다고 끊임없이 경고했지만 아무도 관심을 보이지 않았다.

12
사담 후세인의 재등장

사담 후세인의 경우는 전혀 다르다. 그는 1990년에 쿠웨이트를 침공해서 이 지역에 또 한 차례 피바람을 일으켰다. 이로써 1991년에 체결한 휴전 협정은 휴지 조각이 되어버렸다. 이라크는 자국에 가해진 재제를 보란 듯이 무시했다. 사실 그동안 몇 번 심각한 위기가 생기는 바람에 1998년에 무기 검사관들은 이라크를 떠났고 그 후로는 사담 후세인의 대량 살상 무기 프로그램이 어떻게 진행되는지 알 수 없었다. 이란과 달리 국제사회는 외교 고립, 무기 검열, 경제적 재제, 여행 금지, 원유-무기 금지령, 비행 금지 구역을 동원한 군사적 견제 및 무력 동원(1991년 쿠웨이트 침략 사건을 저지할 때와 1998년에 대량 살상 무기 생산 지역으로 추정되는 곳을 파괴할 때 무력을 동원한 바 있다) 등 사담 후세인을 제압할 수만 있다면 수단과 방법을 가리지 않았다.

2001년에 백악관에 들어와보니 위와 같은 상황이 우리를 기다리고 있었다. 우리는 이 지역의 긴장을 완화하려고 견제를 강화했다. 그런 노력은 아무 효과가 없었다. 한마디로 밑 빠진 독에 물을 붓는 것과 같았다. 그러다

9.11테러가 벌어지면서 사담 후세인이라는 인물은 기억 너머로 사라졌다. 부시 대통령은 아프가니스탄에 있는 알카에다의 지도부가 급선무라고 딱 잘라 말했다. 2002년 봄이 되어 대량 살상 무기의 위협과 테러 단체의 연관성을 조사하다 보니 자국 내의 소수 민족과 이란을 상대로 화학 무기를 사용한 경력이 있는 사담 후세인을 다시 주목하게 되었다.

대통령은 이라크를 실질적으로 제압할 수 없는 상황에 깊은 유감을 표명했다. 사담 후세인의 군 체제와 그의 목표에 대해서 알려진 바는 많지 않았다. 무엇보다도 그가 대량 살상 무기를 정확히 얼마나 보유하고 있는지를 알아낼 길이 없었다. 물론 정책 수립자가 적국의 무기 보유 현황에 대해 반박할 수 없을 정도의 증거를 충분히 확보하기란 하늘의 별 따기만큼 어려운 일이다. 대량 살상 무기에 혈안이 된 악당 국가들은 정보 유출을 차단하기 위해 수단과 방법을 가리지 않는다. 유령 회사를 세워 불법 거래를 자행하고, 별별 위장술을 동원해 온갖 설비와 자재를 운반하며, 설령 검열을 받아도 책잡힐 것을 내놓지 않기 때문에 검열 프로그램의 질적 수준을 전면 제고하게 만든다. 구 소련은 공개적으로 핵무기 보유를 인정했으며 붉은 광장에 군사 장비를 보란 듯이 전시했으나 악당 국가들의 무기 확산 정책은 한 번도 외부에 드러난 적이 없었다. 상황이 이렇다 보니 비밀스런 그들의 움직임을 뒤쫓는 정보기관이 정보를 조합하는 기술이나 진행 상황을 추측하는 능력은 거의 예술 경지에 올랐다.

예를 들어 화학 무기, 생물학 무기, 핵무기를 제작하려면 꼭 필요한 재료와 설비가 있다. 하지만 그런 재료의 대부분은 일반적인 용도로도 많이 쓰인다. 국제사회도 이 문제를 잘 알고 있다. 그래서 1990년대에 이렇게 두 가지 용도로 쓰일 수 있는 품목을 이라크가 수입하는 데 큰 제약을 가했던 것이다. 사담 후세인은 금기 사항을 제멋대로 무시했다. 어느 정보국의 보고서에 의하면, 사담 후세인은 신경계에 작용하는 물질과 고성능 알루미늄 튜브를 제작하는 유령 회사를 설립해 염소를 사들였다. 하지만 염소는 대포나 우라늄 농축용 원심분리기 같은 보편적인 무기를 제작할 때도 필요한 것이다. 물론 그가 수영장을 많이 보유하고 있다면 청소하기 위해 염소가 많이 필요했을지 모른다. 하지만 염소 대량 구매를 설명하기에는 설득력이 많이 떨어지는 이론이다.

다음 단계는 이런 재료를 사들인 나라가 실제로 무기를 제작할 수 있는 노하우나 기술이 있는지를 가늠하는 것이다. 사담 후세인은 그런 기술을 충분히 보유하고 있었다. 1차 걸프전이 발발하기 전에 이라크 정부의 지휘 아래 대량 살상 무기를 생산한 과학자들이 여전히 살아 있었으며 정부와 긴밀한 관계를 유지하고 있었다.

이제 한 가지 더 고려할 문제는 인프라, 실험실, 창고, 제자 설비에 대한 것이다. 1998년 이후 이라크 국내 상황을 살펴보지 못했으므로 미국을 비롯한 다른 나라들은 지도와 위성사진에 의존해서 이라크 내부의 무기 생산 공장 건설 여부를 추측하고 있었다. 군사 활동과 밀접한 관련이 있는 지역에 새로운 건물이 많이 들어서고 있었다. 하지만 실제로 현장을 방문해 건물 용도를 알아보는 것은 꿈에 불과했다.

마지막으로 고려할 문제는 정부의 의도였다. 즉, 이 나라가 대량 살상 무기를 생산할 이유가 충분한지를 생각해야 한다. 동일한 조건이 일본에서 발생했다면 대량 살상 무기를 전혀 걱정하지 않았을 것이다. 사담 후세인은 이미 오래전에 대량 살상 무기를 생산해서 활용한 자였다. 그에게 대량 살상 무기를 손에 넣으려는 의도가 있다는 점에는 의문의 여지가 전혀 없었다.

따라서 미국과 유럽은 물론 러시아의 정보국까지도 사담 후세인이 제재를 교묘하게 피해서 다시 대량 살상 무기 생산을 준비한다는 결론에 이르렀다. 문제는 그가 어떤 속도로 이 계획을 추진하며, 그의 손에 핵무기가 들어가기까지 시간이 얼마나 남아 있는지였다. 종종 정보국이 적국의 움직임을 과소평가해 심각한 사건을 방지하지 못한다는 사실도 이미 반영된 상황이었다. 구 소련은 1949년에 핵무기 실험에 성공했다. 이는 정보국 예상보다 무려 5년이 앞선 것이었다. 인도가 핵무기 개발 프로그램을 추진하고 있으리라는 의혹을 정보국이 제기했지만 이를 대수롭지 않게 넘겼던 정책 수립가들은 1974년에 인도 수도에서 첫 번째 핵 실험이 실행되자 놀란 표정을 감추지 못했다. 걸프전이 끝난 후인 1991년에야 이라크의 핵무기 개발 수준이 분석가들의 예상을 훨씬 뛰어넘었다는 사실이 밝혀졌다. 1년만 더 늦었다면 사담 후세인은 다소 어설프지만 핵무기를 손에 넣을 수 있었다.

정보국이 추측을 내놓으면 마지막 단계에서 여러 관계 기관이 모여(미국의 경우, 당시에는 관계 기관이 12개였으나 지금은 17개로 늘어났다) 국가정보평가서라는 공동 보고서를 작성한다. 관계 기관 사이에는 항상 의견 차이가 발생한다. 일부는 보고서 작성 과정에서 해결되지만 그렇지 않은 것은 보고서에 그대로 포함된다. 이견은 각주 형식으로 표시되며 보고서가 완성되려면 여러 달이 걸린다. 국가안전보장회의를 제외한 모든 정보 관련 기관이 참여해서 완성된 보고서는 의회와 행정부에 전달된다.

부시 대통령은 임기를 시작한 후 거의 하루도 빠지지 않고 사담 후세인의 대량 살상 무기 재건 과정에 대한 보고를 받았다. 보고 내용은 날이 갈수록 심각해졌다. CIA 국장 조지 테닛은 당시에 정보국 전체 의견을 대통령에게 전달하는 책임을 맡고 있었다. 그는 시가를 씹는 동부 출신답게 거친 표현을 서슴지 않고 내뱉으며 강한 어조로 상황을 설명했다. 지금 돌이켜보면 그가 사용한 표현이나 어조는 전혀 과장된 것이 아니었다. 조지 테닛은 사담 후세인이 대량 살상 무기를 다시 끌어 모으고 있다는 결론을 여러 차례 강조했다. 2002년 10월에 제출된 국가정보보고서를 요약하면 다음과 같다.

'이라크는 UN이 발표한 성명과 국제사회의 강한 제약을 모두 무시하고 대량 살상 무기를 계속 늘리고 있다. 바그다드에 있는 화학 무기, 생물학 무기, 미사일은 UN이 제시한 한도를 이미 오래 전에 넘어섰다. 이대로 상황을 방치한다면 2010년이 되기 전에 핵무기도 확보할 가능성이 크다.'

그 보고서는 국무부 정보조사국 담당자가 내놓은 핵무기에 대한 별개의 의견도 담고 있었다. 국무부는 화학 무기와 생물학 무기에 대한 보고서의 일반적 견해에 동의하는 입장이었다. 정보조사국은 사담 후세인이 핵무기를 원한다는 점을 인정했으나 다음과 같이 진술했다.

'그러나 지금까지 정보조사국이 알아본 바에 의하면, 이라크가 핵무기를 확보하기 위해 통합적이고 전면적인 방법을 동원하고 있다고 결론짓기에는 다소 이른 감이 있다. ……물론 이라크가 앞으로 그런 행보를 추구할지 알 수 없으나 지금 상황에서는 그러한 추측을 섣불리 지지하기 어렵다. 이라크 정부가 핵무기 개발 프로그램을 다시 가동하기 위해 지속적인 노력을 기울이고 있다는 결정적 증거가 부족하므로 정보조사국은 이라크 정부가 UN 감시단이 떠난 직후 그런 움직임을 시작했을 것이라는 주장과 지금 확인할 수 없는 일련의 행동에 대한 순차적인 계획을 수립했을 것이라는 의혹에 동의하지 않는다.'

일각에서는 '해외에서 분열성 물질만 충분히 공수해오면 몇 달 내로 바그다드에 핵무기가 등장할 것이며 길어도 1년을 넘기지 않을 것'이라는 의견을 내놓았다. 정보조사국은 이 주장을 반박하면서 다른 제안을 내놓았으나 언제 실행에 옮겨야 할지 알 수 없다는 입장이었다. 이런 상황에서 과연 위험을 무릅쓰고 정보조사국의 견해를 따르는 사람은 거의 없을 것이다. 9.11테러를 겪은 데다 대량 살상 무기의 위협을 느끼는 상황에서라면 더욱 그럴 것이다.

사담 후세인이 테러 집단을 적극적으로 후원하는 것은 이미 잘 알려진 사실이었다. 그는 팔레스타인 자살 폭탄 테러범의 가족마다 2만 5,000달러를 안겨주었다. 아킬레 라우로*이탈리아 여객선를 납치하고 마비 환자인 미국인을 살해한 아부 압바스를 숨겨준 것도 사담 후세인이었다. 9.11테러에 앞서 테러 집단에 화학 무기나 생물학 무기 혹은 핵무기를 마련해주어 미국을 공격하게 만든 장본인도 결국 후세인일 것이라는 추측은 매우 설득력이 있었다. 우리는 9월 10일까지도 단편적인 정보만 확보했을 뿐 전체적인 그림을 파악하지 못했다. 사실 민간 여객기를 미사일로 둔갑시켜 세계무역센터와 펜타곤을 공격하는 것은 상상도 못한 일이었다. 고삐 풀린 망아지 같은 사담 후세인이 미국 본토를 공격하는 테러 집단에 도움을 주었으리라는 예측은 어느 정도 설득력이 있었다.

한편, 무기 출처를 추적할 경우 보복당할 것이 확실하므로 사담 후세인이 그런 위험을 무릅쓰며 테러 집단에 대량 살상 무기를 건네주었을 리가 없다는 주장도 제기되었다. 하지만 국제사회에서 강한 지탄을 받을 것을 예상하지 못하고 1990년 쿠웨이트를 침공했으며, 1993년에는 전 대통령 조지 H. W. 부시를 암살하려 하는 등 무모한 행동을 벌인 적이 한두 번이 아니었다. 이미 테러 집단을 수차례 도와주는 우를 범한 것만 보더라도 그가 미국 도시 하나를 통째로 날려버릴 수 있는 무기를 극단주의자에게 마련해주었을 것이라는 예상은 전혀 터무니없는 것이라고 말할 수 없었다. 그러므로 우리는 될 대로 되라는 식으로 방관할 수 없었다.

사담 후세인이 9.11테러 사건의 배후인가 하는 질문이 큰 파장을 일으켰다. 미국의 오랜 숙적인 그가 세계무역센터를 공격하게 방조했을 가능성을 따지는 것은 매우 당연한 일이었다. 일각에서는 사담 후세인과 같은 독재자가 알카에다와 손을 잡을 리 없다는 의견을 내놓았다. 그의 거친 성향은 종교와 거리가 멀었으며 중동의 현상을 바꾸려는 빈 라덴의 야심에 동의할 가능성도 없다는 이유였다. 나는 이러한 의견에 조금도 흔들리지 않았다. 역사를 돌이켜보면 '적의 적은 나의 친구다.'라는 말이 적중할 때가 아주 많았다. CIA는 증거를 살펴본 후 9.11테러와 사담 후세인의 관련성을 보여주는 결정적인 단서는 하나도 없다는 결론을 내렸다.

부통령실은 사담 후세인이 배후에 있다고 철석같이 믿었다. 부통령은 (방금 외부에서 바로 전해진 자료로서 아직 분석, 신뢰도 검증, 관계 기관의 검토를 실시하지 않은) 정보를 개인적으로 훑어보는 것을 좋아하는 편이었다. 그는 알카에다 요원들과 이라크 테러 단체의 접촉에 대한 보고서라면 빠트리지 않고 살펴보았다. 이러한 보고서의 대다수는 출처를 명확히 알 수 없었기에 무턱대고 믿을 수는 없는 것이었다. 9.11테러가 사담 후세인과 알카에다의 합작품이라고 말할 수 없다고 CIA가 결론을 내린 데에는 그만한 이유가 있었다. 그렇지만 부통령실은 끝까지 사담 후세인이 배후 세력이라는 주장을 굽히지 않았다. 한번은 루이스 '스쿠터' 리비*부통령실 실장를 시켜 대통령에게 증거를 보여준 적도 있었다. 그야말로 매우 이례적인 행동이었다. 우리는 대통령 집무실에 모여 루이스의 말에 귀를 기울였다. 원래 언변이 좋은 사람이라서 그가 하는 말은 전부 옳은 것 같았다. 하지만 루이스가 말을 마치자 대통령은 "좀 더 알아보시오."라는 말만 하고 아무 반응을 보이지 않았다. 나는 그제야 가슴을 쓸어내렸다.

대통령에게 루이스가 하는 말이 정보국의 종합적 의견이 아니라는 점을 알려주려고 그 자리에 남아 있었다. 대통령은 이미 알고 있다며 나를 안심시켰다. 실제로 연설이나 브리핑은 물론 사적인 대화에서도 부통령이 들이민 보고서의 내용을 입에 올리지 않았다. 대통령은 사담 후세인이 9.11테러의 배후라는 것을 밝히는 것보다 이라크의 대량 살상 무기와 테러 집단의 연관 가능성을 밝히는 것이 급선무라고 판단한 것 같았다.

우리는 사담 후세인에 대한 작전을 두 가지 관점에서 다시 검토했다. 2002년 1월 이후로 NSC 장관들은 여러 차례 회의를 열고 몇 가지 방안을 검토했다. 스마트 제재*어느 국가의 활동이나 경제 체제 전반이 아니라 특정 부분만 제재를 가하는 것 적용 및 비행 금지 구역을 포함한 견제 정책을 계속하는 방안, 국외 거주자 및 비밀 활동을 통해 체제 변화를 유도하는 방안, 이라크에 다시 무기 감사단을 보내라는 국제사회의 압력을 높이는 방안, 사담 후세인을 설득하거나 위협을 가해 스스로 물러나게 하는 방안, 무력으로 사담 후세인을 제압하는 방안 등이 거론되었다. 북쪽에 쿠르드인을 위한 보호 구역을 설립해 국내 세력의 정치 체제 타도 움직임을 유발하자는 의견도 잠시 등장했지만 큰 호응을 얻지 못했다. 어떤 경우라도 이라크 내에 독립적인 쿠르드 정치 체제가 등장하는 것은 터키인들에게 용납될 상황이 아니었다. 터키는 이미 수십 년간 국경 지역에서 끊임없이 말썽을 일으키는 쿠르드인을 제압하고 일명 PKK로 알려진 쿠르드노동자당이라는 테러 집단을 와해시키기 위해 각고의 노력을 기울이고 있었다.

초반에는 아무 결론을 내리지 못한 채 회의가 끝나는 상황이 여러 번 반복되었다. 사담 후세인이 순순히 물러나리라고 믿는 사람은 한 명도 없었다. 이라크 국회는 온갖 무리들이 모인 곳이라 그것을 이용해 사담 후세인을 제거할 가능성도 희박했다. 거사를 치르려면 딱 두 가지 방법밖에 없었다. 국제사회의 압력을 가중시켜 대량 살상 무기를 포기하게 만들거나 무력으로 제압하는 것이었다.

이와 별도로 부시 대통령은 도널드 럼즈펠드에게 미국이 군사력을 동원할 수 있는 방법을 모두 알아보라고 지시했다. 대통령은 1991년 1차 걸프전이 끝날 때 미국이 더 이상 바그다드에 무력을 사용하지 않겠다고 선언한 것을 직접 보고 들은 당사자였다. 따라서 사담 후세인을 무력으로 제압하는 것이 실행 가능한지 궁금했을 것이다. 사실 아프가니스탄 침공을 앞두고 준비성이 부족한 군 체제에 한 차례 크게 실망한 터라, 이라크 침공이 불가피할 경우에 대비해 전쟁 계획을 일찌감치 세우려 했던 것 같다.

도널드 럼즈펠드는 토미 프랭크스 사령관에게 비밀리에 협조를 요청해서 2001년 12월 1일부터 대통령의 지시를 수행했다. 토미 프랭크스는 합동참모작전 기구의 여러 부문에 업무를 분담시켰으나 펜타곤 수뇌부를 제외한 그 누구에게도 실제로 조사 중인 문제가 무엇인지를 알려주지 않았다. 그는 12월 28일에 화상 회의를 통해 NSC에 예비 브리핑을 실시했다. 6개월 만에 40만 대군을 마련한다는 계획은 만만치 않아 보였다. 그는 '자연스럽게 시동을 걸 수 있도록' 외부의 시선을 덜 끄는 방법을 찾는 중이라고 말했다.

2002년 2월, 대통령은 웨스트버지니아의 공화당 모임에서 연설한 후 캠프 데이비드에 머무르고 있었다. 일요일 오전 예배에 참석한 후 앤디 카드와 나는 대통령 집무실로 향했다. 대통령의 머릿속에는 이라크 문제밖에 없었다. 무력을 어떻게 사용해야 사담 후세인이 정신을 차리고 대량 살상 무기를 포기하거나 이미 확보한 것이 있다면 이를 파기하게 만들 수 있는지 계속 고민하고 있었다.

"사담 후세인이 원하는 것은 권력을 놓지 않는 거야. 우리가 자신을 넘어뜨릴 수 있다고 생각하면 다른 태도를 보이지 않을까?"

정치학 용어로는 '강압 외교'라고 한다고 말하자 상당히 마음에 든다는 눈치였다. 그 뒤로 얼마 지나지 않아서 국제사회의 압력을 높이는 방안과 무력을 동원하는 방안은 하나로 통합되었다.

유럽 국가를 개입시키다

이라크 전략을 재정비하는 작업은 체계적으로 진행되었다. 4월에 대통령은 토니 블레어를 만나서 이라크 문제와 사담 후세인에 대한 조치의 필요성에 대해 오랫동안 이야기를 나누었다. 대통령은 사담 후세인이 국제사회의 압력을 두려워해야 조금이라도 움직일 것이라고 생각했다. 토니 블레어도 같은 생각이었다. 문제는 다른 동맹국들이 뭐라고 말할 것인가였다.

봄이 다 지나갈 무렵에 대통령은 독일, 러시아, 프랑스를 연이어 방문한 뒤 이탈리아에서 열리는 NATO 정상회담에 참석하는 긴 여정을 실행에 옮겼다(NATO 정상회담은 NATO 본부가 있는 브뤼셀이나 NATO 회원국에서만 열린다). 이번 여행에서 교황 요한 바오로 2세를 만난 것과 처음으로 바티칸을 방문한 것은 특별한 추억이었다. 나는 개신교를 믿는 탓인지 어처구니없는 실수를 저질렀다. 교황과 악수할 때 '신의 가호가 있기를 빕니다.'라고 말해버린 것이었다. 교황에게 어울리지 않는 말이라는 것을 깨달았지만 그때는 이미 늦었다. 교황은 '고마워요.'라고 가볍게 받아주었다.

이번 여행에서 실비오 베를루스코니*언론사, 프로 축구단 'AC 밀란' 등을 보유한 이탈리아 최대 재벌이자 정치인. 2011년까지 세 번의 총리직 역임에게 처음으로 후한 접대를 받는 기회도 얻었다. 만찬이 준비된 빌라 마다마는 웅장하고 화려했다. 한쪽으로는 로마 시대의 유적이 내려다보이고 반대편에는 바티칸이 한눈에 들어왔다. 발코니에 서서 로마의 석양을 바라보니 넋이 나갈 정도로 황홀했다. 앤디 카드는 "(백악관의) 트루먼 발코니 경관은 여기에 비할 게 못 되네요."라고 중얼거렸다.

삼색 파스타, 쇠고기 요리, 이탈리아 국기를 연상시키는 삼색 젤라토가 차려진 만찬을 즐기러 발걸음을 돌리자 베를루스코니가 "천장의 프레스코도 꼭 보셔야 합니다. 라파엘이 직접 그린 작품이니까요."라고 말했다.

나는 앤디에게 '백악관의 천장도 여기보다 나을 게 없군요.'라고 말해주었다.

그러나 이번 여행의 하이라이트는 러시아 방문이었다. 러시아 전문가로서 개인적으로 미 대통령의 리무진을 타고 크렘린 궁 스파스키 게이트를 지나는 순간이 얼마나 흡족했는지 모른다. 1979년에 불안한 마음을 달래며 붉은 광장을 찾았던 대학원 시절이 절로 생각났다. 그때는 대통령의 국가안보보좌관이 될 줄 상상도 못했다. '부모님이 살아 계셔서 지금 내 모습을 보시면 기뻐할 텐데.'라는 생각에 마음 한구석이 쓸쓸했다.

　국가안보좌관으로 대통령을 수행할 때면 눈코 뜰 새 없이 바쁜 데다 잠시도 마음을 놓을 수 없다. 대통령 순방 일정 내내 사소한 것 하나도 빠트리지 않도록 일일이 확인해야 하고, 동시에 여러 안건에 대해 모든 관련 기관의 의견을 구해야 하기 때문에 할 일이 태산처럼 많았다. 그런데 이번 러시아 방문은 비교적 한가한 편이었다. 우리에게는 '확실한 카드'가 있었다(모든 대통령이 특별한 목적을 위해서 해외 순방에 오를 때 준비하는 획기적인 돌파구를 말한다). 그것은 바로 일명 '모스크바조약'으로 알려진 미국과 러시아의 전략공격무기감축조약이었다. 이를 계기로 두 나라의 공격 무기 비축량이 눈에 띄게 줄어들었다. 미국이 탄도요격미사일제한조약을 폐지한 지 1년도 되지 않아 이런 조약을 맺은 것은 참으로 대단한 성과였다. 푸틴은 몇 달 전 대통령의 목장을 방문했는데, 이번 조약에 동의한 것은 두 사람이 그때부터 특별한 관계를 이어오고 있다는 확실한 증거였다.

　텍사스 주 크로포드는 대통령의 고향이었다. 이곳에 초대받는 것은 대통령과 개인적으로 친밀한 사이를 누릴 수 있다는 신호였다. 푸틴이 도착했을 때 비가 억수같이 쏟아지긴 했지만 일정은 성공적으로 진행되었다. 하필이면 특별한 장소로 귀한 손님을 모시는 날에 비가 온다며 대통령은 불편한 심기를 드러냈다. 게다가 푸틴이 게스트하우스에 짐을 푼 뒤 저녁 식사 시간보다 한 시간이나 일찍 모습을 드러내어 대통령의 심기를 더욱 불편하게 만들었다. 푸틴이 정중하게 사과한 뒤 방으로 돌아가자 대통령은 카렌 휴스와 나에게 못마땅한 표정을 지었다.

　"누군가 깜박 잊고 시간대가 다르다는 것을 미리 말씀드리지 않았군요."

　내가 들으라고 한 말이 분명했다. 그런데 당혹스럽기는커녕 오히려 웃음이 터졌다. 전직 KGB 고위 요원이었던 푸틴이 시간대 변동을 생각하지 못해 실수했다는 것이 그저 우습기만 했다. 그것 외에는 아무런 문제가 없었다. 저녁 식사 분위기도 화기애애했다.

이튿날 두 대통령은 크로포드고등학교 학생들이 지켜보는 가운데 기자회견을 열었다. 두 나라 정상은 더 바랄 것이 없을 만큼 좋은 분위기를 이어갔다. 푸틴은 상트페테르부르크의 고향집을 방문한 우리를 위해 직접 시간을 내어 여러 가지 활동을 함께해주는 것으로 화답했다. 러시아를 대표하는 도시인 모스크바와 상트페테르부르크는 서로 견제하는 분위기가 강했다. 상트페테르부르크 시민들은 모스크바 시민보다 자신들이 더 세련되고 고상하다고 생각하는 것 같았다. 표트르 대제가 네바 강을 따라 건설한 도시답게 아름답고 웅장한 곳이었다. 에르미타주에서 대통령은 수행원들을 남겨 두고 개인 투어를 떠났다. 개인적으로 에르미타주는 셀 수 없을 정도로 많이 왔지만 러시아는 워낙 예술이 발달한 곳이라서 박물관이나 전시관을 다니기만 해도 시간 가는 것을 까맣게 잊을 만큼 즐거웠다.

그런데 이번에는 내가 가보지 못한 전시관에 가게 되었다. 평생 잊을 수 없는 곳이었다. 표트르 대제를 실물 크기로 만든 인형이 있었는데, 가이드의 말로는 표트르 대제의 머리카락으로 인형의 머리를 만들었다고 한다. 그 말을 듣자마자 우리는 모두 기겁하면서 "표트르 대제의 두피를 벗겼다는 말인가요?"라고 되물었다. 정말 그렇게 한 것 같았다. 러시아가 많이 발전하긴 했지만 여전히 이해하기 힘든 부분들이 남아 있었다. 몇 년 뒤에 다시 에르미타주를 방문해 그 전시관을 찾아갔다. 이번에는 인형 머리가 가발이라고 가이드가 말했다. 표트르 대제의 실제 머리를 벗겨 인형을 만들었다는 사실에 경악한 사람들이 많았던 모양이다.

그날 저녁에 푸틴 부부와 대통령 부부, 세르게이 이바노프, 나는 네바 강에 배를 띄우고 '백야'를 감상했다. 북극에 가까운 탓에 한밤중에도 대낮처럼 훤한 모습은 정말 장관이었다. 캐비어와 샴페인으로 저녁 식사를 하던 중에 부시 대통령은 강 건너편을 가리키며 붉은 벽돌로 된 낡은 건물이 뭐냐고 물었다. 그곳이야말로 겨울 궁전이 가장 잘 보이는 곳이었다.

"저건 교도소 건물입니다."

푸틴 대통령은 교도소 내의 열악한 환경을 이야기하며 조치가 필요하다고 덧붙였다. 부시 대통령은 한마디로 도저히 못 믿겠다는 표정이었다.

"교도소라니요! 그건 외곽으로 옮기고 저 부지는 개발자에게 맡겨야지요."

러시아 대통령도 아직 자본주의 감각이 둔하다는 것을 알 수 있는 순간이었다. 그러고 나서 부시 대통령은 모스크바에 있는 푸틴의 사택에 갔을 때 체육관에서 발레 바를 보았다고 말했다. 그러자 푸틴은 이렇게 말했다.

"네, 발레 바가 있지요. 아내가 발레를 배우거든요. 요즘 백조의 호수를 연습하고 있습니다. 물론 저는 류드밀라를 들어 올릴 수 없어요. 그랬다간 제가 죽은 백조가 될 테니까요."

부인의 몸매를 비웃는 말에 웃어주는 것은 도저히 예의가 아닌 것 같았다. 하지만 얼굴이 빨개진 류드밀라는 물론 그 자리에 있던 사람들 모두 폭소를 터뜨렸다.

부시 대통령은 미국으로 돌아가기 전까지 남은 시간을 십분 활용해 사담 후세인에 대한 유럽의 동향을 살폈다. 이라크 문제를 제대로 해결해야 한다는 점에 모두들 동의하는 분위기였다. 우리는 이제 칼을 뽑아들 시기가 되었다는 확신을 안고 워싱턴으로 발길을 돌렸다.

시간은 쏜살같이 흘러갔다. 부시 대통령은 6월에 중동 지역에 관해서 이정표와 같은 중요한 연설을 했다. 우리는 아프가니스탄의 과도 정부 수립을 준비하면서 이라크 전략을 계속 검토했다. 숨 가쁘게 바쁜 나날들을 보내면서도 운동을 꾸준히 하고 가끔 휴식을 취하는 것을 잊지 않았다. 9.11테러가 발생한 직후 30일이 넘도록 야근하고 하루도 쉬지 못한 탓에 몸이 많이 약해졌다. 독신으로 살면 잠자는 시간 외에는 계속 일에 매달리는 우를 범하기 쉽다. 시간이나 관심을 요하는 배우자나 자녀가 없기 때문이다. 나는 워커홀릭이 될 생각은 없었다. 몇 년 전부터 그렇게 되지 않으려고 의식적으로 노력하던 차였다. 가만히 생각해보면 기분 좋게 시간을 보낼 방법은 무궁무진했다. 시간에 쫓길 때도 숨 돌릴 여유를 갖는 것은 중요한 일이었다. 나는 종종 일요일 오후에 피아노를 연주하며 스트레스를 풀었다.

2002년 봄에는 피아노 연습에 매진할 멋진 이유가 생겼다. 그야말로 감히 상상도 못할 기회가 찾아왔다. 3월의 어느 날, 비서인 리즈 라인베리가 와서 요요마에게 전화가 왔다며 연결해도 되겠냐고 물었다.

"첼리스트 요요마가 전화를 했어요? 정말입니까?"

"네, 그분인 것 같습니다."

요요마는 시대를 대표하는 최고 연주자였다. 그는 아주 특별한 제안을 했다. 4월 22일에 미국예술훈장을 수상하는데 시상식에서 협연을 해보자는 것이었다. 몇 년 전, 요요마가 스탠퍼드대학에 공연하러 왔을 때 만난 적이 있었다. '언제 한번 협연할 자리를 마련해보겠습니다.'라는 말은 그저 인사치레인 줄 알았는데, 한때 피아노 전공을 꿈꾸던 나에게 정말 손을 내민 것이었다. 나는 기꺼이 제안을 받아들였다. 몇 차례 의논한 끝에 브람스의 바이올린 소나타 D단조의 2악장을 연주하기로 했다. 이 곡은 첼로 연주자들이 종종 선보이는 작품이었다.

공연 당일 아침에 헌법기념관에서 리허설을 해보았다. 그는 별것 아니라는 듯 아주 편안한 자세로 연주를 시작했다. 덕분에 나도 긴장을 풀고 곡에 빠져들었다. 몇 군데 어려운 부분이 있었지만 한 시간 정도 연습하고 나니 오후 5시 30분 공연을 하기에 손색이 없다는 생각이 들었다. 나는 백악관으로 돌아갔다. 2시 회의에 참석하러 아래층으로 내려가는데 문 앞에서 스티븐이 말을 걸었다.

"두어 시간 후에는 대통령과 2,000명이 넘는 관중 앞에서 요요마와 함께 무대에 서야 하는데 이러고 있어도 됩니까?"

"그렇긴 하지만 일단 지금은 이 회의를 주재하는 게 내 일이에요. 회의가 끝나면 머리를 식히면서 준비할 겁니다."

연주는 성황리에 끝났다. 대통령은 연주가 끝나자마자 큰 소리로 환호해 주었다. 내 인생에서 가장 멋진 순간이었다. 피아니스트를 꿈꾸던 어린 시절로 되돌아간 느낌이었다. 하지만 내가 선택한 지금 이 길이 틀렸다는 생각은 한 번도 하지 않았다. 계속 피아노를 했더라면 아마 요요마와 협연할 기회는 결코 없었을 것이다. 그저 피아노를 칠 줄 아는 국가안보보좌관이었기에 그가 손을 내민 것 아닌가. 오히려 피아노를 전공하지 않은 게 정말 다행이었다.

그 연주를 계기로 또 한번 음악에 푹 빠져들었다. 몇 달 만에 피아노를 중심으로 5중주단을 조직했다. 로버트 바테이, 소이 킴, 로런스 월레스, 조슈아 클레인은 함께 연주만 한 것이 아니라 어려운 일이 닥칠 때마다 침착하게 대처할 수 있도록 도와주었다. 첼로를 맡은 로버트와 제1바이올린의 소이는 한때 프로 연주자로 활동한 법조인이었다. 소이는 줄리아드 음대 출신이었고, 로버트는 캔자스의 미주리대학 음대 교수로 재직한 실력파로서 여전히 워싱턴국립오페라단과 종종 협연 무대에 올랐다. 그래서 로버트가 우리 5중주단의 '코치'를 맡았다. 비올라를 맡은 로런스는 미 법무부 차관보 출신이었다. 그는 20세기를 통틀어 대법원에서 가장 많은 사건을 맡을 정도로 유능한 법조인이었는데, 비올라와 바이올린 실력도 수준급이었다. 제2바이올린을 맡은 조슈아는 스탠퍼드대학 법대 출신으로서 산드라 데이 오코너스 법관의 서기였으며, 나와 마찬가지로 무대에 서본 적이 없는 아마추어 연주자였다.

스탠퍼드 로스쿨 전 학장 폴 브레스트가 워싱턴으로 나를 만나러 왔을 때 이들을 처음 알게 되었다. 팔로 알토에 있을 때 폴과 함께 현악 5중주단에서 활동한 적이 있었는데 폴은 나에게 음악을 계속 하라고 격려하며 함께 활동할 연주자들을 소개해주었다. 폴의 말대로 우리는 금세 호흡을 맞출 수 있었다. 모두들 실력이 출중한 연주자들이었다. 함께 연주하면 할수록 음악에 대한 열정과 기쁨이 샘솟았다. 연주회도 여러 번 마련했다. 한번은 영국 대사관에서 유명한 피아니스트이자 친구인 반 클라이번이 지켜보는 자리에서 연주를 했다. 《뉴욕타임스》음악 평론가 안토니 토마시니가 2006년에 우리의 프로필을 만들어주었다. 사실 무대에 오르는 데에도 약간의 스트레스가 뒤따르기 때문에 연주 자체가 탈출구는 아니었다. 하지만 종종 모든 일을 잊고 음악에 몰두하면 마음이 푸근해지고 힘이 솟았다.

위험한 칵테일

2002년 봄이 다 지나가도록 사담 후세인 문제를 해결할 방안을 찾는 데 매달렸다. 5월 10일 장관급 회의에서는 군사 계획을 다시 검토했다. 국무부에서는 콜린이 앞장서 이라크의 미래라는 프로젝트를 내놓았다. 사담 후세인의 통치가 끝난 후 미국이 직면할 다양한 전후 재건 문제를 조사하고 평가하는 프로젝트였다. 이라크 출신의 망명자 수십 명과 행정 전문가들이 여러 그룹으로 나뉘어 보건, 경제, 농업, 상수도 등의 분야를 하나씩 맡았다. 이라크 문제는 촌각을 다투는 시급한 문제였으며 그런 만큼 제대로 된 해결책을 마련하는 것도 중요했다.

그러던 중에 아부 무사브 알 자르카위가 이라크 북부의 자그로스 산에 비밀 기지를 만든 것을 알았다. 그는 알카에다와 긴밀한 관계를 유지하며 대량 살상 무기를 직접 제조하려고 준비 중인 쿠르드 테러 조직 안사라 알 이슬람의 파생 조직을 이끌었다. 브리핑 자료에 따르면, 알 자르카위는 이라크 북부 지역에서 제조한 내용을 알 수 없는 화학 물질을 미국으로 몰래 들여오려는 시도를 멈추지 않았다. 몇몇 관계자들은 자르카위와 안사르 알 이슬람이 동물 실험은 물론, 동료에게까지 시안화수소 가스와 독극물을 실험하면서 전례 없는 규모로 무기 제조에 몰두하는 것에 우려를 나타냈다.

대통령 고문들 사이에서도 의견이 분분했다. 부통령과 도널드 럼즈펠드는 군사 대응을 먼저 해야 한다고 주장했다. 일단 공습한 뒤에 현장을 '개척'해서 정보를 모으자는 식이었다. 콜린은 섣불리 군사 대응을 하면 사담 후세인에 맞서기 위한 국제사회의 협조를 구하는 것이 어려워질 것이라는 전망을 내놓았다. 나는 대통령 집무실에 찾아가 콜린의 말이 옳다고 대통령을 설득해보았다. 또한 앞서 두 사람이 제시한 군사 대응 방안은 마음에 드는지 물어보았다. 만약 공습한다면 쿠르드인이 지배하는 곳을 포함해서 이라크 영토 내에 실제로 '지상군'을 들여보낼 것인지 결정해야 했다. 만약 그렇게 한다면 터키가 어떤 반응을 보일지 알 수 없었다. 다행히 대통령도 나와 같은 생각을 하고 있었다. 그는 몇 달 더 투자해 종합적인 이라크 전략을 완성하라고 지시했다. 아무튼 이번 일을 계기로 우리 모두는 테러 집단, 대량 살상 무기, 이라크가 위험한 칵테일이라는 점을 새삼 깨달았다.

군사 대응 전략이 구체적인 윤곽을 드러냄에 따라 도널드 럼즈펠드와 토니는 이라크 대응 전략을 '알려야 할 대상'의 범위로 넓히지 않을 수 없었다. 사람들의 뇌리 속에는 '악의 축'이라는 표현이 깊이 박혀 있는 데다 부시 행정부는 공격적인 정책을 감행한다는 이미지가 강했기 때문에 언론사들은 이번 작전을 '전쟁을 향한 행군'이라고 표현했다.

경제나 정계 인사들은 물론 국내외 곳곳에서 전쟁 위기에 대한 의견을 내놓았다. 브렌트 스카우크로프트가 8월 15일자 《월스트리트저널》을 통해 반전 의사를 뚜렷하게 피력하자 여론이 크게 달라졌다. 브렌트는 1차 걸프전에서 사담 후세인을 타도하지 않기로 결정한 전 대통령의 대변인으로 알려져 있었다. 사람들은 내가 브렌트와 가까운 사이라는 것을 알기에 혹시 그가 내 입장도 고려한 것이 아니냐는 추측을 내놓았다. 그런 사람들을 도무지 이해할 수 없었다. 나 역시 현 대통령의 신임을 얻고 있으며 필요하면 언제라도 직접 언론에 나서 의견을 표명할 수 있었기 때문이다.

브렌트의 사설이 발표된 날 아침, 대통령은 신문을 보자마자 나에게 전화를 걸었다. 휴가 중이었는데도 아주 이른 시각에 전화벨이 울렸다.

"지금 브렌트가 무슨 짓을 했는지 알고 있소?"

대통령은 화가 단단히 난 목소리였다. 나는 브렌트가 이런 문제에 대해 지나치게 신중을 기하려고 한 것 같다고 말한 뒤 바로 그에게 전화하겠다고 대답했다.

"워싱턴에는 언제 돌아올 거요?"

"오늘 돌아가겠습니다."

"크로포드에는 언제 올 수 있는 거요?"

"내일이면 됩니다. 아무튼 지금 당장 브렌트에게 전화해보겠습니다."

후에 브렌트를 만난 자리에서 우리 정부가 이라크 문제를 매우 조심스럽게 체계적으로 접근하고 있다고 설명해주었다. 그의 사설이 발표되기 전날에도 장관급 회의에서 우리 전략의 목적과 전략에 대한 대통령 작전 명령이 승인된 상태였다. 우리 정부가 전쟁을 서두르는 것은 결코 사실이 아니었다. 대통령은 이라크 문제를 수수방관할 수 없다는 생각으로 조치를 취한 것이었으나 《월스트리트저널》 때문에 뒤통수를 얻어맞은 꼴이었다. 칼럼을 쓰기 전에 나에게 연락하거나 대통령에게 직접 의견을 피력하지 않은 이유를 물어보았다. 브렌트는 온 나라가 발칵 뒤집힐 줄 몰랐다며 당혹스러워했다. 그는 대통령을 비난하거나 궁지에 몰 의도가 전혀 없었다. 전쟁 이야기로 뒤숭숭한 분위기를 가라앉히는 데 조금이나마 도움을 주려는 의도에서 자기 생각을 표현한 것뿐이었다.

지금까지도 브렌트가 자신의 의도를 솔직하게 말한 것이라고 생각한다.

그런데 몇 차례 더 비슷한 상황이 반복되면서 대통령과 브렌트 사이의 신뢰는 땅바닥에 떨어졌다. 브렌트는 내가 가장 존경하고 높이 평가하는 멘토 중 한 사람이었지만 그가 대통령과 엇나가기 시작하자 나와 그의 관계도 갈수록 소원해졌다. 다행히 몇 년간 노력한 끝에 다시 예전 관계를 회복할 수 있었다.

크로포드를 떠나기 전에 BBC 방송국이 인터뷰를 청했다. 나는 이 기회에 정부 입장을 변호하기로 마음먹고 사담 후세인을 타도하는 것은 정의를 위해 필수적이며 국가 안보에도 매우 중요한 문제라고 강조했다.
"우리 정부가 가만히 있는 것은 직무유기입니다. 그런 일은 절대 없을 겁니다."
하지만 이 말은 부시 대통령이 전쟁을 준비한다는 주장에 더 큰 힘을 실어주고 말았다.
한편, 8월 16일 열린 NSC에서 콜린은 9월에 이 문제를 UN에 가져가야 한다고 주장했다. 우리가 세운 전략이 UN을 통해 실행되어야 한다는 주장에는 아무도 이의를 제기하지 않았으나 과연 부시 대통령이 어떤 반응을 보일지 쉽게 예측할 수 없었다.
9월 7일에 대통령은 NSC 장관을 모두 소집해 의사를 물었다. 부통령과 도널드 럼즈펠드는 사담 후세인이 백기를 들 기회는 지금까지 충분했다며 최후통첩 후에 30일이나 60일을 기다려보고 그래도 반응이 없으면 군사 대응을 하자고 제안했다. 특히 부통령은 사담 후세인이 대량 살상 무기를 다시 끌어모으고 있다는 여러 증거를 제시하면서 UN 결의를 얻거나 더 조사하는 것은 시간 낭비라고 목소리를 높였다. 하지만 콜린은 미 정부의 '강압 외교'가 실패할 경우 결의만이 UN 회원국이 힘을 모아 군사 대응 지원을 받아낼 유일한 방법이라고 지적했다.

여름내 이어진 회의는 이때 가장 열띤 분위기를 자아냈다. 대통령은 각 부처 장관의 제안이나 주장을 하나도 놓치지 않았다. 사실 8월에 부통령은 해외참전향군회에 참석해서 자신의 의사를 공개적으로 표명한 적이 있었다. 그의 발언이 자신을 궁지에 몰고 있다고 생각한 대통령은 "부통령에게 전화해서 아직 내가 아무것도 결정하지 않았다고 똑똑히 말하시오."라고 지시했다. 나는 일단 거버너스 하우스 Governor's House로 돌아왔다. 이곳은 크로포드에 올 때마다 내가 머무는 별채였다. 부통령이 전화를 받자마자 나는 이렇게 말했다.

"부통령께서 하신 말은 부시 대통령이 UN 결의를 구하지 않고 무조건 사담 후세인을 상대로 전쟁을 선포할 생각이라는 뜻으로 비칠 우려가 있습니다."

그러자 부통령은 대통령을 궁지에 몰아넣을 생각은 전혀 없었다고 항변했다. 그는 며칠 후 두 번째 연설이 잡혀 있으므로 스쿠터 리비를 시켜 오해의 소지가 없는 표현으로 연설 원고를 만들어 달라고 했다. 실제 부통령은 우리가 건네준 원고를 한 글자도 바꾸지 않고 그대로 읽어 내려갔다.

9월 NSC 회의에서 모든 참석자들의 의견을 수렴한 대통령은 UN 결의를 요청하기로 결정했다. 그렇게 해야 나중에 국제사회의 입장이 난처하거나 모호해지지 않을 것이라는 생각이었다. 그는 곧 열릴 UN 총회 연설에서 그 점을 언급할 생각이었다.

부시 대통령은 마음속으로 강압 외교 정책을 구상하고 있었다. 일단 국제사회의 힘을 빌려 사담 후세인에게 입장 표명 기회를 주되, 우리 군사력을 과시해 미 정부의 경고가 빈말이 아니라는 인상을 심어줄 계획이었다. 그 뒤로 몇 달 동안 우리는 강압 외교 정책을 준비하는 데 매달려야 했다. 이것은 미국의 위상이 달린 문제였다. 사담 후세인이 장악한 이라크는 세계를 위협하고 있었으며 어떤 식으로든 이 문제를 끝내야 했다.

일각에서는 부시 대통령이 사담 후세인에게 전쟁을 선포할 것인지를 고문들과 전혀 상의하지 않았다고 주장한다. 그렇지만 9월 회의에는 부통령, 국무장관, 국방장관, 합동참모총장, 중앙정보국장, 국가안보좌관이 모두 참석했으며 NSC는 진솔한 태도로 모든 가능성을 고려한 후 대통령의 결정을 지지했다. "사담 후세인이 대량 살상 무기를 솔직하게 인정하지 않으면 전쟁 외에 방법이 없습니다."라고 부시 대통령이 말했을 때 NSC 참석자들은 전혀 이의를 제기하지 않았다. 그 자리에 있던 모든 사람들의 눈에 미 정부가 나아갈 방향은 분명히 드러나 있었다.

또 다른 위기가 닥치다

라틴아메리카의 경제 혼란은 하루가 밀다 하고 나를 피곱혔다. 전쟁이냐 평화냐를 따지는 문제가 아니었지만 사실 전쟁 문제보다 더 까다로운 상황이었다. 특히 아르헨티나는 2002년 1월 1일을 기점으로 보름 동안 대통령이 네 번이나 바뀌는 등 정세가 말이 아니었다. 페르난도 데라루아 대통령은 부에노스아이레스가 폭동 때문에 아수라장으로 변하자 사임을 표명하고는 헬리콥터를 타고 대통령 궁을 빠져나갔다. 며칠 후 아르헨티나는 국가 부도를 선언했다.

내가 워싱턴에 왔을 때 아르헨티나는 이미 공채 문제로 심각한 위기를 겪고 있었다. 그 문제는 1990년대에 시작되어 눈덩이처럼 커졌으나 아무 해결책을 찾지 못한 상태였다. 그동안 국제통화기금IMF이 지원금을 쏟아 부었지만 아르헨티나 사태는 전혀 회복 기미를 보이지 않았다. 부채 재조정 프로그램은 상환금 반환 일자만 늦출 뿐 아무 소용이 없었다. 미 달러화에 일대일로 연동된 아르헨티나 페소의 가치는 바닥에 떨어졌다. 다행히 워싱턴에는 저명한 학자 출신 정책 수립가들이 많았다. 내게는 스탠퍼드대학의 옛 친구들과 함께 일할 기회였기에 반가운 일이었다. 그중에는 스탠퍼드대학에서 사귄 앤 크루거라는 친구도 있었다. 그녀는 저명한 경제학자로서 당시 국제통화기금 수석 부총재였다. 아르헨티나의 상황을 설명해 달라고 하자, 앤은 적절하게도 아르헨티나 재무부 장관을 시시포스에 비유했다.

"바위를 위로 밀어 올릴수록 그 바위는 더 아래로 굴러가버리지요. 그것도 전혀 엉뚱한 방향으로 말입니다."

아르헨티나의 경제 위기는 주변 약소국에게 심각한 영향을 미쳤다. 대통령에게 경제 고문이 따로 있는데 국가안보좌관이 왜 신경을 쓰냐고 반문하는 사람도 있을 것이다. 쉽게 말해서 국가경제회의는 오랜 기간 막강한 영향력을 행사한 NSC에 감히 비교할 대상이 아니었다. 래리 린지는 관계 부처가 합심해서 해결책을 모색하는 데 찬성했다. 후에 스티븐 프리드먼도 이 점에 동의했다.

외교 정책과 경제 문제는 원래 겹치는 부분이 많아 정확히 선을 긋는 것이 사실상 불가능했다. 국제통화기금의 긴급 구제 조치를 미 정부가 선두에서 지휘해야 하는지에 대한 질문이 제기되었다. 국무부는 자금을 지원하는 것이 외교를 강화하고 서반구에 자유무역 지대를 세우려는 대통령의 노력에 힘을 실어줄 것이라고 전망했지만 재무부와 국제통화기금은 더 이상 지원하는 것이 무의미하다며 반기를 들었다. 아르헨티나 경제는 이미 220억 달러를 지원했는데도 호전될 기미가 없다는 이유였다. 아르헨티나 정부는 낭비벽이 심하고 부정부패가 심각했다. 게다가 브라질이나 터키와 같이 경제적으로 허덕이는 다른 나라들은 모두 어떻게 할 것인가 하는 질문에도 쉽게 대답할 수 없었다. 나는 합리적인 해결책을 이끌어내려고 계속 전화를 걸고 회의를 소집했지만 상황은 좀처럼 나아지지 않았다. 하지만 스페인 총리 아스나르가 막판에 대통령에게 직접 호소한 것이 형세를 변화시켰다. 나는 저녁을 함께 먹으면서 앤 크루거를 설득했다.

"대통령 각하는 진심으로 아르헨티나를 도와주려는 겁니다. 아르헨티나가 이대로 무너지는 것을 구경만 할 수는 없습니다. 아르헨티나 정부와 손잡고 해결책을 마련하려면 당신이 꼭 도와줘야 합니다."

국제통화기금은 물론이고 행정부 내의 몇몇 관계자들은 난색을 표명했지만 결국 아르헨티나는 숨통이 트일 수 있었다. 네스토르 키르츠네르 행정부는 고마운 줄도 모르는지 아무런 말이 없었다. 어쨌든 아르헨티나 경제는 위기를 벗어나 5년 연속 GDP가 상승했다.

13

국제사회에 타협의 여지가 없음을 알리다

대통령의 UN 연설을 준비할 때 우리는 두 가지 요구 사항을 염두에 두었다. 우선 대통령은 사담 후세인이 이끄는 정부가 매우 위험한 존재이며 이미 오랫동안 국제사회의 의견을 무시했다는 점을 강조하려 했다. 당연히 연설문 어조는 단호하고 타협의 여지를 남기지 않았다. 하지만 파격적인 수준은 아니었다.

두 번째로 염두에 둔 것은 미국 정부가 필요에 따라서 단독으로 테러 집단의 위협에 대처할 것임을 세계에 알리는 것이었다. 대통령은 UN 총회에서 "우리는 UN 안전보장이사회와 협력해 필요한 경우에는 UN 결의를 얻을 것입니다. 하지만 미 정부의 목적은 여기에 좌우되지 않습니다. 평화와 안전 보장을 요구하는 안전보장이사회의 결의를 반드시 실행해야 합니다. 그러므로 우리는 분명한 행동을 취할 것입니다. 법적 정당성을 상실한 통치 체계는 권력도 잃게 마련입니다."라고 강조했다.

한편, 우리는 나라마다 반응이 다를 것이라고 예상했다. 정책 수립자에게

이 점은 항상 고민거리였다. 적국에게는 두려움을 안겨주는 동시에 동맹국에게는 확고하면서도 신중하다는 인상을 남겨야 했다. 같은 말이라도 듣는 사람에 따라서 다르게 해석될 여지가 있으므로 균형을 잡기란 보통 어려운 일이 아니었다.

콜린과 나는 대통령 연설이 절반쯤 진행된 무렵에야 원고에 문제가 있다는 것을 깨달았다. 대통령이 새로운 결의 채택을 요구하기로 논의가 끝났는데 어찌된 영문인지 최종 원고에 그 내용이 누락되어 있었다. 연단에 서 있는 대통령에게 어떻게 상황을 전달해야 할지 난감했다. 다행히도 대통령은 결의에 대한 부분을 논의할 때 그 누구보다 몰입했기 때문에 누락된 부분을 금세 알아차렸고, 사담 후세인의 운명은 UN 안전보장이사회의 손에 달렸디고 강변했다.

부시 대통령은 UN 연설을 일주일 남겨 두고 사담 후세인에 대한 무력 대응을 승인해줄 것을 의회에 요청했다. 백악관 내에서는 UN과 의회 중 어디에 먼저 이 문제를 상정하는 것이 유리한지를 두고 열띤 토론이 벌어졌다. 대통령은 의회 승인을 먼저 얻는 것이 사담 후세인에 대해서나 국제사회 앞에서나 더 유리하다고 생각했다. 이번에는 더 이상 빠져나갈 길이 없다고 판단할 때만 사담 후세인이 고집을 꺾을 것이라는 대통령 본인의 생각이 크게 반영된 결정이었다.

강압 외교는 무력 대응을 위한 준비와 외교 활동을 통한 회유를 동시에 진행해야 한다. 이때 회유의 성공 여부는 무력 대응을 준비하는 범위나 강도에 달려 있다 해도 과언이 아니다. 그만큼 연출 과정이 복잡하고 여러 걸림돌이 많았다. 무력 동원은 정해진 흐름이 있고 거침없이 밀고 나가야 하는 것이라 무한정 대기 상태로 내버려 둘 수 없었다. 반면에 외교 정책은 확실한 것이 없고 시행착오가 많기 때문에 원하는 돌파구를 찾아낼 수 있을지 아무도 확신할 수 없었다. 콜린은 UN 총회 연설이 끝나기 무섭게 UN 안전보장이사회의 새로운 결의를 끌어내기 위한 협상에 돌입했다. 며칠 지나지 않아 결의 1441호가 모습을 드러냈지만 최종 표현을 점검하는 과정에서 난관에 부딪혔다. 일단 누가 사찰단을 구성할 것인지, 사찰단에게 어느 정도 권한을 부여할 것인지, 안전보장이사회에 보고서를 제출하는 주기는 어느 정도로 할 것인지를 논하는 과정에서 의견이 분분했다. 그중에서 가장 큰 논란을 일으킨 것은 사담 후세인에게 '심각한 결과'를 경고하는 것을 어떤 의미로 해석할 것인지였다. 으레 이 표현은 후세인이 UN의 요구를 받아들이지 않을 경우에 무력 동원을 불사하겠다는 뜻으로 해석되었다. 미국과 영국은 무력 대응에 앞서 UN의 결의 하나만 얻으면 충분하다고 주장했으나 프랑스와 러시아는 결의의 표현을 조금 바꾸어 2차 결의 가능성도 열어 두어야 한다고 맞섰다.

의견 차이를 좁히느라 무려 한 달 반 이상이 흘렀지만 최종적으로 완성된 결의는 만장일치로 채택되었다. 미국 외교의 승리였다. UN 대사 존 네그로폰테와 콜린 파월이 일등 공신이었다. 나도 국무부에 힘을 실어주며 여러 관계 부처가 대립할 때 중재안을 내놓고 대통령에게 일일이 보고하는 등 동분서주했기 때문에 감회가 새로웠다. 나 때문에 국방부와 부통령실에서는 불만의 목소리가 높았다는 것을 잘 알고 있었다. 사실 UN에서 이런 문제를 논의하려면 분명 시간이 오래 걸릴 것이지만 우리끼리 싸우느라 시간을 허비하는 것은 정말 어리석은 짓이었다.

일단 결의가 통과되자 상황은 급물살을 타기 시작했다. 적어도 UN의 처리 기준에서 볼 때는 상황이 급변하는 것이었다. 한 달 후인 2002년 12월 7일까지 국내 무기 보유 상태를 빠짐없이 정확하게 보고한 뒤 보고서 내용을 확인하기 위해 파견된 무기 사찰단의 입국을 허용하라고 이라크에 통보했다.

그러나 속사정은 크게 달랐다. 우리는 1분 1초가 아까운 처지였다. 무기

사찰 업무를 감독하고, 군사 작전을 정비해서 사담 후세인에게 압력을 가하기 위해 파병을 준비하는 데다, 전쟁이 끝난 뒤에 사담 후세인이 사라진 이라크를 어떻게 처리할 것인지 계획하는 등 세 가지 일을 동시에 해내야 했다.

사찰단 업무를 감독하는 것은 거의 내 몫이었다. 나는 UN 감시검증사찰위원회 위원장 한스 블릭스와 감시위원회의 핵무기 부문을 맡은 국제원자력기구 사무총장 모하메드 엘바라데이와 가까운 사이가 되었다. 펜타곤과 백악관은 두 사람을 의심에 가득 찬 눈으로 주시했다. 따라서 사담 후세인이 잔꾀를 부릴 기회를 놓칠 수 없다고 대통령을 안심시키는 것도 내 역할이었다.

처음에는 한스 블릭스의 꾸밈없고 직설적인 태도에 적잖이 놀랐다. 그 역시 나중에는 다른 사람들과 마찬가지로 전쟁을 비판했고, 우리 정부가 시간을 충분하게 주지 않아 사찰단이 제대로 활동할 수 없었다며 불만을 터트렸다. 그렇지만 1월에 UN에서, 2월에는 워싱턴에서, 그를 만나 대화를 나누어보니 사담 후세인의 진실성을 극도로 의심하고 있었다. 1월 27일자로 UN 안전보장이사회에 제출한 보고서는 다음과 같이 진술했다.

'이라크는 지금까지도 (국제사회가 요구한) 군비 축소 요청을 진지하게 받아들이지 않은 것 같다. 그들은 국제사회의 신임을 얻고 세계 평화에 기여하는 데 필요한 조처를 취할 의사가 없다.'

그러나 2월 14일에 제출한 두 번째 보고서에서는 한 발 물러나 다소 모호한 태도를 드러냈다. 그가 첫 번째 보고서를 통해 미국에 전쟁 명분을 마련해주었다고 생각했던 유럽 국가들은 두 번째 보고서가 나오자 강한 비난을 퍼부었다.

엘바라데이와도 사이가 좋은 편이었다. 그는 사담 후세인이 핵무기 프로그램을 재건했을 리 없다고 나에게 말했다. 이 점을 대통령에게 보고했지만 국제원자력기구는 이미 1991년에 판단 착오를 범한 전력이 있으므로 그의 판단에 선뜻 동의할 수 없었다.

2003년 초반이 되자 무력을 동원할 이유가 분명해졌다. 사담 후세인은 핵 사찰단을 보란 듯이 우롱했다. 과학자들을 만나게 해 달라는 요청을 번번이 거절했고 '감시원'이 사찰단을 그림자처럼 따라다니게 했다. 말로만 협조한다고 할 뿐 사찰단에게 아무 정보도 내놓지 않았다. 이러한 어려움이 있었지만 UN 사찰단은 이라크 정부 요원들이 사찰단 방문 직전에 여러 가지 군수품을 다른 곳으로 빼돌리거나 숨긴 정황을 포착했다. 이라크 독재자의 꾀가 바닥을 드러낸 모양이었다.

솔직히 나는 이해되지 않았다. 어쩌면 그는 우리 정부에 아예 신경조차 쓰지 않았는지도 모른다. 1990년에 국제사회의 반응을 우습게 생각하고 쿠웨이트를 공격했던 자가 아닌가. 1991년 '사막의 폭풍' 작전을 수행할 때 나는 백악관에서 모든 과정을 지켜보고 지원했다. 연합군이 집 앞에 진을 치고 러시아를 포함한 우방 국가들까지 물러설 데가 없다며 포기를 종용할 때도 사담 후세인은 끝내 항복하지 않았다. 1991년에 내가 본 사담 후세인은 고집불통인 데다 망상에 빠져 있었다. 그는 조금도 나아지거나 변한 구석이 없었다.

그러나 여전히 전쟁까지는 가지 않고 사담 후세인을 처치할 수 있는가 하는 생각은 머릿속에서 지워지지 않았다. 대통령도 마찬가지였다. 우리는 아랍 국가 수장들에게 연락해 사담 후세인이 끝까지 고집을 피우면 무력으로 제압할 것이라고 분명히 통보했다. 이집트는 사담 후세인이 아들을 통해 10억 달러를 주면 물러나겠다고 통보했다며 우리에게 알려주었다. 대통령은 기꺼이 돈을 주겠다고 응답했다. 그렇지만 더 이상 아무 소식도 들리지 않았다. 솔직히 말해서 나는 독재자에게 돈을 보내는 것이 옳은지 판단이 서질 않았다. 잘못된 선례를 남기면 훗날 더 큰 문제를 일으킬 수 있다는 생각이 들었다. 살다 보면 어쩔 수 없이 불쾌한 선택을 해야 한다는 생각으로 입을 다물었다. 국제사회가 극악무도한 독재자를 법으로 다스릴 것인지, 아니면 폭력 사태와 전쟁을 막기 위해 그냥 쫓아버릴 것인지를 놓고 팽팽하게 대립한 것은 이번이 처음은 아니었다. 이번 사건의 경우, 대통령은 후자를 지지하기로 마음을 정한 것 같았다.

대통령이 UN에서 연설하기 몇 주 전, 전미외교협회에 근무했던 퇴역 공군 장교 찰스 보이드가 찾아와서 기발한 아이디어를 내놓았다. UN이 이라크 무기 사찰을 허가하면 사담 후세인의 심복들도 생각이 달라질 것이라는 주장이었다. 한때 이라크 독재자였던 자가 공개적으로 수치를 당하는 것을 보면 누군가가 나서 그를 무너뜨릴 확률이 높았다. 그가 지휘하던 군대마저 등을 돌릴 가능성이 있지 않았다. 대통령은 그 아이디어가 매우 좋다고 여겼다. 나 또한 성공 가능성이 높다는 생각이었다. 그렇지만 이를 어떻게 실행에 옮길지 막막했다.

'일단 무기 사찰단이 어떻게 제한 구역에 들어갈 수 있단 말인가? 총이라도 쏘면서 접근할 것인가? 사담 후세인의 심복들이 반격을 가하면 어떻게 한단 말인가?'

게다가 러시아와 프랑스 정부는 분명 이러한 행동이 이라크의 통치권을 침범하는 것으로 여길 텐데 그들이 어떤 반응을 보일지 예상할 수 없었다. NSC에서 함께 머리를 맞대보았으나 뾰족한 수가 나오지 않았다. 전쟁이 벌어지기 몇 주 전 캠프 데이비드에서 이 아이디어를 조심스럽게 꺼내자 콜린 파월, 도널드 럼즈펠드, 부통령은 마치 약속이나 한 것처럼 말도 안 되는 생각이라며 코웃음 쳤다.

사실대로 말하자면 우리가 이라크 침공을 감행한 이유는 더 이상 방법이 없었기 때문이다. 제재를 가해도 효과가 없고 사찰단도 제 기능을 다하지 못했다. 다른 방법도 써보았지만 사담 후세인은 눈 하나 까딱하지 않았다.

대통령도 전쟁만은 피해야 한다는 입장을 굽히지 않았다. 그렇지만 이제는 사담 후세인과 정면으로 맞서야 했다. 그의 세력을 무너뜨리지 않으면 세계는 하루도 평온하게 보낼 수 없었다. 지금처럼 사담 후세인이 대량 살상 무기도 없고 세계가 보는 앞에서 무장 해제할 수 있는 상황은 오래 지속되지 않을 절호의 기회였다. 그는 교묘하고 비열한 방법을 동원하고 국민들에게 겁을 주는 방식으로 통치권을 유지했다. 그 자리에서 밀어내면 사담 후세인은 갈 곳이 없었다. UN이 나서주기만 한다면 승리는 따놓은 당상이었다. 그를 축출하면 대량 살상 무기를 처리하고 선거 등을 통해 새로운 정부를 설립하도록 추진할 시간을 벌 수 있었다.

우리가 이라크로 눈을 돌린 이유는 민주주의 확립이 아니었다. 이는 루스벨트 대통령이 히틀러와 전쟁을 선포한 이유가 독일에 민주주의를 확립하려는 것이 아닌 것과 같은 논리다. 물론 나치 정권이 무너지자 미 정부가 민주주의 확립 정책을 추진한 것은 사실이다. 우리가 전쟁을 밀어붙인 까닭은 우리 국민과 우방 국가의 안보에 위협을 느꼈기 때문이다. 사담 후세인을 무너뜨리는 것이 불가피하다면 그가 사라진 자리를 어떻게 메울 것인지도 미리 생각해 두어야 했다. 그 문제를 논하는 자리에서 도널드 럼즈펠드를 위시한 몇몇 장관들은 우리 정부가 그것까지 책임질 필요는 없다며 반박했다. 누구든 적당한 인물이 나서 이라크 정부를 새로 이끌어가도록 내버려두자는 식이었다. 부시 대통령의 생각은 달랐다. 그는 미국이 무력을 동원한 이상 미 정부의 원칙을 끝까지 적용하는 것이 옳다고 여겼으며 전쟁이 끝나면 이라크에 민주주의 정부를 세워주고 돌아와야 한다고 생각했다. 아랍 국가의 중심부에 민주주의 정부를 세운다면 중동 지역 전체에 민주주의 바람이 불 것이고 절망과 테러 집단의 근본 원인인 자유의 부재라는 문제도 해결할 수 있을 것 같았다.

전쟁 준비에 돌입하다

사찰단이 별다른 성과를 내지 못하자 무력 대응밖에 없다는 쪽으로 분위기가 흘렀다. 도널드 럼즈펠드는 전진 기지에 주요 장비와 군수품을 옮기는 등 토미 프랭크의 계획을 실행할 태세를 갖추기 시작했다. 군대를 모집하고 정비할 때가 된 것 같았다. 평소대로라면 군대와 장비를 함께 옮겼겠지만 전쟁 준비가 외교 활동보다 앞서가면 안 된다는 대통령의 우려 때문에 일부러 속도를 늦춘 것이었다. 직업 군인들은 도무지 이해할 수 없다는 반응이었으나 강압 외교에서 꼭 지켜야 할 사항이었다.

NSC 장관들은 전쟁이 발발하기 전까지 매주 한 번 이상 모여 군사 작전을 검토했다. 회의에서는 몇몇 질문이 제기되었다. 먼저 사담 후세인이 자국민이 희생되는 것을 아랑곳하지 않고 우리 군대를 겨냥해 대량 살상 무기를 사용할 가능성을 우려하지 않을 수 없었다. 그 때문에 연합국은 체코, 폴란드, 슬로바키아, 우크라이나에서 특수 화학 전담팀을 데려오는 등 만반의 준비를 했다. 전쟁터의 대량 살상 무기에 대해서는 NATO보다 바르샤바조약기구가 한 수 위였다. 이 점은 내가 오래전 동유럽 전문가로 활동할 때 이미 지적한 것이었다.

이 점에 대해 사람들의 의견은 분분했다. 어떤 이는 지독한 무기를 대량으로 보유한 구 소련군이 슬슬 무기고를 여는 것이라고 주장했다. 어찌 됐든 우리 정부는 바르샤바조약에 서명한 나라들이 NATO에 가입함에 따라 대량 살상 무기를 견제할 수 있는 든든한 지원군을 얻은 셈이었다. 그들의 힘을 확인할 절호의 기회였다.

사담 후세인이 군대를 이끌고 바그다드로 돌아갈 가능성도 배제할 수 없었다(이를 가리켜 '바그다드 요새 시나리오'라고 일컬었다). 그렇게 되면 민간인 밀집 지역에서 전투가 벌어지므로 희생자가 눈덩이처럼 불어날 수밖에 없었다. 수니파는 소수 민족이지만 이라크의 부와 권력을 거의 장악하고 있었다. 럼즈펠드는 시아파가 수니파를 자극할 경우에 보복성 살인과 종족 간 폭력 사태로 이어질 것을 경고했다. 바로 그 이유 때문에 우리는 최대한 빠른 시일 내에 다민족으로 구성된 임시 정부를 세우려 한 것이다.

하지만 내가 가장 불안해했던 것은 펜타곤이 두 문제에 제대로 주의를 기울이지 않는 것이었다. 한 가지는 북부 지역과 변화가 많은 터키-쿠르드인의 대립 문제였고, 다른 하나는 '후방 지역 보안'의 필수 조건이었다. 연합군이 사담 후세인의 군대를 상대하는 동안 치안 유지는 누가 맡을 것인가?

첫 번째 문제는 대통령에게 솔직히 마음을 털어놓는 것으로 해결할 수 있었다. 우리 정부는 터키와 크고 작은 문제로 갈등을 겪었다. 처음에는 연합군이 터키 영토를 통과하게 해주었지만 나중에 말을 바꾸었다. 그래서 북부 지역으로 이라크에 진입하는 것이 불가능해졌다. 하루는 상황실에서 브리핑을 마치자마자 대통령 집무실로 곧장 따라갔다. 나는 대통령의 오른편 소파에, 부통령은 나의 맞은편에 앉아 있었고, 조지 테닛도 와 있었다. 내가 먼저 말문을 열었다.

"각하, 현재 북부 지역 전략이 전무합니다. 펜타곤은 각하의 결정을 기다리고 있습니다."

그러나 부통령은 즉각 이의를 제기하면서 군사 계획은 도널드 럼즈펠드와 사령관들에게 맡겨 두어야 한다고 주장했다. 나도 물러서지 않았다. 대통령은 다음 회의에서 도널드 럼즈펠드와 이 문제를 논의했다.

아무리 따져보아도 그 계획은 허점이 많았다. 프랭크는 필요하다면 쿠웨이트를 가로질러 제4보병대를 보낼 수도 있지만 전쟁 초반에는 북쪽에 대기시키는 편이 좋다고 했다. 터키와 쿠르드 국경에 문제가 생기거나 사담 후세인의 군대가 북쪽으로 진격할 경우에 대비하려는 것이었다. 터키 정부가 끝내 제4보병단이 터키를 지나게 해주지 않았으므로 제173공수여단은 1,000명에 달하는 낙하산 부대원을 북쪽 지역에 내려주었다.

하지만 후방 지역의 치안 문제에서는 대통령에게 보고할 만한 실행 계획을 얻어내지 못했다. 이 때문에 사담 후세인 정권을 무너뜨린 직후 큰 문제가 생겼다. 연합군이 지나간 곳은 혼란만 남아 있었다. 우리 정부와 영국은 치안 유지를 감당할 만큼 인력이 충분하지 않았다.

나는 몇 번이고 펜타곤이 후방 지역의 치안 문제에 관심을 갖도록 유도하려고 노력했다. 그럴 때마다 대답은커녕 외면당하기만 했다. 결국 2월 초에 이 문제를 다루기 위해서 대통령이 참석하는 브리핑을 마련했다. 그런데 대통령이 회의를 시작하면서 한마디 내뱉은 것이 대답을 얻어낼 가능성을 완전히 날려버렸다.

"국가안보보좌관이 토의했으면 하는 문제가 있습니다."

그 순간, 그 자리에 모인 장교들은 별로 중요한 일이 아니라는 표정을 지었다. 국가안보보좌관이라는 직책은 바로 이런 약점이 있었다. 대통령이 없으면 빈껍데기 같은 존재였던 것이다. 대통령이 관심을 보이지 않는 문제였기에 아무도 개의치 않았다. 두 번 다시 생각하고 싶지 않은 회의였다. 스티븐 해들리는 내 사무실까지 따라와서 이렇게 말했다.

"대통령이 저런 말씀을 하시다니 믿기지 않습니다. 저라면 아마 사임했을 겁니다."

하지만 나는 그를 타일렀다.

"그래서 될 문제가 아닙니다. 내가 다시 대통령께 말씀드리겠습니다. 지금은 사사로운 감정을 따질 것이 아니라 문제 해결에 집중해야 돼요."

대통령도 결국에는 우리 마음을 이해하고 문제를 처리하는 데 관심을 보일 것이라는 믿음을 버리지 않았다. 예상대로 대통령은 후방 지역 보안에 대해 질문을 던지기 시작했다. 펜타곤이 몇 차례 브리핑을 실시했으나 대답은 늘 같았다.

"그 점은 이미 처리했습니다."

국방부는 정말 처리했다고 생각할지 모르나, 그것은 제4단계(침공 후) 작전이 부실하다는 것을 스스로 자인하는 것이었다. 전쟁 후 하루하루가 지날수록 제4단계 작전의 중요성이 피부에 와 닿았고, 힘이 부칠 때면 스티븐의 말대로 차라리 사임하는 편이 낫지 않았을까 하는 생각도 들었다.

전후 대책

민간 지원 차원의 전후 대책을 수립하는 것은 별로 두렵지 않았다. 물론 우리가 전혀 예상치 못한 긴급 상황도 벌어졌지만 정부가 전후 상황을 전혀 고려하지 않았다는 주장은 사실과 전혀 달랐다. 전쟁을 끝내는 절차까지 미리 검토했으며 인도주의적 구제 마련과 재건축 및 정치적 문제를 다루는 방법을 고심하느라 수백 번도 넘게 회의를 했다. 회의 결과를 정리한 자료만 수백 페이지가 넘을 정도였다.

NSC 소속 직원인 엘리엇 에이브럼스는 이라크 상황에 대한 각 부처의 의견을 취합한 뒤 국민들에게 식품을 공급할 구제 방안 수립을 맡았다. 전쟁이 발생하면 이재민은 최대 200만 명에 달할 것이므로 UN 관계 기관들이 나서 도와야 한다는 목소리가 높았다.

8월에 접어든 후 방어 작전 총책임자인 프랭크 밀러에게 정부 부처와 협력해 전후 대책을 마련하라고 지시했다. 프랭크는 22년간 펜타곤에 근무했으며 많은 사람들의 존경을 한몸에 받았다. 1986년, 그가 국방장관실에서 근무할 때 나는 합동참모고문으로 활동하면서 그를 처음으로 알게 되었다. 빈틈없고, 진실하며, 아주 사소한 것도 놓치지 않는 꼼꼼함이 돋보였으며 펜타곤 내에서 발이 넓었다.

4단계 작전을 실시하려면 국방부에 크게 의존해야 했기에 그의 인맥은 빛을 발했다. 국방부에게 모든 권한을 부여한 것은 대통령과 그의 고문들이 내린 결정 중에서 가장 의미심장한 것이었다. 당시 행정부 내에서는 아무도 이 점을 논란거리로 생각하지 않았다.

대통령은 미국 정부가 주도적으로 전후 상황을 이끌어가야 한다고 생각했으나 우리는 두 가지 옵션을 더 생각하고 있었다. 하나는 UN을 중심으로 국제 기구에 맡기는 것이었다. 하지만 2001년에 코소보를 다녀온 후 대통령은 전쟁이 끝나고 2년이 지나도록 UN의 영향력이 미미한 것을 보고 경악을 금치 못했다. 어찌된 영문인지 총책임자가 가장 심드렁했다. 그는 경제가 조금 자리 잡긴 했으나 여전히 실직률이 55퍼센트를 웃도는 심각한 상황이라며 짧게 말을 마쳤다. 돌아오는 비행기 내에서 대통령은 유럽 국가들이 유능하고 총명한 외교관들을 보낸 것이 아니라 가장 무능한 사람만 골라서 코소보에 보냈다며 분통을 터뜨렸다. 나도 달리 생각할 이유를 찾을 수 없었다.

두 번째 대안은 아프가니스탄의 전후 대책을 그대로 따라하는 것이었다. 아프가니스탄의 경우에는 '각국에서 고루 도움을 받는' 전략을 사용했다. 이를테면 치안은 독일, 법무부 서비스는 이탈리아, 국방부 업무는 미국이 맡는 식이었다. 하지만 이 방법은 이미 부작용이 많이 드러났기에 아무도 그 방법을 다시 쓰려 하지 않았다.

그뿐만 아니라 우리가 보낸 군대가 대규모로 지상에 주둔하고 있어서 대통령은 하나의 지휘 체계에 모든 통제권을 쥐어주어야 한다고 여겼다. 그렇게 할 만한 대상은 당연히 국방부였다. 아무도 이의를 제기하지 않았고 국무부도 잠자코 있었다. 콜린 파월은 더글러스 맥아더가 국무부 소속의 해외 파견 장교가 되지 못한 데에는 그만한 이유가 있다고 했다. 국무부는 규모가 작아 전쟁터 한가운데서 벌어지는 복잡한 군사 작전을 감독할 역량이 없었다. 콜린은 개인적으로 국무부가 지원 사격을 하는 범위 내에서 적절한 역할을 맡는 것이 좋다고 여겼다. 10월 중순, 대통령은 침략 직후에 실시할 전후 작전의 통솔권을 하나의 책임 기관이 맡아야 한다면 당연히 국방부가 나서야 한다고 결론지었다. 대통령 작전 명령을 통해 펜타곤 내에 전후 작전 담당 센터를 마련한다는 방침이 공식화되었다.

사찰단과 이라크 정부가 신경전을 벌이는 것을 지켜보다 못한 대통령은 12월 18일 결단을 내렸다. 그는 도널드 럼즈펠드에게 행정 사무소를 마련해 전후 이라크 상황을 관리하도록 지시했다. 사무소를 마련하는 것은 좋으나 백악관에서 감독해야 한다고 강조하자 대통령은 고개를 살짝 끄덕이더니 "깊이 관여하지 않는 게 좋겠다."고 말했다. 일단 펜타곤에 모든 권위를 위임한 이상, 자유롭게 활동하도록 내버려 두어야 한다는 것이 그의 철칙이었다.

그러나 대통령의 의도는 고압적인 태도로 사람들을 무시해도 된다는 뜻이 아니었다. 국방부 차관 더글러스 페이스는 기다렸다는 듯이 펜타곤은 더 이상 다른 부처의 의견이 필요하지 않으며 귀를 기울일 의사가 없다고 공식적으로 발표했다. 그는 프랭크 밀러가 이끄는 집행운영위원회를 아예 애물단지로 취급하고 차관급 위원회는 거들떠보지도 않았다. 한번은 스티븐 해들리가 더글러스에게 의미심장한 질문을 던졌다. 대통령이 임기 전체를 걸고 도널드 럼즈펠드에게 이라크라는 공을 쥐어준 것을 알고 있냐는 질문이었다. 더글러스는 덤덤한 어조로 "그걸 모를 리 있나요. 두 팔 벌려 환영하는 바입니다."라고 말했다. 국방부는 준비 작업에 만전을 기했다. 열정에 넘친 나머지 이라크 전쟁이 가져올 29가지 재앙을 정리한 '최악의 퍼레이드'라는 시나리오까지 만들었다. 우리는 정보기관에 시나리오의 현실 가능성을 조사하도록 지시했다. 개인적으로 나는 국방부가 최악의 경우에 대비해 가능성이 있는 상황을 모두 문서로 남기려는 것이 아닌가 하는 의심이 들었다. 하지만 파벌 폭력 사태, 이란이 이라크 내의 적군을 지원할 가능성 등은 모두 우려하지 않을 수 없는 사항이었다. 이러한 상황이 실제로 발생할 경우 대처 방법에 대한 언급은 단 한마디도 없었다.

1월 20일에 대통령은 NSPD-24에 서명했다. 이로써 재건 및 인도지원사무소를 포함해 전후 이라크 상황을 총괄하는 기관이 공식적으로 출범했다. NSPD에 따르면 재건 및 인도지원사무소는 인도적 지원, 주요 민간 서비스 복구, 이라크 방위군 재건을 포함해 모두 아홉 가지의 정치, 경제적 문제를 맡았다. 총지휘는 퇴역 장교인 제이 가너가 맡았다. 그는 1991년에 사담 후세인의 공격을 받은 쿠르드인을 위한 인도주의 지원 사업인 프로바이드 컴포트 작전을 성공시킨 경력이 있었으므로 이번 일에 적임자였다. 그는 군 관계자와 이라크 행정 업무에 참여하는 민간 기관과 함께 록 드릴*다양한 비상사태를 시뮬레이션으로 연출한 뒤 이에 대처하는 훈련 과정을 수행한 다음 NSC에 결과를 보고했다. 이번 훈련에서 수많은 문제점이 발견됨에 따라 관계 기관은 모두 합심해 문제점을 검토하고 해결 방안을 모색하라는 지시가 내려졌다.

지금까지 말한 다양한 작전 계획은 3월 1일과 7일, 두 차례에 걸쳐 장관급 회의에 회부되었다. 3월 10일에 열린 국가안보회의 총회에서 더글러스 페이스는 이라크 망명 세력과 쿠르드 지도자로 구성된 이라크 임시 정부에 통치권을 넘기는 방안을 대통령에게 제출했다. 임시 정부가 시아파와 수니파의 대표단이 되어 헌법을 세우고 선거 제도를 조직, 실행하는 일을 추진하자는 계획이었다. 그러자 얼마 후 이라크 사람들에게 통치권을 넘길 것인지를 두고 의견이 달라졌다. 망명자들에게 의지하려는 성향이 강했던 국방부는 미국이 이라크 국내 문제를 오래 떠맡을 필요가 없다고 주장했다. 그렇지만 국무부는 이라크가 아직 자체 정부를 유지할 능력이 없다고 판단했으며 수십 년간 이라크를 떠나 있던 사람에게 전적으로 의존하는 것을 불안해했다.

이처럼 각 부처가 의견 차이를 보이며 갈등을 빚자 부시 대통령은 빠른 시일 내에 몇몇 정부 부처를 이라크 관할로 넘기겠다고 선언했다. 하지만 대통령도 이라크 해외 거주자들을 정부 고위 관리직에 임명할 경우, 사담 후세인의 독재 정치에 호되게 시달린 국내 세력이 반발할 가능성을 우려했다. 망명자들이 떠난 이후 국내 권력 구도는 크게 달라졌을 것이며, 그 뒤에 형성된 선거구라면 당연히 망명자로 구성된 임시 정부의 통치권이나 정당성을 인정할 리 없다는 것을 대통령도 이미 내다보았다. 그렇지만 대통령은 국내파의 의사를 '충분히 반영'한다는 조건으로 이라크 임시 정부 수립안을 승인했다. 임시 정부는 정치나 군사 활동을 할 때 미국이 이끄는 연합군과 반드시 협조할 의무가 있지만 정부를 이끌어갈 능력을 증명하면 그만큼 더 권한을 부여하기로 했다.

또 다른 고민거리는 다양한 민족에게 어떻게 고루 선거권을 나누어주며, 사담 후세인 정권에서 혜택을 입은 무리를 배제하지 않고 억압받던 사람들을 어떻게 보호할 것인지였다. 프랭크 밀러는 정부 활동이 전면적으로 마비되지 않도록 기본 기능을 유지하면서 사담 후세인의 추종자들을 몰아내는 과정인 탈바트당화 계획을 제출했다. 사담 후세인이 이끌던 바트당은 당원과 지지 세력을 합치면 약 150만 명에 달했으나 '핵심 세력'은 1~2퍼센트에 불과한 2만 5,000여 명이라고 추산했다. 프랭크는 무슨 수를 써서라도 이들을 철저히 몰아내야 한다고 주장했다. 기존의 이라크 공공 기관 종사자는 군과 경찰을 포함해 200만 명이었으나 탈바트당화 운동으로 축출할 수 있는 인원은 1퍼센트에 불과하므로 '공공 기관이 마비되거나 혼란에 빠지는 일은 없을 것'이라는 논리였다.

회의가 끝날 무렵, 재무부 장관 존 스노는 현재 이라크에서 통용되는 두 가지 화폐 대신 새로운 화폐 제도를 도입하는 계획을 소개했다. 당시 이라크 북부 지역은 스위스 디나르, 남부 지역은 이라크 디나르를 사용했다. 존 스노 장관은 새로운 화폐 체제가 자리를 잡을 때까지 임시방편으로 미 달러 통용을 제안해 대통령의 승인을 얻었다(2003년 10월 중순까지 새로운 디나르 은

행권 발매를 완료하면 미 달러의 사용을 중단하는 방침이었다).

이틀 후인 3월 12일에 페이스가 이라크 군 당국과 정보기관을 겨냥한 재건 및 인도지원사무소의 전후 계획을 가져왔다. 기존 정부 기관과 마찬가지로 보안 당국 내의 정치 세력과 온갖 악행을 저지른 사담 후세인의 추종자들을 말끔히 몰아내려는 의지가 분명히 드러났다. 국무부는 바트당 민병대, 제이시 알-타리르 알-쿠즈* '예루살렘 해방군' 이라는 뜻 사담 페다인* '사담 후세인을 위한 순교자' 라는 뜻을 포함해 이라크의 준군사 부대도 모두 해체할 생각이었다. 프랭크는 먼저 이라크의 정보국을 아예 해체-통합시키고, 공화당 방위군의 무력 사용을 금하고 해산시키며, 끔찍한 만행과 범죄 기록에 비추어 일부 주도 세력을 법으로 다스리자고 주장했다.

3월 12일자 계획은 상비군까지 모두 해체할 것을 요구하지 않았다. 상비군은 그대로 두면서 일부는 사회로 통합할 방침이었다. 한 가지 확실한 점은 군대를 문민 통제로 돌리고 철저하게 비무장 사회를 지향하는 것이었다. 그동안 군 내부에는 수니파 출신의 고위 장교들과 시아파 징집병들 사이의 갈등이 심했다. 하지만 정식 명령 체계, 정예 부대, 고도로 복잡한 인프라와 같이 그대로 남길 만한 가치가 있는 요소도 있었다. 어차피 25~30만 명에 이르는 병력을 하루아침에 해산하기란 불가능했다. 한때 무장 군인이었던 혈기왕성한 젊은이들이 하루아침에 길바닥에 나앉는 것은 생각만 해도 두려운 일이었다.

작전상 새로운 이라크 군대의 '구심점'이 될 만한 부대 3~5개를 남기기로 했다. 이라크 군은 집결지와 영구적인 주둔지에서 기존의 상태를 유지하도록 허락해주었다. 이들을 국가 재건축 인력으로 활용하면 두 가지 효과를 낼 수 있었다. 하나는 새로 군을 이끌어갈 인재를 찾아내 양성하는 것이고, 다른 하나는 그들이 목숨을 바쳐 지킬 나라를 재건하는 일이었다.

마침내 NSC는 톰 리지의 도움을 받아 국내 보안 작전을 완성했다. 전쟁

중에 어수선한 분위기를 틈타 테러 집단이 공격을 가할 가능성에 대처하는 것이었다. 9.11테러가 발생하기 전까지는 전혀 생각하지 않았던 측면이었다. 9.11테러는 세상을 완전히 바꿔놓았다.

단적으로 말해 대통령은 사담 후세인이 마지막 기회를 날렸다는 생각을 굳혔으며 그에 따라 정부도 신속하게 움직이기 시작했다. 이제는 '심각한 결과'의 진정한 의미를 국민들과 세계에 알리는 일만 남아 있었다.

본격적인 폭로가 시작되다

사담 후세인을 고발하는 과정은 세 단계로 나누었다. 첫째, 우리는 국제사회와 자국민에게 저지른 그의 만행을 모두 검토했다. 그는 1991년 휴전협정에 서명했지만 보란 듯이 무시하고 제멋대로 행동했다. 둘째, 대량 살상 무기를 포기하지 않았으며 테러 집단의 활동을 지원하고 압제적인 통치로 자국민을 괴롭혔다는 사실을 낱낱이 폭로하는 것이었다. 마지막으로 10년 가까이 지속된 위협적 행동을 내버려 두면 어떤 위험이 생기는지를 생생하게 그려내야 했다.

대통령은 UN 총회에서 이미 후세인의 만행을 폭로하기 시작했다. 그렇지만 아직 할 말이 많이 남아 있었다. NSC 장관들은 텔레비전에 출연하거나 신문, 잡지 등의 인터뷰를 통해서 이 문제를 본격적으로 다루기 시작했다. 〈선데이 쇼〉〈미트 더 프레스〉〈폭스 뉴스 선데이〉〈페이스 더 네이션〉〈ABC 디스 위크〉〈레이트 에디션〉*CNN의 일요일 시사 프로그램 등은 놓칠 수 없는 기회였다. 시청률이 높은 프로그램은 아니었으나(이 중 시청률이 가장 높은 〈미트 더 프레스〉도 수백만 명을 넘기지 못했다) 정계 핵심 인사들에게 영향력이 큰 데다 월요일 뉴스 헤드라인의 보증수표였다.

나는 국가안보보좌관으로 임명되자마자 브렌트 스카우크로프트처럼 언론에 자주 모습을 드러내지 않고 NSC 장관들에게 모두 맡기기로 결심했다. 하지만 9.11테러를 기점으로 그 결심은 무산되고 말았다. 사람들은 대통령의 최측근인 내가 가장 신뢰할 만한 대변인이라고 여겼다. 이라크 전쟁이 시작되기 직전까지 언론사의 출연 요청이 쇄도했다. 9월부터 3월까지 〈선데이 쇼〉에만 무려 열두 번이나 출연했다.

신문사나 잡지사의 인터뷰도 마다할 수 없었다. 그 때문에 주말에 조용히 쉬는 것은 포기해야 했다. 인터뷰 하나하나가 중요하다는 것을 알았기에 토요일 아침부터 이른 오후까지는 업무를 처리하고, 늦은 오후에는 인터뷰 준비에 매달렸다. 단독 출연이 아니라 여러 명의 정부 관계자가 함께 출연할 때면 할 말을 미리 맞춰보고 준비하느라 오랜 시간 회의를 했다. 일요일은 아침 일찍부터 밤늦게까지 정신없이 바빴다. 그런 와중에도 밤새 있있던 사건에 대해 비서실에서 정리해준 자료와 뉴스를 빠짐없이 점검했다. 그 밖에 일요일 아침마다 대통령과 연락을 주고받는 것도 잊지 않았다. 대통령은 내가 인터뷰에서 말하려는 내용에 대해 조언을 아끼지 않았다.

대부분의 경우, 인터뷰는 정부의 현재 방침을 설명하고 인터뷰 진행자나 프로그램 사회자가 속사포처럼 쏟아내는 질문에 대답하는 식이었다. 그때 우리가 택한 방식은 지금 생각해보면 매우 후회스러운 것이었다. 정보국은 코앞에 닥친 위기가 얼마나 무서운 것인지를 제대로 전달하기 위해 일부 기밀 정보를 공개하기 시작했다. 바로 이러한 자료가 논란의 여지를 남겼고 대부분의 경우는 엉뚱한 결론이나 오해로 이어졌다. 고성능 알루미늄 튜브는 우라늄 농축에 쓰이는 것이라는 추측이 나왔다. 생물학 무기를 생산하는 이동식 실험실이 있다는 소문도 있었으며, 무인 정찰기에 사용하기 위해 미국 영토의 지도를 생성하는 소프트웨어를 손에 넣었다는 추측이 나돌았다. 한번은 알루미늄 튜브가 원심분리기에 사용되는 것 같다는 CIA 보고를 인용한 적이 있다. 원심분리기는 핵무기 프로그램에서 가장 핵심적인 요소에 해당한다. 그런데 내가 실수로 그만 인터뷰 중에 이 튜브가 핵무기에만 전적으로 사용된다고 말해버렸다. 그것이 아니라 핵무기에 사용될 가능성이 가장 높다고 정정했지만 사람들은 그 말이 미 정부가 증거를 부풀리고 있다고 생각했다. 그 일을 통해서 기밀 정보 한두 가지에 의존하는 것이 얼마나 위험한지를 뼈저리게 느꼈다. 이런 실수 때문에 사담 후세인의 위험성에 대한 논의의 초점은 '몇 가지' 입수 정보로 국한되었다. 이렇게 해서 사담 후세인에 대한 문제는 의도와 달리 단편적인 몇몇 정보에 의존하는 방향으로 흐르고 말았다.

사담 후세인의 만행은 부인할 여지가 없었다. 이웃 나라를 무차별 공격해서 중동 지역을 공포에 빠뜨린, 그야말로 암적인 존재였다. 미국은 이 문제에 두 번이나 개입해야 했다. 처음엔 사담 후세인을 쿠웨이트에서 쫓아냈고, 두 번째는 사담 후세인이 무기 사찰단을 끝까지 방해하는 통에 어쩔 수 없이 대량 살상 무기 저장소로 의심되는 지역에 공습을 가했다. 그는 UN의 지시에 따라 움직이는 미 공군 순찰기를 시도 때도 없이 공격했다. 그가 또 다른 문제를 일으키지 못하도록 제재했지만 그는 부정한 방법으로 국제사회의 눈을 가리고 자신을 피해자인 것처럼 가장해 무용지물로 만들었다. 그러는 와중에 미국 전 대통령 암살을 시도하고 이라크에서 가장 악명 높은 테러 집단을 지원하는 등 만행을 계속 저질렀다. 결국 4년이 넘도록 이라크는 무기 사찰을 허락하지 않았다. 미 정보기관들은 사담 후세인이 화학 무기와 생물학 무기를 다시 손에 넣었을 것이라고 입을 모았다. 단 하나를 제외한 나머지 정부 기관은 그가 핵무기를 재건했을 것이라고 입을 모았다. 외부의 도움을 받으면 1년 안에 어설프게나마 핵폭탄을 완성할 것이고, 도움을 받지 못하더라도 2010년이 되기 전에 완성할 것이라는 설이 유력했다. 영국을 포함한 다른 나라의 정보기관에서도 이와 비슷한 전망을 내놓았다. 세계는 사담 후세인에게 대량 살상 무기를 깨끗이 포기하지 않으면 심각한 결과에 직면할 것이라고 마지막 경고를 전했다. 이제는 그 경고를 행동으로 옮길 때가 된 것이었다.

2001년에는 정보를 제대로 활용하지 못했다. 그런 실수를 절대 반복할 수 없었다. '연기 나는 총*결정적인 단서를 뜻하는 표현이 버섯구름으로 이어지도록 내버려 두지 않을 겁니다.' 라는 말은 괜한 엄포를 놓은 것이 아니었다. 적의 행보에 대해 확실한 정보를 얻기란 원래부터 불가능에 가까웠다. 9.11 테러에 비추어볼 때 위협이 현실로 나타날 때까지 무작정 기다리는 것은 좋은 방법이 아니었다.

그 당시에는 사담 후세인에 대해서 입수된 정보를 볼 때 긴급 조치가 절실했다. 하지만 결과가 모두 나온 현 시점에서는 그 심정에 공감하는 사람이 많지 않을 것이다. 냉전, 걸프전, 9.11테러를 겪으면서 나도 이 점을 뼈저리게 느꼈다. 국방부 합동참모본부에서 근무한 적도 있었으며 구 소련 전문가로 수년간 활동했지만 이렇게 심각한 상황은 처음이었다. 사담 후세인이 대량 살상 무기를 가지고 있다는 것은 예전부터 알았다. 우리는 입수된 정보를 몇 번이고 재확인했다. 이런 일에 경험이 많은 NSC 장관들도 국가정보평가서를 철저히 검토했다. 조지 테닛은 믿을 만한 정보라며 몇 번이고 우리를 안심시켰다.

그러나 지금 생각해보면 대량 살상 무기 자체가 아니라 사담 후세인의 손에 들어간 대량 살상 무기를 문제의 핵심으로 삼았어야 했다. 유타 주 상원의원 로버트 베넷은 내가 이미 몇몇 국회의원에게 그 말을 했다고 상기시켜 주었다. 일례로, 러시아는 사담 후세인의 수십 배에 달하는 대량 살상 무기를 보유하고 있었지만 러시아 정부가 이를 오용하거나 테러 집단에 넘길 우려는 거의 없었다. 사담 후세인은 두 가지 의미에서 독특한 위협적 존재였다. 정보국에서 입수한 자료는 어디까지나 정보일 뿐 그의 행보에 대한 정부의 판단을 대체하는 것이 아니었다. 특히 그의 행보를 추측할 때도 이 방침은 변하지 않았다. 적의 속마음이란 원래 알아내기 어려운 것이지만 사담 후세인은 이미 무모한 행동을 저지른 적이 많았다. 그가 미국 정부를 편하게 내버려 둘 것이라고 생각하는 것은 착각이었다.

부분적인 정보국의 보고를 공개적으로 밝힌 것은 어리석은 짓이었다. 그 때문에 대통령은 일종의 '증인'으로 전락해버렸다. 이 문제는 모두 내 탓이었다. 백악관 담당 통신원들은 자세히 말해 달라고 대통령을 졸라댔다. 어떤 이의 표현을 빌리자면, 그들은 사람들에게 '스파이처럼 커튼을 몰래 젖히고 들여다보는' 느낌을 주는 기밀 정보나 단서를 매우 좋아했다. 하지만 정보국의 보고에는 항상 불확실성이 따르게 마련이며, 전체 그림은 각각의 정보를 합친 것 이상의 가치가 있을 때 더욱 조심해야 하는 법이다. 그 사실을 잘 아는 내가 말렸어야 하는데 그러지 못했다.

2003년 1월 28일, 연두교서를 발표하는 자리에서 문제가 터지고 말았다. 대통령은 전쟁을 피할 수 없는 상황이므로 국민들에게 정황을 세세히 설명해주어야 한다고 느꼈다. 그래서 사담 후세인의 대량 살상 무기에 대해 우리 정부가 아는 바를 길게 이야기했다. 그러던 중 영국에서 작성된 보고서를 인용해 사담 후세인이 니제르라는 아프리카 국가에서 우라늄을 사들이려 한다고 언급했다.

석 달 전에 조지 테닛은 대통령 연설에서 이 문장을 빼자고 제안한 적이 있었다. 연두교서 원고를 정신없이 검토하다가 이 부분에 대한 최종 확인이 이루어지지 않은 것이 분명했다. 사실 2002년 국가정보평가서에도 이 점이 언급되었다. 스티븐 해들리와 나는 정보국이 확실하게 지지할 수 없는 사항은 대통령의 입을 통해 발설하지 않는다는 확고한 원칙이 있었다. 그런데 이번에는 그 원칙대로 행동하지 않았다. 몇 달 후, 이 문장이 엄청난 파장을 일으킬 것이라고는 상상도 하지 못했다.

스티븐과 나는 대통령이 이 점을 자세하게 설명하지 않았다는 것을 2월 말에야 깨달았다. 때는 이미 늦어버렸다. 어쩌다 보니 사담 후세인의 만행과 그로 인해서 중동 지역이 혼란에 빠진 사실은 흐지부지되는 모양새였다. 대통령은 이라크에 대해 마지막으로 연설하기로 결정한 뒤 미국기업연구소에서 자리를 마련했다. 주사위는 이미 던져진 후였다. 이 전쟁의 명분은 전략적인 판단이 아니라 정보국의 첩보 활동에 달려 있었다. 결국 첩보 활동 결과에 따라 대의명분이 설 수도, 무너질 수도 있는 판국이었다.

뜻을 같이한 나라들끼리 뭉치다

사찰단 활동이 언제 끝날지 알 수 없는 상태에서 전쟁 준비에 박차를 가하자 국제사회의 의견이 분분해졌다. 대통령은 거의 매일 각국 수상들과 통화했으므로 그들이 어떤 점에 불만을 느끼거나 반대하는지 잘 알고 있었다. 콜린 파월도 비슷한 보고를 자주 가져왔다. 프랑스와 러시아는 이미 오래 전부터 사담 후세인을 무력으로 진압하는 것에 극구 반대했다. 솔직히 말해서 그들의 태도 때문에 사담 후세인을 견제하는 세력이 많이 약해졌다. 2001년 초반에도 견제 정책을 강화하자는 제안을 완강히 거절했다. 러시아는 자국의 경제적 이익을 이유로 전쟁을 반대했다. 적어도 그 점에서 러시아가 솔직했다고 말할 수 있었다. 하지만 미국과 영국이 전쟁을 선포할 경우, 프랑스와 러시아가 정말 무력 대응을 반대할지 알 수 없었다.

우리는 2월 5일에 UN 안전보장이사회 특별 회의를 요구하기로 결정했다. 이번 회의에서 콜린 파월이 직접 사담 후세인 문제를 거론할 생각이었다. 처음에 스티븐과 나는 특별 회의를 두 차례 열어야 한다고 주장했다. 먼저 대량 살상 무기에 관해 논의한 뒤 테러 행위를 일삼고 인권 보호에 관한 결의를 모두 위반한 사담 후세인의 범죄 행위를 따로 논의하자는 것이었다. 국무부는 대량 살상 무기를 부각시키는 것이 좋다고 여겼으나 사담 후세인이 저지른 각종 범죄 행위에 대해서 별도의 결의를 채택하는 것에 동의했다. 그렇지만 결의 1441호를 수정, 통과시키는 데 관심이 집중되면서 두 번째 결의에 대한 이야기는 흐지부지 사라지고 말았다.

이렇게 주제를 정하고 브리핑 준비를 CIA에 맡겼다. 콜린은 브리핑 자료를 검토한 후 빠진 부분이 많다고 지적했다. 조지 테닛과 존 맥래플린이 크리스마스이브에 대통령 집무실에서 사전 브리핑을 했다. 대통령도 탐탁지 않은 표정을 지으며 증거가 확실한지 되물었다. 조지 테닛은 '슬램덩크'만큼 확실하다고 대답했다. 조금도 의심할 이유가 없다는 뜻이었다. 하지만 대통령은 입수된 정보를 다시 검토하라고 지시했다. 그래서 분석가 한 명과 상황실에서 오랫동안 검토 작업에 매달렸다. 그날은 12월 23일이었다. 스쿠터 리비와 부통령은 CIA 보고에 관해 일종의 고발문을 작성했다. 대량 살상 무기에만 초점을 맞추지 않고 알카에다와 사담 후세인에 대한 미심쩍은 증거 상당수를 다시 언급했다.

콜린은 직접 펜을 들고 자료를 검토하기로 마음먹었다. 랭리에서 며칠간 머무르면서 문장 하나하나를 검토하고 자료의 출처와 표현 방식을 확인했다. 또한 내용의 상당 부분을 과감히 삭제했다. 그는 합동참모총장 출신답게 첩보 활동의 약점이나 위험을 잘 알고 있었다. 나도 이틀간 함께 밤을 새운 뒤 그의 주장을 전적으로 신뢰하게 되었다.

사무실에서 TV로 콜린의 연설 앞부분을 지켜보다 대통령 집무실 옆 식당으로 자리를 옮겨 대통령과 함께 연설 뒷부분을 경청했다. 당시에는 한 편의 역작이라는 생각이 들었다. '아들라이 스티븐슨'에 견줄 만한 증거는 나오지 않았다. 아들라이 스티븐슨은 UN 미국 대사로 일할 때 1962년 구소련이 쿠바에 만든 미사일 기지에 핵무기가 있을 것이라는 위성사진을 제시해서 온 세상을 깜짝 놀라게 만들었다. 그렇지만 사담 후세인이 국제사회에 얼마나 많은 피해를 끼쳤는지 낱낱이 밝힌 것은 높이 평가할 만했다.

드디어 예상했던 반응이 나오기 시작했다. 스페인 외무장관 아나 팔라시오는 불같이 화를 냈고 영국 외무장관 잭 스트로는 즉각 무력 대응을 하라고 주장했다. 프랑스와 러시아는 무기 사찰단에게 시간을 더 주어야 한다는 의견을 내놓았다. 한스 블릭스가 2월 14일에 공개한 보고서는 1월 27일자 보고서에 비해 모호한 점이 훨씬 많았다. 이를 통해서 미 정부가 세계 공동체를 위해 무엇을 해야 할지 뚜렷하게 드러났다.

우리 정부가 긴박감을 느낀 이유는 크게 두 가지였다. 첫째, 파병 속도를 감안할 때 언제까지나 대기 상태를 유지하는 것은 사실상 불가능했다. 일촉즉발의 위기는 아니었으나 파병을 계속 밀어붙일 것인지 서서히 속도를 늦출 것인지 결정해야 했다. 아무것도 하지 않고 가만히 있을 수 없는 상황이었다. 파병을 계속하자니 충분한 지원이 따르지 않으면 결국 아군이 적진 가까이에서 위험한 처지에 놓일 것이 걱정스러웠다. 한스 블릭스를 위시한 몇몇 외교 전문가들은 미군이 남아 사담 후세인의 꿍꿍이를 밝혀내야 한다고 주장했지만 내가 보기에는 전혀 그렇지 않았다. 사담 후세인은 언제나 그랬듯 말과 행동이 달랐기에 기약도 없이 우리 병력을 대기시킬 수 없었다. 둘째, 대통령은 세계가 합심해 사담 후세인에게 극도의 압력을 가하는 것만이 전쟁을 막는 길이라고 여겼다. 그렇게 하려면 파병을 중단할 것이 아니라 계속해야 했다. 사담 후세인이 겁을 먹고 목숨만은 부지해야겠다고 생각하면 다행이었다.

아쉽게도 각국이 내놓은 메시지는 일관성이 없었다. 전쟁을 지지하는 두 번째 결의의 필요성을 다루는 1441호 결의의 일부 모호한 표현을 두고 해석이 분분했다. 결국 이런 상황을 정리하는 일을 더 이상 미룰 수 없다는 판단이 섰다. 토니 블레어는 1월 31일 회의에 참석하기 위해서 백악관에 도착했다. 그는 또 다른 결의를 채택해 무력 사용을 공식적으로 승인해야 한다고 누누이 강조했다. 이제는 법적 정당성의 문제가 아니라 정책의 문제였다. 무력 사용 여부를 하원의원의 투표에 맡겼다가 패하면 영국 정부가 완전히 몰락할 수도 있는 상황이었다. 미 의회에서는 이미 승인이 떨어졌으나 영국이 또 다른 결의를 요구할 경우에는 우리도 동의할 의사가 있었다.

콜린은 UN 안전보장이사회에서 9표나 10표를 얻을 가능성이 높으며, 멕시코와 칠레 등 라틴아메리카를 설득하면 된다는 주장을 내놓았다. 그렇긴 해도 안전보장이사회 상임 이사국인 러시아, 프랑스, 중국 중에서 하나라도 결의를 반대하면 모두 물거품이 될 수밖에 없었다. 러시아는 무엇보다도 자국의 경제적 이익이 우려된다는 의견을 분명히 밝혔다. 프랑스는 더 합리적이었으며, 이라크의 독재자는 중동 지역에서 반드시 제거해야 할 악과 같은 존재라는 의견에 전적으로 동의했다. 그렇지만 아무도 중국의 속내를 짐작할 수 없었다.

프랑스, 러시아, 독일 세 나라가 뜻을 모아 무력 대응을 공식적으로 반대하면서 지금까지의 노력이 모두 물거품이 될 판국이었다. 불과 몇 달 전만 하더라도 게르하르트 슈뢰더 독일 총리는 '미국이 신속하게 일을 마무리한다는 조건만 지키면' 사담 후세인에 대한 미 정부의 무력 대응을 지원하기로 약속했으나 이제 와서 부시 대통령에게 매정하게 등을 돌렸다. 설상가상으로 NATO 동맹국마저 미국을 버리고 러시아 편에 섰다. 콜린은 1441호 결의에서 '심각한 결의'라는 표현만 재확인해주면 된다며 간단한 결의 하나라도 받아낼 수 있으리라는 희망을 버리지 않았다.

부시 대통령은 토니 블레어에게 즉시 연락을 취했다. 두 사람은 두 번째 결의가 성사될 가능성이 점차 희박해지고 있지만 결의 내용을 미리 검토하기로 했다. 자크 시라크 프랑스 대통령은 '어떤 이유로도 전쟁은 정당화될 수 없다.'고 못 박았다. 하지만 안전보장이사회의 다른 상임국들이 단결하면 프랑스와 러시아도 강하게 반대하지 못할 것이라는 희망이 남아 있었다. 2월 24일에 결의를 제시했으나 이 결의는 이미 숨이 끊어진 뒤에 병원에 도착한 환자 같은 처지였다.

라틴아메리카는 예상보다 훨씬 더 힘든 상대였다. 칠레는 전쟁 지지 결의는 어떤 경우에도 동조할 수 없다는 입장이었다. 대통령이 직접 연락을 취하자 비센테 폭스 대통령은 "무슨 결의를 말씀하시는 겁니까?"라고 되물었다. 그는 곧 전화를 다시 하겠다고 했지만 몇 시간이 지나도 감감무소식이었다. 멕시코 안보보좌관에게 연락해보니 폭스 대통령이 디스크 수술 중이라서 연락할 수 없다는 것이었다. 두 번째 결의를 통과시킬 가망은 거의 사라진 것 같았다.

부시 대통령은 3월 초 다시 블레어 총리에게 연락을 취했다. 나는 결의 채택 과정을 점검하는 것이라 생각했지만 대통령은 다른 점을 염두에 두고 있었다. 전쟁 때문에 블레어 총리가 밀려나면 영국이 참전하지 않는 상황이 벌어질 수 있으므로 총리 못지않게 대통령도 긴장한 모습이었다. 영국이 나중에 전쟁에 개입할 다른 방법도 있을지 모른다는 의견을 내놓았지만 블레어 총리는 그럴 생각이 없었다. 그는 한번 미국과 뜻을 같이하기로 결정한 이상 입장을 번복하지 않겠다고 말했다.

두 사람의 대화를 듣자니 1990년 8월에 조지 H. W. 부시 대통령이 루스벨트 룸에서 마거릿 대처 수상과 나눈 대화가 떠올랐다. 당시 대처 수상은 사담 후세인의 쿠웨이트 침략에 어떻게 대처할 것인지 논의하려고 백악관에 와 있었다. 대통령은 의회 사절단과 인사를 나누느라 정신이 없었고 당시 동북아시아 정책기획국장인 리처드 하스와 내가 대통령을 대신해 대처 수상 옆에 있었다. 대처 수상은 사담 후세인을 '줏대 없이' 대하면 안 된다고 말했다. 그날 대통령 집무실을 나설 때처럼 토니 블레어와 영국에 대한 존경심과 경탄을 강하게 느낀 적은 없었다. 영국은 사면초가에 처해도 절대 대의를 굽히려 하지 않았다.

부시 대통령과 블레어 총리는 무력 대응에 동의하는 안전보장이사회 상임 이사국들이 아조레스에서 따로 회담을 여는 데 동의했다. 주최자인 포르투갈 총리 조제 바호주는 아조레스가 조용히 만나기에 좋은 곳이라며 부시 대통령, 블레어 총리, 아스나르 총리를 초대했다.

아스나르와 그를 수행한 외무장관 아나 팔라시오는 테러 집단을 응징하는 면에서 충직한 동맹국이었으며 사담 후세인을 통렬하게 비난했다. 스페인은 ETA*스페인 북부 바스크 지역의 분리 독립을 요구하는 민족주의 단체로 알려진 바스크 분리주의 집단에 테러 공격을 받은 경험이 있었기에 일찌감치 분리주의자에 대한 반대 의사를 강하게 표명했으며, 주변 국가들의 동의와 지지를 이끌어내는 견인차 역할을 했다. 그렇지만 아스나르가 이끄는 정당은 2004년 테러 집단의 공격에 무너지고 말았다. 수많은 사람들은 스페인이 테러와의 전쟁을 지지하고 이라크 전쟁에 참여한 것 때문에 보복당했다고 수군거렸다. 후임 총리인 호세 루이스 로드리게스 사파테로는 전혀 다른 행보를 취했다. 그는 다짜고짜 이라크에 보낸 스페인 군대를 철수시켜 미국과의 외교 관계를 크게 손상시켰다. 두 나라 사이의 관계는 그 후로 회복될 기미를 보이지 않았다.

일요일 저녁 회담에 참석한 사람들의 표정은 하나같이 우울했다. 국제사회가 한뜻으로 단결하는 것은 허망한 꿈이 된 것 같았다. 전쟁 의사가 확고한 나라들끼리 힘을 합쳐 사담 후세인을 제압하거나 아예 전쟁을 포기하는 것 외에는 방법이 보이지 않았다. 영국 대표들은 토니 블레어 총리가 하원 의회에서 중요한 순간을 앞두고 있었으므로 이를 준비하기 위해 서둘러 떠나야 했다. 영국 대표단을 배웅하면서 나는 앤디 카드에게 이렇게 말했다.

"오늘이 저들과 만나는 마지막 기회가 아니었으면 좋겠네요."

다행히 토니 블레어 총리는 하원의회에서 불신임 결의를 무사히 넘겼다. 화요일 아침에 블레어가 1441호 결의 집행을 선언하는 모습을 텔레비전으로 확인하면서 마음이 놓였다. 영국 의사당의 토론은 과장된 부분이 많았다. 전혀 동의할 수 없는 의견을 듣다 보면 나도 모르게 고개를 갸우뚱하게 되었다. 같은 영어를 쓰는데도 억양이나 말하는 방식에 뭔가 특별한 느낌이 있었다. 무슨 말을 해도 영국식 영어로 하면 멋있게 들렸다.

블레어 총리는 생각보다 훨씬 큰 표 차이로 승리해 첫 선발대에 영국군을 파병하기로 선언했다. 이로써 사담 후세인을 타도하고 이라크를 해방하는 일에 영국이 참여하게 되었다. 존 하워드 호주 총리와 알렉산데르 크바시니에프스키 폴란드 대통령도 곧바로 합세했다. 프랑스, 독일, 캐나다를 제외한 (2004년에 공식적으로 NATO에 가입한 7개국을 포함해) NATO의 18개 회원국을 필두로 몇몇 국가들이 더 나타났다. 몇몇 '옛 유럽' 국가는 끝내 동의하지 않았다('옛 유럽'이라는 표현은 외교와 기러기 민 도널드 럼즈펠드가 답답한 심성으로 내뱉은 말이었다). 그와 달리 발트 제국, 유럽 동부와 중부의 몇몇 국가와 그루지야가 좋은 의도로 적극 나선 것은 정말 감동적이었다. 이들은 오랫동안 전제 군주 정치에 시달리다가 해방되어 그들과 비슷한 처지에 있는 사람들을 도우려는 열망이 남달랐다. 일본과 한국은 남부와 북부 지역에서 인도주의 활동을 전개하고 이라크 방어 부대를 훈련하는 일에 힘을 보탰다. 2차 대전이 끝난 후 일본이 '해외' 미션에 참여한 것은 이번이 처음이었다. 그들의 노력과 기여도를 하찮게 여기는 것은 대단한 실례였다. 우리 또한 사담 후세인에 대해 일방적으로 무력 대응을 감행한다는 비난을 참기 어려웠다. 결국 33개국이 동맹군을 형성해 이라크의 군사 작전을 지원하기 위해서 2003년 파병을 실시했다.

미 정부가 UN 안전보장이사회의 구체적인 결의 없이 행동을 취한 것은 이번이 처음은 아니었다. 1948년에 트루먼 대통령이 지휘한 베를린 공수 작전이나 1999년에 NATO가 유고슬라비아에 폭탄을 투하한 것은 UN 승인 없이 실시한 것이었다. 하지만 이번에는 1441호 결의와 그 전까지 발표된 16개 결의만 보더라도 사담 후세인이 세계 평화와 안정을 위협하는 인물이라는 점에 모든 나라가 동의한다는 결론을 충분히 이끌어낼 수 있었다. 우리는 결의에 언급한 '심각한 결과'가 무엇인지 제대로 보여줘야 한다는 책임감을 느꼈다.

14

이라크의 해방

    3월 15일, 아조레스로 출발하기 직전 캠프 데이비드에서 NSC 회의를 소집했다. 우리는 무력 대응에 앞서 사담 후세인에게 반드시 최후통첩을 하기로 결정했다. 탈레반의 경우에서 알 수 있듯 사전 경고 없이 전쟁을 일으키는 것은 생각조차 해서는 안 된다는 의견이 지배적이었다. 대통령은 3월 17일에 백악관 크로스 홀에서 대국민 담화를 발표했다. 한쪽에는 건물 기둥이 일렬로 늘어서 있었으며 먼발치에 성조기가 휘날리고 있었다. 대통령은 사담 후세인에게 48시간 내에 국외로 떠나지 않으면 미군의 침공을 받을 것이라고 선언했다. 3월 19일 NSC는 마지막 회의를 열었다. 전장에 나가 있는 사령관들도 화상 회의 형식으로 참석했다. 대통령은 사령관 한 사람 한 사람의 이름을 부르며 인사를 나눈 뒤에 필요한 것이나 바라는 점이 있는지 물었다. 모두들 사기가 충만한 목소리로 대통령과 대화를 나누었다.

    대통령은 "우리에게 신의 가호가 있기를 바랍니다."라는 말로 회의를 마무리했다. 그의 표정은 매우 격앙되어 있었다. 사실 나도 상당히 흥분된 상태였기에 평소와 다르게 대통령 집무실까지 수행하지 않았다. 앤디 카드도 대통령의 뒤를 따라가지 않았다. 미 대통령을 가까이에서 수행해보니 그 자리가 얼마나 외로운지를 누구보다도 잘 알게 되었다. 제아무리 가까운 고문이라도 그 점은 바꿀 수 없었다. 최고사령관으로서 전쟁을 선포해야 할 때는 더욱 고독해질 수밖에 없었다. 시간이 흐를수록 전쟁을 선포한 것에 대해서는 대통령 외에 아무도 책임을 질 수 없다는 사실이 두드러졌다. 정말 단 한 번도 상상하지 않았던 순간이 오고야 말았다.

사담 후세인의 몰락

나는 사무실로 돌아와 할 일을 점검했다. 세계 각국의 안보보좌관들에게 전화를 걸어야 했다. 그뿐만 아니라 전쟁 및 전후 대책에 관한 회의가 줄줄이 잡혀 있었다. 영국, 폴란드, 오스트레일리아, 미국 특수 부대로 구성된 선발 부대가 그날 밤 작전 중 비공개 부분을 개시할 예정이었다.

오후 3시에 대통령 집무실로 당장 오라는 연락이 왔다. 대통령의 목소리가 평소와 다르다는 느낌이 들었다. 집무실에서는 조지 테닛이 책상 위에 거의 엎드린 자세로 대통령에게 바그다드 주변 지형을 설명하고 있었다. 사담 후세인이 바그다드 외곽에 있는 도라 팜즈로 이동하는 정황을 포착했다는 보고가 들어온 모양이었다. 사담 후세인이 머무는 숙소의 대략적 위치와 도착 추정 시간까지 나와 있었다. 게다가 그가 흰색 자가용으로 이동 중이라는 정보까지 입수되었다. 이제 남은 것은 공격 여부를 결정하는 것이었다. 특히 군대를 동원해서 본격적으로 침입하기 전에 사담 후세인의 사살 여부를 정해야 했다.

도널드 럼즈펠드와 합동참모총장 리처드 마이어스도 이미 집무실에 와 있었다. 그런데 아무리 둘러봐도 콜린이 보이지 않았다. 대통령은 당장 콜린을 불러오라고 지시했다. 나는 곧장 대통령 집무실 바로 옆에 있는 방으로 가서 콜린에게 전화를 걸었다.

"당장 대통령 집무실로 오세요."

내 말투는 거의 명령조에 가까웠다. 이유를 설명할 여유가 전혀 없었다.

대통령은 쉽게 결정을 내리지 못했다. 불과 몇 시간 전에 군사 작전을 개시했는데 이 상황을 어떻게 처리하면 좋단 말인가? 혹시 사담 후세인이 교란 작전을 세운 것은 아닐까? 어쩌면 그곳에 여자와 아이들을 두었다가 미국이 공습하면 희생자들의 사진을 아랍 위성 TV에 방영해 미국을 지탄하려는 속셈일 가능성도 배제할 수 없었다. 그 와중에도 계속 정보가 입수되었으나 번복되는 부분이 많았다. 결국 조지 테닛은 대통령 집무실의 흰 소파에 기댄 자세로 상황을 정리해서 쓰기 시작했다. 대통령은 그 정보를 완전하게 신뢰하지 않았고 나도 미심쩍은 느낌이 들었다. 그렇지만 우리는 정보를 믿어보기로 모두 동의했다. 대통령은 토미 프랭크의 동의를 반드시 받아야 한다고 도널드 럼즈펠드에게 당부했다. 모두들 이번 시도가 성공하기를 간절히 바랐다. 사담 후세인을 제거할 수만 있다면 전쟁과 그에 뒤따르는 모든 문제를 피해갈 수 있었기 때문이다.

목표물을 찾아갈 시간을 확보하려면 공격 작전을 즉시 세워야 했다. 합동참모본부는 급히 작전을 세우고 필요한 무기를 확보하기 시작했다. 딕 마이어스는 대통령 집무실과 스티븐의 사무실을 정신없이 오가며 상황을 전달했다. 작전 목표는 그 어느 때보다 분명했으나 폭탄을 설치할 인력을 투입하기 위해 이라크 영공을 뚫을 기회는 한 번뿐이었다. 어떻게 해서든 들키지 않고 몰래 영공에 들어갔다가 빠져나와야 했다.

8시쯤에 사무실로 돌아와서 데이비드 매닝에게 전화를 걸었다. 잠들어 있을 시각이었지만 작전에 변동 사항이 생겼다는 것을 알려주려면 어쩔 수 없었다. 최선을 다해 작전을 설명해주었다. 데이비드는 즉시 영국 총리를 깨워 상황을 보고했다. 이제 영국도 비상사태에 돌입했다.

비행사들은 몇 시간 내로 미션을 마치고 이라크 영공을 빠져나왔다. 우리는 숨을 죽인 채 그들이 무사히 돌아왔다는 소식을 목이 빠지도록 기다리고 있었다. 이튿날 아침, 흰색 차량을 습격했으며 '중요한 인물'이 들것에 실려 나갔다는 보고를 받았다. 부상자 신원은 끝내 파악하지 못했으나 사담 후세인이 아닌 것은 확실했다. 아쉬운 마음을 뒤로 한 채 그날 바로 이라크 해방을 위한 군사 작전을 실행했다.

이튿날 아침, 작전 지원을 맡은 젠 이스터리 소령이 군복 차림으로 나타났다. 케빈 모란, 마이클 마, 매트 왁스먼, 내가 스탠퍼드대학에 재직할 때 사제지간으로 만난 데이브 트레버스 등 NSC 집행 보좌관들은 장시간에 걸쳐 엄청난 압박감에 대처하느라 지칠 대로 지쳤다. 스티븐 해들리와 나는 그들과 매우 가까운 사이였다. 나는 "젠, 왜 군복 차림으로 온 거예요?"라고 물었다.

"전쟁 중에 군인이 군복을 입는 것은 당연한 일입니다."

군사 작전은 거침없이 진행되었다. 이라크 군은 계속 후퇴했고 결국 해체되는 듯했다. 대통령은 하루에도 몇 차례씩 브리핑을 받았다. 우리는 전후 상황에 대비해 장관급 회의와 NSC를 수없이 열었다. 하지만 대통령이나 우리가 할 수 있는 일은 별로 없었다. 이제 작전 성공 여부는 군사령부에 달려 있었다. 지금 대통령이 한 일을 돌이켜보면 그저 놀라울 뿐이다. 3월 20일에 카메룬 대통령이 백악관을 방문해 대통령 집무실에서 회의를 하고 오찬에 참석했다. 그 이유는 지금까지도 궁금하다. 그런 회의가 있었다는 것을 기억조차 못 하는 것을 보면(사실 자서전을 쓰면서 예전 달력을 보고 알았다) 당시에 내가 얼마나 혼이 빠져 있었는지 알 수 있다. 물론 외부인에게는 백악관이 아무렇지 않게 돌아가는 것처럼 보였을 것이다.

아프가니스탄에서 실시한 초기 작전과 달리 이번에는 발목을 잡힌 느낌이 없었다. 연합군은 작전대로 바그다드를 향해 진격했다. 사실 진격 속도는 예상보다 훨씬 빨랐고 사담 후세인이 왜 나서지 않는지 의아할 정도였다. 방해하는 무리가 없었던 덕분에 지상군은 4월 9일 수도에 진입했다. 도시 전체는 아수라장이었다. TV로 보니 사담 후세인의 동상이 길바닥에 나동그라져 있었다. 이라크는 완전히 해방된 것이었다. 그렇지만 어느 병사가 건물 잔해 위에 미 성조기를 꽂으려 할 때 즉시 그를 말리라고 지시했다. 아직은 우리가 점령했다고 만천하에 알릴 시기가 아니었다.

이라크의 모습을 확인하자마자 대통령 집무실로 달려갔다. 이번 작전을 크게 도와준 이라크 망명자 카난 마키야와 부통령이 눈에 들어왔다. 다들 서로 얼싸안으며 기뻐했지만 대통령은 자리에 그냥 앉아 있었다.

"축하드립니다. 각하가 승리하셨습니다."

대통령은 아무 대꾸도 하지 않았다. 혼자 생각에 깊이 잠긴 것 같아서 더 이상 말을 걸지 않고 조용히 물러났다.

며칠 후 부통령이 스쿠터 리비, 폴 월포위츠 등 몇몇 사람을 집으로 초대해서 이라크의 해방을 축하했다는 소식을 들었다. 도널드 럼즈펠드도 초대받았는지 알 수 없었지만 콜린 파월과 나는 초대받지 못했다. 사담 후세인을 타도하기 위해 오랫동안 포기하지 않고 달려온 사람들은 잠시나마 기쁨에 취해 있었다. 전후 대책을 논의하면서 관계 부처 간 협조의 필요성에 대한 이야기가 나왔을 때 부통령이 내뱉은 말에 그런 느낌이 고스란히 담겨 있었다.

"펜타곤의 활약으로 이제 이라크는 해방되었습니다. 국무부는 도대체 뭘 했습니까?"

나는 엄연히 내 몫을 해냈다고 생각했다. 나뿐만 아니라 그 자리에 있던 사람들 모두 그렇게 생각했을 것이다.

해방의 기쁨은 오래 가지 않았다. 나라 전역에 약탈자들이 난무했다. 오랜 독재에서 해방된 직후 흔히 나타나는 현상이라고 하기에는 상황이 너무 심각했다. 이라크의 주요 문화재가 보관된 박물관과 주요 건물이 치밀하게 계획된 공격을 받았다. 신원을 알 수 없는 자들이 무기고를 습격했다. 1991년처럼 유전에 불을 지르는 사람은 없었지만 이라크 곳곳의 모습을 담은 사진은 차마 눈 뜨고 볼 수 없을 정도였다.

사담 후세인에게 충성을 맹세한 바트당원들이 일반 시민들과 달리 우리 정부를 괴롭히려고 일부러 문제를 일으키고 언제든 돌아올 구실을 남긴다고 생각했다. 며칠 지나지 않아 '사담 페다인'이라는 무장 조직에 대한 보고가 들어왔다. 전쟁이 발발하기 전, 이 조직에 대해 대략적인 브리핑을 받은 것을 잠깐 잊고 있었다. 그래서 조지에게 '사담 페다인이 누군데요?'라고 물었다.

혼란이 커지는 와중에 침략 이후를 대비해 세운 전략을 실행에 옮겼다. 예상했던 것 중에서 몇 가지는 보기 좋게 빗나갔다. 기존 공무원들이 남아서 정부 업무를 돌볼 것이라 예상했지만 대다수의 공무원들은 자취를 감추었다. 미군이 바그다드에 들어간 지 일주일쯤 지났을 때 "유전에서 일하는 사람들은 다 어떻게 된 겁니까?"라고 소리를 지르며 벌떡 일어서던 기억이 아직도 생생하다. 지상군과 경찰은 물론이고 유전 노동자들의 흔적조차 찾을 수 없었다.

설상가상으로 안전 문제 때문에 제이 가너가 이끄는 팀이 이라크에 진입할 수 없었다. 불과 얼마 전 20만 대군을 이라크에 파병한 것을 생각하면 이해할 수 없는 상황이었다. 펜타곤은 현지 상황이 너무 위험해서 제이 가너를 보낼 수 없다고 팽팽하게 맞섰다. 결국 제이 가너는 침공한 지 3주 후에야 현지에 도착했다. 그는 현지 상황을 보자마자 아연실색했다.

모로코 대사 마거릿 터트윌러에게 연락을 보냈다. 그녀는 전 국무장관 제임스 베이커가 가장 신임하던 인재였다. 카렌 휴스처럼 대변인으로서 탁월한 기량을 보였으며 정치 고문으로도 손색이 없었다. 나는 "당장 가서 제이 가너 장군을 도와주세요."라고 부탁했다.

"지금 당장 뭘 해야 할지, 무슨 말을 해야 할지, 전혀 판단할 수 없는 상황일 겁니다."

처음에는 딱 잘라 거절했으나 자신의 몸속에 흐르는 애국자의 피는 어쩔 수 없었던 모양이다. 마침내 그녀는 즉시 이라크로 가겠다고 말했다.

가너 작전은 수니파, 시아파, 쿠르드인 대표자들로 구성된 이라크 임시 정부와 손을 잡지 않고는 도저히 불가능한 작전이었다. 대통령도 전쟁을 시작하기 전, 이미 브리핑을 통해 그 점에 대한 설명을 들은 적이 있었다. 더글러스 페이스는 3월 31일에 이 작전을 자세히 설명해주었다. 작전의 총지휘권은 국방부에게 주어졌다. 대통령은 망명자 대표 외에 현지의 대표자들에게 반드시 작전 참여 기회를 주어야 한다고 몇 번이고 당부했다.

더글러스 페이스가 이끄는 팀은 '외면상' 이라크 정부로 보이는 새로운 행정부를 구상하는 동시에 정부 운영을 지원할 외부 민간 전문가들을 추가로 모집했다. 매우 다양한 분야에 걸쳐 외부 인재를 모집한 것 같았다. 몇몇 분야는 그렇게 하는 것이 바람직해 보였으나 그렇지 않은 측면도 많았다. 일례로, 사익이라는 소프트웨어 개발 회사가 이라크 국영 방송국을 설립, 운영하기로 계약했는데 우리는 그 점을 한참 후에야 알게 되었다. 이 회사는 기술력이 우수한 편이었으나 아랍 지역 방송 콘텐츠는 고사하고 기본적인 방송 콘텐츠 제작 경험이 전혀 없었다.

국무부는 이라크에 파견할 직원들을 정하느라고 분주했다. 파견 대상은 대부분 아랍계 사람들이었다. 몇몇 직원들은 아무 탈 없이 파견되었으나 페이스는 국무부의 몇몇 제안이 탁상공론에서 비롯된 것이라며 거부권을 행사했다. 그 소식을 듣자마자 대통령에게 가서 그와 같은 행동은 콜린 파월에 대한 공개적인 모욕이며 이 일은 전문가가 나서야 한다고 주장했다. 하지만 그런 상황은 모두 국방부가 한바탕 쇼를 벌인 것이었기에 대통령은 개입하려 하지 않았다. 스티븐은 아무 불평 없이 국무부 직원들을 될 수 있으면 많이 파견하려고 최선을 다했다.

안타깝게도 혼란스러운 이라크 상황을 수습하고 복잡한 이라크 임시 정부 계획을 수행하는 것은 펜타곤의 역량에 비추어볼 때 어림도 없는 일이었다. 미군의 도움을 얻어 망명자 몇 사람을 이라크에 보내긴 했지만 가녀 작전은 도착하는 순간 이미 유명무실해졌으며, 이라크 전체와 임시 정부를 지원하기는커녕 제 몸 하나 건사하기도 어려운 실정이었다. '후방 지역 보안' 작전을 통해 국방부가 이런 최악의 상황에 빠지지 않도록 최선을 다했지만 더 이상 어쩔 도리가 없었다. 바그다드에는 인력이 절실하게 부족했다. 대통령은 지상군 규모에 대해 계속 의문을 제기했으나 도널드 럼즈펠드는 현재 인원으로 충분하다며 고집을 피웠다.

언젠가 콜린 파월이, 무력 개입을 해야 한다면 압도적인 군사력을 투입해 속전속결로 마무리해야 한다고 말한 적이 있었다. '파월 독트린'으로 알려진 이 주장은 50만 대군을 투입한 걸프전에서 빛을 발했다. 그는 토미 프랭크에게 파병 규모에 대해서 개인적으로 우려가 많다고 말한 사실을 나에게 털어놓았다. 펜타곤은 소위 '라이트 풋 프린트' 작전을 내세워 전혀 다른 방향으로 접근했다. 사담 후세인이 이끄는 부대는 무리 없이 진압했지만 전후 상황을 안정시키는 데는 인력이 턱없이 부족했다. 혼란이 가중되는 것을 지켜볼수록 대통령 앞에서 브리핑을 할 때마다 '모든 자원이 충분하게 마련되어 있다.'고 주장하던 사람들이 생각났다. 모든 자원이란 병력도 포함하는 것이었다. 고위 장성들이 사전 준비에 이의를 제기했지만 대통령에게 보고되지 않은 것 같았다.

NSC가 끝난 뒤 상황실 밖으로 도널드 럼즈펠드를 불러냈다. 상황이 이렇게 된 이상 가너 작전이 삐걱거리는 것을 가만히 보고 있을 수 없었다.

"가너 장군은 이라크에 들어가지도 못하고 있습니다."

도널드 럼즈펠드는 이럴 줄 몰랐다며 다른 대안을 찾고 있다고 응수했다. 4월 11일, 그는 재건 및 인도지원사무소를 대신할 대통령 특사를 새로 임명해 달라고 제안하면서(제임스 가너 장군도 11일에 비로소 이라크에 들어갈 수 있었다) 100여 명이 넘는 후보자를 소개했다. 폴 월포위츠, 전 국무장관 조지 슐츠, 전 캘리포니아 주지사 피트 윌슨, 전 연방준비은행 총재 폴 볼커, 폴 '제리' 브레머 3세 등이 물망에 올랐다.

브레머는 우리도 잘 아는 인물로서 헨리 키신저의 컨설팅 회사에 몸을 담고 있었다. 물망에 오른 후보들 중에서는 그가 제일 나은 것 같았다. 대통령은 그의 영향력과 긍정적인 태도를 높이 평가했다. 솔직히 말해 이라크 상황이 워낙 급박한 터라 더 이상 따질 시간이 없었다. 5월 6일에 제리 브레머가 연합임시행정국 수장으로 임명되었다. 그는 NSC 장관들과 차례로 만난 후 최종적으로 대통령과 단독 면담하고 곧장 이라크로 파견되었다. 도널드 럼즈펠드는 이라크 내의 행정, 사법, 입법권을 브레머에게 일임했다. 그는 이라크에 도착하자마자 가너가 처리하지 못한 일을 일사천리로 진행했다. 브레머가 도착한 후 이라크는 혼란에서 크게 벗어나 안정세로 접어들었다.

연합임시행정국은 이런 우여곡절 끝에 만들어진 것이다. 국방부 내의 몇몇 인사들은 여전히 이라크 임시 정부의 영향력을 키워줘야 한다고 계속 주장했으나 이는 도널드 럼즈펠드가 제리 브레머에게 지시한 것과 전혀 맞지 않았다. 도널드 럼즈펠드가 원한 것은 제리 브레머가 행정, 사법, 입법 기능을 모두 장악하는 것이었다. 이 문제는 국무부와 국방부가 대립할 일이 아니었다. 더글러스 페이스에게 맡긴 이라크 임시 정부와 제리 브레머를 내세운 연합임시행정국이 불협화음을 낸 것은 국방부가 자초한 일이었다. 국방부가 일부러 이런 상황을 연출한 것인지, 아니면 뒤늦게 수습해보려 했지만 어쩔 도리가 없었던 것인지는 누구도 알 수 없었다.

연합임시행정국에게 최대한 힘을 실어주기 위해 스티븐 해들리는 NSC 차관급 위원회 및 프랭크 밀러가 이끄는 집행운영위원회를 모두 중단시켰다. 이제는 펜타곤의 지휘에 따라 바그다드에서 직접 상황을 조율할 수밖에 없었다.

제리 브레머는 이라크에 도착하자마자 당분간 미 정부가 주도적으로 대처할 것이라는 점을 명확히 밝혔다. 이라크 임시 정부에 전부 위임할지 아닌지를 따질 상황이 아니었다. 국가 안보 상황을 고려하거나 임시 정부를 구성하는 사람들 대다수가 오랫동안 국외에 머물렀기에 국내 지지를 얻기 힘들다는 점을 감안할 때 이라크의 자체 통치가 얼마나 빨리 회복될 것인지가 최대 관건이었다. 대통령은 그가 잘 해낼 것이라고 굳게 믿었다. 브레머라면 상황을 정확히 판단해서 '지상군'에게 적절한 융통성을 부여하는 데 한 치의 오차도 없으리라고 생각했다.

잘메이 칼릴자드를 정치 특사로 계속 활용했더라면 브레머 작전이 한결 수월했을 것이다. 잘메이 칼릴자드는 아프가니스탄에서 대사로 훌륭하게 임무를 수행했으며 이라크 곳곳에서 빠져나온 망명자들과 오랫동안 함께 일한 경험이 있었다. 그는 사담 후세인 정권에서 살아남은 각 부족 및 지역 대표자들과 살라 아드-딘 지역에서 콘퍼런스를 개최하는 등, 그들과 남다른 친분을 과시했다. 망명자들과 이들 대표자들이 합심한다면 바그다드에 본거지를 두고 있는 임시 정부가 법적 정당성을 확립하는 데 큰 힘이 될 가능성이 높았다.

나는 문화적인 측면을 잘 모르긴 하지만 잘메이 칼릴자드가 이렇게 큰 역할을 해낸 이유 중 하나는 그가 이라크라는 지역을 자기 집처럼 잘 알고 편하게 여기기 때문일 것이다. 이라크 내의 까다로운 인사들을 다루는 데 도움이 될 것이므로 잘메이 칼릴자드가 제리 브레머를 계속 보좌하게 하는 것이 좋겠다고 대통령에게 건의했다. 대통령은 제리 브레머가 어떻게 생각하는지 먼저 알아보라고 했다. 제리는 혼자 해낼 수 있다며 나의 제안을 거절했다. 그것은 돌이킬 수 없는 판단 착오였다.

그러나 시간이 흐르자 제리도 이라크 국내 인사들을 다루는 데 도통하게 되었다. 연합임시행정국은 거창하게 시작했으나 아무 실속이 없다는 비판이 일었던 적도 있었다. 그도 그럴 것이 한창 바쁠 때에는 연합임시행정국 직원이 1,200명을 넘어섰다. 지상군을 해체하기로 결정하는 등 실수를 저지를 때도 있었다. 1년 가까이 우여곡절을 겪다가 쉽지 않은 여건 속에서도 철벽 같던 안보군을 해체하는 등 괄목할 만한 성과를 이루어 대통령의 감탄을 자아냈다. 나 역시 그를 진심으로 칭찬하지 않을 수 없었다.

전쟁이 끝나자마자 우리는 프랑스, 독일, 러시아와 외교 관계를 어느 정도 정상화할 방안을 찾기 시작했다. 대통령은 특히 전쟁을 가장 크게 반대했던 러시아 때문에 걱정이 이만저만 아니었다. 나도 같은 생각이었다. 집무실에 대통령과 측근 한두 사람 외에는 아무도 없었기에 장난기가 조금 발동했다.

"프랑스는 엄벌하고, 러시아는 용서하고, 독일은 무시하십시오."

다들 내 말을 듣고 폭소를 터뜨렸다. 그런데 나중에 누군가 그 말을 언론에 흘리는 바람에 곤욕을 치러야 했다. 세 사람이 비밀을 나눈 경우에는 그중 둘이 죽어야 비밀이 유지된다는 벤저민 프랭클린의 말이 그 어느 때보다 마음 깊이 와 닿았다. 분명 워싱턴을 염두에 두고 한 말이었을 것이다.

대통령은 블라디미르 푸틴 대통령에게 연락해서 나를 모스크바에 보내려는 뜻을 내비쳤다. 푸틴은 미 정부가 먼저 손을 내밀어주어 고맙다며 나의 방문을 환영한다고 응답했다.

4월 6일에 모스크바에 도착해서 미 대사관 숙소인 스파소 하우스에 짐을 풀었다. 1993년 구 소련과 미국이 수교를 맺은 이래 미 영사가 계속 거주한 곳으로 신고전주의 양식이 돋보이는 훌륭한 건축물이었다. 우선 뉴스를 보려고 텔레비전을 켰다. 나도 한때는 러시아어를 꽤 잘했지만 워낙 문법이 까다로운 언어라서 손을 놓자마자 금세 잊어버리고 말았다. 이럴 때는 러시아어 '청취'부터 다시 시작하는 것이 가장 효과적이었다.

TV를 켜놓고 짐을 풀다가 정말 충격적인 뉴스를 들었다. 러시아 외교관과 기자들이 탄 차량 행렬이 바그다드를 빠져나오다 총격전에 휘말려 상당수가 부상을 입은 것이었다. '정말 기막힌 시점에 내가 러시아에 왔구나.' 라는 생각이 들었다. 대통령은 정식 보고를 받기 전이었으나 푸틴 대통령에게 깊은 애도를 전하라고 당부했다. 책임을 따지느라 심각한 순간이 몇 번 있긴 했지만 모스크바 방문은 비교적 순탄한 편이었다. 러시아안보회의 수석을 위시한 주요 인사들과 인사를 나눈 뒤에 조약돌이 깔린 광장을 가로질러 화려하게 장식된 크렘린 궁으로 향했다. 그곳은 푸틴 대통령의 집무실이 있는 건물이었다. 2001년 여름에 미 정부의 탄도요격미사일제한조약 탈퇴를 앞두고 두 나라의 외교 관계 마찰을 방지하기 위해 모스크바를 방문한 기억이 문득 떠올랐다.

푸틴 대통령은 내가 러시아 전공자라는 것을 알고 있었다. 적어도 방문 초반에는 그 점을 좋게 생각하는 것 같았다. 우리 둘은 개인적으로도 허물없는 사이가 되었다. 나는 (의미를 정확히 전달하기 위해서) 푸틴 대통령에게 항상 영어로 말했지만 그는 러시아어로 대답했다. 푸틴 대통령은 비교적 꾸밈이 없고 직설적으로 말하는 편이었다. 그래서 나는 통역 없이 그가 하는 말을 직접 듣는 쪽을 원했다. 나는 부시 대통령이 러시아와 우호적인 관계를 회복하기를 기대한다고 말했다. 푸틴은 그 점에 동의하지만 이라크 재건에서 러시아의 경제적 이익이 어떤 영향을 받는지를 부시 대통령이 꼭 알아야 한다는 조건을 덧붙였다. 사담 후세인은 러시아 정부에 엄청난 빚을 지고 있었으며 두 나라 사이의 유전 개발 계약도 아직 기간이 많이 남아 있었다. 푸틴 대통령의 솔직한 태도가 차라리 편하게 느껴졌다.

이라크를 침공한 이후 프랑스와 독일 정상들과 다시 대면할 기회가 생겼다. 그해 6월, 프랑스 에비앙에서 G8 정상회담이 열렸기 때문이다. 부시 대통령은 폴란드에 먼저 들렀다가 상트페테르부르크 300년 기념 행사에 참석했다. 표트르 대제의 대표적인 궁전인 페레르고프를 복원하는 데 수백만 달러를 쏟아 부은 것을 한눈에 알 수 있었다. 금으로 만든 잎이 뒤덮인 성당의 돔, 금으로 만든 분수를 비롯해 어디를 둘러봐도 금이 번쩍거렸다. 사람들마저 금으로 만든 인형 같았다. 처음에는 동상인 줄 알았는데 자세히 보니 금빛 스프레이를 온몸에 뿌린 것이었다. 저녁 만찬 후에는 아름다운 발레리나들이 등장해 〈백조의 호수〉를 연출했고, 뒤이어 차이콥스키의 〈1812〉 서곡이 흘러나왔다. 실제로 강변에서 대포를 쏘는 장면도 연출되었다. 내가 보기에는 시저스 팰리스*미국 네바다 주 라스베이거스에 있는 서킷에서 열린 볼쇼이 공연과 비슷했지만 푸틴 대통령을 비롯한 러시아 국민들은 굉장히 자랑스러운 표정이었다. 숙소로 돌아갈 무렵, 성당 하나의 뒤편에 페인트칠을 하지 않은 것이 눈에 띄었다. '모든 것이 겉치레 아닌가?'라는 생각이 스쳤다. 과거에 지역 관리들이 러시아 황제가 지나가는 길가의 집 앞쪽만 페인트칠을 했던 것과 다를 바 없었다. 고대 황제들은 자신의 눈에 띄지 않는 것은 전혀 신경을 쓰지 않았다. 예나 지금이나 그 점은 달라지지 않은 것 같았다.

행사를 즐기던 중 부시 대통령은 게르하르트 슈뢰더 독일 총리에게 다가가서 악수를 청했다. 두 사람이 그렇게 따스한 미소를 주고받은 적은 한 번도 본 적이 없었다. 아무튼 슈뢰더 총리의 임기가 끝날 때까지 두 사람은 계속 우호적인 관계를 유지했다.

에비앙에 가기 전에 잠깐 인터뷰를 할 기회가 있었다. 지금 생각해보면 큰 실수를 범한 것이었다. 나는 동맹국에 대한 실망감을 쉽게 떨칠 수 없다고 말한 뒤 때로는 사담 후세인 같은 자들보다 미 정부가 더 위험하게 보일지 모른다고 덧붙였다. 하지만 인터뷰를 마친 후 동맹국들에게 다소 심한 말을 했다고 대통령 앞에서 인정했다. 대통령은 그 말이 사실이 아니라는 것을 증명해 보이겠다며 대수롭지 않게 넘겼다.

G8 정상회담은 순조롭게 진행되었다. 콜린 파월의 표현을 빌리자면, 모든 참석자가 '과거의 유감스러운 일을 곱씹으며 이를 갈기보다는 미래를 위해 함께 머리를 맞대고 고민해보자.'는 분위기였다. UN 안전보장이사회는 미국과 영국이 이라크의 원유 수출에서 발생한 이익을 이라크 재건에 사용해도 좋다는 결의를 만장일치로 통과시켰다.

한편, 미 행정부 내에서는 UN에 어느 정도의 권한을 부여할 것인지를 놓고 말도 안 되는 설전이 벌어졌다. 국방부와 부통령실은 결의 내용을 한 글자도 빠트리지 않고 분석한 뒤 국제사회의 잔소리에 신경 쓰지 않고 미 정부가 단독으로 이라크 재건을 추진할 수 있다는 주장을 내놓았다. 백악관의 추가 '제안'을 전달하려고 전화하자 콜린 파월은 이렇게 말했다.

"언젠가는 이 타르 인형*진퇴양난의 수렁을 일컫는 말을 UN에 넘기게 될 겁니다."

틀린 말은 아니었다. 우리에게는 UN의 지나친 간섭이 아니라 거의 간섭하지 않는 것이 문제였다. 나는 관계 기관들이 이러쿵저러쿵하는 소리에 개의치 않고 콜린에게 결의를 마무리해도 좋다고 통보했다.

그러나 자만심은 결국 화를 불렀다. 이라크 재건에 관한 초기 제안을 살펴보던 중에 한 가지 큰 실수를 저지르고 말았다. 그 당시에는 몰랐지만 실행 자체가 불가능할 정도로 말도 안 되는 결정을 내린 것이다. 펜타곤은 전쟁을 지지했던 나라만 도와주려고 했다. 이론적으로 틀린 것이 아니지만 실제로 그렇게 하면 국제사회에서 미국의 위신이 크게 손상될 것이 불 보듯 뻔했다. 시간이 지나고 보니 전쟁 지지 여부를 떠나 모든 국가에 원조를 요청하지 않을 수 없었다. 원조 요청 규모가 워낙 방대해 정부의 입장은 더욱 난처해졌다.

중동 지역의 평화를 이룰 기회가 다시 찾아오다

팔레스타인과 이스라엘의 갈등을 해소하려는 노력과 이라크 문제에 대한 조치가 동시에 이루어진다면 상승효과가 날 것이라는 의견은 오래 전부터 있었다. 두 가지 문제가 서로 연관성이 있는지 증명할 길은 없었으나 훗날 그 주장은 사실로 증명되었다. 1991년에 걸프전이 종식되자 국무장관 제임스 베이커는 마드리드에서 열린 국제회의에서 평화 협상 과정에 대한 지지를 촉구했다. 그 결과, 아라파트와 이스라엘은 팔레스타인 정부를 설립해 약간의 자치권을 허용한 오슬로 협정을 맺었다. 아라파트는 폭력을 정죄하고 이스라엘의 생존권을 주장해 유명해졌다. 오슬로 협정은 마드리드 회의와 직접적인 관련이 없었다(사실 그 협정은 비밀리에 이루어져서 미국은 참여하지 못했다). 아무튼 이 두 사건은 '평화 협상 과정'의 새로운 기반을 마련하는 계기가 되었다.

사담 후세인의 몰락으로 비슷한 기회가 생긴 것 같았다. 2002년 여름 웨스트 뱅크에서 이스라엘 작전이 끝난 이후 아라파트는 팔레스타인 정권을 개혁하라는 압력에 시달렸다. 새로운 기본법을 마련하고 온건주의파 지도자인 마흐무드 압바스를 총리로 임명하라는 요구가 세계 곳곳에서 빗발쳤다.

대통령은 로즈가든 연설에서 언급한 '새로운' 팔레스타인 정부가 탄생하기를 기대하며 이러한 변화에 힘을 실어주기로 마음먹었다. 그래서 에비앙의 G8 정상회담을 끝내자마자 중동 지역으로 발걸음을 돌렸다. 중동 지역의 평화를 위해 시라크 대통령이 준비한 연회장에서 조금 일찍 출발하는 것이라 생각하니 기분이 별로 나쁘지 않았다.

우리는 중동 지역 대표자들과 두 차례 회의를 주선했다. 우선 샤름 엘 셰이크*이집트 최고의 휴양지에서 사우디아라비아의 압둘라 왕세자, 요르단의 압둘라 국왕, 바레인의 하마드 국왕, 이집트의 무바라크 대통령 등 아랍 주요 국가의 정상들과 함께 팔레스타인 총리 압바스를 만나 그에 대한 지지를 표명하고, 이스라엘과도 새로운 관계를 맺을 의향을 전달했다. 압바스는 추후 요르단의 아카바에서 이스라엘 총리를 다시 만날 계획이었다.

우리는 적극적인 반응을 기대했지만 각 나라가 아직 최종 협상을 시작할 준비가 안 된 분위기였다. 압바스는 무슨 이유인지 몰라도 아라파트의 눈치를 살폈고 샤론은 '평화를 위한 동반자가 없다.'고 주장했다. 우리의 목적은 큰 욕심을 부린 것이 아니었으나 중대한 의미를 띠고 있었다. 우선 팔레스타인은 타협을 거쳐 분쟁에 대한 해결책을 모색하고, 더 이상 인티파다*팔레스타인의 반 이스라엘 투쟁을 통칭하는 말를 벌이지 않겠다고 선언하기를 바랐다. 이스라엘은 팔레스타인이 하나의 국가라는 점을 인정하고 그들의 권리를 존중해야 했다. 또한 우리는 아랍 국가들이 단결해서 형제애를 돈독히 하기를 바랐다. '성지의 수호자'로 일컬어지는 사우디아라비아 국왕이 적극 나서주느냐가 관건이었다. 사우디아라비아가 먼저 이스라엘에 손을 내밀거나 무역 사무소라도 하나 만들어주면 더 바랄 것이 없었다.

협상은 답답할 정도로 느리게 진행되었다. 여러 국가가 한자리에 모여 타협점을 찾기란 쉬운 일이 아니었다. 나는 미 정부의 대표 자격으로 협상을 지휘했다. 아랍 국가, 팔레스타인, 이스라엘 모두에게 이 협상을 긍정적으로 이끌어가자고 촉구했다. 국가안보보좌관이 나서 대통령 방문에 사용될 문서 내용을 협상하는 것은 이례적인 일이 아니었다. 일반적으로 국무부는 한걸음 물러서서 다른 부서가 준비하는 과정을 돕는 정도였다. 이번 경우에는 콜린과 내가 주도해 일사천리로 일을 진행했다.

주미 사우디아라비아 대사 반다르 왕자는 아랍 국가들의 대변자로 나섰다. 이집트와 요르단은 이미 이스라엘과 외교 관계를 수립한 나라이므로 왕세자가 허용할 수 있는 것은 무엇이든 그들에게도 통할 것 같았다. 반다르 왕자는 조지 H.W. 부시 대통령 재임 시절부터 잘 알고 지내던 사이였다. 그는 20년째 사우디아라비아 대사로 미국에 살고 있었다. 버지니아 주 아스펜에 화려한 별장을 두고 전용 비행기를 타고 다니는 등 사치스러운 생활을 즐겼으나 탁월한 외교 수완 덕분에 자국 정부와 백악관 양쪽으로부터 신임이 두터웠다. 아랍 국가들이 대담하게 행동하도록 유도하는 것은 만만치 않았지만 나도 압력을 늦추지 않았다. 한번은 반다르가 회의 중에 벌떡 일어나 사우디아라비아에서 누구를 보내더라도 자신만큼 참고 버티지 못했을 것이라며 나가버린 적도 있었다. 압둘라 국왕의 우유부단한 태도와 백악관의 높은 기대치 사이에서 괴로워하는 모습이 안쓰리워 내가 한 발 물러섰다. 우리는 곧 다시 자리를 마련해 서로를 다독였다.

팔레스타인과 이스라엘을 상대로 협상하는 것도 만만치 않은 일이었다. 만날 때마다 길고 지루한 역사 강의가 시작되거나 UN 결의에 대한 잔소리가 늘어졌다. 지루한 기색을 감추지 못하자 한 측근이 이스라엘은 세계를 통틀어 가장 법률을 존중하는 나라라고 귀띔해주었다. 율법을 빼면 이스라엘에 무엇이 남겠냐는 것이었다. 팔레스타인은 무엇이냐고 되묻자 "사촌이라고 생각하시면 됩니다."라는 대답이 돌아왔다. 우여곡절 끝에 정상회담에서 검토할 서류를 모두 완성했다. 대통령이 관련된 중요한 회의에 사전 합의 문서 없이 참석하는 것은 어리석기 짝이 없는 짓이었다. 사정이 생겨 준비하지 못할 때면 며칠씩 밤잠을 설치며 미국 정부에 망신당할 일이 생길까 봐 전전긍긍했다. 이번에는 그런 마음고생을 하지 않으려고 철저하게 준비했다.

파리를 떠나 샤름 엘 셰이크에 도착하니 이미 해가 저물고 있었다. 마지막으로 반다르 왕세자와 간단히 회의를 마친 후에야 잠자리에 들 수 있었다.

이튿날 아침, 회의장에 도착하니 무바라크가 우리를 맞아주었다. 요르단 압둘라 국왕과 마흐무드 압바스도 곧이어 도착했다. 하지만 아무리 기다려도 반다르는 모습을 드러내지 않았다. 전화도 받지 않았다. 뭔가 단단히 잘못되었다는 느낌이 들었다. 예정대로라면 회의가 끝나야 할 시간이 한참 지났다. 기자단도 웅성거리기 시작했다.

이집트 대표단의 이야기를 들어보니 왕세자는 호텔에서 출발도 하지 않은 상태였다. 그는 고국으로 돌아가겠다며 으름장을 놓고 있었다. '또 시작이군.' 이라는 생각이 들었다. 다행히 문서 내용을 마지막에 몇 가지 고치는 것으로 그의 마음을 돌릴 수 있었다. 한바탕 난리가 벌어지긴 했지만 회의는 성공적으로 마무리되었다.

아카바에 마련된 후속 회의는 샤름 엘 셰이크 회의에 비해서 원고에 충실한 편이었다. 팔레스타인 대표단 중에는 당시 재정부 장관이었던 살람 파야드가 있었다. 그는 항상 정당하고 옳은 방식을 고수했다. 투명성 제고를 위해 팔레스타인 자치 정부 예산을 인터넷에 공개하는 것도 서슴지 않았다. 텍사스대학 출신이었던 그는 대통령이 6월 24일 연설에서 이야기한 대로 똑똑하고, 정직하고, 능력을 갖춘 지도자였다. 그는 민주주의적 기초 위에 팔레스타인 정부를 세우려는 우리의 노력을 적극 지지하면서 둘도 없이 귀중한 동맹 세력이 되었다.

대통령은 샤론과 압바스를 따로 불러 정원을 거닐며 평화를 위해 적극적인 노력을 기울일 필요성을 강조했다. 우리는 사절단과 함께 뒤에 남아 있었다. 사절단은 자기네끼리 이야기하느라고 분주해 보였다. 그러다 이스라엘 정보 책임자가 아라파트의 고위 안보 담당자 모하메드 다흐란에게 "히브리어를 정말 잘하시네요."라고 말을 건넸다. 그러자 다흐란은 "당신네들 때문에 옥살이를 하면서 배운 것이잖소."라고 퉁명스럽게 대꾸했다. 서로 모르는 게 없는 사이가 분명했다.

샤론과 압바스의 발언을 마지막으로 아카바에서 열린 회의는 막을 내렸다. 샤론은 팔레스타인 지역 상황을 인도주의적으로 개선하고 이스라엘 정착민들이 자국 법까지 어기면서 무허가로 만든 정착촌을 모두 철거하기로 약속했다. 그는 팔레스타인 국가의 입장에서 영토가 중간에 단절되어서는 안 된다는 점을 인정했으며 이스라엘은 팔레스타인 사람들을 지배할 의향이 없다고 밝혔다. '인보관隣保館 운동의 아버지'라는 명성에 어울리는 의미심장한 발언이었다. 에후드 바라크는 2000년에 캠프 데이비드에서 이스라엘을 대표하며 몇 가지 공약을 내걸었다. 에후드는 노동당 출신이었다. 보수적인 리쿠드당은 팔레스타인 국가를 결단코 받아들이지 않았다. 몇 달 후 샤론은 헤즐리야 콘퍼런스에서 매우 획기적인 연설을 했다. 그는 타협과 양보의 필요성을 인정히면서 "우리는 로드맵을 실행하기 위해 적극적으로 행동할 것입니다. 이스라엘과 팔레스타인 두 나라는 평화롭고, 안전하고, 조용하게 공존할 수 있습니다."라고 밝혔다. 그는 몇 주 전에 자신이 했던 말을 그대로 인용해 이스라엘이 '아픔을 참으며 양보'할 시간이 되었다는 결론을 내놓았다. 이렇게 해서 이스라엘 정계 인사들 대다수가 두 나라 해결책의 필요성을 받아들이게 되었다.

압바스는 새로운 나라가 테러주의를 그대로 물려받아서는 안 되며, 테러는 팔레스타인의 미래에 치명적인 걸림돌이라고 분명히 밝혔다. 그는 치안 서비스를 포함해 새로운 팔레스타인 정부 기관이 전반적으로 훨씬 민주적이고 신뢰할 만한 서비스를 제공하도록 조치를 취하겠다고 강변했다.

부시 대통령은 노련한 외교관 존 울프에게 양쪽의 책임 이행 과정을 주시하라고 지시했다. 나는 미 정부가 맡은 역할을 총괄하는 책임자로서 예루살렘과 웨스트 뱅크를 직접 방문해 대통령의 뜻을 전달했다. '국가안보보좌관이 실무에 지나치게 관여하는 것이 아닌가?'라는 걱정이 앞섰지만 그보다 더 중요한 것은 대통령과의 친분을 활용해 상황을 진전시키는 것이었다. 이 때문에 콜린과 내가 서로 등을 돌렸다는 기사가 보도되어 마음이 아팠다. 콜린 파월과 계속 긴밀하게 연락을 취했고 국무부 또한 내가 하는 일을 적극 도와주고 있었다. 일각에서는 내 행동이 국무장관을 정면으로 무시하는 처사라는 주장을 굽히지 않았다.

그러나 우리는 얼마 가지 못해서 또 다른 장벽에 부딪혔다. 이스라엘이 팔레스타인에 대한 약속을 하는 것과 실제 행동이 다를 때 얼마나 답답한지를 제대로 배운 기회였다. 불법 정착촌은 이리저리 위치만 옮길 뿐 사라지지 않았다. 팔레스타인 사람들을 웨스트 뱅크에서 이리저리 옮기게 만든 '보안용' 바리케이드는 이제 아무짝에도 쓸모가 없었지만 치운다는 말만 되풀이할 뿐 늘 제자리에 놓여 있었다.

팔레스타인도 답답하기는 마찬가지였다. 압바스가 마음에 없는 소리를 한 것은 아니었지만 그가 국제사회에서 좋은 이미지를 얻는 것을 야세르 아라파트가 그냥 보고 있을 리 만무했다. 압바스가 조심스럽게 개혁을 추진하려 하면 아라파트의 보안 책임자들과 집권당인 파타당의 오랜 지지자들이 거세게 반발했다. 결국 압바스는 그때마다 물러서거나 일단 보류하겠다고 선언할 수밖에 없었다. 그러기를 몇 번 반복하더니 2003년 9월 6일에 압바스는 갑자기 사임을 표명했다.

한편, 살람 파야드는 팔레스타인 재정에 투명성을 더하기 위해 각고의 노력을 기울였지만 혼자 힘으로는 역부족이었다. 이스라엘은 오랫동안 팔레스타인을 대신해 세금을 징수한 다음, 자기들이 내키는 대로 팔레스타인 정부에 전달해주곤 했다. 인티파다가 시작된 후로는 이마저 중단되어 팔레스타인은 가장 중요한 수입원을 잃고 말았다. 파야드는 이스라엘의 만행을 낱낱이 보고하며 미 정부의 도움을 요청했다. 그는 투명하고 합리적인 경제 체제를 이루려는 꿈을 안고 있었으나 팔레스타인에는 적법한 자금이 한 푼도 남아 있지 않았다. 아라파트는 다소 미심쩍은 출처에서 나온 자금을 마음껏 사용했으나 파야드는 그럴 생각이 전혀 없었다.

샤론의 최측근인 도브 웨이스글라스 변호사를 급히 찾았다. 정부 고관은 아니었지만 총리를 그림자처럼 따라다니는 사람이었다. 권모술수가 난무하는 이스라엘 정계에서 이미 실력자로 소문이 났으며 샤론의 해결사라는 별명까지 얻었다. 팔레스타인에 대한 문제를 이야기하자 이스라엘은 그 돈이 어디로 흘러가는지 전혀 모르며 그 돈을 테러 집단에 넘겨주는 것은 꿈도 꾸지 않았다고 주장했다. 파야드는 믿어도 되는 사람이므로 직접 만나보라고 말해주었다.

도브는 파야드를 직접 만나보더니 내 말이 옳았다고 했다. 특히 팔레스타인 재정의 효율과 투명성을 높이기 위해서 미국에 있는 회계 기업을 고용하려는 파야드의 계획이 마음에 들었디고 했다. 이렇게 파야드가 재정 개혁을 단행하자 이스라엘은 세수입을 넘겨주기 시작했다. 새로운 팔레스타인 지도층이 합리적이고 믿을 수 있는 정부를 구축하도록 돕는 일이 비로소 시작된 것이었다. 이처럼 우여곡절이 많았지만 이라크 전쟁 직후의 시간은 평화 협상 과정에서 큰 비중을 차지했다.

그러나 단 한 차례의 변화로 해묵은 갈등이 해소되는 것을 기대하기는 어려웠다. 협상 과정은 순차적인 것으로, 각 단계가 실시될 때마다 적응기가 찾아왔고 적응기가 끝나면 한층 안정된 모습을 보였다.

6월에 벌어진 일련의 사건들로 인해 이스라엘과 팔레스타인의 갈등은 새로운 국면을 맞이했다. 인티파다로 인해 끔찍한 유혈 사태가 벌어진 후 수습이 끝나자 양쪽은 다소 머뭇거리면서 한 걸음 앞으로 내딛기 시작했다. 2003년 11월, 국제사회는 양측이 평화를 얻기 위해 수행해야 할 의무를 3단계로 요약한 로드맵을 제시했다. 이스라엘이 몇몇 항목에 대해 유보를 선언했지만 결국 받아들이기로 합의했다.

더 중요한 것은 팔레스타인 국가의 성격이 국경만큼 중요한 사안이라고 여겼다. 아리엘 샤론을 비롯한 대다수의 이스라엘 국민들은 팔레스타인과 이스라엘이 어깨를 나란히 한 채 평화롭고 안전하게 살아가야 한다고 인정했다. 두 나라 해결안이라는 부시 행정부의 비전은 이제 국제사회가 함께하는 정책이 되었다.

대량 살상 무기를 찾아서

2003년 5월 1일, 대통령은 이라크 내의 주요 군사 작전 종료를 선언했다(미 해군 항공모함의 '미션 완료'라는 배너 아래에 서서 그렇게 한 것은 별로 좋지 않은 생각이었다. 미션이 완료되었다고 하기에는 할 일이 너무 많이 남아 있었다). 바그다드에 연합임시행정국이 자리를 잡은 후 우리는 사담 후세인이 보유한 것으로 추정되는 대량 살상 무기를 찾아내는 데 집중했다. 조지 테닛은 데이비드 케이에게 이라크조사위원회를 맡기고 사담 후세인의 무기를 조사하라고 지시했다. 이라크조사위원회는 온 나라를 이 잡듯 뒤졌지만 무기고나 비축 무기를 하나도 발견하지 못했다. 가끔 보고가 들어와도 무기를 찾지 못했다는 말뿐이었다. 어느 날 아침, 데이비드 매닝은 사담 후세인이 데리고 있던 어느 과학자의 사택 정원에서 무언가를 파냈다는 소식을 전해왔다. 하지만 조사 결과, 그들이 발견한 것은 이미 녹슨 옛날 무기에 불과했다. 수색 초반에 아무것도 나오지 않았기에 우리는 사담 후세인이 전쟁 중에 무기를 모두 숨겼거나 이리저리 흩어놓았을 것이라고 생각했다.

그즈음 정보국 내에서는 이라크의 대량 살상 무기에 대한 전쟁 전의 예상이 빗나간 것이 아니냐는 의견이 나왔다. 이를테면, 5월 25일에 미국국방정보국 소속의 외부 전문가들이 생물학 무기 제조에 사용된 것으로 의심되는 이동식 연구소 두 곳을 조사한 후 생물학 무기를 제조한 흔적이 전혀 없다고 결론지었다. 이 사실은 대통령이나 NSC에 즉각 보고되지 않았다.

다른 보고 내역에 대해서도 의문이 계속 발생했다. 5월 6일 《뉴욕타임스》 칼럼니스트 니컬러스 크리스토프는 부시 행정부가 전쟁을 선언할 때 근거 자료로 사용한 보고 내용이 사실과 다른 것으로 드러났다는 식의 칼럼을 기고했다. 그는 익명의 제보를 인용해 이라크가 니제르에서 우라늄을 매입하려고 했다는 주장에 대해 부통령실이 구체적인 조사를 요구했다고 밝혔다. 그 정보가 '부인할 여지 없이 잘못된 것'이며, 그러한 주장은 사실무근에 불과하다는 점은 2002년 2월 이미 CIA와 국무부에 보고된 것이었다. 국제원자력기구 사무총장 모하메드 엘바라데이가 3월 7일 열린 UN 안보회의에서 관련 문서의 진실성에 대한 의혹을 제기한 적도 있었다.

나는 6월 8일에 조지 스테파노포로스가 진행하는 〈선데이 모닝 쇼〉에 출연해 니컬러스 크리스토프의 주장에 대한 질문을 받았다. 행정부 관계자 몇몇이 이미 틀린 정보라는 것을 알고 있었다면 어떻게 대통령 연두교서에서 그 점을 빼지 않았냐는 질문도 나왔다. 당시 보고서에 의심이 가는 부분을 누군가 알아차렸지만 우리에게 알리지 않은 것 같다고 답변했다. 또 사담 후세인에 대한 정부의 입장은 대통령 연설에 나온 한두 마디 표현에 좌우되는 것이 아니라고 분명히 밝혔다.

그러나 몇 주 후 대통령이 아프리카 순방을 준비하던 중 또다시 문제가 생겼다. 전 이라크 대사 조지프 윌슨이 니제르 사건을 조사한 '익명의 전직 요원'으로 신분을 감춘 채 부통령실의 요청을 받았다며 《뉴욕타임스》에 칼럼을 기고했다(부통령실은 윌슨에게 주어진 미션에 전혀 관여하지 않았다. 사실 그 미션은 CIA의 대량살상무기확산대책국 관리들이 승인한 것이었다). 그는 직접 니제르를 방문했으며, 우라늄 광산에 대한 정부의 철통 감시 및 우라늄을 실제로 이라크까지 운송하는 것 자체가 매우 어렵다는 점을 들어 이라크가 우라늄을 사들였다는 주장은 허구일 뿐이라고 밝혔다. 또한 그는 임무를 마치고 돌아와 CIA와 국무부에서 조사 결과에 대한 브리핑을 실시했다고 주장했다.

윌슨이라는 이름을 처음 들은 것은 조지 테닛이 윌슨의 아내인 발레리 플레임이 CIA 요원이라고 말했을 때였다. 조지는 그녀를 개인적으로 알지 못했지만 우리는 묘한 우연이라고 여겼을 뿐 다른 의심을 하지 않았다. 조지 테닛조차도 그녀의 임무를 전혀 몰랐다.

대통령이 떠나기 전날, 조지와 나는 대통령과 부통령을 한자리에서 만났다. 조지는 니제르 보고서에 대한 이야기가 나오자 CIA가 니제르에 대한 주장의 진실성을 보장할 수 없다고 말하며 불편한 기색을 드러냈다. 우리는 그 자리에서 백악관이 이 문제를 더 이상 거론하지 않기로 결정했다. 대통령 연설문에서도 관련 사항을 모두 삭제했다. 내가 보기에는 실수가 있었다는 것을 꽤 직접적으로 인정하는 행동이었다. 누가 의도적으로 저지른 실수는 아니었지만 CIA가 감당할 수 없는 주장이라면 처음부터 대통령 연설문에 넣지 말았어야 했다는 생각만 들었다.

부통령은 국가정보평가서에 있었던 내용이라면 잘못을 따질 대상이 아니라며 끝까지 책임을 지지 않으려 했다. 애나 페레스를 포함해서 내 측근들 몇몇도 같은 생각이었다. 애나는 대통령 반대 세력이 한 가지 실수를 끝까지 물고 늘어질 것이며 백악관이 모두를 속이려 했다고 주장할 것이라고 예상했다. 애나는 "그들은 이제 피 냄새를 맡은 상어예요."라고 말했지만 나는 언론이 이번 일을 실수로 넘겨줄 것이라고 생각했다. 그렇지만 상황은 부통령과 애나의 말대로 흘러갔다.

이튿날 아프리카로 출국하려던 차에 나는 뉴스를 보고 아연실색했다. 대통령이 연두교서에서 거짓말했다는 기사가 1면을 장식하고 있었다. 대량살상 무기가 하나도 발견되지 않았다는 이유로 정보국이 거짓 보고를 흘렸다는 의혹이 제기되었으며 정부가 전쟁을 빨리 일으키려고 상황을 조작했다는 주장도 있었다.

출발하기 전 아이다호에 가 있던 조지 테닛에게 전화를 걸었다.

"조지, 그쪽에서 연설문을 작성했으니 이 문제도 맡아서 처리하세요. 도대체 대통령을 언제까지 질타의 대상으로 내버려 둘 셈입니까?"

그는 니제르 사건을 뒷받침할 정보국 자료가 있다고 발표하기로 했다. 즉, 대통령이 거짓말한 것이 아님을 증명할 계획이었다.

비행기에 오를 무렵에는 상황이 걷잡을 수 없이 악화일로로 치달았다. 아리는 내가 나서 정보 출처를 공개하는 것이 좋겠다고 말했다. 나는 그것이 'CIA의 표현'이라고 해명했다. 그것은 엄연한 사실이었으며 어디까지나 대통령이 거짓말쟁이라는 누명을 벗기려는 의도밖에 없었다. 그렇지만 사람들은 내가 모든 문제를 CIA 탓으로 돌린다고 여겼다. 조지 테닛은 거의 24시간 가까이 협상한 끝에 16단어로 된 그 표현에 대한 책임을 어느 정도 인정하는 성명을 발표했다. 그런데도 상황은 끝날 기미가 보이지 않았다.

아프리카 순방 내내 기자들은 우리를 따라다니며 그 문제를 집요하게 파고들었다. 그들은 기삿거리 하나를 얻으려고 막무가내로 따라다닌 후에 대통령도 언론을 피할 수 없을 것이라고 말했다. 이거야말로 자성적 예언이라는 생각이 들었다. 하루는 우간다에서 유명한 에이즈 치료 센터를 방문했는데 고아들이 〈아메리카 더 뷰티풀〉이라는 노래를 불러주었다. 그 옆에서는 기자들이 아리와 카렌을 둘러싸고 니제르 사건과 우라늄에 대해 정신없이 캐묻고 있었다.

15
아프리카에 대한 부시 대통령의 애정

우리는 거센 논란에 아랑곳없이 아프리카 순방으로 눈을 돌렸다. 아프리카에 대한 대통령의 남다른 애정은 이미 잘 알려져 있었다. 이번 방문은 그 점을 더욱 부각시킬 수 있는 절호의 기회였다. 첫 방문국 세네갈에서는 노예들을 배에 실어 아메리카로 보낸 고레 섬을 찾아가보았다. 배에 오르는 곳까지 이어진 길을 걸으며 당시 사람들의 심정을 상상하니 가슴이 미어졌다. 단테의 지옥에 나오는 문구가 떠올랐다.

'이곳에 들어가는 자들이여. 모든 희망을 버릴지어다.'

혹시 나의 조상도 이곳에서 배에 오르지 않았을까 하는 생각을 떨칠 수 없었다. 만약 그랬다면 아메리카에서 비극적인 삶을 살게 되리라고 상상이나 했을까? 대통령은 아프리카가 미국의 탄생에 크게 기여했다고 말했다. 나는 그저 듣기만 했다. 그는 또한 "아프리카에서 훔쳐온 아들 딸이 아메리카의 양심을 깨우는 데 도움을 준 겁니다."라고 말했다.

우리 모두는 이번 순방에 큰 기대를 걸고 있었다. 가장 흥분한 사람은 대통령이었다. 그는 임기 첫날부터 아프리카에 남다른 관심을 보였다. 나의 소개로 젠데이 프레이저가 NSC 아프리카 지역 전문가로 임명되었다. 그는 이 대륙을 도움의 손길이 필요한 대상으로만 여길 것이 아니라고 주장하면서 무력 갈등, 경제 개발, 민주화 등에 대한 종합적인 방침을 수립하도록 도와주었다. 우리는 2001년 9월 11일 사건을 계기로 대테러 활동에 대한 협력도 아프리카 정책에 포함했다.

부시 대통령은 아프리카 국가의 수반들을 매우 아꼈으며 자주 회담을 마련했다. 2001년부터 2003년까지 무려 25명을 만났으니 그의 애정이 얼마나 대단한지를 알 수 있다. 대통령은 또 미국이 어려운 환경에 처한 이들에게 동정심을 보일 특별한 의무가 있다고 여겼다. 일각에서는 대통령이 복음주의 교회와 인연이 깊어 그런 것이라고 수군거렸다. 물론 복음주의 교회의 영향이 전혀 없었던 것은 아닐 것이다. 하지만 대통령은 아프리카의 열악한 환경이 어느 정도 본토인들에게 책임이 있으며 그들이 직접 나서 해결책을 강구해야 한다고 생각했다. 우리는 아프리카 국가들의 후원자가 아니라 동반자로서 외교 관계를 구축했다. 몇몇 유럽 국가들은 이러한 미 대통령의 행보에 불만을 나타냈다. 특히 자크 시라크 프랑스 대통령은 아프리카를 감싸는 경향이 강했다. 한번은 부시 대통령에게 '우리', 즉 서방 세계 국가들이 아프리카에 깊이 자리 잡은 부정부패의 주범이라고 말했다. 부시 대통령은 미국이 아프리카에 식민지를 확보한 적이 없으며, 어떤 경우라도 부정부패를 척결하는 것은 서방 국가의 명분이 아니라 아프리카인들을 위한 일이라고 응수했다.

2002년 G8 정상회담에서 위와 같은 대화가 오갔다. 그 자리는 원래 야세르 아라파트의 앞날을 논하던 자리였다. 석 달 전 부시 대통령은 극빈 국가 원조를 대폭 늘리겠다고 선언한 적이 있었다. 단, 정부가 합리적으로 통치하고, 국민들을 위해 아낌없이 투자하며, 경제적 자유를 추구하는 나라만 원조한다는 방침이었다. 지난 수십 년간 해외 원조 자금을 지원했으나 엄청난 돈이 '쥐도 새도 모르게 사라진' 것이 사실이며, 이 문제를 해결하기 위해 새천년도전공사라는 신 정부 기관을 앞세워 새천년도전기금을 추진했다.

대통령은 2002년 3월, 멕시코에서 열린 몬테레이 개발 회담에서 새로운 기회에 대해 연설했다. 새로운 해외 원조 프로그램을 실시하되, 돈을 지혜롭게 사용할 수 있는 국가만 선별해서 도와주겠다는 방침이었다. 새천년도전기금이 실적 위주로 지급된 것은 사실이었으나 우리는 이 돈을 실적 배당금이라고 생각하지 않았다. 국민을 위한 정부를 수립해 부패를 척결하지 않는 한 아프리카 국가는 발전의 여지가 없었다. 그 점을 해결하지 않고 해외 원조를 늘리는 것은 밑 빠진 독에 물 붓기였으므로 국민들에게 아무 희망을 줄 수 없었다. 정치가 올바로 이루어지는 국가에 많은 돈을 지원한 의도는 인프라를 개발하거나 개인 경작지를 나누어주는 등 경제 기반을 마련하도록 장려하는 것이었다. 민간 경제가 살아나면 이를 토대로 무역이나 해외 투자를 유도할 수 있으며, 민주주의 정부가 확립되면 국민의 자유를 보장해 경제와 정치가 모두 살아날 수 있었다. 새천년도전기금은 2002년 국가 안보 전략의 핵심 사업이었다.

경제 담당 국가안보차관보인 게리 에드슨이 총지휘를 맡았다. 그는 내가 아는 '정책 수립가' 중에서 단연 으뜸이었다. 아이디어 구상부터 실행까지 빈틈을 찾아볼 수 없는 사람이었다. 스탠퍼드대학의 국제학 교수인 스티븐 크래스너도 NSC로 영입되어 게리 에드슨을 도왔다. 나는 스티븐 교수를 20년간 알고 지냈기에 뛰어난 창의력을 누구보다 잘 알고 있었다. 진부한 관료주의적 사고방식에 새로운 바람을 일으키기에 적임자였다. 게리 에드슨과 스티븐 크래스너는 기막힌 결과를 내놓았다. 우리는 백악관 행정관리예산국과 실랑이를 벌인 끝에 130억 달러의 지원 자금을 요청했다. 다른 보조금도 확대된 덕에 우리 정부의 해외 지원 규모는 두 배 이상 늘어났고, 특히 아프리카에 대한 지원금은 세 배가 되었다.

2002년 3월 14일, 부시 대통령은 워싱턴에 있는 미주개발은행에서 새천년도전기금 계획을 발표한 뒤 곧장 멕시코로 출국했다. 새천년도전기금을 부각시킬 방법을 고심하고 있는데 당시 참모부장이었던 조시 볼턴이 괜찮은 아이디어를 내놓았다. 우리는 둘 다 U2라는 그룹의 리더인 아일랜드 출신의 로커 보노를 만난 적이 있었는데, 그는 미 정부가 에이즈 퇴치를 지원해야 한다고 강하게 주장했다. 그는 해외 지원금 확충 및 극빈국의 채무 면제 마련에 관심이 많았다. 앨 고어와 두 번째 토론을 벌인 자리에서 대통령이 에이즈 퇴치에 힘을 보태겠다고 약속한 것이 보노의 마음을 사로잡았다. 그는 대통령이 진심으로 그렇게 말한 것인지 알아보려고 백악관을 여러 번 찾아왔다.

대통령 연설을 며칠 앞두고 보노를 사무실로 불렀다. 그는 새천년도전기금에 대해 말을 아꼈다. 의도는 충분히 이해하고 동의하지만 조지 W. 부시 대통령과 손을 잡는 것은 생각도 해본 적이 없는 데다 과연 그 모습이 세간에 어떻게 비칠지 우려하는 것 같았다. 사실 그는 새천년도전기금이 에이즈 퇴치 기금에 대한 관심을 앗아갈까 봐 우려하고 있었다. 정부가 에이즈 문제도 염두에 두고 있으므로 우리와 손을 잡아도 후회하지 않을 것이라고 다독였다. 마침내 보노는 마음을 열었고 이 일에서 가장 헌신적인 동반자가 되었다. 정말 그를 보고 있으면 입이 딱 벌어졌다. 우리 모두는 보노가 사회적 이슈를 이용해 세간의 이목을 끌거나 명성을 얻으려는 사람이 아니라는 것을 알게 되었다. 진정으로 문제를 해결하려는 열의가 있었으며 내가 아는 그 누구보다 지식이 해박했다. 종교심도 깊어 부시 대통령처럼 곤경에 처한 사람들에 대한 강한 책임감을 느꼈다. 나에게 소중한 동료가 되었으며 지금도 우리는 각별한 친구다.

에이즈 퇴치가 시급하다는 보노의 말은 조금도 과장된 것이 아니었다.

1999년 주지사였던 부시 대통령을 만났을 때, 에이즈 문제를 해결하지 않으면 아프리카 대륙에 대한 공략은 허공을 떠도는 메아리가 될 것이라고 이미 결론을 내린 적이 있었다. 에이즈는 아프리카 대륙 전체에 죽음의 그림자를 드리웠다. 2000년부터 2003년까지 사망자는 무려 950만 명을 넘어섰으며, 이대로 내버려 둔다면 향후 20년 사이에 1억 명이 더 희생될 것이라는 전망이 나왔다. 대통령은 우선 에이즈, 말라리아, 결핵 퇴치를 위한 국제기금을 설립하기로 결정하고 2001년 5월 11일에 로즈가든에서 UN 사무총장 코피 아난과 함께 이 사실을 발표했다. 미국은 2억 달러를 투자할 방침이었다. 반면, 다른 국가들은 하나같이 인색한 태도를 보였고 퇴치 프로그램 역시 더디게 진행되어 대통령의 애를 태웠다. 결국 미 정부는 5억 달러를 증액 지원하기에 이르렀다. 그에 더해 백악관은 또 다른 계획을 준비하고 있었다.

2002년 6월, 대통령은 산모로 인해 태아가 에이즈에 감염되는 문제를 근절하기 위한 프로그램을 공개했다. 부시 대통령은 아직 만족하지 못한 눈치였다. 조시 볼턴에게 팀 하나를 만들어주고 항레트로바이러스 치료약을 사용해 질병을 치료할 새로운 가능성을 최대한 활용하는 계획을 구상하라고 지시했다. 나를 대신해 게리 에드슨이 연구팀을 지원했다. 몇 달의 노력 끝에 마침내 대통령이 최종 결정을 내릴 순간이 다가왔다. 연구팀은 5년간 150억 달러를 투자하는 프로그램을 소개했다. 지금까지 단일 국가가 국제보건 문제에 투자한 금액으로서는 최대 규모였다.

대통령은 미국이 풍부한 자원을 가진 것은 신의 축복이라며 입을 열었다. 그는 누가복음을 인용해 '누구든지 많이 주어진 자에게는 많이 요구될 것'이라고 했다. 국립보건원 책임자인 앤서니 포치는 항레트로바이러스 치료에 대해 긍정적인 보고서를 가져왔다. 예산 담당자들은 당연히 해야 할 질문을 꺼냈다. 다른 중요한 안건도 많은데 이 문제에 거액을 투자하는 것이 과연 합리적인지, 그리고 국민들이 해외에 그렇게 큰돈을 보내는 것을 과연 납득할 것인지였다. 아프리카 국가들이 이 돈을 효율적으로 활용할 것이며 부패한 관리들이 착복할 가능성이 없다는 대답이 나왔다. 조시 볼턴은 자금 전액을 미국의 비영리 단체를 통해 전달할 것이며 믿을 만한 단체라고 강조했다.

마지막으로 대통령은 한 사람 한 사람에게 계속 밀어붙이는 것에 대해서 어떻게 생각하는지를 물었다. 아직 한 가지 의문이 남아 있었다. 항레트로바이러스성 약물이 에이즈 환자의 생명을 연장하는 효과가 있긴 하지만 치료약은 아직 개발 가능성조차 보이지 않았다. 이런 상황인데도 과연 거액을 투자할 가치가 있냐는 질문에 몇몇 사람들은 회의적인 태도를 보였다.

드디어 내 차례가 되었다.

"대통령 각하, 지금까지 살아오면서 가장 힘들었던 순간은 어머니가 돌아가신 날이었습니다. 그렇지만 암에 걸리신 후에도 오래 사셨던 것이 얼마나 고마웠는지 모릅니다. 덕분에 저는 십대 시절을 어머니와 함께 보냈습니다. 제가 서른 살이었을 때 돌아가셨으니까요. 제가 커가는 모습, 대학을 졸업해 스탠퍼드대학 교수가 되는 모습도 보셨습니다. 우리 힘으로 아프리카 대륙의 어머니들을 완치시키는 것은 불가능합니다. 그렇지만 자녀들이 크는 모습을 보도록 삶을 연장해주는 것은 가능할지 모릅니다. 그게 가장 중요하다고 생각합니다."

마이크 거슨은 회의를 마치기 직전에 이렇게 선언했다.

"우리 힘으로 할 수 있는 일조차 하지 않는 것은 정말 부끄러운 일입니다."

그날 대통령 집무실을 나오기 전에 아무에게도 대통령의 결정을 알리지 말라는 명령을 받았다. 대통령은 돈 문제로 부서 간에 충돌이 생겨서는 안 된다며 다음 달에 연두교서를 발표하는 자리에서 'AIDS 퇴치 긴급 프로그램'을 발표할 때까지 각 부처 장관들에게도 비밀에 부치라고 지시했다.

AIDS 퇴치 긴급 프로그램을 발표하자 청중은 모두 일어나서 크게 환호했다. 이 프로그램은 10년 가까이 여당과 야당의 전폭적인 지지를 받았다. 대통령은 임기를 마치기 전에 AIDS 퇴치 프로그램의 지원액을 두 배로 늘려 줄 것을 의회에 요청했다. 200만 명에게 항레트로바이러스성 약품을 공급하고, 또 다른 1,000만 명의 환자를 지원하며, 약 5,700만 명에 달하는 아프리카 사람들을 위해 감염 여부를 검사하고 예방 교육을 실시한다는 대통령의 목표는 모두 실현되었다. 대통령은 그 여세를 몰아 말라리아 감염률을 반으로 줄이고 각종 열대성 풍토병도 퇴치하려는 노력을 기울였다. AIDS 퇴치 긴급 프로그램이야말로 해외 원조 역사상 가장 성공적이며 아낌없는 지원을 베푼 사례로 기억될 것이다.

찰스 테일러를 몰아내다

아프리카 순방에 나설 무렵, 라이베리아에서 심각한 위기 상황이 발생했다. 악랄한 독재자 찰스 테일러 대통령의 만행은 미국에서 시작되었다. 1980년대에 매사추세츠 주에 수감되었던 그는 횡령 혐의를 받자 탈옥해 본국으로 송환될 위기를 모면했다. 그는 라이베리아로 돌아가지 않고 리비아에 가서 그곳의 독재자 무아마르 카다피를 만나 게릴라 훈련을 받았다. 군사적, 재정적으로 든든한 지원을 얻은 그는 1989년 무장 군대를 이끌고 라이베리아에 모습을 드러냈다. 그때부터 10년 가까이 라이베리아에서는 끔찍한 유혈 사태가 이어졌다.

겁에 질린 국민들은 폭력 사태가 계속될까 봐 그를 대통령으로 선출했다. 1997년이었다. 테일러 정권은 무자비한 인권 침해를 저지르고 지역 단위의 무장 단체를 지원하는 등 대담한 행보를 보였다. 그는 아이들을 납치해 억지로 마약을 사용하게 하고 군인으로 훈련했다. 테일러에 대한 국민들의 공

포는 극에 달했다. 그는 다이아몬드에 눈이 멀어 시에라리온의 통일혁명전
선이라는 반군 세력을 지지했다. 통일혁명전선은 수만 명을 살해하거나 강
탈한 반군 무장 단체였다. 테일러는 '아프리카의 밀로셰비치'*인종 청소를 실시
해 발칸의 도살자라고 불린 세르비아의 독재자라고 일컬어질 만큼 강압적이고 잔인한 행
보를 일삼았다. 결국 국제사회는 2003년에 라이베리아에 과도 정부를 마련
해야 한다고 강력히 촉구하기에 이르렀다.

테일러는 정권에서 물러나겠다고 약속했으나 6월 중순까지도 아무 행보
를 취하지 않는 것으로 보아 물러날 의사가 없는 것이 분명했다. 수도 몬로비
아에서는 폭력 사태가 걷잡을 수 없는 지경에 이르렀다. 《뉴욕타임스》 6월
28일자 1면에는 한 팔에 곰인형 가방을 메고 다른 손에 권총을 들고 있는
남자 아이의 사진이 실렸다. 기껏해야 열두 살 정도로 보이는 아이가 그런
모습을 하고 있었다. 지금도 나는 그 사진을 잊지 못한다.

아프리카로 출발하기 전에 라이베리아 문제로 NSC가 소집되었다. 콜린
파월은 코피 아난을 지원해 라이베리아 위기를 마무리해보려 했지만 아무
소용이 없었다. 서아프리카경제공동체는 찰스 테일러를 추방해 폭력 사태
를 진정시키고 평화군을 보내주기를 원했지만 공개 석상에서 입을 열지 않
았다. 이웃 나라가 아무리 이상한 행동을 해도 비판하거나 단죄하지 않는
것이 그들만의 보이지 않는 약속이자 행동 지침이었다. 하지만 그런 태도는
문제를 악화시킬 때가 많았다.

대통령은 라이베리아 사태에 대처할 방안을 모두 알아보라고 지시했다.
우리 정부는 이미 아프리카에서 벌어진 고질적인 분쟁을 해결하려고 팔을
걷어붙인 적이 몇 번 있었다. 그때마다 부시 대통령은 아프리카 국가수반을
직접 만나거나 아프리카 대륙 내의 단체나 조직을 통해 해결하는 방법을 선
호했다. 2002년 뉴욕에서 개최된 UN 총회에서 한 차례 성공을 거둔 적도
있었다. 그때 부시 대통령은 로랑 데지레 카빌라 콩고민주공화국 대통령과

폴 카가메 르완다 대통령의 의견 차이를 좁히기 위해 타보 음베키 남아프리카공화국 대통령과 손을 맞잡았다. 두 대통령의 노력은 1994년 이래로 대호수 지역에서 르완다, 부룬디, 콩고를 가리지 않고 수백만이 넘는 여성들이 성폭행에 희생되는 상황을 개선하는 데 큰 힘이 되었다.

라이베리아의 경우는 조금 달랐다. 미 정부가 어떻게 개입할 것인지 하는 질문은 쉽게 해결되지 않았다. 대통령은 콜린 파월과 나를 집무실로 불러 "우리가 왜 라이베리아 사태에 손을 뻗쳐야 합니까?"라고 말했다.

"각하, 라이베리아는 우리와 떼려야 뗄 수 없는 나라입니다."

나는 미국에서 해방된 노예들이 라이베리아를 세운 것이라고 설명했다. "라이베리아 국기도 성조기를 본떠 만든 것입니다."라고 콜린 파월이 거들었다. 나는 가까운 친척 중 1961년에 라이베리아대학에서 교편을 잡은 분이 있으며, 아프리카계 국민들 중 그처럼 라이베리아와 인연이 깊은 사람이 많을 것이라고 대통령을 설득했다.

예전에 젠데이가 흥미로운 점을 보고한 적이 있었다. (군함 한두 척으로) 지상군 몇 백 명만 투입하면 라이베리아 반군을 충분히 진압하거나 포기하게 만들 수 있다는 것이었다.

"그 정도면 충분할 겁니다. 라이베리아 사람들은 미국이라면 꼼짝 못하니까요."

도널드 럼즈펠드와 부통령은 이 문제에 미 정부가 개입할 명분이 전혀 없다며 반대 의사를 내놓았다. 몸짓만 봐도 반대한다는 것을 알 수 있을 정도였다. 대통령이 UN 평화유지군을 언급하며 어떤 방식으로 군을 동원하면 좋겠냐고 묻자 두 사람의 얼굴은 한층 어두워졌다. 그날 NSC 회의는 펜타곤이 몇 가지 대안을 조사해서 대통령에게 보고하기로 결론을 내렸다. 펜타곤이 조사하는 동안 대통령은 아프리카를 순방하면서 찰스 테일러를 몰아내고 평화유지군을 투입한 다음, 임시 정부를 수립해 선거를 준비한다는 계획을 널리 알리고 각 나라의 지지를 호소하기로 했다.

대통령은 라이베리아 사태에 개입할 마음을 굳힌 채 귀국했다. 7월 14일에 코피 아난이 백악관을 방문하자 대통령은 공동 기자회견을 마련해 라이베리아 사태에 대한 정부 입장을 공식적으로 표명했다.

"우리 정부의 입장은 확고합니다. 우리는 서아프리카경제공동체가 개입해서 휴전에 필요한 조처를 취하기를 바랍니다."

그는 또한 테일러에게 정권에서 즉각 물러날 것을 촉구하며 미 정부가 '무력을 동원해 개입'할 것임을 시사했다. 사실 그 말은 애당초 원고에 없던 것이었다. 대통령의 애드리브 한마디로 인해 정부의 군사적 개입이 불가피해졌다.

며칠 후 펜타곤의 조사 결과를 듣기 위해 장관급 회의를 소집했다. 대통령의 지시가 내려진 지 꼬박 3주 만이었다. 국방부는 못마땅한 심기를 적나라하게 드러냈다. 대통령 앞에 내놓은 방안은 모두 3차대전이라도 일으킬 기세였다. 콜린과 나는 즉시 이의를 제기했다. 구호물자를 안전하게 공급, 배분하고 평화유지군이 입국할 수 있도록 항구와 공항을 지키는 것 외에는 군대가 나설 일이 없었다. 수천 명만 파병하면 충분한 일이었다.

이튿날 다시 회의를 열었지만 분위기는 별로 달라지지 않았다. 펜타곤은 7월 23일에야 현실적인 방안을 내놓았다. 이틀 후 대통령은 2,300명으로 구성된 해군 상륙 부대에게 지중해를 거쳐 라이베리아로 이동하라고 지시했다. 콜린은 기자들에게 이렇게 말했다.

"지구상에서 힘과 영향력이 가장 큰 국가로서 이런 문제를 알게 된 이상 손을 놓고 있을 수 없습니다. 우리 정부는 이 사태에 대해 일종의 책임감을 느낍니다."

국방부는 끝내 불쾌한 심기를 감추지 않았다. 《뉴욕타임스》는 펜타곤 '관계자'의 말을 인용해 백악관의 행보는 펜타곤이 전혀 몰랐던 것이며 몹시 당혹스러운 일이라고 보도했다.

　국제사회의 따가운 시선과 미 정부의 단호한 입장에 부딪히자 찰스 테일러는 8월 11일 대통령직을 사임했다. 미 군함 세 척과 헬리콥터 두 대가 라이베리아에 모습을 드러낸 날이었다. 서아프리카경제공동체 회장인 존 쿠포르 가나 대통령이 테일러를 라이베리아에서 추방하는 모습이 텔레비전으로 방영되었다. 원래 떠나기로 약속한 시간보다 한참 늦게 출발한 것이었다. 콜린에게 전화를 걸어 시간이 지체된 이유를 물었다. 그도 이유를 잘 모르긴 하지만 '테일러에게 영영 돌아오지 말라고 단단히 이르느라' 시간이 걸린 것 아니냐고 말했다. 존 쿠포르 대통령과 테일러가 탄 비행기는 나이지리아로 출발했다. 테일러는 그곳에서 망명 생활을 하다 2006년에 헤이그 재판소로 넘겨졌으며 전쟁범으로 시에라리온 특별 재판부에 회부되었다.

　테일러가 사임하고 며칠 후 200명의 해군이 라이베리아에 상륙했다. 그 뒤로 몇 주 지나지 않아서 나이지리아 장군의 지휘 아래 아프리카 평화유지군이 라이베리아 전역에 배치되었다. 2년 후 선거를 통해 엘렌 존슨 설리프가 대통령에 당선되었다. 아프리카 대륙 최초의 여자 대통령이었다. 이로써 라이베리아는 완벽한 성공 사례로 남았다. 전쟁과 가난의 상처가 남아 있지만 이제 라이베리아는 독재를 타도한 자유와 부패 척결의 상징이 되었다. 미국의 노력은 결코 헛되지 않았다. 라이베리아 국민들의 행복과 안정은 물론이고 아프리카 대륙에서 민주주의를 한 걸음 크게 발전시킨 것은 참으로 자랑스러운 업적이었다.

16
이라크에 새로운 문제가 발생하다

아프리카 순방을 마치고 돌아오니 논란을 유발한 연두교서의 표현 때문에 온 나라가 떠들썩했다. 귀국한 다음 날, 〈선데이 모닝 쇼〉에 출연했다가 니제르에 대한 발언 때문에 엄청난 비난을 받았다. 영국은 자신의 보고가 한 치의 오차도 없다고 했으나 CIA는 몇 가지 미심쩍은 부분이 있다고 여겼다. 나는 CIA가 그렇게 생각하는지 몰랐다고 해명했지만 아무도 믿으려 하지 않았다. 니제르에 대한 대통령 발언 때문에 온 나라가 전쟁에 휘말렸다고 수군거리는 사람들도 있었으나 이는 터무니없는 주장이었다. 사담 후세인을 강하게 단죄한 문장 하나가 모든 사건의 시발점이었다.

〈페이스 더 네이션〉*미 CBS 방송의 시사 프로그램의 진행자인 밥 시퍼는 공격적인 질문을 쉴 새 없이 퍼부었다.

'그 말이 어떻게 연설문에 삽입된 겁니까?', '백악관 비서실에서 CIA가 반대하는 것을 무시하고 밀어붙인 겁니까?', '부통령실에서는 연설문을 검토했습니까?'

3,000 단어에 달하는 인터뷰 대본 전체가 이런 식이었다. CNN의 울프 블리처, 〈폭스 선데이 뉴스〉의 토니 스노와 했던 인터뷰도 거의 그런 수준이었다.

밥 시퍼와 인터뷰를 마친 후 애나 페레즈와 차에 올라탔다. 어떤 일이 있어도 눈 하나 깜짝하지 않던 그녀가 이번에는 상당히 걱정스런 표정을 지었다. 내가 사태를 수습하거나 책임지지 않고 회피하려는 이미지를 주었다고 생각하는 것 같았다. 워터게이트에 도착할 무렵, 개인적 책임을 인정하지 않았다며 상원의원 제이 록펠러가 나를 강하게 비난했다는 보고가 들어왔다. 정치가의 자질, 신뢰도, 양심 등에 대해 거센 비난과 질책이 쓰나미처럼 밀려왔다.

대통령이 신시내티에서 연설한 시점에 CIA가 백악관에 보낸 서한을 공개해 영국 측 보고의 신뢰성에 문제가 있었음을 시사했지만 상황은 전혀 호전되지 않았다. 나는 그 서한을 본 기억이 나지 않았다. 그렇지만 마이크 거슨이 사본을 보관한 것으로 보아 내 책상을 거쳐간 것이 분명했다. 결제하기 전에 장문의 서한을 다 읽어보고 논란을 일으킨 그 문장을 꼭 기억했더라면 얼마나 좋았을까 하는 후회가 물밀듯 밀려왔다.

그러자 스티븐 해들리가 나서 모든 책임이 자신에게 있다고 주장했다. 그가 연설문 검토 총책임자였지만 그의 실수만 탓할 상황이 아니었다. 그 표현이 잘못된 것을 CIA가 알았더라면 즉시 우리에게 알렸어야 했다. 그랬다면 우리도 분명 그 표현을 삭제했을 것이다. CIA가 반대하는데도 그 표현을 남기자고 고집할 이유는 전혀 없었다. 조지 테닛 CIA 국장도 자신이 연설 전문을 검토하지 않았다고 시인했다.

내가 캔자스에서 열린 전 상원의원 로버트 돌을 기리는 도서관 봉헌식에 참석하는 동안 스티븐 해들리는 기자회견을 열어 자신에게 책임이 있다고 설명했다. 오랜 공직 생활 내내 청렴과 정직을 지켜온 그에게 정말 힘들고 괴로운 시간이었을 것이다.

물론 그가 잘못을 '시인' 한 것으로 사람들이 잠잠해질 리는 없었다. 언론은 나도 시인해야 한다고 생각했다. 애나의 말대로 사람들은 내가 책임을 회피한다고 느꼈다. 나는 NBC 뉴스 앵커 팀 루서트에게 전화를 걸어 조언을 구했다(그는 이제 고인이 되었다). 평소에도 어려운 일이 생기면 늘 그에게 힘을 얻곤 했다.

"제가 어떻게 하면 좋을까요?"

"우리 국민들은 언제나 용서할 준비가 되어 있습니다. 하지만 그 전에 이 사태에 대해서 당신이 책임을 느낀다는 것을 보여줘야 합니다."

7월 30일에 〈짐 레러의 뉴스아워〉에 출연했다. 그 자리에는 그웬 아이필도 있었다. 그웬 아이필은 말에 기침이 없긴 하지만 편파적이 아니어서 신뢰할 만한 사람이었다. 나는 온 나라를 떠들썩하게 만든 이 사태에 개인적으로 큰 책임감을 느낀다고 분명히 말했다. 사실 불과 몇 시간 전 열린 기자회견에서 대통령은 내가 사임하기를 바라냐는 질문을 받았다. 대통령은 그 어느 때보다 나를 믿고 지켜줄 것이라고 말했다. 나를 '전적으로 신뢰'한다는 목소리에는 대통령의 고뇌가 고스란히 묻어났고 내 마음을 정말 아프게 했다.

그날 저녁에는 친구처럼 지내던 국회의원에게 전화를 받았다. 며칠 후 식사하기로 한 사람이었는데, "아무래도 우리가 같이 있는 모습을 외부에 보이지 않는 것이 좋겠습니다. 제 입장이 난처해질 것 같아서요."라고 말하는 것이었다. 백악관은 이렇게 외롭고 험난한 곳이었다.

나에 대한 공격은 시간이 흐르면 잦아들겠지만 다른 문제는 시작에 불과했다. 무기 검색을 계속했지만 아무것도 발견되지 않았다. 총책임자인 데이비드 케이는 7월 27일 백악관에 와서 대통령을 직접 만났다. 그는 사담 후세인이 국제사회의 압력이 느슨해지면 숨겨 둔 무장 세력을 이끌고 나타날 가능성이 있다고 보고했다. 전문가 집단, 연구실, 유령 회사 등 그의 인프라 구조는 여전히 남아 있었다. 하지만 1998년 이라크의 대량 살상 무기에 대한 공습 결과는 우리가 아는 것보다 훨씬 더 성공적이었다. 그때 사담 후세인이 큰 타격을 입은 것은 부인할 수 없는 사실이었다.

데이비드 케이는 나흘 뒤 상원의원위원회에서 비공개 브리핑을 끝낸 후, 대량 살상 무기 수색 작업은 '시간이 좀 걸리겠지만' 수색 결과에 '눈에 보이는 진전'이 있고, 매일 '새로운 사실이 드러나고 있다.'며 공식적으로 발표했다. 그는 또 조급한 마음을 감추지 못하고 부정적인 예측을 내놓는 국회의사당 관계자에게는 이렇게 응수했다.

"이라크는 대량 살상 무기 개발에 20년 이상 매달렸습니다. 무기를 숨기는 것도 개발 과정의 일부입니다. 쉽게 발각되지 못하도록 온갖 수를 썼을 겁니다. 그러니 아직은 이러쿵저러쿵할 단계가 아닙니다."

그러나 이듬해 초, 데이비드 케이는 상원군사위원회 앞에서 말을 완전히 바꾸었다.

"우리의 예측이 거의 모두 빗나갔습니다."

그 순간부터 데이비드 케이는 미 정부에 대한 강한 비난을 퍼붓는 무리와 손을 잡았다.

나는 이 문제를 몇 년간 곱씹어보았다. 그때 어떻게 했더라면 더 좋았을까? 내가 어디에서 실수한 것일까? 대량 살상 무기에 대한 정보를 사담 후세인에 대한 종합적인 전략과 분리해서 다룬 것은 부인할 수 없었다. 출처나 전후 문맥이 없는 단편적인 정보를 받아들인 것은 내 잘못이었다. 특히 대통령이 그런 정보를 근거로 판단하게 내버려 둔 것은 땅을 치며 후회할 일이었다. 사담 후세인이 보유한 대량 살상 무기의 범위에 대한 추측은 빗나갔지만 그들이 분명 위협적인 존재라는 정보국의 주장은 틀린 것이 아니었다. 정보기관 사이에서도 의견이 엇갈렸지만 사담 후세인이 생물학 무기와 화학 무기를 다시 생산하고 있다는 주장은 아무도 부인하지 않았다. 국무부를 제외한 모든 관계자들이, 사담 후세인이 몰래 핵무기에 손을 대고 있다고 확신했다. 해외 첩보 기관들도 동일한 추론을 내놓았다. 국회는 불과 얼마 전에 사담 후세인의 대량 살상 무기 공격이 임박했다고 주장한 것을 까맣게 잊은 채 행정부가 공격 가능성을 부풀렸다며 거센 비난을 퍼부었다. 그들의 이중적인 태도를 접하면서 머리끝까지 화가 치밀었다.

안타깝게도 대량 살상 무기 수색이 실패로 끝나자 모든 화살이 우리를 향했다. 콜린 파월은 2월 5일에 UN에서 한 말이 자신의 이력에 큰 오점으로 남았다고 말했다. 미국이 낳은 영웅이자 나의 소중한 동료가 지금까지 오랫동안 티 하나 없이 훌륭한 경력을 쌓았는데, 이 사건으로 인해 두고두고 괴로워할 것을 생각하니 안타깝기 그지없었다. 콜린 파월은 속임수를 쓰려 하지 않았다. 우리 모두 마찬가지였다. 첩보 활동이란 항상 불확실성이 따르게 마련이라고 얘기했어야 했는데 지금 와서 후회해봐야 아무 소용이 없었다. 나도 사람인지라 과거에 대한 후회를 좀처럼 떨칠 수 없었다.

9.11테러 이후로 세계에서 가장 불안정한 지역에 대량 살상 무기를 보유한 사담 후세인이 버티고 있다는 사실은 도저히 참을 수 없는 일이었다. 사담 후세인만 제거해도 중동 지역에 대한 두려움과 걱정이 한층 가벼워질 것 같았다. 지금도 그 생각은 변함이 없다. 서둘러 전쟁을 일으킨 것에 대해 후회되는 점도 많지만 사담 후세인을 무너뜨린 것은 자랑스럽게 생각한다. 그러지 않았다면 아직도 마흐무드 아마디네자드 이란 대통령과 사담 후세인이 핵전쟁에 돌입할까 봐 두려움에 떨었을 것이다.

UN 본부에 폭탄 테러가 발생했습니다!

엎친 데 덮친 격으로 아직 사태가 제대로 수습되지 않은 상태에서 심각한 사고가 연이어 발생했다. 봄부터 초여름까지 반군 세력이 기승을 부리며 곳곳에서 만행을 저질렀다. 2003년 5월에 토미 프랭크 총사령관이 사임을 표명했다. 나는 외압이 컸을 것이라고 추측했지만 도널드 럼즈펠드는 그가 힘들고 지쳐 퇴임을 원한 것이라고 말하고 다녔다. 존 아비자이드가 6월 18일 후임으로 추천되어 7월 7일부터 통솔권을 넘겨받았다. 총사령관이 바뀌는 것이 최종 분석에 영향을 미칠지 알 수 없었지만 당시로서는 전쟁이 한창 진행 중인 상황에서 총사령관을 바꾸는 것이 도통 이해되지 않았다. 2성급 장군 리카르도 산체스는 곧장 중장으로 승진해 이라크 총사령관에 임명되었다. 리카르도가 이끄는 부대는 병력이나 경험이 부족해 몇 달간 고전을 면치 못했다. 리카르도가 미군 중부사령부에서는 두각을 드러내는 지휘관이었지만 전쟁 중에 총사령관을 계속 바꾼 것은 아무리 생각해도 말이 되지 않는 일이었다.

연합임시행정국도 난항을 겪기는 마찬가지였다. 반란군은 이제 막 시작된 재건 프로젝트를 공격했고, 제리 브레머는 기존의 정계 인사들과 관계기관에 새로운 정치적 변화의 필요성을 납득시키지 못해서 애를 먹었다. 그는 연합임시행정국 명령을 내세워 정부 기관에서 바트당 지지 세력을 남김없이 몰아내고, 이라크 육군, 해군, 공군을 모두 해체하고, 그 밖의 군 관련 시설이나 기관을 모두 없애버렸다.

우리는 이라크 군대 해체 명령이 사전에 백악관과 충분히 논의, 검토한 것인지 뒤늦게 조사하기 시작했다. 국방부 차관 피터 로드먼이 죽은 뒤 공개된 보고서에 따르면, 펜타곤은 제리 브레머가 탈바트당화 전략의 일환으로 정부군을 비롯한 이라크 내의 모든 안보 기관을 해체하라는 명령을 내릴 계획이라는 점을 이미 알고 있었다. 도널드 럼즈펠드는 5월 19일 그 점에 대해서 보고받고도 대통령이나 나에게 전혀 알리지 않았다. 제리 브레머는 5월 22일 열린 NSC에서 그 점을 언급했다고 말했다. 당시 회의에 참석했던 장관들은 제리가 탈바트당화 전략을 설명하면서 가능성을 언급하기는 했으나 실제 명령을 내릴 수 있도록 허가를 요청한 것은 아니었다고 회고했다.

우리가 허둥지둥하는 동안 이라크 정부군은 봄날에 눈 녹듯 사라져갔다. 그럴듯한 모습을 갖춘 체계나 구조는 더 이상 찾아볼 수 없었다. 새로운 이라크 정부군의 구심점으로 3~5개 여단을 남기자는 초반 계획은 큰 타격을 입었다. 이라크 정부군은 이라크 사회의 대들보이자 자부심의 대상이었다. 물론 바트당의 영향력이 지배적이며 여러 모로 개혁이 필요하다는 지적이 있었고, 나도 그 점에 십분 공감했다. 하지만 5월 24일자 신문에 미 정부가 보낸 사절단이 이라크 정부군을 완전히 해체해버렸다는 기사가 보도되자 어안이 벙벙해졌다.

그 기사를 보면서 이제부터 바그다드의 상황 전개를 더 주의 깊게 지켜보기로 결심했다. 대통령은 제리 브레머에게 융통성 있는 지휘권을 행사하도록 이미 허락한 상태였다. 하지만 정부군 해체라는 엄청난 문제를 백악관에 상의하기는커녕 제대로 알리지도 않고 결정한 것은 명백한 실수였다.

6월로 접어들자 연합임시행정국 본부 앞에는 하루가 멀다 하고 시위대가 몰려들었다. 그들은 선거를 통해 자체 정부를 수립할 것을 강력히 요구했다. 이라크 국민들의 대쪽 같은 자존심 앞에서는 미 정부도 어쩔 도리가 없었다. 결국 제리 브레머는 25명으로 구성된 이라크과도통치위원회 설립을 승인했다. 이라크과도통치위원회의 고문 역할을 인정해주면서 자국의 정치 발전에 국민들의 발언권이 커지는 계기가 되기를 기대했지만 균형을 잡는 것이 쉽지 않았다. 이라크과도통치위원회 위원들은 각자 자기 당의 입장을 내세우기에 급급했다. 이라크 내 정당의 갈등과 반목은 해묵은 문제였다. 매달 돌아가며 대표를 맡은 탓에 혼란은 더욱 가중되었다. 그들 중 몇몇은 신 이라크 정부를 대표해 세계 각국의 수도를 방문한다는 명목으로 자주 해외 여행을 떠났다. 위원회를 한자리에 불러 모으지 못해서 제리 브레머가 발을 동동 구른 것도 한두 번이 아니었다.

그러다가 8월 20일에 이라크 국내 상황은 더욱 큰 문제에 직면했다. 이라크에 UN이 개입하는 것이 마음에 들지 않았지만 그런 감정에 휘말리면 안 된다는 것을 잘 알고 있었다. 마침내 대통령은 콜린의 생각이 옳았다고 인정했다. UN이 개입해야 이라크 전후 상황을 복구하는 절차를 쉽게 합법화할 수 있었다.

그런 측면에서 UN 사무총장 코피 아난은 말로 설명할 수 없을 정도로 많은 도움을 주었다. 전쟁 자체는 반대했지만 내가 기대한 것보다 훨씬 더 빠르게 움직여 이라크 문제에 대한 UN과 미 정부의 관계를 우호적으로 만들어주었다. 그는 이라크에서 중대한 임무를 수행할 UN 특사를 임명하도록 UN 안전보장이사회의 승인을 얻어냈다. 브라질 출신으로 협상 분야에서 오랫동안 경험을 쌓은 세르지우 비에이라 지 멜루가 물망에 올랐다. 하지만 그는 거절했고 코피 아난 사무총장은 나에게 직접 만나보라고 요청했다. 세르지우는 3월 5일 백악관을 방문했다. 사무실에서 잠깐 이야기를 나눈 뒤 대통령 집무실로 자리를 옮겼다. 그는 뉴욕으로 돌아가서 그 일을 맡기로 했다. 그 소식을 듣고 콜린 파월과 나는 천군만마를 얻은 듯 기뻐했다. 이라크 정부 수립을 향한 과도기 단계에서 우리 정부의 노력이 국제적으로 합법성을 인정받는 문제는 이제 해결된 것 같았다.

나는 웨스트버지니아 주의 그린브라이어에서 며칠간 휴가를 보내기로 결정했다. 워싱턴에서 차로 멀지 않은 곳에 있었기에 매년 여름마다 그곳에 있는 아늑한 리조트에서 조용히 머리를 식혔다. 콜린과 나는 휴가란, 돈을 흥청망청 쓰고, 훌륭한 자연 경관을 감상하고, 백악관에서 걸려온 전화를 받는 것이라고 농담할 정도였다. 그렇긴 해도 화이트 설퍼 스프링스에 다녀올 때면 언제나 기분이 상쾌해졌다.

휴가 마지막 날 테리 데레머, 미시 웨이스라는 선수와 테니스를 쳤다. 미시 웨이스도 나처럼 해마다 그린브라이어에서 휴가를 보냈다. 그녀는 오하이오 주에서 우승했으며 투어를 할 정도의 실력자였다. 감히 비교도 못 할 실력이었지만 웨이스와 테니스를 치는 것 자체가 즐거웠다. 물론 점수는 가뭄에 콩 나듯 1, 2점밖에 올리지 못했다.

서브를 넣으려는 찰나, 수행원 한 사람이 테니스 코트로 뛰어와 상황실에서 전화가 와 있다고 알려주었다. 나는 웨이스에게 양해를 구한 뒤 전화를 받으러 달려갔다. 바그다드에 있는 UN 본부에 폭탄 테러가 발생했다는 소식이었다. 수많은 사람이 목숨을 잃었으며 세르지우 비에이라 지 멜루의 생사 여부는 확인되지 않았다. 함께 휴가지에 온 친척과 친구들에게 즉시 워싱턴으로 돌아가야 한다고 말한 뒤 방으로 돌아가서 곧바로 짐을 꾸렸다. 몇 분 뒤 세르지우 비에이라 지 멜루가 사건 직후 코피 아난 UN 사무총장과 통화했다는 보고를 받았다. 하지만 고속도로에 진입할 무렵, UN 직원과 세르지우 비에이라 지 멜루를 포함해 21명이 사망했다는 소식이 들어왔다. 눈앞이 캄캄했다. 간곡하게 설득한 것이 이런 결과를 가져오리라고는 상상도 못 했다. 내가 그를 죽음으로 밀어넣은 것 같았다.

자동차 뒷좌석에 탄 친척들과 친구들은 계속 술렁거렸다. 나는 상황실과 통화하면서 그들에게 "좀 조용히 해."라고 신경질적으로 쏘아붙였다. 그 뒤로는 아무도 입을 열지 않았다. 집에 오는 내내 백악관과 대통령에게서 전화가 올 때를 제외하고는 차 안에 적막이 흘렀다. 대통령은 몇 번이고 전화를 걸어 내가 어디쯤 와 있는지 확인했다.

8월에 벌어진 폭탄 테러를 기점으로 상황은 차츰 악화되었다. 반란군의 세력은 날로 커졌지만 연합군은 그들에게 전혀 힘을 쓰지 못했다. 이라크 국민들이 자치권을 계속 요구했기에 정치 상황도 몹시 불안정했다. '침입자'라는 말은 하도 많이 들어 귀에 딱지가 앉을 정도였다. 부통령을 비롯한 몇몇 관계자들은 이라크 국민들이 우리를 영웅처럼 맞이할 것이라는 말도 안 되는 희망에 부풀었지만 나는 처음부터 그런 기대를 전혀 하지 않았다. 군인들이 행군할 때 시민들이 꽃을 던지며 환영하는 모습은 2차대전에 관한 옛날 영화에서나 나올 법한 일이었다. 이라크 국민들은 거친 삶에 익숙한 데다 고집이 세고 매우 독립적인 것으로 정평이 나 있었다. 호스니 무라바크 이집트 대통령은 스티븐 해들리에게 이렇게 말했다.

"중동 지역에 민주주의를 심으려는 의도는 잘 알겠습니다. 그런데 왜 하필 이라크를 가장 먼저 공략했습니까? 성공할 확률이 가장 낮은 곳이잖아요."

그렇긴 해도 이라크 국민들이 미 정부를 침입자로 규정하리라고는 미처 예상하지 못했다. 가능하면 군사력을 동원하거나 내세우는 것을 자제하려고 처음부터 얼마나 노력했는지 모른다. 병력을 대대적으로 동원하면 인력 부족을 걱정할 필요가 없으며 여러 사태에 즉각 대응할 수 있으므로 유리하겠지만 국내외적으로 위화감이나 불안감을 조성할 우려가 컸다.

토미 프랭크가 이라크 대국민 담화문을 작성해 검토를 요청했다. 연설문을 훑어본 후 애나 페레스에게 "로마 황제의 연설문 같지 않아요?"라고 말했다. 우리는 부드럽고 편안한 말투로 고치기 시작했다. 영국은 그런 점을 전혀 개의치 않았다. 그들은 아예 미 정부가 사실상 이라크를 장악한 것이라고 말할 정도였다. 우리 정부를 지지하는 이라크 국내 세력들도 이미 그렇게 생각하고 있었다.

이제는 이라크가 자치권을 제대로 행사할 길을 찾도록 도와주어야 했다. 제리는 누구보다 그 점을 잘 알기에 로드맵을 직접 만들었고 2003년 9월 8일 《워싱턴포스트》에 공개하기까지 했다. 문제는 그가 미 정부의 의견이나 조언을 전혀 구하지 않았다는 점이다. 《워싱턴포스트》에 공개된 일곱 가지 세부 계획은 이라크 전 지역에 큰 파장을 불러일으켰으며 백악관과 국무부는 경악을 금치 못했다. 그는 이라크과도통치위원회가 마련한 절차에 따라 새로운 헌법을 정한 다음 선거를 치르자고 제안했으나 이라크에서 가장 영향력 있는 인물인 아야툴라 알리 시스타니의 반대에 부딪혔다. 시스타니는 연합임시행정국의 영향 아래 있는 기관이 정한 절차에 따를 것이 아니라 이라크 국민이 선출한 대표자들이 새로운 헌법을 마련해야 한다고 생각했다.

일흔을 훌쩍 넘긴 시스타니는 시아파에서 가장 존경받는 인물이었다. 사담 후세인 집권 시절에 가택 연금 상태였으나 이제는 자유롭게 많은 추종자들을 거느리고 있었다. 알면 알수록 대단한 사람이었다. 그는 종교심이 있다면 정계에 진출하려는 야심을 꺾어야 한다고 생각해 신도들에게 '정적주의'*상황을 비꾸려 하지 않고 묵묵히 그대로 받아들이는 삶의 지세를 강권했다. 이란 집권 세력인 아야툴라*이란 회교 시아파의 종교 지도자와는 지극히 대조적이었다. 그가 시아파 신도들의 성도聖都인 나자프에 들어가서 입을 닫아버리면 콤*이슬람 성지에 있는 이란 율법 학자들이 시아파의 대변인이 되었다. 이라크에 있는 여러 아랍 민족들 중에서 페르시아계 이란 사람들은 오래전부터 의심과 증오의 대상이었다. 시아파에게 성도는 콤이 아니라 나자프였다. 이슬람 신도들에게 나자프는 바티칸과 같은 곳이었다.

그러므로 시스타니의 발언은 굉장히 중요한 의미가 있었다. 아이러니하게도 그는 신앙이 다른 사람이나 외국인은 전혀 만나주지 않았다. 그래서 직접 이야기를 나눌 기회가 한 번도 없었다. 대신 그의 아들이 아버지의 의견을 종종 전달해주었으며, 그를 통해 이라크 국내 상황이 어떻게 전개되는지 추론할 수 있었다. 흥미롭게도 시스타니는 언제나 옳은 편에 서 있었다. 민주주의를 열렬히 지지했으며 종교와 정치는 분리되어야 한다고 목소리를 높였다. 우리는 그에게 이라크의 벤저민 프랭클린이라는 별명을 붙여주었다. 현명한 지도자의 자질이 있으나 정치적 야망이라고는 전혀 찾아볼 수 없는 사람이었다.

며칠이 지나도 제리 브레머가 제시한 로드맵이 수용될 기미가 보이지 않았다. 향후 대책을 논의하려고 모인 자리에서 NSC 장관들이 시스타니의 주장이 옳은지를 놓고 설전을 벌이자 보다 못한 대통령이 입을 열었다.

"선거를 하겠다는데 뭐가 더 문제입니까?"

그러자 다들 입을 다물었다. 결국 우리는 이라크 국민들이 선거로 뽑은 대표자들이 헌법 초안을 마련할 방법을 알아보기로 결정했다.

이런 사건을 거치면서 제리 브레머와 백악관의 연결 고리를 강화할 필요성이 절실해졌다. 콜린과 나는 도널드 럼즈펠드를 따로 만나 NSC의 충분한 논의를 거치지 않은 사항들이 바그다드에서 곧바로 외부에 공개되는 바람에 문제가 끊이지 않는다고 말했다. 프랭크 밀러의 말을 들어보니 제리 브레머도 도널드 럼즈펠드와 연락이 안 될 때가 더 많다며 답답해하는 눈치였다. 제리는 골드만삭스의 경영자로 탁월한 수완을 인정받은 루벤 제프리를 영입해 백악관 및 펜타곤과의 연락 업무를 맡겼다. 그 후로도 우리는 이라크에서 전해온 크고 작은 결정 사항에 수시로 놀라지 않을 수 없었다.

9월 말에 나는 대통령을 찾아가 연합임시행정국과 워싱턴의 입장 차이를 조율할 기관이 필요하다고 제안했다. 대통령도 나와 같은 생각이었다. 나는 이라크안정화그룹의 초안을 만들어 콜린 파월과 도널드 럼즈펠드에게 보여주었다. 예전에 함께 정부 기관에서 일한 적이 있는 로버트 블랙윌에게 지휘를 맡길 생각이었다. 로버트는 인도 대사 임기를 마치고 귀국한 지 얼마 되지 않았지만 관료주의 정치에 잔뼈가 굵은 사람이라서 그보다 더 나은 적임자는 없다는 생각이 들었다. 다소 거칠고 다루기 힘든 편이라서 다른 사람들과 자주 부딪칠 것이라는 것도 모르는 바 아니었다. 그렇지만 로버트라면 NSC의 발언권이 확실히 보장된다고 생각했기에 그의 약점을 눈감아주기로 마음먹었다.

며칠 후 애나는《뉴욕타임스》의 데이비드 생어가 눈치를 챈 것 같다며 오보나 실수가 없도록 직접 자료를 주자고 말했다. 그렇게 하면 이라크 상황이 나빠지긴 했지만 내가 통제권을 장악하고 있다는 이미지를 줄 수 있다고 추론한 것 같았다.

보도가 나가자 온 나라가 술렁거리기 시작했다. 연합임시행정국을 직접 감독하고 책임지는 기관은 펜타곤이라고 설명한 것이, 내가 도널드 럼즈펠드를 밀어내고 이라크 국내 상황을 장악하려 한다는 오해를 낳았다. 국방부는 도널드 럼즈펠드가 이라크안정화그룹에 대해서 전혀 들은 바 없으며 매우 당혹스럽다는 반응을 보였기에 내 입장은 더욱 난처해졌다. 도널드 럼즈펠드의 대변인 래리 디 리티를 따로 만나 부탁한 것도 아무 소용이 없었다. 대변인은 데이비드 생어에게 국방부와 내가 이미 충분한 논의를 거친 일임을 밝히기로 약속해주었다.

데이비드 생어의 기사가 보도된 날에 므와이 키바키 케냐 대통령이 미국에 도착했다. 평소대로 출근하자마자 대통령 집무실로 가보았다. 대통령은 기사에 별로 신경 쓰지 않는 눈치였다. 한 시간쯤 지나 케냐 대통령의 환영 행사가 시작되기를 기다리고 있는데 앤디 카드가 나타났다. 그는 대통령이 펜타곤으로부터 격한 항의를 받았다고 알려주었다.

"대통령께서 보자고 하십니다."

그날 오후 대통령 집무실로 갔다.

"가서 도널드 럼즈펠드와 이 문제를 해결하고 오시오. 펜타곤은 지금 난리가 난 모양이오."

나도 일부러 문제를 일으킬 생각은 없었지만 보도가 나가면 적지 않은 파장이 일어날 것이라고 예상했다고 말하자 대통령은 "부통령이 혹시 도와줄 수 있는지 알아보시오."라고 했다.

즉시 부통령을 찾아갔다. 그는 직접 도널드 럼즈펠드를 만나서 이야기해 보겠다고 말했다. 다음 날 NSC에서 대통령은 연합임시행정국과 제리 브레머의 통솔권은 도널드 럼즈펠드에게 있다고 못을 박았다. 상황만 고려하자면 대통령이 그렇게 하는 것이 당연한 일이었지만 나는 뺨을 한 대 얻어맞은 기분이었다. 앞으로 이라크 상황에 대처하는 것이 더 어려워질 거라는 예감이 들었다. 회의를 마치고 상황실 밖으로 나오자 도널드 럼즈펠드가 이렇게 말했다.

"당신이 한 짓이 대통령께 얼마나 큰 누를 끼쳤는지 이제 알겠소?"

그 순간, '이라크를 이 지경으로 만든 것은 대통령에게 누를 끼친 것이 아닌가요?'라고 쏘아붙이고 싶었지만 간신히 참았다.

그런데 도널드 럼즈펠드는 연합임시행정국에 대한 통제권을 더욱 강화하는 것이 아니라 이번 기회를 계기로 정치적 문제에서 완전히 손을 떼버렸다. 전혀 예상치 못한 결과였다. 그는 제리 브레머가 자신을 무시하고 백악관에만 상황을 보고한다고 콜린과 나에게 말한 적이 있었다. 내가 "말도 안 되는 소리예요."라고 했지만 도널드 럼즈펠드도 순순히 물러나지 않았다. 그래서 "대통령의 명령을 확인해보세요."라고 덧붙였다. 그는 더 이상 아무 말도 하지 않았다. 상황이 이렇게 되자 그는 제리 브레머가 이제 나에게 모든 보고를 할 것이라며 떠벌리고 다녔다. 어처구니가 없었다. 의사소통이 잘 안 되니 모든 게 답답했다. 내가 어떻게 국방장관을 대신해 정책 실행을 지휘한단 말인가?

도널드 럼즈펠드는 백악관이 명령 체계에 개입했다고 생각해 화가 단단히 나 있었지만 나는 눈치 채지 못했다. 그는 대통령이 제리 브레머를 임명할 때 자신을 부르지 않은 것과 내가 이라크의 상황 추이를 확인하려고 그에게 자주 전화하는 것을 못마땅하게 여겼다. 둘의 관계가 어려워지자 도널드 럼즈펠드는 '모르쇠'로 일관했기에 나로서는 다른 도리가 없었다. 결국 하루도 빠지지 않고 제리 브레머와 머리를 맞대고 이라크 국민들에게 주권을 되돌려줄 방법을 구상하기 시작했다. 우선 로버트 블랙윌을 이라크로 파견했다. UN은 로버트 블랙윌을 지원하려고 중재 전문가인 라크다르 브라히미를 임명했다.

솔직히 이라크 국내 상황은 결코 만만치 않았다. 정치적 과도기라는 상황은 옆에서 보기만 해도 머리가 지끈거렸다. 국가안보보좌관으로서 내가 할 수 있는 범위를 훨씬 넘어서는 상황도 자주 벌어졌다. 11월 초에 로버트 블랙윌은 제리 브레머가 한층 개선된 과도기 정책 실행안을 거의 완성했다고 귀띔해주었다. 그제야 이 일에 뛰어든 것이 다행이라는 생각이 들었다.

2003년 11월 9일, 일요일에 진 워싱턴이라는 친구와 레드스킨 풋볼 경기를 보러 갔다. 내가 주로 응원하는 클리블랜드 브라운 팀은 아니나 다를까 이미 플레이오프전에서 탈락했지만 레드스킨이나 시호크 팀도 좋아하는 편이라서 괜찮았다. 내가 가장 좋아하는 스포츠인 풋볼을 보며 오후 시간을 만끽하고 싶은 마음뿐이었다. 하프타임이 되기 몇 분 전, 나를 수행하던 비밀경호국 요원이 바그다드에서 전용선으로 전화가 왔다고 알려주었다(이 전화는 24시간 휴대하는 것이었다). 로버트 블랙윌이 나를 찾는 것임에 틀림없었다. 여기가 일요일 저녁이면 바그다드는 한밤중이므로 중대한 문제가 분명했다. 전화를 받자 로버트는 "제리 브레머가 내일 새로운 정책을 발표할 겁니다."라고 다급히 말했다.

"아니, 뭐라고요?"
귀를 의심하지 않을 수 없었다. '일곱 가지 방안'을 내놓은 지 얼마 되지 않은 시점이었다.
"대통령께 먼저 보고드리고 승인을 받아야 한다고 꼭 전하세요."
"그 말씀은 제리 브레머에게 직접 하시는 게 좋겠습니다."

나는 당장 제리 브레머를 연결해서 대통령도 이라크에 대한 다음 단계를 구상하고 있을 것이라고 말해주었다. 그는 내일 아침 대통령에게 전화하겠다고 말했다.

"그러지 말고 당장 비행기를 타고 워싱턴으로 오는 게 좋겠어요."

내 제안을 받아들여 수요일쯤에 도착하겠다고 말했다.

다음 날 대통령에게 통화 내용을 보고했다. 그러자 대통령은 펜타곤을 의식하는 듯 못마땅한 표정을 지었다.

"대체 왜 그렇게 한 거요? 도널드 럼즈펠드에게 동의를 구한 거요?"

"대통령 각하, 가장 먼저 각하에게 말씀드린 후 국방장관에게 말할 참이었습니다. 제리 브레머에게 오라고 한 것을 취소하라고 하시면 당장 그렇게 하겠습니다. 그렇지만 미 정부의 이름으로 대통령 각하께서 듣지도 보지도 못한 이라크 정책이 발표되더라도 놀라지 마십시오."

말을 내뱉은 순간, 무례하게 들릴 수도 있겠다는 생각이 스쳤다. 사실 아무도 없는 자리에서는 대통령도 나도 서슴없이 직설적으로 말하는 편이었다. 대통령은 슬쩍 웃음을 지었다.

"좋아요. 제리는 언제 옵니까?"

"수요일에 도착합니다."

그가 수요일에 도착하자마자 NSC에 참석했다. 우리는 시스타니의 기준에 부합하는 새로운 방침을 마련하기로 결정했다. 궁극적인 목표는 임시 행정법을 마련해 선거를 준비하는 것이었다. 우선 과도기를 이끌어갈 임시 정부를 수립하고 2005년에 선거를 실시하기로 했다.

힘들 때도 많았지만 제리 브레머는 이라크 사람들을 잘 설득해 이라크 헌법 초안을 완성시켰다. 임시 행정법이 완성되던 날에 이스라엘 대사의 집에서 유월절 저녁을 즐기고 있었다. 제리 브레머에게 임시 행정법이 완성되었다는 보고를 받자마자 곧바로 대통령에게 알렸다. 우리 셋은 이라크의 자치 통치로 이어지는 중대한 순간을 진심으로 기뻐했다. 2004년 5월 5일, 임시 행정법 실행을 기념하는 화려한 행사를 준비했다. 제리 브레머는 이라크 국민들이 아침부터 한껏 들떠서 몰려다닌다고 알려주었다. 정부 고위층 관계자들은 아내와 아이들을 대동하고 참석할 예정이었는데 제리 브레머는 "아내가 여러 명인 사람들이 많다."고 전했다. 그런데 어린이 합창단이 준비한 곡을 모두 부른 후에도 시아파 지도자들은 모습을 보이지 않았다. 나중에 알고 보니 임시 행정법의 몇몇 표현을 두고 막판에 의견 충돌이 발생한 것이었다. 다행히 그 문제는 주말에 잘 처리되었으며 임시 행정법은 2004년 3월 8일부터 시행되었다.

　폭력 사태와 치안 문제가 갈수록 심각해지던 와중에 정치적으로 큰 업적을 이룬 것은 매우 자랑스러운 일이었다. 반란군은 전기 공급망의 허점을 공격해 재건 사업을 거의 중단시키다시피 했다. 2003년 9월, 로버트 블랙윌에게 연락이 와서 대통령에게 군인 4만 명을 요청했다. 대통령에게 당장 알리지 않았고, 11월이 되어서야 펜타곤에 파병 부대 증강에 대해서 어떻게 생각하는지 알아보는 것이 좋겠다고 대통령에게 제안했다. 대통령은 국방장관에게 연락했지만 여전히 지상군은 그만하면 충분하다는 대답이 돌아왔다.

　다들 이라크 정부군이 반군 진압에 나설 것이라고 내심 기대했다. 하지만 이라크 정부군을 재조직하는 작업은 도통 속도가 나지 않았다. 치안을 맡길 경찰을 재조직하는 것은 더 어려운 일이었다. 사실 이라크가 아니더라도 재건 사업은 늘 이런 문제를 겪기 마련이다. 전쟁이나 큰 분쟁을 겪은 지역에서 재건 사업을 할 때 가장 힘든 일은, 신뢰할 수 있으며 반란군의 폭동에서 일상적인 범죄에 이르기까지 모든 치안 문제를 다룰 수 있고, 부정부패에서 완전히 벗어난 군과 경찰 조직을 정비하는 것이었다. 발칸 반도, 아프가니스탄, 라이베리아에서도 비슷한 어려움이 발생했다.

프랭크 밀러가 맡은 이라크조사위원회는 방어력을 증강하기 위해 펜타곤의 지원을 수차례 요청했으나 매번 퇴짜를 맞았다. 국방부는 국내 정치가 안정되면 치안 문제는 자연스레 해결될 것이라는 답변만 되풀이했다. 그렇지만 제대로 지켜주지도 못하면서 국민들의 진심 어린 지지를 이끌어내기란 여간 어려운 일이 아니었다.

그런 와중에도 노력의 결실이 조금씩 나타나기 시작했다. 대통령은 직접 바그다드를 방문해서 군대에 감사와 격려를 전하는 자리가 필요하다고 여겼다. 그래서 백악관 비서실 부실장 조 헤이긴에게 대통령이 무사하게 바그다드를 방문한 후 귀국할 방법을 찾아보도록 지시했다. 그는 기대 이상의 대답을 내놓았다.

추수감사절 하루 전에 대통령은 목장으로 향했다. 몇몇 측근들을 제외하고는 대통령이 주말에 쉬려고 그곳을 찾은 것이라 생각했다. 그날 저녁, 대통령과 나는 겉에 아무 표시가 없는 붉은 색 밴을 타고 목장을 빠져나왔다. 둘 다 야구 모자를 푹 눌러쓰고 있었다. 나중에 대통령은 우리 둘이 월마트에 장을 보러 가는 부부 같았다고 말했다. 우리의 행선지를 아는 사람은 로라 부시 영부인과 대통령의 비밀 경호원들뿐이었다.

평소와 달리 경호국 요원들이 차량 호위를 할 수 없었으므로 우리는 고속도로 정체 구간에서 옴쭉달싹하지 못하는 처지가 되었다. 대통령은 "무슨 일인가?"라고 물었다.

"교통 정체 구간입니다."

한동안 교통 정체를 잊고 살았을 대통령에게는 생소한 일이었다. 조금 시간이 지체되긴 했으나 웨이코 공항에 무사히 도착해 비행기로 앤드루 공군기지로 이동해서 에어 포스 원에 몸을 실었다.

비행기는 바그다드로 향했지만 나는 그냥 꿈을 꾸는 것 같았다. 승무원석에는 앤디 카드, 조 헤이긴, 대니얼 배럿과 나밖에 없었다. 달랑 네 사람이

전부였다. 바그다드가 가까워지자 기장이었던 틸먼 대령이 눈에 띄지 않게 착륙할 채비를 시작했다. 조명을 낮추는 바람에 파란색 디지털 시계 외에는 실내에 아무것도 보이지 않았다. 이제 대통령에게 가서 함께 기도하자고 말할 시간이 된 것 같았다. 그는 종교심이 강했기에 중요한 순간에는 언제나 기도를 했다. 그렇게 어둠이 덮인 대통령 전용기 실내에서 우리는 짧게 기도를 올렸다. 착륙 10분 전에 나는 다시 눈을 감고 기도했다. 그러자 귓가에 '그들이 다치거나, 해를 입거나, 위험에 빠지지 않도록 지켜주소서.'라는 말이 들리는 것 같았다. 누가 여행을 떠날 때면 아버지가 늘 그렇게 기도해주었지만 아버지가 돌아가신 후 한동안 잊고 지냈던 말이었다. 나도 모르게 '아버지, 고마워요.'라고 혼잣말을 중얼거렸다.

비행기에서 내린 후 계단을 따라 임시로 지은 식당으로 올라갔다. 기다리는 동안 사담 후세인 공항을 자세히 둘러보니 그야말로 입이 딱 벌어졌다. 하지만 그 느낌은 오래가지 않았다. 600여 명의 군인들로 붐비던 방에 대통령이 불쑥 모습을 드러내자 모두들 환호성을 질렀다. 부시 대통령은 군인들을 다루는 데 능숙했다. 대통령이 올 것이라는 사실을 전혀 몰랐을 텐데 군인들은 약속이라도 한 듯 카메라를 꺼내 플래시를 터뜨렸다. 그야말로 북새통이었다.

나는 몇몇 장교와 사병들 가까이에 자리를 잡았다. 고향이 어디인지, 어떻게 군 생활을 하게 되었는지, 풋볼을 좋아하는지 물어보았다. 먼 타국에서 나라를 위해 고생해주어 고맙다는 인사도 잊지 않았다. 그들이 큰 힘을 얻었다는 말에 기운이 솟았다. 그 자리에 있던 모든 사람들이 나처럼 가슴이 벅찰 만큼 행복한 모습이었다.

두어 시간 후 다시 전용기에 올랐다. 우리가 떠날 무렵에 미 대통령이 바그다드를 방문해서 모두를 깜짝 놀라게 했다며 언론사들이 흥분하기 시작했다.

확산 방지 정책이 날개를 달다

이라크 문제로 힘든 순간이 많았지만 얻은 것도 있었다. 가장 대표적인 것으로 사담 후세인 정부가 무너지자 핵 확산 방지 정책의 나머지 부분도 술술 풀리기 시작했다. 우리는 중국을 개입시켜 북한의 핵무기 프로그램을 꺾어보려고 한동안 애를 썼다. 중국이 아니면 누구도 김정일의 국제사회에 대한 공격적인 태도를 버리게 만들 수 없다는 대통령의 말이 적중했다. 핵확산방지조약의 근본적인 문제는 미국이 북한과 쌍방 협상을 하는 것이었다. 북한은 남한, 유럽, 중국 등과 따로 교섭해 원하는 것을 손에 넣으려고 했다.

전략을 바꾸었다. 동맹국의 성화에 못 이겨 북한과 쌍방 협상을 시도한 것이 아니라 중국을 포함해 6자 회담을 제안했다. 2003년, 콜린 파월이 처음 제안했을 때 중국은 단칼에 거절했었다. 부시 대통령은 중국에 대한 답답한 심경을 감추지 못하고 국가 주석 장쩌민과 통화할 때 강도 높은 요구를 했다. 사실 전화하기 전에 대통령은 무슨 말을 해야 중국 정부를 움직일 수 있겠냐고 했다. 대통령이 직접 북한에 대한 군사 제재의 필요성을 언급하는 것이 좋겠다고 제안했다. 그 아이디어가 마음에 드는 눈치였다. 장쩌민이 입버릇처럼 하던 말, 즉 미국은 북한에 좀 더 융통성을 보여야 한다는 잔소리를 시작하자 대통령은 그의 말을 끊어버리고 단도직입적으로 무력을 동원하자는 강경파의 압력에 시달리고 있다고 말했다. 또 북한이 제멋대로 굴게 내버려 두면 일본마저 핵무기를 손에 넣으려 할지 모른다고 말했다. 그것은 우리가 사전에 알려준 것이 아니라 대통령이 즉석에서 생각해낸 것이었다.

장쩌민과 통화한 것이나 이라크에서 우리 정부가 취한 조치 중에서 어느 것이 북한 핵 문제에 대한 중국 정부의 방침을 바꿔놓았는지는 앞으로도 알아낼 방법이 없을 것이다. 계절이 바뀌어 여름이 되자 중국은 드디어 6자

회담을 승낙했다. 이로써 일본과 한국 등의 동맹국에 대한 정책을 통합하고 중국이 적극 나서 해결사 역할을 하도록 압력을 가할 수 있게 되었다. 북한과 지리적으로 가까우며 오랫동안 평양과 교류해온 러시아도 회담에 포함했다. 첫 번째 회담은 2003년 8월 말 베이징에서 열릴 예정이었다.

한편, 리비아에서는 더 놀랄 만한 상황이 벌어졌다. 2003년 봄에 무아마르 카다피가 미국과 영국 양측과 협상을 원한다는 소식이 영국을 통해 전해졌다. 웬일인지 리비아에 있는 대량 살상 무기 프로그램을 끝낼 의향도 있다는 것이었다. 처음에는 뭔가 꿍꿍이가 있을 거라며 믿지 않았지만 곧 CIA와 MI5*영국의 국내 안보 기관가 공동 조사단을 파견해 상황을 알아보기로 했다. 놀랍게도 카다피는 진지하게 협상을 원했다.

협상을 한다면 철저히 비밀리에 진행해야 했다. 조금이라도 새어나가면 카다피가 바로 등을 돌릴 것이 분명했다. 그래서 정부 내 관계자들에게 전혀 알리지 않고 NSC의 로버트 조지프와 영국의 윌리엄 어만, 데이비드 랜즈먼이 정보국 관계자들과 함께 협상에 나섰다. 로버트는 비교할 대상이 없을 만큼 강인하고, 냉정하고, 회의적인 보수파의 전형적인 인물이었다. 그런 그가 협상을 성공시키겠다고 말해 나는 큰 기대를 품었다. 데이비드 매닝의 뒤를 이어 토니 블레어 총리를 보좌하게 된 나이절 셰인월드와 나는 양국 정상을 대신해 협상의 전 과정을 지휘했다.

협상이 거의 마무리되는 듯했으나 이내 리비아 측에서 대량 살상 무기 폐기에 대한 투명성을 요구하며 말썽을 부리기 시작했다. 리비아 측은 대량 살상 무기의 존재를 이미 인정해놓고 언제 그랬냐는 듯 시치미를 뗐다. 그런데 마침 그 순간에 반가운 소식이 들어왔다. 독일과 이탈리아 당국이 말레이시아에서 리비아로 향하던 선박 한 척에서 미심쩍은 점을 발견해 검문을 실시한 것이었다. 갑판에 있던 대형 컨테이너 다섯 개에는 겉에 '중고품 부속'이라고 쓰여 있었다. 하지만 컨테이너마다 원심분리기 부품이 수천 개씩 들어 있었고 알 카디르 칸 박사의 손을 거친 것으로 보이는 것도 있었다. 한창 협상이 진행되던 중 사건이 터지자 리비아는 강경 입장을 버릴 수밖에 없었다. 이렇게 해서 가까스로 협상이 정상 궤도로 돌아왔다.

그것은 대통령의 대량살상무기확산방지구상이 이룬 쾌거였다. 지난 5월에 폴란드에서 발표한 확산방지구상으로 각 나라가 자국의 영해, 영공, 영토를 지나는 화물 내역에 관한 정보를 공유하는 시스템을 확립했다. 제보 결과가 확실하면 의심스러운 화물을 조사하거나 신원이 확실하지 않은 운반자에게 통관을 거부할 수 있었다. 확산방지구상은 사무국이나 관리 체계가 전혀 없는 일종의 가상 기관이었으며, 세계적인 대량 살상 무기 확산 방지 대책을 위해 협조를 구하는 비공식적인 방편이었다. 한편, 확산방지구상은 뜻만 맞으면 누구나 동맹 관계가 될 수 있음을 보여주는 사례가 되었다. UN을 통해 처리하려면 세부 사항 하나하나를 따지는 데 몇 년씩 걸릴 것이 분명했다. 하지만 비공식적인 만큼 융통성이 있어서 러시아, 일본, 오스트레일리아, 사우디아라비아 등 여러 나라들이 금방 뭉칠 수 있었다.

리비아 사건을 통해 대량 살상 무기를 확산시키려는 비공개 조직들이 악당 국가와 어떻게 교류하는지를 잘 알게 되었다. 2001년 우리에게 처음 정체가 드러난 알 카디르 칸 박사는 예상보다 훨씬 큰 비중을 차지하고 있었다. CIA는 몇몇 나라의 협조를 얻어 관련 조직들의 핵심 세력을 속속들이 검거했다. 2004년에는 드디어 알 카디르 칸이 파키스탄에서 가택 연금을 당했다. 알 카디르 칸 박사를 놓고 무샤라프와 설전이 이어졌지만 그가 더 이상 악당 국가에 무기를 공급할 수 없으리라는 확신이 생겼다(하지만 그는 2009년에 석방되었다).

12월 19일, 드디어 세계에 리비아 무장 해제를 선언하게 되었다. 이로써 독재 정권을 설득하거나 적어도 대량 살상 무기를 포기하도록 만드는 게 가능하다는 사실이 증명되었다. 먼저 리비아 외무장관 코로넬 카다피가 무장

해제를 선언하면 부시 대통령과 블레어 총리가 환영사를 발표할 예정이었다.

그러나 예정대로 상황이 전개되지 않았다. 부시 대통령과 토니 블레어 총리가 초조해하자 나와 나이젤도 불안해졌다. 영국은 이미 해가 저물었으므로 블레어 총리가 먼저 발표하기로 순서를 바꾸었다. 우리는 아직 저녁 뉴스에 맞출 정도의 여유가 있었다. 나이젤은 리비아 내에 있는 영국 통신원들과 연결되어 있었지만 아무 소식이 없었다. 알고 보니 그날 밤 리비아에서 중요한 축구 경기가 열려 '지도자 형제'*카다피를 이르는 말가 거기에 정신이 팔려 있었기 때문이다. 한참을 기다린 후에야 영국 통신원들이 전화로 나이젤에게 리비아 정부의 공식 발표 내용을 알려주었다. 나도 옆에서 통화 내용을 듣고 있었다.

"어때요?"라고 묻자, 나이젤은 "이 정도면 충분합니다."라고 말했다. 카다피가 녹색혁명(환경 문제가 아니라 이슬람교에 관한 것이었다)에 대해 한참 횡설수설하긴 했지만 리비아 외무장관은 우리가 흡족할 정도로 요점을 분명히 전달했다. 무아마르 카다피는 대량 살상 무기를 깨끗이 포기하고 리비아를 국제사회에서 더 이상 고립시키지 않겠다고 약속한다는 내용이었다. 트리폴리에 있던 위험천만한 대량 살상 무기를 2만 리 떨어진 테네시로 가져와 오크리지국립연구소에서 해체하기로 했다.

리비아 정부가 공식 발표를 하기 전에 대니얼 배럿에게 전화로 귀띔해주었다. 의외로 그는 실망하는 눈치였다.

"사담 후세인을 찾았다는 소식을 내심 기대하고 있었습니다."

나는 "그 소식은 다음 주에 전해드리겠습니다."라고 농담을 건넸지만 이 사건이 얼마나 중대한지를 깨닫지 못하는 것 같아서 한숨이 나왔다.

일주일 후인 12월 12일 일요일에 크리스마스 파티를 열기로 하고 친구들을 30명쯤 초대했다. 함께 캐럴을 부르며 즐거운 시간을 보낼 생각이었다.

그런데 친구들이 도착할 시간이 다 되어갈 무렵, 대통령에게서 전화가 왔다.

"방금 도널드 럼즈펠드에게 사담 후세인을 잡았다는 연락이 왔소."

도널드 럼즈펠드와 스티븐 해들리도 파티에 와 있었다. 우리는 사람들의 눈을 피해서 주방에 잠시 모였다. 그는 티크리트 외곽에 있는 어느 농장에 잠복호를 만들어 사람이 숨어 있는 것을 알아냈다며 신원을 확실히 파악하기 전까지는 자세한 사항을 말할 수 없다고 했다. 우리는 금방 자리로 돌아와 캐럴을 불렀지만 나는 크리스마스캐럴에 취할 기분이 아니었다. 도널드 럼즈펠드와 스티븐 해들리도 마찬가지였다.

다음 날 새벽 3시에 전화벨이 울렸다. 깊이 잠들지 못하고 계속 뒤척이던 차였다. 전화를 받으니 제리 브레머가 "드디어 잡았습니다!"라고 말했다. 나는 곧장 대통령에게 전화로 상황을 보고했다. 대통령은 도널드 럼즈펠드에게 확인 전화를 했다. 121 특수임무부대 요원들이 제4보병대 제1여단 전투부대의 지원을 받아 이라크 독재자를 생포했다. 20년 넘게 자국민을 학대하고 주변 나라들을 전쟁으로 몰아넣은 장본인이 드디어 우리 손에 들어온 것이었다. 그는 생포되던 순간에 '내 이름은 사담 후세인이며 이라크의 대통령이다. 나는 협상을 원한다.'라고 말했다.

나는 잠자리를 박차고 나와 허둥지둥 옷을 갈아입은 채 백악관으로 달려갔다. 몇 시간 후면 제리 브레머가 사담 후세인 체포를 공식 발표할 것이므로 준비할 것이 많았다. 대니얼 배럿에게 사담 후세인을 잡았다고 하자 얼떨떨한 표정을 짓더니, 제대로 기뻐하는 모습을 보였다. 그는 이라크과도통치위원회 관계자들이 둘러싸고 있던 연단 위로 올라가서 "사담 후세인을 체포했습니다."라고 말했다. 그 자리에 있던 기자들은 물론이고 이라크 언론은 기쁨과 흥분을 감추지 못했다. 그 모습을 보니 마음이 더욱 뿌듯했다. 그렇지만 나는 곧 한 가지 실수를 발견했다.

'우리 정부가 나설 것이 아니라 이라크 관계자를 통해 이 소식을 발표했

더라면 더 좋았을 텐데.'

크리스마스가 다가올 무렵, 나는 극심한 피로에 시달렸다. 쉬지 않으면 안 되겠다는 생각이 들었다. 역사적으로 중대한 사건들이 연이어 발생한 탓에 긴장감과 스트레스가 극에 달한 상태였다. 그런가 하면 동화에나 나올 법한 분위기를 느낀 적도 많았다. 2003년 11월, 영국 왕정을 방문해 버킹엄 궁전에 머문 것이 가장 기억에 남았다. 안내원을 따라 내가 묵을 방으로 가니 짐을 대신 정리해줄 사람이 기다리고 있었다. 나도 모르게 짐 푸는 것을 거들고 있는데 옆방에 있던 콜린 파월 부부가 와서 편잔을 주었다.

"괜히 방해하지 말고 이리 나와요. 이곳에서는 300년이나 해온 전통이잖아요."

그날 밤 콜린 부부와 함께 가볍게 술자리를 마련했다. 부모님이 지금 내 모습을 보시면 어떻게 생각할까 상상해보았다. 알마와 나는 각자 아버지의 이름으로 건배를 했다. 버밍엄 출신의 두 흑인 여자가 이곳에 함께 와 있는 것이 믿어지지 않았다. 그 후 찰스 왕세자를 따라 화려한 만찬장에 들어서자 오케스트라가 〈신이여, 여왕을 지켜주소서〉라는 곡을 연주하기 시작했다. 그 순간 또 '부모님이 살아계시면 이 멋진 순간에 대해 말씀드릴 텐데.'라는 아쉬움이 밀려왔다. 그날 밤 잠들기 전에 기도로 그날 있었던 일을 모두 이야기했다.

크리스마스 며칠 전 노퍽에 있는 친척집으로 떠났지만 일에서 완전히 벗어날 수 없었다. 한시가 멀다 하고 이라크, 아프가니스탄, 테러와의 전쟁에 대해 좋은 소식과 나쁜 소식이 쏟아져 들어왔다. 그래도 사담 후세인을 생포한 덕에 연말 내내 기분이 좋았다. 그 소식이 알려지면 반군의 저항도 곧 잦아들 것이라는 생각이 들었다. 몇 달 전, 스티븐 해들리가 니제르 문제로 기자회견을 하던 날에 사담 후세인의 아들 우다이와 쿠사이는 모술에서 벌어진 충격전으로 목숨을 잃었다. 이제 수장을 잃어버린 바트당원들은 투쟁을 포기할 수밖에 없었다.

우리는 아프가니스탄 선거도 준비하고 있었다. 이번 선거만 잘 치르면 이 나라에 안정적인 정치 기반을 마련할 수 있다는 기대에 부풀었다. 본 협정을 계기로 대의 정치를 향한 길이 열렸다. 시간이 흐르자 여러 문제점이 나타났지만 당시로서는 모든 것이 안정적으로 보였다. NATO 동맹국들이 특히 많은 도움을 주었다. 최근 NATO에 가입한 동유럽과 중유럽 국가들도 이라크와 아프가니스탄에서 몸 바쳐 싸우고 있었다. 한때 공산주의 국가였던 이들을 NATO에 받아준 것은 아무리 생각해도 잘한 일이었다.

알카에다의 핵심 요원들이 속속 체포되면서 테러와의 전쟁도 하루가 다르게 진전을 보였다. 동아시아 지역은 반군 제압을 지원해 달라는 요청에 반응을 보이기 시작했다. 2002년, 필리핀 남부 지역의 아부 사야프 반군이 알카에다와 연관된 증거가 밝혀지면서 테러와의 전쟁에 새로운 전선이 모습을 드러냈다. 그뿐만 아니라 알카에다 관련 조직으로 보이는 테러 집단이 갓 출범한 인도네시아 민주주의 정부를 혼란에 빠트리려고 발리의 나이트클럽에 폭탄 테러를 일으켰다. 하지만 2004년 배후 조종 세력인 함발리가 생포되고 수실로 밤방 유도요노가 인도네시아 대통령에 당선되자 테러 집단의 위협이 잦아들었다. 세계에서 이슬람교인이 가장 많은 나라 인도네시아에 드디어 민주주의가 자리를 잡으며 새로운 시대가 열렸다.

국가 안보 체제를 전면 재조직하는 일도 여전히 진행 중이었다. 변화의 규모가 크다 보니 그에 따른 희생이나 불편도 만만치 않았다. 몇 차례 인사 개혁을 실시했는데 돌이켜보니 그때 그렇게 한 것이 얼마나 다행이었는가 하는 생각이 든다. 처음부터 대테러 업무를 맡아온 웨인 다우닝 대신 조지 H. W. 부시 행정부에서 함께 손발을 맞추었던 존 고든 대령을 임명할 계획이었다. 그런데 뉴욕 출신의 여검사이며 독설과 강경 발언으로 잘 알려진 프랜 타운센드를 만나는 순간, 마침내 적임자를 찾았다는 느낌이 왔다. 그녀는 감비노 패밀리*뉴욕 최대의 마피아 조직 사건에서 승소할 만큼 실력파였다. 이 사람이라면 알카에다와 워싱턴 모두 감당할 수 있겠다는 확신이 들었다. 하지만 그녀가 클린턴 정부 시절에 법무부에서 일했다는 이유로 보수파 일각에서는 부시 대통령이 믿어도 될 사람이냐는 의혹을 제기했다. 다행히 칼 로브가 대신 나서 그들을 잠잠하게 만들었다. 국회와 언론 관계자들도 반대하는 움직임을 보였으나 칼 로브 덕분에 금세 잦아들었다.

아직 안전을 보장할 수 없지만 2001년 9월 11일보다 나아진 것은 확실했다. 우리는 2004년부터 재선 준비에 돌입했다. 해외에 벌여놓은 여러 가지 일을 계속 추진하고 대통령의 국내 업적을 지켜내려면 다들 정신을 바짝 차려야 했디.

17

9.11청문회

국가안보보좌관으로 임명된 첫해와 마찬가지로 마지막 해에도 멕시코 방문으로 한 해를 시작했다. 몬테레이에서 열린 미주특별정상회담에 가보니 우리가 그토록 염원하던 안건은 희미하게 잊혀가고 있었다.

멕시코와 우리 정부의 관계는 나쁜 편도 좋은 편도 아니었다. 아마 9.11 테러 직전인 2001년 9월에 비센테 폭스 대통령이 국빈으로 방문했을 때가 가장 분위기가 좋았을 것이다. 환영 행사와 화려한 만찬은 미국과 멕시코 외교의 새로운 시작을 알리는 신호탄이었다. 하지만 비가 억수같이 쏟아져 불꽃놀이를 망친 것은 모든 일이 뜻대로 되지 않을 것이라는 계시였던 것 같다. 얼마 지나지 않아서 멕시코-텍사스 간 수자원 공급, 국경 현대화, 치안 문제가 대두되었다. 중대한 사안인 데다 번복하기 어려운 문제라서 입장이 매우 난처했다. 이 문제를 감독하기 위해 내각 차원의 위원회를 마련했다. 이제 와서 하는 이야기지만 나중에는 이 위원회를 '입주자 협회 모임'이라고 지칭하게 되었다. 우리 정부가 협조하는 가장 큰 이유는 멕시코가 미국과 같은 대륙에 있기 때문이었다. 멕시코와 미국이 같은 대륙에 자리 잡고 있다는 사실은 두 나라가 협조 관계를 유지해야 할 가장 큰 이유였다. 처음에는 이민자 관리, 무역, 민주화 추진과 같은 중요한 문제에서 돈독한 미주 협력 관계를 결성하려던 계획에 대한 기대가 높았지만 서서히 희미하게 사라져갔다.

2001년, 미주정상회담은 중도 우파 성향을 띤 대다수 회원국이 미주자유무역 지역을 적극 지지하는 등 순조로운 출발을 보였지만 교착 상태에 빠져 있었다. 한때 우고 차베스 대통령은 누구 하나 찾는 사람 없이 철저하게 외면당한 것처럼 보였지만 3년 뒤 상황이 크게 달라졌다. 사석에서 그를 힐난하던 라틴아메리카 국가 대표들이 공식적인 자리에서는 그와 인사를 나누려고 줄을 서기까지 했다.

베네수엘라는 2002년 4월 쿠데타 시도가 발생해 큰 고비를 넘겼다. 이 사건은 미국의 역할에 대해 깊이 생각하는 계기가 되었다. 우리 정부가 쿠데타 세력을 지지했다는 의혹이 제기되었지만 이는 사실이 아니었다. 사실 정부는 차베스에 대항하기 위해 헌법을 어기는 방법을 사용할 경우에는 도움을 주지 않을 것이라고 오래전부터 못을 박아 두었다. 이번 사건은 카라카스*베네수엘라 수도에 있는 대사관과 국무부가 앞장서 깔끔하게 수습했다.

국가안보보좌관과 국무장관의 역할은 이런 면에서 크게 달랐다. 나는 일손이 부족한 데다 날마다 대통령 스케줄을 관리하는 것만으로도 눈코 뜰 새 없이 바빴기 때문에 아무리 심각한 문제가 발생해도 일일이 눈을 돌릴 수 없었다. 베네수엘라 사태는 백악관이 본격적으로 나서 국무장관과 전화를 여러 번 할 정도로 중요한 문제가 아니었다. 하지만 사태 추이에 대해서 주기적인 보고를 받았으며 대통령에게 알리는 것은 내 몫이었다. 콜린 파월도 베네수엘라 사태 때문에 대통령을 몇 차례 찾아왔다. 나중에 알고 보니 그는 국무장관으로서 우리에게 알리지 않고 혼자 힘으로 수많은 위기의 순간을 능숙하게 넘기고 있었다. 쿠데타가 실패하자 베네수엘라 독재 정권은 더욱 막강한 영향력을 행사했다.

미주정상회담에 관한 의제는 제자리걸음 상태였지만 다행히 중앙아메리카 5개국 및 도미니카공화국과 자유무역협정FTA을 체결했다. 칠레와도 따로 무역 협상을 체결했으며 브라질, 콜롬비아와 협의한 상호 균형 무역에 관한 의제도 괄목할 만한 진전이 있었다. 대통령이 두 나라 수장들과 개인적으로 돈독한 관계를 발전시킨 것이 큰 힘을 발휘했다.

알바로 우리베 콜롬비아 대통령의 경우에는 테러에 대한 공통 의제 덕분에 끈끈한 유대 관계가 형성되었다. 우리베 대통령이 당선되었을 때 콜롬비아는 사실상 파탄 국가와 다름없었다. 군대나 경찰이 안전하게 들어갈 수 있는 지역은 국토의 30퍼센트에도 미치지 못했다. 공산주의에 철저히 세뇌된 콜롬비아무장혁명군이 10년 가까이 전 국토를 폭력으로 물들였으며, 불법 무장 단체가 우후죽순으로 생겨난 탓에 나라 전체가 크게 약해져 있었다. 콜롬비아무장혁명군은 수많은 사람들을 인질로 잡고 있었는데, 거기에는 미국인도 세 명이나 포함되어 있었다. 우리베 대통령 전임자인 안드레스 파스트라나는 매우 훌륭한 정치가였으며 콜롬비아무장혁명군과 평화 협정을 맺으려고 동분서주했다.

그러나 콜롬비아무장혁명군은 오히려 그 기회를 이용해 국토의 대부분을 장악해버렸다. 여러 해가 흐르면서 콜롬비아무장혁명군의 반란은 부작용을 낳기 시작했고 불법 무장 단체가 하나둘 생겨났다. 그중에서 세력이 큰 조직은 AUC*우익 민병대였다. 당시의 불법 무장 단체들은 치안 부대와 밀접하게 협력했으며 정부 내 주요 인사들과 손잡은 경우도 적지 않았다. 우리베 대통령이 당선되었을 즈음에는 그들의 존재감이나 영향력을 결코 가볍게 여길 수 없었다.

미 정부는 플랜 콜롬비아를 앞세워 콜롬비아 치안 부대를 정비하고 집중적인 훈련을 실시했다. 클린턴 행정부는 '마약과의 전쟁'에서 치안 부문을 강화하려고 특별 프로그램을 시작했다. 콜롬비아 정부도 이 프로그램을 충실히 지원했으며 주변 국가들도 적극 도와주었다. 여기에는 안데스공동체의 국가들을 모두 결속시켜 그중 한 곳의 마약상이 자국에서 쫓겨날 경우, 가까운 이웃 나라로 달아나 마약 사업을 계속 벌일 가능성을 완전히 차단하겠다는 의지가 담겨 있었다.

우리베 대통령은 이 프로그램을 계속 지원하는 것에 더해서 근본적인 변화를 꾀하려 했다. 그는 콜롬비아무장혁명군을 완전히 축출하고 국가 치안 부대의 위상을 회복하는 '민주 안보'를 추진하면서 불법 무장 단체도 용납하지 않겠다는 의사를 분명히 밝혔다. 일부 무장 단체들은 그의 정당과 밀접한 관련을 맺고 있었지만 우리베 대통령은 단호했다. 부시 대통령을 처음 만난 자리에서 그는 어떤 어려움이 있어도 자신의 목표를 밀고 나갈 것이라고 강변했다. 부시 대통령은 그의 생각이나 단호한 태도가 마음에 든 모양이었다.

"진심으로 그렇게 하실 겁니까? 정말이라면 마음을 단단히 먹어야 할 겁니다. 주도 세력부터 숙청하세요. 그러면 조직이 힘을 잃을 겁니다."

우리베 대통령도 이미 그렇게 생각하고 있었다며 맞장구쳤다. 그 순간부터 콜롬비아는 우리와 가장 가까운 동맹국이 되었다. 그는 큰소리만 친 것이 아니라 계획을 고스란히 실천에 옮겼다. 콜롬비아의 성공은 혼란과 실패의 문턱까지 간 나라도 회생할 수 있다는 희망의 상징이 되었다.

콜롬비아와 조금 성격이 다르긴 했지만 루이스 이나시우 룰라 다 시우바 브라질 대통령도 우리 정부와 긴밀한 관계를 맺었다. 우리베 대통령은 중도 우파적인 정치가로 조지 W. 부시 대통령과 모든 면에서 잘 맞았다. 그렇지만 노동자당의 주도 세력 출신으로 압도적인 지지를 얻으며 당선된 룰라 대통령은 좌파 성향이 뚜렷했다. 초반에는 전임 대통령과 마찬가지로 시장 중심의 개혁 정책을 계속 추진했지만 국제무역 시장이나 미 정부에 대해서는 다소 회의적인 태도를 보였다.

2002년 12월 10일, 대통령 당선자인 룰라가 대통령 집무실을 방문했을 때 부시 대통령은 여느 때와 다름없이 친절하고 따스하게 그를 맞이했다. 대통령은 룰라의 옷에 꽂힌 핀에서 눈을 떼지 못했다. 그 핀은 룰라가 속한 정당을 상징하는 것으로 사회주의 성향을 강하게 드러내주었다. 나중에 대통령은 룰라가 차라리 브라질 국기를 가슴에 달고 오는 편이 나았을 거라고 말했다. 하지만 두 사람은 시종일관 화기애애한 분위기를 연출했다. 룰라는 점잖고 부드러운 사람이었으며, 특히 눈을 깜박거리는 모습이 정감 있게 느껴졌다. 공장 노동자 시절 선반 사고를 당해 손가락 하나가 없었다. 그는 말이나 행동에서 진실함이 묻어났다. 군 장교 출신으로 권력을 낚아챈 차베스와 달리 룰라는 뜻을 맞추어 함께 일할 수 있는 사람이라는 생각이 들었다.

이렇게 적극 노력을 기울인 결과, 브라질, 콜롬비아, 칠레를 비롯해 중앙아메리카의 여러 나라와 우호적인 관계를 누리게 되었다. 그런데 몬테레이에서 열린 미주정상회담에 가서 생각해 보니 9.11 테러로 그동안 정신이 없었고 아프가니스탄과 이라크에만 집중하다보니 이들을 위해 아무것도 해준 것이 없었다. 우리가 신경을 못 쓰는 동안 적들의 세력이 상당히 커져 있었다. 다시 제압할 기회는 조금 기다려볼 문제였다. 부시 대통령의 재선을 기대한 이유 중 하나도 바로 이것이었다.

'스트래티저리'

칼 로브는 2003년부터 격주로 비서실 고위 관계자 회의를 소집해 대통령이 다룰 안건을 빠짐없이 점검했다. 저녁마다 쿠키, 치즈, 과일 등으로 허기를 달래며 회의를 했다. 당시 주지사였던 부시 대통령이 '스트래저티(전략

회의)'를 '스트래티저리'라고 잘못 말한 것은 꽤 유명한 말라프로피즘*말하려
는 단어와 음은 비슷하지만 뜻은 다른 단어를 내뱉음으로써 범하게 되는 재미있는 실수이 되었다. 회의
때마다 미처 생각지 못한 사실을 깨닫고 새로운 점을 많이 배웠다.

예를 들어, 국내 정책 고문 마거릿 스펠링스가 낙오학생방지법을 성공시
킨 과정이나 각종 경제 문제를 해결해가는 과정, 백악관 종교기반커뮤니티
협의기구가 활동한 내역을 검토할 때면 늘 새로운 교훈을 얻었다. 앤디 카
드는 백악관 내에서 항상 예의를 갖추고 경우가 바른 사람으로 알려져 있었
다. 회의를 거듭할수록 그런 특성은 빛을 발했다. 기록으로 남는 경우에는
으레 백악관 내 관계자들과 가깝게 지내는 것처럼 둘러대지만 실제 서로 믿
고 의지하며 둘도 없는 친구처럼 지낸다고 진심으로 말하는 경우는 극히 드
물었다. 그렇지만 누군가 뒤에서 모함하거나 일을 꾸밀까 봐 걱정하고 의심
할 필요가 없었다. 전국집행위원회를 차례로 대표한 마거릿, 래리 린지, 스
티브 프리드먼, 예산관리국장 미첼 대니얼스와 부국장 클레이 존슨, 해리어
트 마이어스, 카렌 휴스, 대니얼 배럿, 칼, 조슈아, 아리, 앤디는 모두 가식
이 없고 진솔한 사람들이었다. 특히 앤디는 가장 믿을 만한 인물이었다. 우
리는 어려울 때나 힘들 때나 한결같이 서로를 돕고 힘을 북돋아주려 했다.
나에게 알리지 않고 군사 작전에 대한 대통령 작전에 서명을 얻은 일로 알
베르토 곤살레스와 충돌이 있었지만 곧 화해했으며, 그때 이후 지금까지 소
중한 친구로 지낸다.

총선이 다가옴에 따라 '스트래티저리'를 할 때마다 자연스럽게 재선 문제
를 논하게 되었다. 칼을 비롯한 백악관 내부 인사들은 가능한 대로 대통령
의 업무 시간 중 상당 부분을 재선 준비에 할애하려는 눈치였다. 하지만 부
시 대통령 재임 기간 내내 전쟁이 이어졌으므로 국가 안보보다 중요한 문제
가 없다는 점은 부인할 수 없었다.

대통령의 지지율이 떨어진 상태였지만 날로 악화되는 이라크 상황에 비

추어볼 때 이라크 전쟁은 지지율에 치명적인 타격을 준 것은 아니었다. 오히려 연두교서 사건으로 인해 부시 행정부가 전쟁을 일으키기 전에 입수한 정보를 부정직하게 다루었다는 이미지는 좀처럼 벗어날 수 없었다. 한번은 《타임》에 '거짓이 낳은 결과 : 사담 후세인에 대한 전쟁 선포 뒤에 숨은 진실은 과연 무엇인가?'라는 기사가 났다. 어안이 벙벙해졌다. 사담 후세인의 손에 들어간 대량 살상 무기가 얼마나 위험한 것인지 열변을 토하던 수많은 국회의원들은 단체로 기억 상실증에 걸린 것처럼 모르쇠로 일관했다. 이제 백악관이 전쟁의 명분을 논할 때 아무도 도와주지 않았다. 실수나 잘못이 있었다면 철저히 조사해 책임을 지는 것이 당연하지만 그보다 더 큰 문제는 백악관에 대한 신뢰를 회복하는 것이었다.

2월이 되자 대통령은 로런스 실버만 전 연방항소법원 판사와 민주당 상원의원 출신인 찰스 로브에게 대통령위원회를 만들어주면서 정보기관 전체를 감독하고 대량 살상 무기에 대한 첩보 자료를 검토하라고 지시했다. 이 위원회는 정보기관이 내린 결론 상당수가 잘못된 것이라고 밝혔으나 사담 후세인의 대량 살상 무기에 관한 워싱턴의 여론을 지지하는 사람들에게 꽤 우호적인 태도를 보였다. 위원회는 보고서를 통해 '이라크가 고성능 무기를 포기하기로 결정했다면 이를 외부에 알리지 않는 것은 말이 되지 않는다. 이라크 정부의 특성상 사담 후세인의 의사 결정 과정을 모두 밝혀내지 못한 것을 정보기관 탓으로 돌릴 문제는 아닌 것 같다. 이 점과 관련해 (군 고위 관계자 및 다른 나라의 정보기관 및 사찰단을 포함해) 사담 후세인을 잘 아는 아랍계 인사들은 그가 여전히 무기 개발 프로그램을 추진하고 있다고 확신한다.'고 밝혔다. 정보기관의 실패는 어느 정도 정상참작할 여지가 있었다. 우리는 전면적인 개혁만이 해결책이라는 결론을 내렸다.

9.11대책위원회가 9.11테러 사건에 대해 본격적인 조사를 시작하면서 긴장이 더욱 고조되었다. 2002년 11월, 대통령은 의회 동의를 얻어 미국을

위협하는 테러 공격에 대한 국가위원회 설립을 승인했다. 이는 9.11테러의 발생 경위를 조사하고 또 다른 비극이 일어나지 않도록 필요한 조처를 취하거나 건의 사항을 도출하는 위원회로, 뉴저지 주지사를 지낸 토머스 H. 킨과 리 해밀턴 전 하원의원이 지휘를 맡았다. 250만 페이지가 넘는 자료를 검토하고 1,200명이 넘는 사람들과 인터뷰를 하는 등 방대한 조사 작업이 시작되었다.

사건 당시 책임 있는 지위에 있던 사람들은 자기 잇속을 챙기거나 살 길을 찾기에 바빴다. 클린턴 행정부 관계자들도 예외는 아니었다. 부시 행정부가 출범한 지 8개월 만에 벌어진 사건이었기에 부시 행정부가 모든 책임을 떠안기에는 무리가 있었지만 사건 발생 시점은 부시 정부가 들어선 이후였다. 예상대로 업무상 과실이 아니냐는 주장이 제기되었다. 소위 부시 정부가 이라크와 미사일 방어에 온통 정신을 쏟느라 테러 위협을 소홀히 했다는 것이었다. 테러 집단이 공격을 가할 것이라는 '부인할 수 없는' 증거가 있는데도 우리 정부는 빠르게 대처하지 못했다는 비판을 피할 수 없었다. 지나고 나서 보니 알카에다의 공격 가능성을 조금이라도 언급한 이메일, 메모, 통화 내역 등은 모두 정부에 불리한 증거로 작용했다.

위원회가 마련한 공청회에서 클린턴 정부 고관들은 특히 아프가니스탄에 있는 알카에다의 본거지를 내버려 두었다는 이유로 질책을 받았다. 하지만 클린턴 대통령의 국가안보좌관이었던 샌디 버거는 당시 클린턴 정부가 알카에다를 무너뜨리려고 어떤 노력을 기울였는지 자세하면서도 설득력 있게 차분히 설명했다. 그에 반해 콜린 파월, 도널드 럼즈펠드, 조지 테닛, 국무부 차관 리치 아미티지는 자기가 맡은 업무 외에는 아는 것이 없었다. 국가안보좌관 외에는 부시 행정부의 전체적인 입장을 파악하는 사람이 없었다.

나는 따로 위원회에서 이미 '증언'을 마친 상태였다. 무려 네 시간 동안

위원회의 질문 공세에 시달렸지만 정식으로 서약하고 질의응답한 것이 아니라서 공식적인 기록은 만들어지지 않았다. 공청회는 TV를 통해서 전국에 방송되었다. 이곳의 살벌한 분위기는 내가 백악관 상황실에서 위원회 위원들과 따로 이야기를 나눈 것과는 비교가 되지 않았다. 안 그래도 이라크 전쟁 때문에 부시 행정부에 대한 지지도가 떨어지던 차에 정부의 안일한 대처가 9.11참사를 일으켰다는 비난이 거세게 일었다.

모두들 내가 증언대에 서서 부시 행정부에 대한 끝없는 비판에 대답해야 한다고 입을 모았지만 백악관 고문, 부통령, 대통령은 (상원의회의 승인을 받지 않은 상태에서) 대통령과 가장 가까운 고문이 증언해서는 안 된다는 기밀유지 특권을 내세우며 완강히 거부했다. 삼권분립과 대통령을 보좌하는 정부 관계자가 기밀을 누설하지 않을 권리에 대해서 길게 설명했지만 공감을 얻지 못했다.

언론과 국회, 아니 전 국민이 싸늘한 눈으로 바라보았다. 그도 그럴 것이 내가 국가안보보좌관을 맡은 기간에 미 역사상 가장 참혹한 사건이 발생했기 때문이다. 국민들은 내가 어디까지 알고 있었으며 언제 관련 사항을 보고받았는지 궁금하게 여겼다. 백악관 고문들은 내가 직접 나서 TV, 라디오, 신문을 통해 국민들에게 설명하는 것이 가장 낫다고 입을 모았다. 그래서 나는 《뉴욕타임스》《워싱턴포스트》, AP통신, 루터스 등 거의 모든 언론사와 인터뷰를 했다. 그때까지는 언론에서 내 말을 인용할 때 실명을 언급하지 않고 정부 고위 관료라고만 했지만 실명을 사용하자 상황이 완전히 달라졌다. 내 이름이 거론되는 것만으로도 언론의 관심이 크게 집중되었다. 상황실에서 회의를 마치고 나오는데 NSC 대변인인 숀 매코맥이 나를 잡아당기더니 이렇게 속삭였다.

"《타임》은 커버스토리로 내놓을 겁니다. 《뉴스위크》도 마찬가지고요."

《타임》의 커버스토리 제목은 '문제의 주범은 콘돌리자 라이스인가?'였다. 이 작전은 생각보다 훨씬 더 불편한 결과를 낳았다. 최악의 순간은 2004년 3월 28일 일요일에 출연한 〈60분〉이었다.

지금은 고인이 된 에드 브래들리가 인터뷰를 진행했다. 처음에는 별로 긴장되지 않았다. 분위기를 잠깐 바꿔보려고 백악관 웨스트 윙이 내려다보이는 부통령실 바깥의 발코니로 자리를 옮기기도 했다. 인터뷰를 마친 후 나는 숀 매코맥에게 잘 끝났으니까 걱정하지 말라고 했다. 그렇지만 이 프로그램은 편집을 제멋대로 하는 것으로 악평이 자자했다. 정말이지 TV에 방영된 내용은 내 예상과 완전 딴판이었다.

이튿날 짐 윌킨슨(훗날 내가 국무장관이 되었을 때 그는 국무장관 수석 보좌관이 되었다), 숀 매코맥, 스티븐 해들리가 찾아왔다. 아무래도 대통령을 설득해 9.11대책위원회 앞에서 공식적으로 증언할 자리를 따로 마련해야 할 것 같다며 조심스럽게 의견을 물었다. 두말할 나위 없이 찬성이었다.

대통령 비서실의 애슐리 히키에게 연락해 대통령을 만나고 싶다고 말했다. 곧 부통령과 점심 식사를 할 예정이므로 당장 오면 만날 수 있다는 대답을 듣고는 한걸음에 달려갔다. 대통령은 책상 옆에 서 있다가 나를 보더니 가까이 다가오며 무슨 일이냐고 물었다. 나를 누구보다 잘 아는 사람이었기에 얼굴 표정만으로 정책상 위기가 발생해서 찾아온 것이 아님을 알아차렸다. 공청회에 나가야 할 것 같다고 솔직하게 털어놓았다. 지금 침묵으로 일관하면 앞으로 어떤 일을 해도 국민들의 신임을 얻을 수 없다는 말을 덧붙였다. 국민들은 온갖 의혹과 소문에 혼란을 느끼고 있으며 나에게 진실을 요구했지만 이미 한 차례 거절했고 '국민들에게 직접 이야기하는' 방법도 써보았지만 예상한 결과를 얻지 못한 상황이었다. 가족과 지인들마저 뭐가 뭔지 모르겠다는 표정이었다. 그렇지만 이번 공청회를 허락하면 국가안보보좌관에서 물러나겠다는 식으로 대통령에게 압력을 가하지는 않았다. 대통령과 나는 그런 식으로 서로를 몰아붙이는 사이가 아니었다. 그렇다 해도 끝까지 증언 기회를 얻지 못했더라면 차라리 물러나는 쪽을 택했을 것이다.

대통령도 내가 나서야 하지 않을까 하고 생각했었지만 법률 고관과 부통령의 반대가 심하다며 주저하는 모습을 보였다. 부시 행정부의 입장을 대변하기에 나보다 더 나은 적임자가 없으므로 개인적으로는 내가 공청회에 나서는 것을 환영한다는 말은 위안이 되었다. 그는 단지 국가안보보좌관이 서약하고 증언하는 것이 좋지 않은 선례로 남을까 봐 걱정했다.

"지금은 이 사태를 헤쳐나갈 방법부터 찾아야 합니다."라고 말한 후 사무실로 돌아왔다. 24시간 내로 결정을 내려야 했다. 평소에 크게 믿고 존경하던 NBC 뉴스 앵커 팀 루서트에게 미리 언질을 주었다. 그러자 그날 오후에 즉시 뉴스 보도가 나왔다.

이런 상황에서 내 증언에 정치적으로 중요한 의미가 부여되어 놀라지 않을 수 없었다. 《뉴욕타임스》는 내가 증언대에 오르기 며칠 전 '부시 행정부의 신뢰도는 이제 그녀에게 달려 있다'는 제목으로 기사를 냈다. 《워싱턴타임스》에는 '여전사가 전면에 나서다'라는 제목이 등장했다. 나는 중요한 시험을 앞둔 수험생처럼 열심히 공부했다. 테러 집단의 공격이 곧 일어날 것이라는 소문이 들리고 수상한 정황이 포착될 때마다 과연 우리는 어떻게 반응했던가? 구체적으로 어떤 정황이 보고되었는가? 혹시 우리가 놓친 점은 없었던가? 나는 공청회 증언 준비를 도와줄 팀을 따로 꾸렸다. NSC 법률고문 존 벨링거와 브라이언 커닝엄, 정책 고문 스티븐 해들리, 미국 통상 대표 로버트 졸릭, 홍보 담당 대니얼 배럿, 짐 윌킨슨, 숀 매코맥이 도와주었다. 지금까지 벌어진 주요 사건을 머릿속으로 정리해보았다. 또한 위원회의 질문 방식을 미리 파악하기 위해 각 위원들의 특징을 조사하고 자서전을 꼼꼼히 읽어보았다.

공청회 전날에는 아무것도 하지 않았다. 나는 팀원들에게 이렇게 말했다. "저는 학자 출신입니다. 누군가를 치료해주거나 일자리를 창출하거나 새로운 상품을 개발하는 것은 해본 적이 없습니다. 하지만 연설이나 강의는 자신 있습니다. 여러분이 저를 믿어주셔야 합니다."

당일 아침까지는 차분하고 진지했다. 그날따라 잠을 푹 자서 아침 일찍 눈을 떴다. 평소와 마찬가지로 아침 운동을 하고 돌아왔다. 헤어 디자이너 브루스 존슨이 내 머리를 만지는 동안 신문 기사를 훑어보았다. 공청회장에 들어가는 순간부터 정신을 바짝 차려야 한다고 몇 번이나 마음을 다잡았다(나는 거울을 보며 '당당하게 들어가는 거야.'라고 다짐했다). 사진 한 장도 소홀히 할 수 없었다. 단 한 장이라도 오해를 불러일으키면 모든 노력이 수포로 돌아갈 수 있었다. 그래서 서약하는 모습이 사진에 어떻게 나올지 미리 상상해보았다('나는 사진을 찍을 때면 눈을 크게 뜨는 버릇이 있으니까 눈에 힘을 주면 안 돼.'라고 생각했다).

드디어 공청회가 시작되었다. 나는 테러 공격을 막아내지 못한 것이 일개 행정부의 실수나 책임이 아니라 구조적인 문제에서 비롯된 것이라고 설명했다. 가장 중대한 사안은 정부 기관 사이의 정보 연통 현상과 국내외 테러 발생 가능성에 대해서 우리 정부가 왜 허점투성이였는지였다.

앞으로 이러한 테러가 발생하지 않게 하려면 정보기관을 통합하거나 협조 관계를 긴밀하게 구축할 필요성이 있었다. 증언에서 언급하지 않았지만 이 점을 잘 보여주는 예시가 있었다. 9월 11일 이전에 샌디에이고에서 중동 지역 알카에다의 안전 가옥으로 향하는 비행기 납치범 두 명의 통화 내역을 포착한 적이 있었다. 그런데 당시 법적 제재와 정책상의 문제 때문에 해외에서만 도청할 수 있었으며 도청 과정이나 통화 내역 어디에도 미국 내 어느 지역에서 전화한 것인지 알 길이 없었다. 테러리스트 감시 프로그램처럼 통화 내역을 확보하는 것이 금지되지 않았더라면 두 사람의 위치를 9월 11일 전에 파악할 수 있었을지 모른다. 9.11대책위원회와 의회의 9.11테러 행위 합동 조사단은 국내외 정보기관의 손발이 맞지 않은 것이 테러 집단에게 결정적인 기회를 주었다고 결론지었다. 이 문제를 해결하기 위해 테러리스트 감시 프로그램이 등장해서 큰 논란을 일으켰다. 이 프로그램은 전화 발신지나 테러 집단의 규모를 따지지 않고 정부가 이들의 국제 전화 내역을 감시, 도청할 권리를 부여했다.

다섯 시간 동안 이어진 공청회에서 가장 두드러진 순간은 리처드 벤-베니스트와 내가 팽팽하게 맞선 것이었다. 그 밖에도 기억에 남는 순간이 몇 장면 더 있었다. 상원의원 출신인 밥 케레이는 한 번도 아니고 무려 세 번이나 나를 '클라크 박사'라고 불렀다. NSC 소속 대테러 책임자로 나와 함께 일했던 백발의 신사를 나와 혼동한 것은 좀처럼 이해하기 어려운 일이었다. 사실 공청회를 준비할 때 그는 부시 행정부가 9.11테러가 벌어지기 전까지 소임을 다하지 않았다고 주장한 사람이었다. 나는 끝내 "제가 리처드 클라크와 헷갈릴 정도로 닮은 것 같지 않은데요."라고 쏘아붙였다. 그렇게 말하고 나니 속이 후련했다. 적어도 그 순간은 그랬다.

공청회의 전반적인 결과는 나쁘지 않았다고 생각한다. 최소한 무승부이거나 아니면 내게 유리한 쪽으로 상황을 기울여놓은 것 같았다. 백악관으로 돌아오자 대통령은 전화로 "아주 좋았다."고 칭찬해주었다. 그날 저녁에 둘도 없는 친구 메리 부시와 식사하고 성목요일 예배에 참석했다. 레스토랑에 갔더니 많은 사람들이 다가와서 축하 인사를 건넸다. 박수로 열렬히 환호해준 사람들도 있었다.

다음 날 NBC 아침 뉴스의 앵커이자 오랜 친구인 바버라 해리슨에게서 전화가 왔다. 그녀는 중대한 사건이 벌어질지 모른다며 뉴스 룸에서 계속 대기하라는 지시를 받았다고 말했다. 지역 방송국은 드라마를 취소하면서까지 공청회를 생중계했다고 한다.

두 위원회는 국가 정보기관 개편에 대해 우리와 동일한 결론을 내렸다.

나는 당시 대통령해외정보자문단을 맡고 있던 브렌트 스카우크로프트에게 정보기관 개편에 대한 의견을 요청했다. 백악관 관계자들도 머리를 맞대고 주요 제도 개편 방안을 논의했다. 드디어 대통령은 15개 정보기관을 총괄하는 미국국가정보국을 발족시켰다. 1947년 이래로 CIA 국장이 CIA를 포함해 정보기관 전체를 통솔하는 미 중앙정보국장을 겸임하고 있었지만 이 체제는 이미 개혁위원회의 눈총을 받고 있었다. 9.11테러와 이라크 대량 살상 무기 사건을 통해 정보기관이 두 번이나 제구실을 못한 것으로 드러나면서 중앙정보국장은 미국국가정보국에 정보기관 통솔권을 뺏기고 말았다.

나는 새로운 기관의 등장을 언론에 알리는 역할을 맡았다. 이제 몇 시간 후면 대통령이 직접 의회에 미국국가정보국 건립 요청 계획을 발표할 것이라는 소식이었다. 좋게 말하자면 세부 사항이 모두 확정된 것은 아니었지만 기본 방침은 모든 정보기관의 의견에 공평하게 귀를 기울이는 것이었다. 이를테면, CIA는 사담 후세인이 고성능 알루미늄 튜브를 몰래 주문한 이유가 원심분리기를 가동하려는 것이라고 철석같이 믿었지만 에너지국은 코웃음을 쳤다. 이렇게 반대 의견이 나오더라도 중앙정보국장이라면 자기가 맡고 있는 정보기관의 주장에 더 힘을 실어주었을 것이다. 하지만 미국국가정보국은 모든 정보기관을 공평무사하게 대할 수 있었다.

미국국가정보국은 또한 정보 전문가들의 상호 교류를 적극 장려해 '사일로' 문제를 해결할 수 있었다. 모두들 정보 분석 '기술'을 재검토하고 새로운 훈련 프로그램을 도입해야 한다고 생각했다. 게다가 우리 정부 내에는 아랍어, 페르시아어, 중국어 등 주요 언어에 대한 전문가가 턱없이 부족했다. 그리고 정보기관 예산을 맡아서 불필요한 경비를 줄이고 인력과 첨단 장비를 적재적소에 공급할 담당자도 찾아야 했다. 때로는 인력이나 장비를 투입하는 것이 촌각을 다투었기에 결코 만만한 작업이 아니었다. 비용이 가장 많이 드는 국가안전보장국과 국가정찰국은 국방장관의 감독 아래 있었다. 국가안전보장국은 첨단 전자 장비로 첩보 활동을 했고 국가정찰국은 위성 정보를 수집했기에 비용 소모가 가장 많은 부서였다. 이들을 위한 예산은 비밀리에 별도로 관리했으며 개발 시간이 엄청나게 긴 프로그램도 아낌없이 지원했다. 국방부는 예산 문제에서 다른 기관보다 유리한 입장이었다. 이것은 미국국가정보국이 처리해야 할 업무 중 일부에 지나지 않았다.

내가 보기에 가장 중요한 것은 대통령의 수석 정보 고문인 미국국가정보국의 역할이 군비 관리 측면에서 합동참모총장이 수행하는 역할과 균형을 이루는 것이었다. 모든 보고를 정리, 분석해서 대통령에게 논리적이고 객관적인 결과를 보고할 사람이 늘 필요했다.

의회는 2004년 12월 8일, 미국국가정보국 설립 법안을 통과시켰다. 국가안보위 대테러 조정관 프랜 타운센드가 법안 실행을 도맡아 처리했다. 지금까지도 미국국가정보국의 입지는 불분명한 수준이라 일각에서는 불필요한 관료 제도의 산물이라며 없애자는 말도 나온다. 그런 반응이 나오는 것은 그리 놀랄 일이 아니다. 어떤 제도든 자리를 잡고 제구실을 하려면 시간이 걸리게 마련이다. 세월이 흐르면 제대로 된 인재들이 모여들 것이며, 대통령의 지원을 받아 미국국가정보국이 제구실을 할 것이라고 생각한다. 존 네그로폰테와 마이크 매코넬이 차례로 미국국가정보국을 맡아준 것은 부시 대통령에게 큰 행운이었다. 두 사람이 초반에 잘해주었기 때문에 미국국가정보국이 빨리 자리를 잡을 수 있었다. 톰 핀가르도 빼놓을 수 없다. 그는 스탠퍼드대학에서 함께 근무한 동료 교수였으며 국무부에서 정보 분석 전문가로 활동하기도 했다. 후에 미국국가정보국으로 자리를 옮긴 뒤에는 국가정보위원회 총책임자를 겸했다. 이들이 없었다면 미국국가정보국은 지금처럼 발전할 수 없었을 것이다.

18

이라크에는 자치 정부가 있어야 합니다

제리 브레머는 이라크과도통치위원회를 통해 임시 행정법을 성공적으로 도입했다. 덕분에 이라크에 제도적 통치 기반이 마련되었다. 하지만 법을 문서로 정리하는 것과 이를 적용하는 것은 서로 다른 문제였다. 후자는 미국이 나설 것이 아니라 이라크 국민들의 몫이었다. 그들은 자국의 독립을 빼앗길까 봐 불안해하는 눈치였다. 2004년 1월 20일, 이라크과도통치위원회 관계자들을 만나서 그들의 고민과 불평을 들어주었다. 그들은 서로 의견이 맞지 않아 몇 개의 큰 당파로 나누어지는 것 같았다.

아메드 칼라비가 나를 만나러 백악관을 방문했다. 당시 그는 논란의 중심에 놓여 있었고 그 후로도 달라지지 않았다. 머리가 비상한 데다 상대방을 설득하는 기술이 뛰어난 사람이었다. 그날 아메드 칼라비는 내가 오랫동안 고심하던 문제를 명쾌하게 정리했고 그 자리에 있던 다른 사람들도 모두 고개를 끄덕였다. 그는 단도직입적으로 "우리의 자치권을 존중해주셔야 합니다."라고 말했다. 나는 대통령 집무실로 가서 그들의 요구를 전달하고 이라크의 인내심이 바닥을 드러내고 있으므로 우리에게 시간이 많지 않다고 보고했다. 사실 나는 대통령이 어떤 반응을 보일지 예상할 수 없었다. 반면에 이라크 관계자들은 미 대통령이 그들을 실망시키지 않을 것이라는 확신에 차 있었다. 대통령은 "그들의 말이 옳습니다. 이라크는 자치 정부가 있어야 합니다."라고 얘기했다.

자치 정부를 세우려면 할 일이 굉장히 많았다. 이라크 치안 부대를 보강하고 훈련하는 작업은 주먹구구식으로 이루어지는 데다 중단될 때가 많았다. 이라크 국민들 중 은행에 계좌가 있는 사람이 거의 없었으므로 군인들은 월급을 받으면 집으로 가야 했다. 그렇게 다니러 간 군인들 중에는 귀대하지 않는 사람들도 있었다. 치안 부대의 실상에 대해서 주간 브리핑을 받아보니 뭔가 앞뒤가 맞지 않는 구석이 있었다. 훈련 대상자는 계속 늘어나는데 치안 유지는 갈수록 엉망이었다. 펜타곤의 일 처리 방식이 효과가 없다고 결론지을 수밖에 없었다. 그래서 브리핑 내용을 곧이곧대로 믿지 않고 적당히 '걸러서' 받아들였다.

경제 회생도 치안만큼이나 쉽지 않은 문제였다. 전쟁이 끝나고 원유 생산이 재개되었다. 새로운 민주주의 정부가 출범할 때 자원까지 갖추는 경우는 극히 드물었다. 그런 점에서 이라크는 달랐지만 곳곳에서 주요 송유관을 노리는 폭도가 기승을 부렸다. 특히 남부 지역은 폭도의 공격 때문에 원유 생산량이 일정하지 못했다. 전쟁이 벌어지기 전의 1일 평균 생산량 250만 배럴보다 크게 떨어졌다가 2003년 여름에 다시 회복세를 보였으나 10월에는 1일 200만 배럴에서 더 이상 오를 기미를 보이지 않았다. 2004년 6월까지도 폭도 때문에 원유 생산량은 제자리걸음이었다.

의회는 이라크 재건 지원금으로 184억 달러를 승인했다. 원유 생산량이 많은 나라에 이렇게 거금을 지원하는 것은 이례적인 일이었다. 이 문제를 의회에 상정하려고 백악관 행정관리예산처 처장이 된 조시 볼턴과 수십 번도 넘게 만났다. 지금 이라크에 호의를 보이면 전후 상황을 수습하는 데 큰 도움이 될 것이며, 이내 자국의 자원을 이용해서 경제 발전과 성장을 지속할 것이라고 호소했다. 이 자금을 얻은 덕에 농경지 정비, 학교, 병원, 교각 건설, 안전한 식수 공급 등의 작업이 신속하게 이루어졌다. 또한 송유관을 전면 보수하고 전력망을 다시 정비했다. 하지만 폭도들의 공격 때문에 규모가 큰 보수 공사는 쉽게 마무리되지 않았다. 전력망은 특히 난항을 겪었다. 이미 문제가 많고 허술한 상태인 데다 전쟁이 터진 후 전국 모든 지역에 전력을 균일하게 공급하기로 결정한 것 때문에 이미 과부하 상태였다. 사담 후세인은 수도에 유리한 상황을 만들려고 이라크의 에너지를 모두 고갈시키는 작전을 쓴 것 같았다. 그토록 고대하던 자유가 주어지지 국민들의 전력 소비량도 크게 늘어났다. 특히 위성 방송 수신 안테나 구매량은 놀랄 정도로 급증했다. 지금 돌이켜보면 재건 사업을 각 지역으로 나누어 소규모 단위로 진행했더라면 더 좋았으리라는 생각이 든다. 그래서 2005년부터는 분산 정책을 우선적으로 실시했다. 특히 2007년에는 미 병력과 민간 자원을 각 지역에 고루 분산시켰다.

그러나 거시적으로 보면 많은 성과가 있었다. 존 스노 재무부 장관과 존 테일러 차관은 이라크의 기존 화폐를 새로운 디나르로 바꾸는 데 성공했다. 한마디로 기적 같은 일이었다. 전쟁이 터지기 전에도 경제 회생을 위해 화폐 제도와 재정 몰락을 방지해서 통화를 개혁해야 한다는 목소리가 높았다. 사담 후세인이 장악하던 시절에는 위조 지폐는 물론이고 인플레이션 때문에 경제가 말이 아니었다. 국민들 몰래 수십 억 디나르를 해외에서 인쇄해 국내로 반입한 일도 있었다. 화폐 개혁 덕분에 이라크 통화 제도는 금세 안정을 되찾았으며 지금까지도 아무 문제 없이 운영되고 있다.

막대한 부채는 해외 원조가 절실히 필요한 또 다른 이유였다. 이라크는 파리클럽에 무려 420억 달러의 빚을 지고 있었다. 파리클럽이란 G8 국가를 포함한 주요 선진국들로 구성된 채권단이었다. 그게 전부가 아니었다. 주변 국가에 진 빚은 약 450억 달러였는데, 사우디아라비아가 가장 큰 채권국이었다. 전 국무장관 짐 베이커에게 G8의 대통령 특사를 부탁하자 기꺼이 응해주었다. 짐 베이커는 뛰어난 협상 기술을 발휘해서 파리클럽에 진 부채를 80퍼센트나 탕감받았다. 또한 앤 크루거가 힘써준 덕에 새로 마련된 부채 처리안에 따라 IMF의 원조를 받게 되었다.

무엇보다 중요한 일은 이라크과도통치위원회를 임시 정부로 교체하는 일이었다. 과도통치위원회는 책임자가 매달 바뀌어서 분위기가 어수선했다. 임시 정부를 마련하면 총리와 내각이 마련되므로 여러 업무를 동시에 처리할 수 있었다. NSC는 2004년 1월 28일 회의에서 과도통치위원회의 업무를 이라크에 넘기는 세부 절차를 승인했다. 또한 연합임시행정국이 물러나고 임시 정부가 주권을 행사하도록 하면서, 아랍 국가들 사이에는 역사적 순간으로 기록될 만한 선거 준비에 돌입하기로 결정했다. 2005년 1월 선거를 치를 때까지 임시 정부를 구성하는 일은 UN 중재 전문가인 라크다르 브라히미에게 맡겼다. 그는 제리 브레머, 로버트 블랙윌, 영국 특사 제러미 그린스탁과 긴밀하게 협조하면서 일을 진행했다. 블랙윌은 아침 저녁으로 나에게 진행 상황을 보고했다. 임시 정부의 장관직은 물론 거의 모든 직책에 다양한 후보가 등장하고 사라지는 일이 수없이 반복되었다. 그 복잡한 상황을 옆에서 끝까지 지켜보았지만 정작 내가 도와줄 일은 거의 없었다.

얼마 지나지 않아서 아야드 알라위가 이끄는 과도 정부가 출범했다. 아야드 알라위는 시아파 출신으로 해외에 있는 부족이나 당파의 분열로 인해서 반대 세력의 힘이 제대로 합쳐지지 않는 문제를 어느 정도 완화시켰다. 다들 고집이 세고 불같은 성품이라서 누군가 중재하지 않으면 쉽사리 화해하지 못했다. 한편으로는 그를 반대하거나 비난하는 사람들도 많았다. 때때로 관계자들의 의견을 충분히 듣지 않고 중요한 결정을 처리해 문제를 일으켰지만 선거 전까지 임시 정부를 무난하게 이끌어갔다.

정부 수립이라는 민감한 사항을 두고 한창 협상을 벌이던 중 한 차례 충격적인 사건이 벌어졌다. 팔루자에서 소형 SUV 호송대가 공격받아 시설 경비 업체 직원 4명이 목숨을 잃었다. 검게 탄 시체가 유프라테스 강 교각 위에 매달린 모습은 세계에 방영되었다. 무장 단체들이, 미 정부가 국내 사정에 간섭하는 것을 저지하고 새로운 단원을 모집할 의향을 이런 식으로 표현한 것 같았다. 알 안바르 지역에 있는 팔루자는 수니파 무장 세력의 요새였다. 불만에 가득 찬 바트당 당원들과 외국인을 혐오하는 부족들도 그곳에서 동맹을 맺고 있었다. 알카에다로 밝혀진 대량 살상 무기 제조 단체의 수장인 아부 무사위 알 자르카위도 바로 이곳 출신이었다. 테러 집단은 아랍 시역 내에서 미군을 몰아내는 것이 9.11테러 사건보다 더 큰 승리라고 생각했는지 이곳에서 승부를 내기로 결심한 것 같았다. 게다가 그들은 우리 정부를 비판하는 사람들도 미처 이해하지 못한 점을 본능적으로 깨달은 것이 분명했다. 그것은 바로 이라크에 민주주의 정부가 들어서면 극단주의자들의 꿈이 물거품이 된다는 사실이었다. 극단주의자의 목표는 새로운 칼리프 지역을 형성해 수백 년 동안 중동과 유럽 일부를 지배하던 이슬람 제국을 몰락시킨 자들을 응징하는 것이었다. 그런데 민주주의 정부가 들어서면 목표를 이루는 것은 고사하고 중동 지역에서 서방 세력을 몰아내는 것조차 포기할 수밖에 없었다.

팔루자에 대한 방침을 이해하려면 이런 배경 지식이 필수적이었다. 몇몇 군 장교들과 펜타곤 내의 행정직 고관들은 수니파 무장 세력의 본거지인 팔루자를 초토화하자고 제안했다. SUV 폭파 사건을 비롯해 여러 잔혹 행위를 저지른 자들에게 보복성 공격을 가하면 무장 세력을 잠잠하게 할 수 있으리라는 추론에서 나온 생각이었다.

물론 보편적인 전시 상황에서는 보복성 공격을 하는 것이 당연했겠지만 팔루자에 대해 자세히 알면 알수록 국내 치안 유지와 정치 안정 사이에 균형을 잡는 것이 여간 어렵지 않다는 생각이 들었다. 이제 곧 임시 정부가 등장할 테고 연합임시행정국이 통치권을 넘길 텐데 그런 시점에서 팔루자를 공격하는 것은 바람직한 행보가 아니었다. 라크다르 브라히미 정부가 팔루자를 공격하면 자신은 사임할 것이라고 잘라 말했다. 설상가상으로 이라크 과도통치위원회 내에서 분열이 발생했다. 수니파 대표자들은 팔루자를 공격하면 가만히 있지 않겠다고 으름장을 놓았다. 나는 장관급 회의를 소집해 4월 5일자 NSC를 준비했다. 그 무렵에 해군이 '방심하지 않는 해결'이라는 작전을 실행에 옮겼다. 이 작전은 2003년 5월, 주요 전투 작전이 모두 종료한 이래 가장 큰 작전이었으며 팔루자를 방어하기 위한 대규모 공격 작전이었다. 작전을 맡은 부대는 미군을 살해하거나 그들이 의도치 않게 민간인을 공격하도록 유도하는 등 비열하고 악랄한 행동을 일삼은 무장 세력을 철저히 응징했다. 그들은 연합국의 마음을 돌리려고 일부러 제3국 사람들을 인질로 잡았고 병원 등의 공공건물이나 종교 모임이 이루어지는 장소처럼 민간인이 많이 모이는 곳을 골라서 난동을 부렸다. 이는 미군의 반격으로 민간인 희생자를 유발해 이라크 국민들이 미 정부에 반감을 갖게 하려는 작전이었다.

NSC 장관급 회의가 열린 상황실의 분위기는 매우 격앙되었다. 모두 팔루자를 계속 공격해야 한다고 목소리를 높였다. 콜린 파월은 리치 아미티지를 국무부 대표로 보내 반대하지 않는다는 입장을 전달했다. 합동참모총장을 지낸 콜린 파월은 이런 상황에서 항상 몸을 사리는 것 같았다. 전직 CEO가 자신의 후임자에 대해서 불필요한 의심을 갖지 않으려고 애쓰는 것과 비슷한 이치였다. 콜린 파월도 자신의 의견을 강하게 피력할 때가 있었다. 이를테면, 이라크 전쟁이 터지기 전 여름에 도널드 럼즈펠드가 이라크 북부에 있는 자르카위의 실험실을 공격하자고 주장했을 때 단호하게 막아섰다. 콜린은 전쟁을 쉽게 생각하지 않았다. 하지만 이번에는 팔루자 공격을 (적극) 지지하거나 아니면 반대하지 않는 정도에 그치는 것 외에 다른 방안이 없었다.

내가 보기에 다들 지나치게 흥분한 것 같았다. 그래서 나는 몇 가지 예상되는 결과를 내놓았다. 특히 곧 출범할 이라크 정부와의 관련성을 강조했다. 내가 바랐던 대로, 그날 회의는 아무 결론이 나지 않았다.

다음 날 대통령이 참석한 NSC에서 다들 팔루자를 공격하자고 밀어붙일까 봐 걱정하던 차에 잘됐다는 생각이 들었다. 회의를 마치고 나오는데 프랭크 밀러가 한마디 건네고 지나갔다.

"조금 전에 다들 남성 호르몬 수치가 확 올라갔나 봐요. 분위기가 대단했지요?"

나는 고개만 끄덕이고 곧장 대통령에게 가서 최종 결정을 내리기 전에 정치적 상황을 깊이 생각하라고 당부했다.

이틀 후 대통령이 참석한 자리에서 다시 회의가 열렸다. 제리는 화상 회의 형식으로 참석했으며 내가 염려하던 정치적 파장을 정확히 지적했다. 이라크과도통치위원회 책임자 브라히미와 수니파 세력은 팔루자를 공격하면 정부 수립을 위해 지금껏 공들인 탑이 한번에 무너질 것이라고 예상했다. 부시 대통령도 그들의 우려에 공감하면서 정치적으로 불안을 가중시키는 일은 무조건 피해야 한다고 말했다.

4월 11일에 미군과 수니파 무장 세력은 휴전 협정을 맺었다. 몇몇 장교들에 따르면 일부 부족 대표들은 안정을 가져다주기만 한다면 미군과 협력할 의사가 있으며, 각 지역의 치안 부대를 동원해 무장 세력을 진압해 달라고 요청했다. 이로써 팔루자 공격을 보류할 이유가 두 가지로 늘어났다. 대통령 승인을 얻어 팔루자여단을 형성했다. 그런데 다음 날 아침 신문에 실린 자심 모하메드 살레 장군의 사진은 어찌된 일인지 사담 후세인과 비슷해 보였다. 이라크 문제는 한 걸음 앞으로 가도 금방 한 걸음 뒤로 밀려나는 느낌이었다.

2004년 4월, 팔루자에서 수니파 무장 세력의 폭동이 발생했다. 공교롭게도 바그다드의 시아파 거주 지역인 나자프 앤 사드르에서도 시아파 무장 군인들이 난동을 일으켰다. 과격한 시아파 지도자이며 이라크 정계를 쥐락펴락하는 무크타다 알 사드르의 사주를 받은 군인들은 미군 일곱 명을 살해했다. 그는 부친의 이름을 따 지은 이웃 도시에서 폭동을 시작한 뒤 수천 명의 지지자들을 동원해서 연합군에게 무력을 사용했다. 팔루자에서 수니파 폭동이 발생한 지 불과 며칠 만에 일어난 상황이었다. 어느 용감한 이라크 판사가 사드르의 추종 세력을 두려워하지 않고 2003년에 회교 사원에서 다른 성직자를 살해한 혐의를 들어 체포 영장을 발부했다. 사드르가 이끄는 마흐디 부대는 국내에 새로 마련된 정부 체제를 모조리 제거하고 미군에 대항할 방어 전선을 구축하려고 혈안이 되었다. 우리는 체포 영장을 이용해 사드르를 잡아들일 방법을 연구했다(사드르가 이란에 거주하고 있었기에 가능한 일이었다). 아무리 따져보아도 그를 잡아들일 때 생기는 이점보다 그 때문에 발생하는 정치적 위험이 훨씬 컸다.

이 폭동 사태마저도 아부그라이브 교도소*바그다드에서 서쪽으로 32km 지점에 있는 이라크 최대의 정치범 수용소에서 벌어진 수용자 학대 사건을 재우지 못했다. 그해 봄, 럼즈펠드가 부시 대통령을 찾아와 미군이 아부그라이브 교도소의 재소자들을 학대한 것 같다고 보고했다. 그는 '눈 뜨고 보기 힘든' 증거 사진이 있다고 말했지만 실제로 대통령에게 보여주지 않았다. 그렇지만 얼마 후 〈60분 II〉라는 텔레비전 프로그램이 사진을 적나라하게 방송했다. 대통령은 보고 내용이 불충분했다며 분을 삭이지 못했다. 뭔가 심상치 않다는 것은 알았지만 이 정도로 심각하리라고는 예상치 못한 것이었다. 이 사건 때문에 도널드 럼즈펠드가 사임하려 했다는 것을 여러 해가 지난 후에야 알았다. 도널드 럼즈펠드와 나는 서로 의견이 달랐지만 그때 대통령이 그의 사임을 받아주지 않은 것은 잘한 일이라고 생각했다. 대통령에게 상황의 심각성을 제대로 알리지 않은 것은 분명 잘못된 것이었지만 펜타곤이 정식으로 허락하거나 묵인한 일은 아니었다. 도널드 럼즈펠드가 그때 사임했다면 펜타곤이 배후에 있었다는 의혹을 영영 씻지 못했을 것이다.

학대당한 이라크 재소자들에게 미안한 마음이 들었다. 그뿐만 아니라 세계 어디든 가리지 않고 목숨 걸고 싸우는 수많은 미군 장병들의 명예가 실추된 것이 몹시 안타까웠다. 악랄하고 비인간적인 학대 행위는 제멋대로 명령을 어기는 극소수 군인들이 저지른 것이었다. 물론 적군의 무장 세력을 다룰 때 한층 향상된 심문 기법을 사용하도록 국방부에서 허가하고 있지만 아부그라이브에서 벌어진 참혹한 사태는 전혀 다른 문제였다. 해군 중장 알베르트 T. 처칠 3세는 사건을 철저히 조사한 뒤에 '국방부가 허가한 심문 기법과 이번 사건의 재소자 학대 행위는 연관성이 없다.'고 보고했다. 하지만 일각에서는 이번 사건을 저지른 극소수 범죄자들이 미군의 얼굴이라고 여겼다. 정말 일어나서는 안 될 일이었다. 이 사건으로 세계 곳곳에 있는 미군의 이미지는 크게 실추되었다.

이 사건은 씻을 수 없는 오명을 남겼다(칼로 새긴 듯 지울 수 없는 충격이었다). 언론은 이 기회를 놓치지 않고 쿠바 관타나모수용소의 실체와 미 행정부의 심문 및 구금 방침에 강한 의혹을 제기했다. 관타나모수용소는 9.11 테러 이후 전쟁터에서 생포한 적군을 구금하려고 만든 것이었다. 또한 심문 및 구금 방침은 미국에 대한 또 다른 테러 공격 가능성에 대한 촉각을 다투는 긴급 정보에 우선적인 관심을 기울이는 것이었다.

초반에는 법적 정당성과 전쟁 포로 구금에 대한 대통령의 헌법적 권한이 논의의 핵심을 이루었다. 하지만 2002년 가을로 접어들자 이러한 방침의 실질적 여파가 서서히 드러나기 시작했다. 관타나모수용소에 감금된 포로

수가 증가할수록 미국에 대한 위협 수위가 높아지고 빈도가 늘어났다. 그곳에는 고집 센 알카에다 조직원들과 9.11테러나 미군 전함 콜 호의 자살 폭탄 테러 사건에 버금가는 대형 테러 사건을 주도한 자들, 폭탄 제조 전문가, 테러 집단을 후원한 사람들이 수용되어 있었다. 그들 중 대다수는 미국인을 하나라도 더 죽이고 말겠다며 이를 갈았다.

그런가 하면 이곳에 감금된 재소자 몇몇은 알카에다와 직접적인 관련이 없으며, 심지어 미국에 대한 어떤 위협도 가하지 않은 것으로 드러났다. 나는 90세를 넘긴 아프가니스탄 남성의 기록을 직접 살펴보았다. 그는 알카에다 조직과 관련된 인물로 의심받고 있었다. 이 남자는 자기 나이도 제대로 기억하지 못했다. 심문을 맡은 경관들은 아주 오래 전에 아프가니스탄을 지배한 통치자를 기억하는 것을 토대로 그의 나이를 93세로 추정했다. 도저히 미국 정부나 미 군사 활동에 위협적인 존재로 볼 수 없기에 즉시 석방시켰다.

아프가니스탄은 적군과 민간인을 구분하는 것이 거의 불가능하므로 전쟁 포로를 잡아들일 때 실수가 생기기 마련이다. 내가 보기에 가장 어려운 문제는 억울하게 구금된 사람들을 가려내서 이들을 석방하는 데 정당한 명분을 부여하는 것이었다. 정부가 전쟁 포로들을 석방할 계획이 전혀 없으며 어떤 보상도 하지 않을 것이라는 잘못된 주장 때문에 문제는 한층 복잡해졌다. 대통령은 2001년 11월, 테러 용의자에 대한 법적 판결에 대한 특별 지시를 내려 국가 안보와 정보국의 활동 방식을 집중적으로 관리하는 조사위원회를 요구했다.

그러나 국방부는 조사위원회를 신속하게 마련하지 않았다. 옆에서 보자니 답답해 견딜 수 없었다. 2002년 3월, 군 재판 절차에 대한 세부 명령을 전달했으나 국방부 변호인들은 군 재판에 회부해야 할 범죄의 종류를 결정하는 데만 꼬박 1년을 허비했다. 영국과 호주 등 우리와 가장 가까운 연합국들마저도 일 처리가 늦다며 콜린을 종용했다. 그들은 또한 부시 대통령에게 자국 재소자를 면회할 기회를 요구했으며 보상 방안을 마련하라고 강력히 촉구했다.

나의 법률 고문인 존 벨링거와 테러 담당 안보 차관 존 고든의 도움을 얻어 몇 차례 장관급 회의를 소집했다. 2002년 10월에 첫 회의가 열렸으며 수용소의 전쟁 포로에 대한 안건만 집중적으로 다루었다. 어찌된 까닭인지 도널드 럼즈펠드는 회의에 제대로 집중하지 않았고 얼마 지나지 않아 회의 참석을 전면 거부해 폴 월포위츠가 대신 참석했다.

그로 인해 어처구니없는 일이 벌어졌다. 지금도 그때의 기억이 머릿속에 생생하다. 한번은 이라크 문제와 전쟁 포로 문제를 각각 다루려고 장관급 회의를 연이어 소집했다(국가안보회의에 참석할 장관들을 백악관에 모두 소집하는 것은 각 부처의 스케줄상 무척 어려운 일이었다. 그래서 이렇게 회의를 연속으로 두 차례 소집하는 것은 극히 이례적이었다). 첫 번째 회의를 끝내고 전쟁 포로 문제로 넘어가려 하자 도널드 럼즈펠드가 자리를 박차고 일어났다. 나는 깜짝 놀랐다.

"아니, 지금 어디 가려는 겁니까?"

"전쟁 포로 얘기는 듣고 싶지 않습니다."

도널드 럼즈펠드는 그대로 나가버렸다. 그래도 스티븐 해들리, 폴 월포위츠, 존 벨링거의 헌신적인 노력 덕에 회의는 순조롭게 진행되었다. 첫째, 어떤 일이 있어도 현재 수감된 재소자들이 인간적인 대우를 받아야 한다는 원칙을 세웠다. 우리는 펜타곤의 협조를 얻어 국제적십자위원회에 관타나모 수용소 방문을 허가해주었다. 스위스 외교관 출신의 국제적십자위원회 총재 야코프 켈렌베르거는 수용소 내부를 공개할 만큼 믿을 만한 사람이었다. 우리 정부의 몇 가지 방침을 강하게 반대하긴 했지만 뉴스 1면을 장식하려고 궁리하기보다는 문제 해결에 관심을 보였다. 몇 달 간격으로 그를 사석에서 만나 여러 사안을 논의했다. 나중에는 부시 대통령과 비공개로 만나는 자리를 마련하기도 했다. 우리는 관타나모수용소 재소자들에게 자국의 음식과 의료 서비스를 제공하고 여가 활동, 독서, 종교 활동을 허가하기로 합의했다. 덕분에 벨기에 관계자는 관타나모수용소를 둘러본 후 '모범적인 수용 시설'이라고 극찬했다.

또한 적군의 전투 요원으로 분류된 재소자들에 대한 구체적인 검토 절차를 마련하기 시작했다. 2004년 5월, 국방부는 행정재심절차위원회를 구성한다고 발표했다. 행정재심절차위원회는 각 재소자들이 테러와의 전쟁에서 미국이나 우방 국가에 위협을 가했는지, 또는 첩보 활동에 연루된 증거가 있는지를 검토해 석방 여부를 결정했다. 정확하게 말하면 세 가지 중 하나였다. 석방하거나, 제3국으로 추방하거나, 계속 수감하는 것이었다. 1차 재심을 통해 재소자의 약 30퍼센트가 석방되거나 관타나모수용소에서 다른 곳으로 이감되었다.

재심 절차를 마련하는 중에 함디 사건에 대한 대법원 판결이 나왔다. 미국 시민을 적국의 전투 요원으로 오인해 수감한 사건에 대해서 법원은 피해자에게 '중립적인 입장의 의사 결정권자 앞에서 피해자가 억류된 과정에 대한 사실적 근거를 주장할 진지한 기회를 반드시 주어야 한다.'고 판결했다. 이에 국방부는 2004년 7월, 전투원지위심사 법정을 열어 재소자들에게 변호할 기회를 마련해주었다. 심사 법원은 체포, 구금, 심문 단계에 전혀 관여하지 않은 군 장교 세 명으로 구성했다. 이렇게 행정재심절차위원회와 전투원지위심사 법정이 마련되자 억울하게 구금된 사람들이 희망을 갖게 되었다. 국가 안보를 심각하게 위협하지 않은 사람들을 계속 구금하는 것은 우리의 법적 전통이나 가치관에 비추어보더라도 용납할 수 없는 일이었다.

그러나 구금 방침에 대한 모든 우려가 말끔히 사라진 것은 아니었다. 일단의 재소자들을 석방하거나 이감할 경우, 이들을 받아들이는 나라는 적절한 재활 프로그램으로 그들이 사회에 적응하도록 도와주어야 했다. 또 석방된 재소자의 인권을 유린하거나 침해 가능성이 있는 지역을 미리 가려내야 했다.

크고 작은 어려움이 있었지만 우리의 노력은 결실을 맺기 시작했다. 2004년 2월, 미 정부는 90명 이상의 재소자들을 제3국으로 보냈다. 관타나모수용소에 수감된 영국인 아홉 명 중 다섯 명이 석방되었다. 하지만 상습범들 때문에 안타까운 소식도 있었다. 이날 석방된 재소자들 네 명 중 한 명은 다시 테러 집단이나 반군 활동에 연루되었다. 전쟁을 치르면서 동시에 재소자 관리에 대한 국제사회의 요구에 부응하는 것이 얼마나 어려운지를 새삼 깨달았다. 어차피 양쪽 모두 만족시키는 것은 불가능한 일이므로 균형을 찾기 위해 계속 노력하는 수밖에 없다는 생각이 들었다.

그 후로도 관타나모수용소에 대한 문제는 끊이지 않았다. 우리 정부의 광범위한 구금 및 심문 정책도 계속 도마에 올랐다. 나는 국무장관이 된 후에야 비로소 이 문제를 직접 다룰 수 있었다.

아부그라이브 교도소 사건과 반란군 활동이 거세지는 와중에도 자치권을 이라크에 넘기기 위한 준비는 빠른 속도로 진행되었다. 그렇게 되면 국방부도 물러나고, 국무부가 나서 바그다드에 대사관을 마련하고 두 나라 사이에 '정식' 외교 관계를 수립해야 했다. 콜린 파월은 이라크 공식 첫 대사로 존 네그로폰테를 추천했다. 존은 이미 외교관으로서 탁월한 능력을 입증했으며 미 역사를 빛낸 훌륭한 외교관들 중 누구와 비교해도 뒤지지 않았다. 이라크 대사관의 가장 큰 걱정거리는 직원들의 사기 관리였다. 그 밖에도 많은 어려움이 예상되는 자리였기에 콜린은 침착한 성품, 노련미, 뛰어난 판단력 등을 고루 갖춘 존이 적임자라고 확신했다.

우리는 6월 30일 이라크에 자치권을 넘길 계획이었지만 반란군이 개입해서 문제를 일으킬까 봐 몹시 걱정스러웠다. 그들이 끔찍한 사건이라도 일으키면 이라크가 자치 정부를 통해 나라를 이끌어갈 수 있다는 이미지는 산산조각이 날 수밖에 없었다.

누가 제안한 아이디어인지는 기억나지 않지만 테러 위험을 피하기 위해 6월 30일로 계획된 통치권 이양을 앞당기자는 의견이 나왔다. 다들 긍정적인 반응을 보였다. 제리 브레머는 이라크과도통치위원회가 선출한 이라크 임시 총리 아야드 알라위를 포함해 극소수의 이라크 관계자들에게만 귀띔해주었다. 조지 테닛은 그렇게까지 할 필요가 있냐며 고개를 갸우뚱했지만 해볼 만한 가치가 있다고 했으며 영국 정부도 찬성표를 던졌다.

6월 28일, 몸은 이스탄불에서 열린 NATO 정상회담에 참석해 있었지만 신경은 온통 바그다드에 가 있었다. 약속된 시간이 몇 분 지나자 제리 브레머에게서 전화가 왔다. 그는 연합임시행정국 권한을 이라크 임시 정부로 넘기는 공식 서한을 알라위에게 전달했다고 말했다. 이로써 연합임시행정국은 막을 내렸다.

나는 회의장으로 돌아와서 얼른 쪽지를 만들었다. 그리고 나서 도널드 럼즈펠드를 통해 대통령에게 전달했다.

"대통령 각하, 이제 이라크는 자치국이 되었습니다. 현지 시각으로 오전 10시 26분에 제리 브레머가 서한을 넘겼습니다."

대통령은 바로 옆에 앉아 있던 토니 블레어 총리 쪽으로 몸을 돌렸다. 이름 순서대로 앉다 보니 두 사람은 바로 옆자리에 앉아 있었다. 그들은 악수를 나누며 함께 역사적으로 크게 한 걸음 내디딘 것을 기뻐했다. 부시 대통령이 내게 되돌려준 쪽지에는 '자유가 통치하게 하라!'고 쓰여 있었다.

다음 날 신문에 그 쪽지가 고스란히 공개되었다. 신문을 보자마자 내 손글씨가 얼마나 부끄러웠는지 모른다. 영어 교사였던 어머니가 항상 '한 자 한 자 정성 들여' 쓰라고 말씀하신 것이 생각났다. 하지만 그렇게 긴박하고 떨리는 순간에 글자를 또박또박 쓰는 것이 더 이상하다고 생각하니 조금 위로가 되었다.

어쨌든 아직 기뻐하기에는 이른 감이 있었다. 지금까지 해온 것보다 앞으로 남은 일이 더 어렵고 힘든 것임을 모두 알고 있었다. 이라크국민회의가 과도통치위원회를 거세게 반대하던 시절을 지나 이라크 전쟁을 겪었고, 이제 임시 정부가 이라크 역사상 최초의 자유선거를 준비하고 있었다. 그렇지만 이라크에 통치권을 넘겨준 지 얼마 안 되어 스티븐 해들리는 내 사무실에 앉아서 이렇게 말했다.

"이라크는 여전히 변해야 할 부분이 많습니다. 사담 후세인은 사라졌지만 이라크에 진정한 자유가 깃들 때까지 아직 끝난 것이 아닙니다."

그의 말은 하나도 틀린 것이 없었다. 이라크는 아직 시간이 더 필요한 곳이었다.

19

팔레스타인 독립 국가를 향해
한 걸음 더 전진하다

샤론 총리는 사담 후세인의 몰락과 조지 W. 부시 대통령의 관계를 이용해서 리쿠드당*이스라엘의 우익 연합 정당의 국내 입지를 크게 바꾸어놓을 생각이었다. 중동 지역 평화를 위한 로드맵을 수용하고 더 나아가 2003년에는 '아픔을 참으며 양보'할 필요성을 강력히 논한 것은 두 국가 해결안을 온전하게 지지하려는 의지를 표명한 것이었다. 그랬던 샤론 총리가 일방적인 철수를 고려하고 있다는 소식에 뒤통수를 세게 얻어맞은 기분이었다. 샤론의 고문 도브 웨이스글라스가 백악관에 직접 가져온 소식이었다.

    샤론은 평화에 대한 의지만 강한 것이 아니라 정치적 수완도 뛰어난 사람이었다. 도브 웨이스글라스의 말에 의하면, 그는 이 기회에 여론을 나누어 두 국가 해결안을 반대하는 소수 의견을 철저히 고립시킬 속셈이었다. 그가 머릿속에 숨겨 둔 전략의 핵심은 가자에서 이스라엘 국민과 군대를 완전히 철수시켜 팔레스타인이 실질적으로 자치권을 행사할 기회를 만드는 것이었다. 하지만 언제나 그랬듯 이스라엘은 '조건' 없이 넘어가는 법이 없었다.

도브 웨이스글라스는 샤론의 의도대로 일이 진행되려면 웨스트 뱅크에 있는 가장 오래된 정착촌 몇 군데를 앞으로 어떤 평화 협상을 맺더라도 그냥 내버려 두어야 국민들의 신뢰를 얻을 수 있다고 했다.

팔레스타인 국가를 세우려면 웨스트 뱅크와 가자에서 정착민들을 완전히 몰아내야 했다. 웨스트 뱅크 깊숙이 흩어져서 자리 잡은 정착민들에 대한 동정심 따위는 전혀 없었다. 가자에 있는 정착민도 마찬가지였다. 이스라엘 방위군은 더 이상 그곳에 있는 외딴 정착촌을 지켜줄 마음이 없었다. 가진 것은 아무것도 없으며, 가슴에 분을 잔뜩 품은 팔레스타인 난민들이 우글거리는 가자는 유태인들의 민주주의 국가에서 아무 희망을 가질 수 없었다. 하지만 웨스트 뱅크에 있는 아리엘, 마알 아두밈, 모디인 일리트, 베이타르 일리트와 같은 정착촌들은 일반 도시와 다를 바 없었다. 샤론은 팔레스타인 국가가 수립되면 이곳에 사는 정착민 8만 명 모두 이스라엘로 가게 할 계획이었다.

샤론이 웨이스글라스를 백악관에 보낸 이유는 부시 대통령의 동의 여부를 확인하는 것이었다. 한마디로 일부 정착촌을 합법화해 이스라엘 정착민 철수를 개시하려는 속셈이었다. 스티븐 해들리와 나는 한마디도 놓치지 않으려고 귀를 기울였다. 어딘가 돌파구가 숨어 있을 것 같았지만 중동 지역에 대한 우리 정부의 정책을 위험에 빠트리는 요소가 많았다. 첫째, 부시 대통령이 나서 특정 정착촌의 합법성을 논하는 것은 어울리지 않는 일이었다. 둘째, 팔레스타인과 협상은 고사하고 말 한마디 없이 가자에서 일방적으로 철수해버리면 이스라엘이 독자적으로 결정을 내린다는 인상을 줄 수 있었다. 다시 말해서 이스라엘이 마침내 그 지역을 떠난다 하더라도 오해를 살 소지가 남아 있었다. 셋째, 가자에서 물러나는 것으로 모든 상황이 끝났다는 생각을 할까 봐 걱정스러웠다. 가자는 시작에 불과했다. 가자 하나만 양보하면 된다는 식의 결과는 우리가 원한 것이 아니었다. 우리는 가자에서 철수하려면 적어도 웨스트 뱅크에 있는 정착촌 몇 개도 없애야 한다고 주장했다. 결국 북쪽 끝에 있는 정착촌 네 개를 완전히 폐쇄했다.

그 다음 달에는 차후 방안을 논의하는 데 집중했다. 협상 과정은 도브와 나를 중심으로 진행되었다. 협상이 길어질 것으로 예상될 때는 스티븐 해들리와 엘리엇 아브람이 직접 이스라엘을 방문해 샤론에게 각각의 방안이 정착촌 확산을 방지하고 팔레스타인 국가 설립에 어떻게 기여할 수 있는지 설명해주었다. 그 결과로 샤론은 부시 대통령에게 편지를 보내 '이 땅에 새로운 현실이 찾아온' 것과 협상을 통해서 분쟁을 가라앉힐 무렵 웨스트 뱅크에 이미 '이스라엘 정착촌이 크게 형성되어 있었다는' 점을 인정했다.

그가 보낸 편지에는 '돌아갈 권리'가 간접적으로 언급되어 있었다. 샤론은 이 문제에 대한 현실적인 해결책은 무조건 팔레스타인 난민을 새로운 조국, 즉 팔레스타인 국가에서 보금자리를 마련하게 하는 것이라고 주장했다. 그들 중 대다수는 이스라엘에 있는 조상들의 터전으로 '돌아갈' 생각이 없었다. 그 문제는 2000년 이스라엘을 처음 방문했을 때 치피 리브니와 논의한 덕분인지 편지에 포함되어 있었다. 2004년 3월 나를 방문했을 때는 이민 정책 책임자가 되어 있었다. 그녀는 이스라엘 자유 전사인 부모님에 대한 유년 시절의 기억을 오랫동안 이야기했다. 자신은 이스라엘이 더 이상 팔레스타인을 지배해서는 안 되며 물러설 때가 되었다고 덧붙였다. '이스라엘이 민족 우월주의를 논해서는' 안 된다는 뜻이었다. 유태와 사마리아 전역을 아우르는 이스라엘 지도가 새겨진 아버지의 묘비를 생각하면 그런 말을 꺼내는 것이 결코 쉽지 않은 일이라는 말을 들을 때는 나도 가슴이 뭉클했다. 치피 리브니가 이스라엘 정부에서 맡은 일은 아랍 국가와 이스라엘의 분쟁을 종식시키는 것이었다. 팔레스타인 국가가 설립된 후에도 아랍 사람들이 '돌아갈 권리'를 계속 주장하면 이스라엘은 결국 엄청난 팔레스타인 난민들을 수용하라는 압력에 시달릴 것이 분명했다. UN 총회 결의 194호에서도 돌아갈 권리를 분명히 명시하고 있었다. 이스라엘을 제외한 세계 모든 국가에서 그 결의의 법적 효력이 인정되었다. 그러면 유태인 국가로 출발한 이스라엘도 결국 달라질 수밖에 없었다.

머리로는 이해할 수 있었지만 이스라엘 민족의 순수성을 더럽히지 않기 위해 그토록 강경한 입장을 취하는 것은 충격 그 자체였다. 미국인의 정서상 쉽게 받아들일 수 없던 이야기다. '미국인'이라는 표현은 기본적으로 종교나 종족이라는 기준을 배제하기 때문이다. 내 머릿속에는 곧바로 이스라엘의 아랍계 시민들은 어떻게 할 것인지 하는 질문이 떠올랐다.

나는 잠깐 숨을 고른 다음 이해해보려고 노력했다. 시간이 조금 흐르자 치피 리브니의 말에 조금씩 공감할 수 있었다. 우리는 이스라엘의 탄생을 논할 때 2차대전과 유태인 말살 정책의 아픔이라는 역사적 배경만 떠올렸지만 이스라엘 사람들은 달랐다. 그들은 '유태인 국가' 재건을 목표로 역사적으로나 종교적으로나 길고 긴 세월을 인내했으며 그 결실을 이룰 때가 되었다고 굳게 믿었다. 팔레스타인 사람들의 돌아올 권리는 천 년간 이어진 이스라엘의 목표와는 전혀 맞지 않았다. 나는 복잡한 감정을 억누르며 팔레스타인 난민들은 팔레스타인에 살아야 한다는 점을 대통령이 분명하게 언급할 것이라고 말했다. 그렇게 하면 '유태인'으로만 구성된 이스라엘 민주주의 국가를 이룰 수 있었다.

4월 14일, 백악관을 방문한 샤론은 대통령과 나란히 크로스 홀의 레드카펫을 지나 이스트 룸으로 향했다. 전날 밤 나는 이미 그와 세 시간 동안 서한 내용을 검토하며 각 표현의 구체적인 의미를 확인했다. 무슨 일이 있어도 이스라엘의 입에서, 미 정부가 정착촌 활동을 합법화했다는 말이 나오면 안 되는 상황이었다. 이미 언론에는 간접적으로 그런 의미로 해석되는 소문이 돌고 있었다. 우리는 이스라엘이 몰래 '소문을 퍼트린 것이 아닌지' 의심했다. 샤론은 우리 입장을 충분히 이해한다며 믿는 도끼에 발등을 찍히는 일은 없을 거라고 나를 안심시켰다.

대통령이 크게 달라진 중동 지역 방침을 발표하자 기자들은 놀라움과 충격을 감추지 못했다. 모든 사항은 '상호 협의'를 반드시 거쳐야 한다는 부분은 전혀 주목을 끌지 못했다. 정부가 정착촌을 '합법화'하고 '돌아갈 권리'를 부인했다는 점만 한껏 부각되었다.

기자회견이 끝난 뒤 아나폴리스에 있는 해군사관학교에 연설하러 갔다. 국무부 동아시아 차관보 빌 번스를 대동했다. 빌을 통해 대통령의 발표를 듣고 중동 지역이 크게 동요하고 있다는 소식을 들었다. 그는 2년 전 부시 대통령이 로즈가든에서 팔레스타인에 민주주의를 도입하고 아라파트를 제거해야 한다고 선언해서 중동 지역에 난리가 났을 때도 지금처럼 차분한 태도를 잃지 않았다. 어쩌면 그렇게 침착할 수 있는지 놀라울 뿐이었다. 해군사관학교 연설을 마치고 백악관으로 돌아와 보니 요르단, 사우디아라비아, 이집트에서 메시지가 와 있었다. 특히 요르단은 대통령이 이스라엘에 힘을 실어준 것처럼 아랍 국가들에게도 동일한 태도를 보여줄 것을 강력히 요청했다.

처음부터 그럴 의도로 시작한 것은 아니었지만 지금까지 미 정부는 이스라엘과 팔레스타인을 둘러싼 분쟁에서 오래된 금기를 많이 제거하는 공을 세웠다. 하지만 수년간 '평화 협상 과정'에 매달린 후에도 팔레스타인 국가를 수립하거나 팔레스타인 국민들에게 제대로 된 지도층을 마련해주지 못했다. 할 일이 많이 남아 있었지만 희망도 있었다. 이스라엘이 가자에서 철수할 태세를 보이고 팔레스타인이 자치 정부를 선보일 기회를 얻은 것은 큰 진전이었다.

샤론에게 보내는 답장에서 이스라엘 정착촌 확장이라는 해묵은 문제를 근절할 절차도 제시했다. 도브 웨이스글라스는 우리 정부가 정착촌 문제를 일단 언급하고 나중에 최종 합의를 할 때 예외로 다루자고 제안했다. 그렇게 하자면 '자연스레 성장하기 마련'이라는 이스라엘 정부의 애매한 표현이 무슨 뜻인지를 확실히 밝혀 두어야 했다. 평화 협정에 서명할 때까지 이 지역 '도시들'의 확장을 일단 저지해야 할 것 같았다. 하지만 이스라엘 정부는 건물을 세우는 한계선을 도시 경계와 거주 여부 사이에서 오락가락했고 건물의 높이에 대해서도 계속 입장을 번복했다. 스티븐과 엘리엇은 지치지 않고 구체적인 확답을 요구했지만 정착촌 동결에 대한 공식 합의는 끝내 이루어지지 않았다.

그러나 정착촌 확대를 막을 수 있는 몇 가지 단계를 취하겠다는 약속을 비공식적으로 받아냈다. 첫째, 이스라엘 정부는 정착촌민들에게 지급하던 특별 정부 수당을 모두 없애기로 했다. 둘째, 정착촌 내부 확장이 더 큰 문제이긴 하지만 일단 새로운 정착촌을 만드는 일은 결코 없을 것이라고 했다. 셋째, 앞으로 어떤 경우에도 정착촌 건설에 땅을 내주도록 허가하지 않겠다고 약속했다. 넷째, 내가 '구글 어스'*위성사진 지도 서비스로 점검했을 때 외부에 건물이 하나도 없어야 한다는 데 동의했다. 그 후로도 5년간 기존에 있던 정착촌이 계속 커지는 문제로 갈등이 잦았으나 2004년부터 2009년까지 새로 정착촌이 생기는 일은 없었다. 또한 1967년 이래로 정착촌 인구의 연간 증가율이 대폭 감소했다. 샤론이 이끄는 이스라엘 정부가 부시 행정부를 회유하려고 정착민들을 버렸다는 주장이 제기되었을 때 이렇게 한 것이 진실을 증명하는 데 큰 도움이 되었다.

20
부시 대통령이 재선에 성공하다

여름이 다가오자 백악관은 부시 대통령의 재선 출마로 분위기가 달아올랐다. 나는 국가안보보좌관 본분에 충실하겠다고 결심했다. 스티븐과 나는 상의 끝에 둘 중 하나는 대통령 선거 운동을 계속 따라다녀야 한다고 결론 지었다. 9.11테러를 겪은 뒤 맞는 대통령 선거였기에 고위급 안보 관계자의 지원 사격이 절실하게 필요했다. 2000년에 '벌컨'*1장 앞부분에 언급된 콘돌리자 라이스가 이끌었던 팀의 이름으로 함께 일했던 백전노장 로버트 블랙윌이 우리와 교대로 일해주면 될 것 같았다. 그는 대통령 경호 외에도 전쟁이나 테러 위협처럼 안보와 관련된 논쟁거리에 빗발치는 질문을 감당하는 데도 큰 도움을 줄 것이었다.

선거 운동 때문에 신경 써야 할 문제는 한두 가지가 아니었다. 그렇지만 나는 정신을 가다듬고 대통령의 재선 공약을 주요 정부 기관의 중심 업무로 유도하기 위해 고심했다. 하지만 이미 각 부처 관계자들 중 상당수는 조지 부시가 텍사스로 물러나기를 바라는 눈치였다. 물론 내가 헛짚었을 가능성도 있지만 반대 세력은 분명히 존재했다. 힘들게 재선에 도전한 대통령을 누구도 레임덕으로 취급하지 못하게 하겠다고 굳게 마음먹었다.

우선 논란의 중심이 국가안보보좌관이었으므로 전국 곳곳을 돌며 우리의 입장을 직접 설명해야 했다. 내가 이렇게 하면 '선거 운동'에 가담하는 것처럼 비칠 수 있다는 것을 모르는 바 아니었다. 국가안보보좌관은 정치에서 멀리 떨어져 있는 것이 오랜 전통이라는 점도 잘 알고 있었다. 그럼에도 박빙의 승부가 예상되는 여러 지역을 방문해서 연단에 올랐다. 선거에서 큰 변수가 없는 텍사스와 켄터키에서도 마찬가지였다. 연설문에 될 수 있으면 정치적 표현을 사용하지 않으려고 노력했지만 반대 세력과의 충돌은 불가피했다. 어차피 내가 부시의 재선을 지지한다고 해서 놀랄 사람은 없을 것이다. 그래도 백악관을 벗어나 정부 방침을 설명하는 자리를 마련하는 것이 대의명분에도 도움이 될 거라고 생각했다. 여전히 나의 행보엔 구설수가 끊이지 않았고 마침내 특별조사국에서 수사하기에 이르렀다. 하지만 정해진 선을 넘었다는 증거는 나오지 않았다.

한눈을 팔면 잡아먹힐 것 같은 분위기가 이어졌다. 현직 대통령으로서 재선에 도전하는 것은 정말 힘든 일이었다. 사람들은 지난 4년의 행적을 하나하나 들추어 공격했다. 심지어 무능한 정부라는 비판과 뇌물을 받았다는 의혹까지 제기되었다. 거기에 9.11테러, 아프가니스탄과 이라크 문제까지 대두되자 비난의 화살을 막아낼 재간이 없었다. 매일 아침 눈을 뜨면 중세의 죄수처럼 손발이 쇠사슬로 묶인 채 광장으로 끌려가 사람들이 던지는 과일을 맞는 기분이었다. 나는 사촌에게 로드 〈러너〉(만화)에 나오는 와일 E. 코요테*주인공 로드 러너를 잡으려고 안간힘을 쓰는 캐릭터가 된 심정이라고 털어놓았다. 불쌍한 코요테는 낭떠러지에서 겨우 나뭇가지에 매달려 위기를 모면하지만 그가 버둥거리는 사이에 로드 러너가 나무줄기를 잘라버리기 일쑤였다.

하루하루 지날수록 공격은 더욱 새롭고 치밀해졌다. 누군가가 몰래 시빗

거리가 될 만한 정보를 흘리는 것 같았다. 게다가 선거 운동 마지막 주에는 반란군이 경계가 허술한 틈을 타 무기고에서 셀 수 없을 만큼 엄청난 무기를 훔쳐갔다는 소문이 돌았다. 무기고 관리 허술과 도난 사고는 군의 대외적 이미지를 크게 실추시켰고 또 한번 온 나라를 떠들썩하게 만들었다.

소문은 좀처럼 사그라질 기미가 보이지 않았다. 시간이 흐를수록 반란군과 경계가 허술한 무기고의 연관성을 강조하는 뉴스 보도가 쏟아졌으며 백악관에도 사실 확인을 요청하는 전화가 빗발쳤다. 내가 보기에도 그럴듯한 증거들이 수없이 제기되었다. 결국 펜타곤은 기자회견을 열어 소문이 사실무근이라는 점을 만천하에 알리기로 결정했다. 일손이 크게 부족해서 조기에 진압하지 못해 불거진 문제였다.

기자회견 당시 나는 대통령과 이동 중이었다. 외부에 모습을 드러내고 싶지 않아 잠깐 들를 때는 에어 포스 원에서 아예 내리지 않았고 시간이 길어지면 구석에 있는 관계자실에 들어가 있었다. 그러던 중 어느 똑똑한 기자가 다수의 무기고 경비팀을 통솔했던 육군 대위 한 사람을 찾아냈다. 그 대위는 적극적이고 애국심이 강한 데다 정의감으로 똘똘 뭉친 사람이라서 이 문제를 해결하는 데 제격이었다. 펜타곤 대변인 래리 디 리타가 기자들에게 그를 소개했다. 그런데 막상 연단에 올라간 래리가 횡설수설하는 바람에 정말 중요한 메시지가 흐려졌다. 기자들은 TV를 보며 "래리, 그만 떠들고 내려와!"라고 소리를 질렀다. 나는 기자들 옆에 앉아서 가슴을 쳤다. 래리가 결국 연단에서 내려오긴 했으나 대위의 증언은 세간의 관심을 끌지 못했다.

지나고 보니 이 사건은 아무것도 아니었다. 선거 나흘 전에 우리는 폭탄에 맞먹는 타격을 입었다. 당시 우리는 오하이오에 머물렀는데 오사마 빈 라덴이 미국을 위협하는 동영상을 공개했다는 소식이 전해졌다. 부시 대통령에 대한 지지도를 떨어뜨려 재선을 막으려는 수작이 분명했다. 하지만 오사마 빈 라덴의 목적이 부시 대통령의 재선 실패라면 그는 미국 정계를 제대로 꿰뚫어보지 못한 셈이었다. 존 케리 쪽에서는 오히려 그 동영상 때문에 국민들이 세계무역센터의 잔해를 밟고 서서 국방력 강화를 외치던 부시 대통령을 다시 기억하게 되었다고 여겼다. 우리 쪽 기자들은 오사마 빈 라덴 때문에 울상을 지었지만 내가 보기에는 존 케리 진영의 해석이 더 그럴듯했다. 물론 그 동영상이 우리에게 유리하게 작용했는지 불리하게 작용했는지는 알 수 없었다. 어쩌면 선거에 아무 영향을 주지 않았을지도 모를 일이다.

선거 전날, 우리는 댈러스에서 대대적인 선거 행사를 마치고 밤늦게 돌아왔다. 카렌과 나는 게스트하우스를 함께 사용했다. 카렌이 밤새 전화통에 매달려 있던 탓에 나는 잠을 자는 둥 마는 둥 했다.

다음 날 아침 백악관으로 돌아가기 전, 대통령은 오하이오에 마지막으로 들러 선거 운동 요원들에게 감사 인사를 전하자고 제안했다. 오하이오에서 인사를 마치고 에어 포스 원에 오르자마자 나는 텔레비전을 켜고 즐겨 찾는 웹사이트 리얼클리어폴리틱스를 확인해보았다. 비행기가 이륙하려는 순간, 칼의 블랙베리*휴대 전화의 일종에 불길한 소식이 날아들었다. 초반 출구 조사*투표소에서 투표를 막 마치고 나온 유권자들을 상대로 어느 후보를 선택했는지 조사하는 것 결과를 보는 그의 얼굴은 잿빛이었다. 오하이오와 미시간 주는 모두 패배였으며 앨라배마에서만 앞서고 있었다.

'앨라배마 한 곳이라니! 참패로 끝나는 건가? 제대로 망신을 당하겠군.'

칼이 이렇게 암울한 소식을 전하는 와중에 대통령 부부가 들어왔다. 대통령은 나지막한 목소리로 "큰일이군."이라고 했다. 가슴이 미어질 것 같아서 얼른 가까운 화장실로 달려가 감정을 추슬렀다. 대통령에게 뭐라고 해야 할지 막막했다. 가장 소중한 벗이기에 마음이 너무 아팠다.

에어 포스 원이 앤드루 공군 기지에 도착했다. 우리는 대통령 전용 헬리콥터로 갈아타고 백악관으로 향했다. 칼은 출구 조사에 뭔가 이상한 점이 있었다며 더 정확한 결과가 나올 때까지 다들 섣부르게 판단하지 말라고 했다. 그렇지만 이미 엄습한 불길한 예감을 떨치기 어려웠다.

나는 사무실에서 리얼클리어폴리틱스 사이트를 보고 있었다. 문이 조금 열리더니 숀 매코맥이 얼굴을 내밀었다.

"출구 조사가 틀린 것 같습니다. 표본 자료의 여성 비율이 정상 수준의 두 배를 웃돕니다."

한 줄기 희망이 보이는 듯했다.

일단 집으로 가서 잠을 청했다. 전날 밤 한숨도 못 자서 피곤했지만 잠이 오지 않았다. 그래서 샤워만 하고 다시 백악관으로 돌아와 개표 결과를 지켜보았다. 잠시 후 조지 H.W. 부시 대통령이 사무실로 들어왔다.

"사태가 별로 좋아 보이지 않아."

"저도 잘 모르겠습니다. 칼은 표본 조사 대상이 우리에게 불리해서 그런 거라고 하더군요."

"칼의 말이 맞으면 좋겠군."

하지만 그의 목소리는 이미 체념한 듯한 느낌이었다. 예정대로 고위 관료들이 부부 동반으로 루스벨트 룸에 모여 개표 결과를 지켜보았다. 한 시간쯤 지켜보다가 도저히 참을 수 없어 자리를 박차고 일어섰다. 칼에게 이야기를 좀 들어봐야 할 것 같았다. 칼은 위층의 대형 식당에 있었다.

"내가 도울 일이 있을까요?"

아무것도 안 하고 가만히 있고 싶지 않았다.

"그러세요. 오하이오를 맡아주세요."

칼은 컴퓨터 프로그램이 어떤 원리로 움직이는지를 설명해주었다. 시간이 한참 지나고 나서 개표 결과가 윤곽을 드러내기 시작했다. 정말로 표본 조사가 틀렸던 것이다. 그는 우리가 오하이오에서 승리했다는 점을 증명했다. 다들 흥분을 감추지 못했다. 몇 분 뒤에 방송사들이 앞다투어 오하이오 개표 결과를 다시 보도했다. 나는 칼을 얼싸안았다. 그동안 벌어진 온갖 해프닝을 이야기하며 농담도 건넸다.

"당신을 골탕 먹이려고 일부러 그런 거예요! 그런데 대통령께서 그걸 다 이겨내셨네요."

하지만 몇 시간 후 존 케리 상원의원이 이의를 제기했다. '또 시작이군.' 이라는 생각이 들었다. 이번에도 전국 집계를 다시 하려는 것인가? 섣불리 기뻐할 수만은 없었다. 결국 결과를 알지 못한 채 새벽 3시에 집으로 향했다. 다행히 이번에는 집계를 다시 하는 불상사는 없었다. 아침이 되자 케리 의원이 한 발 물러났고 부시 대통령의 재선이 확정되었다.

재선이 결정된 직후 대통령 집무실 문을 두드렸다.

"축하드립니다!"

대통령은 그동안 수고했다고 치하한 뒤에 앞으로 논의할 일이 많다고 덧붙였다. 몇 주 전부터 대통령은 종종 콜린이 물러날 의사를 밝혔다며 나에게 국무장관을 맡아 달라고 이야기했었다. 그래서 대통령이 무슨 이야기를 하려는지 이미 알고 있었다. 다음 날 캠프 데이비드로 가서 주말 내내 머물 예정이었으므로 자세한 것은 그때 논하기로 했다. 사실 그때 난 쉰 번째 생일이 코앞이었다. 거기에다 국무장관이 되리라는 희망도 있었다. 가슴 벅찬 일이었지만 먼저 대통령과 허심탄회하게 이야기를 나누어보고 결정할 문제였다. 국가안보보좌관도 내게 과분한 자리였는데 이제 백악관을 떠나 포기 보텀(국무부 건물을 뜻하는 애칭)으로 옮겨야 한다. 이는 엄청난 변화였다. 대통령도 나도 앞으로 서로를 어떻게 대해야 할지 생각해볼 필요가 있었다. 이전부터 대통령과 국무장관은 사이가 원만하지 않기로 악평이 나 있었기 때문이다.

21
국무장관이 되다

국무장관이 된다고 생각하니 만감이 교차했지만 무조건 기뻐할 일이 아니었다. 물론 대통령이 나를 외교 총책임자로 지목한 것은 개인적으로 큰 영광이었다. 토머스 제퍼슨의 65대 후임자가 될 역사적인 기회라는 것 또한 그 누구보다 잘 알고 있었다.

4년간 국가안보보좌관으로 일한 덕분에 각 부처 장관급 인사에게 허락된 책임과 권한을 감당할 준비도 되어 있었다. 여러 장관들의 중재자 역할을 하는 것은 이제 신물이 날 정도였다. NSA 업무를 처리하다 보면 주어진 책임에 비해 권한이 부족해서 곤란하고 힘든 순간이 매일 반복되었다. 내가 백악관에 처음 들어왔을 때 오랜 친구이자 멘토인 조지 슐츠는 "세월이 지나면 조그만 가게나 하나 운영하면서 살고 싶다는 생각이 들 겁니다."라고 말했다. 딱 맞는 말이었다.

국무부를 맡게 되면 대통령을 더 크게 도울 수 있을 것이고, 대통령이 국무부를 도와줄 일도 많을 거라는 생각이 들었다. 어떤 사람들은 간사하게도 '대통령이 하신 말씀의 취지는······.'이라는 표현으로 대통령의 말을 자신에게 유리한 방향으로 바꾸거나 오해를 불러일으킨다. 그로 인해 많은 사람들이 부시 대통령에게 불신을 품고 있었다. 더구나 해외에 나가 있는 외교관들 중 상당수가 대통령의 깊은 뜻을 잘 헤아리지 못하거나 오해했다. 그러니 대통령을 누구보다 잘 아는 내가 직접 나서면 국무부와 백악관의 거리를 좁힐 수 있을 듯했다.

부시 정권의 외교 방침이나 외부 이미지 양쪽을 모두 개선하려면 앞으로 할 일이 태산 같았다. 9.11테러가 발생한 후 우리는 쉽지 않은 결정을 많이 내려야 했다. 직설적인 부시 대통령은 이제 조용히 텍사스로 돌아가야 한다고 생각하는 사람들도 많았다. 특히 유럽 국가들 사이에 그런 의견이 분분했다. 하지만 부시 대통령은 4년 더 백악관에 머물게 되었다.

저명한 역사학자인 존 루이스 개디스 예일대학 교수가 재신 전에 잠깐 찾아와 점심을 함께한 적이 있다. 그때 개디스 교수가 한 말은 지금도 잊히지 않는다.

"세계가 미국에 얼마나 크게 의존하고 있는지 잊지 마세요. 그들도 자기들이 미국에 의존하고 있다는 것을 잘 압니다. 최근 몇 년 동안 나라 안팎에 시끄러운 사건들이 많았으니 이제는 다 괜찮다고 모두를 다독여줘야 합니다."

프랑스의 어느 관계자는 조금 다른 표현을 사용해 개디스 교수와 같은 생각을 드러냈다.

"9.11테러가 발생했을 때 우리는 미국 정부가 현명하게 잘 대처하리라고 믿었습니다. 동시에 미 정부가 원하는 바를 꺾지 않을 것이라고도 생각했지요. 우리가 바라는 대로 움직이지는 않더라도 최소한 어떤 계획인지 미리 알려줬으면 합니다."

처음에는 다소 과장된 표현이라고 느꼈지만 국가 안보 전략에 대한 해외 반응을 곰곰이 생각해보니 조금 이해할 수 있을 것 같았다. 어느 날 아침, 재선 결과를 다루는 《이코노미스트》 1면에 '이제는 우리가 뭉쳐야 할 시간이다'라는 기사가 나왔다. 나는 국무장관으로 일하던 4년 내내 책상 서랍 첫 번째 칸에 그 기사를 넣어 두었다.

앞으로 할 일을 생각해보니 피로가 물밀듯 밀려왔다. 국무장관의 삶이란 여행의 연속이었다. 워싱턴에 있을 때는 언론 보도를 파악하기 위해 한시도 긴장을 늦출 수 없었다. 그런데 국무장관으로 해외 순방을 나가면 상황이 역전되어 말과 행동이 연일 뉴스에 오르내렸다. 즉, 나 자신이 언론 보도의 기삿거리가 되는 것이다. 그래서 차라리 해외에 나가는 편이 더 나았다. 하지만 콜린 파월은 내가 해외에 장기 체류하는 것을 몹시 불안하게 생각했다. 그는 펜타곤과 백악관 둘 다 신뢰하지 않았고 자기가 자리를 비운 사이에 무슨 꿍꿍이가 벌어질지 모른다고 걱정했다. 솔직히 말해서 내가 보기에는 그렇게까지 걱정할 이유가 없었는데도 콜린 파월은 마음을 놓지 못했다. 전화나 화상 회의 장비 등 최첨단 장비들이 등장해도 외교 업무는 직접 상대방을 만날 때 성공률이 가장 높았다. 나도 그 점을 잘 알고 있었지만 안정적인 생활 패턴과 집에서 시간을 보내는 것을 좋아하는 내 성미와는 정말 맞지 않는 일이었다.

무엇보다 국무부로 자리를 옮기면 대통령과 사이가 멀어질까 봐 두려웠다. 국가안보보좌관일 때는 대통령을 매일 볼 수 있었다. 하루에 대여섯 번 보는 일도 잦았다. 하지만 앞으로는 내가 아무리 노력해도 대통령과 긴밀한 관계를 유지할 수 없을지 모른다는 불안감이 밀려왔다. 차기 국가안보보좌관이 스티븐 해들리라는 사실이 그나마 위로가 되었다. 나는 대통령과 국무장관 사이에 거리가 생기면 즉시 알려 달라고 부탁했다. 아니 부탁이라고 하기에는 좀 퉁명스럽게 말한 것 같다. 아무튼 대통령이 내가 무슨 생각을 하는지 몰라 궁금해하거나 눈치 보게 만들 생각은 추호도 없었다.

금요일 아침, 캠프 데이비드에서 로렐 로지에 있는 대통령 집무실로 가는 내내 머릿속에는 온통 그런 생각뿐이었다. 집무실에 들어가서 벽에 걸린 사진을 훑어보았다. 취임한 지 며칠 만에 함께 찍은 사진이 가장 잘 보이는 곳에 걸려 있었다. 대통령이 통화 중이라 내가 책상 옆에 말없이 서 있는 모습이었다. 대통령 전담 사진 작가인 에릭 드레이퍼가 일부러 햇살을 등진 모습을 찍어 실루엣만 나오게 한 사진이었다. 그 사진을 보고 있자니 지난 4년이 눈앞에 주마등처럼 펼쳐졌다.

부시 대통령은 잡담으로 시간을 허비하는 일이 없었다. 이번에도 거두절미하고 "국무장관을 맡아주시오."라고 말했다. 우선 고마운 제안이지만 먼저 상의할 게 있다고 대답했다. 지난 4년에 대해서 불평하거나 흠 잡으려는 것이 아니라는 점도 분명히 밝혔다. 어차피 대통령이 한 일 중 내가 깊이 관여하지 않은 일이 없었기에 그를 탓하는 것은 어불성설이었다. 나는 개디스 교수의 조언을 떠올리며 우선 동맹국과의 관계를 정비하고 대외 정책에서 외교를 가장 우선시하겠다고 강조할 필요가 있다고 지적했다. 그 말은 국무장관이 외교 정책 수립 및 시행을 주도해야 한다는 뜻이었다. 지난 4년간 해온 것보다 앞으로 할 일이 훨씬 더 많다는 점에 둘 다 동의했다. 그리고 대통령과 나를 이간질하는 세력은 국내외를 통틀어 절대 용납하지 않겠다는 약속도 얻어냈다.

"각하를 매일 뵙지 못할 텐데 제가 어떻게 각하의 의중을 알 수 있겠습니까?"

대통령은 언제든 찾아와도 좋다며 이렇게 말했다.

"백악관 사정은 누구보다 잘 알지 않소? 나는 정신없이 바쁠 테고 전화할 일이 생겨도 잊어버릴 수 있으니 국무장관이 먼저 전화하시오."

"좋습니다. 그럼 매일 전화드리지요."

농담처럼 말했지만 진심이었다. 나중에 헨리 폴슨이 재무부 장관으로 임명되었을 때 나는 그에게 대통령을 단독으로 만나보라고 제안했다. 장관이 되면 부처 업무를 돌보느라고 시간에 쫓길 수밖에 없다. 하지만 최종 결정권자가 대통령이라는 사실을 늘 명심해야 한다. 미리 대통령과 만나 문제를 조율하고 견해 차이를 좁히는 것도 장관이 해야 할 일이다. 정부를 대표해서 온갖 정책을 실천에 옮기는 것은 그다음에 할 일이다. 하지만 미국을 대표해 중요한 결정을 내릴 때마다 일일이 백악관에 전화해서 확인받을 생각은 없었다. 그러려면 우선 대통령의 의견을 반드시 구해야 할 때와 그렇게 하지 않아도 될 때를 내가 잘 판단할 것이라는 신임을 얻어야 했다. 나는 제의를 받아들이기 전에 대통령에게 애치슨의 자서전인 《현대사가 만들어지는 현장에서》를 선물했다. 애치슨은 트루먼 대통령과 그 누구보다 긴밀한 관계를 유지했기에 미 국무장관으로 신임을 얻고 막강한 영향력을 행사할 수 있었다. 두 사람이 똘똘 뭉치지 않았다면 그 어려운 시기에 미국은 물론 세계를 성공적으로 이끌지 못했을 것이다.

나는 또 한 가지 중대한 사안을 언급했다.

"이제 팔레스타인 국가 수립도 마무리 지어야 합니다."

대통령은 자신도 그렇게 하고픈 마음이 굴뚝같다며 실제로 가능하다고 생각하는지 되물었다. 당시 이스라엘이 가자에서 정착민들을 철수시킬 예정이었고 팔레스타인 대통령 선거 또한 코앞이었다. 대통령과 나는 이 상황을 십분 활용해야 한다는 점에 공감했다. 대통령 당선이 유력한 마흐무드 압바스는 대통령과 내가 절대적으로 신임하는 인물이었다.

"지금처럼 우리가 계속 힘을 합쳐 노력하면 잘될 겁니다. 자, 이제 내 제안에 대답할 수 있겠소?"

지금까지 이야기한 내용을 정리할 시간이 필요했으므로 다음 날 아침에 다시 만나기로 했다. 하지만 다음 날까지 넘기지 않았다. 그날 저녁을 먹은 후 미국의 제66대 국무장관이 되는 영예를 기쁘게 수락했다.

11월 14일은 쉰번째 생일이었다. 나는 친척과 친구들을 모두 초대했다. 사촌여동생인 라티비아와 윌 부부, 지 고모, 알토 삼촌과 코니 숙모, 의붓어머니 클라라와 이복동생 그레그는 멀리 캘리포니아에서 나를 위해 기꺼이 달려와주었다. 나는 이들과 함께 나이의 앞자리가 바뀐 것을 기쁜 마음으로 받아들였다.

금요일에 갈릴레오라는 근사한 식당에서 저녁을 먹기로 했다. 토요일 밤은 사람들의 이목을 끌지 않고 조용히 보내고 싶었다. 그래서 위스콘신 애비뉴에 있는 카페 딜럭스에 저녁 식사를 예약했다. 평소에 자주 가는 레스토랑이었다. 일은 잠시 잊고 가족들과 편하게 시간을 보내고 싶었다.

비밀경호국의 SUV는 식당을 향해 매사추세츠 애비뉴를 질주했다. 나는 뒷좌석에 앉아서 조용히 눈을 감고 있었다. 아무 생각도 하고 싶지 않았다. 대통령이 국무장관을 제안한 사실은 지 고모만 알았다. 가족들이 기자들에게 말실수한 적은 한 번도 없었으며 앞으로도 그럴 것이라고 굳게 믿었지만 당분간 너무 많은 사람들에게 알리지 않는 편이 낫다고 생각했다.

그런데 차가 갑자기 영국 대사관 쪽으로 방향을 틀었다. 처음에는 이상하게 여겼지만 문득 나와 둘도 없는 친구 매닝 부부가 저녁 식사를 하기 전에 샴페인을 터뜨려 나를 놀라게 해주려는 것일지도 모른다는 생각이 들었다. 대사관 앞에 도착하자 데이비드가 턱시도를 차려입고 나와서 맞아주었다. 그때만 해도 '이 부부가 나중에 저녁 약속이 있나 보군.'이라고 생각했다.

데이비드를 따라 대사관 안으로 들어가니 그곳에는 친구들과 가족들 100여 명이 멋진 연회복을 입고 나를 기다리고 있었다. 신기하게 화들짝 놀란 와중에도 귀한 손님들이 가장 먼저 눈에 들어왔다. 카르멘-게일 폴리시 부부, 마리엔-댄 베고비치 부부, 수전-마이클 도시 부부, 프레드 웰디, 랜디 빈 등 캘리포니아에 있어야 할 친구들이 그 자리에 있었다. 내 인생의 거의 모든 순간을 함께한 소중한 사람들이 대사관 내부의 원형 계단에 줄지어 서서 나를 보고 있었다.

기쁨도 잠시, 옷차림을 생각하니 정신이 아찔했다. 그때 나는 목까지 올라오는 스웨터에 빨간 재킷, 검은 바지를 입고 있었다. 다행히 데이비드 부부는 백악관 비서실 사라 렌티의 도움을 얻어 내 옷까지 준비해 두었다. 정신없이 위층으로 끌려가니 전속 헤어디자이너 브루스 존슨이 대기하고 있었다. 게다가 오스카 드 라 렌타가 특별히 만든 화려한 붉은색 드레스도 준비되어 있었다. 한 시간 만에 옷을 갈아입고 단장한 뒤 밤새 파티를 즐겼다. 신데렐라가 된 기분이었다. 반 클라이번*루마니아의 피아니스트이 애국가와 생일 노래를 연주했고 대통령이 건배를 외쳤다. 모두 밤이 깊어가는 줄 모르고 춤을 추었다. 그날 저녁은 내 인생에서 가장 동화 같은 순간이었다.

그러다 나는 슬쩍 반대편에 있는 콜린 파월을 보고 무슨 생각을 하고 있을까 상상해보았다. 내가 국무장관이 되리라는 것을 아는 사람은 대통령 부부, 앤디 카드, 지 고모, 콜린 파월뿐이었다. 그날 밤 우리는 차기 국무장관에 대한 이야기를 입에 올리지 않았다. 콜린 파월이 그 어려운 시기에 국무장관을 맡아 고생이 많았다는 것을 누구보다 잘 알고 있었다. 우리가 2001년에 일을 시작할 때는 전쟁과 각종 분쟁에 휩싸여 4년을 보낼 것이라고 상상도 하지 못했다. 전쟁이 터진 후 펜타곤은 집중 포화를 당했다. 문득 그가 좀 더 평화로운 시기에 국무장관을 맡았더라면 얼마나 좋았을까 하는 생각이 들었다.

사흘 뒤, 루스벨트 룸에서 발표해야 할 순간이 되었다. 대통령과 나는 발표를 불과 몇 분 남긴 시점에 대통령 집무실에서 마음을 가다듬고 있었다. 하지만 텍사스 출신 특유의 억센 억양은 어쩔 수 없었다. 공화당이라는 정치 대국의 자손이 남부 흑인 중산층 집안 출신의 여자와 팀을 이루다니 정말 기묘한 인연이었다. 케네벙크포트에서 처음 만난 이후로 우리는 별별 순간을 겪어왔다. 지난 4년은 한마디로 격동의 세월이었다. 흙먼지가 아직 부옇게 시야를 가리고 있었지만 다시 잡은 기회를 통해 9.11테러 이후 크게 달라진 세계 정세에 발맞춰 미 외교 정책의 초석을 마련하리라고 다짐했다.

대통령이 말을 마친 후 나는 기자들에게 인사를 하는 둥 마는 둥 하고 대통령 집무실로 돌아왔다.

"이제 긴장 풀어도 돼요."

대통령의 말에 그제야 나도 웃을 수 있었다. 그러고는 인준을 위해 국회로 향했다. 정식 표현은 인준이 아니라 '대통령 임명에 대한 상원의 동의'였다. 하지만 왠지 인준이라는 표현이 마음에 들었다. 국내 역사상 65번이나 반복된 절차라는 것도 자랑스러웠다.

국무부로 자리를 옮기다

국회 인준 절차를 준비하고 국무부로 자리를 옮길 시간이 필요했다. 그래서 스티븐 해들리와 상의한 끝에 12월 1일자로 그에게 국가안보보좌관 직위를 넘겨주기로 하고 대통령 승인을 받았다. 우리 둘은 그동안 가족처럼 서로 믿고 일해왔으며 대통령도 그를 전적으로 신임했기에 국가안보 보좌관 자리를 물려주는 데는 어떤 잡음도 없었다.

덕분에 잠깐이나마 건강을 돌볼 시간도 생겼다. 사실 나는 20년 이상 자궁근종과 싸우며 살아왔다. 주치의 샤론 말론은 흉터가 거의 남지 않는 새로운 시술법이 개발되었다고 알려주었다. 그래서 조지타운대학 병원의 제임스 스파이스 박사와 상의해 간단한 수술을 받기로 했다.

대통령은 칠레에서 열리는 APEC 회의에 가야 했다. 이번에는 스티븐 해들리가 대통령을 보좌해서 떠났다. 국가안보보좌관에서 물러날 날짜도 얼마 남지 않아 이번 방문에는 나서지 않는다고 적당히 둘러댈 수도 있었지만 국무장관으로 임명된 후 세간의 이목이 집중된 상태였다. 이대로라면 내가 입원한 것을 기자들이 금방 알아낼 것 같았다.

결국 수술에 대해 먼저 공개하기로 했다. 숀 매코맥은 죽을병에 걸렸다는 소문이 돌게 내버려두는 것보다 속 시원히 말하는 게 낫다고 했다. 하지만 뉴스 보도는 여전히 상상을 뛰어넘었다. CNN 뉴스에는 산제이 굽타 박사가 출연해 생생한 사진 자료와 함께 자궁근종의 특징과 증상이 무엇인지, 내가 구체적으로 어떤 치료를 받게 될지 설명했다. 정말 '사생활'로 지켜지는 것은 하나도 없었다. 이왕 이렇게 되었으니 뉴스 보도가 나와 같은 증상으로 고생하는 여성들에게 도움이 되었으면 좋겠다고 생각하며 마음을 추슬렀다. 당시엔 얼마나 불쾌했는지 모른다.

수술은 성공적으로 끝났으며 추수감사절부터 주말 내내 집에서 몸을 추슬렀다. 그 다음 주에는 곧바로 일어나서 인준 절차를 맡은 백악관 법무실 직원 데보라 피텔키와 함께 국회의사당에 출근했다. 데보라는 눈치가 빠르고 일 처리가 꼼꼼해서 큰 도움이 되었다. 그녀가 아니었다면 굉장히 피곤하고 힘든 여정이 되었을 것이다. 그녀가 네브래스카 콘허스커 팀의 열성팬이라는 것이 딱 하나 아쉬운 점이었다.

상원의원들을 만나는 일은 의외로 지루하지 않았으며 배울 점도 많았다. 인준을 받는 데 방해되는 말이나 행동을 할까 봐 긴장을 풀지 못했지만 상원의원들의 속내를 들어볼 좋은 기회였다. 대통령의 측근으로 있는 동안 의회 관계자들을 만날 기회가 여러 번 있었다. 이라크 전쟁을 개시하기 전 몇몇 상원의원들에게 브리핑을 했고 이라크 재건 사업 자금 문제를 의회에 제출한 적도 있었다. 또한 중동 사태와 같이 중요한 문제는 대통령 앞에서 브리핑할 때도 잦았다. 그렇긴 하지만 의원들을 상대하는 것은 미국국가안전보장국의 기본 업무와 거리가 멀었다. 하지만 국무장관은 헌법 제1조에 규정된 조항에 따를 의무가 있었다. 의원들은 종종 이 나라의 기초를 세운 것은 행정부가 아니라 입법부라고 으스대곤 했다. 그 점을 생각해보니 상, 하원 의회에 대한 책임이 그 어느 때보다 무겁게 느껴졌다.

국무부의 업무는 입이 딱 벌어질 만큼 광범위했다. 상원의원들은 저마다 수질, 환경, 농업, 무역 등에 대한 문제를 내세웠다. 협력 문제도 있고 경쟁자나 적국과의 갈등에 대한 문제도 있었다. 수백만 달러가 드는 신축 사업에서 현지 파견 근무자에 대한 연봉 협상에 이르기까지 대사관 관리에 관한 행정 업무도 산더미 같았다. 국무부가 제대로 조직화되지 않은 데다 국회의사당에서는 고위 관계자들에 대한 업무 규칙과 각종 혜택에 일일이 간섭하려 들었다. 국무부의 고삐를 넘겨받기 전에 배워야 할 것이 한두 가지가 아니었다. 내가 스탠퍼드대학 교무처장을 지낸 것이 새삼 다행스러웠다. 그때는 예산과 씨름하는 것이 하루 일과였다. 이상하게도 나는 예산을 다루는 일이 재미있었다. 농담이 아니라 정말 그랬다.

몇몇 의원들이 외교 정책 문제에 전문가 수준의 조언을 제시하고 일 처리를 꼼꼼하게 할 수 있도록 도와준 것이 가장 인상적이었다. 리처드 루거, 존 케리, 척 헤이겔, 조 바이든이 내로라하는 외교 전문가라는 점은 이미 알고 있었다. 하지만 동아시아 문제에 해박한 사람은 버지니아 상원의원 제임스 웹임을 금방 알아차릴 수 있었다. 위스콘신 상원의원 러스 페인골드는 아프리카에 대한 관심과 지식이 많았고, 오하이오 주의 조지 보이노비치 의원은 동유럽에 조예가 깊었다. 알래스카의 리사 머코스키 의원을 만난 후에는 나도 북극 전문가가 되었다.

청문회가 다가올수록 몇몇 상원의원들은 이라크 전쟁 때문에 끝까지 인준을 반대할 것이라는 점이 분명해졌다. 2005년 1월 12일에 대량 살상 무기 수색이 실패한 것을 인정한 탓에 공청회를 앞두고 부시 행정부에 대한 비난의 목소리가 점점 커져갔다. 그렇지만 전체적인 분위기는 나쁘지 않았다. 내가 큰 실수를 저지르지 않는 한, 인준은 이미 확정된 것이나 다름없었다.

드디어 1월 18일에 청문회가 열렸다. 지난 6주간 기다려서 그런지 모든 순간이 특별하게 느껴졌다. 그동안 날마다 국무부에 출근해 부서 내의 모든 분야를 철저히 점검하고 밤에 집으로 돌아와서 국무부 관련 사안을 세세히 공부했다. 학자로서 본분을 잃지 않고 기본기에 충실한 것이 가장 좋은 방법이라고 생각했다. 나는 직원들이 준비해준 말을 '앵무새'처럼 외우는 유형이 아니다. 적어도 깊은 대화를 주도할 정도가 되지 않으면 마음이 놓이지 않는 성미다.

당일 아침, 눈을 뜨자마자 평소처럼 운동 기구에 올라섰다. 운동하는 동안에는 청문회 생각을 전혀 하지 않았다. 내가 국무장관의 소임을 모를까 봐 걱정한 사람은 거의 없었을 것이다. 하지만 국무부에 가서 백악관 앞잡이 노릇만 하게 될 거라고 우려하는 사람들은 분명히 있었다. 다들 내가 어떤 국무장관이 될 것인지 궁금하게 여겼다. 《크리스천 사이언스 모니터》*보스턴에서 발간되는 조간 신문는 이런 추측을 내놓았다.

'다음 주에 드디어 콘돌리자 라이스 장관이 상원의회에 모습을 드러낼 것이다. …… 상원의원들에게 그녀는 수수께끼의 인물이다. …… 국무부의 권한을 펜타곤과 부통령실로 옮기다시피 한 장본인이 이제 자기 손으로 무너뜨렸던 국무부의 수장이 되었으니 말이다.'

좀처럼 공감하기 어려운 발언이지만 당시 많은 사람들의 생각을 정확히 대변한 것이었다. 나로서는 정말 억울한 일이었다. 그때는 전쟁 중이었으므로 당연히 펜타곤이 주도할 수밖에 없었다. 그렇지만 아무도 그런 사정을 고려해주지 않았다. 언론에서는 내가 국방장관을 노렸다는 추측도 서슴지 않았다. 사실 아부그라이브 교도소 사건이 발생했을 때와 선거 직전 도널드 럼즈펠드가 사임을 표명했을 때, 대통령이 잠시나마 나를 국방장관으로 고려한 적이 있었다. 최초의 여성 국방장관이 되는 것도 꽤 매력적인 제안이었다.

그러나 부시 대통령이 나에게 국무부를 맡길 생각이라는 것은 오래전부터 눈치채고 있었다. 전쟁이 미 정부의 대외적 이미지와 우방 국가와의 관계에 치명적인 영향을 끼친 상황에서 내가 가장 보탬이 될 수 있는 자리는 국무부였다. 나는 청문회에서 가능한 한 내 입장을 분명히 밝혀야겠다고 생각했다.

"외교에 힘쓸 때는 바로 지금입니다."

미 정부의 해외 정책을 외교에 맞춰 재정비하고 특히 국무부의 역할을 부각시키겠다는 뜻이었다. 단독주의의 단점도 시원하게 인정했다.

"주변 세상과의 소통은 일방적인 통보가 아니라 대화를 통해 이루어져야 합니다. 우방 국가의 견해를 존중하고 다국적 체제를 확립할수록 자유 수호 국가의 힘이 강해질 것입니다. 국무장관이 되면 이에 따라 모든 행보를 결정할 것입니다."

이 말은 우방 국가뿐만 아니라 행정부 내의 관계자들에게도 하고 싶은 말이었다.

캘리포니아 주 민주당 상원의원 다이앤 페인스타인이 청문회의 포문을 열었다. 지명된 후보와 고향이 같은 상원의원이 후보를 소개하는 전통에 따라 다이앤 의원이 외교관계위원회에 나를 소개했다. 사실 다이앤과 그녀의 남편 리처드 블룸은 예전부터 잘 아는 사이였다. 조지 모스콘 시장과 하비 밀크 고문이 샌프란시스코에서 살해당하는 사건이 벌어졌을 때 다이앤 의원의 가치는 제대로 입증되었다. 당시 그녀는 아직 젊고 경험이 부족한 지역 의원에 불과했으나 지칠 줄 모르는 용기를 발휘해 사람들의 상처를 다독이고 도시 전체가 슬픔을 떨치고 다시 일어나게 만들었다. 소속 정당은 달랐지만 포기를 모르는 인내심, 외교 업무에 대한 해박한 지식, 세련된 유머 감각은 칭찬하지 않을 수 없을 정도였다. 그런 사람이 나를 상원의회에 소개해준 것은 개인적으로 감사한 일이었다.

바버라 복서도 캘리포니아 출신이었지만 편한 사이는 아니었다. 좋게 표현하려고 애쓴 게 이 정도라고 해 두겠다. 청문회가 무르익자 바버라 복서 의원은 이라크 전쟁을 벌이기 전에 내가 첩보 자료를 조작해서 보고했다는 의혹을 제기했다. 하지만 이건 바바라의 큰 실수였다. 사실 이미 몇몇 기자들이 그녀가 이라크 문제로 나를 거짓말쟁이로 몰아붙일 거라고 귀띔해주었다. 나는 무슨 일을 처리하든 진실을 왜곡하거나 감추려 한 적은 한 번도 없었다고 맞섰다. 그 뒤로도 청문위원회 앞에서 격렬한 언쟁을 벌이는 상황이 몇 차례 반복되었다. 사실 우리 둘의 사이가 안 좋은 데는 그만한 이유가 있었다. 내가 함께 일했던 캘리포니아 공화당 의원들이 하나같이 그녀를 공격하는 데 앞장섰던 것이다. 어쩌면 내가 자기 자리를 차지할지 모른다는 생각에 나를 눈엣가시처럼 여겼는지도 모른다. 만약 그랬다면 쓸데없는 걱정이었다. 아무튼 바버라 복서 의원과 정책에 대한 의견 차이 때문에 부딪친 것이 아니었다. 그녀는 무슨 수를 써서라도 인신공격을 하고야 마는 성미였다.

첫날 청문회가 절반쯤 진행되자 일리노이 주의 주니어 상원의원*각 주마다 상원의원 두 명을 선출해 상대적으로 의정 활동을 오래 한 사람을 시니어 상원의원이라 하고, 그 밖의 사람을 주니어 상원의원이라 함이 일어섰다. 호락호락하게 보이는 인상은 아니었다. 그의 질문은 날카로웠지만 무례하진 않았다. 또한 내 대답을 진지하게 듣는 것 같았다. 몇 마디 더 나누어보니 내가 사람을 제대로 봤다는 생각이 들었다. 그것이 바로 버락 오바마 상원의원과의 첫 만남이었다. 그는 주변의 반대에 아랑곳하지 않고 나의 주장을 믿고 지지해주었다. 우리는 금세 친구가 되었다. 서로 의견이 맞지 않을 때도 있었지만 개인적인 반감이나 악의를 품은 적은 없었다.

청문회 첫날이 끝날 때가 되자 긴장감이 모두 사라져버렸다. 기자들, 상원의원, 직원들이 거의 다 돌아가고 없었다. 청문회장을 밝히던 클리그 라이트가 사라져 실내는 어두침침했다. 의장과 피곤한 기색이 역력한 루가 의원, 오하이오 주의 조지 보이노비치 의원, 매사추세츠 주의 존 케리 의원만 자리를 지켰다. 더 물어볼 것이 있냐고 묻자 보이노비치 의원은 의장이 혼자 남을까 안쓰러워 자신도 남은 것이라며 고개를 저었다. 그는 케리에게 발언권을 넘기고 곧장 밖으로 나가버렸다.

두 달 전, 선거에서 패한 아픔이 아직 가시지 않았는지 존 케리는 자신의 선거 공약을 하나하나 언급하며 시간을 끌었다. 아홉 시간 가까이 질문 공세에 시달린 터라 집에 가고 싶은 마음이 굴뚝같았지만 지금은 내가 아니라 케리에게 주도권이 있다고 되뇌며 마음을 다잡았다. 무엇보다 존 케리의 해박한 지식을 잘 알기에 그를 존중하지 않을 수 없었다. 아무튼 귀찮거나 싫은 내색을 하지 않으며 대답하려고 안간힘을 썼다. 결국 공청회는 저녁 7시 반을 훌쩍 넘겨서야 마무리되었다. 루거 의원은 아직 의원들이 궁금한 점을 해결하지 못했다며 다음 날 청문회를 계속할 수 있냐고 물었다. 나는 동의했고, 첫날 청문회가 마무리되었다. 비교적 순조로운 청문회였다. 위원회는 '평가회'를 열고 16대 2로 상원의회에 나를 국무장관으로 추천했다. 최종 임명을 받는 것은 이제 시간 문제였다.

백악관은 1월 20일 대통령 취임 선서 직후 상원의회 전체 투표가 진행되기를 바랐다. 하지만 웨스트버지니아 주의 로버트 버드 의원을 포함한 몇몇 사람들이 본회의 상정을 고집했다. 그래 봤자 결과는 같을 것이 자명했기에 화가 치밀었다. 그들은 부시 행정부의 외교 정책을 공격할 시간을 벌려는 심산이었다.

그래서 나는 국무장관이 아니라 국무장관 예정자 자격으로 대통령 취임식에 참석했다. 국회의사당 로툰다에서 점심을 먹을 때 상원 공화당 원내대표 빌 프리스트가 내 이름표를 집어 들더니 '국가안보보좌관'을 쓱쓱 지우고 '국무장관'이라고 써넣는 것이었다. 정식으로 임명되지 못한 것이 자기 탓이라며 농담도 건넸다. 앞으로 며칠 더 콜린 파월이 국무장관직을 계속 수행해야 할 형편이었다.

진 워싱턴이 그날 밤 취임 기념 파티에 동행해주었다. 흔히 이런 모임은 댄스 파티가 아니라 칵테일 파티 형식으로 진행되었다. 대통령과 영부인은 잠깐 모습을 보였다가 자리를 옮겼다.

2001년에 취임식과 저녁 파티에 참석했을 때 어린아이처럼 흥분했던 기억이 떠올랐다. 새 옷을 사고 가족들과 친구들을 모두 초대했었다. 그렇지만 이번에는 가고 싶지 않은 마음을 꾹 참고 세 군데에서 열리는 파티에 모두 참석했다(생일 파티에서 선물로 받은 오스카 드 라 렌타의 드레스를 입었다). 입장할 때마다 행운을 빈다는 말을 듣는 것이 제일 싫었다. 나는 진 워싱턴에게 파티장을 좀 일찍 떠나자고 말했다. 우리는 집으로 가서 옷도 갈아입지 않고 먹다 남은 햄 샌드위치로 허기를 달랬다. 그러고는 곧장 침대로 가서 누가 업어 가도 모를 만큼 곤히 잠들었다.

엿새 후인 1월 26일에 상원의회는 83대 13으로 국무장관 임명을 인준했다. 오전 7시에 앤디 카드의 진행에 따라 백악관에서 국무장관 서약을 하고 66대 국무장관으로 취임했다. 곧바로 웨스트 윙 지하 출입구로 나가서 외교부 경호원들의 호위를 받으며 차에 올랐다. 국가안보보좌관의 임기가 끝난 것을 실감하는 순간이었다.

이틀 후 벤저민 프랭클린 룸에서 정식 취임식이 열렸다. 국무부 8층에 있는 벤저민 프랭클린 룸은 유럽 궁전에 와 있는 착각이 들 만큼 화려했다. 안개가 자주 끼는 1950년대 건물에 이런 방이 있다는 것이 믿어지지 않을 정도였다. 여기에는 외교 업무가 매우 중대하며 심각한 문제라는 것을 부각시키려는 의도가 숨어 있었다. 각 방의 이름은 미합중국 헌법의 기초를 마련한 사람들 이름을 땄는데 역사적인 유물로 가득했다. 토머스 제퍼슨이 사용하던 책상도 보였다. 특히 프랭클린 룸은 마음에 쏙 들었다. 장밋빛과 베이지 색상이 적절하게 어우러져 아늑한 분위기인 데다 난로 위에는 미국인이 가장 사랑하는 건국의 아버지 벤저민 프랭클린의 대형 초상화가 걸려 있었다. 그는 1776년 12월 파리에 파견된 미국 최초의 외교관이었다.

대통령과 지 고모, 마티 고모, 알토 숙부가 지켜보는 가운데 오랜 친구이자 대법원 법관인 루스 베이더 긴즈버그가 취임 선서문을 낭독하고 내가 따라 읽었다. 나는 선서문을 가슴 깊이 새겼다.

"국내외 모든 적으로부터 미국의 헌법을 수호하고 지킬 것을 엄숙히 서약합니다. 또한 언제나 신의와 성실을 지킬 것을 약속합니다. 본인은 이 의무를 어떠한 정신적 유보 혹은 도피의 목적 없이 본인의 자유 의지로 받아들일 것을 선언합니다. 신이여. 도와주십시오."

선서를 마친 후 이런 영광을 안겨준 조상들과 지금까지 도와준 모든 사람들에게 감사드렸다. 슬쩍 프랭클린 초상화를 올려다보았다. 멸시받던 흑인 노예의 자손이 이 자리에서 자기 조상들을 인간 이하로 취급한 미국 헌법을 수호하겠다고 선언할 때 저 사람은 무슨 생각을 했을까? 그때 이후 미국에 정의가 확립되고 나처럼 흑인 여성이 외교 총책임자로 임명된 것에 대해 프랭클린도 기뻐할 것이라 믿기로 했다.

그날 밤 친한 친구들, 가족들과 워터게이트 호텔 식당에서 저녁을 먹었다. 스탠퍼드대학에서 함께 교편을 잡았던 칩 블래커, 메리 부시, 해들리 부부가 기꺼이 와주었다. 떠들썩한 파티를 할 생각은 전혀 없었다. 이제는 들뜬 기분을 가라앉히고 일에 전념할 때라고 생각했다. 그래도 지극히 평범하지만 매우 소중한 사람들과 이 순간을 꼭 기념하고 싶었다. 우리는 한참 동안 부모님에 대해 이야기꽃을 피웠다. 나는 두 분의 영혼이 이 모든 상황을 지켜보실 것이며 함께 기뻐하실 거라고 굳게 믿었다. 잠자리에 들기 전, 주어진 책임과 지금까지 미국을 위해 자신을 희생한 사람들을 결코 잊지 않겠다고 기도로 약속했다.

본격적으로 팀을 구성하다

다음 날 아침, 국무부 로비 계단을 오르는데 직원들이 몰려들었다. 첫인사를 나누기에 그리 좋은 장소는 아니었다. 마이크를 돌릴 때마다 심한 잡음이 나서 다들 인상을 찌푸렸다. 하지만 그 자리를 빌려 내가 그들에게 거는 기대가 큰 만큼 앞으로 국무부의 목소리도 커질 것이라고 약속했다.

그리고 일부러 2차대전 직후 상황을 언급했다. 조지 마셜, 딘 애치슨, 폴 니체에 이르기까지 국무부의 주요 인사들은 국가의 미래를 열고 40년 후에 냉전이 승리로 끝날 수 있는 기초를 마련했다. 미 정부 역사상 가장 성공적인 외교 정책으로 위대한 유산을 남긴 그때를 재연해보고 싶었다.

가장 큰 과제는 외교 업무에 적극적인 충성을 이끌어내는 것이었다. 그냥 충성이라고만 하면 그동안 직원들이 나태했다는 오해를 일으킬까 봐 일부러 '적극적'이라는 말을 앞에 붙였다. 물론 대통령이 달갑지 않은 정책을 내놓거나 논란이 많았던 문제를 결정하고 나면 일부 직원들은 심리적 거리를 두는 경우가 있었다. 좀 심하게 말하면 이라크 전쟁은 부시 대통령, 펜타곤, 미국 전체가 아니라 국무부가 나서 주도해야 할 일이었다. 그런데 외교관들은 중동 지역의 민주주의 확립이라는 대통령의 비전을 믿기는커녕 관심조차 없으면서 입으로만 민주주의를 외치고 있었다.

국무장관으로 취임한 직후 믿을 만한 사람을 몇 명 골라 업무 인수인계를 도와줄 팀을 꾸렸다. 백악관에 입성한 후 믿고 의지하게 된 사람들만 엄선했다. 우선 존 벨링거에게 법률 고문을 부탁했다. 그동안 테러와의 전쟁을 놓고 제네바 협약, 용의자 심문 방식, 관타나모수용소 사건 등 법적 대응 방식에 대한 논란이 많았다. 동맹국은 물론 국내 법조계에서도 불만과 항의가 끊이지 않았다. 존이라면 지치거나 포기하지 않고 이런 문제를 진지하게 처리해나갈 것이라는 확신이 들었다. 그는 매사에 시비를 거는 회의론자도 아니었고 아무 생각 없이 국제사회가 하자는 대로 따라가는 사람도 아니었다.

이는 여러 나라와 외교하거나 국내 여론 또는 비판에 맞설 때 꼭 필요한 태도였다.

짐 윌킨슨은 수석 고문을 맡았다. 소용돌이를 연상시키는 열정과 번뜩이는 재치를 지닌 사람이었다. 텍사스 출신인 그는 어려운 환경에서 자랐지만 다방면에 박식한 데다 홍보 '안목'이 탁월했다. 그가 국무부를 대변하는 한, 국민들과 각국 정상들에게 우리가 무엇을 어떤 방식으로 하려는지 전달하는 데 오해가 생길 우려는 없었다. 얼마 후에 콜비 쿠퍼가 백악관에서 국무부로 자리를 옮겨 짐과 함께 공보 업무를 맡았다.

국무장관 비서실장은 브라이언 건더슨이었다. 비서실장 인터뷰에서 그를 처음 만났다. 일반적으로 비서실장은 국무장관과 가까운 사람에게 맡기기 마련인데 '아이러니한' 상황이었다. 다행히 브라이언은 금세 나의 오른팔이 되어주었다. 원래는 로버트 졸릭의 비서실장이었는데 로버트의 적극적인 추천으로 국무부에 들어왔다. 미네소타 출신으로 국회의원 리처드 알미와 일한 경험이 있었으며, 말수가 적은 보수파 인물이자 흠 잡을 데 하나 없는 일꾼이었다. 일 처리가 꼼꼼하고, 쉽게 흥분하지 않았으며, 정치적인 감각과 통찰력이 대단했다. 내가 원한 사람은 그저 '문지기' 노릇만 하는 사람이 아니라 나의 눈과 귀가 되어줄 사람이었다. 그렇다고 국무장관이 아무나 만날 수는 없기에 균형을 잡기가 어려운 자리였다. 그래서 전임자 몇은 '왕실 근위병'을 두고 있다는 비판을 들은 적도 있었다. 하지만 국무부는 가능한 한 수평적 구조를 지향해야 하는 부서였다. 루스 엘리엇은 스탠퍼드 대학 신입생 시절에 교무처장실에서 일한 적이 있었는데 2001년에는 함께 백악관에 입성했다. 이제 브라이언 건더슨을 수행하는 비서실장 차관으로 다시 만나게 되었다. 오랫동안 나를 알아온 사람만이 해낼 수 있는 자리였기에 루스야말로 적임자였다.

전 백악관 국가안보위원회 대변인을 지낸 숀 매코맥이 국무부 대변인을 맡았다. 그는 원래 언론이나 홍보가 아니라 경제를 전공한 외교관으로 알제리나 터키 등 해외 근무 경험이 풍부했다. 그뿐만 아니라 소셜 미디어라는 새로운 변화에 관심이 많았고 국무부의 대외적 이미지를 개선하려는 의욕이 넘쳤다. 숀 매코맥이라면 매일 기자들을 대하는 일을 걱정할 필요가 없었다. 그는 9.11대책위원회를 이끌 때부터 옆에 있었으며, 백악관이 언론의 비난과 의혹에 시달릴 때마다 침착하고 지혜롭게 대처해 모두의 신임을 얻었다.

최측근 인사가 두 명 더 필요했다. 이왕이면 지적으로 자극해줄 사람이 좋겠다고 생각했다. 그래서 자문으로 필립 젤리코 교수를 선택했다. 자문 역할은 장관의 생각이나 목적에 따라서 크게 달라져 콜린 파월은 아예 자문을 두지 않았을 정도였다. 쉽게 말해서 자문은 국무부 내에 아예 비평가를 들이는 것이다. 이 사람은 누구의 눈치도 보지 않고 잔소리를 할 수 있다. 그는 관료제의 구조적인 약점을 극복하도록 유도하는 역할도 해야 한다. 필립 젤리코 교수는 부시 정권이 시작될 때부터 잘 아는 사이였다. 또한 독일 통일에 대한 책을 함께 집필한 경험을 통해 그의 재능을 어떻게 활용할지 잘 알고 있었다. 필립은 나와 다른 의견을 서슴지 않고 제시했으며 독창적이고 진취적인 아이디어가 넘쳤다. 종종 그가 날카로운 지적과 비판을 할 때면 정신이 번쩍 들었다. 번뜩이는 통찰력과 당당함을 앞세워 국무부가 하는 모든 일에 실용적인 충고를 아끼지 않았다.

오랜 동료이자 스탠퍼드대학 정치학 교수인 스티브 크래스너에게 정책 계획을 맡겼다. 고문직과 마찬가지로 국무장관이 어떤 비전을 내세우느냐에 따라 중요도가 크게 달라지는 자리였다. 폴 니체는 정책 고문을 맡아 NSC-68을 작성했으며 역대 가장 영향력 있는 정책 고문이라는 평판을 얻었다. 내가 원한 것은 한계를 인정하는 것이 아니라 한계를 뛰어넘으려고 노력하는 것, 그리고 천편일률적인 생각에서 벗어나 다양한 방안을 모색하는 것이었다. 주변에서는 내가 먼 미래를 내다보며 장기적인 계획을 세우는 것이라고 여겼다. 하지만 두 차례의 전쟁과 테러와의 전쟁을 치르느라 미래를 멀리 내다볼 겨를이 없었다. 우리가 처한 문제에 획기적이고도 단호한 해결책을 제시할 사람이 필요했다.

스티브 크래스너는 새로운 아이디어를 공급할 '혈기 왕성한 인재'를 많이 데려왔다. 특히 20대 중반의 재러드 코언을 2006년에 영입한 것은 최고의 수확이었다. 그는 스탠퍼드대학 출신으로 혼자 4개월간 이란을 여행한 경험을 살려 소셜 미디어를 외교 업무에 활용하기 시작했다. 몇 년 후 이 방법은 큰 성과를 거두었다. 트위터와 페이스북을 중심으로 중동 지역에 민주주의를 옹호하는 세력이 급속도로 늘어났다.

주요 고관을 임명할 때는 국무부의 위신과 대외적 이미지 및 위계질서를 세워줄 수 있는 사람에게 우선권을 주었다. 국무부 차관은 풍부한 외교 경험, 전문 지식과 판단력, 지도력이 탁월해야 했다. 때로는 경영자의 자질을 발휘해 국무부라는 거대한 조직을 이끌어가야 했다. 12개 시간대에 걸친 180여 개국에 나가 있는 5만 7,000명의 직원들을 통솔하는 것은 결코 쉬운 일이 아니었다. 하지만 그것이 전부는 아니었다. 국내외 주요 외교 정책을 논하는 자리에 나서 미 정부를 대표하는 외교관으로 정부의 입장을 분명히 밝히고 비판이나 의혹을 제기하는 사람들을 잠잠하게 만들 능력도 필요했다. 흔히 '매일 반복되는 지루한 일상'으로 여겨지는 일이 많았지만 내가 그런 일을 좋아하는 편이어서 다행이었다.

가장 먼저 무역대표부 대표 로버트 졸릭이 떠올랐다. 그를 데려옴으로써 명석한 두뇌와 판단력은 물론 경제 및 무역에 대한 해박하고 폭넓은 지식을 얻을 수 있었다. 하지만 무역대표부 대표를 지내다가 '2인자'로 내려앉는 것이 달갑지 않은 표정이었다. 충분히 이해할 만한 반응이었다. 다행히 로버트를 설득하는 데 대통령이 거들어주었다. 그를 분신처럼 여길 것이며 국무부 차관으로서 큰일을 하게 될 거라고 확언했다.

대통령도 로버트 졸릭을 잘 알아 크게 신임했으며 국무부 차관으로 손색이 없다고 여겼다. 몇몇 관계자들이 존 볼튼을 추천했지만 콜린 파월이 고생한 것을 생각하니 영 내키질 않았다. 국무부에 들어오면 내 말에 고분고분 따라줄지 의심스러웠으며 그런 마찰이 생기는 모습을 남들에게 보이고 싶지 않았다. 내가 보기에 그는 UN 대사로 딱 맞는 인물이었다. 그의 비판적 성향은 보수주의 세력의 지지를 얻는 데 매우 유리했다. 개인적으로 국내 국무부 직원들이 지나치게 다국주의를 선호하는 경향이 있는 것 같았다. 이를 바로잡는 것도 존 볼턴이 제격이었다.

NATO 대사인 니컬러스 번스에게 국무부 정무 담당 차관 생각이 없는지 물어보았다. 이는 국무부의 세 번째 자리로서 정부 관계자를 임명하는 것이 아니라 외교관으로 오래 근무한 전문가에게 맡기는 것이 전통이었다. 우리는 조지 H.W. 부시 대통령 임기부터 서로 잘 아는 사이였다. 그는 국무부에서 로버트 졸릭의 특별 보좌관을 지냈으며 내가 NSC 구 소련 담당자로 일할 때 도움을 주었다. 1990년에 처음 그를 발탁했을 때는 구 소련에 대해 아는 바가 거의 없었으나 당시 국무부 직원들 중에서는 가장 똑똑한 젊은이였다. 백악관에 입성한 후 로버트 졸릭의 경력은 화려하게 펼쳐졌다. 클린턴 행정부의 매들린 올브라이트 국무장관 대변인을 지낸 사람을 2001년에 부시 행정부에서 NATO 대사로 임명하자 정계 일각에서 거센 논란이 일었다. 하지만 니컬러스는 정무 차관으로, 부시 행정부에 진심 어린 충성을 보이면서 모든 논란을 잠식시켰다. 까다로운 협상을 처리할 때면 언제나 노련하고 융통성이 넘치는 외교관 니컬러스를 '가장 먼저' 찾았다.

공공 외교 및 공보 담당 차관도 신중을 기해서 임명했다. 외교 정책 관계자들과 국회에서는 국제 무대에서 의사를 분명하게 전달하지 못하고 불필요한 오해와 미움을 사는 것이 미 정부의 고질적인 문제라고 여겼다. 하지만 이는 과거의 외교 정책이 더할 나위 없이 성공적이었다는 고정관념도 어느 정도 작용한 것이었다. 냉전 중에 운영한 자유 유럽 방송*미국의 국제 방송 공사가 독일에서 동유럽으로 보내는 방송, 자유 방송*구 소련 붕괴 이전의 뮌헨을 거점으로 한 대 구 소련 선전 방송, 보이스 오브 아메리카*미 국무부의 해외 방송는 부풀려진 부분이 많았으나 동유럽과 구 소련에 거주하는 사람들은 그 방송 외에 자신들을 속박하는 공산주의 정권의 거짓 선전을 분별할 기준을 찾지 못했다.

그러나 냉전이 종식되자 판도가 달라졌다. 라디오 방송은 위성 TV와 인터넷으로 대체되었을 뿐만 아니라 이슬람 세계는 자신에게 손을 내민 미국에 관심을 보이지 않았다. 구 소련 내의 공산주의 반대 세력이 미국을 크게 동경한 것과는 매우 대조적인 태도였다. '이슬람 국가들은 왜 미국을 싫어하는가?'라는 질문은 한마디로 내납할 수 있는 문제가 아니었다. 아무튼 그들은 미국을 싫어하기 때문에 미 정부의 정책도 무조건 싫어하는 것 같았다. 세계적으로 미국 대학 학위는 성공을 보장했으므로 미 영사관 앞에는 비자를 받으려는 사람들이 길게 줄을 서곤 했다. 하지만 조지 W. 부시 대통령이 취임하기 오래 전부터 미 정부의 정책은 크게 환영받지 못했다. 동유럽에서는 미국이 곧 자유의 실현체라고 여겼으나 이슬람 국가들은 미국을 전제주의 정권으로 보았다. 자유라는 메시지는 뿌리 깊은 불신에 가려 그들의 이목을 끌지 못했다.

이러한 현실을 감안해 국무부 목표를 하향 조정했다. 24시간 뉴스만 방영하는 아랍 위성 TV의 거짓 주장을 타파하기란 말처럼 쉬운 일이 아니었다. 하지만 그렇게 하지 않고서는 더 많은 사람들, 특히 젊은 세대가 미국에 대한 편견을 버리게 할 수 없었다. 또한 세계 각국에 나가 있는 외교관들도 현지인과 적극적으로 교류하는 등 예전과 다른 모습을 보여야 했다. 훨씬 민첩하게 대처하고 외교의 본래 목적에 충실하도록 국무부의 공공 외교 정책을 개혁할 수밖에 없는 상황이었다. 철저한 사전 계획과 준비만이 공공 외교의 변혁을 이룰 수 있는 수단이었다.

이렇게 생각하니 앞일을 감당할 사람은 백악관에 있는 카렌 휴스밖에 없다는 결론이 났다. 그녀만큼 커뮤니케이션에 능한 사람을 지금껏 만나보지 못했다. 외교 정책 전문가는 아니지만 부시 행정부의 정책이 기획, 실행되는 과정을 모두 지켜보았으며 무엇보다 대통령에게 두터운 신임을 얻은 사람이었다. 그녀를 국무부로 데려오는 것은 결코 쉽지 않았다. 내가 동원할 수 있는 인맥을 모두 동원해 설득 작전에 나섰다. 부시 대통령도 성화에 못 이겨 그녀를 설득할 정도였다. 나의 임기 마지막 해에 그녀가 떠났고 짐 글래스먼이 바통을 이어받았다. 짐은 방송위원회 회장을 역임할 만큼 저널리즘, 홍보, 출판 분야에서 화려한 경력을 쌓은 인재였다.

카렌의 업무에서 가장 중요한 부문은 바로 교육문화 부문이었다. 교육문화부는 교환 학생 프로그램과 각종 문화 교류 활동을 주관했기에 이슬람 문화권과 교류를 활성화하고 자유 의제를 보급하는 데 중추적인 역할을 해내야 했다. 그동안 교육문화부가 효율적으로 운영되긴 했지만 어딘가 모르게 틀에 박혀 있었다. 내가 1977년에 교육문화부에서 인턴으로 일했기 때문에 내부 사정을 잘 알았다. 그래서 나는 백악관 인사관리실을 지휘하던 디나 포웰에게 교육문화부 차관보를 부탁했다. 이집트계 미국인 디나 포웰은 아랍어가 유창한 데다 애국심이 강하고, 활동적이며, 새로운 아이디어가 끊이지 않았다. 그녀는 민관 협동 사업, 스포츠 대사 양성 등 참신한 아이디어를 여러 차례 성공시켰다. 덕분에 피겨 스케이트 선수 미셸 콴, 야구계의 전설적 인물 칼 립켄 주니어와 켄 그리피 주니어가 대사 역할을 톡톡히 해낼 수 있었다. 국무부에서 함께 일하며 디나와 더욱 친해졌고 그녀를 누구보다 신임하게 되었다.

경제 농업 담당 차관보도 매우 중요한 자리였다. 나는 망설임 없이 조셋 시런을 선택했다. 무역대표부 차관보로 일할 때 누구보다도 열성적이었으며 일 처리가 정확하고 깔끔하다는 평을 얻은 인재였다. 보수적이기로 유명한《워싱턴포스트》편집국장을 지낸 이색적인 경력은 전혀 문제가 되지 않았다.

훗날 조셋 시런이 UN 세계식량계획 사무총장으로 임명되어 그 자리를 루벤 제프리에게 맡겼다. 루벤은 제리 브레머와 함께 이라크 경제 회생 및 안정에 큰 공을 세웠으며 골드만삭스 전 회장답게 금융 시장과 국제 경제에 지식과 경험이 풍부했다. 나는 국가안보보좌관으로 일할 때 경제력이 국제 사회의 입지에 얼마나 큰 영향을 주는지 뼈저리게 느꼈다. 이제 국무장관이 되었으나 무역과 경제 문제에 많은 시간을 쏟아야 했다. 경제 문제가 군사 및 정치 문제와 동등한 수준으로 부각되자 조셋 시런과 루벤은 국무부의 발 인권을 크게 신장시켰다.

관리 담당 차관에 헨리에타 홀스먼 포어를 임명했다. 국무부의 인사 및 시설 관리 업무는 상상을 초월할 만큼 방대한 일이었다. 헨리에타는 중소기업을 설립한 경험이 있었으며, 최근에는 미국조폐공사의 관리 체제를 대대적으로 개편해 세간의 주목을 끌었다. 그녀를 보좌하는 패트릭 케네디와 라즈쿠마르 켈라라자는 수완이 좋아서 헨리에타에게 큰 힘이 되었다. 사실 국무부 행정 절차는 잘못된 부분이 한두 가지가 아니었다. 예를 들어, 업무용 휴대전화를 결제하는 계좌는 하나였지만 통신사 계약은 50건이 넘었다. 이것만 제대로 정리해도 엄청난 비용을 절감할 수 있었다. 스탠퍼드대학 교무처장 시절 가장 가깝게 지낸 자문인 팀 워너에게 도움을 청해 국무부 예산 운영 방식을 대대적으로 개편했다.

한편, 파울라 도브리안스키 국제 문제 담당 차관은 바꾸지 않기로 했다. 국제 문제 담당 차관은 클린턴 정부가 신설한 직책으로 환경, 여성 문제, 인신매매, UN 기구 담당 등 다양한 업무를 맡고 있었다. 그녀도 나도 1980년대에 동유럽 전문가로 경력을 쌓기 시작했으며 유럽 내 공산주의를 종식시킨 역사적 사건들을 모두 목격했다. 파울라는 미 정부에 대한 불신과 의혹이 최고조에 달했던 기후변화협약 사태에서 강경한 태도를 보인 일로 한동안 구설수에 오르기도 했다. 얼마 후 우리는 파울라의 직책에 '민주주의'를 덧붙여주었다. 이로써 그녀는 민주주의 및 국제 문제 담당 차관이 되었다. 민주주의 가치관을 중시하는 미 외교 정책 수립에 오랫동안 헌신한 그녀에게 잘 어울리는 이름이었다. 조지 H.W. 부시 대통령 임기 중에 함께 일했던 배리 로웬크론을 영입해서 파울라의 일을 덜어주었다.

모든 차관을 임명하고 나니 천군만마를 얻은 기분이었다. 그들은 모두 통솔력과 결단력이 뛰어나서 문제가 외부로 불거지기 전에 해결할 것이라고 생각되어 든든했다. 그렇지만 세계 곳곳에서 직접 활동할 차관보도 남의 손에 맡길 수 없었다. 현지에서 미 국무부를 대표하는 얼굴이자 외교 방침의 일관성을 좌우할 사람들이었기 때문이다. 그들의 업무는 실질적인 정책을 수립하고, 대사관 운영을 총괄하며, 각국 정부와 긴밀한 관계를 유지하면서 미 정부를 대표해 협상을 진행하는 것이었다. 펜타곤이 주요 기지마다 작전 지휘관을 두고 있듯 차관보는 각 나라에서 외교 업무를 실질적으로 지휘하고 진행하는 실무자였다. 우리에게는 차관보가 바로 그런 존재였다. 각국 고위 관리들을 대하려면 우리 정부가 그들을 전폭 지원하고 존중하는 것이 우선이었다. 그들이 하는 말은 곧 국무장관과 대통령의 의견으로 간주되었다. 나는 차관보가 근무 시간의 절반은 마음 놓고 현지를 다닐 수 있도록 인력을 충분히 지원해야 한다고 주장했다. 해외에 나가면 차관보가 곧 국무부를 대표하는 얼굴이었고 미 행정부의 외교 정책을 전달하는 메신저였다.

그때도 지금도 주요 직책에 임명된 사람들 중에는 정무관과 외교관 출신이 뒤섞여 있다. 이를테면, 조지 슐츠의 부서는 절반 이상이 해외 근무 경험이 없는 정무관이었다. 매들린 올브라이트의 경우에는 정무관의 숫자가 3분의 2를 차지했다. 하지만 나는 기회가 닿을 때마다 해외 근무 경험이 있는 외교관들에게 기회를 주려고 노력했다. 그렇게 해야 국무부 직원들의 사기를 북돋아서 대통령의 기대에 부응하도록 유도할 수 있었다. 최종 분석에서는 6개 지역 차관보 중에서 한 명을 제외하고는 모두 외교관 출신으로 임명되었다.

유일하게 새로 차관보 자리에 오른 사람은 아프리카 지역 차관보 젠데이 프레이저였다. 그는 백악관에서 근무하다 남아프리카 대사를 지냈다. 콜린 파월의 아프리카 담당 차관보로 2005년 8월까지 근무한 코니 뉴먼의 뒤를 이을 사람은 젠데이뿐이었다. 다른 사람은 아예 생각조차 할 수 없었다. 그는 이미 부시 대통령의 아프리카 정책을 성공적으로 기획해 자신의 능력을 입증했으며 아프리카 전역에서 존경과 신임을 한몸에 받고 있었다.

이제 남은 차관보 직책을 돌아보니 국무부 직원 두 사람이 번뜩 떠올랐다. NSC 소속으로 일할 때 헌신적인 태도와 깔끔한 일 처리가 인상적이었으며 대통령 특별 보좌관으로 백악관에서 신임이 두터웠다. 국무부는 물론 그들이 맡고 있는 지역 내의 국가에서도 평판이 좋은 사람들이었다.

폴란드 대사를 거쳐 NSC 유럽 담당 특별 보좌관을 지낸 대니얼 프리드에게 유럽 담당 차관보 자리를 부탁했다. 대니얼은 국무부 폴란드 담당 사무 직원이었던 1989년부터 서로 알고 지낸 사이였다. 우리는 정책 추진에 박차를 가해 구 소련의 몰락을 한시라도 앞당겨보자고 의기투합했던 사이였다. 철저하게 보수적인 국무부는 종종 대니얼이 제출한 정책 방침서에 퇴짜를 놓았다. 그럴 때면 백악관 정책 수립 시 그의 의견을 반영하도록 귀띔해주곤 했다.

동맹국과 외교 관계를 바로잡거나 개선할 때면 대니얼이 앞장섰다. 결단력과 추진력이 강해서 지난 일을 일일이 거론하며 사과하는 편은 아니었으나 상대방의 마음을 상하지 않게 문제를 해결하는 재주가 있었다. 국무부뿐만 아니라 유럽 각국 정상들도 대니얼이라면 엄지손가락을 추켜세웠다.

토머스 섀넌도 NSC 중남미 특별 담당관이었다. 이미 언급했듯 부시 대통령과 나는 인접 국가 외교 관계를 개선하는 것이 무엇보다 중요하다고 여겼다. 부시 대통령은 임기 초반부터 남미 외교 강화를 염두에 두고 있었지만 자기 욕심만큼 열정이나 융통성을 발휘하지 못했다. 토머스 섀넌은 대통령의 신임이 두텁고 외교관으로서 자질도 인정받은 터라 남미 외교를 믿고 맡길 수 있었다. 토머스는 쿠바 문제도 깔끔하게 처리해냈다. 부시 대통령과 나는 쿠바 정부에 대한 불신이 깊었으며 유혈 사태의 주범인 독재자 피델 카스트로를 '처단'하라는 요청에 시달리고 있었다. 피델 카스트로를 생각하면 쿠바에 미국을 겨냥한 구 소련제 미사일을 설치한 근시안적 행동밖에 떠오르지 않았다. 일부 외교 관계자들과 유럽 국가들은 쿠바에 대한 단호한 태도를 못마땅하게 여겼다. 토머스는 이런 상황을 잘 알고 유연하게 대처했다. 남미 지역에 민주주의를 정착시키려는 의지가 확고했으며 쿠바 국민들을 해방하지 않고서는 그 꿈이 불가능하다는 것을 잘 알고 있었다. 그 밖에도 쿠바를 놓고 국내에서 여러 목소리가 높았으나 토머스는 아무 잡음 없이 노련하게 대처했다.

근동Near East 담당 차관보는 이집트 대사 데이비드 웰치에게 맡기기로 했다. 중동 지역을 맡아야 하므로 차관보 중에서 가장 중요한 자리였다. 데이비드는 동료들이 모두 인정하는 외교관이었다. 특히 아랍 전문가로 명성이 자자했으며 위험 국가 여러 곳에서 근무한 경력이 있었다. 1979년, 파키스탄 미 대사관이 공격을 받았을 때 그곳에 있었으며 레바논 내전이 한창 벌어질 때는 시리아에 있었다. 대니얼 프리먼과 마찬가지로 조지 H. W. 부시 대통령의 임기 중에 호흡을 맞춘 적도 있었다.

데이비드가 이라크 침공 계획에 다소 회의적이라는 점을 알고 있었다. 그런데 데이비드는 어깃장을 놓지 않고 최선을 다해서 지원해주었다. 1998년부터 이어진 이라크와 쿠르드의 갈등에 적극적으로 개입해서 휴전 협상을 주도한 것도 데이비드였다. 그는 중동 지역에 민주주의를 도입하는 문제도 조심스럽게 접근했다. 그와 대화를 나누어보니 의견 차이가 생긴 이유는 주요 전략이 아니라 구체적인 작전이었다. 그 정도의 긴장감은 문제 삼을 일이 아니었다. 팔레스타인 문제를 계속 감당하려면 데이비드가 주도권을 잡아야 했다. 이 일에 관련된 사람들은 그의 말이라면 일단 존중해주었다. 그것이 바로 성공의 밑거름이었다.

대니얼, 토머스, 데이비드는 퍼즐 조각을 맞추듯 딱 맞아떨어졌지만 동아시아-태평양 담당 차관보는 마땅한 사람이 나타나지 않았다. 이 지역은 새로 부상하는 중국, 동남아시아 외교 강화, 북한 핵 확산 저지 등 난감한 문제가 한두 가지가 아니었다. 설상가상으로 NATO와 유럽연합에 견줄 만한 권위 있는 기관이 없는 데다 2차대전이 상처가 아물지 않은 곳이 많고 주요 국가들 사이의 갈등과 반목이 심각했다. 한국의 경우는 민주주의가 빠르게 자리를 잡았으나 미국의 오랜 우방 국가 일본에 대한 불신과 거부감이 대단했다. 러시아는 일본과 끊임없이 마찰을 빚었고 일본은 중국에 많이 토라져 있었다. 그런가 하면 한국 정부와 중국 정부 사이의 긴장감도 만만치 않았다. 이렇게 동아시아는 어디를 둘러봐도 분위기가 심각했다. 미 정부는 이들 하나하나와 우호적인 관계를 이어가려고 안간힘을 쓰며 2차대전의 상처가 남은 지역에서 미국에 대한 적개심을 누그러뜨리는 이중고를 겪어야 했다.

동아시아는 펜타곤 병력이 가장 집중된 지역이기도 했다. 태평양 지역 총사령관은 4성 장군이었으나 실질적으로는 로마 시대 총독과 다를 바 없었다. 하와이 기지에서 이 지역을 관할하며 군사 정책과 외교 정책의 경계가 모호한 문제를 거침없이 다루었다. 성명을 발표하는 정도는 참을 만했지만 펜타곤과 국무부의 경계를 제멋대로 무시하는 경우도 다반사였다. 누가 총사령관을 맡아도 그 문제는 달라지지 않았다. 따라서 태평양 지역 총사령관과 좋은 관계를 유지하면서도 필요에 따라 정면으로 맞설 줄 아는 인재가 필요했다.

조금 더 욕심을 내서 동아시아에 대한 새로운 시각을 가진 사람을 찾고 싶었다. 국무부에는 한국 전문가, 중국 전문가, 일본 전문가(이들을 조롱하는 투로 '국화 왕좌의 앞잡이'라고 일컫는 경우도 있었다)가 따로 있었지만 중동 지역 전체를 꿰뚫어보는 데이비드나 유럽을 손바닥 보듯 하는 대니얼 같은 전문가가 없었다. 결국 나는 크리스토퍼 힐에게 손을 내밀었다. 주로 유럽에서 활동한 것 치고는 다방면에 밝은 사람이었다. 그는 한국 대사 근무를 성공적으로 마치고 돌아왔다. 흔히 한 곳에 오래 있으면 그 지역에 대한 편견이 많이 생기는데 크리스토퍼 힐은 한국을 훤히 알면서도 그런 편견은 전혀 없었다. 그는 진보적인 사상과 추진력과 인내심을 고루 갖춘 외교관이었으며, 세르비아에서 리처드 홀브룩이 슬로보단 밀로셰비치를 굴복시킬 때 숨은 공로를 세우기도 했다.

이제 남아시아 차관보만 남았다. 이 자리는 최근에 마련된 것이지만 중요도에서는 어디에도 뒤지지 않았다. 9월 15일에 캠프 데이비드에서 아프가니스탄 지도를 펼쳤을 때 어떤 반응이 있었는지 이야기한 바 있다. 우선 알카에다의 은신처를 봉쇄하는 것이 시급했다. 그런데 아프가니스탄의 지리적 조건상 알카에다를 몰아내는 것으로 끝날 문제가 아니었다. '거대 게임'이라고 할 만큼 세계 강대국의 이목이 집중된 데는 그만한 이유가 있었다. 남쪽으로는 파키스탄과 인도, 북쪽으로는 중앙아시아 국가, 서쪽으로는 이란과 인접한 아프가니스탄에 안정적인 민주주의 정부를 수립하면 이 지역 전체를 개혁할 가능성이 충분했다. 하루아침에 달라질 것을 기대할 수는 없었지만 변화가 일어날 수만 있다면 가장 먼저 공략할 지점은 남아시아였다. 키르기스스탄, 우즈베키스탄, 타지키스탄, 카자흐스탄, 투르크메니스탄 등의 중앙아시아 국가를 이제 유럽이 아니라 남아시아로 분류할 필요가 있었다. 지금까지 국무부에서 이들을 유럽으로 분류한 것은 구 소련의 영향이 컸다. 나는 이러한 전통을 깨고 이들을 남아시아로 분류해 현재 지역 정세와 향후 전망에 맞게 대처하기로 했다. 전통을 중시하는 유럽 국가들과 국내 일각에서는 아프가니스탄을 유럽과 다시 묶는 것을 탐탁지 않게 여겼지만 아프가니스탄이 경제, 정치적으로 빨리 성장하면 그런 불평은 자연히 사라질 것이었다.

남중아시아 지역국은 신설 부서인 만큼 여러 가지 관료주의적 업무를 모두 처리할 수 있는 전문가에게 맡겨야 했다. 일단 자리를 잡을 때까지 콜린 파월 밑에서 남아시아 지역을 담당한 크리스티나 로카가 1년 정도 맡아주었다. 업무가 모두 자리를 잡은 후에는 콜린의 대변인이자 경제 부문 국무부 고위 관리를 지낸 리처드 바우처를 불러들였다. 남아시아 지역의 통합을 이끌어가려면 무역과 경제 문제부터 처리해야 하므로 적격이었다.

이제 다 끝났겠거니 하다가 깜짝 놀라고 말았다. 이란을 전담하는 부서가 없었던 것이다. 국무부는 모든 일을 '외교 관계' 위주로 처리했다. 그래서 우리와 '외교 관계'가 없는 이란은 아예 외교 대상에서 제외된 상태였다. 어처구니가 없었다. 즉시 이란 담당 부서를 마련했다. 얼마 후 테헤란과 지리적으로 인접한 곳에서 이란의 상황을 주시하기 위해 두바이에 현지 사무소를 마련했다. 이는 미국이 구 소련과 정식 외교를 하기 전인 1920년대에 구 소련의 상황을 주시하려고 라트비아에 사무소를 마련한 것을 그대로 따라 한 것이었다. 두바이 사무실에서 이란 국민들의 비자 업무를 처리했으므로 사무실을 찾는 사람들을 통해 이란 국내 소식을 들을 수 있었다. 이란 전담 부서의 위상을 높이기 위해 국무부 대변인 닉 번스에게 직접 업무 보고를 하도록 했다. 물론 국무부 7층에 있는 내 사무실과 거리를 좁히려는 의도도 있었다.

9.11테러를 계기로 테러 위협은 이제 특정 지역에 국한된 것이 아니라는 점이 분명해졌다. 국무부 내에는 이러한 상황에 대처하려고 대테러 조정관

이 따로 임명되어 있었다. 조정관은 지역 담당관과 달리 국무장관과 직접 문제를 논의하고 다수의 정부 기관이 연계된 상황을 지휘했다. 미 정부의 대테러 방침을 기획, 실행하는 대테러 조정실의 수장으로 헨리 '행크' 크럼턴을 임명했다. 그는 CIA 요원 출신으로서 2001년과 2002년에 CIA의 아프가니스탄 작전을 지휘한 인물이었다. 콜린 파월은 정부의 민간 역량을 조직적으로 동원해 전쟁이 휩쓸고 간 나라를 돕기 위해서 2004년 재건-안정화 조정실을 설립했다. 초대 조정관으로 부임한 칼로스 파스쿠알은 조정실 운영 기반을 마련하는 데 큰 공을 세웠다. 나는 2006년에 칼로스의 후임자로 우크라이나 대사를 지낸 존 허브스트를 임명했다. 존은 뛰어난 리더십을 발휘해서 재건 활동에 필요한 훈련을 받은 민간 요원들로 구성되어 필요가 생기면 즉시 파견할 수 있는 민간 대응군을 조직했다. 민간 대응군의 목적은 다른 문제는 비무장 전문가에게 모두 맡기고 군부대는 오로지 치안 유지에만 집중해 업무 효율을 높이는 것이었다.

가장 잘했다고 생각하는 인사 결정은 리즈 라인베리를 다시 국무부로 불러들인 것이었다. 이 세상 어디에서도 리즈만한 인재는 찾을 수 없을 것이다. 그녀는 그동안 제임스 베이커, 워런 크리스토퍼, 매들린 올브라이트의 비서관으로 일했다. 그러다가 변화를 주기 위해 NSC를 택했고 그 후로 매일 내 옆을 지켜주었다. 리즈는 눈치가 빨라서 내게 필요한 것을 나보다 먼저 분별했다. 내가 국무장관이 되자 리즈는 국무부로 다시 돌아왔다. 그녀는 나의 일정을 관리했으며, 종종 친구들과 식사 약속을 잡아주고, 가족들에게 안부 전화를 해주고, 일요일 오후에 골프 시합을 하거나 연주회를 감상할 기회를 마련해주는 등 내 인생이 무미건조해지지 않게 도와주었다.

리즈 외에도 스티브 비크로프트가 국무장관 보좌관으로 일하게 되었다. 스티브는 국무부 고위직 출신으로 말이나 행동이 짓궂은 데가 있었다. 그는 직원들과 스스럼없이 지내며 편안한 분위기를 만들어냈다. 국무장관은 늘 바쁜 데다 스트레스가 많은 자리였으므로 시종일관 허물없고 편안한 분위기를 유지하는 것은 매우 중요했다. 프런트 오피스가 위기 의식만 계속 강조하면 모두 주눅이 들어 작업 능률이 떨어졌을 것이다. 리즈와 스티브는 시종일관 화기애애한 분위기를 만들어냈다. 스티브가 요르단 대사로 떠난 후에 합류한 조 맥마누스도 마찬가지였다. 세 사람의 활약은 내게 큰 힘이 되었으며 국무부 전체에도 긍정적인 영향을 주었다.

처음 며칠간은 국무부 '내부 지리'를 익히느라 정신을 차릴 수 없었다. 다들 나를 'S'라고 불렀다. 모두 'S께서 이렇게 말씀하셨습니다.' 라든가 'S께서 이렇게 지시하셨습니다.'라고 말했다. 처음에는 내 이름이 세상에서 사라진 것 같아 어색하기 짝이 없었다. 그리고 생각 없이 말을 뱉었다가는 국무부 전체가 'S께서 이렇게 말씀하셨다.'며 호들갑을 떨까 봐 조심스러웠다.

국무부는 위계질서를 중시하는 조직이었다. NSC에 있을 때부터 기강과 질서를 강조하는 국무부에 혀를 내둘렀다. 아주 간단한 정책이라도 여러 부서를 거쳐 많은 사람의 결재를 받느라고 시간이 오래 걸렸다. 국가안보보좌관으로 일할 때 오전 회의에 참석하면 펜타곤과 국무부에 무슨 일이 일어났는지를 럼즈펠드나 콜린보다 내가 먼저 알고 있었다. 각 지역을 맡은 보좌관들이 나에게 각 부처에서 결재를 받으려고 대기 중인 사안이 무엇인지를 알려주었기 때문이다. 나는 결재 단계를 최대한 간소하게 줄이자고 제안했다. 다들 '기꺼이' 그렇게 하겠다고 대답했지만 4년이 지나도 달라지지 않았다. 'S'에게 보일 사안이라면 지나가다 어깨 너머로 이야기를 들은 사람도 끼어들었다. 결국 내가 나서서, 기안을 작성한 사람이 직접 나에게 브리핑하라고 요청한 적이 여러 번 있었다.

국무부로 자리를 옮기느라 분주한 사이에도 당장 처리해야 할 문제들이 눈덩이처럼 쌓여갔다. 이를테면, 국제 마약 및 법 집행부는 아프가니스탄과 이라크의 경찰 훈련 때문에 어마어마한 예산이 배정되어 있었지만 예산 관리 기록이 꼼꼼하지 못했다. 담당 차관보는 필요한 변화를 수용하지 않으려는 태도를 보였다. 그 선에서만 끝났더라도 이 일을 크게 문제 삼지 않고 끝까지 일을 맡겼을 것이다. 그렇지만 어느 날 저녁 늦게 비서실장 브라이언이 찾아와서 그가 가깝게 지내는 국회의원들에게 나에 대한 불평을 늘어놓았다고 알려주었다. 그래서 새로운 차관보를 임명하기로 결정했다. 불만이나 이의가 있으면 언제든지 말해도 좋다고 한 적은 있으나 이런 식으로 뒤통수를 치는 행동은 용납할 수 없었다.

마침 새로운 임명을 기다리던 국무부 고위 직원 낸시 포월을 임시로 불러들였고, 머잖아 앤 패터슨이라는 유능한 인재를 발굴했다. 그녀는 훗날 파키스탄 대사로 일하기도 했다. 국무부에서 경영 능력이나 지도력으로 앤을 능가하는 인재를 찾아볼 수 없었다.

앤이 왔을 때 국제 마약 및 법 집행부는 대규모 국가 재건 프로젝트가 두 건이나 겹쳤지만 업무 처리 방식이 제대로 정리되지 않은 상태였다. 어느 부서든 업무에 따라 자원 배정을 잘해야 성공할 수 있기 때문에 업무량 분배에 적잖이 신경 쓰고 있었다.

그러나 가장 시간을 많이 요하는 작업은 우리 부서의 필요에 맞추어 유연하게 인력을 배치하는 것이었다. 국가안보보좌관 시절에 아프가니스탄과 이라크에 고위 외교관을 파견하는 문제로 국무부가 쩔쩔매는 모습을 자주 볼 수 있었다. 인원은 그리 많지 않았다. 고작 11명이었기 때문에 로버트 게이츠와 나는 군악대와 다를 바 없다고 우스갯소리를 한 적도 있었다. 콜린이 4년 임기 내내 천 명이 넘게 인력을 증원한 덕분에 조금 숨통이 트였지만 그래도 일손은 턱없이 부족했다. 특히 가족을 데려갈 수 없는 위험 지역은 상태가 매우 심각했다. 국무부는 주요 직책을 지원자 위주로 임명했기에 인기가 없는 자리가 종종 공석으로 남았다. 가족 문제가 가장 큰 어려움으로 작용한 중간급 직위는 지원자가 거의 없었다.

게다가 기존 국무부 직원들도 업무 분담이 제대로 되지 않았다. 인구 8천만 명의 독일과 10억 명인 인도에 나가 있는 외교관 숫자가 거의 동일했다. 유럽 중심으로 국가 안보 문제를 다루던 냉전 시대의 잔재였다. 로버트 졸릭은 인원을 적절히 재분배하느라 진땀을 흘렸다. 나는 인준 청문회에서 외무부가 앞으로 민주주의를 적극 옹호하고 AIDS 퇴치, 파산 국가 재건 등에 앞장서는 변혁 외교를 내세웠다. 그동안 긴 외교 전문을 발표하는 것이 국무부에서 가장 중요한 업무였지만 통신 수단이 급격하게 발달한 후에는 중요성이 크게 줄어들었다. 이러한 변화에 발맞추어 새로운 의사소통 방식을 도입하고 격리된 곳이나 정치적 불안이 고조된 곳까지 손길을 뻗쳐야 했다.

지금까지 살펴본 것이 모두 국무부 소관이었다. 하루가 멀다 하고 정책 문제나 갈등 문제로 씨름해야 했다. 정책 실행의 성공 여부는 국무부가 제 기능을 다하느냐에 달려 있었다. 그래서 세부적인 것에 지나치게 관여하지 않기로 했다. 물론 국무부 내에서 벌어지는 일에 대해 일정 수준까지 알아둘 필요가 있었다. 업무 처리 절차 문제로 인해 보고를 받을 즈음에는 이미 손을 쓰기에 너무 늦어버린 상황이 몇 번이나 반복되었다. 뒤늦게 허둥지둥하며 기자들이나 국회에 변명하면서 해결책을 강구하는 것은 정말 힘들었다. 그래서 첫 번째 회의에서는 실수가 있어도 이해해주려고 노력할 테니 함께 해결책을 찾도록 노력하자고 직원들을 격려했다. 단, 믿는 도끼에 발등 찍히는 상황은 용납하지 않겠다고 못을 박았다.

"내가 국무장관으로서 알아야 할 일이라면 외부 사람들이 알기 전에 나에게 보고하기 바랍니다."

최고 책임자로서 사전 경고가 전체 부서 운영에 중요하다는 점을 수없이 강조했지만 모든 사람들이 따르게 만들기란 거의 불가능했다.

정신없이 바쁘게 일하다가도 가끔 국무장관이 된 것이 얼마나 큰 영광인지 느낄 때가 있었다. 2005년 대통령 연두교서를 발표하는 자리에 참석한 것도 그런 순간이었다. 나는 밖에 서서 문틈을 들여다보았다. 의원들이 많이 모여 있었다. 해마다 텔레비전에서는 이곳의 화려한 모습을 여과 없이 보여주었다. 미국 민주주의의 법적 정통성과 건재함을 직접 확인할 수 있는 순간이었다. 이윽고 대통령과 각료들이 입장할 순간이 되었다.

문이 활짝 열리고 기자들의 카메라 플래시가 갑자기 여기저기서 터져 앞이 거의 보이지 않았다. 나는 양쪽에 있는 의원들과 악수를 나누며 앞을 향해 걸어갔다. 나라가 처음 생겼을 때에는 국무장관, 재무장관, 국방장관, 법무장관 등 부처가 네 개뿐이었다. 공식적인 자리에서는 반드시 이 순서를 따랐다. 국무장관은 부통령, 하원 의장, 상원 부의장*의장을 겸직하는 부통령이 자리를 비울 때 의장 대행 역할을 함 다음인 네 번째 자리를 차지했다. 내각 고위 각료이기에 항상 먼저 자리를 잡고 대통령이 도착하기 전까지 다른 각료들이 입장하는 과정을 통솔했다.

첫 줄까지 와서 생각해보니 걸음걸이가 너무 빨랐다는 생각이 들었다. 내 뒤를 따르는 장관들에게 방해될까 봐 마음이 급했던 것이다. 재무부 장관 존 스노는 한참 뒤에 서서 사람들과 악수하며 즐겁게 인사를 나누고 있었다. 내년에는 좀 천천히 걸어야겠다고 생각했다. 몇 분 뒤 박수소리가 멈추고 정적과 함께 긴장감이 흘렀다.

"미국 대통령께서 들어오십니다."

대통령은 슬쩍 눈인사를 건네며 내 앞을 지나 연단에 올라섰다. 우레와 같은 박수갈채가 터지고 사회자 데니스 해스터트가 대통령을 소개했다.

"여러분, 미국의 대통령 각하를 소개하게 되어 진심으로 영광스럽게 생각합니다."

국무장관으로서 처음 듣는 연두교서였다. 나의 역할에 대한 전통과 역사적 의의를 깊이 생각해볼 계기가 되었다.

국무장관이라는 직책에 대해 내가 그동안 몰랐던 점이 계속 나타났다. 일례로 국새를 관리하는 책임이 국무장관의 몫이라는 것도 이번에 처음 알게 되었다. 하루는 내 책상에 결재해야 할 서류가 수백 장이나 올라왔다. 그중에는 다른 각료를 임명하는 서류도 있었다.

"이걸 왜 내가 결재하는 겁니까?"

"국무장관께서 국새 상서입니다."

"제가 언제부터 국새 상서가 된 겁니까?"

"토머스 제퍼슨도 국새 상서였습니다."

대영제국에서 갓 독립해 대서양을 사이에 두고 나라를 세웠을 때는 외교 업무가 그리 많지 않았을 것이다. 그때 토머스 제퍼슨이 좀 바빴더라면 국새 상서를 맡지 않았을지도 모른다. 이제 와서 그런 '싱싱'을 해본들 무슨 소용이 있겠는가? 그동안 1974년에 헨리 키신저가 리처드 닉슨의 사표를 왜 수리했는지 납득할 수 없었지만 이제는 이해할 수 있을 것 같았다. 국무장관이 되자 국새로 주요 공식 문서를 결재하게 되었다. 정부를 대표하는 공증인이 된 것이다. 국새를 국무부 전시 홀에 자랑스럽게 진열하고 225차 기념일에는 이동 전시회를 마련했다.

22

해외 순방에 나서다

연두교서를 발표한 다음 날, 첫 번째 해외 순방에 나섰다. 국무장관이 된 지 일주일 만에 이렇게 하는 것은 우방 국가에 적극적이고 개방적으로 다가가겠다는 의미였다.

앤드루 공군 기지에서 'The United States of America'라고 쓰인 비행기에 올랐다. '블루 앤드 화이트'라는 애칭으로 불리는 1980년산 보잉 757이었다. 앞쪽에 있는 전용석 책상 앞에 앉으니 뿌듯하고 행복했다. 하지만 잠시뿐이었다. 국무부 대변인 숀 매코맥이 뒤쪽에 앉은 언론사 기자들을 만나야 한다고 알려주었다. 그들은 국무부 전담으로 발령된 기자들이었다. 이륙 직후 기자들에게 여행의 전체적인 계획과 분위기를 설명하는 것은 하나의 관행이었다. 정신을 가다듬고 비행기 뒤편으로 갔다. 비행기가 계속 흔들리는 통에 똑바로 서서 이야기하려 애를 써도 아무 소용이 없었다.

기자단 분위기는 매우 화기애애했다. 첫 여행에 나선 신임 장관의 긴장을 풀어주려는 것 같았다. 다들 외교 정책을 손바닥 들여다보듯 하는 전문가였다.《뉴욕타임스》의 스티브 웨이즈먼,《워싱턴타임스》의 글렌 케슬러, AP 통신의 앤 기어런, NBC 뉴스의 안드레아 미첼은 특히 경험이 많았다. 국무부 기자단은 '외교 정책 괴짜'라는 별명을 가지고 있었다. 다방면에 두루 지식을 갖추고 백악관에서 주로 기삿거리를 찾는 기자들과는 전혀 딴판이었다. 앞으로 4년 동안 미우나 고우나 함께 지낼 사이였기에 서로 존중하면 좋겠다고 말했다. '제4권력'으로 일컬어지는 언론의 힘을 무시할 생각은 전혀 없었다. 국무부에서 그들이 차지하는 자리가 얼마나 중요한지 잘 알기에 될 수 있으면 잘보이고 싶었다. 그래서 일정을 확인할 수 있는 자료집을 모두에게 나누어주었다.

　백악관 대변인실의 짐 윌킨슨과 숀이 신경을 많이 써준 덕분에 첫 방문지는 우리 정부와 '각별한 친구'인 영국으로 정해졌다. 미국과 영국의 친분관계를 모르는 사람은 드물 것이다. 하지만 공식석상에서 영국에 대한 남다른 우정을 과시하면 다른 우방 국가의 기분을 상하게 할 우려가 있으므로 조심해야 했다. 그래서 나는 늘 '각별한 친구들 중 하나'라는 표현을 사용했다. 그렇게 하면 불필요하게 미움이나 원성을 살 이유가 없었다.

　영국은 첫 유럽 방문이 순조롭게 시작될 수 있도록 물심양면으로 도와주었다. 첫날 일정은 유명한 저널리스트 데이비드 프로스트를 만나 인터뷰하는 것으로 시작되었다. 인터뷰가 끝난 뒤 다우닝가 10번지에 있는 윈스턴 처칠 생가에서 토니 블레어 총리를 만나기로 했다. 처칠 생가는 (세 번이나 와본 곳이지만) 평범한 주택이었으며 검소한 실내 장식이 매우 인상적이었다. 벽에는 19세기에 총리를 지낸 벤저민 디즈레일리의 사진이 걸려 있었다. 국가안보보좌관이었을 때 주요 국가들의 수반을 모두 만나보았으며 토니 블레어는 그중에서도 누구보다 잘 아는 인물이었다. 이제 국무장관으로서 그를 만날 생각을 하니 가슴이 떨리는 것을 부인할 수 없었다. 기자들 앞에 함께 설 수 있어 참 다행이라는 생각이 들었다. 그러지 않았다면 국무장관으로서 첫 해외 순방에 올라 언론에 모습을 드러내는 순간이 여간 부담스럽지 않았을 것이다.

외무장관 잭 스트로와 훈훈한 분위기 속에서 건설적인 대화를 나눈 뒤 수많은 기자들 앞에서 정식 기자회견을 열었다. 기자들을 대하는 방식은 크게 두 가지였다. '기자 회동'에서는 기자단 앞으로 잠깐 걸어가 즉흥적인 몇 마디를 하고 질문 한두 개만 받았다. 그와 달리 '기자회견'에서는 화려한 홀에 정식 연단을 마련하고 숱한 질문 공세를 받아야 했다. 잭과 나는 금빛과 흰색으로 화려하게 꾸며진 기자회견장 연단에 올랐다. 홀을 가득 채운 기자들을 보니 숨이 탁 막혔다. 침착해야 한다고 속으로 되뇌었다.

'가슴을 활짝 펴고 당당하게 보여야 해. 이런 자리에 천 번도 넘게 서봤잖아. 천 번은 아니라도 수없이 해봤으니까 잘할 수 있어.'

잭이 먼저 발표한 후 내 차례가 되자 기자단이 질문을 시작했다. 의외로 이라크에 대한 질문은 거의 나오지 않았다. 3천만 명에 달하는 이라크 국민들이 1월 30일 투표에 참여했다. 중동에 민주주의가 실현될 때 과연 어떠한 모습일지를 직접 확인할 수 있었다. UN이 오일-식량 프로그램에 개입할 것이라는 속보 때문인지 몇 달 전에 비해 사담 후세인을 타도하려는 우리 정부의 입장을 비난하는 여론이 한층 잦아들었다. 언론은 긴장감이 누그러지면 주제를 바꾸는 경향이 있다. 아니나 다를까 기자들의 관심사는 이란으로 방향을 틀었다. 그들은 이란의 핵무기 보유 시도에 대해 미국이 다른 동맹국들과 의견 차이를 보이는 부분에 많은 관심을 보였다.

질문을 들어보니 유럽 사람들은 자신들이 미국과 이란의 중재자라고 착각하는 것 같았다. 그들의 눈에 미 정부는 문제를 함께 해결하는 동반자가 아니라 문제 유발에 어느 정도 책임이 있는 존재로 비쳤다. '도대체 어쩌다 이 지경이 되었을까?'라는 생각이 스쳤다. 많은 질문이 쏟아졌지만 미국이 이란에 대한 군사 행동을 개시하려는 증거를 찾는 데 거의 집중되었다. 잭이 나서 분위기를 가라앉히려고 노력했지만 그 역시 유럽과 미국의 생각이 다르다고 믿었다.

'이란이 이 상황을 알면 꽤 좋아하겠군.'

나는 그날 밤 당장 전화로 대통령에게 사태의 심각성을 알려야겠다고 결심했다. 친구로 생각했던 유럽 국가들은 우리 정부와 매우 다른 생각을 품고 있었다.

그날 오후 베를린으로 출발했다. 유럽에서 (로마와 더불어) 특별히 좋아하는 도시였다. 그곳에 가면 역사적으로 슬픈 기억과 가슴 벅찬 기억이 한꺼번에 떠올랐다. 독일 통일 과정에 깊이 관여했기 때문에 본 카페에 앉아 베를린을 독일 수도로 할 것인지를 고심하며 오랫동안 이야기하던 기억이 여전히 생생했다. 어떤 이는 베를린에 군사주의와 1, 2차대전의 자취가 너무 많다고 생각했다. 하지만 독일 국민들은 세계 강국의 도시로 손색이 없다며 베를린을 선택했다.

사실 통일 후에도 독일은 유럽에서 가장 인구가 많고 경제적으로 빠르게 발전하는 나라라는 이미지와 달리 내실을 다지지 못했다. 누군가 독일 '대국'이라는 표현을 쓰면 주변 사람들은 독일 사람들이 그 표현을 좋아하지 않는다고 살짝 귀띔해주었다. 베를린의 '파워'를 포함해 더 넓고 평화로운 기반을 마련하려는 유럽 통합 전략과 얽혀 있어 독일의 역할을 정하는 것은 상당히 까다로웠다. 미국의 도움으로 냉전 기간 내내 분단 상태로 버티다 20세기가 저물기 전에 통일을 이룰 수 있었다. 그런데도 통일 이후의 독일은 여전히 외교 방침에 대한 뚜렷한 기준을 세우지 못했다. 게르하르트 슈뢰더 총리가 블라디미르 푸틴과 합심해서 이라크에 개입하는 것을 반대한 것만 보더라도 독일이 종종 동쪽으로 기우는 경향이 남아 있음을 엿볼 수 있었다. 그 점을 굳이 논란거리로 부각시키지 않았지만 다른 동맹국도 아닌 독일이었기에 이라크 문제로 미국과 독일의 관계가 크게 나빠졌다는 생각이 들었다. 통일 후에도 그들은 외교 정책 방향을 잡지 못했다. 나는 그저 통일 이전으로 되돌아가지 않기를 바랄 뿐이었다.

총리 집무실은 새로 지은 건물에 있었다. 원통형 기둥을 중심으로 소용돌이를 그리는 구조 때문에 '세탁기'라는 별명이 붙었다고 했다. 독일 전통 건축 양식은 좋아했지만 현대식 건축 양식은 탐탁지 않았다. 광장 건너편의 19세기에 지어진 국회의사당과도 어울리지 않는 것 같았다. 새로 지은 건물에서 돌로 된 돔 부분은 독일 제국의 투명성을 강조하기 위해 유리로 바꿨지만 전체적인 이미지를 바꾸는 데 역부족이었다. 어찌 된 영문인지 코앞에 중요한 회의를 두고서도 건물 양식에 정신이 팔려 있었다. 이런 경험은 처음이었다.

엘리베이터를 타고 슈뢰더 총리의 집무실로 올라갔다. 총리는 우리를 따뜻하게 맞아주었다. 인사를 나눈 뒤에 좁은 복도를 따라 기자들이 모인 곳으로 갔다. 방에 들어서면서부터 카메라 플래시에 눈을 뜰 수 없었다. 수백 명의 기자들이 모여 인산인해를 이뤘다. 다들 슈뢰더 총리와 내가 함께 있는 모습을 찍으려고 아우성이었다.

"이쪽 좀 봐주세요!" "국무장관님, 여기요!" "반대편으로도 얼굴을 보여주세요!"

사방에 온통 카메라밖에 보이지 않았다. 슈뢰더 총리가 가는 대로 발걸음을 옮기긴 했지만 소란스러운 기자들 때문에 정신을 차릴 수 없었다.

연단에 오른 슈뢰더 총리가 미-독 관계의 중요성과 두 나라가 공유하는 가치관에 대해 설명했다. 그는 독일이 이라크 재건에 기여하는 바가 크며, 특히 정부군 훈련에 온 힘을 다하고 있음을 강변했다. 나 역시 과거가 아니라 미래에 대해 긍정적인 전망을 이야기했다. 이어서 기자들의 질문이 꼬리를 물었다. 런던에서처럼 이라크보다 이란에 대한 질문이 주를 이루었다. 적대적인 느낌은 없었으나 예리한 질문이 연이어 쏟아졌다.

한번은 슈뢰더 총리가 기자를 호명할 차례인데 내가 실수를 저질렀다. 그는 억센 독일 억양 그대로 "우먼파워가 대단하군요!"라고 말했다. 농담이겠거니 하고 그냥 넘겼다. 기자회견이 끝날 무렵 슈뢰더 총리는 내 뺨에 입을 맞추었다. 다음 날 베를린 방문에 대한 1면 기사에는 슈뢰더 총리와 다정하게 포옹하는 사진이 실렸다. 그 사진 하나로 모든 과거를 뒤로하고 새로 출발하겠다는 두 나라의 의지가 충분히 드러난 것 같아서 흐뭇했다.

그날 오후 폴란드를 경유해 터키로 가는 비행기 안에서 부시 대통령의 전화를 받았다. 대통령은 슈뢰더 총리와 너무 친해진 것 아니냐며 껄껄 웃었다. 그러더니 금세 진지한 목소리로 기대한 만큼 잘하고 있다는 말을 건넸다. 이제 이라크 문제로 인한 상처를 툭툭 털어버리고 함께 공유할 수 있는 가치를 찾아 힘을 모아야 할 시기였다.

민주주의 가치의 잠재력을 가장 크게 느낄 수 있었던 곳은 폴란드였다. 나는 모두에게 눈앞의 상황이 아니라 역사의 긴 흐름을 보라고 말하기 위해 바르샤바를 방문했다. 폴란드는 이라크 해방에 처음부터 아낌없이 지원했으며 그럴 만한 이유가 충분했다. 그들은 누구나 자유를 누려야 한다고 믿었으며 길고 긴 냉전 동안 자유세계가 폴란드를 잊지 않은 것을 고맙게 여겼다. 그래서 세계 어디든 억압받는 사람들이 있다면 기꺼이 관심을 보이고 도움의 손길을 나누었다.

4년 전, 부시 대통령과 함께 바르샤바를 방문했을 때 환영 행사에서 크게 감동받은 기억이 떠올랐다. 미국과 폴란드 국기 옆에 NATO 깃발이 함께 펄럭이는 가운데 두 나라 국가가 장엄하게 흐르는 것을 들으니 '구 소련 체제하의 동유럽 암흑기에 이런 순간을 상상이나 할 수 있었을까?'라는 생각이 들었다. 1989년에 조지 H.W. 부시 대통령과 폴란드를 방문한 기억도 새록새록 되살아났다. 조지 H.W. 부시 대통령은 그단스크*폴란드 포모르스키 주의 주도州都를 방문해 공산주의 체제에 대한 타도를 외치도록 힘을 실어주었으며 노조의 (공산주의) 반대 운동에 전폭적인 지지를 보냈다. 이 나라는 권력과 원칙이라는 양대 기반을 갖춘 미국 외교 정책이라면 태산 같은 장애물이라도 극복할 수 있다는 희망을 준 사례가 되었다.

유럽을 '구 유럽'과 '신 유럽'으로 구분해 중동 지역처럼 문제가 많은 곳만 신경 쓸 수 있다면 자유 진영 위주로 힘의 균형을 맞출 수 있었을지 모른다. 그렇지만 현실은 그리 만만치 않았다. 60년 전에는 폴란드가 바르샤바 조약에 가입한 덕에 미 대통령이 나서 폴란드 파견대의 NATO 자격을 검토하는 날이 오리라고 누구도 예상치 못했을 것이다. 20년 전인 1985년에도 요원하기는 마찬가지였다.

그런가 하면 미국이 이슬람 국가와 관계가 불편한 탓에 문제가 더욱 악화된 면도 있었다. 다음 행선지인 터키에서 그 점이 더욱 피부에 와 닿았다. 터키는 1952년에 NATO에 가입했으며 미국의 오랜 우방 국가였다. 그런데 최근 들어 민주주의 흉내만 내는 것 같았다. 군의 영향력이 강해진 데다 정치 고관들은 국민들에게 세속주의를 강요하는 분위기였다. 세속주의 철학인 케말주의* *'케말리즘' 또는 '여섯 개의 화살'로 알려진 케말리스트 이데올로기는 현대 터키공화국의 기본적 성격을 규정하는 대원칙으로, 터키 민족 운동과 그 지도자였던 무스타파 케말 아타튀르크에 의해 정립되었음는 터키 현대화에 크게 기여했으나 민주주의를 온전히 실현하는 것과는 거리가 멀었다. 회교 사원 밖에서는 종교적인 표현이 거의 금지되어 있었다. 선거 후 AKP(정의개발당)가 집권당이 되자 이슬람교 지도자들이 공공연하게 정계의 주도권을 장악했다. 그들은 터키를 민주주의 국가로 만들 의향이 없으며, 사회 균형을 회복하고 공공 장소에서 종교를 자유롭게 표현하거나 같은 신앙을 가진 사람들끼리 모이게 도와주려는 것뿐이라고 주장했다. (케말주의에 사로잡힌) 구세력과 AKP는 나라의 장래를 두고 대조적인 입장을 보였다. 많은 사람들이 AKP 당원들의 아내가 머리에 스카프를 두르고 다니는 것을 보며 터키가 이슬람 국가가 될지도 모른다는 불안감에 시달렸다. 나는 터키가 개인의 자유에 대한 요구와 이슬람 전통의 해묵은 갈등을 해소하는 첫 번째 사례가 되기를 기대했다.

지금도 중동 지역에서는 이 문제의 불씨가 그대로 남아 있다. 중동 지역에 민주주의가 뿌리를 내리려면 터키와 동일한 과정을 거쳐야 할 것이다. 터키처럼 여성의 권리와 이슬람 교리의 충돌이 먼저 해결되지 않으면 민주주의가 제대로 설 수 없다. 유럽은 이미 수백 년 전에 정치와 종교의 관계 및 종교 지도자들이 정계에서 누리는 입지에 대한 논의를 끝냈다. 이슬람 지역에서는 이제부터 이 문제를 풀어나가야 한다.

따라서 이스탄불*터키 최대의 도시과 앙카라*터키 수도는 물론이고 광활한 터키 제국 전역에서 역사적으로 중대한 의미를 지닌 문제였다. 우리 외교 정책을 '자유 의제'를 강조하는 방향으로 수정하는 데 터키는 구심점과 같은 존재였다. 앙카라로 출발할 때 이미 그 점을 마음 깊이 새기고 있었다.

부시 대통령의 두 번째 취임 연설에서 외교 정책의 핵심을 인간다운 자유 실현이라고 정의했다. 대통령은 연설 초안부터 직접 관여하며 인간의 존엄성과 자유에 대한 생각을 강하게 피력했다. 이전의 대통령들도 장기적으로 국익을 잘 지키는 방법은 자유를 널리 확대하는 것이라고 굳게 믿었다. 그런데 '우리나라에서 자유가 생존하느냐에 따라 다른 나라에서 자유가 성공하는 확률이 달라집니다. 이러한 현상은 갈수록 뚜렷해지고 있습니다.'라는 선언과 달리, 정작 중동 지역에 대한 외교 방침은 민주주의를 희생해서라도 안정을 유지하는 것이었다. 9.11사건을 계기로 미 정부는 '민주주의보다 안정'을 우선하는 방침을 과감히 버렸다. 이와 같은 노선 변경은 부시 독트린의 대표적인 특징이었다.

알카에다 추적에 온 힘을 쏟다 중동 지역의 자유 확립에 초점을 맞추기로 생각을 바꾼 것은 하룻밤 사이에 이루어진 것이 아니었다. 사실 부시 대통령은 자유가 무엇보다 중요하다고 여기는 사람이었으며, 특히 미 외교 정책은 (효과나 실리 위주가 아니라) 자유 확립에 초점을 맞추어야 한다고 굳게 믿었다. 그가 팔레스타인 정부를 지원했던 것이나 이라크를 단지 독재자의 손에서 해방하는 데 만족할 것이 아니라 민주주의 정부를 수립하도록 도와주어야 한다고 강력히 주장했던 것도 그 때문이다.

두 번째 취임 연설에서 중동 지역을 비롯한 세계 전역에 자유를 확립할 필요성을 크게 강조하자 정책 수립가, 분석가, 학계에서는 미 외교 정책에서 이상주의와 이데올로기가 갖는 의미에 대한 토론이 벌어졌다. 현실주의자들은 다른 나라를 대하는 방식은 '이상주의'가 아니라 '국익'에 따라 결정해야 한다고 거세게 반발했다. 그들은 (부시 대통령이 말한) 자유가 단지 도덕적인 명분이나 이상주의적인 의미가 아니라는 점을 깨닫지 못했다. 대통령이 말한 자유는 현실주의의 구성 요소를 재정의한 것으로, 9.11테러라는 끔찍한 사건이 바꾸어놓은 주변 상황에 따라 국익을 따지는 방법도 달라져야 한다는 의미였다. 다행스럽게 미국이 추구하는 가치와 우리가 지켜야 할 국익이 어떻게 연관되는지를 설명하고 이해시키기까지는 긴 시간이 걸리지 않았다. 나는 이를 '미국적 현실주의'라고 명명했다.

9.11테러에 대한 전반적인 반응은 어떤 의미에서 진주만 사건에 대한 반응이나 2차대전 이후에 대처하는 자세와 비슷한 점이 많았다. 루스벨트 대통령은 독일이나 일본을 민주주의 국가로 만들려고 전쟁을 일으키지 않았다. 전쟁이 끝나자 영국을 위시한 대부분의 유럽 국가들은 독일 신정부 수립보다 전쟁 후에도 강대국의 면모를 유지할 것인지에 더 관심을 보였다. 보고에 따르면, 처칠 수상은 자기가 독일이라는 나라를 좋아하기 때문에 독일이 많아졌으면 좋겠다고 말하기까지 했다. 그 말은 독일이 여러 지역으로 갈라져 1871년의 모습으로 돌아가기를 바란다는 것이었다. 그렇게 된다면 독일은 한낱 약소국에 불과해서 더 이상 세계 강국의 자리를 넘볼 수 없을 터였다.

그러나 미국의 생각은 조금 달랐다. 민주주의를 보급하고 확립하려는 의도에 도덕적인 명분도 있었지만 실리적인 이유도 있었다. 트루먼, 애치슨, 마셜 등은 패배한 정권을 근본적으로 변화시키는 것만이 안정되고 새로운 정치의 시작이며 그러한 변화는 민주주의가 아니면 지속시킬 수 없다고 여겼다. 그들은 유럽에 민주주의 국가가 있어야 힘의 균형이 미국에 유리한 방향으로 이루어진다고 생각했다. (힘의 균형이라는) 국익과 (민주주의라는) 이상을 공존시키는 것이야말로 전략 수립의 핵심이자 출발점이었다. 훗날 미국은 동맹국의 지지에 힘입어 서독과 새로운 동맹 관계를 수립했다. 서독은 민주주의 이념을 따르는 나라였다. NATO의 목적은 스탈린이 구 소련 확장을 막는 동시에 과거 적대 관계였던 나라들을 평화라는 이름으로 민주주의 동맹을 결성하도록 도와서 일종의 안보 우산을 만드는 것이었다. 일본에서는 새로운 정부와 방어 동맹을 맺고 미국 헌법과 매우 유사한 헌법을 제정하는 것으로 소기의 목적을 이루었다. 이것이 바로 '민주적 평화'의 구체적인 실천 사례였다. 역사는 민주주의 국가가 서로 칼을 겨눈 적이 없다는 점을 입증했다. 따라서 국내에 안정적인 민주주의 체제를 확립하고 국가 간의 관계를 동일한 방식으로 처리하는 것은 국내를 더욱 안정시키고 외교력을 높이는 이중 효과를 가져왔다.

민주주의가 오랜 라이벌 관계를 끝내고 자유와 번영이라는 기반을 마련할 수 있다는 믿음은 중동 지역에 쉽게 받아들여지지 않았다. 그래도 우리는 민주주의에 대한 신념을 버리지 않았으며 9.11테러를 기점으로 큰 혼란에 빠진 중동 지역에도 분명히 가능성이 있다고 믿었다. 당장 급한 문제는 알카에다를 추적해 미 본토를 추가 공격으로부터 방어하며 대량 살상 무기가 테러 집단의 손에 들어가지 않도록 조치를 취하는 것이었다. 하지만 폐허가 된 쌍둥이 빌딩과 펜타곤을 바라보자 그것만으로는 근본적인 문제가 해결되지 않을 것이라는 생각이 들었다. 이 모든 재난의 불씨는 중동 지역에 '자유 부재'라는 문제를 그대로 남겨 둔 것과 미 정부가 독재 정부의 존재를 허용한 것이었다.

중동 지역에서 자유의 부재와 테러 집단의 상관관계를 규명하는 것은 매우 까다로운 일이었다. 버나드 루이스와 파우드 아자미가 미 행정부의 외교 정책에 큰 영향을 미친 것은 사실이었지만 대통령과 나에게 가장 큰 영향을 준 것은 딱 하나였다. 그것은 바로 2002년에 UN개발계획*저개발국과의 기술 협력 및 개발을 위해 설립된 UN 산하의 전문 기구이 발행한 아랍 인간 개발 보고서였다. 이 보고서는 아랍 지식인들의 입을 빌려 지난 60년간 전제주의가 중동 지역에서 저지른 만행을 낱낱이 열거했다. '아랍 세계는 선택의 기로에 있으나' 시대에 뒤처지는 위험 요소를 버리지 않았다. 전제주의는 교육과 지식, 여성의 지위와 권리, 자유라는 세 가지 분야를 철저히 억압해 중동 지역의 발전을 가로막았다. 이처럼 문제의 가장 큰 원인이 드러났기에 앞으로 어떻게 해야 좋을지를 판단하는 것은 어렵지 않았다.

자유가 없다고 해서 아랍권 국가의 정치마저 마비된 것은 아니었다. 기본적인 생존이 이루어지는 것만으로 국민에게 필요한 안정을 충분히 확보했다는 거짓 주장도 서슴지 않았다. 전제주의자들은 대부분 미국 정부와 가까운 사이였지만 정작 자국민들에게 말도 안 되는 선택을 강요했다. 그들은 안정과 민주주의 중에서 하나만 택할 수 있다고 주장했다. '나를 택하지 않으면 이슬람교 극단주의자의 지배를 받을 것'이라고 으름장을 놓고 권력을 잡은 뒤에는 전제주의로 국민들의 목을 죄었다. 전제주의를 미리 예고했으니 허락받은 것이나 다를 바 없다는 심보였다. 건설적인 정치를 지향하는 사람들을 힘으로 억압하고 개혁을 요구하는 무리를 감옥에 가두거나 '매'로 다스려 힘을 모으지 못하도록 분산했다.

한편, 이슬람 교인들은 마드라사*이슬람교 교리를 가르치는 고등 교육 시설에 피신해 정치 세력을 형성했으며 부패한 정부가 시민들에게 채워주지 못한 점을 대신 보듬어주었다. 레바논의 헤즈볼라, 팔레스타인의 하마스, 이집트의 모슬렘동포단은 급진적인 정치 이념뿐만 아니라 극빈층에 대한 선행이라는 면에서도 같은 노선을 걸었다.

사우디아라비아 왕실은 1979년의 이란 혁명 후 메카에 있는 그랜드 모스크*이슬람교 회당 습격 사건에 겁을 먹은 나머지 말도 안 되는 파우스트식 거래 *돈, 성공, 권력을 바라고 옳지 못한 일을 하기로 동의하는 것에 동의하고 말았다. 급진주의 세력인 와하비*18세기에 일어난 이슬람교의 복고 운동에서 비롯된 종파이며 사우디아라비아의 국교로 확립됨 교직자들과 협약을 맺은 것이었다. 쉽게 말해서 왕실은 '모스크를 내어줄 테니 광장은 건드리지 말라.'는 입장을 취했다. 한번은 압둘라 왕의 휘황찬란한 사저를 방문했다가 어마어마한 크기의 수족관에 깜짝 놀라고 말았다. 온갖 종류의 열대어들만 있는 것이 아니라 상어가 돌아다니는 것이 아닌가! 왕세자 한 사람을 불러 상어가 열대어를 잡아먹지 않느냐고 묻자 그는 이렇게 답했다.

"상어를 배불리 먹이면 주변을 오가는 열대어를 거들떠보지도 않으니 걱정 마세요."

스티븐 해들리는 사우디아라비아 왕가에서 극단주의자들을 그 상어처럼 다룬다고 농담을 던졌다. 자기들을 해치지 않도록 극단주의자들의 배를 불린다는 말이었다. 하지만 그 전략은 세계무역센터가 공격받던 날 흔들리기 시작했고 2년 뒤 사우디아라비아 본토 공격이라는 치명적인 사건으로 이어졌다. 새로운 목표를 향해 독이 바짝 오른 알카에다는 중동에서 미국의 영향력을 완전히 몰아낼 심산이었다. 그래서 미국의 지원을 받는 '꼭두각시 정권'을 무너뜨리고 이슬람 칼리프의 시대를 열겠다는 목표를 향해 내달리기 시작했다. 이처럼 극단주의자들은 제대로 된 정치 세력이 없다는 허점을 마음껏 이용했다. '자유의 부재'로 신음하던 나라들은 극단주의자들에게 '정권'을 뺏기고 말았다.

민주주의 체제와 관행을 도입하는 것만이 테러 집단을 몰아내고 극단주의를 지향하는 이슬람교 지도자들을 정치에서 몰아내는 유일한 해결책이었다. 물론 그것이 쉽지 않을 것이며 단기적인 희생이 요구될 것이라는 점은 우리도 잘 알고 있었다. 사우디아라비아와 이집트는 전제주의 정권 국가였으나 우리와 친분이 깊었으므로 양측의 이익이 관련된 사안을 희생하면서까지 외교 방침을 대대적으로 개편하는 것은 생각할 수 없었다.

자유 의제는 비굴한 태도로 우리의 가치를 추구하는 것이 아니라 국익을 새로 정의하기 위해 장기적으로 전략을 수정한다는 뜻을 내포하고 있었다. 우리는 '확대 중동 및 북아프리카 구상'이라는 일련의 프로그램을 통해 새로운 국제기구를 설립했다. 2004년에 설립한 미래를 위한 포럼은 민간 대표와 정부 관계자가 고루 참여한 가운데 개인의 권리, 여성 인권 신장, 경제 개발 등 다양한 의제를 논의했다. 미국과 유럽 정부 관계자들은 물론 사우디아라비아와 요르단 왕실, 더 나아가 시리아 독재 정권의 대표자들도 인권과 민주주의를 논하는 회의에 참석했다. 회의의 목표는 다양한 관점을 수용하면서 시민 사회 단체를 지지하고 각 정부에 변화와 행동을 촉구하는 것이었다. 회의 중에 제기된 발언이나 전반적인 분위기는 그리 우호적이지 않았다. 직접적으로 미 정부를 비판하는 경우도 적지 않았다. 그렇지만 정부 대표자와 시민 단체 관계자들이 계속 참석했으며 한 번도 빠지지 않고 정치 개혁을 안건에 포함했다.

그래서 1975년에 발족한 UN 안보협력회의를 재현해보려고 노력을 기울였다. 국내 보수 세력은 구 소련과 동유럽이 자유세계의 유럽 국가와 동일한 자격으로 참여했으므로 UN 안보협력회의가 상황 개선에 전혀 도움이 되지 않을 것이라고 우려했다. 하지만 결과는 정반대였다. UN 안보협력회의 헌장의 세 가지 주요 정신은 인권을 포함했다(나머지 둘은 안보와 경제 발전이었다). 반체제 인사들이 이 점을 계속 언급하며 정권 핵심 인사들에게 압력을 가하자 결국 그들은 헌장에 서명하고 말았다. 또한 UN 안보협력회의가 주선한 다수의 교환 프로그램과 콘퍼런스를 통해 구 소련과 동유럽 시민들은 안전한 곳에서 서방 세계의 행동주의자들과 만나 교류할 기회를 누렸다. 냉전이 끝나자 다수의 반체제 인사들이 UN 안보협력회의가 유럽의 공산주의 해체를 앞당기는 데 크게 기여했다고 증언했다.

우리는 자유 의제가 이 세대를 대표하는 작품이 되리라고 믿었다. 하지만 우선 성공 가능성을 구체적으로 증명하는 것이 시급했다. 이라크의 미래가 성공 사례가 될 가능성은 극히 낮았다. 하지만 터키는 안정적인 나라였기에 민주주의와 이슬람교가 어깨를 나란히 할 수 있었다.

터키는 다른 의미에서도 매우 중요한 존재였다. 지리적, 역사적으로 중동과 유럽을 잇는 곳인 만큼 하루도 조용할 날이 없었다. 유명한 정치학자인 새뮤얼 헌팅턴은 1993년에 〈문명의 충돌〉이라는 논문을 발표했다가 훗날 책으로 출간해 베스트셀러 작가가 되었다. 그는 보편적 가치란 처음부터 존재하지 않으며 각 문화권이 다르듯 모슬렘 세계는 그 자체로 완성된 하나의 독립적 체계라고 기술했다. 따라서 종교적 관용과 세속적 정치라는 서구적 가치관이 이슬람 세계에서 충돌을 일으키는 것은 당연한 일이었다. 그의 주장은, 두 문명의 만남이 폭력 사태를 방불케 하는 충돌로 이어진다는 것이었다. 9.11테러 사건이 발생하자 헌팅턴의 주장은 예언처럼 들어맞았다.

1986년에 방문 교수로 하버드대학 국제문제연구소를 찾았다가 헌팅턴을 알게 되었다. 내가 민군 관계 이론에 매료되어 늘어놓는 이야기에 귀를 기울여준 덕분에 빨리 친해졌으며, 둘도 없는 멘토가 되었다. 지금껏 만나본 사람들 중에서 새뮤얼 헌팅턴 교수처럼 아이디어가 샘솟는 사람은 없었던 것 같다. 그는 혼자 사색에 잠길 때도 어려운 철학이나 역사 용어를 동원했다. 그의 저서는 날카로운 분석이 돋보이는 데다 읽으면 읽을수록 깊은 의미가 묻어났다.

9.11테러가 발생한 후 헌팅턴 교수의 저서를 다시 읽어보았다. 책장을 넘길 때마다 정신이 번쩍 들었다. 하지만 역사적 사건이 사회적 제도에 미치는 영향을 강조할 뿐 사회적 제도가 역사적 사건을 유발하고 이끌어가는 능력이나 가능성은 거의 인정하지 않는다는 느낌이 들었다. 실제 역사를 보면 그의 주장을 반박할 증거가 많았다. NATO 덕분에 독일과 프랑스는 우방 국가가 되었고, 냉전이 끝날 무렵 많은 사람들이 동유럽에 민족 분쟁이 발생할 것이라고 우려했지만 유고슬라비아를 제외하고는 아무런 문제가 없었다. 오히려 헝가리, 루마니아, 불가리아는 불과 100년 전이라면 전쟁을 불사했을 분쟁을 말끔히 해결했다. 이렇게 해서 동유럽과 중유럽 국가들은 과도기를 거쳐 민주주의의 꽃을 피우기 시작했다. 이러한 변화의 중추적 세력은 NATO와 유럽연합이었다. 둘 중 하나에만 가입해도 평화에 한층 가까이 다가설 수 있었다.

터키는 NATO 회원국이었으나 유럽연합에 가입하고 싶어 발을 동동 굴렀다. 정치 및 경제 수준에 대한 높은 조건에 도달하려고 노력하다 보니 민주주의도 빠르게 안정을 찾았다. 하지만 7천만 명에 달하는 모슬렘 인구 때문에 찬성과 반대 의견이 극명하게 나뉘었다. 터키는 이 문제로 유럽이 큰 논란에 휩싸이면 쉽게 해결책이 나오지 않을 것이라고 생각했다. 그렇게 생각한 것도 무리가 아니었다. 실제 터키를 유럽의 일부가 아니라고 생각하는 유럽 사람들은 굉장히 많았다. 바로 그런 태도 때문에 모슬렘이 많은 터키와 기독교 위주의 유럽을 다시 나누는 것은 전략적으로 큰 실수라는 새뮤얼 헌팅턴의 예측이 적중한 것인지 모른다.

앙카라로 가는 내내 그곳 상황을 잘 이해하고 터키와 외교 관계를 강화할 방법을 찾아야 한다는 생각뿐이었다. 터키 정부 인사들을 만나보니 민주주의를 새로 확립하고 테러리즘을 뿌리 뽑으려는 과도기에 처한 중동 지역에서 이 나라가 가장 앞서가고 있다는 확신이 더욱 커졌다.

외무장관 압둘라 굴은 레슬링 선수에 견줄 만큼 풍채가 좋으며, 억양이 좀 강한 편이지만 영어 구사력도 탁월했다(훗날 터키 대통령이 되었다). 외교상 만나는 사람들을 개성이나 인품으로 판단해서는 안 되지만 나도 사람인지라 어쩔 수 없는 면이 있었다. 누구나 초면이지만 잘 통하는 사람을 만난 기억이 있을 것이다. 나에게는 압둘라 굴이 그런 사람이었다.

차를 타고 가면서 터키의 미래를 논해보니 민주주의에 대한 그의 확신과 열정을 느낄 수 있었다. 그는 정의개발당을 반대하는 국민들이 있으며 그대로 두면 독일의 기독교민주동맹*독일의 보수 정당처럼 될 것을 우려한다고 말했다.

"시간이 지나면서 기독교적 색채가 다 사라졌잖아요."

그의 아내가 이슬람식 헤드 스카프를 쓰고 다닌다는 비판을 듣는 것도 싫은 모양인지 헤드 스카프는 개인의 선택에 달린 문제라고 강조했다.

"친척들 중에는 스카프를 쓰는 사람도 있고 안 쓰는 사람도 있거든요."

그러고 나서 쿠르드 소수 민족에 대한 이야기를 꺼냈다. 그들도 족보를 따져보면 결국 터키 사람이라며 과거 정부들과 달리 이들을 감싸 안을 것이라고 말했다. 그 말은 틀린 것이 하나도 없었으며, 지금도 좋은 기억만 남아 있다.

반면에 레제프 타이이프 에르도안 총리는 속마음을 좀처럼 내보이지 않았다. 그의 사무실에는 짙은 붉은색 커튼이 쳐 있고 근대 터키의 아버지라 일컫는 무스타파 케말의 사진이 많아서 그런지 분위기가 다소 무거웠다. 그곳에 앉아 있자니 터키는 유럽과 상당히 분위기가 다르다는 생각이 스쳤다. 터키 총리가 이슬람과 민주주의에 대해서 말한 것 중 틀린 것은 하나도 없었지만 집권 여당인 정의개발당을 두둔하는 발언은 압둘라 굴보다 정치적 의도가 매우 짙었다.

어느덧 대화는 이라크 문제로 이어졌다. 2003년에 터키 정부가 미군이 터키 영토를 지나는 것을 허용하지 않아 갈등이 고조된 상황도 거론할 수밖에 없었다. 부시 대통령은 그 문제를 이미 잊었으며 그보다 터키와 이라크의 관계가 훨씬 더 중요하다고 생각한다는 점을 강조했다. 에르도안 총리는 쿠르드 반군 세력이 이라크 북쪽에 있는 군사 기지를 이용해 쉬지 않고 공격을 시도한다며 분통을 터뜨렸다. 약속대로 나는 부시 대통령에게 그 문제를 보고했으며 실제 두 나라의 관계를 논의할 때 매우 중대한 요소로 작용했다. 총리는 이라크가 민주주의 체제로 통합되어 안정될 수 있도록 이라크 재건 사업을 성심성의껏 지원하겠다고 약속했다.

끝으로 양측 모두 한 치의 망설임도 없이 터키가 유럽연합에 가입하는 것이 타당하다고 인정했다. 나는 미국이 예전부터 관련 국가를 설득하려고 노력했으며 앞으로 더 힘쓰겠다고 말했다. 미국 정부의 노력이 생각보다 큰 힘을 발휘하지 못한 데는 그럴 만한 이유가 있었다.

"일단 미국이 유럽연합 회원국은 아니니까요."

그러자 에르도안 총리가 농담을 던졌다.

"터키가 가입하면 미국을 위해 힘 좀 써보겠습니다."

터키에 오길 잘했다고 생각하며 예루살렘으로 가는 비행기에 올랐다. 터키 사람들은 강인하고 이국적이면서도 왠지 모르게 정이 느껴졌다. 유럽과 아시아 사이에 끼여 고생하는 모습이 러시아와 비슷하다는 생각도 들었다. '문명 충돌'을 방지하려고 애쓰느라 이곳에 시간을 많이 할애한 탓도 있었다.

성도

예루살렘의 아침과 저녁 풍경은 뭔가 특별한 느낌을 던져주었다. '오랜 역사가 담긴 이곳'을 배경으로 해가 뜨고 지는 모습은 숭고하기까지 했다. 그곳에 가면 나도 모르게 '예루살렘에 평화가 깃들기를 염원하는 기도'를 하곤 했다. 영국 작곡가 휴버트 패리 경이 지은 찬송가를 흥얼거리면 절로 기도가 나왔다. 최근 예루살렘을 방문한 것은 2003년이었다. 이제는 국무장관으로서 중동의 평화를 저해하는 요소들을 제대로 처리해야 한다는 무거운 책임감을 느꼈다. 미 국무장관은 나방이 불길 속으로 뛰어들듯 이스라엘과 팔레스타인 분쟁에 개입하기 마련이라는 말도 있었다. 워낙 민감하고 시한폭탄 같은 문제라서 너무 가까이 다가가면 다칠 수밖에 없다는 뜻이었다. 그렇지만 2월에 방문해보니 팔레스타인 국가 탄생의 산파 노릇을 할 절호의 기회가 보였다.

마흐무드 압바스는 1월 9일 팔레스타인 자치 정부 수반으로 선출되자마자 협상 외에 다른 해결책은 없다고 선언했다. 대외적인 선언은 물론 자국민에 대한 발표문에도 저항이나 인티파다와 같은 표현은 언급되지 않았다. 미 정부는 압바스가 선출된 것을 축하하는 뜻으로 헤미디 팔레스다인 국민들에게 2억 달러를 지원하기로 약속했다. 나아가 부시 대통령이 부유한 걸프 지역 국가들에게 팔레스타인 지원금을 늘리라고 권했지만 모두 들은 척도 하지 않았다. 아랍 국가들이 팔레스타인 독립을 열렬하게 옹호하면서도 지독히 인색할 수 있다는 점을 그때 처음 깨달았다.

이스라엘에서도 큰 변화가 일어나고 있었다. 아리엘 샤론은 몇 주 내로 가자 철수 계획을 크네세트*이스라엘 최고 권력 기관인 단원제 의회에 제출할 생각이었다. 그동안 모든 협상이 실패로 끝나자 이스라엘은 자발적으로 가자와 웨스트 뱅크의 정착촌을 철거한다는 결정을 내렸다. 2004년 4월, 부시 대통령이 웨스트 뱅크에 이스라엘 사람들의 주요 거처를 마련할 필요성을 인정하는 서한을 보낸 것은 샤론에게 큰 힘을 실어주었다. 미 정부가 평화 협상 과정을 크게 개선한 효과가 세계 사람들의 눈앞에 드러나는 순간이었다. 팔레스타인은 국제적으로 존경받는 새로운 지도자를 얻었고 보수적인 이스라엘 총리는 땅을 나누어줄 마음을 먹고 있었다. 이렇게 해서 부시 대통령은 2002년 6월 전통주의자들의 야유를 참아가며 제시했던 모든 조건을 마침내 얻어냈다.

　샤론 총리의 집무실로 가는 길을 보면 이스라엘은 자신들이 아직 전쟁 중이라고 생각하는 게 확실했다. 세계 어느 나라를 가더라도 국가수반의 집무실과 주거지는 가장 안전한 곳에 마련되었다. 하지만 이스라엘 정부 청사는 금방이라도 무너질 것 같았다. 페인트가 다 벗겨져 타일이 드러난 바닥과 벽을 보니 폐교에 들어온 기분이었다. 총리 집무실은 내 사무실의 절반밖에 되지 않았다. 일단 가자 철수 작전을 논의했다. 팔레스타인과 의견을 조율하는 것이 중요하다고 여러 번 강조하면서 빠른 시일 내에 압바스를 만나보라고 설득했다. 샤론은 그렇게 하기로 약속했지만 그보다 먼저 이스라엘 내에서 처리할 일이 산더미 같다며 이렇게 말했다.

　"자동차에 파란 깃발이 펄럭이는 것을 보셨습니까?"

　"네, 무슨 휴일인가요?"

　"아닙니다. 정착민들을 지지하는 세력들이 파란 깃발을 달고 다니는 겁니다."

　돌아오는 길에 보니 정말로 사방에 파란 깃발이 넘실거렸다. 그날 오후, 팔레스타인 자치 정부 청사 무카타에 가려고 무장 SUV에 올랐다. 메마른 사막 위에 직선으로 뻗은 고속도로를 달릴 때면 도대체 왜 이 불모지 때문에 그렇게 싸우는지 이해할 수 없다는 생각이 들었다. 나도 신앙 생활을 하기에 이곳에 오면 예수가 흙먼지 날리는 길을 걷는 모습을 상상하곤 했다. 때로는 가파른 산길을 걷는 모습도 머릿속에 그려보았다. 그러다가 정신을 차리고 뒷좌석에 있는 예루살렘 총영사와 이야기를 나누었다. 팔레스타인은 정식 국가가 아니므로 미 대사를 파견할 수 없었다. 이제 곧 대사를 보낼 수 있으리라는 희망이 생겨 다행이었다.

　무카타로 가려면 반드시 라말라를 지나야 했다. 관공서, 고급 아파트, 각종 상점 등이 즐비한 도시였다. 하지만 라말라와 예리코를 비롯한 몇몇 도시는 극히 예외적인 경우였고 대부분의 팔레스타인 사람들은 몹시 열악한 환경에서 근근이 살아갔다.

무카타에 도착하자 운전사가 야세르 아라파트의 묘지를 피해가려고 핸들을 세게 틀었다. 굉장히 예민한 부분이었다. 일부러 무시하는 태도를 보일 생각은 없었지만 그곳에 눈길을 주지 않고 지나고 싶었기에 충분한 거리를 두고 차에서 내렸다. 그 점을 모를 리 없는 수행원들이 미리 준비한 대로 자동차는 팔레스타인 사절단이 모여 있는 곳에 정확히 멈춰 섰다. 이번에도 기자들 때문에 눈이 휘둥그레졌다. 팔레스타인 기자들이 양옆으로 늘어서서 목이 터져라 소리를 질렀다. 가까이 오지 못하도록 줄을 쳐 두었는데도 카메라 세례에 눈을 뜰 수 없을 지경이었다. 차에서 내리자 압바스의 수석 고문인 사이브 아라카트가 반갑게 맞아주었다.

"국무장관님! 여기요!" "잠깐만요. 한 컷만 찍게 해주세요!"

기자들은 지칠 줄 모르고 소리를 질렀다.

'휴, 이제 기자들에게 적응할 때도 된 것 같은데 생각보다 잘 안 되네.'

압바스와 나눈 이야기는 대부분 샤론 총리와 이미 논의한 사항이었다. 그는 영어가 유창한 편은 아니었으나 듣고 이해하는 데는 전혀 문제가 없었으며 종종 질문에 영어로 대답했다. 점잖은 백발 신사답게 당당해 보였지만 어딘가 모르게 초조해하는 느낌이 들었다. 나를 보고 반기는 표정에는 진심이 어려 있었다. 그는 "국무장관께서 앞으로도 계속 도와주셔야 합니다. 우리에게 정말 필요한 분입니다."라고 말하기까지 했다. 회의를 끝낼 무렵, 아라파트 초상화가 걸린 우중충한 분위기의 방으로 자리를 옮겨 기자회견을 열었다. '어떻게든 아라파트를 피할 수 없구나.'라는 생각이 스쳤다. 이스라엘 기자들에게 말한 대로, 이번에도 "미래를 낙관할 이유가 그 어느 때보다 많다."고 힘주어 말했다. 파리로 가는 길에 압바스와 샤론이 이집트의 샤름

엘 셰이크에서 정상회담을 연다는 소식을 들었다.

'이제 아무도 내가 빈말을 했다고 할 수 없겠군.'

두 나라가 휴전을 선언하고 더 이상 상대방에게 어떠한 폭력 행위를 가하지 않기로 합의한다면 더 바랄 것이 없었다. 인티파다가 절정을 이룬 2002년 봄부터 지금까지 먼 길을 달려온 것이 결코 헛되지 않았다. 국무장관으로 치른 첫 해외 순방은 기대 이상으로 성공적이었다. 여행 내내 힘이 솟는 기분이었다. 진취적인 미 외교 정책에 대한 각국의 반응도 매우 긍정적이었다.

다음 행선지는 파리였다. 프랑스인들이 미 외교관에 대해 이러쿵저러쿵하는 것을 좋아한다는 생각이 번뜩 떠올랐다. 오전 일정은 베를리오즈와 베토벤 음악을 가르치는 헥토르 베를리오즈 콩세르바투아르 방문으로 시작했다. 함께 음악을 듣는 동안 그들은 테러와의 전쟁으로 얼룩진 미국의 거친 이미지를 어느새 잊고 나를 편하게 대해주었다.

파리 방문의 핵심은 파리를 대표하는 명문대인 시앙스 포*국립 정치 학교에서 연설하는 것이었다. 연설문의 내용, 표현, 어조는 물론이고 옷차림까지 실수가 없도록 철저히 점검했다. 직접 이런 것들을 일일이 신경 쓰자니까 여간 번거로운 일이 아니었다. 그렇지만 여자이기에 어쩔 수 없는 일이었다. 주름이 풍성한 블라우스와 남색 스커트 발렌티노 정장을 입고 진주를 두른 다음 남색 펌프스를 신었다. 프랑스 사람들이 좋아할 만한 스타일이었다.

다행히 연설은 좋은 반응을 얻었다. 프랑스 국민들에게 더 이상 신문 1면 기사에 현혹되지 말고 세상을 더 크게 보며 폭정에 시달리는 사람들을 위해 손을 내밀어 달라고 호소했다. 일부 기자들은 자유를 부르짖는 미국 정부가 세상 물정 모르는 어린아이라며 비웃었다. 자유의 보편성에 대한 유럽 국가들의 냉소적인 태도는 어제 오늘의 일이 아니었다. 그들도 한때 자유를 얻기 위해서 피눈물을 흘렸으며 미국을 포함한 다른 나라도 자유를 수호하기 위해 큰 희생을 치렀는데도 까맣게 잊은 것처럼 행동했다. 그래서 독일도 최근에 와서야 민주주의 정부를 세웠다는 점을 몇 번이고 강조했다. 그러면 독일 사람들은 "우리는 민주주의 전통이 깊은 나라입니다."라고 반박했다. 나도 가만히 있지 않았다.

"그래요? 무슨 전통 말입니까? 비스마르크와 카이저에 대해 뭐라고 하실 겁니까? 잠깐이긴 해도 아돌프 히틀러도 독일 정부를 장악하지 않았나요?"

이렇게만 말해도 적잖은 효과가 있었다. 거만한 자세로 다른 나라들은 아직 스스로 통치할 '준비'가 되지 않았다고 말하던 이들은 금세 입을 다물었다.

시라크 대통령과 만나기 직전, 내 속에 이라크 문제에 대한 반감이 여전히 크게 남아 있다는 생각이 들었다. 그래서 시라크 대통령의 까칠하고 오만한 태도에 발끈해서 언쟁을 벌이면 안 된다고 몇 번이고 다짐했다. 괜한 걱정이었다. 어색한 분위기를 깨려고 중동 지역에 대한 의견을 물었더니 시라크 대통령은 굉장히 설득력 넘치는 분석을 내놓았다. 중동 지역의 민주주의 실현을 반대했던 사람에게서는 전혀 기대하지 않았던 대답이었다. 이를 계기로 꽤 깊은 대화가 이어졌다. 레바논을 도울 방법에 대해 집중적으로 논의했다.

외무장관 미셸 바르니에는 기자회견장에서 나를 '친애하는 콘돌리자 라이스 장관'이라고 소개했다. 미국과 프랑스의 갈등은 모두 덮어 두고 새로 시작해보자는 제안으로 들렸다. NATO 본부와 유럽집행위원회*유럽연합의 행정부가 있는 브뤼셀에서도 그랬고, 나중에 유럽집행위원회가 6개월간 머물렀던 룩셈부르크에서도 마찬가지였다. 이는 유럽 국가들이 미국과 외교 관계를 개선하려는 굳은 의지를 보여주려는 생각이 간절하다는 증거였다. 이번 기회에 모든 반목과 불화를 없애기로 결심했다.

그들은 종종 미국을 덩치 크고 힘은 더 세지만 교양이 부족한 동생으로 취급했다. 한껏 잘난 척하며 미국의 철없는 행동에 어김없이 잔소리를 늘어놓았다. 내가 보기에 유럽연합은 참 이해할 수 없는 기구였다. 헨리 키신저가 "유럽에 연락하려면 어디로 해야 하나요?"라고 말한 것이 가슴에 와 닿았다. 유럽연합이 있는 브뤼셀에만 연락해서 될 문제가 아니었다. 유럽 각국에 일일이 의사를 물어봐야 했다.

이런 문제가 있긴 해도 세계적으로 자유를 확립하고 경제 성장을 촉진하려면 유럽의 힘이 필요했다. 그들이 가진 부와 전통, 가치관은 우리에게 없어서는 안 될 자산이었다. 미국이 다민족 국가로 변하면서 유럽 국가와의 혈연관계는 희미해졌지만 미국의 설립 정신과 계몽주의를 논하자면 유럽보다 더 가까운 나라가 없었다. 미국과 유럽이 손을 잡는 것은 세계 역사를 통틀어 가장 안정적이고 강력한 자유 국가 공동체를 뜻했다. 구 소련이라는 태산 같은 장애물이 무너질 때도 이 공동체는 흔들리지 않았다. 현재 유럽이 하나로 통합되어 자유와 평화를 만끽하고 있다는 사실은 우리가 또 한번 힘을 합치면 못 할 일이 없다는 희망이기도 했다.

유럽에 다녀온 지 2주 만에 부시 대통령이 NATO 정상회의에 참석하기 위해 유럽을 방문했다. 귀국한 다음 날, 대통령 집무실로 찾아갔다. 모두 미국과의 외교 관계를 회복하고 발전시키려는 마음이 굴뚝같지만 이란에 대해서는 한 치도 물러서지 않으려 한다고 보고했다.

"우리가 테헤란을 차지할 흑심을 품고 있다고 생각하는 것 같습니다."

대통령은 유럽 국가의 동의를 얻으려면 정책을 대폭 수정해야 하냐고 물었다. 그 말은, 대통령은 정책을 수정할 마음의 준비가 되지 않았다는 뜻이었다. 우선 결정해야 할 점은 크게 두 가지였다. 하나는 지금까지 반대해온 이란의 세계무역기구 WTO 가입을 허용할 것인지였고, 다른 하나는 낡은 미국산 민간 항공기 부품 수입의 허용 여부였다. 후자의 경우, 낡은 부품을 사용한 이란 항공기가 비행 중에 사고로 추락할 우려가 있어 인도주의 차원에서 심각하게 고려할 문제였다. 두 가지 사안에서 융통성을 보이면 유럽 국가들은 우리 정부의 방침을 받아들여 이란에 대한 입장을 강화할 가능성이 있었다. 타이밍도 매우 절묘했다. 2003년부터 몇 차례 반복된 협상에서 이란이 시종일관 타협할 기미를 보이지 않자 유럽 국가들도 지칠 대로 지친 상태였다. 부시 대통령의 유럽 순방은 앞서 밝힌 정부의 입장을 재차 강조하고 유럽 국가들을 새로운 방향으로 유도하기에 좋은 기회였다.

다행히 계획대로 모든 일이 진행되었다. 부시 대통령이 이러한 변화 가능성을 내비치자 유럽 국가들은 너도나도 손을 내밀었다. 두 달 후 유럽 외교 방침에 대한 수정안을 발표하기로 했다. 그러면 유럽 측에서는 이란 사태를 UN 안전보장이사회에 회부하기로 했다. 물론 이란 사태가 더 나아지지 않는다는 가정 아래 이루어진 합의였다. 이로써 이란 사태에 대해 국제사회가 첫 반응을 나타내기 시작했다.

자유의 행군

2005년 초반에는 자유를 앞세운 새로운 방침이 몇 달이면 자리를 잡을 것이라고 예상했다. 몇 년씩 걸릴 것이라고 예상한 사람은 아무도 없었다. 무바라크 대통령은 2월 말 이집트 의회에 국내 역사상 처음으로 다수 후보에 대한 직접 선거를 건의했다. 여성은 투표에서 제외되었으나 시의원 절반을 전국 투표로 선출한 것은 사우디아라비아 역사에서 유례가 없던 일이었다. 이라크의 국회의원 선거와 이 사건에서 볼 수 있듯 중동 지역은 드디어 정치 개혁을 향해 첫걸음을 내디뎠다. 휘청거리듯 첫걸음을 내디뎠다는 표현이 더 정확할 것 같다.

그러나 레바논에 비하면 이라크와 사우디아라비아에서 일어난 일은 놀랄 일도 아니었다. 중동 지역에서 일어난 변화에 대해 "정말 놀랐겠어요, 그렇지요?"라는 질문을 얼마나 많이 받았는지 모른다. 깜짝 놀라는 상황이란 갑자기 불이 붙어 순식간에 화염에 휩싸이는 것이 아닐까? 하지만 나는 이미 바다 한구석에 조그만 불쏘시개가 벌겋게 타오르는 것을 보았으므로 크게 놀라지 않았다.

레바논에서는 전 총리 라피크 하리리를 포함해 모두 23명의 목숨을 앗아간 차량 폭탄 테러 사건이 변화의 불꽃이었다. 사무실 책상 앞에 서서 텔레비전을 켰는데 갑자기 화면에 대학살 장면이 나타났다. 라피크 하리리 총리를 처음이자 마지막으로 만났던 순간이 떠올랐다. 그는 예전에 백악관을 방문해서 부시 대통령에게 레바논 국채 청산을 위한 기부금을 모으는 콘퍼런스를 지원해 달라고 요청했다. 하리리 총리는 성품이 좋고 웬만한 재벌에 견줄 만큼 막대한 부를 가진 재력가였다. 부시 대통령이 그냥 사비를 털어서 나라의 빚을 정리하는 것이 더 낫겠다고 농담을 건넬 정도였다. 실제 그는 개인 자금으로 국내 인프라를 크게 개선했다. 기억에 선명하게 남아 있는 사람이 갑자기 끔찍한 사고로 유명을 달리했다는 소식은 늘 감당하기 어려운 충격이었다. 이번에도 마찬가지였다. 그저 한때 총리였던 사람으로 기억될 인물이 아니었다. 나는 그가 대의를 위해 희생된 순교자가 될 것이라고 직감했다.

그날 오후에 미 대사를 시리아로 안전하게 대피시키는 것이 좋겠다는 제안을 받았다. 시리아 군대는 레바논을 점령해 헤즈볼라*레바논을 거점으로 하는 이슬람교 시아파의 과격 집단를 지지하면서 오랫동안 레바논 정계를 좌지우지했다. 시리아 정부는 프랑스를 포함한 서방 세계와 밀접하게 교류한다는 이유로 하리리 총리를 몹시 경멸했다. 모두 이번 사건이 시리아가 계획한 암살이라고 수군거렸다. 대통령에게 즉시 사건을 보고한 뒤 다마스쿠스에 있는 대사를 철수시켰다. 이러한 행보는 시리아의 공모에 대한 의혹을 제기하고 그에 대한 방어 태세를 갖추겠다는 공식적인 통보였다.

당시에는 대사를 철수시키는 것이 옳다고 판단했지만 한번 다마스쿠스를 빠져나온 대사를 다시 돌려보내는 것은 쉽지 않았다. 그 후 3년 동안 다마스쿠스에 미 고위 외교관이 있었다면 유리했을 상황이 몇 차례 벌어졌다. 그래서 베네수엘라와 벨라루스에 위험한 사태가 일어나도 대통령 앞에서 미 대사를 철수시키자는 말을 입 밖에 내지 않았다.

레바논 사태는 급박하게 흘러갔다. 2월 28일, 평소 시리아를 공공연히 지지하던 오마르 카라미 총리가 사임을 표명했다. 레바논 사태가 어디로 흘러갈지 분명해졌다. 레바논을 쥐락펴락하던 시리아의 영향력은 서서히 약화되고 있었다. 도저히 화해할 것 같지 않았던 부시 대통령과 자크 시라크 대통령이 2004년에 동맹을 결성할 때 이미 예견된 결과라고도 할 수 있었다.

부시 대통령이 2003년 프랑스를 방문했을 때 시라크 대통령은 자신이 항상 중동 지역에 민주주의를 부르짖었다고 주장했다. 한때 비교적 자유로운 정치 제도가 있었던 레바논인데, 민주주의를 위해 못 할 것이 무엇이냐는 식이었다. 시라크 대통령이 "우리가 나서 레바논을 시리아의 손아귀에서 구해내야 합니다."라고 말하자 부시 대통령은 더할 나위 없이 반가운 표정이었다. 두 사람은 대통령 외교 고문 모리스 구르돌몽타뉴와 나에게 전략을 마련하라고 지시했다. 우리는 시리아가 군대를 철수하고 더 이상 레바논 국내 상황에 개입하지 않을 것을 요구하는 UN 안전보장이사회 결의를 추진했다. 뉴욕 공화당 전당 대회에서 결의에 대한 투표가 시작되었다. 찬성 9표, 기권 6표였으며, 반대표는 하나도 없었다. 사실 나는 이번 결의를 채택시키기 위해 새벽 3시에 필리핀 외무장관에게 직접 전화를 걸어야 했다.

그 당시에는 이 결의가 대단한 의미를 지녔다고 생각하지 못했다. 시리아 정부는 코웃음 치며 UN에게 다른 일에나 신경 쓰라고 충고했다. 그렇지만 하리리 전 총리가 암살된 지 1년도 채 못 되어 국제사회는 시리아에 철저히 등을 돌렸다. 시리아 대통령 바라스 알-아사드를 극도로 싫어한 사우디아라비아의 압둘라 왕세자는 레바논에서 철수하라는 공식적인 경고를 내놓왔다(압둘라 왕세자는 아사드 대통령의 아버지도 몹시 싫어했지만 그의 강인함만은 높이 평가했다).

영국은 3월 1일부터 이틀 동안 팔레스타인 자치 정부를 지지하는 모임을 마련했다. 국무장관이 된 후 벌써 두 번이나 유럽을 다녀왔는데 토니 블레어 총리는 또 내가 와야 한다고 말했다. 유럽 국가들은 팔레스타인에 대한 지지를 표명할 때면 언제나 미국이 참여해 주도하도록 만들었다. 이번에도 예외가 아니었다. 부시 대통령은 평소의 친분을 생각해 영국의 부탁을 기꺼이 들어주기로 했다.

그날 오전, 프랑스 외무장관 미셸 바르니에를 먼저 만났다. 우리는 여세를 몰아 베이루트*레바논공화국 수도에서 시리아에 군대 철수를 요구하는 공동성명을 발표했다. 언론에서는 프랑스와 미국이 화해한 후 새로운 시대를 열었다고 일제히 보도했다. 신속한 의사소통 덕분에 '새 시대'를 여는 데 그리 오랜 시간이 걸리지 않았다.

그날 저녁을 먹기 전에 처칠 호텔의 스위트룸으로 돌아와 텔레비전을 켰다. 레바논 시민 수만 명이 하리리 총리의 모습을 담은 포스터를 들고 거리에 나와 있었다. 운전자들은 경적을 크게 울리며 오갔고 행인들은 시리아에 욕설을 퍼부으며 당장 물러가라고 소리쳤다. 토니 블레어 총리가 주최한 팔레스타인 콘퍼런스가 레바논 사태에 묻힐까 봐 잠시 걱정스러웠으나 영국 총리야말로 자유의 당당한 행진을 누구보다 기뻐할 사람이라고 생각하니 금세 마음이 편해졌다. 이런 분위기라면 팔레스타인 콘퍼런스도 성공리에 마칠 수 있겠다는 생각이 들었다.

3월 5일에 비로소 시리아는 레바논에서 군대를 철수하겠다고 선언했다. 레바논에는 여전히 시리아의 영향력이 건재했으며, 비밀 첩보 요원들이 남아서 헤즈볼라와 긴밀하게 협조하며 활동했으나 중동 지역의 판세가 달라지는 것은 분명했다. 3월 14일에 베이루트에서 수만 명의 시민들이 시리아 군대의 철수를 요구하는 집회를 열었다. 암살된 총리의 아들인 사드 하리리의 주도로 서구 지향적인 새로운 운동이 전개된 것이었다. 3월 14일은 레바논 역사에서 매우 중요한 날이었다.

23

험준한 산과 흙

런던에서 돌아온 지 열흘 만에 다시 아시아 방문길에 올랐다. 국무장관이 된 후로 워싱턴에 머문 기간은 17일밖에 되지 않았다. 그마저 의회에서 국무부 예산에 대한 증언을 하느라 다른 일은 손도 대지 못했다. 의회에 제출한 예산안은 외교 활동 자금 때문에 13퍼센트를 인상한 것이었다. 그런데 의회에서 말할 자료를 검토하다 보니 국무부 예산 집행 과정에 심각한 오류가 있다는 생각이 들었다.

"도대체 민주화 촉진에 얼마를 쓰는 건가요?"

예산 내역은 주요 정책이 아니라 관련 부처의 계좌별로 정리되어 있었기 때문에 아무도 내 질문에 대답할 수 없었다.

"그러면 해외 지원 방침에 따라 나이지리아에 보낸 금액은요?"

이번에는 대답을 회피할 수 없는 질문을 던졌다. 국제개발처와 국무부의 해외 원조 예산은 분리되어 있었다. 한번은 백만 달러가 배정된 항목을 가리키며 무엇에 대한 것이냐고 질문하자 브리핑 담당자가 이렇게 대답했다.

"장관님은 그런 것까지 일일이 모르셔도 됩니다."

그 순간, 나는 국무부 예산을 개혁하기로 마음먹었다.

"국회에서 같은 질문을 받으면 나는 뭐라고 합니까? 국무부 직원에게 물어봐야 한다고 대답하긴 싫군요. 여기에도 백만 달러, 저기에도 백만 달러가 배정되어 있습니다. 이런 예산을 다 모으면 얼마나 큰돈인지 모릅니까?"

스탠퍼드대학 교무처장으로 일할 때 예산을 관리했기 때문에 도저히 그냥 지나갈 수 없었다. 예산은 그저 지출 액수를 나타내는 숫자가 아니라 업무의 중요성을 보여주는 자료였다. 정책 기획 담당자인 스티브 크래스너에게 예산 개혁을 주도하도록 지시했다. 그 후로는 예산 브리핑 보고서가 매우 정확하고 자세해졌다.

두 달 만에 벌써 다섯 번째 해외 출장이었다. 나는 '개인 외교'에 최선을 다하기로 서약한 것을 떠올리며 마음을 다잡았다. 짐 윌킨슨은 미 역사상 가장 동분서주한 국무장관이라는 기록을 세울지 모른다며 내가 여행한 거리를 꼼꼼하게 계산했다. 재미 삼아 하는 것이었지만 정작 나는 그런 기록에 욕심이 나지 않았다.

인도와 파키스탄을 방문한 것은 두 나라 수반과 개인적인 친분을 쌓는 것이었다. 페르베즈 무샤라프 파키스탄 대통령과 주요 군 사령관들, 인도 정부 고관들을 모두 만나볼 계획이었다. 다행히 인도국민회의당 수장인 소냐 간디를 만날 기회도 있었다. 이탈리아 태생으로 인디라 간디의 며느리가 되었다 과부가 된 그녀는 내가 국가안보좌관이었을 때 백악관을 방문한 적이 있었으므로 처음 만난 것이 아니었다. 당시 인도국민회의당은 집권당이 아니라며 그녀를 만나도 되는지를 두고 지역 전문가들 사이에 의견이 분분했다. 아무튼 백악관에서 그녀와 인사를 나누었고 덕분에 이번 방문에서 크게 환영받았다. 누구나 자기가 어렵고 힘들 때 돌아봐준 사람을 오래 기억하는 법이다.

남은 문제는 미-인도의 외교 확장 정책을 밀어붙이는 것이었다. 부시 대통령은 좌익 세력이 뉴델리를 장악할 때 이미 확장 정책을 시작한 상태였다. 소냐 간디는 국무총리 만모한 싱이 이끄는 정당의 수장이자 인도 정계의 실세였다. 모든 결정권은 그녀에게 있었으며 국무총리도 그녀의 승인 없이는 논란의 소지가 있는 절차를 밟으려 하지 않았다. 그녀의 소박한 집에 초대받아 햇살이 따스하게 비치는 거실에서 이런저런 이야기를 나누어보니 우리가 인도 정부와 협력할 수 있도록 적극 도와주리라는 확신이 들었다.

뉴델리 외곽에 있는 무굴제국 2대 황제 후마윤의 묘를 잠깐 둘러본 후 만모한 싱 국무총리와 야당 수장 L. K. 아드바니를 만났다. 그러고 나서 짧게 기자회견을 한 뒤 이슬라마바드로 출발했다. 내 여행 일정은 매번 이런 식이었다. 각 나라의 문화를 배워보고 유명한 역사 유적도 둘러보고 싶었지만 할 일이 너무 많아서 한 곳이라도 둘러보려면 평소보다 두세 배 이상 바쁘게 움직여야 했다. 국무장관 초반기에는 짧게나마 문화 행사가 여행 일정에 포함되어 있었지만 계속 비중이 줄어들다가 아예 없어져버렸다. 여러 나라를 가보았지만 정부 청사와 회의실에만 있었을 뿐 각 나라의 문화와 고대 유적을 둘러볼 기회는 거의 없었다. 매우 안타까웠지만 어쩔 도리가 없었다.

C-17 군용기 창밖으로 카불을 바라보니 9.11테러가 할퀴고 간 흔적이 느껴졌다. 힌두쿠시산맥을 지나 파키스탄과 아프가니스탄 국경 지대를 직접 보니 이슬람 테러 집단과 극단주의자들이 이곳에 자리 잡은 이유를 알 것 같았다. 산세가 험준하고 길은 몹시 좁은 데다 곳곳에 동굴이 있어 테러리스트가 몸을 숨기기에 제격이었다.

카불에 도착해서 우리 장병들과 외교관들을 만났다. 해외에서 고생하는 이들을 만나는 것은 언제나 감동적이었다. 국무장관과 대사관 직원들이 만나는 자리를 '미트 앤드 그리트'라고 하는데, 타지에서 희생적으로 일하는 직원들에게 진심 어린 감사를 전하기 좋은 기회였다. 그뿐만 아니라 대사관에 근무하는 현지 직원들에게 감사와 존경을 표하는 것도 매우 중요한 일이었다. 세계 곳곳의 대사관 직원 5만 7,000명 중에서 3만 5,000명은 현지인이거나 외국인으로서 평생 국무부에 충성을 바치는 사람들이었다. 카불에서는 특히 잊을 수 없는 직원을 만날 기회가 있었다. 그는 오랜 내전과 탈레반 정권이 장악하던 기간 내내 미 대사관 열쇠를 간직했다가 카불이 해방되자 뿌듯한 표정으로 미군에게 열쇠를 넘겨주었다. 덕분에 우리는 다 허물어져가던 대사관 건물을 개방할 수 있었다. 직접 고마움을 표할 수 있어 천만다행이었다.

카불이나 바그다드와 같은 전쟁 지역에서 아군 병력뿐만 아니라 민간인들과 인사를 나누는 것은 일종의 관행이었다. 아프가니스탄과 이라크는 시민들의 협력 없이는 아무것도 할 수 없었다. 군 장병과 외교관 업무도 정확하게 구분하기 어려웠다. '미트 앤드 그리트'가 끝난 후 카불 시내로 향했다. 경제적으로 세계 하위 15번째 국가이며 수십 년간 내전이 이어진 아프가니스탄의 실제 모습을 상상하는 것은 쉽지 않았다. 큰 도로로 진입하자 조그마한 가판대 위에 식품, 옷가지, 수공예품 등을 늘어놓고 진흙 위에 주저앉아 있는 상인들이 보였다. 어떻게든 살아보려고 열심히 일하지만 가난이라는 굴레에서 벗어나지 못하는 사람들이었다. 고개를 돌려 필립 젤리코에게 이렇게 말했다.

"아프가니스탄 사람들은 험준한 산과 흙밖에 가진 게 없군요."

9.11테러 이후 캠프 데이비드 회의에서 본 지도에는 이런 어려움이 우리를 기다리고 있을 거라는 힌트조차 없었다.

우리가 할 일이 아무리 많아도 하미드 카르자이에 비하면 아무것도 아니었다. 워싱턴에서 그를 여러 번 만났지만 이곳에 직접 와보고 나서야 그의 입장을 깊이 헤아릴 수 있었다. 한때 항구적 자유 작전에 목숨을 내놓았던 그는 오랫동안 중앙 집중식 정권이 없었던 나라를 이끌어가느라 고생이 이

만저만 아니었다. 카르자이는 그때까지 자신이 이룬 업적을 정말 자랑스럽게 여기는 것 같았다. 아프가니스탄 최초로 자유선거를 통해 당선된 대통령답게 국민들의 용기와 결단력에 대해 침이 마르도록 자랑을 늘어놓았다. 우리는 최근 복원한 대통령궁의 정원을 거닐며 그의 자랑을 들어주었다.

"길에서 주운 벽돌로 작지만 실속 있는 집을 짓고 있습니다. 가시기 전에 꼭 보셔야 합니다."

그러나 그의 말은 조금도 현실적으로 들리지 않았다. 카르자이 본인도 카불을 벗어나면 함부로 다닐 수 없는 처지였다. 전쟁 중에 그와 손을 잡았던 무장 세력이 이제는 그에게 등을 돌린 채 나라 곳곳을 장악하면서 권력을 넘보고 있었다. 설상가상으로 아프가니스탄에는 정부군이 아예 존재하지 않았다. 경찰은 이름뿐인 존재였다. 방대한 양귀비 생산량 때문에 부패가 끊이지 않는 것이 아프가니스탄 경제의 치명적인 약점이었다. 카르자이는 아프가니스탄의 대추야자나무 열매와 석류를 특산품으로 자랑스럽게 내세웠다. 그렇게 빈약한 농업이 앞으로 나라 경제를 발전시키는 기반으로 충분하다고 생각하는 것이 좀처럼 이해하기 어려웠다. 그는 또한 정부 고위 관계자들이 원유와 천연가스 매장지가 표시된 북부 지역의 지도를 발견했다고 말했다. 탈레반의 압제를 벗어나 완연히 자유를 누린다는 증거였다. 아무튼 국가수반의 야심과 국내 현실이 그토록 동떨어진 나라는 평생 아프가니스탄이 처음이었다.

물론 이 나라도 발전한 것이 분명 있었다. 여성민주주의센터를 방문하니 불과 몇 년 전만 해도 지금 이 순간은 상상도 못할 일이었다는 생각이 들었다. 그곳에서 만난 여경은 새 유니폼을 입고 멋진 자태를 뽐냈다. 머리에는 아무것도 쓰지 않은 모습이었다. 여성이 발목만 드러내도 처벌하던 탈레반 정권 시절과는 대조적인 모습이었다. 아프가니스탄도 이렇게 변할 수 있다는 희망을 안고 카불을 빠져나왔다. 물론 오래 투쟁해야 한다는 점을 잘 알고 있었다.

　이슬라마바드에 다시 도착하니 아프가니스탄의 운명은 그들 스스로 정할 수 있는 것이 아님을 새삼 깨달았다. 그들의 운명은 파키스탄의 손에 쥐어 있다 해도 과언이 아니었다. 참으로 씁쓸한 현실이었다. 그곳에는 대략 24시간밖에 머무르지 않았다. 파키스탄 때문에 하룻밤 이상 머무는 것은 위험했다. 국가안보보좌관 시절부터 파키스탄 문제는 귀에 못이 박히도록 들어서 잘 알고 있었다. 테러리즘과 극우주의 타도, 정부군 및 치안 개혁, 알카에다, 탈레반, 아프가니스탄 문제 등 어지간한 것은 다 알고 있었다. 라왈핀디에 있는 군 본부 사령실에서 무샤라프와 만나는 자리도 별로 어색하지 않았다. 오히려 극우주의를 억누르고 현대화를 추진하느라 애쓰는 모습이 안쓰럽게 느껴졌다. 평소에 군 사령관들에게 무심한 나 자신이 어색할 정도였다. 아수라장이 된 파키스탄을 보면서 미국이 이 사태에 어느 정도 책임을 져야 한다는 생각이 들었다. 그날 저녁 외무장관 쿠르시드 카수리와 식사하는 자리에서도 그 점이 강조되었다. 쿠르쉬드 장관은 첫인상이 다소 거만해 보였지만 시간이 흐를수록 새로운 면을 알게 되었다. '언론에 공개되지 않은' 대화를 통해 아프가니스탄 전쟁이 터지기 전에 파키스탄이 어떤 모습이었는지를 잘 알게 되었다. 1980년대 초반 지아 울-하크 장군이 이슬람 극단주의자들과 손을 잡은 것은 사실이며 그로 인해 정책 결정에 큰 변화가 일어났다고 했다.

　파키스탄이 지하디스트*이슬람 극단주의자들을 이르는 말의 전환점이 된 것에 미국이 어느 정도 책임이 있다는 파키스탄 수뇌부의 주장도 어느 정도 일리가 있었다. 냉전 당시에 그들이 구 소련에 대항하도록 미국이 도와주었기 때문이다. 전쟁이 끝난 후 일부 전사들은 아프가니스탄에 남아 파슈툰 탈레반의 핵심 세력을 형성했고, 사우디아라비아와 이집트인 다수는 파키스탄으로 돌아와서 대도시와 주요 교육 기관을 장악하거나 아프가니스탄 국경 지대에 부족 단위로 뿌리를 내리고 급진주의 후계자를 양성했다. 그들도 자기 나라에 깊이 뿌리내린 극단주의에 책임을 느끼고 있었다. 물론 미국도 책임을 회피할 수 없었다. 그러다 구 소련이 무너지는 바람에 미국은 이슬라마바드를 잠깐 잊었으며 결국 연락이 끊기고 말았다. 알카에다가 등장하고서야 미국은 정신을 차렸다. 그때는 이런 상황을 전혀 예측할 수 없었으므로 2005년 당시에는 아프가니스탄 프로젝트가 비교적 순조롭게 진행되었다는 것이 잊힌 상태였다. 우리는 무샤라프가 북부 와지리스탄 부족 지도자들과 새로운 평화 협정을 모색하는지를 눈치채지 못했다. 무샤라프는 무장 군인들이 아프가니스탄 국경을 넘나들지 못하게 하는 대신 공존공영주의를 받아들이자고 제안한 모양이었다. 그렇게 되면 탈레반은 또 다른 안전지대를 얻게 되고 아프가니스탄은 또 수렁에 빠질 수밖에 없었다. 부시 대통령과 내가 임기 내에 해결할 수 있는 문제가 아니었다.

이번 방문에서 토론의 핵심 주제는 남아시아 지역의 긴장을 완화하는 것이었다. 파키스탄과 인도는 카슈미르라는 가장 심각한 문제를 놓고 남모르게 비공개 협상을 하는 중이라고 귀띔해주었다. 양측 대표와 각각 오랫동안 대화를 나눈 결과, 둘 다 태도가 진지하므로 이번에는 일이 잘될 수도 있겠다는 확신이 생겼다. 하지만 바로 다음 날, 도쿄에 내리자마자 비보가 전해졌다. 발루치스탄에 있는 성지에 폭탄이 터져 25명이 목숨을 잃었다. 파키스탄에서는 긍정적인 분위기가 오래가는 법이 없었다.

아시아에서 새로운 방향을 모색하다

'가장 친근한 우방 국가'를 방문하는 것으로 유럽 순방을 시작했듯 동북아시아 지역 방문도 가장 오랜 우방 국가 일본에서 시작하기로 했다. 국무장관 환영식은 언제나 그렇듯 지루하고 형식적이었다. 비행기에서 내리면 환영단이 기다리고 외무장관이나 국무장관이 앞으로 나와 악수를 청했다. 동서양을 막론하고 어느 나라에 가도 그 순간만큼은 다를 게 없었다. 차량에 오르기 전 정부 관료들과 단체 사진을 찍는 것까지 똑같았다.

국무부 수행원들은 각 나라의 문화를 소개할 수 있는 '환영단'을 조직해 분위기를 바꿔보려 했다. 우크라이나에서는 빵과 소금을 든 꼬마 여자아이들이 기다렸으며, 가끔 그 나라의 인기 연예인들도 나타났다. 이런 환영단은 어느 정도 예상할 수 있었기에 그리 놀랄 것도 없었다. 하지만 가슴이 철렁 내려앉을 때도 있었다. 가장 크게 놀란 곳은 바로 일본이었다. 스탠퍼드 대학 교수로 재직할 때 일본 국립방위대학에서 가르칠 기회가 있어 스모를 조금 알게 되었다. 그래서 스모가 재미있는 스포츠라고 말한 적이 있는데 심은 그 말에 일본의 유명 스모 선수를 환영단으로 초빙한 것이있다. 비행기 출구 계단 아래에 내려서자 고니시키 야소키치가 나를 번쩍 들어 올렸다. '덤프트럭'이라는 별명이 무색하지 않게 팔뚝이 우람했다. 예상치 못한 반응에 화들짝 놀랐지만 금세 정신을 차리고 함박웃음을 지었다. 그 모습은 이튿날 신문 1면 기사를 장식했다. 좀 놀라긴 했지만 몇 달 후 키르기스스탄에서 열린 환영 행사에 비하면 아무것도 아니었다. 키르기스스탄에서는 매를 부리는 사람이 환영 행사에 발탁되었다. 그가 데려온 매는 주인의 어깨에 앉아 매섭게 노려보았다. 어찌나 무섭던지 환영식을 빨리 진행한 후 서둘러 차 안으로 몸을 숨겼다. 그 후로 다시는 환영 행사에 동물을 데려오지 말라고 지시했다

일본 방문 목적은 미-일 관계를 돈독히 하고 아시아 지역 전략과 두 나라의 관계를 접목하는 것이었다. 나는 소피아대학 연설에서 민주주의를 기반으로 세계 강국으로 성장한 미국, 일본, 한국이 주축이 되어 한층 안정된 아시아를 건설하자는 주장을 펼칠 계획이었다. 그렇지만 불과 한 주 전에 일본 항공기가 논란의 중심지인 리앙쿠르 바위섬(한국은 이곳을 독도라 일컬었고, 일

본은 다케시마라고 했다)을 다녀가자 한국 정부가 군용 제트기를 급파하는 소동이 벌어져 이야기를 꺼낼 수 없었다. 한국과 일본은 둘 다 우리의 우방 국가였다. 분위기가 냉랭할 때도 있었지만 해를 거듭할수록 두 나라의 관계는 조금씩 나아지는 것 같았다. 아이러니하게도 두 나라의 갈등 원인 중 하나는 중국을 개입시키기만 하면 둘이 손잡게 만들 여지가 보였다. 북한 핵 문제는 주변 국가들을 긴장시켰다. 그들은 모두 각자의 노선을 걷고 있었다.

일본은 1970년대와 1980년대에 벌어진 납치 사건을 해결하는 데 온통 관심이 쏠려 있었다. 일본은 비인간적인 납치범을 왜 우호적으로 대해야 하는지 이해할 수 없다는 식이었다. 한국은 북한 핵 프로그램을 어떻게든 중단시켜야 하지만 북한을 잘못 건드렸다가 한반도 긴장이 고조될까 전전긍긍했다. 중국은 북한 때문에 일본과 한국마저 핵을 보유하게 될까 봐 걱정했다. 또 언제 무너질지 모르는 북한 체제 때문에 불안을 떨치지 못했다. 북한이 몰락해 엄청난 피난민이 중국으로 흘러들 것으로 예상하고 있었다. 이렇게 세 나라 모두 북한의 핵 폐기를 바랐지만 원하는 것이 달라서 힘을 합치지 못했다.

러시아를 포함하는 6자 회담이 2003년에 시작되었지만 아무 성과를 내지 못했다. 그래도 희망이 아예 없는 것은 아니었다. 특히 우리가 비핵화 정책과 한반도 갈등에 대한 근본적인 해결책으로 이어질 장기적인 대안을 제시한다면 6자 회담 성공률이 더 높아질 수 있었다. 국무부는 대안을 구상하는 데 필사적으로 매달렸다. 어차피 6자 회담에서 만장일치를 이끌어내는 것은 불가능에 가까웠다. 그래서 먼저 우리 정부 내의 의견 차이부터 없애기로 했다. 부시 행정부는 출범할 때부터 북한 문제를 놓고 몇 가지 이견이 있었다.

아시아 순방을 떠나기 전에 대통령, 스티븐 해들리와 한자리에 모여 북한 문제에 대해 '허심탄회하게' 이야기했다. 부시 대통령은 원하는 것을 이루려면 북한 정부와 직접 담판을 지어야 한다는 점을 달가워하지 않았다. 우리는 김정일의 구미가 당길 제안으로 핵무기에 대한 욕심을 버리게 할 생각이었다. 시간이 오래 걸릴 것이라는 점도 잘 알고 있었다. 하지만 꾸준히 설득하며 조금씩 제안의 강도를 높이면 불가능한 일도 아니었다. 일례로, 그가 사찰단 입국을 다시 허용한다면 연료 공급을 재개하겠다고 제안할 수도 있었다. 김정일이 그 제안을 수락하면 본격적으로 정치 협상을 벌일 생각이었다. 물론 북한이 실질적인 변화를 하기 전까지는 무작정 양보하고 희생할 생각은 아니었다. 최소한 외교관들이 협상을 진전시킬 여지를 만들어주는 것이 나의 목적이었다. 그동안 백악관에서 외교 협상의 세세한 부분까지 간섭했지만 이제는 국무부를 믿고 맡겨야 했다. 부시 대통령이라면 내게 이 문제를 전직으로 위임힐 것이 분명했다.

이 작전의 성공 여부는 세 가지 조건에 달려 있었다. 첫째, 북한이 약속을 어길 경우 다른 나라에 손을 벌리지 못하도록 주변의 다섯 국가를 미리 포섭해야 했다. 북한은 이미 세계적으로 가장 강한 제재를 받고 있었으나 우리 정부는 더 강화해야 한다고 생각했다. 중국, 한국, 일본, 러시아가 북한 문제에 독자적인 노선을 구축하도록 내버려 두는 것은 무척 위험해 보였다. 부시 대통령은 그 점은 염려하지 말라고 장담했다.

두 번째 조건은 당분간 북한 체제 타도가 아니라 외교 정책 변경만으로도 협상을 시도할 가치가 충분하다고 주변 국가들을 설득하는 것이었다. 김정일은 불쾌하기 짝이 없는 존재였다. 노선을 조금 수정했다는 이유로 그의 독재 정권을 내버려 두는 것을 과연 대통령이 참아낼 수 있을지 걱정스러웠다.

셋째, 방어 수단 개발에서 손을 뗄 수 없었다. 특히 북한이 핵물질 거래를 못하도록 차단하고, 수상한 화물 운송을 계속 단속하며, 극동아시아 우방 국가의 미사일 방어 체계를 강화할 필요가 있었다. 6자 회담이 재개되면 외교 노선과 방어 수단을 동시에 강구할 수 있을 것 같았다.

부시 대통령은 한참 동안 골똘하게 생각한 뒤 입을 열었다. 그의 예리한 통찰력은 입이 딱 벌어질 정도였다. 이미 수년간 함께 일했지만 이런 순간은 매번 놀라울 따름이었다.

"당분간은 꾹 참고 봐주는 게 좋겠어. 하지만 북한 문제는 햇볕 정책으로 해결될 일이 아니야."

북한을 우호적으로 대하는 김대중 대통령의 정책은 큰 효과를 보지 못했다. 부시 대통령은 김정일이 개혁을 시도하더라도 성공하지 못할 것이며, 현재 북한과 같은 상황에서는 어느 독재자라도 자멸할 수밖에 없다고 추측했다. 사실 그 뒤에 한 말이 더 놀라웠다.

"차라리 우리가 직접 김정일에게 큰소리 그만 치고 평화 협정을 맺자고 제안하는 것이 나을지 몰라. 핵무기를 깨끗이 포기하고 나라를 개방한다는 조건으로 말이야."

내가 생각했던 것보다 한 발 더 앞서가는 전략이었지만 일단 필립 젤리코 자문위원과 로버트 졸릭에게 대통령이 제시한 것을 검토하라고 지시했다. 새로운 외교 정책으로 갈등을 끝내는 것이 북한 핵 문제의 해결책으로 괜찮은 걸까? 이 문제는 고심할 가치가 충분한 중대 사안이었다. 이 작전대로 간다면 6자 회담 역시 동북아시아 안보 체제의 기반 마련이라는 훨씬 바람직한 방향으로 전개될 가능성이 있었다.

헨리 키신저에게 저녁 식사를 제안했다. 학자 출신인 데다 국가안보보좌관과 국무장관을 역임해 통하는 부분이 많기 때문이다. 중국 외교를 개척한 주역이었으며 역대 국무장관 중에서 전략 수립에 가장 뛰어났다. 절친한 조지 슐츠처럼 헨리도 틀에 박힌 생각을 벗어나서 전략적 변화가 필요한 새로운 측면에 유의하도록 일깨워주었다. 그는 단숨에 동북아시아의 전체 형세를 파악한 다음, 이 지역의 갈등을 종식시키고 남북한 통일까지 바라볼 수 있는 멋진 계획을 내놓았다. 물론 지금 당장이 아니라 오랜 시간을 요구하는 작전이었다.

그동안 나는 서울과 베이징을 방문하기로 했다. 부시 대통령이 먼 미래를 염두에 두고 있다는 점을 한시도 잊지 않았다. 덕분에 미국 정부가 최대한 융통성을 보일 테니 6자 회담 재개를 제안할 여유가 생겼다. 한국은 6자 회담 재개라는 말에 반색했다. 단, 우리 정부는 대북 정책에 나머지 다섯 나라가 하나로 똘똘 뭉쳐야 한다는 조건을 내걸었다. 북한이 나중에 어깃장을 놓거나(회담에서 합의한 것과 달리 언젠가 딴소리를 할 것이 분명했다) 약속을 제대로 수행하지 않으면 한국 정부도 강경하게 대응해야 한다고 단단히 일러 두었다. 한국 정부의 대표자들은 고개를 끄덕였지만 실제로 그런 상황이 되면 우물쭈물할 수밖에 없으리라는 생각이 들었다.

베이징 방문은 서울보다 더 힘거웠다. 중국 정부는 3월 초부터 북한에 대한 우리 정부 첩보 활동의 신빙성에 이의를 제기하면서 미 정부가 북한과 일대일로 문제를 해결하라고 제안했다. 그래서 중국 정부에게 그런 접근 방법은 말도 안 되는 것이라는 점을 분명히 설명해주려고 방문을 계획했다. 우리 정부가 문제 해결을 위해 개입하려면 중국 정부도 반드시 나서야 했다.

차량 행렬이 대로를 지나 인민대회당으로 진입했다. 1988년 처음 중국을 방문했을 때에 비해서 참 많이 변했다는 생각이 들었다. 그때는 북경 대로 곳곳에 마차, 자동차, 자전거가 함께 달렸는데 이제는 어디를 봐도 자동차가 즐비했다. 이번 방문에서 중국의 경제 성장 문제를 북한 문제만큼 비중 있게 다룰 계획이었으므로 베이징의 모습이 더욱 의미 있게 다가왔다.

스탈린 건축 양식으로 지어진 인민대회당 정문에 도착했다. 계단을 오르자 중국 호위대가 깜짝 놀랄 만큼 큰 소리로 외치며 거수경례를 했다. 나도 모르게 움찔하며 한발 물러설 뻔했다. 여러 번 와보았지만 우렁차다 못해 두려울 만큼 큰 소리로 인사하는 호위대에는 좀처럼 익숙해지지 않았다.

건물로 들어가 대형 회의실까지 인도받았다. 20명쯤 되는 대표단이 각자 자리에 서서 후진타오가 오기만을 기다리고 있었다. 후진타오가 모습을 드러내자 기자들이 사진을 찍었다. 중국 기자들은 고래고래 소리를 지르면서 질문하는 법이 없었다. 그런 기자들은 민주주의 국가에서만 볼 수 있었다. 후진타오와 나는 마이크를 사용해 이야기를 나누었다. 회의실이 어찌나 큰지 말할 때마다 동굴에 온 것처럼 소리가 울렸다.

후진타오는 간단한 환영사 후 대만에 대한 일장 연설을 늘어놓았다. 중국 국가 주석들은 항상 그런 식이었다. 이미 국무원 총리 원자바오와 국무위원 탕자쉬안에게 들은 내용이었다. 두 사람은 나와 한 시간 동안 있으면서 45분 동안 입을 움직였다.

마오쩌둥의 공산주의 체제가 자리 잡은 지 20년이 지나서야 미 정부는 중국인민공화국을 인정하고 외교 관계를 수립했다. 그렇지만 '하나의 중국 정책'은 근본적인 모순이 있었다. 미국이 그동안 대만에 무기 등 각종 지원을 베풀었는데 2005년에 대만이 민주주의 국가가 되었기 때문이다. 중국 정부는 미국이 국내 문제에 지나치게 관여한다고 여겼으며 그 때문에 두 나라의 관계는 살얼음판을 걷기 시작했다. 그 후 중국과 회담을 열 때마다 '하나의 중국 정책', '(1970년대부터 1980년대 무렵에 발표한) 세 차례의 공동 성명'에 대한 잔소리가 늘어졌다. 대만에 무기를 판매한 것에 대한 불만도 대단했다. 한번은 대만 총통 천수이볜에 대한 비방 때문에 장광설이 더욱 늘어졌다. 열성적인 분리주의자인 그는 중국 정부의 미움을 단단히 사고 있었다.

나는 끝까지 들은 후 우리 정부의 방침에 대한 이야기로 다시 화제를 돌렸다. 세 차례의 공동 성명에 근거한 하나의 중국 정책은 모르는 바 아니었지만 우리 정부는 대만 관계법에 따라 대만 안보를 지지할 책임이 있었다. 대만에 어떤 문제가 생기면 수수방관할 수 없는 입장이었다. 중국은 얼마 전 '분리주의자 반대법'을 통과시켰는데 그로 인해 천수이볜이 덫에 걸려

들까 봐 걱정스러웠다(대만 총통은 즉각적인 반응을 보이지 않았으나 얼마 뒤 위험하게도 중국 정부에 정식 도전장을 내미는 길을 선택했다. 그래서 미 정부는 대만 총통과 관계를 단절했고 중국 정부는 반가워하는 기색을 보였다).

대만에 대한 '양측의 견해를 들은' 후 곧장 지적 재산권 문제로 넘어갔다. 후진타오는 경직된 표정으로, 이 문제를 근절하기 위해 정부 차원에서 최선을 다하고 있다고 말했다. 이제 북한 문제를 꺼낼 차례가 되었다. 조심스러운 문제라서 뭐라고 딱 잘라 말하기 어려웠다.

후진타오가 무슨 말을 해도 귀에 들어오지 않았다. '축구장을 방불케 하는 커다란 회의장에서 각자 할 말을 다 정해놓고 마주 앉은 것이 무슨 의미가 있을까?'라는 생각뿐이었다. 중국 대사 샌디 랜트에게 대화다운 대화를 나눌 수 있도록 소규모 회의를 마련해보라고 요청했다. 미 대사의 70퍼센트는 직업 외교관이었으나 대통령 권한으로 직업 외교관이 아닌 사람을 대사로 임명하는 경우도 있었다. 부시 대통령과 같은 대학 출신인 샌디 역시 직업 외교관 출신이 아닌데도 대사로 일하는 특이한 사례였다. 그는 홍콩에서 18년간 생활해서 중국어에 능통했고 후진타오의 말을 빌리자면, '그(후진타오)보다 중국 내의 인맥이 더' 넓었다. 그의 영향력 때문인지는 몰라도 다음 중국 방문에서는 회의 규모가 한층 줄어들었다. 그래도 양측에서 여섯 명씩 참석한 것을 보니 중국이 생각하는 소규모는 우리와 큰 차이가 있었다.

베이징을 떠날 때는 방문 목적을 제대로 이루지 못했다는 아쉬움이 컸다. 그런데 나중에 보니 중국 정부는 내가 전하려던 메시지를 정확히 이해하고 있었다. 그들은 샌디를 통해 중국 정부가 6자 회담 재개를 열렬히 환영하며 북한도 그럴 의사가 있는지 '알아보겠다'고 약속했다.

정확히 24시간 후 대통령을 만나러 목장으로 갔다. 그곳에서 북미 안보 및 번영을 위한 파트너십이라는 회의가 열렸다. 이름은 거창하지만 사실 그리 심각한 일은 아니었다. 멕시코와 캐나다의 통상부와 국토안보부 장관들이 대규모 사절단을 대동해 나타났다. 비웃는 것이 아니므로 오해는 없기 바란다. '영해 및 영공 보안을 개선할 방안을 모색하고 복지 및 안전을 높은 수준으로 유지하면서…… 체계적인 협조를 통해 효율성을 높이는 것'은 그만한 인력을 동원할 만한 사안이었다. 그저 국무장관이 개입할 사안이 하나도 없어 무료했던 것뿐이다. 단지 '외국 손님들이 많이 와 계신 자리여서 내가 있어야 했던 것' 같다.

그렇긴 해도 크로포드를 찾은 것은 잠깐 긴장을 풀고 편안한 분위기에서 대통령과 이야기를 나눌 기회가 되었다. 국무장관이 된 지 8주밖에 되지 않았지만 해외에서 보낸 시간이 6주였다. 워싱턴에 도착하면 집에서 쉬며 국회 예산 청문회를 준비하고 가자에서 이스라엘을 철수시킬 작전을 검토할 생각이었다. 그런데 요한 바오로 2세 교황이 타계했다는 청천벽력 같은 소식이 날아들었다. 그래서 바로 다음 주에 부시 대통령 부부, 클린턴 대통령, 조지 H.W. 부시 대통령과 함께 장례식이 열리는 바티칸으로 갔다.

우리는 장례식 이틀 전 로마에 도착해 곧바로 성 베드로 바실리카로 향했다. 그곳에 교황이 뉘어 있었다. 보안 문제 때문에 일행 다섯 명이 4인용 대통령 리무진에 타야 해서 차 안은 몹시 비좁았다. 이동하는 내내 말이 많은 클린턴 대통령과 과묵한 조지 H.W. 부시 대통령 사이에 끼여 곤욕을 치렀다.

바실리카 내부는 생각보다 어두웠다. 교황이 뉘어 있는 곳에서 약간 떨어진 자리에 무릎을 꿇었다. 기도에 집중하려고 노력했지만 으스스한 분위기 때문에 잘 되지 않았다. 밤새도록 눈앞에 상여가 어른거려 한숨도 자지 못했다.

그러나 장례식 당일 아침 행사는 매우 화려했다. 전 대통령들, 외무장관들과 함께 앞에서 다섯 번째 줄에 자리를 잡았다. 부시 대통령 부부는 두 번째 줄 특별석에 있었는데 커다란 표범 무늬 모자를 쓴 레소토 왕도 거기에 있었다.

세 시간에 걸친 미사가 끝날 무렵, 나는 조용히 일어나서 앞쪽으로 갔다. 차량 행렬의 길이 때문에 우리 일행이 가장 먼저 출발할 예정이었다. 내 임무는 두 분의 전직 대통령을 차량으로 인도하는 것이었다. 거대한 인파를 뚫고 나갈 수 있을지 걱정스러웠다. 부시 대통령 부부 옆에 가자마자 교황의 관을 바실리카로 되가져갈 상여꾼들이 우르르 내려왔다. 성 베드로 성당의 종이 울리자 합창이 울려 퍼졌다. 아름답지만 구슬픈 노래였다. 광장에 수만 명의 인파가 모여 있었는데 상당수가 폴란드 국기를 흔들었다. 공산주의의 막을 내릴 만큼 도덕적 힘을 발휘했던 교황을 떠나보내는 광경은 참으로 장엄했다.

상여꾼들이 관을 들어 올린 뒤에 사람들이 모인 곳으로 방향을 돌렸다. 춥고 바람이 많이 부는 데다 흐린 날이었지만 바로 그때 구름 사이로 햇살이 한 줄기 비쳤다. 마치 요한 바오로 교황의 승천을 확인시키는 것 같았다. 로라 부시는 "좀 전에 햇살이 비치는 것을 보았어요?"라고 말했다. 가슴이 벅차서 아무 말도 못하고 고개만 끄덕였다. 다시 바실리카로 들어가서 피에타*죽은 예수를 안고 비통해하는 성모상 앞을 지날 때 영생이라는 선물을 주신 하느님께 감사 기도를 올렸다.

에어 포스 원을 타고 돌아오며 우리는 계속 햇살 한 줄기가 강렬하게 비친 순간에 대해 이야기했다. 텔레비전으로 장례식을 지켜본 사람들에게 기자가 그 순간에 대해서 언급했는지 물어보았으나 아무 말도 없었다고 했다. 몇 달 후 아르헨티나 외무장관이 눈을 반짝거리며 그 순간에 대해 이야기했다. 아무래도 신앙이 있는 사람들만 부활을 보증하는 그 놀라운 광경을 알아차렸던 것 같다. 그 순간을 직접 목격한 것은 정말 두고두고 감사할 일이었다.

일주일 뒤 추기경 회의는 요제프 라칭거 추기경을 교황 베네딕토 16세로 선출했다. 2004년에 부시 대통령을 수행하고 프랑스 노르망디 작전 60주년 기념 행사에 참석했을 때 오찬을 함께 먹은 사람이 바로 라칭거 추기경이었다. 둘 다 모차르트를 좋아하고 피아노를 즐겨 쳤기 때문에 시간 가는 줄 모르고 이야기꽃을 피웠던 기억이 났다. 종교의 앞날에 대해서도 몇 마디 나누었지만 기억에 남는 말은 없었다.

'그때 귀 기울여 들었으면 좋았을 텐데.'

후회가 물밀듯 밀려왔다.

24

색깔 혁명이 급물살을 타다

　레바논을 포함해 중동 지역에서 벌어진 사건들은 러시아 주변 국가에서 일어난 혁명의 여파였다. 그루지야 대통령 예두아르트 셰바르드나제는 구 소련이 평화롭게 사라지는 데 중대한 역할을 해 서방 국가의 존경을 한몸에 받았다. 냉전이 끝날 무렵 짐 베이커를 대동하고 모스크바에 수없이 드나들면서 그와 얼굴을 익혔다. 답례로, 그 역시 워싱턴에 몇 번 방문했으며 와이오밍 주 잭슨홀의 산장에서 아름다운 자연을 감상했다.
　백발에 부드러운 인상의 셰바르드나제 대통령은 세련된 유머 감각을 구사했으며 언제나 친절해서 나의 러시아어 실력을 칭찬해주기도 했다. 외무장관으로 일하면서 미하일 고르바초프가 서방 세계와 협력하는 방향으로 외교 정책을 재정비하는 데 큰 공을 세웠다. 하지만 구 소련이 무너지기 전, 강경파들이 다시 외교 정책을 예전처럼 돌리려 하자 이들이 고르바초프와 그의 개혁 정책에 강하게 반발할 것이라고 경고하며 사임했다. 고르바초프가 힘을 잃고 구 소련이 무너지자 셰바르드나제는 어엿한 독립 국가로 자리매김한 모국으로 돌아가서 초대 대통령이 되었다.

그러나 10여 년이 흐르자 그도 늙은 탓인지 부패를 일삼는 가족과 친지들의 꼭두각시로 전락해버렸다. 부패 세력의 영향으로 그루지야 경기는 침체와 악화를 반복했다. 상황이 최악으로 치닫자 조지 W. 부시 대통령은 짐 베이커를 보내 이제 물러날 시기가 되었다고 우정 어린 충고를 보냈다. 세바르드나제는 꿈쩍도 하지 않았다. 결국 2003년 수십만 명이 넘는 국민들이 거리로 몰려나와서 독재주의와 부패에 물든 정권 퇴진을 요구하자 불명예스럽게 물러났다. 장미혁명으로 알려진 이 사건은 구 소련 전역에 파장을 일으켜 결국 색깔 혁명을 불러왔다.

당시 러시아는 구 소련의 몰락에 일조한 셰바르드나제를 미워했으므로 장미혁명에 큰 우려를 나타내지 않았다. 하지만 미하일 사카슈빌리가 그루지야의 새로운 대통령이 되자 반응을 달리할 수밖에 없었다. 사카슈빌리 대통령은 미국에서 교육받은 행동과 인물이었고 모스크바에 대한 적개심을 숨기려 하지 않았다. 따라서 그간 긴장이 느슨해졌던 러시아와 그루지야의 관계가 다시 첨예한 대립 구도로 돌아섰다.

두 나라는 늘 영토 문제로 옥신각신했다. 사카슈빌리 대통령은 남오세티야주와 아브하지야*그루지야 내의 자치 공화국에서 러시아의 지원을 받으며 활동하는 분리주의자를 엄중히 차단하고 그루지야공화국의 단결을 지켜낼 것이라고 선언했다. 그런가 하면 러시아 정부는 그루지야가 두 나라의 경계에 있는 산악 지역 판키시 계곡에 숨어 있는 체첸 테러 집단을 눈감아주고 있다고 여겼다.

이러한 러시아의 주장 때문에 우리 정부는 일부러 그루지야 군대와 대테러 작전 훈련을 시행했다. 테러와 전쟁 중인 이 시점에 이웃 나라는 귀찮은 짐이 아니라 귀한 자산이라는 인식을 러시아에 심어주려는 의도였다. 러시아 국방장관 세르게이 이바노프와 우리 측 대변인은 체첸 테러 집단 문제로 몇 차례 언쟁을 벌였다. 세르게이 이바노프는 걸핏하면 전화를 걸어 그루지 야를 의심하고 비판해댔다. 한번은 "그루지야 군대가 체첸 테러 집단을 처 단하지 못하면 당장 러시아 군대를 보내겠소!"라며 언성을 높였다. 때로는 정면으로 일침을 가하는 것이 효과적이었기에 이렇게 대꾸했다.

"세르게이, 러시아군 장교 중에 그 누가 판키시 계곡에 군대를 끌고 가려 하겠어요? 알 만한 사람이 왜 그럽니까? 마음에도 없는 말로 괜한 엄포를 놓는 것 좀 이제 그만 하세요."

실제로 판키시 계곡은 체첸 테러 집단과 알카에다가 우글거리는 곳이라 아 무도 가고 싶어 하지 않았다. 한마디로 신에게 버림받은 곳이었다. 대테러 작 전 훈련은 효과를 거둬서 훗날 이바노프는 물론이고 푸틴 대통령까지도 그 루지야가 테러 집단을 되치하는 데 어느 정도 성공을 거두었다고 인정했다.

한편, 사카슈빌리 대통령에 대한 러시아 정부의 적개심은 단순한 국가 안 보나 정치적 사안을 넘어선 수준이었다. 러시아 국민들 또한 아무 이유 없 이 그루지야 사람들을 혐오했다. 길 가는 사람 아무나 붙잡고 물어봐도 한 치의 망설임도 없이 피부색이 짙은 코카서스 사람들은 모두 도둑이며 불량 배라고 말할 정도였다. 한번은 모스크바에서 조금 지저분한 호텔에 묵었는 데 저녁을 먹고 들어오다가 호텔 로비에서 어떤 할머니와 마주쳤다(구 소련 시절에는 나이가 지긋한 어르신들이 밤잠을 자지 않고 호텔 투숙객들이 드나드는 것을 '지켜' 보았다). 그 할머니는 그루지야 남자 몇 명이 나를 찾아왔었다고 전해 주면서 그들을 무시하고 조롱하는 표현을 아무렇지 않게 사용했다. 나도 피 부색이 짙은 사람이라서 그런지 차마 그 말을 흘려들을 수 없었다.

그러나 정치적인 관점에서 보더라도 그루지야 사람들은 볼셰비키혁명을 주도한 거칠고 위험한 세력이라는 이미지가 여전히 강했다. 조지프 스탈린 도 그루지야 출신이었고, 스탈린이 죽은 후 정치국*구 소련 공산당의 최고 정책 결정 기관의 동료들을 타도하려다 1953년에 처형된 악명 높은 비밀경찰청장 라브렌티 베리야도 그랬다. 악랄하기로 소문난 세르고 오르조니키제도 역시 그루지야 출신이었다. 어쨌든 그루지야의 혁명은 서구적인 변화를 추구했고 오래 끌지 않았기 때문에 그럭저럭 참을 만했다.

그러나 우크라이나에서 벌어진 혁명은 전혀 딴판이었다. 우선 우크라이나가 1991년 8월 구 소련에서 독립을 선언했을 때 러시아 전체가 몹시 당혹스러워했다는 점을 짚고 넘어가야 한다. 그래야 우크라이나의 오렌지혁명이 모스크바에 얼마나 큰 충격을 주었는지 이해할 수 있다. 러시아가 우크라이나를 잃은 것은 미국에서 텍사스나 캘리포니아가 사라지는 것과 같다는 비유도 있었다. 하지만 그 비유도 러시아 국민들의 기분을 제대로 설명하기에 충분치 않았다. 차라리 독립 13주*미합중국 독립 당시의 13개 영국 식민지를 모두 잃었다고 해야 어울릴 지경이었다. 키릴 문자를 포함해서 슬라브족 전체는 키예프*우크라이나 수도에서 시작해 러시아로 퍼져 나온 사람들이었다. 17세기 러시아 제국이 몰락할 무렵 폴란드에 속해 있었지만 1차대전이 끝날 즈음 독일이 아주 잠깐 동안 우크라이나의 독립을 인정했다. 나치 정부는 2차대전 중에도 우크라이나의 독립을 조건으로 제시하며 지원을 요구했다. 즉, 러시아는 그들이 극도로 약할 때를 제외하고는 슬라브 민-우크라이나와 러시아-의 연합을 언제나 지켰다고 자부할 만한 근거가 있었다.

1954년에 니키타 흐루시초프는 러시아와 우크라이나의 백 년 우정을 기념하는 뜻에서 크림 지역과 흑해를 우크라이나에 선사했다. 당시에는 아무렇지 않은 일이었지만 구 소련이 무너진 후 러시아는 이를 두고두고 후회했다. 주요 자산과 국민 대다수가 모여 사는 지역이 독립 국가를 선언한 우크라이나에 둘러싸인 형세가 되었기 때문이었다. 러시아 해군의 핵심 기지가 있던 세바스토폴의 경우, 시민의 약 70퍼센트에 해당하는 70만 명의 러시아 국민이 느닷없이 다른 나라에 사는 꼴이 되었다. 러시아 정부의 전략적 측면과 국민의 정체성을 따져봤을 때 오렌지혁명은 그들에게 치명적인 타격을 주었다.

　구 소련 체제가 무너지기 전부터 러시아와 우크라이나를 여러 차례 방문했다. 우크라이나 국민들, 특히 서부 지역 사람들은 러시아에 애틋한 감정이나 가족 같은 결속력을 느끼는 것 같지 않았다. 또한 러시아 사람들은 우크라이나 국민들이 자신들을 매우 싫어하는데도 잘 모르는 눈치였다. 오랫동안 근친혼이 허용되긴 했지만 우크라이나는 민족이나 언어 면에서 러시아와 분명히 구별되는 나라였다. 러시아가 눈치 없이 하늘이 무너져도 두 나라의 형제애는 변하지 않을 것이라고 주장하면 할수록 우크라이나 국민들의 혐오감은 커져갔다. 그래서 오렌지혁명의 주도 세력이 러시아에 대한 반감을 적나라하게 드러냈을 때, 나는 별로 놀라지 않았지만 러시아 정부는 믿는 도끼에 발등을 찍힌 분위기였다.

　2004년 5월, 모스크바 외곽에 있는 대통령 사저에서 그를 직접 만나보니, 키예프 소식으로 받은 충격을 금방 털어버린 것 같았다. 몇 달만 지나면 우크라이나는 대통령 선거를 치를 예정이었다. 푸틴 대통령은 새로 단장한 집무실을 자랑스럽게 공개했다. 그때 옆방에서 빅토르 야누코비치가 나오자 푸틴 대통령은 그를 소개해주었다.

　"빅토르와 인사 나누세요. 곧 우크라이나 대통령 선거에 출마할 사람입니다."

　러시아 정부를 등에 업은 대통령 후보를 보면서 푸틴의 의중을 알 것 같았다. 러시아 정부는 자국의 이익을 지키기 위해 믿을 만한 카드를 이미 준비해 둔 상태였다.

　그러나 선거 결과는 러시아 정부의 예상을 빗나갔다. 빅토르 유셴코와 율리아 티모셴코의 선거구가 승리를 거두었다. 두 사람 모두 서구 지향적인 정치인이었기에 오렌지혁명의 주동자들은 거리로 뛰어나와 환호성을 지르며 기뻐했다. 앞으로 5년 동안 우크라이나가 나아갈 방향은 두 사람의 어깨에 달려 있었다.

전제주의 정치에서 갓 벗어난 나라에서 선거를 실시하는 것은 민주주의로 전향하는 첫걸음에 불과했다. 국가의 제도적 기반은 여전히 부실했고, 곳곳에 부패가 만연한 데다, 사적인 감정이나 카리스마를 이용해서 정계를 장악하려는 경향이 여전히 남아 있었다. 안타깝게도 나란히 선거에서 승리를 거둔 두 사람도 차츰 서로 등을 돌리더니 결국 나라의 장래보다는 잇속을 챙기는 데 급급한 모습을 보였다.

그런 분위기 속에 다시 러시아를 방문했다. 국무장관이 된 후 첫 방문이었다. 한 달 전, 카자흐스탄에 불어 닥친 색깔 혁명의 여파로 국민의 미움을 산 아스카르 아카예프는 모스크바에 피신해 있었다. 러시아 대통령은 겉으로 아무렇지 않은 척 나를 맞았으나 주변 국가의 상황 때문에 심기가 몹시 불편해 보였다. 늘 하던 대로 방문 일정에 따라 움직였다. 내가 상대할 사람은 세르게이 라브로프였다. 그는 10년 가까이 UN 러시아 대사를 지냈으며 영어를 구사할 때 러시아 억양이 강하게 묻어나왔다. 다소 거칠지만 실력 있는 외교관이었고, 와인과 고급 요리를 좋아하며 시베리아 들판에서 사냥하는 것을 즐기는 전형적인 러시아 사람이기도 했다.

세르게이 라브로프와는 금방 가까워졌다. 약간 격식을 차리는 느낌이 여전했으며, 때로는 격하게 대립하기도 했다. 나처럼 천성적으로 토론을 즐기는 편이라 말싸움을 두려워하지 않았다. 우리가 언쟁을 벌이면 유럽 대표들은 몹시 긴장했지만 정작 둘은 아무렇지도 않았다. 싸우는 것처럼 보여도 결국은 타협점이나 해결책을 찾아냈다. 하지만 그루지야에 전쟁이 발발하면서 우리 관계는 크게 손상되었고 회복될 기미가 안 보였다.

그래도 나는 라브로프와 일하는 것이 처음부터 마음에 들었다. 그는 모스크바에서 널리 존경받고 있어서 일 처리에 어려움이 없었다. 시간이 흐를수록 나는 그들 정부의 정책을 실행에 옮기는 사람이 가장 귀한 동료라는 점을 깨달았다. 다양한 사람들과 친구가 되는 것은 분명 좋은 일이었다. 하지만 같이 식사할 때만 유쾌한 친구이고, 정치가로서 몫을 하지 못하는 사람들을 너무 많이 겪은 탓에 질려버렸다.

2005년 4월, 모스크바를 방문하기 전에 터키에서 라브로프를 만난 적이 있었다. 국무장관이 된 지 얼마 안 된 시점이었다. 라브로프는 거의 한 시간 동안 미 정부 정책에 대한 러시아의 불만을 늘어놓았다. 얼마쯤 꾹 참고 들어주었지만 결국 주 러시아 대사 빌 번스를 통해 좀 더 의미 있는 대화를 나누는 편이 낫겠다며, 그런 이야기만 계속 이어간다면 더 이상 시간을 낭비하고 싶지 않다고 말했다. 일방적으로 푸념하는 것이 아니라 서로 얘기를 들어주는 분위기를 원했기 때문이다. 외교 방문에 오른 이상 시시콜콜한 문제를 따지기보다는 국가 중대사에 우선적으로 주의를 기울이는 것이 당연한 일이었다. 모스크바에서 그를 다시 만났을 때는 대화 방식이 한층 세련된 듯했다. 시간이 흐를수록 각자의 말만 하는 단계를 넘어 대화다운 대화를 하게 되었다.

라브로프를 만난 뒤에는 으레 푸틴 대통령을 보러 가곤 했다. 크렘린 궁의 집무실에 자리를 마련할 때도 있었고 대통령 별장에서 볼 때도 있었다. 러시아 사람들은 여름에 별장에서 지내는 것을 선호했는데 작고 난방 시설이 없는 허름한 집에서부터 화려한 저택에 이르기까지 별장은 다양했다. 푸틴의 별장은 당연히 화려한 저택이었다. 모스크바에서 24킬로미터 떨어진 별장으로 가는 길은 신정부의 과시욕이 얼마나 강한지를 보여주었다. 돌체 앤 가바나, 롤스로이스 같은 매장이 즐비한 모습이 영락없는 로데오 거리였다. 자급자족을 강조하던 구 소련의 흔적은 조금도 찾아볼 수 없었다.

푸틴 대통령을 만나는 자리에는 늘 사람들이 북적거렸다. 해가 지날수록 차차 둘이서만 이야기를 나눌 기회가 늘어났다. 처음에는 한두 가지 주제만 논했지만 언제부터인가 미 정부에 대한 '불만과 실망'이 봇물처럼 터져 나왔고 자신이 생각하는 민주주의 정부의 바람직한 모습에 대해 일장 연설을 늘어놓았다. 내 전공을 들먹이며 '뜨이 즈나예쉬 나스(우리를 잘 아시겠지만)'를 몇 번이고 되풀이했다. 그 말이 나오면 어김없이 러시아가 민주주의를 받아들인 경위에 대해 긴 설명이 이어졌다. 무엇보다 (자신의) 강한 손이 민주주의를 이끌었으며, 자신이 몸담은 정당 내에 여러 개의 '파당'이 차츰 등장해 다양한 시각을 대변했다는 식이었다. 그는 1955년부터 집권당으로 군림한 일본의 자유민주당도 1990년대 초반 잠깐을 제외하고는 언제나 당 내부에 여러 의견이 분분했다고 말했다. 그리고 러시아 사람이 원래 성미가 괴팍해서 그동안 수많은 혁명이 일어났지만 한 번도 제대로 성공한 적이 없다며 지도자가 꼭 필요하다는 결론을 내렸다.

한때 공산주의를 신봉했던 사람에게는 대단한 변화였지만 현대적인 의미의 민주주의 발전과는 거리가 먼 이야기였다. 4월에 만난 자리에서는 미국이 색깔 혁명을 계기로 러시아의 계획을 망쳐놓으려 한다는 말이 목구멍까지 올라온 것을 겨우 참는 게 역력했다. 그는 '길거리에서 혁명이 시작되는 것'을 원치 않는다고 말했다. 구 소련을 다시 세우는 것은 말도 안 되는 짓이라고 하면서도, 근래에 독립 국가로 거듭난 나라들은 구 소련의 제도와 부를 앗아간 것이라고 맹렬히 비난했다. 러시아 정부가 신생 독립 국가에 '비상한 관심을 지속적으로' 보이는 것은 놀랄 일이 아니었다.

러시아는 2차대전을 조국수호대전이라고 불렀다. 마침 조국수호대전 60주년 행사가 가까워지자 푸틴 대통령은 주변 국가에 대한 미 정부의 입장을 우려할 수밖에 없었다. 부시 대통령은 러시아 역사에서 매우 중요한 이정표인 이번 행사에 참석할 예정이었으므로 발트 국가에 들렀다가 모스크바로 향했다. 대통령은 러시아를 당혹스럽게 할 행동은 하지 않겠다고 전했으나 정작 푸틴은 NATO에 새로 가입한 터라 미 대통령이 미국과 러시아가 오랫동안 불편한 관계였음을 언급해주길 원했다. 푸틴은 한 발 더 나아가 발트 3국이 과거에 대한 법적 책임을 계속 들추는 것을 내 앞에서 맹렬히 비난했다.

"몰로토프-리벤트로프 조약*독일 제국과 구 소련이 체결한 불가침 조약에 대한 사과를 들어야 직성이 풀린다는 거겠죠. 글을 못 깨우쳐서 그러나 봅니다. 우리는 1989년에 이미 사과했으니까요."

아돌프 히틀러와 조지프 스탈린이 사악한 거래를 했다고 미하일 고르바초프가 인정하긴 했지만 그 무성의한 태도를 사과라고 보긴 어려웠다.

그러나 러시아가 2차대전에서 입은 상처가 아직 아물지 않았기에 그 점을 들추지 않았다. 구 소련은 독일의 공격으로 무려 2,600만 명의 인명이 손실됐다. 워낙 복잡한 사안인지라 지금 이 글로는 다룰 엄두도 낼 수 없다. 그런 역사적 사건이 얼마나 민감한 문제인지 직접 목격한 적이 있었다. 1년 전에 프랑스의 노르망디 상륙 작전 기념식에 참석했는데 앞자리에는 독일 총리 게르하르트 슈뢰더가 앉아 있었다. 아마도 프랑스와 독일이 화해한 것을 강조하려고 초대한 것 같았다. 그때 차마 눈 뜨고 볼 수 없는 독일의 만행을 가감 없이 담은 영상이 나오자 그의 표정은 돌처럼 굳었다. 슈뢰더를 처음 만났을 때 들은 이야기가 떠올라서 그가 몹시 가여웠다. 그가 갓난아기였을 때 동쪽 국경에서 총살당한 아버지의 사진을 찾아낸 이야기를 해주며, 짧은 영어 실력으로 사진 속의 얼굴이 자신과 '똑같다'고 했었다. 승전국이든 패전국이든 전쟁 때문에 국민의 삶이 얼마나 크게 달라졌는지를 실감한 순간이었다. 2차대전이 아니라 어느 전쟁에서든 마찬가지였다.

나는 옛 상처를 들추지 않고 어루만지는 방향으로 이야기를 꺼낼 것이라는 대통령의 답변을 푸틴에게 전달했다. 푸틴은 일단 흡족한 표정을 지으며 미 국무장관이 러시아 전문가라서 다행이라고 말하더니, "그러니까 두 나라의 관계는 바로 당신에게 달려 있소."라고 덧붙였다. 그 말이 진심인지 인사치레인지 구분할 수 없었다. 러시아는 큰 도움이 될 수도 있지만 그에 못지않게 큰 위협을 가할 수도 있어 결코 만만한 상대가 아니었다.

푸틴은 또 다른 안건으로 이야기를 계속했다. 그는 G7 경제 선진국 모임에 러시아를 넣어 달라고 요청했다. 러시아 정부는 국제사회의 지위에 굉장히 예민했다. 그래서 G8 정치 회담에는 참석해도 경제 회담에서 제외되자 불편한 심기를 감추지 못했다. 그는 "러시아 경제가 세계 16위라는 것은 나도 압니다."라고 하더니 그래도 러시아 경제가 국제사회에서 큰 비중을 차지한다고 주장했다. 얼핏 들어도 앞뒤가 맞지 않는 말이었다. 그래서 WTO 가입 문제로 이야기를 돌렸다.

그날 저녁 식사는 세르게이 이바노프와 함께했다. 당시 이바노프는 국방장관을 맡고 있었는데 앞서 이야기했듯 오래전부터 알던 사이였다. 러시아는 항상 제퍼슨주의자와 서구주의자로 나뉘었는데 이바노프는 서구주의자였다. 그런데 이곳에서는 민주주의와 전제주의가 아니라 슬라브주의자와 서구주의자가 팽팽하게 대립했다. 그는 가혹한 징병제를 내세운 낙후한 러시아 군대를 현대적으로 재정비할 계획이라며 러시아도 기술을 크게 발전시켜 국제 경제에 기여할 날이 올 것을 고대한다고 말했다. 이바노프는 2년 후 대통령 후보에 올라 치열한 경합을 벌였지만 패하고 말았다.

다음 달에 부시 대통령과 함께 2차대전 기념식에 참석했을 때 나는 선거 결과를 예감했다. 모스크바 거리에는 구 소련의 2차대전 승리를 기념하는 배너가 넘실거렸다. 유럽풍의 화려한 상점들 앞쪽 가로등에 걸린 배너에는 '젠 빠베드이(승리의 날)' '슬라바 나로두(인민에게 영광을)'라고 쓰여 있었다. 그것을 보며 구 소련 대학원에서 공부하던 때가 주마등처럼 스쳤다. 이상하게도 슬로건이 전혀 낯설지 않았다. 그래서 배너 하나를 유심히 들여다보았다.

'노키아가 당신에게 드립니다.'

세월이 참 많이 변했다는 것을 실감했다. 붉은 광장의 퍼레이드를 보고 나는 이바노프의 미래를 직감했다. 그는 검은색 리무진 뒤편에 서서 몇 천

명의 러시아 군사가 레닌 묘 앞에 깔린 자갈길 위로 행군하는 모습을 지켜보고 있었다. 마치 대통령이라도 된 것처럼 거수경례를 올리고 각 부대에 축하의 말을 하는 의기양양한 모습을 보며 이런 생각이 들었다.

'푸틴 대통령이 저 사람에게 러시아 대통령 자리를 내줄 리 없겠군. 푸틴은 물러날 때 막강한 후계자이자 라이벌을 크렘린에 들여놓지 않을 거야.'

부시 대통령이 발트 3국에서 약속한 대로 모스크바에 왔을 때 분위기가 사뭇 좋았다. 다만, 대통령이 도착하기 전 라트비아에서 연설했는데 러시아 정부가 어떤 반응을 보일지 몰라서 우리는 조금 초조해하고 있었다. 아이가 칼비티스 라트비아 총리, 아르놀드 류텔 에스토니아 대통령, 발다스 아담쿠스 리투아니아 대통령이 한데 모인 자리에서 대통령은 이제 그들도 2004년부터 NATO에 가입되었으니 더는 위협받는 일이 없을 것이라고 말했다. 전쟁을 기억하는 노인들은 이제 더는 러시아를 두려워하지 않아도 된다는 생각에 남녀 할 것 없이 눈물을 글썽였다.

부시 대통령은 발트 3국에게 이웃 국가와 평화롭게 지내고, 다민족을 수용하는 민주주의 정권을 수립해서 국내에 들어와 있는 러시아인에게 설 자리를 마련해 달라고 부탁했다. 이처럼 발트 3국과 러시아 어느 편도 들지 않고 균형을 잡았기 때문에 러시아는 대통령에게 고마움을 표현했다. 그런 의미에서 그루지야의 트빌리시 방문이 모스크바 이후로 잡혀 다행이었다. 그루지야 국민들은 러시아에 대한 반감을 적나라하게 드러냈다. 트빌리시의 자유광장을 가득 메운 군중들은 방송으로 흘러나오던 국가가 끝나자 아카펠라로 국가를 다시 불러 모두의 심금을 울렸다. 그때는 몰랐지만 부시 대통령 가까이 있던 남자가 안전핀을 뽑은 수류탄을 든 채로 체포되는 일이 있었다.

붉은 광장에서 조국수호대전 기념식을 마치고 숙소로 돌아오는 길에 차 창 밖을 보니 젊은 부부가 아이들과 함께 마로주녀예를 먹으며 여유롭게 걷고 있었다(마로주너예는 정말 맛있는 러시아 아이스크림이다). 여느 나라에서 볼 수 있는 휴일의 모습이었다. 아이들 학교는 하루 쉬고 가족 단위로 봄 소풍을 가는 듯했다. 붉은 광장에서 영웅 대접을 받는 참전 용사들이 절뚝거리며 길을 걸어가는 모습과 매우 대조적이었다. 스탈린이 경기 침체와 인민들의 생활고를 정당화하려고 일으킨 조국수호대전에 대한 심리적 중압감이 국민들의 기억 속에서 조금씩 지워지고 있었다. 전쟁 당시 독일군을 막기 위해 '가장 위대한 세대'라는 미명으로 전쟁터에 끌려나간 소작농 청년들은 얼마 버티지 못하고 목숨을 잃었다. 전쟁 종식을 70년씩이나 기념하는 것이 과연 국민들에게 어떤 감흥을 줄 수 있을지 의문스러웠다.

러시아는 전혀 다른 나라가 되어 있었다. 전제주의로 되돌아가려는 낌새가 보였지만 시민들은 역사상 그 어느 때보다 개인의 자유를 마음껏 누리고 있었다. 1979년에 모스크바를 처음 방문했을 때는 길에서 사람들과 눈을 마주칠 수 없었다. 다들 길바닥을 보며 힘없이 걸었는데, 이제 그런 사람을 찾으려야 찾을 수 없었다. 출생률이나 사망률은 개발도상국 수준에 머물렀지만 전반적인 생활 수준은 크게 향상된 편이었다. 일반 시민들도 주변의 눈치를 살피지 않고 여행을 즐기거나 웃는 얼굴로 외국인과 이야기를 나누었다. 자기 명의로 된 아파트에 보금자리를 마련해 도시 외곽의 이케아 대형 매장에서 가구를 사들였고, 식료품 가게에는 다채로운 먹을거리가 온통 쌓여 있었다. 푸틴 대통령이 러시아 국민에게 내세운 공약이 그대로 실현되고 있었다.

"나는 국민들에게 질서, 번영, 존엄성을 보장할 것입니다. 국민들은 저를 믿고 정치를 맡겨주시기 바랍니다."

공약의 뒷부분도 실행에 옮기겠다는 푸틴의 결심은 날로 강해졌다. 그 때문에 세월이 흐를수록 우리 정부와의 관계는 위태로워졌다. 국무장관이 되기 몇 달 전, 푸틴 대통령은 크렘린의 정치적 세력을 중앙 집권화하는 새로운 법안을 제시했다. 이 방법은 시간과 노력이 많이 드는 데다 지나치게 과격했다. 베슬란에 테러 공격이 발생한 이후 연합을 강조한다는 미명 아래 89개 도지사 선출을 폐지하고 크렘린에서 도지사를 임명하는 방식을 제안한 것이었다. 푸틴은 자신의 임기 중에 이와 비슷한 과격적인 개혁을 많이 성공시킨 사람이었다. 이번에도 (자신의 정당이 의회를 장악하고 있었기에) 순쉽게 법안을 통과시켰다. 러시아 정계에 대한 그의 영향력은 더욱 강해졌다.

독자적인 노선을 추구하던 방송 매체도 푸틴에게는 눈엣가시였다. 언론에 대한 압박은 2006년에 절정에 달해서 정부를 거침없이 비판해온 애나 폴릿콥스카야라는 기자가 무참히 살해되고 말았다. 부고를 듣고 부랴부랴 모스크바로 날아갔다. 그녀 동료들의 눈에는 고통과 두려움이 서려 있었다. 푸틴은 사건을 정식으로 조사하겠다고 말했지만 크렘린의 지지 세력이 저지른 짓이 분명했다. 크렘린 궁에서 직접 명령한 것인지는 확실하지 않았다. 그렇게 민영 텔레비전 방송국과 라디오 방송국은 눈 깜짝할 사이에 사라지고 공영 방송국이 줄줄이 나타났다. 하나같이 앵무새처럼 목청을 높여 정부를 극성스럽게 옹호하는 말만 늘어놓았다. 한번은 ABC 뉴스에서 체첸 반군 지도자 샤밀 바사예프와 인터뷰했다는 까닭으로 모스크바에 있던 미 방송국이 문을 닫고 특파원들은 모두 추방되었다. 이런 식으로 러시아 정부는 비판할 엄두도 못 내도록 국내외 언론사 기자들에게 보이지 않는 위협을 가했다.

언론 통제는 정부의 의도대로 진행되는 것처럼 보였다. 하지만 이것은 러시아 정부 몰락의 시작에 지나지 않았다. 정치적 의도가 숨어 있는 부정부패의 온상이라는 이유로 독립적인 사법부*정부의 입법 기관이나 행정 기관의 간섭을 받지 않고 갈등을 평결할 수 있는 법원 체제에 대한 공격이 시작되었다. 올리가키*고대 그리스의 소수자에 의한 정치 지배, 즉 '과두정치'를 뜻하는 러시아어는 '탈세' 혐의로 기소되었다. 올리가키의 대표 주자 미하일 호도르콥스키*러시아 최대의 석유 재벌는 내가 국가안보보좌관일 때 백악관을 방문한 적이 있었다. 그때 러시아 정치를 바꾸기 위해 돈을 대주었다는 말을 아무렇지도 않게 내뱉었다. 법의 보호를 믿은 것은 그의 실수였다. 훗날 법정에서 힘겨운 싸움을 벌였지만 아직도 옥살이를 하고 있다. 다른 사람들은 모두 줄행랑을 쳤다. 특히 보리스 베레좁스키*러시아 출신 피아니스트는 런던까지 추격당했다. 그들이 부자여서 죄인이 된 것은 아니었다. 단지 개인 자산으로 정치적 명분을 지원한 것뿐이었지만 푸틴은 용납할 수 없다고 판단했다.

올리가키는 비교적 만만한 대상이었다. 구 소련이 무너지면서 제대로 확립된 법 체제가 사라지자 많은 사람들은 그 상황을 이용해 부를 얻으려 했다. 러시아 정부는 사람들이 나라 재산을 좀도둑질하고 원유, 가스, 광물 등으로 자신의 배를 불린 것은 엄연히 국고를 축내는 행동이라고 주장했다. 이와 같은 포퓰리스트적 견해는 러시아 국민들에게 익숙한 것이어서 아무도 정부를 비판하지 않았다.

고르바초프는 조지 H. W. 부시 전 대통령에게 구 소련이 등장하기 훨씬 전에도 러시아 사람들은 '평등주의'에 얽매인 경향이 있었다며, 한 가지 재미있는 이야기를 들려주었다.

어떤 농부가 알라딘의 램프를 손에 넣었다. 램프의 요정이 "원하는 것을 말해 보세요."라고 하자 그는 이렇게 하소연했다.

"옆집 좀 봐요. 저 사람은 멋진 가족이 있고, 농사도 풍년인 데다, 수레까지 새로 마련했소. 하지만 나는 이게 뭡니까? 우리 마누라는 정말 골칫덩어리인 데다 이번 해는 농사까지 망쳤소. 나는 헌 수레조차 없이 살고 있소."

"그러면 옆집 사람처럼 해줄까요?"라고 요정이 묻자 농부는 이렇게 말했다. "그게 아니라 옆집을 우리 집처럼 만들어주시오."

푸틴은 이야기 속의 농부를 닮아가고 있었다. 그는 정부의 권력을 강화하고, 언론을 극도로 통제했으며, 사법 제도는 정부를 정당화하는 무기로 내

세웠다.

　얼마 지나지 않아 푸틴의 강경 정책은 해외 NGO에 대한 탄압으로 이어졌다. '반사회적 움직임과 부패'를 방지한다는 명목으로 모든 NGO는 러시아 정부에 등록하라는 일방적인 지시를 내렸다. 어쩌면 우리 정부가 여기까지 예상했어야 했는지도 모른다. 아무튼 푸틴은 슬로베니아에서 처음 만났을 때와는 전혀 다른 사람이었다. 9.11테러 이후 아프가니스탄에서 우리를 계속 도와주고 전략적 협동을 강조하던 러시아 대통령은 더 이상 찾아볼 수 없었다. 지금까지 겪은 푸틴이라는 사람은 이 세상에서 사라진 것 같았다. 한 사람에게 권력이 집중된 탓인지, 아니면 색깔 혁명이 산불처럼 번지자 불안감이 가중된 탓인지 러시아 정부는 갈수록 권위주의적으로 변해갔다. 어쩌면 권력 집중과 색깔 혁명 둘 다 원인으로 작용했을 것이다. 권위주의로 무장한 러시아 정부는 이웃 국가, 특히 과거의 구 소련에 당당히 독립을 선언한 국가에게 몹시 가혹했다. 유가 폭등으로 이 문제는 더욱 심각해졌다. 이러한 변화가 당시에는 국제사회의 주된 근심거리가 아니었지만 결국 모스크바와 워싱턴의 갈등에서 가장 큰 부분을 차지했다.

25

바그다드와 카이로

해 저문 앤드루 공군 기지로 향할 때면 늘 기분이 묘했다. 종일 집무실에서 일한 후 정신없이 집에 가서 짐을 들고 리무진에 올라타는 식이었다. 끝이 안 보이는 여행 일정에 따라 움직이다 보면 숨이 턱까지 차올랐다.

"오티스, 주말에 좋은 계획 있어요?"

차가 출발한 뒤 운전사에게 말을 건넸다.

"딸아이의 야구 시합이 있습니다. 주말 내내 응원만 할 것 같습니다."

직원들의 생활이나 가족에게 개인적 관심을 보이려고 항상 먼저 말문을 열었다. 정작 대답을 들으면 주말이 사라진 내 인생과 비교되어 마음 한구석이 서글퍼졌다.

오티스는 1975년부터 20여 년 동안 육군 하사관으로 복무하다 1995년에 정부 소속 운전사가 되었다. 국방장관 두 명과 전 CIA 국장을 거쳐 국무부 외교보안팀에서 콜린 파월 전담 운전 기사로 일했다. 백악관 비밀 경호국에서 내게 붙여준 기사 스티브 에스텔처럼 오티스도 오랜 근무 시간이나 불편한 일정에 불평 한마디 하지 않고 묵묵히 충성을 다하는 흑인계 공무원이었다. 둘 다 워싱턴을 손바닥 보듯 알고 있었으며 급할 때는 지름길을 찾아내 소요 시간을 절반으로 줄였다. 힐러리 클린턴에게 인사 문제에 대해 조언하면서 "오티스를 놓치지 마세요."라고 당부했다.

3월 14일 아침, 앤드루 공군 기지로 가는 길은 조금 달랐다. 카타르에 가서 군용 비행기로 이라크 쿠르디스탄에 있는 아르빌을 거쳐 바그다드로 갈 예정이었다. 국무장관으로는 첫 방문이었다. 어찌나 흥분되었던지 주변에 알리고 싶어 입이 근질거렸다. 하지만 안전상의 이유로 극소수의 관계자를 제외하고는 아무에게도 알릴 수 없었다. 이라크나 아프가니스탄에 출장을 떠날 때는 가족들에게도 알리지 않았다. 괜히 걱정하게 만들고 싶지 않았.

북쪽 쿠르드 지역에 잠깐 들렀디기 군용 수송기 C-17에 올랐다. 총사령관이 조종석에 앉겠냐고 제의해서 기꺼이 받아들였다. 착륙 30분 전에 승무원들이 방탄 방석을 가져다주었다. 방탄 방석은 지상에서 미사일을 발사할 경우에 대비하는 것이었다. 그날은 다행히 아무 사고가 없었지만 늘 그런 것은 아니었다. 한번은 바그다드를 눈앞에 두고 갑자기 방향을 돌려야 했다.

"무슨 일입니까?"

"공항에 모르타르를 칠하고 있습니다. 우연히 그런 것인지 국무장관님 때문에 칠하는 것인지 모르겠습니다."

"크게 신경 쓸 문제는 아닌 것 같군요."

나는 대수롭지 않게 받아넘겼다. 40분이나 지나서야 착륙할 수 있었다.

또 어떤 때는 바그다드에서 이스라엘로 가는데 요르단 영공을 지날 수밖에 없었다. 그때 오른쪽에 정체를 알 수 없는 비행기 한 대가 보였다. 무슨 일이냐고 묻자 조종사는 아무 일 아니라는 듯 이렇게 말했다.

"장관님, 시리아 전투기입니다. 우리가 시리아 영공을 침범할까 봐 저러는 겁니다."

"아, 그렇군요. 우리 항공기의 내비게이션 장치가 고장이라도 나면 큰일 나겠는데요."

우스갯소리를 하자 조종사는 이렇게 받아쳤다.

"우리 항공기를 걱정하실 일이 아닙니다. 고장 날 확률은 시리아 전투기 쪽이 더 높을 겁니다."

전쟁 위험 지역인 이라크에 가는 것이 두렵지 않았다. 보안 경계 수준을 최대로 높이고 신경을 곤두세웠지만 이상하게도 마음은 푸근했다. 처음에는 시키는 대로 헬멧을 쓰고 다녔더니 1988년 대통령 선거 운동에 탱크를 타고 다닌 마이클 듀카키스와 비슷하다는 소리를 들었다. 마이클이 그때 얼마나 손가락질을 많이 당했는지 잘 알기에 두 번째 방문부터는 몇몇 장비를 일부러 벗어버렸다. 특히 비행기에서 내릴 때는 머리에 아무것도 쓰지 않았다.

마지막 단계는 블랙호크 헬리콥터로 이동하는 것이었다. 젊은 사수들이 양옆에 타서 엄호했다. 그린 존으로 알려진 무장 강화 국제 지역에 접어들 때 긴장이 최고조에 달했다. 미국은 이라크가 민주주의를 향해 새로운 미래를 창조할 역량이 충분하다고 믿는다는 메시지를 전하러 바그다드에 온 것이었다. 화려한 대통령궁을 보자 이곳이 한때 문명의 요람이었다는 사실이 생각났다. 메소포타미아와 바빌론 고대 문명의 경이로운 유적들이 고스란히 남아 있었다. 함무라비 법전도 이곳에서 만들어졌다. 아프가니스탄과는 판이했다. 중동 지역을 다시 일으켜 세울 원동력은 이라크의 문화적, 정치적 힘이었다.

그러나 이라크 총리 이브라힘 자파리의 집무실에 들어서는 순간, 정신이 번쩍 들었다. 청렴결백은 널리 인정받았지만 정작 인기가 많아서 임시 정부 수장으로 추대된 것은 아니었다. 수니파가 1월 선거에 거의 참여하지 않은 데다 경쟁자가 거의 없었던 것이 유리하게 작용한 것뿐이었다. 그는 인문학

교수 같은 묘한 분위기를 풍겼다. 나를 보자마자 30분이 넘도록 미국의 역사와 헌법 제정자에 대한 이야기만 늘어놓았다(헷갈려서 이름을 잘못 말한 부분도 있었다). 또한 내가 인종 차별이 심한 남부 지역 출신이라는 사실에 꽤 놀라는 것 같았다.

고맙다는 인사를 건넨 뒤에 즉시 본론으로 들어갔다. 2005년 봄에 반드시 해결해야 할 중대 사안은 이라크 주요 정부 기관에 수니파를 기용하고 이라크 신헌법 제정을 지지하도록 유도하는 것이었다. 10월에, 헌법 초안에 대한 국민 투표가 예정되어 있었다. 물론 시아파와 쿠르드족이 수니파의 지지 없이 강제로 헌법을 제정할 수도 있었다. 그렇지만 만만치 않은 소수민족 수니파가 새로운 정부 기반을 인정하지 않는 것은 장기적으로 매우 위험한 일이었다. 사담 후세인이 이라크를 장악했을 때 수니파는 인구의 30퍼센트에 불과했지만 정계는 100퍼센트를 장악했다. 지금도 인구의 30퍼센트를 차지하지만 시아파가 이끄는 정부에 밀려날지 모른다는 두려움에 시달렸다. 그 두려움이 수니파의 반란을 촉발했다.

민주주의 국가가 안정되려면 '1인1표주의'가 실현되어야 하며, 소수 민족이나 약자에게도 참정권을 줘야 한다. 하지만 어느 나라를 보나 민주주의 통치에서 가장 힘든 점은 현실 존중이다. 만약 이라크에서 1인1표주의가 실현된다면 중동 지역 곳곳에 퍼져 있는 미약한 무리들도 새로 시작할 기회를 얻을 것이다. 지금 (시아파 세력들은 모두 흩어지고 수니파가 정권을 장악하고 있는) 바레인과 사우디아라비아를 보면 효과적인 정치 개혁이 얼마나 절실한지를 느낄 수 있다.

자파리 총리는 이처럼 근본적인 문제에 거의 관심이 없는 것 같아서 답답했다. 수니파를 끌어안아야 한다며 옳은 말을 했지만 구체적으로 어떻게 할지 전혀 언급하지 않았다. 내 느낌으로, 총리는 대화에 온전하게 집중하지 않았다. 한 가지 분명한 점은 이라크를 제대로 이끌 재목은 아니라는 것이었다.

아이러니하게도 이라크 총리보다 더 답답한 사람이 기다리고 있었다. 바그다드에서 지상 연합군을 통솔하는 조지 케이시 대령이었다. 조지는 덴버 대학 국제학 석사 과정 동기이며, 내가 개인적으로 아끼는 동료였다. 그는 진솔하고 정직한 4성급 장교였다. 그렇지만 시간이 흐를수록 이라크에 대한 펜타곤의 태도는 나를 지치게 만들었으며 케이시 대령과의 갈등은 계속 깊어졌다.

2004년이 끝나갈 무렵 대통령에게 들어온 보고서는 이해하기 힘든 수준을 넘어 해독이 불가능한 지경에 이르렀다. 안보 상황에 대한 보고서는 지금까지 파괴한 무기고의 개수, 훈련을 끝낸 이라크 정부군의 규모, 화재 발생 횟수 등 온통 '숫자'뿐이었다. 그중 어느 자료도 갈수록 악화되는 안보 상황이나 맹위를 떨치는 반란군을 언급하지 않았다. 현지에서는 재건 프로젝트를 방해하는 움직임이 갈수록 거세졌다. 걸핏하면 유전과 전기 공급 시설이 공격을 받았으며 하루가 멀다 하고 자살 폭탄 테러가 발생했다. 공항과 바그다드를 잇는 고속도로는 반군 세력이 완전히 장악해 아무도 얼씬거리지 않았다.

이러한 정황을 알면서도 국방부는 예전과 같은 반응이었다. 정치 상황이 나아지면 치안 문제는 저절로 해결될 것이라는 식이었다. 목숨을 부지하기도 힘든 상황에서 어떻게 정치 안정에 힘쓸 수 있냐는 질문에는 아무도 대답하지 않았다.

나는 귀국하자마자 필립 젤리코에게 레이먼드 오디에르노 중장과 함께 조용히 이라크에 가서 실태 조사를 하라고 지시했다. 레이먼드는 합동사령부 출신으로 이라크 전쟁 초반 제4보병대를 지휘한 인물이었다. 국무장관이 군사 문제를 유연하게 처리하고 국방부와 긴밀히 협조하도록 군 고위 장교에게 자문을 요청하는 것이었다. 콜린 파월의 자문이었던 레이먼드가 계속 그 자리를 지킨 것은 더없이 고마운 일이었다. 190센티미터가 넘는 거구였지만 말씨가 부드럽고, 신사적이며, 유머 감각도 있고, 아량이 넓은 사람이었다. 매일 만나다보니 사담 후세인을 체포한 지휘관이 그라는 사실도 잊혀졌다. 첫 만남의 어색한 분위기는 풋볼 이야기로 날려버리고 금세 친해졌다. 뉴욕 자이언츠의 팬이었던 레이먼드는 클리블랜드 브라운의 열성 팬인 나를 곧잘 놀려댔다.

레이먼드는 '전략가'로도 손색이 없었다. 이라크 해방 작전 초반을 지휘했던 사령관들-데이비드 페트레이어스, 제임스 마티스, 피터 치아렐리, H. R. 맥마스터, 레이먼드 오디에르노-은 2004년부터 2006년 사이에 차례로 귀국해 작전 실패 요인을 분석하기 시작했다. 사담 후세인 정권을 무너뜨리는 데는 성공했지만 국내 정세를 안정시키지 못하자 이라크 국민들은 실망감과 적개심을 드러냈다. 갈수록 기승을 부리는 반란군을 제대로 진압하지 못한 탓에 국민들은 각자 살 길을 찾기 시작했다. 이런 전쟁에서 사람들이 테러 집단을 두려워하거나 저항하지 않는 것은 곧 테러 집단의 승리를 뜻하는 것이었다. 적군과 아군을 구분하기 어려울 때가 가장 힘들었다. 그런 경우에는 반란군 세력이 커지고 결국 민간인들도 반란군에 가담할 확률이 높았다.

게다가 사람이 많은 복잡한 도심에서 전투가 벌어지면 테러 집단이나 반란군을 진압하려던 의도와 달리 무고한 시민들에게 해를 끼칠 때가 많았다. 군인들은 적군을 추적하느라고 도시와 마을을 샅샅이 뒤진 후 기지로 돌아와 편하게 쉬었지만 시민들의 보금자리는 쑥대밭이 되기 십상이었다. 우리 군대가 그들을 지켜주려고 왔다는 것을 국민들에게 이해시키는 것은 쉽지 않았다.

그런 사정을 고려해 육, 해군 반란군 지상 진압 매뉴얼을 새로 정비하기 시작했다. 우리의 목표는 죽을 각오로 전장에 적응하는 것이었다. 맥마스터 대령과 몇몇 젊은 장교들이 적극 노력하는 모습은 매우 감동적이었다(맥마스터 대령은 베트남전에 대한 박사 학위 논문으로 유명했다). 펜타곤 고위 관계자들이 그들의 의견을 선뜻 받아들이지 않았지만 피땀 어린 노력은 2007년 군사 작전 성공의 밑거름이 되었다.

내가 나선다고 이라크 전쟁에 대한 동원 방식을 바꿀 수 없다는 것을 모르는 바 아니었다. 하지만 역사적으로 반군 진압에 성공한 사례를 연구한 적이 있기에 현지 민간인의 지원이 얼마나 중요한지를 잘 알고 있었다. 오스트레일리아 출신의 퇴역 육군 장교이자 반군 진압 고문인 데이비드 킬컬런은 민간 지원을 유도하는 데 큰 공을 세웠다. 현지 시민들의 지원을 얻으려면 경제적으로 그들을 지원하고, 재건 사업을 추진하고, 안정된 정부를 마련해주어야 했다. 펜타곤은 '전쟁은 국무부가 관여할 일이 아니라며' 불만을 드러내 긴장을 고조시켰다. 이라크에 보낼 만한 외교관은 턱없이 부족했다. 이 상황에 도움이 되는 경험자를 찾기란 거의 불가능했다. 그래서 군 장교와 치안 부대가 민간 외교의 부족한 부분까지 떠맡는 실정이었다. 펜타곤과 국회는 물론 백악관에서도 당시 상황은 이라크 전쟁에 대한 국무부의 감정적 모순을 그대로 반영한 것이라는 편견이 있었다. 그들은 국무부가 처음부터 이라크 전쟁을 반대했으며, 이제 와서 도와줄 마음이 생겨도 큰 힘이 되지 못할 것이라고 여겼다.

레이먼드와 필립에게 이라크 상황을 계속 지켜보면서 국무부가 더 지원할 측면이 있거나 미 정부가 접근 방식을 달리해야 한다는 현지의 요구에 부응할 방법이 생각나면 즉시 보고하라고 지시했다. 두 사람의 판단에 따라 지역재건팀을 이라크에 파견했다. 지역재건팀은 아프가니스탄 때문에 생긴 일종의 하이브리드 군대로서 군 장교들 외에 농림부, 법무부, 국제개발처 등의 외교관과 재건 작업자들이 참여했다. 국무부의 영향력을 넓히는 것은 겨우 시작에 불과했다. 앞으로도 얼마나 더 애써야 할지 알 수 없었다. 이번 일을 계기로 전쟁 시 외교관 임무에 대한 이해도 완전히 달라졌다.

이라크에 다녀온 필립과 레이먼드는 우리 정부가 이라크에서 무엇을 하려는 것인지 모두에게 명확히 알리는 것이 급선무라고 강조했다. 2005년 10월, 상원 외교위원회에 출석한 자리에서 그 점을 일목요연하게 설명했다.

"요약하자면 이라크 정부에 대한 우리의 정치-군사 작전은 진압, 안정, 복구입니다. 반란군을 진압하고 국내 분위기를 안정시킨 후 이라크를 이끌 수 있는 믿을 만한 정부 기관을 복구하는 것입니다."

말하기 쉽고 기억하기 좋도록 운율만 맞춘 것이 아니라 반군 진압 이론의 핵심을 모두 살린 것이었다. 맥마스터 대령이 이라크 북부 탈 아파르를 탈환할 때도 이 작전으로 성공한 것이었다. 그동안 우리 의도를 이처럼 이해하기 쉽게 설명한 적이 거의 없었기 때문에 언론에서도 지대한 관심을 보였다. 그런 와중에 내가 주제넘은 짓을 했다며 도널드 럼즈펠드가 크게 화를 냈다는 말을 들었지만 신경 쓰지 않았다.

'누가 되었든 설명해야 했던 거니까 괜찮아.'

그렇지만 조지 케이시의 뒤통수를 칠 생각은 전혀 없었다. 나는 레이먼드가 조지 케이시에게 상원 외교위원회를 이야기해주었으리라고 여겼다. 11월에 첫 번째 지역재건팀 출범을 지켜보려고 이라크에 갔더니 조지 케이시가 나를 불러냈다.

"반군을 진압하고 전후 안정을 도모하는 것은 우리가 할 일입니다. 국무부가 나서 군 작전 이론을 논하다니 상당히 불쾌합니다."

그가 스트레스를 많이 받은 것을 감안해 언성을 높이지 않으려고 애썼다.

"미안합니다. 이렇게 만들 생각은 전혀 없었습니다. 그 부분에 대해 사과하겠습니다. 그렇지만 한 가지는 분명히 해 둘 게 있어요. 나 하나를 국무부 전체와 동일시하지 마세요. 나는 국무장관으로서 이번 전쟁의 대통령 고문입니다. 따라서 앞으로도 할 말은 하고 넘어갈 겁니다."

그러고 나서 그에게도 연락이 간 줄 알았다며 앞으로 이런 문제가 생기지 않도록 하겠다고 다독였다.

그 뒤로도 우리는 몇 차례 마찰을 빚었다. 전쟁의 방향을 두고 의견 차이가 심했다. 국무장관으로서 첫 번째 방문을 마치고 비행기에 올라 이라크를 내려다보았다. 두 개의 큰 강을 중심으로 북쪽으로는 비옥한 농지가 펼쳐졌고, 남쪽과 북쪽 모두 원유가 풍부했으며, 수도에는 화려하고 높은 빌딩이 즐비했다. 비행 중에 대통령에게 전화를 걸었다. 이라크는 이제 점을 하나 찍어놓은 것처럼 보였다.

"바그다드는 큰 도시가 될 겁니다. 이라크가 막강해질 테니까요."

전화를 끊은 뒤에 내 말이 현실로 이루어지기까지 얼마나 할 일이 많은지를 곰곰이 생각해보았다.

중동 개혁이 커다란 퍼즐이라면, 이라크는 퍼즐 조각 하나에 불과했다. 이 지역은 언제나 희망과 절망이 교차했으며 2005년 전반기에는 특히 더 그랬다. 레바논은 시리아 군대의 손아귀에서 벗어났으며 이라크는 수니파가 합세해 새로운 헌법을 준비하고 있었다. 이집트는 역사상 가장 개방적인 대통령 선거 준비에 박차를 가했다. 쿠웨이트 국회는 여성에게 투표권과 공직에 출마할 권리를 부여하는 법을 통과시켰다. 쿠웨이트를 방문했을 때 '국민의 절반만 참여하는 민주주의는 진정한 민주주의가 아니다.'라는 문구가 새겨진 티셔츠를 받았는데 지금도 간직하고 있다.

한편, 이란에서는 테헤란 시장을 지낸 마흐무드 아마디네자드가 온건주의파 전임 대통령 모하마드 하타미를 누르고 대통령에 당선되었다. 그는 사람들에게 그리 존경받지 못했으며 보수 강경파의 대표 주자였다.

그렇긴 하지만 중동 지역의 형세는 분명 달라지고 있었다. 예전에 비해 훨씬 현대적인 모습을 갖추었으며 민주주의가 계속 확장되었다. 시간이 더 지나면 알카에다와 이슬람 극단주의자들이 퍼트린 증오심이 사라질 것 같았다. 미국은 중동 국가들이 변혁을 추진하도록 회유, 설득, 유도 등 온갖 방법을 동원했다. 물론 나라마다 반응 속도가 다를 것이라고 예상했다. 사담 후세인이 쿠웨이트를 침공한 탓에 주변 국가들에게 외면당한 이라크는 민주주의를 빨리 정착시킨 다음, 아랍권 국가들과 다시 융화하는 것이 급선무였다. 레바논의 경우는 좀 특별했다. 그 나라는 여러 기관에 조직적으로 권력이 분산되어 있었다. 백향목혁명(백향목은 레바논 국기에 그려진 국가 상징물이다)에서 시리아 군대가 물러난 지 3개월 만에 실시된 선거에서 온건파인 3.14 그룹*백향목혁명이 시작된 날짜에서 이름을 따온 것이 대승을 거두었다. 레바논은 우리 정부의 지원을 얻어 시리아 정권과 헤즈볼라의 손아귀에서 벗어날 희망을 찾았다. 미군을 반대하는 무장 세력은 서서히 자취를 감추었다. 우리는 이 기회를 통해 이란의 침략과 무력 행위에 저항하도록 아랍 국가들을 하나로 결속시킬 생각이었다.

그렇게 하려면 무엇보다도 이집트의 역할이 절대적이었다. 지리적으로는 이란을 포함해 6개국과 인접한 이라크가 가장 중요한 위치였지만 중동 문화와 정치의 중심지는 이집트였다. 이집트에 민주주의 정부가 수립되면 중동 지역 전체에 큰 영향을 미칠 것이 분명했다.

부푼 기대를 안고 2005년 6월 카이로를 방문했다. 아메리카대학 분교에서 중동 지역의 민주주의라는 주제로 강연할 예정이었다. 워싱턴을 출발하기 전에 연설문 작성 담당자 크리스 브로스, 근동 담당 차관보 데이비드 웰치를 비롯한 주요 고문들을 불러 모았다. 부시 대통령은 두 번째 취임 연설에서 지역이나 문화를 불문하고 민주화 운동을 무조건 지지할 것이며 세상의 모든 독재 정권을 무너뜨릴 것이라고 선언했다. 그처럼 나도 대담해질 필요를 느꼈다. 이집트 방문 연설은 부시 대통령의 연설 주제를 한층 발전시켜 중동 지역에 대한 우리 정부의 입장을 명확히 알릴 수 있는 절호의 기회였다. 대통령 연설문을 맡았던 마이크 거슨에게 이집트 방문에 동행할 생각이 있는지 물어보자 기꺼이 가겠다고 했다. 마이크, 크리스, 데이비드, 필립 젤리코, 숀 매코맥, 브라이언 건더슨이 함께 비행기에 올랐다. 우리는 한 단어 한 단어 꼼꼼히 따져보고 연설하듯 소리 내어 읽어보았다. 이제 변화할 시기라는 것, 즉 민주주의를 향해 전진해야 한다는 미 정부의 진심을 제대로 전하고 싶었다.

카이로에 가기 전, 샤름 엘 셰이크에 들러 호스니 무바라크 대통령을 만났다. 그 후로도 샤름 엘 셰이크를 자주 찾았다. 고령의 무바라크 대통령이 해변에 자리 잡은 휴양지에서 업무를 보내는 시간이 갈수록 늘어났기 때문이다. 우리는 코앞에 닥친 이스라엘 가자 철수 등을 포함해서 여러 문제를 논의했다. 나는 그에게 단독 면담을 요청했다. 민주주의와 개혁 이야기를 꺼낼 생각이었는데, 혹시라도 무바라크 대통령이 다른 사람들 앞에서 당황하는 모습을 보일까 걱정스러웠다. 대통령이 손짓하자 사람들이 모두 자리를 피해주었다. 그는 청력이 좋지 않았지만 자존심 때문인지 보청기를 사용하지 않았다. 그래서 가까이 다가앉아 그를 똑바로 쳐다보며 목소리를 한껏 높였다. 말을 잘 알아듣지 못하면 입 모양이라도 보고 이해하길 바라는 마음이었다.

"각하, 이집트를 위해 큰 업적을 세울 기회가 왔습니다. 국민들이 목소리를 낼 기회를 주십시오. 이대로 버텨봐야 얼마 못 가 국민들이 민주주의를 요구할 겁니다. 그렇게 되기 전에 각하가 지금 먼저 시작하십시오."

무바라크 대통령은 허리를 곧추세우더니 앞으로 몸을 약간 숙여 내 눈을 응시했다. 커다란 코와 늘어진 눈꺼풀 때문인지 고대의 파라오가 앞에 앉아 있는 것 같았다.

"이집트 국민들은 내가 잘 압니다. 그들은 강한 지도자를 원합니다. 외세의 간섭 따위는 질색이지요. 자부심이 대단한 나라니까요."

그의 말을 듣다 보니 이집트인 특유의 자존심과 허영심을 공략하면 어떨까 하는 생각이 들었다.

"사다트가 암살된 후 이집트가 몰락할 뻔했지만 대통령께서 나라를 구하신 겁니다."

1981년에 총에 맞아 사망한 전임 대통령 사다트에 대한 이야기를 먼저 꺼냈다.

"이제 이집트 국민들이 한 걸음 더 내딛게 이끄셔야 합니다."

나는 카이로 연설에서 하려고 준비했던 이야기를 들려주었다.

"놀라시지 않도록 미리 말씀드리는 겁니다."

그는 고개를 끄덕이더니 이집트 국민들은 이래라저래라 하는 것을 싫어한다고 다시 한번 강조했다.

아메리카대학 강당에 서니 학생들 앞이라 그런지 마음이 푸근했다. 교직원, 학생, 비정부 단체 관계자 등 600여 명이 강당을 빼곡하게 채운 데다 취재진이 가져온 조명 때문에 실내는 몹시 더웠다. 무바라크 대통령이 당부한 것을 떠올렸다. 청중 대다수가 미국이라는 나라에 회의적이라는 점도 잊지 않았다. 전제주의 정권을 감싼 것이 실수였다고 인정하자 청중석 분위기가 확 달라졌다.

"지난 60년간 저의 조국 미국은 이곳 중동에서 안정을 확보한다는 미명 아래 민주주의를 희생시켰습니다. 그렇지만 우리는 아무것도 이루지 못했습니다. 이제 미국은 새로운 방향으로 나아가려 합니다. 어떤 민족이든 민주주의를 받아들인다면 지원을 아끼지 않을 것입니다."

이집트 열혈 애국주의자들과 마음이 통한 것 같아서 뿌듯했다. 한동안 민주주의 실현을 학수고대하는 행동주의자들과 마음이 통하는 느낌이었다. 하지만 시간이 한참 지나고 나니, 아무도 해낼 수 없는 급박한 변화를 이루겠다고 약속해버린 것 같아서 후회스러웠다. 다른 나라는 둘째 치고 미국은 결코 해낼 수 없는 일이었다.

무바라크는 갈수록 외톨이가 되었다. 그는 권력을 뺏기지 않으려고 발버둥쳤지만 국민들은 공공연히 그를 조롱했다. 2011년 2월에 그런 모습을 지켜보며 그가 했던 말과 카이로에 있는 아메리카대학에서 연설한 것이 생각났다. 이제 가을이 되면 대통령 선거가 벌어질 것이었다. 스티븐 해들리와 나는 선거를 앞두고 무바라크 대통령의 최측근이자 이집트 정보국장인 오마르 술레이만을 초대해 워터게이트 레스토랑에서 식사를 대접했다. 우리는 어두운 구석에서 이집트에 민주주의가 제대로 뿌리내리게 하려면 미국이 어떻게 도와야 할지 논의했다. 코앞에 닥친 선거를 민주주의 정신에 온전히 입각해 실시할 방안도 함께 고민했다. 8월에 무바라크 대통령에게 두 번이나 연락해서 정정당당하게 선거 운동을 하라고 당부했다. 무바라크는 난생처음으로 주요 도시를 돌며 선거 운동을 벌였다. 그도 민주주의 선거에 꽤 흥미를 느낀 모양이었다. 이집트 국민들은 삼삼오오 찻집에 모여 앉아서 정치 이야기에 열을 올렸다. 언론에서도 이집트 정치가 크게 달라질 것이라며 흥분을 감추지 않았다.

그러나 무바라크는 얼마 버티지 못하고 본색을 드러냈다. 11월부터 두 달간 이어진 국회의원 선거에서 이집트 정부는 마체테*넓고 무겁고 날이 하나인 검보다 짧은 무기와 온갖 무기를 내세운 무리를 동원해 투표자들을 위협했다는 비난을 받았다. 해가 바뀌자 무바라크는 집회와 의사 표현의 자유를 제한해 원성을 사던 '비상법'을 철회하겠다는 약속을 보란 듯이 저버렸다. 2007년에 그는 헌법 개정에 대한 국민 투표를 실시해서 국민의 동의 없이 이집트 국회를 해산할 수 있는 권리를 얻어냈다. 정부는 약 76퍼센트가 수정안을 승인했다고 발표했지만 부정 선거라는 의혹을 떨치지 못했다. 우리 정부가 선거 과정을 강하게 비판하자 그는 미 정부에게 원조를 받긴 하지만 국내 사정에 간섭할 권리를 허락한 것은 아니라고 역정을 냈다.

그러나 무바라크의 문제는 우리 정부에 대한 태도가 아니라 자국민의 신임을 잃은 것이었다. 국민들은 예전처럼 나라의 정치적 미래에 아무 의견을 드러낼 수 없던 상태로 돌아가려 하지 않았다. 6년 후 실망과 분노에 사로잡힌 국민들은 거리로 뛰쳐나왔다. 결국 무바라크는 2011년 쓸쓸히 정권을 내주고 떠나야 했다.

이집트를 방문한 뒤 사우디아라비아 왕세자 압둘라를 만나러 갔다. 국무장관이 된 후로는 처음 만나는 자리였다. 압둘라는 파흐드 왕이 서거함에 따라 곧 왕위에 오를 예정이었다. 그것은 곧 메카와 메디나를 지키는 군주의 역할을 받아들여 성지의 수호자가 된다는 뜻이었다.

국가안보보좌관이었을 때 그를 만난 적이 있었다. 그때 압둘라는 내가 아랍 사람들에게 모슬렘동포단이 중동 지역에 위협적 존재가 아니라고 말한다는 소문 때문에 몹시 경계하는 눈초리였다. 도대체 어디에서 그런 소문이 나왔는지 알 수 없었지만 중동 지역에 도는 헛소문이 한두 가지가 아니어서 이해하고 넘기기로 했다. 개인적으로는 이집트에서 그런 소문이 생겼으리라는 느낌이 들었다. 아무튼 압둘라가 2002년 4월 크로포드를 방문했을 때 그의 오해를 풀어줄 수 있었다. 공항에서 그를 맞이하고 함께 크로포드에 갔다. 버스로 한 시간 정도 걸리는 거리였다. 사우디아라비아 왕족들은 헬리콥터를 타는 법이 없었다.

버스 안에서 압둘라는 종교와 인생관에 대해 이야기했다. 아버지가 장로교 목사였으며 내가 미혼이라고 하면 그의 반응이 어떨지를 전혀 예측할 수 없었다. 아직 독신이라고 하자 매우 측은한 표정을 지으며 곧 좋은 짝을 만날 것이라고 했다. 아버지에 대한 이야기는 의외로 좋은 반응을 얻었다. 예수이든 마호메트이든 관계없이 신앙 생활을 하는 것 자체가 반가운 일이라고 했다. 크로포드에 도착할 무렵에는 오해가 다 풀린 것 같았다. 압둘라는 내가 나쁜 사람이 아니라는 것을 믿어주었으며 부시 대통령에게도 자신이 오해했었다고 말하기까지 했다.

리야드*사우디아라비아 수도에 갔던 날, 전임 국무장관들에게 귀가 따갑도록 들었던 일이 눈앞에 펼쳐졌다. 9시부터 호텔에서 기다렸는데 아무 소식이 없었다. 밤 11시가 되어서야 왕세자가 준비를 끝냈다는 기별이 왔다. 이 나라 사람들은 오후 늦게 일어나 9시가 넘어 식사를 하기 때문에 밤늦은 시간이 되어야 손님 맞을 채비가 끝나는 식이었다.

그는 나를 궁정으로 따뜻하게 맞아주면서 다른 장관들도 만나보라고 했다. 왕자들은 나이순으로 줄을 서서 내게 인사를 청했다. 한 사람씩 앞으로 나와 고개를 숙이고 손을 잡으며 인사를 건넸다. 내 또래의 왕자들은 인사말과 함께 자신을 소개했다.

"저는 USC 출신입니다." "저는 텍사스 A&M입니다." "저는 덴버대학 출신입니다."

외무장관 사우드 알파이살은 명문 프린스턴대학 출신이었다.

1980년대까지는 왕족 자손들을 미국에 보내 교육했다는 내용을 책에서 읽은 적이 있었다. 그렇지만 이란 혁명을 계기로 나라 분위기가 보수적으로 바뀌어 킹파흐드대학에서 왕족들을 교육했다. 이곳에서는 외국어나 선진 기술이 아닌 종교 교육이 주를 이루었다. 직접 와서 보니 9.11테러 이후 제재가 심해졌는데도 압둘라가 미국에 유학생을 많이 보내려고 애쓴 이유를 알 것 같았다. 부시 행정부 말기에 와서야 사우디아라비아 출신의 미국 유학생 숫자가 9.11테러 이전의 기록을 넘어섰다. 부시 대통령과 제임스 C. 오베워터, 포드 M. 프레이커 사우디 대사의 기여도가 매우 높았다. 하지만 서방 세계에서 교육받았다는 것만으로 누구나 생각이 트이는 것은 아니었다. 9.11테러를 주도한 자살 테러범 중 세 명이 독일 유학생 출신이라는 것은 이 점을 증명해준다. 그래도 서방 세계와 완전히 단절된 것보다는 미국으로 유학을 가는 편이 나았다. 적어도 우리 체제에 친숙해지고 더 나아가 미국을 잘 이해할 가능성도 기대할 수 있었다.

인사를 나눈 후 왕세자는 거실로 나를 이끌었다. 내가 각별히 신임하는 가말 헤랄 외에는 아무도 따라오지 않았다. 왕세자는 곱게 포장한 선물꾸러미를 건네며 "받아주세요."라고 말했다. 압둘라의 선물 공세는 처음이 아니었다. 규정상 일정 금액을 초과하는 선물은 대가를 지불해야 했는데, 그가 선물한 보석은 한 번도 내가 감당할 수 있는 수준이 아니었다. 하지만 이번에는 선물 포장을 바로 뜯어보았다. 온몸을 감싸는 길이에 화려하게 수놓인 아바야(사우디아라비아 여성들이 입는 검은 망토 모양의 의상)였다. 그는 부드러운 미소를 지으며 이렇게 설명했다.

"특별히 제작한 겁니다. 우리나라 여성들은 모두 아바야를 입지요."

'저도 압니다. 그게 바로 압세의 증거가 아닙니까?'

속으로만 그렇게 생각했다. 하지만 정말 정성을 담은 선물이었고 다른 뜻이 없다는 것을 알 수 있었다.

"폐하, 감사합니다. 정말 예쁘군요."

그 후 두 시간에 걸쳐 중동 지역의 전체 분위기와 사우디아라비아 문제를 논의했다. 사우디아라비아와 이란의 '현대화'에 대한 이야기도 빠트리지 않았다. 그는 미 정부가 나서 이란의 고삐를 잡아당기고 이스라엘에 압력을 가해 팔레스타인 문제를 해결해야 한다고 주장했다. 여기까지는 별로 놀랄 만한 이야기가 없었다. 그런데 사우디아라비아에 대한 이야기는 내 예상을 완전히 빗나갔다. 중동 지역에서 가장 보수적인 이 나라의 수반이 그렇게 진취적일 줄은 미처 몰랐던 것이다. 그는 국민들의 생각을 알 필요성을 느낀다며 왕궁을 벗어나서 나라 곳곳을 직접 다녀봐야 한다고 했다. 또한 시의원 과반수를 선거로 선출하도록 하고 법조인, 기업가, 교수, 부족 대표들에게 선거 출마를 권장했다. 여성에게는 공직에 출마하거나 투표할 기회가 없었지만 압둘라는 머잖아 이 문제를 해결할 마음을 먹고 있었다. 실제로 어려움을 토로하기 위해 왕을 찾아오는 여성들이 종종 있었다.

그는 고등 교육 체제를 개선하려는 계획도 구상하고 있었다. 기술전문학교를 세워 남녀를 구분하지 않고 사우디아라비아 젊은이들에게 21세기에 필요한 기술을 가르칠 포부가 있었다. 그에 대해 과장할 생각은 없지만, 재력을 과시하며 부정부패를 일삼고 권력을 차지하기 위해 살인도 서슴지 않는 이복형제들과는 분명 달랐다. 신실한 마음으로 조국을 발전시키기 위해 노력했다. 물론 속도는 느렸고 보수적인 성향을 버리지 못했다. 그래서 부시 대통령과 나는 사우디아라비아 개혁에 힘쓰는 압둘라를 어떻게 도와주면 좋을지 수시로 논의했다. 우리가 할 일은 많지 않았다. 큰 그림은 이미 완성된 상태였다. 조만간 전국 선거를 치르는 것을 기대하기란 무리였으나 지배자와 피지배자의 관계를 다시 정립하도록 유도하는 것은 해볼 만한 것 같았다. 사우디아라비아에서는 그것만으로 혁명에 가까운 일이었다. 하지만 이미 81세가 된 압둘라에게 시간이 충분할지 걱정스러웠다.

20세기 후반에 세계 곳곳에 민주주의가 뿌리를 내리는 동안 아랍권은 문을 굳게 닫고 있다가 이제야 조금씩 외부 세계에 눈을 돌리기 시작했다. 답답할 정도로 느렸지만 변화가 일어나고 있었다. 여기서 또 하나 주목할 점은 수십 년간 이어진 이스라엘과 팔레스타인 문제의 해결책을 마련하는 것이었다. 우방 국가들은 두 나라의 갈등을 해결하면 아랍권도 자연히 개혁될 것이라고 했지만 그렇게 간단한 문제가 아니었다. 독재 정권이나 테러 집단에서 시작한 불법 정권은 흔히 이렇게 주장하며 은근슬쩍 자신을 합법화하려 했다. 팔레스타인 문제는 전제주의 정권이 '거리'(독재자들은 국민을 이렇게 불렀다)를 조용하게 만들고 싶을 때 가장 먼저 꺼내는 카드일 뿐이었다. 그 점을 잘 알기에 국가안보보좌관이었을 때 아랍 국가들에게 날카로운 질문을 던진 적이 있었다.

"그렇게 팔레스타인 사람들을 걱정하면서 왜 하나같이 그들을 여러분의 나라에서 밀어낸 겁니까?"

　질문이 약간 과장되었다고 느낄지 모르지만 그들은 모두 팔레스타인을 돕기보다 자신들의 대의명분을 세우는 데 급급했다. 그동안 부유한 아랍 국가들에게 어차피 남아도는 원유 수익을 압바스가 이끄는 팔레스타인 자치 정부에 조금만 보내라고 얼마나 자주 부탁했는지 모른다. 압바스는 체면과 자존심을 모두 버리고 아랍 국가들을 찾아다니며 도움을 요청하다 결국 미 국무장관인 나에게 힘을 보태 달라고 부탁하기 일쑤였다. 그 모습을 지켜보기가 무척 안타까웠다.

　팔레스타인 국가 설립 여부와 관계없이 중동 지역은 대대적인 개혁이 시급했다. 애처로운 팔레스타인 국민들을 마냥 그대로 내버려 둘 수도 없는 노릇이었다. 다른 것은 몰라도 팔레스타인 국민들과 지도층의 끈기는 정말 혀를 내두를 정도였다. 종교적 신념의 차이에 대한 관용(팔레스타인 국민들은 기독교인과 이슬람교도가 섞여 있었다)이나 근면성도 뛰어난 편이었다. 그들의 최종 목표는 독립 국가를 세우는 것이었다. 그렇지만 팔레스타인이 민주주의 정부를 세우지 못하면 중동 지역의 민주주의도 미완성으로 남을 우려가 컸다.

　2005년의 절반이 지나가도록 가자 지역의 이스라엘 철수 계획이 늦어지는 동안 '두 국가 해결안'이 실행될 가능성이 엿보였다. 부시 대통령은 가자 철수 이후로 혼란이 일어나지 않도록 이스라엘과 팔레스타인이 긴밀히 협조해야 한다고 누누이 강조하던 차였다. 얼마 전 세계은행 총재에서 물러난 제임스 울펀슨은 중동 콰르텟(미국, 유럽연합, UN, 러시아연합)을 대표하는 특사가 되어 협조를 유도하겠다고 약속했다.

　제임스 울펀슨은 공공연하게 이스라엘 사람들에 대한 의혹을 드러냈다. 그러한 태도에 속상해하는 이스라엘 사람들도 있었다. 하지만 제임스가 끈질기게 밀어붙인 덕에 자금이 모이기 시작했다. 이스라엘 철수를 기회로 삼아 팔레스타인 국가 수립에 한 걸음 다가서는 기반을 닦으려면 꼭 필요한 돈이었다. 가자에는 세계 최상급 채소를 생산하는 대규모 온실이 있었다. 모티머 주커먼, 레너드 스턴과 같은 유태계 미국인들과 빌&멜린다게이츠 재단에서 온실을 사들일 자금을 선뜻 내놓았다. 그뿐만 아니라 국제개발처는 팔레스타인 사람들이 새로 장악한 지역에 즉시 적용할 수 있는 몇 가지 사회 개발 프로젝트를 마련했다. 수질 정화 작업이 가장 급선무였다.

다들 정착민 폭력 사태를 걱정하느라고 잠을 이루지 못했다. 그래서 7월에 샤론 총리를 만나러 이스라엘을 다시 방문했다. 국무장관이 된 후로 벌써 세 번째였다. 샤론은 이번에 회담 분위기가 한층 부드러울 것이라며 이스라엘 남부 네게브에 있는 농장에서 만나자고 제안했다. 전혀 뜻밖의 발언이었다. 그동안 샤론이 긴장을 푸는 모습은 상상조차 해본 적이 없었는데 완전히 다른 모습을 보였다. 한결 푸근하고 포용력이 넓은 사람처럼 행동했다. 몇 년 전 사별했다는 아내의 사진이 집안 곳곳에 있었다. 사브라와 샤틸라 난민 캠프에서 발생한 팔레스타인 대학살 사건에 대한 책임을 추궁당한 후 몇 년간 그는 농장 일 외에는 아무것도 할 수 없었다고 털어놓았다. 아침에 눈을 뜨면 식사하고 곧장 농장으로 가는 일상이 반복되었다.

"어떤 날은 점심을 먹으러 집에 와야 한다는 것도 잊어버리고 일에 매달렸어요. 아내는 그럴 때마다 짜증을 냈지요."

터프한 사람인 줄 알았는데 부드러운 면도 있었다. 그는 양 떼를 보여주고 싶다며 화제를 돌렸다. 도시에서 자라 양을 가까이서 본 적이 없다고 하자 이번 기회에 꼭 보라며 앞장섰다. 그는 양 한 마리 한 마리를 모두 구분할 수 있다고 자랑을 늘어놓았다. 막상 양 떼 옆에 가보니 냄새를 참는 것이 고역이었다. 그는 갑자기 진지한 표정으로 이렇게 말했다.

"가을에 다시 와주셨으면 합니다. 이곳 농장 말입니다. 여기에서 앞일을 같이 논의하면 좋겠습니다."

나는 말없이 고개를 끄덕였다.

떠날 채비를 하며 평화롭게 가자에서 철수하는 방안에 대해서 어떻게 생각하는지 재차 물어보았다. 처음에 물어보았을 때는 이스라엘 방위군이 잘 훈련되어 있으므로 문제가 없을 것이라는 대답이 돌아왔다. 형식적인 말처럼 들릴 수도 있지만 충분히 그럴 만한 가능성이 있었다. 그런데 이번에는 조금 다른 반응이었다. 그는 가자를 방문해 그곳 정착민들에게 철수할 이유를 설명한 적이 있다고 했다.

"어떤 남자가 자기를 따라오라고 하더군요. 그는 문 쪽으로 가더니 메주자를 가리켰습니다."

메주자는 모든 일상에서 하느님이 함께하신다는 뜻으로 토라의 일부를 매달아 두는 유대인들의 상징물이었다.

"그러더니 나에게 '당신은 지금 스스로 저기에 매달려 죽기를 자초하는 거요.'라고 하더군요. 국무장관께서는 우리 민족이 이곳을 떠나 가자로 가서 유태인의 땅을 차지하는 것이 이스라엘 국가를 위한 것이라고 하셨지요? 그런데 이제 와서 저더러 떠나라고 하시는 겁니까?"

감정이 격해졌는지 그의 목소리는 몹시 떨렸다. 그제야 몇 년 전의 연설 중에 '고통스러운 희생'을 언급한 것이 정치적 의미에 국한되지 않는다는 것을 깨달았다. 그는 개인적으로 크나큰 희생을 치른 것이었다.

이스라엘 철수는 9월 12일까지 완료될 예정이었다. 4주밖에 걸리지 않았고 정착민의 반발이나 폭력 사태는 거의 일어나지 않았다. 그렇지만 팔레스타인 사람들의 반응을 보니 국가를 세울 준비가 되어 있다는 확신이 들지 않았다. 하마스가 사람들을 거리로 불러내 가자에서 이스라엘을 '추방'한 것을 자축하자 텔아비브와 예루살렘에서는 거센 반론이 일어났다. 어떤 사람들은 온실에 쓰레기를 가득 밀어 넣기까지 했다. 그곳에서 자라는 채소가 그들의 몫이 될 수 있다는 생각은 하지 않는 것 같았다. 나는 빌 게이츠와 제임스 울펀슨에게 전화해서 피해를 끼친 것을 사과했다. 고맙게도 빌 게이츠는 "평화를 위해서라면 다시 하겠습니다."라고 했다.

우여곡절 끝에 이스라엘은 가자와 웨스트 뱅크의 조그만 정착촌 네 곳에서 철수했다. 얼마 지나지 않아 에후드 올메르트가 샤론의 의견을 전하러 워싱턴을 방문했다. 이스라엘은 웨스트 뱅크 해방에 대한 구체적인 계획이 있었다. 샤론은 리쿠드당을 떠나서 카디마라는 신당을 만들어 이스라엘과 팔레스타인이 안정과 평화 가운데 공존하도록 지지하겠다고 밝혔다.

26

다르푸르에서 벌어진 참사

중동 지역은 변화무쌍하고 위험한 일이 많아서 한시도 마음을 놓을 수 없다. 그런가 하면 무작정 보류할 수 없는 시급한 문제들도 있었다. 대통령은 스코틀랜드 글렌이글스 호텔에서 열리는 G8 회담에 참석할 예정이었다. 대다수의 국가수반들은 외무장관을 대동하지 않았지만 부시 대통령과 나는 어떻게 할지를 선뜻 결정하지 못했다. 국가안보보좌관에서 물러난 후 대통령과 나의 관계가 새로운 국면에 접어들었다는 증거였다. 나는 보좌관 시절과 마찬가지로 계속 대통령을 수행하는 쪽을 원했다.

이번 G8 회담에 동행하지 않는 대신 아시아에 다녀오겠다고 제안했다. 북한이 또 말썽을 일으켜 6자 회담 당사국들이 일관된 반응을 보이도록 정리할 필요가 있었다. 중국은 북한이 진지하게 회담을 재개할 의사가 있다고 판단했으며, 남한 정부는 북한에 연료 공급을 재개한 상태였다. 스코틀랜드에 가는 것보다 아시아에 시간을 투자하는 것이 여러 모로 바람직해 보였다. 부시 대통령도 내 판단을 존중해주었다.

국무장관 임기 내내 대통령을 수행하는 시간보다 혼자 움직이는 시간이 늘어났다. 두 번째 임기가 끝나갈 무렵 부시 대통령은 "이번에도 국무장관 혼자 가면 되는 겁니까?"라는 농담을 자주 건넸다. 국가안보보좌관 시절에 그림자처럼 따라다니던 것이 그립기도 했지만 이제는 대통령과 함께 다니면 낙동강 오리알이 된 기분이 들었다. 국가안보보좌관이었을 때는 대통령의 최측근으로서 기자회견도 하고 방문국의 정부 관계자들도 만났지만 이제는 스티븐 해들리에게 맡기고 화초처럼 가만히 앉아 있어야 했다. 상대 국가의 수반이 불만이나 이의를 제기하면 부시 대통령이 나에게 눈짓할 때도 많았지만 그 나라 대사가 나서면 상황이 금세 해결되었다.

짐 베이커는 내가 대통령과 함께 다니는 것이 싫어질 때가 올 것이라고 했었다. 그때는 농담인 줄 알았는데 시간이 지나고 보니 그의 말이 옳았다. 대통령과 내가 굳이 함께 다닐 이유가 없었다. 대통령의 공식 방문이나 정상회담은 국무장관이 참석하는 것이 맞지만 그 외의 경우에는 국무장관이 필요치 않았다. 솔직히 말해서 내 스케줄에 따라 국무장관 전용기로 다니는 것이 훨씬 편했다. 에어 포스 원은 내가 편하게 누울 자리가 없었.

이번에는 동남아시아 지역을 방문했다. 먼저 태국에 들렀다가 중국, 한국, 일본을 돌기로 했다. 아시아 순방이 끝나기 전인 7월 25일 북한이 회담 재개를 선언하는 바람에 갑자기 할 일이 많아졌다. 7월 말 예정인 동남아시아국가연합 정상회담에는 로버트 졸릭을 대신 보냈는데 생각지도 못한 문제가 생겼다. 동남아시아 국가들은 내가 오지 않자 미국이 동남아시아에 무관심하며 모든 외교 관계를 단절하려는 것이라고 해석했다. 로버트 졸릭이 대통령 대변인으로 참석한 것은 그들에게 아무 의미가 없었다. 우리 정부가 동남아시아 지역을 매우 중시한다고 설득했지만 부시 행정부에 대한 강한 불신을 달랠 길이 없었다. 이 사태는 국무장관 외에는 해결할 사람이 없었다. 더 중요한 일이 있었다는 변명도 통하지 않았다. 이때 하도 놀라서 이듬해에는 동남아시아국가연합 정상회담이 레바논 전쟁과 겹쳤지만 빠지지 않았다. 중동과 말레이시아를 왕복하는 수고를 마다하지 않았다.

그해 여름은 수단에 머물렀다. 2005년 초반에 포괄적 평화 협정을 체결한 후 수단의 상황은 계속 나빠졌다. 부시 대통령은 취임 초기부터 수단을 주시하고 있었다. 남북으로 나뉘어 수십 년간 내전이 계속되면서 수백만 명이 목숨을 잃었다. 미국 복음주의 교회는 북부 지역 아랍계 모슬렘들의 오랜 압제에 시달린 남부 기독교인들의 대의를 위해 기나긴 투쟁을 이어왔다. 2001년에 부시 대통령과 콜린 파월은 상원의원 출신 존 단포스를 특별 평화 대사로 임명해 수단에 파견했다. 두 사람은 존 의원이 정책 선택에 관한 의회의 제약을 극복하고 성공회 목사로서 기독교인들의 지지를 이끌어내는 데 큰 역할을 할 것이라고 기대했다.

존 단포스는 기대 이상의 성과를 거두었다. 2002년 1월에는 임시 휴전 협정을 이끌어내기까지 했다. 백악관 내 아프리카 담당 전문가 젠데이 프레이저, 국무부 아프리카 지역 차관보 월터 캔스타이너와 존 단포스의 활약이 없었더라면 앞서 언급한 포괄적 평화 협정은 수포로 돌아갔을 것이다. 이 협정은 권력 분립과 영토 할당 문제를 마무리하고 국민 투표를 실시한다는 내용의 협의 사항과 처리 절차를 모두 정리한 것이었다. 이를 기초로 2011년 7월 남부 지역이 마침내 독립을 이루어냈다.

국제사회의 지지에 힘입어 2005년 1월 9일 협정이 체결되었다. 콜린 파월은 미 정부를 대표해 동분서주했으며 체결 직전까지 보이지 않는 곳에서 큰 공을 세웠다. 사실 이 협정은 일곱 번이나 결렬 위기를 겪었으나 콜린 파월과 존 단포스가 온몸으로 이를 막아낸 것이었다. 협상이 성공적으로 마무리될 것을 미리 알 수 있는 방법이 있었다. 축하 행사에서 흰 암소를 잡는 관례가 있었기 때문이다. 그래서 콜린에게 암소를 준비하고 있다는 연락을 받았을 때 한편으로는 매우 기뻤고, 다른 한편으로는 암소가 불쌍하다는 생각이 들었다. 조금 일찍 샴페인을 터뜨린 감도 있었지만 협상은 신속하게 마무리되었다. 아프리카에서 가장 오랜 기록을 남긴 22년의 내전은 드디어 막을 내렸다. 콜린 파월이 임기를 마치기 전에 해결되어 더욱 감격스러웠다.

안타깝게도 남쪽 지역에서 내전이 끝난 것은 수단의 위기 상황이 더욱 악화되었기 때문이다. 2003년에 다르푸르 북서부 지역에서 '수단해방운동군'과 '정의평등운동'이라는 반군 단체가 갑자기 연합 세력을 형성해 정부군 기지를 수차례 공격했다. 반란의 이유는 이슬람 세력이 주도하는 중앙정부가 흑인계 부족들을 무시하고 탄압했다는 것이었다. 수단 정부는 잔자위드라는 민병대를 동원해서 민간인들을 모조리 색출해 잔인하게 죽이고 마을 전체를 폐허로 만들었다. 약 45만 명이 희생되고 190만 명을 거리에 나앉게 만든 잔혹 행위는 연합임시행정국의 무효화 위기로 이어졌다. 2005년 3월에 UN 안전보장이사회는 연합임시행정국 실행을 지지하기 위해 UN군 만여 명을 파병하고 700명 이상의 민간 경찰을 투입하는 방안을 만장일치로 선택했다. 이번 결의는 UN 수단 미션이 다르푸르의 평화 증진 노력을 강화한다는 뜻이기도 했다. 하지만 결의문 어디에도 이 지역의 잔혹 행위를 집단 학살로 간주하는 표현은 없었다.

'집단 학살'이 특정 민족에 대한 집단 폭력이라는 뜻으로 쓰일 때가 많았지만 국제법에서는 이 용어를 명확히 정의했다. 1948년에 체결된 대량 학살 방지와 처벌에 관한 협약은 두 가지 요소를 언급하는데, 첫 번째 요소는 '특정 국가, 민족, 인종, 종교에 속한 사람들 전체 또는 일부를 죽이려는 의도'라는 추상적인 것이고, 두 번째 요소는 협약에 언급된 다섯 가지 구체적 행동을 가리킨다. 어떤 잔혹 행위를 집단 학살로 규정하려면 법적으로 위의 두 가지 요소를 모두 충족해야 한다.

단적인 예로, 수만 명이 넘는 흑인들이 노예 무역 과정이나 소유주의 손에 목숨을 잃었다. 이처럼 미국의 노예 제도는 참으로 매정하고 비인간적이지만 위의 집단 학살에 해당되지 않는다. 그와 달리 유태인 대학살은 명백한 집단 학살이다. 독일 나치 정권이 유태인을 말살하려는 고의성을 표명했으며 발생 시점도 분명하기 때문이다.

콜린 파월은 일단의 전문가들을 불러들여 다르푸르 사태가 집단 학살에 해당되는지 조사하게 했다. 집단 학살의 요소를 모두 충족한다는 결과가 나오자 다르푸르 사태는 새로운 국면에 접어들었다. 우리 정부는 방향을 약간 수정해 연합임시행정국의 실행보다 다르푸르 인명 피해 방지에 주력했다.

내가 수단과 다르푸르를 방문한 이유도 바로 그 때문이었다. 수단은 눈이 부실 정도로 아름다운 나라였다. 카르툼*수단 수도은 나일 강으로 이어지는 두 개의 지류가 만나는 지점에 있어 사막 지역답지 않게 초목이 무성했다. 가장 먼저 수단인민해방군을 지휘한 존 가랑 데 마비오르를 만났다. 그는 오랫동안 탁월한 지도력을 바탕으로 수단에 대한 폭력 사태를 2005년 마침내 종식시킨 영웅이었다. 키가 180센티미터를 훌쩍 넘는 거구인 데다 피부는 검다 못해 파란색이 감돌았다. 카르툼에서 부통령으로 재직하는 모습은 어딘지 모르게 어색했다(연합임시행정국의 방침에 따라 남부 출신의 존 가랑은 2인자에 머물 수밖에 없었다). 전장을 누비며 전투를 지휘하던 사람이었으나 국민들을 보살피는 정치가로도 손색이 없었다. 특유의 카리스마에 더해 정이 많았고 미 정부가 수단 국민들에게 베푼 도움을 감사히 여기는 마음도 있었다. 연합임시행정국이 체결된 지 6개월 후인 7월 말 헬리콥터 추락 사고로 세상을 떠나는 바람에 수단 국민들은 또다시 무방비 상태에 빠졌다. 그가 죽자 다르푸르의 비극에 마침표를 찍고 수단에 정의를 실현하는 것은 요원해졌다.

존 가랑과 헤어진 뒤 대통령궁에서 수단 대통령 오마르 알-바시르를 만났다. UN 안전보장이사회는 3월 다르푸르 사태를 국제형사재판소 검사에게 맡겼다. 우리 정부 내에서는 협약 당사국이 아닌데도 이 문제에 계속 개입할 것인지를 두고 열띤 논쟁이 벌어졌다. 클린턴 행정부가 이 협정에 서명한 것은 사실이지만 정작 클린턴 대통령은 이를 상원의회에 상정하지 않았으며 후임 대통령에게도 미국의 이해관계가 명확하게 정리될 때까지 보류하라고 조언하기까지 했다. 부시 대통령은 국제형사재판소에 이 문제를 넘기는 것을 강력히 반대했다. 가장 큰 이유는 국제형사재판소 검사가 어느 정부 앞에서도 책임을 지지 않는다는 것이었다. 우리에게 이 상황은 주권 문제이자 '세계 정부'와 꽤 비슷한 단계였다.

다르푸르 대학살 문제가 UN 안전보장이사회에 상정되었으나 국제형사재판소 관할 범죄의 처벌 등에 관한 법률이나 재판소 마련과 같은 이론적인 문제 때문에 가해자들이 빠져나가는 것은 결코 용납할 수 없었다. 장시간에 걸쳐 이 점을 논의했지만 조슈아 볼턴은 반대 입장을 굽히지 않았다. 대통령과 상의한 끝에 우리 정부는 결의를 반대하는 것이 아니라 아예 투표에서 빠지기로 결정했다. 다르푸르 사태는 2005년 3월 31일 국제형사재판소에 상정되었다.

이제 다르푸르 대학살을 주도한 장본인 바시르를 만날 차례였다. 그는 세 건의 학살을 주도했으며 비인도적인 범죄 다섯 건 및 살해 혐의 두 건으로 국제형사재판소에 고발되었다. 아프리카 지역 담당 차관보 젠데이 프레이저는 바시르가 영어로 이야기하다가도 자신에게 불리할 때면 아랍어를 쓴다고 귀띔해주었다. 나는 웃음기 없는 얼굴로 악수를 나누며 잠깐 뒤를 돌아보았다. 개인 비서인 리즈 라인베리와 개인 경호원을 제외하면 사실상 바시르와 단 둘이 있는 꼴이었다. 바시르 추종 세력들이 미국 대사와 내가 데려온 사절단을 인질처럼 붙들고 있었다. 나는 화가 머리끝까지 나서 사절단을 풀어주지 않으면 바시르와 한마디도 하지 않겠다고 선언했다. 그 자리에 말없이 앉아 바시르를 혐오스런 눈빛으로 노려보았다. 그도 나를 빤히 쳐다보았다.

결국 짙은 색 양복에 선글라스를 낀 수단 경호원들이 문을 벌컥 열어젖히고 나의 수행원들을 거칠게 밀어 넣었다. 나는 심호흡을 하고 나서 입을 열었다. "수단 정부는 민간인에 대한 폭력 행위를 중단하고 UN에 협조하기 바란다."고 말했지만 사실 내 정신이 아니었다. 바시르는 마약에 취한 사람처럼 고개를 좌우로 흔들기도 하고 앞뒤로 끄덕이기도 하면서 느릿느릿 말을 이어갔다. 불쾌하기 짝이 없는 순간이었다.

몇 분쯤 지나서 우리 측 기자단이 문을 열고 들어왔다. 내가 보지 못한 사이에 육탄전을 방불케 하는 상황이 벌어진 모양이었다. 비행기에 오른 후에야 기자단이 폭행당했다는 것을 알았다. 바시르에게 질문을 던진 안드레아 미첼은 어찌나 세게 밀쳐졌는지 방 바깥으로 튕겨 나갔다고 한다. 나는 대사를 호출해서 바시르에게 정식으로 사과하지 않으면 나는 물론이고 미 외교관을 다시는 못 볼 것이라는 경고를 전달했다. 미 국무장관의 분노를 사서 그에게 좋을 것은 하나도 없었다. 비행기가 착륙할 무렵, 수단 외무장관이 공식적으로 사과를 전해왔다.

하지만 또 다른 사건이 기다리고 있었다. 다르푸르 왈리*군수 또는 구청장에 해당하는 책임자를 만나기로 되어 있었는데 난민 캠프에서 지체하는 바람에 시간이 늦어졌다. 솔직히 말해 왈리가 워낙 악평이 자자해서 그를 공식적으로 만나지 않았으면 하는 마음도 컸다. 아무튼 서둘러 비행기에 타려는데 한바탕 소동이 벌어졌다. 경호대장 마이크 에바노프가 달려와서 왈리가 나를 꼭 만나야 한다며 공항 내에 있는 리셉션 룸으로 오라는 말을 전해주었다.

"좋습니다. 잠깐만 보도록 합시다."

마이크는 "그 방은 점검하지 않은 곳입니다."라고 막아섰다. 그의 얼굴에 불안한 기색이 역력했다.

"괜찮습니다. 별일이야 있겠어요?"

안으로 들어가니 기괴한 광경이 눈에 들어왔다. 50여 명의 남자들이 흰 옷을 입고 막대기로 바닥을 내리치며 "알라후 아크바르!"*알라가 가장 위대하다는 뜻라고 고함을 지르는 통에 귀청이 떨어져 나갈 것 같았다. 마이크는 내 뒤에 바짝 붙어 "계속 가십시오."라고 속삭였다. 어찌나 바짝 붙는지 나중에는 걷는 것도 쉽지 않았다. 그제야 왈리가 앞으로 나왔다. 그는 내 옆자리에 앉더니 통역을 통해 "드릴 게 있습니다."라고 말했다. 바닥을 보니 상자가 셀 수 없이 많았다. 마이크는 그중 하나에 폭탄이 들어있을 거라고 의심하기 시작했다. 나는 이야기를 최대한 빨리 마무리하고 차로 돌아왔다. 위험 부담이 있었지만 외교 마찰을 피한 것으로 안도했다.

마음의 준비 없이 수단에서 비참한 광경을 접하고 나서 몹시 힘들었다. 다르푸르에 도착해서 차에 올라 먼지투성이 사막 지역을 가로질러 아부 쇼크 난민 캠프로 향했다. 길 양쪽에는 아이들이 '환영합니다. 라이스 장관님' '안녕하세요' '고마워요, 미국'이라고 쓴 커다란 팻말을 들고 서 있었다. 그 순간도 잠시, 캠프에 도착하자마자 사방에서 아이들이 몰려들었다. 서로 나를 안거나 만져보려고 난리법석이었다. 몇 명만 손을 잡아주고 회의 장소인 임시 텐트로 갔다. 임시 텐트 옆의 '유치원'에서는 서너 살로 보이는 아이들이 즐겁게 흙장난을 하고 있었으며 좀 더 큰 아이들은 구조대원들이 운영하는 수업을 듣고 있었다. 기도가 절로 나왔다.

'오 하느님, 이 아이들이 이곳에서 계속 크도록 내버려 두지 마십시오.'

한쪽에서는 여자들이 모여 파스타 면발을 만드는 요령을 배우고 있었다. 수출을 목표로 하는 것 같았지만 파리가 잔뜩 앉아 있는 것으로 보아 기본적인 식품 안전 기준을 통과할 리 만무했다. 그렇지만 아무 말도 하지 않았다. 누군가 쉬지 않고 일하는 것을 칭찬하기에 함께 맞장구를 쳤다.

마지막으로 방문한 텐트에는 여성 구조대원 몇몇이 강간당한 열 명 남짓한 여자들을 돌보고 있었다. 다들 힘겹게 입을 열어 천천히 자신의 사연을 들려주었다. 가끔 목이 메어 침묵이 흐를 때도 있었다. 그렇게 이야기를 다

마친 사람도 있었지만 대부분 끝까지 말을 잇지 못했다. 한 여자는 이렇게 말했다.

"어느 날 아침 물을 길러 나갔는데 거리에서 군인 몇 사람이 덤벼들었어요. 내 머리채를 잡고 얼마나 오래 끌고 갔는지 몰라요. 놓아 달라고 사정했지만 나를 안으로 밀어 넣었어요."

그녀는 더 이상 아무 말도 하지 않았다. 그다음에 무슨 일이 있었는지 굳이 말할 필요가 없었다. 그녀가 눈물을 보이자 구조대원이 다가와서 두 팔로 감싸 안았다.

그때처럼 내 속이 들끓은 적은 없었다. 도대체 무슨 말을 해야 할지 판단이 서지 않았다. 가슴이 너무 아프고 먹먹했다. 어떤 말로도 그들의 슬픔을 위로할 수 없을 것 같았다. 한참 망실인 후 "너무 가슴이 아픕니다. 진심으로 위로드립니다."라고만 했다.

다르푸르를 나서는 발걸음이 너무나 무거웠다. 슬픔, 분노, 회한이 밀려들었다. 어떻게 이런 비참하고도 야만적인 일을 국제사회가 그대로 방치했단 말인가? 미국은 에이즈 구제 원조, 식품 원조, 난민 지원 등 다양한 분야에 오랫동안 지원을 아끼지 않았다는 생각이 스쳤다. 그래서 차에 오르자마자 국제개발처 담당자인 앤드루 나치오스에게 여성 난민들에게 도움을 줄 방법을 물어보았다. 앤드루는 신앙심이 깊은 사람으로 세계 곳곳의 빈민들을 돕는 데 인생의 대부분을 바쳤으며, 2006년에는 수단 특별 대사로 활동하다 리처드 윌리엄슨에게 그 자리를 물려주었다. 그는 다르푸르 성폭력 사태를 다각적인 측면에서 분석한 해결책을 즉각 실행에 옮겼다. 분쟁이 끝난 후에야 성폭력 사태에 대한 심판이 이루어질 것이라는 예상을 뒤엎은 것이 가장 큰 결실이었다. (군인이나 경찰을 포함해서 몇몇 가해자에게) 유죄 판결이 선고되는 등 커뮤니티 차원에서 가해자들이 죗값을 치르게 했다. 다르푸르의 참상과 안타까운 현실을 직접 보니 그처럼 열악한 곳에서 몸을 사리지 않은 구조대원이 자비의 천사처럼 보였다. 그들의 숭고한 희생을 널리 알리고 힘이 닿는 데까지 지원해야겠다는 생각이 절로 들었다.

여세를 몰아 국제사회 차원에서 성폭력을 응징하는 움직임을 일으키기로 마음먹었다. 다르푸르를 떠나면서 성범죄 가해자를 처벌하기 위해 무엇을 더 해야 할지 깊이 생각했다. 당시 국제사회는 전쟁 시 공격 수단으로 여자들을 강간하는 것을 범죄로 규정하지 않았다. 나는 우선 여성 지도자 워킹 그룹을 설립했다. 2006년 9월 23일 열린 개회식 겸 오찬에 (라이베리아 대통령을 포함해) 약 19명의 여성 지도자를 초대했다. 여권 신장을 도모하면서 교육, 정치, 경제, 정의 실현 등 여성에게 중요한 문제에 적극 개입할 생각이었다. 2008년 9월, 마지막 모임을 열 때는 참석자가 60명에 달했다.

정의 구현과 여성 권리 실현 문제는 시린 타히르 켈리 대사가 앞장섰다. 예전에 국가안전보장이사회에서 함께 일한 적이 있었는데, 그때 시린은 영부인 주도 아래 바스라*이라크 동남부에 있는 항구 도시에 최신식 어린이 전문 병원 건립을 주도했다. 이라크 남부 지역의 어린이 사망률은 다른 나라보다 훨씬 높았으며 좀처럼 개선되지 않았다. 특히 어린이 암 발생률은 서구 나라들보다 8~10배 가까이 높았다. 바스라에 세울 병원에서는 수천 명의 어린이들에게 종양 치료, 수술 및 기타 의료 서비스를 제공할 예정이었으며 1980년대 이후로 이라크에 처음 설립되는 병원이었다. 영부인과 나는 병원 스폰서를 자청했으며 프로젝트 호프를 비롯한 비정부 단체와 쿠웨이트 대사관이 조직하는 개인 및 기업 단위 자선 사업가들의 지지를 호소했다. 국무부와 미 육군 공병의 지원 덕에 바스라 어린이 병원은 2010년 문을 열었다. 이라크 전문 의료진과 간호사들이 병원 강당을 가득 메운 흐뭇한 광경은 이라크 복지부가 본격적으로 리더십을 발휘하고 있다는 증거였다.

시린과 나는 이것이야말로 적극적 외교의 최선책이자 미국이 자선 활동을 계속하는 방법이라고 굳게 믿었다. 우리는 힘을 합쳐 여성 권리 신장을 위해 먼저 가난과 불공정을 퇴치할 강력한 수단을 마련했다. 인구 과잉 문제를 해결하려면 여성에게 교육 기회를 확대해야 한다. 그러면 십대 초반부터 임신하거나 자녀를 열 명씩 낳는 것을 방지할 수 있다. 인신매매를 근절하는 것도 마찬가지다. 여성을 교육해 매춘 소굴에 들어가지 못하게 해야 한다. 매춘은 동남아시아나 동유럽에만 성행하는 것이 아니라 미국에서도 골칫거리였다. 여성들에게 소액 자본을 빌려주는 것은 가난이라는 굴레를 벗겨주는 한 가지 방편이었다. 이웃과 힘을 합쳐 영세 업체를 시작하면 차츰 직원을 늘릴 수 있으며 결국 여러 사람에게 일자리를 마련해주는 효과도 생겼다. 세상에서 가장 위험한 곳은 여성을 함부로 대하는 나라라는 말은 전혀 과장이 아닐 것이다. 여성 권리 신장은 윤리적인 차원에서만 바람직한 것이 아니라 여러 가지 사회악을 뿌리 뽑는 실용적인 효과가 있다.

다르푸르 사태에서 알 수 있듯 여성에 대한 불평등은 전쟁이나 내전과 관련이 깊었다. 여성 외무장관들은 UN과 세계를 상대로 강간이 전쟁 무기의 일종으로 사용되는 현실을 강하게 비판했다. 어쩌다 보니 그렇게 된 것이 아니라 상대방에게 자국 여성들을 지켜내지 못했다는 모욕감을 주려는 의도적인 전략이었다. 사병이나 반란군들만 강간을 저지른 것이 아니라 UN 평화군도 연루되어 있다는 점에 나는 경악을 금할 수 없었다. 우리가 나서기 전까지 UN은 비겁하게 자신의 잘못과 허물을 드러내지 않았다.

2008년 6월 19일 안전보장이사회에서 전투 중 성폭력이라는 주제로 열띤 토론을 벌였다. 미국이 안전보장이사회 의장이라는 점을 내세워 1820호 결의를 통과시켰다. 강간을 전쟁 무기로 선언해 전쟁 시 성폭력을 범죄로 규정하며 전쟁 범죄 관련 법규에 의해 처벌할 수 있는 법률을 마련한다는 결의였다.

다르푸르 사태를 알게 된 후 전쟁 공포에 사로잡힌 난민들을 옹호하는 미국의 역할을 다시금 깊이 인식하게 되었다. 조지 워싱턴은 '미국은 나라와 종교를 막론하고 압제와 박해에 시달리는…… 모든 사람들을 기꺼이 받아들일 것'이라고 선언했다. 미국 정부는 매년 수만 명의 난민들이 재정착하는 일에 발 벗고 나서 도움을 주었다.

구체적으로 말하자면 대통령은 해마다 그 다음 해에 미국 본토로 받아들일 난민의 규모를 결정한다(일반적으로 수천 명이 매년 미국에 보금자리를 마련한다). 그러면 국무장관이 의회에서 상황을 보고했다. 처음에는 왜 그 일을 위임할 수 없으며 국무장관이 직접 해야 하는지 이해할 수 없었다. 하지만 다르푸르에 다녀온 후로는 마음을 바꿔 난민 문제에 매우 열성적이 되었다. 덕분에 지금은 고인이 된 에드워드 케네디 상원의원과 함께 일할 기회를 얻었다. 그는 전쟁으로 오갈 데 없는 사람들을 위해 무려 30년 이상 봉사했다. 캘리포니아 주 하원의원 조 로프그렌과 뉴저지 주 크리스토퍼 스미스 의원, UN난민 대사로 활동한 안젤리나 졸리와 같은 유명 인사들의 활약도 대단했다. 아프리카 문제에 보노가 나섰듯 안젤리나 졸리도 난민 문제에 남다른 열정을 보였다. 그저 자신의 이름만 내세운 것이 아니라 난민 문제를 자세히 알고 있었으며 그들을 가족처럼 여겼다.

거의 모든 일이 그렇듯 9.11테러 사건은 난민 문제에도 지대한 영향을 끼쳤다. 테러리스트 추적망을 넓히기 위해 2005년 리얼 아이디 법률을 제정해 테러 집단의 법적 정의를 확대하고 테러 집단을 물질적으로 지원한 사람은 무조건 미국에 들어오지 못하도록 했다. 다행히 국무장관은 국토안보부 및 법무부 장관과 상의를 거쳐 물질적 지원에 관한 조항을 특정인 또는 단체에 적용하지 않거나 사면할 권리가 있었다. 태국 국경 지역에 있는 탐힌 난민 캠프에 사는 미얀마-카렌 난민을 받아주려고 2006년 5월 처음으로 그 권리를 행사했다. 카렌은 미얀마에 사는 종교적 소수 민족으로서 대체적으로 평화를 추구하지만 불법을 일삼는 정부로부터 독립을 얻어내기 위해 오랫동안 투쟁해왔다. 그들은 가혹한 박해로 엄청난 인명 피해를 입었으며 본국에서 쫓겨나 태국 국경에 있는 난민 캠프로 모여들었다. 과거에 압제적인 군사 정부에 대항하려 했다는 이유로 상당수가 미국 이민 비자를 거부당한 상태였다. 결국 카렌 부족은 여러 하원의원들을 통해 자신들의 뜻을 전달했다. 카렌족에게 사면을 선언한 지 몇 달 후 다른 난민들에게도 동일한 특혜를 줄 것이라고 선언했다. 그 결과, 미얀마 근처에 있는 불결하고 열악한 난민 캠프에 살던 사람들이 미국에서 새 인생을 시작했다는 이야기를 듣게 되었다. 뿌듯한 기분도 잠시, 미 정부의 든든한 손길이 미치지 못하는 세계 곳곳의 수많은 난민들을 생각하니 가슴이 답답했다.

이라크 난민이 계속 늘어나면서 난민 문제는 더욱 복잡해졌다. 처음에는 규모가 크지 않았지만 2006년에 안보 상황이 크게 악화되면서 난민들이 쓰나미처럼 몰려들었다. 이라크 전쟁을 반대하는 무리는 미 정부에게 큰 책임이 있다고 비난했다. 물론 우리를 난처하게 하려는 의도였지만 그들의 주장도 어느 정도 일리가 있었다. 아군을 위해 싸우다 반군에게 쫓기는 신세가 된 사람들은 우리 외에는 기댈 곳이 없었다.

거처를 잃고 이라크를 떠나려는 사람들에 대한 경제적 지원에 대해 이라크 수뇌부와 여러 차례 대화했지만 한 번도 속 시원한 결론이 나지 않았다. 그들은 자만심을 내세우며 이라크를 떠나려는 사람들의 심정을 헤아려주지 않았다. 조국에게 그들이 필요하다는 말만 되풀이할 뿐이었다. 한번은 누리 알 말리키 이라크 총리가 격앙된 목소리로 따지기 시작했다. 떠나고 싶은 사람들을 도와주면 어떻게 다른 사람들에게 그대로 남아 전투를 계속하라고 말할 수 있겠냐는 것이었다. 결국 정식으로 갈등 조정 절차를 거쳤다. 원칙에 따라 간단히 해결할 문제가 전혀 아니었다.

2007년에 들어와서 제임스 B. 폴리를 이라크 난민 총책임자로 임명했다. 그가 할 일은 지원 사업을 총괄하고 몇몇 사안에 대한 결정을 내려 이라크 주변 국가들의 지원을 받아내는 것이었다.

이라크 난민 대다수는 시리아로 몰려들었다. 나는 제임스 폴리를 시리아에 보내자고 직접 대통령에게 부탁했다. 바샤르 알 아사드 시리아 대통령은 철권 정치가로 일컬어질 만큼 독재자라서 아무도 손잡으려 하지 않았다. 그러다 보니 그는 사담 후세인이 쫓겨난 후 이라크 사람들이 시리아로 흘러드는 상황을 떠벌릴 기회를 잡지 못했다. 그래도 우리 정부는 지금까지 그랬던 것처럼 노력을 아끼지 않았다. 그런데도 시리아 정부는 끝내 비협조적인 태도로 일관했다.

27

태풍 카트리나가 부른 비상사태

아홉 달 만에 46개국을 방문하느라 27만 킬로미터를 돌아다녔더니 쉬고 싶은 마음이 굴뚝같았다. 그래서 매년 찾는 휴가지인 그린브라이어에 갔지만 가자에서 철수한 이스라엘이 밤낮으로 전화를 해대는 통에 푹 쉴 수 없었다. 그렇지만 사촌 동생 부부가 찾아와서 큰 위로가 되었다. 골프를 잘 치는 제부가 동생과 나에게 가르쳐주겠다고 해서 그해 여름 난생처음으로 골프 클럽을 예약했다. 다행히 나와 잘 맞는 스포츠였다. 그저 바깥 공기를 쐬는 것만으로도 기분이 좋았다. 제부에게는 워싱턴으로 돌아가서도 계속 골프를 치겠다고 약속했다. 국무장관 임기가 끝나고 캘리포니아로 돌아가야 제대로 배울 기회가 생길 거라고 생각했지만 뜻밖에 앤드루 공군 기지에서 프로 골퍼인 앨런 버튼을 만났다. 그에게 교육받았더니 예상보다 훨씬 빨리 배울 수 있었다. 그해 8월은 휴가 대신 새로운 취미를 얻은 것으로 만족해야 했다. 국무장관이 휴가를 제대로 보내기란 정말 어려운 일이었다.

그때는 하루하루가 너무 힘들어 일상에서 벗어나는 것이라면 뭐든 하고 싶었다. 한번은 친구들이 8월에 뉴욕에서 US오픈 테니스 대회가 있다고 해서 기꺼이 시간을 냈다. 2년 전과 마찬가지로 이번에도 며칠 동안 뉴욕에 머무르면서 공연과 쇼핑을 즐긴 후 대회를 보러 갈 예정이었다. 캘리포니아에 사는 친구들인 마리앤 비어월터와 랜디 빈도 뉴욕으로 오고 있었다.

허리케인 카트리나에 대한 경보를 들었지만 크게 신경 쓰지 않았다. 국무부 업무를 제일 잘 아는 사람은 헨리에타 포어 부차관이었다. 국무부는 뉴올리언스에 여권관리국을 두고 있었으며 휴스턴 거주자들을 위한 대책을 마련했다. 8월 30일 열린 국토 안보 관계자 회의에 참석했다 국무부로 돌아와서 멕시코 만 지역에 있는 국무부 산하 기관의 안전 확보 계획을 다시 검토한 후 곧장 뉴욕으로 날아갔다.

그날 저녁, 팰리스 호텔에 도착하자마자 텔레비전을 켰다. 허리케인이 강타한 뉴올리언스의 모습은 너무 참혹했다. 헨리에타에게 전화했더니 국민들의 안전이 가장 중요하다고 강조하며 해외 원조가 줄을 잇는 통에 부서 차원에서 원조 담당 팀을 따로 만들었다고 했다. 마이클 체토프 국토안보부 장관에게 연락해 도와줄 일이 있느냐고 물어보았다. 그는 침울한 목소리로 "정말 심각합니다."라고 말했다. 해외 원조 문제를 논하긴 했지만 마이클이 바빠서 길게 이야기할 수 없었다. 내 도움이 필요하면 전화하겠다면서 전화를 끊었다. 나는 옷을 갈아입고 뮤지컬 〈스팸어랏〉 공연을 보러 갔다.

이튿날 아침, 호텔 근처에 있는 페라가모 신발 매장에 잠깐 들렀다가 얼른 돌아왔다. 랜디와 마리앤을 기다리며 텔레비전을 켰다. 채널마다 뉴올리언스의 참혹한 모습이 가득했다. 이재민 대다수가 흑인들이었다. 그 모습을 보니 내가 워싱턴을 떠나지 말았어야 한다는 생각이 번뜩 들어 곧바로 브라이언 건더슨에게 연락했다.

"지금 바로 복귀할 테니 준비하세요."

"네, 빨리 오시는 것이 좋겠습니다."

그러고 나서 대통령에게 전화를 걸었다.

"각하, 바로 워싱턴으로 가겠습니다. 사태가 어느 정도로 심각한지 정확히 모르겠습니다만 인종 문제가 있다는 것은 확실합니다."

"당연히 그렇게 해야지요. 당장 돌아오시오."

전혀 예상치 못한 반응이었다. '이상하다. 휴가를 다녀오라고 등을 떠민 사람은 바로 대통령이잖아. 지금 대통령의 목소리에는 근심이 가득하군.'이라는 생각이 들었다.

"대통령 각하를 대신해 제가 휴스턴으로 가봐야 하지 않을까요?"

"일단 돌아와요. 만나서 이야기합시다."

몇 분 후 짐 윌킨슨이 들어왔다.

"장관님, 제 불찰입니다. 이런 기사가 날 줄 미처 몰랐습니다."

그는 〈드러지 리포트〉*미국 인터넷 뉴스 사이트 헤드라인 기사를 보여주었다.

'목격자의 증언 : 허리케인이 걸프 코스트를 휩쓰는 동안 국무장관 콘돌리자 라이스는 스팸어랏 공연을 보며 배꼽을 잡다'라는 제목이었다. "당장 돌아갈 비행기 편을 마련하세요!"라고 지시한 뒤 마리앤과 랜디에게 전화로 상황을 설명하고 미안한 마음을 전했다. 그러고 나서 털썩 주저앉았다. 주변 상황에 무심했던 자신이 그렇게 미울 수 없었다. 국무장관은 외교 업무만 돌보는 사람이 아니기 때문이다. 흑인으로서 대통령 최측근 고문이자 행정부의 최고위급 장관인 내가 도대체 무슨 생각으로 그랬는지 나도 이해할 수 없었다.

워싱턴에 도착하자마자 국무부로 달려갔다. 헨리에타가 관계자를 모두 소집해 둔 상태였다. 세계 각지에서 도움과 온정의 손길이 이어졌다. 아프가니스탄에서 10만 달러의 지원금이 도착했을 때는 더욱 감동적이었다. 우리 정부는 이러한 도움을 감사히 받기로 했다. 우리 힘으로 해결할 수도 있었지만 자급자족을 너무 강조하면 자칫 거만한 이미지로 비칠 우려가 있었다.

해외에서 들어온 원조에 대한 기자들의 질문이 쏟아졌다. 국무부 대변인 숀 매코맥은 "백악관과 상의한 끝에 라이스 국무장관은 모든 해외 원조를 기꺼이 받기로 결정했습니다. 허리케인 카트리나로 인해서 어려움을 겪고 절망에 빠진 국민들을 위한 것이라면 무엇도 마다하지 않을 것입니다."라고 말했다. 44개국에서 정성 어린 구호품을 보내주었다. 그중에는 정말 유용한 것도 있었고 그렇지 않은 것도 있었지만 그것은 중요하지 않았다. 관심과 애정을 보이는 이들에게 미국이 문을 활짝 열었다는 사실이 의미 깊었다.

금요일 오전에 대통령이 국가안보회의를 소집했다. 회의 분위기는 9.11 테러 사건이 발생한 직후와 비슷했다. 대통령은 연방 정부가 이 문제를 감당할 수 없다는 사실에 크게 실망했다. 아비규환에 빠진 슈퍼돔이 가장 큰 문제였다. 현역 병력을 국내 치안에 동원하는 것을 금하는 것을 골자로 1878년 제정된 민병대 소집법에 대해 국방부는 어찌할 바를 모르겠다는 입장이었다.

도널드 럼즈펠드는 거리에 군대가 등장하면 국민들이 충격을 받을 것이며 거세게 반발하거나 비난할 것이라고 추측했다. 그때까지 입을 꾹 다물고 있었지만 그 말을 듣자 가만히 있을 수 없었다.

"대통령 각하, 우리 국민들은 정부가 기존과 다른 대처 방안을 내놓기를 학수고대하고 있습니다. 국민들에게 정부가 당황하지 않고 이 사태를 완벽하게 통제한다는 믿음을 주어야 합니다. 군이 투입되면 국민들은 크게 환영할 거라고 생각합니다."

백악관 비서실장 조슈아 볼턴이 나를 지지해주었다. 루이지애나 출신 러셀 오노레 중장이 책임자로 임명되어 합동기동부대의 카트리나 구호 작업을 이끌었다. 러셀 중장도 흑인이라는 점 때문에 하늘이 그를 보내주었다는 생각이 들었다.

그러나 심각한 인종 차별 문제는 여전히 대통령을 짓눌렀다. 흑인 지도층을 자처하는 많은 사람들이 허리케인으로 흑인계 국민들이 크게 손해를 입은 것에 분노했고 온갖 뇌물 수수 혐의와 흑인 차별을 내세워 대통령을 공격했다. 재력이 있는 사람들은 허리케인이 접근한다는 소식에 미리 몸을 피할 수 있었다. 내 친구 몇몇도 친지들과 몸을 피했다. 그렇지만 형편이 어려운 사람들은 제 몸 하나 건사하기 어려운 빈곤층이나 노약자들이었다. 검은 얼굴에 어두운 표정이 드리운 것을 보니 가슴이 미어질 것 같았다.

오후에 대통령을 따로 만나서 두 가지 제안을 했다. 일단 휴스턴 이재민들을 방문해 정부의 지원과 관심을 확신시켜주고 직접 위로를 전하고 싶었다(고위 관료가 나타나면 구호 활동에 방해될 수 있으므로 뉴올리언스는 가지 않는 편이 나을 것 같았다). 또한 전미유색인종발전협회*미국 최대의 흑인 인권 단체 회장 브루스 고든을 찾아가 부시 대통령을 직접 만나보라고 제안할 생각이었다. 고맙게도 브루스 고든은 주변의 만류와 반대를 무릅쓰고 백악관을 찾아와주었다. 나중에 우리는 민주당 출신의 유명한 운동가 도나 브라질에게도 도움을 청했다. 뉴올리언스 출신인 그녀는 지금까지도 부시 대통령이 자기 고향을 아낌없이 지원한 것을 주변에 이야기하고 다닌다.

휴스턴이 아니라 앨라배마 주 모빌을 방문하기로 최종 결정했다. 일요일이라서 허리케인 희생자들을 만나기 전에 먼저 예배를 보러 갔다. 10시 30분에 필그림 레스트 AME 시온 교회라는 흑인 침례교회에 갔다. 목사는 내가 참석한 것을 알고 설교를 빨리 마쳤다. 그가 설교 중에 "국무장관께서 두 시간 내로 출발하셔야 합니다."라고 몇 번이고 강조하는 바람에 쥐구멍에라도 들어가고 싶은 심정이었다. 교구 주민들이 나를 어떻게 대할지도 걱정스러웠다. 다행히 그들은 우호적이었으며 "주님은 당신이 정한 시간이 되면 오실 것입니다. 우리는 기다리기만 하면 됩니다."라고 말하자 큰 소리로 "아멘!"이라고 외쳤다. 목사였던 아버지 덕분인지 교회에 어울리는 말을 한 것 같아서 다행이었다.

모빌에 도착해 무일푼 상태가 된 동남아시아 출신 어민들을 다독여주었다. 차마 눈 뜨고 볼 수 없을 정도로 딱한 처지였다. 베트남 전쟁의 아픔을 가슴에 묻은 채 새로운 삶을 시작하려고 미국에 온 것인데 카트리나로 그 희망마저 산산조각이 난 것이었다.

그때는 카트리나와 같은 문제에 오래 매달릴 처지가 아니었다. 지금 돌이켜보면 사이클론의 여파를 시작으로 부시 행정부가 거의 무너질 뻔한 힘든 일이 연이어 터졌다. 한 가지 분명한 점은 연방 정부의 반응이 부시 대통령의 기대에 전혀 미치지 못했다는 것이다. 그뿐만 아니라 상황 파악이나 대처에 실수도 많았다. 위기가 발생했을 때 내 역할과 책임을 미리 파악하지 못한 게 잘못이었다. 지금도 그것만 생각하면 내 자신이 한없이 미워질 뿐이다.

카트리나가 발생한 후 일각에서 대통령을 인종차별주의자, 몰인정한 사람으로 몰아붙인 것은 아직도 내게 아물지 않은 상처와 같다. 정말이지 부당하고, 억울하고, 야비한 주장이었다. 모빌 방문을 마치고 돌아오기 직전 기자들에게 이렇게 말했다.

"인종 때문에 이곳 피해자들을 방치할 사람이 어디 있겠습니까? 특히 부시 대통령은 절대 그럴 분이 아닙니다."

그렇게까지 부시 대통령을 옹호하는 말을 해야 했던 현실이 너무도 가혹했다. 지금도 그 순간을 떠올리면 가슴이 답답하다.

뉴욕에서 열릴 UN 총회 때문에 카트리나에 대한 기억이 조금씩 잊혀갔다. 해마다 세계인의 이목이 맨해튼에 집중되는 행사였다. 거의 모든 각국의 수반과 외무장관들이 뉴욕으로 와서 2주에 걸친 총회의 전체 또는 일부 행사에 참여했다. 이 시기가 되면 꼼짝없이 14일 내내 월도프-아스토리아*뉴욕의 고급 호텔에 머물러야 하는 것이 싫었지만 거기에 숙소를 마련하는 것이

유리했다. 총회 기간 내내 이른 시간의 조찬으로 시작해 밤늦게 일정이 끝났기 때문이다. 어떻게든 각국 대표들을 최대한 많이 만나야 했기 때문에 도리가 없었다. 고생한 만큼 얻는 것도 있었다. 그만큼 외국 순방을 다닐 시간은 줄어들었다. 몇몇 국가수반이나 외무장관들은 미 국무장관을 만난 것을 큰 수확으로 여기며 돌아갔다. 나 역시 그들의 나라를 직접 방문하지 않아도 되므로 서로 손해 볼 것이 없는 거래였다.

UN 연례 총회는 비정부 기구들이 세계의 이목을 끌 수 있는 절호의 기회였다. 빌 클린턴 전 대통령은 이 시기에 맞추어 뉴욕에서 클린턴 글로벌 이니셔티브를 발족했다. 그는 국제 이슈와 빈곤을 주제로 하는 패널 토론에 블레어 총리와 요르단 왕 압둘라 2세가 참석할 것이라며 내게도 초대장을 건넸다. 이번이야말로 우리 정부가 개발 원조와 아프리카 후원에 얼마나 정성을 들이는지 보여줄 기회였다. 물론 국무장관 재직 내내 지원을 아끼지 않은 클린턴 대통령에게 보답하고픈 마음도 있었다. 그는 내가 해외 순방을 떠나기 전과 다녀온 후에 항상 전화로 격려해주었고 정부가 처한 문제에 대해 좋은 아이디어를 내놓기도 했다. 그러면서도 자신의 노력과 공헌을 외부 사람들이 알아주지 않은 것에 전혀 개의치 않았다. 언론에 공개하는 것이 좋겠다고 합의한 경우를 제외하고는 한 번도 언론의 관심을 끌려고 시도하지 않았다.

UN 정기 총회를 기회 삼아 각국 외무장관들이 지역이나 업무를 기준으로 한자리에 모였다. 지난 몇 년 동안 이런 기회가 있을 때마다 이란 문제를 맡고 있는 P5+1*안전보장이사회 상임 이사국인 영국, 프랑스, 미국, 러시아, 중국과 독일을 기리킴, 아세안*동남아시아국가연합 외무장관들, 아이티 협력단을 만나보았으므로 이번에는 페르시아만협력회의 관계자들을 만났다. 그런데 모두 원고에만 집착하고 중동 지역의 급변하는 정세에 대해서는 아무 의견을 내놓지 않았다. 나는 구성원을 좀 바꿔야겠다고 생각해서 다음 회의에 요르단, 이집트, 이라크를 부르자고 제안했다. 다들 이라크를 부르는 것은 시기상조라고 생각하는 모양이었다. 아무튼 페르시아만협력회의 회담은 앞으로 크게 발전시켜야 할 대상이었다. 중동 지역의 우방 국가들을 하나로 뭉치는 데 페르시아만협력회의는 매우 중요한 매개체였다.

그해 9월 13일에 6자 회담을 재개한다는 소식으로 또 한번 떠들썩했다. 놀랍게도 내가 뉴욕에 가 있을 무렵 6자 회담 사절단이 베이징에 모여 회담을 크게 진척시켰다. 18일 밤늦은 시간에 동아시아-태평양 담당 차관보 크리스 힐에게서 연락이 왔다. 그는 한반도 비핵화 전략에 대한 공동 성명이 거의 합의 단계에 도달했다고 전했다. 협상이 잠깐 주춤했을 때 뉴욕에 각국 외무장관이 모여 있는 상황을 활용하면 좋겠다는 생각이 들었다. 그래서 힘을 모아 회담 당사국인 러시아, 중국, 한국, 일본에 압력을 가했다. 중국은 이번에도 회담 장소만 제공할 뿐이라는 변명을 늘어놓았다. 회담 성공 여부는 자신들의 책임이 아니라는 뜻이었다.

그러나 리자오싱 외교부장을 직접 만나보니 책임을 기꺼이 인정하는 분위기였다. 그는 베이징에 곧장 연락을 취했다. 아마 북한에도 뉴욕에 모인 외교부장들의 의견을 전달한 모양이었다. 그러자 6자 회담은 다시 진전을 보이는 듯했다. 그런데 자정 무렵 크리스에게 연락이 왔다. 북한이 핵 폐기에 앞서 경수로 건설을 요구한다는 것이었다. 그 말을 듣자마자 리자오싱 외무장관에게 전화를 걸었다. 시차 때문에 곤히 잠들어 있을 것을 알았지만 어쩔 수 없었다. 나는 잠옷 바람으로 침대에 걸터앉아 그 문제를 논의했다. 내가 이 정도의 협상을 해도 대통령이 이해해줄 것이라는 믿음이 있었기에 가능한 일이었다(대통령의 신임이 없었다면 일을 처리할 때 융통성을 발휘하기 어려웠을 것이다). 우리는 결국 중국이 북한에게 협상안을 제안하는 것으로 합의했다. 협상안이란 핵에너지를 평화로운 목적으로 사용할 수 있도록 기존의 인프라에서 위협 요소가 아닌 부분만 남기는 것이었다. 경수로 공급 여부는 협상 과정에서 슬쩍 가능성만 내비치기로 했다. 그것도 처음부터 경수로 건설을 논하는 것이 아니라 (미국이 보기에) 만족할 만한 수준으로 핵무기 개발에서 손을 뗀 것이 확실한 경우에만 언급하기로 했다.

이 점은 미 정부의 정책에 큰 변화를 뜻하는 것이므로 스티븐 해들리에게 리자오싱과 합의한 사항을 알려주었다. 사실 경수로 문제는 협상 대상이 아니라 아예 입 밖에 꺼내지도 못하던 사안이었다. 이론적으로 볼 때 핵무기를 만드는 데 사용될 수 없어도 북한이라면 어떻게든 머리를 굴려 핵무기 생산에 활용할 것이라는 우려를 떨칠 수 없었다.

"날이 밝으면 대통령께 보고드리겠습니다. 문제가 생기면 다시 연락드리겠습니다."

"스티븐, 문제가 생길 리 없어요. 이미 협의는 끝난 겁니다."

수화기 너머로 스티븐이 심호흡하는 소리가 들렸다.

"알겠습니다."

나만 믿으라고 다독여주고 전화를 끊었다.

다음 날 조간신문에 '북한이 핵 포기를 선언하다', '북한이 무장 해제를 약속하다 : 6자 회담 비핵화 협상 성공'이라는 기사가 대문짝만하게 실렸다. 하지만 늘 그랬듯 이번에도 북한의 약속은 입에 발린 말로 끝나버렸다. 그들은 협조를 약속하며 협상을 잘 진전시켜놓고도 딴소리를 하거나 묵묵부답으로 일관했다. 6자 회담은 11월에 다시 결렬 위기를 맞았다. 1년이 넘도록 북한은 6자 회담 당사국이 대립하는 순간만 노릴 뿐 아무 변화를 보이지 않았다. 어떻게 해서든 1년 전 약속을 무효화하겠다는 심산이었다. 9월에 발표한 공동 성명은 향후 3년간 6자 회담을 이끌어가는 돌파구와 같았다. 며칠 후 이란은 유럽 국가들에게 회담 재개 의사를 밝혔다. 핵 확산 문제를 두고 겹경사가 벌어진 셈이었다.

UN 총회가 끝난 지 2주 만에 해외 순방길에 올랐다. 이번 행선지는 아이티였다. 10개월 전, 콜린 파월은 아이티를 방문하다가 폭력 사태와 총격전에 휘말릴 뻔했다. 내가 간다고 해서 상황이 달라질 것은 없었다. 위험이 도사리고 있다는 것을 알았지만 서반구 극빈국의 정치적 안정을 위해 우리 정부가 꾸준히 노력하고 있다는 것을 증명하는 것이 더 중요했다. 당시 아이티는 11월 선거를 앞두고 있었다(훗날 이 선거는 이듬해 2월로 연기되었다). 나는 국가선거위원회에게 공정 선거에 만전을 기하도록 당부할 생각이었다.

포르토프랭스*아이티 수도에 진입하자 극빈에 시달리는 사람들의 모습이 창밖에 펼쳐졌다. 세계 곳곳을 다니면서 단련되어 어지간해서는 놀라지 않는 편인데 아이티 상황은 정말 경악할 수준이었다. 개발도상국의 빈곤이란 선진국이 파산한 경우와는 비교할 수준이 아니었다. 극빈국에 가면 아이들이 뛰노는 모습을 볼 수 없었다. 아이티도 마찬가지였다. 이런 지역의 아이들은 멍하니 서 있거나 주변을 어슬렁거렸다. 가난과 폭력으로 얼룩진 주변 환경 때문에 동심마저 잃어버린 것 같았다.

허물어져가는 대통령궁에 모인 국가선거위원회 관계자들은 정부 업무와 선거 준비가 모두 잘 이루어지고 있다고 했지만 빈말이라는 것을 이미 알고 있었다. 아이티 당국이 아무리 노력을 기울여도 빈곤, 분쟁, 자연재해라는 악순환을 혼자 힘으로 벗어나기란 불가능했다. 국제사회도 전국적인 규모의 개혁을 시도하는 아이티 당국을 아낌없이 지원했지만 국민들은 여전히 정치적 불안에 시달렸다. 워싱턴으로 돌아가면 아이티 지원에 발 벗고 나서기로 마음먹었다. 또 화상 회의를 통해 아이티 협력단과 정기적으로 의견을 주고받았다.

협력단은 아이티처럼 위기에 처한 나라를 지원하거나 특정 위기 상황을 처리하기 위해 주요 관련국을 연합시키는 외교 수단을 말한다. UN 평화군을 지휘하는 브라질, 경찰 훈련을 맡고 있는 캐나다, 미국, 프랑스, 아이티 담당 UN 특별 대사, 미주기구가 모여 협력단을 구성했다. 우리는 한몸처럼 움직였기 때문에 아이티는 장 베르트랑 아리스티드가 축출된 지 2년 만에 대통령 선거를 성공적으로 치를 수 있었다. 몇 차례 위기와 반대 시위가 벌어지긴 했지만 높은 투표율과 예상보다 훨씬 낮은 폭력 사태에 비추어볼 때 선거는 대성공이었다. 3개월 후 르네 프레발이 대통령으로 취임했다. 워낙 규모가 작은 외교적 성과라서 언론의 관심을 거의 받지 못했지만 만약 선거가 실패했더라면 대서특필되었을지 모른다. 아쉽게도 아이티는 이렇게 귀한 기회를 얻고도 충분하게 활용하지 못했다. 몇 차례의 실수 때문에 지금도 정치적 불안과 빈곤에 시달리고 있으며 엎친 데 덮친 격으로 2010년 발생한 대지진으로 큰 타격을 입었다.

그때나 지금이나 아이티를 돕는 것은 쉬운 일이 아니다. 하지만 미주기구를 통해 다른 남미 국가들과 호흡을 맞추는 것도 아이티 못지않게 힘들었고 그만큼 보람도 있었다. 6월에 미주기구 회담이 미국에서 열렸다. 31년 만에 찾아온 기회였다. 1974년에 회원으로 등록한 23개국 중에서 무려 10개국이 군사 독재 정권을 고수했다. 하지만 이제는 남미 국가 대다수가 정치나 경제적 자유야말로 진정한 성공의 열쇠라는 점을 알고 있다. 또한 이제는 남미 국가들이 좌파와 우파가 아니라 자유국가와 전제국가로 분류되고 있다.

오래전 칠레 외교관 호세 미겔 인술사가 미주기구 총장이 되도록 힘써준 적이 있었다. 그 전까지만 해도 미국은 그가 좌파 성향이 강하다고 생각해 탐탁지 않게 여겼으며 멕시코 외무장관 루이스 에네스토 데르베즈를 선호했다. 하지만 다른 나라들이 모두 칠레를 지지해서 우리 정부가 호세를 계속 반대하면 리카르도 라고스 칠레 대통령이 난처해질 상황이었다. 물론 칠레 대통령 역시 호세를 적극 지지했다.

4월에 칠레 수도 산티아고에서 열린 민주주의 공동체에 참석해서 우리 정부의 입장을 철회하고 해결책을 논의했다. 데르베스는 불만이 가득한 표정으로 물러나고 인술사가 박수갈채를 받으며 미주기구 총장으로 선출되었다. 영향력 있는 인사인 콜롬비아 외무장관 카롤리나 바르코가 새로운 총장을 소개했다.

이 이야기는 보이지 않는 곳에서 이루어지며 언론의 관심을 전혀 받지 못하지만 장기간에 걸쳐 힘겨운 노력을 요구하는 외교 분야의 단적인 예라고 할 수 있다. 첫째, 국제 단체의 책임 있는 자리를 차지하기 위해 경쟁이 얼마나 치열한지 모른다. 나라마다 후보자를 내놓고 조직적인 선거 운동에 돌입한다. 미국은 특정 후보의 지지 여부를 표명할 때 시기를 잘 선택해야 한다. 너무 일찍 속내를 드러내면 그 후보는 '미 정부를 등에 업었다는' 비난을 받기 십상이고, 너무 늦게 입장을 표명하면 결탁*의원들이 각자 지지하는 법안이나 후보를 통과시키려고 서로 짜고 돕는 것이 형성되어 엉뚱한 후보가 당선될 우려가 있다. 둘째, 이번 선거에 대한 입장을 변경하는 것이 가혹하거나 불합리하다고 여기는 나라는 거의 없었다. 인술사를 지지하는 것으로 입장을 바꾼 것은 내가 새 국무장관으로 지지도를 넓히는 데 도움이 되었다. 셋째, 미 정부가 입장을 바꾼 것을 고맙게 여기는 마음은 그리 오래가지 않았다. 개인적으로 호세 미겔 인술사를 좋게 생각하며 편한 사이로 지냈지만 좌파 세력에 대해 너무 민감했다. 그래서 베네수엘라와 쿠바처럼 문제가 많은 지역에 미주기구는 쉽게 손을 뻗치지 못했다. 그런 지역의 독재자는 대부분 죽 끓듯 변덕을 부리거나 입을 굳게 다물어서 미주기구의 민주주의 헌장은 설 자리를 잃게 마련이었다. 그렇지만 독재자들을 지지하지 않고 최소한 중립을 고수한 것은 다행스러운 일이었다. 또한 아이티와 같은 구제 문제에서는 매우 유용한 역할을 해냈다.

그런가 하면 포트로더데일에서 열린 미주기구 총회에서 당혹스러운 일이 벌어졌다. 미 국무장관이 주최자 역할을 하는 것이 원칙이었지만 워싱턴에 여러 위급한 상황이 겹쳐 먼저 자리를 떠나야 했다. 나는 점심을 함께하며 사절단에게 참석해준 것에 대한 감사와 더불어 어쩔 수 없이 먼저 미국으로 돌아가야 한다며 양해를 구했다. 순간, 다들 폭소를 터트렸지만 나는 캐롤리나가 상황을 설명해줄 때까지 멍한 표정을 지었다. 워낙 자주 해외 순방을 하다 보니 정신이 없어서 내가 지금 있는 곳이 국내인지 해외인지 헷갈릴 때가 많았다. 미국으로 돌아간다는 말이 입에 붙어버렸다.

28

극적인 뉴스거리를 만들다

얼마 후 중앙아시아에 가서 키르기스스탄 공군 기지 문제를 확정지었다. 쿠르만베크 바키예프 키르기스스탄 대통령이 기를 쓰고 결정을 유보하는 바람에 협상이 난항을 겪었다. 그가 정부 관계자들과 협상하는 동안 그의 집무실에서 기다렸다. 잠시 후 그가 돌아와 세부 사항을 검토하는 데 시간이 더 필요하다고 했다. 나는 파격적인 해외 원조, 즉 기지 설립권에 대한 추가 비용 지급을 약속했으므로 지금 결정하지 않으면 두 번 다시 기회가 없다고 잘라 말했다. 이 기지가 꼭 필요하기 때문에 벼랑 끝 전술을 밀어붙인 것이었다. 아슬아슬하게 동의를 얻어냈으며 키르기스스탄을 떠나기 전에 협정을 공식적으로 발표했다.

중앙아시아는 지리적 중요성에 비해 방문이 짧게 끝나서 늘 아쉬웠다. 이 지역의 지리적 중요성은 아프가니스탄 침공 때부터 알아보았다. 원유와 천연가스 자원은 물론 이를 운반할 광대한 수송망을 생각하더라도 결코 가볍게 생각할 지역이 아니었다. 특히 카자흐스탄은 천연 자원의 보고였다.

1990년대 초반 셰브론 대표로 처음 방문한 적이 있었다. 누르술탄 나자르바예프 대통령은 독재 정권을 펼치고 있었지만 우리는 그가 지역 경제 발전에 관심이 있을지 모른다는 희망을 버리지 않았다. 카자흐스탄이 러시아와 중국에 인접한 터라 나자르바예프 대통령은 한시도 긴장을 풀지 못했다. 그는 미국이 개입해 '균형 잡힌 독립 상태'를 유지하도록 도와주기를 바랐다. 이 지역은 사실 신경을 더 많이 써야 하는 지역이었지만 다행히 우리 정부는 이곳 국가들과 비교적 관계가 좋은 편이었다. 단, 이슬람 카리모프 우즈베키스탄 대통령과는 그렇지 못했다.

중앙아시아에 잠깐 머문 뒤 파리와 모스크바를 거쳐 런던으로 향했다. 런던에 도착하자마자 10월 15일 아랍 헌법 투표에 대한 선문 조사 결과를 전화로 보고했다. 수니파 반대 세력은 시아파와 쿠르드인들이 장악한 지역에서 헌법이 통과되고 수니파가 장악한 지역에서 결렬되면 상황이 심각해진다는 것을 잘 알기에, 투표 참여도를 높이는 데 총력을 기울인 것이 분명했다. 다행스럽게 이튿날 토니 블레어 총리를 만나러 가는 길에 헌법이 채택되었다는 보고를 받았다. 78퍼센트가 넘는 지지율은 새로 채택한 헌법 헌장에 명시된 민주주의 정부에 대한 국민들의 강한 열망을 대변하는 것이었다. 반대표의 21퍼센트 이상은 수니파 아랍인들이었다. 일례로, 수니파가 장악한 알 안바르 지역은 투표자의 96퍼센트가 반대 의사를 표명했다. 토니 블레어 총리와 나는 일단 안도의 한숨을 내쉬었다. 완연한 가을 분위기와 잘 어울리는 소식이었다. 우리는 점심 식사를 하며 수니파에 대해 계속 이야기를 나누었다. 이번 투표에서 드러난 반응을 볼 때 앞으로 가야 할 길이 멀다는 생각이 들었다.

비록 자유 의제는 괄목할 만한 발전을 이루었으나 한 해를 마무리할 시점이 되고 보니 앞으로 험난한 길이 펼쳐지리라는 예감이 들었다. 레바논 전 총리 라피크 하리리 암살에 대한 UN의 1차 보고서는 시리아와 레바논 고위 관료들이 개입한 가능성을 시사했다. 후아드 시니오라가 이끄는 레바논 정부는 이러한 가능성을 일축하고 조사 과정에 긴밀히 협조해 범인을 반드시 응징하겠다고 약속했다. 그렇지만 헤즈볼라가 보이지 않게 협박받고 있다며 분노를 표출한 것으로 보아 3월 14일자 정치 동맹은 곧이곧대로 믿을 수 없다는 생각이 들었다.

요르단에서 벌어진 또 하나의 처참한 사건을 통해 테러와의 전쟁은 아직 갈 길이 멀다는 사실을 깨달았다. 2005년 11월 9일, 암만의 호텔 세 곳에서 자살 폭탄 테러가 발생했다. 우리 정부를 위협하려고 미국계 호텔 프랜차이즈만 겨냥한 것이었으나 정작 이 사건에 희생된 사람들은 모슬렘이었다. 웨스트포인트 대 테러 센터 보고서에 의하면, 알카에다 테러의 희생자 대다수는 모슬렘이었다. 2006~2008년까지 테러 사건을 종합해보면 무려 희생자의 98퍼센트가 모슬렘 출신이었다.

래디슨 호텔에서 수백 명의 하객들이 참석한 결혼 피로연이 시작되자마자 자살 폭탄 테러범 부부가 들어왔다. 남편은 조끼에 든 폭탄을 연회장에서 터트렸다. 폭발하지 않은 조끼를 입은 여자는 곧바로 요르단 경찰에 연행되었다. 두 번째 사건은 하얏트 호텔 로비, 세 번째는 데이즈인 호텔에서 발생했다. 이 사건으로 57명 이상이 사망하고 100여 명이 넘는 부상자가 발생했다. 연쇄 테러 사건은 이라크의 아부 무사브 알-자르카위가 주도했을 가능성이 농후했다(그는 요르단 왕가에 대한 원한이 깊었다).

해가 바뀌기 전에 중동 지역을 한 번 더 다녀올 생각이었다. 가자 철수는 완료되었지만 이스라엘과 팔레스타인 사이에 또 다른 중대한 문제가 생겼다. 2002년 대통령의 로즈가든 연설을 시작으로 우리 정부는 팔레스타인 국경만큼 새로운 팔레스타인 국가의 특징 역시 중요한 문제라고 강력하게 주장했다. 국민을 살뜰하게 보살피는 민주주의 정부가 아니면 새로운 국가를 설립하는 것이 의미가 없었다. 팔레스타인 자치 정부 수반이 된 살람 파야드도 우리와 같은 생각이었다. 외세의 지배를 받을 때도 국가를 세울 마음이 있다고 입버릇처럼 말했기에 그를 지원하는 것이 갈등을 빨리 종식시키는 지름길이라고 판단했다. 이스라엘 정부도 결국에는 파야드가 함께 평화를 이루어갈 동반자라고 인정했다.

부시 대통령은 의회 승인을 얻어 팔레스타인 자치 정부에 직접 5천만 달러를 지원했다. 1993년에 오슬로 협정을 체결한 이후 계속 지원했지만 2005년에는 지원 프로그램을 전면 개편하고 특별 배당금을 추가하는 등 지원금을 대폭 확대했다. 의회 관계자들과 이스라엘을 지지하는 일부 하원의원들을 설득하느라 힘이 들었지만 그럴 만한 가치가 있었다. 한 걸음 더 나아가 민주주의 국가에 어울리는 안보군 설립에도 손을 뻗었다. 이는 보안과 군 전문화라는 명분을 내세워 아라파트의 배후 세력인 범죄 조직을 와해시키겠다는 뜻이었다. 2년 내로 팔레스타인 자치 정부에 직접 예산 지원을 실시할 계획을 세웠다. 팔레스타인 자치 정부가 원하는 대로 이 자금을 사용할 수 있는 파격적인 조건은 우리 정부가 그들을 절대적으로 신임한다는 증거였다.

이스라엘 철수가 화해 분위기를 조성하고 있었으므로 돌파구를 마련하기에 더없이 좋은 시기였다. 그래서 이집트와 가자 사이에 있는 라파를 지나는 경계 재개방 협상을 바로 시작했다. 이스라엘이 물러난 가자에 테러가 발생할 가능성은 충분했다. 사실 그 지역은 이미 통제가 어렵고 혼란스러운 상태였다. 팔레스타인 사람들이 물품을 이송하려면 그 지역을 반드시 통과해야 했다.

이 문제가 해결될 때까지 예루살렘을 떠나지 않기로 마음먹었다. 1979년에 이스라엘과 이집트는 평화 협정을 맺으면서 이집트와 가자 사이에 필라

델피 회랑이라는 완충 지대를 설치했다. 라파는 유일하게 이스라엘 국경을 벗어난 검문소였으며 각종 밀수품과 불법 무기를 들여오는 통로였다. 이곳의 검문소는 이스라엘과 이집트가 협조해 단속했지만 이스라엘은 이집트가 밀수 행위를 단속할 능력이나 의지가 없다고 여겼다. 변하기 쉬운 제품이 상하지 않도록 검문을 오래 끌어서도 안 되지만 불법 무기 밀수를 근절하려면 철저히 검문해야 했다. 두 가지 요건을 모두 만족시키기란 결코 쉽지 않았다. 이스라엘이 가자에서 철수한 뒤 검문소가 2개월간 폐쇄되었다가 검문 절차에 대한 새로운 규칙이 생겼다. 검문소를 안전하게 개방하려면 하루빨리 협상을 완결해야 했다.

협상을 시작하도록 데이비드 웰치를 먼저 보냈지만 공항에 도착해보니 진전된 게 하나도 없었다. 라말라로 돌아오는 길에 국방장관 샤울 모파즈와 도브 웨이스글라스에게 전화를 걸어 "이 일은 우리에게 맡겨 두세요. 데이비드와 의견을 조율할 총리 대변인만 보내면 됩니다."라고 말했다. 그러고 나서 압바스 대통령을 찾아가 누구를 대변인으로 내세울 것인지 물어보았다. 그는 국내 안보장관 모하메드 다흐란이 벌써 예루살렘에 가 있다고 했다.

압바스 대통령과 면담을 끝낸 후 차에 올라 데이비드에게 전화를 걸어 상황을 물어보았다. "별로 좋지 않습니다."라는 대답이 돌아왔다. 데이비드 시타델 호텔에 도착해 곧장 협상 장소로 달려갔다. 여러 문제가 협상을 지연시키고 있었다. 나는 래디슨 호텔에 애도의 뜻으로 화환을 전달하고 왕에게 위로를 전하기 위해서 요르단으로 돌아가야 했다. 그래서 데이비드에게 "내가 돌아올 때까지 마무리하세요."라고 지시했다.

암만에 도착했지만 애도 의식에 집중하기가 어려웠다. 테러가 발생한 호텔은 눈 뜨고 볼 수 없을 만큼 처참했다. 유리 조각이 여기저기에 널려 있고 연회장 바닥에는 핏자국이 그대로 남아 있었다. 나는 기자들을 헤치고 들어가서 요르단 국민들에게 애도를 표하고 계속되는 테러 행위를 철저히 응징하겠다고 선언했다. 그러고 나서 잠시 압둘라 왕을 만나러 갔다. 그는 협상 장소로 빨리 돌아가라며 길게 붙잡지 않았다.

새벽 1시가 넘어서야 데이비드 시타델 호텔에 도착했다. 하지만 그때부터 사방으로 뛰어다니느라 한숨도 잘 수 없었다. 팔레스타인과 이스라엘은 다른 방에서 협상 중이었다. 데이비드와 NSC 중동 전문가인 엘리엇 아브람이 애쓰고 있었다. 협상은 몇 차례나 고비를 맞았다. 교차 지점의 검문 강화를 위해 팔레스타인이 요주의 대상으로 여겨야 할 테러리스트 용의자 명단을 요구하자 모하메드 다흐란은 "그건 나보고 죽으라는 말입니다."라며 언성을 높였다. 새벽 4시가 되자 다들 지쳐 더 이상 어찌할 도리가 없었다.

"일단 다들 눈을 좀 붙이는 게 좋겠습니다. 가서 쉬십시오. 7시에 다시 뵙겠습니다."

그때 데이비드가 다가와서 팔레스타인 대표단을 집으로 돌려보내면 이스라엘 검문소 문제를 논하러 나타날 리 없다고 속삭였다. 그래서 "그러면 집에 보내지 말고 여기에 방을 잡아드리세요."라고 지시한 후 내 방으로 돌아갔다.

다음 날 아침에 협상을 재개했다. 몇 가지 문제는 해결될 기미조차 보이지 않아서 모파즈 국방장관을 호출했다. 이스라엘을 포함해 중동 사람들은 대체로 아침부터 거래하는 것을 썩 좋아하지 않았다. 하지만 모파즈 장관이 한걸음에 달려와 협상이 잘 마무리되었다.

유럽연합 대표 하비에르 솔라나와 짐 울펜슨이 예루살렘에 있었기 때문에 같이 기자회견을 해 달라고 부탁했다. 이번 협상이 제대로 효과를 발휘하려면 국제사회의 지원이 꼭 필요했다. 두 사람이 중대한 순간을 함께하는 것은 그런 면에서 의미가 컸다.

10시쯤 기자단이 모여 있는 아래층으로 내려갔다.

"정말 어려운 협상이었습니다. 그러나 마침내 난관을 타개하고 협상을 이루었음을 알리게 되어 매우 기쁘게 생각합니다."

기자회견장에는 기쁨의 함성이 터져 나왔다. 우연히 중동 전문 기자인 로빈 라이트와 눈이 마주쳤다. 그는 부시 행정부가 하는 일은 뭐든 트집을 잡던 사람이었다.

'이 순간이 얼마나 중대한지 가장 잘 아는 사람이 저기에 있군.'

나는 곧 눈길을 거두고 협상 내용을 발표했다. 아쉽게도 시간이 넉넉하지 않았다. 이집트 외무장관 아흐메드 아불 게이트, 도브, 압바스 대통령에게 전화로 감사와 축하 인사를 전하고 나서 APEC 정상 회의에 가 있는 부시 대통령을 만나러 한국행 비행기에 올랐다. 국무부 행정실 직원 캐롤 페레스가 또 한번 기적을 이뤄냈다. 36시간 만에 이스라엘에서 요르단에 잠깐 다녀온 뒤 다시 한국으로 갈 수 있었다. 시간대가 달라서 하루가 늦은 것도 큰 도움이 되었다. 어찌나 흥분했는지 그 날이 쉰한 번째 생일이라는 사실도 까맣게 잊고 있었다. 비행기에 오르자 기자들이 보낸 케이크와 카드가 나를 기다리고 있었다. 어느 기자가 "극적인 뉴스거리를 만들어주셔서 감사드립니다."라고 큰 소리로 인사를 건넸다. 극적인 타결, 손에 땀을 쥐게 하는 드라마는 기자들이 가장 좋아하는 것이었다. 나도 그런 긴장감이 싫지 않았다.

내가 한국에 도착할 시간에 맞추어 협상 타개 소식이 전해진 모양이었다. 부시 대통령은 말레이시아 총리, 그리고 인도네시아 대통령과 회담 중이어서 직접 기쁜 소식을 전할 수 없었다. 두 나라 모두 모슬렘 인구가 많은 곳이었다. 두 정상은 부시 대통령에게 "팔레스타인 문제로 그동안 고생 많으셨습니다. 감사드립니다."라고 인사를 전했다. 회담을 마치고 나온 부시 대통령은 짓궂은 표정을 지으며 말했다.

"내가 팔레스타인을 위해서 뭘 했다고 저러는 거지? 국무장관은 가서 무슨 말을 했소?"

물론 스티븐 해들리에게 보고받았지만 부시 대통령은 내게 직접 자세한 이야기를 듣고 싶어 했다. 밤새워 협상한 이야기에 부시 대통령은 너털웃음을 터뜨렸다. 중동 지역의 분위기가 한껏 고양되었을 거라며 "그들이 이 순간을 얼마나 학수고대했겠어요?"라고 했다. 나도 "그들을 실망시키면 안 되지요."라고 맞장구를 쳤다.

국무장관의 첫해는 이처럼 뿌듯하게 마무리되었다. 곧 크리스마스 휴가를 즐길 수 있다고 생각하니 춤이라도 추고 싶었다. 국무부는 최상의 호흡을 보여주었다. 말과 행동에서 외교 우선 방침이 일관되게 드러났다. 개인적으로 미국을 대표해 권위 있는 발언을 할 수 있다는 자유로움이 마음에 들었다. 대통령과 나의 관계는 조금 달라졌을 뿐 걱정할 것이 전혀 없었으며 자유 의제는 중동 지역에서 자리를 잡아가고 있었다. 어서 2006년이 밝았으면 하는 마음이 간절했다.

29

상황이 지금보다
더 나빠질 수 있을까?

2006년은 나의 기대를 완전히 뒤엎었다. 순조로운 출발과 달리 끔찍한 일이 꼬리를 물었다. 1년 내내 사건과 사고가 끊이지 않았다. 2007년 첫 번째 각료 회의에서 외교 상황을 간단히 보고하라는 대통령의 지시에 이렇게 대답했다.

"각하, 지난해는 탄압의 연속이었습니다. 자유가 널리 보급되는 데 전혀 도움이 되지 않았습니다. 그러나 역사의 흐름을 꺾어서라도 다시 정의가 이루어지게 만들어야 합니다."

표현이 지나쳤는지 모르지만 다들 마지막 남은 힘을 짜내야 했다. 2006년을 돌이켜보면 너무 길고 힘든 하루를 보낸 후 워터게이트에 있는 집으로 돌아와서 '상황이 지금보다 더 나빠질 수 있을까?'라고 수없이 한탄했다. 그럴 때마다 며칠 지나지 않아서 '세상에, 더 나빠질 수 있구나.'라는 느낌이 들었다. 그 뒤로 더 이상 그 질문에 매달리지 않았다.

2007년의 시작을 장식한 사건은 원유와 천연가스의 지정학적 중요성을 드러낸 유럽 위기였다. 백악관에 근무할 때는 짧게나마 신년 휴가를 즐길 수 있었다. 연초부터 출장을 다니는 일도 없었다. 이번에도 사촌 동생 부부와 친한 친구들 몇 사람을 불러내 케네디센터에서 공연을 관람하고 저녁을 먹은 뒤 아파트로 돌아와 자정이 넘도록 댄스 파티를 하며 새해를 맞이했다.

콘서트에 가려고 준비하던 중 블라디미르 푸틴이 다음 날 아침 우크라이나에 천연가스 공급 중단을 선언할 것이라는 보고를 받았다. 이는 우크라이나만 곤경에 빠트리는 것이 아니라 유럽 전역이 천연가스를 공급받지 못한다는 뜻이었다. 몇 년 전에 부시 대통령과 슈뢰더 독일 총리가 나눈 대화가 생각났다. 독일 정부가 잔존 핵시설을 모두 해체하겠다고 말하자 대통령은 선뜻 믿으려 하지 않았다. 그렇게 하면 독일이 러시아의 천연가스에 훨씬 더 크게 의존해야 했기 때문이었다. 슈뢰더 총리는 러시아가 '믿을 만한 동반자'라며 조금도 걱정하지 않았다. 불과 며칠 후 슈뢰더 총리는 사임한 뒤 발트 해를 거쳐 러시아와 독일을 잇는 석유관 공사 책임자가 되었다. 예상치 못한 반전에 우리는 어안이 벙벙했다. 독일이 러시아 정부에 크게 의존한다는 사실이 명확해졌다.

다음 날 아침, 푸틴이 공식 성명을 발표했다. 그는 정치적 이유가 전혀 없으며, 우크라이나가 원유와 천연가스의 제대로 된 값을 치러야 하는 것뿐이라고 했다. 나는 의존 국가들이 러시아 정부에 아무 이의를 제기할 수 없다는 점을 악용해 원유와 천연가스 자원을 무기로 사용한다고 공식적으로 선언했다. 러시아 정부는 격분했고 외무장관 세르게이 라브로프는 나를 위선자라고 거칠게 비난했다.

"미 정부는 항상 자유 시장을 논합니다. 그러나 정작 친구들-민주주의 국가인 우크라이나를 가리키는 말이었다-에게는 원칙을 제대로 적용하지 않더군요."

나는 자유 시장 원칙을 어긴 적이 없으며 우크라이나는 적응할 시간이 필요한 것이라고 해명했다.

"세르게이 장관, 다음에 경제 문제를 언급할 때는 새해 아침부터 러시아 대통령이 자원 공급 중단을 선언하는 식으로 시작하지 않는 게 좋을 겁니다."

이쯤 되면 유럽 국가들이 러시아 의존도를 낮추기 위해 공동 에너지 정책을 마련할 것이라고 생각할지 모른다. 하지만 이해관계가 복잡하게 얽혀 있어 만만치 않았다. 프랑스는 에너지 소비량의 80퍼센트를 핵연료로 생산했기 때문에 러시아가 어떻게 나오든 문제가 되지 않았다. 영국을 비롯한 북유럽 스칸디나비아반도 국가들도 자급자족이 가능했다. 그렇지만 동유럽 국가들은 원유나 천연가스에서 러시아의 포로와 같았고 유럽연합 내에서도 영향력이 크지 않았다. 그런가 하면 무역 정책을 담당하는 유럽집행위원회와 경제 및 에너지 자원 문제에 대한 고삐를 잡고 있는 각국 사이에는 사법권 문제도 남아 있었다. 러시아 자원 수송망 의존도를 낮춘다는 미명으로 이러한 문제들을 모두 해결하기란 하늘의 별 따기였다.

후에 나는 EU 대사를 지낸 보이든 그레이에게 우방 국가와 손잡고 공동 전략 에너지 정책을 수립하도록 지시했다. 극도로 힘든 일이었으나 해보지도 않고 포기할 수는 없었다. 원유와 가스 문제는 지정학적으로 외교 관계를 크게 왜곡할 가능성이 높았다. 이번 문제를 계기로 독일을 비롯한 유럽 국가들이 러시아를 얼마나 부담스럽게 생각하는지 분명히 드러났다. 러시아 정부는 '원유와 천연가스를 내세워' 색깔 혁명을 무색하게 만들었다. 안타깝게도 유럽과 미국은 이 문제에 지혜롭게 대처하지 못했다.

1월 4일 오후 늦게까지 사무실에서 러시아 정부의 에너지원 공급 중단에 대한 외신 자료를 검토했다. 사무실은 벽지가 짙은 색이라 겨울에는 특히 분위기가 어두웠다. 두터운 '보안' 창 때문에 햇볕은 거의 들지 않았다. 러시아의 발표에 깜짝 놀란 유럽 각국의 외무장관들 때문에 전화벨은 종일 쉬지 않고 울렸다. 특히 발트 3국과 헝가리는 러시아의 외압이 더 커질까 봐 전전긍긍했다. 긴 통화에 시달리고 나니 일찍 퇴근해 집에서 편한 자세로 외신 자료를 검토하고 싶은 마음이 굴뚝같았다.

그러다 갑자기 아리엘 샤론에 대한 기사를 발견하고 정신이 번쩍 들었다. 기사를 다 읽기도 전에 브라이언 건더슨이 들어와 긴급한 일로 도브 웨이스글라스에게 전화가 왔다고 말했다. 전화를 받아보니 도브는 몹시 격앙되어 있었다.

"총리께서 심각한 뇌졸중을 일으켰습니다. 지금 병원으로 가는 길입니다. 회복될 가망이 거의 없다고 합니다."

샤론은 한 달 전 신경 발작을 일으켰으나 거의 회복된 상태였다. 나는 이번 증상이 신경 발작과 관련된 것인지 물어보려 했으나 도브는 아무 말도 귀에 들어오지 않는 상태였다. 그도 그럴 것이 샤론은 그가 모시는 상관이자 둘도 없는 친구였다.

나는 침착하게 "아무쪼록 무사하시기를 바랍니다."라고 말했다. 도브는 "감사합니다. 장관님."이라는 말과 함께 전화를 끊었다. 지난해에 샤론에게 생일 선물로 받은 낡은 토라를 꼭 쥐고 샤론과 이스라엘을 위해 짧게 기도하고 나서 부시 대통령에게 상황을 보고했다.

"저도 깜짝 놀랐습니다. 샤론 총리가 돌아가실까 봐 걱정입니다."

부시 대통령도 당황한 기색을 감추지 않았다.

"안타깝군요. 우리는 기도밖에 해 줄 수 있는 게 없어요."

하지만 대통령과 스티븐 해들리 외에는 아무도 나처럼 가슴 아파하지 않았다. 우리는 샤론이 중동 지역의 평화에 절대적인 존재라고 생각했다. 물론 샤론이 두 번째 팔레스타인 인티파다를 진압하도록 군을 파견했던 2001년에는 생각도 못 할 일이었다. 그는 아랍 국가들로부터 이스라엘을 지키기 위해 전사를 자청했던 세대의 대표 주자였다. 그런 배경이 있었기에 나라를 둘로 나누면서 팔레스타인과 평화를 이룰 만한 영향력이 있었던 것이다. 샤론이 이스라엘 안보에 기여한 바를 흠잡을 사람은 아무도 없었다.

사실 나는 몇 달 전에 이츠하크 라빈의 암살 10주기 행사에 참석했다가 이스라엘 내의 세대 분열이 얼마나 중요한지를 이해했다. 당시 샤론의 발언은 매우 충격적이었다. 라빈과 샤론은 정치적 성향이 매우 대조적이었다. 한쪽은 평화 지향적이었으며, 다른 한쪽은 전쟁으로 평화를 이루려 했다. 그래서 샤론이 라빈을 가리켜 "내 사랑하는 형제여."라고 말했을 때 귀를 의심했다. 따지고 보면 접근 방식은 다르지만 유태인으로 구성된 이스라엘 민주주의 국가를 지킨다는 목적이 같기에 사실상 그들은 '형제'와 다름없었다. 두 사람의 세대가 사라지면서 이스라엘의 미래에 대해서 어려운 결정을 내리던 정신적 기둥도 자취를 감추는 듯했다.

샤론은 발작을 일으키기 몇 달 전 리쿠드당을 분할해 카디마라는 새로운 정당을 세우려 했다. 이 정당은 이스라엘 국경을 최종적으로 정하는 일을 맡았다. 이스라엘 내에서 국경에 대한 의견이 분분했지만 샤론은 대다수 국민들이 두 국가 해결안을 받아들일 수 있도록 정치적 입지를 바꿨다. 가자에서 철수한 것이 바뀐 입장을 처음으로 표명한 것이었다. 부시 대통령과 나는 팔레스타인 국가를 수립할 수 있도록 샤론이 남은 자들을 받아들여줄 것이라고 굳게 믿었다.

이튿날 도브는 샤론이 회복될 기미가 없다고 말했다. 순간, 눈을 질끈 감았다. 건장함을 과시하며 양 떼들을 보살피던 모습이 떠올랐다. 그가 했던 말이 귓가에 들리는 것 같았다. 새해가 밝기 며칠 전, 가자 철수 이후의 상황을 논의하려고 전화했을 때 "양들은 잘 있나요?"라고 물었던 것도 기억났다.

그는 "양들이 라이스 장관을 보고 싶어 하네요."라고 말하고 나서 다시 이스라엘을 방문해 달라고 종용했다.

"양 떼를 한번 보러 오셔야지요. 가을쯤이면 좋겠군요. 그때 향후 문제도 논의합시다."

눈을 다시 떴는데 나도 모르게 눈물이 주르륵 흘렀다.

다음 날 이스라엘은 긴급 국회를 소집해 에후드 올메르트를 임시 총리로 임명했다. 나는 에후드에게 전화를 걸어 조의를 표하고 이스라엘이 어려운 일을 헤쳐나갈 때마다 힘이 되어주겠다고 약속했다. 구체적으로 어떤 결정을 내릴지를 논할 시점이 아니었다. 그런데 에후드는 지난해에 샤론의 지시에 따라 팔레스타인과 '분리' 계획을 자세히 논하기 위해 미국을 방문했었다고 말했다. 그가 사용한 표현이 약간 거슬렸지만 일방적인 통보가 아니라 협상을 거친 해결책을 가리키는 것이었다. 일단 그 문제는 나중에 논하기로 했다.

예상치 못하게 불과 나흘 만에 에후드 임시 총리와 팔레스타인 입법 선거를 논하게 되었다. 이스라엘은 상당히 긴장하는 눈치였다. 우리 정부도 파타가 선거를 제대로 치를 수 있을지 걱정스러웠다. 에후드는 팔레스타인이 '또' 연기할지 모른다고 우려했다.

지난해 말 NSC와 국무부 관료들이 국무부 콘퍼런스 룸에 모인 적이 있었다. NSC의 엘리엇 아브람, 근동 지역 담당 차관보 데이비드 웰치, 부통령실 존 하나가 참석했다. 나는 스티븐 해들리와 힘을 합쳐 중동 지역 전략 회의를 조직해 관련자들을 불러 모았다. 우리의 목표는 하루가 다르게 급변하는 중동 지역 상황에 효율적으로 대처하기 위해 백악관과 국무부가 일심동체가 되는 것이었다.

그날 회의 주제는 코앞에 닥친 선거였다. 압바스에게 투표를 연기하라고 해야 할지 판단이 서지 않았다. 파타의 승리를 장담할 수 없었다. 압바스는 부정부패에 연루되지 않았지만 팔레스타인 국민들이 부정부패를 방치한 파타를 외면할 가능성도 배제할 수 없었다. 오랜 토론 끝에 엘리엇이 정곡을 찔렀다.

"지금부터 6개월간 파타가 더 나아질 가능성은 없습니다."

우리는 압바스가 예정대로 행동해야 한다고 결론지었다. 상황이 어찌 됐든 그가 투표를 연기할 의향이 없다는 점은 확실했다. 이스라엘은 공정하고 자유로운 선거를 위해 행동할 기세였다. 바람 잘 날 없는 가자에서도 선거 분위기가 달아올랐다.

이 상황을 자세히 설명하는 이유는 압바스와 이스라엘 전체가 선거를 밀어붙이라는 미 정부의 압력에 굴하지 않았다는 소문이 있었기 때문이다. 그 소문은 사실과 전혀 달랐다. 에후드 임시 총리, 압바스, 미 정부는 모두 선거를 실시해야 한다는 점에 동의했다. 돌이켜보면 모든 정당의 무장 해제를 해야 투표에 참여할 수 있다는 조건을 내걸지 않은 것이 후회될 뿐이다. 정부 기관, 즉 팔레스타인 자치 정부 외에는 사실상 무기 사용을 허가할 이유가 없었다. 11월에 콰르텟 회의에서 이 아이디어를 제안하자 만장일치로 승인되었다. 러시아도 적극 찬성했다. 나는 데이비드와 엘리엇에게 결정 사항을 압바스에게 통보하라고 지시했다. 그는 하마스를 제외하려는 의도로 비칠 수밖에 없다며 강하게 반발했다. 팔레스타인 국민 전체가 참여하지 않으면 제대로 된 선거가 아니라는 것이었다. 어쨌든 한 가지는 확실했다. 아무도 선거 실시를 반대하지 않았다. 하마스도 선거에 포함해야 했다. 단, 실패할 경우에는 모두 발뺌할 것이 분명했다. 선거 결과가 나오자 다들 자기 탓이 아니라며 책임을 전가할 대상을 찾느라고 혈안이었다.

1월 25일 선거 당일 아침, 백악관에서 열린 대통령 브리핑에 참석했다. 투표 상황에 대해 매우 흥미로운 보고가 들어왔다. 몇몇 지역에서 표를 나누기로 결정해 몇몇 후보가 불리해졌지만 파타가 간발의 차로 승리할 확률이 높았다. 종일토록 예루살렘과 라말라에 상주하는 외교관들에게 수시로 연락해 상황을 알아보았다. 그러다가 퇴근할 채비를 하는데 엘리자베스 체니 부차관보가 문을 두드렸다. 부통령의 딸인 엘리자베스는 자유 의제를 강력히 옹호했으며 국무부가 지향하는 목표나 계획에 의문을 제기했다(내 입장에서는 그런 태도가 오히려 고마울 때가 많았다).

"일각에서는 하마스가 예상 외로 선전한다고 여깁니다."

"그래요? 별로 반가운 소식은 아니군요."

그렇게만 말하고 퇴근 준비를 서둘렀다. 집에서 잠을 청하려는데 작전실에서 최종 보고가 들어왔다. 예상대로 파타가 간발의 차이로 승리를 거두었다는 소식이었다.

다음 날 아침, 운동을 시작하면서 텔레비전을 켰다. 전날 밤 살인 사건에 대한 보도가 흘러나왔다. 그런데 화면 아래에 '하마스가 승리를 거두자 파타 관료들이 팔레스타인 자치 정부에서 사임을 표명하다' 라는 자막이 흘렀다.

'아니, 이건 아니잖아.'

나는 답답한 마음에 운동 기구 위에서 다리에 힘을 더 주었다. 심장이 갑자기 심하게 두근거렸다. 운동 강도를 높여서 그런 것은 아니었다. 또 한번 '하마스가 승리하고 파타 관료들이 사임하다' 라는 자막이 흘러나왔다. 두근거리는 마음으로 국무부 작전실에 전화를 걸었다.

"어젯밤 팔레스타인 선거에서 누가 당선되었습니까?"

"하마스입니다."

"뭐라고요? 정말입니까?"

심장이 미친 듯 뛰기 시작했다.

'누가 미리 전화로 알려주었으면 얼마나 좋았을까?'

그때부터 내 정신이 아니었다. 레바논 대사를 연결하라고 지시했으나 말을 제대로 알아듣지 못한 작전실 담당자는 예루살렘에 있는 총영사를 연결하라는 것으로 잘못 알아들을 뻔했다. 레바논 대사는 팔레스타인 선거에 대한 질문을 받고 깜짝 놀라는 눈치였다. 그는 레바논 정부 관료들도 선거 결과에 충격을 받은 상태라고 했다. 이스라엘 대사 딕 존스, 총영사 제이크 웰레스(팔레스타인 문제를 담당한 경험이 있는 고위 관료였다)와 통화해보니 다들 나처럼 혼란에 빠져 있었다. 당연한 반응이었다. 작전실에 이스라엘 외무장관 치피 리브니를 연결하라고 지시했으나 리브니는 긴급 각료 회의 중이라서 두 시간 정도 기다려야 했다. '길고 힘든 하루가 되겠구나.'는 생각이 들었다. 머리를 좀 식히려고 운동을 일찍 마쳤다.

사무실에 도착하자마자 부시 대통령에게 전화를 걸었다. 대통령은 파타의 부정부패 때문에 늘 불안했다며 침착함을 잃지 않았다.

"이제 우리가 어떻게 하면 좋겠소?"

"선거는 공정하게 끝났으며 아무 문제가 없었습니다."

"그렇다면 선거 결과를 그대로 받아들여야겠군요."

나는 이스라엘, 아랍 동맹국들, 유럽 동맹국에 차례로 연락할 계획이라고 말했다. 우리 정부가 공식 입장을 표명하기까지 시간 여유가 조금 있었다. 사실 나는 곧 다보스에서 열리는 세계경제포럼에 화상 연결로 참석해 발언하기로 되어 있었다. 하마스가 테러리즘을 버릴 때까지 미국은 그들과 상종하지 않을 것이라는 기존 입장을 재차 강조하기로 결정했다. 몇 분 후 스티븐 해들리와 발표문을 수정한 다음, 데이비드 웰치와 숀 매코맥에게 검토해보라고 지시했다.

마침내 치피 리브니와 연락이 닿았다. 그녀도 적잖이 놀라며 당황하는 눈치였다.

"이럴 수 없어요. 세계 어느 나라가 하마스를 정당한 여당으로 인정할 수 있겠어요."

그나마 다행인 것은 치피 리브니가 믿을 만한 문제 해결사라는 점이었다. 나는 발표할 성명 자료를 미리 읽어주면서 이것으로 본격적으로 상의할 때까지 시간을 벌 수 있다고 다독여주었다. 그녀는 긴급 회의에 다시 가봐야 한다며 전화를 끊었다. 갑자기 이스라엘이 망망대해에 홀로 버려진 사람처럼 한없이 불쌍해 보였다. 도대체 팔레스타인 사람들은 이스라엘 국가를 멸망시키는 데 목숨을 건 테러 집단을 왜 지지했는지 이해할 수 없었다.

사실 팔레스타인 국민들은 파타보다 부정부패가 덜하고 능력 있는 지도자를 뽑으려 한 것이었다. 하마스는 선거 운동 중에 '저항'을 거의 언급하지 않고 사회 복지 및 신에 대한 경건한 자세를 줄곧 강조했다. 실제로 하마스는 고아원, 병원, 학교 등을 다수 운영했으며 가자 지역에도 손을 뻗치고 있었다. 또 하마스는 구호금을 관대히 베풀어 민심을 사로잡았다. 가난에 이력이 난 팔레스타인 국민들에게 그런 사회적 시설은 사막에서 발견한 오아시스와 같았다. 그렇긴 해도 하마스가 이길 줄은 전혀 예상치 못했다. 파타의 무능력이 빚이낸 참사라고 할 수 있었다. 아무데도 후보를 여러 명 내세운 것이 큰 실수였다. 설상가상으로 팔레스타인 자치 정부는 선거 운동을 효율적으로 전개하지 못했다. 짐 윌킨슨은 라말라를 직접 방문해 압바스에게 자신을 변호, 방어하는 요령을 가르쳐주었고 적절한 언론 매체를 통해 국민들에게 가까이 다가서라고 조언했다. 압바스는 이 싸움에 끼어들지 않겠다며 선거 운동을 거부했다. 이처럼 파타의 판단 착오 때문에 어처구니없게 하마스가 승리한 것이었다. 중동 지역 전체는 이 결과로 큰 충격을 받았다. 중동 지역의 평화를 유지하기 위해 조속히 균형과 안정을 되찾는 것은 어디까지나 내 몫이었다.

우선 선거 결과를 인정할 수밖에 없었다. 당선인이 마음에 들지 않는다고 자유롭고 공정한 선거를 무효화할 수 없었다. 그렇지만 하마스의 승리를 인정한다고 해서 정책과 방침 등을 무조건 수용하겠다는 뜻은 아니었다. 그 점에서 선택권은 아직 우리 손에 남아 있었다. 테러에서 손을 떼고 팔레스타인 자치 정부와 이스라엘의 협정을 수용하지 않는 한, 하마스는 국제사회에서 인정받거나 해외 원조를 기대할 수 없었다. 우리 정부는 팔레스타인 자치 정부를 계속 지원할 방도를 찾았다. 하마스가 선거에서 승리를 거두었으므로 지난해에 수반으로 선출된 압바스는 집행 위원이나 해외 원조 책임자로 내려앉았다. 선거가 끝난 후 그는 임시 정부를 수립해 아흐마드 쿠레이 총리에게 맡겼다. 아흐마드 쿠레이 총리는 노련한 평화 협상가로 명성이 자자했다. 압바스는 팔레스타인 자치 정부 수반으로서 자치 정부의 모든 업무 방향을 결정하고 국민들에게 유리한 방향으로 협상을 이끌어갈 책임이 있었다. 쿠레이는 실무 감독자를 맡았다. 하마스는 입법 기관을 손에 넣었지만 당분간은 협상이나 정부 운영에 대한 실질적인 책임을 맡지 않았다.

따라서 우리 정부는 팔레스타인 자치 정부를 계속 지원할 수 있었다. 자치 정부는 폭력을 금하고 이스라엘과 예전에 맺은 협약을 충실히 따랐으며 이스라엘의 생존권을 존중했다. 압바스는 우리 정부의 권유에 따라 이러한 약속이 여전히 유효하다는 것을 공식적으로 재확인했다. 이를 통해서 팔레스타인 자치 정부와 하마스를 뚜렷하게 구분할 명분이 생겼다.

주요 입법 관계자 몇 사람에게 연락해서 테러 집단에 자금이 유입되는 것을 철저히 막아야 한다고 당부했다. 버지니아 주 하원의원 에릭 캔터, 플로리다 주 하원의원 일리애나 로스-레티넌, 뉴욕 주 하원의원 게리 애커먼, 그리고 내가 평소 존경하던 친구인 캘리포니아 주 하원의원 톰 란토스는 변함없이 의회의 지지를 이끌어내는 견인차 역할을 해주었다. 하마스가 접근을 완벽히 차단한 상태로 팔레스타인 자치 정부와 연락할 수 있다는 확신이 설 때까지 대통령은 지원금 조달을 잠정적으로 중단했다.

그러나 미국의 원조금보다 유럽 원조금이 훨씬 많았기에 안심할 수 없었다. 그래서 중동 쾌르텟-UN, 유럽연합(대표국은 오스트리아였다), 러시아-을 급히 소집했다. 이미 선거 사흘 뒤에 런던에서 아프가니스탄 문제에 대한 회의가 계획되어 있었으므로 한자리에 모이는 것은 어렵지 않았다. 유럽 국가들도 하마스를 테러 집단으로 규정했기 때문에 설득은 어렵지 않았다. 테러 집단에 자금을 지원하는 것은 상식적으로 말이 안 되는 일이었다.

그러나 러시아는 생각이 달랐다. 그들은 하마스를 합법적인 정당으로 인정하고 다마스쿠스에 있는 핵심 세력과 직접 교류하기까지 했다. 세르게이 라브로프와 나는 그날 밤 선거의 의미를 두고 격렬한 논쟁을 벌였다. 다행히 그는 이스라엘이 하마스를 받아들이라는 압력을 받으면 협상 자체를 거부할 것이라는 점에 동의했다. 러시아 정부 입장에서는 하마스를 포기하는 것이 못내 아쉬웠지만 평화 협상 과정을 보존하려면 그런 희생은 충분히 가치가 있었다. 아무튼 러시아는 팔레스타인과 이스라엘 문제에 대체적으로 협조하는 편이었다. 냉전이 끝나자 이스라엘 시민권을 가진 유태계 러시아 국민들의 영향인지 모스크바와 텔아비브 사이의 관계는 크게 호전되었다. 러시아가 한 발 물러남에 따라 콰르텟은 앞으로 팔레스타인 자치 정부 보조금을 비폭력, 이스라엘 생존권 인정 및 기존의 협약과 책임 이행 여부를 면밀히 따져본 후 지원하기로 결정했다. 하마스는 직격탄을 맞은 셈이었다.

회의를 끝낼 무렵 라브로프는 하마스에게 회의 결과를 통보하겠다고 했다. "콰르텟이 제시한 조건을 받아들일 방법을 찾아보라고 하겠습니다."

그는 잠깐 생각에 잠기더니 "이대로 하겠다고 동의하면 어떻게 할 겁니까?"라고 질문했다. 나도 잠깐 말을 끊었다가 "만약 그렇게 되면 미국 정부도 입장을 재검토하겠습니다."라고 답했다. 만약 하마스가 제안을 받아들이면 우리 정부는 매우 어려운 결정을 내려야 했다. 불행인지 다행인지 하마스는 한 발도 물러나지 않았다. 몇 달 후 하마스 고위 관계자로 추정되는 이스마일 하니야가 편지 한 통을 보내왔다. 논리성이 결여되고 장황한 데다 라브로프의 회유에 대한 입장만 밝혔을 뿐 콰르텟이 제시한 조건에 대해서는 언급이 없었다. 나도 그 문제를 덮어 두기로 하고 답장을 보내지 않았다. 시리아에 유배된 하마스 실권자인 칼레드 메샬에게서는 아무 소식이 없었다.

아랍권 국가들은 콰르텟이 내세운 조건을 공식적으로 인정하지 않았지만 이집트와 사우디아라비아는 원조금이 하마스에 흘러들어가지 않도록 조처하겠다는 의사를 전해왔다. 이렇게 해서 하마스 고립 작전은 성공했지만 또 다른 문제가 생겼다. 하마스의 근거지인 가자는 인도주의적 관심이 집중되며 시간이 흐를수록 교전 가능성이 커지고 있었기에 이곳이 경제적으로 마비되는 것은 심각한 문제였다. 더구나 하마스가 이란에 손을 벌릴 가능성이 그대로 남아 있었다. 일반적인 아랍 국가들과 마찬가지로 팔레스타인도 페르시아 사람이라면 몹시 불신했지만 하마스 내의 급진 세력은 테헤란과 긴밀한 관계를 구축하고 무기와 원조금을 받았으며 가자를 테러 집단의 행동 무대로 전락시켜버렸다. 그 뒤로 3년 동안 가자는 하루도 바람 잘 날이 없었다.

이란 문제에 대한 전략을 마련하다

하마스에 대한 콰르텟의 결정 외에도 런던에서 반가운 소식을 들을 수 있었다. 이란에 대한 미 정부 방침과 유럽 국가들의 입장도 성공적으로 조율할 수 있었다. 프랑스, 독일, 영국 등 유럽 국가들은 이란이 또 협상을 거부하면 러시아와 중국의 협조를 구한 뒤에 이 문제를 UN 안전보장이사회에 회부하는 데 동의했다. 아프가니스탄 문제에 대한 콘퍼런스 때문에 런던에 머물러야 했다. 영국 외무장관 잭 스트로의 관사인 칼턴가든에서 1월 30일에 만날 예정이었는데 세르게이 라브로프와 중국 외교부장 리자오싱도 초대했다. 이렇게 UN 안전보장이사회 상임 이사국 5개국과 독일이 한자리에 모임에 따라 P5+1이라는 이름을 얻었다. 독일, 프랑스, 영국은 2005년 이후 유럽연합을 대표해서 협상에 나섰다. 그뿐만 아니라 영국, 프랑스, 미국, 러시아, 중국은 안전보장이사회 상임 이사국이었다. 그래서 독일은 '+1'이 되었다. 독일 외무장관 프랑크발터 슈타인마이어는 독일이 안전보장이사회 상임 이사국이 아니라는 점을 드러내지 않으려고 EU3+3을 내세웠지만 소용없었다. 아무튼 P5+1은 이란 핵 문제를 처리하는 주요 국제기구로 자리 잡았다.

저녁 식사를 함께하면서 회의를 시작했다. 모든 장관들은 측근 한 명만 데리고 왔다. 솔직하게 제대로 협상해보자는 의도였다. 나는 국무부 정무차관보 닉 번스를 대동했다. 닉은 회의 전에 다른 차관보들을 만나보더니 러시아는 이란 문제에 관해 아무 계획이 없는지 별다른 이야기가 없다고 넌지시 말했다.

러시아와 중국이 도착하기 전에 잭, 프랑스 외무장관 미셸 바르니에, 프랑크발터와 잠깐 자리를 마련해서 이란이 협상을 결렬시킬 경우에는 이 사안을 UN 안전보장이사회에 회부한다는 약속을 받아내기로 합의했다. 애초부터 우리가 원하는 것을 러시아가 모두 용납하리라고는 기대하지 않았다. 이번 회의가 실패로 끝나면 이란이 기고만장할 게 분명했다. 초반에는 국제사회 통합을 1차 목표로 설정했다. 첫술에 배부를 리 없다는 것을 잘 알고 있었다. 분열이나 갈등을 피하고 통합을 향해 한 걸음 내딛는 것도 큰 의미가 있었다.

어떻게 들었는지 이란이 회의 결과를 알아내려고 '세계 각국에 전화를 걸기' 시작했다. 그 후로도 P5+1 회의가 열릴 때마다 이란은 발을 동동 굴렀다. 협조할 것처럼 굴다가도 금세 보복하겠다며 협박을 일삼았다. 그런 태도는 어디에서도 환영받지 못했다. 오히려 이란 정부는 믿을 만한 상대가 아니라는 인상만 심어주었다. 특히 러시아가 완전히 등을 돌리게 만드는 결정적 이유가 되었다.

협상 시작부터 분위기가 좋지 않았다. 샐러드 코스가 나오기도 전에 세르게이 라브로프는 이란을 위협하는 방안은 절대 용납할 수 없다고 버텼다.

그는 핵확산금지조약에 따라 이란에게도 원자력 에너지를 사용할 권리가 있으며 설령 다른 나라들을 속였더라도(지난 18년 동안 국제원자력기구에 농축 및 재처리 과정을 보고하지 않았더라도) 무력 응징이 아니라 협상을 통해 문제를 해결해야 한다고 덧붙였다.

메인 요리를 먹는 내내 세르게이가 대화를 장악했고 나는 한참 후에야 입을 열 기회를 얻었다.

"다들 아시겠지만 이란이 핵무기를 보유하는 것은 결코 용납할 수 없습니다. 러시아는 이란과 이웃 국가가 아닙니까? 이란이 중거리 미사일이라도 쏘면 정부 청사를 단숨에 날릴 수 있습니다. 그런데도 이란을 믿어주겠다는 겁니까?"

라브로프는 이란을 믿을 정도로 어리석지 않다고 즉시 반박했다. 러시아의 계획은 부시르에 원자력발전소를 건설해주는 것뿐이라고 했다. 발전소 운영과 연료 수거는 러시아가 직접 나설 것이므로 농축 및 재처리 과정에 이란이 전혀 개입할 우려가 없다는 것이었다. 라브로프는 이란에 원자력에너지를 사용할 기회를 주어야 우리가 체면치레를 할 수 있다고 생각했다.

디저트와 커피가 나온 뒤에도 갑론을박은 계속됐다. 미 정부가 이란의 원자력에너지 사용을 봉쇄하려는 것이 아니라고 하자 라브로프는 앞뒤가 맞지 않다며 비방했다. 그동안 러시아 정부가 부시르에 원자력발전소를 세우려고 했지만 미국은 전혀 용납하지 않았다는 말은 옳았다. 나는 "그런데 지금 상황에서 그게 무슨 의미가 있습니까?"라고 정곡을 찔렀다. 라브로프는 예상치 못한 질문에 움찔하더니 아무 말도 하지 않았다. 우리 정부는 이미 러시아가 원자력발전소를 짓는 것에 이의를 제기하지 않기로 결정했기에 나도 더 이상 파고들지 않았다. 하지만 공식석상에서 예전처럼 강하게 반대하지 않았을 뿐, 우리가 방침을 바꾼 것을 명확하게 밝히지 않은 상태였다. 우리는 이란의 원자력발전소 요구를 러시아 정부의 방식대로 처리하는 것이 좋다고 판단했다. 이렇게 방침을 바꾼 이유는 러시아와 유대 관계를 강화하고, 미국이 군사 용도가 아닌 합법적인 원자력발전소마저 세우지 못하게 한다는 이란의 거센 항의를 잠재우는 것이었다.

라브로프와 나는 다시 주제로 돌아왔다.

"UN 안전보장이사회에 상정하는 것은 반대라는 말씀이군요. 그럼, 다른 대안이 있습니까?"

2005년 후반 스티븐 해들리, 라브로프와 한자리에 모여 이미 언급했던 부분이었다. 그는 이란이 압력을 받으면 핵확산금지조약을 아예 저버릴까 봐 걱정했다.

"그렇게 되면 사찰단을 국외로 몰아낼 테니 이란 핵 프로그램을 감시할 방법이 완전히 사라지게 됩니다."

이번에도 대안을 내놓으라고 다그치자 아무 말도 하지 못했다. 몇 개월 뒤에 런던에서 잭과 저녁 식사를 하는 자리에서도 같은 이야기가 나왔지만 라브로프는 여전히 묵묵부답이었다.

회의장 분위기는 사뭇 긴장감이 흘렀다. 유럽 대표들은 안절부절못했고, 특히 독일은 어찌할 바를 모른 채 발을 동동 굴렀다. 프랑크발터가 "자, 두 분 이제 잠깐……"이라며 입을 열었다.

바로 그때 라브로프가 불쑥 끼어들었다.

"이라크에 대한 콘돌리자 장관의 아이디어는 결과가 그리 좋지 않았습니다."

나는 혈압이 치솟는 것을 느꼈다.

"지금 이라크 문제를 논하는 게 아니잖습니까?"

잭은 분위기를 가라앉히려고 노력했다.

"자, 이제 그만 하시고 본론으로 돌아갑시다."

그러다가 돌파구가 생겼다. 나는 "두 가지 평행 노선을 취한다고 가정해 봅시다."라고 제안했다.

라브로프가 무슨 뜻이냐고 물었다.

"협상을 먼저 제안하고 저쪽이 실토하지 않으면 행동을 취하자는 뜻입니까?"

"그렇습니다."

회의에서 이런 설전은 그리 놀랄 일이 아니었다. 비공식 회의에서는 으레 볼 수 있는 광경이었다. 물론 다른 참석자들이 모두 꿀 먹은 벙어리처럼 있었던 것은 아니다. 그들도 의견을 제시했지만 라브로프와 내가 가장 말이 많았다. 그들은 러시아와 미국이 합의하는 대로 따르겠다고 했다. 특히 중국은 회의 초반부터 물러나 앉았다.

그러다가 러시아는 이 문제는 UN 안전보장이사회가 아니라 국제원자력기구가 나설 일이라고 반박했다. 그래서 국제원자력기구에 보고하는 것으로 시작하는 데 동의했다. 단, 합의 사항을 준수하지 않을 경우에는 UN 안전보장이사회에 회부한다는 조건을 내걸었다. 외무장관들이 모두 모인 자리답게 '본국에서 일일이 승인'을 받지 않고 그 자리에서 즉석으로 동의 여부를 확인할 수 있었다.

잭 스트로는 장시간의 회의로 인해 지친 얼굴로 기자단에게 결정 사항을 간략하게 설명했다. 나머지 다섯 사람은 무표정한 얼굴로 뒤에 서 있었다. 어두침침한 현관에 카메라 조명이 쫙 비쳐들었다. 그제야 회의가 새벽 1시 반에 끝났다는 것을 알았다.

런던을 출발하려고 짐을 싸는데 부시 대통령에게서 "큰 성과를 거두었군요."라는 전화가 왔다.

"감사합니다. 각하."

너무 피곤해서 빨리 비행기에 올라 눈을 붙이고 싶은 마음뿐이었다. 이제 이란 핵 문제에 대한 새로운 전략이 완성되었다. P5＋1이 협상을 통해 최종 입장을 정한 다음, 이를 국제원자력기구에 통보하면 국제원자력기구이사회가 UN 안전보장이사회에 이 문제를 상정하기로 했다.

두 가지 평행 노선이라는 아이디어도 자리를 잡았다. 이는 이란에 회담을 제안하되, 협상을 거부하면 제재를 가하겠다고 위협하는 것이었다. 미국은 1979년 테헤란 대사관 사건을 시작으로 오랫동안 이란에 대한 일방적 제재를 계속했다. 이러한 제재에 더해 위협성은 다소 떨어지지만 다각적인 제재를 추가하기로 했다. 일단 UN 안전보장이사회 결의가 채택되면 '후광 효과'를 기대할 수 있었다. 다른 나라들도 UN 결의를 대의명분으로 내세워 각자 정한 대로 이란에 불이익을 가할 수 있었다. UN 안전보장이사회 결의는 이란에 자리 잡은 다국적 기업과 금융 기관에 타격을 가해 투자를 상당히 감소시켰다(투자가 아예 끊기는 경우도 적지 않았다). 향후 투자 결정을 내리려면 앞으로 또 무슨 일이 생길지 알 수 없다는 위험을 감수해야 했다. 이렇게 해서 이란을 국제사회에서 철저히 고립시켜 억지로라도 고집을 꺾는 것이 목표였다. 이 전략은 부시 행정부의 임기가 끝난 뒤에도 계속 진행할 예정이었다.

첫 번째 P5+1 회의의 결과는 첫걸음에 불과했다. 런던 회의가 끝난 직후에 국제원자력기구 이사회는 이란 문제를 UN 안전보장이사회에 상정했다. 몇 주가 흐른 뒤 '세계 정상 국가들이 하나로 연합해 이란에 맞서다'라는 1면 기사가 나왔다. 우리 전략을 한마디로 잘 요약했다는 느낌이 들었다. 세계 강국을 하나로 묶는 것은 결코 쉬운 일이 아니었다. 그렇지만 이란의 반응을 확인하는 것이 훨씬 더 어려웠다.

30

변혁 외교

1월 내내 중동에만 매달린 것 같지만 따지고 보면 그런 것도 아니었다. 국무부 자체 개혁안으로 업무상 어려움이 가중되어 하루빨리 해결해야 했다. 무엇보다도 기존의 상향식 예산은 꼭 바꿀 생각이었다. 조지타운대학 연설에서 국무부 개혁안을 발표하기로 마음먹었다. 연설 내용은 이론에 크게 치우치는 느낌이 있었으나 외무부 관계자들이 경청했으므로 충분히 만족스러웠다.

인준에서 사용한 변혁 외교라는 표현은 민주주의 자치 국가 양성에 초점을 맞춘다는 뜻이다. 외교관들은 각국의 정치적 상황 보고가 아니라 다른 일에 더 관심을 가져야 한다는 것이 요점이었다. 일례로, 나는 하루도 빠지지 않고 영국과 직접 연락하기 때문에 영국 대사는 장문의 보고서를 만들 필요가 없었다. 그보다 더 중요한 것은 보츠와나 에이즈 구제 사업을 추진하고, 이집트에 민주주의를 보급하고, 아프가니스탄 여성 교육 문제를 해결하는 데 앞장서는 투철한 사명감과 모험 정신이었다.

지금까지 미 영사관이 없거나 그럴 만한 재정적 여유가 없는 해외 주요 도시에는 영사관을 마련해 국무부 직원을 파견했다. 수도가 아닌 지역이나 도시가 중요한 역할을 하는 경우가 많았기에 불가피한 조처였다. 이를테면, 한국의 경우에 산업 활동의 허브는 서울이 아니라 부산이었다.

또한 주요 외국어 습득을 장려하는 데 앞장섰다. 도널드 럼즈펠드, 조지 테닛, 마거릿 스펠링즈와 손을 잡고 핵심 언어 이수 과정을 시작했다. 페르시아어, 중국어, 아랍어 등 '어려운' 언어를 배우게 하는 것이었다. 냉전 중에 러시아 및 동유럽권 언어 가능자를 확보하기 위해서 특별법에 따라 동일한 프로그램을 실행한 적이 있었다. 9.11테러 이후 또 한번 외국어 돌풍이 불기 시작했다.

조지타운대학 연설에서 유럽에 나가 있는 외교관 다수를 아시아와 중동 지역으로 재배치하겠다고 선언했다. 승진을 원한다면 적어도 둘 이상의 나라와 지역에서 근무한 경력이 있어야 한다고 못 박았다. 이러한 지역의 근무 여건이 갈수록 어려워지는 것을 모르는 바 아니었지만 빈, 파리 등에서 편하게 근무하는 것은 해외 파견의 근본적인 목적에 어긋났다. 《타임》은 새로운 방침을 내세운 국무부에 '지옥 군단'이라는 별명을 지어주었다. 외교관들의 노고를 알아주는 것 같아서 싫지 않았다. 지옥 군단에는 콜롬비아 대사를 거쳐 파키스탄 대사를 맡은 앤 패터슨, 이란 고문이자 레바논 파견 근무를 끝낸 데이비드 새터필드, 데이비드 웰치 등이 언급되었다. 파키스탄 근무를 마치고 돌아온 지 얼마 되지 않아서 이라크로 파견된 라이언 크로커도 포함되었다. 국무부의 미래는 힘든 곳에서 어려운 일을 해내는 것에 달려 있다는 국무부의 뜻이 확고하게 전달되었다.

혁신 사업에 날개를 달아주기 위해 변혁 외교 외부 자문위원회를 구성해 배리 블레크만과 전 UN 대사 토머스 R. 피커링에게 맡겼다. 민주주의 절차에 따라 업무를 진행할 수 있도록 앤-마리 슬러터가 이끄는 외부 전문가 패널도 모집했다. 앤-마리는 프린스턴대학 우드로 윌슨 공공국제정책대학원 학장 출신으로 훗날 내가 물러난 뒤 새로운 국무장관과 손잡고 정책 수립 담당자로 활약했다.

조지타운대학 연설에서 해외 원조와 관련한 부처를 마련해 국제개발처와 국무부의 예산 및 개발 정책을 모두 통합하는 방안을 설명했는데 이에 대한 논란이 가장 심각했다. 국제개발처의 업무는 국무부와 별도로 진행되지만 업무상으로는 맞먹는다고 여겨졌다. 개발 정책은 장기 과제로서 이론적으로 볼 때 정치나 전략 수립과는 무관하게 납세자의 주머니에서 나온 돈이 후원금으로 둔갑할 우려가 있었다.

어느 나라를 보더라도 두 기관은 완전히 분리되어 있다. 영국도 마찬가지였다. 그로 인해 아프가니스탄에서는 영국 외무장관이 전쟁 지원을 직접 지휘하지 못하는 기이한 상황이 벌어졌다. 다행히도 미국의 경우에는 국제개발처가 독립 기관이 아니라 국무장관이 의회에 예산을 보고하고 의회가 내용을 심의하도록 되어 있었다. 하지만 국제개발처 책임자는 국무장관을 통해 보고하는 것에 대한 불만을 공공연히 드러내 긴장을 자아냈다. 나는 국제개발처에게 본래의 목적에 충실하되, 국무장관의 지시에 따라야 한다는 점을 분명히 밝혔다.

그러나 국무부와 국제개발처의 업무 분위기가 전혀 다른 것이 문제였다. 국제개발처는 '정부 외교 방침'에 관여하는 것을 반기지 않았다. 국제개발처는 자신들이 '미 외교 정책'에 관여하는 것처럼 보일까 봐 노심초사했다. 하지만 내가 보기에 그런 태도는 납세자가 용납하기 어려운 것이었으므로 의회에서 국무부의 정책 개혁을 설명할 때 국제개발처의 문제점을 분명히 지적했다. (부시 대통령이 AIDS 구호 활동을 아낌없이 지원하는 것에서 알 수 있듯) 정부는 자선 활동을 적극 옹호하지만 아예 비정부 단체인 것처럼 행동할 수 없었다. 지금 다시 생각해도 개발 원조가 정부의 외교 목적을 넓히는 데 기여해야 한다는 주장에는 아무런 문제가 없다.

부시 행정부는 해외 원조를 크게 확장할 때부터 이러한 입장을 고수했다. 미국의 국익은 정당한 통치와 민주주의 실현에 밀접히 관련되어 있으며 개발 원조는 이러한 국익과 떼려야 뗄 수 없는 것이었다. 제아무리 민주주의 원칙을 옹호한들 제 나라 국민을 먹여 살리지 못하는 정부라면 무슨 소용이 있단 말인가? 종종 미국은 오로지 전략적인 목적으로 해외 원조를 베풀었다. 수혜자가 민주주의 국가가 아니어도 상관하지 않았다. 물론 그런 경우는 예외적인 것임을 밝혀 둔다.

부시 대통령의 AIDS 긴급 구제 계획인 AIDS 퇴치 긴급 프로그램을 맡았던 랜덜 토비아스를 해외 원조 및 국제개발처 책임자로 임명했다. 임기 내내 힘든 일 때문에 고생이 많았지만 랜덜은 괄목할 만한 성과를 이루었다. 예산 심사가 다가오자 국제개발처 지역 담당자와 각 지역 담당 차관보가 통합 예산을 수립했다. 드디어 "나이지리아에 보낸 지원금은 모두 얼마입니까?"와 같은 질문을 받을 때 수십 장의 자료를 뒤적이지 않고 곧바로 대답할 수 있게 된 것이다. 덕분에 해외 원조금이 민주주의와 경제 성장을 장려하고 부정부패를 척결하는 데 크게 기여한다는 주장을 설득력 있게 펼칠 수 있었다. 물론 해외 원조금을 받은 나라들이 모두 우리의 뜻대로 변한 것은 아니지만 적어도 밑 빠진 독에 물 붓기는 아니었다.

멕시코의 어느 조그마한 신용협동조합을 방문했을 때 소자본 대출을 받은 여성과 이야기할 기회가 있었다. 그녀는 도자기와 공예품 가게를 확장할 생각이었다. 과테말라의 고지대에 사는 농부들은 한때 심각한 빈곤에 시달렸으나 이제는 월마트에 물건을 납품해서 돈을 벌고 있었다. 그런 이야기를 들으니까 우리의 노력이 어떻게 빛을 발하는지 알 수 있었다. 농부들은 이 기회를 놓칠세라 과테말라 대통령이 도로를 건설하겠다고 약속해놓고 이행하지 않았다며 불만을 토로했다. 이렇게 외진 곳에도 민주주의가 살아 숨 쉬는 것이 느껴졌다. 내가 생각한 새로운 외교 정책의 모습과 정확히 맞아 떨어지는 현상이었다. 해외 원조를 받는 각국 정부가 무엇을 하느냐보다 그 원조금이 국민들의 삶을 어떻게 변화시켰는지가 더 의미 있는 일이었다.

이 나라들에게 원조금을 전달한 기관은 다름 아닌 새천년도전공사였다. 이는 2003년에 대통령과 내가 함께 수립해서 국무장관의 손에 맡긴 신정부 기관이었다. 참으로 가슴 뿌듯한 순간이었다. 그동안 해외 원조금은 얼토당토않은 곳에 낭비되었다. 부패한 정치가들은 가난, 무지, 질병에 허덕이는 국민들을 외면하고 원조금을 빼돌려 부인들에게 비싼 보석을 안겨주었다. 새천년도전공사는 까다로운 원칙에 따라 협상을 거쳐 수혜국이 미국과 협약을 맺게 했다. 정부의 신뢰도, 부패 여부, 국민에 대한 투자 등 객관적 수치로 나타나는 여러 지표가 선발 기준으로 사용되었다. 이런 기준을 통과해 협약을 맺은 국가는 거액의 원조금을 받았다. 예를 들어 탄자니아는 6억 9,800만 달러, 가나는 5억 4,700만 달러, 모로코는 6억 9,700만 달러, 엘살바도르는 4억 6,100만 달러를 받았다. 그런데 처음에는 기준을 너무 높게 설정해서 그런지 마음에 쏙 드는 후보를 찾기 힘들었다. 탈락 국가는 특정 분야의 개혁을 진행할 수 있도록 소정의 후원금을 보내주었다. 우리 정부의 취지를 진지하게 받아들이고 이 후원금으로 개혁을 성공시킨 경우에는 수억 내지 수천만 달러를 받을 수 있는 정식 협약 가능성을 열어주었다.

이렇게 강력한 인센티브를 제공하자 눈에 보이는 변화가 나타났다. 극도의 빈곤에 시달리는 국가수반들이 앞을 다투어 신청 서류를 제출했다. (농업협동조합, 노동조합, 환경 단체, 기업 연합 등) 민간단체의 지원을 받는 것이 자격 조건의 일부였으므로 신청 과정에서 민관 협동 관계가 더욱 돈독해진 눈치였다. 수혜국은 힘을 합쳐 '새천년도전공사 유니버시티'를 형성해 다른 신청국들에게 성공 비결을 전수했다.

그런데 좀처럼 속도가 나지 않았다. 의회는 물론이고 나중에는 대통령마저 후원금을 신속하게 처리하라고 재촉했다. 게다가 수혜국에 발등을 찍히는 경우도 종종 있었다. 니카라과의 경우, 산디니스타스 정권은 2008년에 와서 민주주의 방식에 따른 시장 중심의 경제 개혁을 포기해버렸다. 결국 브라질 대사를 지낸 존 대니로비치가 폴 애플가스의 뒤를 이어 새천년도전공사 대표를 맡게 되었다. 폴은 새천년도전공사 수립에 큰 공을 세운 인물이었다. 새천년도전공사를 넘겨받은 존은 남다른 열정과 개혁 정신을 발휘해 자금 흐름의 물꼬를 텄다. 우여곡절 끝에 새천년도전공사는 양당의 아낌없는 지지를 누리게 되었으며 지금까지도 해외 원조 프로그램의 살아 있는 성공 사례로 제몫을 톡톡히 해내고 있다.

특히 내 임기가 끝날 무렵에 기쁘게도 라이베리아가 새천년도전공사의 최저 원조금을 받게 되었다. 이 나라는 우리 정부가 아프리카에서 근절하려 했던 모든 문제를 안고 있었다. 내전 종식, 민주주의 확립, 희망 제시, 경제 개발 등 여러 목표를 한 번에 성취할 기회가 생긴 것이었다. 찰스 테일러의 잔혹한 압제에서 라이베리아를 해방한 지 2년 뒤에 하버드대학 출신의 세계은행 경제 전문가 엘런 존슨 설리프가 대통령에 당선되었다. 그녀는 국민들이 '어머니' 또는 '엘런 엄마'로 불러주기를 원했으며 실제로도 국민들을 따스하게 감싸 안았다. 후덕한 몸매에, 안경을 쓰고, 화려한 색상을 자랑하는 아프리카 전통 의상을 즐겨 입는 그녀는 필요하다면 귀를 잡아당겨서라도 국민들을 절망과 빈곤에서 구하고 말겠다는 굳은 결의를 보였다.

1월 16일에는 로라 부시와 함께 몬로비아에서 열린 대통령 취임식에 참석했다. 숙박할 곳이 없어서 아침 일찍 몬로비아로 향했다. 대사관저도 전기와 물이 자주 끊길 정도로 상황이 열악했다. 우리는 한낮의 뙤약볕 아래서 존슨 설리프의 취임사를 경청했다. 그녀는 밝은 미래를 힘차게 약속했다. 합창단이 하이든의 〈천지창조〉에서 가장 유명한 합창곡으로 꼽히는

〈더 헤븐스 아 텔링The Heavens Are Telling〉을 불렀다. 흑인들이 다니는 대학 합창단이 자주 부르는 노래였다. 덕분에 라이베리아와 아프리카계 미국인들이 얼마나 특별한 사이인지를 새삼 느낄 수 있었다.

아프리카 여러 나라에서 첫 번째 여성 대통령의 당선을 축하하기 위해 취임식에 참석해서 축하의 박수를 보냈다. 하지만 엘런 대통령이 행정부 각료들에게 개인 재산을 밝혀야 할 것이라고 선언하자 사람들이 웅성거리기 시작했다.

"제가 모범을 보이겠습니다. 재산을 가장 먼저 공개하겠습니다."

취임식장은 찬물을 끼얹은 듯 조용해졌다. 그 자리에 참석한 국가수반들 중에서 아무도 엘런 대통령의 행보를 따라야겠다고 생각하지 않았을 것이다.

취임식이 끝나고 영부인과 함께 차가 있는 곳까지 걸었다. 인도 곳곳에 금이 가고 파인 곳이 많아서 구두를 신고 걷기가 힘들었다. 조심하지 않으면 금방이라도 넘어질 것 같았다. 각국 손님들을 맞이할 준비에 최선을 다했겠지만 여전히 라이베리아는 내가 가본 나라들 중에서 최빈국이었다. 펜타곤이 아프리카에 AFRICOM이라는 독립 사령부를 마련하기로 결정하자 엘런 대통령은 이를 몬로비아에 유치하려고 적극적인 로비를 펼쳤다. 미군 기지가 생기면 인프라 구축에 크게 도움이 될 것이라고 추론한 것은 높이 칭찬할 만한 일이었다. 하지만 펜타곤은 엄청난 투자가 필요할 것이라며 선뜻 동의하지 않았다.

2008년에 부시 대통령과 함께 다시 몬로비아를 방문했다. 라이베리아 국민들은 미 정부의 지원에 깊은 감사를 표했다. 우리는 공항에 도착해서 자동차로 대통령 관저까지 이동했다. 그런데 엘리베이터가 문제를 일으켜 부시 대통령과 엘런 대통령은 5층까지 걸어서 올라갔다. 건장한 부시 대통령은 층마다 잠깐 쉬었다. 엘런 대통령이 힘들까 봐 배려한 것 같았다.

그녀는 곧이어 최근 조직된 정부군을 보여준다며 허름한 스타디움으로 우리를 이끌었다. 군악대 연주를 들어보니 존 필립 수자의 솜씨가 분명했다. 퇴직 후 이곳에 2년 정도 머무르면서 라이베리아 군악대를 조직해준 모양이었다. 그러고 나서 점심 식사가 나왔다. 파리가 꼬여 힘들긴 했지만 음식은 아주 훌륭했다. 식사가 끝나자 엘런 대통령이 부시 대통령에게 춤을 청했다. 부시 대통령이 기꺼이 응하자 라이베리아 관계자들은 매우 기뻐했고 우리 요원들은 당황한 기색이 역력했다.

그 후로 아프리카 대륙을 방문할 때마다 춤을 청하는 사람들이 줄을 섰다. 탄자니아에 가보니 여자들이 부시 대통령과 비슷한 사람이 그려진 치마를 입고 다녔다. 또 한번은 부시 대통령이 가나 영부인과 멋지게 춤을 추었다. 가나 사람들과 자연스럽게 어우러진 모습이 참으로 흐뭇했다. 젠데이 프레이저가 그 모습에 탄복하며 부시 대통령 조상 중에 아프리카 출신이 있는지 의심스럽다고 할 정도였다. 그와 비슷한 상황은 수없이 반복되었다. 2008년에 탄자니아 대통령은 오바마 대통령 선거 후보에 대한 아프리카인들의 자부심이 어느 정도이며 그가 당선되기를 바라냐는 질문에 최종 선택은 미국 국민들의 몫이라고 답한 뒤 이렇게 덧붙였다.

"사실 우리에게 가장 중요한 것은 누가 대통령이 되든 부시 대통령처럼 아프리카를 소중한 친구로 여길 것인지입니다."

나는 그 말이 정말 마음에 들었다. 아프리카는 생각만 해도 기분이 좋았다. 내가 그 핏줄을 타고 났으니 새삼스러운 일도 아니다. 흥미로운 것은 조지 부시 대통령의 고향도 아프리카 같다는 생각이 드는 것이다. 아프리카는 내게 소중하고도 자랑스러운 곳이다.

2월에는 팔레스타인과 이스라엘 협상을 재개할 기반을 마련하려고 중동 지역을 방문했다. 콰르텟이 하마스에 대한 입장을 분명히 하자 이스라엘도 그 뒤를 이어 압바스가 이끄는 팔레스타인 자치 정부와 하마스 입법부를 구분하려 했다. 아랍 국가들은 부시 대통령이 중동 평화를 위해 아낌없이 지원하고 하마스를 꼼짝 못하게 할 것이라고 굳게 믿었다. 기자단 앞에 설 때면 가슴이 두근거렸다. 늘 하마스가 물러나는 것을 봐야 한다고 말해놓고 공식석상에서는 한 번도 인정한 적이 없었기 때문이다. 적어도 아무 말 없이 귀 기울이는 모습을 보면서 마음이 많이 풀렸다. 이스라엘만큼이나 그들도 테러 집단을 두려워했기에 이를 몰아낸다는 말이 적잖게 반가웠던 모양이다.

이집트에서 리야드로 가는 비행기에 올랐다. 내 좌석까지 데이비드 웰치가 따라왔다. 온몸의 피가 얼굴의 상처로 다 빠져나간 것처럼 몰골이 말이 아니었다. 이라크 아스카리야 사원에서 발생한 폭탄 테러 때문이었다. 겉면을 금으로 처리해 '골든 모스크'라고도 하는 이곳은 시아파가 가장 중요하게 생각하는 성지였다. 바그다드 대사 잘 칼릴자드에게 연락해보니 그가 벌써 이라크 주요 관계자들에게서 정보를 캐고 있었다. 아부 무사브 알-자르카위가 한 짓이라는 것이 금방 드러났다. 오사마 빈 라덴이 '이라크에 있는 알카에다의 왕자'라고 추켜세운 인물이었다. 자르카위는 시아파를 몹시 싫어했다. 비상한 머리를 악랄하게 사용해 이라크 내전을 목표로 시아파와 수니파를 계속 자극했다.

선거 분위기가 가라앉기도 전에 이번 사건이 발생했다. 이라크 국민들은 새로운 헌법에 따라 출범할 신정부를 고대하고 있었다. 그런 것 치고는 이번 사건의 대처는 침착한 편이었다. 정계 및 종교계 지도자들은 이번 사건을 테러 행위로 규정하고 강하게 비난했다. 잘 칼릴자드에 의하면, 이들은 종파를 초월해서 결속된 모습을 보여주기 위해 성지를 함께 방문할 계획도 세웠다. 레바논을 향할 때 머릿속에는 이라크 문제만 있었던 것이 아니었다. 레바논 독립을 위한 정치 결속을 강화하고 시리아에 계속 압력을 가하는 것도 이번 방문의 주된 목적이었다.

레바논은 눈부시게 아름다운 나라였다. 북쪽 지역은 고산 기후였으며 해안을 따라 지중해가 펼쳐졌다. 특히 2월에 찾은 베이루트는 환상적이었다. 1년 전 하리리가 암살된 후에 형성된 군대는 질서 정연한 모습을 보였다. 시리아, 헤즈볼라 및 이란의 후원 세력은 곧 물러날 분위기였다.

베이루트 도로를 달리다가 총리 공관으로 방향을 잡았다. 오스만 왕조 풍의 모래벽돌 건물이었는데 형형색색의 타일로 바닥과 벽을 장식해 매우 화려했다. 기자들을 뚫고 지나가려는데 후아드 시니오라 총리가 다가와 인사를 건넸다. 우리는 잠깐 자세를 잡고 사진을 찍은 다음 회의실로 갔다. 사실 후아드가 총리 자리에 오른 것은 순전히 우연이었다. 솔직하고 꾸밈없긴 하지만 경제 전문가로서 크게 이목을 끌지 못했으며, 라피크 하리리의 아들 사드가 아직 경험을 충분히 쌓지 못한 탓에 엉겁결에 총리가 되었다. 그는 말이 빨라서 가끔 알아듣기 어려웠다. 처음에 만났을 때는 별로 부담스럽거나 카리스마가 넘친다고 생각하지 않았다. 그렇지만 시간이 흐를수록 추진력과 능력이 대단하다는 것을 알았다. 아프가니스탄과 이라크에도 이런 인재가 있으면 얼마나 좋을까 하고 생각할 정도였다.

우리는 중동식 커피를 마시며 이야기를 시작했다. 후아드는 신중하게 말을 이어갔다. 레바논 정부 관계자들은 정치와 종교 인사들이 주를 이루었으나 시리아에 대한 동정론을 펼치는 세력도 있었다. 시아파 출신으로, 시리아 동정론을 펼친 외무장관도 그 자리에 있었다. 그래서 시리아나 헤즈볼라에 대한 이야기가 나오면 후아드가 불편해질 우려가 있었다. 외무장관은 내가 자리를 떠나면 곧바로 시리아 정부에 연락할 태세였다. 나는 심지어 그에게 워싱턴에 오라고 초대하기까지 했다. 물론 속으로는 그가 오지 않기를 바랐다.

한 시간쯤 지난 뒤 후아드가 개인 사무실에서 따로 만나자고 제안했다. 그제야 그의 야망과 걱정거리 등 속내를 풀어내는 것이었다. 시리아와 헤즈볼라가 트집을 잡으려고 눈에 불을 켜는 상황에서 레바논의 주권과 민주주의를 확립하려고 얼마나 애쓰는지를 충분히 이해할 수 있었다. 줄타기를 하는 곡예사처럼 잠시라도 균형을 잃으면 목숨이 위태로운 상황이었다. 그는 경제 지원과 군대 양성을 요청하면서 또 다른 부탁을 했다. 이스라엘에 셰바 팜스를 돌려 달라고 요청하겠다는 것이었다. 셰바 팜스는 객관적으로 볼 때 욕심낼 만큼 광활한 지역이 아니었다. 1967년 점령당한 이후 시리아와 이스라엘은 끊임없이 분쟁을 벌였지만 해결책이 없었다. 이스라엘은 이곳에 중요한 첩보 기지를 마련한 상태였다.

UN은 셰바 팜스의 영유권이 시리아에 있다고 결정했다. 그래서 이스라엘이 2000년에 레바논에서 물러날 때 UN은 이스라엘 철수를 선언하고 이 문제가 종료되었다고 선언했다. 하지만 일부 레바논 관계자들은 이러한 결정에 동의하지 않았으며 레바논 영유권을 증명하려고 옛 지도까지 들먹였다. 헤즈볼라는 셰바 팜스를 무장 이유로 악용하고 있었다. 나는 그 문제를 이스라엘과 논의하겠다고 약속했다. 올메르트에게 셰바 팜스를 비워주라고 설득할 자신도 어느 정도는 있었다.

2006년 2월에 방문했을 때 에밀레 라후드의 임기를 놓고 말이 많았다. 시리아가 그의 대통령 임기를 연장한 것은 레바논 헌법에 위배되는 조치였다. 좋게 말해서 라후드는 민주주의 옹호와는 거리가 멀었으며 미국과 협조할 생각이 전혀 없는 자였다. 공식적으로 나는 논쟁에서 벗어나 있었다. 단지 레바논 국민의 신뢰를 얻고 주권을 지켜낼 수 있는 대통령이 있어야 한다는 말만 했다. 속으로는 두 번 다시 그를 만나지 않겠다고 결심했다. 시리아와 결탁한 것이 확실한 이상 고민할 필요조차 없었다.

그를 처음 만난 것은 2005년에 그 나라를 방문했을 때였다. 겨자색 옷을 입고 있어 만화 캐릭터처럼 우스꽝스럽게 그을린 피부가 더욱 도드라졌다. 악수하고 나니 당장 샤워를 하고 싶은 기분이었다. 나는 레바논 주권을 존중하라는 UN 안전보장이사회 결의를 온전히 이행하도록 그의 '배후 세력'에게 압력을 가해 달라고 직접적으로 말했다. 라후드는 자신이 레바논의 열혈 애국자라고 말하면서 자국 문제는 알아서 해결할 수 있다고 주장했다. 그만하면 됐다는 생각이 들었다. 우호적인 분위기를 망치지 않으면서 회담을 끝냈다. 그를 다시 만나지 않기로 결정한 것은 그의 존재와 자국에 대한 그의 행동을 지탄한다는 뜻을 공식적으로 나타내기 위함이었다.

산속 높은 곳에 자리 잡은 수도원에서 마론파*주로 레바논에 거주하며, 동방 의식을 채용하고 있는 로마 가톨릭 교회의 일파 수장을 만난 뒤에 공산주의자 출신으로서 현재 드루즈파*레바논에서 정치적으로 매우 중요한 영향력을 행사하는 소수 종파의 하나를 이끌고 있는 왈리드 줌블라트를 만났다. 왈리드의 근거지도 마론파처럼 속세와 동떨어진 곳에 있었다. 그제야 주요 일정을 다 끝낸 기분이었다. 레바논은 정치적으로 복잡하고 불안해서 어디를 가나 신경을 바짝 차리고 말이나 행동을 조심해야 했다. 베이루트의 경관은 정말 아름다웠지만 떠나기 직전까지는 한시도 긴장을 풀 수 없었다.

아랍 반도에서 유일한 연방 국가인 아랍에미리트연합국은 전혀 달랐다. 왕가 사람들은 모두 예의 바르고, 사리 분별이 정확하며, 패기와 열정이 넘쳤다. 이곳에 가면 마음이 편하고 긴장이 풀렸다. 두바이 왕가와 아부다비의 자예드 왕가를 따로 만나야 하는 것이 좀 번거롭기는 했다. 두 왕가는 모든 면에서 대조적이었다. 보수적인 아부다비 왕가는 원유 생산의 대부분을 장악하고 있었으며 연방 내에서 가장 영향력이 컸다. 원유 수입은 아랍 르네상스에 투자해서 화려한 박물관과 콘서트홀을 짓거나 최신 국제 무역 투자 등에 사용되었다.

그런가 하면 야자나무 모양으로 만든 인공 섬 두바이는 세계에서 가장 높은 빌딩과 실내 스키 연습장을 갖추고 있었다. 사막 한가운데에 스키 연습장이 있다는 것이 믿기 어려울지 모른다. 2006년만 해도 두바이는 중동의 금융 중심지이자 국제 비즈니스 허브로 발돋움하고 있었다. 하지만 흥청망청 쓰다가 금세 파산 지경에 이르러 세계적으로 망신을 당할 줄은 꿈에도 생각지 못했던 곳이기도 하다.

아랍에미리트연합국을 향할 때는 머릿속에 테러와의 전쟁, 아프가니스탄, 이란, 이라크, 이스라엘-팔레스타인 문제를 논의할 생각밖에 없었다. 무엇보다도 자예드의 모친 셰이카 파티마를 만날 생각에 한껏 부풀어 있었다. 그녀는 왕가를 지키는 일이라면 물불을 가리지 않았고 여성 교육과 권리 신장에 남다른 관심을 보였다. 아바야*머리부터 발끝까지 쓰고 다니는 검은색 긴 천를 온몸에 두르고 실크 마스크로 얼굴을 가려 눈밖에 보이지 않았지만 아들들의 정치 활동에 가장 큰 영향력을 행사하며 더 나아가 나라 전체의 행보를 좌우하는 사람이라는 것을 금방 알아볼 수 있었다. 직계 가족이 아닌 남자를 만날 수 없다는 규정이 있었지만 나를 만나는 것은 문제가 되지 않았다. 중동 문화의 특성상 여자 국무장관이라서 누릴 수 있는 혜택이었다.

수도인 아부다비에 도착하니 마음이 가벼웠다. 길고 피곤한 여정을 마무리하는 마지막 방문지가 비교적 수월한 곳이라서 천만다행이었다. 그런데 차에 오르자마자 대사가 두바이 포츠월드*두바이에 본사를 둔 국영 항만 물류 기업 문제를 꺼냈다. 이 재벌 기업이 뉴욕을 포함해 미국 6개 항을 드나드는 선적 회사를 사들인 것 때문에 분위기가 심상치 않았다. 의회는 일주일이 넘도록 이 거래를 강하게 반대했지만 나는 결국 의회를 통과할 것이라고 여겼다. 부시 대통령에게 전화하자 그는 이렇게 말했다.

"한번 믿어보겠다고 전해주세요. 자유 시장과 우방 국가들을 믿는다고 말입니다."

우선 아부다비를 방문 중이던 두바이 대표자를 만나서 대통령의 말을 전달했다. 왕세자 모하메드 빈 자예드 알 나얀과 그의 친동생이자 외무장관인 압둘라와 저녁 식사를 함께 하며 대통령의 말을 다시 강조했다. 그래서 아랍에미리트연합국을 떠날 무렵에 모든 일이 잘 되리라는 막연한 기대를 안고 있었다.

워싱턴으로 돌아온 지 며칠 만에 대통령에게서 전화가 왔다.

"두바이 포츠월드 문제가 쉽게 가라앉지 않을 기세군요. 직접 아랍에미리트연합국에 전화해서 상황을 알아보세요."

심상치 않은 기운이 느껴졌다. 그날 오후 압둘라 빈 자예드 알 나얀에게 상황을 전달했다. 이번 거래가 실패로 끝났지만 두 나라의 외교 관계에는 아무런 문제가 없다는 것을 보여주려고 그를 워싱턴으로 초대했다. 한동안 미뤄둔 원전 거래를 마무리해도 좋겠다는 생각이 들었다. 압둘라는 초대를 거절하지 않았지만 당분간 보류하자고 제안했다(결국 2009년 1월에야 외회에서 검토할 합의서에 서명했다).

두바이 포츠월드는 3월 9일에 취소를 선언했다. 지금 생각해도 그런 결과를 진작 예측하지 못한 것이 아쉬울 뿐이다. 스탠퍼드대학 경영 수업에서 이 사례를 다룰 때면 학생들은 어김없이 우리 정부가 안일했다며 거세게 비난했다. 물론 나도 할 말이 있다. 우선 그 거래는 안보에 직접 영향을 주는 문제가 아니므로 차관보 선에서 결정이 나도록 되어 있었다. 학생들에게 설명할 때는 거래가 성사될 수 없었던 여러 요인을 모두 설명해주는 편이다. 한 가지를 들자면, 그 문제는 국가 안보와 직결되지 않으므로 차관보 선에서 해결할 일이었다. 주변 국가들은 미국과 아랍에미리트연합국의 관계가 우호적이라고 생각했으며 우리 정부도 그 분위기에 휩쓸려 과신했던 탓도 있다. 그리고 해외 투자에는 장애물을 낮추는 것이 중요하다고 굳게 믿었던 것도 실패 요인이다. 일일이 다 이야기하자면 지면이 부족할 정도이다. 큰 소동이 벌어질 것을 빨리 알아차렸어야 했는데 그러지 못해서 안타까울 뿐이다.

31
인도와 다시 시작하다

두바이 포츠월드 사태가 연일 1면 기사로 등장했지만 막상 국무부는 그 문제에 오래 매달릴 여유가 없었다. 2월 28일, 대통령은 인도, 파키스탄, 아프가니스탄 순방길에 올랐다. 두 나라에 미 정부의 의사를 정확히 전달하는 것이 이번 방문의 목표였다. 파키스탄과 인도를 철저히 외면하는 정책은 효과를 발휘하고 있었다. 한동안 워싱턴에서는 미국-파키스탄, 미-인도 관계에 대한 말이 일체 거론되지 않았다. 이제는 인도와 파키스탄을 따로 분리해서 외교 관계를 구축할 시기였다. 다행히 인도와의 외교 관계는 순조롭게 진행되었다. 대통령은 이번 순방에서 원전 거래에 서명했다.

원전 거래는 인도와 원천적으로 새로운 관계를 구축하려는 의지를 가장 잘 보여주는 사례였다. 2000년 선거 운동 초반부터 우리는 인도와의 외교 관계를 전면 개편할 생각이었다. 앞서 말했듯 원전 거래를 하려면 그동안 금기시했던 많은 요소를 극복해야 했다. 인도는 1968년 핵확산금지조약 가입을 거부했으며, 1974년에는 자체적으로 핵실험을 실시했다. 하지만

1968년에 핵 보유 '승인'을 받은 나라는 미국, 구 소련, 영국, 프랑스, 중국 뿐이었다. 이들 5개국 외에 핵을 보유하는 나라는 위반국으로 규정했으므로 짐 카터 대통령은 1978년에 인도와 모든 핵 거래를 차단하는 법안을 통과시켰다.

이처럼 미국은 인도에 기술 전수 및 협력과 관련해 큰 제약을 두고 있었다. 해를 거듭할수록 제약 범위는 늘어나더니 1998년에 정점을 찍었다. 당시 파키스탄이 장거리 미사일 실험을 하자 아탈 바지파이 인도 총리는 지상군에게 일련의 지하 핵실험을 허가했다. 여기에는 인도 최초의 수소폭탄 실험도 포함되었다. 이에 질세라 파키스탄이 계속 핵실험을 실시하는 바람에 두 나라는 핵확산금지조약 국가들에게 눈엣가시 같은 존재가 되었다. 물론 두 나라의 행보는 조금 차이가 있었다. 인도는 핵 기술 전수를 금지하는 핵확산금지조약의 조항을 충실히 따랐다. 하지만 핵 확산 주동자 알 카디르 칸 박사의 고향인 파키스탄은 북한과 이란 등에게 핵농축 기술을 직접 전수했다.

인도는 원전을 절실히 필요로 했기에 경제 성장을 저해하는 첨단 기술 협력에 대한 각종 제재에서 벗어나려고 몸부림쳤다. 이번에 제안된 원전 거래가 성사되면 미 기업의 도움을 받아 환경 친화적인 에너지 공급원인 원전 시장을 대대적으로 개척할 가능성이 컸다. 돌파구가 될 만한 것은 원전 하나가 아니었다. 인도는 이미 경제적으로 지식 기반의 혁명을 통해 새로운 강국으로 부상하고 있어 협력할 만한 분야가 무궁무진했다. 인도 측은 미국에서 군수품을 구매할 의향도 시사했다. 군수 업계로서는 더할 나위 없이 반가운 소식이었다. 우리 정부도 중국을 '견제'해줄 대상을 찾던 것은 아니었지만 이왕이면 민주주의 국가인 아시아의 떠오르는 샛별과 손을 잡고 싶었다.

미국과 인도의 국익을 따져보니 여러 면에서 상호 보완 효과가 뛰어났다. 워낙 큰 변화라서 반대도 만만치 않았다. 워싱턴 내에서는 핵확산금지조약

고수주의자들의 반발이 심했다. 이 조약 덕분에 핵무기 보유국이 늘어나는 것을 크게 방지할 수 있었는데 이제 와서 우리 정부가 이 조약을 저버리려 한다는 것이었다.

2006년 당시 우리 정부도 고민거리가 많았지만 인도 총리 만모한 싱에 비하면 아무것도 아니었다. 인도 정부의 고위 관계자들은 '독립적인' 핵 프로그램 보유에 목숨을 걸고 있었다. 일부 관료들은 국제원자력기구가 기존의 원전용 핵반응기와 앞으로 들여올 모든 핵반응기를 감독하는 것 자체가 주권 침해라고 여겼다. 관료들뿐만 아니라 학계에서도 냉전의 잔유물인 '비동맹 입지'를 매우 자랑스럽게 여겼다. 이는 인도가 구 소련이나 미국 중 어느 쪽에도 속하지 않는다고 선언한 것을 뜻했다. 비동맹 입지에 대한 말이 나오자 인도 외무장관 K. 나트와 싱이 입을 열었다.

"냉전은 이미 끝났습니다. 우리가 정확히 누구와 동맹을 맺지 않는다는 겁니까?"

정곡을 찌르는 발언이었다. 그런데도 뉴델리 내에서는 미국과 긴밀한 기술 협력 관계를 맺는다는 것을 막연하게 부담스러워하는 사람들이 굉장히 많았다.

상황이 이렇다 보니 이번 거래는 오랫동안 잡음이 끊이지 않았다. 만모한 싱 총리와 부시 대통령이 뉴델리에서 최종 협상에 서명하기 전에도 그랬으며 서명한 후에도 그랬다. 만모한 싱 총리가 2005년 7월 워싱턴을 방문하기 1년 전부터 문제가 시작되었다. 두 사람은 핵 거래에 대한 모라토리엄 중단을 공식 확인하고 원전 개발 협의를 논할 예정이었다. 나는 전날에 나트와 싱 외무장관이 묵고 있던 윌러드 호텔로 직접 찾아갔다. 국무부는 하루도 조용할 날이 없었기에 기자들의 눈을 피해서 편안하게 이야기를 나누고 싶었다. 그가 워싱턴에 온 이상 숙소로 직접 찾아가는 것이 상대방을 존중하는 예의라는 생각도 들었다. 직접 만나보니 나트와 싱 장관은 매우 대범한 사람이었다. 거래를 원하고 있었으나 정작 총리는 뉴델리의 반응이 어떤지 눈치를 보는 것 같았다. 우리는 이번 협약의 성사를 위해 의기투합했다. 그는 우리가 논의한 내용을 총리에게 보고한 뒤 결과를 알려주기로 했다.

그날 저녁에 닉 번스가 찾아왔다. 그의 등 뒤로 로버트 졸릭, 필립 젤리코, 브라이언 건더슨, 숀 매코맥이 보였다.

"아무래도 안 될 것 같습니다. 외무장관이 힘을 썼지만 총리가 결제할 수 없다고 버티고 있습니다."

그 말을 듣고 놀라지 않을 수 없었다. 자신만만한 나트와 장관의 모습에 그가 마음먹은 이상 걸림돌이 없으리라고 생각한 것은 내 착각이었다. 그 말을 들으니 피곤이 몰려왔다.

"그들이 핵 문제를 제대로 해결할 마음이 없다면 내가 뭘 어떻게 해줄 수 있겠습니까? 한 번 더 협상해보세요."

그들을 돌려보낸 후 즉시 대통령에게 연락했다.

"타결될 가능성이 보이지 않습니다. 만모한 싱 총리가 요지부동입니다."

"안타깝군."

대통령은 더 이상 아무 말도 하지 않았다. 그날 밤 늦게 닉에게 다시 전화가 왔다. 예상대로 협상이 결렬되었다는 소식이었다. 잠자리에 누운 채로 내일 기자회견에서 할 말을 정리해보았다. 협상에 시간이 더 필요하다고 말할까 생각했지만 어불성설이었다. 그러다가 나도 모르게 선잠이 들었다.

새벽 4시 반에 잠이 깨서 벌떡 일어났다. 이대로 물러나고 싶지 않았다. 5시가 되자마자 닉에게 전화를 걸었다.

"이렇게 끝나도록 내버려 둘 수 없습니다. 인도 총리를 직접 만나볼 테니 연락해주세요."

닉은 총리가 10시에 부시 대통령과 만날 예정이라며 "8시 조찬을 같이 하시면 될 것 같습니다."라고 했다. 아침 운동을 하며 기다렸지만 총리가 만나려 하지 않는다는 대답만 돌아왔다.

"그러면 외무장관과 전화를 연결해주세요."

드디어 나트와 장관과 전화 연결이 되었다. 순간, 심장이 쿵쾅거리기 시작했다. 운동 때문이 아니었다. 중요한 협상이 모래알 흘러내리듯 손가락 사이로 빠져나가는 느낌이었다.

"나트와 장관, 총리께서 왜 저를 만나지 않겠다는 겁니까?"

"직접 얼굴을 보고 거절하기가 민망하셨겠지요. 저도 최선을 다했습니다. 30년 가까이 죄인처럼 목에 차고 있던 칼을 풀어버릴 기회라고 말입니다. 총리께서는 뉴델리의 반응을 이겨낼 자신이 없으신 겁니다. 이제 라이스 장관님이 직접 해결하셔야 합니다."

나도 순순히 물러날 생각은 없었다.

"총리를 다시 설득해주세요. 꼭 만나야 한다고 말입니다."

몇 분 후 나트와 장관에게서 전화가 왔다. 8시까지 호텔로 오라는 소식이었다. 잠시 사무실에 들러 대통령에게 인도 총리를 만나러 간다고 보고한 뒤 윌러드 호텔로 출발했다. 스티븐 해들리가 따라나설 기세였지만 거절했다.

"괜찮습니다. 이번에는 저 혼자 가는 게 좋겠습니다."

총리의 방에 들어서니 나트와 장관도 보였다. 셋은 대화에만 집중하느라 커피와 패스트리는 손도 대지 않았다.

"총리 각하, 이런 기회는 두 번 다시 없습니다. 두 나라의 외교 관계에 새로운 초석을 놓을 기회란 말입니다. 총리께서 결정하는 데 어려움이 많다는 것을 잘 압니다. 그러나 부시 대통령도 마찬가지입니다. 오늘 이 자리에 협상 내용을 논하러 온 것이 아닙니다. 인도 정부 관료들에게 이 협상을 놓치면 안 될 이유를 제대로 알려주십시오. 부시 대통령을 뵙기 전에 그것부터 하셔야 합니다."

만모한 싱 총리는 말투나 태도가 온화하고 부드러운 사람이었다. 그는 당장 결정할 수 있는 문제가 아니라며 미루는 듯하다가 다시 시도해보겠다고 약속해주었다.

나는 곧장 백악관으로 가서 대통령에게 상황을 보고했다. 잠시 후 루스벨트 룸에서 공식 협상이 시작되었다. 대통령과 만모한 싱 총리, 나트와 장관, 나는 대통령 집무실에서 다른 문제에 집중하는 척했지만 속은 다 타는 심정이었다. 마침내 협상 장소로 와 달라는 연락이 왔다. 나트와 총리와 내가 긴장한 얼굴로 나타나자 닉 번스가 웃으며 맞아주었다.

"해냈습니다. 이제 안심하십시오."

만모한 싱 총리와 부시 대통령은 기자들에게 합의 내용을 공개했다. 사실 대다수의 기자들은 협상 결렬을 예상하고 있었다. 로버트 졸릭이 내 사무실로 와서 이렇게 말했다.

"이렇게 국무장관이 시험을 받는 때가 있군요. 장관께서는 실패나 기권을 모르시는 것 같습니다."

그 말을 들을 때는 기분이 좋았지만 《뉴욕타임스》 사설을 보는 순간, 김이 새고 말았다. 그 사설은 미-인도 협상으로 인해 핵확산방지조약에 가입한 국가들에게 '핵확산방지조약이 시대착오이며 지금까지 핵 사용을 절제하고 억누른 것이 부질없는 짓이라는 생각을 심어줄 우려가 있다.'고 기술했다. 또한 '이제 미국의 전폭적인 지지를 얻은 인도와 비슷한 절차를 밟으려는 약삭빠른 무리들이 등장할지 모른다.'는 우려를 내놓았다.

어느 정도 일리 있는 말이었다. 그들의 기본 전제는 사찰단과 정기 보고 등에 따라 보호받으며 원전을 얻으려는 나라는 핵무기 프로그램을 동시에 추진할 수 없다는 것이었다. 그들은 원전 기술을 핵무기 개발에 사용하는 것은 누워서 떡 먹기라고 여겼다. 이란을 규탄한 이유도 바로 그것이므로 이제 와서 인도를 다르게 대할 명분이 없다는 주장도 있었다.

그 주장에 충분히 공감했지만 이란과 달리 인도는 핵농축에 대해서 국제

원자력기구에 허위 보고를 한 적이 없으며 핵 보유 사실을 숨기려 하지 않았다. 인도나 파키스탄이 핵무기를 생산하지 않으면 가장 좋겠지만 어쩔 수 없는 현실이었다. 우리 정부의 계획은 인도가 핵확산금지조약에 정식으로 가입하지 않더라도 국제원자력기구 체제 내에 일단 흡수하는 것이었다. 국제원자력기구 사무총장이자 핵확산금지조약 총책임자인 모하메드 엘바라데이도 우리와 같은 생각이었다. 그도 인도 정부가 핵확산금지조약에 정식으로 가입하지 못해도 어떤 식으로든 국제원자력기구의 영향력 아래에 넣는 것이 낫다고 여겼다.

적어도 핵반응기 신축은 걱정할 것이 없었다. 인도는 이미 군사 운용에 쓰려고 핵물질을 넉넉히 보유한 상태였다. 민간 차원의 협조가 필요했다. 우리는 갓 출범한 민주주의 정부와 손잡고 돌파구를 마련해보자고 다짐했다.

2005년에 최초로 원전 거래를 발표한 이후 2006년 3월 부시 대통령이 뉴델리를 직접 방문해 구체적인 협상을 마무리하기까지 어려운 고비가 많았다. 모든 노력이 수포로 돌아갈 뻔한 순간도 여러 차례 있었다. 총리는 2005년 여름 워싱턴을 방문한 뒤 귀국하자마자 크고 작은 문제에 부딪혔다. 하지만 인도는 국제원자력기구 기준에 대한 몇 가지 사항을 삭제하려 했다. 스티븐과 닉은 직접 국무부를 찾아가서 해결책을 모색했고 나는 그들이 실패할 경우 나서기 위해 이번에는 잠자코 있기로 했다. 무려 여덟 시간에 걸친 힘겨운 협상 끝에 미국과 인도는 원전 거래를 성사시켰다. 협상이 결렬될 위기도 많았다. 하지만 정말 힘든 고비는 이제부터 시작이었다. 미국 법에 규정된 수많은 기준에 도달할 때까지는 협상을 실행할 수 없었다. 그때까지 힘겨운 싸움은 계속되었다. 하루하루 버티는 것 외에는 다른 생각을 할 여유가 없었다.

원전 협상은 대통령의 인도 방문에서 가장 큰 주제였다. 하지만 그 외에도 세계 강국으로 발돋움하기 시작한 인도와 외교 관계를 새로 정립할 이유는 많았다. 특히 하이데라바드에 있는 경영대학원 학생들을 만난 자리는 매우 인상 깊었다. 스탠퍼드대학에 버금가는 명문 학교였다. 첨단 기술의 선두주자다운 모습을 보니 이 나라가 머잖아 경제 대국으로 성장하리라는 확신이 들었다.

인도는 UN 안전보장이사회 상임 이사국 자리를 노리고 있었다. 이 점에 대해 구체적인 약속은 하지 않았으나 오랫동안 이야기를 나누었다. 인도 측 주장도 설득력이 있었다. 게다가 그중 한 가지 주장은 동정심을 자극하기에 충분했다. UN 안전보장이사회는 2차대전으로 인해 세계 정세의 판도가 달라진 것을 제대로 반영하지 않았다. 사실 국제 기관은 나무의 나이테와 같아서 가입국만 봐도 언제 생긴 것인지 알 수 있다. UN 안전보장이사회의 상임 이사국은 구 소련(1991년에 러시아가 이를 승계했다), 중국(1971년에 중화인민공화국이 대만 장개석의 중화민국을 대체했다), 프랑스, 영국, 미국으로 모두 5개국이다. 하지만 이제는 국제사회의 모습이 크게 달라졌으며 일부 대륙은 상임 이사국이 아예 없는 상황이 그대로 방치되고 있었다. 이를테면, 세계 3위의 경제 규모를 자랑하는 일본이 상임 이사국에서 제외된 것은 말이 안 되는 일이었다. 중동 지역도 소외되기는 마찬가지였다. 브라질과 인도 역시 새로운 경제 강국으로 부상하고 있지만 안전보장이사회와는 여전히 거리가 멀었다.

일본의 경우는 미국이 오랫동안 지원 사격을 했지만 UN 안전보장이사회의 개혁은 그리 간단한 문제가 아니었다. 우선 인도를 받아들이려면 중국의 반대를 극복해야 했다. 브라질을 고려하자니 멕시코가 걸림돌이 되었다. 아프리카 대륙은 북쪽의 아랍 세력과 사하라 사막 이남 지역의 흑인들로 양분되어 후보국을 찾기조차 어려운 실정이었다. 게다가 안전보장이사회 개혁을 논하는 순간, 미국과 긴밀한 우방 국가인 독일을 외면하기 어렵다는 문제가 있었다. 독일도 안전보장이사회 상임 이사국이 되기를 간절히 열망했다. 하지만 유럽연합이 버젓이 있는데 유럽에서 세 자리를 차지하는 게 과연 합리적인지 납득하기 어려웠다.

우리는 개혁의 중요성을 인정하고 합리적인 제안을 받아들이겠다고 선언했다. 하지만 제안을 실천에 옮긴 적은 한 번도 없었다. 그래도 일단 개방적인 태도를 표명했기 때문에 인도를 비롯한 신흥 경제 대국에게 국제 문제에 참여할 권리를 주어야 한다는 주장이 계속 부각되었다.

파키스탄 방문은 인도와 매우 대조적이었다. 도착하자마자 카라치에 있는 미 영사관에 테러 사건이 발생해 미국 측 관계자 한 명이 사망했다는 비보를 들었다. 부시 대통령은 항상 주최국을 예의 바르게 대하는 편이었으므로 이번 사건이 자신의 방문에 큰 영향을 주지 않을 것이라고 파키스탄 정부를 안심시켰다. 솔직히 말해 전혀 영향을 받지 않았다면 거짓말이었다. 방문 기간 내내 이 사건에 대한 감정을 드러내지 않으려고 안간힘을 다했다. 파키스탄 측에서는 우리가 오기 전부터 이슬라마바드가 안전하다는 것을 외부에 증명하려면 대통령이 단 하루라도 자고 가야 한다고 주장했다. 대통령은 비밀경호국의 반대를 무릅쓰고 요청을 받아들였다. 그날 밤 우리는 요새를 방불케 하는 대사관저에 짐을 풀었다.

그 외에도 대조적인 점이 계속 드러났다. 만모한 싱은 해외 투자를 방해하는 관료주의의 문제점과 기술 협력에 대해 주로 논했으며 점심 식사 자리에 미-인도 CEO공동협회 관계자들도 참석했다. 하지만 무샤라프 대통령은 테러에 대한 이야기와 미 정부의 반응에 대한 불만만 잔뜩 늘어놓았다.

대화 자체는 물론 주변 환경도 극명한 대조를 이루었다. 인도에서는 대통령궁 테라스에서 화려한 야외 만찬을 즐겼다. 신선한 산들바람과 아름답게 꾸민 궁의 경치를 감상하며 즐거운 시간을 보냈다. 하지만 파키스탄에서는 저녁에 워싱턴행 비행기를 타야 했으므로 서둘러 식사를 끝내고 '문화 공연'

을 감상했다. 서구식 패션쇼였는데 하나같이 기괴하고 이상한 모습이었다.

하지만 이슬라마바드 방문을 계기로 새로운 파키스탄을 엿보았다. 군사 쿠데타로 정권을 잡은 '전형적인 독재주의자' 무샤라프는 의미 깊은 변화를 추진하고 있었다. 무엇보다 회담 자리에 파키스탄 정부 대표단으로 여성 장관들이 줄 지어 등장한 것에 충격을 감출 수 없었다. 그뿐만 아니라 기자들이 양측 대통령에게 원전 가능성뿐만 아니라 코앞에 다가온 선거에 대한 질문 공세를 퍼붓는 모습도 매우 인상적이었다. 기자들은 부시 대통령뿐만 아니라 무샤라프에게도 주저하지 않고 많은 질문을 던졌다. 여러 가지 제약에도 그는 언론과 사법부에 자유를 주면서 문민정부 회복을 꾀하고 있었다. 하지만 아이러니하게도 이러한 변화는 곧 무샤라프 본인의 손에 의해 취소되고 말았다.

인도와 파키스탄을 분리하는 작업은 성공적으로 마무리되는 것처럼 보였다. 그런데 카불을 방문해보니 그동안 미처 생각하지 못한 문제점이 있었다. 파키스탄과 아프가니스탄은 오랫동안 이어진 국경 지역 테러 문제로 복잡하게 얽혀 있었다. 파키스탄에 제안한 정책 변화를 실행하면 그 문제가 더 악화될 것이 분명했다.

파키스탄 군 수뇌부가 북쪽 와지리스탄 부족 수장들과 뒷거래했을 가능성이 있다는 소문을 처음 접한 것은 2006년 9월이었다. 와지리스탄은 파키스탄과 아프가니스탄 사이에 있는 험준한 산악 지역이었다. 무샤라프는 파키스탄 탈레반과 협상 끝에, 부족 수장들이 군에 대한 공격을 중단하고 아프가니스탄 국경에 무장 침입을 하지 않는다는 조건으로 이 지역에서 군을 철수하기로 했다. 그 후 와지리스탄 지역은 누구의 간섭도 받지 않았다. 영국이 손을 뻗쳤지만 실패로 끝났으며, 구 소련 당국은 종교에 심취한 데다 외국인을 두려워하는 이 지역 부족들이 그들의 방식대로 살아가도 좋다며 내버려 두었다. 파키스탄도 이 지역은 거의 침해하지 않았다. 하지만 테러와의 전쟁을 선언하고 아프가니스탄을 공격하자 알카에다와 탈레반이 이 지역으로 숨어들었기에 더 이상 방치할 수 없었다.

파키스탄 군은 장비나 훈련 상태가 엉망인 데다 발전할 의욕도 전혀 없었다. 육군은 인도만 주시하면서 당장에라도 카슈미르 전투를 시작할 태세였으나 연방 부족 자치 지역과 서북부 국경은 거들떠보려고 하지 않았다. 2005년 10월까지 안보 명목으로 파키스탄에 지원한 자금은 45억 달러를 넘어섰으나 그에 비해 지상군의 발전은 미미했다. 파키스탄 정부의 주된 관심사는 1990년 구입했다가 핵무기 비밀 생산 의혹 때문에 보류된 F-16기를 받아내는 것이었다. 부시 대통령은 무샤라프의 간곡한 부탁을 이기지 못하고 F-16기 양도를 선언했다. 무샤라프는 "나에게도 F-16을 넘겨주면 파키스탄군과 협조하기가 한결 쉬워질 겁니다. 동료 의식도 생길 거고요."라고 말한 적이 있었다. 가만히 생각해보면 그들의 마음가짐을 엿볼 수 있는 말이었다. 무샤라프는 대테러 전략을 위한 구체적인 장비나 훈련에는 전혀 관심을 보이지 않고 오로지 고성능 비행기에 대한 말만 늘어놓았다.

쉽게 말해서 그들은 파키스탄과 아프가니스탄 국경 사이에 있는 험준한 지역에서 전투를 벌일 의향이 전혀 없었다. 무사랴프는 그 지역 부족 수장들과 협상에 돌입했다. 좋은 게 좋은 거라며 공존 방향을 모색하려는 것이었다. 파키스탄이 군을 철수하는 대신 부족 수장들은 그 지역에 '몸을 피하려던' 테러리스트를 넘겨주기로 합의한 모양이었다. 하지만 군대만 철수했을 뿐 테러리스트를 넘겨주겠다는 약속은 이행되지 않았다. 바이툴라 메수드가 이끄는 전투 부대와 하카니 연락 요원을 비롯한 테러범들은 와지리스탄을 안식처로 삼아 부시 행정부의 임기가 끝난 후에도 활동을 계속했다. 알카에다의 잔존 세력도 그곳으로 흘러들었다.

2006년 9월 말, 무샤라프가 직접 워싱턴을 방문해 부시 대통령과 협상에 돌입했다. 우리는 그에게 공식석상에서 그를 비난하지 않을 것이며 협상을 성공시킬 기회를 주기로 약속했다. 부시 대통령은 집무실에서 그를 똑바로 보며 우리 영토에 위협이 닥치거나 알카에다 세력이 와지리스탄에서 은신하는 정황이 포착될 경우에는 즉시 대응할 것이라고 경고했다. 그는 미 정부가 그 누구의 허가를 받지 않고 행동할 특권이 있으며, 필요한 경우 파키스탄 정부에 예고 없이 대응할 수 있다고 딱 잘라 말했다.

그날 저녁 부시 대통령은 무샤라프와 아프가니스탄 대통령 카르자이 및 두 나라 대사를 백악관 내 가족 전용 식당으로 초대해 조촐한 파티를 열었다. 부대통령, 스티븐 해들리, 나도 그 자리에 참석했지만 분위기가 급반전되리라고는 아무도 예상치 못했다.

저녁 식사가 나올 때까지는 아무런 문제가 없었다. 카르자이와 무샤라프는 탈레반과 알카에다 진압 활동에 대해 이야기를 나누고 있었다. 무샤라프는 부족 수장들과 맺은 협상 이야기를 꺼냈다. 그는 대단한 협상을 성사시킨 것처럼 으댔으며 30분이 넘도록 그 협상이 가져올 긍정적인 결과를 부풀려 자랑했다. 참다 못한 카르자이가 불쑥 끼어들어 그것은 부족 수장들이 아니라 테러 집단과 협상을 맺은 것이라고 응수했다. 무샤라프가 펄쩍 뛰며 부인하자 카르자이는 긴 망토를 들춰 종이 한 장을 꺼냈다.

"여기 증거가 있잖소. 탈레반 활동을 일체 간섭하지 않겠다고 쓰여 있는데도 아니라고 하실 겁니까?"

무샤라프가 변명하려 했지만 카르자이는 파키스탄 정부가 아프가니스탄 국경 침입의 공범이라고만 얘기하지 않았을 뿐 막무가내였다. 사람들은 술렁거리기 시작했다. 각국 대사들은 허둥지둥했고 우리도 당황한 기색을 감추지 못했다. 마치 헤비급 권투 시합에서 예기치 못한 강적이 링 위로 올라온 분위기였다. 치밀하고 약삭빠른 카르자이가 무샤라프를 보기 좋게 한 방 먹인 셈이었다. 무샤라프는 졸지에 내용도 모르는 협상에 동의한 꼴이었.

부시 대통령이 나서 양측을 진정시키고 앞으로 협상 추이를 지켜보자고 설득했다. 형식적인 말에 불과했지만 누구라도 그 순간에 두 사람의 입을 막으려면 그렇게 할 수밖에 없었을 것이다. 하지만 부시 대통령의 말도 소용없었다. 두 사람은 이미 머리끝까지 화가 치민 상태였다. 그 분위기는 사진에 고스란히 담겼다. 카르자이와 무샤라프는 서로를 잡아먹을 듯 노려보고 있었으며 카메라 앞에서 언제나 웃는 미국인들도 긴장을 감추지 못한 채 어색하게 웃고 있었다.

마지막으로 카르자이가 아프가니스탄 부족 지도자 회의를 언급하려 했다. 오래전에 이 모임을 제안했지만 아직 답을 받지 못한 상태였다. 우리는 즉시 카르자이의 의도를 눈치채고 모임을 만드는 쪽으로 대화를 풀어갔다. 나는 이슬라마바드와 카불에 나가 있는 라이언 크로커 대사와 로널드 뉴먼 대사에게 부족 지도자 회의 설립에 협조하도록 지시하겠다고 약속했다. 이윽고 두 사람이 돌아간 뒤 부통령, 부시 대통령, 스티븐 해들리, 나는 놀란 가슴을 쓸어내리며 한숨을 내쉬었다.

"자칫하면 주먹이라도 날릴 기세더군."

다들 대통령의 말에 고개를 끄덕였다.

테러와의 전쟁을 계속해야 하는데 이제 두 나라의 관계가 큰 복병이 되고 말았다. 사실 두 사람은 그날 식사를 하기 전에도 이미 신경전을 벌였으며 여러 달 전으로 거슬러 올라가서 2006년 3월 1일 대통령이 아프가니스탄을 방문했을 때도 심각한 상태였다. 카르자이는 우리가 도착하자마자 무샤라프에 대한 비방을 늘어놓았다. 무샤라프가 아프가니스탄 파슈툰을 파키스탄으로 끌어들이려는 음모를 꾸민다는 것이었다. 무샤라프는 카르자이가 파슈툰과 아프가니스탄을 합쳐 세력을 키우려는 야심이 있다고 주장했다.

대통령은 카르자이를 구슬려 아프가니스탄 안보군, 부정부패 척결, 마약 퇴치 운동에 대해 논하기 시작했다. 대통령은 카르자이가 원한다면 공중에서 살포제를 분사하는 등 콜롬비아에서 효과를 본 방법을 소개하겠다고 정중하게 제안했다.

하미드 카르자이는 자존심이 강했다. 1년 전에 나를 만났을 때도 모든 일이 잘되고 있다며 연신 큰소리를 쳤다. 항상 이렇게 모든 문제를 자기가 알아서 할 것이라며 고집을 피워 부시 대통령을 답답하게 만들었다. 이번에도 그는 "각 지역 책임자들이 양귀비 근절 사업에서 큰 진전을 이루었습니다."라고 주장했다. 하지만 관련 자료를 보면 그가 허풍 떠는 것을 한눈에 알 수 있었다.

"이제 대체 작물만 정하면 됩니다. 석류가 어떨까 생각 중입니다."

그러더니 수송망이 좋지 않아 상하기 쉬운 과일이나 야채를 거래지까지 신속하게 운반할 방법이 없는 것이 아쉽다고 했다.

"우리에게 필요한 것은 도로 건설입니다. 최대한 빨리 도로를 만들어야 합니다. 그게 제일 중요하고 시급합니다."

그러면서 여느 때와 다름없이 농민들이 양질의 농작물 생산을 약속했다는 주장을 늘어놓았다.

카르자이가 낙관주의자라서 좋은 면도 있었다. 그렇지 않고서는 지구상에서 가장 어려운 임무를 감당하지 못했을 것이다. 하지만 때로는 그가 단지 우리 눈을 속이려는 것인지 진심으로 미래를 낙관하는 것인지 분간할 수 없었다. 공중에서 살포제를 분사하면 단번에 양귀비를 근절할 수 있다는 가능성은 생각조차 않으려는 것 같았다. 그러한 태도 때문에 부시 대통령 임기가 끝날 때까지 두 나라 관계는 긴장감을 떨치지 못했다. 이렇게 우리를 힘들게 할 때도 많았지만 어쨌든 그는 선거를 통해 아프가니스탄 대통령으로 선출된 사람이었다. 그 후 아프가니스탄의 크고 작은 문제를 다룰 때 각 지역 책임자들과 협상하는 일이 잦았다. 그럴 때마다 국내 역사상 최초의 자유 선거를 통해 대통령이 된 카르자이가 직접 나서주는 것보다 더 확실한 해결책은 없었다.

그날 오후 대통령 부부와 카르자이, 로널드 뉴먼 대사, 나는 카불에 새로 지은 미 대사관 봉헌식에서 리본을 잘랐다. 규모는 크지만 화려하지 않은 건물이었다. 대통령은 대사관 건물 설계에 내가 혹시 관여했냐고 물었으며 나는 그런 적이 없다고 대답했다. 볼품없이 덩치만 큰 건물이었지만 대사관 본연의 목적을 이루기에는 손색이 없었다. 잘 되든 못 되든 미 대사가 아프가니스탄에 오래 머물 것이라는 확실한 증거가 되었다.

32

라틴아메리카의 민주주의를 위하여

아시아에서 돌아온 지 나흘 만에 인도네시아와 오스트레일리아 순방길에 올랐다. 3월 일정을 보면 국무장관 전용기가 꼭 필요한 이유를 알 수 있었다. 칠레에서는 미첼 바첼레트가 최초의 여성 대통령으로 등장했다. 여성 대통령 당선 못지않게 정권 교체가 평화롭게 이루어진 것도 크게 기뻐할 일이었다. 칠레 대사는 대통령 당선인이 나를 취임식에 초대하고 싶어 한다고 전해주었다. 그녀는 내가 참석하면 더할 나위 없는 영광으로 알겠다고 말했다. 동남아시아와 오스트레일리아 순방 계획 때문에 여유가 없다고 말하고 싶었지만 꾹 참고 3월 10일에 열린 취임식에 참석했다. 돌이켜보면 초대를 받아들인 것이 다행스러웠다.

아침 일찍 대통령 당선인을 만나 칠레 국내의 여러 어려움에 대해서 간단히 논의했다. 나는 우리 정부가 우고 차베스에 대한 우려를 안고 있다고 주지시킨 후 라틴아메리카 지역의 민주주의를 지켜 달라고 신신당부했다. 칠레 정부가 몸을 바짝 낮추고 차베스와 정면 대결을 벌이지 않을 것이라는 점은 나도 알고 있었다. 국내에는 차베스의 급진적인 견해에 동조하는 세력이 많았으므로 미첼 바첼레트는 한시도 긴장을 늦출 수 없는 상태였다. 내가 취임식에 참석한 결정적인 이유는 칠레가 민주주의 정부를 확립하기까지 길고 힘든 여정을 이겨낸 것을 축하하는 것이었다. 어린 여자아이들이 하얀 드레스를 입고 칠레의 역사적인 순간에 참석한 모습은 매우 감동적이었다. 전임 대통령 리카르도 라고스는 대통령 당선인을 연단으로 안내했다. 평화로운 정권 교체를 뜻하는 의미 깊은 순간이었다. 그동안 군사 쿠데타와 사회 혁명을 빙자한 데모로 인해 칠레는 하루도 조용할 날이 없었다. 그런 나라에 민주주의가 우뚝 선 모습을 두 눈으로 직접 확인할 수 있었기에 시간을 쪼개어 취임식에 참석한 것이 전혀 후회되지 않았다. 마침 그 자리에 우고 차베스도 참석해 있었다. 미국 정부 대표로 오길 잘했다는 생각이 들었다. 그는 반대편에 있었으므로 가까이에서 대면할 기회는 생기지 않았다.

하지만 취임식 직전에 라틴아메리카의 좌파 대통령 두 사람을 만났다. 에보 모랄레스 볼리비아 대통령과 타바레 바스케스 우루과이 대통령은 차베스와 손을 잡은 것 같았다(사실 우리는 라틴아메리카 선거에서 급진적인 포퓰리즘이 고개를 드는 것 때문에 적잖이 걱정하고 있었다). 사실 두 사람은 완전히 달랐다. 바스케스 대통령은 종양 전문의 출신으로 프로 정신이 투철했다. 나는 금방 그에게 호감을 느꼈다. 특히 국민 복지 향상을 강조하면서 미국의 지원과 협조를 청하는 모습이 믿음직스러웠다.

그러나 모랄레스는 진지한 모습이라고는 눈곱만큼도 찾을 수 없었다. 그는 아무 계획이나 목표도 없이 슬로건만 내세웠다. 한번은 내가 음악을 좋아한다는 이야기를 들었다며 우쿨렐레를 건네는 것이었다. 별다른 생각 없이 받았지만 잠시 후 기자회견장에서 그는 우쿨렐레를 번쩍 들어 보였다. 나중에 몇몇 기자들이 그 악기를 장식한 재료가 모랄레스가 합법화하려던 코카 잎이었다고 알려주었다. 정신이 아찔했다. 어린아이보다 못한 짓을 하다니 믿을 수 없었다. 나중에 대통령에게는 바스케스를 추천하면서 우루과이와 우호적인 관계를 추진할 가능성이 크다고 시사했다. 모랄레스는 차베스를 연상시키는 인물이며 설상가상으로 차베스보다 주도면밀함이 부족한 것 같다고 보고했다.

라틴아메리카 전반에 대한 뿌듯한 마음으로 자카르타행 비행기에 올랐다. 차베스와 모랄레스를 생각하면 답답했지만 최근까지 군 독재자들이 판을 치던 지역이라는 점을 감안할 때 눈부신 발전이었다. 라틴 아메리카 지역만 달라지는 것은 아니었다. 부시 행정부가 출범할 당시 인도네시아는 문제투성이였다. 오랫동안 독재를 펼친 수하르토가 물러나고 두 차례 선거를 실시했으나 정부의 힘은 여전히 미약했다. 인도네시아 최초의 전제주의 대통령인 수카르노의 딸 메가와티 수카르노푸트리는 국민을 위하는 마음이 있었지만 남편의 비뚤어진 야망 때문에 제대로 된 정치를 펼치지 못했다. 알카에다 지부인 제마 이슬라미야는 인도네시아 열도를 테러 집단의 동남아시아 근거지이자 허브로 만들어버리겠다고 협박을 가했다.

그러나 2004년 9월 'SBY'로 일컬어지는 수실로 밤방 유도유노가 대통령에 당선되자 희망이 보였다. 수실로 밤방 유도유노는 미국에서 훈련받은 군 장교 출신이었다. 그는 국무부 국제 군사-교육 훈련 프로그램의 가치를 증명하는 살아 있는 증거였다. 국무장관으로 가장 먼저 처리했던 문제 중에는 인도네시아에서 이 프로그램을 재개하는 것이었다. 그동안 동티모르 분리 및 독립으로 인해 자카르타가 사실상 몰락했다는 이유로 이 프로그램은 중단된 상태였다.

인도네시아 대사를 지낸 폴 월포위츠는 오래전부터 프로그램 재개를 강력히 요구했다. 그의 말은 하나도 틀린 것이 없었다. 종종 미국은 인권 위반에 대한 항의 표시로 군사 정부와 공식 관계를 단절했는데 이는 매우 심각한 조처로, 각 정부의 방침에 즉각 효과를 미칠 때도 있었지만 미 정부 스스로 귀를 막고 영향력을 포기한 것이나 다름없는 결과를 낳기도 했다. 관계를 단절하라는 요구는 흔히 국회에서 시작되었다. 몇몇 상원의원들은 재력을 이용해 집행 기관의 정책에 변화를 강요했다. 인도의 경우에는 버몬트 주 패트릭 리히 의원이 가장 거세게 반대했다. 다행히 그를 개인적으로 만나 믿고 맡겨 달라고 설득하자 순순히 물러났다. 예상치 못한 긍정적인 반응이었다.

수실로 밤방 유도유노는 다부진 체격에 말수가 적었다. 그는 안정감 있고 유능한 인재였다. 원래 인도네시아는 갈등이나 분쟁이 생기면 한발 물러서는 것으로 유명했지만 수실로 밤방 유도유노는 테러 집단을 대할 때 한 치도 양보하거나 봐주지 않았다. 테러와의 전쟁에서 수실로 밤방 유도유노만큼 든든한 동반자는 찾기 어려울 정도였다. 2002년 10월, 발리 폭탄 테러 사건으로 202명이 사망했을 때 그는 신속하게 정부군을 출동시켜 민심을 안정시키는 데 총력을 기울였다.

그뿐만 아니라 세계적으로 이슬람과 다른 종교가 평화롭게 공존할 수 있다는 사례가 필요했는데 인도네시아가 제격이었다. 현지의 어느 이슬람 교육 시설을 방문한 적이 있었는데 전혀 뜻밖의 광경을 목격했다. 아이들이 함께 어울려 공부하고 있었다. 특히 어떤 사람이 엘모 분장을 하고 세서미 스트리트를 흉내 내는 통에 신나게 웃기도 했다. 초등 과정 교실에 들어가서 질문을 던지자 여자아이들은 앞을 다투어 손을 들었다. 오히려 남자 아이들이 수줍어하며 눈을 피하는 것이었다. 언젠가 중동 지역에서도 이런 광경을 볼 날이 올까 하는 생각이 들었다.

그렇게 먼 길을 돌아 마침내 오스트레일리아에 도착했다. 적어도 며칠은 한 나라에 머문다고 생각하니 마음이 편해졌다. 미국과 외교 관계가 좋은 편이었으므로 특별히 신경 쓸 문제는 없었다. 두 나라의 관계가 워낙 돈독해 이라크와 아프가니스탄에서 활약이 대단했다. 부시 대통령과 존 하워드 총리는 닮은 점이 많았다. 터프하고 결단력이 있으며 논쟁을 두려워하는 법이 없었다. 오스트레일리아는 남태평양 문제를 모두 떠안고 있었다. 미 국무장관은 세계의 모든 문제에 감초 역할을 해야 했으므로 오스트레일리아 정부처럼 (불평만 늘어놓는 것이 아니라) 적극적으로 해결책을 모색하는 우방국가는 남들보다 두 배 이상 고마운 존재였다. 외무장관 알렉산더 다우너는 언제나 반가운 소식만 전해주었다. 이를테면 "솔로몬 제도 사태는 우리 정부가 해결할 수 있을 겁니다."라든가 "동티모르는 우리에게 맡겨 두시면 됩니다."라는 식이었다. "그 밖에 도와드릴 일이 있을까요?"라고 물으면 "지금은 괜찮습니다. 도움이 필요하면 말씀드리지요."라는 대답이 돌아왔다. 참 고맙고 든든한 존재였다.

특히 이번 방문은 알렉산더 장관이 준비한 몇 가지 행사 덕분에 더욱 기억에 남았다. 기나긴 전략 협상의 피로를 풀어주기 위한 배려였다. 물론 대학을 찾아 연설한 후 몇몇 반대자들에게 거친 말을 듣기도 했다. 하지만 이는 어딜 가나 흔히 있는 상황이었기에 대수롭지 않게 넘겼다. 그들이 목청껏 구호를 외칠 때 가만히 내버려 두었다가 민주주의와 발언의 자유가 얼마나 큰 축복인지를 설명하면 다들 내 편이 되는 듯했다.

"요즘은 카불이나 바그다드에서도 할 말 하고 사는 시대가 아닙니까?"

현지 언론에서는 내가 어떤 질문을 받을지 제대로 예상하지 못했다고 질타했다. 좀 이해되지 않는 부분이었다. 어떤 질문을 받을지 매번 예상해 두어야 할 이유는 무엇이란 말인가? 다년간 대학 교수로 재직한 경험이 이럴 때 큰 도움이 되었다. 신입생들 중에는 교수가 '모를 것이라고 생각하는' 질문을 던지며 희열을 느끼는 학생들이 꼭 있었다. 나는 그런 상황에 이미 익숙해져 있었다.

이번 방문에서는 수영 대회를 관람할 기회가 생겼다. 음악 못지않게 운동도 좋아하는 터라 현지 사람들과 금방 동화되었다. '토르페도'라는 별명으로 알려진 이안 소프 선수와 나란히 앉은 것이나 시상식에서 메달을 수여한 것은 특별한 경험이었다. 이런 것이 바로 국무장관만 누릴 수 있는 묘미였다.

그러나 늘 그런 기회가 있었던 것은 아니다. 아무리 좋은 곳에 가도 그 지역을 제대로 둘러볼 시간을 낸 경우는 극히 드물었다. 오스트레일리아에서 돌아온 지 얼마 안 되어 나사에서 열린 카리브해공동체 회의에 참석했다. 바하마 외무장관 프레드 미첼이 진행을 맡아서 카리브해 연안의 작은 국가들이 하나로 똘똘 뭉쳤다. 나는 그저 얼굴도장을 찍고 관광 산업, 재해 구호 대책, 세계 크리켓 챔피언 대회의 보안 문제 등에 대한 이야기만 듣는 것이 아니라 각국 외무장관들과 친분을 쌓을 수 있었다. 다들 유쾌하고 좋은 사람들이었으며 휴가를 오면 멋진 해변을 보여주고 골프를 치게 해주겠다며 며칠 시간을 내라고 권유했다. 물론 꿈도 꿀 수 없는 일이었다. 24시간 내로 일정을 마치고 다시 워싱턴에 돌아가는 일이 반복되었으며 며칠 내로 또다시 해외 순방을 떠나는 고된 일정이 기다리고 있었기 때문이다.

사실 여행 자체는 그리 힘들지 않았다. 전용기로 이동했으며 수행원들의 서비스도 만족스러웠다. 해외 순방 중에도 규칙적인 생활을 한 것이 큰 도움이 되었다. 워싱턴에 머물 때는 4시 30분에 일어나 무거운 몸을 이끌고 위층으로 올라가서 운동 기구에 올라섰다. 그래야 6시 반까지 출근할 수 있었다. 취침 시간은 늦어도 10시 이전이었다. 하지만 해외 순방에서는 오전 6시 30분에 준비를 마쳐도 할 일이 없었으므로 한 시간 늦게 일어났다. 주로 밤에 이동했기 때문에 비행기에서 잠을 자고 착륙하자마자 운동할 때가 많았다. 그러면 하루 일정이 끝난 후 피곤이 몰려와 시차에 관계없이 바로 잠자리에 들 수 있었다. 자동차로 이동할 때 잠시 눈을 붙이는 일도 있었다. 미국 대사를 만날 때면 일부러 브리핑을 짧게 하도록 유도할 때도 있었다. 그렇게 하면 10분 정도 눈을 붙일 여유가 생겼다. 그렇게 자고 나면 머리가 맑고 온몸이 개운했다.

협상이 길어지지 않는 한 밤늦게 열리는 행사에는 참석하지 않았다. 저녁 식사 초대를 받을 때면 9시 반 전에 끝내 달라고 미리 부탁했다. 수행원들에게는 미리 "중대한 국사를 정하는 자리에 잠이 부족해서 몽롱한 상태로 참석해서야 되겠습니까?"라고 다그쳐놓았다. 또한 현지 음식은 많이 먹지 않으려고 주의했다. 생각보다 별로 어려운 일은 아니었다. 요즘은 세계 어디를 가나 다양한 음식을 구할 수 있기 때문이다. 생선이나 고기를 구운 요리와 익힌 야채면 충분했다(야채는 항상 익혀 먹었다). 하지만 중동 지역은 예외였다. 그곳의 전채 요리, 쌀과 고기로 만든 전통 요리는 도저히 거부할 수 없었다. 이렇게 정기적인 운동, 식단 관리, 수면 습관 덕에 임기 내내 혹독한 일정을 모두 소화할 수 있었다.

그렇지만 워싱턴에서 평범한 일상을 보내는 순간이 가장 좋았다. 집안일을 처리해주는 직원이 따로 있었으므로 직접 장을 보거나 집안일에 시달릴 필요가 없었다. 그래도 가끔 마트에서 식료품 코너를 둘러보았다. 경호 요원들도 그럴 때는 방해하지 않았다. 가끔 야채를 고르는 나를 보고 화들짝 놀라는 사람들이 있었지만 별다른 반응은 없었다.

혼자 꾸준히 운동하는 것에 만족하지 않고 일주일에 두 번 정도 트레이닝을 받았다. 아니, 시간이 날 때마다 하려고 노력했다. 트레이너는 해병 출신 토미 토블로였는데 나이가 쉰이라고 해서 봐주는 법이 없었다. 그도 앨라배마 출신이었지만 오번과 레드스킨의 열혈 팬이었다. 우리는 그럭저럭 잘 지내는 법을 터득했다. 나는 그를 설득해 수전 G. 코먼의 유방암 캠페인에 끌어들였다. 그는 지금도 이 재단에서 활발한 활동을 펼치고 있다.*수전 G. 코먼 유방암 재단은 헝가리 대사이자 프로토콜 책임자를 지낸, 콘돌리자 라이스의 친구 낸시 브린커가 설립 혹독한 트레이닝은 힘들었지만 즐거운 순간도 많았다.

매주 취미 활동을 위한 시간도 확보하려고 노력했다. 9.11테러가 발생한 뒤로 무려 39일이나 쉬지 않고 일한 뒤 몸과 마음이 모두 탈진한 때가 있었다. 그제야 스트레스를 잘 관리할 필요성을 절감했다. 그래서 일요일 오후에는 내가 하고 싶은 일만 하기로 결정했다. 일요일에 눈을 뜨면 세계 곳곳에 전화를 걸었다. 영국 외무장관과 길게 이야기할 여유도 그때밖에 없었다. 그리고 나서 오전 11시에 예배에 참석해서 훌륭한 설교를 들었다. 가끔 내가 존경하는 친구이자 목사인 유니스 맥거라한에게 위로와 조언을 구하기도 했다.

집에 돌아오면 될 수 있으면 업무를 생각하지 않으려고 노력했다. 친구들을 불러 앤드루 공군 기지에서 골프를 칠 때도 있었다. 가끔 프로 골퍼인 앨런 버튼을 만날 때도 있었다. 바깥 온도 섭씨 2도까지는 버틸 수 있었다. 그것이 나에게 한계였다. 한번은 땅이 꽁꽁 얼어서 앨런은 골프채를 망치 삼아 티를 땅에 박았다. 어차피 나는 시간이 많지 않았으므로 날씨가 추워도 큰 문제가 되지 않았다.

가끔 풋볼 리그를 보거나 악기를 연주하며 시간을 보내기도 했다. 주변 일을 모두 잊어버리고 대여섯 시간씩 악기 연주에 몰두할 때 가장 행복했다. 그러다가 저녁 7시쯤 되면 작전센터에 연락해서 다음 주에 처리할 문제나 주요 일정을 확인했다. 그럴 때면 월요일 아침이 두려워졌다. 말로만 듣던 '황혼증후군'*노인 환자나 요양원에 있는 사람이 밤에 소동을 벌이거나 불안 반응을 나타내는 증세이 찾아온 것 같았다.

33

새로운 이라크 총리가 등장하다

불안한 예감은 어김없이 적중하는 것 같다. 특히 이라크 상황은 갈수록 긴장이 고조되었다. 2월에 발생한 골든 모스크 폭탄 테러에 비교적 차분한 반응을 보이는 듯했지만 오래가지 않았다. 곳곳에서 반란군 폭동이 끊이지 않았고 알 안바르 지역에서는 본격적인 전투가 벌어졌다. 아부 무사브 알-자르카위가 이끄는 알카에다는 이 지역에 본거지를 두고 있었다. 알 안바르 지역뿐만 아니라 바그다드와 남부 지역에서도 미군 희생자가 계속 늘어났다. 특히 남부 지역에서는 이란의 지원을 받는 급진주의 시아파 무장 조직이 기세등등해졌다. 이라크 사태는 분파 갈등으로 치달았으며, 전면전이라는 벼랑 끝까지 몰리고 말았다.

정부를 세우려는 노력이 여러 차례 수포로 돌아가면서 지도층 부재가 이라크의 혼란을 더욱 가중시켰다. 선거 후 이브라힘 알 자파리가 총리로 추천받았다. 일종의 후보 타협안이었다. 그렇지만 아무도 진심으로 그가 총리를 맡아주기를 바라지 않았기에 표를 제대로 모으지 못했다. 이러한 교착 상태는 무려 넉 달이나 지속되었다. 국민들은 그가 의회 승인을 받도록 지지할 의향이 없다는 것을 분명히 드러냈다. 그런데도 자파리 본인은 자신이 물러나면 국민들이 실망할 거라며 고집을 피웠다.

블레어 총리와 부시 대통령은 고심 끝에 잭 스트로와 나를 바그다드에 파견하기로 결정했다. 이는 미국과 영국의 결속을 공고히 하고 갈수록 위태로워지는 안보 상황을 해결하려는 두 정부의 강력한 의지를 보여주는 것이었다. 하지만 우리 둘은 최종 미션이 단 하나라는 것을 잘 알고 있었다. 그것은 바로 자파리를 몰아내는 것이었다.

런던에서 잭을 만나 함께 바그다드로 향했다. 우리는 누구보다 친한 동료이자 마음이 잘 맞는 친구였다. 2005년 가을에는 그를 앨라배마 주 버밍엄에 데려간 적도 있었다. 미국의 본모습을 보여주겠다며 외무장관들을 워싱턴 밖으로 데려가겠다고 큰소리친 적이 있었기 때문이었다. 그렇게 고향에 다녀온 뒤 잭 스트로는 둘도 없는 친구가 되었을 뿐만 아니라 미국이 그동안 얼마나 많은 변화를 겪었는지를 깊이 이해하게 되었다. 잭과 그의 아내 엘리스는 우리 아버지가 설교하던 교회와 내가 어린 시절을 보낸 집을 둘러보면서 아무 말도 하지 않았다. 내가 얼마나 보잘것없는 집안 출신인지 알게 되어 적잖이 놀란 표정이었다.

버밍엄에서는 성대한 환영 행사가 열렸다. 때마침 1963년에 16번가 침례교회 건물에서 살해된 여자아이들의 추도 행사가 마련되었다. 희생된 아이들 중 하나가 나와 유치원에 함께 다닌 친구였던 만큼 빠질 수 없는 자리였다. 잭과 나는 교회에서 가까운 켈리 인그램 파크까지 걸어갔다. 추도 행사를 위해 흰색과 핑크색이 어우러진 드레스를 차려입은 여자아이 네 명과 나란히 손을 잡고 걸었다. 참으로 가슴 뭉클한 순간이었다. 그날 폭탄이 터졌을 때 창문 하나만 남기고 모두 산산조각이 났다고 한다. 공교롭게도 깨지지 않은 창문에는 예수 그리스도가 그려져 있었는데 얼굴 부분은 구멍이

나 있었다.

영국에서 온 귀한 손님에게 버밍엄의 세련된 모습을 보여주고 싶었다. 그래서 최고급 의료 센터가 있는 앨라배마대학을 방문했다. 원래 제철소가 많았지만 조지 월러스 주지사 덕분에 이 학교가 명문 대학으로 거듭났고 도시 전체가 첨단 기술의 중심지가 되었다고 설명해주었다.

잭에게 보여주고 싶은 것이 하나 더 생각났다. 그래서 토요일에 터스컬루사를 방문했다. 우리 둘은 테네시 팀과 중요한 경기를 앞두고 극도로 흥분한 크림슨 타이드의 팬 수천 명과 나란히 터널을 통과했다. 잭은 정치인답게 관중의 환호에 밝은 얼굴로 화답했다. 그 시점에서는 터널 밖으로 다람쥐 한 마리가 나와도 사람들이 환호했을 거라고 말해주고 싶었다. 그것이 바로 이곳 최대 행사인 SEC 풋볼 리그의 시작이었다. 내기 동전을 던졌는데 앨라배마가 나왔다. 앨라배마 쿼터백을 맡은 브로디 크로일이 "출발이 좋군요."라고 말했다. 느리고 모음을 길게 빼는 말투가 인상적이었다. 영국 손님들은 게임을 다 이해하진 못해도 관중들 못지않게 흥분된 상태였다. 경기는 앨라배마의 승리로 끝났다. 저녁은 바비큐 식당에서 기름기 많은 음식을 먹었다. 남부 지역의 전형적인 하루 일과를 경험한 잭은 매우 만족스러운 표정을 지었다.

잭은 이번 여행의 보답으로 2006년 초에 나를 초대했다. 우리는 그의 선거구인 랭커셔를 찾았다. 예상대로 반대 시위가 벌어지고 있었다. 집주인들은 미안하다며 연신 사과했지만 정작 나는 개의치 않았다. 저녁에는 공연을 보러 갔는데 여가수 한 명이 비틀스의 〈헤이 주드〉를 전쟁을 반대하는 내용으로 개사해 열창했다. 관중에게 함께 부르자고 요청했지만 사람들은 미리 약속이나 한 것처럼 입을 열지 않았다. 내게는 그 모든 광경이 우습기만 했다.

이튿날, 도시 외곽에 있는 지역을 방문했다. 파키스탄 이주자들이 많아서 주민 대다수가 모슬렘이었다. 유럽 사람들이 왜 소수 민족이라면 기를 쓰고 밀어내려 하는지 이해할 수 있을 것 같았다. 그곳에 사는 사람들은 자신들이 영국 사람이 되어야 한다고 생각하지 않았다. 영국인들도 아마 마찬가지일 거란 생각이 들었다.

잭은 모슬렘 지도자들과 한 시간가량 이야기할 기회를 만들어주었다. 부시 행정부의 대표자라서 그런지 다들 나를 탐탁지 않은 눈으로 보았다. 하지만 이야기가 진전될수록 분위기가 나아졌다. 우리 정부의 계획을 꾸밈없이 설명해주었으며 미국에서도 소수 민족들이 고생한 역사가 길다는 말로 그들을 위로했다. 또한 "미합중국 헌법 제정자들이 '우리 국민'이라고 말할 때 저 같은 흑인은 안중에도 없었을 겁니다."라고 말하자 모두 경계심을 푸는 듯했다. 곧이어 어떻게 앨라배마 출신의 흑인 여자가 국무장관이 될 수 있었는지, 그동안 편견이나 차별 대우를 받은 적이 있는지 질문이 쏟아졌다. 어떤 여성은 남자들이 대화를 주도한다며 어떻게 해야 자신도 의사 표현을 할 수 있겠냐고 물었다. 국무장관 임기 동안 이런 질문에 익숙해져야 했다. 브라질 바이아 주에서 만난 아프리카 이민자들, 칭화대 학생들, 터키 기자들에 이르기까지 세계 어디를 가나 이 질문을 빠뜨리는 법이 없었다. 사람들이 흔히 생각하는 미국이라는 나라에 흑인 여성 국무장관은 아무리 봐도 어색해 보이는 모양이었다. 토니 블레어 역시 캠프 데이비드를 처음 방문했을 때 대통령 양쪽에 콜린 파월과 내가 서 있는 모습에 화들짝 놀랐다고 한다. '영국도 이런 날이 올까?'라고 생각해보았지만 '전혀 가망이 보이지 않는다.'고 결론지을 수밖에 없었다.

이번 방문은 대체로 성공적이었다. 언론에서는 반대 여론을 많이 부각시켰지만 나에게는 여러 모로 뜻깊은 여행이었다. 그런데 BBC 출연 이후 마련된 공개 질의 자리에서 한 말이 엉뚱한 방향으로 해석되어 문제를 일으켰다. 지난 3년간 실수에서 배운 교훈을 말해 달라는 요청이 화근이었다. 먼저 역사적으로 중대한 사건을 직접 경험하는 순간에는 전략적인 사항이든 일반적인 사항이든 내가 결정한 것이 옳은지를 확신하기가 정말 어렵다고 설명한 다음 이렇게 마무리했다.

"지금까지 범한 전략적 오류는 수천 개가 넘을 겁니다. 그건 부인할 수 없는 사실이지요. 사람들은 역사를 돌이켜보면서 그때 결정한 것이 옳았는지를 따집니다. 하지만 그런 시시콜콜한 것을 따지는 데 현재라는 소중한 시간을 허비한다면 더 중요한 흐름을 놓치게 됩니다."

오류를 많이 범했다고 인정했지만 더 중요한 흐름을 놓치면 안 된다는 결론이 전체적인 의미를 잘 정리했다고 생각하고는 대수롭지 않게 여겼는데 뜻밖에도 '라이스 국무장관이 이라크에서 수천 가지 실수를 범했다고 인정하다'라는 기사가 보도되었다. 내가 '전략적' 실수라고 말한 것 때문에 펜타곤에서는 내가 모든 책임을 그들에게 전가하려 한다고 오해했다. 상황을 수습하려고 담당 기자에게 즉시 "수천 개라고 한 것은 많다는 의미였지 정말 수천 개라는 뜻이 아니었습니다."라고 해명했다. 하지만 아무 소용이 없었다. 그 기사는 며칠 동안 논란을 일으켰다. 별 뜻 없이 했던 말이 이런 식으로 곡해되리라고는 상상하지 못했기에 매우 당혹스러웠다. 이런 사태는 한 번으로 끝이 아니었다.

2006년 4월 2일, 잭과 함께 바그다드로 출발했다. 우리 둘은 뜻이 잘 맞는 친구였다. 그런데 잭은 안타깝게도 독감에 걸린 몸을 이끌고 왔다. 그는 야간 비행을 하는 동안 바닥에서 자겠다고 했다.

"잭, 들어가서 내 침대에 누워요."

"괜찮습니다. 바닥에서 자겠습니다."

다음 날 아침에는 감기가 한결 나아진 얼굴이었다. 이 또한 별생각 없이 넘겼는데 한바탕 소동이 벌어졌다.

"라이스 장관의 침대에서 주무셨습니까? 그러면 라이스 장관은 바닥에서 잤단 말입니까?"

기자들은 잭을 둘러싸고 놓아주지 않을 기세였다. 내가 침대를 양보했든 잭이 그 제안을 받아들였든 그게 왜 대수인지 이해할 수 없었다. 기자들은 별것 아닌 일도 특종 기사로 만드는 재주가 있는 것 같다.

그날 아침 바그다드에 착륙할 무렵, 기상 상태가 악화되었다. 착륙이 불가능한 정도는 아니었지만 헬리콥터가 뜰 수 없는 상황이라는 보고가 들어왔다. 양국 안보 담당자들은 갑자기 분주해졌다. 날씨가 좋아질 때까지 기다리거나 다른 지역으로 착륙지를 바꾸는 수밖에 없었다. 문제는 바그다드 공항 도로였다. 반란군 공격으로 사망 사고가 잦은 곳이라서 현지인들 사이에서는 '죽음의 도로'라고 일컬어졌다. 도로 양편에서 폭탄이 터지는 경우가 얼마나 잦았는지 도로 안전을 확보할 시간을 낼 수 없을 정도였다. 하지만 이 도로 외에는 이라크 국제 지역으로 갈 방법이 없었다.

잭과 나는 고심 끝에 바그다드에서 기다리는 이라크 수뇌부를 배려해 위험을 감수하기로 했다. 비행기에서 내리자마자 대기하던 대사들과 검은색 SUV 차량에 올라탔다. 도심까지 거리는 약 10킬로미터였다. 갑자기 차가 급정거했다. 누군가 바리케이드를 쳐서 정체가 빚어진 것이었다. 차량 양쪽에 서 있는 버스와 트럭 중 어딘가에 폭탄이 실려 있을지도 모르지만 정체가 풀리기를 기다리는 수밖에 없었다. 위험이 도사리고 있다는 것을 알았지만 별로 두렵지 않았다. 마침내 정체를 뚫고 달려 그린 존의 게이트에 도착했다. 그곳에 보초들이 서 있는 모습을 보자 비로소 긴장이 풀리는 느낌이었다.

이번 여행은 자파리를 만날 때에 비하면 아무것도 아니었다. 자파리는 현실과 동떨어진 느낌이 강했다. 그는 정치보다는 교수가 더 어울릴 법한 사람이었다. 우리를 맞아들인 후 자기가 총리가 되면 실행하려는 계획을 한참 늘어놓았다. '이 사람이 제정신일까?'라는 생각이 들 정도였다.

잭과 나는 돌아가면서 자파리에게 총리가 되려는 마음을 접으라고 설득할 계획이었다. 내가 먼저 현실을 차근차근 설명한 다음 잭이 나서 그를 설복하려 했다. 하지만 우리가 어떤 말을 해도 그는 잘 이해하지 못하고 "나를 지지하는 사람들을 실망시키고 싶지 않습니다."라며 고집만 부렸다. '아무도 당신이 총리가 되기를 원하지 않아요. 심지어 당신을 후보로 추천해준 사람들도 같은 심정이란 말입니다.'라고 쏘아붙이고 싶었지만 간신히 참았다. 잭이 그를 설득해보았지만 소용이 없었다. 그래서 이렇게 잘라 말했다.

"당신은 총리가 될 수 없습니다. 물러나는 게 좋을 겁니다. 미국 정부 때문이라고 생각하지 마십시오. 이라크 국민들이 당신을 원하지 않습니다. 정말 중요한 것은 국민들의 의사입니다."

잭은 순간 당황한 표정을 감추지 못했다. 자파리도 이제 현실을 제대로 알아야 했다. 통역관의 말을 듣자 그의 표정은 잿빛으로 변했다. 그런데도 자파리는 끝내 물러나겠다는 말을 하지 않았다.

이라크의 다른 지도자들을 만나러 갔다. 다들 하나같이 자파리를 설득했냐고 묻는 것이었다. '자기 나라에서 벌어지는 귀찮은 문제를 왜 우리에게 떠맡기는 거지?'라는 생각이 들었다. 이대로 내버려 두면 안 될 것 같아서 다시 자파리를 만나러 갔다. 이번에는 우리 통역관만 대동했고 총리가 되려는 야망을 버리라고 명확히 이야기했다. 이번에도 그는 고집을 피웠지만 우리 의사가 분명히 전달된 것에 만족했다. 아니나 다를까 자신이 물러나야 할지도 모르겠다는 말을 하기 시작하더니 3주 후인 4월 20일 사퇴를 표명했다. 이튿날에 시아파는 누리 알 말리키를 추천해 의회 승인을 얻었다. 이로써 민주주의적 절차에 따라 이라크 지도자가 선출되었다. 이 나라에 새로운 시대가 열린 것이었다.

잭 스트로와 함께 이라크를 방문해 미국과 영국의 결속을 증명한 지 한 달도 지나지 않아서 부시 대통령은 나를 다시 바그다드로 보냈다. 이번에는 펜타곤과 부시 행정부의 결속을 과시하기 위해 도널드 럼즈펠드와 함께 방문했다. 이미 워싱턴에서 '도널드 럼즈펠드는 콘돌리자를 눈엣가시처럼 여기고', '콘돌리자도 도널드 럼즈펠드라면 치를 떤다.'는 소문이 무성한데 이렇게 한다고 해서 뭐가 달라질까 하는 생각은 들었지만 대통령의 결정에 이의를 제기할 마음은 없었다. 실제로 우리 둘의 사이는 그리 편하지 않았다. 내가 국가안보보좌관이었을 때 럼즈펠드는 백악관이 국방부 일에 너무 참견한다며 불편한 심기를 고스란히 드러냈다. '국무장관이 되더니 이제는 대놓고 국방부 일에 감 놔라 배 놔라.' 하는 것으로 보이겠다는 생각이 들었다.

한번은 우즈베키스탄 문제로 심한 말다툼이 벌어졌다. 2005년 5월, 피비린내 나는 폭동이 발생해 국무부가 인권 침해를 강하게 비난하는 보고서를 발표하자 이슬람 카리모프 대통령은 아프가니스탄 침공 시 허락한 미군 기지를 하나도 남기지 않고 몰아내겠다고 응수했다. 사실 기지 마련을 위해 미 정부가 적잖은 대가를 치른 것인데도 카리모프 대통령은 후안무치로 일관했다.

도널드 럼즈펠드는 우리 정부가 물러나야 한다고 주장했다.

"그곳 기지는 포기할 수 없습니다. 우리 안보가 달린 심각한 문제입니다."

펜타곤의 어려움을 십분 이해하지만 나로서는 군사 기지라는 이유로 인권 문제에 대한 주장을 철회하는 것은 생각도 할 수 없는 일이었다.

"그게 전부가 아닙니다. 카리모프는 지금 우리를 위협하는 거잖아요. 여기서 물러나면 그는 더욱 기세등등해질 겁니다."

어찌 된 영문인지 도널드는 내가 '국가 안보보다 인권을 우선시'한다며 스티븐 해들리를 통해 대통령에게 이의를 제기했다. 대통령도 우즈베키스탄의 미군 기지를 포기할 생각이 없었지만 내게 아무 말도 하지 않았다. 그래서 나도 입장을 굽히지 않았다. 카리모프는 실제 위협을 행동으로 옮겼다. 하지만 나는 키르기스스탄과 협상해 군사 기지를 설립할 권리를 얻어냈다. 타지키스탄도 '필요하면' 언제든 군 기지를 마련해주겠다고 제안했다.

도널드와의 언쟁은 그 전후로 계속되었다. 2003년 이라크안정화그룹 결성 이후로 우리 둘의 관계는 회복될 기미를 보이지 않았다. 대통령이 '진압, 안정, 복구'를 선언한 뒤 우리 사이의 골은 더욱 깊어졌다. 2005년 10월, 우리 정부가 이라크에 대해 어떤 계획을 가지고 있는지 의회에서 설명할 때 쓴 표현이었다.

도널드 럼즈펠드와 사사건건 부딪치긴 했지만 개인적인 감정은 전혀 없었다. 사적인 자리나 사교 모임에서는 자주 만나는 사이였지만 정책 문제에서는 좀처럼 타협을 보지 못했다. 나는 함께 바그다드에 가도 좋을지 고민하는 것을 내색하지 않았지만 도널드 럼즈펠드는 직접적으로 불만을 드러냈다. 펜타곤 측에서는 아무리 사소한 것이라도 그의 승인을 받아야 한다며 여행 준비를 어렵게 만들었다. 우여곡절 끝에 이라크 방문 준비가 겨우 마무리되었다. 바그다드로 같이 출발한 것도 아니었다. 나는 NATO 외무장관 모임에 참석했다가 그리스와 터키를 거쳐 바그다드로 향했고, 도널드는 쿠웨이트에 들렀다가 이라크로 올 예정이었다.

이라크 지도자들과의 회담은 순조롭게 진행되었으나 비극적인 사건으로 분위기는 매우 무거웠다. 우리가 이라크에 도착한 날 수니파 지도자 출신으로 이라크 부통령을 지낸 타리크 알-하시미의 여동생이 반란군의 총에 맞아 사망했다. 불과 보름 전 그의 남동생이 총격전에 휩싸려 사망한 데다 하시미가 시아파와 쿠르드파 수장들과 연합군을 형성해 반란군을 진압하기로 결정한 지 하루 만에 벌어진 참극이었다. 날이 갈수록 테러 집단이 위협적으로 변해갔다. 연합을 이루어 안정된 민주주의 정부를 세우려는 노력을 어떻게든 좌절시키겠다는 의지가 분명했다.

차기 총리인 누리 알 말리키는 듬직한 인물이었다. 도널드 럼즈펠드도 나와 같은 생각이었다. 무엇보다도 누리는 자기가 원하는 바를 제대로 아는 것 같았다. 아직 정식 총리로 임명되지 않아 실질적인 영향력은 없었지만 여러 현실적인 아이디어가 많았다. 망상에 사로잡힌 자파리는 감히 비교할 상대가 아니었다.

도널드 럼즈펠드와 공식석상에 참석하는 것은 정말 고역의 연속이었다. 첫 번째 기자회견부터 우리는 삐걱거리기 시작했다. 펜타곤 전담 기자들과 국무부 전담 기자들이 함께 모인 자리에서 블룸버그의 기자 자넌 자카리아가 우리가 '비밀리에' 입국한 것이 안보 상황에 시사하는 바가 있냐고 질문했다. 물을 필요도 없는 사항이었다. 비밀리에 입국했는데 안보 상황이 좋을 리 없지 않은가. 이런 자리에서는 주어진 질문에만 대답해야지 불필요한 논란을 일으키면 안 되는 법인데 도널드는 어김없이 풍파를 일으켰다.

"굳이 설명할 필요가 있는지 모르겠군요…… 도대체 무슨 생각으로 그런 질문을 합니까?"

나는 이라크 치안군이 예전에 비해 많이 개선되었다고 말해 상황을 무마시키고 얼른 다른 기자에게 발언권을 넘겼다. 내가 다른 질문을 계속 받는 동안 도널드는 주변의 시선을 아랑곳하지 않고 종이에 무언가를 써내려갔다. 민망함을 견딜 수 없어 숀 매코맥에게 기자회견을 마무리하라고 신호를 보냈다. 회견이 끝나자 도널드는 말없이 자리를 박차고 나가버렸다. 그렇게 이라크 방문 첫날이 마무리되었다. 도널드와 함께 방문한 것은 우리 둘의 사이가 좋지 않다는 소문에 쐐기를 박는 계기가 되었다. 이제는 더 이상 잡아뗄 방법이 없었다.

솔직히 말하자면 그것은 빙산의 일각에 불과했다. 이라크는 점점 혼란에 빠져들었다. 새로운 총리의 손에 모든 것이 달려 있다 해도 과언이 아닐 정도였다. 그날 저녁에 나는 누리를 조용히 만날 자리를 마련했다. 곧 총리가 될 누리는 갈색 정장을 입고 나타났다. 면도할 때가 지났는지 턱 주변이 거뭇거뭇했다. 통역관만 대동하고 거실에 마주 앉아 서로를 이해하기 위해 많은 대화를 나누었다. 이라크의 미래에 대한 이야기도 빠질 수 없었다. 그는 치안 강화의 필요성을 절실히 느끼지만 아무래도 시간이 오래 걸릴 것 같다며, 전기라도 공급할 수 있다면 국민들의 생활이 크게 개선될 것이라면서 도움을 줄 수 있냐고 조심스럽게 물었다. 나는 우리가 할 수 있는 것은 아낌없이 베풀겠다고 답했다. 속으로는 치안과 전기 공급이라는 두 문제가 얼마나 복잡하게 얽혀 있는지 생각하며 혀를 내둘렀다. 지금까지 몇 차례 전기 공급 재개를 시도했지만 번번이 실패한 것도 잊을 수 없었다.

누리는 전반적으로 매우 좋은 인상을 남겼다. 영어는 거의 못하지만 매우 현실적인 사람이었다. 그는 이란 사람들이 싫다며 테헤란이 아니라 시리아에서 유배 생활을 했다. 다소 무뚝뚝하지만 꼼수를 부리지 않고 우직한 면이 마음에 쏙 들었다.

"우리 국민들도 고생할 만큼 했습니다. 지금 우리 힘으로 나라를 이끌어 갈 수 있다는 것을 보여주지 않으면 앞으로 영원히 기회는 없을 겁니다. 지금 실패하면 모두 잃는 겁니다."

이 말을 듣고 매우 놀랐다. 미 정부에 이것저것 요청하는 지도자는 많이 보았지만 모든 책임을 직접 지려는 사람은 처음이었다. 시아파가 이라크 치안군을 장악하면 수니파의 심기가 불편할 것이라고 말하자 "어차피 저도 수니파를 보면 심기가 불편하니 피장파장입니다."라며 냉소적인 유머를 구사했다. 이 사람은 정말 뭔가 해낼 것 같다는 확신이 생겼다.

날이 밝자 가벼운 마음으로 출국 준비를 서둘렀다. 넉 달 전, 골든 모스크 폭탄 사건 이후로 오랜 만에 느껴보는 상쾌함이었다.

34

이란 정책의 방향을 바꾸다

　이라크 상황이 잠시 가라앉은 틈을 타 이란 문제로 잠시 고개를 돌렸다. 이란은 만년 숙제였다. 2006년 봄에는 이란 문제를 해결하기 위해 국제사회의 힘을 모으려고 몇 가지 조치를 취했다. 뉴욕에서 P5+1 회원국과 머리를 맞대보았지만 UN 안전보장이사회의 이란 제재를 이끌어내기에는 역부족이었다. 이미 런던에서 한 차례 위기가 있었으며 그 후로도 분열될 조짐이 보였다. 러시아는 제재 조치를 지지하지 않는다는 입장을 공공연히 드러냈다. 이대로는 안 되겠다고 생각했다.

　이란에게 가장 큰 유인책은 미국이 협상에 참여한다는 사실이었다. UN 공동외교안보정책 담당 대표 하비에르 솔라나의 말을 빌리자면, "이란이 원하는 것은 미국이다. 그것 외에는 어디에도 관심이 없다."는 것이었다. 우리는 무조건 협상에 뛰어들 준비가 되지 않았다. 하지만 이번에야말로 큰소리치던 이란의 입을 막을 기회일지 모른다는 생각도 들었다. 협상에 동참할 테니 핵농축과 재처리를 중단하라고 하면 어떤 반응이 나올지 궁금했다.

사안이 중대하다 보니 좀처럼 의견 차이가 좁혀지지 않았다. 대통령도 어떤 반응을 보일지 예측하기 어려웠다. 부활절 덕분에 잠깐 숨을 돌릴 시간이 생겨 종이에 모든 내용을 정리해보았다. 일이 잘 풀리지 않으면 늘 하던 버릇이었다. 매일 정신없이 움직이다 보면 한 걸음 물러나서 생각하기가 쉽지 않았다. 어떨 때는 주말이나 휴일에 시간을 내서 생각을 죽 써내려가면 도움이 되었다. 이번만큼은 대통령에게 보고하기 전에 내 주장을 확실히 준비하고 싶었다.

부활절이 지나자마자 대통령을 찾아갔다. 아무래도 협상 참여를 조건으로 제시하는 것은 받아들이기 어려워하는 눈치였다. 그 문제로 여섯 번이 넘게 토론을 벌였다. 5월 중순으로 접어들도록 대통령은 결단을 내리지 못했다. NSC 장관들도 의견이 분분하기는 마찬가지였다. 대통령은 모두의 아이디어를 꼼꼼히 따져본 후 질문하거나 자신의 생각을 밝혔다. '대통령께서 전화하셨습니다.'라는 말이 귀에 못이 박힐 정도였다.

한번은 이런 대화가 오갔다.

"이렇게 가정해봅시다. 우리가 협상에 참여하겠다고 제안했는데 이란이 그때 가서 협상을 질질 끌면 어떻게 할 거요?"

"미리 기간을 정해 두면 됩니다. 6개월 정도면 될 것 같습니다."

"그건 안 되지. 어차피 안 될 일이라는 것을 잘 알잖소? 그러면 동맹국들은 협상을 조금만 더 길게 끌어보라고 종용할 거요. 그러면 우리는 이러지도 저러지도 못할 게 분명하지 않소?"

일요일 오전에는 전화로 이런 대화를 나눈 적도 있었다.

"이 아이디어대로 했는데 유럽이나 러시아가 말과 행동을 달리하면 어떻게 합니까? 그들이 제재를 제대로 이행하지 않을 가능성도 있지 않소?"

"옳은 말씀입니다. 그럴 가능성도 배제할 수 없습니다만 지금으로서는 다른 방도가 없습니다. 그 정도 위험은 감수해야 합니다."

나는 스티븐 해들리에게 저녁 식사를 하면서 방법을 논의하자고 제안했다. 6월 초 유럽 방문을 떠나기 전에 이 문제를 빨리 진척시켜야 했다. P5+1을 한자리에 불러 모으고 싶었다. 대통령은 "내일 저녁에 봅시다."라며 승낙했다.

이튿날, 대통령 부부의 식당에 모였다. 스티븐 해들리도 참석했다. 평소에 대통령 부부가 코스 요리를 즐기며 이야기꽃을 피우던 곳이었다. 대통령은 디저트를 특히 좋아했다. 이날은 모두 식사를 하는 둥 마는 둥 하고 서둘러 위층 사무실로 자리를 옮겼다. 전에도 말했지만 그 사무실은 2001년 9월 16일, 아프가니스탄 전쟁이라는 중대한 결정을 내린 곳이었다. 햇볕이 잘 들고 아늑한 대통령 집무실과 달리 항상 썰렁하고 황량한 방이었는데 그날 저녁에는 유독 더 추운 것 같았다. 어쩌면 내 마음이 허전해서 그렇게 느껴졌는지 모르겠다. 이란은 교착 상태를 틈타 핵무기 개발을 그대로 진행했으며 국제 동맹을 이룰 목표는 요원해보였다. 그런가 하면 이라크 내의 이란 동맹 세력이 날이 갈수록 미군에 대한 공격을 강화하고 있었다. 그 때문에 대통령과 NSC 장관들은 아군을 죽이는 자들에게 '우호적'인 태도로 회담을 제시하는 것이 합리적인가 하는 고민에 시달렸다.

그런데 뒤에 이어진 NSC에서는 예상보다 각급 장관들의 반발이 심하지 않았다. 대통령은 이란이 우리의 제안을 보고 우리 정부가 약해졌다고 해석해서는 안 된다고 했다. 부통령은 그 말을 다시 강조하는 것으로 입을 다물었다. 도널드 럼즈펠드는 아예 입을 열지 않았다. 그러자 대통령은 아무 조건 없는 협상 참여를 제안할 것인가 하는 문제를 제기했다. 전혀 예상치 못한 발언이었다. 하지만 핵무기 개발을 하루빨리 중단시키는 것보다 더 중요한 것은 없었다. 가장 최악의 상황은 이란이 핵무기를 계속 제조하면서 협상을 질질 끄는 것이었다. 그로 인해 우려의 목소리는 자연스레 잦아들었다.

회의가 끝날 무렵 대통령이 아무래도 더 생각해봐야겠다며 반대 의사를 꺾지 않았다. 나는 상황실 밖으로 스티븐 해들리를 불러내서 종용했다.

"대통령이 지금 무슨 생각을 하시는 겁니까?"

"지금 이 아이디어가 너무 위험하다고 보시는 겁니다."

집무실로 돌아와 대통령에게 전화로 한 가지 제안을 내놓았다.

"블레어, 시라크, 메르켈, 푸틴에게 연락해보면 어떨까요?"

아무래도 대화를 더 나누다 보면 생각이 바뀔지 모른다는 희망 때문이었다.

"이 제안에 대해 다들 어떻게 생각하는지 한번 들어보면 좋겠습니다."

대통령은 블레어 총리가 곧 백악관을 방문할 예정이라고 했다. 논의 끝에 다른 사람들의 의견도 넌지시 떠보기로 했다. 블레어 총리는 "내가 푸틴에게 연락하지요."라며 나섰다.

블레어 총리와 대화할 때면 항상 다양한 주제가 등장했다. 하지만 대화가 이란 문제로 흐르자 대통령은 점심 때 논하는 것이 좋겠다며 막아섰다. 시시콜콜한 이야기로 한창 이야기꽃을 피우는데 대통령이 갑자기 이렇게 말했다.

"블레어 총리, 라이스 장관이 아이디어 하나를 내놓았는데 블레어 총리는 그 점에 대해 어떻게 생각하는지 궁금합니다."

나는 화들짝 놀라서 빵조각을 통째로 삼킬 뻔했다. 블레어 총리는 빙그레 웃기만 했다. 부시 대통령을 잘 아는 사람들은 대통령이 예상치 못한 발언을 하거나 나를 허물없이 대하는 데 익숙했다. 블레어 총리는 "라이스 장관은 무슨 비책을 내놓았습니까?"라고 물었다.

대통령은 자초지종을 설명한 뒤에 이란이 협상을 제대로 이행하지 않을 때 유럽 국가들이 과연 제재 강화에 동의할지 의문스럽다고 말했다. 블레어 총리는 전략 수정에 적극 찬성하며 이란이 곁길로 가면 강력하게 조처하겠다고 확언했다. 다른 나라 수반들의 의견을 함부로 추측하는 대신 조만간 유럽 의회에서 시라크와 메르켈을 만나면 직접 물어보겠다고 했다. 며칠 지나지 않아서 프랑스와 독일에서 연락이 왔다. 둘 다 우리가 작전 방향을 수정하면 이란에 '강경하게' 대응하겠다고 약속했다. 푸틴 대통령도 적극 동의하면서 미 정부가 드디어 '러시아의 조언을 받아들여' 기쁘다고 덧붙였다.

그제야 농담을 꺼낼 여유가 생겼다.

"이제 국무장관이 없어도 되겠습니다. 외교 업무를 이렇게 직접 다 처리하시니 말입니다."

오랜만에 부시 대통령과 나는 한바탕 폭소를 터뜨렸다. 나는 소기의 목적을 이룬 기쁨도 맛보았다. 발표문 초안은 로버트 조지프에게 맡겼다. 그는 NSC를 거쳐 현재 국무부에서 나와 함께 핵 확산 방지 정책을 주도한 인물로서 강경파 세력이었으나 사고의 폭이 넓고 자기 주장이 뚜렷했다. 이미 오래전부터 외교 업무를 처리하다 거센 반대에 부딪힐 때면 로버트를 불러 의논하곤 했다. 이란에 대한 최종 통보에는 로버트의 말투가 고스란히 녹아 있었다. 정부 관계 기관에서 검토하도록 그가 만든 초안을 넘겨받은 스티븐 해들리는 화들짝 놀랐다.

"이거 너무 강하지 않습니까?"

"다 그럴 만한 이유가 있습니다."

내 측근이 만든 초안이라서 무조건 감싸고 돈 것은 아니었다. 이란이 우리의 경고를 진지하게 받아들이지 않을 여지를 남기지 않으려는 것이었다. 마침 이라크 상황이 좋지 않았기 때문에 이란이 스스로 유리한 입장이라고 우쭐할까 봐 걱정스러웠다.

5월 31일에 기자들 앞에서 미 정부의 변화된 외교 방침을 공개하기로 했다. 이란이 핵농축 및 재처리 과정을 확실히 중단한다면 미국은 EU 3국(영국, 프랑스, 독일)과 함께 이란 정부 관계자들과 협상할 의향이 있다는 내용이었다. 핵 문제만 다룰 것이 아니라 이란에 대한 모든 사항을 협상할 것이라는 점도 분명히 밝혔다.

마지막 내용은 사실 가장 중요했다. 우리가 정치적 화해 분위기를 조성하려는 것을 이란 정부가 눈치 채기를 내심 기대했다. 아프가니스탄과 이라크 같은 지역 문제에 더해 경제와 무역 문제도 다룰 의향이 있었다. 이란의 구미를 확실히 당길 수 있는 미끼는 미국과의 관계를 개선하고 국제사회에서 이를 인정받는 것이라는 생각에 유럽 동맹국과 러시아 등 많은 나라들이 공감했다. 그래서 우리는 이를 실행에 옮기기로 했다. 이란이 미국과의 외교 관계 정상화에 관심이 있다면 핵무기 협상을 출발점으로 삼는 것은 어렵지 않았다. 거기에는 이란 정부가 행동을 바꿔야 한다는 전제가 깔려 있었다. 그 점은 굳이 언급하지 않았다. 지금 당장 이란 정부 체제가 달라질 것은 아예 기대하지 않았기 때문이다. 일단 이란이 우리가 내미는 미끼를 덥석 물어서 핵무기 개발을 확실히 중단하기만 한다면 그것이 곧 이란 정권의 변화였다.

"부시 대통령은 미국과 이란이 우호적인 관계를 누리기 원합니다. 교육, 문화, 스포츠, 여행, 무역, 투자 등 다양한 분야의 교류가 늘어나면 양측 모두 이익을 얻을 것입니다."

하지만 핵 문제 외에도 관계 개선에 걸림돌이 많았다. 나는 그중 하나를 국제사회 앞에서 분명히 고발했다.

"이란 정부는 테러 행위를 공공연히 지지하고 있습니다. 이는 이란 국내의 폭력 사태와 깊이 관련되어 있으며 UN 안전보장이사회 결의 1559호에 의한 레바논 주권의 온전한 복구에 심각한 장애를 초래합니다."

이처럼 이란이 전혀 책임을 부인할 처지가 아니었지만 우리 정부는 유럽과 뜻을 합쳐 이란 정부에게 국제사회와 화해할 길을 열어주겠다고 제안했다. 일종의 유도 전략이었다. 그에 비해 우리가 준비한 채찍은 강력한 제재와 예전에 비할 수 없을 정도로 철저한 고립이었다.

몇 시간 후 P5+1 회의가 열리는 오스트리아 빈으로 향하는 비행기에 올랐다. 한결 나아진 분위기에서 모일 생각을 하니 마음이 푸근했다. 예상대로 이란은 우리 정부의 '강한 어조'에 불만을 드러냈고 세르게이 라브로프는 좀 더 '외교적인' 측면에서 접근했더라면 좋았을 것이라며 아쉬움을 표했다. 러시아는 이란을 궁지로 몰아서는 안 된다는 주장만 되풀이했다. 큰 진전을 이룬 것에 비하면 상당히 비협조적인 태도였다. 미 정부의 새로운 방침으로 인해 이란 정부가 다시 방어 태세로 돌입한 것은 누구도 부인할 수 없는 사실이었다. P5+1은 한마음으로 뭉쳤으며 UN 안전보장이사회의 제재를 이끌어내겠다는 목표를 향해 집념을 불태웠다.

이란 정부에 화해 요청을 주저한 이유 중에는 이라크 내에서 우리 군의 입지가 불안정한 탓도 있었다. 안타깝게도 이라크 내에서 군사 작전을 수행할 충분한 인력을 확보하지 못했고 작전마다 허점이 드러났다. NSC는 작전 수정 및 이라크 치안군 훈련 규모 확대 등으로 매번 골머리를 앓았다. 한번은 브리핑이 끝나자마자 브라이언 건더슨에게 의회 브리핑을 할 때 두 번 다시 펜타곤에서 넘겨준 통계 자료를 쓰지 않겠다고 말해두었다.

"펜타곤이 콩으로 메주를 쑨다 해도 이제 안 믿을 겁니다."

전쟁 예산 문제는 이라크 재건 사업 특별 감사단이었던 스튜어트 보웬에게 전적으로 맡겼다. 그는 이라크 구호 및 재건 활동 자금을 감독한 경력이 있으며 일 처리가 꼼꼼해 믿을 만했다. 그렇지만 예산 회의가 다가올 때면 늘 한숨이 나왔다. 스튜어트를 못 믿은 것이 아니라 이라크처럼 불안정한 곳에 어마어마한 돈을 들여 재건 사업을 추진하자니 밑 빠진 독에 물 붓는 기분을 떨칠 수 없었다. 이라크안정화그룹은 송유관과 전기 설비 등 주요 인프라 보호에 힘써야 한다고 계속 당부했지만 펜타곤은 "그런 일에 신경 쓸 민간 인력이 부족합니다."라는 대답만 되풀이했다.

국무부도 이라크에 인력 투입을 늘려야 한다는 비판을 받았다. 나도 그 점에 수긍했으며 카이로의 아랍 전문가를 이라크에 투입하는 등 긴급 대책을 마련했다. 물론 긴급 투입 인력은 가족들을 동반할 수 없었다. 이런 사태가 발생하기 전에는 국무부 직원을 전쟁 지역으로 파견할 때 가족들은 주변을 정리해서 워싱턴으로 불러들였다. 아이들이 학기를 다 마치지 못하고 귀국하는 일도 많았다. 나는 급한 마음에 지원자 발령이라는 원칙을 깨고 이라크 파견 근무를 강요하다시피 했다. 베트남 전쟁 이후로 유례가 없는 일이라는 것을 알지만 어쩔 수 없었다. 다행히 다수의 직원들이 자원한 덕분에 강제 발령이라는 불상사는 피했지만 사실 나는 이미 마음의 준비가 끝난 상태였다. 최악의 경우, 의회 앞에서 미국외교관협회와 국민들의 질타를 받을 것도 각오해야 했다. 정작 참기 어려웠던 것은 펜타곤이 이라크에서 계속 고배를 마시는 것을 은근히 국무부 탓으로 돌리는 것이었다. 일부 하원의원들도 그렇게 몰아가는 분위기였다.

5월에 NSC에서 이 문제를 다루었다. 이라크 근무를 자청한 민간 요원의 숫자를 제시하자 이라크 주둔 최고 사령관 조지 케이시는 뿌루퉁한 표정을 지었다.

"국무장관님, 그것으로는 어림없습니다."

이미 부시 대통령에게도 그렇게 말해버린 것 같았다. 나는 국무부가 쓴 누명을 벗기느라 정신이 없었다. 펜타곤의 주장을 모두 믿을 수 없다는 방향으로 갈 수밖에 없었다.

"지금 이라크에 나가 있는 민간 인력을 사십 배로 늘려도 이들을 모두 지켜줄 수 있다면 지금 당장에라도 인력을 증원해드리겠습니다."

"듣던 중 반가운 소리군요. 이걸로 회의를 끝냅시다."

갑자기 대통령이 끼어들었다.

그날 오후에 캠프 데이비드로 달려갔다. 도착한 즉시 조지에게 전화를 걸어 대통령 앞에서 무안을 준 것에 대해 사과했다. 스티븐 해들리가 저녁 전에 찾아왔다. 대통령 앞에서 그런 식으로 조지와 맞서 모두 불편하게 만들었다는 것이었다. 그 순간에는 어쩔 수 없었다고 항변했다. 펜타곤이 말도 안 되는 주장을 늘어놓는 것을 보고만 있을 수 없었다. 식사가 시작되자 대통령이 이렇게 물었다.

"라이스 장관, 조지와 화해했소?"

"그렇습니다."

자세한 이야기는 꺼내지 않았다. 대통령도 더 이상 캐묻지 않았다.

2006년 여름, 이라크 상황에 대해 질문을 받을 때는 현지 상황을 대충 설명한 뒤 어떻게 대응할 것인지 설명했다. 사실 나는 우리가 패할지 모른다는 두려움에 시달렸다. 세계 각국에서는 자살 폭탄 테러와 연합군에 대한 무차별 공격에 대한 기사가 연이어 쏟아졌다. 《워싱턴포스트》가 '패자의 얼굴'이라는 제목으로 아군 희생자 수를 보도한 것이 가장 충격적이었다. 신문에 보도된 희생자 한 사람 한 사람의 얼굴을 일부러 확인했다. 그렇게 해야 이번 전쟁의 인명 손실에 무뎌지지 않을 것 같았다.

사실 여러 달에 한 번씩 월터리드육군병원과 국립해군병원을 방문하던 차였다. 크리스마스나 부활절보다는 새해 첫날이나 성금요일이 한적해서 방문하기 좋았다. 방문 일정을 기자들에게 알리거나 불러 모은 적은 한 번도 없었다. 그저 조용히 가서 환자들과 가족들을 위로하고 몸이 부서져라 일하는 병원 직원들을 격려하고 사태 회복의 어려움에 대해 이야기를 나누었다. 일반적으로 병사들은 하루빨리 몸을 추슬러 다시 전장으로 나가고 싶다고 했다. 내가 안타까움과 고마움을 표현하면 도리어 나랏일을 하느라 고생이 많겠다며 나를 위로해주는 부상병들도 있었다. 그럴 때면 '나한테는 너무 과분한 칭찬이야.'라는 생각만 들었다. 그중에서도 J. R. 살즈먼의 용기 있는 태도는 매우 인상적이었다. 그는 바그다드 근처에서 연료 수송 차량을 운행하다가 폭탄 테러를 당해서 왼손과 오른팔 아랫부분을 잃고 말았다. 제34보병대에 들어가기 전에 장래가 촉망되는 운동 선수였으며, 사고를 당한 후에도 다리는 멀쩡하니 다행이라며 운동을 포기하지 않았다. 월터 리드병원에서 퇴원하자마자 벌링*북아메리카 목재 벌채꾼들이 하던 통나무 굴리기 시합에서 유래한 스포츠 세계 선수권 대회에 출전해서 두 차례나 우승했다. 이렇게 애국심에 불타는 젊은이들이 역경을 이겨내려고 애쓰는 모습을 보고 나면 가슴이 미어지는 것 같았다. 그래서 병원에 다녀온 직후에는 아무 일정을 잡지 않았다.

그중에서도 베세다병원에서 만난 병사가 가장 기억에 남는다. 의사는 그가 다른 부상병보다 뇌손상을 크게 입었다며 아쉬움을 드러냈다. 사제 폭발물 여러 개가 부대원들의 코앞에서 터졌으며 혼자 기적적으로 살아남았다고 했다. 의사는 "저라면 장관님을 만나지 않을 겁니다. 하지만 부상병의 어머니가 장관님을 보고 싶어 하네요."라고 말했다. 마음을 가다듬고 어두운 병실 안으로 들어갔다. 앳되어 보이는 흑인 부상병이 울부짖으며 괴성을 지르고 있었다. 무산소성 뇌손상을 입은 나의 아버지도 그런 증상을 보였다. 그때 주치의는 뇌가 자활 치료를 하는 과정이라고 설명해주었다. 하지만 내 눈에는 아버지가 지옥으로 한없이 빠져드는 것 같았다. 부상병을 보자 그때의 느낌이 고스란히 살아났다.

침대 옆에 있던 부상병의 어머니가 다가와 인사를 건넸다. 나는 "아드님 일에 대해서는 뭐라 드릴 말씀이 없습니다. 정말 가슴이 아픕니다."라고 조심스럽게 입을 열었다.

"가끔 상태가 나아지기도 합니다."

부상병의 어머니와 함께 사진을 찍고 나서 두 사람을 위해 기도하겠다고 약속했다. 그 후로 가끔 그 부상병의 안부를 물어보았다. 아쉽게도 그는 회복되지 못했다. 부상자들을 보면 가슴이 아프지만 그들의 희생은 헛되지 않았다. 이라크가 새로운 모습을 갖추면 더 평화롭고 번영하는 중동의 구심점이 될 수 있었다. 하지만 2006년 여름에는 그 목표가 요원하기만 했다.

현지 사태가 악화되자 미국 내에도 전쟁 지원을 반대하는 세력이 급속하게 늘어났다. 예상치 못한 온갖 극단적인 아이디어가 난무했다. 조지프 바이든 상원의원과 외교협회의 전 대표를 지낸 레슬리 겔브는 종족이나 종교에 따라 이라크를 세 개의 자치구로 나누자는 의견을 공동 발표했다. 어차피 지금 이라크 상태보다 더 나빠지는 것은 불가능하다는 이유로 많은 사람들에게서 지지를 얻었다. NBC 뉴스는 이라크가 내전 상태라고 선언했지만 우리 정부는 이를 전면 부인했다. 나는 직접 국회의사당을 방문해 여야 대표의 의견을 들어보았다. 민주당만 반대할 것이라고 예상했으나 양당이 거세게 반대하는 바람에 매우 당혹스러웠다. 공화당은 그해 여름에 이라크라는 커다란 연자매를 목에 다는 것을 탐탁지 않게 여겼다. 미치 매코넬 상원의원은 "여름이 다 가기 전에 변화가 있어야 합니다. 선인장을 오래 쥐고 있으면 가시가 깊이 박힐 수밖에 없어요."라고 말했다. 내가 존경하는 극소수 의원 중 한 사람의 진중한 경고였기에 한 귀로 흘려들을 수 없었.

정부 내에서도 의견이 분분하기는 마찬가지였다. 펜타곤에 압력을 가할수록 펜타곤은 더욱 융통성 없는 반응을 보였다. 도널드 럼즈펠드가 정치적 개선만이 이라크 상황을 타개할 수 있는 유일한 방법이라고 우기는 통에 NSC나 장관급 회의는 아무 진전을 보지 못했다.

이처럼 암담한 분위기에 마침내 한 줄기 빛이 보이는 듯했다. 이라크가 공황 상태에 처한 이유 중에는 아부 무사브 알-자르카위의 만행도 있었다. 그는 2월에 벌어진 골든 모스크 폭탄 테러 사건의 용의자였다. 빈 라덴의 오른팔인 아이만 알-자와히리는 이라크에서 활동하는 알카에다 수장이 다른 모슬렘들까지도 장기화된 폭력 사태로 인해서 피해를 입는다고 강하게 비난했지만 일단 이라크를 마비시키겠다는 자르카위의 계획은 성공을 거둔 셈이었다. 본격적인 전쟁은 아니었으나 수니파와 시아파는 결국 내전에 돌입했다.

6월 7일에 집무실에 있는데 반가운 소식이 들어왔다. 자르카위가 미 전투기와의 교전 중에 사망했다는 보고였다. 몇 달 후 그를 사살한 부대에서 AMZ라는 이니셜과 2006년 6월 7일을 새긴 돌을 받았다. 한마디로 소름 끼치는 기념물이었다. 나는 이 돌을 국무부 집무실의 책장에서 가장 잘 보이는 곳에 올려 두었다. 지금도 스탠퍼드대학 집무실에 보관하고 있다. 지금 생각해보면 조금 섬뜩한 생각도 든다. 어찌 됐든 사람이 죽었는데 눈 하나 깜짝하지 않고 기뻐했으니 말이다. 그 당시에는 나도 감정이 상당히 메말랐던 것 같다. 자르카위 사망 소식을 들었을 때 현기증을 느끼긴 했다. 그가 죽으면 수니파의 반군 활동이 줄어들 것이므로 적어도 무크타다 알-사드르가 이끄는 남부 지역의 마흐디 군에 대항할 기회가 생기는 것이었다.

수니파 중심부에서 우리에게 유리한 방향으로 변화가 일어나고 있었지만 알 길이 없었다. 그것을 처음 알아차린 계기는 첩보 기관의 보고가 아니라 어떤 친구가 보내준 이메일이었다. 안바르에 근무하는 아들이 현지 상황이 나아지고 있으며 현지인들이 우호적인 태도로 협조한다는 소식을 전해 왔다는 것이다. 알카에다와 무장 반군이 알 안바르 지역에서 냉대받기 시작했다는 뜻이었다. 현지인들은 잔인하기 짝이 없는 방식으로 위협하며 협조를 요구하는 침략자들에게 진절머리를 내고 있었다. 테러 집단에 충성을 다하라며 자녀의 목을 베어 부모들 앞에 내던지는 식이었으므로 이해할 만한 반응이었다. 보고에 의하면, 현지 부족 수장들은 강제로 딸을 반군에게 뺏기는 일도 있었다. 자르카위의 후계자가 된 아부 아유브 알-마스리는 전임자보다 더 악랄한 것으로 알려졌다. 안바르가 '깨어나기' 시작했다. 조금만 기다리면 혼란스럽던 수니파의 심장부에 우리의 새로운 동맹 세력이 모습을 드러내리라는 기대가 생겼다.

워싱턴도 여름을 기점으로 분위기가 크게 달라졌다. 우리는 각자 또는 몇몇이 힘을 합쳐 이라크에 대한 새로운 접근법을 모색하기 시작했다. 6월 6일에 필립 젤리코와 이라크 근무 경험이 있는 중동 상임 고문 제임스 제프리가 11페이지 분량의 '2006년 여름을 겨냥한 정치-군사적 전략 제안'을 제출했다. 아군이 장기간 주둔할 수 없는 사정을 감안한 '선택적 반군 제압' 전략이었다. 이라크 전역에 미군을 배치하는 것이 아니라 핵심 요새에 전투 때만 군을 투입해 이라크 군을 집중적으로 훈련하고 철수하는 방식이었다. 꽤 쓸 만한 아이디어라는 생각이 들어 스티븐 해들리에게 보내주었다. 우리는 비공식적으로나마 다른 관계자들의 의견도 들어보기로 했다. 스티븐 해들리는 대통령을 대행해 새로운 대처 방안을 모색할 권리가 있었다.

35
중동 지역이 전쟁에 휩싸이다

보름도 버티지 못하고 중동과 아시아 지역에 연이어 사건이 발생하는 바람에 두 달 내내 이라크에 신경을 제대로 쓰지 못했다. 빈에서 미-유럽연합 정상회담을 하고 부다페스트에 들러 헝가리 혁명 50주년 기념식에 참석했다가 돌아온 터라 숨 한번 돌리지 못한 상태였다. 동유럽 공산주의를 전공해서 그런지 헝가리 혁명 기념식은 감회가 새로웠다. 더구나 관계자들이 〈소비에트연방의 헝가리 침략 결정〉이라는 나의 옛 논문을 가져와서 나를 감동시켰다. 24일에 여행을 끝내자마자 곧바로 파키스탄과 아프가니스탄으로 떠나야 했다.

6월 25일은 일요일이었다. 모처럼 집에서 여유롭게 모닝커피를 마셨다. 이튿날 출국해야 하므로 오전에 조용히 쉬고 오후에 골프를 칠 생각이었다. 그런데 갑자기 전화벨이 울렸다. 이스라엘 외무장관 치피 리브니였다. 가자에 있던 팔레스타인 무장 세력 8명이 비밀 통로로 이스라엘에 잠입해 이스라엘 군인 두 명을 죽이고 세 명에게 부상을 입혔으며, 길라드 샤리트라는

19세 상등병을 납치해갔다는 전언이었다. 침입 세력 중에는 하마스 당원도 있었다. 분노에 사로잡힌 치피 리브니의 목소리가 몹시 떨렸다.
"이스라엘 국민들은 즉시 보복을 요구할 겁니다."
"치피, 진정해요. 성급하게 대응하면 안 됩니다. 국제사회는 하마스가 저지른 만행에 대한 대가를 요구할 겁니다."
그렇게 말하긴 했지만 이스라엘이 보복성 공격을 가할 것이라는 직감이 들었다. 가자에 심각한 위기 상황이 벌어지는 것은 시간 문제였다. 전화를 끊자마자 곧바로 대통령에게 보고했다.
"이스라엘은 당장에라도 쳐들어갈 기세입니다. 올메르트에게 연락해야 하지 않겠습니까?"
부시 대통령은 이렇게 응수했다.
"그럴 필요 없소. 치피 리브니가 이미 다 이야기하지 않았소? 더 이상 들을 말이 뭐가 있겠소?"
옳은 말이었다.
"그러면 제가 올메르트에게 연락해볼까요?"
"그렇게 하시오. 내가 조의를 표한다고 전해주시오."
어떨 때는 내가 먼저 연락하고 대통령이 나중에 연락하는 편이 나았다. 특히 현장 상황을 이미 알 때는 그 방법이 유리했다.
이스라엘 총리 올메르트와 통화해보았으나 치피 리브니에게 들은 이야기와 별반 다르지 않았다. 나는 가자 지역 민간인들의 취약성을 반드시 고려해야 한다고 당부했다. 올메르트는 내 말에 수긍했지만 이번 공격을 그냥 지나칠 수 없다고 했다. 대통령이 아니라 내가 나선 것이 다행이었다. 상대방이 딱 잘라 거절할 것을 알면서도 부시 대통령이 그를 말렸다면 참 민망했을 것이다.
다음 날 아침 파키스탄과 아프가니스탄 순방길에 올랐다. 일단 이스라엘 문제는 새로운 소식이 들어올 때까지 접어 두고 두 나라 문제만 생각하기로 했다. 이곳에서도 할 일은 크게 다르지 않았다. 테러와의 전쟁에서 두 나라가 협조하도록 계속 유도하는 것이었다. 두 나라 모두 좀처럼 협조하려 들지 않았지만 그나마 파키스탄 쪽 협상에 진전이 있었다. 외무장관과 저녁 식사를 하다 시간이 많이 지체되는 바람에 자정이 다 되어서야 기자들을 만날 수 있었다. 인도와 카르자이에 대한 중요한 질문 몇 가지에 답한 뒤 협조를 요청하는 것으로 회견을 마무리했다.

마지막 질문을 던진 기자는 미국이 '공정한 자유 선거'를 요구하지 않았다고 지적했다. 기자의 말이 옳다는 확신은 없었지만 무시해버릴 수도 없었다. 그 상황에서 과연 뭐라고 해야 할지 난감했다.

"미국은 공정한 자유 선거를 지향합니다. 우리는 파키스탄 정부도 그런 선거를 치르도록 지원할 것입니다."

정작 그 말을 할 때는 파장이 얼마나 클지를 깨닫지 못했다. 1년 만에 베나지르 부토는 페르베즈 무샤라프의 협상을 주선한 다음, 무샤라프에게 민정 회복을 위해 군복을 벗으라고 호소했다. 우린 부토가 파키스탄에 다시 입성할 방법도 마련해주어야 했다.

그러나 중동 사태가 또다시 불거지는 바람에 더 이상 이 문제에만 매달릴 수 없었다. 다음 정상회담 준비를 위해 G8 정상을 만나러 모스크바에 도착할 무렵 가자에서는 이스라엘의 반격이 시작되었다. 이스라엘 방위군이 가자 남부 지역으로 파견되어 교각과 주요 인프라 설비에 공습을 가했고 웨스트 뱅크에서는 하마스 당원들을 잡아들였다. 상황이 어떻게 흘러갈지 눈앞에 그려졌다. 하마스는 반격을 가하고 이스라엘이 무력 대응을 하면 국제사회가 제재에 나설 것이 분명했다. G8은 이스라엘에게 무력 대응을 중단하라는 성명을 발표하려 했으나 캐나다 외무장관 피터 매케이가 도와준 덕분에 간신히 막을 수 있었다. 나는 이렇게 설득했다.

"이렇게 대응할 문제가 아니지 않습니까? 아무리 휴전 요청을 해봐야 쇠귀에 경 읽기입니다. 이스라엘은 분이 풀릴 때까지는 물러나지 않을 겁니다."

문제는 이스라엘이 항상 필요 이상으로 분풀이를 한다는 데 있었다. 처음에는 이스라엘이 그러는 것도 이해할 만하다는 분위기였지만 알자지라 방송을 통해 무고한 민간인들이 희생되는 모습이 공개되자 상황이 달라졌다. 이스라엘은 하마스를 처단하고 확실히 경고하겠다는 생각에 사로잡혀 테러범이 아니라 그들이 가해자가 되어버린 현실을 깨닫지 못했다. 이스라엘이 정당방위를 행사할 수 있는 범위를 지정해주고 여러 관련 국가의 이익을 보호하는 데 앞장설 나라는 미국뿐이었다. 더 엄밀히 말하면 그 모든 일은 국무장관의 몫이었다. 1948년 이후 국무장관에 오른 사람에게는 피할 수 없는 관문이었다. '앞으로 국무장관이 몇 번이나 바뀌어야 이 굴레에서 벗어날 수 있을까?'라는 생각이 스쳤다.

중동 지역의 분위기가 채 정리되기도 전에 아시아에서 사건이 터졌다. 7월 4일, 북한은 대포동 2호를 포함해 7개의 미사일을 시험 발사했다. 북한 문제는 1년 전 회담이 결렬된 후 계속 방치되어왔다. 북한은 마카오에 있는 중국계 은행의 평양 자산 동결을 취소해주면 6자 회담에 복귀하겠다고 제안했지만 그들의 속셈은 미국에 트집을 잡으려는 것이었다. 은행에 묶인 자금은 2,500만 달러에 불과했으나 김정일에게는 상징적으로 중요한 돈이었다. 후진타오는 4월에 백악관을 방문했을 때 부시 대통령에게 직접 동결을 해제하고 회담을 재개하자고 제안했다. 하지만 부시 대통령은 단순한 제재의 문제가 아니라 북한의 위험한 태도와 끊임없는 위협이 근본적인 문제라고 지적했다. 미사일 발사로 인해 중국 정부는 입이 열 개라도 할 말이 없는 처지가 되었다.

중국 외교부장에게 전화를 걸어 중국이 나설 때가 되었다고 알려주었다.

북한은 그동안 수십 번이나 반복된 경고를 무시하고 미사일 발사를 감행했다. 북한의 고집스런 태도 때문에 우리 정부는 최초로 미사일 방어 시스템을 가동하기에 이르렀다. 펜타곤은 알래스카와 해상에 있는 장비를 총동원해 북한이 미국이나 미국 관련 자산을 위협할 경우에 북한 미사일을 격추할 준비를 했다. 개인적으로 펜타곤의 대응이 마음에 들었지만 대통령에게는 국제사회나 의회 앞에서 변명할 말이 필요하다고 보고했다(아무래도 미사일 방어는 민감한 사안이었으며 요격기가 등장하는 것만으로도 부정적으로 반응할 우려가 컸다). 뚜껑을 열어보니 그것은 괜한 우려였다. 의회나 동맹국은 물론이고 러시아마저 북한의 도발 행위에 대한 방어 기제를 마련하는 것이 바람직하다고 여겼다.

이렇게 해서 중국 정부는 국제사회로부터 완전히 고립되었다. 그들도 이러한 분위기를 모르는 바 아니었다. 이란의 핵무기 문제를 논의하려고 파리에서 P5+1 회의를 할 때 중국은 일정이 맞지 않다며 참석자를 보내지 않으려 하다가 막판에 당내 3인자를 파견했다. 중국의 행동이 이란과 무관하다는 것은 이미 알고 있었다. 그는 북한 문제를 논하지 않으려고 요리조리 피하기만 했다. 가마솥더위에 냉방 시설이 없는 프랑스 외교부 청사에 있자니 문제를 외면하는 중국 정부가 더 괘씸하게 느껴졌다. 세계 강국인 중국이 그런 식으로 행동해서는 안 된다고 리자오싱에게 따끔하게 한마디 해야겠다는 생각뿐이었다. 하지만 화가 조금 가라앉고 나니 '이게 최선일지도 모른다.'는 생각이 들었다.

중국의 태도에 아랑곳하지 않고 일본과 미국은 북한에 대한 강력 제재를 촉구하는 UN 결의를 전폭적으로 지지했다. 중국은 '평화와 안보에 대한 위협'을 저지하기 위해 필요한 수단을 모두 강구해야 한다고 주장하면서도 7조에 찬성표를 던지지 않았다. 결국 말과 행동이 다른 꼴이었다. 북한이 미사일 실험을 한 지 일주일 만에 UN 대사 존 볼턴에게서 연락이 왔다. 7조에 대한 언급만 삭제하면 UN 안전보장이사회가 북한 제재에 동의할 것이라기에 나는 즉시 그렇게 하기로 했다. 존 볼턴은 기지를 발휘해 기존 협의 사항에서 중요한 부분은 고스란히 수정본에 포함했다. 이제 중국은 스스로의 '고객'에게 제재를 가하는 것에 공식적으로 동의한 꼴이 되었다. 어쨌든 중국도 북한의 미사일 시험 발사만큼은 용납할 수 없다는 입장이었다. 더욱이 이번 사건이 불거진 지 몇 달 만에 김정일은 핵폭탄을 터트렸다. 부시 대통령은 김정일이 "코앞에 갖다준 밥상을 뒤엎으며 난동을 부린다."고 혀를 끌끌 찼다. 두 사건은 북한에 대한 제재를 더욱 강화하는 결정적 이유로 작용했다.

북한 문제에 대한 협상을 진행하면서 부시 대통령과 유럽 정상들의 일대일 회담 준비에 박차를 가했다. 가자 문제가 끝나기 무섭게 중동 지역에서는 더 심각하고 위험한 사건이 연이어 발생했다. 헤즈볼라는 블루 라인*이스라엘과 레바논의 공식 국경*을 침공해 이스라엘 군인들을 마구 사살하고 납치하기까지 했다. 나는 치피 리브니, 레바논 총리와 따로 논의한 끝에 이번 공격을 비난하는 성명을 발표했다. 중동 지역은 다시 소용돌이에 휘말렸다.

독일에서 부시 대통령 일행과 합류했다. 독일 방문 목적이 두 나라의 관계를 돈독히 하는 것이었으므로 일정에 충실하면서 한쪽으로는 중동 지역의 추이를 계속 주시했다. 앙겔라 메르켈 총리는 부시 대통령을 위해 통돼지 한 마리가 그대로 나오는 독일식 바비큐 파티를 열었다. 그런데 텍사스 출신의 부시 대통령과 앙겔라 총리가 나란히 카우보이 부츠를 신고 있는 모습을 보니 주인과 손님이 뒤바뀐 느낌이었다. 성대한 파티였다. 나는 앙겔라 총리의 남편과 대학가의 문제점을 토론하면서 즐거운 시간을 보냈다.

그러나 상트페테르부르크 외곽에 있는 콘스탄티놉스키 궁에 도착할 무렵 레바논 상황이 급격하게 악화되었다는 소식이 들어왔다. G8 정상회담에 앞서 푸틴과 부시 대통령이 양자 회담을 했으므로 나는 형식적으로 잠깐 머물 생각이었다. 일단 회담이 시작되면 외무장관은 머물 이유가 없었으므로 먼저 워싱턴으로 돌아왔다. 덕분에 동남아시아로 떠나기 전에 워싱턴에 체류할 시간이 늘어난다고 생각하니 매우 기뻤다. 일주일씩이나 쉴 기회가 생긴 것은 매우 드문 일이었다.

내 숙소는 대통령 숙소와 다른 건물에 있었다. 이스라엘에 몇 번 전화한 뒤에 스티븐 해들리를 통해서 부시 대통령을 잠시 만날 수 있는지 알아보았다.

"즉시 건너오라고 하십니다."

나는 당장 차를 대기시키라고 하고 서둘러 옷을 갈아입었다. 러시아 정부 관계자들은 구내에 차량이 없다고 했다. 내 수행원들도 그곳에서 차를 구할 방도가 없었다. 가장 빠른 방법은 근처에 있는 골프 카트를 타는 것이었다.

가자 습격으로 이미 기분이 상한 터라 이스라엘은 자제력을 잃은 지 오래였다. 올메르트는 자신이 전임자에 뒤지지 않는다는 것을 증명하기 위해서 헤즈볼라에 거침없는 공격을 퍼부었다. 만 하루도 되지 않아서 헤즈볼라가 이스라엘 북쪽 지역에 로켓 공격을 퍼붓는 바람에 상황은 더욱 심각해졌다. 시민들이 비명을 지르며 방공호로 몰려드는 모습이 보도되자 이스라엘 국민들은 분노에 치를 떨었다.

이스라엘은 레바논 해변을 봉쇄하고 레바논 주요 공항에 폭탄 세례를 퍼부었다. 연료 탱크가 폭발할 때마다 엄청난 불길이 치솟았다. 나중에 올메르트 측근에게 연료 탱크를 겨냥한 이유를 물어보자 솔직한 대답이 돌아왔다.

"이스라엘 국민들에게 시각적으로 화려한 복수를 보여줄 필요가 있었으니까요."

G8 회담은 항상 예기치 못한 사건으로 조용할 날이 없었다. 1년 전에는 레바논 대중 교통 체계가 공격받아서 52명의 사상자가 발생했다. 이런 사건이 발생하면 G8은 언제나 만장일치로 테러 행위를 규탄했다. 그런데 중동 지역에서 이런 문제가 생기면 어떤 반응을 내놓을지 쉽게 결정할 수 없

었다. 한 달 전 가자에서 벌어진 사태와 비슷한 현상이 일어날 게 분명했다. 이스라엘에 동정심을 품었다가 민간인 사상자가 많은 것에 경악해 금세 이스라엘에 등을 돌리고 그들을 규탄하는 식이었다. 이번에 한 가지 다른 점은 사태의 규모였다. 예전에는 가자 지구나 하마스에 대한 공격으로 끝났지만 이번에는 헤즈볼라가 장악한 레바논과 이스라엘이 전면전에 돌입하기 일보 직전이었다.

부시 대통령과 스티븐 해들리, 나는 함께 모여 G8 공동 성명의 효과를 논의했다. 레바논 사태에 대한 논의가 시작되기 전에 미리 틀을 잡으려는 것이었다. 프랑스는 헤즈볼라에 일말의 동정심도 갖지 않았다. 자크 시라크 대통령은 무슨 일이 있어도 레바논의 주권을 지켜야 한다고 주장했다. 예전부터 레바논에서 시리아 군대를 몰아내는 일이라면 미국과 프랑스가 제일 먼저 소매를 걷어붙였다. 러시아마저 헤즈볼라의 수장 하산 나스랄라에게 격분한 나머지 강력한 처단을 요구했다. 헤즈볼라가 두 번 다시 블루 라인을 침범해 이스라엘을 공격하지 못하도록 본때를 보여주자는 것이었다.

각국의 입장을 모두 수렴해 G8 공동 성명 초안을 마련했다. 스티븐 해들리가 "타이핑은 누구에게 맡길까요?"라고 물었다.

"내가 1분에 80타 정도 칠 수 있습니다. 우리 어머니가 만약에 대비해 타이핑을 연습해 두라고 하셨거든요."

웃지 못할 상황이었다. 내가 외교 업무만 돌보는 것이 아니라 비서 노릇까지 해야 할 줄은 미처 몰랐던 것이다.

이번 성명은 몇 가지 주요 사항을 다루었다. 첫째, 폭력 사태의 주범을 찾아 반드시 책임을 물어야 했다. 가자 사태는 하마스의 소행이었고 레바논 사태는 헤즈볼라가 주범이었다. 이스라엘이 휘말린 것은 이란의 후원을 등에 업고 국경을 침범한 테러 조직에 대한 정당방위였다. 문제를 일으킨 것은 하마스와 헤즈볼라였다. 국제사회에 이 점을 분명히 알려야 한다고 판단했다. 둘째, 폭력 사태로 인한 인명 손실에 대해 깊은 우려를 표명했다. 대부분의 희생자는 무고한 민간인들이었으며 중요한 인프라 시설이 무너지고 수천 명의 사람들이 고통을 받아야 했다. 이스라엘은 이미 위기에 적절히 대처하지 못했다는 비난을 사고 있었다. 하지만 의도적으로 민간인들에게 피해를 초래해 이스라엘의 상황을 더욱 악화시킨 것은 하마스와 헤즈볼라였다. 셋째, 이스라엘의 방어권은 충분히 인정하지만 최대한 무력 대응을 자제할 것을 촉구했다. 자국 영토를 침범한 자들에게 보복하고 싶은 심정은 충분히 이해하지만 그들의 대응 방식도 문제가 있었다. 섣부른 대응은 수많은 민간인들에게 고통을 가중시키며 무력 대응 사태를 악화시킬 뿐이었다. 우리는 성명을 통해서 이스라엘 정부에게 무고한 시민들에게 해를 입히거나, 생명을 위협하지 않도록 최선을 다하며 민주주의 절차에 따라 설립된 레바논 정부를 무너뜨릴 야망을 버리라고 촉구했다. 마지막으로 우리는 양측에게 어떤 조건도 내걸지 말고 즉시 폭력을 중단하라고 강력히 요구했다. UN 안전보장이사회의 이전 결의를 바탕으로 긍정적이면서도 실행 가능한 조건에 따라 무력 충돌을 중단시킬 필요가 있었다. 레바논 입장에서 보자면 헤즈볼라가 무장 해제를 선언해야 하고 레바논 정부군을 남쪽 지역으로 보내야 했다. 이 지역은 수십 년간 무장 활동이 금지된 곳이었다. 이곳에 대한 레바논 정부의 자치권을 재정립하는 것만이 이스라엘과 협상을 재개하고 오랜 분쟁의 씨앗을 제거하는 길이었다. 비록 분쟁이 수십 년간 이어졌지만 이를 극복하는 것이 아예 불가능하진 않았다.

그날 저녁에 프랑스와 영국 국가안보보좌관을 만나서 이튿날 러시아 국가안보보좌관에게 보여줄 협상 조건을 논의했다. 시리아를 겨냥한 무기 거래 금지를 비롯해 몇 가지 사항을 놓고 이견이 있었지만 큰 문제가 되지 않았다. 러시아는 시리아와 무기 거래를 통해서 적잖은 수익을 얻었기에 자신들에게 불리한 말을 하지 않으려고 말을 극도로 아꼈다.

다음 날 점심 식사 자리에서 합의 사항을 제시했다. 각국 수반들만 참석하는 비공식 모임이었다. 나는 스티븐 해들리에게 먼저 자리를 뜨겠다고 했다. 하지만 스티븐은 "대통령께서도 분명 국무장관께서 남는 것을 원하실 겁니다."라며 고개를 저었다. 나는 얼른 방으로 가서 유럽 동맹국에 간단히 통화한 뒤에 다시 모임 장소로 돌아왔다.

한 시간쯤 후 전용선으로 대통령 보좌관 자레드 웨인스타인에게서 연락이 왔다(전용선이었지만 러시아가 분명히 '도청' 했을 것이다).

"대통령께서 보자고 하십니다."

스티븐 해들리도 연락받은 모양이었다. 둘은 골프 카트를 나눠 타고 회의가 열리는 건물로 달려갔다.

도착해보니 대통령은 스티븐 해들리를 불렀다는 사실을 깜박 잊은 모양이었다. 그는 나를 회의장 안으로 불러들여 "라이스 장관이 나머지 부분을 처리할 겁니다."라고 말했다. 얼른 둘러보니 블레어 총리와 푸틴이 보이지 않았다. 두 사람은 이미 다른 회의실에서 협상 조건을 검토하고 있었다. 스티븐 해들리에게 같이 가자고 손짓했다. 둘은 함께 푸틴과 블레어 총리가 있는 방으로 갔다. 방안에 들어서자 블레어 총리가 반갑게 맞아주었다.

"라이스 장관, 어서 오십시오."

UN에 요청할 내용을 협의하기까지는 그리 오래 걸리지 않았다. 다만, 한 가지 문제가 남아 있었다. 러시아는 공격이 발생한 상황을 '조사'하는 데 깊이 관여하려 했고, 영국은 이스라엘이 러시아의 개입을 용납할 리 없다며 한사코 반대했다. 협상을 끝낸 뒤 회의장으로 되돌아왔다. 스티븐 해들리의 표정이 좋지 않았다.

"왜 그래요?"

"대통령께서 저를 온전하게 신임하지 않으시면 더 이상 국가안보보좌관으로 일할 수 없습니다. 제가 물러나겠습니다."

대통령이 나를 불러들이는 바람에 스티븐 해들리의 입장이 난처해진 것을 미처 생각하지 못했다. 사실 그의 말은 하나도 틀린 게 없었다. 나도 국가안보보좌관을 지냈기에 다른 사람들 앞에서 대통령에게 무시당하는 기분이 어떤지 잘 알고 있었다.

"내가 대통령께 상황을 설명하겠습니다."

"아닙니다. 그러지 마십시오. 제 문제는 제가 알아서 하겠습니다."

우리는 함께 대통령이 있는 자리로 돌아갔다. 나는 대통령에게 드릴 말이 있다며 잠시 옆으로 불러냈다.

"각하, 방금 그렇게 하신 것 때문에 스티븐의 입장이 정말 난처합니다. 스티븐을 못 믿겠다고 말씀하신 것과 다름없지 않습니까?"

대통령은 화들짝 놀란 표정이었다.

"나는 그냥 라이스 장관이 잠깐 나서주기를 바란 것이지 스티븐을 무시한 것은 아니었소."

"잘 압니다. 하지만 스티븐 입장에서는 그렇지 않습니다. 다른 사람들도 충분히 오해할 만한 여지가 있습니다."

내가 자리를 비켜주자 대통령은 스티븐 해들리를 불러 사과했다. 그 순간은 힘들었지만 둘은 그 일을 계기로 더욱 친밀해졌다. 나와 대통령이 한때 그랬던 것처럼 두 사람도 정말 손발이 잘 맞았다. 무엇보다 스티븐 해들리는 이라크의 실패를 만회하려고 최선을 다해 부시 대통령에게 큰 힘이 되었다.

G8 공동성명은 좋은 의도로 시작했지만 내가 직접 나서 외교 활동을 벌이는 것을 대신할 수 없었다. 세계 곳곳에서 문제가 터지면 사람들은 미 국무장관이 해결해주리라고 생각했다. 특히 중동 지역 문제는 고스란히 내 몫이었다. 그런데 정작 나는 언제 어디에 갈지 결정해야 할 때 항상 대통령과 스티븐 해들리의 조언을 구했다. 블레어 총리는 이렇게 말한 적이 있었다.

"라이스 국무장관이 가기는 가야 합니다. 그러나 너무 빨리 가는 것은 오히려 좋지 않습니다. 미 국무장관이 움직인다는 것은 무슨 일이 벌어졌다는 것을 공식적으로 시인하는 행동이니까요."

모두 당분간 큰일이 없으리라는 예측에 동의했다. 나는 일단 워싱턴으로 돌아가서 상황을 지켜보기로 했다.

백악관과 국무부에 몸담은 이래 가장 힘든 일이 무엇이었냐는 질문을 숱하게 받았다. 힘든 일이 참 많았지만 2006년에 유독 사건과 사고가 많았던 것 같다. 이라크 문제, 팔레스타인 정부와 하마스, 북한의 위협, 이란과 핵무기, 아프가니스탄 사태 악화 등을 꼽을 수 있다. 어떤 때는 도무지 문제를 해결할 길이 보이지 않았다. 그럴 때면 미합중국 헌법 제정자들의 전기를 읽으며 그들도 암담한 상황에 수없이 처했다는 사실에 위안을 얻었다. 당시 세계를 장악한 군사 대국에 용감히 맞서고 해밀턴과 제퍼슨이 서로의 목에 칼을 겨누는 위기가 있었기에 오늘날의 미국이 존재하는 것이다. 그리고 구소련이 큰 여파 없이 조용히 사라질 것이라고 누가 감히 상상이나 했겠는가? 이렇게 생각하니 용기가 생겼다.

악몽 같은 한 해였지만 가만히 생각해보니 좋은 일도 있었다. 2006년에는 레바논 전쟁이 그나마 내게 위안이 되었다. 전쟁이 장기화되면서 이 상황을 하루빨리 종결해야 한다는 책임감을 피부로 느끼고 있었다. 레바논 현장을 직접 방문할 때는 그 압박감이 더욱 커졌다. 하지만 무조건 서두를 것이 아니라 헤즈볼라의 침략을 정당화하는 일이 없도록 제대로 된 휴전 협정을 마련해야 했다.

헤즈볼라는 이스라엘에 로켓을 발사했고 이에 대한 반격으로 이스라엘 방위군은 레바논의 주요 인프라 시설을 남김없이 무너뜨렸다. 후아드 시니오라는 중간에 끼여 입장이 매우 난처했다. 그가 이끄는 레바논 정부는 헤즈볼라의 습격과 전혀 무관했으며 헤즈볼라의 계획에 대해 미리 아는 것도 없었다. 그런데도 레바논 정부는 억울한 죗값을 톡톡히 치러야 했다. 따져보면 이론상 테러 집단과 레바논 정부는 같은 편이었다. 레바논 정부는 테러 집단과 보복하는 이스라엘 방위군 양쪽을 모두 막아내지 못했다는 비난을 받았다.

초반에는 이스라엘을 설득하는 데 총력을 기울였다. 시니오라가 이끄는 정부의 불안정한 상태를 고려해 한 발만 물러나라고 간곡히 설득했다. 이스라엘 정부는 마지못해 전기 공급 지역만은 건드리지 않겠다고 약속했다. 그래서 헤즈볼라가 장악하는 남부 지역을 제외한 다른 지역에 사는 레바논 국민들이 큰 불편을 겪는 것을 간신히 막아냈다. 이스라엘은 지상군 공격도 한동안 미루는 듯했다. 그동안 국제사회는 끔찍한 인명 피해 현장에 대한 충격에서 벗어나 이스라엘을 공식적으로 비난하는 여론을 형성했다. 휴전을 요청하는 압력이 나날이 높아갔다.

대통령은 7월 19일에 NSC를 소집했다. 누가 뭐라 해도 이스라엘이 고집스럽게 공격을 계속할 것이라는 점에 모두 동의했다. 헤즈볼라가 자신들의 인프라 시설과 군대에 계속 피해를 입으면 당분간은 공격할 엄두를 내지 못할 것이라는 긍정적인 전망도 나왔다.

그러나 시니오라 총리와 레바논 국민들에 대한 동정 여론도 크게 일어났다. 레바논에 처벌성 공격을 그만두라고 이스라엘에 계속 압력을 가하자는 쪽으로 의견이 모아졌다. 당연한 결과였지만 당분간 살얼음판을 걷는 분위기가 이어지겠다는 직감이 들었다. 회의를 끝낸 후 대통령과 함께 집무실로 갔다.

"라이스 장관은 마음의 준비가 되었소?"

"그렇습니다. 각하."

사실 어젯밤 CNN 뉴스에 미 국방장관이 언제 나설 것인가 하는 질문이 제기되었다. 행인들을 붙잡고 국무장관이 평화를 이룩할 수 있냐는 설문 조사를 실시한 결과도 보도되었다. 정확한 숫자는 기억나지 않지만 대다수의 응답자들이 그렇다고 대답했다. 나에 대한 기대가 너무 커지는 것 같아서 부담스럽다는 생각이 들었다. 복도를 걸어가면서 대통령이 "가서 어떻게 할 셈이오?"라고 질문했다.

"아직, 잘 모르겠습니다. 데이비드 웰치가 휴전 협상을 준비하고 있습니다. 일단 양쪽 관계자들을 모두 만나볼 생각입니다."

먼저 UN을 통해 세계 각국의 전문가들에게 조언을 구하는 것도 생각해 보았다. 예상대로 각국 장관들 중 팔짱을 끼고 상황을 관망하려는 사람은 한 명도 없었다. 적어도 뭔가 준비하거나 노력하는 모습을 보여주고 싶어 했다.

이틀 후 레바논과 이스라엘 방문길에 올랐다. 이번 방문의 목적은 휴전을 선언하게 하고 이를 지속할 조건을 협상하는 것이었다. 국제사회는 이미 당장 휴전하라는 쪽으로 여론이 모아진 상태였다. 나는 그들에게 휴전만 서두를 것이 아니라 휴전 협정 조건도 중요하다고 누누이 강조했다. 하마스처럼 분쟁이 반복되지 않게 하려면 이스라엘과 레바논 양측을 제대로 안정시켜야 했다. 늘 그렇듯 이해관계가 얽힐 때 양측 모두 유리하게 조처하기란 쉬운 일이 아니었다. 전쟁을 중단하는 것은 문제가 아니었다. 실질적으로 휴전 상태를 유지할 수 있도록 제대로 된 협상 조건을 논하는 것이 더 어려웠다.

먼저 레바논을 방문해서 휴전 조건 협상에 관한 여러 사항을 논의했다. 후아드는 어떻게든 전쟁을 빨리 끝내고 싶어 했지만 혼자 힘으로는 역부족이라고 털어놓았다. 나는 국회의장이자 시아파 총수인 나비 베리를 만나보기로 했다.

베리는 미국 정부의 반대 인사였으나 헤즈볼라가 남부 지역에 다시 자리 잡지 못하도록 레바논 정부군을 파견하는 방안에 동의를 얻으려면 반드시 만나야 할 인물이었다. 대화 분위기는 시종일관 긴장감이 흘렀다. 첫마디부터 꽤 적대적이었다.

"저더러 이스라엘과 협상하라고요? 우리 국민들을 죽이는 자들과 협상이라니요?"

"국민들의 무고한 희생에 대해 저도 매우 안타깝게 생각합니다."

감정적이 되지 않으려고 애쓰는 것이 얼마나 힘들었는지 모른다. 처음에는 그가 국민을 가족처럼 아끼는 사람인 줄 알았는데 계속 대화하다 보니 정치적인 이익에만 온통 관심이 쏠려 있었다. 대화는 아무 결론 없이 끝났지만 적어도 그가 남부 지역에 레바논 정부군을 보내는 것에 반대하지 않는다는 점은 확인할 수 있었다. 그것만으로도 충분한 수확이라며 스스로를 위로했다. 국내 전역에 정부군을 배치하는 것은 한때 시리아 군과 헤즈볼라가 장악했던 지역이 레바논 정부의 손에 넘어온다는 뜻이었다. 정치 판도가 하루아침에 바뀌지는 않겠지만 레바논 정부의 입장에서는 큰 발전이었다. 여러 나라가 힘을 보태 믹싱한 평화군이 레바논 정부를 지원한다면 휴진 이후 더 안정된 안보 환경을 구축할 수 있겠다는 희망이 생겼다.

다시 시니오라 총리를 만나보니 그는 셰바 팜스 문제가 아직 해결되지 않았다고 했다. 이스라엘, 레바논, 시리아가 모두 얽힌 문제였다. 지상군 재배치와 평화군 인정 등 휴전에 대한 다른 요소는 당장 받아들일 태세였다. 그는 UN 레바논 평화유지군이 아니면 안 된다는 입장이었으나 이스라엘이 그 조건을 받아들일 리 만무했다. 이스라엘 방위군이 철수할 경우, UN 레바논 평화유지군만으로는 남부 지역의 평화를 지킬 수 없다는 것을 누구보다 잘 알고 있었기 때문이다.

예루살렘으로 자리를 옮겨 올메르트 총리, 치피 리브니 장관, 바라크 등을 만나보았다. 이스라엘은 군사 작전을 막 시작하는 단계였다. 분쟁 사태를 끝낼 기미는 전혀 보이지 않았다. 결국 베이루트와 예루살렘을 오가며 협상을 시도한 것은 밑 빠진 독에 물 붓기로 끝났다. 특히 이스라엘 군이 철수하면 국제평화유지군을 투입한다는 핵심 사항도 제대로 관철하지 못했다. 나는 일단 로마에서 열리는 국제 회담에 다녀와 다시 얘기하자고 말해

두었다. 평화유지군을 투입하려면 이탈리아와 프랑스의 협조가 필요했기에 국제 회담을 포기할 수 없었다. 레바논 정부에 대한 지지를 표명하기에 좋은 기회이기도 했다.

그러나 회담에 참석한 것 자체가 큰 실수였다. 유럽 국가들은 뉴욕에서 회의할 때와 마찬가지로 구체적인 행동을 보여주어야 한다는 입장이었다. 즉각적인 휴전 요구에 홀로 반대해야 할지도 모를 상황이었지만 일단 참석하기로 결정했다. 어떻게든 설득해낼 자신이 있었고 주변에서도 참석을 권했다.

로마에 갈 때는 하비에르 솔라나와 UN 사무총장 코피 아난을 만날 생각이었다. 하비에르는 내가 가장 신임하고 존경하는 동료였다. NATO 사무총장을 지낸 그는 미국과의 긴밀한 관계를 매우 중시했으며 EU에서도 미국과 긴밀하게 협조할 필요성을 누누이 강조했다. EU에서 공동 외교 안보 정책을 담당했으나 EU 회원국의 동의 없이는 아무것도 할 수 없었으므로 실질적인 영향력은 미미한 편이었다. 하지만 외교 능력으로 보나 인품으로 보나 크게 존경할 만한 인물이었다. 하비에르의 가장 큰 장점은 침착한 성품이었다. 반복되는 업무를 처리할 때나 위기에 처할 때나 결코 감정적으로 대처하는 법이 없었다.

하비에르가 도착하기 직전 이스라엘 방위군이 실수로 UN 벙커를 공격해 여러 명이 사망했다는 보고가 들어왔다. 하비에르는 코피 아난 사무총장이 화가 단단히 난 상태이며 어떻게 그런 어처구니없는 실수를 저질렀는지 이해할 수 없다고 나를 몰아붙였다. 이스라엘은 이런저런 변명을 늘어놓았지만 상황을 수습하는 데 전혀 도움이 되지 않았다. 그들은 벙커가 헤즈볼라의 사령부였다고 주장했다. 하지만 공격 당시에 그곳에는 UN 관계자들이 자리 잡고 있었다. 설상가상으로 이스라엘 방위군은 불과 몇 시간 뒤 다른 전투에서 참패해 얼이 빠진 나머지 UN에 제대로 항변할 상황이 아니었다.

과연 헤즈볼라가 UN 관계자들을 인간 방패로 사용했단 말인가? 아니면 이스라엘이 제대로 알아보지 않고 공격 대상을 설정한 것일까?

나는 코피 아난 사무총장에게 일단 모여서 이야기해보자고 제안했다. 그는 이미 이스라엘이 UN 관계자에게 고의성 공격을 가했다고 규정하고 이를 공식적으로 비난하는 것이나 다름없는 성명을 발표한 상태였다. 나는 즉시 올메르트 총리에게 사건을 자세히 조사하도록 요청하겠다며 사무총장을 설득했다. 이스라엘이 사과할 때는 국제사회가 이미 등을 돌린 뒤였고 즉시 휴전하라는 압력은 더욱 강해졌다. 그날 밤에 스티븐 해들리에게 전화를 걸었다.

"내일이 고비가 될 것 같습니다. 아무튼 내가 최선을 다해 막아보겠습니다."

다음 날 아침이 밝자마자 이달리아 외무장관 마시모 달레마와 조찬을 함께했다. 공산주의자 출신이었지만 의외로 손발이 잘 맞았다. 마시모 달레마는 미국을 고립시킬 생각이 전혀 없다고 분명히 밝혔다. 우리는 휴전의 필요성을 인정하고 휴전 조건을 분명히 제시하되, 시점은 언급하지 않기로 했다. 어떤 일이 있어도 '즉각' 휴전해야 한다는 표현은 성명에서 제외하기로 합의했다.

회담은 예상대로 순조롭게 진행되었다. 각국 대표자들은 레바논에 대한 변함없는 애정과 지지를 표명했다. 몇몇은 헤즈볼라를 공식적으로 규탄하고 이스라엘의 반격에 반대 의견을 내놓았다. 나는 헤즈볼라가 이번 공격으로 유리한 고지에 서는 일이 없도록 막아야 한다고 지적한 다음, 남부 지역에 정부군을 보내서 레바논 영토 전역에 정부의 영향력이 온전히 미치게 할 필요성을 피력했다. 남부 지역에 정부군을 보내는 방안은 30년 만에 처음 있는 일이었다. 또한 수십 년간 레바논에 주둔했지만 문제가 생겨도 아무 힘을 발휘하지 못하고 구경꾼 노릇만 하는 UN 레바논 평화유지군에 의존할 것이 아니라 강력한 국제평화유지군을 형성해야 한다고 주장했다.

후아드 시니오라는 이 기회를 놓치지 않고 이스라엘을 맹비난하며 즉각 휴전을 요청했다. 또한 우리 정부가 원한 것과 기가 막히게 들어맞는 7-포인트 프로그램을 제시했다. 이 프로그램의 핵심은 레바논 정부군을 강화해 (헤즈볼라가 아니라) 이 정부군을 레바논의 파수꾼으로 삼는 것이었다. 이스라엘을 규탄하고 헤즈볼라의 영향력을 약화시키는 두 마리 토끼를 한 번에 잡는 효과를 발휘하는 프로그램을 제시하는 것을 보며 혀를 내둘렀다. 그는 전쟁으로 폐허가 된 나라를 재건하는 데 국제사회의 도움이 절실하다고 피력하는 것도 잊지 않았다.

이탈리아가 작성한 성명을 만장일치로 채택하며 회담을 마치려 했다. 그런데 갑자기 프랑스 외무장관 필리프 두스트 블라지가 손을 번쩍 들어 "성명 내용에 즉각 휴전한다는 말을 넣어야 합니다. 레바논 사람들이 원하는 게 바로 그것 아닙니까?"라고 말했다. 나는 화가 머리끝까지 치밀었다. 러시아, 아랍권 국가들, 심지어 레바논 관계자들도 성명에 아무 이의를 제기하지 않은 상황이었다. 이 성명을 이스라엘에 전달할 사람이 바로 나라는 것을 알기 때문이었다. 게다가 블라지는 실력으로 장관직에 오른 것이 아니라 시라크 대통령이 정계 내부의 세력 균형을 맞추기 위해 기용한 인물이었다.

'다 된 밥에 코를 빠트리다니. 지금 자기가 무슨 말을 한 것인지 알기나 할까? 정말 눈치가 없어서 저러는 걸까?'

머릿속이 너무 복잡했다. 의도가 무엇이든 블라지 장관 때문에 회담은 일순간 엉망이 되어버렸다. 영국이 나서 상황을 몇 번이나 수습해보려 했지만 잘 되지 않았다. 나는 어떤 일이 있어도 '즉각' 휴전하는 것은 용납할 수 없다고 못 박은 뒤 회담 중단을 요청했다. 성명이 통과된 지 5초도 지나지 않아 미국이 이스라엘을 두둔하며 독자 노선을 선택했다는 소문이 퍼졌다. 기자회견장으로 가는 길에 카렌 휴스와 마주쳤는데 그녀는 길게 한숨을 내쉬었다.

"이제 어떻게 하면 좋을까요? 우리만 전쟁을 계속하기 원하는 것처럼 되어버렸네요."

백여 명을 수용할 만한 기자회견장에 수백 명의 기자들이 몰려들었다. 코피 아난 사무총장, 마시모, 후아드와 함께 무대에 오른 뒤 잠깐 이마의 땀을 훔쳤다. 실내가 너무 더워 얇은 옷을 입지 않은 것이 후회스러웠다. 옷매무새를 가다듬고 회견을 시작했다. 우선 미국은 한시라도 빨리 휴전을 이루기 위해 최선을 다할 것이나 예전 상태로 되돌아가는 것을 막으려면 휴전 협상 조건에 주의를 기울여야 한다고 설명했다. 후아드의 차례가 되었다. 그는 체면과 자존심을 모두 버리고 세계에 휴전을 도와 달라고 간곡히 부탁했다. 나는 그에게 다가가서 아직은 시기상조라고 조용히 말해주었다.

다음 날 《뉴욕타임스》는 기자회견 내용을 1면 기사로 보도했다. 나는 마치 사우나에 들어와 있는 듯 혼자 이마의 땀을 훔치고 있었다. 사진을 따로 해명할 길이 없어 답답했다. 말레이시아 쿠알라룸푸르로 향하는 비행기 안에서 사진 한 장이 말 천 마디보다 못하다며 기자들에게 푸념을 늘어놓았다.

지난해에 아세안지역포럼에 참석하지 못했기 때문에 이번 해에는 변명의 여지가 없었다. 중동 지역의 전쟁 협상에 매달려야 할 시점에 동남아시아로 가야 하는 현실이 부담스러웠다. 비록 내가 지금 있어야 할 곳에서 8,000킬로미터나 떨어져 있지만 얼른 다녀오면 된다는 생각으로 현실을 받아들여야 했다.

그런데 아세안 지역 포럼에 가보니 예상 못한 문제가 기다리고 있었다. 아세안 비회원국 외무장관들이 뜬금없이 뮤지컬 공연을 준비한 것이었다. 어느덧 이런 공연이 아세안지역포럼의 전통으로 자리 잡은 모양이었다. 콜린도 예전에 'YMCA' 공연을 준비한 적이 있었다. 마들렌과 일본 외무상은 에비타에 나오는 노래를 불렀다. 이만하면 어떤 공연인지 대충 짐작이 갈 것이다.

내가 보기에는 모든 것이 어설프고 우습기만 했다. 요즘같이 유튜브가 판을 치는 세상에 이게 무슨 짓인가 하는 생각도 들었다. 게다가 지금 중동에서는 참혹한 전쟁이 벌어지고 있지 않은가. 하지만 나도 권유에 못 이겨 울며 겨자 먹기로 참여했다. 대신 나는 우스꽝스러운 공연이 아니라 뭔가 진지한 모습을 보여주기로 마음먹었다. 나는 브라이언 건더슨에게 "피아노 연주를 하겠다고 전하세요. 브람스 곡을 연주할 겁니다."라고 말했다. 브람스 작품을 하나 연주한 뒤 유명한 말레이시아 음악가와 협주하면 좋겠다고 생각했다. 말레이시아 국립심포니오케스트라의 바이올린 연주자와 브람스 바이올린 소나타 3번 D단조를 연주했다. 평소에 즐겨 치는 곡이었으므로 부담은 전혀 없었다. 도착하자마자 리허설도 해보았다. 실제 공연에서 바이올린 연주자가 중간에 헤맨 탓에 불협화음이 이어졌지만 연주를 무사히 끝낼 수 있었다. 세르게이 라브로프는 상당히 놀란 표정이었다.

"연주 실력이 이 정도인 줄 몰랐습니다. 정말 대단하십니다. 아주 멋진 공연이었습니다."

그의 칭찬을 듣고도 '내가 피아노를 치겠다는 말이 농담인 줄 알았나?'라는 생각에 기분이 좋지 않았다. 그래도 억지 미소를 지으며 "감사합니다. 마음에 드셨다니 다행이네요."라고 화답했다. 러시아가 준비한 촌극은 정말 배꼽이 빠질 정도였다. 아세안이 세계를 장악하고 미국에서 '쌀'을 비롯한 곡물 생산을 추진한다는 가상 시나리오였다. 2년 후 아세안지역포럼 장관들의 합의 아래 이 행사가 폐지되었다. 그러지 않았다면 아마 힐러리 클린턴도 우스꽝스러운 모습을 보여야 했을 것이다.

다시 예루살렘으로 향했다. 평화군 배치 문제로 협상을 벌였지만 아무 진전이 없던 곳이었다. 이스라엘은 레바논 지상 공격을 강화해 전쟁을 더 확대할지 곧 결정할 태세였다. 내게 주어진 시간은 그리 많지 않았다.

올메르트의 관저에서 저녁을 먹으며 협상 진행 상황을 검토했다. 휴전 조건을 협상하는 동안 전쟁이 확대되지 않도록 하는 것이 급선무였다. 또 이스라엘을 설득해 구조대원들이 이스라엘 방위군 공습을 걱정하지 않고 구조 작업을 진행할 시간을 얻어내야 했다. 그렇게 하지 않고서는 인도주의의 위기 사태가 계속 확대되는 것을 막을 방법이 없었다. 올메르트는 아미르 페레츠 국방장관과 논의한 뒤 나를 다시 만나기로 약속했다. 호텔로 돌아가서 눈을 붙였다.

다음 날, 이스라엘 방위군 총책임자 페레츠 국방장관을 만날 예정이었다. 아침 일찍 우리 정부 관계자들을 불러 인도주의 문제를 논의한 뒤 페레츠 국방장관과 단독 회담을 가졌다. 나는 시간이 없으므로 언제까지나 즉각 휴전을 반대할 입장이 아니라고 설명했다. 전쟁이 더 확대되면 안 된다고 말하는 데 갑자기 그의 블랙베리가 울렸다. 페레츠 장관은 화면을 슬쩍 보고는 옆으로 치워버렸다. 이야기를 마무리하면서 내가 레바논에 갔다가 하루 이틀 뒤에 다시 예루살렘으로 돌아올 것이라고 말해주었다. 직접 발품을 팔아 전쟁에 종지부를 찍을 수 있다면 기꺼이 그렇게 할 생각이었다.

그때 갑자기 데이비드 웰치가 문을 박차고 들어와서 레바논 대사가 보낸 이메일을 보여주었다. 이스라엘의 공습으로 수많은 민간인 사상자가 발생했다는 소식이었다. 공습으로, 카나에 있는 아파트가 무너져 20명이 넘는 레바논 시민들이 목숨을 잃었다. 순간, 페레츠 장관이 블랙베리를 슬쩍 본 것이 생각났다. 이 사건을 알고도 내내 입을 다물고 있었냐고 다그치자 마지못해 인정했다. 자세한 점은 아직 모른다며 조사 중이라고만 했다.

회의실 밖에서는 데이비드, 숀, 브라이언, 카렌이 대기하고 있었다. 그들과 호텔로 가서 텔레비전을 켰다. 건물 잔해와 시신이 뒤섞인 사고 현장은 참혹하기 짝이 없었다. 아랍권 국가들은 분노를 감추지 못하고 이스라엘의 만행을 규탄했다. 시니오라에게 전화를 걸었다.

"제가 이스라엘에 온 것이 후회됩니다."

"그러게 말입니다 이 전쟁은 정말 끝나야 합니다. 제발 부탁입니다. 더 이상은 안 됩니다."

그는 자기도 모르게 언성을 높였다.

"정말 죄송합니다. 뭐라고 말씀드려야 할지 모르겠습니다."

그는 아무 말도 하지 않았다. 전화를 끊고 올메르트에게 연락하라고 지시했다. 그는 한 시간 내로 오겠다고 했다. 아무리 생각해도 페레즈 장관이 괘씸했다. 이스라엘 방위군이 수많은 레바논 시민들을 죽이는지도 모르고 이스라엘 국방장관과 회담 중이었다고 기자들 앞에서 시인해야 할 판국이었다. 그런데 기자들은 내가 레바논으로 되돌아가는 일정을 취소한 것에 더 관심을 보였다.

"미국이 협상 중개자로서 소임을 다하지 못한 것을 인정하시는 겁니까?"

나는 최대한 말을 아꼈다. 우선 레바논 국민들에게 애도를 전하고 무슨 수를 써서라도 전쟁을 중단시키겠다고 약속했다. 이스라엘을 오랫동안 두둔한 것이 결국 내 발등을 찍은 것이 아니냐는 기자들의 질문에는 대꾸하지 않았다. 올메르트를 만난 자리에서는 말을 아끼거나 돌리지 않았다.

"정신 차리세요. 오늘 이후로 당신이 설 자리는 없을 겁니다. 미국이 당신들과 함께 몰락하는 일은 없을 테니 두고 보십시오."

우선 인도주의 차원에서 48시간 동안 공습을 중단하는 데 합의했다. 하지만 내가 워싱턴으로 돌아가는 동안 그 약속은 보란 듯이 깨지고 말았다. 이스라엘 방위군은 공습을 줄이는 시늉만 했을 뿐 전쟁은 계속되었다. 그래도 공습이 약화된 틈을 타 구조대원들이 식량과 의약품을 보충할 수 있었다고 하니 그나마 다행이었다.

워싱턴에 도착하자마자 부시 대통령에게 달려갔다. 현지 상황을 보고한 뒤 국제사회의 지지가 계속 줄어드는 것에 대한 해결책을 논의했다. 부시 대통령은 시니오라 정권이 행여 무너질까 노심초사했다. 나는 조심스럽게 입을 열었다.

"그들에게 절체절명의 위기가 닥친 겁니다. 게다가 미국을 과연 믿어도 될까 하는 불신이 커지고 있습니다."

대통령은 올메르트에게 연락해서 하루빨리 전쟁을 끝내야 할 필요성을 다시 한번 주지시키라고 지시했다.

문제는 이스라엘이 자신들의 작전 목표를 확실히 정하지 못한 것이었다. 말로는 헤즈볼라를 무너뜨리려 한다지만 정작 그 테러 집단을 이길 수 없다는 것을 누구보다 잘 알고 있었다. 응징하려는 대상은 헤즈볼라지만 실제로는 레바논에 더 많은 해를 끼쳤고 국제사회에서 외면당하고 있었다. 게다가 조만간 대대적인 지상 공격을 펼치겠다고 으름장을 놓았지만 2000년에 이미 철수한 레바논을 다시 차지하려는 의향은 없었다. 이렇게 목표가 불분명하다 보니 언제까지 무엇을 하겠다는 계획도 없었다. 훗날 이스라엘 의사 결정 과정에 대한 단독 조사 보고서에서는 정치, 군사적 관점에서 볼 때 이 전쟁은 첫 단추부터 잘못 끼웠다는 결론을 내렸다. 이스라엘은 확실한 목표도 없이 전쟁을 벌인 것이었고 그 대가의 커다란 부분을 우리 정부가 떠안은 것이었다.

우리는 프랑스 및 UN 안전보장이사회와 손잡고 전쟁을 끝내기 위한 결의문을 준비하기 시작했다. 이스라엘이 구체적인 목표를 정할 때까지 무작정 기다려줄 수 없었다. 스티븐 해들리는 시라크 대통령의 외교 정책 고문과 머리를 맞대었으며, 나는 레바논, 이스라엘, UN 관계자들을 맡았다.

결의문 내용이 윤곽을 드러냈다. 일단 레바논 정부군을 남부 지역에 투입해 레바논 전 지역으로 정부의 영향력을 확대하며, UN 헌장 7조에 따라 UN 평화군을 투입해 UN 레바논 평화유지군을 강화하고 이스라엘 방위군을 몰아내기로 했다. 또한 국경 감시를 강화하고 시리아 국경이나 해상 침투를 차단해 이스라엘 봉쇄 조치를 해제하기로 했다. 셰바 팜스 문제는 나중에 거론하겠다는 약속도 포함했다. 휴전 협정 발효 시기는 평화군 배치를 기점으로 삼았다.

그 다음 주에는 각국의 동의를 얻는 데 매달렸다. 시니오라는 나와 협상을 벌이는 동시에 레바논 정부 인사들과 계속 의견을 주고받았다. 이스라엘 정부 내에서도 의견이 하나로 수렴되지 않아서 올메르트가 골머리를 앓았다. 특히 이스라엘 군 관계자들을 비롯한 강경파 세력은 전쟁을 계속해야 한다고 주장했으며, 이스라엘 방위군은 지금까지의 상황에 전혀 개의치 않으며 군사 작전 범위를 확대하기까지 했다. 치피 리브니와 올메르트가 난국을 타개할 방향을 찾고 있었지만 나도 가만히 있을 수 없었다.

가장 어려운 문제는 시니오라와 올메르트가 모두 동의할 수 있는 평화군 조건을 제시하는 것이었다. 올메르트는 UN 헌장 7조에 입각한 강력한 군대를 원했다. 이스라엘은 방위군이 물러난 자리에 헤즈볼라가 파고들까 봐 몹시 우려했다. 하지만 시니오라를 비롯한 레바논 정부 관계자들은 외부 군의 힘이나 영향력이 크면 또 다른 위기가 닥치거나 내전을 촉발할 수 있다며 한사코 반대했다. 레바논 정부는 7조가 아니라 6조에 따라 평화군의 영향력을 크게 줄여 달라고 요구했다. 마침내 우리는 양측이 모두 수용할 수 있는 타협안을 찾아냈다. 6조에 따라 UN 레바논 평화유지군 부대를 확장하되, 레바논 남부 지역이 또 테러의 온상이 되지 않도록 '필요한 모든 수단을 강구'한다는 조건을 덧붙였다.

협상 중에 파리에 모인 동맹국들은 갑자기 종적을 감추었다. 지금까지도 영문을 알 수 없다. 내가 아는 것은 적극적으로 해결책을 모색하던 분위기가 한순간에 무너졌다는 것이다. 외부 전문가들이 시라크 대통령에게 헤즈볼라가 레바논에 있는 프랑스 평화군을 노릴지 모른다고 겁을 주었다는 속설도 있다. 만약 그게 사실이라면 프랑스 정부는 셰바 팜스를 포함해 모든 정치적 갈등이 해결된 뒤 휴전을 선포하고 평화군을 투입해야 한다고 판단했을 것이다. 하지만 시니오라도 휴전에 앞서 정치적 협상이 이루어져야 한다고 주장한 적이 없었다. 어차피 현실적으로 불가능한 일이었다. 휴전 결의와 정치 상황에 대한 결의를 따로 추진하는 방안도 생각해보았다. 프랑스는 휴전 결의를 뒤로 미루자고 며칠 떼를 쓰다가 아예 손을 놓고 물러나버렸다. 다행히 코피 아난 사무총장이 뒤처리를 맡았다. 그가 로마에서 이스라엘에 대한 분노를 주체하지 못하던 모습을 생각해보면 이렇게까지 마음을 써주리라고는 생각지도 못했다. 시리아에게 최종 협상의 방해꾼 노릇을 할 생각은 꿈도 꾸지 말라고 쏘아붙인 사람도 코피 아난 사무총장이었다.

협상의 마지막 바통은 UN에 넘어갔다. 존 볼턴이 결의문 작업에 한창 매달려 있었다. 매일 밤 뉴욕에 있는 존 볼턴과 전화로 상의했다. 그리고 나서 집에 가면 현지 관계자들의 문의 전화가 빗발쳤다. 닉 번스는 아침이 밝으면 모든 것이 제자리라며 하소연했다. 드디어 합의점을 찾았다고 생각하며 잠들었는데 이튿날 일어나보면 밤새 일이 틀어져 있었다. 데이비드 웰치는 헬리콥터로 이스라엘과 레바논을 셀 수 없이 오가며 진땀을 흘렸다.

대통령은 크로포드에 가 있었다. 그는 레바논 문제를 논의하러 오라고 했다. 8월 5일 크로포드로 가서 간단히 상황을 설명했다. 다음 날 아침에는 예정대로 NSC 화상 회의에 참석했다. 대통령의 특별 지시에 따라 한 사람도 빠짐없이 참석했다. 부통령은 "이 문제는 이스라엘이 직접 마무리해야 합니다."라며 결의문을 채택하면 안 된다고 주장했다. 뒤통수를 얻어맞은 기분이었다. 대통령에게 '지난 2주 동안 부통령은 어디에서 뭘 하다 온 겁니까?'라고 쪽지를 보냈지만 아무 답이 없었다. 부통령의 말을 들어보니 그가 일방적으로 이스라엘과 협상을 벌인 것이 분명했다. 나에게 알리지 않고 이스라엘 관계자들을 만나서 미국이 지원할 테니 전쟁을 계속하라고 부추겼단 말인가? 괘씸하면서도 한편으로는 이해되지 않았다. 나와 의견이 맞지 않을 때에도 서슴없이 직설적인 발언을 하던 사람이 아닌가? 부통령답지 않은 처사라는 느낌이 왔다. 누군가 뒤에서 그를 '조종'하는 것 같았다. 어찌 됐든 그의 행동은 결코 용납할 수 없었다.

부통령이 말을 끝낸 후 나는 부글거리는 감정을 억누르고 차분한 목소리로 그동안 스티븐 해들리와 함께 이스라엘, 레바논 양측과 휴전 조건에 대한 협상을 계속했다고 말했다. 이제 협상이 마무리 단계에 접어들었으며 며칠 내로 UN 결의 채택을 위해 투표를 실시할 것이므로 돌이킬 수 없다고 밝혔다. 현재 레바논 정부는 존폐 위기를 겪고 있으며 우리의 도움이 절실하지만 NSC 장관 중에 이를 반대하는 사람이 있다면 국무장관인 나에게 분명히 알려 달라고 요구했다. 부통령은 전쟁을 계속해야 한다는 주장을 꺾으려 하지 않았다.

"마음대로 하십시오. 그렇게 하다가 중동 지역 한복판에서 죽음을 맞이해도 좋다면 말입니다."

일부러 사람들이 듣도록 큰 소리로 말했다. 대통령은 잠시 회의를 중단하고 나를 밖으로 불러냈다.

"제가 레바논과 이스라엘에 다녀온 이유는 결의문 내용을 협상하는 것이었습니다. 그런데 이제 와서 결의문을 채택하지 않겠다니요? 말이 안 됩니다."

다음 날 아침, 대통령은 직접 작성한 서류 한 장을 내밀었다. 중동 지역에 대한 내용이었다. 전쟁을 계속하는 것은 여러 모로 불리했다. 우선 이라크 내에서 우리 정부의 입지에도 불리하게 작용할 것이며 팔레스타인 정부를 수립하려는 대통령의 목표와도 맞지 않았다. 레바논에서 민주주의가 뿌리내릴 기반을 포기할 수 없으며 자유 의제를 끝까지 고수하겠다는 굳은 의지가 드러나 있었다. 이렇게 내부 갈등이 해소되는 것을 보니 힘이 솟았다. 나는 워싱턴으로 돌아와 휴전을 이루기 위해 총력을 기울였다.

엎치락뒤치락하는 상황이 계속되었다. 그러다가 수요일 저녁 무렵에야 존 볼튼에게서 어떤 표현을 쓸 것인지 합의되었다는 보고가 들어왔다. 그런데 또 다른 문제가 터졌다. 아랍연맹이 휴전을 요구하며 외무장관들을 워싱턴에 파견하기로 결정한 것이었다. 존 볼턴은 "이곳(뉴욕) 사정이 갑자기 악화되었습니다."라고 전했다. 지금 상황에는 전혀 도움이 되지 않는 행동이었다. 그렇게 사람들의 이목을 끄는 동안 전쟁을 계속하려는 무리는 텔아비브에서 세력을 더 확장할 것이라는 추측밖에 할 수 없었다.

UN 당사국으로부터 결의에 대한 지지를 얻어내려고 종일 수화기를 붙들고 코피 아난 사무총장과 씨름을 벌였다. 숨을 돌리기도 전에 영국 외무장관 마거릿 베킷에게서 전화가 왔다.

"지금 뉴욕으로 가는 길입니다. 토니 블레어 총리는 이제 UN에 이 문제를 가져갈 시기가 되었다고 판단했습니다. 아랍권에서 저렇게 나오니 우리도 서둘러야 합니다."

"잠깐만요. 결의문이 제대로 완성되지 않은 상태에서 UN에 가면 우리는 가만히 앉아서 아무 말도 못 할 겁니다. 얼마나 무력해 보이겠어요?"

"런던에 있으나 뉴욕에 있으나 뾰족한 수는 없습니다. 라이스 장관 말대로 UN에 가도 달라질 것이 없다는 것을 저도 압니다."

그녀가 뉴욕에 도착하면 금요일에 만나서 최종 담판을 짓기로 했지만 내가 뉴욕에 도착할 무렵에는 결의 내용이 거의 정해진 상태였다. 데이비드 웰치는 레바논에서 시니오라 총리를 만나고 있었으며 스티븐 해들리는 밤을 새워가며 이스라엘 정부 관계자들과 씨름하고 있었다. 결의문 초안은 텔아비브에서 발생한 변화를 고려하지 않은 것이었는지 어찌 된 영문인지 올메르트의 손에 들어가버렸다. 올메르트 외교 고문 샬롬 투르게만은 미국 정부가 이스라엘이 도저히 받아들일 수 없는 결의문을 들이밀었다며 스티븐 해들리에게 화풀이했다. 스티븐은 결의문 내용이 수정될 것이라며 그를 가까스로 달랬다. 알고 보니 존 볼턴이 몰래 UN 대사를 통해 이스라엘과 정보를 공유하고 있었다. 나는 그 사실을 여러 해가 지난 후에야 알았다. 이스라엘 대사는 백악관과 총리의 논의 사항에서 한 발 뒤처져 있었으므로 그들의 비밀 거래는 결국 문제를 일으키고 말았다.

존은 안전보장이사회 회의실에서 결의문을 검토하고 있었다. 그때가 3시쯤이었는데 텔레비전을 켜보니 어마어마한 사건이 벌어지고 있었다. 이스라엘 탱크가 국경을 넘어 레바논 깊숙이 들어가 있었다. UN 결의문 투표가 시작되기도 전에 이스라엘 방위군은 지상 공격을 개시한 것이었다.

나는 데이비드 웰치와 시니오라를 전화로 연결해 결의문을 마지막으로 검토하다가 뉴스를 보게 되었다. 옆에 서 있던 비서관에게 "당장 치피 리브니를 연결해!"라고 소리쳤다. 그녀의 목소리를 듣는 순간, 더 이상 참지 못하고 고함을 질렀다.

"지금 도대체 뭐하는 겁니까?"

치피 리브니는 아무 말도 하지 못했다. 아무래도 전쟁을 계속해야 한다고 주장하던 자들이 이스라엘 방위군을 부추겨서 경솔하게 행동한 것 같았다. 외교 협상을 벌일 시간도 이제 얼마 남지 않았다는 경고였을지 모른다. 아무튼 우리의 관심을 끌어보려는 행동 치고는 너무 과격했다.

스티븐 해들리에게 올메르트를 직접 찾아가라고 지시한 뒤 곧바로 올메르트에게 전화를 걸었다. 그는 휴전에 앞서 더욱 확고한 자리매김을 할 필요성을 느꼈다고 했다. 말이 안 되는 소리였다. 그 말을 듣자 무슨 일이 있어도 결의안 채택을 관철해야겠다고 다짐했다. 브라이언에게 "존 볼턴에게 몇 분만 시간을 끌라고 전하세요."라고 지시했다. 존 볼턴은 UN 회의장에 있었다. 그러고 나서 레바논 총리와 이스라엘 총리를 동시에 전화로 연결해서 최종 협상에 돌입했다. UN 회의장에 들어가려는데 코피 아난 사무총장이 급하게 나를 부르더니 "이스라엘이 철수하기 전에 시간이 얼마나 필요합니까?"라고 묻는 것이었다. 부랴부랴 올메르트에게 다시 전화를 걸어 48

시간 뒤에 휴전하는 것으로 결정했다.

존이 우리가 협상한 내용대로 휴전 결의문을 제출했다. 나는 곧이어 회의장에 들어가서 미국 대표로 찬성표를 던졌다. 8월 11일에 UN 안전보장이사회 1701호 결의문은 만장일치로 채택되었다. 시니오라 총리는 이스라엘에 대한 분을 삭이지 못했지만 가장 최근에 발발한 레바논 전쟁이 한 달 만에 막을 내린 것은 기뻐할 만한 일이었다.

그날 밤 비행기에서 오랜만에 와인을 마시며 느긋한 시간을 보냈다. 그동안 밤낮 가리지 않고 협상에 매달리느라 피로가 많이 쌓여 있었다. 흡족한 결과는 아니지만 큰 고비를 넘겨 다행이었다. 이스라엘은 철수할 것이고 평화군이 입성하면 시니오라 정부는 회생할 수 있었다. 어려운 일을 해치우고 양측 모두의 이익을 지켜주었다고 생각하니 마음이 푸근했다. 일요일 아침 《워싱턴포스트》 사설에 흥미로운 제목이 등장했다.

'이제 중동은 라이스 장관의 손에 달려 있다'

'레바논의 참혹한 전쟁이 막을 내리고 이제 국무장관이 중동 지역의 질서를 다시 회복할 기회를 얻었다.'는 보도문을 보자 절로 고개가 끄덕여졌다.

'그래, 이게 내가 할 일이야. 무슨 수를 써서라도 해내고 말겠어.'

며칠 후 그린브라이어로 자리를 옮겼다. 그곳에 가서도 종일 전화기에 매달리다시피 했다. 새로운 평화군을 구성하기 위해 도움을 구할 일이 많았다. 군을 모집하는 것은 늘 쉽지 않은 일이었다. 특히 미국은 오래 전부터 직접 통수권을 장악하지 않는 한 UN 작전에 병력을 투입하지 않는다는 방침을 고수했다. 레바논의 경우, 1983년에 미 해병 기지가 폭탄 테러를 당한 것을 시작으로 주요 공격의 타깃이 되었기에 병력 동원에 어려움이 많았다. 다행히 이탈리아의 적극적인 지원에 힘입어 마침내 '새로운' UN 레바논 평화유지군이 탄생했다. 프랑스는 끝까지 회피하고 미루는 태도를 보였으며 (이번에도 달레마의 영향이 컸다) 결국 이탈리아가 소매를 걷어붙였다. 그러자 프랑스는 화들짝 놀라 통수권을 맡겠다고 손을 내밀었다. 군 병력의 대다수는 이탈리아, 스페인, 터키에서 지원해주었다.

1701호 결의는 그때나 지금이나 여전히 논란의 대상이다. 특히 보수적인 평론가들과 이스라엘의 몇몇 '우방 국가'들은 매우 노골적이다. 이 결의가 전쟁을 종식시킨 것은 확실하지만 레바논의 안보 문제를 완전히 해소한 것은 아니다. 시리아 국경 문제는 전혀 해결될 기미가 보이지 않는 상황이다. 시니오라 총리는 국경 지대에 국제평화군을 배치하는 것이 시리아에 대한 선전포고나 다름없다고 비칠까 봐 전전긍긍했다. 국무부를 떠나는 마지막 날까지 이 문제를 손에서 놓을 수 없었다. 그래서 비밀리에 국경을 감시할 수 있는 독일 기술자를 파견한 적도 있었지만 큰 효과가 없었다. 거래량은 줄었지만 헤즈볼라는 보란 듯이 1701호 결의문을 어기고 무기 거래를 계속했다.

그러나 위노그라드위원회는 1701호 결의가 이스라엘을 위한 '큰 성과'였다고 평가했다. 레바논 군을 남부 지역으로 파견하자 헤즈볼라의 세력은 눈에 띄게 약화되었다. 30년 만에 처음으로 정부군이 남부 지역에 등장하자 레바논 국민들은 기쁨의 눈물을 흘렸다. UN 레바논 평화유지군은 평화 유지라는 본래 목적을 충실히 수행하고 있다.

완벽한 해결책은 아니었지만 1701호 결의문은 시니오라에게 의미 깊은 승리였다. 그가 먼저 시작한 전쟁은 아니었지만 국민들을 전쟁 공포에서 구해내는 것은 어디까지나 총리의 몫이었다. 헤즈볼라의 수장 하산 나스랄라는 자신들이 승리를 거두었다고 우겼다. 하지만 시민들의 보금자리를 빼앗고, 국가의 주요 인프라를 무너뜨리고, 한때 그들이 장악하던 곳을 레바논 정부군과 국제평화군에게 빼앗겼을 뿐 아무것도 얻지 못했다. 훗날 나스랄라는 이런 결과가 나올 줄 알았다면 아예 전쟁을 시작도 하지 않았을 것이라고 털어놓았다.

이스라엘은 시리아 쪽 국경을 사수하지 못한 것에 대해 끝내 분을 삭이지 못했다. 심지어 전쟁을 중단하지 말아야 했다는 주장도 있었다. 정당한 이유가 없는 공격을 받은 것은 사실이지만 그들의 대응 방법은 적절하지 못했다. 우리 정부가 개입했기에 이 정도 수준에서 해결된 것이었다. 올메르트와 치피 리브니는 외교적 해결 방안이 적절한 시기에 효과를 발휘했다고 인정했다.

시리아는 이번 상황에 전혀 개입하지 않았다. 코피 아난 사무총장의 강력한 경고는 놀라운 힘을 발휘했다. 2005년에 군을 철수시킨 이후로 시리아의 입지가 크게 약화된 탓도 있었다. 워런 크리스토퍼 국무장관이 1996년 분쟁 사태를 협상할 때 시리아군은 그를 '보호'하기 위해 베이루트 시내 곳곳을 장악했다. 그 기회를 빌려 영향력을 한껏 과시한 것이었다. 크리스토퍼는 베이루트보다 다마스쿠스를 더 많이 드나들었으며 시리아와 이스라엘이 최종 협상을 맺었다. 이제 2006년이 되었지만 시리아가 아무 영향력이 없다고 생각할 만큼 어리석은 사람은 없을 것이다. 그렇지만 레바논이 직접 협상을 주도하게 도와준 것은 주권 회복을 향한 오랜 여정에서 매우 의미심장한 순간이었다. 이렇게 미국은 이스라엘과 헤즈볼라의 거친 전쟁 불꽃에서 수많은 인명을 구조했다.

36

테러와의 전쟁 체제를 개편하다

한 달 내내 이어진 레바논 전쟁 때문에 다른 일은 전혀 신경을 쓸 수 없었다. 여기저기에 문제가 쌓이고 있었다. 이라크 상황은 날이 갈수록 악화되었으며 북한은 핵실험을 감행하는 등 비협조적인 태도로 일관했다. 팔레스타인과 이스라엘 협상도 하루빨리 마무리해야 했다. 그중에서 가장 시급한 문제는 피억류자에 대한 우리 정부의 방침을 비난하는 사람들을 진정시키고 테러와의 전쟁에 안정적인 법적 기반을 마련하는 것이었다.

2006년 6월 말, 함단-럼즈펠드 사건에 대한 대법원 판결이 나왔다. 피억류자를 고문하는 군사 법원 체제는 국내법과 국제법이 보장하는 피억류자의 권리, 이를테면 재판에 출석할 권리와 특정 종류의 증거를 갖출 권리 등을 위배했다는 판결이었다. 또한 대법원은 법무부 관계자의 견해와 달리 제네바 협정 일반 조항 3조가 알카에다와 미국 정부의 관계에 적용되므로 알카에다 조직원도 3조에 보장된 최소한의 기본권을 누린다는 것이었다.

정치적으로 볼 때 일반 조항 3조에 대한 대법원 판결은 미군에 억류된 자들을 대하는 방식에 실질적인 변화를 가져오지 못했다. 부시 대통령은 오래전부터 모든 피억류자에게 인도적인 대우를 보장하고 가능하다면 제네바 협정의 원칙을 철저히 지켜야 한다는 입장이었다. 이 점은 누가 봐도 의문의 여지가 없었다. 그뿐만 아니라 판결문에서는 군사위원회를 무조건 반대한 것이 아니라 현재 군사 법원의 형식을 규탄하면서 법적 정당성을 갖추기 위해 의회 승인을 얻으라고 촉구한 것이었다. 9.11테러 직후 대통령은 2차 공격을 막는 데 필요한 모든 법적 조치를 취했으며 나도 적극 참여했다. 미군을 정면 공격하는 적들을 전쟁을 통해 무찌르고 적극적인 첩보 활동을 통해서 또 다른 테러 공격을 감행할 가능성이 있는 자들을 밝혀냈기에 수많은 국민들을 보호할 수 있었다. 당시에도 그랬고 지금도 그 생각에는 변함이 없다.

그러나 국무장관 임기를 시작한 지 얼마 되지 않아서 이러한 방침이 오히려 국가 안보에 문제를 야기하는 것으로 드러났다. 미국의 억류 및 심문 방침이 국제법을 위반했다는 오해가 퍼지자 동맹국들과 외교 관계가 악화되었다. 가장 심한 곳은 유럽이었다. 적의 위협은 수시로 달라졌으므로 첩보 활동이나 전투 작전을 수행하려면 동맹국의 협조가 절실한 처지였다. 하지만 우리와 가장 가까운 동맹국 영국마저도 영국인 네 명을 재판 절차 없이 관타나모에 계속 억류하는 상황에 대해 깊은 유감을 표현했다.

국무장관으로 부임한 첫날부터 대통령의 기대에 부응하기로 굳게 결심했다. 우선 우리 정부의 방침을 공개하고 국민들이 수긍할 수 있는 법적 기반을 마련해 입법부의 승인을 얻어야겠다는 생각이 들었다. 내가 국가안보보좌관이었을 때부터 대통령은 그 점을 수없이 강조했다. 이제 국무장관이 되었기에 누구보다도 그 일을 추진하기에 유리한 입장이었.

법률 자문 존 벨링거와 법률 고문 필립 젤리코는 지칠 줄 모르고 관계 기관의 협조를 얻어 억류 방침을 해명할 방안을 강구했다. 2005년 6월에 젤리코와 당시 국방부 차관보를 대행한 고든 잉글랜드는 NSC에서 나의 보좌관이었으며, 이제 펜타곤에서 피억류자 담당자로 일하는 왁스먼과 벨링거의 자문을 얻어 9페이지 분량의 건의서를 작성했다. 행정부는 의회에서 정부 방침에 대한 승인을 얻어 제네바 협정 일반 조항 3조에 명시된 피억류자 대우에 대한 최소한의 기준을 온전히 수용한다는 내용이었다. 1년 뒤에 대법원에서는 두 가지 제안을 모두 이행하라는 명령을 내렸다.

그에 덧붙여 건의서에는 CIA의 해외 비밀 수용소에 있는 극소수의 핵심 인사들을 이송해야 한다고 주장했다. 블랙사이트라는 해외 비밀 수용소는 9.11테러로 혼란스러웠던 시절에 만들어졌으며, 9.11테러를 지휘한 칼리드 셰이크 모하메드와 그를 생포하도록 단서를 제공한 아부 주바이다 등이 억류되어 있었다. CIA가 해외 억류 프로그램을 마련한 것은 이번이 처음은 아니었다. 미국을 비롯한 여러 나라들이 수십 년 전부터 테러 용의자를 생포해 외국에서 심문하거나 억류한 사례가 있었다. 하지만 2005년 무렵에는 정보 가치가 없는 피억류자들을 CIA 수용소에 두지 않고 본국으로 송환하거나 재판일까지만 관타나모수용소에 억류했다.

펜타곤과 부통령실은 고든과 젤리코의 건의 사항을 완강히 반대했다. 도널드 럼즈펠드는 대행 차관보가 자신의 승인도 받지 않고 이 일에 참여했다며 몹시 분개했다. 그는 CIA 피억류자를 관타나모수용소로 이송할 것이라면 그들에 대한 책임을 떠맡을 수 없다고 선언했다. 부통령실은 일반 조항 3조를 정식으로 채택하는 것을 반대했다. 연초에 부시 대통령이 공식적으로 관타나모수용소 폐쇄를 선언했지만 이를 안전하게 행동으로 옮길 방법을 찾을 수 없었다.

아이러니하게도 해외 비밀 수용소에 관한 모든 것이 기밀이라는 점이 발목을 잡았다. 아주 기본적인 것도 공식적으로 인정할 수 없는 상황에서 우리가 실제 무엇을 하는지, 어떤 보호책을 강구했는지 설명하기란 쉽지 않았다. 결국 사실과 전혀 다른 소문이 나돌기 시작했고 억울한 오해를 받은 것도 한두 번이 아니었다. 2005년 5월 《뉴스위크》는 관타나모에 있는 미군 병사 몇 명이 코란을 찢어 변기에 쑤셔 넣었다는 기사를 보도했다. 사실이 아닌 것으로 밝혀져 《뉴스위크》가 공식적으로 보도를 철회했지만 이미 아프가니스탄과 파키스탄을 비롯한 이슬람 문화권에서는 미국을 응징하라는 폭동이 발생해 최소 15명이 목숨을 잃었다.

2005년 11월, 《워싱턴타임스》는 CIA가 해외에 비밀 수용 시설을 두고 있다는 기사를 1면에 보도했다. 아니나 다를까 상상 밖의 비판이 쏟아졌다. NATO 회담에 참석하기 위해 독일로 출발하기 딱 한 달 전이었다. 유럽 각국 국무장관들의 전화가 빗발쳤다. 다들 국회에 불려가 CIA와 공모한 사실이 있는지 추궁당했다며 난감해했다. 네게도 정식 인터뷰 요청이 빗발쳤다. 영국 외무장관 마거릿 베킷은 "저도 정말 이러고 싶지 않습니다만 어쩔 수 없네요."라고 토로했다. 그녀의 입장을 충분히 이해한다며 다독여주었다. 다른 나라의 외무장관들도 괴로워하기는 마찬가지였다. 유럽에 가면 이 문제에만 매달리게 될 거라는 직감이 들었다. 정면 돌파 외에는 방법이 보이지 않았다.

CIA 국장 마이크 헤이든에게 연락해서 유럽으로 출국하기 전에 공식석상에서 뭐라고 해야 할지 알려 달라고 했다. 원고를 받아보니 내용이 너무 미온적이었다. 마이크에게 다시 전화를 걸었더니 제대로 만들어주겠다고 했다. 힘겹게 원고를 완성한 뒤 출국 일정에 맞추어 앤드루 공군 기지에서 기자회견을 마련했다. 평소에는 이륙 후 언론에 보도 자료를 넘겼지만 이번에는 달랐다. 유럽에 도착하기 전에 원고 내용을 유럽에 알리기 위해서 기자회견을 먼저 열었다. 서둘러 마련된 기자회견장에 들어가 이렇게 선언했다.

"지난 수십 년간 미국을 위시한 많은 나라들은 테러 용의자를 생포해 그들을 본국이나 심문, 억류, 심판할 수 있는 다른 나라로 송환했습니다. 이들을 송환할 때 미국은 어느 곳에서나 자국의 법과 국제 조약에 대한 의무를 준수하는 것을 기본 방침으로 삼고 있습니다. 민주주의 국가라면 어느 곳에서나 그렇게 할 것입니다."

성명 내용이 기자들의 호기심을 충분히 해결해주었다고 생각한 것은 오산이었다. 비행기에 오른 뒤에도 질문 공세는 그치지 않았다. CIA 비밀 수용소의 존재 여부를 놓고 집요하게 캐묻는 통에 정신을 차릴 수 없었다. 정부 방침을 먼저 설명하고 싶었지만 입을 여는 순간 기밀이 누설될 수밖에 없었다.

나는 측근들에게 "이대로 계속 버티면 안 될 것 같군요. CIA의 관행을 인정해야 저들을 제대로 납득시킬 수 있습니다. 다른 방법이 없어요."라고 솔직하게 털어놓았다. 워싱턴에 있는 스티븐 해들리에게 연락해서 대통령과 NSC 장관들의 생각을 알아보았다. 그렇게 해서 "우리 정부는 국내외를 가리지 않고 필요하다면 어디든 사람을 보내 필요한 조처를 합니다. 그것이 국제사회에 대한 우리 정부의 의무라고 생각합니다."라고 표명했다. CIA가 해외에도 활동 기지가 있다는 것을 우회적으로 표현한 것이었다.

이 발언은 유럽에서 센세이션을 일으켰다. 나는 우리 정부가 해온 과정이 옳다고 믿었기에 조금도 부끄러워하거나 변명할 생각이 없었다. 국가 정보기관이 그런 작전을 수행하는 것은 다른 나라에서도 흔한 일이었다. 더욱이 CIA의 활동은 미국만 방어하는 것이 아니라 수많은 국가들에게도 사실상 이익을 주는 것이었다.

"테러 집단의 속셈을 알아내지 못하면 수천 명이 무고한 희생을 치르게 됩니다. 모든 사실을 확인한 후 범죄에 대한 심판을 내리는 법 집행과는 전혀 다른 문제입니다."

NATO 장관급 회의 전날, 벨기에 외무장관 카렐 드 휘흐트가 초대한 만찬 자리에서 "걱정하지 마십시오. 마지막에 이 문제를 다루겠다고 미리 말해 두겠습니다. 그러면 회의 분위기가 이 문제에 휩쓸리지 않을 겁니다."라고 말했다. 나는 어안이 벙벙해서 "아닙니다. 이 문제를 제일 먼저 다루어야 합니다."라고 대답했다. 그리고 카렐이 발언권을 주었을 때 이렇게 설명했다.

"지금 카렐 앞에 태산 같은 문제가 놓여 있습니다. 먼저 피억류자 문제에 대해 말씀드리겠습니다. 이 자리에 계신 모든 분의 의견을 듣고 싶습니다."

누가 먼저랄 것도 없이 툭 터놓고 이야기하기 시작했다. 토론을 마치고 나니 태산 같았던 문제가 온데간데없이 사라졌다. 물론 그들이 우리 정부가 하는 일에 모두 동의하지는 않았겠지만 적어도 잘난 척하거나 국제 규정을 무시한다고 오해하는 시선은 사라졌다. 다음 날 몇몇 언론사에서는 내가 이 문제를 한 단계 진척시켰다고 보도했다. 워싱턴으로 돌아오지 좌피 성향으로 유명한 어느 기자가 "정말 대단하십니다. 지금껏 이렇게 훌륭한 외교 협상은 본 적이 없습니다."라고 말했다.

6개월 뒤에 나온 판결문은 테러와의 전쟁과 관련해서 더욱 발전된 법적 기초를 마련할 것을 촉구했다. 대법원은 군사위원회가 의회에서 설립 승인을 받지 않은 것이 가장 큰 문제라고 지적했다. 대법원이 현재 군사위원회를 강하게 비난한 점이 마음에 걸렸지만 의회 승인을 받으면 정보기관의 작전 수행을 그대로 수행하고 피억류자들의 인권도 지켜줄 수 있는 안정된 군사위원회 체계가 마련될 것이라는 확신이 생겼다. 스티븐 해들리는 대통령을 대행해서 관련 사항에 대한 입법을 추진했다. 일반 조항 3조 적용에 대한 이번 판결은 유럽 동맹국들에게 우리 정부가 국제법을 마땅히 존중하고 준수한다는 것을 보여주는 계기가 되었다.

그러나 놀랍게도 정부 내 몇몇 인사들이 이번 판결을 뒤엎는 입법을 추진하자며 대통령을 몰아붙였다. 군사위원회 설립에 대한 의회 승인을 받을 것이 아니라 대통령이 군사위원회에 대한 문제를 단독으로 처리할 수 있다는 점에 의회가 순순히 동의해야 한다는 주장이었다. 만약 그렇게 응수한다면 국제사회는 미 행정부가 동맹국의 입장은 물론 국내 대법원마저 무시한다고 받아들일 우려가 있었다.

우리는 모두 대통령 집무실에 모여 함단 판결문을 검토했다. 나는 "대통령 각하, 이미 대법원이 판결한 것은 번복할 수 없습니다."라고 단호하게 말했다. 군사 재판을 합법적으로 승인하는 2006년 군사위원회법을 관철시키기 위해 의회와 오랫동안 공방을 벌였다.

9.11테러의 직격탄을 맞은 직후 내린 결정을 함부로 여기는 사람은 아무도 없었다. 특히 나는 그럴 생각이 추호도 없었다. 그때는 알카에다 조직의 내부 사정이나 공격 의도 등을 거의 파악하지 못한 상태였다. 9.11테러가 벌어진 지 한 달도 지나지 않아서 탄저병과 천연두 위협이 이어졌다. 당시에 많은 사람들이 미국을 겨냥한 연쇄 테러가 본격적으로 시동을 거는 것이 아니냐며 두려움에 떨었다.

2006년이 되자 상황이 많이 달라졌다. 9.11테러 직후 도입한 체제 덕분에 알카에다 구조와 향후 계획이 많이 드러났다. 적과의 대결은 끝난 것이 아니라 해외로 자리를 옮긴 것뿐이었다. 알카에다는 아프가니스탄이라는 안전한 은신처를 잃어버린 뒤로 공격력이 눈에 띄게 줄어들었다.

부시 대통령은 재임이 확정된 순간부터 테러와의 전쟁 과정에 비추어 관련 판결문을 다시 검토할 마음을 먹고 있었다. 대통령뿐만 아니라 고위급 고문들도 국가 안보에 대한 의사 결정은 헌법과 국가가 가장 중시하는 가치를 온전히 지키면서 나라를 지키는 데 필요한 합법적인 수단을 모두 강구해야 한다는 점을 잘 알고 있었다. 대통령은 국가 안보 프로그램의 효율성과 국민들의 보편적 기대 중에서 어느 것도 포기해서는 안 된다고 판단했다.

이제 칼리드 셰이크 모하메드를 비롯한 악명 높은 테러리스트를 억류하고 있다고 밝힐 때라는 느낌이 왔다. 언제까지나 '실종' 상태로 두어 법의 심판에서 숨겨주는 것은 우리 의도와 맞지 않았다. 그래서 대통령과 측근들에게 이제 우리 작전을 공개하고 테러와의 전쟁에 대한 법적 체계를 마련할 때 국민의 대변인인 의회를 참여시켜야 한다고 설득했다. 그것이 진정한 민주주의라고 믿었다.

내 생각에 반대하는 사람도 있었다. 아마 이때가 부통령과 가장 격렬하게 대립했던 시기였을 것이다. 2006년 8월, 루스벨트 룸에서 열린 NSC수용소에서 정점을 찍었다(상황실이 공사 중이라서 회의 장소가 루스벨트 룸으로 변경되었다). 나는 대통령이 CIA의 억류 및 심문 절차를 공식 인정하고 CIA 해외 수용소에 있는 피억류자 전원을 관타나모수용소로 옮겨 재판에 회부해야 한다고 주장했다. 다른 사람들은 모두 동의했지만 부통령은 고개를 저었다. 첩보 활동에 필요한 자들도 있기에 CIA가 그대로 억류하는 것이 유리하다는 것이었다. 또한 해외에 비밀 장소가 있다는 것을 인정해버리면 지금까지 비밀 수용소 운영에 협조해준 나라들의 입장도 난감해진다고 맞섰다. 하지만 나는 비밀 수용소를 그대로 두면 첩보 활동 협조를 구하는 데 오히려 방해가 될 것이므로 대통령이 임기를 끝내기 전에 반드시 해결해야 한다고 촉구했다.

"각하, 비밀 수용소를 부시 행정부의 유산으로 남기실 생각이 아니라면 결단을 내리십시오."

부통령과 나는 팽팽한 설전을 계속했다. 주변 사람들은 모두 입을 굳게 다물었다. 워싱턴에 머무는 기간 중에서 가장 격렬한 논쟁을 벌인 순간이었다. 사적인 감정이 아니라 업무에 관한 것이었다. 스티븐 해들리와 당시 백악관 비서실장이었던 조슈아 볼턴은 내 편이라는 것을 알고 있었지만 법무부 장관이 대통령에게 뭐라고 귓속말을 하는지 알 수 없었다. 대통령이 의중을 드러내지 않거나 생각할 시간이 필요하다고 하면 결과를 충분히 생각하기를 간절히 기도하는 수밖에 없었다.

대통령은 2006년 9월 6일, 백악관 이스트 룸에서 공식 연설을 했다. 그는 14명의 테러리스트를 관타나모수용소로 이송할 것이며 의회가 승인한 군사위원회가 재판을 맡을 것이라고 발표했다. 9.11테러의 주범 칼리드 셰이크 모하메드도 이송 대상이었다. 대통령은 CIA가 지휘하는 프로그램에 따라 극소수의 테러 용의자들이 국외에 억류되어 심문받았다고 국민들에게 해명했다. 또 몇 번에 걸쳐 CIA가 대체 심문 절차에서 용의자들을 심문했지만 이는 법무부가 헌법과 국제 조약 위반 여부를 심의한 것이라고 덧붙였다.

해가 바뀌고 CIA가 심문 프로그램을 갱신하기 위해 대통령에게 정책 승인을 요청하면서 이 문제가 다시 불거졌다. 2005년 피억류자대우법이 통과되고 함단 사건에 대한 대법원 결정 이후로 한참 보류된 사안이었다. 법적 허용 한도가 불확실하다는 이유로 CIA는 법무부에 심문 프로그램이 피억류자대우법과 제네바 협정 일반 조항 3조에 부합하는지를 검토해 달라고 요청했다. 또한 법무부 조사 결과가 나오면 대통령이 집행 명령을 통해 정식으로 프로그램 재개를 선언해야 한다고 덧붙였다.

집행 명령 초안을 살펴보니 결재할 수 없는 내용이 눈에 띄었다. 법률 고문 존 벨링거는 당시 CIA가 제안한 프로그램은 대법원이 일반 조항 3조를 적용한 방식과 맞지 않다고 지적했다. 나도 같은 생각이었기에 집행 명령 결재 서류를 고스란히 돌려보냈다. 그래서 CIA가 프로그램의 효율성을 해치지 않는 범위 내에서 몇몇 위험한 기법을 삭제할 때까지 보류 상태로 남아 있었다.

임기가 끝날 때까지 이 문제는 여러 차례 다시 수면 위로 떠올랐다. 우리가 의도했던 것 중에 관철되지 않은 부분도 있었다. 대통령은 결국 관타나모수용소를 폐쇄하지 못한 채 물러났다. 후임 대통령에게도 그 문제는 쉬운 일이 아니었다. 국가 안보 정책은 9.11테러의 여파로 큰 영향을 받았다. 그래도 부시 대통령이 기반을 잘 닦은 덕분에 오바마 정권은 국가 안보 프로그램을 훨씬 효율적으로 사용하거나 필요한 경우에 이를 더 발전시킬 수 있었다.

2006년 9월, 대통령이 이스트 룸에서 이러한 프로그램을 발표하는 모습을 옆에서 지켜보았다. 억류 방침을 비롯한 대테러 작전 수행 방식의 기반이 안정된 것을 보며 마음이 놓였다. 그 자리에는 9.11테러 희생자 가족들이 많이 와 있었다. 환호하는 사람도 있고 눈물을 흘리는 사람도 있었다. 하늘을 올려다보며 기도하는 사람도 보였다. 미국 역사에 새로운 장이 열리는 기분이었다. 9.11테러범을 법으로 다스려 제대로 복수하는 과정이었다.

조지 W. 부시 대통령은 2001년 9월의 그날을 기점으로 전시 대통령이 되어버렸다. 우리도 덩달아 전시 내각 체제에 돌입했다. 외교 총책임자로서 9.11테러와 무관하게 처리할 일도 산더미 같았다. 그런데 세계무역센터와 펜타곤이 돌이킬 수 없는 피해를 입었다는 사실은 쉽게 극복할 수 있는 상처가 아니었다. 5주년 기념일에 갑자기 그날의 악몽이 되살아나 모든 것을 버리고 떠나고 싶은 생각만 들었다.

대통령은 테러 사건 이후 5년간 상황이 어떻게 달라졌는지 알아보려고 뉴욕으로 떠났다. 부통령은 내각 관료들을 이끌고 2001년 이후 매년 성공회 교회 예배에 참석했다. 예배가 끝나면 백악관 잔디밭에 따로 모여 묵념했다. 그곳에서 포토맥 강가에 있는 레이건 국립 공항으로 향하는 비행기를 올려다보았다. 아주 잠깐이었지만 그 비행기가 나를 향해 곧장 돌진하는 것 같아서 온몸이 얼어붙었다. 몇 분 지난 뒤에 생각해보니 그 비행기는 정상적인 경로를 따라 지나간 것뿐이었다. 테러 사건 뒤처리에 너무 오래 매달린 탓이 아닐까 싶었다. 더 이상 견딜 수 없을 것 같았다. 다음 날 대통령을 찾아가서 해가 바뀌면 물러나겠다고 말하기로 마음먹었다.

대통령은 뉴욕에서 기념 행사를 주관하고 부통령은 워싱턴 행사를 맡았다. 나는 이번 행사가 국제적인 의미를 지니도록 뭔가 조치를 취해야 한다고 느꼈다. 사실 캐나다는 9.11테러 사건이 터졌을 때 물심양면으로 도움을 아끼지 않았다. 특히 동부 해안 지역 주민들은 사고 지점에 착륙할 예정이었던 비행기 탑승객들을 돌봐주었다. 노바스코샤 주민들은 미국인 수백 명에게 숙소를 제공했다. 생면부지의 낯선 사람이 베푸는 따스한 도움의 손길은 얼마나 감동적인지 모른다. 소중한 친구이자 동료인 외무장관 피터 매케이는 노바스코샤 출신이었다. 그의 고향을 방문해서 캐나다 국민들의 친절에 감사 인사를 전하기로 마음먹었다.

당시 비행기 탑승자들은 숙소를 마련해준 부부를 찾아 진심 어린 감사를 표했다. 기념 행사가 끝난 뒤에 피터가 대서양 해안의 별장으로 초대했다. 긴장을 풀고 편안한 사람들과 어울리는 시간이야말로 간절히 원하던 것이었다. 식사 후 창문 사이로 불어오는 시원한 바닷바람을 자장가 삼아 단잠에 빠졌다.

다음 날 피터와 함께 가까운 커피숍에서 아침을 먹었다. 그날 내 연설에 앞서 피터가 인사말을 했다. 그는 "지난밤에 창문을 열어 둔 채 잠들었다고 합니다."라며 내가 한 말을 그대로 인용했다. 청중들은 모두 입을 가리고 웃기 시작했다. 피터도 나도 독신이라는 것은 누구나 아는 사실이었다. 나도 한바탕 웃은 뒤에 아무렇지 않은 듯 연설을 진행했다. 하지만 이미 엎질러진 물이었다. 다음 날 《뉴욕타임스》 외교 담당 기자 헬렌 쿠퍼는 피터가 성희롱 발언을 했다고 보도했다. 그 기사는 피터의 수려한 외모와 내가 입은 검은색 펜슬스커트를 언급하며 독자들의 상상력을 한껏 자극했다. 어이없는 상황이었다. 워싱턴으로 돌아와서 피터에게 전화를 걸어 농담을 건넸다.

"장관 옆에 가면 스캔들이 나지 않을 수 없나 봅니다."

피터는 어쩔 줄 모르는 눈치였다. 그는 편하고 좋은 친구였지만, 즐겁고 편안한 여행이었으며 일상으로 돌아갈 힘을 얻었다는 말은 하지 않았다.

37

이라크가 수렁에 빠지다

전쟁의 아픔과 참혹함은 굳이 따로 설명할 필요가 없을 것이다. 그해 여름 이라크 침공을 선언한 대통령의 결정에 관련된 모든 사람들은 긴장과 불안에서 벗어나지 못했다. 무슨 일이 있어도 이겨야 하는 전투였다. 잘못했다가는 베트남 전쟁보다 미국의 영향력과 신뢰도가 더 크게 손상될 우려가 있었다. 중동 지역의 상대적 중요성을 고려할 때 전쟁이 패배로 끝날 경우 그 여파는 베트남 전쟁에 비할 수 없을 것이 불 보듯 뻔했다. 사람들이 전쟁 반대 세력에 대해 질문하면 부시 대통령은 "저도 그분들과 같은 생각입니다."라고 응수했다. 나도 마음을 가다듬고 사태를 수습할 방안을 찾는 데 매달렸지만 철수할 생각은 꿈에도 하지 않았다. 현 상태를 그대로 유지하는 것도 해결책은 아니었다. 지금 상태는 도저히 용납할 수 없었다. 새로운 돌파구가 보이지 않았다. 어디로 가야 할지 막막할 따름이었다.

스티븐 해들리도 답답하기는 마찬가지였다. 그는 NSC 내에서 조용히 우리가 시도할 수 있는 모든 방법을 검토하기 시작했다. 합동참모총장 피터 페이스도 연대장들을 모두 불러 모아 해결 방안을 모색했다. 나는 필립 젤리코와 이라크 담당 고문 짐 제프리(나중에 이 직책은 데이비드 새터필드가 이어받았다)에게 '창의성을 최대한 발휘해' 구렁텅이에서 벗어날 방법을 찾아내라고 지시했다. 어떤 수를 써도 좋으며 이왕이면 이 나라를 끊임없이 괴롭히는 종파 간 분쟁과 정치적 혼란을 한 번에 해결할 방안을 원했다. 그렇게 한 이유는 세 가지였다. 첫째, 전쟁에 대한 불안에 더 이상 시달리고 싶지 않았다. 수도 없이 계획을 세우고 가상 시뮬레이션으로 실험해보았지만 마음이 놓이지 않았다. 아무리 머리를 굴려도 일단 전쟁이 터진 후 어떤 일이 벌어질지 모두 예상하는 것은 불가능한 일이었다. 둘째, 군이 새로운 전략을 세우고 실행에 옮길 준비가 되어 있다는 확신이 들지 않았다. 몇 달에 걸쳐 여러 방안을 검토한 결과, '추가 파병'이 과연 효과가 있을지 의혹만 가중되었다. 파병이 무조건 싫었던 것은 아니다. 반군을 몰아낸 곳이 다시 위험에 처할 경우에는 추가 파병이 당연한 절차였다. 그렇지만 전략의 허점을 고치지 않고 파병 규모만 늘리는 것은 아군의 피해만 가중될 뿐이다. 국가안보보좌관이었을 때 펜타곤이 이라크에서 이것저것을 해낼 수 있다고 큰소리치는 것이 불안했지만 그때는 아무 말을 하지 않았다. 이제 국무장관이 된 이상 같은 실수를 두 번 하고 싶지 않았다. 셋째, 이라크가 상호 폭력을 중단하기 위한 실질적인 절차를 밟을 가능성은 사실상 희박했다. 분파 간 유혈 사태를 중단하려는 생각이 없는 것인지, 아니면 능력이 부족한 것인지를 알 수 없었다. 어쩌면 그럴 생각도 없고 그럴 만한 능력도 없었을 것이다. 내가 보기에 그들은 자살을 결심한 미치광이들이었다. 게다가 자유를 맛본 지 얼마 되지 않은 조국마저 자멸시키려고 작정한 사람들 같았다. 만약 그게 사실이라면 그들을 막으려고 미국 병력 자원을 투자하는 것은 말이 안 되는 짓이었다.

국무부, 펜타곤, NSC 및 관계 기관은 여름이 다 가고 가을이 되어서도 이 문제에 매달렸다. 모든 것이 불투명한 상황에서 우리가 확신할 수 있는 것은 단 하나였다. 이라크는 대재앙의 벼랑 끝에 서 있다는 사실이다. 그런 생각에 잠긴 채 다시 중동 지역을 찾았다.

사우디아라비아에 잠시 들렀다가 페르시아만협력회의에 참석하기 위해 카이로로 향했다. 이번 회의에는 이집트와 요르단도 참석해 GCC+2가 되었다. 저녁 메뉴는 모슬렘이 라마단이라는 오랜 금식을 끝낸 후에 먹는 전통 식사였다. 회의 참석 국가들은 중동의 온건파이자 반이란 세력들이 하나로 뭉친 것이므로 그 어느 때보다 중요한 회의였다. 종종 논쟁이 벌어지기는 했지만 꾸밈없이 솔직하게 회의를 진행한 결과, 서로 믿고 의지하는 관계로 발전했다. 그들은 이스라엘-팔레스타인 평화 회담에서 더욱 적극적으로 참여하려는 의지를 보였다. 나는 세계 어느 나라보다 이스라엘을 가장 많이 방문했으며 미 정부가 팔레스타인 지원 예산을 따로 편성할 정도로 이 문제에 열성적이라는 점을 강조했다. 또한 이스라엘의 정착촌 방침을 공식적으로 규탄했다. 그러고 나서 그들의 팔레스타인 지원 예산을 보면 정작 이 문제에 관심이 있다는 그들의 말과 맞지 않는다는 점을 상기시켰다. 그리고 이야기를 계속했다.

그들은 미 정부가 '이란 문제도 해결해줄 것'을 요구했다. 테헤란과 대치할 때 그들이 기꺼이 지지할 것이라는 느낌이 들었다. 하지만 바레인 외무장관 셰이크 칼리드 빈 아메드 알 칼리파를 제외하고는 다들 공식적인 언급을 회피했다. 그래서 겁낼 필요 없다고 달래고 나서 미국은 이란의 핵무기 보유를 용납할 의사가 결코 없다고 밝혔다.

막 걸음마를 시작한 이라크 민주주의 정부를 많이 도와 달라고 당부했다. 그들은 누리 알 말리키가 시아파이자 이란과 한통속이라며 난색을 표했다. 나는 누리 알 말리키가 아랍 출신이며 이란 정부에 맞선 대가로 시리아에 유배된 적이 있다는 점을 부각시켰다. 시아파 아랍인들이 동료 형제인 수니파 아랍인에게 외면당하거나 압제를 받으면 더 이상 갈 곳이 없으므로 이란 정부의 유혹을 뿌리치기 어려울 것이라고 설명했다.

"이라크를 계속 배척하면 그들이 이란과 손을 잡도록 등을 떠미는 것과 무엇이 다르겠습니까?"

아랍 국가들에게 믿을 만한 인재를 찾아 이라크 대사로 보내는 방안도 제시했다. 대사를 파견하는 것은 이라크를 지지한다는 의미였다. 회의 당시에는 모두 선뜻 동의하지 않았지만 1년 반이 지난 후 이라크도 마침내 페르시아만협력회의의 회원국이 되었다. 이렇게 출범한 GCC+3은 이라크와 주변국의 관계를 돈독히 하는 데 중추 역할을 할 것이라고 모두 기대했다. 하지만 페르시아만협력회의는 수니파가 장악한 보수 단체였다. 수니파 출신의 이라크 외무장관 호시야르 제바리는 이렇게 토로한 적이 있었다.

"당신들은 우리를 바이러스처럼 대하는군요. 무엇 때문에 그러는지 알고 싶습니다. 수니파 때문입니까, 아니면 민주주의 때문입니까?"

2006년 가을이 되어도 상황은 크게 달라지지 않았다. 나는 다시 한번 이라크와 아랍 국가들이 대동단결하도록 촉구할 필요성을 느꼈다.

해가 뉘엿뉘엿 질 무렵 이집트 외무부에 도착하니 아흐메드 아불 게이트 외무장관이 나를 맞이해주었다. 그는 고급 정장과 와인을 좋아하는 '세속적인' 이집트인의 대표적 인물이었다. 이슬람교도들을 절대적으로 불신하며 외무부에 근무하는 여성 직원 중 상당수는 베일을 쓰지 않는다는 사실을 자랑스럽게 여겼다. 나이가 지긋한 무바라크 대통령 이야기가 나오자 "대통령께서는 라이스 장관을 딸처럼 생각하십니다."라고 했다. 그렇지만 나는 '과연 그럴까? 내가 이집트 민주주의에 대해서 한 말 때문에 꼴도 보기 싫을 텐데.'라는 생각을 떨칠 수 없었다. 아무튼 아흐메드는 외교관으로 손색이 없었다. 우리는 평화 협상 과정에서 이라크 문제에 이르기까지 많은 주제에 관해 진지한 대화를 나누었다. 이집트는 최초로 바그다드에 외교관을 파견한 아랍 국가였다. 하지만 불행하게도 2005년 7월 그가 납치되어 살해 당하는 바람에 이집트 정부는 다른 외교관을 파견하는 문제에 대해 신중을 기했다.

아흐메드를 따라 아래층으로 내려가보니 각 부처 장관들이 모여 단식을 끝낸 기념으로 대추를 먹고 있었다. 그들과 어울려 이야기를 나누고 달콤한 대추도 먹었다. 그런데 보수파 인사들이 기도할 시간이라며 자리에서 일어섰다. 그들 중 한 사람이 "15분 정도면 끝납니다. 당신네 시아파 사람들이 있었다면 한 시간은 걸렸을 겁니다. 그나마 다행이라고 생각하세요."라고 말했다. '당신네 시아파'는 미국 정부의 후원을 받는 이라크 정부를 가리키는 말이었다.

기도를 끝낼 때까지 이집트, 요르단 사람들과 조용히 서서 기다렸다. '중동은 모순과 차이가 정말 많구나. 참 이상한 곳이야.'라고 생각했다. 그 점에 대해 깊이 생각하기도 전에 기도는 끝났다. 정말 15분도 걸리지 않았다.

연회장에 들어가보니 나를 빼고는 모두 남자들이었다. 사람들은 '시민'이라는 단어를 쓰면서도 정작 여자들은 노예 취급을 하는 지역을 여행할 때면 여성 국무장관인 점이 좀 불편하지 않냐는 질문을 자주 했다. 사실 미국 국무장관이 된 후로 내 기분을 상하게 하는 말을 하는 사람은 별로 만나보지 못했다. 오히려 내가 여자라는 사실은 도움이 될 때가 많았다. 이를테면, 아랍에미리트연합국의 여자 가장들을 만나서 친분을 쌓을 수 있었다. 내가 남자였다면 꿈도 못 꿀 일이었다. 더욱이 이라크 이슬람최고혁명위원회의 지도자 압둘 아지즈 아-하킴을 만났을 때는 내가 여성 국무장관인 것이 정말 다행스러웠다. 이라크 이슬람최고혁명위원회는 이란과 매우 돈독한 사이였으며 보수적인 시아파 지도자인 하킴은 여자라는 이유로 악수조차 하지 않았다. 그런데 이라크에 있는 미국 대사관에서 아침 식사를 같이 한 후 하킴은 부탁이 있다고 했다.

'나에게 부탁이라니? 과연 무슨 이야기를 하려는 걸까?'

나도 모르게 조금 긴장되었다.

"손녀가 이제 열세 살인데 라이스 장관을 아주 좋아합니다. 그 아이가 엄마와 미국에 갈 텐데 그때 그 아이를 한번 만나주시겠소?"

여느 할아버지처럼 손녀 이야기가 나오자 그의 얼굴에 미소가 번졌다. 나는 놀란 표정을 얼른 감추며 그렇게 하겠다고 했다.

몇 달 후 그의 며느리가 귀여운 여자아이를 데리고 국무부를 방문했다. 아이는 온몸을 싸매고 있었지만 자세히 보니 안에 핑크색 티셔츠를 입고 있었다. 유창한 영어로 "텔레비전에서 당신을 본 적이 있어요. 저도 외무장관이 되고 싶어요."라고 했다. 하킴이 손녀에게 거는 기대가 크겠다는 생각이 들었다. 어쩌면 그 지역에서 여자에 대한 장벽이 차츰 무너진다는 증거일지 모른다. 내가 여자라서, 그리고 외무장관이라서 다행이라는 생각이 들었다. 적어도 중동 지역 문제를 다룰 때는 확실하게 도움이 되었다.

그날 이집트에서 저녁 식사를 하는 자리에서는 평소와 다르게 이스라엘-팔레스타인 문제가 화두로 떠올랐다. 사람들은 레바논 전쟁을 운운하며 나에게 직접 나서 협상을 주도하라고 부추겼다. 그것이 내가 간절히 바라는 바였기에 부시 대통령에게 그 이야기를 메모로 건네주었다. 레바논 전쟁 종식을 중동 지역의 전략적 체제 강화의 계기로 삼아야 하며, 이란에 대한 반대 세력을 하나로 통합하면 레바논과 이라크에 민주주의 정부를 수립하는 데 큰 힘이 될 수 있다는 말도 빠트리지 않았다. 자유라는 미명으로 전제주의 통치자들을 움직인다는 것이 쉬운 일은 아니었지만 이란 정부의 이율배반적인 행동을 잘 활용하면 우리의 목적을 이루는 데 그들의 힘을 빌릴 수 있다는 확신이 들었다.

자유 의제가 바그다드와 베이루트에 자리를 잡긴 했지만 아랍인들과 동일한 목표를 세우려면 아무래도 예루살렘을 거쳐야 했다. 불가능해 보이는 일을 한번 시도해보고 싶었다. 즉, 팔레스타인 정부를 수립해 모든 분쟁을 종식시키되 '새로운 중동 지역'을 건설하는 밑거름이 될 민주주의 정부를 추진하는 것이었다. 나는 레바논 전쟁을 '새로운 중동 지역의 탄생을 위한 일종의 산통'으로 묘사했다. 하지만 언론에서는 이를 불쾌하게 받아들였으며 신문 정치 면에 내가 잇몸에 피를 흘리며 새로운 중동을 분만하는 임산부로 그려진 만화까지 등장했다. 그 만화를 보고 더 이상 밀어붙이면 안 되겠다는 생각이 들었다. 그 후로는 '새로운 중동'이라는 표현을 사용하지 않았다. 말과 행동이 다른 지역에서는 나 역시 말을 극도로 조심해야 한다는 점을 깨달았다.

예루살렘과 라말라에 직접 가보니 실행 가능성이 조금 엿보였다. 팔레스타인이 레바논 전쟁에 대한 비난 여론을 최대한 약화시킨 덕에 이스라엘과 우리가 개입할 명분이 마련되었다. 마흐무드 압바스와 팔레스타인은 헤즈볼라를 극도로 경멸했으며 일말의 동정심도 갖지 않았다. 테러 집단에 대한 경멸을 공식적으로 드러내는 것은 위험천만한 일이었다. 특히 전시에 그렇게 하는 것은 이스라엘을 지지하는 것으로 간주되어 보복당할 우려가 컸다. 이제 전쟁이 막을 내리자 그들은 될 수 있으면 빨리 국가를 설립하려고 협상 재개에 박차를 가했다.

그뿐만 아니라 몇 주 전 가자에서 하마스와 파타가 전투를 벌인 일 때문에 이스라엘을 포함한 모든 사람들이 팔레스타인도 두 개의 파벌로 나뉜다는 것을 알게 되었다. 한쪽은 평화 지향적이었으며, 다른 한쪽은 호전적이라는 점도 만천하에 드러났다. 압바스는 나를 보자마자 하마스에 대한 적개심을 드러냈다. 몇 주 동안 임시 '휴전'이 이어졌지만 그 사건을 계기로 압바스는 팔레스타인 정부를 세워 하마스의 코를 납작하게 만드는 것만이 최상책이라는 생각을 더욱 굳혔다. 중동 평화 협상에서 드디어 협상의 이유가 생긴 것이었다. 물에 빠진 사람이 지푸라기를 잡는 심정이었지만 아예 없는 것보다는 나았다. 이스라엘과 팔레스타인은 각자 다른 이유로 마침내 협상하게 되었다.

팔레스타인-이스라엘 문제로 중동 지역을 찾을 때는 마음이 가벼울 수 없었다. 워싱턴의 분위기도 중동 지역에 좌우되었다. 국무장관 임기 중에서 이번 여행은 단연 최악이었다.

이라크 정계는 치명적인 독사에 물린 듯 손을 쓸 수 없는 상태였다. 수니파와 시아파의 대립으로 폭력 사태가 난무했다. 바그다드에 도착하기 전, 나는 기자들에게 이 사태는 미국의 책임이 아니라고 분명히 해 두었다.

"이 문제는 어디까지나 그들이 스스로 해결해야 합니다."

누리 알 말리키 총리를 만나러 대통령궁으로 가는 길에 생각해보니 이라크는 갈 길이 멀고도 험했다. 시아파인 총리는 수니파에 대한 온갖 비난과 고발이 적힌 서류를 훑어보며 자신이 종파를 초월해 국민들을 하나로 통합해야 할 책임을 완전히 망각했다. 지난 6월에 대통령이 바그다드를 기습 방문했을 때 그가 한 약속도 모두 공수표라는 것을 알게 되자 실망감이 물밀 듯 밀려왔다. 말리키 총리는 부시 대통령과 내각 관료들, 이라크 정부 관계자들이 참석한 화상 회의에서 이라크 안보 및 경제 회생 전략을 야심차게 소개한 적이 있었다. 곧이어 국회에서 국민 화합과 종파 분쟁을 해결할 방안을 공개한 바도 있었다.

그러나 여름을 보내면서 그는 분파주의적 성향을 다시 드러냈다. 일례로, 말리키 정부는 무카타 알-사드르가 지휘하는 마흐디 군을 제압할 생각이 별로 없어 보였다. 이라크에서 가장 영향력이 큰 시아파 지도자가 이끄는 군대를 건드렸다가 정치적으로나 그 밖의 여러 측면에서 큰 파장이 일어날 것을 두려워하는 눈치였다. 그런 위험을 감수하느니 폭력 사태의 책임을 전가할 다른 대상을 물색하는 편이 나았다. 말리키의 고문들은 정부가 근절하지 못한 시아파 암살단이 실존하는 위협이 아니라 수니파가 허구로 지어낸 것이라는 낭설을 내놓기까지 했다.

잘랄 탈라바니와 함께 저녁 식사를 했지만 별다른 진전이 없었다. 쿠르드에서는 중요한 결정에 참여할 수 없는 것이 불만이라고 했다. 사실 그가 하는 말보다 밥을 먹는 모습 때문에 불쾌하기 짝이 없었다. 양손으로 음식을 입에 마구 우겨넣었으며 닭고기, 양고기, 밥알을 뚝뚝 흘려 내 접시에 튀기까지 했다. 하지만 그는 정계에서 주목받는 인사였으며 앞으로도 상당한 영향력을 행사할 인물이었다. '쿠르드가 이라크 연합의 마지막 희망이라면 정말 큰 문제가 되겠군.'이라는 생각이 들었다. 나는 쿠르드의 정치 참여를 확대하도록 말리키에게 당부하겠다는 말로 그를 안심시켰다.

이라크 대사 잘 칼릴자드의 공관에 도착할 무렵에는 이미 녹초 상태였다. 이라크 사람들에 대한 분노와 실망감도 대단했다. 그렇지만 칼릴자드는 아드난 아둘라이미를 비롯한 수니파 인사들을 대거 모아놓고 나를 기다리고 있었다. 그들을 만난 뒤에는 시아파 관계자들을 만나서 폭력에 대한 그들의 생각을 들어볼 예정이었다.

수니파와 만나는 자리는 처음부터 분위기가 이상했다. 이라크 국회의장을 맡고 있던 마흐무드 알-마시하다니가 이상한 이야기를 꺼낸 탓에 나는 온몸에 소름이 돋았다. 물론 나를 칭찬해서 분위기를 화기애애하게 만들어보려고 그랬을 것이다. 2003년에 전쟁이 터졌을 때 그는 감옥에 있었는데, 당시 재소자들은 그 소식을 듣고 모두 흥분했다고 한다. 물론 내가 사담 후세인에게 맹렬한 비난을 퍼부은 것도 알고 있었다.

"장관님 사진을 벽에 걸어 두었습니다. 한마디로 사랑에 푹 빠진 거죠."

정말로 사진을 형무소 안에 걸었는지 모르지만 나로서는 잊을 수 없는 충격적인 이야기였다. 그리고 나서 수니파 사람들은 시아파 암살단의 만행을 적나라하게 담은 사진을 펼쳐놓았다. 피투성이가 된 머리, 사지, 몸통을 모두 절단해놓아서 사람의 형상이라곤 찾아볼 수 없었다. 사진을 찬찬히 보면서 희생자들에 대한 깊은 애도를 전했다(이미 유혈이 낭자한 상황에 익숙해져 별로 거부감이 들지 않았다). 그들로서는 말리키 정부와 손을 잡는 것이 대단한 희생이었다. 극단주의자들은 이를 배신 행위로 간주해 가족들을 죽이겠다고 협박하고 있었다.

그런데 수니파의 말을 들어보니까 동포들이 무기를 내려놓게 만든 책임이 자신들에게 있다는 것은 전혀 인정하지 않고 시아파에게 모든 책임을 전가하는 것이었다. 한 시간 가까이 시아파에 대한 비난조의 이야기를 듣다가 결국 한마디 쏘아붙이고 말았다.

"제 말씀도 들어보세요. 영어에 이런 말이 있습니다. 합심해 적을 무찌르지 않으면 당신과 내가 따로 단두대에서 처형될 것이다. 제가 6개월 후 다시 이라크에 올 때쯤이면 당신들 모두 길가의 가로등에 대롱대롱 매달려 있을지도 모릅니다. 지금은 이럴 때가 아니라 서로 화해하고 평화를 이루어야 합니다."

시아파 국회의원들이 찾아왔을 때도 동일한 요점을 전달했다. 그들도 수니파처럼 상대방에 대한 불만을 늘어놓으면서 모든 책임을 전가하려 했다.

"알카에다를 상대로 전쟁을 벌이는 것은 얼마든지 이해할 수 있습니다. 이라크 내에서는 미국이 이라크를 장악하려 한다고 주장하는 사람도 있습니다. 그런 오해가 생기는 것도 이해합니다. 그렇지만 이라크 사람들끼리 서로 죽이는 것은 절대 납득할 수 없습니다. 당신들끼리 피 튀기는 전쟁을 벌이는 거라면 우리는 결코 끼지 않을 겁니다."

정신을 차려보니 밤 10시가 넘은 시각이었다. 피곤해서 쓰러질 것 같았지만 말리키가 기다리고 있었다. 나는 미국이 이라크 내전을 해결해줄 의향이 전혀 없다는 것을 분명히 주지시켰다.

"화해하라고 말씀드리는 것은 시아파와 수니파가 서로 마음으로 아끼고 사랑하라는 뜻이 아닙니다. 기본적으로 정부군과 경찰을 제대로 정비하라는 말씀입니다. 시아파 사람을 죽였다는 이유로 처벌받는 사람들이 있다고 들었습니다. 그렇지만 수니파를 죽인 시아파 사람들은 그냥 내버려두지 않았습니까? 이런 식으로 계속 가면 안 됩니다. 당신의 말과 행동은 전혀 맞지 않아요. 이 문제를 해결하지 않으면 미군을 모두 철수시키겠습니다."

마지막으로 수니파에게 했던 경고를 말리키에게도 똑똑히 말해주었다.

"상황이 개선되지 않으면 6개월 뒤 당신들은 길가의 가로등에 대롱대롱 매달려 있을지도 모릅니다."

그날 밤은 잠을 제대로 이룰 수 없었다. 밤새도록 헬리콥터가 그린 존 순찰을 도는 소리가 들렸다. 저녁에는 숙소를 겨냥한 총격전이 발생하기도 했다. 내가 묵는 것을 알고 일부러 그런 것인지 무작위로 공격을 가한 것인지 알 수 없었다. 바그다드에서는 이유도 없이 총격전이 벌어지는 일이 다반사였다.

날이 밝자마자 이라크 쿠르드 지역 대통령 마수드 바르자니를 만나러 이라크 남부 지역으로 이동했다. 나는 마수드 대통령에게 바그다드에서 시간을 좀 더 내라고 강권했다. 그는 탈라바니 대통령과 사이가 썩 좋은 편이 아니었다. 두 사람은 한때 경쟁 관계였으나 1998년 데이비드 웰치가 주선한 휴전 협정에 서명한 뒤 사담 후세인에 맞서기 위해 사사로운 감정을 잠시 접어 두기로 했었다. 이라크 통합을 이루려면 두 사람의 협조가 무엇보다도 절실했다. 특히 국경을 침범해 터키를 공격한 쿠르드 무장 단체인 쿠르드노동당을 응징하려면 바르자니가 꼭 필요했다.

나는 바르자니를 설득하려고 그의 자만심과 허영심을 자극했다. 사담 후세인을 그대로 내버려 두는 것은 자존심이 허락할 수 없는 일이며 이라크 민주주의 정부의 발판을 놓은 주역답게 행동해 달라고 구슬렸다. 그는 언제나 내 말을 잘 들어주고 바그다드 수뇌부와 협조하겠다고 기꺼이 약속했으며, 정부 운영을 돕기 위해 아르빌 산악 지역에서 나올 의향도 있다고 말했다. 그렇지만 한 번도 행동으로 실천한 적이 없었다. 그래도 이라크 중앙 정부가 자신을 소외시킨다는 느낌을 갖지 않도록 안심시켜야 했다. 처음부터 적극적으로 행동하지 않을 것을 알면서 찾아간 이유가 바로 그것이었다.

바르자니와 회담을 마치고 공항으로 갔다. 그런데 이륙할 수 없다는 보고를 받았다. 불길한 예감에 어찌할 바를 모르다가 활주로에 있던 이물질이 C-17 엔진에 빨려 들어가서 기기 결함이 발생한 것이라는 설명을 듣고 마음을 놓았다. 하지만 런던에서 P5+1 및 유럽연합 외교 정책 담당자인 하비에르 솔라나와 만나기로 약속한 것을 생각하니 마냥 기뻐할 수 없었다. 공군 장교 윌 프레이저와 합동참모본부 관계자, 수행원들이 다른 항공기를 구하느라 사방으로 뛰어다녔다. 고위급 군 장교를 가까이 두면 긴급 상황에서 펜타곤의 지원을 빨리 받을 수 있다는 장점을 그때 처음 알았다.

두 시간 후 터키에서 예비 군용기가 도착했다. 덕분에 회의 일정에 맞춰 영국으로 갈 수 있었다. 히스로 공항에 도착한 후 런던 경찰 헬리콥터로 도심지 한복판의 회의장으로 이동했다. 대영제국 수도의 장엄한 모습이 보이자 비로소 안심되었다. 2005년부터 이라크를 들락거렸지만 무사히 빠져나온 것에 대해 감사 기도를 드린 것은 처음이었다.

워싱턴으로 돌아온 뒤에 즉시 대통령에게 바그다드 상황을 보고했다. 대통령과 부통령, 스티븐 해들리 외에는 아무도 그 자리에 들어오지 못하게 하고 최대한 직설적으로 자세히 상황을 설명했다. 평소라면 한 발 물러나서 침착하고 긍정적으로 프레젠테이션을 했지만 이번에는 그럴 수 없었다. 대통령의 표정은 몹시 어두워졌다. 나는 고향 버밍엄에서 순찰을 돌던 인종차별주의자들을 예로 들었다.

"제가 살던 마을에서는 경찰이 나타나면 모두 표정이 어두워졌습니다. 그들이 우리를 지켜준다는 생각보다는 경찰의 차별이 두려웠으니까요. 수니파도 그런 겁니다. 말리키의 속마음은 잘 모르겠습니다만 이것은 말리키 한 사람의 문제가 아닙니다. 하시미, 마시하다니, 바르자이, 둘라이미, 탈라바니 모두가 관련되어 있습니다. 아무도 이라크를 감싸주려 하지 않습니다. 다들 꿍꿍이가 있습니다. 자신들의 분파와 개인적인 안위가 더 중요한 겁니다."

"라이스 장관의 추론이 옳은지 어떻게 알 수 있소?"라고 말하는 대통령의 목소리에는 근심이 가득했다.

"그들은 문제라고 인정하지도 않습니다. 이라크 국민들은 아무도 믿을 수 없는 처지입니다. 자신들의 정부도 미국도 믿지 못합니다. 그들의 삶은 정상과 거리가 멉니다. 안보 상황이 개선될 때까지는 희망이 없는 거지요."

스티븐 해들리와 부통령은 굳게 입을 다물었다. 대통령과 니만 걱정되이 있었다. 대통령은 이라크 상황 전반에 대한 실망감을 감추지 못했다. 그의 마음은 추가 파병으로 기울고 있었다. 대통령은 나중에 말리키에게 이라크가 다시 한번 허리띠를 졸라매면 병력을 더 투입하겠다고 통보했다. 나는 막다른 골목에 선 기분으로 대통령을 똑바로 쳐다보며 또박또박 말했다.

"지금 이대로는 안 됩니다. 이대로 두면 분명히 패배할 겁니다."

"어떻게 하면 좋겠소? 묘안이 있으면 말해보시오."

이 문제는 나에게 오랜 숙제였다. 한순간도 이라크 문제를 마음속에서 내려놓은 적이 없었다. 하지만 아직 '해결책'이라는 말을 입에 올리기가 부담스러웠다.

"지금은 드릴 말씀이 없습니다. 가서 생각해보겠습니다."

그 순간이야말로 이라크에 대한 절망감이 하늘을 찌르는 듯했다. 솔직히 더 고민해본들 대통령에게 할 말이 생길 것 같지 않았다. 하지만 나는 대통령의 최측근 고문이자 이 나라의 국무장관이 아닌가? 지금까지 걸어온 길과 눈앞에 펼쳐진 딜레마에 가장 큰 책임을 져야 할 사람은 바로 나였다.

38

북한의 핵무기 실험이
미-중 관계를 위기에 빠뜨리다

이라크에 대한 생사를 다루는 중요한 결정은 극도의 긴장감을 자아냈다. 사안 자체가 워낙 중대해 스트레스가 만만치 않은 상태에서 주변 국가의 압력이 더해져 정신을 차릴 수 없었다. 북한은 계속 무모한 행동을 일삼았으며 핵무기 프로그램을 넘보기 시작했다. 10월 초에 평양이 지하 핵무기 실험을 준비한다는 보고가 계속 이어졌다. 7월의 미사일 사건이 잊히기도 전에 또 사고를 치려는 것이 분명했다.

10월 9일 오전에 드디어 일이 터지고 말았다. 사실 그 전에 후진타오가 전화로 부시 대통령을 다급하게 찾았다. 한 시간 전에 북한으로부터 핵무기 실험을 진행한다는 보고를 받은 모양이었다. 부시 대통령은 이번 사건이 무엇보다도 중국에 대한 정면 공격이자 모욕 행위라고 지적하면서 중국에게 대처 방안이 있는지 물었다. 후진타오는 직접적인 방안을 언급하지 않았지만 이번에는 누가 봐도 김정일이 돌아올 수 없는 강을 건넌 것이었다.

10월 8일 밤 10시에 CIA 국장 마이크 헤이든에게서 전화가 왔다. 한반도는 이미 10월 9일이었다. 예상대로 핵 실험이 실행되었다는 소식이었다. 나는 6자 회담의 외무장관들을 화상 회의로 불러 모았다. 이른 아침이라 다들 눈에 졸음이 가득했다. 리자오싱은 아무 말도 하지 않았다. 이 문제를 UN에 가져가야 한다는 데 모두 동의했다. UN 안전보장이사회는 이번 사건이 국제사회를 크게 경악시켰으며 만장일치로 평양을 규탄하는 결의 1718호를 채택했다. 중국도 이 결의를 온전히 지지했다. 이번 결의는 UN 헌장 7조에 따라 군사 장비와 (북한 정권이 선호하는) 사치품에 대한 제재를 선언해 더욱 의의를 더했다.

김정일에 대한 반감을 생각해보면 이런 결의가 나온 것도 놀랄 일이 아니었다. 하지만 미국과 중국의 관계는 아직 시험대에 오르기 전이었다. 중국이 북한에 어느 정도로 압력을 가할지, 중국이 과연 꼼수를 부리지는 않을지 알 수 없었다. 중국도 북한이 핵무기를 가지면 위험하다고 여겼지만 핵무기보다 북한이 난동을 부릴까 봐 더 걱정하는 눈치였다. 그 때문에 중국도 북한 체제가 붕괴될 만큼 강한 압력을 가하지 못했다. 게다가 중국은 김정일이 무너지면 한반도가 남한에게 유리한 조건으로 통합될 것이어서 자기들에게 유리할 것이 하나도 없다고 판단했다.

2001년 4월, 미 정찰기 추락 사건 때문에 부시 행정부와 중국의 관계는 서먹하게 시작했지만 해를 거듭하며 손발을 잘 맞추어 우호적인 관계로 발전했다. 국제사회의 미래를 위해 경제, 정치 강국으로 급부상하는 중국을 효율적으로 견제하는 것은 매우 중대한 일이었다. 나는 국무장관이 되자마자 로버트 졸릭에게 중국과의 관계 개선이라는 특별 임무를 맡겼다. 로버트는 베이징 첫 방문에서 매우 중대한 연설을 통해 중국에게 국제사회에서 '책임 있는 역할'을 수행하도록 촉구했다. 그 표현을 이해하기까지 시간이 좀 걸리는 듯했으나 중국 정부는 우리 제안을 매우 고맙게 받아들였다. 우리 정부는 중국의 부상을 두려워하는 것이 아니라 적극 환영하는 바이며 중국이 막강한 힘을 발휘해 국제사회를 이끌어가는 적극적인 동료가 되어주기를 바란다는 뜻이었다.

그러나 행동은 말처럼 쉽지 않은 법이라는 말이 이번에도 들어맞았다. 중국 정부는 기대만큼 적극적인 태도를 보이지 않았다. 오히려 소크라테스에 비할 정도로 상황을 주시하며 소극적인 태도로 일관했다. 주요 사건에 대한 의견을 제시했지만 실제로 문제를 해결하려고 나서는 법이 없었다. '중국은 항상 평화와 번영을 위해 행동할 준비가 되어 있다.'는 말을 귀에 못이 박히도록 들었다. 한번은 너무 짜증이 나서 중국 외교부장의 말이 끝나기도 전에 "제가 보기에는 아닌 것 같습니다. 중국은 자국의 이익만 추구해오지 않았습니까?"라며 끼어들었다. 외무장관은 당황한 기색이 역력했다. 그렇게라도 말하고 나니 속이 시원했다. 하지만 다음에도 중국은 어김없이 앵무새처럼 같은 말만 반복했다. 답답한 마음에 중국어를 할 줄 아는 동료에게 혹시 그 표현에 중국어로 다른 뜻이 있는지 물어보았지만 별다른 뜻이 없다는 대답만 돌아왔다.

그러나 아주 천천히 중국의 행동에 변화가 나타났다. 2001년 9월 11일 테러 사건이 발생했을 때는 중국 정부가 매우 신속히 대응했다. 그들은 중앙아시아 지역과 민족 간 분쟁이 심한 지역의 테러 집단 활동에 대해 상세히 알려주었다. 러시아의 체첸 문제에서 알 수 있듯 테러 문제는 항상 부족이나 종파와 얽혀 있었다. 이 경우에는 위구르 족이 문제였다. 그들 중 일부는 극단주의자였으나 대다수는 중국 정부가 소수 민족들을 탄압하는 것에 반발해 아프가니스탄에서 싸우고 있었다.

중국 경제가 크게 성장함에 따라 미 정부 내에서도 중국에 보호무역주의와 통화 정책을 도입하도록 압력을 가하라는 요청이 커졌다. 하지만 부시 대통령은 인내심을 보이며 이런 문제들을 공평하게 처리했다. 마침내 중국 정부도 부시 대통령에게 마음을 열고 고마움을 전했다. 사실 무역 불균형이 커지는 바람에 의회에서는 연일 불만이 터져 나왔다. 2004년 선거가 코앞으로 다가왔지만 대통령은 중국 정부에 제재를 가하라는 요구에 끝내 굴하지 않았다(중국이 시장 점유율을 높이려고 국내 가격보다 훨씬 낮은 가격으로 미국 시장을 공략한다는 주장이 제기되었다). 중국 정부는 부시 대통령이 경제 위기를 중국의 탓으로 넘길 수 있는데도 그렇게 하지 않고 두 나라의 외교 관계를 위해 안간힘을 쓰는 모습에 감명을 받았다. 하지만 그들은 고마움에 보답할 생각은 하지 않았다.

행크 폴슨이 재무부 장관이 되자 경제 문제를 다루기가 한결 수월해졌다. 그는 골드만삭스에 근무하면서 중국 경제와 미-중 관계에 대한 복잡한 문제를 많이 다루었으므로 중국 정부 안팎으로 인맥이 넓었고 평판도 좋았다.

그는 재무부 장관이 된 지 얼마 안 되어 나를 찾아왔다. 함께 점심을 먹는 자리에서 머뭇거리는 표정으로 조심스럽게 한 가지 제안을 했다. 중국 부총리가 주축이 되어 미-중 경제 대화 체제를 마련하고 두 나라의 환경과 무역은 물론 국제 경제 문제도 논의하자는 것이었다. 부시 대통령에게 이미 제안한 상태였지만 나는 뒤늦게 그 사실을 알았다. 대통령은 "글쎄, 라이스 장관과 이야기를 좀 해봐야겠소. 당신이 경제 문제에서 국무장관 자리를 차지하려는 것으로 생각할 수도 있겠어."라고 응수했다. 그것은 부질없는 기우였다. 주요 결정 사안은 국무부가 주도할 것이며 경제 대화가 열릴 때마다 국무부 차관보가 행크를 수행하도록 파견하면 걱정할 이유가 전혀 없었다. 아무튼 내가 보기에 경제 문제라는 방대한 분야를 따로 떼어내 관리하는 것은 아주 바람직한 방법이었다. 원래 연계 정치를 좋아하지 않는 데다 안보 문제나 인권 문제에 대한 의견 차이가 있을 때 미-중 경제 관계를 보복성으로 사용하는 것은 옳지 않다고 여기던 차였다. 국제 경제나 미국 국내 경제를 생각해서라도 경제 문제는 중국과 논의하는 것이 가장 바람직해 보였다. 실질적인 경제적 이득이 없더라도 두 나라 관계 전반에 영향을 미치는 문제는 행크와 내가 함께 나서야 했다. 그런 면에서 보더라도 내가 경제 문제에서 밀려날 우려는 전혀 없었다.

중국과 회담을 가질 때면 경제 문제로 시간을 거의 모두 보내다시피 했다. 지적재산권 침해가 심각하다는 말로 시작해 두서없이 오랫동안 이야기한 뒤 후진타오가 깜짝 놀랄 만한 상황을 연출했다.

"라이스 장관은 지적재산권 이야기만 하는군요. 정 그러시다면 이 문제의 담당자를 직접 소개해드리지요. 아참, 담당자도 여자 분이니 잘 통할 겁니다."

그녀의 이름은 우이였다. 다부진 체격에 키는 150센티미터 정도였다. 사실 국가안보좌관으로 일할 때 내 집무실에서 그녀를 만난 적이 있었다. 우리 둘은 《포브스》가 선정한 '세계에서 가장 영향력 있는 여성들'에 우리가 뽑혔다며 배꼽을 잡고 웃었다. 가만히 생각해보면 우이는 석유화학 공장 총책임자로서 정부가 크게 신임하는 해결사였고 2003년 전염병 사스가 발생했을 때 성공적으로 대처했으니 뽑힐 자격이 충분했다. 하지만 이번에 그녀에게 주어진 임무는 꽤 힘들어 보였다. 인민대회당에서 호텔로 돌아오는 길에 잠깐 밖을 내다보니 거리에는 해적판 상품을 파는 상인들이 즐비했다.

따라서 내가 할 일은 경제담당팀과 겹치는 부분이 많았다. 행크와 손발이 척척 맞아서 다행이었다. 무역대표부의 로버트 포트먼과 그의 후임자 수전 슈워브, 상무부 장관 카를로스 구티에레스, 에너지국의 샘 보드먼과도 각별한 사이가 되었다. 국가안보좌관 시절에도 경제 문제를 다루었지만 그때는 상무부 장관 돈 에번스, 에너지 장관 스펜스 에이브러햄과 러시아 문제 밖에 다루지 않았다. 국무장관이 되고 나니 무역 문제를 위시해 거의 하루도 빠지지 않고 경제 문제를 다루게 되었다.

특히 수전은 오랜 친구처럼 편한 사이가 되었다. 같이 쇼핑하러 가거나 케네디센터에서 공연을 관람하기도 했다. 한번은 우연히 둘 다 붉은색 정장을 입었다가 짙은 색 양복을 차려입은 남자들 사이에서 우리가 얼마나 도드라져 보였을지 생각하며 폭소를 터트렸다. 수전이 맡은 무역 정책은 국내 정치뿐만 아니라 국제 관계와도 밀접하게 관련되어 있었으므로 여간 어려운 일이 아니었다. 기회가 있을 때마다 수전의 의견을 물어보았다. 특히 한국 쇠고기 시장 개방, 러시아 돼지고기 시장 개방, 중국 금융 서비스 분야에 대해 메시지를 보낸 것은 셀 수 없을 정도였다. 해외 출장을 떠나기 전에는 항상 수전에게 전화를 걸어 "내가 뭐라고 하면 좋겠어요?"라고 물어보았다.

"늘 같은 이야기죠. 우리는 거칠 것이 없어요. 시장 개방을 당당히 요구하세요!"

러시아가 선모충병을 이유로 미국산 돼지고기를 거부하고, 한국이 광우병 때문에 쇠고기 수입을 거부할 때는 설득에 도움이 될 자료도 보내주었다. 덕분에 내 예상이나 의사와 관계없이 이런 문제에서 내로라하는 전문가가 되었다.

그러나 국무부가 내놓은 중국에 대한 '전략적' 전망과 대통령 경제 고문이 내놓은 의견 차이로 인한 긴장감은 한 번도 맛보지 못했다. 각료들 사이에서는 중국, 러시아, 유럽 등에 대한 경제 문제를 논하다가 대통령이 개입할 정도로 갈등을 빚은 적은 딱 한 번뿐이었다. 대체적으로 우리는 각자의 의견을 존중했고, 특히 내가 최종 결정권자라는 것을 존중하는 분위기였다. 나 역시 세계 경제의 크고 작은 문제들을 대하느라 그들이 어떤 어려움을 겪는지 잘 알고 있었다.

날이 갈수록 국가 안보 문제와 경제 문제가 겹치는 부분이 늘어나면서 이와 같은 관계를 유지할 필요성이 더욱 부각되었다. 국가안보보좌관 시절에 NSC에 재무부 장관을 포함한 것은 잘한 일이었다. 집행 명령이나 애국자법 311조를 적용해, 대량 살상 무기를 확산하거나 돈세탁이나 테러 행위를 자행한 개인이나 단체를 블랙리스트에 올리는 등 반대 세력에게 압력을 가하려면 재무부의 도움이 절실했다.

중동에서 돌아오는 길에 비행기 안에서 재무부 테러 및 금융 정보 차관보 스튜어트 레비, 필립 젤리코를 불러 이란 문제를 논의했다. 스튜어트는 국제 금융 기관과 단체에 압력을 가해서 이란 투자를 중단하고 이란 정부와 거래를 하지 못하게 하면 정식 제재를 가하지 않아도 큰 효과가 있을 것이라고 했다.

나는 UN의 힘을 빌리지 않고 국제 금융을 통해서 북한에게 제재를 가할 수 있다는 말에 구미가 당겼다. 국무장관 임기 초반 동아시아 담당 정책관이자 북한 정책 총책임자인 데이비드 어셔도 이 방법이 왜 유리한지를 자세하게 설명해준 적이 있었다. 쉽게 말하자면 테러 집단이나 대량 살상 무기 확산을 지원한 위장 기업으로 적발되거나 애국자법 311조에 의한 '돈세탁 혐의'가 적용되어 재무부 '명단'에 오를 경우, 미 금융 기관과 거래할 수 없도록 하고 이들과 거래한 모든 기관-예를 들어 독일 은행-에 유사한 제재를 적용하는 방식이었다.

초반에는 기대 이상의 놀라운 성과를 거두었다. 마카오에 본사를 둔 방코 델타 아시아가 북한이 관련된 의심스러운 거래를 도와주기 위해 돈세탁을 한 것으로 미 정부의 의혹을 사자 대다수의 금융 기관이 평양과 거래를 중단했다. '은자의 나라'와 거래하기 위해 미 금융 시장에서 축출당하는 위험을 무릅쓰려는 외국 은행은 손에 꼽을 지경이었다.

이란은 북한보다 훨씬 더 많은 나라와 무역을 하고 다수의 국제 기업과 거래했으므로 이 부분에서 훨씬 취약했다. 국제 기업과 은행이 등을 돌릴 경우, 이란은 국제 금융 시장에서 고립될 수밖에 없었다. 국제 경제를 지배하는 통화는 유로, 달러, 엔이므로 러시아나 중국의 눈치를 볼 필요가 없었.

이론과 달리 효과가 썩 좋지 않았지만 우리 정부에게는 가장 중요한 수단이었다. 하지만 노골적인 정치적 이익을 위해 경제 수단을 남용하지 않도록 조심해야 했다. 그런 면에서 재무부 장관이 중심을 잘 잡아주었다. 그는 상대가 대량 살상 무기 확산이나 테러 행위를 지지하는 확실한 증거를 잡을 때까지 섣불리 판단해서는 안 된다고 강조했다.

재무부 방침이나 집행 명령에 포함된 제재나 기타 금융 방안은 이란 정부에 즉각적인 영향을 주지 않았지만 궁극적으로 큰 타격을 가해 그들을 꼼짝 못하게 만들었다. 우리는 마침내 사데라트 이란 은행과 세파 은행 등 이란의 주요 은행을 블랙리스트에 올리고, 이슬람혁명수비대와 협력해 비밀 무기 프로그램을 관리해주거나 중동 지역 전역의 테러 집단과 폭넓은 교류를 주선한 기업 및 개인들을 모두 색출했다. 그들은 국가 경제에 깊숙이 관여하고 있었으므로 우리가 일일이 찾아 블랙리스트에 올리기 전에 다른 기업들은 알아서 이란과 거래를 끊거나 피해주기를 바라는 마음도 있었다.

다른 나라도 이 분위기에 끌어들이고 싶었지만 생각만큼 빨리 움직여주지 않았다. 대다수의 서방 국가들은 이란에 제재를 가하지 않으면 미 금융권을 포기하라는 압력을 받고서야 이란 정부와 거래를 정리하기 시작했다. 이렇게 하기까지 행크 폴슨과 스튜어트 레비의 공이 컸다. 나도 금융 기관 두 곳에서 일한 경험이 있어 상황을 모두 이해했다. 기업에게 가장 중요한 자산은 바로 평판이었다. 어느 CEO가 주주들 앞에서 이슬람 혁명군과 금융 거래를 했다고 인정하려 하겠는가? 대답은 뻔한 것이었다.

아이러니하게도 재무부와 협력해 북한 제재에 총력을 가하는 시점에서 6자 회담을 재개할 길이 열렸다. 북한 문제는 미-중 관계에 방해도 도움도 되지 않았다. 중국어로 위기라는 단어는 특별한 의미가 있었다. 한자를 풀이하면 '위험'과 '기회'라는 뜻이었다. 가만히 생각해보니 지금이 딱 그런 시점이었다. 북한 핵 문제는 중국과 외교 관계를 개선, 확장하는 데 걸림돌이 되었다기보다는 새로운 기회를 열어주었다.

북한을 둘러싼 지역은 여러 위험을 안고 있었지만 이런 상황에 대처할 확실한 단체가 없었다. 유럽은 NATO가 모든 민주주의 국가들을 하나로 묶어주었고, 대서양 건너편 미국은 한국, 일본, 오스트레일리아, 뉴질랜드, 태국, 필리핀과 각각 국방 지원 협약을 맺고 있었다. 그뿐만 아니라 유럽안전보장협력기구는 코카서스 및 동유럽 지역에 남아 있는 냉전 시대의 잔재를 해소하려고 다양한 노력을 기울였다. 러시아의 방해로 어려움을 겪을 때도 많았지만 유럽안전보장협력기구는 여러 정당에 합법성을 부여하고 해외 지원을 얻는 데 크게 기여했다. 그와 달리 환태평양 지역은 상황이 심각했다. 일본과 한국, 한국과 중국, 일본과 러시아, 일본과 중국은 2차대전의 앙금이 남아 있거나 그 밖의 이유로 관계가 좋지 않았다. 그래서 미국이 필요에 따라 여러 방향을 제시할 수 있는 일종의 허브 역할을 맡게 되었다. 우리는 이전 행정부가 노력한 길을 충실히 따라 걸었으며 열심히 노력한 결과, 환태평양 지역의 각 나라와 훨씬 우호적인 관계를 누리게 되었다. 그렇지만 북한 문제는 관련 당사국의 이익과 우선순위가 복잡하게 얽혀 있어 시간이 흐를수록 더욱 첨예한 갈등을 빚었다.

6자 회담은 원래 북한이 6자 회담 당사국 간 관계를 소원하게 만드는 가능성을 봉쇄하는 것이었다. 그런데 시간이 지날수록 원래 목적보다 더 큰 성과를 올릴 가능성이 엿보였다. 잘만 하면 동북아시아 지역의 핵무기 확산, 테러 및 각국의 안보 분쟁 문제를 한꺼번에 해결할 수 있을 것 같았다. 기존의 우호적인 관계를 저버릴 생각은 없었다. 가능하다면 회담을 통해 각국과 외교 관계를 더욱 강화할 계획이었다. 사실 한국과 일본과의 군사 협력 관계는 예전에 비해 큰 진전을 보았다. 21세기 안보 위협에 대응할 수 있도록 일본-미국의 협력 관계를 발전시키려고 방어전략검토계획을 야심차게 실행하기도 했다. 미 국무장관과 국방장관이 일본의 외무상, 국방상과 정기적인 회담을 열기도 했다. 나는 일본-한국-미국, 때로는 일본-오스트레일리아-미국의 3자 회담을 적극적으로 주선했다. 그 밖에도 동맹국들과 포럼을 자주 열었다. 대통령은 중국이 참여한 6자 회담에서 다자 회담의 가능성을 확신했다.

그 덕분에 2005년 9월 공동 성명을 통해서 핵 문제만 만족스럽게 해결되면 '평화 안보 체제' 설립을 기대할 수 있다고 발표했다. '만족스러운' 해결의 정확한 의미와 시기는 일부러 밝히지 않았다. 그래야 적절한 시기에 북한의 핵 문제를 넘어 더 많은 사안을 유연하게 다룰 수 있으리라고 생각했다.

그 어느 때보다 기대에 부풀어 포럼을 준비하다보니 6자 회담이 한국전쟁의 최종 해결책을 내놓을 수도 있겠다는 생각이 들었다. 지금 상황만 보자면 너무 앞서가는 느낌이 있었지만 기대를 걸어볼 만한 사안이었다. 만약 북한이 한국전쟁을 공식적으로 끝낸다는 약속을 받고 핵무기를 쏠쏠하게 포기한다면 어떻게 될까? 김정일의 독재 정권은 그런 변화를 통해 더욱 강화될 것인가, 아니면 냉전이 끝나면서 동독이 무너졌듯 북한 독재자도 그렇게 일순간에 무너져버릴 것인가? 세계의 은행이 불쌍한 북한 국민들을 도와주겠다고 제안해서 북한을 개방시켰는데 북한 정권이 햇볕 앞에서는 힘을 못 쓰는 뱀파이어처럼 무너질지 누가 알겠는가? 물론 이런 생각은 망상일지도 모른다. 김정일을 극도로 혐오하는 부시 대통령이 그런 예상을 끝까지 들어보려 할지도 의문이었다.

2005년 초반에 열린 NSC에서 처음으로 새로운 방안을 논하게 되었다. 나는 북한이 무장 해제에 대한 결정적 변화 없이는 한 치도 양보할 리 없다는 의견을 조심스럽게 제시했다. 예상대로 부통령은 동의할 의사가 없어 보였지만 정면으로 반박하지도 않았다. 그런가 하면 도널드 국방장관은 적극적으로 동의를 표했다.

"(북한 핵 문제처럼) 대책이 없는 문제가 생길 때는 크게 확대해서 들여다봐야 합니다."

도널드의 말은 내 주장에 큰 힘을 실어주었다. 도널드는 한국전 이후의 안보 체제를 여러 방법으로 철저히 조사해보겠다고 약속했다. 그는 한국이 이제 미군에 의존하지 않고 안보 문제를 자체적으로 책임질 때가 되었다고 생각했다. 그래서 이 문제에 유독 열성적으로 반응한 것 같았다. 그렇게 해서 필요한 변화를 이룰 수만 있다면 나쁠 것도 없다는 생각이 들었다. 대통령은 한동안 묵묵히 듣기만 했다.

그런데 어느 날, 백악관 저녁 식사 자리에서 불쑥 북한 문제를 거론했다.

"우리가 목숨을 보장하면 김정일이 핵무기를 순순히 내놓을 것 같소?"

나는 김정일에게 직접 물어보지 않는 한 그 질문에 대답할 방법이 없다고 솔직히 대답했다.

"그러면 어디 한번 직접 물어봅시다."

"정말 괜찮으시겠습니까?"

스티븐은 영 불안한 모양이었다. '정권 교체'를 아예 포기했다고 북한에 공식적으로 말하는 것이나 다름없는데도 괜찮으냐는 뜻이었다.

"그게 아니라 다른 방식으로 정권 교체를 해보자는 거요. 북한이 개방되면 김정일은 절대 목숨을 부지할 수 없소."

2006년 4월에 후진타오가 워싱턴을 공식 방문했다. 정확히 말하면 국빈 방문이었다. 대다수의 사람들은 외교 프로토콜의 세부 사항을 알지 못하기에 국빈 방문을 대수롭지 않게 여겼다. 하지만 방문단에게는 매우 중요한 사안이었다. 국가 원수가 국빈 방문을 하면 백악관에서 큰 환영 행사를 열고 군악대가 동원된다. 곰 가죽으로 만든 커다란 모자를 쓴 군악대가 화려한 특별 공연을 펼치고 나면 커다란 연회장에서 성대한 만찬을 즐기게 된다. 이와 달리 공식 방문은 대통령 집무실에서 인사를 나누고 내각을 구성하는 장관들과 회담 겸 점심을 먹는다. 공식 방문의 목적에 따라 일정이 조금 달라질 수 있지만 국빈 방문은 매우 특별한 행사였다. 부시 대통령의 임기 내내 국빈 방문은 여덟 번밖에 이루어지지 않았는데 특별히 긴밀한 외교 관계를 기대하는 국가의 수반에게 제한되었다.

이번 방문국이 중국이라서 난처한 점도 있었다. 중국은 제대로 된 국빈 방문 행사를 기대했지만 중국 위완화 및 무역 불균형 때문에 분위기가 좋지 않아서 너무 가까운 사이로 외부에 비치는 것이 부담스러웠다. 인권이나 종교의 자유에서 두 나라의 견해가 크게 다른 것도 무시할 수 없는 문제였다.

일단 백악관 환영 행사를 마친 다음 만찬 대신 점심 식사를 대접했다. 중국 관계자들도 흐뭇한 표정이었다. 그렇지만 후진타오 주석이 기자들 앞에서 이야기하는 도중에 파룬궁 반대자 한 사람이 소리를 고래고래 지르며 분위기를 망쳐놓았다. 양측 관계자들은 모두 당황해서 어쩔 줄 몰랐으나 후진타오는 아무렇지 않은 듯 말을 이어나갔다. 백악관 관계자가 그를 중국인민공화국 대통령으로 소개했지만 다행히 후진타오는 이를 알아듣지 못한 것 같아서 우리를 조용히 가슴을 쓸어내렸다. 대통령은 대만에나 어울리는 호칭이었다.

우여곡절이 있었지만 국빈 방문은 순조롭게 진행되었다. 그런데 내가 예전에 베이징을 방문했을 때 겪은 문제가 또다시 반복되었다. 굉장히 민감한 사안을 다루는 자리인데도 후진타오는 사람들을 많이 대동했다. 부시 대통령은 특히 한 가지 문제를 마음에 두고 있었으나 회의 참석자가 너무 많아서 쉽게 말을 꺼내지 못했다. 대통령은 후진타오가 나서 김정일에게 파격적인 제안을 전달하기를 원했다. 핵무기를 포기하면 한국전쟁을 평화 협정으로 깔끔하게 마무리하고 북한 정권을 인정한다는 조건이었다. 그런 중대한 사항을 다른 사람들이 듣는 데서 꺼낼 수는 없었다.

점심 시간이 다 되도록 그 문제를 꺼낼 기회가 생기지 않았다. 그래서 부시 대통령은 자리를 직접 재배열해 후진타오를 나와 대통령 사이에 앉혔다. 그런 다음 전 상무부 장관 윌리엄 데일리, 피겨 스케이트 선수 미셸 콴, 예일대학장 리처드 레빈에게 예의를 갖추어 부탁했다.

"라이스 장관과 제가 후진타오 주석과 긴히 할 말이 있습니다. 죄송하지만 잠깐만 자리를 비켜주시겠습니까?"

그렇게 해서 후진타오 주석의 통역관을 포함한 네 사람만 자리에 남았다. 그는 대통령의 제안을 듣더니 고개를 끄덕이며 북한에게 전하겠다고 확언했다. 우리는 헨리 키신저를 통해서 중국 정부에 이 문제를 재차 강조했다. 헨리는 부시 대통령이 매우 진지하게 제안한 것이라는 말을 덧붙였다. 북한 문제에 접근하는 방식이나 중국을 대하는 방식의 획기적인 전환점이었다.

그때부터 우리 정부는 세 가지 목표를 염두에 두고 북한 비핵화 전략을 추진했다. '미 관계자를 북한에 투입'해서 김정일의 핵 프로그램에 투명성을 제고하고, 플루토늄 생산을 억제해 북한의 핵무기 생산, 판매, 사용 가능성을 봉쇄하며, 김정일이 핵무기 포기를 선언할 경우 한반도 갈등에 종지부를 찍는 것이었다. 어쩌면 무력 갈등이 아니라 외교 정책만으로 그동안 눈엣가시였던 북한 정권을 무너뜨릴 수 있겠다는 희망이 생겼다.

대통령도 생각을 크게 바꾼 것이었다. 첫 번째 임기에는 북한과의 적극적인 협상을 될 수 있으면 회피했지만 이제는 동아시아-태평양 차관보 크리스토퍼 힐을 통해서 협상을 유도하도록 지시했던 것이다. 그렇다고 북한에 대해 한 발 물러선다는 뜻은 결코 아니었다. 국무부가 악당 정부와 협상을 원한다고 해서 체제 변화라는 원래 목표를 바꿀 사람이 아니었다. 대통령은 전략상 일종의 승부수를 띄운 것이었다. 자진해서 핵무기를 포기하지 않고는 북한이 아무 혜택을 얻을 수 없었으므로 우리 정부 입장에서는 해로울 것이 없었다. 북한은 세계에서 가장 강한 제재를 받고 있었으며 제재의 강도를 조절하는 것은 우리 손에 달려 있었다. 우리 정부는 북한의 대응을 봐가며 강약을 조절했다. 이 방법이라면 6자 회담의 나머지 5개국도 계속 북한에 압력을 가할 것이라는 확신이 생겼다.

아이러니하게도 이번 핵무기 실험이 새로운 전략을 구사할 기회를 열어 주었다. 나는 동북아시아 지역에 세 가지 목표를 설정했다. 첫째는 동맹국들을 안정시키고, 둘째는 북한에 대량 살상 무기, 핵 기술, 사치품을 공급하지 못하도록 강력한 제재를 가하는 UN 안전보장이사회의 1718호 결의를 온전히 실행할 수 있도록 적극적인 지원을 유도하는 것이었다. 셋째는 신속하게 위기를 해소하고 6자 회담을 재개하는 것이었다. 나는 악당 정권과 회담을 하느냐 마느냐를 따지는 것 자체가 말이 안 된다고 생각했다. 외교를 하려면 때로는 그들과도 협상하는 것이 필요하기 때문이다. 물론 악당 정권을 무력으로 와해시키거나 외교 정책으로 고립시키면 속은 시원하겠지만 그런 방법이 최선이 아닐 때도 있다. 나는 개인적으로 이런 정부를 대할 때 먼저 유리한 입지를 선점하는 편이다. 이번에는 북한의 무모한 행동이 우리에게 유리한 입지를 만들어주었다. 중국까지도 등을 돌렸는데 이보다 협상하기에 더 좋은 시기가 언제 오겠는가?

NSC에서 이번 위기에 대처할 정책의 방향을 설정했다. 나는 10월 17일부터 동북아시아 순방을 시작했다. 가장 먼저 방문한 일본은 비교적 차분한 편이었다. 대통령이 이미 안보 문제에 차질이 없도록 최선을 다하겠다고 안심시켜놓은 상태였다. 아베 총리와의 회담은 언제나 그랬듯 큰 문제 없이 끝났지만 별다른 성과가 없었다. 언제나 적극적인 태도로 회의를 주도한 고이즈미 총리와는 매우 대조적이었다. 원래 일본인들은 외국 손님을 대할 때 감정을 드러내지 않고 격식을 차리는 데 치중해서 정작 할 말을 제대로 전달하지 못했다. 고이즈미는 일본인답지 않게 솔직하고, 개방적이며, 활달했다. 대통령의 첫 번째 임기 중에 캠프 데이비드에서 그를 처음 만났을 때도 일본의 스태그네이션*장기 경제 침체에 대해 거침없이 이야기한 기억이 떠올랐다. 그는 경제 및 사회 개혁에 대해 큰 포부를 드러냈으며 실제로 자기가 말한 것을 거의 실행에 옮겼다. 엘비스 프레슬리의 노래를 흥얼거리거나 〈하이눈〉*한 보안관의 사랑과 일을 그린 1952년작 미국 서부 영화의 대사를 즐겨 인용했고 기자들이 보는 데서 대통령과 야구공을 던지며 놀기도 했다. 무엇보다도 자유의제 및 미-일 관계를 열성적으로 옹호하고 지지했으며 아프가니스탄과 이라크 파병을 아낌없이 지원해준 것이 인상적이었다.

아베 총리는 이와 대조적으로 전통을 중시하는 보수파 인물이었다. 그날따라 아베 총리는 유독 다른 모습을 보였다. 북한이 지금까지 걸어온 행보를 논하던 중에 아베 총리는 북한 문제 때문에 일본이 핵 프로그램을 양보할 가능성은 없다고 단정했다.

"주변 국가들이 우리에게 바로 그런 기대를 걸고 있습니다. 게다가 갈수록 기대가 커지고 있습니다."

일본이 이렇게 나온다면 중국의 경각심을 자극하는 데 큰 도움이 될 수 있었다. 하지만 중국과 한국은 일본에 대한 불신이 굉장히 깊었다. 그래서 일본의 행보가 도움이 되긴 해도 큰 효과는 기대할 수 없었다. 일본도 북한 비핵화를 원했지만 비극적인 일본인 납치 사건을 담판 짓기 전에 우리가 서둘러 북한과 협상을 끝낼까 봐 걱정하는 눈치였다. 아소 다로 외무상은 공동 기자회견장에서 납치 사건을 언급했지만 나는 당장 벌어진 핵 문제와 UN 안전보장이사회 결의에만 초점을 맞추었다. 납치 사건을 중심으로 북한 핵 프로그램 중단을 논하고 싶지 않았다. 그 후로도 두 해 동안 이 문제에 휩쓸리지 않기 위해 계속 신경을 곤두세워야 했다.

일본 정부가 UN 안전보장이사회 1718호 결의문의 모든 사항을 충실히 이행할 것이며 그에 따라 북한에 유례없는 제재를 가할 것이라는 점은 추호도 의심할 이유가 없었다. 그렇게 생각하니 가벼운 마음으로 일본을 떠날 수 있었다. 문제는 한국이었다. 노무현 대통령은 좀처럼 심중을 알 수 없는 사람이었다. 그는 종종 반미 감정을 공공연히 드러내는 발언을 서슴지 않았다. 지난번에 한국을 방문했을 때는 일장연설을 하면서 한국이 중국과 미국 관계의 균형자 역할을 해야 한다고 주장하기까지 했다.

이듬해에 노무현 대통령의 이상한 성격이 드러난 사건이 또 한번 있었다. 회담을 마칠 무렵에 노 대통령은 부시 대통령에게 북한이 핵무기를 포기하면 우호적인 관계를 위해 노력할 의사가 있다고 기자들 앞에서 말해 달라고 부탁했다. 2005년 9월 19일에 맺은 공동 성명에 이미 포함된 것이므로 새삼스럽게 강조할 필요가 없는 결론이었다. 부시 대통령은 별다른 이의를 제기하지 않고 노 대통령의 부탁을 들어주었다. 그런데 기자들 앞에서 노 대통령은 부시 대통령을 쳐다보며 이렇게 말했다.

"제가 잘못 알고 있는 것인지 모르겠습니다만 부시 대통령께서 한국전쟁을 이제 끝내겠다는 말씀은 안 하신 것 같습니다. 맞습니까?"

부시 대통령은 약간 놀란 기색이었지만 친절하게 한 번 더 말해주었다. 노무현 대통령은 "의도를 좀 더 명확히 밝혀주시면 좋을 텐데요."라며 아쉬운 표정을 지었다. 그 자리에 있던 사람들은 모두 황당한 표정이었다. 통역관이 놀라서 말을 멈추자 노 대통령은 통역관을 가볍게 꾸짖었다. 부시 대통령은 서둘러 대화를 마치고 기자들의 질문을 받기 시작했다. 마지막에 두 사람은 웃으며 악수를 나누었다. 노 대통령은 자기가 얼마나 기가 막힌 상황을 벌였는지 모르는 눈치였다.

이처럼 어디로 튈지 모르는 사람이라는 것을 잘 알기에 한국 정부의 반응을 전혀 예측할 수 없었다. 처음 2년간은 반기문 외무장관에게 노 대통령의 생각을 '넌지시 물어보곤' 했다. 반기문 장관이 UN 사무총장이 되자 후임으로 송민순이 등장했다. 그릇이 크고 외교 능력도 탁월한 인재였으나 대통령의 기이한 사고방식에 이의를 제기하는 것은 꺼리는 눈치였다.

시간이 지나고 보니 모두 부질없는 걱정이었다. 이제는 한국도 북한을 강경하게 대할 기세였다. 제재 강도나 실행 과정에 대해 미국과 전혀 의견을 달리하는 부분이 없었다. 도로를 점령하고 북한 제재를 반대하는 시위대도 더 이상 찾아볼 수 없었다.

베이징을 직접 방문해보니 중국 관계자들은 사석에서 만날 때 북한에 대해서 더욱 강경한 태도를 보였다. 대중에게 노출되는 자리에서 이야기를 나눌 때와는 영 딴판이었다. 후진타오 주석은 북한이 핵실험을 한 뒤에 서열 3위의 책임자인 탕자쉬안을 북한에 들여보냈다. 당시에는 그의 방문이 '허사로 끝나지 않았다.'는 말만 들었지만 나중에 다른 경로를 통해 알아보니 중국은 말없이 군 예비 식량 지원을 끊어버린 것이었다. 그 소식을 들은 뒤로는 중국 정부 관계자들이 김정일이 핵무기로 말썽을 피우게 내버려 두지 않을 것이라는 말을 의심하지 않게 되었다. 중국은 북한의 미래에 대해 적극적으로 논의할 의향을 내비쳤다.

탕자쉬안은 한 가지 사실을 더 알려주었다. 북한은 제재 조치가 전쟁 도발 행위라고 비난하며 야단법석을 떨었지만 큰 실수를 범한 것을 잘 알고 있었다. 문제는 UN이 6자 회담 재개를 어떻게 여길 것인지였다. 나는 크리스 힐을 베이징에 파견해서 중국, 북한과 3자 면담을 추진했다. 그렇지만 중국은 회의가 시작되자 크리스와 북한 관계자를 남겨 두고 나가버렸다. 그날 밤 호텔에서 크리스의 전화를 받았다. 말만 3자 회담이지 중국은 얼굴도장만 찍고 가버렸다는 말에 화가 치밀었다.

"최대한 빨리 마무리하세요. 이 문제는 내일 내가 직접 중국과 상의하겠습니다."

나는 후진타오에게 고문 두 명만 참석한 자리에서 할 말이 있다고 전했다. 이번에는 내 요청을 흔쾌히 받아주었다. 공식 일정을 아주 간단히 끝낸 다음 3대3으로 별실에서 회의를 다시 시작했다. 나는 샌디 랜트 대사와 크리스 힐을 대동했다. 나는 후진타오와 탕자쉬안을 똑바로 바라보면서 회의 주선만 하지 말고 6자 회담 성사를 위해 실질적인 책임을 이행하라고 촉구했다. 북한이 겁 없이 핵실험을 감행하면서 상황이 크게 달라진 점도 강조했다. 중국 정부가 역할을 충실히 하지 않으면 부시 대통령도 더 이상 참지 않을 것이라는 경고도 잊지 않았다. 부시 대통령은 우리 의사를 중국이 제대로 이해하고 존중할 경우 회담을 재개할 의사도 있었다. 이렇게 부시 대통령의 행보를 조건으로 내건 것은 일종의 전략이었다. 부시 대통령은 "우리가 원하는 바를 분명히 전달하시오. 단, 아직 나를 확실히 설득하지 못했다고 덧붙이는 게 좋을 거요."라며 전략을 짜곤 했다. 국무장관이 협상을 진행하지만 그 뒤에는 좀처럼 설득하기 힘든 대통령이 버티고 있다는 점을 상대방에게 주지시키는 식이었다. 후진타오 주석은 크리스가 하루 더 머물 수 있냐고 물었다. 그 말은 향후 방안을 본격적으로 논의하자는 제안이었다.

동북아시아 방문의 마지막 일정은 러시아였다. 러시아 정부는 6자 회담에 협조적인 편이었다. 그들의 주된 관심사는 평화 안보 체제였다. 그 체제가 동북아시아에서 비교적 약세인 러시아의 위상을 높이는 방법이라고 여기는 것 같았다.

북한 문제에 대해 러시아가 별다른 문제를 제기할 것 같지 않았지만 세계무역기구에 가입할 자격을 얻으려면 해결해야 할 문제가 산더미처럼 쌓여 있었다. 그뿐만 아니라 그루지야 문제는 폭풍 전야와 같았다. 푸틴 대통령과 사카슈빌리 대통령은 갈등의 골이 날로 깊어졌다.

모스크바에 도착해서 호텔에 짐을 푼 다음 푸틴의 연락을 기다렸다. 평소에는 몇 분 안에 연락이 왔다. 푸틴이 크게 늦는 법이 없다는 것을 알기에 내가 먼저 크렘린 궁으로 갈 때도 있었다. 그런데 이번에는 모스크바 외곽 바르비카에 있는, 대통령이 머리를 식히는 메인도르프 캐슬에서 만나자는 연락이 왔다. '아무렴 어때.'라고 생각하며 텔레비전을 켰다. 테니스 경기 중계를 보며 러시아어 청취 연습을 했다. 약속된 일정에서 두 시간이나 지난 후에야 출발하라는 연락이 왔다.

러시아 대사 빌 번스에게 "지금 이게 무슨 상황입니까?"라고 물었다. 그는 푸틴이 일부러 까다롭게 굴면서 기 싸움을 하는 것 같다고 조심스럽게 말했다. '자기가 그렇게 대단한 사람이면 이렇게 막 대해도 되는 건가?'라며 유치한 생각이 들어 웃어 넘겼다.

약속 장소에 도착하니 나도 모르게 입이 딱 벌어졌다. 커다란 사각 테이블에 러시아 국가안보회의 관계자들이 빼곡히 둘러앉아 있었다. 예전에 국가안보좌관 자격으로 러시아를 방문했을 때도 비슷한 경우를 체험한 기억이 떠올랐다. 푸틴 대통령은 함박웃음을 지으며 "라이스 장관이 보고 싶어 할 만한 사람들을 불렀습니다."라며 나를 맞아주었다. 내가 러시아 안보 문제를 전공했다는 점을 가리키는 것 같았다. 환영 행사인지 아니면 내 기를 꺾으려고 일부러 그러는 것인지 알 수 없었다.

그러나 이번에는 푸틴의 의도가 분명히 드러났다.

"드미트리와 이고르의 생일 파티를 하는 중입니다. 두 분도 즐거운 시간이 되실 겁니다."

빌과 나는 어색함을 감추고 자리에 앉았다. 파티장에 나온 그루지야산 와인은 러시아가 그루지야 경제를 마비시키려고 금지한 품목이었다. 술에 취해 그루지야 사람들을 비하하는 저속한 농담을 주고받는 대화를 꾹 참고 들어야 했다.

테러 문제로 화제가 바뀌자 푸틴은 관타나모수용소 피억류자들에 대한 안타까움을 드러냈다. 한눈에 보아도 마음에 없는 말을 늘어놓는 것을 알 수 있었다.

"그 사람들을 비인도적으로 대하시면 안 됩니다. 아셨지요?"

KGB 장교였던 그가 관타나모수용자들과는 비교가 안 될 정도로 무고한 사람들에게 저질렀을 만행을 생각하니 어찌나 불쾌한지 먹은 게 다 체할 지경이었다. 결국 푸틴을 말려야 했다.

"참 즐거운 시간이었습니다. 그렇지만 우리도 논의할 사항이 많지 않습니까? 따로 뵐 수 있을까요?"

푸틴은 라브로프를 불렀다. 나도 빌 번스를 대동했다. 우리는 떠들썩한 파티장에서 나와 가까운 방에 자리를 잡았다.

비교적 부드러운 분위기에서 대화가 시작되었다. 지적재산권과 시장 접근에 대한 러시아 국내 문제 중에서 개정할 부분을 언급하자 푸틴은 미국이 러시아의 WTO 가입을 승인해주면 한결 쉽게 해결될 문제라고 응수했다.

"그러면 의회에서 우리가 할 말이 생기지 않습니까?"

꼭두각시에 불과했던 러시아 의회도 그동안 꽤 세력을 키운 모양이었다. 설득하고 달래야 할 이해 당사자들이 있다는 변명은 충분히 수긍할 수 있었다. 나는 이 문제를 부시 대통령에게 보고해서 러시아가 WTO 기준에 맞추어 법을 개정하기 전에 승인 절차를 추진할 수 있는지 알아보겠다고 했다. 그리고 나서 그루지야 문제로 화제를 돌린 다음 부시 대통령의 메시지를 전했다.

"트빌리시에 대한 강력한 금지 조치에 대해 유감을 표하는 바입니다. 그루지야에 대해 어떤 행동을 취하든 미-러 관계에 큰 영향을 끼친다는 점을 기억하기 바랍니다."

푸틴은 벌떡 일어서서 나를 잡아먹을 듯 노려보았다.

"그루지야 대통령이 전쟁을 원하면 우리도 물러나지 않을 겁니다. 미국이 그루지야를 감싸고 돈다면 러시아와의 외교 관계가 위태로워진다는 점을 기억하시라고 전하십시오."

푸틴은 멱살이라도 잡을 기세였다. 나도 자리를 박차고 일어났다. 힐을 신은 덕분에 푸틴을 내려다볼 수 있었다. 나는 부시 대통령의 말을 또박또박 되풀이했다. 한동안 서로 노려보며 서 있었던 것 같다.

라브로프가 나서 우리를 진정시켰다. 나는 표정을 바꾸고 목소리를 다시 낮추었다. 그루지야는 매우 중요한 우방 국가이며 그 점에 대해 다른 오해가 없기를 바란다고 설명했다. '그루지야와 우호적인 관계를 회복할' 수 있도록 세르게이와 해결책을 함께 모색할 의사가 있다고 제안했다. 분위기는 한층 누그러졌다. 나는 돌아 나오는 길에 빌에게 낮은 소리로 이렇게 속삭였다.

"푸틴도 성질이 만만치 않군요."

핵 확산 방지 노력이 큰 성과를 거두다

보름도 지나지 않아 북한이 6자 회담 재개에 동의했다. 우리는 일부러 회담을 서두르지 않았다. 다른 나라의 의견을 수렴하고, 특히 중국의 속내를 알아낼 시간이 필요했다.

3주 후인 11월 18일 하노이에서 열린 APEC 회담이 아주 좋은 기회였다. 라틴아메리카의 칠레에서 환태평양 지역을 빙 돌아 뉴질랜드에 이르기까지 경제 성장이 두드러지는 나라들이 모두 모여 있었다. 세계 경제가 이들의 성장 속도에 달려 있으며 미국이 두 대륙의 가교 역할을 한다고 생각하니 가슴이 뿌듯했다. 우고 차베스, 네스토르 키르치네르*2003~2007년 아르헨티나 대통령가 자본주의를 반대하고 반미 감정을 마구 표출하던 미주 정상회담과 달리 APEC 회담장에서는 경제 성장, 무역, 대기업에 대한 건설적인 논의가 이어졌다.

특히 이번 회담에서는 베트남 시장에 관심이 모아졌다. 베트남 관계자들을 처음 만나본 자리는 2001년 UN 총회의 동아시아 국가 모임에서였다. 당시 베트남 총리는 '세계무역기구에 가입하는 것이야말로 베트남에게 중차대한 일'이라고 말했다. '저 사람은 죽어서도 호찌민 때문에 눈을 못 감겠구나.'라고 생각했다. 그런데 APEC 회담에 베트남이 처음으로 참석한 것을 보니, 내가 아주 어릴 때, 고통스러운 전쟁을 겪었으며 오랫동안 빈곤에 시달리던 베트남의 옛 모습이 생각났다. 무덤 속에 잠든 이들이 이제는 편안히 쉬어도 될 것 같았다.

내가 워싱턴에 머문 8년 동안 가장 큰 변화를 보인 나라는 베트남이었다. 이 나라 사람들은 하나같이 어려 보였다. 내 눈에는 노인이 하나도 없었다. 그들은 미국을 좋아했고 미래에 대한 포부가 대단했다. 부시 대통령이 나타나면 젊은 여자들이 몰려들어 경호원들의 제지를 아랑곳하지 않고 최신 카메라를 꺼내 플래시를 마구 터뜨렸다. 세계 전역을 다녔지만 가장 기억에 남는 식사를 한 곳은 바로 호찌민 시였다. 어느 젊은 사업가가 오래된 벙커를 사들여 와인 창고를 만든 뒤 이탈리아에서 유명한 요리사를 불러들였다고 했다. 주식 거래소는 규모가 작았지만 분위기가 매우 활발했다. 이제 막 학교를 졸업하고 입사한 트레이더들의 얼굴에는 비장함이 감돌았다. 하지만 후에와 하이퐁 항구라는 말을 들으니 그곳의 아픈 역사가 주마등처럼 지나가면서 가슴 한편이 아려왔다. 콜린 파월이 예전에 베트남을 보며 전쟁의 아픔만 곱씹을 것이 아니라 어엿한 독립 국가로 대우해야 한다고 말한 것이 기억났다. 젊음이 넘치는 거리에 서 있으니 콜린 파월의 말대로 할 수 있을 것 같았다.

그러나 정치는 경제 성장만큼 속도를 내지 못하는 것 같았다. 베트남 공산당은 반대 세력을 철저히 응징하고 억압하는 방식을 여전히 고수하고 있었다. 종교 탄압은 조금 나아진 기미가 보였다. 등록되지 않은 교회들이 곳곳에 보였다. 하지만 공산당의 정치 개혁을 위해 할 일이 태산 같았다. 다행히 다른 전제 국가에 비하면 억압의 상처나 흔적이 적었다. 국민들은 비교적 개인의 자유를 많이 누리는 편이었다.

베트남 고위 관계자들도 공산당이 자유 시장에 매달리는 것이 앞뒤가 맞지 않다며 고개를 갸우뚱했다. 총리와 회담을 마치고 나오자 외무장관이 조용히 나를 불러 세웠다.

"부시 대통령께서 공산당 서기와 한번 만나주시면 안 될까요? 자기가 무시당했다고 느끼면 앞으로 무슨 난동을 부릴지 걱정돼서 그럽니다."

왜 진작 말을 꺼내지 않았는지 궁금했지만 아무튼 부시 대통령과 스티븐 해들리에게 상황을 전달했다. 특별히 문제 될 것이 없다고 판단해 순순히 부탁을 들어주었다. 단 회담 '장소'를 미리 확인하지 않은 것은 우리의 실수였다. 그 자리에 가보니 공산당 서기가 무엇 때문에 고집을 부렸는지 이해할 수 있었다. 부시 대통령과 베트남 총리가 거대한 호찌민 동상 아래에 앉자 바로 옆에 공산당 서기가 자리를 잡았다.

"위대한 지도자께서 미국과 베트남이 협력하게 될 것을 이미 예견하셨습니다."

공산당 서기가 엄숙하게 말했다.

'도대체 뭘 예견했다는 거야?'

회담은 금방 끝났다. 칼 마르크스의 말처럼 베트남에는 여전히 '모순'이라 할 만한 문제가 남아 있었다.

이틀 뒤에 APEC 정상회담이 시작되자 우리가 제시한 조건에 따라 6자 회담을 재개할 기반을 닦을 기회가 생겼다. 나는 베트남 관계자에게 중국, 러시아, 한국, 일본, 미국 대표자들을 위한 조찬을 부탁했다. 오스트레일리아, 인도네시아, (아세안 주최국인) 필리핀도 초대하자고 제안했다. 그렇게 자리를 마련해 지역 안보 문제를 논할 속셈이었다. 모두가 참석해 자리를 빛내주었다. 러시아를 포함해 모든 참석 국가의 외무장관들이 6자 회담을 전폭적으로 지지하지만 반드시 성과를 내야 한다고 주장했다. 다들 약속이라도 한 것처럼 '북한은 국제사회를 큰 위험에 몰아넣으려 합니다.'라고 강한 우려를 표명했다. 이 광경을 묵묵히 지켜본 중국은 북한 정부에 대한 비난의 강도에 적잖이 놀란 눈치였다. 우리 의사는 일단 분명히 전달되었다는 느낌이 왔다. 그해 말에는 회담을 재개할 방법을 찾았다는 확신이 생겼다. 드디어 큰 장벽 두 개 중 하나를 무너뜨릴 길이 생긴 것이다.

나머지 다른 장벽도 희망이 보였다. 5월에 드디어 P5+1이 7월 UN 안전보장이사회에서 결의를 통과시키겠다는 목표로 뜻을 함께했다. 처음으로 UN 헌장 7조에 입각한 결의를 통해서 이란에게 핵농축 및 재처리 과정 일체를 중단할 것을 요구했다. 이렇게 해서 이란은 8월 말까지 요구에 응하지 않으면 경제, 외교적 제재를 피할 수 없는 상태가 되었다.

국제 정치 문제는 늘 데드라인이 있게 마련이다. 이번에도 데드라인은 어김없이 지나갔다. 우리는 또 다른 결의를 준비하느라고 정신이 없었다. 가을이 되면 한 번 더 이란을 몰아붙일 계획이었다. 고지가 눈앞에 보이는 듯했다.

9월에 예정된 UN 총회가 열리기 전에 대통령을 찾아가서 P5+1과 한 걸음 더 내디딜 계획을 구상했다. NSC 장관들에게도 자문을 구했다. 이번 UN 총회에 이란 출석을 요구해서 그들이 나오지 않으면 더 강력한 결의를 요구할 참이었다. 나는 탁상용 달력을 놓고 여름부터 뉴욕에서 열릴 UN 총회 전날까지 일정을 짜보았다. 우리가 먼저 압력을 가하고 동맹국들이 나서게 한 뒤 마지막으로 UN 안전보장이사회의 힘을 빌리면 될 것 같았다. 조찬 회의에서 대통령과 스티븐 해들리에게 내 생각을 설명했다. 그런데 펜으로 여기저기 줄을 긋고 색칠한 부분이 많아서 그런지 두 사람은 금방 이해하지 못했다.

"뭐가 뭔지 하나도 모르겠습니다."

내가 봐도 한눈에 들어오지 않겠다는 느낌이 들었다. 요점은 매우 간단했다. 금융 제재를 더 확대해 이란의 목을 조이는 것이었다. 이왕이면 유럽이 적극 협조하기를 바랄 뿐이었다. 마지막 체면이라도 유지하려면 이란이 고집을 꺾는 수밖에 없었다. 물론 우리가 연극을 잘해야 한다는 부담감도 있었다.

이란은 처음에 '협상'을 거치지 않고 무조건 중단할 수 없다며 고집을 피웠지만 핵무기 개발 중단이 미국이 회담에 개입하는 전제 조건인 만큼 타협의 여지는 전혀 없었다. 결국 EU 외교 정책 담당자인 하비에르 솔라나가 나서 이란, 유럽, 러시아, 중국이 협상 테이블에 앉았다. 나는 이란이 개발 중단에 동의하면 그 즉시 회담에 참여하기로 했다. 이 모든 상황은 뉴욕 UN 총회에서 하루 이틀 사이에 벌어진 것이었다. 하비에르는 이란 대표 알리 라리자니에게 상황을 설명해주었다. 모든 준비가 완료되었다.

뉴욕으로 출발하기 이틀 전에 영사 업무 담당자가 와서 이란이 갑자기 비자를 추가로 요청했으나 처리 시간이 부족하다고 했다. 이란이 꼼수를 부리는 것이라는 생각이 번뜩 스쳤다. 나는 베른 영사관에 연락해 밤샘 작업을 해서라도 처리해주라고 지시했다. 요청한 비자가 나오자 라리자니는 통역관을 한 사람 더 데려가야 한다며 다시 비자를 요청했다. 나도 물러서지 않았다.

"당장 처리해주세요."

비자 문제가 해결되었는데도 라리자니는 뉴욕에 올 수 없다고 고집을 부렸다. 영문을 알 수 없어 답답했다. 일부 언론에서는 성격이 괴팍한 마흐무드 아마디네자드 이란 대통령이 뉴욕을 처음 방문하는 자리인 만큼 핵 문제 협상을 기피하는 것이라는 추측을 내놓았다. 러시아는 아야톨라 하메네이가 막판에 마음을 바꿨을 거라고 했다. 이유가 무엇이든 이란의 반응은 P5+1의 결속을 강화하는 결과를 낳았다. 몇 달에 걸친 조율 끝에 UN 안전보장이사회는 크리스마스를 이틀 남기고 1737호 결의를 채택했다. 지금까지 채택한 결의 중에서 제재 강도를 최고로 높인 것이었다.

1737호 결의는 핵농축을 중단하지 않은 점을 규탄하고 이란 정부가 온전히 의무를 수행할 때까지 계속 제재를 가할 것이라고 밝혔다. 이번 결의로 핵무기와 장거리 유도미사일 개발에 필요한 원자재 수입을 전면 차단하고 핵무기 개발에 관련된 개인이나 기업의 자산 거래를 모두 동결했다. 더욱이 안전보장이사회 특별 위원회를 설립해 금융 제재를 위임하고 시간이 흐를수록 제재를 추가할 수 있는 권한까지 부여했다. 이제 더 이상 결의를 채택하지 않아도 이란 정부에 대한 제재를 계속 강화, 확대할 수 있게 되었다. 이번에는 60일의 기한을 주고 핵무기 개발을 전면 중단하지 않으면 안전보장이사회가 '적잖은 제재'를 가할 것이라고 엄중히 경고했다.

2006년 말이 되자 이란과 북한에 대한 압력이 극에 달했다. 우리 정부가 할 수 있는 모든 방법을 동원한 기분이었다. 더 이상 머리를 짜낼 기운도 없었다. 하지만 국제사회가 언제까지나 지금처럼 하나로 뭉친다는 보장도 없었으며 이란과 북한이 순순히 핵무기를 포기하리라고는 애당초 기대하지 않았다. 그렇지만 2월에 비하면 대단한 발전을 이루었다는 생각이 들었다. 보수적인 입법 관계자들과 언론 기자들도 이제 우리 정부를 믿고 응원해주려는 분위기였다.

이란이 핵무기 개발을 중단하면 미 정부도 회담에 참여할 것이라고 공식적으로 밝힌 직후에 폭스 뉴스의 관계자들과 비공식 모임을 가졌다. 특별한 자리가 아니라 원래 정기적으로 갖던 모임이었다. 기자들이 엉뚱한 시기에 기사를 써서 문제를 일으킬까 봐 종종 기자들을 불러 이런저런 이야기를 나누곤 했다. 데이비드 이나시오, 톰 프리드먼, 데이비드 브룩스 등이 새로운 정책 등장의 배경을 이해하려고 자주 모습을 드러냈다. 정기적으로 참여하는 폭스 관계자로는 윌리엄 크리스톨, 찰스 크라우타머, 짐 앵글, 모트 콘드레크, 브릿 흄, 프레드 반스, 후안 윌리엄스 등이 있었다. 놀랍게도 정책 변화를 비판하는 사람은 많지 않았으며 입장을 완화한 것에 대해 불만을 표출한 사람은 한 명도 없었다. 이번 모임을 통해 정부의 결정에 대한 정계의 분위기를 대충 가늠할 수 있었다. 사실 다들 내로라하는 전문가인 만큼 그들의 이야기를 듣고 나면 정책을 평가하거나 대변하는 데 많은 도움이 되었다. 특히 크라우타머는 워싱턴에서 둘째가라면 서러워할 정도의 전략가였다. 논의가 끝나자 다들 '좋은 결과가 있기를 바란다.'고 했다. 이라크 상황 때문에 이란이나 북한을 일방적으로 밀어붙일 수 없다는 점은 모두 이해하는 것 같았다. 최소한 대량 살상 무기 확산을 방지할 수 있는 다양한 대응책은 확보한 셈이었다. 탈도 많고 말도 많았던 만큼 반가운 소식임에 틀림없었다.

39

마지막 카드를 꺼내다

2006년 가을 무렵 대통령에게 이라크에 대한 방침을 바꾸라는 압력이 최고조에 달했다. 옆에서 그 모습을 보는 것만으로도 힘들었다. 하루는 NSC에 가다가 대통령 집무실에 잠깐 들렀다. 의회에서 있었던 일을 보고하며 공화당조차 우리의 행보에 불만을 품은 것 같다고 말했다. 머잖아 이라크연구회 보고서가 나오면 과연 상황이 어떻게 될지 걱정스러웠다. 이라크연구회는 버지니아 주 의원 프랭크 울프가 양당의 '공통 기반'을 마련하려고 고안한 모임으로서 전 국무장관 짐 베이커와 전 민주당 의원 리 해밀턴이 공동으로 맡고 있었다. 2006년 초반에 프랭크가 나를 찾아와서 이라크연구회 발족을 건의했을 때에는 좋은 생각이라며 대통령에게 추천해주었다. 대통령은 외교 방침 수립을 마치 외부에 떠맡기는 것처럼 보일까 우려했지만 이라크 전쟁에 대한 지속적인 후원을 얻으려면 권위 있는 전문가의 도움이 필요하다는 점에 동의했다. 양대 정당이 '합의할 수 있는 지점'을 찾으면 새로운 방침 구상에 도움이 될 것이라는 기대도 있었다. 일각에서는 이라크연구회라는 미명 아래 조지 H. W. 부시 대통령의 내각 핵심 인사들을 다시 모으려 한다며 아버지가 아들에게 외교 정책 과외를 하는 것이 아니냐며 손가락질했지만 그런 모욕은 참을 만했다.

나는 대통령을 똑바로 보며 이라크연구회 보고서가 어쩌면 이라크 사태를 '새로 시작하는' 기회가 될지 모른다고 말했다. 스티븐 해들리도 나와 같은 생각이었다. 대통령은 그 누구에게도 이라크 방침을 백지위임할 생각이 없었다. 보고서 내용 중에는 대통령 본인의 의사와 맞아떨어지는 부분도 많았지만 무조건 부인하고 반박할 태세였다. 그는 자신이 직접 나서 해결책을 강구할 것이라고 잘라 말했다.

"최고 통수권자는 바로 나예요."

그는 대통령으로서 자존심을 내걸었다. 대통령 집무실을 나오자마자 스티븐 해들리에게 대통령이 지금 우리 상황이 얼마나 심각한지를 파악한 것 같냐고 물었다.

"물론 잘 아십니다. 워낙 터프하고 뚝심이 강하시잖아요."

"그건 나도 잘 알지요."

여름이 다 가도록 NSC 관계자들과 각 부처에서는 이라크 상황 분석에 매달렸다. 스티븐 해들리와 나는 10월 중순 각자 부서 관계자들을 한자리에 불러 모아 가능한 모든 해결책을 논의했다. 크라우치, 메간 오설리반, 윌리엄 루티, 피터 피버, 브렛 맥거크 등 NSC 관계자들은 미군 병력을 '대거 투입해' 반군 진압에 주력하는 방안을 선호했다. 하지만 바그다드와 같이 인구 밀도가 높은 도심지에서 평상복을 입고 다니는 반군 세력과 무고한 민간인을 구분하기란 사실상 불가능했기에 반군을 제거하려다 무고한 희생자를 양산할 가능성이 컸다. 예전에도 민간 희생자가 늘어나자 현지 시민들이 크게 반발하면서 미군 개입을 강하게 거부한 사례가 많았다. 한편, '대對반군전'을 실시하려면 적을 사살하는 데만 주력할 것이 아니라 이라크 민간인 보호에도 주의를 기울여야 했다. 주요 도시와 외곽 지역을 주기적으로 순찰하고 재건 사업 현장에 반군이 침입하지 못하도록 막아서 이라크 시민들의 신뢰를 얻고 더 나아가 그들이 스스로 무장 해제를 선언해 국가의 밝은 미래를 주도하게 하는 효과를 기대할 수 있었다.

그렇게 하려면 아군의 입장은 여러 모로 어려웠다. 안전지대를 벗어나서 활동하려면 그만큼 위험이 뒤따랐다. 게다가 사람이 많은 시장이나 공공장소에서는 공격을 받아도 대응 사격을 할 수 없다는 어려움도 있었다.

대반군전이야말로 이라크와 같은 복잡한 전장에 어울리는 작전이었다. 6월에 스티븐 해들리에게 제안했던 '선택적 대반군전'도 결국 이와 같은 맥락이었다. 원래 필립 젤리코와 짐 제프리 이라크 총사령관이 고안한 전략으로서 미 병력을 임시로 투입한다는 조건을 내걸었다. 그렇지만 여름내 치열한 분파 간 폭력 사태를 겪고 나니까 펜타곤이든 바그다드이든 새 전략이 성공할 여건이 되는지를 알 수 없다는 생각이 들었다. 대반군전의 성공 여부는 작전 기본 원칙에 군이 얼마나 재빠르게 적응하느냐에 달려 있었다. 하지만 전쟁 중이 아닐 때에도 거대한 군 조직에 그런 변화를 도입하는 것은 어려우므로 전시에 이를 시도하는 것은 더 어렵기만 했다. 나는 국방부 고위 관계자들이 아무래도 반대할 것 같아서 마음을 놓지 못했다.

이라크 정부가 노력하겠다는 말도 곧이곧대로 믿을 수 없었다. 그들은 종파 간 폭력 사태를 종식시킬 힘도 없었고 그렇게 할 의지도 강해 보이지 않았다. 정부군의 약한 힘이 문제라면 잠깐 파병 부대를 보내는 것이 도움이 될지도 모른다. 그런데 시아파가 장악한 정부가 애초부터 폭력 사태를 진압할 의사가 강하지 않다면 파병 규모를 늘리는 것은 대량 학살이라는 불길에 기름을 붓는 꼴이었다(내가 이라크 정부를 이렇게 불신한 데는 그만한 이유가 있었다).

스티븐은 군 병력을 '대거' 투입해 폭력 사태를 뿌리 뽑고 이라크 정부가 제대로 정치를 펼칠 기회를 주는 것을 좋게 여겼다. 나는 그 방안이 여전히 탐탁지 않았다. 이렇게 밀고 당기는 와중에 필립 젤리코는 새로운 방안을 제안했다. 국무부에서 만들어낸 제안이란 이라크 내의 세력 간 불균형을 해소해 국내 정세를 안정시키고 정부가 분파 간 충돌을 얼마나 효과적으로 제어하느냐에 따라 미국의 지속적인 개입 여부를 결정하자는 것이었다. 다시 말해서 정부가 분파 간 학살을 묵인하거나 인종 청소를 앞서 주도할 경우 미국은 즉각 철수를 선언, 실행하는 방식이었다. 이렇게 하면 국내 분쟁에 대한 책임을 이라크가 혼자 떠안게 되므로 우리가 상황을 자유자재로 제어할 가능성이 높아졌다. 이 방법이 제대로 통할지는 의문스러웠지만 미군 병력을 더 투입한다고 해서 문제가 해결된다는 보장이 없기는 마찬가지였다. 적어도 전자의 방안은 아군 희생자가 적다는 이점이 있었다.

중간 선거를 며칠 앞두고 대통령이 한 가지 의문을 제기했다.

"로버트 게이츠가 국방장관이 되면 어떨 것 같소?"

나는 기쁨을 감추지 못하고 "정말 좋은 생각입니다. 왜 진작 이 생각을 못한 걸까요?"라고 말했다. 로버트 게이츠는 조지 H. W. 부시 대통령 시절부터 냉전의 아픔을 함께한 오랜 친구였다. 그는 텍사스 A&M에서 교편을 잡았으며 후에 대학 총장에 올랐다.

도널드 럼즈펠드의 향후 거취에 대한 결정에 관여하지 않으려고 각별히 조심했다. 대통령과 아무리 가까운 사이라도 다른 장관을 밀어내려고 나서는 것만큼 꼴사나운 것도 없었다. 부시 대통령도 내 입장을 잘 알고 있었다. 도널드 럼즈펠드에 대해 직접 거론한 것은 오래전 캠프 데이비드에서 국무장관 제의를 받은 순간뿐이었다. 그때 "도널드 럼즈펠드와 옥신각신하느라 진을 빼고 싶지 않습니다. 외교 문제는 제가 알아서 하겠습니다. 그가 이래라저래라 하는 것은 싫습니다."라고 말했다. 표현이 너무 강했는지 대통령은 약간 놀라는 눈치였으나 무슨 말인지 잘 알겠다고 했다. 물론 도널드에 대한 사적인 감정은 없었다. 그가 부당하게 간섭하지 않기를 바라는 마음뿐이었다.

로버트에게 전화를 걸어 국방장관 임명을 크게 축하했다. 친절하게도 그는 대통령에게 나와 함께라면 손발이 잘 맞을 것이고 효율도 높을 것이라고 말해주었다. 무엇보다도 그가 국방장관이 되면 이라크 내의 문제점을 외면하지 않고 성실하게 처리할 것이라는 확신이 생겼다. 2006년 11월, 중간선거가 끝나자마자 부시 대통령은 로버트를 차기 국방장관으로 임명하겠다고 공식 선언했다. 로버트가 조지 케이시 후임으로 데이비드 퍼트레이어스를 임명할 계획이라는 소식을 들었을 때는 천군만마를 얻은 기분이었다.

그렇지만 추가 파병에 대한 불신은 좀처럼 떨칠 수 없었다. 나는 대통령에게 다른 방안도 검토해보라고 강권했다. 스티븐 해들리는 재무부 장관 행크 폴슨의 조언을 얻는 것이 좋겠다고 제안했다. 그가 이 문제의 전문가라기보다는 단지 '새로운 시각'에서 문제를 볼 사람이 필요했던 것뿐이었다. 의외로 스티븐 해들리의 제안은 매우 효과적이었다. 추수감사절이 지난 후 일요일에 백악관의 일광욕실에 NSC 간부들이 모두 모였다. 로버트 게이츠가 아직 인준을 거치지 않았으므로 도널드 럼즈펠드가 국방장관 자격으로 참석했다. 부통령, 합동참모총장 피터 페이스, 행크 폴슨, 스티븐 해들리, NSC 부보좌관 J.D. 크라우치도 모습을 드러냈다. 생각해보니 일광욕실은 6년 만에 처음이었다.

일광욕실은 사방에 채광창이 있어 하루 종일 햇볕이 내리쬐었다. 이곳은 드와이트 아이젠하워 전 대통령이 냉전 시절 우위를 차지한 구 소련에 맞설 전략을 세우던 곳이었다. 그런 역사적 배경 때문에 이라크 문제를 논할 장소로 적합하다고 여긴 것인지, 아니면 대통령이 그냥 기분 전환할 장소를 원했는지 알 수 없었다. 이왕 온 김에 50년 전 이 자리에 모였던 전임자들처럼 성공적으로 회의를 끝냈으면 하는 생각이 들었다. 정말이지 지푸라기라도 잡고 싶은 심정이었다.

J. D. 크라우치 부보좌관이 입을 열었다. NSC 관계자들은 추가 파병을 원한다는 것이었다. 그 자리에 온 사람은 이미 다 아는 사실이었다. 파병 부대에게 무엇을 맡길 셈이냐고 하자 그는 '치안 개선'이라고 했다. 나는 가만히 있을 수 없었다.

"이라크 국민을 위한 치안을 왜 우리가 맡아야 합니까? 그것은 이라크 정부의 몫이지 않습니까?"

나는 말리키 총리가 국민들을 보호하는 데 최선을 다하겠다고 약속했으며 이라크 수뇌부가 우리에게 일을 다 맡기고 태평하게 물러나서는 안 된다고 주장했다. 그때부터 열띤 논쟁이 벌어졌지만 아무 결론이 나지 않았다.

다음 날 발트 3국을 돌아보고 라트비아에서 열리는 NATO 정상회담에 참석하려고 대통령과 함께 출국했다. 라트비아 수도 리가에서 열리는 NATO 정상회담에 미 대통령이 참석하는 것은 예전에는 꿈도 못 꿀 일이었다. 덕분에 역사를 되돌아보며 어렵고 힘든 결정이 역사의 중대한 방향을 설정했다는 결론을 얻었다.

이틀 뒤 요르단 암만에서 말리키를 만난 자리는 그의 진심을 확인할 기회였다. 대통령은 말리키와 한 시간 넘게 단독 회담을 가졌다. 그동안 스티븐 해들리, 잘 칼릴자드, 나는 말리키 총리의 고문들과 이라크 국가안보보좌관 모와바크 알-루바이에를 차례로 만나보았다. 정부의 제재를 받는 시아파가 수니파에게 폭력을 행사한 적이 없다는 루바이에의 말에 기가 막혔다.

"당신이 지금 거짓말을 하는 것이 아니라면 누군가 당신에게 거짓을 알려준 것이겠죠."

스티븐과 잘 칼릴자드는 나를 말리려고 대화에 끼어들었다. 내 말을 부인하지 않으면서 조금 부드러운 표현으로 루바이에의 주장을 반박했다. 개인적으로 그를 존중하지만 그 순간만큼은 주먹으로 한 대 갈기고 싶을 정도로 화가 났다. 스티븐이 끼어들지 않았으면 큰 실수를 했을지도 모른다. '도대체 이자들은 언제 정신을 차릴까?'라는 생각에 한숨만 나왔다. 그때 바로 대통령이 방으로 들어오라는 신호를 보냈다.

말리키 총리는 바그다드에서 폭력을 근절할 방안을 나름대로 준비해온 모양이었다. 부시 대통령은 말리키가 준비만 되면 언제든 추가 병력을 지원하겠다고 약속했다.

"필요하면 수만 명이라도 보낼 수 있습니다. 하지만 정말 어려운 일은 당신 몫입니다."

그러고 나서 대통령은 말리키 총리에게 여러 가지 조건을 차근차근 설명했다. 그중에는 종파나 부족 간 폭력 사태에 공명정대하게 대응해야 한다는 조건도 있었다. 그 모습을 지켜보면서 '추가 파병은 이미 결정된 사항이군.'이라는 생각이 들었다. 하지만 파병에 앞서 이라크에 이미 나가 있는 군 당국은 지상군 작전이 크게 달라질 것이라는 점을 인식해야 했다. '로버트 게이츠가 알아서 할 테니 걱정할 필요 없지. 이제 남은 것은 하늘의 뜻에 달렸어.'라고 생각했다.

팔레스타인-이스라엘 평화 회담을 다시 추진해보려고 혼자서 예리코와 예루살렘으로 떠났다. 마음은 다른 데 가 있었다. 이라크 상황에 모든 것이 달렸다는 생각뿐이었다. 페르시아협력회의 및 이집트, 요르단(GCC+2) 외무장관들을 만나보니 그 사실은 더욱 분명해졌다. 이라크연구회 보고서의 내용은 조금씩 외부로 새어나갔다. 외부 사람들은 이 보고서가 미군 철수를 요청한 것으로 알고 있었다. 즉각적인 철수는 아니더라도 철수해야 한다는 결론이 났다는 소문이 돌았다. 미국이 철수하기 전에 한 번 더 밀어붙일 여지가 있다고 주장할 수도 있겠지만 결국 철수해야 한다는 것이 보고서의 결론이었다. GCC+2 외무장관들은 미국이 수니파를 내팽개치고 이라크를 떠날까 봐 겁에 질려 있었다. 이집트 외무장관은 이렇게까지 말했다.

"아랍인으로서 이런 말을 꺼내자니 정말 속상합니다. 그렇지만 이렇게 끝나면 우리는 모두 죽은 목숨입니다. 추가 파병을 해서 이 전쟁을 마무리해주셔야 합니다."

그들은 보고서에 언급된, 이란과 회담을 시도해야 한다는 주장도 못마땅하게 여겼다. 쉽게 말해 이라크 문제를 중동 지역 내에서 자체적으로 해결하라는 뜻이었다. 장관들은 이란이 한층 유리해진 입지를 이용해 중동 지역을 마음대로 휘두를 것이라고 생각했다. 그렇게 예측할 만한 근거는 충분했다. 그들은 이라크 전쟁을 끝낼 목적으로 미국이 이란에게 무릎을 꿇는 상황은 없어야 한다고 강경하게 맞섰다. 나는 그들을 달래려고 이렇게 설명했다.

"지금 우리 입장이 유리한 것은 아닙니다. 그렇다고 해서 불리한 것도 아니지요. 이란을 개입시킬 생각은 전혀 없으니 안심하십시오."

그러나 몇몇 인사들은 믿지 못하겠다는 눈치였다.

"이란은 이미 피 냄새를 맡았습니다. 그들이 얼마나 영악한지는 잘 아시지 않습니까? 그들에게 휘둘리지 않으려면 지금보다 훨씬 더 강해져야 합니다."

우리가 발표한 공식 성명에는 이란을 전혀 언급하지 않았다. 중동은 모순과 허구가 판을 치는 곳이었다. 특히 지금은 미국이 한 발 물러서는 것을 이란이 절대 눈치채지 못하게 해야 했다. 외무장관들이 그렇게 말해주지 않았더라면 나는 이 중요한 사실을 깨닫지 못했을 것이다. 덕분에 추가 파병에 대한 생각을 달리하게 되었다.

이라크연구회 보고서 발간에 맞추어 워싱턴으로 돌아왔다. 이스라엘-팔레스타인 협상에 대한 '외교 공세' 및 이란과 시리아의 고위급 회담에 대한 보고서 내용에 할 말이 많았기 때문이다. 전자는 이미 오래전부터 추진하던 일이므로 대찬성이었지만 이집트와 시리아는 가망성이 없다고 잘라 말했다.

"그들이 정말 이라크 안정에 관심이 있다면 무슨 수를 써서라도 나설 겁니다."

그들과 시리아를 예의주시할 필요성은 인정했지만 이라크 사태를 도와달라고 그들 앞에 무릎을 꿇고 애걸할 마음은 전혀 없었다.

보고서가 발표된 지 이틀 만에 대통령은 이라크에 대한 NSC를 다시 소집했다. 말리키가 다시 화두로 떠올랐으나 그 사람 하나만 문제 삼을 일이 아니었다.

"다 틀렸습니다. 이것은 그저 말리키 총리 한 사람에 대한 문제가 아닙니다. 탈라바니, 하시미, 하킴 모두가 문제의 핵심입니다."

이들이 상황을 제대로 파악하기 전에는 서로 죽이려 들지 모른다는 말도 해버렸다. 이들이 자국민을 지킬 마음이 없다면 미국이 나설 이유도 없고 그래서도 안 될 일이었다. 그들의 동의와 전폭적인 지원이 없다면 추가 파병도 무의미한 짓이었다.

"그렇다면 국무장관의 생각을 말해보시오."

대통령이 갑자기 끼어들었다. 날카롭고 격앙된 목소리였다.

"서로 공격해서 무너지게 내버려 두는 겁니까? 옆에서 기다렸다가 뒷수습만 하자는 말입니까?"

추가 파병을 지지하는 사람들보다 내가 이라크 전쟁의 승리에 더 무심하다는 말처럼 들려 몹시 기분이 상했다.

"각하, 그런 뜻이 아닙니다. 이미 유혈 사태가 극에 달한 곳에 우리 군대를 보내봤자 승산이 없다는 것입니다. 이미 내전이 결정된 상태라면 우리도 막을 수 없는 일입니다."

대통령과 나는 거의 대립 구도를 만들고 있었다. 다른 사람들이 있는 자리에서 팽팽하게 맞선 것은 처음이었다. 다행히 그날 회의는 금방 마무리되었다. 나는 대통령 집무실까지 따라갔다.

"제 말이 그런 뜻이 아니라는 것은 누구보다도 잘 아시지 않습니까? 저보다 이라크에서 승리를 거두기를 간절히 바라는 사람은 없을 겁니다."

"압니다. 잘 알아요."

대통령의 목소리는 한층 누그러져 있었다. 내 기분은 몹시 참담했다. 대통령도 힘들어하는 기색이 역력했다. 그렇지만 어떤 어려움이 있어도 이 상황을 해결하겠다는 의지가 엿보였다.

나는 로버트 게이츠에게 연락해서 언제쯤 시간을 낼 수 있느냐고 물었다. 우리는 12월 12일에 저녁을 함께 먹으며 여러 방안을 논의했다. 그는 조지 케이시를 육군참모총장으로 승진시키고 이라크 연합군은 데이비드 퍼트레이어스에게 맡기는 것이 어떠냐고 제안했다. 전쟁 초반부터 그를 알고 지냈기에 그의 통솔력과 판단력에는 의문의 여지가 없었다. 그는 육군 및 해군용 대반군전 야전 교범 작업에도 참여했기에 병력 투입과 작전 수행을 누구보다 유연하게 조절할 것이라는 확신이 섰다. 병력 투입을 결정하니 마음이 놓였지만 아직 결정할 사항이 하나 더 남아 있었다. 레이먼드 오디어노가 이제 이라크 총사령관이 되었다. 국방부의 명령 체계를 무시할 의도는 없었지만 워낙 중요한 결정인지라 그냥 지켜보고 있을 수 없었다.

"레이먼드!"

나는 일부러 존칭을 빼고 이름을 부른 것에 대해 정중히 사과한 다음 이렇게 질문했다.

"병력 투입을 늘리는 데 찬성하십니까? 수니파 자체 치안 병력을 강화하는 데 병력을 투입해줄 수 있습니까?"

그는 전혀 문제 될 것이 없으며 이미 그렇게 할 생각이었다는 말로 나를 안심시켰다.

크리스마스가 지난 후 NSC 팀은 이라크 전략을 최종적으로 검토하기 위해 목장에 모였다. 대통령은 호수와 광활한 목장이 내려다보이는 뒤뜰에 서 있었다.

"이제 때가 되었습니다. 마땅히 하셔야 할 일입니다."

'추가 파병'이라는 말은 일부러 사용하지 않았다.

"제가 나서겠습니다. 이 일에 모든 것을 바치겠습니다. 그러나 이게 우리의 마지막 카드라는 것을 아셔야 합니다. 실패란 있을 수 없습니다."

나는 그 말만 남기고 뒤돌아 나왔다. 이제 이라크를 놓고 역사에 길이 남을 모험을 하게 되었다. 펜타곤은 새로운 수장을 맞이해 새로운 전략을 마련하고 병력을 크게 보강했다. 우리는 이라크 현지와 세계에 전쟁을 확실히 마무리하겠다는 의지를 표명했다. 이라크가 자기 몫을 제대로 해내느냐가 관건이었기에 끝까지 긴장을 풀 수 없었다. 위험하다는 것을 알았지만 그것이 우리에게는 최상의 선택이자 마지막 방법이었다.

일을 성사시키려고 가능한 모든 수단을 동원했다. 나는 국무장관으로서 현지 민간 협조를 얻는 데 총력을 기울였다. 장애물은 단 하나도 용납할 수 없었다. 일상적인 업무와 국무부 내규 처리 절차도 둘째 자리로 밀려났다. 최측근 관계자들을 모두 불러 아무래도 대통령이 추가 병력 지원을 결정할 것 같다고 알려준 뒤 외부에 발설하지 말라고 신신당부했다.

"이번 사태를 극복하려면 모두가 최선을 다해야 합니다. 지역재건팀은 노련하고 경험이 많은 사람들로만 구성할 것입니다. 자원하지 않으면 제가 임명하겠습니다. 이라크 대사로 라이언 크로커가 좋겠습니다. 군 당국과 협조하는 면에서 가장 유리한 사람이니까요."

파키스탄에서 이미 두각을 드러낸 점을 재차 언급하면서 그를 크게 추켜세웠다. 대사 임명의 기본 절차인 국방부 차관보 추천서도 잊지 말라고 당부했다.

"라이언은 제가 직접 만나 설득하겠습니다. 그가 원하는 것은 모두 마련해 주어야 합니다. 제 권한으로 명령하는 것이니 차질 없도록 하기 바랍니다."

사담 후세인은 12월 30일에 처형되었다. 이라크가 낳은 악마가 결국 정의의 심판을 받은 것이었다. 하지만 끔찍하기 짝이 없는 후세인 정권의 잔재는 그대로 남아 있었다. 이라크의 운명은 아직도 분파주의, 폭력, 테러의 위협에 노출되어 있었다. 부시 대통령은 이러한 잔재를 모두 퇴치하고 새로운 노선을 개척하겠다는 입장을 굳혔다. 하늘도 이라크 국민들이 민주주의 정부를 얻기 위해 우리의 싸움에 동참하기를 기도했다. 이쪽이든 저쪽이든 이제 주사위는 던져진 상태였다.

40

외교 정책이 급물살을 타다

대통령은 2007년 1월 10일, 이라크에 2만 명의 추가 파병을 선언했다. 이튿날 상원외교위원회에서 증언한 뒤에 백악관으로 곧장 돌아왔더니 대통령이 "어떻게 되고 있소?"라고 물었다. 그는 뜨거운 벽난로 앞에 앉아 있었다. 나는 옆자리에 조용히 앉았다.

"그리 좋지 않습니다. 마음을 단단히 먹어야 합니다."

'하지만 단단히 마음을 먹어도 힘들 거야.' 라는 생각이 스쳤다. 상원의원들이 엄청난 비난을 퍼부을 것을 생각하니 눈앞이 캄캄했다. 이라크 상황이 좋지 않아서 아무도 도와주려 하지 않았다. 그 전날 존 매케인 상원의원은 전화로 이렇게 충고했다.

"누가 뭐라 해도 주눅 들면 안 됩니다. 당당하게 할 말을 하십시오."

그의 진솔한 마음이 느껴져 고마웠다.

청문회는 예상보다 훨씬 살벌했다. 상원의원들은 더 이상 정부를 믿을 수 없다는 전제 아래 입을 열었다. 플로리다 주 빌 넬슨 민주당 의원은 실제로

"지금까지 정부는 우리에게 진실을 말하지 않았습니다. 정부 관계자들 또한, 지금껏 증인으로 출석해 진실을 밝힌 적이 없었습니다. 하지만 우리 국민들은 이제 진실을 알아야 합니다."라고 말했다. 도대체 뭐라고 해야 할지 난감했다. 침착함을 잃지 않으려고 애쓰면서 항상 아는 대로 정직하게 대답해왔다고 항변했다. 나는 정말 나쁜 의도로 거짓말을 한 적이 없었다. 임기 중에서 가장 힘들고 괴로운 순간이었다. 의원들은 누가 더 대통령을 신랄하게 비판하는지 경쟁이라도 하듯 열을 올렸다. 그 모습을 지켜보자니 가슴이 찢어지는 듯했다. 나는 군과 민간이 힘을 합쳐 대반군전을 수행하고 치안, 재건, 통치 등을 담당할 미 정부 인력을 투입하는 것이 파병의 목적임을 부각시키려고 안간힘을 썼다. 또 이라크 상황을 안정시키기 위해 온건파 개혁주의자들이 시리아와 이란의 군사 정권에 맞서도록 유도하는 접근법을 써서 더욱 폭넓은 외교 전략을 구사할 것이라는 점도 강조했다. 나는 '집중하자. 집중해야 해. 이 메시지를 꼭 전달해야 해.'라고 몇 번이나 되뇌었다.

네브래스카 주 상원의원 척 헤이겔은 대통령의 파병 결정이 '베트남전 이후 가장 위험한 외교 정책의 대실패작'이라고 몰아붙였다. 다른 사람도 아닌 공화당 의원이 그렇게 나오니 말문이 막혔다. 그뿐만 아니라 수많은 의원이 이라크 총리 말리키를 맹렬히 비난했다. 이제 돌이킬 수 없는 선을 넘었다며 전쟁에서 이길 수 없을 거라고 단정하는 사람도 많았다. 감당하기 어려운 비난이 무더기로 쏟아진 뒤 캘리포니아 주 상원의원 바버라 복서가 나에게 정통으로 화살을 겨냥했다. 자녀를 둔 적이 없는 내가 전쟁으로 자식을 잃은 부모들의 심정을 헤아릴 리 만무하다는 것이었다. 누가 들어도 말이 안 되는 소리였지만 그 말은 내게 씻을 수 없는 상처를 주었다. '국무장관이 남자였어도 저런 말을 했을까?'라는 생각도 들었다. 자녀를 낳아서 키운 경험과 장관이 될 자격이 도대체 무슨 상관이 있는지 이해할 수 없었다. 괜한 말싸움이 될까 봐 변명하지 않고 성별에 관계없이 현지에 나가 있는 모든 이들의 희생을 충분히 이해한다고 항변했다.

"저는 현지에 가서 그들이 고생하는 모습을 두 눈으로 직접 봤습니다. 그들의 가족들도 만나봤고요. 그들의 고충은 누구보다 잘 압니다."

그제야 바버라 복서는 입을 다물었다. 주변에서도 어불성설이라며 그녀에게 눈총을 주었다. 다행히 청문회가 끝날 때까지 쏟아지는 비난을 힘겹게 받아내면서도 냉정을 유지할 수 있었다. 브라이언 건더슨은 국회의사당을 빠져나오면서 "정말 무시무시했습니다."라며 혀를 내둘렀다.

"이보다 더 심해질 수도 있어요. 단단히 각오해야 합니다."

다행히 추가 파병으로 전세를 뒤집을 가능성이 높아져 한결 기분이 나아졌다. 로버트 게이츠가 이제 펜타곤에 있으므로 합심해서 민군 협력에 박차를 가할 수 있겠다는 생각이 늘었다. 나중에는 더글러스 루트 중상이 대통령의 이라크-아프가니스탄 고문으로 NSC에 합류한 다음 메간 오설리반의 든든한 버팀목이 되었다. 스티븐 해들리와 나는 크리스마스 직전에 데이비드 퍼트레이어스와 식사를 함께했다. 그 자리를 계기로 퍼트레이어스를 더욱 신임하게 되었다. 워터게이트 레스토랑에 도착하자 퍼트레이어스가 "오늘이 두 번째 뵙는 자리군요."라고 말했다. 처음에는 무슨 말인지 이해되지 않았는데 그가 이어서 "2003년 이라크로 떠나기 전에 NSC에서 장관님을 뵈려고 시간을 잡았는데 럼즈펠드 국방장관이 그 사실을 알고 당장 취소했습니다."라고 설명했다.

드디어 펜타곤과 신경전이 끝났다고 생각하니 속이 후련했다.

청문회 다음 날에 바로 중동으로 출발했다. 이번 방문 일정의 말미에 예정된 페르시아만협력회의에 초점이 맞춰졌다. 추가 파병에 대한 확실한 지원을 얻어낼 수 있는 자리였다. 그런데 첫 방문지인 라말라와 예루살렘에서 예상치 못한 호박이 넝쿨째 굴러 들어왔다. 올메르트와 압바스가 미국과 함께 3자 회담을 하기로 동의해 이스라엘-팔레스타인 사태에서 예상치 못한 진전이 이루어졌던 것이다. 이는 부시 대통령과 내가 양국의 신임을 얻었다는 확실한 증거였다. 이스라엘은 3자 회담을 하면 그들이 불리한 쪽으로 몰릴까 걱정해 팔레스타인 및 미국과 따로 단독 회담을 추진하는 편이었다. 그래서 '미국과 일정한 입지를 확보한 후에' 팔레스타인과 회담을 하려 했다. 하지만 나는 "그런 식으로 해서는 일이 안 됩니다."라고 막아섰다. 모두 한자리에 모여야 내가 양측의 솔직한 마음을 열어 보일 수 있었기 때문이다. 나는 이집트에 3자 회담 계획을 알려주었다. 이는 그동안 평화 협상 과정에서 특별한 역할을 해온 것을 존중한다는 뜻이었다. 그리고 일을 제대로 하려면 주변 국가의 지원 사격이 필요했다.

예상대로 무바라크는 팔레스타인보다 이란과 이라크에 관심을 보였다. 사우디아라비아의 압둘라 왕을 비롯한 모두가 이라크에 집중 사격을 하겠다는 부시 대통령의 결정을 두 팔 벌려 환영했다. 다들 공황 상태에 처한 이라크와 기세등등해진 이란을 내버려 두고 미국이 등을 돌릴까 봐 두려워하고 있었다. 그 말을 듣고 '다들 조지 부시라는 사람을 몰라도 너무 모르는군.'이라고 생각했다.

다음 날 페르시아만협력회의에서 추가 파병 결정은 열띤 호응을 얻었다. 이집트와 요르단 등 회원국들은 부시 대통령의 결정에 앞을 다투어 고마움을 표현했다. 이번에는 공식적으로 지지 성명을 발표하기까지 했다. 바그다드의 자치 가능성을 부정적으로 보는 시각이 있었지만 사우디아라비아 사드 알-파이살 장관은 이라크를 적극적으로 두둔하면서 "왜 그런 부정적인 결과에 집착하느냐?"고 되물었다. 그는 이라크가 문명의 요람이라 할 만큼 역사적으로 유서가 깊다는 점을 강조하면서 "모두 이렇게까지 열성적으로 도와주는데 이라크가 자살골을 넣으리라고는 생각하지 않는다."고 호소했다. 기자회견에서 그의 옆에 서니 가슴이 뭉클했다.

'신이여, 이 사람의 말대로 이루어지게 해주십시오.'

이번 비공식 회의에서 가장 우려한 점은 이란을 포함한 이라크의 이웃 나라들을 참여시키는 것이었다. 이라크의 미래를 논하는 자리였기에 그들을 배제할 수 없었다. 주변에서 "왜 굳이 이란을 불러들이는 겁니까?"라고 묻는 사람들이 줄을 이었다. 이라크가 그것을 원했으며 미 정부도 반대할 이유가 없었다고 설명하면 그들은 진지한 표정으로 "아무튼 다시는 그들이 이라크에 발을 붙이지 못하게 하시오."라고 말했다. 며칠 전에 이라크 내에서 활동하는 이란 공작원들을 체포했다고 말하자 그제야 마음을 놓은 듯했다. 부시 대통령은 시아파 무장 세력에게 고급 폭파 장비와 기타 군수품을 공급하고 군사 훈련을 지원한 이란 세력을 모조리 축출하라는 명령을 내린 적이 있었다. 이로 인해 이라크 전역에 한바탕 소동이 벌어졌다. 나는 장관들 앞에서 준엄한 표정으로 "이란 정부는 이라크에 함부로 무장 세력을 투입하면 반드시 대가를 치르게 된다는 교훈을 얻었을 것입니다."라고 말했다. 이번에 체포된 사람 중에는 이란 특수 부대 고위 장교도 있어서 이란 정부는 이라크 내 비밀 활동이 노출될 것을 걱정할 수밖에 없는 상황이었다. 이란 정부가 한동안 꼬리를 내릴 것이라는 확신이 생겼다.

나는 이스라엘-팔레스타인 분쟁 문제로 화제를 돌렸다. 페르시아만협력회의의 장관들은 모두 흡족한 표정이었으나 아직 논의할 점이 많이 남아 있었다.

'희한한 상황이야. 이스라엘-팔레스타인 분쟁은 한참 뒤로 밀려났잖아. 지금 중요한 것은 첫째도 둘째도 이란이야.'

새로운 현실에 대처하려면 정신을 바짝 차려야 한다는 생각을 안고 워싱턴으로 돌아왔다. 한 달 후인 2월이면 이스라엘, 팔레스타인과 첫 번째 3자 회담을 하러 중동으로 돌아가야 했다. 중동 콰르텟과 유럽연합, 러시아에서 이번 협상에 힘을 보태려고 2월 2일에 국무부로 직접 찾아왔다. 미국이 주도권을 쥐고 나니 평화 협상 과정에 서광이 비쳤다.

내 목표는 팔레스타인 국가 수립을 향해 각 나라가 수행해야 할 단계별 의무를 정리한 2003년 로드맵 실행에 지지를 이끌어내는 것이었다. 그 밖에도 국경, 치안, 피난민, 예루살렘 등 최종 상황에 관한 문제도 논의를 시작해야 했다. 하지만 이스라엘 총리 에후드 올메르트는 이와 같은 핵심 사항을 논할 마음이 없었다. 올메르트는 전임자 아리엘 샤론과 마찬가지로 이런 문제를 논하기 전에 팔레스타인이 테러 집단 응징에 더욱 적극적으로 나서야 한다고 생각했다. 그러한 태도는 로드맵 실행에 첫 단추를 끼우는 데 방해가 되었다.

문득 내가 나서 3자 회담을 요청하면 이스라엘이 이런 문제를 진지하게 논할 것이라는 생각이 들었다. 압바스와 팔레스타인 자치 정부는 가자 지역에 자리 잡은 하마스와 끝나지 않는 전쟁을 하느라(끝없이 전쟁하느라) 사실 다른 것에 신경 쓸 여력이 없었다. 하루가 멀다 하고 정부군은 하마스와 생사를 오가는 전투를 벌였다. 이러한 상황에서 이스라엘은 테러 진압에 함께 나설 동반자가 없다고 주장할 수 없었을 것이다.

그런데 전혀 예상치 못한 일이 일어났다. 사우디아라비아 국왕 압둘라는 팔레스타인을 계속 주시하고 있었던 것이다. 그는 팔레스타인 사태가 하루가 다르게 악화되는 것을 알고 있었으며, 또한 전제주의 정부의 부당함을 논하며 문제를 일으키는 모슬렘형제단과 연관된 하마스를 곱게 보지 않았다. 팔레스타인 사람들이 서로 죽고 죽이는 광경은 국왕에게 감당하기 어려운 충격을 안겨주었다. 국왕의 측근에 의하면, 그는 벽면 하나를 텔레비전 화면으로 가득 채우고 왕궁에 있는 내내 켜놓았다고 한다. 그곳에서는 가자의 유혈 사태가 끊임없이 방영되었다. 그가 "이스라엘을 저대로 두면 안 돼. 어떻게든 막아야 해."라고 하자 측근들은 화면 속의 나라가 이스라엘이 아니라 팔레스타인이라고 알려주었다. 그는 더 이상 보고만 있을 수 없다고 선언하고 마흐무드 압바스와 하마스 지도자 칼레드 메샬을 메카로 불러들였다. 아랍의 국가수반들 중에 사우디아라비아 국왕의 부름을 거부할 수 있는 사람은 아무도 없었다.

나는 숨을 죽인 채 협상 내용에 대한 보도를 기다렸다. 팔레스타인이 사우디아라비아 국왕을 실망시킬 정도로 어리석지 않기에 모종의 협약이 이루어질 것은 확실했다. 전적으로 신임하는 통역관 가말 헬랄이 사무실로 헐레벌떡 뛰어왔다. 그는 압바스 관계자들과 통화하며 알자지라 방송을 지켜보고 있었다. "상황이 얼마나 심각합니까?"라고 물었더니 그는 자기도 모르게 비속어를 내뱉었다가 곧바로 사과했다. 하마스는 팔레스타인 자치 정부와 연합 정부를 구성하고 가자 지역을 장악한 자로 추정되는 이스마엘 하니야를 총리로 임명했다. 따라서 파타외 온건 세력과 극단주의를 지향하는 하마스의 구분 기준이 모호해진 데다 팔레스타인 정부는 유럽, 미국, 이스라엘이 테러 집단으로 분류한 자들을 버젓이 정부 관료로 임명했다. 이스라엘-팔레스타인의 협상 가능성은 한순간에 물거품이 되어버렸다.

충격에서 벗어나기도 전에 올메르트에게서 전화가 왔다. 그는 목에 핏대를 세우고 "테러리스트와 협상할 생각은 추호도 없소!"라고 소리쳤다. 올메르트가 아니라 이스라엘 총리라면 당연히 하마스 당원을 버젓이 맞아들인 팔레스타인 정부와 협상할 리 없다는 것을 알기에 나무라지 않았다. 일단 나중에 통화하기로 하고 압바스에게 전화했지만 연결되지 않았다. 전화를 피한다는 느낌을 떨칠 수 없었다. 다음 날이 되어서야 연락이 닿았다. 나는 불만이 가득 담긴 목소리로 '연합 정부' 때문에 협상 기회가 모두 날아가버렸다고 쏘아붙였다. 그는 사우디아라비아 국왕 앞이라 도저히 서명하지 않고는 배길 수 없었다며 이해해 달라고 했다. 다른 아랍 국가들도 후회하는 눈치였지만 실제로 상황을 무마하려는 노력은 전혀 보이지 않았다.

일주일 뒤 예루살렘에 가서 올메르트와 압바스를 만나기로 되어 있었다.

다음 날 아침 대통령 집무실에서 "예루살렘에 가서 담판을 짓겠습니다. 두 사람을 한자리에 모아놓으면 회생할 길이 보일지도 모릅니다."라고 설명했다. 압바스가 하마스 문제를 논하지 않으려 하면 '어떤 협상도' 기대할 수 없는 상황이었다. 대통령은 고개를 끄덕였고 올메르트가 전화로 항의하자 일단 협상하라고 설득했다. 힘겨운 대화가 길게 이어진 후 올메르트는 결국 회담에 나오기로 했다. 하지만 '실질적인 문제는 전혀' 논할 생각이 없다고 못을 박았다.

외교적 해결 방안을 모색하기에 유리한 출발점은 결코 아니었다. 적어도 양측이 회담 장소에 나오게끔 했으니 그것으로 만족해야 했다. 당시 나는 큰 기대 없이 그저 회담 자체가 불발되지 않기만 바랄 뿐이었다. 기자들에게는 팔레스타인 국가 수립을 목표로 '정치적 시야'를 논의할 것이라고 말해 두었다. 일단 양측에 이 분쟁을 끝낼 수 있다는 희망을 심어주어야 했다. 정치적 시야는 사실상 뜻이 모호했다. 이상적인 의미에서 서광이 비치는 미래를 뜻할 수도 있고 최종 협상의 구체적인 세부 사항을 가리킬 수도 있었다. 올메르트는 전자를 원했고 압바스는 후자에 대해 논하기를 원했다. 지금 상황으로 봐서는 협상을 시도하는 것이 무리가 아니냐고 끈질기게 질문하는 기자들에게 나는 이렇게 응수했다.

"중동에 완벽한 타이밍이 오기를 기다린다면 우리는 결코 미국으로 돌아가는 비행기에 오르지 못할 겁니다. 그러면 기자 여러분도 발이 묶일 텐데 그래도 좋습니까?"

데이비드 시타델 호텔은 항상 만족스러웠다. 그래서 예루살렘을 수없이 드나들면서 항상 그곳에 묵었다. 하지만 이번에는 3자 회담을 열 만한 장소가 마땅치 않았다. 백악관 시절부터 나와 함께한 고문 콜비 쿠퍼와 카렌 휴스는 장소가 커다란 연회장밖에 없다는 사실에 무척 난감해했다. 세 사람이 둘러앉을 작은 테이블 하나를 놓았지만 썰렁한 분위기는 어찌할 도리가 없었다. 두 사람은 야자수 화분을 늘어놓고 이스라엘과 팔레스타인 국기 및 미 성조기를 가져다놓는 등 최선을 다했다. 나중에 들어보니 세 나라가 정정당당한 분위기에서 회의할 수 있도록 막판에 테이블을 교체했다고 한다. 원래 놓았던 테이블에는 다윗의 별*삼각형을 두 개 짜 맞춘 형태의 별 모양으로서 유태교와 이스라엘을 상징이 새겨져 있었다고 한다.

셋이 나란히 서서 어색한 웃음을 지으며 카메라 세례를 받았다. 악수를 나누는 자세도 몹시 부자연스러웠다. 사실 두 사람과 동시에 악수하는 것은 쉬운 일이 아니었다. 기자들이 떠나자 셋만 남았다. 회의장은 넓은데 탁자는 너무 작았다. 압바스는 "기차역에 나와 있는 기분이군요."라고 투덜거렸다. 올메르트는 곧바로 압바스에게 "도대체 무슨 생각으로 칼레드 메샬을 반아준 겁니까?"라며 직격탄을 날렸다. 압바스는 사우디아라비아가 등을 떠미는 통에 자신도 어쩔 도리가 없었다고 변명했다. 우위권은 올메르트의 손에 있었다. 둘은 필사적으로 폭언을 퍼부으며 팽팽하게 맞섰다. 나는 아무 말도 하지 않고 가만히 앉아 있었다. 올메르트는 2006년 선거로 하마스가 가자를 장악했다며 "애당초 그런 선거는 시작도 하지 말았어야지."라고 쏘아붙였다.

압바스도 그대로 당할 기세는 아니었다.

"우리는 선거를 원한 적이 없습니다."

나는 그 말을 듣자마자 미간을 찌푸렸다.

'이 사람들이 지금 무슨 이야기를 하는 거지? 둘 다 투표에 동의했잖아.'

그 점은 일단 짚고 넘어가야겠다는 생각이 들었다.

"잠깐만요. 좋습니다. 선거를 원한 것은 바로 우리였습니다. 미국 정부 말입니다. 이제 됐습니까?"

그제야 둘 다 입을 다물었다. 내가 "같이 위층 제 방으로 가서 희망찬 미래에 대해 이야기해볼까요?"라고 간곡히 부탁하자 두 사람은 순순히 일어났다. 호텔 직원들과 내 측근들은 놀라서 눈을 휘둥그레 떴다. 우리는 엘리베이터를 타고 9층으로 올라갔다.

9층에 내리니 달빛이 더욱 환하게 느껴졌다. 예루살렘이 내려다보이는 발코니로 나가보았다. 올메르트는 그가 감독한 건축 공사장을 하나하나 가리키며 자랑했다. 사실 그 분위기에 별로 안 어울리는 발언이었다. 압바스는 농담하듯 비웃었다.

"아, 그러셨군요. 다마스쿠스 게이트 앞에 저렇게 보기 싫은 아파트를 잔뜩 세운 게 누군가 했더니 이제 궁금증이 풀렸습니다."

"프랑스인과 미국인들을 위해 지은 겁니다!"

올메르트가 이렇게 받아치자 다들 한바탕 폭소를 터트렸다. 나는 '한 가지 꼭 논할 문제'가 있다며 조심스럽게 말을 꺼냈다.

"성묘교회에는 개신교 신자가 들어설 자리가 없습니다. 그건 잘 아시지요? 예루살렘이 최종적으로 안정되면 이 문제가 개선되기 바랍니다."

그러자 분위기가 한결 나아졌다. 우리는 방으로 돌아와서 갈등 해결에 대해 솔직한 대화를 나누었다. 협상이나 돌파구는 없었지만 외교적인 면에서는 누가 봐도 성공이라 할 만했다. 적어도 그들이 대화를 나누었으니 말이다. 기자회견은 두 사람을 빼고 단독으로 해야겠다는 생각이 들었다. 자칫 실수라도 할까 불안해서 어쩔 수 없었다. "우리가 다시 만나서 논의할 예정이라고 말해도 됩니까?"라고 조심스레 물어보니 둘 다 고개를 끄덕였다. "그러면 다음 달에 다시 봅시다."라고 말한 뒤 기자회견장으로 달려갔다. 어느 기자가 그 말을 듣고 이렇게 반문했다.

"다시 만나기로 약속한 게 전부입니까?"

"그렇습니다. 추후에 다시 만나서 논의할 겁니다."

속으로는 '이 자리에서 그 점을 약속할 수 있다는 것이 얼마나 다행스러운 일인지 알면 저런 표정을 짓지 못할 거야.'라고 생각했다. 나는 홀가분한 마음으로 짐을 꾸려 워싱턴으로 돌아왔다.

국무부는 오래간만에 이라크 문제에 진지한 태도를 보였다. 로버트 졸릭은 국무부 부장관에서 물러났다. 지금 생각하면 그를 보낸 것은 참 후회스러운 결정이었다. 나와 손발이 척척 맞았지만 그는 2인자의 자리에 도무지 적응할 수 없다고 털어놓았다. 다행히 그 후로도 여러 문제가 터질 때마다 조언과 격려를 아끼지 않으며 충실한 동료가 되어주었다.

시기도 좋지 않았다. 중동의 상황이 최악으로 치닫는 순간에 그가 떠나자 타격이 컸다. 존 네그로폰테를 부장관으로 임명하고 싶었지만 당시 국가정보국장을 맡고 있었다. 존도 국무부로 자리를 옮기고 싶어 했지만 국가정보국에서 1년도 버티지 못했다는 소문이 날까 봐 몸을 사렸다. 대통령은 일단 국가정보국을 맡을 사람부터 찾아보라고 했다. 존의 입장도, 대통령의 생각도 이해하지 못하는 것은 아니었으나 국무부를 꾸려나가는 데 실질적인 도움을 얻을 수 없어 답답했다. 닉 번스가 임시 부장관으로서 최선을 다했지만 외부에서 보기엔 국무부가 서서히 무너지는 것처럼 보였다. 필립 젤리코마저 국무부를 떠난 것이 결정적이었다. 존 네그로폰테가 차기 부장관이라는 사실을 아무도 모르는 상태였기에 다들 내가 국무부 운영에 실패했다고 수군거렸다. 하지만 존이 마침내 부장관으로 임명되어 모든 소문을 가라앉혔다. 예상대로 그는 우리를 실망시키지 않았다. 1972년에 헨리 키신저의 대표단으로 중국을 방문했으며, 베트남에서 근무한 경력과 이라크를 포함해 5개국에서 대사를 지낸 그는 당대 최고의 외교관이라는 평판을 얻었다. 종종 사람들이 꺼리는 나라에 외교관을 보내는 등 어려운 결정을 할 때 그의 명성과 인기는 큰 도움이 되었다.

대통령은 추가 파병 및 변혁 외교를 지원하기 위해 국무부 예산을 대폭 증원하라고 요청했다. 이 또한 우리가 도마에 오른 이유가 되었다. 인도, 중국, 인도네시아, 레바논 등의 주요 국가에 새로운 포지션 254개를 지원하고 재건 및 안정화 조정국에 새로운 포지션 57개를 창출해서, 각종 위기 상황에 신속하게 대처하고 해외 업무 수행에 효율을 기하려는 것이었다. 그뿐만 아니라 이번 기회를 통해 아프가니스탄, 이라크, 레바논에 60억 달러를 추가로 지원했다.

백악관 행정관리예산처와 처음 이 문제를 논할 때는 이야기가 잘 풀리지 않았다. 백악관 행정관리예산처의 본래 소임은 정부 지출을 '엄중하게' 감독하는 것이었다. 이미 전쟁은 시작되었고 다들 민간 협조의 중요성을 인식했지만 정작 자금을 지원하자고 말하는 사람은 없었다. 펜타곤은 국무부가 제 역할을 못 한다고 지겹도록 불평을 늘어놓았다. 그 무렵, 고맙게도 로버트 게이츠가 훌륭한 연설을 준비해 외교 업무 지원을 확대해야 한다고 사람들을 설득했다.

작전 수행 및 해외 자금 원조를 동시에 수행하느라고 국무부 일손은 턱없이 부족했다. 그래서 미국에 크게 의존하는 신생 민주주의 국가들을 도울 여력이 없었다. 하지만 파리에서 열린 레바논 재건 지원 회의에서 7억 7천만 달러를 약속했기 때문에 시니오라 총리가 이끄는 레바논 정부가 전쟁 상처를 치유하고 반군 세력을 진압하도록 지원해야 했다. NATO 각료 회의에서 아프가니스탄에 106억 달러를 지원한 것 또한 탈레반의 반군 활동이 심각하다는 증거였다. 이미 다른 일을 모두 접어 두고 이라크 문제에 매달리던 차에 레바논과 아프가니스탄 문제까지 더해지자 숨이 턱까지 차올랐다.

그러나 미국 정부가 홀로 모든 짐을 져야 한다고 생각한 적은 없었다. 이집트계 미국인으로서 교육 및 문화부 차관보이자 카렌 휴스의 오른팔인 디나 포웰의 활약에 힘입어 레바논과 팔레스타인 지역에 민관 협력 체제를 수립했다. 레바논의 경우, 인텔의 크레그 바렛, 시스코 시스템의 존 챔버스, 시티그룹의 제이 콜린스와 같은 기업 총수들과 레바논 기업가인 요시프 가

파리가 재건 및 지역 사회 서비스 프로젝트를 후원해주었다. 시니오라는 헤즈볼라가 국민들에게 베푼 원조금에 대한 답을 원했다. 특히 시아파 남부 지역에서는 이 문제가 시급했다. 민관 협력 체제는 종종 우리 정부보다 신속하고 효율적으로 도움을 베풀었다.

후반기에 팔레스타인에서도 비슷한 체계를 시도했다. 우선 아스펜연구소의 월터 아이작슨을 불러들였다. "월터, 평화 증진을 위해 도와주지 않겠어요?"라고 제안하자 그는 기꺼이 동의했다. 우리는 미-팔레스타인 파트너십을 구축한 뒤에 지아드 아살리, 진 케이스 등 기업 총수와 재단 창립자를 영입했다. 덕분에 14억 달러가 넘는 투자금을 마련해 살람 파야드에게 전달했으며 이는 웨스트 뱅크의 경제를 회생, 안정시키는 데 크게 기여했다.

그러나 이와 같은 변화는 우리 정부의 짐을 덜어주기는커녕 오히려 가중시키는 결과를 낳았다. 백악관 행정관리예산처가 국무부에 할당한 자금을 확인하자마자 예산처장 로버트 포트먼에게 전화를 걸어 항의했다. 그는 내 입장을 충분히 이해해주었다. 원래 친구처럼 지내던 사이였기에 개인적으로 나쁜 감정을 가질 이유는 없었다. 대통령을 대행해 이의를 처리해준 부통령은 동정심을 보이며 어떻게든 필요한 자금을 받게 해주겠다고 약속했다. 또한 국무부를 국방부 및 국토방위부와 동일한 지위인 '국가 안보 기관'으로 승격시켰다. 예산에서는 큰 차이가 없었지만 적어도 아프가니스탄과 이라크 전쟁을 대하는 면에서 두 부서 못지않게 중요하며 무엇보다도 자유 의제를 성공시키는 데 국무부가 핵심적인 역할을 수행한다는 사실을 강조하는 효과가 있었다.

추가 자금 지원에 더해 민간 인력 추가 투입의 필요성과 지역재건팀의 중요성이 크게 부각되었다. 나는 이라크 지역재건팀 인력을 두 배로 늘리고 민간인 300명을 추가로 채용했다. 지역재건팀은 바그다드에 있는 안전한 그린 존에서 한참 떨어진 지역에 파견되어 외교관들을 지원하고 대반군 작전을 수행하는 군부대와 현지 작업자들의 수고를 덜어주었다. 전쟁이 진행 중이든 아니든 할 일은 크게 다르지 않았다. 치열한 전투가 벌어지거나 치안 문제가 가장 심각한 지역에서는 재건 및 정부 대행 역할이 우선적으로 강조되었다. 굳이 설명하지 않아도 얼마나 위험한 일을 수행했는지 쉽게 상상할 수 있을 것이다.

그러나 지역재건팀의 민간 인력을 보호하는 일과 민간 병력 및 군 병력의 활동을 매끄럽게 연결할 필요가 있었다. 결국 지역재건팀 감독을 누가 할 것이냐를 놓고 국무부와 국방부는 팽팽하게 맞섰다. 브라이언 건더슨은 국무부에서 파견한 인력이 누구의 지시를 따라야 할지 몰라 혼란스러워한다고 보고했다. 나는 그 말을 듣자마자 "그건 당연히 여단장의 몫이 아닙니까?"라고 응수했다.

"대사관에서 그걸 원하지 않습니다."

대사는 '자신의 부하 직원들'이 다른 사람에게 좌지우지되는 것을 원하지 않았다.

"대사의 부하 직원이기 전에 국무장관인 나의 지시를 받는 사람들이 아닙니까? 앞으로 여단장의 지시에 따르라고 전하세요. 총 하나 없이 그곳에 있으면서 어떻게 안전을 확보하려는 겁니까? 더 좋은 생각이 있으면 말해보라고 하세요. 그게 아니라면 여단장 지시에 따르는 게 좋을 겁니다."

그렇게 논란의 종지부를 찍었다. 이처럼 외교관, 자원 봉사자, 군 병력이 하나의 팀을 이루어 이라크전 승리의 견인차 역할을 했다.

살다 보면 필요가 발명의 어머니라는 말을 실감하게 된다. 전시에는 더 그런 것 같다. 지역재건팀 요원들은 다들 민첩하고 지혜롭게 대처했다. 이라크와 아프가니스탄에서 고생하는 병사들을 늘 안타까워하던 부시 대통령은 이번 일을 계기로 외교관들의 업적에도 관심을 갖게 되었다. 쉰을 훌쩍 넘긴 지역재건팀 '베테랑 요원'들을 직접 만나거나 영상으로 그들의 경험담을 접할 기회도 많았다. 이 요원들은 안락하고 안전한 대사관이나 수도에서 멀리 떨어진 곳에서 목숨을 내놓다시피 하며 헌신적인 모습을 보여주었다.

이라크에 민간 인력을 투입하면서 외교관의 신변 보호와 수송 및 재건 프로젝트 노동자들을 지원하는 면에서 사설 경호 업체에 크게 의존했다. 이런 일을 맡길 병력이 충분하지 않았을뿐더러 군의 원래 목적은 민간인 보호가 아니라 반군 진압이었기 때문에 어쩔 수 없는 현상이었다. 국무부의 외교안보부는 국방장관 경호 및 대사관 보호를 맡고 있었다. 할 일에 비해 인력이 턱없이 부족해 200명 이상 증원했지만 이라크와 아프가니스탄의 전쟁 지역이 워낙 방대해 인력 소모가 크다 보니 역부족이었다. 그래서 우선 고위 관리들과 외국 손님을 경호하는 데 우선적으로 인력을 할당했다. 그래서 사설 경호 업체의 힘을 빌릴 수밖에 없었다.

처음에는 전반적으로 큰 문제가 없는 것처럼 보였지만 여기에도 깊은 책임이 뒤따른다는 사실을 심각한 사건을 통해 깨달았다. 9월 어느 날, 아침에 일어나 보니 블랙워터 USA가 바그다드 광장에서 총격전을 벌였다는 소식이 들어왔다. 블랙워터는 우리와 계약을 맺은 이라크 사설 경호 업체 중에서 가장 규모가 큰 조직이었다. 총격전을 시작한 이유는 알 수 없지만 민간인이 17명이나 희생되었다. 보고를 받은 뒤 곧바로 대통령 집무실로 달려갔다. 대통령과 회의할 시간이기도 했다.

"무슨 일이오? 파랗게 질린 얼굴이군요."

나는 블랙워터 사건을 즉시 보고하며 사태의 심각성을 강조했다. 이라크 정부는 블랙워터를 당장 몰아낼 기세였다. 수차례의 청문회가 열리고 대대적인 조사가 시작되었다. 의회에 출석해 사건 경위를 보고하고 사설 경호 업체 관리 방식을 다시 검토한 후 감독 방식을 전면적으로 개편하는 등 위기를 빨리 극복하려고 최선을 다했다. 또한 10여 명의 직원들을 추가로 파견해 블랙워터 직원들이 이라크 내에서 이동할 때 항상 동행하도록 했다. 국방장관 로버트 게이츠의 동의를 얻어 전장에서 활동하는 무장 경호원들은 반드시 펜타곤의 지시를 따르게 하고 외교안보국 책임자를 새로 임명했다.

이라크와 아프가니스탄에서 미군이 철수하면 앞으로 사설 경호 업체에 더욱 의존할 수밖에 없는 상황이었다. 2011년 6월, 국무부는 연말에 미군이 철수하고 나면 이라크 내의 미 외교관들을 보호하기 위해 사설 경호 업체에 지출하는 비용이 30억 달러에 육박할 것이라고 발표했다. 많은 전문가가 사설 경호 업체에 대한 불신을 드러냈다. 원래 정부 기관이나 군에서 처리하던 일을 과연 그들에게 맡겨도 되느냐는 의문이 끝없이 제기되었다. 충분히 예상했던 반응이다. 사실 나도 그와 비슷한 우려를 안고 있었다. 그래도 정부 인력을 증강하지 않으려면 일단 잠깐이나마 외부 업체의 힘을 빌릴 수밖에 없었다. 하지만 빠듯한 예산을 생각하면 이 또한 바람직한 해결책은 아니었다. 외부 업체를 불러들여도 이들을 감독하지 않고 내버려 두거나 결과에 대한 책임까지 물을 수 없었다. 무장 병력을 동원해 규칙을 철저히 준수하면서 외교관의 안전을 확실히 보장하게 하려면 그들이 규칙에 따르도록 계속 주시하고 감독해야 했다. 그것은 국무부와 국방부가 나눠서 져야 할 책임이었다.

펜타곤과 의회 양쪽에서 국무부가 제 역할을 못한다고 비난하던 사람들은 어느새 자취를 감추었다. '국무장관이 된 후로 펜타곤과 의회 앞에서 국무부를 변호하느라 목청을 높이는 일이 잦았는데 밑 빠진 독에 물 붓기는 아니었구나.'라는 생각이 들었다.

그러나 항상 예외가 있었다. 한번은 존 매케인 의원이 찾아와 이라크에서 국무부가 제 몫을 못 한다며 거세게 항의했다. 오래전부터 알던 사이라 처음에는 편하게 대화를 나누었지만 얼마 지나지 않아 매케인 의원은 얼굴을 붉히며 핏대를 세웠다.

"내 인생에서 두 번째로 전쟁의 패배를 맛보게 생겼단 말입니다. 국무부는 손가락 하나 까딱하지 않고 있잖소!"

감정이 격해진 것 같아서 잠자코 듣기만 했다. 그가 말을 끝낸 후에 그동안 국무부가 해온 일을 차근차근 설명해주고 이라크 대사 라이언 크로커를 만나보라고 제안했다. 라이언이라면 그가 알고 싶어 하는 것을 모두 알려줄 거라고 덧붙였다.

"나보다 이라크 전쟁 승리를 간절히 바라는 사람은 없을 겁니다. 그 점만은 꼭 믿어주세요."

"알겠소."

그는 낮은 목소리로 대답했다.

'열정이 넘치는 애국자라서 다른 사람에 대한 기대도 큰 것뿐이야. 화를 낼 만도 하지. 나까지 소리 지를 건 없어.'

이렇게 생각하니 마음이 누그러졌다. 다행히 그는 부드럽게 대화를 마무리하고 돌아갔다.

이라크 전쟁을 승리로 이끌자니 국무부의 비중이 계속 커졌다. 할 수 있다면 시간을 쪼개고 싶은 심정이었다. 처음에 전쟁을 반대하던 동맹국과 우방 국가에 대한 긴장감은 계속 커졌고 결국 전쟁이 임박했다는 위기감으로 치달았다. 초반에 우리 정부를 지원해주던 나라들도 이미 등을 돌린 지 오래였다. 스페인은 좌파 출신의 호세 루이스 사파테로가 총리로 선출되면서 자연스레 멀어졌고 이탈리아는 국내 반대파 세력이 거세져 뒤로 물러났다. 2007년 2월에는 영국마저 7,100개 부대 중에서 약 1,600개를 줄인다고 선언했다. 동맹국을 물러나게 하려는 국내 세력의 압력은 갈수록 커졌지만 처음에 이라크 문제에 뛰어든 것 자체를 비난하는 사람은 거의 없었다. 이제는 이라크를 안정시킨 뒤에 떠날 방법을 찾기 위해서 모두 하나로 뭉쳐야 했다.

그런 의미에서 이라크가 콘퍼런스를 개최해 이웃 나라들에게 국가 안정에 필요한 도움을 구할 것이며 미국이 이를 적극적으로 지지할 것이라고 선언하자 다들 안도의 한숨을 내쉬었다. 솔직히 말해서 시리아는 아예 기대도 하지 않았고 이란은 거절할 것이 분명하다고 여겼다. 그래도 한번 모이는 자리를 마련하면 더 이상 말썽을 일으키지 못하도록 국제적인 차원에서 제재를 가하는 효과가 있을 거라고 생각했다. 이란 정부에 대한 한층 강력한 노선을 취하기 위해 이라크 국내에서 이란 비밀 요원들을 잡아들이고 이란 핵 프로그램에 대한 UN의 2차 제재를 통과시켰다.

3월에는 중동 담당 차관 데이비드 새터필드와 이라크 대사이자 UN 내에서 우리 정부의 입지를 크게 높여준 잘 칼릴자드가 바그다드 회의에 참석해 이란과 시리아 옆자리에 앉았다. 우리 측 관계자들과 이란 대표자들은 간단하게 '비공식 회의'를 열었다. 3년 만에 처음 대면하는 자리였다. "잘 칼릴자드, 그들이 트집 잡거나 물고 늘어질 만한 것은 남기지 마세요."라고 당부했지만 그 자리에 가보니 괜한 걱정이었다. 이란 대표자들은 너무 긴장한 나머지 우리와 눈도 마주치지 못하고 미리 써온 글만 국어책 읽듯 줄줄 읽었다. 덕분에 회의는 금방 마무리했다. 그 시간에 라이언 크로커는 바그다드에서 각국 대사들을 만나고 있었다. 그 자리도 우리만큼이나 성과 없이 끝난 모양이었다.

이집트 샤름 엘 셰이크에서 열린 이라크 주변 국가 장관급 회의에 참석해 보니 상황이 생각만큼 처참하지는 않았다. 뉴스 보도는 거의 다 시리아 외무장관 왈리드 무알렘과 나의 회담에 초점을 맞추고 있었다. 2005년에 미 대사를 불러들인 이후로 가장 의미 있는 외교 활동이었다. 다른 회의 때문에 미리 약속된 시간에 도착하지 못했다. 허겁지겁 달려오는 나를 보더니 왈리드 무알렘은 "안 오시는 줄 알고 걱정 많이 했습니다."라며 가슴을 쓸어내렸다. 통통한 체격 때문인지 아리엘 샤론과 닮아 보였다.

"그럴 리가 있겠습니까?"

나는 시리아가 레바논을 침략한 것이나 마찬가지이며 테러 집단이 국경을 넘어 이라크로 진입하는 것을 막지 않았다고 피력했다. 그가 "그들을 막는 게 그리 쉬운 일이 아닙니다."라고 했지만 나는 물러설 마음이 전혀 없었다.

"다마스쿠스 공항을 통해 버젓이 들어오지 않습니까!"라고 받아쳤다. 설전을 벌이다 보니 아랍 국가의 어느 장관이 시리아의 협조 가능성을 놓고 했던 말이 생각났다.

"시리아 말은 믿을 게 못 됩니다. 그러나 귀담아들어 두세요. 문제는 그들이 허풍이나 거짓말마저 늘어놓지 않는 순간이 올 수도 있다는 겁니다."

바로 그 순간 시리아의 협조를 구하는 것은 일방통행이나 마찬가지라는 생각이 들었다. 시리아는 여태껏 그런 식으로 수많은 미 외교관들의 마음을 흔들어놓았다. 그날 샤름에서 무알렘을 만나고 나니 아무 의욕도 생기지 않았다.

원래 이란 외무장관 마누체르 모타키를 만날 계획이 아니었다. 그는 외부에 잘 알려지지 않은 데다 외교 업무의 실권자도 아니었다. 그런데 점심 식사 장소에 도착해보니 이란 대표자가 사우디아라비아 외무장관을 사이에 두고 내 맞은편 자리에 앉아 있었다. 알고 보니 이집트 외무장관 아메드 아불 게이트의 아이디어였다. 그는 눈을 찡긋하며 "서로 인사들 나누세요."라고 말했다.

"'평화가 여러분과 함께하기를 바랍니다' 라고 했을 때 라이스 장관도 포함한 것 맞습니까?"

다들 한바탕 웃음을 터뜨렸으나 모타키의 표정은 굳어 있었다. 나는 어색한 분위기를 없애려고 먼저 인사를 건넸다. 그는 고개만 끄덕이더니 말없이 먹기만 했다.

그날 저녁에 아메드가 다시 분위기를 만들려고 해변에 근사한 저녁 식사를 마련했다. 나는 기자회견이 길어지는 바람에 조금 늦게 도착했다. 자리를 잡고 보니 옆자리는 공석이었다. 바로 모타키가 앉았던 자리였다. 모타키는 우크라이나 바이올린 연주자가 노출이 심한 붉은색 드레스를 입은 것이 불쾌하다며 자리를 박차고 나가버렸다고 했다. 숀 매코맥은 기자들에게 모타키가 두려움을 느낀 사람이 붉은 드레스를 입은 연주자인지 검은 바지 정장을 입은 라이스 장관인지 모르겠다며 너스레를 떨었다.

그래서 이란 외무장관과 제대로 대화를 나누지 못했다. 그 후로 기자회견을 할 때마다 그를 겨냥해서 비꼬는 말을 한 것이 매우 도움이 되었다. 프로그램을 중단하기만 한다면 언제 어디에서라도 대화할 의향이 있다고 밝혔다. 이란은 나의 제안에 전혀 반응하지 않았지만 P5+1이 이란을 고립시킨 채로 똘똘 뭉치는 효과가 있었다.

안타깝게도 이란 정권의 특성상 그들과 화해하는 것은 불가능했다. 아이러니하게도 중동 지역에서 미국을 가장 선호하고 자유 의제를 적극 지지하는 사람들은 바로 이란 국민이었다. 이란을 직접 방문한 사람들의 이야기를 들어보면 모두 그렇게 이야기했다. 오스트레일리아 외무장관 알렉산더 다우너는 테헤란대학에서 열린 회의에 참석했다가 '조지 W.부시처럼' 민주주의에 대해 명쾌하게 논하지 않았다고 학생들이 항의하는 바람에 진땀을 흘렸다고 했다. 국무부 고문 자레드 코언은 미국인이라는 신분을 밝힌 후 이란 사람들이 모든 것을 공짜로 주었다며 흥분했다. 스탠퍼드대학 동료 교수이자 전 국방장관 윌리엄 페리도 비슷한 이야기를 했다. 그가 이란을 방문했을 때 어떤 사람이 라이스 장관을 개인적으로 잘 아냐고 묻기에 그렇다고 했더니 그 사람이 자신도 라이스 장관을 매우 존경한다며 기뻐했다고 한다. 이란 정권에 맞선 후로 국민들 사이에서 미 국무장관의 인기가 크게 오른 모양이었다.

이런 식으로 우리는 계속 이란 국민에게 가까이 다가서려고 노력했다. 2006년에는 이란 내에 민주주의와 문화 외교 프로그램을 지원하기 위해 추가 자금 7,500만 달러를 요청했다. 1970년대에 미국에서 유학한 이란 학생들이 20만 명에 달했으나 2006년에는 2,000명으로 급감했다는 점을 상원 외교위원회에 피력했다. 추가 자금이 지급되면 교환교수 및 교환학생 프로그램을 확대하고 라디오 서비스를 개선해 진정한 민주주의를 더욱 밝히는 데 사용할 생각이었다.

"어느 책에 보니 테헤란에서는 베토벤과 모차르트 작품을 연주할 수 없다고 합니다. 저는 이란 연주자들이 로스앤젤레스나 뉴욕에서 자유롭게 그런 작품을 연주하는 모습을 보고 싶습니다."

나는 미국 레슬링 대표팀이 테헤란에서 열리는 토너먼트 경기에 참여하는 것까지도 지원해주었다. 하지만 경기장에 성조기가 휘날리자 이란 정부는 '스포츠 외교'를 완전히 봉쇄했다.

2007년 5월, 젊은 이란 예술가 몇 사람이 워싱턴에 있는 메르디언국제센터에서 전시회를 열었다. 나는 이들을 직접 환영하고 기자들에게 전시회에 대한 호평을 늘어놓았다. 그들이 불편할까 봐 정치적 발언은 아예 꺼내지 않았다. 우리도 이란에 예술가를 보내겠다고 했지만 이란 정부는 단칼에 거절했다. 국민들이 미국 정부를 좋아하고 미국인에게 호감이 많다는 사실에 겁을 먹은 것이 분명했다.

41

라틴아메리카 정책을 재정비하다

사실 그 시점에 추진하던 중요한 외교 정책이 많았지만 이라크 상황 때문에 신경을 쓸 여력이 없었다. 2007년 초반에는 라틴아메리카에 대한 외교 정책을 대폭 수정했다. 베네수엘라의 우고 차베스, 니카라과의 다니엘 오르테가, 아르헨티나의 키르치네르는 여전히 신문 1면을 장식했으나 민주주의 확립과 자유 시장 개혁 차원에서는 날로 발전하는 모습을 보였다.

라틴아메리카와 카리브 해 지역의 지원금은 연간 8억 6,000만 달러에서 16억 달러로 두 배나 증가했다. 우리는 엘살바도르, 온두라스, 니카라과의 새천년도전협약 및 파라과이가 일정 수준에 도달하면 지원하겠다는 약속에 따라 거의 9억 달러를 쏟아 부었다. 이렇게 해도 콜롬비아, 칠레, 페루, 브라질 및 중앙아메리카의 대다수 나라들과는 아무런 문제가 없을 거라고 믿었다. 그렇지만 적국에 온통 정신이 쏠린 나머지 우방 국가들을 과소평가했던 것을 뒤늦게 깨달았다.

알고 보니 라틴아메리카 지역의 소위 '불량배'들이 협상 조건을 좌우하게 내버려 둔 꼴이었다. 우리가 무역과 외국 투자에 관해 이야기하면 그들은 사회 정의에 관해 말했다. 우리가 경제 성장에 관해 이야기하면 그들은 건강, 복지, 직업을 말했다. 차베스가 진정 관심이 있는 건 사람들의 복지가 아니었기에 그의 말은 귀 기울여 들을 필요가 없었다. 나와 대통령은 이 점을 알리려고 6일간 라틴아메리카 순방에 나섰다. 우방 국가들은 미국 정부로부터 직접 설명을 듣기를 원했다. 행크 폴슨은 소규모 사업자를 위한 대출 방안을 제안했다. 해외민간투자공사가 멕시코, 브라질, 칠레, 중앙아메리카의 저소득 가정을 위한 대출 자금을 추가로 마련해주었다(이는 미국이 주택 위기를 맞기 전에 시작한 사업이다). 또한 라틴아메리카 학생들을 위한 영어 학습 프로그램에 7,500만 달러를 지원하기로 약속했다. 이번 여행은 그 지역에서 매우 존경받는 NSC의 대니얼 피스크와 차관보 톰 섀넌이 이끄는 정부 기관의 오랜 협조와 노력이 정점에 달하는 순간이었다. 우리는 또한 콜롬비아 대사로 미국에 거주했으며 미주개발은행장을 지낸 루이스 모레노에게 몇몇 저개발국을 강화하는 프로그램에 참여해 달라고 요청했다.

이것이 전부가 아니었다. 대통령과 나는 더 이상 우고 차베스를 입에 올리지 않았다. 그는 우리가 이번 순방을 하는 동안 아르헨티나에서 부시 대통령 반대 운동을 벌였다. 브라질에 잠깐 들렀다가 우루과이에 도착해보니 차베스는 부시 대통령이 공식석상에서 자신에 대해 이야기하지도 않고 반감을 표하지도 않는 것에 대해 온갖 추측을 늘어놓았다. 우리의 전략이 제대로 맞아떨어졌다. 그는 우리가 비난하기만을 기다리고 있었다. 소위 '잘난 척하는 미국인'에 대항해 힘없고 불쌍한 사람들을 지켜주는 수호자가 되겠다는 전략이었다. 그래서 우리는 차베스를 본체만체한 것만으로 그를 제압할 수 있었다.

이듬해에 러시아에도 동일한 전략을 사용했다. 미 정부가 그루지야 전쟁에 개입한 것에 대한 보복으로 모스크바는 베네수엘라 해안을 따라 구 소련이 사용하던 '블랙잭' 폭격기를 날려 보냈다. 나중에 로버트 게이츠는 만약 낡아빠진 비행기 중에서 한 대라도 추락했다면 미국이 즐겁게 수색 구조팀을 파견했을 것이라고 농담처럼 말했다. 나는 언론에 비무장 구 소련 폭격기가 서반구의 세력 균형에 아무 영향을 주지 못했다고만 밝혔다. 이렇게 러시아의 반격을 손쉽게 해치웠다.

그러나 차베스는 여전히 마음을 놓을 수 없었다. 그가 국내 선거를 조작하고 콜롬비아 정부를 괴롭히는 무장 게릴라와 마약 테러 집단에게 자금과 무기를 제공했다는 소문이 계속 이어졌다. 우리는 국제사회에서 공식적으로 그에게 망신을 주기보다는 소리 없이 그를 제압하는 편이 더 효과적이라는 사실을 알았다. 때로는 우방 국가들을 지원해 강화하는 것이 적을 위축시키는 효과가 있었다. 우리는 그 방식으로 라틴아메리카 외교를 추진하기로 했다.

우리는 멕시코와도 관계를 강화하려고 노력했다. 내 임기가 끝날 무렵 파트리시아 에스피노사 외무장관을 방문했는데, 기자회견에서 미국과 멕시코 국경 지역을 돌아다니는 마약 카르텔이 저지른 폭력에 관한 질문을 받았다. 새로 취임한 멕시코 대통령 펠리페 칼데론이 2007년 3월 부시 대통령과 처음으로 만났을 때, 그는 "경찰이 할 수 없는 일을 하도록 군대를 훈련해야 하는데 그러려면 미국의 도움이 필요합니다."라고 매우 솔직하게 말했다. 멕시코 대통령이 국내 안보 문제에 미국의 도움을 청하는 것은 이례적인 일이었다. 지난 수년간 멕시코는 미국을 북쪽 '외국인'으로 취급하며 그들의 주권을 행사하는 것을 자랑스럽게 여겼으니 더욱 그러했다. 우리는 멕시코를 위시한 중앙아메리카 국가의 군대와 치안 요원들을 훈련하고 장비를 갖추도록 14억 달러를 지원하는 메리다 발의안을 제시했으나 국회의 반대에 부딪혔다. 버몬트 주 출신의 패트릭 레이 상원의원은 인권 남용의 전과가 있는 멕시코 군대의 손에 돈을 쥐어주는 것은 위험한 일이라고 주장했다. 내 힘으로는 그를 설득할 수 없어 캘리포니아, 뉴멕시코, 애리조나, 텍사스 주(멕시코와 국경이 맞닿아 있어 폭력의 여파로부터 고통을 받는 지역)의 상원의원들에게 전화로 도움을 구했다. 그들은 메리다 발의안이 국가 안보에서 매우 중대한 사안이라는 점을 패트릭에게 잘 설명해주었다.

사실 나는 메리다 발의안으로도 성이 차지 않았다. 멕시코 일부 지역에서는 벌써 파탄 국가와 비슷한 현상이 나타나고 있었다. 외무장관 파트리시아는 푸에르토바야르타라는 휴양지로 나를 불러들였다. 아름다운 해변이 펼쳐진 곳에 앉아서 그녀가 가져온 통계 자료를 보는데 기가 막혔다. 피살되거나 납치된 공무원이 5,000명이고 수천 명의 민간인이 마약 관련 폭력 사태에서 부상을 입었다. 마약 조직의 살인 사건은 시우다드 후아레스와 같은 국경 도시를 넘어 몬테레이를 비롯한 주요 경제 중심지에서도 벌어지고 있었다.

종종 한 가지 사건으로도 전체 상황을 충분히 추론할 수 있다. 1996년 스탠퍼드대학의 교무처장으로 근무할 때 엘파소에서 열린 선볼*대학 풋볼 대항 경기에 우리 학교 풋볼 팀과 함께 간 적이 있었다. 시우다드 후아레스의 국경을 건너가서, '피 흘리는 광경이 없는' 투우 경기를 보고 성대한 축하 만찬에 참석해서 즐거운 시간을 보냈다. 2009년에 스탠퍼드대학에서 다시 근무하게 되었는데 이번에는 카디널 팀이 승리를 차지했다. 그 당시 여행 안내문에 이런 경고가 실렸다.

"시우다드 후아레스 국경을 넘지 마십시오. 당신의 목숨이 위험해집니다."

수년 전 비센테 폭스 대통령의 목장에 갔을 때 멕시코에 대한 우리 정부의 기대가 온전히 채워질 수 없으리라는 예감이 들었다. 하지만 과거의 많은 시련을 뒤로하고 이제 미국과 멕시코가 우정 어린 관계를 누린다는 사실만은 분명했다.

멕시코에 관해서 가장 크게 실패한 것은 외교 정책보다는 국내 상황과 연관성이 높았다. 대통령은 취임할 때부터 대대적으로 이민 개혁을 시행할 생각을 품고 있었다. 그는 이 문제를 폭스 대통령과 논의했고 나중에 칼데론 대통령과도 상의했다. 이 문제가 잘 해결되었더라면 남미 우방 국가와 더욱 친분이 돈독해졌을 것이다. 하지만 부시 대통령이 이민 개혁을 추진한 근본적인 이유는 다른 데 있었다. 텍사스 주지사 시절에 그는 서류상 존재하지 않는 사람이 되어 힘들게 살아가는 이민자들의 아픔을 잘 알고 있었다. 사실 그들이 없으면 캘리포니아의 포도를 딸 수도 없고 텍사스의 지붕이 무너져도 고칠 사람이 없을 것이다. 그는 '사면'을 끝까지 반대하는 대신 '임시 노동자 프로그램'을 구상해 직업이 있는 한 합법적으로 체류하는 것을 허락하는 방안을 구상했다. 법을 어기면 대가를 치러야 하지만 결국 사람들은 벌금을 내고 영어를 배우면서 시민권을 획득할 것이라는 계산이었다. 상원에서 그 법안에 대해 공화당원 존 매케인과 존 킬, 민주당원 테드 케네디 상원의원이 부시 대통령의 생각을 적극 지지했다. 하지만 결국 법안이 통과되지 못하자 대통령은 실의에 빠졌다. 사실 대통령이 그렇게 힘들어하는 모습은 처음이었다. 집무실 의자에 구부정하게 앉아 있었다. 나는 "유감입니다."라고 말을 건넸다.

"나도 그렇소."

대통령은 공식적으로 이렇게 말했다.

"미국 국민들은 이민법에서 현재 상황을 수용할 수 없다고 여깁니다. 우리는 국민들과 공통점을 찾으려고 열심히 노력했지만 아쉽게도 실패하고 말았습니다."

그때도 지금도 국민들은 여전히 마음을 열지 않고 있다. 사실 이 문제는 미 정부가 안고 있는 가장 어려운 문제이다. 나도 법을 존중하지만 세계 곳곳에서 온 사람들이 '한데 어우러지는 곳'이 바로 미국이라고 생각하며 그들이 영어를 배울 필요성이 크다고 생각한다(하다못해 스페인어라도 배워야 할 것이다). 그렇지만 화질이 나쁜 케이블 뉴스로 멕시코 사람들이 국경을 기어 넘는 것을 본 사람들은 이 문제를 길게 논하려 하지 않는 것 같다. 불법 이민자 부모에게서 태어난 아이들에게 시민권을 주면 안 된다고 하는 사람들을 보면 가슴이 답답하다. 세계에서 온 기술자, 과학자, 학자들이 미국에서 교육받은 후 다시 자국으로 돌아가야 하는지도 이해할 수 없다.

미국은 이민자가 세운 나라이다. 수백 년에 걸쳐 세계 곳곳에서 큰 꿈을 가진 사람들이 이곳에 모여들었으며 마침내 미국이라는 강대국을 완성한 것이다. 이민자들은 유럽, 일본, 러시아의 인구 통계 자료를 보면 변화가 거의 없지만 미국은 이민자들 덕분에 항상 신선한 변화를 맛볼 수 있다. 싱가포르의 창시자인 리콴유는 한때 나에게 미국이 항상 강대국의 면모를 유지할 수 있는 비결을 아냐고 물은 적이 있다. "왜 그런가요?"라고 반문했다.

"왜냐하면 미국은 차이점을 수용하기 때문입니다. 그래서 똑똑하고 젊은 사람들은 모두 미국에 가고 싶어 합니다. 독일인, 중국인, 일본인도 모두 미국 시민이 될 수 있으니까요."

그의 말이 절대적으로 옳았다.

워싱턴에 있는 동안 어떤 점을 후회하느냐는 질문을 많이 받았다. 물론 실망스런 순간이 많았지만 가장 힘든 순간은 이민 개혁 실패였다. 미국이 이렇게 성장할 수 있었던 것은 세계에서 재능 있는 사람들이 많이 모여들었기 때문이다. 나의 부모님과 조부모님은 교육이야말로 삶의 질을 향상시키며 인종과 계급의 장벽을 부수는 힘이 있다고 생각했다. 다른 이민자들도 그렇게 생각했을 것이다. 그런 사람들을 보면 내 가족같이 느껴진다.

불행히도 2007년에 와서 우리는 아프가니스탄과 이라크 문제, 9.11테러 때문에 라틴아메리카에 신경 쓸 여력이 없었다. 쌍둥이 빌딩과 펜타곤이 공격받았으므로 우리 안보 문제를 우선적으로 처리해야 했다. 그래서 이민 개혁이라는 전쟁은 다소 늦은 감이 있었다.

그 지역에서 더 많이 이룰 수 있었다는 아쉬움이 남았지만 라틴아메리카에 민주주의가 서서히 꽃을 피운다는 것은 대단한 발전이었다. 여전히 미약하고 보완할 점이 많지만 계속 발전하는 모습이 보였다. 워싱턴에서 미주기구와 아프리카연합이 공동으로 주최하는 회의가 열렸는데 나는 이 자리에서 민주주의로 변화하는 과정에서 서로 배울 점이 무엇인지 연설할 기회를 얻었다. 이것은 서반구 국가들에게 대단한 발전을 의미했다. 물론 아직까지는 각자의 문제에 '간섭하지 않는다는' 것이 조건이었다.

사실 쿠바처럼 간섭을 강하게 거부하는 나라도 없었다. 라틴아메리카 우방국들은 민주주의를 확장해 많은 혜택을 누리면서도 정작 쿠바를 위해 민주주의를 옹호해줄 생각은 없어 보였다. 피델 카스트로도 언젠가는 죽을 텐데 다들 그가 불사조라도 되는 것처럼 두려워했다. 약소국인 코스타리카의 대통령이자 노벨상 수상자인 오스카 아리아스가 유일하게 쿠바를 공식적으로 비난했다.

그런데 카스트로의 건강이 좋지 않다는 소식이 흘러나왔다. 우리는 라틴아메리카와 유럽이 쿠바의 미래에 개입할 기회가 생길지 모른다는 기대를 품었다. 대통령은 쿠바자유화지원위원회를 설립해 좋은 시기가 오면 바로 민주화를 추진할 수 있도록 준비시켰다. 상무부 장관인 카를로스 구티에레스와 내가 공동 의장을 맡았다. 위원회는 쿠바에서 발전이 필요한 측면에 관해 미 정부 역사상 가장 광범위한 연구를 시행했으며 이를 바탕으로 적절한 지원 방법을 모색했다. 카를로스는 쿠바 출신 미국인으로 혁명이 발발한 다음 해인 1960년에 가족과 함께 쿠바를 떠났다. 부모님과 함께 빠져나온 것은 그에게 큰 행운이었다. 수천 명이 넘는 젊은이들이 징병되지 않으려고 부모와 헤어져 도망친 후로 다시는 가족을 만나지 못했기 때문이다. 사람들은 그런 젊은이들을 '피터팬'이라고 일컬었다. 그러니 카를로스가 조국의 자유에 깊은 애착을 보인 것은 당연했다. 그는 수동적으로 탁상공론만 펼친 것이 아니라 변화를 간절히 열망하며 구체적으로 행동할 준비가 되어 있었다. 외교 업무를 다루면서 상무부 장관을 공식적으로 지원하자 국무부 내에서 불만의 소리가 높아졌다. 하지만 나는 그런 반응에 개의치 않고 카를로스에게 '날개'를 달아주려고 최선을 다했다. 난공불락처럼 보이는 카스트로 형제의 세력에 대항하려면 그렇게 하지 않을 수 없었다. 그들이 존재하는 것만으로도 쿠바 국민들에게 큰 비극이었다.

우리의 끈질긴 노력에도 북반구에서 유일한 압제 정권 쿠바는 고집을 꺾지 않았다. 2002년 부시 대통령은 쿠바가 민주주의를 수용해 선거를 시행하고, 국민들의 인권과 기본적인 자유를 보장하며, 국회를 통해 통상 금지를 완화하고, 외교 관계를 정상화할 것을 촉구했다. 하지만 쿠바 정부는 민주주의 지지 세력 75명을 체포, 감금했다. 2003년 블랙 스프링에 비해 변한 것이 하나도 없었다.

부시 행정부는 쿠바 사람들에게 다가가려고 다양한 방법을 시도했다. 카스트로는 외부 정보 유입을 차단하려 했지만 우리는 첨단 기술로 그를 제압했다. 쿠바 정부가 신호를 교란하면 항공기로 텔레비전과 라디오 전파를 보냈으며 휴대 전화, 텔레비전 디코더, 각종 컴퓨터 장비를 보내 쿠바 국민들이 외부 세상에서 고립되지 않도록 도와주었다. 또한 매년 수용하는 난민 규모를 확대하고 이민자들의 안전을 보장해주었다. 2008년에 파괴적인 허리케인과 열대 폭우가 불어닥쳤을 때 재해 구조 및 재건축 사업에 어마어마한 자금을 지원했다. 쿠바 국민들의 생존과 재기를 위해서라면 쿠바 정부를 통해서라도 도움을 줄 의향이 있다는 것을 보여준 사례였다. 유감스럽게도 우리 정부가 수차례 지원 의사를 전했지만 쿠바 정부는 단칼에 거절했다.

카스트로 정권을 수용하라는 정계의 요구가 나날이 커졌지만 우리는 쿠바의 정치적 자유와 평화로운 민주주의 전환을 계속 지원하려는 입장을 굳였다. 언젠가 쿠바 사람들도 아메리카 대륙의 다른 국가와 동일한 기본권을 누릴 날이 오리라고 믿었다. 그리고 카스트로 정권이 막을 내리는 날이 오면 우리가 쿠바 국민들의 편에 있었다는 점을 더 이상 아무도 의심하지 않을 것이라고 확신했다.

6자 회담이 크게 진전되다

2007년 초반 동북아시아 문제가 다시 수면 위로 떠올랐다. 나는 중동을 방문했다가 독일에 잠깐 들러 앙겔라 메르켈 총리와 프랑크발터 슈타인마이어 외무장관을 만나보았다. 베를린에 내리자마자 참모총장 브라이언 건더슨이 다가와 동아시아 차관보 크리스 힐이 호텔에서 나를 잠시 보려 한다고 전해주었다. 크리스는 북한과 비밀 회담을 방금 마치고 나오는 길이라고 했다(구 소련 시절에 북한이 동독과 외교 관계를 유지했으므로 세계에서 가장 고립된 국가인 북한과 만날 장소로 베를린만한 곳이 없었다).

베를린 장벽이 있던 브란덴부르크 문 맞은편에 있는 아주 화려한 호텔에 짐을 풀었다. 독일 연방의회가 내려다보이는 방은 아주 편안했고 하루의 피로를 풀어낼 수 있는 그랜드피아노가 있었다. 고맙게도 호텔 직원들이 내가 가장 좋아하는 브람스 작품을 많이 가져다주었다. 유일하게 눈에 거슬렸던 것은 식당에 있는 프리드리히 대왕의 위협적인 초상화였다. 나를 정면으로 꿰뚫어보는 듯한 눈빛 때문에 초상화 앞에서는 눈을 돌릴 수밖에 없었다.

그날 오후 6시경에 크리스를 만났다. 6자 회담의 북한 대표자 김계관을 만나서 영변의 원자로를 폐쇄하고 국제원자력기구 사찰단을 다시 받아들일 의사를 확인했다며 흥분을 감추지 못했다. 나는 "그들이 원하는 것은 무엇입니까? 경수원자로인가요?"라고 회의적으로 물었다. 늘 그랬듯 원자력 발전소로 쓰겠다며 원자로를 요구했을지 모른다는 생각이 들었다.

"아닙니다. 그들은 돈을 되돌려받길 원합니다."

달러 위조와 같은 북한의 불법 행위 때문에 동결한 2,500만 달러를 말하는 것이었다. 나는 "대통령께서 어려운 결정을 내려야겠군요."라고 말했다. 크리스는 김계관과 함께 구상한 것이라며 서류 한 장을 내밀었다. 6자 회담을 진척시킬 계획이 자세하게 적혀 있었다. 자금 동결 조치를 해제하는 것도 포함되어 있었다. 김계관은 하루 더 머물 예정이었다. 크리스는 그가 평양에서 지시받은 대로 행동하는 것 같다고 추측했다. 이번에 그가 빈손으로 돌아가면 모든 일이 원점으로 돌아갈 것 같았다. 놓치기 아까운 기회처럼 보였지만 관계 정부 기관을 설득하기가 쉬울 리 없었다.

대통령과 직접 이 문제를 논하기로 마음먹었다. 스티븐 해들리에게 전화로 상황을 설명한 다음 "즉시 대통령에게 보고해주세요."라고 말했다. 하지만 스티븐은 각 부처 장관들을 먼저 소집해야 한다고 맞섰다. 국가안보보좌관으로서 당연한 반응이었다. "하지만 그럴 시간이 없습니다. 대통령께 당장 말씀드려야 합니다."라고 강변하자 그제야 대통령과 전화를 연결해주었다.

"각하, 좋은 기회가 왔습니다. 하지만 내일까지 결정을 내리셔야 합니다."

"그 서류를 보여주시오."

나는 서류를 보내고 베를린 시각으로 새벽 1시(워싱턴은 오후 7시)까지 기다렸다가 전화를 다시 걸었다. 부시 대통령은 그 서류대로 해도 좋다고 말했다. 물론 부통령과 상의했으며 로버트 게이츠도 동의한 것이었다. 불과 한 달 만에 6자 회담은 크리스와 김계관이 작성한 계획에 따라 협정을 맺었다. 평양에 4억 달러의 자금과 원유를 지급하는 대신 연변의 핵시설을 폐쇄하고 사찰단을 수용하기로 한 것이었다. 동결된 자금 2,500백만 달러도 풀어주기로 했다.

일단 실행에 옮긴 제재 조치를 되돌리기란 쉽지 않았다. 금융 기관들이 모두 돈세탁 비난을 두려워해 손사래를 쳤다. 행크 폴슨이 여러 나라의 재무부 장관에게 전화를 걸어 도움을 요청했지만 허사였다. 중국은행의 반응이 가장 놀라웠다. 그들은 행크에게 "우리 은행의 국제위원회가 북한의 동결 자산을 다루는 것을 반대합니다."라고 전했다. 고위 관리자들에게 미 정부가 자금 이체를 원하고 그들에게 불리한 점이 전혀 없다고 설득했지만 소용이 없었다. 심지어 대통령이 나서 베를린에 있는 나에게 전화를 했다. 전 총리 헬무트 콜과 여러 관계자가 모인 자리에서 독일 통일에 기여한 공로를 인정받아 상을 받으려는 찰나였다. 대통령은 "북한의 요청을 들어줄 다른 해결책이 없겠소?"라고 물었다.

"죄송합니다. 다른 방법은 없습니다."

내 목소리가 가라앉은 것 같다며 대통령이 이렇게 물었다.

"피곤합니까?"

"아닙니다. 좀 답답해서 그럽니다."

마침내 행크가 기막힌 아이디어를 냈다. 뉴욕연방준비은행이 러시아의 어느 민간 은행과 협력해 그 자금을 보유한 방코 델타 아시아 은행에서 돈을 받아내도록 한 것이었다. 하지만 문제는 금방 해결되지 않았다. 그 뒤로 한참 지나서 6월에야 북한으로 돈을 보낼 수 있었다. '은자의 왕국'과 거래를 하는 데 쉬운 것은 하나도 없었다.

이렇게 문제가 해결되어 크리스 힐이 북한을 방문할 길이 열렸다. 2002년에 짐 켈리의 방문을 끝으로 희망이 사라진 것처럼 보였지만 이제 다시 부시 행정부의 대표자로 당당히 북한에 발을 딛게 되었다. 나는 2008년 7월에 열린 아세안포럼이 끝날 무렵에 6자 회담 당사국의 외무장관들과 북한 외무상을 만났다. 북한 외무상은 긴장한 표정이 역력했다. 그는 잠깐 우리와 마주 앉아 있는 동안 아무 말도 하지 않다가 사진을 찍는 자리에서야 비로소 마음을 여는 것 같았다.

42

팔레스타인 안정화에 힘쓰다

지난 3월에 약속한 대로 압바스와 올메르트를 만나기 위해 중동으로 돌아갔다. 분위기는 여전히 긴장되어 있었다. 팔레스타인이 메카 협약을 근거로 '연합 정부'를 설립한 뒤 더 나빠진 것 같았다. 이스라엘이 압바스와 한자리에 앉을 의향이 없었으므로 나는 양국을 오가며 두 사람 의견을 타진했다.

핵심적인 사항을 논하기에 좋은 시점은 아니었지만 일상생활과 관련해 쉽게 해결할 수 있는 사항도 많다는 생각이 들었다. 언론에서 '평화 협상 절차'를 논할 때면 국경, 안보, 예루살렘, 난민, 물 공급 문제와 같이 분쟁을 끝내기 위해 반드시 다루어야 할 문제들이 부각되었다. 하지만 팔레스타인 국민들의 정상적인 생활과 이스라엘 안보에 훨씬 더 복잡한 문제가 남아 있었다.

로드맵 첫 단계 목표는 이스라엘 안보를 최대한 보장하면서 팔레스타인 사람들이 최대한 정상적인 삶을 영위하게 도와주는 것이었다. 이곳을 여행한 사람이라면 이스라엘 방위군이 세워 둔 바리케이드에 팔레스타인 사람들이 길게 줄 지어 선 모습을 보았을 것이다. 팔레스타인의 경우, 한 가족이 몇 킬로미터를 이동하려면 최대 여섯 시간이 걸린다. 테러리스트 때문에 자유롭게 돌아다니지 못하는 데다 가족 구성원 모두 수시로 검문검색을 당하기 때문이다. 앰뷸런스가 검문소에서 지체하는 바람에 끔찍한 산고를 겪었는데 아이가 죽은 경우도 많았다. 농산품 수송에도 문제가 많았다. 이동 시간이 너무 길어 길가에 썩은 상품을 내버린 경우도 허다했다. 어떤 도로는 팔레스타인 사람들은 아예 다닐 수 없었다. 그래서 짧은 거리를 다니는 데에도 꼬박 하루에 걸쳐 사투를 벌여야 했다.

이스라엘과 몇 시간에 걸쳐 협상하면서 바리케이드를 없애는 데 주력했다. 심각한 장애물을 하나씩 없애는 협상에 어느새 익숙해지는 것 같았다. 이스라엘 국방장관은 국경 검사를 없앤 곳으로 테러리스트가 침입할까 봐 두려워했다. 그로서는 당연한 염려였다. 그 때문에 협상 과정은 매우 힘들었고 때로는 포기해야 했다.

또 다른 문제는 팔레스타인 치안군을 훈련해 자국민이 살고 있는 영토를 차츰 그들에게 맡기는 것이었다. 팔레스타인 사람들이 스스로 안보 문제를 해결하면 이스라엘 방위군의 눈치를 볼 필요가 없으므로 두 민족의 마찰도 한층 줄어들 것 같았다. 이스라엘은 팔레스타인 치안군이 테러리즘을 무시하거나 더 심한 경우 테러를 조장할지 모른다며 쉽사리 물러날 기세가 아니었다. 그뿐만 아니라 연합정부가 치안군을 관리하는 한 국회가 이들에게 자금을 허용할 가능성은 전혀 없었다. 유능하고 믿을 만한 팔레스타인 군대를 양성해 보란 듯이 치안 업무를 맡겨 이스라엘이 아무 말도 하지 못하게 만드는 수밖에 없었다.

다행히 이스라엘과 팔레스타인 양국은 우리가 이 문제를 해결할 것이라고 믿어주었다. 이스라엘 방위군은 특히 미군에 절대적 신뢰를 보였다. 그래서 국무장관이 된 후 도널드 럼즈펠드에게 이 문제를 맡길 3성 장군을 임명해 달라고 요청했다. 처음으로 선택된 장군은 윌리엄 '킵' 워드였다. 그는 팔레스타인 치안군 훈련의 기초를 마련한 유능한 장교였다. 키스 데이턴 중장이 그의 뒤를 이어 5년간 고생했다. 그의 지휘 아래 팔레스타인 치안군은 눈부시게 발전해 이스라엘의 신임을 얻었다. 그는 이스라엘 국방부를 날마다 찾아가서 바리케이드를 치우고 팔레스타인에게 영토를 내주도록 설득했다. 또한 압바스에게 경찰의 부정부패를 척결하고 본업에 충실하도록 강한 압력을 가했다.

키스는 어려움이 생기면 나에게 도움을 청했다. 그러면 나는 이스라엘 국방장관 에후드 바라크, 살람 파야드나 마흐무드 압바스에게 전화해서 한바탕 잔소리를 퍼부었다. 중동에 갈 때면 바라크와 파야드를 한자리에 불러낸 다음, 내가 보는 앞에서 각자 의무 이행에 소홀한 측면에 대해 터놓고 이야기하게 했다. "내가 돌아오기 전에 문제를 해결하세요."라고 말할 때면 두 사람이 내 자식 같다는 느낌이 들었다.

이런 힘든 과정은 언론의 관심을 끌지 못했지만 큰 차이를 만들어냈다. 바라크의 주요 측근 한 사람은 내가 임기를 마친 후 데이턴과 내가 그리웠다고 말했다. 그 말은 나에게 큰 힘이 되었다. 힘든 고비가 많았지만 최종 협상이 다가올수록 보람이 느껴졌다. 이제 이스라엘은 팔레스타인이 테러를 묵인한다든가 평화를 위해 함께 싸울 동료가 없다는 핑계를 댈 수 없었다.

연합 정부로 인한 긴장감이 남아 있었지만 3월 방문은 올메르트와 압바스가 매주 만나게 했다는 데 의의가 있었다. 중동 지역에서 나흘간 바쁜 일정을 마친 뒤, 3월 28일에 아랍연맹은 2002년의 아랍 평화 구상을 재확인했다. 우리에게는 더없이 반가운 소식이었다. 하지만 사우디아라비아 국왕이 산통을 깨버렸다. 그는 "외세의 불미스러운 점령이 계속되며 혐오스러운 파벌주의 아래 유혈 사태가 끊이지 않는다."며 목청을 높였다. 미국이 이라크에 개입하는 것이 불법이라는 뜻이었다. 사우디아라비아 관계자들은 국왕이 벌인 사태를 수습하느라고 진땀을 흘렸다. 그들은 우리에게 이라크를 떠나라는 뜻이 아니라며 변명했다. 사우디아라비아 대사에게 "정말입니까? 당신 말도 못 믿겠습니다."라고 말했다. 가끔 아랍 사람들의 위선은 나도 참기 힘들었다.

우리는 공식적으로 아무 말도 하지 않았다. 아랍 국가의 수반들은 사석과 공석에서 정반대로 말하는 경우가 허다했다. 이런 위선적인 행동은 결국 그들의 책임감 부족을 드러내는 것이라고 생각한다. 물론 아랍 사람들의 특성이 그렇다는 것이 아니라 독재 정권이라서 어쩔 수 없는 면이 있다. 국민 대다수의 지지를 얻지 못하므로 아랍 국가의 수반들은 마음에 없는 말을 하거나 대중을 굉장히 아끼는 것처럼 연기할 때가 많았다. 그렇게 하려면 종종 미국을 배신하는 것도 개의치 않았다.

이번에는 압둘라 국왕이 정말 좋지 않은 타이밍에 실언한 것이었다. 국내에서는 상, 하원 모두 이라크 상황에 등을 돌리며 정부에 강한 압박을 가하고 있었다. 지난 2월에 하원에서는 추가 파병을 공식적으로 비난하는 결의문이 통과되었다. 공화당 의원 17명이 고무신을 거꾸로 신고 24만 8,182명의 반대 세력에 합류했다. 3월 23일에 의회는 철수 계획이 포함한 지출 법안을 채택했고, 나흘 뒤 상원의회는 강제성이 없긴 하지만 철수 계획을 포함된 법안을 제안했다. 그들의 목표는 2008년 3월 31일까지 이라크에 있는 미군을 모두 철수시키는 것이었다.

상황이 이렇다 보니 돌파구가 절실했다. 하지만 갈수록 악화될 뿐 희망이 보이지 않았다. 4월 12일에는 안전지대에 있는 이라크 국회의사당에 자살 폭탄 테러가 발생해 여덟 명이 목숨을 잃었다. 나흘 뒤에 이라크 정부 각료 네 명이 무크타다 알 사드르의 지시를 받고 사임을 표명했다. 막다른 골목에 다다른 기분이 들었다.

이 어려운 시기에 조지 테닛이 회고록을 출간했다. 그는 9.11테러와 아프가니스탄 침공 시 CIA 국장을 지낸 인물이었다. 그는 테러 집단의 공격이 임박했다고 '경고'했으며 내가 이를 분명히 '알고 있었다'고 기술했다. 쉽게 말해서 그가 분명히 경고했는데도 내가 보란 듯이 무시했다는 것이었다. 나는 당혹감을 감출 수 없었다.

'언제 분명히 경고했다는 거야? CBS가 테러 공격을 경고하는 것으로 추정되는 8월 6일자 메모를 들이댔을 때 그런 메모가 있었는지 기억조차 못한 사람이 바로 조지 테닛이잖아! 그날 자신은 뉴저지의 어느 해변에 있었다고 나한테 말했잖아.'

나는 조지의 모함에 반박하려고 일요일 아침 프로그램에 출연해 9.11테러가 벌어지기 전까지 우리가 한 일을 자세히 설명하고 조지가 그때 무엇이라고 했는지 정확하게 밝혔다. 하지만 그 문제로 분통을 터뜨릴 여유가 없었다. 세계 곳곳에 긴급한 상황이 이어지고 있었기에 이미 지난 일을 꺼내 누구를 탓할지 논할 상황이 아니었다. 사실 이라크만으로도 충분히 버거웠으나 중동 평화 협상도 처리해야 했다. 수단에서도 인도주의 위기가 나날이 커져가고 있었으며, 생각지도 못한 유럽 내 미사일 방어와 상비 전력 제한 문제 때문에 모스크바와 입씨름을 해야 했다. 러시아 정부가 냉전을 부활시키려는 것인지 의심스러울 지경이었다.

미-러 관계가 위기를 맞다

최근 몇 달 동안 러시아와의 관계는 위태로워졌다. 폴란드와 체코에 미사일 공격 수단을 갖추기로 결정하자 러시아 정부는 구 소련의 지배를 받던 두 나라의 변화에 민감한 반응을 보였다. 세르게이 라브로프는 "차라리 터키에 미사일을 배치하라."고 했다.

우리는 폴란드, 체코와 본격적인 협상을 시작했다. 외부에 구태여 이 일을 비밀로 할 이유가 없었다. 두 나라의 외무장관은 워싱턴을 방문했다. 이번 계획이 러시아 정부에 위협을 가하는 것이 아니며 미사일 공격이라는 문제에서 우리와 제휴 관계를 맺자고 계속 제안했다. 로버트 게이츠와 나는 데일리 텔레그래프를 통해 NATO-러시아 회담을 열어 이 문제를 논하는 것이 좋겠다는 의사를 내비쳤다.

그런데도 러시아는 좀처럼 화를 풀지 않았다. 세르게이 라브로프가 NATO 본부를 방문할 때 나는 팡파르를 터트릴 생각에 젖어 있었다. 그 기대가 산산이 부서지리라고는 꿈에도 생각지 못했다.

러시아가 NATO 회담에 참석해 통일 후 독일, 발트 해 연안 국가, 한때 바르샤바조약기구 회원국이었던 나라들과 나란히 앉은 모습을 보면 가슴이 뿌듯했다. 우리는 동유럽 국가도 NATO에 영입해야 한다고 강력하게 주장했다. 그들이야말로 중동 지역을 비롯한 세계 전역에 자유 의제를 지지하는 데 큰 보탬이 되리라고 생각했다. 하지만 러시아는 동유럽 국가를 볼 때마다 냉전의 패배를 떠올렸다. 동유럽 국가들은 공식석상에서 서슴없이 러시아를 비웃거나 조롱했다. 그런 모습을 지켜보는 내가 더 민망할 때가 많았다.

하지만 그날 회의에서는 러시아가 망신당할 만했다. NATO 본회의가 시작되기 직전에 푸틴이 유럽통상조약 중단을 선언했다는 소식이 전해졌다. 그는 러시아 국회의사당에서 유럽통상조약이 자국에 불이익을 끼치는 불공평한 처사라고 선언했다. 러시아는 유럽 내에 파견할 군대의 규모와 지역에 제약을 받는 것 때문에 이 조약을 몹시 싫어했다. 냉전 말기, 구 소련이 극도로 약화된 시점에 협의한 사항이었다. 원래 NATO와 바르샤바조약기구의 균형을 맞추려고 만든 것인데 바르샤바조약기구는 이미 끝났고 일부 회원국은 NATO로 흡수되었기에 협약을 수정할 필요가 있었다. 1990년대에 손을 보긴 했지만 처리할 문제들이 많이 남아 있었다.

세르게이 라브로프가 노르웨이 오슬로에 온 이유는 우리 정부의 미사일 공격 계획에 대한 지지 세력을 방해하는 것이었다. 예전부터 러시아 정부는 유럽 국가들에게 겁을 주어 미국과 사이가 멀어지게 만들었다. 독일이 특히 이런 상황에 민감했다. 그런데 푸틴의 발언이 전해지자 유럽은 러시아에 싸늘한 반응을 보였다. 라브로프는 미사일 방어에 위협적인 태도를 보인 후 유럽재래식전력감축협정에 대한 러시아 정부의 책임을 회피하는 발언을 했다. 그는 누구의 지지도 얻을 수 없는 상태로 전락했다. 모든 장관이 푸틴의 선언을 신랄하게 비난하면서 미사일 방어 계획을 지지했다. 동유럽에 미사일 설비를 갖추려는 우리 정부를 반대하던 나라들은 입을 꾹 다물었다. 체코의 외무장관 카렐 슈바르첸베르크만 입을 열었다.

"협약 체결을 취소하겠다고 으름장을 놓은 뒤에 오기를 잘했네요."

1968년을 생생히 기억하는 두 사람이 그렇게 팽팽히 맞서는 모습은 쉽게 볼 수 있는 장면이 아니었다.

라브로프는 NATO와 집단안보조약기구의 협조를 얻으려고 로비를 하려는 의도가 있는 것 같았다. 바르샤바조약기구를 재현하려고 집단안보조약기구를 끌어들였지만 소용없는 짓이었다. 이 기구는 러시아, 카자흐스탄, 벨라루스, 아르메니아, 키르기스스탄, 타지키스탄, 우즈베키스탄 등 구 소련의 잔재로 구성되어 있었다. 나는 라브로프에게 주먹을 날리고 싶었다.

세르게이는 회의장을 빠져나가려고 서둘러 말을 맺었다.

"미사일 방어에 대한 말씀 잘 들었습니다. 언어만 다를 뿐 모두 같은 의견을 내셨군요."

그는 각 분야의 협조를 구하기로 약속했지만 누가 봐도 빈말인 것이 분명했다. 다른 긴급한 문제 때문에 러시아 정부와 협력할 필요만 없었더라면 나도 여기에서 만족했을 것이다. 유고슬라비아는 폭동 사태를 겪은 뒤에 세르비아, 크로아티아, 슬로베니아, 몬테네그로, 보스니아, 헤르체고비나, 마케도니아 등 여섯 개의 독립 국가로 분리되었다. 하지만 코소보 사태는 여전히 해결될 기미가 보이지 않았다. 코소보는 가난하고 민족 감정이 날카로운 소수 민족이 모여 사는 세르비아 내의 자치구로, 슬로보단 밀로셰비치가 대학살을 저지른 곳이기도 했다. 전체 인구의 90퍼센트를 차지하는 알바니아인들은 무슨 수를 써서라도 세르비아에서 독립해야 한다고 아우성쳤지만 세르비아는 그럴 생각이 전혀 없었다. 세르비아 역사에서 가장 오래 기억될 전투는 바로 1389년 오토만 제국에 코소보를 뺏긴 것이었다.

국제사회는 코소보가 독립하는 것이 옳다고 여겼지만 세르비아의 오랜 우방 국가 러시아는 그럴 생각이 없었다. 코소보 국민들은 독립을 간절히 원했으며 무력으로 밀어붙여서라도 그렇게 해낼 기세였다. 외교 협상으로 충분히 해결할 수 있는 문제였지만 러시아가 장애물로 작용했다. 오슬로 장관 회의의 분위기는 매우 고조되었으나 모두의 협조를 얻어내는 데 실패했다. 5월에 모스크바를 직접 방문했다. 이 문제에 대한 거부감을 조금이라도 해소하는 것이 목적이었다. 나는 푸틴을 직접 만나서 긴 대화를 나누었고 미-러 관계에 어두운 그림자가 드리운 것은 양쪽 모두에게 책임이 있다는 결론을 내렸다.

약 보름 뒤에 독일 포츠담에서 열린 G8 장관회의에서 세르게이 라브로프를 다시 만났다. 프랑크발터 슈타인마이어는 화려하게 재건된 체칠린호프 궁을 자랑스럽게 보여주었다. 2차대전이 끝날 무렵인 1945년에 포츠담 회담이 열린 역사적인 곳이었다. 콘퍼런스 룸은 승전국의 국기로 장식되어 있었다. 미국 성조기, 영국 유니언 잭, 구 소련 국기가 통일된 독일에 나란히 꽂힌 모습은 매우 인상적이었다.

'트루먼이나 스탈린이 이 장면을 보면 뭐라고 할까?'

이런 감상에 젖어 있는데 일본 외무상 아소 다로가 불쑥 끼어들었다.

"전쟁이 조금만 더 길어졌다면 이 자리에 독일, 이탈리아, 일본 국기가 있었을 겁니다."

'마음대로 생각하시지.'

나는 그의 말에 대꾸하지 않고 고개를 돌렸다.

세르게이와 나는 코보소와 미사일 방어 문제로 한참 동안 옥신각신했다. 여러 주 전에 양국 정책이 서로 어긋나도 공통점을 찾아보기로 노력하자고 약속한 것이 무색할 정도였다. 여느 때와 마찬가지로 유럽 국가들이 중재에 나섰지만 소용없었다. 그 일은 앞날에 대한 불길한 전조였다. 부시 대통령의 임기가 끝날 때까지 18개월 동안 러시아 정부와의 관계는 날이 갈수록 어그러졌다.

부시 대통령은 7월 초 워커 포인트에 있는 사택으로 푸틴을 초대했다. 냉전 말기에 러시아 정부가 조지 H.W. 부시 대통령의 외교 정책을 크게 고마워한 것을 상기시켜보려는 의도였다. 이 작전이 통했는지 잠시나마 두 나라의 긴장감은 누그러지는 듯했다.

부시 대통령은 푸틴을 낚시터로 데려갔다. 그 뒤에 조지 H.W. 부시 전 대통령과 푸틴은 집으로 돌아와서 회포를 풀고 함께 식사했다. 두 사람은 거실에서 편한 자세로 두 나라의 관계에 대해 솔직한 이야기를 나누었다. 그 거실은 전 대통령이 주지사였을 때 나와 처음으로 외교 정책을 논한 곳이었다. 창밖에는 대서양이 한눈에 내려다보였다.

푸틴은 이란 문제에 매우 강경한 태도를 보였다. 아야톨라 하메네이와 마흐무드 아마디네자드에 대한 거부감은 그 어느 때보다도 심각했다. 하지만 지난 몇 달 동안 중단했던 부셰르 핵시설에 연료 공급을 재개하기로 약속했다. 그는 차분한 목소리로 "이 계약 때문에 국내 기업들이 얼마나 손해를 보는지 모릅니다."라고 덧붙였다. 대통령은 우리와 확실하게 논의하기 전까지는 아무것도 발표하지 말라고 부탁했다. 푸틴은 제안을 받아들였고 약속을 끝까지 지켰다. 이처럼 이란 문제에서 두 사람은 비교적 마음이 잘 맞는 편이었다. 외부에 알려진 것만큼 불협화음이 크지 않았다.

두 사람은 미사일 방어 문제로 대화 주제를 바꿨다. 함께 협력할 방안을 모색하는 데 동의한 것 같았다. 지금 생각해보니 약간의 오해가 있었는데 그때는 미처 눈치채지 못했다. 부시 대통령은 폴란드와 체코에 미사일 기지를 구축한다는 결정을 철회할 생각이 없었지만 푸틴은 다른 지역으로 옮기기를 원했다. 푸틴은 그날 오후 기자회견장에서 미사일 방어를 '전략적 파트너십'이 필요한 국면이라고 언급하면서 NATO-러시아 회담에서 이 문제를 논할 것이라고 밝혔다. 그 말을 듣고 한결 마음이 놓였다. 두 대통령의 지시에 따라 로버트 게이츠와 나는 빠른 시일 내에 모스크바를 방문하기로 했다.

다음 날, 라브로프와 나는 전략무기제한협정 후속 조치에 대한 공동 성명을 발표했다. 조지 W. 부시 대통령과 블라디미르 푸틴은 서로 마음이 잘 맞았다. 덕분에 삐걱거리던 두 나라 관계가 잠깐이나마 안정세로 돌아섰다. 푸틴 대통령은 바닷가재와 황새치(푸틴이 낚시터에서 잡아온 것은 아니었다) 요리를 먹은 뒤에 돌아갔다. 우리는 가벼운 마음으로 그를 배웅했다.

어떤 문제에서는 러시아 정부와 손발이 척척 맞았다. 대표적인 사례가 바로 중동 문제였는데 세르게이는 이스라엘-팔레스타인 분쟁을 다루는 콰르텟을 묵묵히 지원해주었다. 사실 중동 콰르텟이야말로 평화 협상 과정의 모든 측면을 다루기에 가장 효과적인 체계였다.

한 걸음 진전할 기회가 보이는 것 같았다. 메카 협정만으로는 하마스와 파타가 함께 지내는 것이 불가능했다. 가자 고립을 계기로 하마스 정부의 약점이 고스란히 드러났다. 팔레스타인 관계자는 "그들이 대단한 저항 운동가가 아니라는 점이 드러난 겁니다. 하수도 설비 하나도 제대로 처리할 수 없는 무능한 정치인이라는 실체 말입니다."라고 내게 귀띔해주었다.

선거에 승리한 덕분에 하마스의 '실체가 낱낱이 드러난 것'은 예상치 못한 수확이었다. 사실 나는 오래전부터 극단주의자들에게 무고한 사람들을 괴롭히지 않고 통치 능력을 증명해 보이는 게 나을 거라고 주장했다. 하마스는 능력을 증명할 자신이 없었는지 급속도로 성장하는 마흐무드 압바스의 치안군에 선제 공격을 가했다. 사람들은 가자가 하마스의 손에 달린 것을 알았지만 파타도 충분히 전투 능력을 갖추고 있다고 생각했다. 하지만 그 예상은 빗나갔다. 파타의 국가 안보 고문 모하메드 다흐란이 무릎 수술을 받으러 이집트에 간 사이에 파타 군은 궤멸되고 말았다. 압바스의 가자 지구가 하마스의 손에 넘어가는 것으로 상황은 끝나버렸다

팔레스타인 자치 정부는 다시 웨스트 뱅크로 밀려났다. 여기에는 좋은 점도 있었고 나쁜 점도 있었다. 일단 가자는 예전과 비교할 수 없을 정도의 대규모 테러리스트 근거지가 되고 말았다. 반면, 웨스트 뱅크에 주요 사회 기반 설비를 마련하고 경제 성장에 주력하는 분위기가 형성된 것은 바람직한 현상이었다. 물론 국제사회의 지원도 받을 예정이었다. 특히 이스라엘은 살람 파야드 정부에 세수입을 다시 공급하기로 했다. 또한 올메르트는 하마스의 손아귀에서 벗어난 압바스와 본격적으로 정치적 문제를 논의할 수 있게 되었다.

때마침 토니 블레어는 사임을 표명하고 같은 정당 내의 라이벌이자 재무부 장관인 고든 브라운에게 총리직을 넘겨주었다. 그는 부시 대통령에게 쪽지를 건네면서 나와 함께 열어보라고 했다. 자신을 콰르텟 중동 특사로 추천해 달라는 요청이었다.

"토니의 열정이 대단하군요. 하지만 라이스 장관에게 행여 누를 끼칠까 봐 조심스러워하고 있어요."

대통령은 자리에서 일어나더니 이렇게 말했다. 블레어가 건넸다는 쪽지를 읽어보았다. 거기에는 팔레스타인 정부와 주요 기관을 강화할 전략이 쓰여 있었다. 또한 최종 협상을 거친 해결책을 미국이 나서 전달해야 하는 이

유도 있었다.
"괜찮습니다. 토니라면 같이 일할 수 있습니다. 그는 제가 갈 수 없는 나라를 방문하거나 제가 하지 못하는 일을 맡으면 됩니다."
"구체적으로 어떤 것을 말하는 거요?"
"가자에 가는 것 말입니다."
콰르텟의 나머지 회원국도 그의 등장을 환영했다. 이렇게 해서 토니 전 총리는 가자를 방문했다.
그는 팔레스타인 사회를 정비하고 웨스트 뱅크의 경제 발전을 추진하는 데 큰 힘이 되었다. 올메르트와 압바스는 최종 상황을 논의하려고 6월 25일에 샤름 엘 셰이크에서 만나기로 했다. 협상이 성공하면 하마스도 중대한 결정을 내려야 했다. 계속 저항할 경우, 평범한 삶을 원하는 팔레스타인 국민들에게 버림받을 각오를 해야 했다. 반대로 협상에 순응한다면 테러 활동을 모두 중단해야 했다. 이렇게 이스라엘-팔레스타인 분쟁도 어느덧 끝이 보이는 것 같았다. 그 무렵 나는 조심스럽게 아나폴리스 콘퍼런스를 준비하기 시작했다. 팔레스타인 민주주의 정부를 설립하는 것이야말로 중동 지역에서 자유 의제를 펼치는 견인차가 될 것이라고 여겼기 때문이다.

많은 나라가 중동 사태에 협조하는 것을 보니 내심 뿌듯했다. 그렇지만 여전히 국제사회와 '공통 기반'을 마련하느라 머리를 쥐어짜게 만드는 문제들이 몇몇 남아 있었다. 수단 문제야말로 그런 종류의 문제였다.
다르푸르 사태가 악화되자 2005년 로버트 졸릭이 죽을힘을 다해 성사시킨 포괄적 평화 협정마저 흐지부지될 것 같았다. 2006년 5월에 성사된 다르푸르 평화 협약도 여러 가지 이유로 효력을 잃은 상태였다. 나는 직접 난민 캠프의 참혹한 실태를 확인했다. 민간인에 대한 폭력 사태의 보고서가 계속 이어지자 인권 단체와 NGO들이 비난의 목소리를 높였다. 지극히 바람직한 현상이었다. 하루가 멀다 하고 각계 유명 인사들이 이 문제를 언급한 기사가 신문 1면을 장식했고 시급한 대책을 요구하는 전화가 빗발쳤다.

그러나 아무도 대통령만큼 적극적으로 나서지 않았다. 대통령은 UN과 국제사회의 무기력한 반응에 진절머리가 나 있었다. 나도 상황이 더 이상 진전되지 않는 이유를 설명하기가 지겨울 정도였다. 무고한 사람들을 지켜주기 위해서 평화군을 동원하는 것이 그렇게 어려운 일인가? 카르툼*수단수도의 목을 조여서라도 다르푸르에 평화군을 보내야 하는데 아무도 나서지 않으니 우리만 답답해서 죽을 노릇이었다.

이유는 간단했다. 수단 정부와 맞설 생각 자체가 없는 것이었다. 원유 공급에 눈이 먼 중국 정부가 제재를 반대하는 바람에 UN 안전보장이사회는 사실상 발목이 묶인 상태였다. 수단 대통령 오마르 알-바시르는 국제사회가 실질적인 행동을 취하지 않으면 된다고 생각했는지 UN 평화유지군의 필요성을 인정하다가도 정작 군을 보내려 하면 온갖 핑계를 대며 거절했다.

아마 바시르도 UN의 업무 처리 방식이 극히 비효율적이라는 것을 눈치 채고 그런 것인지 모른다. 아무튼 평화유지군을 구성하는 것은 죽도록 힘들었다. 그런데 에티오피아 총리 멜레스 제나위가 나서 다르푸르에 정예 부대를 보낼 준비가 끝났다고 선언했다. 그 말을 듣고 뛸 듯이 기뻤다. 그는 나중에 전화로 6개월 정도 걸릴 것 같다고 말했다. 에티오피아 군대가 굼뜬 것이 아니라 UN이 막사 건설로 시간을 지체하기 때문이라고 했다.

"우리 군대는 땅에 엎드려서 기어가더라도 문제가 없다고 했는데도 소용이 없더군요."

그 말은 에티오피아 군대가 자체적으로 막사를 해결할 수 있다는 뜻이었다. 나는 UN 사무총장 반기문에게 전화를 걸었다. 그가 평화유지군을 두둔하자 순간 화가 나서 "그거 아십니까? 이래서 사람들이 UN을 손가락질하는 겁니다."라고 언성을 높였다. 하지만 금세 무례하게 대한 것을 후회했다. 반기문 사무총장은 훌륭한 사람이었다. 그가 문제의 핵심이 아니라는 것은 잘 알고 있었다. 불행하게도 그가 이끄는 조직은 효율성과 거리가 멀었다. 사무총장도 정기총회위원회의 투표 없이는 직원들을 마음대로 해고할 수 없었다. 반기문 사무총장은 부드러운 목소리로 "내가 다시 한번 설득해보겠습니다."라고 했다. 더 이상 할 말이 없어 "잘 부탁드립니다." 하고 수화기를 내려놓았다.

수단 문제를 논할 때면 부시 대통령 앞에 서는 것이 두려웠다. 괜찮은 해결책을 내놓을 수 없어 마음이 정말 무거웠다. NSC에 앞서 장관급 회의를 따로 열었지만 국제사회의 각종 제약을 논하다가 끝나버렸다. 대통령은 답답함을 견디다 못해 전시 내각에 일방적인 군사 대응을 고려할 때라며 적절한 방안을 내라고 지시했다. 강력한 대응책을 선호하는 아프리카 담당 차관보 젠데이 프레이저는 처음에 반색하다가 금세 어려운 점이 많다며 뒷걸음질 쳤다. 예상대로 펜타곤은 수단 무력 개입안을 결사적으로 반대했다. 국가 존폐가 달린 긴급 상황도 아닌데 또다시 이슬람 국가에 무력 개입을 할 이유가 없다는 것이었다. 대통령은 실망한 기색이 역력했지만 어쩔 수 없는 현실에 순응하고 말았다.

결국 우리는 국제사회의 협력을 얻는 데 다시 매달릴 수밖에 없었다. 대통령은 5월에 미 정부 차원의 제재를 다시 선언했다. 나는 영국을 비롯한 동맹국을 설득해 다각적인 제재를 유도하고, 특히 수단과 군수품 거래를 모두 차단하는 임무를 맡았다.

영국이나 다른 유럽 국가는 문제가 아니었다. 사실 프랑스는 5월에 니콜라스 사르코지가 대통령에 당선된 후 수단에 맞서는 우리 입장을 적극 지지했다. 프랑스 대통령은 중국, 러시아를 포함해 17개국 수반과 각 지역 단체 및 국제 단체 관계자들을 파리로 초청해 다르푸르 사태를 논의할 자리를 마련했다. 그는 단도직입적으로 국제사회가 책임을 회피하고 있다고 말했다.

나도 6월에 파리를 방문해 사르코지를 만났다. 열정적인 대통령과 베르나르 쿠슈네르 외무장관은 정말 손발이 잘 맞았다. 사르코지 대통령과 반대 세력인 사회당 출신의 쿠시네를 채용한 것은 파격적인 조처였다. 쿠슈네르는 '국경없는의사회'를 설립해 세계 곳곳에서 의료 봉사 활동을 펼친 공로로 노벨상을 받았다.

한편, 사르코지 대통령은 헝가리 이민자 출신으로서 미국 정부를 지지하며 자유와 인권을 중시했다. 프랑스의 위엄과 정치적 영향력을 중시하며 예전 식민주의 사고를 버리지 못하고 중동과 아프리카에 민주주의를 반대하던 시라크 대통령과는 매우 대조적이었다.

사르코지는 나를 만날 때마다 '내가 좋아하는 사람'이라며 반겨주었다. 물론 형식적인 인사에 불과한 말이었다. 그런데 신기하게도 나와 의견을 달리하는 경우가 거의 없었다. '사담 후세인이나 앙겔라 메르켈 문제를 시라크나 게르하르트 슈뢰더가 아니라 사르코지와 논했더라면 얼마나 편했을까?'라는 생각이 절로 들 정도였다. 하지만 프랑스는 다르푸르 사태에 실질적으로 도움을 줄 형편이 아니었다. 가장 큰 장벽은 중국이었다. 수단은 중국의 중상주의 외교 정책을 가장 두드러지게 한 사례였다. 그들은 처음부터 끝까지 자국의 경제적 이익을 따졌다. 수단은 중국의 핵심 원유 공급원이었으므로 국내 경제 성장률 10퍼센트를 목표로 삼은 후진타오는 다르푸르의 인명 희생을 이유로 바시르 대통령의 심기를 건드릴 생각이 전혀 없었다.

7월에 UN 안전보장이사회는 아프리카연합과 공동 평화 유지 작전을 수행하는 결의문 1769호를 채택했다. 그해에 다르푸르 UN-AU 임무단은 폭력 사태를 진압하려고 병력 2만 6,000명을 투입했다. 국제평화군이 파견된 지역은 민간인 희생이 크게 줄어들 거라는 확신이 있었다. 하지만 국무장관 임기를 마칠 때까지 수단보다 나를 더 크게 실망시킨 나라는 없었다. 그 나라는 국제사회의 가장 어두운 면을 여실히 보여주었다. 정작 자기 이익만 챙기고 원칙이나 약소국을 '보호할 책임'을 운운하면서도 어려운 상황에서는 사실상 아무 노력도 하지 않는 태도는 매우 실망스러웠다.

미얀마의 끔찍한 상황 역시 국제사회의 무능함을 보여주는 또 다른 안타까운 사례였다. 미얀마 군사 정부는 국제사회에서 고립된 채 압제를 일삼았다. 2008년에 무시무시한 사이클론이 온 나라를 쑥대밭으로 만들었을 때도 국제사회의 원조를 받아들이지 않았다. 군 참모들이 우물쭈물하는 사이에 수천 명의 이재민이 안타깝게 목숨을 잃었다. 그나마 미 태평양 기지 책임자인 티머시 키팅이 미얀마 정부 내의 몇몇 관료들을 설득해 구호품을 겨우 들여보낼 수 있었다. 미국에서 보낸 원조 물자가 국내로 유입되기까지 무려 열흘이나 소요되었다. 이미 사이클론 사망자는 3만 2,000명을 넘어섰고 수백만 명의 이재민이 발생한 후였다. 처음에는 못 이기는 척 받는가 싶더니 이내 미 해군 선박은 강제로 쫓겨나고 말았다. 키팅이 원조 물자를 더 가져오겠다고 미얀마 정부에 열다섯 번이나 호소했지만 막무가내였다.

군사 정권을 대할 때면 흔히 있는 일이었다. 반대파 수장인 아웅 산 수치는 오랫동안 가택 연금 상태였다. 그녀만 보더라도 군사 정권의 압제가 얼마나 심한지 알 수 있었다. 로라 부시는 그녀의 고통에 강한 연민을 보였으며 미국이 나서 미얀마 국민들을 도와야 한다고 목소리를 높였다. 하지만 UN 안전보장이사회 상임 이사국인 중국과 인도의 반대로 아무 조처를 할 수 없었다. 그들은 미얀마와 국경을 맞댄 상황이라서 미얀마 국내 정세가 어지러워질까 봐 노심초사했다.

그러다가 2007년 UN 총회 둘째 날에 미얀마 정권의 실체가 만천하에 드러나고 말았다. 그 나라에서는 민주화 운동가, 즉 평화 저항 운동을 펼치는 종교 지도자들이 정부의 탄압을 가장 많이 받았다. 그런데 이번에는 저항 운동가들이 거리를 점령하고 아웅 산 수치의 이름을 외치며 농성을 벌였다. 9월 26일은 농성 9일째였다. 군사 정부는 강압적으로 이들을 해산하려 했고 결국 폭력 사태가 일어났다.

상황이 이렇게 전개되자 미얀마 정부를 지지하던 세력들은 당혹감을 감추지 못했다. 특히 이웃 나라에 불간섭주의를 선언한 동남아시아 정부들은 어찌할 바를 모르는 눈치였다. 우연히도 나는 다음 날 오후 아세안 국가수반들과 한자리에 모이게 되었다. 수많은 기자 앞에서 이 사태를 강력히 규탄하면서 미얀마 외무장관을 슬쩍 쳐다보았다. 미얀마 정부의 만행을 못 본 척해 온 동남아시아 국가 관계자들이 내 발언을 상당히 불쾌하게 여기리라고 이미 예상하고 있었다. 동양 문화권에서는 될 수 있으면 대립을 피하는 것을 미덕으로 여긴다는 말은 귀에 못이 박히도록 들은 터였다. 나는 조금도 개의치 않고 미얀마 정부를 신랄하게 비판했다. 미얀마 외무장관이 무역 이야기로 화제를 돌리려 했지만 나는 "귀 정부가 저지른 만행을 그런 식으로 회피하려고 하지 마십시오. 당신은 물론이고 당신 정부 고관들은 모두 깊이 반성해야 합니다."라고 쏘아붙였다. 그제야 다른 나라 외무장관들도 몇 마디를 보태기 시작했다. 필리핀 외무장관 알베르토 로물로가 그나마 가장 솔직하고 당당한 편이었다. 하지만 UN 차원에서 취한 조치는 없었으며 UN 안전보장이사회 의장 성명을 발표하는 것으로 끝나버렸다(이는 가장 약한 수준의 시정 권고에 불과했다). 몇 주 뒤 우리는 미얀마에 일방적으로 강력한 제재를 가했다. 여러 나라가 합심하면 더 효과적인 제재를 가할 수 있었겠지만 당시로서는 그것밖에 방법이 없었다.

그 밖에도 국제사회의 무능함을 드러낸 사건은 많이 있었다. 일례로, 짐바브웨 국민들이 고집 센 노인 로버트 무가베의 횡포에 시달린다는 소식은 세계에 보도되었다. 특히 콜레라가 유행하자 그의 전제주의 정치가 낱낱이 실체를 드러내고 말았다. 식수가 모두 오염되었지만 보건 체계가 완전히 무너져 정화할 방법이 없었다. 한때 남아프리카 지역을 대표하던 곡창 지대가 이제는 전국적으로 기아에 허덕이고 있었다. 무가베는 국민들의 고통에 관심이 없었으며 나라 전체가 무너져도 일으켜 세울 능력이 없었다. 그런데도 이웃 나라 수반들은 무가베가 수십 년 전 인종 차별 정책을 강하게 반대했다는 이유로 그를 공식적으로 규탄하지 않았다. 러시아와 중국도 짐바브웨 국내 문제에 개입하지 않으려고 발뺌했다. 그래서 미국, 유럽, 몇몇 아프리카 국가들이 다각적인 제재를 가하려 해도 안전보장이사회의 지지를 전혀 받을 수 없었다.

UN은 여러 측면에서 칭찬할 점이 많았다. 특히 조셋 시런이 이끄는 세계식량계획과 앤 베너먼이 지휘하는 유니세프의 활동은 매우 인상적이었다. 미 정부 관료인 제인 홀 루트가 맡은 평화 유지 활동도 매우 성공적으로 진행되고 있었다. 그뿐만 아니라 세계적으로 중요한 문제는 모두 UN에서 다루었다. 안전보장이사회는 평화 및 안보에 대한 국제사회의 의견을 종합해 공식적으로 알리는 통로였다. 따지고 보면 UN은 독립 국가들의 모임이었다. 결국 외교가 관건이었는데 그 점에서 나는 든든한 지원군이 있었다. 국제 기구 담당 차관보 크리스틴 실버베르그는 근성이 있고 나보다 참을성도 강했다. 어려운 결정을 내릴 때 각 나라의 이익을 모두 고려하기란 어려운 일이므로 자연스럽게 '자발적 협력'을 중시했다. 그러지 않고서는 일을 제때 처리할 수 없었다.

그래서 누군가 국무부를 두고 일방적으로 일 처리를 한다고 비난할 때면 화가 치밀었다. 물론 국제사회와 발걸음을 나란히 했더라면 더 좋았을 것이다. 하지만 미얀마나 짐바브웨 문제를 다루면서 다른 나라에 어려운 결정을 요구하는 것이 참 괴로운 일이라는 것을 알았다. 때로는 미 정부가 지나치게 '도덕성'을 추구한다는 비난도 받았다. 전제주의 정권 아래서 힘들게 사는 사람들을 못 본 척하는 것은 내 성미에 맞지 않았지만 어느 정부도 그러한 문제에 관심을 갖지 않았다.

일방적인 제재는 실패로 끝날 때도 있었지만 '공개적으로 창피를 주는'

방법은 늘 기대 이상의 결과를 낳았다. 국무부는 해마다 인권 및 종교의 자유 실천 여부를 조사해 보고서를 발표했다. 그중에서 가장 이목을 끈 것은 인권 보고서와 인신매매 보고서였다. 인권 유린국으로 고발되면 감당하기 어려운 비난이 쏟아졌다. 부시 대통령은 2003년 UN 총회에서 현대판 노예 제도를 의제에 추가했다. 그러자 UN 안전보장이사회는 의장 성명을 통해 인신매매 근절을 강력히 촉구했다.

인신매매와 노예 거래에 대한 관심이 커지면서 그동안 숨어 있던 비극이 공개되었다. 동남아시아와 동유럽 지역에서는 어린아이들이 성 노리개로 팔려갔다. 그 밖에도 담배와 벽돌 등을 생산하는 일에 아이들을 동원하거나 심부름꾼, 짐꾼, 낙타 기수로 고된 일을 시키는 경우가 허다했다. 이미 수년간 고질적으로 이어진 문제였지만 우리 정부의 끈질긴 추적 덕분에 이제야 세상에 공개된 것이었다. 우리는 매년 이러한 범죄 근절 노력을 기준으로 순위를 매겼다. 인신매매 추적 및 근절 담당 대사로 국회의원 출신의 존 밀러가 나섰으며 마크 라군이 바통을 이어받았다. 이들의 적극적인 활동은 아동 학대 문제에 대한 관심을 더욱 고조시켰다. 어느 나라도 3단계, 즉 아동 학대 주범국으로 낙인찍히는 것을 원하지 않았다. 이런 심리를 잘 활용한 덕분에 많은 나라가 법률을 개정하고 아동 학대 주범을 찾아내어 처벌하는 등 적극적인 노력을 기울였다. 민주주의, 인권 및 노동 담당국 차관보인 배리 로웨크론과 데이비드 J. 크레머도 큰 공로를 세웠다. 하지만 이 책을 쓰는 지금 이 순간에도 국무부 자료에 의하면, 성인이나 아이 할 것 없이 인신매매단에 납치되어 강제 노동, 노예, 매춘 등에 동원되는 숫자가 1,230만 명에 달한다. 아직 전쟁은 끝나지 않은 것이다.

43

이라크와 국내 전선

여름에 아프리카를 다시 방문할 예정이었다. 다르푸르 사태를 처리하도록 아프리카연합을 다독여야 했고 그 밖에도 할 일이 많았다. 아프리카연합에 신디 코르빌이 대사로 임명됐다. 이로써 미국은 국제 단체를 외교 대상으로 인정한 최초의 나라가 되었다. 이는 우리 정부가 아프리카 대륙과 그들이 문제를 독자적으로 해결하기 위해 들이는 노력을 존중한다는 뜻이었으므로 아프리카연합에서도 몹시 반겼다. 그뿐만 아니라 아프리카 국가수반들은 내가 직접 방문해 부시 행정부의 다양한 정책을 재확인하고 그들의 국내 정책에 조금이나마 힘을 보태주기를 원했다. 특히 새천년도전계획 수혜자로 선정된 가나의 존 쿠푸오르 대통령이 인상적이었다. 그는 라이베리아에서 찰스 테일러를 축출하는 등 아프리카 국가수반들 중에서 두드러진 인물이었다.

2005년까지만 해도 가나를 방문하는 것은 꿈에 불과했다. 당시 나는 거의 3주에 한 번씩 해외 출장이 있었고 어떤 때는 3주에 두 번씩 출국할 때도 있었다. 중동 평화 협상을 추진하고 세계 곳곳을 누비면서 동맹국과 외교 관계를 돈독히 하며 이라크와 아프가니스탄 수장들에게 자국 문제 해결에 총력을 기울이도록 종용하다 보니 그럴 수밖에 없었다. 외교란 직접 가서 얼굴을 보고 이야기를 나눌 때 제대로 된 효과가 나기 때문이다.

하지만 2007년 여름에 뜻하지 않은 변화가 생겼다. 6월 말 어느 날에 대통령과 함께 저녁 식사를 하게 되었다. 우리는 이라크 상황에 대해 오랫동안 이야기하면서 특히 희망적인 몇 가지 변화에 주목했다. 추가 파병을 마무리하기도 전에 알 안바르 지역이 크게 안정을 찾았으며 이라크 각 지역 정부 관계자 및 주요 종파 수반들의 협조 덕분에 도처에서 승전 소식이 날아들었다. 알 안바르 지역에서는 부족 수장들이 힘을 모아 알카에다를 몰아내고 직접 군대를 조직해서 수니파 반군에 맞서기까지 했다. '이라크의 아들들'이라고 일러진 진두는 이들이 미군의 지원을 얻어 주도한 것이었다. 이때 보여준 대반군전 원칙을 혁신적으로 적용한 방식은 2007년 추가 파병 전략의 기초 자료가 되었다. 반면, 국내 분위기는 매우 암울했다. 부시 대통령은 추가 파병 전략이 소기의 목적을 달성하기 전에 국내 여론이 등을 돌릴까 봐 노심초사했다.

한 달 전, 대통령은 이라크 추가 지원안에 거부권을 행사했다. 1,240억 달러에 조건이 걸려 있었는데 그중 어떤 것에는 임의로 정해 둔 미군 철수 시기가 조건으로 제시되었다. 개정안에는 철수 시기에 대한 언급이 사라졌지만 이라크 정부가 감당하기 어려운 '벤치마크'가 굉장히 많았다. 9월에 데이비드 퍼트레이어스와 라이언 크로커가 워싱턴으로 돌아와 상황 보고를 할 예정이었다. 대통령과 나는 공화당 관계자들을 만나보았다. 그들은 이라크 상황이 '공화당의 미래를 위태롭게 한다고' 주장했다. 비록 겉으로 드러내지 않았지만 그 말이 대통령에게 큰 상처가 되었다는 것을 알 수 있었다.

'공화당의 미래라고? 지금 그게 문제란 말인가? 미국의 미래와 국제사회

의 평판이 달려 있는 판국에 무슨 소리를 하는 거야?'

아무튼 그 말은 국내 정계가 곧 반기를 들 것이라는 일종의 신호탄이었다.

"모두 국내에 머물러야 합니다. 전쟁을 하더라도 여기서 하란 말입니다. 라이스 장관과 로버트 게이츠는 의회와 기자를 맡으시오. 정부 방침을 설명해주면서 시간을 벌어보라는 말입니다."

처음에는 그 말이 잘 이해되지 않았다. 나도 국내에 가만히 있으라는 말인가? 설마 했지만 내 예상이 옳았다. 다음 날 아침 7월에 예정된 출장 중에서 꼭 필요한 것만 남기고 모두 취소했다. 이제는 국내에서 벌어질 전쟁에 대비해야 했다.

이전 그 어느 때보다 국무부를 최대한 가동해 하나로 똘똘 뭉쳐야 했다. 라이언 크로커에게 이라크에 필요한 인력 공급이 제대로 되지 않는다는 연락이 왔는데 순식간에 언론사로 새어나갔다. 나는 이참에 국무부 인력 관리 방침을 대대적으로 개편해버렸다. 인사 총책임자 해리 K. 토머스를 불러 이라크와 아프가니스탄 상황에 대해 오랫동안 논의했다. 그는 탁월한 업무 능력으로 칭찬이 자자했던 전임자 조지 스테이플스에 비해서도 손색이 없었다. 사고의 폭이 넓고 일 처리가 깔끔해 논란의 여지를 남기는 일이 거의 없었으며 비판을 받아도 쉽게 주눅 들지 않았다.

"내가 더 도와줄 일이 없습니까? 내가 직접 권해볼까요?"

해리와 조지는 둘 다 흑인이었다. 국무부에서 가장 높은 자리를 그들이 나란히 차지한 것은 우연이었다.

토머스는 며칠 생각한 뒤에 돌아와서 이라크와 아프가니스탄의 자리가 다 찰 때까지 희망 근무지 신청은 받지 말라고 요청했다. 나는 그의 제안대로 해주었다. 처음 계획에 없던 강경책이었다. 세계 각지에 나가 있는 국무부 직원들이 다음 임지를 목 빠지게 기다리는 것을 알지만 어쩔 수 없었다. 이 방법은 효과가 있었다. 라이언은 필요한 인력을 모두 확보했다. 결국 찰리 라이스, 마르셰 라이스, 아담 에렐리, 마거릿 스코비 등 내로라하는 경력을 자랑하는 전직 대사들이 합류해 막강한 팀을 이루었다.

또 다른 중요한 절차로서 팀 전체가 나를 믿고 따르게 만들어야 했다. 짐 윌킨슨의 뒤를 이은 브라이언 건더슨과 브라이언 비산체니와 같은 정계 인사만으로는 부족했다. 나는 그들이 무슨 생각을 하는지 꿰뚫고 있었다. 필립 젤리코의 후임으로 존홉킨스대학 국제학 교수이자 저명한 학자 엘리엇 코언이 합류했다. 우리 정부의 대응 방식에 다소 비판적이긴 했으나 전쟁을 반대하는 입장은 아니었다. 해외 근무 경력이 있는 고위급 인사들이 필요했다.

6월 말이 되어서야 이라크 문제에 대해 함께 논의할 기회가 생겼다. 매년 이틀긴 고위 간부들과 워싱턴을 벗어나서 이듬해에 처리할 주요 문제와 부서 정책 방향을 논하곤 했다. 올해는 28일 오후 늦게 버지니아 주 알라이센터에 모이기로 했다. 각 부처 차관 및 차관보, 국무장관 비서실 직원들만 참석하도록 했다.

중간에 놓인 커다란 의자에 앉은 뒤 원하는 바를 이야기해보라고 말했다. 몇몇 사람들이 세계 곳곳의 여러 문제를 언급했다. 처음 몇 분간은 참았지만 더 이상 견딜 수 없었다.

"이라크 문제를 이야기하실 분은 아무도 없는 겁니까?"

나중에 듣자니 내가 그 말을 하자 다들 가슴이 뻥 뚫리는 기분이었다고 한다. 하나같이 이라크 전쟁에서 패배할까 두렵다고 털어놓았다. 누군가 이렇게 말했다.

"패배라니요. 그런 일은 없습니다. 미국은 결코 지지 않을 겁니다. 하지만 세상 사람들은 모두 우리가 질 거라고 하지 않습니까?"

다들 가슴 깊이 담아 둔 이야기를 모두 쏟아내도록 충분한 시간을 허락했다. 그런 후 마지막으로 내 생각을 설명했다. 모두 각자의 업무에 비추어볼 때 이라크가 제일 중요한 사안이라고 입을 모았다. 무슨 수를 써서라도 이겨야 한다는 결론이었다.

2007년 여름은 하루하루가 너무 길고 힘들었다. 그래서 이따금 피아노를 치거나 친구들과 수다를 떨며 스트레스를 풀었다. 한번은 지쳐 죽을 지경이 되어 독립기념일에 제대로 푹 쉬기로 했다. 나는 사촌 동생 부부를 주말에 워싱턴으로 초대했다. 대통령 생일이 7월 6일이었는데 영부인이 4일에 백악관에서 생일 파티를 열었다. 국무부에서 준비한 외국 손님들의 환영식에 참석한 뒤 백악관에서 열리는 연회장으로 갔다. 트루먼 발코니에서 불꽃놀이를 감상하며 즐거운 시간을 보냈다.

2007년부터 타이거 우즈는 휴일 주말에 컨그레셔널 컨트리클럽에서 토너먼트 대회를 열었다. 그래서 대통령은 프로 골프 선수들도 생일 파티에 초대했다. 나도 최근 골프에 재미를 붙인 터라 프레드 커플스, 필립 미켈슨 등과 이야기할 기회를 놓치기 싫었다.

참전 용사들을 위해 열린 경기인 만큼 나도 다음 날 참석해 행사를 빛내 주기로 했다. 하루 정도 바깥바람을 쐬며 머리를 식히고 싶은 마음도 있었다. 나는 부상당한 참전 용사들과 경기를 함께 관람했다. 필립이 내 코앞에서 바람을 가르듯 2번 아이언을 날리자 화들짝 놀란 경호원이 내 앞으로 몸을 날렸다. 속으로 '한발 늦었어. 저 공이 정말 내게 날아왔다면 몸을 날려도 못 막았을 거야.'라고 생각했다. 일주일 뒤에 《워싱턴포스트》에 조그만 기사가 실렸다. 내가 시간이 남아도는 것 같다고 비꼬는 글이었다. '당장 워싱턴으로 돌아가야겠다.'는 생각이 들었다.

이라크 상황이 조금씩 나아지기 시작했다. 2년 만에 처음으로 고비를 넘겼다는 기분이 들었다. 추가 파병은 민생 치안 개선에 효과를 발휘했다. 알 안바르 지역에서는 추가 파병 세력이 부족 간 협동 분위기를 유도해 폭력 사태가 크게 줄어들었다. 11월 1일에 안바르 셰이크와 만나는 자리가 있었는데 분위기는 약간 어색했지만 그래도 안심할 수 있었다. 거칠고 교양이 부족하지만 어떻게든 알카에다로부터 영토를 지키겠다는 일념 하나로 뭉친 애국자들이었다. 그들이야말로 이라크 안정의 선두 주자였다. 무엇보다도 바그다드에서 사담 후세인의 동상이 무너진 날에 대해 스티븐 해들리가 한 말이 떠올라서 가슴이 뭉클했다. 그들은 스스로 자유를 얻겠다는 의지를 불태웠다. 이 전쟁의 주체는 미국 정부가 아니라 이라크 국민들이었다.

그뿐만 아니라 그동안 이라크는 정치적으로 조금씩 성장해왔다. 2005년 모술을 방문했을 때 시의원들을 만났다. 다양한 부족이 모여 사는 모술은 쿠르드파-수니파 세력이 종종 폭력 사태를 일으켜 정치 제도를 수립하기에 가장 어려운 곳이었다. 그곳에는 가장 경험이 많은 지역재건팀이 나가 있었으며 외교관으로 잔뼈가 굵은 제이슨 P. 하이랜드가 지휘를 맡았다. 페인트가 벗겨지고 지저분한 콘퍼런스 룸에서 지역재건팀의 브리핑이 열렸다. 몇분 뒤에 쿠르드파 대표가 발표할 차례가 되었다. 그는 내가 만나본 사람 중에서 가장 인상이 험악했다. '수염이 거뭇거뭇하게 나서' 얼굴 아래쪽은 제대로 보이지도 않았다.

회의는 순조롭게 시작되었다. 먼저 의장은 민주주의와 관용을 중시하겠다고 약속한 뒤 모두 한마음으로 노력해야 한다고 강조했다. 그다음에 수니파 출신 의장 비서가 발언권을 넘겨받았다. 그는 국민들의 권리를 논하다가 선거 이야기로 넘어갔다. 다른 참석자들의 견해와 상반되는 이야기가 거침없이 흘러나오자 다들 수군거리기 시작했다. 긴장감이 고조되는 것이 느껴졌다. 무슨 말이라도 해서 상황을 진정시켜야겠다는 생각이 들었지만 이들이 어떻게 대처하는지를 가만히 지켜보는 것이 낫겠다는 쪽으로 마음이 바뀌었다. 끼어들지 않은 것이 다행이었다. 수니파 관계자가 말을 마치자 의장은 "말씀 잘 들었습니다."라고 넘겼다. 아마 의장은 속이 부글부글 끓었을 것이다. '새로운 이라크' 정부에서는 모두에게 발언권을 주어야 했다. 이런 상황은 예상보다 훨씬 빠른 것이었다.

'이런 단계를 거쳐야 이들도 제대로 된 민주주의를 이룩하게 될 거야.'

이라크는 아주 조금씩 정치적으로 성숙하기 시작했다. 그런 모습을 보자 지난해 10월 그들에게 크게 실망한 기억은 온데간데없이 사라지고 나도 모르게 이라크 정치를 열성적으로 지지하고 변호하게 되었다. 이라크 정부가 예산 통과에 실패했다고 비난하는 의원들이 너무 무례하고 으스댄다는 생각도 들었다.

'미국은 언제부터 제때 예산을 통과시켰다고 저러는 걸까? 우리도 예산 문제를 제때에 처리한 것이 불과 몇 년 전 일이 아닌가?'

의회가 트집을 잡을 때마다 미국의 옛 모습을 계속 들추어내야 했다. 가만히 생각해보면 소수 인권을 존중하는 성숙한 민주주의가 미국에 실현된 것도 최근의 일이었다. 부모님 세대에는 흑인에게 투표권이 없었다. 나는 이런 역사를 가진 미국은 다른 나라에 비해 더 많이 참을성을 보여야 한다고 주장했다.

다행히 이라크는 상황을 잘 이용하고 있었다. 그들에게는 대다수의 새로운 민주주의 국가들에겐 없는 막강한 재력이 있었다. 보고에 따르면, 이라크 정부는 그들의 돈 73억 달러를 들여 군사 훈련을 실시하고 장비를 갖추는 등 군 현대화 작업을 추진했다. 우리는 말리키에게 국가 재정을 지역 재건에도 사용하고 특히 각성 운동 세력에 대해 돈을 아끼지 말라고 강권했다.

하지만 시아파 총리는 셰이크들의 충성심을 믿지 못하는 눈치였다. 우리는 몇 번이고 이라크 관계자들을 직접 만나 알 안바르 지역 셰이크들을 믿고 지지해주라고 설득했다. 결국 대통령은 답답함을 참지 못하고 2007년 말 알 안바르에 말리키, 탈라바니와 부통령 타리크 알-하시미, 셰이크들을 불러 모았다. 말리키는 형장에 끌려나온 사형수의 표정이었다. 중심지를 수호한다는 막중한 책임을 위해 수니파가 재건 프로젝트를 연이어 요청하자 그는 몸을 한껏 웅크렸다. 하지만 잘랄 탈라바니는 모든 것을 초월할 기세였다.

"알 안바르의 위대한 아들들이여, 그대들은 원하는 것을 모두 갖게 될 것이다. 그대들에게는 사관학교가 반드시 있어야 한다! 그대들의 청을 내가 들었으니 걱정하지 않아도 좋다!"

그의 카리스마는 대단했다. 그가 쿠르드 출신인데도 국내에서 가장 영향력 있는 정치가로 여겨지는 이유를 알 것 같았다. 사람들의 마음을 사로잡는 비법을 아는 사람이었다.

이라크와 백악관의 외견은 서로 맞지 않았다. 대통령이 9월 감사를 의식하고 국내 전선에 초점을 맞춘 것은 현명한 판단이었다. 이라크 전쟁을 계속 추진할 수 있도록 긍정적인 여론이 형성되기를 기다리는 수밖에 없었다. 로버트 게이츠와 나는 의회에 가서 이라크 진행 상황을 세세히 보고했다. 로버트가 가세하자 보고 자료의 신빙성이 커지는 느낌이 들었다. 두 차례 의회 보고를 치른 뒤 로버트, 스티븐 해들리, 나는 영향력이 큰 의원들을 따로 만나는 것도 마다하지 않았다. 기자들도 힘이 닿는 대로 많이 만나야 했다. 거센 반대를 견디려면 그렇게라도 해야 했다. 7월에 대통령이 중간 보고서를 제출하자 상원의원 존 워너와 리처드 루거는 최전방에 나가 있는 미 병력을 안전한 국경 지대로 재배치할 계획을 마련하라고 요청했다. 두 사람은 상원의회에서 가장 명망 있는 공화당원이었으며 국가 안보에 대해서는 자타 공인 전문가였다. 따라서 병력 재배치 요청은 시간이 없다는 강력한 경고였다. 국민들의 마음은 이미 돌아선 상태였다.

그런데 뜻밖에도 이라크가 아니라 《뉴욕타임스》에서 숨통 트이는 소식이 날아들었다. 브루킹스연구소의 마이클 오한런과 케네스 폴락은 7월 말 기고한 사설에서 이라크 전략이 예정대로 진행 중이며 단지 시간이 더 필요한 것뿐이라고 밝혔다. 주위 사람들의 존경을 한몸에 받아온 두 사람은 그동안 전쟁을 반대했다. 브루킹스연구소가 공화당을 지지한 적이 거의 없었으므로 워싱턴 전체가 이 기사 때문에 한바탕 난리가 났다. 국내 분위기가 조금씩 바뀌는 것 같았다. 다행히 정책 담당자 몇몇이 새로운 시각으로 이 문제에 접근하고 있었다.

우리는 9월 감사를 준비하느라 정신이 없었다. 대통령이 직접 나서서 조만간 병력을 축소할 것이라고 밝히는 것이 좋을지 판단이 서지 않았다. 나는 병력을 철수하는 날이 온다며 국민들을 확신시켜야 한다고 판단했다. 로버트 게이츠와 스티븐 해들리도 같은 생각이었다. 병력 철수에 대한 온갖 추측이 무성하도록 내버려 두는 것은 바람직한 대처 방법이 아니었다. 외부에서 생각하는 것보다 우리는 서로 마음이 잘 맞는 편이었다. 이제 이라크 상황이 나아지고 있었기에 '서서히 끝이 보인다고' 말할 수 있었다. 물론 우리가 전쟁을 중단하거나 포기한다는 뜻은 아니었다. 그때부터 미 주둔군 지위 협정과 양국 관계의 대원칙을 논하기 시작했다. 이는 전쟁을 끝내기 전 반드시 정해 두어야 할 사항이었다. 대통령 임기가 18개월밖에 남지 않았기에 이라크가 안정된 모습을 보면서 퇴임하려면 서둘러야 했다.

데이비드 퍼트레이어스와 라이언 크로커는 9월에 이라크 상황을 보고하기 위해 잠깐 입국했다. 워싱턴의 분위기는 크게 달라졌다. 여전히 철수해야 한다고 주장하는 사람들이 있었지만 전쟁에 패하고 말 것이라는 비관적인 분위기는 찾아볼 수 없었다. 대통령은 추가 파병이라는 마지막 카드를 내놓았다. 그의 용기 있는 선택에 전쟁의 주도권은 우리 손으로 넘어왔다.

이라크 상황이 진전되자 주변 국가의 분위기도 크게 달라졌다. 이라크가 서서히 안정을 찾는 모습에 페르시아만협력회의 국가들은 나와 만나는 자리에 이라크 총리를 초대했다. 아랍 국가들은 이라크와 외교 관계를 재개하려는 움직임을 보였다. 사우디아라비아가 먼저 바그다드에 대사를 파견할 의향을 공식적으로 밝혔다. 아직 힘든 일이 산더미처럼 남아 있었다. 아랍 국가들은 여전히 시아파가 주도하는 정부에 대한 의심을 버리지 않았다. 2006년의 침통한 분위기에 비하면 아무것도 아니었다.

이렇게 상황이 나아지는가 싶더니 또 다른 폭풍의 전조가 나타났다. 이번에는 쿠르드와 터키 문제였다. 10월 21일에 쿠르드 테러 집단 쿠르드노동당이 이라크 북쪽에서 터키 국경을 공격해 터키 병사 17명을 사살했다. 터키 의회가 불안정한 국경 지대를 염려해서 병력을 이라크에 투입해 무장 세력을 진압하라고 요청한 지 며칠 만에 벌어진 사건이었다. 이는 엄연히 도발 행위였다. 출범한 지 얼마 안 되는 이라크 정부는 명백한 주권 침해라는 문제와 맞닥뜨리게 되었다. 쿠르드민주당 무장 세력을 이끄는 마수드 바르자니는 터키 침공을 우려하며 금방이라도 국지전이 벌어질 태세였다. 그 와중에 쿠르드노동당이 또다시 도발 행위를 저질렀으니 터키가 더 이상 참을 이유가 없었다.

미국이 무장 세력을 진압하도록 쿠르드를 종용할 테니 조금만 기다려보라고 터키 총리 레제프 에르도안을 일단 진정시켰다. 그러고 나서 바르자니에게 연락해 시간이 없다고 재촉했다. 그가 무장 세력을 진압하지 않으면 터키 정부가 직접 나설 것이라고 경고하면서 내가 터키 정부라도 그렇게 할 것이라고 덧붙였다. 기자회견을 할 때는 터키 정부의 입장을 이해한다는 말을 하지 않았다. 앙카라의 분위기를 가라앉혀야겠다고 생각했지만 에르도안이 이라크 북부를 침공할 구실을 마련해주고 싶지 않았다. 그래서 '(바르자니에게) 쿠르드 지역 정부는 이라크 북부 지역이 안정될 때까지 결코 번영할 수 없을 거라며 이 모든 사태의 원인인 쿠르드노동당에서 확실히 손을 떼라고' 경고했다.

11월 초 이스탄불에서 열리는 이라크 주변 국가 회담에 참석할 예정이었다. 대통령은 시간을 벌기 위해 앙카라를 먼저 방문하라고 지시했다. 우선 터키 정부에 내가 갈 때까지 결정을 미루라고 당부했다. 10월 26일 에르도안은 부시 대통령을 만날 때까지 파병 결정을 미루겠다고 공식적인 입장을 밝혔다.

앙카라에 가보니 쿠르드에 대한 반감이 피부에 와 닿았다. 쿠르드를 비난하는 문구가 곳곳에 쓰여 있었다. 나는 알리 바바칸 외무장관과 공동 기자 회견을 열고 쿠르드노동당을 진압하는 데 미국 정부가 최선을 다해 지지하겠다고 약속했다. 또한 미국은 테러 집단을 차별하지 않으며 이 문제는 '터키에 대한 위협에 불과한 것이 아니라 미국 국익에도 심각한 위협을 가하는 것'이므로 11월 5일 부시 대통령이 에드로안 총리를 직접 만나 자세한 사항을 논할 것이라고 밝혔다. 알리 외무장관은 미국이 이라크를 침공한 것 때문에 쿠르드노동당이 반군 활동을 개시한 것이라고 말했다. 그 말을 듣고 놀랐지만 차분한 목소리로 터키와 쿠르드노동당의 갈등은 2003년 이전에 시작된 것이라고 지적했다.

에드로안 총리와 압둘라 굴 국왕을 차례로 만나보니 실제로 전쟁을 할 생각이 없다는 확신이 들었다. 동시에 성난 국민들을 말릴 자신도 없어 보였다. 부시 대통령과 에드로안 총리는 미국, 이라크, 터키가 힘을 합쳐 쿠르드노동당에 맞설 방법을 궁리하기 시작했다. 1년 전 퇴역 공군 장교 조지프 랄스턴을 특별 대사로 임명했는데, 그는 우리 정부와 터키 양쪽의 관료적 저항에 부딪혀 고군분투했다. 이 일이 벌어지기 전에 특별 대사에서 물러났지만 그의 수고가 없었더라면 지금과 같은 해결책은 꿈도 꾸지 못했을 것이다.

1년 정도 지나자 군과 정보국의 협조 체제가 어느 정도 자리를 잡았다. 바르자니와 쿠르드 지역 정부는 쿠르드노동당을 차단하고 그들의 폭력적인 방법을 단죄하는 등 많은 도움을 주었다. 미국 정부가 진지한 노력을 기울일수록 터키와의 외교 관계는 날로 발전했다. 그보다 더 중요한 것은 터키가 쿠르드노동당을 단독으로 제압하겠다는 태도를 돌이킨 것이었다. 적어도 그 순간에는 그렇게 보였다.

미 의회 때문에 민감한 외교 관계가 또 한번 타격을 입었다. 아르메니아를 지지하는 일단의 의원들이, 오토만 제국이 1915년에 자국민들을 무차별 학살한 사건을 규탄하는 결의를 채택하라고 수년 동안 의회에 압력을 가하고 있었다. 역사적 해석이 분분했지만 인종 차별에서 비롯된 무자비한 대학살이라는 사실에는 의문의 여지가 없었다. 이는 1915년에 일어난 사건이었다.

나는 조지 H. W. 부시 대통령 시절인 1991년에 백악관에 근무하면서 이 문제를 처음 접했다. 유럽 담당 특사 대행이었던 나에게 하원의원의 결의를 무산시키는 일이 주어졌다. 첫 번째 걸프전에서 중요한 역할을 수행했던 터키는 100여 년 전, 오스만 제국 시절에 일어난 사건 때문에 비난의 화살을 맞게 되자 분노를 감추지 못했다.

그 당시 나는 이 결의를 무사히 막아냈다. 하지만 그 후에도 아르메니아 대학살 규탄 결의를 막아내느라고 대통령과 국무장관은 진땀을 흘렸다. 그 사건의 심각성이나 수많은 인명 손실을 전면 부정하는 것은 아니었다. 하지만 이미 지난 일을 어떻게 평가할 것인지는 정치인이 아니라 역사가의 몫이었다.

2007년이 되자 상황이 달라졌다. 터키-이라크 국경 지역의 긴장이 한층 고조되고 앙카라 군대가 최고 경계 태세를 갖추자 상원 외교위원회는 결의에 찬성하는 입장을 취했다. 위원회 대변인 낸시 펠로시에게 찬성표를 던지지 못하게 해 달라고 부탁했지만 그녀는 자기도 어쩔 수 없다며 난색을 표했다. 국방장관 로버트 게이츠와 나는 백악관 외부에서 기자 간담회를 열고 정부의 반대 의사를 분명히 전달했다. 이라크 현지에 나가 있는 군 사령관들도 터키의 주요 기지를 잃을까 봐 안절부절못하는 눈치였다. 전임 국방장관 8명이 의회 결의를 반대하는 문서에 서명했다. 100여 년 전에 일어난 일을 이제 와서 탓하는 결의문 때문에 한바탕 난리가 벌어진 것이었다.

우리는 어떻게 해서라도 투표를 막겠다고 터키 정부를 안심시켰다. 그리고 우여곡절 끝에 약속대로 투표를 막아냈다. 이번 일은 외교 정책을 심각하게 방해하는 의회의 방자한 행동을 단적으로 보여주는 한 가지 사례에 불과했다. 민주주의 절차에 따라 수립된 아르메니아 정부는 결의에 전혀 관심이 없었으므로 이번 사건은 더욱 황당했다. 사실 아르메니아 정부는 터키와 관계 개선에 힘을 쏟고 있었지만 가만히 생각해보면 전혀 부질없는 짓이었다. 이처럼 권력 분립이 국익 보호에 늘 도움이 되는 것은 아니었다. 다른 사람도 아닌 미국 대통령이 그런 투표를 막지 못했다는 사실을 믿을 나라는 거의 없을 것이다.

44

아나폴리스로 가는 길

중동 지역에 드리운 먹구름이 조금씩 걷히고 있었다. 특히 이스라엘-팔레스타인 분쟁은 모든 사안에 대해 양자 정치 협상을 개시한 이래 순항을 계속했다. 부시 행정부 초반에는 이런 국제 콘퍼런스는 꿈도 꿀 수 없었다. 인티파다가 발생했을 때, 이스라엘이 가자에서 철수할 때, 하마스가 선거에서 승리했을 때, 팔레스타인이 연합 정부를 세웠을 때도 마찬가지였다. 그렇지만 하마스가 가자를 무력으로 장악하고 파타 관료들을 내쫓은 뒤로 상황은 완전히 달라졌다. 압바스는 이스라엘과 협상이 필요했고 올메르트는 기꺼이 협상에 응할 태세였다. 두 사람은 6월에 나에게 '핵심적인 문제'를 논할 준비가 되었다고 통보했다. 드디어 두 국가 해결안을 본격적으로 밀어붙일 때가 도래했다는 느낌이 들었다. 국제 콘퍼런스라면 충분히 일을 성사시킬 수 있다는 확신도 있었다.

6월 초 주간 회의에서 콘퍼런스를 제안한 적이 있었다. 대통령은 대놓고 반대하지 않았지만 그리 반기는 눈치도 아니었다. 국제 콘퍼런스가 여간 복잡한 행사가 아니라는 그의 말에도 일리가 있었다. 각국 대표단은 두 나라의 협상을 그저 지지하기보다는 각자 의견을 내거나 협상에 직접 참여하려고 시도할 가능성이 높았다. 게다가 중동의 평화를 위해 세계가 한자리에 모인다면 뭔가 대단한 일이 성사되리라고 기대가 클 테니 부담이 적지 않았다.

"쓸데없이 기대치가 높아지는 것을 어떻게 막을 겁니까? 합의를 도출하지 못하면 어떻게 할 겁니까?"

대통령은 걱정이 이만저만이 아니었다. 그 정도 위험은 감수해야 한다고 대답했다. 이번 콘퍼런스는 각 당사국이 이미 추진하는 업무를 지지하는 포럼 수준으로 만족할 생각이었다. 또한 아랍 국가들이 평화 협상 과정에 대한 지지도를 공식적으로 표명할 수 있는 기회였다. 팔레스타인 자치 정부 수반 살람 파야드가 웨스트 뱅크에서 이룩한 성과를 보면 이번 국제 콘퍼런스가 정의의 편에 선 사람들에게 힘을 실어줄 것이라고 기대할 만했다. 팔레스타인이 국가를 수립하기 전에 새로운 지도자부터 찾아야 한다는 주장은 오래전부터 제기되어왔다. 이제 팔레스타인이 제 몫을 하고 있으니 우리 정부도 역할을 할 차례였다. 양자 협상을 강조해 유럽과 아랍 국가들의 지나친 간섭을 억제하는 동시에 그들에게 자부심과 책임감을 심어주는 효과도 있었다. 또한 팔레스타인 국가 수립을 지지하는 세력을 늘릴 수 있다는 장점도 있었다. 특히 아랍권 국가들이 더 적극적으로 지지할 가능성이 높았다.

대통령은 불필요한 기대치를 높이지 않으면서 이스라엘을 콘퍼런스에 참여시켜야 한다고 강조했다. 그래서 나는 "올메르트에게 연락해보겠습니다. 그러나 먼저 대통령께서 확고하게 동의하시는지 알고 싶습니다."라고 대답했다.

"이스라엘은 평화 협상 과정에 국제사회가 끼어드는 것을 좋아하지 않으므로 국제 콘퍼런스를 반기지 않을 겁니다. 그러므로 올메르트에게 연락하기 전에 대통령 각하께서 이 아이디어를 전폭적으로 지지하셔야 합니다. 그래야 올메르트를 설득할 수 있습니다."

대통령은 나에게 스티븐 해들리와 머리를 맞대고 국제 콘퍼런스가 어떤 효과를 낼지 철저히 연구하도록 지시했다. "이제 회의를 마칠까요?"라는 얘기가 지나치게 격식을 차리는 것 같아 귀에 거슬렸다.

"그렇게 하시지요. 그런데 지금 나눈 대화도 회의로 간주하시는군요."

팔레스타인 국가 수립을 목표로 세 가지 노선을 설정했다. 첫째는 로드맵의 첫 단계를 빠르게 진척시키는 것이었다. 검문소를 폐지하고 치안 협조를 강화해서 팔레스타인에게 주권을 되돌려주는 것이 궁극적인 목표였다. 둘째는 분쟁의 막을 내리는 데 꼭 필요한 핵심 사항에 대한 양자 협상을 시작하는 것이었다. 셋째는 로드맵을 완성할 정치적 협약을 이행하는 것이었다.

마지막 사항은 그동안 적잖이 애를 먹이던 '순서 결정'과 관련이 깊었다. 원래 로드맵은 3단계로 철저히 나뉘어 있었다. 마지막 단계에서 팔레스타인이 테러 집단을 말끔히 몰아내고 정치 제도를 안정시키기 전까지는 정치 협상을 시작하지 않을 생각이었다. 샤론이 로드맵을 받아들인 결정적인 조건이기도 했다. 하지만 첫 번째 단계를 빨리 진척시키려면 정치 개입이 불가피한 상황이었다. 그래서 우리는 로드맵의 원래 순서를 수정해 팔레스타인이 치안군 개편을 포함해서 로드맵에 명시된 책임을 완수하면 정치 협약을 이행하고 팔레스타인 국가를 세워주기로 했다. 팔레스타인과 이스라엘 양측은 이 조건에 동의했다.

이스라엘은 국제 콘퍼런스를 여전히 부담스럽게 여겼다. 올메르트는 오래전부터 6월 19일에 워싱턴을 방문할 예정이었다. 그런데 뜻밖에도 불과 일주일 전에 파타와 하마스의 동맹 조직인 팔레스타인 연합 정부가 무너져 내렸다. 이렇게 파타와 하마스의 동맹 관계가 끝나자 올메르트도 국제 콘퍼런스를 반대할 이유가 없었다. 그는 큰 기대를 하지 않는다며 "저도 협상할 준비가 됐습니다. 하지만 유럽이나 다른 나라가 개입하는 것은 원치 않습니다."라고 말했다. 당사국의 양자 회담을 유도하는 것이 콘퍼런스의 주된 목적이 되었다. 한 달 뒤 대통령은 해가 바뀌기 전에 이스라엘-팔레스타인 분쟁에 대한 국제 콘퍼런스를 개최한다고 선언했다. 정확한 날짜와 장소는 언급하지 않았다. 콘퍼런스를 준비하려면 할 일이 많았다. 준비가 끝나면 본격적으로 참가국들을 초대할 생각이었다.

중동 평화를 위한 국제 콘퍼런스가 열릴 것이라고 하자 중동 콰르텟 회원국들은 기쁨을 감추지 못했다. 러시아와 유럽도 마찬가지였다. 하지만 나는 대통령이 정식으로 선언하기 전에 이들이 먼저 동네방네 나팔을 불까 봐 걱정스러웠다. 아무튼 콘퍼런스를 준비하는 과정에서는 그들이 별다른 문제를 일으키지 않을 것 같아서 다행이었다. 아랍 국가들은 어떻게 나올지 몰라서 조심스러웠다.

수년간 평화 회담을 열어 달라고 조르던 아랍 국가들은 갑자기 돌변해 핑계를 대고 별의별 조건을 내세웠다. 국방부 근동 담당 차관보인 데이비드 웰치는 이들을 방문하거나 전화로 이야기하는 데 엄청난 시간을 쏟아 부었다. 나는 콘퍼런스를 선언하고 보름이 지난 뒤에 이집트와 사우디아라비아 관계자들을 만나보았다. 그들은 콘퍼런스 개최에 동의할 수 없다고 고집을 피웠다. 나는 기자들에게 아직 초대장을 보내지 않았으므로 누가 참석할지 말할 수 없다고 둘러댔다.

콘퍼런스가 열리기 전에 중동 지역을 네 차례나 방문해야 했다. 국무장관이 된 후로 이 지역을 스무 번이나 방문한 셈이었다. 우리는 11월 말 아나폴리스에서 국제 콘퍼런스를 개최할 생각이었다. 안타깝게도 콘퍼런스의 목적은 불분명했다. 일단 모두에게 참석 통보가 올 때까지 초대장을 보내지 않기로 했다. 그렇게 콘퍼런스가 무산될 고비가 몇 번이나 반복되었다.

11월 초에 상황이 크게 나빠졌다. 콘퍼런스 장소는 아나폴리스에 있는 미 해군사관학교였다. 평화 협정 역사에서 아나폴리스는 매우 중요한 곳이었다. 미국독립혁명을 공식적으로 끝내고 미국을 탄생시킨 1783년 파리조약이 승인된 곳도 바로 아나폴리스였다. 이런 의미에서 아나폴리스는 각국 수반과 장관들이 워싱턴을 벗어나서 평화 협상을 벌이기에는 더할 나위 없이 좋은 장소였다.

그달 초 예루살렘에서 열린 사반 포럼에서 미-이스라엘 관계를 지지하는 연설을 했다. 오랫동안 공들여 준비한 것이었다. 이스라엘을 처음 방문했을 때 '난생처음 오는 곳이라는 느낌이 매우 강했다고' 소감을 밝혔다. 올메르트가 자기 방식대로 처리하고 싶다며 일주일 전에 부탁했으므로 국제 콘퍼런스에 대해 많이 언급하지 않았다. 연설을 마치자 올메르트가 곧바로 연단에 올라갔다. 그는 아나폴리스에서 열릴 국제 콘퍼런스를 열렬히 지지하며 자신은 만반의 준비가 끝났다고 힘주어 말했다. 이스라엘 국민들이 생방송으로 지켜보고 있어 히브리어로 연설한 것도 인상적이었다.

그러나 아랍 국가들의 협조를 이끌어내는 것은 다소 힘들었다. 한 달 전 이집트 외무장관은 콘퍼런스를 연기하자고 제안하기까지 했다. 연기한다고 해서 얻을 것이 무엇인지는 확실치 않았다. 아랍연맹과 중동 콰르텟이 카이로에 모여 만찬을 하는 자리에서야 모든 것이 분명해졌다. 그들의 미지근한 태도에 진절머리가 나서 국제 콘퍼런스의 필요성을 그 어느 때보다 강력하게 주장했다. 마침내 사우디아라비아 왕세자가 속내를 털어놓았다. 그들도 모두 콘퍼런스의 필요성을 인정하고 간절히 바라지만 실패할까 봐 두렵다는 것이었다. 캠프 데이비드에서 모인 뒤에 일어난 폭력 사태가 반복될 가능성도 의식하는 것 같았다. 정말이지 기가 막혀서 말이 나오지 않았.

'지난 4년간 기대한 게 바로 이런 자리가 아니었던가? 부시 정부가 평화 협상 과정에 동참한다는 것을 세계에 보여주고 싶어 하던 사람들이 이제 와서 실패를 두려워한단 말인가?'

내 심정을 대변해줄 영화 대사가 생각났다. 내가 좋아하는 〈아폴로 13〉에 나오는 말이었다. "실패란 있을 수 없습니다."라고 하자 모두 싱긋 웃는 표정을 지었다. 사우디아라비아 왕세자는 그제야 국제 회의가 긍정적으로 끝나기를 기대한다고 말했다.

아랍 국가들의 지지를 얻은 후에야 초대장 작업을 시작했다. 아랍과 이스라엘 양측의 발언 방향과 콘퍼런스의 궁극적인 목적을 초대장에 담아야 했다. 아랍 국가들은 평화 협정 조건을 초대장에 명시해야 한다고 생각했지만 이스라엘은 회의 장소와 시간만 알려주면 충분하다는 식이었다. 아랍 국가들은 2002년 사우디 평화 협정을 이번 협상의 출발점으로 삼으려 했으나 이스라엘은 어림도 없다는 반응이었다. 결국 협정의 구체적인 역할을 설명하지 않고 간단히 언급하는 것으로 합의했다. 팔레스타인은 국경, 안보, 난민, 예루살렘 등 주요 사안을 빠짐없이 짚고 넘어가기를 기대했지만 올메르트는 이스라엘 정부가 무너질 것이라며 펄쩍 뛰었다. 아랍 국가들은 최종 결론의 데드라인도 정하자고 했다. 내가 "아니, 초대장에 그걸 정해 두자는 말입니까?"라고 되묻자 그들은 한 발 양보하겠다고 했다.

이제 누구를 초대할 것인지 논할 차례였다. 아무도 이란을 초대할 생각이 없었다. 그런데 시리아를 어떻게 할 것인지를 결정하기가 더 어려웠다. 바샤르 알-아사드는 다들 눈엣가시처럼 여겼지만 시리아를 따돌리는 것은 생각조차 할 수 없었다. 이집트는 이미 오래전에 시리아를 초대해도 반대하지 않겠다고 귀띔했었고 이제는 시리아를 반드시 불러야 한다고 강력하게 주장했다. 나는 대통령과 올메르트를 설득해 초대해도 좋다는 동의를 얻어냈다. 시리아는 이스라엘에 접한 국경에 있는 골란고원 반환 문제를 협상할 경우에만 참석하겠다고 통보했다. 레바논은 셰바 팜스 문제를 반드시 논의해야 한다고 고집을 피웠다. 그래서 중동 지역 전체의 평화도 다루기로 합의했다.

아나폴리스 콘퍼런스 날짜는 금세 코앞에 다가왔다. 아랍연맹의 주말 모임에서 마지막 협의가 이루어졌다. 아랍 국가들은 참석 여부를 투표로 결정할 기세였다. 콘퍼런스가 열흘밖에 남지 않았는데 초대장 내용도 참석자도 정해지지 않은 상태였다. 주말 내내 이집트, 요르단, 아랍에미리트의 압둘라 빈 자예드 알 나얀에게 20통도 넘게 전화를 걸었다. 그런데 아랍 관계자들을 설득해놓으면 이스라엘이 고집을 부리는 상황이 반복되었다. 콘퍼런스를 일주일 남기고 대통령과 함께 크로포드에서 주말을 보냈다. 대통령은 몇 번이고 해결되었냐고 물으며 불안한 마음을 감추지 못했다. 그럴 때면 나는 "아직 아닙니다. 각하. 그렇지만 곧 마무리될 겁니다."라고 대답했다. 나도 대통령 못지않게 속이 타들어갔다.

일요일 저녁이 되어서야 상황이 정리되었다. 월요일에 대통령은 초대장을 공식 발송했다. 올메르트는 사우디아라비아가 제안한 평화 협정은 자기가 동의한 바 없다며 불같이 화를 냈다. 그가 전화로 항의하자 부시 대통령은 "라이스 장관과 직접 이야기하세요."라고 했다. 나는 협상 막바지에 그렇게 된 것이라고 설명하며 콘퍼런스의 원래 목적에는 영향을 주지 않을 것이며 행여 일이 잘못되면 책임지겠다고 했다. 그제야 올메르트는 이성을 되찾았다. 국제 콘퍼런스 준비 과정은 이렇게 우여곡절이 많았다. 그저 회의에 불과하다고 생각했는데 나중에는 결국 콘퍼런스라고 명명했다.

45

비상사태가 선포되다

이스라엘-팔레스타인 갈등에 대한 국제 콘퍼런스를 준비하는 것만으로도 숨이 턱까지 차올랐다. 더구나 그에 못지않게 긴급한 사안들이 잔뜩 쌓여 있었다. 2007년 전반부에 일어났던 가장 심각한 문제는 파키스탄 정치 위기였다.

대통령 선거가 다가오자 페르베즈 무샤라프를 반대하는 세력이 사방에서 일어났다. 파키스탄 대법원은 현직 대통령의 출마 위헌 여부를 놓고 논란에 휘말렸다. 파키스탄 대통령이 육군 총사령관을 겸할 수 있느냐가 논란의 핵심이었다. 2007년 3월, 대법원 판결이 나오기 전에 무샤라프는 대법원장을 정직시켜버렸다. 그 뒤로 몇 달간 법조계는 물론 각계각층에서 거센 비난이 쏟아졌다. 언론도 무샤라프 정권을 갈수록 신랄하게 비판했다.

그와 동시에 2006년부터 이슬라마바드의 붉은 사원을 점령한 이슬람 무장 세력과 파키스탄 정부가 심각한 마찰을 빚었다. 7월 10일에 파키스탄 군이 붉은 사원을 기습해 모든 상황을 종료시켰으며 시민들은 크게 환호했다.

일각에서는 그런 식으로 군대를 동원하는 것이 무장 세력과 무샤라프의 정치적 경쟁 세력의 구분을 모호하게 만드는 일종의 전략이라고 주장했다.

파키스탄 대사 앤 패터슨과 긴밀하게 연락을 주고받으며 이슬라마바드의 상황을 예의주시했다. 앤은 세계를 통틀어 가장 유능하고 신임할 만한 대사였다. 그녀는 파키스탄 내에 인맥이 넓었으며, 특히 정계 인사들과 돈독한 관계를 맺고 있었다.

앤은 침착한 사람이었으나 8월 8일 내게 긴급히 전화했을 때는 무척 떨리는 목소리였다. 무샤라프가 비상계엄을 선포할 것 같다는 소식이었다. 앤은 다음 날 아침이 밝자마자 무샤라프를 만날 계획이라고 했다. 그날 오후 나는 예정대로 부시 대통령을 만나서 무샤라프가 '어리석은 짓을 못하게' 막을 방안을 논의했다. 그날 퇴근 후에도 마음이 무겁고 답답했다.

이슬라마바드와 워싱턴의 시차는 8시간이었다. 한참 자고 있는데 새벽 1시에 전화벨이 울렸다. 앤이 무샤라프를 만나러 가는 길이라며 매우 침울한 목소리로 아무래도 비상계엄령을 내릴 것 같다고 했다. 그를 만난 후 다시 전화를 달라고 하고 잠을 청했다. 그런데 30분 만에 다시 전화벨이 울렸다. 잠든 것인지 아닌지 구분할 수 없는 몽롱한 상태였다가 이내 완전히 깨고 말았다. 국무부 작전실의 야간 근무자였다.

"라이스 장관님, 앤 패터슨 대사가 급히 드릴 말씀이 있다고 합니다."

내가 전화를 받자 앤은 거두절미하고 말했다.

"아무래도 장관님이 직접 무샤라프 대통령에게 전화해보시는 것이 좋겠습니다."

"지금 당장요?"

"그렇습니다, 국무장관님. 무샤라프는 오늘 내로 비상계엄령을 선포할 작정입니다."

"그렇게 하지요."

나는 세수하면서 할 말을 머릿속으로 정리해보았다.

2시에 무샤라프를 전화로 연결했다.

"대통령 각하, 지금 매우 어려운 결정을 내리려 한다고 들었습니다."

나는 예의를 갖추되, 단호함을 잃지 않으려고 노력했다. 무샤라프는 파키스탄 폭력 사태 때문에 비상사태 선포가 불가피하다고 했다. 가을에 예정대로 선거를 치를 것이라는 말도 잊지 않았다. 그의 표현을 빌리자면, 이 모든 것이 조국을 구하는 길이라고 했다. 나는 비상계엄령 선포만은 안 된다고 간곡히 말렸다. 파키스탄은 민주주의를 향해 임시 절차를 밟고 있었다. 몇 달 후면 선거도 치러야 했다. 비상사태 선포는 여러 모로 뒷걸음질 치는 일이었으며 폭력 사태를 진압할 수 있다는 보증도 없었다. 오히려 문제를 더 악화시킬 것이 분명했다. 대통령 재선에는 돌이킬 수 없는 타격을 입힐 것 같았다.

"이러면 신뢰도가 땅에 떨어집니다. 비상사태를 선언한 뒤 대통령 재선에 도전하는 게 말이나 되는 소립니까?"

어떻게든 그의 마음을 돌려보려고 15분가량 실랑이를 벌였다. 전화를 끊기 직전까지 다시 생각해보라고 간곡히 권했다. 그렇게 설득하는 것 외에는 할 수 있는 일이 없었다. 다행히 몇 시간 후 무샤라프는 대통령 선거와 국회의원 선거에 총력을 기울이겠다고 공식적으로 선언하면서 비상사태는 전혀 언급하지 않았다. 다음 날 대통령이 밝은 표정으로 말했다.

"라이스 장관이 막아냈군요."

"일시적인 겁니다."

"알아듣게 설명했소? 만약에 적들이 코앞까지 들이닥치면 분명 우리를 탓할 거요."

"아닙니다. 저만 탓할 겁니다. 대통령 각하와 무샤라프의 관계는 아무런 문제가 없습니다."

무샤라프는 시간을 벌 작정이었다. 나는 속으로 무샤라프의 복이 이제 바닥을 드러냈다고 생각했지만 그렇게 생각하는 사람은 많지 않았다. 문제는 잠깐 벌어놓은 시간을 어떻게 활용해야 장차 선거에서 유리한 고지를 점할 수 있을 것인가 하는 점이었다. 정답은 하나였다. 무샤라프와 전 총리 베나지르 부토라는 양대 정계 거물이 굳은 동맹을 맺는 것이었다.

2007년 초 무샤라프는 부토와 가까워질 수 있게 도와 달라고 했다. 부토는 통치 기간 내내 스스로 유배 생활을 자처했던 야당 총수였다. 그런 부토가 무샤라프와 손을 잡을 가능성은 낮았지만 만약 그렇게 된다면 온건파가 우세해져 이슬람교도들과 전 총리 나와즈 샤리프를 제압할 수 있었다. 나와즈 샤리프는 파키스탄 정계 인사들 중에서 무장 세력과 가장 긴밀한 관계를 유지한다는 의혹을 받고 있었다.

리처드 바우처가 협상 담당자로 나섰다. 그는 무샤라프와 부토를 수없이 만나며 동맹을 주선했다. 부토를 만나려고 런던을 얼마나 드나들었는지 모른다. 마침내 리처드는 두 사람이 얼굴을 맞대는 자리를 마련하는 데 성공했다. 7월 말 아랍에미리트에서 조우했으나 별다른 결론 없이 이야기가 끝나고 말았다. 무샤라프에게 비상사태 선포를 만류하면서 부토와 협력할 수 있도록 두 배 이상의 노력을 기울이겠다고 약속했기에 포기할 수 없었다.

리처드는 가을 내내 두 사람을 설득하느라고 진땀을 흘렸다. 10월 초가 되자 상황은 네 가지 요점으로 압축되었다. 무샤라프가 언제 군복을 벗을 것인가(선거 전인가, 아니면 후인가), 부토가 이끄는 정당은 과연 부정부패와 무관하다고 말할 수 있는가(이미 그녀의 남편은 부정 거래 의혹을 받고 있었다), 헌법 금지 조항에도 부토는 세 번째로 총리직에 오를 것인가(그녀는 이미 두 차례 총리를 역임했다), 그리고 선거가 시작되기 전 부토가 파키스탄으로 돌아오면 무샤라프가 받아줄 것인가 하는 점이었다.

나는 10월 3일 오후 4시 47분에 전화로 무샤라프에게 위의 질문 사항을 전달했다. 그러고 나서 정확히 5시 47분에 부토에게 무샤라프의 대답을 전해주었다. 6시 18분에는 다시 무샤라프와 통화했고 6시 53분에 부토를 연결했다. 이런 식으로 아홉 차례나 전화를 연결하다 보니 밤 11시 28분에야 수화기를 내려놓았다.

부토는 무샤라프에게 다른 꿍꿍이가 있을지 모른다며 의심스러워했다. 무샤라프도 마찬가지였다. 전화로 잘 설득해 한 걸음 진전했다고 생각하면 다음번 통화해서 다시 제자리로 돌아가는 일이 반복되었다. 부토는 당원들이 무샤라프와 협상하는 것을 원하지 않는다며 그들을 먼저 설득해야 한다는 말만 되풀이했다. 조국을 위해서라도 그들을 꼭 설득하라고 간청했다. 안정된 환경에서 선거를 치르려면 두 사람이 손을 잡는 것 외에 방법이 없었다.

두 사람을 설득하면서도 마음 한편으로는 내가 이렇게까지 해야 하는지 의문이 들었다. 권력 분담 협정은 결코 쉬운 일이 아니었다. 일단 당사자들부터 그럴 마음이 전혀 없었다. 게다가 훗날 민주주의 절차에 우리 정부가 간섭했다는 비난을 받을까 두렵기도 했다. 그냥 선거를 치러 그 결과를 따르게 내버려 두는 것이 더 나을 수 있다는 생각도 들었다. 솔직히 무샤라프와 부토는 서로 탓할 처지가 아니었다. 무샤라프는 쿠데타로 정권을 장악했지만 통치력을 인정받아 존경받는 정치가로 자리매김했다. 부토는 가족들까지 심각한 부정부패에 연루되어 곤욕을 치렀으나 파키스탄에서 개혁의 상징으로 떠올랐으며 정계 인사들에게 폭넓은 지지를 얻고 있었다. 둘 다 극단주의를 퇴치하는 면에서는 마음이 잘 맞았다. 파키스탄 정계 인물이라면 누구나 간절히 바라는 점이었다. 그들이 권력 분담 협정을 맺는 것은 파키스탄 민주주의가 한 걸음 앞으로 나아간다는 뜻이었다. 나는 개인적으로 그 나라의 미래를 위해서라도 권력 분담 협정은 반드시 필요하다고 판단했다.

자정 무렵 잠들었는데 12시 41분에 무샤라프에게서 전화가 와서 다시 깨고 말았다. 언제라도 전화하라고 했으니 타박할 수도 없는 노릇이었다. 새벽 4시 58분에 부토에게 전화를 걸어 무샤라프의 마지막 제안을 전달했다. 아침이 밝자마자 두 사람과 다시 전화로 이야기를 나누었다. 부토가 임시로 파키스탄에 돌아와서 1월 중순에 열릴 국회의원 총선거에 참여하기로 결론을 내렸다. 확정적인 것은 아니지만 세부 사항을 충분히 논의해 믿을 만하다는 생각이 들었다.

그런데 대통령 선거가 끝나기 전까지는 무샤라프가 옷을 벗지 않는다는 소문이 돌면서 상황이 복잡해졌다. 파키스탄 육군참모총장 자격으로 대통령 선거에 출마할 것이라는 소문이었다. 부토는 무샤라프의 약속을 믿을 수 없다며 이렇게 말했다.

"소문이 사실로 드러나면 저는 미 정부도 발뺌할 수 없을 거라고 생각합니다."

10월 4일에 부토가 돌아온다고 공식적으로 발표했다. 그녀는 10월 18일에 파키스탄에 돌아왔다. 그런데 환영 행사에서 암살 시도로 보이는 폭탄 테러가 발생해 140명이 희생되었다. 다행히 부토는 목숨을 부지했다.

10월 6일, 대통령 선거가 무샤라프의 승리로 끝나자 상황은 더욱 악화되었다. 10월 내내 대법원에는 군 사령관 자격으로 선거에 출마한 것은 헌법 위반이라는 청원이 끊이지 않았다. 무샤라프는 법원 판결일이 가까워질수록 초조한 기색을 감추지 못했다. 위헌 결정이 나면 반역죄를 피할 수 없는 상황이었다. 이번에는 나도 대통령도 그를 말리지 못했다. 그는 11월 3일에 비상사태를 선포해 헌법 시행을 중지하고 대법원장을 포함한 판사 다섯 명을 해임했다.

나는 대통령 집무실에 찾아가서 "무샤라프는 이제 끝났습니다."라고 말했다. 대통령의 생각은 달랐다.

"그건 아니지. 군대는 아직 그의 손에 있잖소."

대통령은 무샤라프를 감싸기 시작했다.

"아무도 그를 더 힘들게 하면 안 됩니다. 그가 무너진다 해도 우리 손으로 그를 치는 일은 없어야 합니다."

하지만 지금까지 우리가 파키스탄 민주주의를 목표로 달려왔는데 평화롭게 통치권을 넘길 기회를 한 번에 날린 사람은 바로 무샤라프였다. 대통령의 말에 반박하고 싶지 않았지만 이번만은 가만히 있을 수 없었다.

"각하, 그는 분명히 물러나기로 저와 약속했습니다. 부토가 총선거에 출마하게 해준다고도 했습니다. 미 국무장관에게 직접 그렇게 약속해놓고 이제 와서 이렇게 말을 바꾸는 겁니다. 그를 더 이상 지지할 수 없습니다."

당시 집무실에는 부통령, 스티븐 해들리, 조슈아 볼턴도 있었다. 다들 솔직하게 자신의 생각을 내놓았다. 모두의 의견을 들은 후 대통령은 "무샤라프가 사람들에게 버림받는 것은 원치 않습니다."라고 말했다. 부통령도 무샤라프가 테러와의 전쟁에 꼭 필요한 인물이라고 덧붙였다. 나는 또다시 반박했다.

"하지만 파키스탄 국민들은 더 이상 그를 신임하지 않습니다. 그가 버림받는 것은 시간 문제입니다."

나는 대통령에게 공식석상에서 무샤라프에게 불리한 말을 하지 않겠다고 맹세했지만 비상계엄령 시행은 분명히 규탄해야 한다고 주장했다. 결국 비상계엄령 시행을 규탄하자 무샤라프는 우리 정부가 자기를 '버렸다며' 애꿎은 앤 패터슨을 들볶았다. 부시 대통령은 국회 총선거까지 남은 시간을 잘 활용해 무샤라프를 설득하자고 했다. 처음 약속대로 공정하고 자유로운 선거를 치르게 하는 것이 대통령의 목표였다. 쉬운 일이 아니었지만 대통령은 끝까지 최선을 다했다.

시간이 흐를수록 상황은 불리해졌다. 우리는 무샤라프에게 매일 전화를 걸어 비상사태를 취소하고 선거를 시행하라고 종용했다. 11월 11일이 되어서야 그는 국회 총선거를 1월에 시행하기로 약속했지만 비상계엄령 선포는 포기하지 않았다. 부시 대통령이 직접 나서 헌법 시행 재개를 촉구했다. 하지만 파키스탄이 극우주의 처단에 매우 중요한 역할을 맡고 있으며 무샤라프는 여전히 우리 정부의 협력자라는 사실을 일깨워주었다. 일각에서는 대통령의 태도가 무샤라프에게 사실상 무죄를 선언하는 것이라며 강하게 비난했다. 대통령과 나는 급히 이 상황을 논의했지만 변명할 도리가 없었다. 무샤라프가 비상계엄령을 취소하는 것이 유일한 해결책이었다.

라호르에 가택 연금으로 발이 묶인 부토는 집에서 텔레비전 인터뷰에 응했다. 그녀는 더 이상 무샤라프를 상대하지 않겠다고 선언해 권력 분담 협정의 가능성을 모두 부인하고 1월 총선거의 대립 구도를 시사했다. 원래 계획은 무샤라프가 대통령직을 맡고 부토가 총리가 되어 그녀가 이끄는 정당에 국회의석 과반수 이상을 몰아주는 것이었다. 그것만이 그들이 서로 협력할 수 있는 길이었다.

하지만 비상사태가 선포된 이상 부토는 더 타협할 수 없다는 태도였다.

"두 번 다시 무샤라프와 말을 섞지 않을 겁니다."

전화로 한 번 더 생각해보라고 설득했지만 부토는 막무가내였다. 며칠 뒤 나와즈 샤리프가 귀국했다. 무샤라프의 앞날에는 먹구름이 가득했다. 설상가상으로 육군 내부에서도 무샤라프를 지지하는 세력이 현저하게 줄어들었다. 그의 통치 기반인 군조차 그를 외면한 것은 치명적이었다. 길고 힘든 협상 끝에 무샤라프는 대통령 취임 전날 아슈파크 파르베즈 카야니에게 군통수권을 넘겨주었다. 그리고 12월 15일에 비상계엄령을 드디어 해제했다. 그는 8개월간 대통령 자리를 지켰으나 이빨 빠진 호랑이에 불과했다. 파키스탄은 공정하고 자유로운 국회 총선거를 실시하게 되었고 무샤라프도 평화롭게 물러날 가능성을 확보했다. 그만하면 만족할 만한 성과였다. 부시 대통령이 무샤라프를 설득하지 않았더라면 결코 기대할 수 없는 결과였다.

46
최종 회담을 시작하다

무샤라프는 중동 평화를 위한 아나폴리스 콘퍼런스가 열린 11월 27일 물러났다. 콘퍼런스 당일까지도 양측은 공동 성명 여부와 내용을 두고 열띤 토론을 벌였다. 팔레스타인은 이번에도 협상 조건을 가능한 한 모두 나열하려 했고 이스라엘은 최대한 내용을 빼려 했다.

우리가 바란 것은 세 가지 요건이었다. 로드맵 실행, 주요 안건에 대한 양자 협상 및 협상 이행을 로드맵 의무에 따라 수행한다는 조약이었다. 또한 우리는 기한을 1년으로 정했다. 그런데 마지막 조항은 위험 부담이 크고 논란의 여지가 있었다. 당사자들이 협약을 매듭짓지 않으면 모두 실패라고 말하며 손가락질할 것이 분명했기 때문이다. 이스라엘-팔레스타인 분쟁이 해결되든 해결되지 않든 1년 후에는 미국 대통령이 바뀔 것이었으므로 부시 행정부는 데드라인을 생각하지 않을 수 없었다. 누가 질문해도 그렇게 대답할 수밖에 없었다.

콘퍼런스가 이틀 앞으로 다가왔지만 공동 성명은 여전히 요원해 보였다.

이스라엘과 팔레스타인은 데이비드 웰치의 도움을 받으며 협상을 벌이고 있었다. 나는 두 사람을 따로 만나기도 하고 한자리에서 같이 만나기도 했지만 해결의 실마리를 찾지 못했다.

그날 저녁에 치피 리브니와 팔레스타인 협상 대표 아메드 쿠레이(아부 알라라고 불릴 때도 있었다)를 데리고 워터게이트에 있는 '600' 레스토랑에 갔다. 지배인은 항상 우리가 마음놓고 식사하면서 의논할 수 있는 방을 마련해주었다.

"오늘은 협상 조건을 이야기하지 맙시다. 그렇지만 두 분은 공통분모를 찾아야 합니다. 서로 반대 의견을 가진 상태에서는 콘퍼런스를 시작할 수 없으니까요."

식사 분위기는 최기애애했다. 그런데 웨이터가 헷갈려서 팔레스타인 대표에게 코셔*유태교 율법에 따라 만든 식사를 내밀고 채식주의자인 치피 리브니 앞에 비프스테이크를 내려놓았다.

콘퍼런스 전날 밤 국무부 벤 프랭클린 룸에서 식사 자리를 마련했다. 이스라엘과 사우디아라비아 관계자들이 서로 부딪치지 않게 하려니 여간 까다로운 것이 아니었다. 중동 외교는 어느 것 하나 쉬운 일이 없었다. 나는 사우드 장관에게 이스라엘 외무장관과 억지로 어색한 악수를 나눌 일은 없을 거라고 약속했다. 물론 악수할 정도가 되면 좋겠지만 굳이 강요해서 문제를 키울 필요는 없었다. 상황이 진전되면 악수보다 훨씬 더 중요한 것을 부탁해야 하므로 조심스럽게 행동해야 했다. 저녁 식사를 끝낸 뒤에 다시 협상 실무자들을 한자리에 불러 모았다. 그런데 콘퍼런스 당일 아침, 아직 서류가 준비되지 않았다는 데이비드의 말을 듣고 화들짝 놀랐다. 밤새 협상 실무자들과 이야기하느라고 미처 확인하지 못했던 것이다.

일단 백악관으로 달려갔다. 거기서 대통령과 헬리콥터를 타고 아나폴리스로 이동할 예정이었다. 대통령은 기대에 가득 찬 표정으로 "결론이 났습니까?"라고 물었다.

"아직 아닙니다. 각하, 직접 나서주셔야겠습니다. 아직 양쪽의 의견 차이가 너무 큽니다. 각하께서 중재해주셔야 합니다."

대통령은 환한 미소를 지었다. 중동 평화 협상 과정에서 결정적인 순간을 본인이 직접 마무리하게 되어 짜릿한 듯했다. 해군사관학교에 도착하는 대로 나는 협상 담당자들과 계속 논의하고, 대통령은 올메르트와 압바스를 만나보기로 했다.

몇 분 후 대통령은 나머지 사람들을 모두 안으로 불러들였다.

"자, 이제 결론만 내리면 됩니다. 우리 셋은 일단 협상을 받아들이기로 했으니 자세한 점은 치피 리브니, 아부 알라, 라이스 장관이 논하면 됩니다."

촌각을 다투던 차에 들던 중 반가운 소식이었다. 올메르트는 치피 리브니와 귓속말을 나눴고 팔레스타인도 긴급 간부 회의를 열었다. 콘퍼런스가 열리기 10분 전에야 발표 자료가 완성되었다. 스티븐 해들리는 대통령이 편하게 볼 수 있도록 서류를 큰 글자로 타이핑할 사람을 찾으려 했다. 대통령은 "됐습니다. 그냥 볼 수 있습니다."라며 손을 내저었다.

세 사람은 회의장으로 나란히 이동했다. 복도에는 해군 장교들이 나열해서 회의장으로 가는 길을 알려주고 있었다. 해군사관학교 캠퍼스 곳곳에는 미국, 이스라엘, 팔레스타인 국기가 펄럭였다. 팔레스타인이 국기를 내걸고 국제 평화 협상에 참여한 것은 이번이 처음이었다. 압바스의 어깨에 힘이 잔뜩 들어간 것도 이해할 만했다.

세 사람이 등장하자 회의장을 가득 메운 청중들의 기대감은 더욱 고조되었다. 다들 공동 성명 발표 여부를 두고 내기라도 할 기세였다. 대통령이 글을 읽을 때 쓰는 안경을 꺼내자 사람들은 손에 땀을 쥐었고, 그가 성명 내용을 읽자 여기저기서 안도의 탄성이 터져 나왔다. 회담은 이미 성공적으로 끝난 상태였다. 이스라엘-팔레스타인 분쟁을 끝내기 위한 공식적인 양자 협상이 시작된 것이다.

뒤이어 올메르트와 압바스가 입장을 밝혔다. 압바스보다 올메르트가 솔직하고 우호적인 표현을 사용했다. 그 자리에는 사우디아라비아 외무장관 사우드 알-파이살도 보였다. 그날 아픈 몸을 이끌고 나온 것을 보니 가슴이 뭉클했다. 미국에서 유학한 사람들은 양복을 입지만 프린스턴대학 출신인 장관은 전통 의상을 입고 있었다. 그는 일찍 자리를 떠날 예정이었으나 참석 자체만으로도 우리에겐 의미가 컸다. 사우디아라비아가 이스라엘과 공식석상에 함께한 것은 처음이었다. 이스라엘 총리 연설이 끝나자 그는 열렬히 박수로 환호했다. 그 모습은 감동적이기까지 했다.

대통령, 올메르트, 압바스가 퇴장한 뒤 나는 의장석으로 옮겨 앉았다. 장관들에게 환영 인사를 건네고 우리가 논의할 문제를 간단히 설명했다. 무엇보다도 우리가 모인 이유는 협상이 아니라 성원을 보내는 것이라고 강조했다. 나는 사우드가 먼저 떠날 수 있도록 발언 순서를 앞으로 당겨주었다. 연설 내용은 매우 긍정적이었다. 시리아마저도 화해 모드를 보였다. 나는 시리아 장관을 함부로 대하지 못하도록 조처해주었다. 예상대로 시리아는 (외무장관이 아니라) 외무부 차관을 보냈다.

'테러 집단에서 발을 빼지 않으면서 국제사회와 협력하는 척하겠다는 속셈이군.'

20년 만에 중동 평화 회담이 열리자 너도나도 참석하려고 로비 활동을 벌였다. 충분히 그럴 만한 모임이었다. 중동 지역 분위기가 자국 이익과 무관한 나라도 참석했다. 브라질은 자국 내에 팔레스타인 사람들이 많다는 이유로 참석을 희망했고 바티칸에서도 참석 의사를 비쳤다. 누가 교황을 거스른단 말인가? 유럽의 몇몇 약소국들은 미국 정부와 원활한 관계를 누리기 위해 초대장을 요청했다. 이렇게 해서 50명이 넘는 대표단이 참석했다.

가만히 앉아서 모든 연설을 진지한 표정으로 듣는 것은 여간 고역스럽지 않았다. 성공적인 협상 가능성과 무관한 연설이라고 해서 흘려들을 수도 없었다. 모두 나설 필요는 없다고 했지만 다들 한마디씩 하고 말겠다는 표정이었다.

마침내 회의를 마무리할 시간이 되었다. 이제 내가 말할 차례였다. 준비해 온 원고에는 미 정부가 협상을 전폭적으로 지지할 것이며 우리의 기본 입장은 변함없다는 요지만 간략히 제시되어 있었다. 그런데 청중석을 바라보니 마음이 바뀌어 원고를 한쪽으로 밀어놓았다. 나는 즉흥 연설을 시작했다.

"지금까지 두 국가 해결안이라는 말을 많이 써서 이제는 진부하고 무의미하게 느껴집니다. 그러나 지금 이 자리에서 우리가 어떤 이야기를 나누냐에 따라 사람들의 생활이 영원히 달라질 수 있습니다. 저는 팔레스타인과 이스라엘 양측의 속내를 잘 알고 있습니다. 제 고향은 앨라배마 주 버밍엄입니다. 흑인이 살기에 너무 힘든 곳이었지요. 팔레스타인 사람들이 자녀에게 이 길로 가면 안 된다고 할 때 어떤 기분이 들지 알 것 같습니다. 팔레스타인 사람이기 때문에 할 수 없는 것들을 생각하면 억울하기도 하고 화도 날 겁니다. 우리 어머니도 그러셨거든요. 우리가 흑인이라서 갈 수 없는 곳들이 많았습니다. 하지만 이스라엘 상황도 그리 나을 것은 없습니다. 그들도 잠든 아이의 얼굴을 보면서 오늘 밤에 폭탄이 터져 아이가 죽을지도 모른다는 생각을 떨칠 수 없을 겁니다. 1963년 버밍엄 교회 폭탄 사건에서 제 친구가 죽었습니다. 그때 나는 유치원생이었는데 큰 충격을 받았습니다. 우리 부모님도 사건 현장으로 달려오시면서 내가 죽었을지도 모른다는 공포에 떨었습니다. 그렇게 사는 것은 사람이 할 짓이 못 됩니다. 팔레스타인과 이스라엘이 안전하고 평화롭게 공존할 수 있도록 해주어야 하는 이유가 바로 그것입니다. 그래서 팔레스타인 국가를 세우려는 겁니다. 그래야 양국 국민들의 삶이 달라집니다."

연설을 마치자 박수갈채가 터져 나왔다. 폐회를 선언하자 장관들이 앞다투어 인사를 건넸다. 치피 리브니와 아부 알라는 미리 약속이나 한 듯 이렇게 말했다.

"우리 심정을 아는 분은 라이스 장관님밖에 없는 것 같습니다."

사실 국무장관이 된 후 내 감정을 솔직하게 드러낸 적은 거의 없었다. 항상 냉정하고 분석적으로 행동하며, 필요한 경우에는 무서울 정도로 터프하게 변하는 스타일이었기에 이렇게 감정에 호소하는 연설을 하게 되리라고는 나도 예상치 못했다. 아무튼 그렇게 하기를 잘했다는 생각이 들어 뿌듯했다.

아나폴리스 콘퍼런스는 팔레스타인-이스라엘 분쟁의 진전만 상징하는 것으로 끝나지 않았다. 그곳에 온 나라들은 시리아를 제외하고 모두 이란을 반대했다. 우리는 해가 바뀌기 전에 UN 안전보장이사회의 결의를 하나 더 받아낼 생각이었다. 행크 폴슨과 나는 이란의 이슬람혁명수비대를 대량 살상 무기 확산 주범으로, 이란 특수 부대는 테러 집단 지지 세력으로 규정했다. 이란 정부 기관 전체를 블랙리스트에 올린 것은 처음이었다. 또 이란 공영 은행 세 곳을 제재 대상에 포함했다. 엘리 은행과 멜라트 은행은 대량 살상 무기 확산에 관여했으며 사데라트 은행은 테러 집단에 자금을 대준 혐의를 받고 있었다. 이들 기관은 미국 시민이나 기업과 더 이상 금융 거래를 할 수 없게 되었다. 또한 이슬람혁명수비대가 이란 경제 전반을 장악하고 있다는 것을 잘 아는 해외 기업들도 차츰 거래를 중단할 가능성이 높았다.

행크는 유럽 금융 관계자들과 기업 총수들에게 이란과 거래하면 불이익을 당할 것이라고 경고했다. 재무부 장관이 나서 주요 경제 기관과 금융 기관을 상대로 테러 및 대량 살상 무기 확산 가능성을 이란과 연관시키면 단박에 효과가 나타날 것을 누구보다 잘 알았을 것이다. 그는 적절하게도 "어느 날 아침에 당신이 거래하던 이란계 은행이나 기업이 이슬람혁명수비대의 앞잡이였다는 청천벽력 같은 소식을 들어도 좋습니까? 귀사의 평판이 어떤 영향을 받을지 생각해보십시오."라고 설득했다. 이 방법은 효과가 있었다. 앙겔라 메르켈 독일 총리는 국내 기업가들을 모두 불러 이란과 금융 거래를 즉각 중단하라고 촉구했다.

2007년 11월, 깜짝 놀랄 만한 국가정보평가서를 받았다. 2003년 가을에 이란이 핵무기 개발 프로그램을 사실상 중단했다는 보고였다. 2년 전 평가서와 완전히 상반되는 보고였기에 누가 봐도 경악할 만한 상황이었다. 그런데 보고서의 어조는 내용의 심각성을 크게 반감시키고 있었다. 이란에 핵무기 프로그램이 존재한다는 사실은 정부 수반이 언젠가 핵무기를 개발하리라는 증거였다. 그뿐만 아니라 이것이 사실이라면 이란은 핵확산금지조약을 정면으로 어긴 것이었다.

국가정보평가서가 공개되자 '이란의 발전 핵농축 프로그램은 여전히 진행 중'이라는 중요한 사실이 묻혀버렸다. 이런 식으로 핵 기술과 장비를 그대로 유지할 경우, 언제든 비밀리에 핵무기 생산을 개시할 가능성이 남아 있었다. 과거에도 몰래 핵무기를 만든 사례가 있으므로 또다시 그러지 않으리라는 보장이 없었다. 하지만 당시 분위기로는 아무도 그 추측에 귀를 기울이지 않을 것 같았다.

NSC에서 몇 주에 걸쳐 대책을 논의했다. 이라크 전쟁에 대한 첩보 활동 실패를 보더라도 이 보고서에 대한 의구심을 떨칠 수 없었다. 부통령은 국가정보평가서를 그냥 무시해버리면 되지 않느냐고 반박했지만 이라크에서 대량 살상 무기를 찾아내지 못한 것이나 첩보 활동에서 우리 정부의 위신이 떨어질 것을 생각하면 섣불리 그렇게 할 수 없었다. 결국 부시 대통령은 국가정보평가서의 주요 내용을 아예 공개하기로 결정했다. 그렇게 하면 적어도 전후 사정을 설명할 여지가 생기기 때문이었다.

12월에 국가정보평가서를 공개하자 우리 정부와 긴밀한 관계를 유지하던 영국, 프랑스, 이스라엘 등은 모두 거부 반응을 보였다. 다들 보고서 내용이 잘못된 것 같다며 코웃음을 쳤지만 러시아는 진작부터 그렇게 말하지 않았냐며 가슴을 쳤다. 그야말로 진퇴양난이었다. 당시 허술하게 작성한 국가정보평가서 하나 때문에 미 국무부의 위상은 크게 추락했다. 현재 이 국가정보평가서는 공식적인 오류 자료로 분류된 상태이다.

제재 협상을 주도하던 닉 번스를 생각하면 더욱 가슴이 아프다. 그는 협상 자리에 나가서 말의 자유를 잃어버렸다. 말할 필요도 없이 결의 채택은 무산되었고, 메르켈 총리는 독일계 기업인 총수 모임을 취소해버렸다.

큰 슬픔을 안겨준 비극

연말이 다가와도 해외 곳곳에서 새로운 문제가 연이어 터졌다. 하지만 그런 상황이 이제 익숙하게 느껴졌다. 중동 사태가 조금 호전되는 것을 보고 바로 에티오피아로 눈길을 돌렸다. 우선 아프리카연합을 한자리에 모은 다음 콩고공화국 및 다르푸르의 심각성, 수단의 평화 협정 실천, 소말리아 사태에 주의를 기울이도록 촉구했다.

2006년 크리스마스 직전에 근본주의 성향의 무장 세력으로 구성된 이슬람 법원은 소말리아 안보군의 가냘픈 저항을 보란 듯이 밀어내고 국내 주요 거점을 모두 장악했다. 이웃 나라인 에티오피아의 멜레스 제나위 총리는 소말리아 사태가 자국에 미치는 영향으로 보아 더 이상 묵인할 수 없다고 경고했다. 그는 폭력적인 극단주의 단체가 에티오피아에 가까운 국경에 근거지를 마련할 가능성 때문에 신경을 곤두세웠다.

12월 29일, 멜레스에게 연락이 왔다. 나는 휴가차 애틀랜타의 친척 집에 머무르고 있었다. 그는 이렇게 말했다.

"잠깐이면 됩니다. 최대한 빨리 처리하고 물러나겠습니다."

그 말을 듣는 순간 이 자가 무슨 생각을 하는지 머릿속에 그려졌다. 무장 세력을 제압하려면 에티오피아 군대가 소말리아 국경을 넘어야 한다는 뜻이었다. 나는 말릴 이유가 없다고 느꼈다. 고도로 훈련받은 에티오피아 군대는 이슬람 세력을 모두 쫓아내고 소말리아의 3분의 1을 장악했다. 알카에다를 비롯한 테러 집단이 은신처를 마련할 수 없게 되었으니 나로서는 반가운 소식이었다. 그런데 1년이 지난 후에도 에티오피아 군대가 여전히 소말리아에 남아 있다는 것이 문제였다. 그들이 머무는 기간이 늘어날수록 테러의 표적이 될 가능성이 커지고 소말리아 내에서 반대 여론이 높아질 수밖에 없었다.

2007년 연말에 열린 아프리카 회담의 목적은 아프리카연합과 UN이 힘을 합쳐 소말리아 안정에 힘쓰도록 유도하는 것이었다. 지난 수십 년간 소말리아 정권은 분쟁과 갈등이 끊이지 않았으며 결국 이 나라는 테러 집단의 근거지로 몰락하고 말았다. 가장 최근에 출범한 임시 정부 관계자들은 에디오피아가 개입하기 전에 이미 소말리아를 떠날 정도로 무능했다.

에티오피아 수도 아디스아바바에서 소말리아 대통령으로 추정되는 인사를 만났다. 그를 보자 '이 사람에게는 희망이 없다는' 생각이 들었다. 그가 이끄는 정부는 한마디로 속 빈 강정이었다. 국제사회에 도움을 청하고 아프리카연맹 및 UN 평화유지군 파견을 확대해서 해결책을 모색하자는 것으로 회담을 마무리했다. 국제회의를 할 때 으레 하는 말이었다. 그 말을 하는 것이 지겨울 정도였다.

소말리아 분쟁은 수백 년간 인류를 괴롭혀온 해적 문제와 밀접한 관련이 있었다. 무장 해적들은 정부 규제가 소홀한 소말리아에 근거지를 두고 아덴만을 오가는 선박들을 마구 약탈했다. 몇 차례 심각한 무장 공격이 벌어진 후 UN 안전보장이사회는 2008년 12월에 만장일치로 UN 헌장 7조에 근거한 결의를 채택해 해적 소탕을 위한 소말리아 육로 작전을 승인했다. 이 문제를 직접 다루다 보니 토머스 제퍼슨이 북아프리카 해적들 때문에 고생한 것이 기억났다. 해적들의 횡포는 어제오늘의 일이 아니었다. 그들이 수백 년간 활개친 것을 생각하니 가슴이 답답했다.

연말 기자회견에서는 국무부가 세계 각지에서 처리한 사항을 보고하게 되었다. 한 해의 업적을 돌이켜보니 뿌듯한 마음이 들었다. 전년에 비해 눈에 보이는 성과가 이루어진 곳이 많았다. 크리스마스를 앞두고 연말 회의가 소집되었다. 나는 그 자리에서 대통령에게 마지막 남은 한 해는 잘 마무리하고 팔레스타인 국가를 수립하기를 소망한다고 밝혔다. 하지만 마음 한편에는 '운명의 신이 심술을 부리면 어떻게 하지?'라는 생각이 들었다.

불실한 예감은 어김없이 들어맞았다. 크리스마스 이틀 후 집에서 업무를 보고 있었다. 다음 날 애틀랜타로 출장을 떠날 예정이라서 이것저것 챙길 것이 많았다. 그런데 갑자기 CNN에서 긴급 뉴스가 흘러나왔다. 라왈핀디에서 선거 운동을 하던 베나지르 부토가 기습 공격을 받았다는 소식이었다. 총격전이 벌어지고, 폭탄이 터졌으며, 부토의 부상 정도는 아직 알려지지 않은 상태였다. 나는 곧장 앤 패터슨에게 전화를 걸었다. 부토의 측근은 그녀가 사경을 헤매고 있다고 전했다. 몇 분 지나지 않아서 부토가 사망했다는 뉴스가 흘러나왔다. 아수라장이 된 사건 현장에서 울부짖는 사람들의 모습이 TV를 가득 채웠다. 파키스탄은 또다시 큰 위기에 처하고 말았다.

이튿날 NSC 긴급 회의가 소집되었다. 상황을 지켜보는 것 외에 아무것도 할 수 없었다. 나는 파키스탄 대사관을 찾아가서 조의를 표했다.

"이렇게 큰 비극이 벌어져 참으로 유감입니다. 조의를 표합니다. 부토는 용감한 여성이었습니다. 그녀를 기리는 방법은 파키스탄에 민주주의를 실현하는 것입니다. 그녀가 오랫동안 소망했던 것을 이루어내야 합니다."

나는 곧바로 대기 중인 차에 올랐다. 슬픔과 공허감이 몰려와 몸을 가누기 어려웠다. 베나지르 부토의 사망은 파키스탄뿐만 아니라 미국에게도 큰 충격을 주었다. 개인적으로도 감당하기 힘든 일이었다. 그녀가 돌아와 파키스탄을 위기에서 구해주기를 바랐던 한 가닥 희망은 그렇게 사라지고 말았다. 파키스탄이 안정을 되찾고 민주주의를 꽃피울 수 있는 기회도 그녀와 함께 사라진 것 같았다.

47

백악관에서 보낸 마지막 1년

부시 대통령은 마지막 해를 중동 순방으로 시작했다. 그때 6개월 뒤에 또다시 중동 지역을 찾게 되리라고는 전혀 예상치 못했다. 예루살렘으로 출발할 때 왠지 일이 잘 풀릴 것 같은 예감이 들었다. 2001년의 9.11테러는 자유가 사라지고 맹독성 이데올로기가 자리 잡은 이곳의 실태를 낱낱이 드러내주었다. 우리 정부는 막대한 돈과 인력을 희생하면서 이곳에 민주주의를 세우기 위해 노력했다. 때로는 세계에 지원을 호소했고 이라크 같은 주변 국가의 긴밀한 협조를 얻기도 했다. 이제 새로운 역사의 장이 시작되었지만 변혁이 늘 그렇듯 앞길은 여전히 험난했다. 그런데 임기 1년을 남기고 돌아보니 새로운 중동의 윤곽이 눈에 들어왔다. 이라크에서는 미약하나마 민주주의가 자리 잡기 시작했고 레바논에서는 자치 통치와 자유를 만끽하고 있었다. 팔레스타인과 이스라엘은 두 국가 해결안을 향해 부지런히 협상을 진행했다. 민주주의 사회에서 평화롭게 공존하는 것이 그들의 목표였다.

대통령은 이스라엘을 방문해서 국민들을 만나볼 생각에 한껏 기대에 부풀어 있었다. 예수가 살았던 가버나움을 거닐면서 잠시 명상에 젖기도 했다. 야드 바셈에서 대통령은 역사의 한순간에 마침표를 찍었다. 집단 처형장으로 연결된 유럽 내의 철로를 모두 폭파하기로 한 것이다. 그는 항상 미국이 이 철로를 제거하지는 않았던 것을 유감스럽게 생각했다. 이는 유태인 대학살 관계자들과 생존자들이 반세기가 넘도록 기다려온 일이었다. 이스라엘도 부시 대통령을 전폭적으로 지지했다. 그가 한결같이 이스라엘의 자기 방어권을 옹호했으며 팔레스타인에게 테러에 물들지 않은 새로운 지도자를 찾으라고 목소리를 높였기 때문이었다.

중동 순방은 조용히 넘어가는 법이 없었다. 대통령은 이스라엘의 반대를 무릅쓰고 자동차로 웨스트 뱅크에 있는 베들레헴에 가겠다고 선언했다. 헬리콥터로 가면 검문소나 보안 장벽 등 현장의 참혹한 모습을 제대로 볼 수 없었다. 나는 모든 상황을 직접 보지 않는 것은 팔레스타인에 대한 모욕이라며 대통령을 설득했다. 함께 차로 이동하면서 대통령의 표정을 계속 살폈다. 활짝 열린 검문소 정문을 빠르게 통과했지만 낙서투성이 벽은 한눈에 들어왔다. 대통령은 "보기 흉하군."이라며 인상을 찌푸렸다.

"그렇습니다. 상황이 이러니 더욱 팔레스타인 국가를 세워야 합니다."

대통령은 이 말을 듣고 공감한다는 표정으로 고개를 끄덕였다.

베들레헴에는 사방에 쓰레기가 널려 있었다. 팔레스타인 자치 정부가 아직 통치권을 완전하게 행사하지 못한다는 증거였다. 이곳에 직접 와보니 새로운 정부가 어떤 성과를 냈는지 알 것 같았다. 그와 달리 도시 중심부는 훌륭했다. 지난해 봄 천여 명의 투자자들이 광장에서 공개 투자 콘퍼런스를 개최했다는 것도 이해할 만했다. 총격전으로 예수탄생교회가 쑥대밭이 되어버린 때와는 완전 딴판이었다. 이번에는 고급 호텔에 손님들이 북적거렸다. 1년 전 방문했을 때와는 사뭇 달랐다. 웨스트 뱅크 상황이 호전되고 있다는 증거였다.

예수탄생교회는 우리처럼 저교회파 신도들에게는 조금 부담스러운 느낌이 있다고 대통령에게 살짝 귀띔했다. 지난번에 방문했을 때는 도자기로 만든 예수 그리스도가 구유에 뉘어 있었다. 대통령은 그 인형을 보지 못했다. 크리스마스 시즌에 위층 제단에 옮겼다가 아직 제자리로 돌려놓지 않은 것 같았다.

지난번 방문에서 프란체스카교 사제와 그리스정교회 주교가 서로를 잡아먹을 듯 으르렁거리던 기억은 아직도 잊을 수 없다. 그때는 너무 당혹스러웠다. 예수탄생교회는 종파에 따라 세 부분으로 나뉘어 있는데 연로한 그리스 주교가 나를 보고 반가운 마음에 실수로 프란체스카 구역으로 발을 내디뎠다. 그러자 수사가 발끈하며 "그러시면 안 됩니다. 여긴 그쪽 구역이 아니지 않습니까?"라고 소리쳤다. 나는 깜짝 놀라서 양쪽을 번갈아 쳐다보았다.

'주님, 이 사람들이 당신의 소중한 기억이 깃든 곳에서 하는 짓을 좀 보십시오!'

다행히 이번에는 서로 잡아먹을 듯 으르렁거리던 자들이 발톱을 감추고 잠자코 있었다.

베들레헴에 오기 전 부시 대통령은 라말라에서 압바스를 만났다. 압바스는 대통령에게 식사를 대접할 장소가 마땅치 않다고 걱정했다.

"장관님은 무카타(팔레스타인 자치 정부의 본부)에 가보셨으니 아실 겁니다. 정말 누추하기 짝이 없습니다."

나는 부시 대통령이 까다롭지 않으며 그동안 장소가 누추해도 음식은 항상 좋았다며 그를 안심시켰다.

우리가 탄 차는 정문을 통과해서 레드카펫 앞에 멈추어 섰다. 압바스가 거만한 자세로 기다리고 있었다. 그의 양쪽에 미군의 훈련을 받아 새로 구성된 치안군이 버티고 있었다. 우리 국가가 끝나자 팔레스타인 국가가 흘러

나왔다. 정식 국가를 수립하면 사용하려고 마련한 노래였다. 이미 팔레스타인 국가가 설립된 것처럼 행동하는 압바스를 보니 기분이 좋았다. 점심 장소로 연결된 복도는 페인트를 방금 칠했는지 냄새가 그대로 남아 있었다.

대통령의 다음 방문지는 쿠웨이트와 아랍에미리트연합국이었다. 나는 따로 이라크를 방문해 국회를 방문한 다음 사우디아라비아로 향했다. 국왕과의 저녁 식사 약속에 늦지 않아서 다행이었다. 궁정에 들어가보니 부시 대통령이 하늘색 스웨터를 입고 있었다. 말실수라도 할까 봐 걱정했는지 내가 묻지도 않았는데 "국왕이 주신 선물이라네."라고 설명해주었다. 작은 배려였지만 매우 고마웠다.

사우디아라비아 국왕과 논할 문제는 한두 가지가 아니었다. 이라크, 이스라엘-팔레스타인 분쟁, 아프가니스탄 문제가 쌓여 있었지만 국왕은 이란 문제를 가장 먼저 언급했다. 우리 정부가 이란에 단호한 조치를 취해야 한다는 그의 목소리는 단호했다.

이러한 대화는 항상 불편하기 짝이 없었다. 부시 대통령은 열린 태도를 고수했지만 실제 이란과 전쟁을 벌일 생각이 없었다. 어떻게 접근해도 쉽게 해결될 문제가 아니었다. 핵 기지 한두 곳을 공격한다고 해서 핵 프로그램이 완전히 근절되는 것은 아니었다. 게다가 이슬람 학계에서는 공습 대상이 되는 핵 기지가 인구 밀도가 높은 지역과 맞닿아 있어 민간인들이 다칠 것을 크게 우려했다. 전문가들은 제한된 군사 행동이 오히려 적의 연합을 강화하는 역효과를 낸다고 생각했다. 쉽게 말해 외부의 위협이 발생하면 그들이 똘똘 뭉치므로 불리해진다는 것이었다. 나는 이란의 핵 보유로 말미암아 실질적인 위험을 느끼는 이스라엘에게도 이 점을 수차례 강조했다.

우리 의도와 달리 이란과 전쟁을 벌일 경우, 결과는 불 보듯 뻔했다. 이라크 상황이 매우 좋지 않을 것을 생각하면 상황이 더 한심했다. 로버트 게이츠는 나중에 국왕을 따로 만나 미국의 이란 공격 가능성에 대해 직설적으로 설명해주었다. 그는 미 대통령이 전쟁을 추진하면 국민들이 가만히 있지 않을 것이라고 했다. 압둘라 국왕은 그 말을 듣자마자 얼굴색이 변했다. 그는 부시 대통령이 임기를 마치기 전에 어떻게든 '이란 문제를 해결해줄' 것이라고 기대했다며 분통을 터뜨렸다. 하지만 압둘라 국왕은 정기적으로 이란과 회담을 가졌고, 심지어 공식석상에서 아마디네자드 이란 대통령과 손을 잡고 나타나기도 했다. 그런 식으로 행동하는 사우디아라비아 국왕을 위해 강경한 행동을 취하는 것은 말이 안 되는 일이었다.

외교 협상은 거의 진전을 보이지 않았고 이란에 대한 국가정보평가서 때문에 큰 타격을 입었지만 우리의 노력이 조금씩 결실을 맺기 시작했다. 나는 중동에서 돌아오자마자 베를린에서 열리는 P5+1 회담에 참석해서 연말에 보류해 둔 UN 안전보장이사회의 결의를 다시 추진했다. 대부분이 회의는 영국 총리의 숙소나 프랑스 외무부의 자그마한 회의실에서 편안하게 진행되었다. 그런 장소야말로 격식을 따지지 않고 진솔한 대화를 나누기에 적합했다.

그런데 독일 외무부 전용실에 들어서자 뭔가 잘못되었다는 느낌이 왔다. 커다란 회의실에는 둥근 콘퍼런스용 탁자가 놓여 있었으며 동시통역 부스가 따로 마련되어 있었다. 썰렁한 공기는 회의의 냉랭한 분위기와 딱 맞아떨어졌다. 세르게이 라브로프와 나는 늘 그랬듯 이번에도 팽팽한 신경전을 벌였다. 네 가지 사안 중 한 가지도 끝내지 못했는데 한 시간이 지나가버렸다. 잠깐 쉬는 틈을 타 닉 번스와 나는 라브로프와 외무부 차관 세르게이 키슬라크를 따로 불렀다.

"우리 모두 수용할 수 있는 타협점을 찾아봅시다. 그리고 나서 닉과 키슬라크가 결의문 내용을 협상하는 것이 좋겠습니다. 다른 대표자들에게는 제가 직접 이 문제를 언급하겠습니다."

유럽에서 온 대표자들과 주최 측의 기분을 상하게 할 의도는 아니었다.

러시아와 미국이 빨리 합의할수록 회의 시간이 절약되고 서로 얼굴을 붉히는 일이 줄어드는 것은 사실이었다. 놀랍게도 우리는 이란을 규탄하는 UN 안전보장이사회 결의문을 완성했다. 실제로 이 결의문이 통과하려면 두 달 정도 걸리겠지만 그날 합의가 이루어졌다는 사실만으로도 세계인들은 놀라움을 금치 못했다. 그 누구보다도 이란이 가장 충격을 받은 눈치였다. 국가정보평가서가 발표된 지 한 달밖에 지나지 않았지만 우리는 보란 듯이 성공적으로 원상 복귀했다.

사실 러시아의 동의를 받아낼 기반은 2007년에 마련되었다. 9월에 열린 UN 총회에서 나는 라브로프를 단독으로 만나 부시 행정부 임기가 끝나기 전에 이란 문제를 해결할 수 있을지 논의했다. 그의 신임을 얻기 위해 그동안 부시 대통령과 스티븐 해들리 외에는 누구에게도 거론하지 않았던 아이디어를 공개했다. 물론 닉 번스와 몇몇 인사들은 대략적인 사항을 아는 정도였다. 나는 테헤란에 미국 이해관계부를 마련하자고 제안했다. 이해관계부란 반복적인 업무를 돌보는 해외 출장소로, 미국인이 어려움에 처하면 도움을 베풀고 미국을 방문하려는 외국인에게 비자를 발급해주는 곳이었다. 이런 곳에 근무하는 직원은 국무부 고위직이 아니었으므로 두 국가의 근본적인 외교 관계에는 실질적인 영향을 주지 않았다. 이를테면, 아바나에는 오래전에 이해관계부를 마련해 두었다.

이익대표부가 없는 국가는 이런 문제에서 '이익대표국'으로 활동했다. 이번 경우의 이익대표국은 스위스였다. 우리가 직접 나서면 지형에 대한 직접적 이해라는 큰 수확을 얻을 수 있었다. 이란에 파견한 미 외교관은 30년 전에 모두 돌아왔고 이란에서 가장 마지막에 근무한 국무부 직원은 퇴임 직전이거나 이미 국무부를 떠난 상태였다. 외교관이나 정보 서비스 관계자 중에는 페르시아어를 구사하는 사람이 거의 없었다. 그보다 더 심각한 것은 현지에 우리의 눈과 귀가 되어줄 사람이 없다는 것이었다. 그러다 보니 국익에 매우 중요한 정보를 오스트레일리아나 영국에 의존할 수밖에 없었다.

하루는 오스트레일리아 대사와 마주앉아 이란의 사태 진전에 대한 이야기를 듣다가 문득 우리 정부가 한 손을 등 뒤에 묶인 채 정책을 수립하고 있다는 느낌이 들었다. 아랍에미리트연합국에 두바이 스테이션을 마련해서 이란 국민들에게 비자를 발급해주며 이란의 국내 동향을 알아보기도 했었다. 하지만 노련한 외교관이 현지에 나가 중요한 흐름을 파악하거나 결정적인 단서를 수집하는 것과 비교할 바가 아니었다. 외교관이 나가 있으면 반체제 인사를 가려내 거래할 수 있다는 장점이 있었다. 쿠바에서는 오랫동안 그렇게 하고 있었다. 이란도 미국에 이익대표부를 두고 있었기에 안 할 이유가 없었다.

라브로프는 내 말을 듣더니 크게 반색하며 당장 이란과 그 문제를 논할 기세였다. 나는 그렇게 할 경우에 우선 국내에서 준비할 것이 많다며 그를 진정시켰다.

"세르게이, 이란에게 호의를 베푸는 것처럼 보이면 안 됩니다. 국익을 빈틈없이 따져보고 결정할 겁니다. 우선 당신에게만 귀띔하는 겁니다."

우선 나는 푸틴이 아야톨라 하메네이에게 직접 연락해서 핵 문제를 해결할 가능성을 알아봐 달라고 요청했다. 부시 대통령은 오래전부터 이란을 대할 때 절대 우리가 최종 결정권자와 직접 협상해서는 안 된다고 입버릇처럼 말해왔다. 핵 문제 담당자인 알리 라리자니와 외무장관 코타키는 물론이고, 심지어 아마디네자드 대통령에게도 최종 결정권이 없었다. 모든 결정권이 하메네이의 손에 있었지만 그의 속내는 아무도 모르는 눈치였다. 부시 대통령은 하메네이의 생각을 직접 알아낼 방법을 궁리했다. 그는 케네벙크포트에서 푸틴에게 그 점을 이미 강조하며 혹시 해결할 수 있는지 물어본 적이 있었다.

라브로프가 모스크바로 돌아가서 푸틴 대통령에게 알리려 했다. 나는

"밖으로 말이 새어나가면 안 됩니다."라고 황급히 만류했다. 그는 내 말을 알아들었는지 비밀을 지켜주었다. 그는 푸틴이 하메네이를 통해 금방 소식을 들을 거라며 "이익대표부 정도는 언급해도 되겠습니까?"라고 물었다.

"안 됩니다. 적어도 지금은 그렇게 하면 안 될 것 같습니다."라고 대답했다. 2주 뒤 미사일 방어 협조를 논하기 위해 로버트 게이츠와 모스크바를 방문했다. 푸틴 대통령은 나를 따로 부르더니 라브로프에게 이야기를 들었다며 다음 주 카스피 해 5개국 정상회담에서 하메네이를 만나보겠다고 했다.

푸틴은 10월 16일에 정상회담을 마치고 돌아왔다. 그는 미국이 해결을 원한다는 메시지를 하메네이에게 전했다고 했다. 하지만 이란은 아무 반응이 없었고 라리자니는 푸틴이 메시지를 전한 지 며칠 뒤에 갑작스럽게 사임을 표명했다. 사람들은 이것이 이란 정부 내의 급진 세력이 핵 문제에 대한 제어권을 틀어쥐고 있는 증거라고 생각했다. 닷새 뒤 러시아는 이슬람혁명수비대에 대한 미 정부의 제재에 불만을 터트렸다. 하지만 이란이 핵 문제를 해결할 기회를 또 한번 거절한 것이 러시아에게 더 불쾌한 일이었다. 2007년 10월 말을 기점으로 이란에 대한 러시아 정부의 태도는 크게 달라졌다. 그때 이후로 이란 제재에 대해 중국보다 러시아의 동의를 얻는 것이 훨씬 쉬운 일이 되었다. 중국은 원유와 천연가스 등 이란과 관련된 자국의 경제적 이익을 희생하지 않으려고 강경한 입장을 고수했다. 몇 년 전에 수동적으로 방관하던 것과 완전히 다른 모습이었다.

12월에 국가정보평가서가 발표되자 러시아는 새로운 제재를 지지하는 입장에서 잠시 돌아서는 듯했다. 다행히 푸틴은 테헤란을 방문했다가 하메네이에게서 아무것도 얻어내지 못한 것을 기억하고 있었다. 설상가상으로 2008년 1월 6일, 이슬람혁명군은 미 해군 함대 세 척의 진로를 방해하고 위협을 가해 상황을 더욱 악화시켰다. 해군제독은 놀라울 정도로 참을성을 나타냈으나 펜타곤은 이란 정부가 어린아이처럼 불장난을 한다며 맹렬히 비난했다. 러시아를 비롯한 주변 국가들은 이 문제가 무력 갈등으로 이어지지 않고 마무리되자 가슴을 쓸어내렸다. 하지만 이란 정부가 외교에서 자신의 무덤을 판 것은 부인할 수 없는 사실이었다. 그 때문에 이란을 우호적으로 고려할 가능성은 완전히 사라지고 말았다.

1월 베를린 회담에서 한 차례 더 제재를 가하기로 했다. 이는 세 번째 결의로 3월에 UN에서 통과되었다. 세 번에 걸친 UN 안전보장이사회의 이란 제재 결정으로 수십 명의 이란인과 기업 등이 이란 핵무기 관련 의혹 혐의로 블랙리스트에 올랐다. 이번 제재로 이란의 무기 수출은 물론이고 핵무기 개발에 사용될 수 있는 특정 설비와 기술까지도 거래를 금지당했다. 미 재무부와 행정 명령을 통해 실시한 제재는 경제적인 타격을 피부로 느끼는 이란 국내 인사들이 목을 죄기 시작했다. 부시 행정부가 퇴임할 때까지도 이란은 공식적으로 핵무기 포기를 선언하지 않았다. 계속 핵무기를 고집할 경우 제재가 더욱 심해질 것은 그들도 잘 알고 있었다. 지금도 이란은 여전히 제재를 받고 있다.

베를린 회담은 닉 번스에게 마지막 기회였다. 3년 동안 그는 이란 책임자로서 나무랄 데 없는 모습을 보였지만 2007년 말에 찾아와 27년간 충성을 바친 국무부를 떠나겠다고 했다. 세 딸의 비싼 교육비를 감당하려면 사업을 해야 한다는 것이었다. 충분히 이해할 수 있었다. "함께 일할 수 있어 기뻤습니다."라는 말을 듣자 그를 보내야 한다는 사실이 더 슬프게 느껴졌다. 온갖 어려운 문제를 도맡아 처리해준 것에 대한 고마움을 모두 전할 길이 없었다. 그동안 힘든 일도 많았을 것이었다. 특히 러시아를 대할 때 그랬다. 2006년에는 식사 자리에서 라브로프가 닉을 거세게 몰아붙이는 바람에 영국 외무장관 마거릿 베킷이 말린 적도 있었다. 마거릿은 "여러분은 모두 제 손님입니다. 다른 장관의 (부하) 직원을 함부로 대하는 것은 삼가주십시오."

라고 말했다. 러시아 대표자들이 틈만 나면 괴롭혔지만 닉은 전혀 동요하지 않았다. 그의 빈자리를 채울 만한 인물을 찾기 어려울 것이라는 예감이 들었다.

그때 러시아 대사 빌 번스가 생각났다. 이란의 도발을 포함해 여러 문제를 다룰 때 끝까지 밀어붙일 근성이 있는 사람처럼 보였다. 중동 전문가 출신이라는 점도 크게 작용했다. 사실 그는 모스크바 근무를 좋아했으며 아내와 딸이 그 도시를 떠나려 하지 않아서 조금 망설였다. 결국에는 워싱턴으로 돌아와서 정무 차관으로 근무하게 되었다(정무 차관은 줄여서 그냥 'P'라고 일컬었다). 국무부에서 세 번째로 높은 자리였다. 부시 행정부의 임기가 끝나기 전에 이란 문제에 마침표를 찍으려는 우리의 계획은 이제 그의 손에 달려 있었다.

베를린에서 출발해 세계경제포럼이 열리는 다보스로 갔다. 멋진 알프스산맥에서 세계 각국의 경제 및 정치 거물들이 모두 모이는 자리였다. 국무장관으로 참석할 기회는 이번이 마지막이었다. 포럼 창시자인 클라우스 슈워브에게 임기가 끝나기 전 꼭 한번 참석하겠다고 약속했기 때문에 반드시 가야 했다. 스위스 군용 헬리콥터에서 밖을 내다보니 숨이 막힐 정도로 아름다운 경치가 펼쳐졌다. 알프스산맥은 어떤 말로도 표현할 수 없는 곳이었다. 학창 시절 덴버에서 살 때 로키산맥과 같이 큰 산을 찾을 때면 마음이 어느 때보다 평온해지는 것을 느꼈지만 이런 장관은 본 적이 없었다. 돌아오는 길에 펼쳐진 야경은 더욱 아름다웠다. 오랜 세월이 흘러도 잊기 힘든 장관이었다.

1월 23일, 콘퍼런스에서 연설하는 자리를 빌려 부시 행정부에 대한 잡다한 소문을 일축하고 동맹국과 적국에게 한 가지 중요한 메시지를 전했다.

"한 가지 확실한 점은 미국에게 영원한 적이란 없다는 것입니다. 우리 정부는 오랫동안 적의를 품지 않으니까요."

이란이나 북한 정부를 한없이 봐주겠다는 의미는 아니었다. 무력으로 서로 위협하지 말고 외교 활동을 통해서 핵 문제를 끝낼 방법을 함께 모색하자는 뜻이었다. 악당 정부는 언젠가 몰락할 수밖에 없었다. 그 점은 장담할 수 있었다. 문제는 그들이 무너지기 전에 핵무기를 터뜨릴 것인지였다. 가능성이 크지는 않았다. 이란은 소량의 농축 우라늄을 생산하기 시작했다. 북한은 플루토늄을 처리할 수 있고 우라늄 농축 기술이 있기 때문에 위협적인 존재로 간주되었다. 언제라도 핵무기나 관련 기술을 거액에 팔아넘길 준비가 되어 있으므로 북한은 이미 가장 높은 수준의 제재를 받고 있었다. 제재 효과가 언제 드러날지 아무도 예측할 수 없었다. 정권 변화 없이 감당 못할 전쟁을 일으키기에는 시간이 부족했다. 그들이 방침을 바꾸도록 유도하는 수밖에 없었다. 남아 있는 시간을 최대한 활용해서 해결책을 적극 모색하기로 결심했다. 적어도 차기 대통령과 세계인들은 우리가 적들에게 변화할 기회를 주었다는 점을 알아줄 것이라고 믿었다.

자유무역

스위스에서 돌아온 지 하루 만에 다시 콜롬비아 메델린행 비행기에 올랐다. 이번에는 의회 관계자들이 아홉 명이나 따라붙었다. 이번 방문 목적은 미국-콜롬비아의 자유무역협정FTA을 통과시키기 위해 지지를 호소하는 것이었다. 파나마와 한국에 이어 이번 콜롬비아 FTA가 체결되면 부시 행정부의 상호 균형 무역 의제를 마무리하고 WTO의 도하 라운드의 축 늘어진 분위기를 역전할 수 있었다.

부시 대통령은 시장 개방이 경제 성장을 촉진하는 것이라며 자유무역을 열렬히 지지했다. 자유무역을 통해 국내외 경제가 크게 성장했으며 더 안정되고 평화로운 국제 질서의 기반이 마련되었기에 미국은 자유무역을 절대적으로 신봉했다. 2차대전이 끝날 무렵 관세무역일반협정을 맺은 것도 같은 이치였다. 1945년에 미국은 세계 GDP에서 차지하는 비율이 매우 높았다. 어쩌면 그 비율을 유지하는 것이 당연한 것처럼 보였을지 모른다. 미국은 자유무역이 국제 경제 전체를 키우는 방법이라고 여겼기에 방어적인 태도를 취하지 않았다. 보호주의는 갈등을 조장하고 전쟁을 일으키는 것으로 간주해 최대한 지양했다.

승자가 있으면 패자도 있기 마련이다. 경제 성장을 이룩한 나라도 많지만 그만큼 값싼 노동력과 해외에서 들어온 저가 상품 때문에 설 자리를 잃은 기업이나 노동자들도 늘어났다. 그로 인해 노동조합이 우후죽순처럼 늘어났고 개발도상국에 미국의 잣대를 적용하려는 환경 단체가 계속 생겨났다. 그로 인해 국무부 무역 담당자들은 노동 및 환경 관련 문제를 협상하느라고 진땀을 흘렸다. 콜롬비아와 파나마에 FTA를 제시할 때도 그런 분위기가 팽배했다.

그런 와중에 의회에서 노동권 보호 및 인권을 반대하는 세력이 나타난 것은 매우 충격적이었다. 특히 콜롬비아 FTA에 대한 반대 목소리가 매우 높았다. 콜롬비아 정부가 불법 무장 단체의 손에 희생된 노동조합 지도자들의 죽음에 대해 책임을 져야 한다는 것이 이유였다. 무장 단체의 일부는 콜롬비아 무장 혁명군과 내전에 가까운 분쟁을 벌인 알바로 우리베 대통령의 정당과 관련되어 있었다. 콜롬비아 정부는 여당 의원, 정부 관계자, 대통령의 친인척을 가리지 않고 이 사건에 연루된 사람들에게 강한 제재를 가하고 있었다. 콜롬비아가 노동자들에게 폭력을 휘두른 것은 부인할 수 없는 사실이었으나 조합원들이 당한 것은 일반 대중에 비하면 아무것도 아니었다. 아무래도 노동조합 지도자를 위한 특별 보호 프로그램의 영향이 컸다. 결국 그 보호 프로그램 때문에 미국-콜롬비아 FTA를 반대한 것이었다.

나는 수 슈워브, 행크 폴슨, 칼로스 구티에레스와 손잡고 협상을 통과시키기 위해 총력을 기울였다. 하원의회 대변인 낸시 폴레시는 개인적으로 반대하지 않는다고 했다. 나와 같은 지역 출신이라서 오래전부터 잘 알던 사이였기에 그녀의 말을 그대로 믿어주었다. 사석에서 만날 때 그녀는 의원총회가 방해한다는 말을 자주 했다. 콜롬비아에 의회 관계자들을 대동하는 것도 낸시의 아이디어였다.

메델린은 콜롬비아가 파산을 딛고 미국의 민주주의 동맹국으로 회생했다는 소식을 전하기에 딱 맞는 도시였다. 한때 악명 높은 마약 단체의 수장 파블로 에스코바르 때문에 기피 대상 1호였으나 이제는 아이들이 공원에서 즐겁게 뛰노는 안전한 도시의 성공 사례가 되었다. 여성 갱생원에 가보니 불과 1년 전에 무장 훈련을 받던 여자들이 네덜란드에 수출할 꽃을 손질하고 있었다. 그 모습을 보자 콜롬비아의 안정은 일자리 제공에 달려 있다는 확신이 더 커졌다. 경제 발전, 일자리 창출을 해결하는 방법은 FTA뿐이었다.

나와 함께 간 의원들도 직접 상황을 보고 큰 감동을 받았다. 그날 일정을 마치기 전에 우리베를 만났다. 그는 원래 언변이 뛰어나고 설득에 강한 사람이었다. 그런데 이상하게도 이번에는 그의 말이 장황하게 들렸다. 다섯 시간 동안 비행기를 타고 되돌아가야 하는 우리 입장을 배려하는 기색이 전혀 없었다. 일부러 그런 것이 아니기에 이해해주기로 했다. 나는 FTA 협상 지지자를 많이 확보했다는 뿌듯함을 안고 워싱턴으로 돌아왔다.

상원의원 다수당 대표 해리 레이드도 협상을 공식적으로 지지했다. 낸시와 나는 그를 수없이 만나 머리를 맞대고 노력했지만 결국 이 문제를 해결하지 못했다. 부시 행정부가 물러난 지 2년 후에도 해결될 실마리가 보이지 않았다.

콜롬비아, 파나마, 한국과 FTA를 성사시키지 못한 데다 국제 무역 협상인 도하 라운드마저 무너지자 눈앞이 캄캄했다. 도하 라운드는 2001년 11월에 시작된 것이었다. 부시 대통령은 임기 종료를 앞둔 6개월간 협상 성공을 목표로 삼고 수 슈워브, 경제 담당팀, 나와 함께 수없이 많은 회의를 열었다. 인도의 만모한 싱 총리, 브라질의 룰라 다 시우바 대통령, 중국의 후진타오 주석에게도 '신흥 시장'이 서비스 및 공산품을 더 적극적으로 수용할 것을 촉구했다. 그는 또한 유럽과 손잡고 선진국 연합을 형성해서 개발도상국에게 '패키지 딜'을 제안했다.

그러나 농업이 항상 문제였다. 농업 정책, 특히 보조금은 자유무역 의제에 큰 걸림돌이 되었다. 대통령은 세계 곳곳의 농산물 시장 접근을 확대하기 위해 국내 농업 보조금을 모두 없애겠다고 제안하기까지 했지만 소용이 없었다. 2008년 5월, 보조금에 의존하는 농장 법안에 거부권을 행사했지만 의회는 이를 무효화했다.

진전이 거의 없는 것을 보고 마지막으로 환태평양경제동반자협정에 참여하려고 협상을 시도했다. 이 협정은 원래 싱가포르, 브루나이, 칠레, 뉴질랜드로 구성되어 있었다. 온갖 애를 썼지만 내 임기 중에는 자유무역을 살릴 길이 없다는 느낌을 떨칠 수 없었다. 부시 행정부가 물러나도 즉각 해결될 것 같지 않았다. 미국은 선두에 나서 세계 자유무역 체제 수립을 추진했으며 덕분에 수백만 명이 넘는 사람들이 기아에서 벗어날 수 있었다. 하지만 최근 몇 년간은 미국의 영향력이 상당히 위축되었다. 세계 경제를 생각해서라도 빨리 해결해야 했다.

48

잊을 수 없는 추억

2008년은 모든 것이 내게 마지막이었다. 각종 백악관 행사, 기자회견, 풋볼 관람, 알팔파클럽 등의 모임도 마찬가지였다. 알팔파클럽은 2002년에 우연히 가입한 모임인데, 대통령의 남동생 마빈 부시와 내가 어릴 때부터 좋아하던 올림픽 피겨 스케이트 선수인 텐리 올브라이트도 회원이었다. 정부 관계자가 한자리에 모여 대통령을 비롯한 유명 인사들을 마음껏 흉보는 자리였다. 양당 체제를 드러내려고 다소 과장된 면도 있었다.

모임 시간이 밤늦게 이어지는 것은 큰 문제가 아니었다. 그래도 부시 대통령에 대한 가시 돋친 농담이 오갈 때면 신경이 곤두섰다. 부시 대통령은 항상 자신을 낮추는 유머로 분위기를 편안하게 만들었다. 저녁 식사를 알리는 해병대의 등장은 그날 행사에서 절정을 이루는 순간이었다. 원래 존 필립 소사*미국 출신 작곡자이자 지휘자를 별로 좋아하지 않았지만 해병 군악대 연주에 완전히 반해버렸다. '대통령 각하를 위해'라는 구호와 함께 건배를 딱 한 번만 하는 것도 좋았다.

마지막 알팔파 식사를 기념하기 위해 프리먼 라보스키 부부를 초대했다. 프리먼은 인종 차별이 심한 버밍엄 출신으로 우리 집 길 건너편에 살았는데 훗날 볼티모어 카운티에 있는 메릴랜드대학 학장이 되었다. 국무장관은 앞자리 테이블에 앉기 때문에 연회장을 한눈에 볼 수 있었다. 프리먼을 보니 부모님과 어린 시절의 추억이 생각났다.

이틀 뒤 대통령은 마지막으로 국회의사당에서 연두교서를 발표했다. 국회의사당으로 가는 길에 펜실베이니아 애비뉴를 내다보니 정부 청사에 불이 환하게 켜져 있었다. 이런 행사에 참석하는 것이 처음은 아니었다. 연두교서를 발표하는 자리는 여섯 번이나 참석했고 대통령 취임식에도 두 번 참석했다. 2001년 9월 20일에는 대통령이 의회와 공동 성명을 통해 슬픔에 젖은 유족들을 위로하고 공포에 질린 국민들을 다독였다. '바로 엊그제 같은데 세월 참 빠르구나.'라고 생각했다.

그날 밤 국회의사당에 도착해 다른 장관들과 합류했다. "신사숙녀 여러분 대통령과 각료들을 소개합니다."라는 말과 함께 문이 활짝 열렸다. 눈을 뜰 수 없을 정도로 카메라 조명이 환하게 비쳤고 두 줄로 늘어선 의원들이 앞을 다투어 악수를 청하는 것이 보였다. 국무장관으로서 가장 먼저 입장하는 것도 이것이 마지막이었다.

이런 추억을 되돌아보는 시간도 잠시일 뿐, 금세 새로운 위기가 닥쳤다. 이라크 상황은 날로 좋아지고 있었지만 여전히 폭력이 난무했고 종종 알카에다를 공격하려다 실수로 민간인들을 다치게 하는 사건이 발생했다. 이라크 정부가 국내 상황에 대한 통제권을 계속 넓혀가는 것이 항상 좋은 것은 아니었다. 2월에는 수니파를 위협하는 법안이 통과되어 탈바트당화 현상이 수많은 시민들의 일자리마저 위협하는 지경에 이르렀다. 이는 새 정부 내에 여전히 증오와 반목이 존재한다는 강력한 증거였다.

그러나 가장 위험한 지역은 아프가니스탄이었다. 무샤라프가 부족 대표자들을 제압한 뒤로 아프가니스탄 국경에 인접한 지역은 탈레반 전사들에게 한층 유리한 은신처가 되었다. 그로 인해 아프가니스탄 남부 지역의 칸다하르와 헬만드 지역은 폭력 사태가 날로 증가해 정부의 통제가 거의 불가능한 지경에 이르렀다. 회원국의 책임 분배가 공평하지 않고 사상자 발생이 한쪽으로 치우치면서 갈등이 심화되자 탈레반 진압에 의욕적으로 나섰던 NATO마저 심각한 어려움을 겪었다. 캐나다, 네덜란드, 덴마크, 영국 정부는 다른 나라들이 자국 군인들을 가능하면 전장에 투입하지 않으려 한다며 날카롭게 비난했다. 그도 그럴 것이 다른 나라들이 몸을 사릴수록 네 나라가 감당해야 할 위험이 커졌기 때문이다. 게다가 카르자이 정부는 부정부패에서 벗어나지 못하고 깊은 수렁에 빠져들었다.

필립 젤리코의 후임 엘리엇 코언은 아프가니스탄 문제를 깊이 파고들기 시작했다. 고문은 따로 정해진 임무가 없으며 시급한 사건이 있으면 바로 개입했다. 엘리엇의 조사 결과는 매우 비관적이었다. 아프가니스탄 상황이 좋지 않다는 것은 잘 알고 있었지만 엘리엇은 참패가 코앞에 닥쳤다고 판단했다. 스티븐 해들리는 전략 수정을 목표로 철저한 조사에 착수했다. NSC는 두 가지 방침을 마련했다. 하나는 우리가 떠나기 전에 실행해야 하는 방침이며, 다른 하나는 차기 정부에게 유리한 고지를 만들어주기 위해 당장 시작해야 할 일이었다.

동맹국의 협조를 이끌어내는 것이야말로 가장 시급한 문제 중 하나였다. 그래서 나는 영국 외무장관 데이비드 밀리밴드와 함께 아프가니스탄을 방문했다. 우리가 동일한 목표를 향해 나아가야 한다는 것을 세계에 알리는 것이 목적이었다. 카불 외곽의 상황을 내 눈으로 직접 확인하고 싶었기에 칸다하르를 최종 목적지로 결정했다. 캐나다, 영국, 미국 등의 연합군을 직접 만나보았다. 사람들은 연합군을 RC-사우스라고 불렀다. 나는 이라크에서 지역재건팀이 보여준 긴밀한 민관 협력 관계에 익숙해져 있었다. 하지만 칸다하르의 상황은 그와 거리가 멀었다. 우리 군에도 문제가 있었지만 민관 협력은커녕 서로 뭘 하는지조차 모르는 눈치였다. 여러 상황을 물어보았지만 한 번도 만족스러운 답을 듣지 못했다. 일부 지역에 대한 통치가 개선되었냐고 물었더니 어느 장교는 "글쎄요, 그건 불가능한 일 아닙니까?"라고 반문했다. 나는 화가 나서 "미국에게 불가능이란 없습니다."라고 쏘아붙였다. 일순간 분위기는 찬물을 끼얹은 듯 조용해졌고 잠시 후에 회의가 끝나버렸다. 이 상황을 반드시 대통령과 로버트 게이츠에게 알려야 한다고 생각했다. 무엇보다도 탈레반의 본거지인 칸다하르만큼은 우리가 나서야 했다.

그날 오후 데이비드와 나는 카르자이를 만나보았다. 영국이 그들의 뒤통수를 치려고 음모를 꾸민다고 주장한 것을 나는 전혀 모르는 상태였다. 카르자이를 내치려 한 이전 정부 관료 두 사람과 가깝게 지내던 영국 외교관 두 명이 의심스러운 행동을 한 것이 화근이었다.

카르자이는 우리를 보자마자 기다렸다는 듯 데이비드와 영국이 자기를 추방하려고 한다며 신랄한 비난을 퍼부었다.

"둘 다 속사정을 알고 있소? 그게 아니라면 당신네 부하들이 몰래 수작을 꾸미고 있는 거겠지."

어찌나 성미가 불같은지 뭐라 말을 붙이기 어려웠다. 데이비드는 영국 정부가 음모를 꾸밀 이유가 없다며 차분히 설명했지만 카르자이는 막무가내였다. 결국 나도 참지 못하고 영국 편을 들었지만 카르자이는 내 말을 가로막았다.

"그만하시오. 미국은 영국의 거대한 음모와 아무런 상관이 없지 않소?"

이럴 때는 자리를 뜨는 것이 상책이었다. 데이비드도 그렇게 생각했는지 조용히 물러났다. 카르자이의 억측과 무례한 행동은 거기서 끝나지 않았다. 그런데 점심 식사를 하러 자리를 옮기자 그는 완전히 딴사람이 되었다. 기분 좋은 목소리로 함박웃음을 지으며 "이 푸딩이 얼마나 맛있는지 모릅니다. 꼭 드셔보세요. 아프가니스탄 별미라니까요."라고 하는 것이었다.

'세상에! 어떻게 사람이 이렇게 달라질 수 있지?'

나는 온몸에 소름이 돋았다.

워싱턴으로 돌아와서 대통령에게 카르자이와 반드시 긴밀한 관계를 유지해야 한다고 보고했다. 대통령은 고개를 끄덕이며 아프가니스탄과 개인적 교섭을 강화했다. 그때는 카르자이가 업무 스트레스를 너무 많이 받아서 그랬는지 모른다. 하지만 그는 가끔 다른 나라가 도움의 손길을 내밀면 색안경을 끼고 온갖 의혹을 제기했다. 그날은 영국이 그의 표적이었다. 미국에도 음모론을 제기하며 반발하는 것은 시간 문제였다.

아프가니스탄을 다녀온 지 얼마 안 되어 대통령의 마지막 아프리카 순방에 따라나섰다. 지금까지 부시 대통령이 아프리카 대륙에 쏟은 사랑과 그의 업적을 되돌아볼 수 있는 기회였다. 막상 도착해보니 케냐의 폭력 사태와 내전 위협에 대한 이야기만 쏟아져 나올 뿐 부시 대통령의 노고를 치하하고 감사를 전할 분위기가 아니었다.

아프리카는 분명 민주주의를 향해 꾸준히 전진하고 있었다. 다행히 베냉, 말리, 시에라리온, 라이베리아는 평화로운 정권 교체가 이루어졌으나 여전히 고집 세고 나이 많은 독재자들이 고집을 피우는 곳도 많았다. 에이즈 및 말라리아 퇴치 프로그램을 도입하고 해외 원조를 크게 늘려 아프리카의 영웅이 된 미 대통령 외에는 그들에게 감히 변화를 권할 사람이 없었다. 부시 대통령만이 그들을 타이르거나 종용할 수 있었다. 넬슨 만델라는 남아프리카공화국 국민들이 부시 대통령에게 차기 선거에 또 출마하기를 기대하고 있다며 이렇게 말했다.

"그래서 저는 국민들에게 아프리카 국가수반들이 이제는 물러나야 할 시기라는 것을 먼저 깨달았으면 좋겠다고 말했지요."

부시 대통령은 넬슨 만델라가 국왕이 되기를 거절했다는 면에서 조지 워싱턴과 비슷하다고 생각했다. 그러자 넬슨은 겸손하게도 "미국에 그런 분이 있었던 것이 얼마나 큰 축복입니까? 아프리카는 그런 사람이 많지 않아서 아쉬울 따름입니다."라고 대답했다.

부시 대통령은 그날 넬슨 만델라와 나눈 대화를 자주 회상했다.

2006년, 나이지리아 대통령 올루세군 오바산조는 부시 대통령에게 슬쩍 다가오더니 자신의 세 번째 연임을 위해 헌법을 개정할 생각이라고 했다. 부시 대통령은 그를 간곡히 만류했다.

"지금까지 나라를 위해 많이 노력하셨습니다. 이제 통치권을 넘기고 정치가로서 계속 봉사하세요."

오바산조의 연임을 겨냥한 헌법 개정안이 국회에 제출되었지만 미 정부의 강력한 반대와 국제사회의 저지에 부딪혀 기각되고 말았다. 오바산조는 실망을 감추지 못했다. 그는 젠데이 프레이저가 언론과 국민들 앞에서 자신을 비난했다며 부시 대통령에게 "두 번 다시 상종하지 않겠다."고 소리쳤다.

"글쎄요, 젠데이는 그렇게 나쁜 사람이 아닌데요. 중요한 것은 당신이 여전히 나이지리아에 필요한 사람이라는 겁니다. 무엇이 옳은지 잘 생각하기 바랍니다."

오바산조는 직접 후계자를 골라서 대통령직을 물려주었다. 우리는 그가 헌법을 마음대로 개정하지 못하게 한 것으로 만족해야 했다. 오바산조 외에도 케냐 대통령 다니엘 모이도 부시 대통령 앞에서 '불같은 성미'를 드러냈다. 그는 2002년에 케냐 대통령으로 취임할 때부터 미 정부가 자신의 든든한 후원자가 되어주기를 원했다. 부시 대통령은 헌법에 따라 선거할 때가 되면 깨끗이 물러나야 한다고 딱 잘라 말했다. 주변 아프리카 국가수반들도 퇴진을 요구하자 모이도 어쩔 도리가 없었다. 케냐는 2002년 12월에 대통령 선거를 치렀다.

선거는 성공적으로 끝났다. 므와이 키바키는 모이가 직접 선택한 후보자를 보란 듯이 따돌렸다. 나이가 지긋한 키바키가 당선되자 케냐에 안정적인 민주주의 정부가 등장하리라는 기대감이 크게 고조되었다. 우리는 이례적으로 키바키 대통령을 국빈으로 워싱턴에 초대하기도 했다. 키바키는 선거운동에서 대형 사고를 당해 체력이 많이 쇠약한 상태였으므로 초대에 응하기 어렵다고 했다. 그렇지만 키바키는 새로운 케냐의 미래를 환하게 밝힐 정도는 아니더라도 신실하고 믿을 만한 사람처럼 보였다.

그러나 시간이 지나고 보니 키바키는 반대 세력을 포용하지 않았다. 특히 그의 측근들은 세력을 유지해야 한다는 열망이 강해서 매우 배타적인 태도를 보였다. 2007년 12월, 재선 결과가 아리송한 데다 부정 개표 의혹이 떠지기 시작했다. 이러한 분위기는 2008년 초반까지 계속되었다.

선거는 워낙 문제가 많아서 사실 지금도 누가 이겼는지 확실히 말할 수 없는 상태이다. 1월이 되자 양측 후보들이 서로 자기가 당선자라고 우기기 시작했다. 문제는 라일라 오딩가였다. 키바키는 오랫동안 영향력을 행사한 키쿠유 부족 출신이었다. 보잘것없는 소수 부족 출신의 라일라 오딩가는 키바키와 대조적으로 젊음의 패기, 카리스마, 힘이 넘쳤다. 양측이 팽팽하게 맞서 혼란을 일으키자 결국 내전이 터질 것 같았다.

나는 전 UN 사무총장 코피 아난에게 중재를 부탁했다. 뒤에서 오딩가와 키바키에게 번갈아 전화하며 권력 분립 마련을 강권했다. 부시 대통령과 함께 나이지리아와 서쪽으로 국경을 맞댄 베냉에 도착할 무렵 케냐의 상황은 급격히 악화되었다. 양측 후보자가 보낸 무장 폭력배들이 공공연하게 총격전을 벌였다. 키수무 서쪽 마을에서 시작된 충돌은 나이로비의 슬럼가를 거쳐 빠른 속도로 퍼져나갔다. 우리가 가는 곳마다 기자들이 몰려들었다.

"미국은 케냐의 폭력 사태를 어떻게 저지할 계획입니까?" "내전 때문에 주춤하는 것 아닙니까?"

정말 그 순간에는 "세상의 모든 문제가 미국 정부의 책임입니까?"라고 소리치고 싶었다. 물론 정말 소리를 지른 적은 없었다. 대통령과 상의한 끝에 내가 케냐를 방문하기로 결정했다. 그리고 나서 코피 아난에게 전화를 걸어 "제가 도와드리고 싶은데 그래도 되겠습니까?"라고 물었다. 그는 기꺼이 제안을 받아주었다. 이튿날 출발하기로 했다.

정책의 중요성을 고려해 탄자니아 방문은 끝까지 마무리해야 했다. 탄자니아는 새천년도전기금 수혜국이자 에이즈 퇴치 프로그램의 모범 사례국이었다. 자카야 키크웨테 대통령은 아프리카 대륙에서 몇 안 되는 젊고 유능한 정치인이었다. 그가 다르에스 살람에서 1998년 미 대사관 폭파 사건 희생자 가족들을 위로하는 자리를 마련한다는 소식을 듣고 나도 달려갔다. 그날 행사는 잊을 수 없는 감동을 주었다. 흔히 사교 모임은 거의 비슷해서 먹고 마시는 것 외에 할 일이 없었다. 하지만 이번에는 르완다 학살 현장에 있던 사람들을 만나 특별한 이야기를 들었다. 그중 한 사람이 조용히 입을 열었다.

"처음에는 학살 소식을 듣고도 믿지 못했어요. 그런데 갑자기 사람들이 난민 캠프로 들이닥쳤지요. 팔다리가 떨어져 나간 사람, 손발을 잃은 사람이 줄을 지어 왔어요."

그러자 옆 사람도 "그때 우리가 나서서 어떻게든 도왔어야 했어요."라며 한마디 거들었다. 다들 가슴이 아파서 음식을 제대로 먹지 못했다. 나도 르완다를 방문해 카가메 대통령이 학살 주범들과 무력으로 맞선 무용담을 들은 적이 있었다. 카가메 대통령은 어린아이가 보낸 편지도 보여주었다. 머잖아 UN 평화유지군이 와서 가족을 구해줄 거라고 굳게 믿는다는 내용이었다. 하지만 UN 평화유지군은 이 아이를 실망시켰다. '내일 당장 케냐에 가서 뭔가 조처해야 해.'라는 생각이 들었다. 부족 폭력 사태는 한번 시작되면 걷잡을 수 없이 심각해졌다.

이튿날 아침 케냐행 비행기에 올랐다. 창밖으로 보이는 킬리만자로의 모습은 경이로워서 다음에 꼭 다시 와야겠다는 생각이 들었다. 그때는 경치를 즐길 때가 아니었다. 언젠가는 이런 스트레스를 모두 벗어버리고 자연의 아름다움에 심취해보리라고 결심했다.

도착하자마자 코피 아난이 묵고 있는 나이로비 세레나 호텔로 이동했다. 차 안에서 마이클 라네버거 케냐 대사가 나에게 신문을 건네주었다. '케냐의 민주주의를 죽이지 말라'는 제목이 눈에 들어왔다. 키바키와 오딩가에게 호소하는 것 같은 느낌이 들었다. 마이클은 "하루가 멀다 하고 신문과 텔레비전 뉴스에 이런 보도가 이어지고 있습니다."라고 설명해주었다.

"시민 단체와 언론이 힘을 합쳐 두 사람을 설득하려는 겁니다. 국민들은 내전을 원하지 않으니까요."

"그렇다면 내가 굳이 할 일이 있겠습니까?"

"물론 있지요, 장관님. 고집스럽게 자기 이익밖에 생각하지 않는 두 정치인을 설득해주셔야지요."

코피 아난은 호텔 정문까지 나와서 반겨주었다. 그는 케냐에 온 지 한 달이 넘은 탓에 매우 지쳐 보였다. 미 국무장관이 갑자기 찾아와서 그에게 '부담'을 주는 것이 아닐까 조심스러웠지만 코피 아난은 기꺼이 도움을 받아들였다. 사실 우리는 예전에도 함께 일한 적이 있었다. 이번에는 코피 아난에게 모든 결정권이 있으며 나는 조력자 역할만 하겠다고 말했다. 어차피 나는 금방 떠나야 하고 끝까지 협상을 진행하는 것은 코피 아난의 몫이었다. 우리는 간단하게 기자회견을 열어 내가 방문한 의도를 분명히 밝혔다.

그 다음에 키바키와 오딩가를 차례로 만나보았다. 정부 청사 2층에 있는 대통령 집무실은 매우 더웠다. '오늘은 에어컨을 가동하지 않았나 보군.' 이라고 생각했다. 현지 사람들은 그렇게 더운 것을 좋아하는지도 모를 일이었다. 아니면 일부러 나를 힘들게 하려고 에어컨을 켜지 않았을지도 모른다. 아무튼 숨이 막힐 것처럼 더운 사무실에서 대통령과 그의 측근들을 상대로 케냐의 앞날을 논의했다. 코피가 이미 양측이 권력을 분담하도록 설득해놓았으나 문제는 세부 사항이었다. 오딩가는 총리가 되어 실권을 장악하려 했으며 키바키는 오딩가를 밀어내고 말겠다는 식이었다. 또한 오딩가는 재무부와 국방부를 차지하려 했고, 키바키는 그에게 주요 직책을 하나도 줄 수 없다고 맞섰다.

우선 나는 키바키에게 대통령으로 당선되었을 때 국민들에게 한 약속을 생각해보라고 했다. 케냐에 민주주의를 뿌리내리겠다고 큰소리쳤으며 이제 그 약속을 실천할 때가 된 것이었다. 그런데 고집스러운 키바키는 자신이 당선되었다는 말만 되풀이했다. 대화의 흐름을 놓치거나 자기가 무슨 말을 하는지 모르고 횡설수설할 때도 있었다. 바로 그 순간에 어쩌면 키바키가 아니라 그의 측근이 문제일지 모른다는 생각이 스쳤다. 흔히 대통령 측근이나 고문이 권력과 부를 동시에 누리므로 권력을 잃을까 봐 노심초사했다. 케냐는 특히 이런 문제가 심각한 나라였다.

우연인지 행운인지 그 자리에 키바키의 고문 우후루 케냐타가 있었다. 그의 여동생은 아프리카 차관보인 젠데이와 스탠퍼드대학 동창이었다. 나는 젠데이에게 케냐타에게 따로 만나보라고 제안했다. 정식 회담이 끝나면 계속 이야기하겠다는 대답이 돌아왔다.

그 후 라일라 오딩가를 만나러 갔다. 그는 의사 표현이 명료하고 요점을 잘 파악해 협상이 한결 수월했다. 그가 원한 것은 총리로서 국가를 다스릴 권력을 충분히 확보하는 것과 두 개 이상의 주요 부서를 장악하는 것이었다. 명목상의 국가수반으로 만족할 사람이 아니었다. 그때 맞은편에는 스탠퍼드대학에서 내 수업을 들었던 샐리 코스게이가 있었다. 양측에 스탠퍼드대학 제자가 한 명씩 있을 거라곤 전혀 예상치 못했다. 서로 잘 아는 사이인

데다 젠데이와 인연이 깊었다. 젠데이는 두 사람에 대해 이렇게 말했다.

"케냐에서는 명문가 출신입니다. 아마 어릴 때부터 귀족 학교에 다녔을 테니 서로 잘 알 겁니다."

두 사람은 나에게 아주 유용한 이면 경로가 되었다. 케냐를 떠나기 전에 기업가 및 시민 단체 대표자들을 만나서 그들의 마음을 떠보았다. 케냐 국민들은 두 정치가의 대립이나 내전을 절대 반기지 않았다. 결국 권력 분담을 관철하려던 코피 아난에게 도움을 줄 수 있었다. 오딩가는 원하던 대로 총리가 되어 정부 운영을 지휘하게 되었다. 총리직은 기존에 없던 것이라서 아직 모호한 점이 많았다. 키바키는 대통령으로서 국가수반 및 군 최고사령관의 역할을 맡았다.

국무장관 임기가 거의 끝날 무렵, 오딩가가 워싱턴을 방문했다. 총리로서 해외 투자를 얻기 위해 방문한 것이었다.

"대통령은 잘 지내십니까? 두 분 사이는 요즘 어떠십니까?"라고 물었더니 그는 이렇게 대답했다.

"그럭저럭 잘 지냅니다. 연세가 많은 분이니 제가 존중해드려야지요. 그렇게 생각하니 문제가 없더군요."

누구 하나 알아주는 사람이 없었지만 케냐에 도움을 준 것이 기쁘고 뿌듯했다. 스탠퍼드대학으로 돌아오자 케냐에 교회를 세우고 선교 활동을 하는 친구 다이앤 컴스탁이 쪽지 하나를 내밀었다. 내가 케냐를 구한 것에 감동한 어느 여자가 딸의 이름을 콘돌리자라고 지었다는 것이었다. 선뜻 믿기지 않았지만 흑인 여자아이가 자기 이름의 영어 스펠링을 익히는 모습을 상상해보니 절로 웃음이 나왔다. '다른 애들보다 알파벳은 빨리 깨치겠군.'

국무장관을 지내면서 몇 번인가 보람을 느낀 적이 있었는데 이때도 그런 순간이었다.

49
중국은 어디로 가고 있는가?

백악관의 조시 볼턴이 부시 행정부의 남은 임기를 알려주는 '카운트다운' 탁상시계를 가져다주었다. 집무실 책상에 그 시계를 올려놓았다. 아직 할 일이 많지만 언젠가는 우리가 물러나고 새로운 정부가 들어설 시기가 온다는 것을 인정할 수밖에 없었다. 흔히 임기가 끝나가는 대통령은 중대한 문제를 마무리하고 떠나기를 원했다. '귀신도, 아는 귀신이 낫다.'는 말을 그제야 공감할 수 있었다.

무엇보다도 김정일이 과연 어떻게 나올지 궁금했다. 그는 2008년 초반부에는 부시 행정부와 '담판을 지을' 것처럼 행동했다. 2007년에 북한이 자기 의무를 충실히 이행하고 국제원자력기구와 미국의 핵 사찰을 허용해 분위기가 꽤 부드러워진 적도 있었다. 언론에서는 사찰단이 '북한을 이 잡듯 뒤지고 다니면서' 핵무기 개발에 관련된 설비를 못쓰게 만들었다. 그즈음 한국에서는 강경파 대통령이 당선되었다. 이러한 상황 전개는 미-중국 관계의 기반을 안정시키는 데 크게 기여했다. 2008년 겨울에는 북한을 설득할 수 있을 것 같다는 생각이 들 정도로 분위기가 좋았다. 북한은 테러 행위에 관여하거나 이를 지원한 국가들을 뜻하는 테러리스트 명단에서 벗어나기를 간절히 원했다. 강력한 제재를 받기는 했지만 국제사회에 그들의 뜻을 충분히 전달했다고 생각하는 모양이었다. 하지만 우리는 지난해에 크리스 힐과 김계관이 마련한 단계별 계획에 따라 핵시설 및 개발 현황 등을 모두 공개하라고 압력을 가했다. 그래도 상황은 조금씩 개선되고 있었으며 한국의 새 대통령이 좋은 분위기에서 취임식을 하게 되어 다행이라고 생각했다.

나는 미 대표단을 이끌고 취임식에 참석했다. 덕분에 함께 초대받은 피츠버그 스틸러스의 리시버로 활동하는 하인스 워드를 만날 수 있었다. 한국계 혼혈인 그는 한복을 입고 취임식에 참석해 사람들에게 큰 호응을 얻었다. 무대 위에 앉아 그곳에 모여든 거대한 인파를 보니 이 나라가 한국전 이후로 철저한 반공주의자 이승만과 같은 독재자들에게 시달리다 민주주의를 확립한 지 20년밖에 되지 않았다는 점이 믿기지 않았다. 보수적인 비즈니스맨에서 정치가로 변신한 이명박 대통령은 국민들에게 인사한 뒤 군대를 사열했다. 한때 군사 독재 정권에 시달리던 나라에서 이런 장면을 보니 더욱 감회가 새로웠다. 그러고 나서 서울필하모닉오케스트라가 베토벤의 환희의 송가를 연주했다. 자유를 기념하는 역사적인 행사에 잘 어울리는 선곡이었다.

그날 오후에 신임 대통령을 직접 만나보았다. 그가 너무 바쁜 데다 들떠 있어 북한 문제는 아주 잠깐 언급하는 것으로 만족해야 했다. 아무튼 그가 북한 국민들에 대한 편견 없는 동정심을 가지고 있다는 사실에 깊은 감동을 받았다.

"북한 주민들은 우리의 형제자매입니다."

몇 년 전 내가 만났던 정부 관료들은 혹시라도 통일이 되면 '머리가 어떻게 된 것이 분명한 난쟁이들'과 어떻게 함께 사느냐며 한숨을 내쉬었는데,

이 대통령은 그들과 매우 대조적이었다. 우리 정부는 이미 제이 레프코위츠를 미국의 북한 인권 특사로 임명했다. 나와 함께 백악관에서 근무했던 워싱턴 출신 변호사 제이는 어떻게든 북한에 직접 건너가 문제를 해결할 방안을 찾으려고 백방으로 노력했다. 수많은 평론가와 일부 의원들은 국무부가 북한의 인권 문제에 미온적으로 대처한다고 비난했다. 하지만 한국이 확실한 동반자 역할을 해주지 않는 상태에서 국무부 혼자서는 아무것도 할 수 없었다. 이를테면, 노 대통령은 대북 방송을 거부해 우리에게 실망을 안겼다. 이제 38선 이북의 인권 문제에 눈뜬 대통령이 한국에 등장했으므로 새로운 마음으로 시작해보면 좋겠다는 생각이 들었다. 부시 대통령의 임기가 얼마 남지 않은 것이 아쉬웠지만 시도할 만한 가치가 충분히 있었다.

다음 날 중국 방문 일정을 논하려고 그날 저녁 대통령에게 전화를 걸었다가 "아시아 지역 자유 의제에서 이 대통령이 아주 든든한 파트너가 될 것 같습니다."라고 보고했다. 부시 대통령과 이 대통령이 함께 일할 시간이 길지 않다는 사실이 그저 안타까울 뿐이었다.

중국도 조지 W. 부시 대통령의 퇴임이 끝나간다는 사실을 매우 아쉬워했다. 2001년 하이난 섬에 미국 비행기가 추락한 사건이나 타이완 무기 매매 등으로 서로 얼굴을 붉히기도 했지만 이미 미운 정 고운 정이 많이 들어버렸다. 지난 8년을 돌이켜보니 중국 정부에 실망하거나 화를 낸 적도 참 많았다. 우리는 중국이 싫어하는 줄 알면서도 인권 문제와 티베트 사태를 계속 거론했으며 그때마다 중국은 잘 참아냈다. 대통령이 백악관 관저에서 달라이 라마를 계속 만날 때도 중국 정부는 모르는 척했다. 부시 대통령이 2007년 달라이 라마에게 의회 금메달을 수여할 때 중국이 거세게 항의했지만 그것도 잠시일 뿐 금세 잠잠해졌다. 사실 우리도 미리 정해 둔 원칙이 있었다. 중국 정부를 존중하지만 인권 문제만은 양보하지 않겠다는 방침이었다. 하루가 다르게 발전하는 중국에서 시간은 독재주의의 편이 아니라는 확신이 있었다.

우리는 중국 정부에 그들의 경제 성장이 국제 경제에 크게 기여한다고 수차례 말해주었다. 그리고 경제처럼 정치도 자유화를 추진하는 것이 좋을 거라고 조언했지만 뒤의 말은 한 귀로 듣고 다른 귀로 흘려버린 모양이었다. 하지만 중국도 정치 변화를 피할 수 없을 거라고 예상했다. 노동 불안, 소수민족의 폭동, 공산품 안전에 대한 부주의, 인터넷 규제, 조잡한 건축 때문에 수많은 인명 피해를 초래한 대형 사고의 반복은 중국 경제 발전에 심각한 위협을 가했다. 철저한 상하 위계질서와 엄격한 정치 제도가 이런 문제를 효과적으로 처리할 수 있지 않느냐고 반문하는 사람도 있을 것이다.

그러나 이 나라의 내부 구조는 용암처럼 뜨거워 금방이라도 폭발할 기세인데 정부가 힘으로 어누르는 것뿐이었다. 나는 열기라도 살짝 빼주었으면 좋겠다고 생각했다. 아마도 그 때문에 원자바오 총리가 몇 번이고 정치 개혁의 필요성을 조심스레 거론했던 것 같다. 2012년 당 대회를 준비하는 공산주의 관료들 중에서 몇몇은 역사상 유례없이 급격한 사회와 경제적 변혁이 야기한 긴장 상태의 심각성을 깨닫고 있었다. 다들 속으로 '고르바초프의 전례를 따르지 않으면서 자유화 정책을 성공시키려면 어떻게 해야 할까?'라는 의문을 품고 있었을 것이다.

미국은 중국 민주화를 계속 지지할 생각이었다. 아니, 그렇게 해야만 했다. 중국만큼 거대하고 복잡한 나라의 경우, 미국이 국내 개발에 직접 관여하기란 거의 불가능했다. 원래 경제 발전이란 개방 시장을 잘 활용하고 대학 교육이나 기업 근무 등을 통해 국민들이 바깥 세상에 눈을 뜨면서 이루어지는 것이었다. 괜히 정면으로 나섰다가는 면박을 당하거나 역효과를 낼 우려가 컸다.

상황이 이렇다 보니 대통령이 베이징 올림픽 참석을 고민할 이유가 없었다. 중국에게는 커밍아웃 파티와 다름없었다. 여기서 뭔가 얻어내려고 시도했다가는 중국 정부가 크게 화를 내며 거부할 기세였다. 대통령은 오래전부터 순수한 스포츠 행사 차원에서 올림픽에 참석할 것이며 보상 문제는 거론하지 않을 것이라고 누누이 말했다. 이런 식으로 중국에게 달라이 라마의 경우처럼 필요한 경우에는 확고하게 맞서지만 올림픽과 같은 상황에서는 당연히 중국 정부를 존중하는 정부의 입장을 분명히 전할 계획이었다.

때로는 생각지 못한 곳에서 일이 풀리기 시작했다. 대만의 경우가 그랬다. 천수이볜 대만 총통은 취임 첫날부터 중국뿐만 아니라 우리 정부에게도 눈엣가시였다. 중국 본토와 대만의 불편한 관계를 가리키는 대만해협 문제는 국제사회가 직면한 문제 중에서도 가장 다루기 힘든 것이었다. 무엇보다 두 나라의 갈등이 본격적으로 수면 위에 떠오르지 못하게 해야 했다. 미국은 중국이 도발 행위를 하거나 공격할 경우, 대만을 도와주기로 되어 있었다. 그런데 대만이 중국에 선제 공격을 가할 경우에 대만 편을 들어서 전혀 좋을 것이 없다는 점이 우리 정부와 대만 총통의 문제였다.

국민당은 1949년 중국혁명 직후 대만으로 몸을 숨겼다. 그때부터 이 섬나라는 경제적으로 성장하기 시작했으며 결국 민주주의 정부를 세웠다. 중국은 대만이 본토와 다시 합쳐야 한다고 여겼으며 대만은 중국 본토가 그들의 것이라고 주장했다. 그러다 중국의 세력이 커지자 대만은 자치 정부를 유지하는 데 주력했다. 미국은 대만이 민주주의 정부를 고수하는 것을 지지했지만 정식 독립 선언에 동조한 것은 아니었다. 천수이볜은 독립 선언이라는 낭떠러지로 계속 다가섰다. 이는 양측 모두 현 상태를 바꾸려 하지 않겠다는 협의를 어기는 행위였다.

2007년 말에 천수이볜은 대만이라는 이름으로 UN에 가입하기 위해 국민 투표를 실시한다고 발표했다. 사실 이것은 국민들이 나라의 독립에 찬성하는 투표를 하도록 유도하는 얄팍한 눈속임이었다. 중국은 초조함을 감추지 못하며 모든 방법을 동원해 보복할 것이라고 으름장을 놓았다. 우리 정부는 국민 투표가 중국 정부에 도전장을 내미는 행위라고 판단해 공식적으로 이를 규탄한다고 발표했다.

부시 행정부는 대만과 오랫동안 우호적인 관계를 유지했다. 의회가 무기 거래를 지지할 수 있도록 행정부가 손을 써주었으며 세계보건기구 같은 국제기구에 대만 정부가 참여하게 해 달라고 중국을 설득하기도 했다. 따라서 천수이볜이 워싱턴에 얼마 남지 않은 지지 세력에게 도움을 요청했을 때 아무도 동정심을 보이지 않았다. 하원의원 몇 사람에게 전화가 왔지만 대만 총통을 정식으로 지지하는 입장을 표명한 사람은 없었다.

이명박 대통령 취임식 다음 날에 베이징을 방문했다. 중국 외교부장이 기자들 앞에서 대만의 국민 투표가 도발 행위라는 말을 한 번 더 해 달라고 부탁했다. 사실 나는 중국이 이런 요청을 하리라고 예상해서 대통령과 미리 상의했다. 언론 기자들은 쉴 새 없이 질문을 던졌으며 비상한 관심을 보였다. 나는 '도발 행위'라는 표현은 쓰지 않고 미리 준비한 대로 대만 정부의 행보를 강하게 비난했다. 인터뷰 장면은 국내 방송에 수없이 반복해서 보도되었으며 대만에서도 방영되었다. 그러자 국민 투표 지지율이 급격하게 하락했다. 자칫하면 대만과 미국의 관계가 큰 타격을 입을 수 있다는 점을 대다수 국민들이 파악했다는 증거였다.

대만 문제가 일단락되고 부시 대통령이 올림픽 참석을 결정하자 미-중 관계는 매우 부드러워졌다. 또한 중국 정부는 우리가 북한 문제를 해결하려고 온갖 애를 쓰는 것을 잘 알고 있었다. 양제츠 외교부장은 이렇게 말했다.

"부시 대통령의 현재 외교 방침이 차기 대통령에게 그대로 이어졌으면 좋겠습니다."

"대통령이 바뀌면 정책도 달라지기 마련입니다. (정치 고문이자 대사로 일할 때) 워싱턴에 계셨으니 잘 아시지 않습니까?"

"그렇기는 하지만 희망을 버리고 싶지 않군요."

몇 달 후 지진으로 7,000명의 사상자가 발생한 쓰촨성의 성도를 방문했다. 다행히 이재민 수용소는 매우 질서정연했다. 그곳 시민들은 최대 3년 정도 그곳에 머물러야 했지만 수용소 시설에 만족하는 표정이었다. 열두 살짜리 남자아이가 내게 다가와서 "미국에서 오신 귀한 분이시라고 들었어요."라며 말을 걸었다. 그렇다고 하자 아이는 활짝 웃으며 나에게 안겼다. 이렇게 남녀노소를 불문하고 내가 미국에서 왔다는 이유로 환영해주는 사람들을 만날 때면 정말 기분이 좋았다. 그런데 이곳에서 중국의 눈부신 경제 성장을 의심할 만한 광경을 보고 말았다. 또 다른 이재민 수용소로 가려고 어느 마을을 지나는데 19세기 농촌을 방불케 하는 풍경이 펼쳐졌다. 화려하고 세련된 도심지에서 불과 몇 킬로미터 떨어졌을 뿐인데 상황이 너무 열악했다.

'이게 바로 중국의 발목을 잡는 문제로구나.'

중국 정부는 지금까지 5억 명 이상의 국민들을 가난에서 구해냈지만 아직도 갈 길이 멀다는 생각이 들었다. 결국 빈부 격차가 걷잡을 수 없이 벌어지고 있었다. 공산주의 정부가 이 문제를 과연 어떻게 처리할지 의아했다.

그 후로 중국의 경제 성장을 바라보는 시각이 달라졌다. 여전히 중국 경제는 불안하고 어지러운 요소가 많았다. 나는 미·중 관계의 중요성을 다시금 실감하면서 워싱턴으로 돌아왔다. 국제사회가 신흥 세계 강국의 등장을 언제나 우호적으로 반긴 것은 아니었다. 우리가 믿을 것이라고는 동맹국과의 끈끈한 연합과 협조뿐이었다. 태평양 지역에서는 군사력으로 보나 경제력으로 보나 미국이 단연 우세였다. 한국, 일본, 오스트레일리아는 그들의 입지를 잘 관리할 줄 알며 민주주의를 절대적으로 신봉했기에 우리 정부에게 둘도 없이 귀한 존재였다.

그러나 시간이 흐를수록 일본의 분위기가 심상치 않았다. 사실 이 나라는 관료 제도와 경제 개혁이 절실했지만 차일피일 미루고 있었다. 고이즈미 총리는 이 문제의 심각성을 예리하게 느끼고 조속히 해결하려 했다. 하지만 그가 물러나자 일본 정부는 다시 합의 정치로 되돌아갔다.

총리가 바뀌어도 일본은 늘 제자리걸음만 했다. 경제는 날로 침체되는 데다 주변 국가와 해묵은 적대감을 떨치지 못하고 시간만 보내고 있는 모습은 답답하기 짝이 없었다. 일본 사람들이 나를 삐딱하게 보는 것도 부담스러웠다. 그들은 내가 북한 핵 문제에만 관심이 있고 납치 사건은 안중에도 없다고 생각했다. 납치 사건에 대한 북한 정부의 해명을 얻으려면 미 정부를 견제해야 하므로 6자 회담은 실패하는 것이 낫다고 여기는 것이 아닌가 하는 의문이 들 정도였다.

남은 임기 동안 두 가지 문제의 연관성을 생각하지 않으려고 부단히 노력해야 했다. 우리는 일본인 납치 문제를 해명하라고 북한 정부에 요청했으며, 북한의 핵무기 개발을 저지하거나 중단할 수만 있다면 그렇게 할 것이라는 말밖에 할 수 없었다. 그런 입장을 유지하는 것도 여간 어렵지 않았다. 대통령의 오랜 친구이자 텍사스 목장의 공동 소유주인 톰 시퍼가 (오스트레일리아를 거쳐) 일본에서 대사로 근무하고 있었다. 그는 좋은 사람이었지만 가끔 일관성 없는 태도를 보였다. 한번은 그가 일본 정부의 불만을 나에게 전하지 않고 곧장 대통령에게 보고했다. 그래서 나는 톰에게 적절한 지휘 계통을 다시 설명해주었다. 그가 일부러 나를 무시한 것은 아니었으며 두 번 다시 그런 문제가 생기지 않았다. 일본은 워낙 예민한 나라여서 일본 대사 노릇을 하기란 매우 고된 일이었다. 변화무쌍한 아시아 지역에서 일본은 당당하고 신뢰할 만한 동반자가 되어주었으며 우리는 그러한 모습이 계속되기를 바랐다. 2006년에 고이즈미 준이치로의 임기가 끝나면서 그 기대는 산산조각이 나고 말았다.

50

올메르트가 손을 내밀다

아시아 순방에서 돌아오자마자 숨 돌릴 겨를도 없이 중동으로 향했다. 봄이 다가올수록 팔레스타인과 이스라엘 기본 협정의 전망도 밝아졌다. 1월에 대통령이 중동을 방문했을 때 올메르트는 협상을 성공시키려는 강한 의지를 보였다. 아나폴리스 콘퍼런스 이후로 그는 치피 리브니를 협상 전반에 내세웠고 압바스는 아부 알라에게 협상을 맡겼다. 이는 서로 균형이 맞지 않는 대결이었다. 팔레스타인은 15년 이상 협상을 끌어오면서 많은 경험을 쌓았기에 지도를 손바닥 들여다보듯 알고 있었으며 특정 표현의 뉘앙스나 분쟁에 얽힌 뒷이야기도 모르는 것이 없었다. 치피 리브니는 스스로 많이 부족하다며 그만큼 더 많이 노력하겠다고 했다. 나는 팔레스타인을 찾는 횟수가 더 늘어났다. 이스라엘과 팔레스타인 대표를 각각 만나기도 했으며 둘을 한자리에 모아 이야기할 때도 있었다. 협상은 빠르게 진전되지는 않았지만 꾸준하게 발전하는 모습을 보였다. 한번은 치피 리브니가 아리엘의 이스라엘 정착에 대한 팔레스타인의 우려를 제대로 이해할 필요가 있다며 함께 현장을 다녀오자고 제안했다. 양측 모두 협상에 최선을 다한다는 증거였다.

3월에만 이 지역을 두 번 방문했는데 4월에 또다시 방문하게 되었다. 이제는 페르시아만협력회의에서 아랍 수반들을 만나 이라크, 아프가니스탄, 아나폴리스에 이르기까지 모든 문제를 논하는 것이 으레 반복되는 일정으로 자리 잡았다. 그다음 순서가 팔레스타인과 이스라엘 방문이었다. 예루살렘에 가면 올메르트의 사택에서 저녁 식사를 하는 것이 더 이상 어색하지 않았다. 처음에는 오래전부터 내 곁을 지킨 엘리엇 아브람스, 데이비드 웰치, 이스라엘 대사를 데려갔다. 올메르트는 가장 신임하는 고문인 샬롬 투르게만과 요람 투르보위츠를 불렀다. 식사가 끝나면 올메르트와 나는 서재로 자리를 옮겼다. 그는 담배를 피우고 나는 차를 마시면서 여러 문제를 심도 있게 논의했다.

그런데 5월에 예루살렘을 방문했을 때는 올메르트가 단둘이 저녁을 먹자고 제안했다. 예기치 못한 상황이라 조금 놀랐지만 예전에도 그렇게 만난 적이 있었으므로 대수롭지 않게 받아들였다. 올메르트의 집에 도착하자 그는 곧장 본론으로 들어갔다.

"치피 리브니는 정말 열심히 노력하고 있습니다. 나는 그 사람을 절대적으로 믿습니다."

그가 무슨 꿍꿍이로 그렇게 말하는지 이해할 수 없었다. 내 마음을 들여다보기라도 하듯 올메르트는 말을 계속 이었다.

"문제는 아부 알라와 협상하면 제때 결론이 나지 않을 것이라는 점입니다. 라이스 장관님의 임기가 끝나기 전에 이스라엘은 팔레스타인과 이 문제를 마무리해야 합니다."

그는 대답할 겨를도 주지 않고 계속 말했다.

"제가 직접 아부 마젠과 담판을 짓고 싶습니다."

아부 마젠은 마흐무드 압바스의 가명이었다.

"장관님은 내일 압바스를 만나실 거죠? 제가 사람 하나를 임명할 거라고 전해주십시오. 이미 마음에 정해 둔 사람이 있습니다. 퇴역 판사인데 신임할 만한 인물입니다. 아부 마젠도 믿을 만한 사람을 찾아야 할 겁니다. 서너 페이지 분량으로 협상문을 완성해서 치피와 아부 알라에게 검토를 맡기겠습니다."

나는 그의 아이디어와 현재 치피가 맡은 임무의 관련성을 설명해보라고 했다. 치피에게는 이런 계획을 전혀 알리지 않은 눈치였고 상황이 어색해질 것이 분명했다. 그런데 올메르트는 내 말을 끝까지 듣지도 않고 자기 말만 계속했다.

"그가 원하는 게 뭔지 잘 압니다. 난민과 예루살렘에 대한 해결책이 필요하겠지요. 땅은 충분히 주겠습니다. 94퍼센트까지 맞교환할 수도 있습니다. 예루살렘은 저도 생각이 있습니다. 수도를 둘로 만들어야겠지요. 예루살렘 서쪽을 우리 수도로 삼고 동쪽은 팔레스타인이 갖는 겁니다. 공동 시의회 의장은 인구 비례로 선출하면 되겠지요. 그러니까 이스라엘이 시장을 맡고 팔레스타인이 부시장을 맡을 겁니다. 그들도 예루살렘에 접근하도록 허용하는 대신 도시 치안을 우리가 계속 관리해야 합니다."

'재고할 가치조차 없는 말'이었다. 그래도 나는 꾹 참고 그의 말을 들어주려고 무진장 애를 썼다. 속으로 '기가 막힌다.'라는 말만 되뇌어야 했다. 이런 기분을 아는지 모르는지 그는 계속 말을 이어갔다.

"팔레스타인 사람들을 오천 명 정도 받아주는 것도 가능합니다. 이산가족 상봉이라고 생각하지 않았으면 좋겠습니다. 그들은 다른 민족과 이미 교류가 너무 많으니까요. 팔레스타인은 이미 통제하기 어려운 상태입니다. 예루살렘을 어떻게 관리해야 할지도 생각해보았습니다. 일단 위원회를 하나 만들어야겠어요. 정부 관료가 아니라 요르단, 사우디아라비아, 팔레스타인, 미국, 이스라엘의 지식인들로 구성하면 좋을 것 같습니다. 정치적 측면을 제외한 그 밖의 문제를 이들에게 맡길까 합니다."

나는 내 귀를 의심했다. '예루살렘을 반으로 나누는 것도 모자라서 국제위원회에 도시를 맡기겠다는 건가? 이 사람이 정말 이스라엘 총리란 말인가? 아무튼 침착하자. 지금은 잘 들어야 해. 따로 기록할까? 아니야. 기록하는 것은 좀 위험해. 밖으로 새어 나가면 어떻게 하지? 아니, 그럴 위험은 없어. 우리 둘뿐이니까 괜찮을 거야.'

올메르트는 속사포처럼 계속 떠들었다.

"안보 문제는 라이스 장관이 도와주셔야 합니다. 이스라엘 방위군이 여러 요구사항을 내놓았는데 그중 얼마쯤은 수용할 만합니다. 그런데 팔레스타인은 무조건 싫다고 합니다. 미국이 나서 군이 만족할 수 있게 손을 써주시면 좋겠습니다. 바라크가 많이 도와드릴 겁니다. 이 거래는 이스라엘 방위군이 이스라엘 안보에 위협이 된다고 반대하면 어쩔 도리가 없습니다. 다른 사람이 이스라엘 총리라 해도 마찬가지입니다. 한 가지 더 당부할 말이 있습니다. 저와 미리 상의하지 않은 제안을 할 생각은 마십시오. 그런 식으로 저를 당혹하게 만드시면 안 됩니다. 지금 저는 엄청난 위험을 감수하면서 이렇게 말씀드리는 겁니다. 미국도 제게 그만한 도리를 지켜야 합니다."

올메르트는 앞으로 몸을 바짝 숙이고 있었다. 둘 다 앞에 차려진 음식은 손도 대지 않았다. 서빙 직원들도 올메르트가 손짓을 하자 자리를 비켜주었다. 올메르트는 장광설을 끝낸 후 약간 지친 표정으로 의자에 몸을 기댔다.

"잘 알겠습니다. 매우 중대한 사안이라는 것을 알겠습니다. 저도 도와드리고 싶습니다. 내일 아부 마젠에게 잘 이야기해보겠습니다."

내가 이렇게 약속하자 그는 또다시 이렇게 당부했다.

"주변 사람들이 듣지 못하게 장소를 잘 가려서 이야기를 꺼내십시오."

저녁 식사를 마친 후 황급히 숙소로 돌아와서 데이비드와 엘리엇에게 이 사실을 알렸다. 단, 국제위원회에 성지 감독을 맡기자는 제안은 입 밖에 꺼내지 않았다. 두 사람을 못 믿는 것은 아니지만 행여나 말실수라도 해서 올메르트를 곤경에 빠트릴까 두려웠다. "아무에게도 알리지 마십시오."라고 몇 번이고 신신당부한 뒤 스티븐 해들리에게 전화를 걸었다. 보안선으로 통화하는데도 불안한 마음을 떨칠 수 없었다. 내가 있는 곳이 이스라엘 내의 호텔이다 보니 어디서 누가 엿듣고 있을지 가늠할 수 없었다.

"대통령께서 올메르트를 제대로 보셨다고 전해주십시오. 그는 지금 협상을 원합니다. 아니, 더 정확히 말해서 협상을 마무리하려고 안달이 나 있습니다."

그 순간, 오래전에 암살된 이츠하크 라빈이 생각났다. 그가 추진하던 일은 이번에 올메르트가 구상한 것에 비하면 별것 아니었는데도 목숨을 잃어야 했다. 수화기를 내려놓고 창밖을 내다보며 생각에 잠겼다.

'어쩌면 이번에는 일이 잘될지 몰라.'

다음 날 압바스를 만나러 갔다. 집무실에 붙어 있는 조그만 접견실로 자리를 옮긴 뒤에 올메르트의 제안을 자세히 설명해주었다. 압바스의 반응은 꽤 적극적이었다.

"팔레스타인 국민들은 사백만이나 됩니다. 그중에서 오천 명만 고향으로 돌아갈 수 있다는 말을 어떻게 꺼낼 수 있겠습니까?"

나는 그 문제를 올메르트에게 직접 말하는 것이 좋겠다고 제안했다.

"직접 올메르트 총리와 담판 지을 준비가 되셨습니까?"

압바스는 누군가를 따로 임명하는 대신 본인이 직접 처리하겠다고 했다. 파타의 분위기나 정치적 성향으로 미루어보건대 아부 알라를 피할 수 없었다. 아부 알라는 당내에서 종종 압바스와 대결 구도를 만들었다.

'앞으로 문제가 생기겠군. 일단 지금은 둘을 만나게 하는 것이 중요해. 그때 가서 어떻게 되는지 보고 결정하면 돼. 한 번에 하나씩 해나가는 거야.'

나는 그곳을 떠나기 직전 올메르트 총리에게 전화를 걸었다. 압바스가 직접 나서려 한다고 전하자 올메르트는 자리를 마련하겠다고 했다.

"그러면 두 분은 어떤 언어로 말씀을 나누실 겁니까?"

"영어로 해야지요."

"압바스는 당신만큼 영어가 유창하지 않습니다. 그에게 불리하지 않겠습니까?"

"그를 불리하게 만들려는 게 아닙니다."

올메르트의 말에는 진심이 담긴 것 같았다.

"좋습니다. 다시 연락드리겠습니다. 그리고 이 문제는 부시 대통령께 보고하겠습니다."

"대통령께 저와 처음 만난 자리를 기억해 달라고 전해주십시오. 그때 제가 거래를 원한다고 말씀드렸으니까요."

워싱턴으로 돌아올 무렵에는 우리 정부가 할 일이 명확하게 보이는 듯했다. 우선 로드맵 협상을 맡은 윌 프레이저 대령에게 속도를 내라고 지시했으며, 특사로 활동한 짐 존스 대령에게 이스라엘 방위군에게 어떤 식으로 접근해 새로운 팔레스타인 국가의 안보 문제를 논할지 구상하라고 부탁했다. 이스라엘의 요구 사항 중 몇 가지는 '지역적 해결책'으로 처리할 수 있을 것 같았다. 그중에는 팔레스타인 국가 내에 요르단 계곡을 지키도록 이스라엘 방위군를 영구 배치하는 방안이 있었다. 요르단 국왕에게 해당 지역의 국경에 요르단 군대와 NATO군을 나란히 배치하도록 설득하면 된다는 생각이 들었다. 일단 NATO의 역할에 대해서 야프 데호프스헤페르 NATO 사무총장에게 설명해주었다. 어떤 행동도 취하지 말고 주변에 알리지도 말라고 신신당부했다. 이스라엘은 요르단을 신뢰하므로 요르단 군대를 받아들일 가능성이 높았다. 요르단은 미 정부의 도움을 거부할 리 만무했다. 펜타곤이나 NATO가 그런 역할을 과연 반길지 확신할 수 없었지만 협상이 성사될 가능성이 큰 만큼 승부수를 던질 만하다고 판단했다. 영공 통제 및 국경 보안과 같은 그 밖의 사항은 기술적으로 해결할 문제였다. 미국이 조기 경보 레이더망에 포착된 정보를 이스라엘과 재빨리 공유하는 동시에 이란의 위협에 대처하도록 도와주는 것이 가능했다. 나는 로버트 게이츠에게 상황을 알린 뒤에 합동참모본부에서 짐 존스를 도울 수 있는지 물어보았다. 본부 내에서는 '평화 협상 과정'으로 보이는 일에 지나치게 관여하는 것을 우려하는 사람들도 있었지만 게이츠는 기꺼이 도와주겠다고 했다. 내가 보기에 이스라엘 안보 문제를 확실하게 해결하지 않고는 협상이 성사될 리 없었다. 새로운 팔레스타인 국가는 지역 안보 및 이스라엘 안보와 무관한 것이 아니라 두 가지 안보 문제를 더욱 강화하는 방식으로 설립해야 했다. 이 문제는 국무부가 해결할 수 없었으므로 펜타곤의 협조가 절실했다.

아랍 주요 국가의 수반들도 상황이 어떻게 전개될 것인지를 제대로 알아야 했다. 압바스가 이미 그들에게 연락했겠지만 나도 그들에게 공식적으로 알려야 할 책임이 있었다. 주미 사우디아라비아 대사 아델 알-주베이르는 국왕이 가장 신임하는 고문이었다. 그의 조부는 국왕의 조부를 측근에서 수행한 정부 관료였다. 혈연관계는 아니지만 왕족과 가족 못지않게 가까운 사이었다. 나는 올메르트의 제안이 마치 내 아이디어인 것처럼 설명했다. 이스라엘을 보호하려면 다른 방법이 없었다. 아델은 이를 철저히 비밀에 부치고 국왕과 긴밀하게 상의하기로 약속했다. 외무장관 사우드 알-파이살에게도 알릴 거라는 느낌이 들었지만 개의치 않았다. 사우디아라비아 사람들은 함부로 소문내는 일이 없기에 그냥 믿기로 했다.

중동 지역을 떠나기 전에 요르단 국왕을 만나보았다. 확약을 요구하지 않았지만 협상이 임박하면 그도 동의할 것이라는 확신이 들었다. 사실 협상이 코앞에 보이기 전까지는 아랍 국가 중에서 확실하게 지지를 표명한 나라가 하나도 없었다. 내 소임은 올메르트와 압바스를 그 단계까지 유도하는 것이었다. 아랍 국가들에게 도움을 구하는 것은 그때 가서 할 일이었다.

문제는 이집트였다. 이 나라 사람들은 비밀을 지키는 법이 없었다. 그렇지만 외무장관은 믿어보기로 했다. 무바라크의 최측근 인사이자 정보 부서 책임자인 오마르 술레이만도 불렀다. 이집트 대통령은 측근들에게 이번 시도가 결코 성공하지 못할 것이며 내가 절망의 나락으로 떨어질 것이라고 말한 것 같았다. 물론 내 앞에서는 그런 말을 늘어놓은 적이 한 번도 없었다. 사실 무바라크는 2005년 6월 내가 카이로에서 이집트 정치 혁명을 강력하게 요구한 연설 때문에 화가 풀리지 않은 상태였다. 그 점을 알고 있었지만 이번 협상을 성사시키려면 이집트를 제외할 수 없었다.

대통령은 스티븐 해들리와 나를 집무실로 호출했다. 대통령이 입을 열었다.
"그는 지금 상당히 진지합니다."
"그렇습니다. 자신에게 남은 시간이 얼마 없다는 것도 잘 알고요."
올메르트를 둘러싸고 온갖 이상한 소문이 돌았다. 정치 기부금을 개인 자금으로 빼돌렸다는 주장을 포함해서 각종 부정에 대한 조사가 시작되었다. '고발' 하겠다는 말도 심심찮게 들렸지만 우리는 개의치 않고 상황이 허락하는 한 올메르트와 협조해 일을 추진하기로 결정했다. 나는 아부 알라와 치피 리브니가 조금이라도 의견 차이를 좁힐 수 있도록 모든 노력을 기울였다. 아나폴리스에서 기대했던 방식은 아니었지만 성공 가능성이 있기에 도전해보기로 했다.

5월에 이스라엘 출범 60주년 기념 행사에 참석하려고 이스라엘을 방문했다. 부시 대통령은 이스라엘 국회에서 연설했다. 조지 W. 부시 대통령을 가장 든든한 벗으로 여기는 것이 분명했다. 대통령은 이스라엘이 오랫동안 어려움과 불안을 겪어온 것에 깊이 유감을 표했다.

연설문 내용은 이미 검토한 후 동의한 것이었는데 막상 들어보니 아쉬운 점이 많았다. 이 기회에 이스라엘이 어려운 결정을 내려야 한다고 촉구했어야 했는데 평화 협상 과정은 언급조차 없었다.

'내가 무슨 정신으로 그랬지?'

후회해도 소용이 없었다. 미-이스라엘의 우정을 돈독히 하는 데는 성공했지만 외교상 절호의 기회를 놓친 것이 못내 아쉬웠다. 공식석상에서 이스라엘에게 과감한 결정을 요구했다면 일이 잘못되었을지도 모른다. 당시 올메르트는 법적, 정치적 문제에 휘말리고 있었으므로 어떻게든 그를 지켜주어야 했다. 대통령은 나중에야 이스라엘 국회의원들이 올메르트를 의심스럽게 쳐다보고 자기들끼리 수군거리는 모습이 마치 먹이를 노리는 상어 떼 같았다고 말했다. 아주 적절한 비유였다. 올메르트 총리의 운명은 이제 돌이킬 수 없었다.

이스라엘-팔레스타인 분쟁은 시간이 오래 걸릴 징후를 보였다. 그동안 우리 정부가 미온적이라고 비난하더니 이제는 언론은 물론 팔레스타인 분쟁 전문가들까지 나서 우리 정부가 시간을 낭비하고 있다며 공격했다. 내가 팔레스타인을 드나들어도 눈에 띄는 성과가 없다며 손가락질하는 사람들이 늘어났다. 〈루터스〉의 아샤드 무하마드를 비롯한 많은 기자들이 우리 정부의 목적이 무엇이냐며 집요하게 추궁했다. 나는 아부 알라와 치피 리브니를 만난 뒤에도 양측이 매우 진지하게 협상에 임했다는 말밖에 할 수 없었다. 실제로 두 사람은 꼼꼼하게 해결 방안을 검토했으며 1967년 협정에 따라 협상을 진행할 가능성을 인정하는 등 적잖은 성과를 내고 있었다(치피 리브니는 현재 인구 분포 현실, 즉 정착 문제를 심각하게 고려하고 있다고 누군가 말했다). 올메르트와 압바스에 대해서는 기자들에게 더 할 말이 없었다. 나는 그들이 뭐라고 하든 꾹 눌러 참기로 했다.

'정신 똑바로 차리자. 자존심 때문에 일을 그르치면 안 돼. 그들은 알지도 못하고 제멋대로 떠드는 것뿐이야.'

아직도 할 일이 태산같이 남아 있었다. 임기 마지막 해가 되자 세계 각국을 '마지막으로 한 번 더 방문' 하기로 한 약속을 지킬 수 없겠다는 생각이 들었다. 솔직히 내 머릿속에는 중동 평화 협상밖에 없었다. 조금만 더 노력하면 이라크가 안정을 되찾고 아프가니스탄의 험악한 분위기를 뒤집을 방법이 나올 것 같았다. 나아가서 북한과 이란의 핵 프로그램이 더 이상 진전되지 않게 하려면 6자 회담과 P5+1도 늦기 전에 손을 써야 했다. 5월 30일에는 아이슬란드에 잠깐 들렀다. F-15 전투기 4대와 남녀 군인 1,200명을 케플라비크 기지에서 세계의 다른 지역으로 재배치하도록 동의해준 것에 대해 고마움의 표시로 약속한 방문 일정이었다. 군 철수는 더 이상 아이슬란드 영공이 구 소련에게 위협당할 이유가 없다며 2001년에 도널드 럼즈펠드가 처음 이야기를 꺼냈다. 아이슬란드는 1951년 미국-아이슬란드공화국 협정을 어겼다며 난리였다. 5년이나 걸렸지만 추후 협력 관계를 확인하고 적정선에서 미군 철수 계획에 동의를 얻었다. 화산바위에 자리 잡은 아이슬란드에 머문 기간은 매우 짧았지만 엄청난 논란에 휘말렸다. 도착해보니 아이슬란드 의회는 관타나모수용소 규탄 결의를 채택한 상태였다. 기자회견장에서 나는 의회가 이 문제를 맡고 있으며, 벨기에 정부 관계자가 관타나모수용소를 둘러본 뒤 '모범적인 수용소'라고 말했다고 전했다. 왜 이런 변명까지 해야 하는지 이해할 수 없었다. 외교 업무가 아닌 것에 시간을 허비하고 싶지 않았지만 피할 수 없는 상황이었다.

라틴아메리카에는 약속만 지키려고 들른 것이 아니었다. 진심으로 다시 가보고 싶어서 3월 중에 가까스로 이틀의 시간을 낼 수 있었다. 칠레에 머문 시간은 쏜살같이 지나가버려서 더욱 아쉬웠다. 알레한드로 폭슬리 외무장관은 말이 잘 통하는 사람이었다. 짧은 방문이었지만 2007년에는 교육교류 프로그램을 수립했고, 2008년에는 칠레-캘리포니아 파트너십을 체결했다. 알레한드로는 외무장관이 된 지 얼마 지나지 않아서 국민들의 영어 실력을 향상시켜 미국에서 대학원 과정을 밟도록 준비시키려고 했다. 우리는 관료제를 잘 활용하면 그런 문제도 생각보다 빨리 해결할 수 있다며 용기를 북돋아주었다.

나는 교육 교류가 무엇보다 중요하다고 믿는 사람이다. 스탠퍼드대학에 재직할 때, 미국으로 건너와 이 나라의 가치관을 새롭게 배우는 유학생들을 직접 만나본 영향이 아무래도 클 것이다. 우리는 함께 동유럽 및 구 소련 지역 유학생들을 위해 '새로운 민주주의 펠로'를 시작했다. 종종 그 프로그램에 참가한 학생들이 정부 고관이나 대기업 간부로 활동하는 것을 보면 매우 흐뭇하다. 이를테면, 내게서 박사 학위를 받은 알렉세이 시트니코프는 러시아 대통령 고문으로 활동하고 있다. 물론 예상을 빗나간 경우도 많았다. 그렇지만 대부분 우리 정부의 방침을 좋아하지 않는 학생들도 생각을 바꾸는 경우가 많았다. 이들 중 상당수는 고국으로 돌아가서 사회 지도층 인사로 활약하기도 한다.

아쉽게도 2001년 9.11테러를 기점으로 미국 유학생은 크게 줄어들었다. 어쩔 수 없이 비자 발급 기준을 강화한 탓에 제때 비자를 받지 못해서 입학 시기를 놓친 학생들도 많았다. 방학에 고국으로 돌아갔다가 새 학기 시작에 맞추어 비자를 준비하는 것도 여간 어려운 일이 아니었다. 이처럼 현실적인 문제에다 미국이 더 이상 유학생을 반기지 않으며, 그들이 또 다른 테러의 주범으로 돌변할까 봐 우려한다는 소문이 퍼지면서 상황은 더욱 악화되었다.

중동 지역은 물론 세계 어느 지역에 가더라도 이 문제가 대두되었다. 한번은 싱가포르 총리를 만나는 자리가 있었는데, 그는 각료 한 사람 한 사람을 직접 소개하면서 모두 미국 유학파라고 덧붙였다.

"지금 미국 정부는 가장 심각한 우를 범하는 겁니다. 현재 싱가포르 젊은이들은 미국 정부가 유학생들을 내몰고 있다고 생각합니다. 그래서 영국 등 다른 나라로 발걸음을 돌리고 있습니다."

부시 대통령은 교환학생 비율이 갑자기 떨어졌다는 소식에 깜짝 놀랐다.

국무장관이 된 후 대통령에게서 "요즘 국내로 들어오는 해외 유학생들은 얼마나 됩니까?"라는 질문을 가장 많이 들었던 것 같다. 2007년이 되어서야 9.11테러 이전 수준으로 돌아왔다.

그렇지만 교육 교류가 여전히 일방통행 같은 느낌을 떨칠 수 없었다. 미국 사람들은 좀처럼 다른 언어를 배우려 하지 않았다. 내가 봐도 편협한 태도였다. 오랫동안 유학 프로그램을 추진했지만 호응이 별로 없었다. 교육부 장관 마거릿 스펠링스와 의기투합해 교환학생 프로그램을 홍보했고, 2006년에는 국제 교육에 대한 미 대학 총장 회담을 마련하기도 했다. 국내 고등 교육 제도의 최대 장점이 다양성이라는 점을 감안해서 커뮤니티 칼리지, 인문대, 국립대, 사립대 등 고루 초청했다. 마거릿은 몇몇 대학 총장과 함께 남아메리카, 중동, 아프리카, 유럽, 아시아를 직접 다니면서 교육의 중요성을 외쳤다.

칠레 방문이 교육 교류를 강조한 것이라면 브라질 방문은 라틴아메리카 소수 인권을 옹호하려는 정부의 의지를 드러낸 것이었다. 이 문제는 내게도 특별한 의미가 있었다. 하지만 언론에서는 중동, 유럽, 아시아 문제가 아니면 좀처럼 관심을 보이지 않았다. 나는 브라질 방문을 계기로 라틴아메리카 지역 외교 확장 의지를 반드시 관철하기로 마음먹었다. 때마침 클리프 소벨 대사가 기막힌 아이디어를 내놓았다. 흑인계 브라질 국민들의 문화 중심지인 바이아주에 직접 가보라는 것이었다.

브라질을 처음 방문한 것은 셰브론 이사로 근무하던 1993년이었다. 그 회사는 이사회 임원의 이름을 따서 유조선에 붙였다. 내 이름을 붙일 차례가 되자 리우에서 닷새 동안 축하 파티를 벌였고, 13만 6,000톤짜리 유조선에 콘돌리자 라이스라는 이름이 붙게 되었다. 셰브론에 근무한 안나 페레스(그녀는 나중에 백악관에서 나의 보좌관으로 근무했다)는 내가 국가안보보좌관이 되자, 테러 집단을 자극할 우려가 있다며 유조선 이름을 바꾸자고 제안했다. 그런 걱정도 무리는 아니었다. 그래서 유조선의 이름은 달라졌지만 잠시나마 내 이름을 붙인 유조선이 있다는 사실만으로도 즐거웠다.

직접 가보니 브라질은 인종 분리가 심각했다. 인종 문제가 없다고 늘 큰 소리치던 모습은 온데간데없었다. 정부 관료는 모두 포르투갈이나 유럽계 사람들이었으며 서비스 업종은 혼혈인, 육체 노동은 흑인으로 구분되어 있었다. 인종 구성은 미국 못지않게 복잡했지만 인권 혁명은 아직 싹도 틔우지 못한 것 같았다.

라틴아메리카 지역의 국가수반들은 인종 차별 해소 및 소수 민족 집단 우대 정책과 관련해 어려움을 많이 겪는다고 자주 털어놓았다. 콜롬비아의 우리베 대통령은 최초로 흑인계 장관을 임명하던 날, 나에게 전화를 하기까지 했다. 내가 먼저 미국 정부가 겪는 어려움을 솔직히 털어놓았기 때문에 그들도 편하게 여긴 것 같다. 사실 나도 가끔 인정했지만 미 국무부는 인종 다양성을 논하기에 적절한 사례는 아니었다. 나는 "종일 다녀봐도 나 같은 흑인은 보이지 않아요."라며 인사 담당자에게 소수 민족의 인물 채용을 늘리라고 종용했다. 루스 데이비스, 에드워드 퍼킨스, 호레스 도슨과 같이 전설적인 흑인 외교관들이 있긴 했지만 흔치 않은 경우였다. 나는 국무부 내 최고 다양성 책임자로 베리 L. 웰스를 임명하고 소수 민족 출신자를 늘리기 위해 '피커링 펠로', '란젤 펠로' 등의 프로그램을 적극 장려했다. 하지만 흑인이 국무장관을 연임한 후로도 국무부의 인종 구성은 거의 달라지지 않았다. 다민족 민주주의 국가의 전형이라는 미국에서 이런 현상이 나타나는 것은 매우 안타까운 일이었다. 콜린도 같은 심정을 토로했다.

미국의 이러한 모습은 매우 실망스러운 수준이었다. 그런데 다른 나라는 이 문제에서 아직 한참 뒤처져 있었다. 룰라 대통령은 자국의 인종 차별 문제가 심각하다며 자성의 목소리를 냈다. 그는 2007년 11월 성명을 통해 이 문제의 개선이 필요하다는 점을 강력히 피력했다. 브라질 수도를 떠나기 전에 나는 미-브라질 인종 차별 근절을 위한 공동 행동 계획에 서명했다. 흑인계 브라질 장관인 에드슨 산토스와 브라질 외무장관 세우수 아모링도 나란히 서명에 참여했다.

그러고 나서 아프리카와 브라질 문화가 절묘하게 어우러진 바히아주로 갔다. 개인적으로 매우 좋아하는 곳으로, 가장 먼저 흑인 노예들이 지은 교회를 방문했다. 일요일에만 시간을 내서 교회를 지었으므로 완공되기까지 100년이나 걸린 건물이었다. 규모는 크지 않지만 기품이 있었으며, 내가 가본 종교 건물 중에서 가장 숭고한 느낌이 들었다. 광장에는 주민들이 일렬로 줄 지어 서 있었다. 저녁 뉴스에 나올 만큼 격렬한 시위를 벌이는 사람들도 있었지만 내 기억 속에는 먼 타국 땅에서 고향 사람을 만난 것처럼 정이 넘치는 눈길로 바라보며 손을 내밀던 흑인들만 남아 있다.

전날 밤, 주지사는 나를 위해 멋진 연회를 마련해주었다. 그동안 딱딱하고 숨 막히는 분위기의 식사에 익숙했지만 그날은 전혀 달랐다. 일단 음식이 아주 훌륭했다. 루이지애나의 할머니가 해주시던 음식 맛이 났다. 식사가 끝난 후 댄스 파티가 이어졌다. 유명한 흑인계 브라질 음악가 질베르토 질의 공연을 본 뒤 모두 자리를 박차고 일어나 신나게 춤을 추었다. 처음에는 실내에서 추다가 테라스로 나가서 산뜻한 밤공기를 느끼며 계속 몸을 흔들었다.

'브라질은 정말 나랑 잘 맞는 것 같아.'

누구든 이 나라에 오면 분명히 내 말에 공감할 것이다.

말리키의 활약

솔직히 바히아주 방문과 같은 일정은 사치스럽게 느껴졌다. 엄밀하게 따지면 그 또한 국무장관이 할 일이었는데도 그런 느낌을 떨칠 수 없었다. 지난해를 돌아보면 우리 정부에게 가장 중요한 일은 중동 문제였다. 이는 부인할 수 없는 현실이었다. 부시 대통령의 임기가 끝나기 전에 이라크를 안정시키는 것보다 더 급한 일은 없었다. 다행스럽게도 상황이 손에 잡히는 느낌은 있었다. 주변에서는 큰 고비를 넘겼다고 했으며, 정부가 '내전'에 관여했다고 매도하던 사람들도 언제 그랬냐는 듯 입을 다물었다.

이라크의 안보 상황은 크게 개선되었다. 그뿐만 아니라 정부도 차츰 자리를 잡고 있었다. 말리키 총리도 철이 들었는지 국가수반다운 모습을 보였다. 하지만 세 번째로 이웃 국가들과 만나는 날인 4월 22일이 다가오자 예전 모습이 다시 엿보였다. 데이비드 웰치의 말이 옳았다. 그날 아침 쿠웨이트에 가보니 1년 전 샤름 엘-셰이크에서 열린 회의 분위기와 다를 게 하나도 없었다. 이라크가 걸어온 가시밭길을 되돌아보는 것으로 회의가 시작되었다.

각 나라 수반들이 차례로 일어나서 이라크 문제가 호전된 것에 축하 인사를 건네며 협조를 약속했다. 나는 데이비드와 라이언 크로커에게 "정말 많이 달라졌군요."라고 말했다.

"굉장히 분위기가 좋아요."

"정말 그렇군요. 아랍 사람들은 이라크 사람들을 좋아하지 않지만 존중해주는 것 같습니다. 더 이상 이라크를 두려워하면서 살고 싶지는 않을 겁니다."

그 말을 듣자 비로소 상황이 이해되기 시작했다. 그런데 이란 대표가 가방에서 엉뚱한 원고를 꺼내 읽기 시작했다. 그는 아직도 이라크의 몰락을 논하며 모든 탓을 미국 정부에게 돌렸다. 그 자리에 있던 사람들의 얼굴에는 못마땅한 기색이 역력했다.

회의 전날 쿠웨이트에 도착해서 라이언 크로커를 대동하고 말리키를 만나러 갔다. 라이언은 나에게 한 가지를 당부했다.

"내일 회의장에서 말을 좀 부드럽게 하라고 하십시오."

"알겠습니다. 그런데 말리키는 내일 무슨 내용을 발표할 예정입니까?"

라이언은 웃음을 참으며 "말리키에게 직접 들어보시지요."라고 했다.

말리키를 만나 내일 회의에서 우리 정부가 원하는 목적을 알려주었다. 그는 다른 나라에게 큰 기대를 걸지 않는다고 하더니 이라크 상황에 대한 이야기만 늘어놓았다. 그런데 회의에서 그가 한 말을 들어보니 라이언이 왜 걱정했는지를 이해할 수 있었다.

"우선 어려운 시기에 함께해준 모든 분들에게 고마움을 전할 겁니다. 특히 처음부터 우리에게 도움을 베푼 미국과 유럽 몇몇 국가들에게 인사할 겁니다."

그러고 나서 말리키는 갑자기 눈을 반짝이며 이렇게 덧붙였다.

"마지막으로 우리 형제들(아랍 국가들을 가리키는 말이었다)에게 속 시원히 한마디를 할 겁니다. '당신들 모두 지옥에 갈 거요!'라고 말입니다."

나는 한바탕 소리 내어 웃은 뒤 이렇게 응수했다.

"알겠습니다. 마지막 부분은 조금 생각해봐야겠네요."

연설 내용은 문제가 없었으나 일각에서 이라크에 대한 의혹의 눈초리를 거두지 않았다는 사실을 꼬집어내고 있었다. 말리키에게는 절호의 기회였다. 갈수록 그가 마음에 들었고 존경심마저 갖게 되었다.

몇 달 전까지만 해도 상상할 수 없는 광경이었다. 2007년이 저물어갈 무렵, 말리키는 거의 폭동에 가까운 반대 세력을 만났다. 그는 주변에 마음을 터놓을 대상이 하나도 없었다. 사실 자기 힘으로 해낼 수 있는 일도 없는 사람이었다. 관계자를 제대로 부르지 않고 비밀리에 회의를 열었거나, 아니면 회의를 열어도 누구 하나 달려오지 않았던 모양이다. 예산안, 원유법, 탈바트당화 표준 채택 등 미 의회가 요청한 것은 어느 것 하나 제대로 진척되지 않았다.

로버트 게이츠는 바그다드에 다녀오더니 탈라바니, 하시미, 부통령 아델 압둘-마흐디가 모의해서 헌법의 힘으로 총리를 몰아내려 한다고 부시 대통령에게 보고했다. 그들의 목표는 국회에서 불신임 투표를 밀어붙이는 것이었다. 미국이 말리키 총리를 더 이상 신임하지 않는다고 하면 투표 결과는 보나마나 말리키의 패배였다. 아예 미국 정부가 말리키를 몰아내줄지도 모른다고 계산한 모양이었다. 로버트는 부시 대통령 앞에서 근심을 감추지 못했다. 강압적인 방법을 동원해서라도 초반에 그들의 음모를 무산시켰어야 했는데 그러지 못했다며 후회하는 것 같았다.

"그들은 우리도 말리키를 탐탁지 않게 여긴다는 것을 알고 있습니다. 그래서 우리가 자신들의 계획을 지지해줄 거라고 생각하는 것 같습니다."

중동에 다녀온 지 얼마 안 되었는데 아나폴리스 콘퍼런스 때문에 다시 바그다드로 갔다. 부시 대통령은 '우리 정부가 말리키를 몰아낼 생각이 없다는 것을 분명히 전달'하라고 지시했다.

바그다드에 도착하자마자 총리를 만나러 갔다. (통역관만 대동한 채) 단독 회담을 요청했다. 중대한 사안인 만큼 다른 이야기로 시간을 낭비하지 않고 곧장 이야기를 꺼냈다.

"총리 각하, 정부 내의 다른 관계자들과 사이가 좋지 않으신 것 같습니다. 저는 오늘 미국이 귀 정부의 와해를 원하지 않는다는 점을 알려드리려고 왔습니다. 우리는 총리가 바뀌는 것을 원하지 않습니다."

그 말을 듣자 말리키의 표정이 한층 밝아졌다. 하지만 나는 진지한 표정으로 말을 이었다. 부시 대통령이 지시한 것보다 더 심한 표현을 썼다.

"하지만 총리께서 문제가 많은 것은 사실입니다. 이건 실망스러운 정도가 아닙니다. 정말 심각합니다. 우리 정부도 그 점은 동의합니다."

그에게 아무 기대를 걸지 않았지만 말리키는 허를 찌르는 대답을 내놓았다.

"이 회담을 얼마나 손꼽아 기다렸는지 모릅니다. 직접 이렇게 와주셔서 감사합니다."

통역관의 말을 들으며 귀를 의심했다.

'내 말을 못 들었나? 문제가 많다고 했는데?'

통역관에게 내 말을 한 번 더 전하라고 지시했다. 이번에도 말리키는 환하게 웃으며 대답했다.

"네, 네, 알겠습니다. 아무튼 이 문제를 논하게 되어 정말 다행입니다."

나는 기가 막혔지만 그냥 넘어가기로 했다.

"그러면 이 문제를 어떻게 헤쳐나갈지 생각해봅시다."

나는 정부 관계자들과 정기적으로 만나는 것을 포함해 몇 가지 행동 방안을 제시했다.

"좋습니다."

나는 방금 설명한 단계를 세 번 반복해서 말해보라고 했다. 그는 고분고분 그렇게 해주었다.

"됐습니다. 마지막으로 한 가지 더 요청할 게 있습니다."

말리키가 어떻게 나올지 걱정스러웠지만 일단 말이라도 해보자는 심정이었다.

"탈리바니 대통령과 몇몇 정부 관계자들을 만날 예정입니다. 저와 함께 가서 만나보시면 어떨까요?"

"아닙니다. 나중에 기회가 되면 만나보겠습니다."

그는 단칼에 거절했다. 역시 아직은 시기상조였다.

"지금 만나는 게 좋겠습니다."

말리키는 못이기는 척 따라나섰다. 우리가 도착하자 탈리바니는 놀란 표정을 감추지 못했다. 다행히 그는 말리키를 껴안으며 친절하게 맞아주었다. 나는 말리키와 미리 상의한 내용을 자세히 설명했고 말리키가 먼저 자리를 떠났다. 미국의 손을 잡고 헌법 쿠데타를 일으키려던 탈리바니의 계획은 물거품이 되었다. 점심 식사 자리에서 다들 말리키에 대한 불평을 늘어놓았지만 그들의 음모는 수포로 돌아갔다.

말리키를 지지하기로 결정한 것은 현명한 선택이었다. 2008년 3월, 그가 지도자다운 면모를 드러낼 기회가 찾아왔을 때 그 점을 깨달았다. 이라크 치안군은 국내에서 세 번째로 큰 도시인 바스라를 비롯한 남부 지역에서 무크타다 알-사드르에게 의존하는 시아파 극단주의자들에게 손을 뻗치기 시작했다. 데이브 퍼트레이어스는 국방부와 의논한 끝에 이라크가 선두에 나서지만 미국의 지원에 크게 의존하는 계획을 완성했다. 그때까지만 해도 모든 것이 예상대로 진행되는 것 같았다.

그런데 이라크는 데이브를 따돌리고 갑자기 독자 노선을 걸었다. 불과 며칠 전에 통보하더니 3월 24일에 남쪽으로 군대를 보낸 것이었다. 총지휘관은 바로 말리키였다. 그는 직접 현장에 나타나서 군사 작전을 지휘했다.

그날 평소대로 NSC가 열렸다. 화상 회의로 연결된 데이브 퍼트레이어스와 라이언 크로커의 표정은 매우 어두웠다.

"이제 말리키는 돌아올 수 없는 다리를 건넜습니다. 그가 실패하면 어떻게 해야 할까요?"

두 사람은 번갈아가며 말리키가 제대로 하는 일이 하나도 없으면서 무모하기만 하다고 토로했다. 회의에 참석한 다른 사람들도 모두 같은 생각이었다. 말리키에 대해 좋게 말하는 사람은 하나도 없었다. 어떻게 그를 말려야 할지 앞이 막막했다. 대통령은 아무 말 없이 듣기만 하다가 마지막에 입을 열었다.

"내가 보기에는 자신의 리더십을 증명해 보이려고 저러는 것 같습니다. 나라면 물론 그렇게 하지 않았을 겁니다. 하지만 말리키는 그 나라의 총리입니다. 그 나라 일은 그 사람에게 맡겨 둡시다."

시간이 지나서야 부시 대통령의 말이 옳았음을 알았다. 그것은 대통령의 정치적 직감이었다. 말리키의 목표는 자신도 배짱이 두둑하며 허수아비가 아니라는 것을 보여주는 것이었다. 자기 목표대로 밀고 나가는 중이었다.

바스라 원정은 큰 성과를 거두었다. 이라크 군은 이란 세력을 등에 업은 마흐디 군이 물러난 틈을 타 주요 항구인 움 카스르를 탈환한 뒤 의기양양하게 도시로 진입했다. 이라크는 우리 방식이 아니라 그들 방식으로 움직이고 있었다. 그것이 과연 좋을지 나쁠지는 두고 봐야 할 문제였다.

이라크와 팔레스타인 상황은 나아지는데 레바논은 갈수록 상황이 심각해졌다. 파우드 시니오라 총리가 이끄는 레바논 정부가 가는 길은 산 너머 산이었다. 그해 초반 헤즈볼라가 선동한 폭도들이 거리에 쏟아져 나오고 각료들을 암살하려는 자들이 눈에 불을 켜고 돌아다녔지만 3.14 가료들은 사무실에서 먹고 자며 정부를 지켰다. 그야말로 도시 전체가 정신병자들에게 점령당한 것 같았다.

라피크 하리리 전 총리의 암살 사건을 조사하라는 UN의 요청을 시니오라 정부가 수락한 뒤로 상황은 급격히 악화되었다. 조사 초기 단계에서는 시리아와 레바논 정보 기관이 관련되었다는 정황이 잡혔으나 2007년 후반이 되자 분위기가 달라졌다. 휴대전화 기록을 조회한 결과, 헤즈볼라의 관련성이 거의 확실해지자 상황은 걷잡을 수 없이 악화되었다. 어느새 분파 간 갈등은 폭발 단계에 이르렀고 극우주의자와 해방 민주 세력은 무력 충돌을 일으켰다. 그렇지만 엎치락뒤치락하는 상황만 계속될 뿐 승부가 나지 않았다.

평소 주도면밀하던 시니오라가 5월에 한 가지 실수를 범했다. 헤즈볼라와 연관된 보안 담당관을 파직하고 헤즈볼라의 통신 네트워크를 장악하려 한 것이다. 격노한 헤즈볼라는 곧바로 군대를 파견해 정부 지지 세력을 뒤쫓기 시작했다. 소총부대는 베이루트 곳곳을 장악했고 일부는 도시와 마을을 포위했다. 3.14 지지 세력인 왈리드 줌블라트의 보호를 받던 드루즈 소수 민족 거주지도 예외가 아니었다.

헤즈볼라는 원하는 것은 모두 무력으로 해결했다. 레바논 군은 섣불리 개입하면 내전을 촉발할까 봐 이러지도 저러지도 못 했다. 결국 카타르 국왕이 차기 대통령을 두고 8개월간 이어진 분쟁에 권력 분담이라는 해결책을 내놓았다. 정부군 책임자 미셸 술레이만이 후보로 선출되었으며 의회도 재소집했다. 이런 상황을 가져온 헤즈볼라는 의기양양해졌고, 3.14군은 사기가 땅에 떨어졌다.

정부가 입은 타격도 컸지만 헤즈볼라도 적잖은 대가를 치러야 했다. 사람들은 베이루트 곳곳에 모여 헤즈볼라가 레바논에게 무력을 행사한 것에 대한 실망감을 쏟아냈다. 이스라엘 대항군이라고 생각했던 헤즈볼라가 레바논 사람을 함부로 죽이고 나라 전체를 혼란으로 몰아넣은 폭력 단체로 돌변했으니 그럴 만했다. 한동안 사람들이 두려움에 떠는 바람에 극우주의자들이 어깨를 펴고 활보했다.

나는 6월에 레바논에 직접 찾아가 3.14 정치인에 대한 지지를 표명하기로 마음먹었다. 그게 내가 할 수 있는 최소한의 의무였다. 레바논 내의 우방 세력을 도울 길도 적들을 응징할 방법도 보이지 않는다며 안타까운 심정을 스티븐 해들리에게 토로했다. 불안정과 교착 상태가 일상이 되어버린 레바논이니 당연한 일이기도 했다.

예루살렘을 방문하고 돌아오는 길에 베이루트에 잠깐 들르기로 했다. 레바논 방문 일정은 공식적으로 밝히지 않았지만 다들 이미 눈치를 챈 것 같았다. 경호원들은 헤즈볼라가 장악한 공항에 '전용기로 나타나서 눈길을 끄는 것'이 좋지 않다고 여겼다. 이미 극우주의자들이 몇 차례 위협적인 발언을 내뱉은 상태였다. 경호대장 마르티 크라우스는 "키프로스에 내려서 헬리콥터로 레바논 대사관에 가시면 어떨까요? 대사관에서 자동차로 회담 장소까지 가시면 될 텐데요."라고 제안했다. 내 생각은 달랐다.

"그냥 전용기로 레바논 공항에 착륙하도록 하세요. 기자들 앞에서 외무장관의 환영 인사를 받겠습니다. 그곳이 전쟁 지역도 아닌데 국무장관이 몰래 입국하는 것은 말이 안 됩니다."

경호대장의 말을 듣지 않은 것은 그때뿐이었다. 정황상 미국 정부의 존재감을 확실하게 드러내는 것이 가장 중요한 일이었다. 시리아 군이 철수한 뒤로 우리가 이룬 업적은 만천하에 드러나 있었다. 우리는 레바논 정부의 주권을 두려움 없이 옹호하기로 결정했다. 미 국무장관에게 손을 대는 것은 미국에 선전포고를 하는 것이었다. 경호대장에게 말했듯 헤즈볼라가 그런 자살 행위를 저지를 가능성은 없었다.

레바논은 이번이 마지막 방문이었다. 그동안 우여곡절이 참 많았다. 극우주의자의 존재를 눈감아주어야 한다는 단점이 있었지만 최소한 합법적인 민주주의 정부가 세워졌다는 데 의의를 두기로 했다. 1년 정도 걸리긴 하겠지만 헤즈볼라는 레바논 사람들에게 무력을 행사한 것에 죗값을 치러야 했다. '신의 당'을 뜻하는 헤즈볼라는 2009년 선거에서 고배를 마셨고 하산 나스랄라는 선거구가 불리했다는 불평 외에는 아무 말도 하지 못했다. 이렇게 한 발 앞으로 내디뎠지만 언제 다시 뒷걸음질 치게 될지 아무도 모를 일이었다. 완벽한 자유가 보장되는 레바논의 민주주의를 이루려면 갈 길이 멀었다. 하지만 시리아 군이 퇴각하고 레바논 군이 남쪽 국경으로 물러난 덕분에 그나마 한 걸음 가까워져서 다행이었다.

51
유럽의 통합, 자유, 평화를 위하여

중동의 옛 기반은 무너지기 시작했다. 포스트 9.11시대에 맞게 민주주의로 새로운 기반을 만드는 것이 날로 시급하게 느껴졌다. 그렇지만 냉전이 끝난 유럽 지역을 그대로 방치할 수 없었다. 민주주의의 씨앗을 싹 틔우는 일이 어느 때보다 시급했다. 2008년 봄이 되자 코소보 사태, 그루지야와 우크라이나의 NATO 가입 전망 등 심각한 문제들이 연이어 발생했다. 그중에서도 가장 민감한 문제는 새로운 유럽과 러시아의 관계였다. 우리 정부의 임기는 반년밖에 남지 않았는데 그루지야와 우크라이나 문제는 갈수록 어려워졌다.

부시 대통령은 NATO를 철석같이 믿었다. 임기 초반부터 동맹을 강화, 확장하는 데 남다른 관심을 보였다. 우리 정부는 NATO의 설비를 현대화하고 포스트 냉전 시대의 필요에 맞추어 개선하느라 엄청난 공을 들였다. 처음에는 미사일 방어가 개선 방향의 핵심 부분이라는 점을 거부하는 국가들도 많았다. 2001년 첫 번째 회담에서 부시 대통령이 총력 지원을 요청했을 때 아무 조건 없이 지지 의사를 표명한 사람은 바츨라프 하벨 체코 대통령뿐이었다. 그는 1989년에 혁명을 일으켜 공산주의를 무너뜨린 체코의 영웅이었다. 부시 대통령은 하벨의 지지를 결코 잊지 못했다. 특히 조심스러운 행보를 보이는 중유럽과 동유럽의 NATO 신생 회원국에게 그의 태도는 모범적인 사례가 되었다. 2008년 4월, 부쿠레슈티에서 열린 정상회담에서는 더 이상 미사일 방어가 도마에 오르지 않았다. 동맹국들은 힘을 모아 방어 체계를 구축하는 데 동의했다. 다들 하나로 뭉치면 불만스러운 러시아도 어쩔 수 없을 것이라는 예상 역시 한몫했을 것이다.

NATO의 영역은 단숨에 크게 넓어졌다. 동맹국은 이라크 안보군과 대규모 군사 훈련을 시작했으며 더 나아가 아프가니스탄 전쟁에서 핵심적인 역할을 맡기 시작했다. 후자의 경우는 저주이자 축복이었다. 학계에 몸담고 있을 때 NATO가 '제 영역을 벗어나서'(여기에서는 유럽을 말한다) 개입하는 것이 과연 옳은지를 논했던 나 같은 사람이 보기에 아프가니스탄 전쟁 개입은 장족의 발전이었다. 그렇기는 하지만 회원국마다 사정이 다르고 군사력 투입에 대한 시각도 크게 달랐다. 회담을 열 때면 각국의 도움과 협조에 대한 따뜻한 감사 인사와 일부 국가가 군사력 투입에 관해서 이러저러한 간섭이 많다며 투덜거리는 소리가 섞여 나왔다. 시간이 흐를수록 '본격적인 전투군'과 '평화유지군'의 구분이 분명해졌고, 어떤 나라의 군대는 병영에서 벗어난 적이 없었다.

상황이 이렇다 보니 자주 전투에 투입되어 생명의 위협을 느끼는 국가들의 불만이 하늘을 찔렀다. 가장 심한 나라는 바로 독일이었다. 나는 최대한 독일의 입장을 이해해보려고 노력했다. 하루아침에 전쟁이라는 엄청난 과제를 떠안은 독일 정부가 심란해하는 것은 놀랄 일이 아니었다. 독일은 지난 60년간 다른 나라의 전쟁에 개입한 전례가 없었다. 어쨌거나 전쟁에 직접 뛰어들든 그러지 않든 개인적으로 동맹들의 협조와 노력에 무척 감사했다. 하지만 각 나라의 역할과 비중이 다르므로 동맹국 사이에 갈등이 계속되리라는 예감을 떨칠 수 없었다.

우리는 또 한 가지 놀랄 만한 변화를 이룩했다. 일본, 오스트레일리아, 한국, 뉴질랜드와 같이 유럽 국가가 아닌 민주주의 동맹국에게 우리의 회담 및 협상 내용을 공개한 일이 바로 그것이었다. 일각에서는 그렇게 하면 NATO가 '국제 경찰' 노릇을 하게 되어 NATO의 본래 취지가 무색해진다고 주장했다. 그렇지만 비유럽 국가들도 이미 아프가니스탄 전쟁에 발을 들여놓았으므로 나로서는 반대할 이유가 전혀 없었다. 부시 대통령 임기 중에는 발표할 기회가 없었지만 니콜라 사르코지는 프랑스가 1966년 탈퇴한 NATO 통합군에 곧 재가입하기로 결정한 상태였다. 이런 상황으로 미루어 볼 때 NATO 동맹이 약화되었다는 비판이 쏟아져도 과거 냉전 시대로 돌아갈까 봐 걱정하는 것은 지나친 우려였다.

사실 NATO는 공산주의가 무너진 유럽을 안정화하는 데 중추적인 역할을 했다. 또한 유럽연합과 더불어 해묵은 갈등을 끝내고 새로운 출발을 꿈꾸는 동유럽 국가들의 길잡이가 되었다. 2차대전이 끝날 무렵 NATO를 설립한 원래 목적이 바로 이것이었다. 많은 사람들은 동맹 목적이 러시아 확장을 저지하는 것이라고 기억하지만 한 가지 목적이 더 있었다. NATO를 설립한 국가들은 NATO가 해묵은 감정을 안고 있는 국가들이 모든 오해를 떨쳐버리고 화합할 수 있는 민주주의의 우산이 되어주리라고 믿었다. 처음에는 독일이 재건에 성공해 눈엣가시 같았던 프랑스와 손을 잡으리라는 기대를 품었다. 그러면 유럽의 양대 산맥과 같은 두 나라가 전쟁을 벌일 가능성이 눈 녹듯 사라질 수 있었다. 당시로서는 파격적이다 못해 위험천만한 아이디어였지만 효과가 있었다. 21세기가 되자 중앙아시아와 동아시아 및 발칸 국가들도 동일한 과정을 밟고 있다.

그러나 이 목표를 이루려면 동맹을 계속 넓혀야 했다. 클린턴 대통령이 소매를 걷어붙인 덕에 1999년에 체코, 폴란드, 헝가리가 합세했다. 바통을 이어받은 부시 대통령은 2004년에 루마니아, 불가리아, 슬로베니아, 슬로바키아, 발트 3국을 영입했다. 특히 무력으로 구 소련에 합병되었던 발트 3국은 중요한 수확이었다. 러시아 정부는 자존심을 꺾고 라트비아, 리투아니아, 에스토니아의 가입을 승인해주었다. 다음 목표는 발칸 전쟁의 상처에서 서서히 회복되고 있는 알바니아, 크로아티아, 마케도니아였다.

이들은 국가 이름을 두고 그리스와 말도 안 되는 논쟁을 벌이느라 NATO 가입이 지연되었다. 그리스 정부는 유고슬로비아가 분리된 '마케도니아'를 칭할 때 새로운 독립 국가의 정식 명칭으로 그 이름을 그대로 사용할 수 없다며 억지를 썼다. 아직도 그리스가 고집을 피우는 이유가 잘 이해되지 않지만 아무튼 그들은 한때 유고슬라비아에 속한 공화국이었던 나라를 마케도니아라고 일컫는 것은 200년이 넘는 전통을 자랑하는 제국의 문화유산에 먹칠을 하는 것이라고 주장했다. 어쩌면 마케도니아 사람들은 알렉산더 제왕의 고향이 남긴 유산에 감히 어울릴 수준이 아니라고 생각했는지 모른다. 그래서 새로운 국가 이름은 옛 유고슬라비아 마케도니아공화국이 되었다. 당사국 고위 관계자들은 NATO에 가입할 때 내세우려던 국가명이 따로 있었지만 그리스의 반대를 이기지 못했다. UN 특사 매튜 니메츠를 통해 그리스를 계속 설득해보았지만 허사였다.

솔직히 그리스의 태도는 몹시 실망스러웠다. 그 일만 아니었으면 그리스와 아무 문제 없었을 것이다. 나는 도라 바코야니스 그리스 외무장관을 직접 보는 순간 울화가 치밀었다.

"이천 년이나 지난 일이잖아요. 누가 신경 쓴다고 그럽니까?"

도라도 가만히 있지 않았다.

"미국은 우리 심정을 손톱만큼도 헤아리지 못하는군요."

"맞습니다. 저는 이해를 못 하겠어요. 도저히 이해가 안 됩니다."

그러나 도라는 눈도 깜짝하지 않고 자신들의 방침을 바꾸는 것은 그리스 정부의 몰락을 자초하는 짓이라고 했다. 사실 마케도니아가 고집을 피우는 이유도 납득되지 않기는 마찬가지였다. 그루지야는 마케도니아에게 "우리가 NATO에 가입하면 그때는 '어리석고 보잘것없는 그루지야공화국'이라고 불러도 좋습니다."라고 했다. 하지만 마케도니아는 끝까지 맞섰다. 결국 알바니아와 크로아티아는 가입 승인을 받고 마케도니아는 제외되었다. 지금도 마케도니아는 유럽 최강의 군사 동맹에 가입하려고 '국가명'을 둘러싼 논쟁이 해결되기만 기다리고 있다.

이런 문제가 있었지만 루마니아 부쿠레슈티에서 열릴 회담을 기점으로 돌이켜보니 NATO는 출범 당시에 비해 매우 성장해 있었다. 이번 회담은 부시 대통령에게 마지막이었다.

그러나 NATO의 성장을 무색케 하는 문제가 하나 있었다. 동맹이 동쪽으로 확장됨에 따라 러시아 정부의 인내심이 서서히 바닥을 드러냈다. 동맹 확대의 목적이 러시아에 위협을 가하는 것이 아니라 유럽의 안정을 도모하고 군사 협력을 증강하는 것임을 강조하기 위해 2002년에 NATO-러시아 위원회도 설립했다. 하지만 러시아 정부가 이를 전적으로 포용하지 않아서 큰 효과가 없었다. 러시아는 국내 권위주의 세력이 확장되고 구 소련 영토 회복 정책이 다시 고개를 들면서 NATO와 계속 멀어졌다. NATO 확장 계획의 다음 주자는 그루지야와 우크라이나였다. NATO 확장 계획은 가입 확정을 뜻하는 것이 아니라 가입 승인에 필요한 정치, 군사적 개혁 과정이었다. NATO 확장 계획이 승인을 받아 우크라이나와 그루지야가 NATO에 한 걸음 가까워지자 러시아 정부의 인내심은 폭발하고 말았다.

대통령 임기가 끝나기 전에 이 단계를 추진하는 것은 불가능하다고 생각했다. 예전에 다보스 근처에서 빅토르 유셴코 우크라이나 대통령을 만났는데, 그때 우크라이나가 NATO 확장 계획에서 승인받을 가능성이 거의 없다고 딱 잘라 말했었다. 그곳은 아주 작은 목재 주택이었는데 대통령은 긴 다리가 턱에 닿을 만큼 잔뜩 구부린 채 앉아 있었다. 그 모습을 보자 뭔가 문제가 있다는 느낌이 왔다. 그는 'NATO 확장 계획에서 승인을 못 받는다는 것은 큰 비극이자 국가 재난'이라며 울먹였다.

빅토르 유셴코는 오렌지혁명 뒤에 대통령으로 당선되었으며 금발의 미모로 인기를 한몸에 받고 있는 여성 정치인 율리아 티모셴코와 힘겨운 동맹 관계를 맺고 있었다. 그의 얼굴에는 독살 사건의 흉터가 고스란히 남아 있었다. 일그러지고 시커먼 멍이 든 것처럼 변한 피부색을 보니 마음이 아팠다. 증거는 없었지만 유셴코를 포함해 많은 사람들이 러시아 정부를 의심했다. 변덕이 심하다는 흠이 있지만 그를 보면 측은한 생각이 들었다. 그 정도로 국내 정계의 분위기는 극도의 긴장감이 흘렀다. 율리아는 NATO 확장 계획에 대한 지지를 적극 표명하지 않았으나 유셴코 대통령은 NATO 확장 계획이 서방 국가들에게 자신의 능력을 증명할 기회가 될 것이라며 자신감을 드러냈다.

그루지야도 비슷한 태도를 보였다. 그동안 모스크바가 그루지야에 압력을 가한 것을 감안할 때, 러시아를 견제할 수단으로 NATO 확장 계획을 탐낼 이유가 충분했다. 우크라이나와 그루지야는 NATO 확장 계획이야말로 친 서방 정책의 확실한 증거라고 여겼다. 공식적으로 말한 적은 없지만 NATO 확장 계획이 러시아 정부의 압력을 벗어날 대안이라는 것도 두 나라의 공통점이었다.

NATO 확장 계획 허가 문제는 러시아 정부의 눈치를 보는 것으로 끝나지 않았다. NATO 회원국 중에서도 그루지야와 우크라이나를 거부하는 세력이 있었는데 독일이 가장 심했다. 메르켈 총리는 그루지야가 여전히 부정부패에 물들어 있다며 의혹을 거두지 않았다. 우크라이나는 집권 연합이 엉망이라는 메르켈 총리의 지적에 변명의 여지가 없었다. 프랑스는 잠자코 있다가 서서히 독일 쪽으로 기울었다. 한편, 동유럽과 중앙 유럽 국가들은 NATO 확장 계획이 구 소련 영토 방어에 대한 NATO의 충성심을 테스트할 기회로 여겼다.

우리 정부의 입장은 매우 난처했다. NSC에서 나는 특정 방안을 추천하지 않고 각 방안의 장단점을 자세히 설명했다. 나도 어떻게 해야 할지 판단이 서질 않았다. NATO 가입은 별개의 문제였지만 NATO 확장 계획이 없는 나라가 가입에 성공한 경우는 한 차례도 없었다. 그만큼 NATO 확장 계획은 특별한 기회였다. NATO 확장 계획과 실제 회원국이 법적으로 엄연한 차이가 있다는 말만으로는 반대 세력을 달랠 수 없었다. 그들에게는 NATO 확장 계획도 실제 회원 자격을 주는 것만큼 못마땅한 일이었다.

묵묵히 듣기만 하던 부시 대통령은 우크라이나와 그루지야의 편에 서야 한다며 이렇게 결론 내렸다.

"두 나라 모두 민주주의 국가입니다. 그들이 NATO 확장 계획을 원한다면 나로서는 막을 이유가 없습니다."

원칙을 고수하는 그의 태도는 존경심을 자아냈다. 그에게 가장 중요한 것은 정말 옳은 일이 무엇인가 하는 점이었다. 하지만 '다른 회원국에게 부시 대통령의 결정을 전달하는 것은 내 몫이잖아. 정말 힘든 순간이 되겠어.'라는 생각 때문에 마음이 무거웠다.

이런 마음을 아는지 모르는지 부시 대통령은 이 문제가 어려운 또 다른 이유를 언급했다. 그는 부쿠레슈티 회담이 끝나는 대로 러시아 소치에서 푸틴을 만날 예정이었다. 만약 우크라이나와 그루지야의 NATO 확장 계획을 성공시키지 못하면 미 대통령의 자존심이 구겨지므로 러시아 방문을 생각할 수 없었다. 반대로 NATO 회원국들이 NATO 확장 계획을 승인해주면 푸틴의 심기가 불편해질 테니 그를 만나서 좋을 리 없었다. 이러지도 저러지도 못 할 일이었다.

부쿠레슈티 회담 일자가 다가옴에 따라서 우리는 독일과 계속 해결 방안을 상의했다. 스티븐 해들리가 가장 바쁘게 독일과 연락을 주고받았다. 한번은 NATO 확장 계획과 비슷한 협조 체제로 NATO 확장 계획을 대신하면 어떨까 하는 생각이 들었다. 우리는 정말 기발한 아이디어라며 박수를 쳤지만 독일의 반응은 냉담했다. 독일은 두 나라를 하루빨리 NATO에 가입시킬 필요가 없다고 여겼으므로 조심스럽게 행동하려 했다. 그러고 나서 NATO 확장 계획에 대한 최종 결정의 데드라인을 그해 말로 정하자고 제안했는데 또다시 퇴짜를 맞았다. 결국 우리는 아무 대책 없이 부쿠레슈티 회담에 참석했다.

중요한 사안이 해결되지 않은 상태에서 회담에 참석하는 것은 죽기보다 싫었다. 언론은 항상 회담 결렬을 예상하며 온갖 추측을 내놓았다. 이번에는 언론의 예상이 맞아떨어질지 모른다는 불길한 예감이 엄습했다. 빅토리아 뉼런드 NATO 주재 대사가 공항에서 나를 맞아주었다. 국무부 출신으로 부통령실에서 일하다 2005년에 NATO 주재 대사가 된 빅토리아는 최초의 여성 주재 대사에 대한 기대를 저버리지 않았다. 그녀는 뛰어난 외교술을 발휘해서 동료들에게 인정받고 있었다. 그런 그녀의 입에서 우리 정부와 독일의 갈등이 심각하다는 말을 들으니 가슴이 덜컥 내려앉았다. 호텔로 이동해 유럽-유라시아 담당 차관보 대니얼 프라이드를 만나보았다. 대니얼은 독일과 우리 정부가 함께 수용할 수 있으며 체면치레를 할 수 있는 방법을 백방으로 찾아보았으나 허사였다고 말했다.

만찬이 시작되기 전에 대통령은 스티븐 해들리와 나를 잠깐 불러들였다. 대통령은 각국 정부 수반들과 식사하고, 나는 외무장관들과 따로 식사할 예정이었다. 정부 수반들은 외무장관들을 믿는다며 이 문제를 논할 생각이 전혀 없는 상태였다. 그래서 식사 내내 열띤 토론을 벌였다. 참석해본 회담 중에서 가장 격렬하고 긴장감 넘치는 시간이었다. 아니, 국무장관 임기를 통들어 그보다 흥분해서 언성을 높인 적은 없었을 것이다.

  루마니아 외무장관이 나에게 먼저 발언하라고 권했지만 공손히 거절하고 프랑크발터 슈타인마이어 독일 장관에게 발언권을 양보했다. 일부러 그를 부각시키려고 했던 것이 아니라 독일 입장을 먼저 확인한 다음에 동유럽 입장을 들어보는 것이 낫다고 판단했기 때문이다. 내 차례는 자연스럽게 마지막이 되었다.

  슈타인마이어는 우크라이나 집권 체제의 약점을 공략해 사람들의 공감을 자아냈다. 하지만 그루지야의 '얼어붙은 분쟁' 때문에 NATO 확장 계획을 허락할 수 없다고 말한 것은 결정적인 실수였다. 구 소련이 붕괴되자 그루지야 내에서 민족 구성이 확연하게 다른 아브하즈자치공화국과 남오세티야는 독립을 시도했다. 두 나라의 인구 대다수가 러시아 출신이었다. 그로 인해 심각한 갈등과 분쟁이 벌어졌고 러시아 정부는 아브하즈와 남오세티야를 적극 지원했다. (1990년대 초반에 국제평화군 자격으로 와 있던) 러시아군이 계속 늘어났고 여기저기에서 무력 충돌이 이어졌다. 한마디로 살얼음판을 걷는 듯 아슬아슬한 긴장감이 계속되었다. 외교 협상이 모두 실패로 끝난 통에 '얼어붙은 분쟁'이라는 이름을 얻은 것이었다.

  중앙 유럽 국가의 어느 대표자가 "NATO가 그런 견해를 고수했다면 서독도 1949년에 NATO에 가입할 수 없었을 겁니다."라고 반박했다. 그러자 다른 대표자가 "독일도 1990년까지 얼어붙은 분쟁이 심각하지 않았습니까?"라고 부추겼다. '분위기가 험악해지겠군.'이라는 생각이 들었다. 마침내 라도스와프 '라데크' 시코르스키 폴란드 외무장관이 나섰다. 그는 미국에서 학교를 마치고 미국인 저널리스트와 결혼했으며 웅변가라고 할 만큼 언변이 뛰어났다. 특히 중유럽 특혜라면 눈에 불을 켜는 사람이었다. 나는 편안히 앉아서 귀를 기울였다. 라데크는 이렇게 말했다.

  "우리는 유럽연합 내에서 독일이 우려하는 점에 깊은 관심을 갖고 있습니다. 당신은 항상 독일의 입장에 서서 이렇게 해야 한다 저렇게 해야 한다고 말하지요. 우리에게는 이것이 국가 안보 차원의 문제입니다. 그런데 이제 와서 동맹국보다 러시아 정부를 더 걱정하는 겁니까?"

'프랑크발터의 말은 저런 뜻이 아니었는데.'라는 생각이 들었지만 잠자코 있었다.

라데크는 1938년 뮌헨 유화 정책을 넌지시 언급하면서 독일은 동유럽이 45년이나 구 소련의 압제에 시달리게 만든 주범이라고 쏘아붙였다. 프랑크발터는 당혹한 기색을 감추지 못했다. 훗날 그는 이 순간이 외무장관으로서 가장 힘들었다고 털어놓았다. 미안하게도 나는 그를 두둔할 수 없었다. 오히려 그 상황을 적극 이용해야 했다. 나는 그저 "동맹국이기 때문에 서로 뜻을 같이해야 하는 때가 있는 겁니다."라고 했다. 그리고 나서 말을 이었다.

"NATO 확장 계획이 승인된다고 해서 당장 회원국이 되는 것은 아닙니다. 그렇지만 우크라이나와 그루지야에게 큰 의미가 있는 일이지요. 두 나라는 NATO 확장 계획을 간절히 원합니다. 러시아 정부는, 냉전이 끝났으며 그들이 패배했다는 것을 인정해야 합니다. 현실을 인정하지 않는 러시아 때문에 우리의 동맹이 약해지게 내버려 둘 수 없습니다."

아무도 프랑크발터의 편을 들어주지 않은 채 회의가 끝나버렸다. 다음 날 메르켈 총리는 부시 대통령에게 다시는 내가 독일 외무장관의 뒤통수를 치도록 내버려 두지 않겠다며 불쾌한 심기를 드러냈다. 따지고 보면 프랑크발터를 당혹스럽게 만든 것은 내가 아니라 부끄러운 독일의 과거를 들추어낸 동유럽이었다. NATO 확장 계획을 끝내 얻어낼 수 없을지 모르지만 적어도 독일이 협상 자체를 거부하지 않을 거라고 믿었다. 크리스토퍼 휴스겐 외교 정책 고문은 이튿날 오전 프랑스, 영국 관계자와 함께 스티븐을 만나고 싶다고 했다. 그 자리에 회의 내용을 기록할 사람을 더 데려와도 좋다고 했다. 그래서 스티븐 해들리와 내가 나섰고 폴란드와 루마니아 관계자도 불러들였다. 새로운 동맹국 때문에 기존 동맹국들이 따로 모이는 것은 이제 그만하고 싶었다.

모임은 아무 결론 없이 끝나버렸다. 하지만 독일도 우리처럼 정면 대립을 원하지 않는다는 것을 확인했다. 12월에 외무장관들이 다시 모여 NATO 확장 계획 여부를 놓고 우크라이나와 그루지야의 상황을 다시 검토하기로 했다. 그만하면 상당히 긍정적인 방향으로 진보한 것이었다.

회의장에 들어서자 대통령은 독일 총리와 함께 내용을 검토하라고 지시했다. 휴스겐, 스티븐 해들리, 시코르스키와 나는 커튼으로 가려진 곳에서 검토를 끝냈다. 라데크는 폴란드가 먼저 동의하고 다른 동유럽 국가들이 뒤를 이을 것이라고 확신했다. 그렇지만 정작 회담이 시작되자 폴란드 대통령은 한마디로 예상을 뒤엎어버렸다.

"우리는 지금 당장 NATO 확장 계획을 원합니다!"

어안이 벙벙했다. 휴스겐과 나는 허둥지둥 자리를 박차고 나와서 동유럽 및 중앙 유럽 국가수반들을 회의장 구석으로 불러 모았다. 이때 휴스겐의 존재가 빛을 발했다. 동독에서 자란 배경 탓인지 중앙에 자리 잡고 앉은 모습이 전혀 어색하지 않았다. 그녀는 노련하게 토의를 주재했다. 다들 참을성 있게 집중하는 모습을 보였다. 유일한 공용어인 러시아어를 사용할 수밖에 없었다. 얼마 후 부시 대통령을 잠깐 만나러 갔는데 요나스 가르 스퇴레 노르웨이 외무장관이 급히 나를 찾았다. 그는 "다시 이쪽으로 와주셔야겠습니다. 방금 내린 결론을 영어로 표현한 것이 정확한지 모르겠네요."라고 했다. 한걸음에 다시 가보니 "우크라이나와 그루지야를 NATO 회원국으로 받아들입니다."라는 문구가 눈에 들어왔다.

당장 NATO 확장 계획을 내주는 데는 실패했지만 이들에게는 회원국 자격이라는 확실한 미래가 주어진 셈이었다. 기자회견에서 나는 이전까지 NATO가 우크라이나의 가입 여부조차 검토하지 않을 것이고, 코카서스 지역으로 뻗어나가는 것 또한 불가능하다고 생각한 사람이 많았음을 지적하며 이렇게 말했다.

"하지만 이제 한 가지 사실이 분명해졌습니다. NATO는 우크라이나와 그루지야를 회원국으로 받아들여 유럽과 대서양을 하나로 묶을 것입니다. 오늘 두 나라는 NATO의 정식 회원국이 될 수 있다고 선언하는 바입니다. 따라서 이제 더는 이들의 자격에 대해 왈가왈부하지 않기를 바랍니다. 이제 중요한 것은 회원국이 되느냐 안 되느냐의 여부가 아니라 언제부터 회원국이 되느냐입니다."

드디어 뜻하던 결론을 얻어 매우 기뻤다. 좌중에서는 우레 같은 박수갈채가 쏟아져 나왔다.

그날 오후에 NATO 정상회담이 시작되었다. 푸틴이 러시아 대통령으로 참석하는 것은 이번이 마지막이었다. 이제 몇 달 후면 그가 직접 선택한 후계자인 드미트리 메드베데프에게 대통령직을 물려주고 총리로 물러나야 했다. 그의 영향력이 줄어들 거라고 생각하는 사람은 아무도 없었지만 대통령이 바뀌는 것은 결코 무시할 수 없는 중대 변화였다.

푸틴의 고별사는 별다른 내용이 없었다. 러시아가 우호적인 외교 관계를 수립하기 위해 수없이 손을 내밀었지만 아무도 잡아주지 않았다는 불평이 전부였다. 그런데 고별사가 끝날 무렵, 그는 우크라이나에 대한 위협적인 발언을 남겼다. 그 자리에 모인 사람들은 모두 우크라이나가 지금 신생 독립 국가이지만 동부 지역은 민족적으로 보나 역사적으로 보나 러시아의 핏줄을 이어받은 나라였다. 그렇지만 푸틴을 본 사람들은 냉전 종식과 함께 자취를 감춘 구 소련밖에 떠올릴 수 없었다. 그도 그럴 것이 부시 대통령, 앙겔라 메르켈, 니콜라 사르코지는 바르샤바조약기구와 무관한 사람들이었다. 러시아가 유럽과 군사 동맹을 누리던 시절은 이미 오래 전에 끝난 이야기였다.

　차를 타러 가는 길에 계단에서 푸틴을 만났다. "소치에서 봅시다."라고 말하는 목소리에 불안한 기색이 역력했다. 부시 대통령도 "그럽시다. 소치에서 만납시다."라고 인사했다. 두 사람 모두 미국과 러시아의 대통령으로서 마지막이 될 중요한 회담을 위해 한 걸음씩 양보한 셈이었다.

　4월의 소치 방문은 기대와 달리 다소 실망스러웠다. 푸틴은 의기양양한 태도로 2014년 올림픽 시설을 보여주었다. 하지만 도시 전체는 당장에라도 무너질 것 같았다. 올림픽 경기장도 나을 것이 없었다. 아직 이곳은 준비할 게 태산 같았다.
　그런 문제가 있었지만 우리는 두 나라의 협력 관계가 건재하다는 것을 보여주기 위해 선언서를 발표하기로 했다. 선언서를 통해 테러와 대량 살상 무기 확산 방지를 위해 두 나라가 그동안 많은 업적을 이룬 것을 확인하니 새삼 뿌듯했다. 그동안 우리는 국제핵연료은행을 통해 각국이 독자적으로 우라늄 농축을 하지 못하도록 제안했고 테러 집단의 핵 사용 금지, 대량살상무기확산방지구상 추진, 핵 확산 저항성 핵 반응기의 향후 전망 구상 등 다양한 성과를 거두었다. 이란과 북한 문제에서는 서로 견해 차이도 있었지만 두 나라에 여러 번 제재를 가하는 데 성공했다. 국제법 적용, 정보 공유, 금융 제재, 기술 및 수송 안보 등에서 긴밀하게 협력한 것이 큰 효과를 발휘한 것이었다.
　미사일 방어 해결책을 위해 계속 노력하려는 양국의 의지가 분명히 드러났다. 이는 지난해 케네벙크포트에서 합의한 내용과 일맥상통하는 것이었다. 로버트 게이츠와 내가 러시아를 두 번이나 방문했지만 그 문제는 별다른 진전을 보지 못했다. 케네벙크포트를 나설 때는 양측 모두 해결책을 찾을 수 있으리라는 한 가닥 희망이 있었다. 러시아는 폴란드와 체코에 미사일 방어 설비를 갖추는 것을 여전히 탐탁지 않게 여겼다. 그렇지만 푸틴은 적어도 우리 정부의 제안을 들어보려는 태도를 보였다. 그는 매우 신선하고 효과적인 아이디어라고 했지만 정작 기자들 앞에서는 말을 바꾸어 강한 반대 의사를 표명했다. 다음 회담은 모스크바에서 열릴 예정이었는데 그 전에 스티븐 해들리, 로버트 게이츠, 나는 보란 듯이 획기적인 아이디어를 줄줄이 내놓았다. 그중에는 러시아 군을 미사일 방어 기지에 배치하는 방안도 있었다. 로버트는 이란 같은 나라의 장거리탄도미사일 위협에 대한 러시아의 생각이 미국과 같아질 때까지 미사일 발사기 격납고를 아예 비워 두자고 제안하기까지 했다.

그러고 나서 라브로프와 군 관계자들을 만났다. 소위 '전문가'라고 일컬어지는 그들은 우리의 제안에 자신들의 기준 잣대를 마음대로 적용하고 예전에 합의한 내용을 무색하게 만드는 표현을 잔뜩 끼워 넣었다. 최종 결의를 채택할 가능성은 더욱 희박해졌다. 솔직히 말해서 펜타곤과 국무부가 작성해서 러시아에 미리 보내준 초안은 관료주의, 보수주의적 특색이 강하고 혁신성은 크게 부족했다. 체코와 폴란드는 러시아 군이 자신들의 영토에 들어오는 것을 결코 반기지 않았다. 사실 '주둔'이라는 표현은 냉전 시대의 '점령'을 순화한 것에 불과했다.

러시아에 대한 체코와 폴란드의 반감을 피부로 느낀 것은 이번이 처음이었다. 체코 의회에서는 반대 의견이 대두되었으나 시민들, 특히 젊은 사람들은 미사일 방어를 적극 지지했다. 한번은 미사일 방어 문제를 논하려고 프라하를 방문해 카렐 슈바르첸베르크 체코 외무장관을 만났다. 그는 합스부르크가 출신의 귀족 이미지를 풍겼다. 저녁을 먹은 뒤에 카렐은 자주 찾는 술집이 있다며 함께 가자고 했다. 경호원이 극구 말렸지만 제안을 받아들였다. 유머 감각이 뛰어나고 사리 판단이 빠른 경호 담당 책임자 앤 라이언스는 얼떨결에 허락하고 말았다. 외무장관을 따라 어두운 지하 술집에서 미사일 방어 지지 운동을 이끄는 무리를 만났다. 앤과 다른 수행원들은 벽에 붙은 야한 포스터를 가리느라고 진땀을 뺐다. 우리는 식사 때 입은 정장을 그대로 입고 있었는데 상대방은 전쟁 반대 시위라도 하는 것처럼 결연한 표정이었다. 그렇긴 해도 그들을 직접 만나볼 수 있어 매우 반가웠다. 사진도 찍고 맥주를 마시다 보니 처음의 어색한 분위기는 온데간데없이 사라졌다. 나는 러시아의 압력에 굴복하지 않으려는 그들의 강한 의지를 확인할 수 있었다. 그렇지만 아직 할 일이 태산 같았다.

로버트와 나는 우리 정부 내의 관료주의적 발상을 타도하기 위해 계속 노력했다. 우리는 2007년 10월 모스크바를 방문했다. 이번에는 분위기가 다소 냉랭했다. 그의 호출을 받고 안내자를 따라 집무실로 갔다. 푸틴은 30분이나 늦게 나타났다. 그는 회담이 별 진전이 없으며 우리가 보낸 서류는 로버트와 내가 구두로 설명했던 것과 달리 참신한 부분이 하나도 없다고 투덜거렸다. 2008년 3월 다시 만나서 이 문제를 논할 때 분위기는 한결 밝았지만 성과가 없기는 마찬가지였다. 양쪽 모두를 만족시키기란 아무래도 불가능할 것 같았다. 아무래도 협상이 이루어지지 않을 것 같았다. 위협이 될 만한 요소는 모두 제거하겠다고 장담했지만 그들은 여전히 미사일 방어 체계 자체를 받아들일 수 없다는 식이었다. 무엇보다도 중요한 것은 지리적 위치였다. 러시아는 한때 바르샤바조약기구 회원국이었던 폴란드와 체코가 동쪽에서 서서히 '잠식'해오는 것을 참으려 하지 않았다. 그렇게 4월 소치 회담에서 우리도 힘이 빠질 대로 빠져버렸다.

소치 선언은 냉전이 극에 달했을 때 헨리 키신저가 당시 구 소련 외무장관 안드레이 그로미코와 체결한 미-소 관계의 기본 원칙에 비견할 만한 역사적 전환점은 아니었다. 미-소 관계의 기본 원칙은 세계의 양대 강국이 세상을 둘로 나누어 각자 하나씩 맡는다는 느낌이 강했다. 그렇지만 두 나라가 만나기만 하면 싸운다는 해묵은 편견을 깨트렸다는 면에서 큰 의의가 있었다. 키신저는 나중에 "그런 결과를 얻을 수 있어 매우 기뻤다."고 소감을 전했다.

부시 대통령은 소치에서 드미트리 메드베데프를 잠깐 만났다. 나는 그를 여러 번 만나보았지만 과연 정치적으로 소신 있게 행동할 만한 사람인지 확신이 서질 않았다. 독특하고 낙천적인 것만은 분명했다. 그는 구 소련이 붕괴될 무렵 대학에 다녔고, KGB 요원 출신인 푸틴과 달리 공산당에 가입하거나 당원으로 활동한 적이 없었다. 그래도 그가 젊은 세대 출신답게 러시아에 새로운 변화를 일으킬 것이라는 확신을 심어준 날이 찾아왔다.

그날 낮에 우리 측 대사의 관저에서 젊은 러시아 기업가, 법조인, 경제 전문가들을 만났다. 내가 러시아에 민영 방송국이 없다는 점을 지적하자 예상대로 그들도 아쉽다는 반응을 보였다. "제가 여기서 대학원 공부를 하던 1979년이나 지금이나 TV 방송이 하나도 달라지지 않았습니다."라고 말하고 보니 내 앞에 있는 사람들에게 1979년은 까마득하게 먼 옛날이라는 생각이 들었다.

그중 한 사람이 이렇게 응수했다.

"옳으신 말씀입니다. 생각해보면 뉴스는 사실 새로운 소식이 아닙니다. 언제나 첫 번째 기사는 푸틴에 관한 소식이지요. 그러고 나서 농업에 대한 뉴스가 나옵니다. 세 번째 뉴스는 그날 미국이 또 어디선가 무고한 사람들을 죽음으로 몰아갔다는 소식입니다. 마지막 뉴스는 푸틴의 뒤를 이을 새로운 대통령에 관한 소식이지요."

'정말 옳은 말이야. 내가 봐도 그래.'

내가 이렇게 생각한 것을 아는지 모르는지 그 사람은 또다시 입을 열었다.

"하지만 누가 요즘 텔레비전을 봅니까? 집집마다 인터넷이 있는데 말입니다."

그들과 이야기를 나눈 지 얼마 안 되어 메드베데프를 만났다. 나는 언론의 문제점을 다시 거론했다. 그러자 메드베데프는 조금도 망설이지 않고 "저도 그렇게 생각합니다."라고 대답했다. 그러더니 "하지만 누가 요즘 텔레비전을 봅니까? 집집마다 인터넷이 되는데 말입니다."라고 하는 것이었다. 나는 조금 전에 만났던 젊은 사업가처럼 그가 텔레비전의 영향력을 단숨에 무시해버리는 것을 보고 놀랐다. 가만히 생각해보면 러시아가 많이 달라지고 있다는 증거였다.

소치에 있는 푸틴의 공식 관저에서 간단한 저녁 식사를 했다. 우리는 그 자리에서 메드베데프를 만났다. 그는 대통령 당선인답지 않게 어딘가 불안하고 자신감이 없어 보였다. 또한 그날 우리와 실질적인 정세나 중요한 문제를 논하지 않기로 마음먹고 나온 것 같았다. 그렇긴 해도 우리는 러시아 전통 춤 공연을 보며 즐거운 한때를 보냈다. 부시 대통령이 무희들과 함께 춤을 춘 것이 실수라면 실수였다. 그는 어떤 동작을 따라 하려다가 몸을 제대로 가누지 못했다. 평소에 운동을 많이 한 것도 아무 소용이 없었다. 다행히 러시아 측에서는 대통령의 적극적인 모습을 높이 평가했다. 그날 저녁은 부시 대통령의 임기 중에 미-러 관계의 마지막 조우가 될 것 같았다.

메드베데프를 직접 만나보니 세대 차이가 느껴졌다. 그는 자기 방식대로 러시아의 앞날을 기존과 전혀 다른 방향으로 이끌어가려는 의지가 뚜렷했다. 대통령으로 취임한 후 메드베데프는 지식 기반 경제를 일으켜 세웠다. 원유, 천연가스, 석탄, 광산물 수출(실제로 이런 자연 자원이 러시아 수출의 80퍼센트를 차지했다)에 만족하는 것은 개발도상국에나 어울리는 것이라며 새로운 분야로 눈을 돌려야 한다고 주장했다. 그는 수학이나 소프트웨어 분야에서 러시아가 세계적인 수준의 인재를 많이 배출한 점을 강조했다. 틀린 말은 아니었지만 그런 인재 대다수는 해외로 이민을 가버리거나 팔로 알토나 텔아비브 등에 일자리를 잡아서 정착하는 추세였다. 고용 불안, 지적 재산권 침해, 일관성 없는 법 적용과 같은 문제는 지식 기반 경제가 뿌리내리는 데 방해물로 작용했다.

　메드베데프의 야망은 러시아 경제의 현주소와 맞지 않을뿐더러 경제를 지탱하는 권력 구조와도 어긋나는 것이었다. 푸틴은 통제 경제를 철통같이 지켜냈다. 그는 고유가 정책과 전제주의를 앞세워 정부가 사유 재산을 통제했으며 폭정에 가까운 통치를 펼쳤다. 앞으로도 러시아가 원유와 천연가스의 주요 수출국이 되리라는 점은 의심할 여지가 없다. 하지만 거기에 만족하지 않고 국민들의 근면성과 혁신적 사고를 충분히 활용해 국제 경제에서 훨씬 더 도약할 것인지는 두고 볼 일이다. 이는 러시아의 국내 경제 발전만 관련된 것이 아니라 대외 관계에도 큰 의미가 있다.

52
그루지야에 전쟁이 발발하다

소치는 부시 정권이 마지막 해에 푸틴과 맞선 역사적인 곳이 되었다. 2008년 여름을 기점으로 코소보의 긴장은 극에 달했고 그루지야에 대한 러시아의 오랜 적대감은 분출 직전의 화산처럼 타올랐다.

재래식무기감축협정에 대해서 지난해에 러시아, NATO와 논의한 후 코소보 사태는 막바지로 치달았다. 세계 대전의 시발점이라고 해서 '유럽의 화약고'라 일컬어졌던 발트 3국은 부시 행정부 임기 내내 비교적 조용했고 알바니아, 크로아티아, 마케도니아, 슬로베니아는 정치적으로나 경제적으로나 눈부신 발전을 보였다. 보스니아와 헤르체고비나는 세 명의 대통령이 각각 군대를 내세워 난장판을 벌이고 있었다. 데이턴 협약으로 비극적인 보스니아 전쟁이 끝나긴 했지만 1국가 2체제에 자치구 1개라는 독특한 모양새를 이루었다. 보스니아인과 크로아티아인이 주로 모인 곳은 보스니아-헤르체고비나공화국, 세르비아계 사람들이 많이 사는 곳은 스르프스카공화국이 되었고, 자율구는 모슬렘이 차지했다. 나는 2005년과 2006년에 걸처 두 정부에게 헌법 개정을 통해서 국가를 통합하도록 여러 차례 설득했었다. 헌법에 따라 보스니아-헤르체고비나 대통령직은 반드시 세 사람이 있어야 했다. 크로아티아, 세르비아, 보스니아 사람으로 구성하고 윤번제로 대통령직을 맡는 식이었다. 2005년 세 사람이 국무부를 방문한 것을 보고서야 더 이상 통합을 추진하는 것은 시간 낭비에 불과하다는 것을 깨달았다. 대화 내내 세 사람의 이름을 정확히 구분해 사용하고 누구 하나에게 치우치지 않고 고루 발언 기회를 주어야 했다. '이런 식으로는 아무 일도 안 돼.'라는 생각이 들었다. 괜한 우려가 아니었다. 실제 정부 통합을 목표로 실시된 2006년 헌법 투표는 실패로 끝나버렸다. 하지만 우리가 개입하기 전에 비해서 더 나빠진 것은 하나도 없었다.

반대로 고소보 시대는 또 다른 긴장 상대를 유발했다. 1990년대에 NATO가 희대의 살인마 슬로보단 밀로셰비치를 제거하기 위해 공습을 가했다가 그 지역 인구의 90퍼센트 이상을 차지했던 알바니아계 코소보 사람들을 인종 청소로 몰아넣었다. 밀로셰비치가 이끄는 세르비아 군은 마을 전체를 초토화했다. 남자들은 무차별 살해해서 공동 무덤에 시체를 던져버렸고 여자와 아이들은 코소보 국경까지 걸어가게 했다. 결국 130만 명에 달하는 알바니아계 코소보 주민들이 쫓겨나고 말았다. NATO의 개입으로 밀로셰비치가 정권에서 밀려난 후 UN은 코소보 임시 행정부를 수립했다. 코소보 사태를 잘 해결하려고 몇 번이나 외교 협상을 시도했지만 한 차례도 성공하지 못했다. 결국 핀란드 전 대통령이자 국제사회의 존경을 한몸에 받던 마르티 아티사리가 UN 특사로 코소보 문제를 맡았다. 그가 제출한 코소보 지위에 관한 종합 보고서(일명 아티사리 보고서)는 코소보 독립의 정당성을 호소력 있게 설명함으로써 찬사를 받았다.

우리 정부는 아티사리 보고서를 전적으로 지원했다. 나는 노련한 외교관 출신 프랭크 위스터 대사를 특사로 임명해 이 일을 전적으로 맡겼다. 프랑스, 영국, 독일 등 유럽 대다수 국가들 역시 한마음으로 지지를 표명했으나 러시아는 대담하게도 세르비아 편에 서서 반대 의사를 굽히지 않았다. 우리 정부와 유럽은 러시아와 타협하는 것이 불가능하다고 판단해서 코소보 독립을 지지하는 것 외에 다른 방안은 있을 수 없다고 선언했다. UN 안전보장이사회에 회부해서는 코소보 독립을 얻어낼 수 없었다. 코소보가 분리 독립에 성공한 대만과 티베트의 선례를 따를까 봐 걱정하는 중국은 러시아가 설득하면 반대표를 던질 것이 분명했다.

폭력 없이 이를 해결할 방법은 가능한 한 많은 나라가 코소보 독립을 지지하도록 유도하는 것뿐이었다. 일단 우리 정부는 러시아의 반대에 굴하지 않고 동맹국을 다독이며, 코소보 사람들이 인내심을 잃어 거리로 쏟아져 나오기 전에 결정을 내려야 했다. 세르비아를 달랠 방법도 하루빨리 찾아야 했다. 생각해보면 그들도 동정하지 않을 수 없었다. 보리스 타디치 세르비아 대통령은 친서방파 세력으로서 유럽과 NATO가 통합되기를 간절히 고대했다.

다니엘 프라이드는 윈스너, 스티븐 해들리의 측근인 주디 앤슬리, 펜타곤과 두루 협력하면서 외교 선봉에 나섰다. 그 지역에 미군이 주둔하고 있었으므로 자칫하면 무력 충돌에 휘말릴 우려가 컸다. 유럽에서 보낸 파견대는 미군보다 훨씬 규모가 컸다. 또 다른 걱정거리는 베오그라드*유고슬라비아 수도가 급진파 세르비아인이 모여 사는 코소보 위쪽 지방 3분의 1을 잠식해 들어올 가능성이었다. 러시아는 이를 반길 리 없었지만 그렇다고 해서 유고슬라비아의 선동적인 발언을 저지하는 데 도움을 준 것도 아니었다.

2007년 여름이 저물어가자 코소보는 더욱 안달이 났고 나는 유럽에 즉각 조처를 마련하라고 계속 압력을 가했다. 새로운 국가 설립을 일제히 선언하고 최대한 많은 지지 세력을 확보하는 것이 우리 계획이었다. 그런데 NATO 동맹국, 특히 프랑스와 독일은 러시아의 눈치를 보며 발뺌을 했다.

천지개벽이라도 일어나서 러시아가 마음을 바꿀지 모른다고 생각하는 눈치였다. 회담 때마다 힘을 보태주겠다는 약속을 받아냈지만 야속한 시간만 흘러갈 뿐 변화가 없었다. 6월 중순 프랑스 정부가 또다시 한 달을 미루자고 제안하자 부시 대통령은 화를 터뜨리고 말았다. 얼마 뒤에 열린 NSC에서 나는 시간을 더 달라는 동맹국들을 두둔하는 말밖에 할 수 없었다. 물론 진심은 아니었다. 부시 대통령은 푸틴에게 전화를 걸었다. 그러자 푸틴은 라브로프가 한 말을 그대로 전해 주었다.

"세르비아가 수용할 수 있는 거라면 러시아도 다 수용할 수 있습니다."

이 상황에서 전혀 도움이 안 되는 말이었다. 독일 하일리겐담에서 열린 G8 정상회담에서 니콜라 사르코지는 석 달에 걸친 협상을 제안하면서 그래도 결론이 나지 않으면 UN 안전보장이사회기 아티사리 보고서를 승인해줄 것이라고 주장했다. 회담을 마친 뒤 대통령은 로마에서 코소보 독립에 관한 기자 회견을 열고 코소보 독립 지지를 거듭 표명하고 이튿날 알바니아를 방문해서 아티사리 보고서를 또 한번 공식적으로 지지했다.

"딱 한 달만 더 기다려보겠습니다. 그때는 단독으로라도 독립을 인정할 겁니다. 그렇게 해주겠다고 이미 약속했으므로 우리는 그 약속을 지킬 겁니다."

이렇게까지 말했는데도 사르코지는 부시 대통령에게 120일을 더 달라고 했다. 이번이 마지막이라고 조르는 통에 부시 대통령도 어쩔 도리가 없었다.

2008년 2월 18일, 우리는 다수의 유럽 국가와 함께 코소보의 독립 선언을 공식 지지했다. 그해 연말까지 총 53개국이 코소보 독립을 인정했다. 유럽 국가 대다수와 미국, 캐나다, 오스트레일리아 및 아프리카, 라틴아메리카, 중동 지역에서도 몇몇 국가가 우리와 같은 입장을 선택했다. NATO의 평화를 위한 동반자 협정 내에 유고슬라비아의 자리를 건드리지 않는다는 미 정부의 결정 덕분에 타디치는 목숨을 건졌다. 아직 발칸 전쟁의 주범인 라트코 믈라디치와 라도반 카라지치를 검거, 인도하지 않았다는 이유로 세르비아는 평화를 위한 협정에 가입할 수 없었다. 무작정 기다려줄 문제가 아니었다. 코소보의 상처가 나으려면 세르비아는 유럽과 NATO에서 인정받을 만한 증거를 내놓아야 했다.

현재 코소보는 독립 국가이며(그러나 아직 러시아 정부는 이를 인정하지 않고 있다), 세르비아를 향한 유럽의 강한 질타와 비난도 조금씩 누그러지는 추세이다. 코소보가 독립을 선언하던 날에 브라이언 건더슨은 이렇게 불안정하고 약한 독립 국가가 또 생기는 것을 보면 마음이 무겁지 않으냐고 했다. 나는 솔직하게 대답해주었다.

"달리 방도가 없잖아요. 이렇게 하는 게 마땅한 도리라고 생각합니다. 시간이 지나면 코소보도 안정될 겁니다."

그루지야 사태를 보면 코소보 문제는 아무것도 아니었다. 이미 여러 해 전부터 아브하즈와 남오세티야는 긴장감이 고조되고 있었다. 문제의 근원에는 러시아 정부가 버티고 있었다. 2008년 봄 무렵에는 (철도 건설 현장에 인력을 투입한다는 평계로) 러시아 군을 계속 투입하고 그루지야 영토에 사는 시민들에게 러시아 여권을 발급하는 등 이런저런 이유로 남오세티야에 매주 새로운 문제가 발생했다. 라브로프는 그 전에 그루지야에 대해서 러시아 정부가 우려하는 점을 잔뜩 모아 보내준 적이 있었다. 그중 얼마쯤은 우려할 만한 이유가 있었지만 러시아가 거짓으로 꾸며낸 것도 많았다. 아무튼 이는 그루지야에 대한 정식 경고나 다름없었다. 두 나라의 갈등이 표면화되는 것은 시간 문제였다.

팔레스타인 국가 설립 문제를 논하기 위해 6월 23일 독일을 방문했다. 이 기회를 빌려 프랑크발터 슈타인마이어와 나는 상황 악화에 대비하는 3단계 대처 방안을 수립했다. 첫 번째 단계는 누구도 무력을 사용하지 않는다는 약속이었다(이 점은 러시아가 그루지야에 요구한 사항에도 포함되어 있었다). 두 번째 단계는 난민을 돌려보내고 실질적인 협력 관계를 구축해 각종 사회 기반 시설을 마련하는 것이었다. 마지막 단계는 아브하즈의 정치적 지위를 확정하는 것이었다. 프랑크는 트빌리시, 아브하즈, 모스크바를 차례로 순방하기 위해 떠났다. 며칠 후 그는 외무부 관계자들을 통해서 상황을 크게 진전시켰다는 반가운 소식을 전해주었다.

나도 7월 10일에 트빌리시를 방문했다. 러시아가 그토록 반대하던 미사일 방어 협정에 서명하러 체코에 다녀오는 길이었다. 언론에서는 두 나라의 연관성을 찾아내려고 상상의 나래를 펼쳤다. 일각에서는 일부러 러시아를 모욕하려는 의도가 있었다고 주장했다. 물론 그럴 의도는 아니었지만 러시아는 언론의 추측을 곧이곧대로 믿었을 것이다.

숨이 마힐 정도로 아름다운 도시 전경이 한눈에 내려다보이는 식당 테라스에서 사카슈빌리 그루지야 대통령을 만났다. 풍채가 좋고 말이나 행동이 시원시원했다. 그는 사원, 교회, 유적지 등 복구 작업이 한창 진행 중인 장소들을 가리키며 흐뭇해했다. 조국에 대한 애착과 자긍심이 남다른 사람이었다. 그도 그럴 것이 (부패 인식 지수에 따르면) 사카슈빌리 대통령이 경찰 개혁을 단행해 부패 경찰 수천 명을 해고하고 경찰 조직 전체를 정비한 이래 그루지야의 부패 문제는 크게 완화되었다. 그와 동시에 천연가스를 아제르바이잔에서 수입하는 등 러시아로부터 자신을 보호하기 위해 다양한 노력을 기울였다. 러시아 정부가 그루지야 공산품 금지 조치를 선언한 후에도 경제는 계속 성장세를 보였다. 물론 국민 대다수는 여전히 극빈층에 속했지만 희망이 있었다.

그러나 아브하즈와 남오세티야의 상황이 악화되면 사카슈빌리가 이룬 업적이 한순간에 물거품이 될 수도 있다는 사실을 이해시키기란 쉽지 않았다. 그는 자존심이 강하고 성미가 급한 편이었다. 그래서 러시아가 계속 압박을 가할 경우 감정적으로 무력을 사용할까 봐 걱정했다. 사실 사카슈빌리는 그루지야 내의 또 다른 자치 공화국인 아자리야에서 무력 충돌을 유발한 다음 국내외 정세를 이용해 이 지역을 다시 그루지야로 통합한 전력이 있었다. 그 일로 너무 의기양양해져서 같은 방법으로 푸틴 대통령이 애지중지하는 소치에 가까운 지역까지 손을 뻗칠까 봐 도통 마음을 놓을 수 없었다.

"대통령 각하! 무력을 사용하지 않겠다는 협정에 서명하셔야 합니다."

도시 곳곳을 가리키며 자랑하는 데 정신이 팔린 사카슈빌리의 말을 가로막았다. 그렇게 하지 않으면 안 될 것 같았다.

"푸틴 대통령이 저런 식으로 나오는 판국에 어떻게 그럴 수 있겠소?"

그것은 푸틴 대통령이 적절한 대가를 내놓을 경우에만 서명하겠다는 뜻이었다.

"러시아 측과 일단 이야기해보겠습니다. 하지만 사카슈빌리 대통령께서도 다른 대안이 없다는 것을 아셔야 합니다. 어떤 경우에도 무력 사용은 안 됩니다. 괜히 군사적 대응을 하겠다는 식으로 위협하는 것은 그루지야에 아무 도움이 되지 않습니다. 국제사회가 아직 그루지야의 편에 서 있을 때 서명하시는 것이 좋습니다."

한 시간 가까이 설득했지만 그는 고집을 꺾지 않았다. '강경하게 나가는 수밖에 없겠어.'라는 생각이 들었다. 나는 단호한 표정으로 이렇게 말했다.

"좋습니다. 대통령 각하, 어떻게 하시든 러시아와 부딪치지 않도록 하십시오. 예전에 부시 대통령이 하신 말씀을 기억하시지요? 러시아 정부는 그루지야가 어리석은 짓을 하도록 계속 유도할 거라고 경고하셨잖습니까? 그리고 러시아 군대와 절대로 엮이지 마십시오. 아무도 그루지야를 도와주러 올 수 없을 겁니다. 그렇다면 보나 마나 패배입니다."

그제야 사카슈빌리는 고분고분해졌다. 마지막 남은 친구마저 잃었다는 표정이었다. 측은한 마음이 들어서 우리 정부가 그루지야의 영토가 나뉘지 않도록 지켜주겠다는 약속을 다시 한번 상기시켜주며 그를 다독였다. 우리 정부가 무력 대응에서 그루지야의 편에 서겠다는 오해를 낳을 만한 표현은 철저히 배제했다.

7월 말 일정은 가히 살인적이었다. 유럽, 중동, 싱가포르, 오스트레일리아, 뉴질랜드, 사모아를 2주 만에 돌아야 했다. 어서 8월 8일이 되었으면 좋겠다는 생각밖에 들지 않았다. 그때는 골프도 치고 친구들과 그린브라이어로 휴가를 떠나리라고 다짐했다. 그러고 나서 다시 2주 후에는 베이징 올림픽 폐막식에 가야 했다. 8월 8일이 돼서 시간이 멈추어버리면 좋겠다는 생각도 들었다.

8월 초에 며칠간 남오세티야와 주변 지역에서 폭력 사태가 일어났다. 한편으로는 외교 협상이 한창 진행되고 있었으며 유럽 특사와 러시아 특사가 만나서 비교적 좋은 결과를 산출했다는 보고가 들어왔다. 그런데 8월 6일 저녁, 대니얼 프라이드와 커트 볼커가 찾아와서 국무부 차관보 매튜 브리자가 그루지야 현지에 가보니 무력 사태가 갈수록 심각해진다는 소식을 전했다고 알려주었다. 그때부터 불안한 느낌을 떨칠 수 없었다. 얼마 지나지 않아서 러시아가 그 지역 주민 800여 명을 모두 대피시켰다는 소식에 가슴이 철렁 내려앉았다.

8월 7일 밤 드디어 사건이 터지고 말았다. 그날 그루지야는 일찌감치 전면 휴전에 돌입했으나 남오세티야의 반란군은 주도州都 츠힌발리 안팎을 다니며 그루지야 사람들이 모여 사는 곳을 철저하게 포위했다. 이에 그루지야 군 고위 장교 한 사람이 그루지야 정부가 남오세티야에 '헌법 질서'를 복구하기로 결정했다고 공표했으며 그루지야 군은 즉시 반군에 대한 강경 무력 진압에 나섰다. 이들이 반격을 시작한 지 30분 만에 러시아 군이 등장해 반란군을 지원 사격했다. 러시아 군의 탱크는 로키 터널을 지나서 그루지야 영토를 침범했다.

대니얼 프라이드는 시시각각 현지 상황을 알려주었다. 나는 오전 8시까지 집에서 머물렀다. 그린브라이어에 가야 할지 말아야 할지 판단이 서지 않았다. 친구들과 가족은 우리 집에 모여 나만 바라보고 있었다. 내가 운전해서 그린브라이어에 가기로 약속된 상태였다. 경호원들은 그림자처럼 나만 따라다녀야 했으므로 운전을 맡길 사람이 없었다. 고민하는 동안 식구들은 거실에서 칠면조 샌드위치로 허기를 달랬다. 결국 예정대로 출발하기로 마음먹었다. 필요하면 언제든지 돌아올 수 있으니까 괜찮을 거라고 생각했다.

그것은 나의 실수였다. '그날 아무 데도 가지 않았어야 했는데……'라고 후회해야 소용이 없었다. 스티븐 해들리는 8월에 우리가 이산가족처럼 뿔뿔이 흩어졌다며 고개를 저었다. 부시 대통령은 올림픽 때문에 베이징에, 로버트 게이츠는 뮌헨에 있었다. 중국은 시차가 너무 커서 화상 회의가 어려웠다. 그렇지만 하루에 두 번 이상 대통령과 통화했다. 올림픽 개막 행사에서 부시 대통령은 푸틴 옆자리에 앉았다가 어색한 대화를 이어가느라 곤욕을 치렀다. 푸틴은 그루지야의 대학살을 맹렬히 비난하다가도 러시아 군의 만행은 모르쇠로 일관했다.

우리는 그 문제가 미-러 대립으로 이어지면 안 된다고 판단했다. 유럽연합과 유럽안전보장협력기구가 적극적으로 외교 활동을 펼쳐서 해결할 문제였다. 나는 베르나르 쿠슈네르 프랑스 외무장관 및 핀란드 외무장관이자 유럽안전보장협력기구 대표 알렉산더 슈투브와 여러 차례 이 문제를 논의하면서 합의점을 찾도록 유도했다. 또한 러시아에게 공습 및 미사일로 그루지야를 공격하는 행위를 중단하고 그루지야 영토의 온전성을 존중해서 현재 그루지야 영토를 침입한 지상군을 모두 철수하도록 요구하는 성명을 발표했다.

8월 11일쯤 그루지야는 남오세티야에서 군대를 모두 철수했다고 주장했다. 워낙 동떨어진 지역이라서 사실을 확인하기 어려운 데다 우리가 입수하는 정보는 여러 가지로 믿기 어려운 부분이 많았다. 우리는 러시아가 공격을 지속할 핑계를 남기지 않도록 그루지야 정부에게 모든 군사 행동을 중단하라고 계속 압력을 가했다.

그날 오후 세르게이 라브로프에게서 연락이 왔다. 사건이 터진 후로 두 번째였다. 처음에는 전화가 연결되자마자 그루지야 정부와 대통령에게 입에 담지 못할 욕설을 퍼붓더니 이번에는 꽤 침착한 목소리였다.

"세 가지 요구 사항이 있습니다."

"어떤 것입니까?"

"먼저 그루지야 정부가 무력을 사용하지 않겠다고 서약해야 합니다. 또한 그들의 군대를 철수해야 합니다."

"좋습니다."

사카슈빌리가 쉽게 동의하지 않을 것이라는 생각이 들었지만 어떻게든 설득해야 할 문제였다. 세르게이는 마지막 조건을 제시했다.

"세 번째 요구 사항은 우리끼리만 알고 있었으면 합니다. 사카슈빌리를 몰아내주십시오."

어안이 벙벙했다. 너무 놀라서 나도 모르게 언성을 높였다.

"세르게이, 미 국무장관과 러시아 외무장관이 민주주의 선거를 통해 선출된 다른 나라 대통령을 몰아내자고 담합하는 일은 있을 수 없습니다. 마지막 요구 사항은 비밀에 부칠 수 없습니다. 러시아 정부가 그루지야 대통령을 타도하려 한다는 소식을 내가 직접 만방에 알릴 겁니다."

"우리끼리만 알고 있어야 한다고 말씀드리지 않았습니까?"

"그럴 수 없습니다. 그렇게 해서는 안 될 일입니다. 이건 모두에게 알려야 합니다."

그것으로 대화는 끝나버렸다. 나는 스티븐 해들리에게 먼저 이 사실을 알린 다음, 영국과 프랑스 등에 차례로 연락해 러시아 정부의 속셈을 공개해버렸다. 그날 오후 UN 안전보장이사회 모임이 있었으므로 우리 정부 대표자에게 이사회 모임에서 러시아의 요구 사항을 반드시 공개하라고 지시했다. 라브로프는 외교 차원에서 논의한 내용을 외부에 발설하는 상대는 처음 본다며 노발대발했다. 나로서는 다른 방법이 없었다. 사카슈빌리가 전쟁을 벌인 것 때문에 벌을 받아야 한다면 자국의 헌법에 정한 절차에 따라 그루지야 국민들이 그를 응징해야지 러시아가 왈가왈부할 문제가 아니었다. 모스크바에서 동유럽 국가수반의 운명을 좌우하던 구 소련 시대로 되돌아가는 느낌이었다. 적어도 나는 그런 분위기에 휩쓸리거나 동조하고싶지 않았다.

다음 날 아침 휴가를 모두 취소하고 워싱턴으로 돌아왔다. 부시 대통령도 베이징 방문을 마치고 귀국했다. 스티븐 해들리는 즉시 NSC를 소집했다. 다들 러시아의 만행에 통탄하느라 분위기가 어수선했다. 결국 스티븐 해들리가 끼어들었다. 평소에 좀처럼 볼 수 없는 모습이었다. 다들 러시아를 제재할 방법을 즉석에서 짜내느라 횡설수설하고 있었다. 스티븐은 정색하며 "질문이 하나 있습니다."라고 말했다.

"그루지야 사태 때문에 우리가 러시아와 전쟁이라도 해야 한다는 말씀입니까?"

일순간 좌중은 찬물을 끼얹은 듯 조용해졌다. 그때부터는 진지한 대화가 이어졌다. 한 가지 문제는 우리의 정보통이 겁에 잔뜩 질린 그루지야 정부 관료나 군관들의 주관적인 의견 때문에 크게 곡해되어 있다는 것이었다. 미군 합참의장 마이크 뮬런 해군 제독은 러시아 합참의장과 오래전부터 긴밀한 사이였다. 불필요한 오해나 문제를 사전에 차단하는 방책이자 러시아의 동향을 살피는 통로로 아주 유용했다. 사르코지 프랑스 대통령이 나서 휴전 협상을 이끌어냈지만 러시아 군은 들은 척도 않고 물러날 생각도 않는 것 같았다. 그런데도 메드베데프가 러시아 군이 철수했다고 우기는 바람에 분위기는 더욱 험악해졌다. 그가 상황을 제대로 파악하지 못한 채 겉도는 것도 심각한 문제였다.

그루지야의 암담한 상황에 대한 보고가 상황실로 계속 날아들었다. 러시아 군이 수도 트빌리시에서 서쪽으로 약 60킬로미터 떨어진 곳에 있는 고리라는 소도시에서 그루지야군을 몰아낸 후 곧바로 수도를 향해 진군하고 있다는 소식이 전해졌다. 사카슈빌리는 백악관으로 두 번이나 전화를 걸어 그루지야 정부가 곧 무너질 거라며 오열했다. 우리는 가시적인 도움을 베풀어 그를 안심시켜야 했다. 일단 군용기로 구호품을 긴급히 보냈다. 미군 군용기가 나타나면 잠시나마 러시아 군을 저지하는 효과를 기대할 수 있었다. 그리고 내가 직접 그루지야로 출발했다.

이번 협상은 프랑스가 주도했으므로 부시 대통령은 사르코지에게 연락해서 나를 파리로 보내주겠다고 제안했다. 그는 당시 남부 지역에 머물면서 당분간 파리에 돌아올 계획이 없다고 했다. 그래서 8월 14일 지중해 연안의 그림처럼 아름다운 휴양지 보름 레 미모자를 직접 찾아갔다. 대통령 별장 테라스에서 본격적인 논의가 시작되었다.

사르코지 대통령에게 내가 도울 일을 알려 달라고 했다. 그는 그루지야의 서명을 받아야 하는데 사카슈빌리가 시간을 끌고 있다고 말했다.

'뭔가 이상하군. 사카슈빌리는 부시 대통령에게 전쟁을 당장 중단하고 싶다고 했는데.'

사르코지가 내민 협상문을 보니 바로 의문이 풀렸다. 거기에는 러시아 군이 기간에 구애받지 않고 머물 수 있는 '15킬로미터에 달하는 안전 예외 구역'을 설치한다는 조항이 있었다. 그루지야처럼 작은 나라에서 이런 지역을 설정하는 것은 국내 주요 도로는 물론 수도에서 불과 64킬로미터 떨어진 고리를 러시아 군에게 거저 내주는 셈이었다.

예외 구역을 지도에서 확인해본 사람이 있는지 물어보았다. 아무도 확인하지 않았다는 말에 나와 측근들은 입을 다물지 못했다. 사르코지 대통령의 외교 정책 담당 고문이자 실력이 뛰어난 외교관 장-다비드 레비트는 괜한 걱정이라며 펄쩍 뛰었다.

"트빌리시에 있는 프랑스 대사에게 직접 전화로 지리적인 사항을 확인해 보겠습니다."

잠시 후에 그는 당혹스러운 표정으로 돌아와서 예외 구역을 허용할 경우 내가 말한 우려가 현실이 될 것이라고 인정했다. 이제 프랑스 정부가 범한 외교적 실수를 만회하고 전쟁을 종결할 방법을 찾아야 했다. 상의 끝에 사르코지 대통령이 직접 예외 구역의 의미를 구체적으로 설명하고 러시아 군의 주둔 기간을 명시한 편지를 사카슈빌리와 메드베데프에게 보내기로 결정했다. 그루지야에 보내는 편지는 내가 직접 전달하고 동의를 받기로 했다. 때마침 메르켈 총리가 소치에서 러시아 대통령과 회담할 예정이었으므로 그녀에게 편지를 부탁하고 동의를 받아오라고 했다.

트빌리시에서 만난 그루지야 정부 관계자들은 하나같이 얼굴에 수심이 가득했다. 최고 연장자가 마흔에 불과했으며 모두 젊은 사람들인데도 며칠 간 못 잔 탓에 몹시 피곤해 보였다. 그들을 만난 곳은 사카슈빌리의 집무실이었다. 한쪽 벽면에 놓인 텔레비전은 대화 내내 켜져 있었다. 내가 편지를 건네주자 그는 잠깐 검토한 시간을 달라고 했다. "얼마든지 좋습니다. 천천히 살펴보십시오."라고 하자 다들 안도의 한숨을 내쉬었다.

외무장관은 "프랑스는 서류를 건네주면서 바로 서명하라고 재촉했거든요."라고 해명했다. 프랑스가 정말 그렇게 했을 거라고 생각하지 않았지만 적어도 나는 이들에게 스트레스를 주지 말아야겠다고 느꼈다.

"이번에는 잘되면 좋겠습니다. 법률 고문에게 차근차근 잘 검토해보라고 하십시오."

일이 잘 풀려서 다행이었다. 나는 대니얼 프라이드에게 장-다비드 레비트에게 연락해서 모스크바 상황을 알아보라고 했다. 내가 사카슈빌리와 그의 고문과 이야기하는 동안 대니얼은 장-다비드와 통화를 여러 번 했다. 양측이 열심히 논의한 끝에 마침내 서명을 얻어냈다. 물론 그루지야 군이 이번 협상 조건대로 움직이려면 며칠 시간이 필요했고 러시아 군도 전쟁 이전의 위치로 완전하게 물러나는 것은 기대하기 어려웠다. 하지만 약 2주 후 러시아가 아브하즈와 남오세티야를 독립국가로 선언하는 바람에 그루지야와 러시아의 갈등의 골은 더욱 깊어졌다.

우리 둘은 기자들을 만나러 밖으로 나갔다. 푹푹 찌는 날씨로 보아 잠깐이면 끝날 거라고 생각했다. 사실 더운 날씨보다는 변덕이 심하고, 성미가 급하며, 이미 지칠 대로 지친 그가 말실수를 할까 봐 더 걱정스러웠다. 그래서 나는 미리 이렇게 부탁해두었다.

"대통령 각하, 유럽과 미국이 그루지야에게 힘을 실어주어 고맙게 생각한다고 말씀하신 뒤 국민들에게 곧 전쟁이 끝날 거라고 긍정적으로 말씀하십시오. 단, 러시아에 대해서는 아무 말 마십시오. 그건 저에게 맡겨 두십시오."

기자 회견 초반부는 분위기가 매우 좋았다. 하지만 대통령의 말이 길어질수록 그루지야 사람들의 혈압이 오르는 것이 눈에 보였다. 그는 다음에 무슨 말을 할지 생각하는 듯 중간에 말을 뚝뚝 끊었다. 원래 영어를 유창하게 쓰는 사람이므로 언어 문제가 아니라는 것은 알고 있었다. 그런데 어느 순간부터 갑자기 과격한 표현이 쏟아져 나왔다. 그는 러시아를 야만인으로 규정하면서 러시아 탱크가 '떼 지어 몰려든다고' 주장했다.

'그럼 그렇지. 내가 이럴 줄 알았어.'

그가 러시아를 비난하지 않고 넘어갈 리 없다는 예상이 적중한 순간이었다. 거기까지는 괜찮았다. 그런데 갑자기 화살을 유럽으로 돌리더니 뮌헨 유화 정책을 논하는 것이었다. 눈앞이 캄캄해졌다.

'세상에! 지금 무슨 소리를 하는 거지? 제정신으로 하는 말인가?'

그가 20여 분에 걸친 장광설을 끝낸 후 나는 뒷수습을 시작했다. 우선 프랑스가 휴전 협정에 참여하고 있다고 설명한 뒤에 러시아는 조속히 무력 개입을 중단해야 한다고 촉구했다. '이 정도만 하고 기자회견을 끝내는 것이 좋겠다.'고 판단해 기자 회견을 마무리했다. 나는 머리끝까지 화가 나서 말도 나오지 않았다. 사카슈빌리 대통령과 가벼운 악수로 인사를 대신하고 곧장 차에 몸을 실었다. 다음 일정은 외무장관과 함께 병원으로 가서 전쟁 부상병을 위로하는 것이었다. 나는 외무장관에게 "대통령께서 기자 회견을 다 망쳤습니다."라고 쏘아붙였다. 장관은 공항에서 다시 회견 자리를 마련했고 우리 둘은 그루지야를 떠나기 전에 유럽 국가들의 지원과 협조에 감사의 뜻을 전했다.

서명한 지 며칠 뒤에 브뤼셀에서 NATO 외무장관 회담이 열렸다. 놀랍게도 많은 국가들이 사카슈빌리에게 우호적인 태도를 보였다. 하지만 몇몇 장관들은 그의 행동을 보면 그루지야에 NATO 확장 계획을 반대한 것이 이해할 만한 일이었다고 지적했다. 나는 러시아의 침략 행위를 부각시키려고 부단히 노력했다. 실제로 NATO-러시아위원회는 그루지야 침공 때문에 무기한 보류 상태였다. 동맹국은 그루지야에 대한 지지를 공식 표명하고 러시아에게 즉각 군대를 철수하라고 촉구했다. 무엇보다도 중요한 점은 NATO가 "그루지야의 주권, 독립 및 영토의 온전성을 지지하며 민주주의 방식으로 수립된 정부를 아낌없이 지원하고, 이를 타도하려는 러시아의 전략적 목표를 강하게 비난한다."고 거듭 강조한 것이었다. 바로 다음 날 나는 미사일 방어 조약에 서명하기 위해 폴란드를 방문했다. 일부러 러시아를 겨냥한 것은 아니었다. 이는 오래전부터 예정된 일이었다. 하지만 러시아가 그렇게 봐줄 리 만무했다. 폴란드 국민들이 상황을 그렇게 해석한 탓도 있었다. 러시아-그루지야 분쟁은 폴란드 국내에 지대한 영향을 끼쳤다. 국민들은 큰 충격을 받았으며 러시아가 폴란드마저 침공할지 모른다는 불안감에 시달렸다. 내가 폴란드를 찾은 것은 미사일 방어 조약 때문이지 그루지야 전쟁과는 아무 관련이 없었지만 국민들은 미사일 방어는 거들떠보지 않고 러시아 침공 대비에 촉각을 곤두세웠다.

러시아는 그루지야를 침공한 대가를 톡톡히 치러야 했다. 사카슈빌리도 이번 분쟁을 자초했다는 이유로 유럽의 지탄을 받았지만 그루지야 대통령을 몰아내자는 라브로프의 주장은 전혀 공감을 얻지 못했다. 어쨌거나 러시아는 약소국에 불과한 이웃 나라를 침공했고 구 소련 정권처럼 무력으로 그루지야를 제압한 것이었다. 수도를 장악하고 정권을 뒤엎는 것은 용납될 수 없었다. 러시아 경제가 국제 경제와 통합된 것이 러시아의 발목을 잡은 요인 중 하나였다. 이번 사태로 인해 러시아 주식 시장은 큰 타격을 입고 이틀이나 거래를 중단하는 위기를 맞았다.

한 달 후 UN 총회에서 세르게이 라브로프와 마주쳤다. 그루지야 전쟁이 발발한 뒤로는 처음 얼굴을 마주한 것이었다. 나는 주변의 시선이 집중되지 않은 틈을 타서 말을 건넸다.

"세르게이, 나라면 도저히 상상도 못할 일을 저질렀군요. 당신 때문에 국제사회가 사카슈빌리를 감싸고돌잖아요. 그루지야는 재건에 필요한 자금(10억 달러)보다 훨씬 많은 지원을 받고 있어요. 당신네 군대는 지금 남오세티야에서 오도 가도 못 하는 처지잖아요. 게다가 지지 세력이라고는 하마스와 니카라과뿐이잖아요."

기자들은 그루지야 사태가 미-러 관계를 어떻게 바꿔놓았느냐며 질문을 퍼부었다. 우리는 이란에 대한 UN의 이전 결의를 재확인하는 안전보장이사회 결의를 통과시켰다. 이는 그루지야 전쟁으로 인해 미-러 사이가 악화되어 이란에 대한 공동 제재를 약화시킬 가능성이 없다는 증거였다. 물론 예전만큼 편한 사이는 아니었지만 우리는 임기가 끝날 때까지 러시아와 긴밀한 관계를 유지하려고 노력을 기울였다. 물론 라브로프는 미 정권이 바뀌기를 손꼽아 기다렸을 것이다.

　슬로베니아에서 열린 첫 회담에서 두 나라의 외교 관계에 걸었던 희망에 비해 꽤 씁쓸한 결말을 맺었다. 나는 9월에 워싱턴 독일 마셜 플랜 연설 자리에서 이 점을 세세히 설명했다. 우리 정부가 그동안 러시아와 긴밀하게 협조했으며 이 문제로 러시아에게 수차례 철수를 요구한 점을 부각시켰다. 그리고 문제의 원인이 포스트 냉전 시대를 인정하지 않으려는 러시아 정부의 고집이라고 명확하게 지적했다. 우리는 이란, 북한, 무기 통제 등의 문제에서 앞으로도 계속 러시아 정부와 긴밀하게 협조할 계획이었다. 중동 문제나 대테러 작전 및 대량 살상 무기 확산 방지에 관한 협력 관계에는 아무 이상이 없었다. 문제는 러시아 주변 국가 및 구 소련의 영향을 받았던 지역이다. 러시아 정부는 구 소련 영토와 바르샤바조약기구 국가들을 아직도 자신의 특권 지역으로 여겼다. 신생 독립국가들은 엄연히 외교 대상과 동맹국을 스스로 선택할 권리가 있었다. 이러한 입장 차이는 양쪽 모두 쉽게 포기할 수 없는 문제였다.

53

이라크, 인도와
외교 관계를 돈독히 하다

8월 21일에 미군지위협정의 세부 사항을 결정하기 위해 바그다드를 다시 찾았다. 이라크가 완벽한 주권 국가가 될 경우, 미국과의 외교 관계 기반이 될 전략기본협정도 논할 필요가 있었다. 미군지위협정은 SOFA라고도 하는데, 미군이 주둔하는 나라의 정부와 주둔 조건을 협상하는 것이었다. 대통령은 일차적으로 주요 도시에서 미군을 철수한 후 이라크 전역의 미군을 완전히 철수할 방안을 생각했다. 내가 도착할 무렵 이라크 SOFA의 기본 틀은 거의 완성된 상태였는데, 말리키 총리는 미군에게 국내법 면제 특권을 부여하는 일부 조항에 반기를 들었다. 하지만 미군은 이미 군법과 엄격한 행동 규정의 제약을 받고 있으므로 아직 미흡한 점이 많은 이라크 국내법에 구속될 이유가 없다고 강하게 항의했다. 근무 시간이 아니거나 부대를 벗어나더라도 달라질 것이 없었다. 다른 나라와 비교할 때 이라크에 제시한 이 규정이 유독 다른 것은 사실이었다. 이라크의 허술한 법을 악용한 각종 보복 행위로부터 미군을 보호하려면 어쩔 수 없었다.

그뿐만 아니라 최종 철수 시기도 정해야 했다. 말리키는 국수주의자에게 상당한 압력을 받고 있었으며 정치적인 이유로 2011년 말까지 완전히 철수한다는 공약을 내세울 수밖에 없었다. 이라크는 국내 치안 문제의 상당 부분을 이미 장악했으며 9월 1일부터 알 안바르의 통수권을 행사하기로 되어 있었다. 우리는 현지 상황을 봐가며 결정할 생각이었으므로 구체적인 철수 일자를 정하지 않았다. 철수 일자를 정하면 마치 미군이 이라크에서 쫓겨나는 것처럼 보일 거라며 우려하는 사람들도 있었다. 이라크와 아프가니스탄을 담당하는 NSC 고문 브레트 매거크의 중재로 몇 차례에 걸쳐 격렬한 논쟁을 벌였으나 끝내 합의점을 찾지 못했다.

8월에 다시 말리키를 만나러 갔다. 우리 정부는 이제 세부 사항까지 모두 결정한 상태였다. 현지의 안보 상황이 안정을 유지하면 2011년 말까지 미군을 모두 철수시키되, 이라크 정부군 훈련 및 물자 공급에 필요한 인력을 최대 4만 명만 남기기로 했다. 내가 워싱턴에 도착하자 말리키는 말을 바꿔 2011년 말까지 미군은 단 한 사람도 남지 않고 철수할 것을 요구했다.

협상 과정은 산 넘어 산이었다. 이라크 정부 내에서 합의가 잘 이루어지지 않을 때마다 말리키는 우리 정부에게 양보를 강요했다. 그럼에도 대통령은 최대한 그의 요구를 들어주며 협상을 진전시키기 위해 노력했다. 이번 협정의 중요성을 누구보다 잘 알기에 자존심을 내세우거나 감정적으로 대응하지 않았다.

마침내 우리는 말리키의 요구를 수용할 타협안을 찾아냈다. 하지만 말리키가 과연 국내 반대 세력을 설득해낼지 걱정스러웠다. 놀랍게도 그는 의회에서 SOFA와 전략기본협정을 통과시켰다. 철수 시기에 관해서는 우리 정부가 크게 양보해 2011년 말까지 전면 철수하기로 했다. 또한 근무 시간 외에 부대 밖에서 '고의성이 분명하고 죄질이 나쁜' 범죄를 저지를 경우는 미군에게 이라크 국내법을 적용하는 데 동의했다. 결국 우리가 양보함으로써 양쪽 모두에게 득이 되었다. SOFA에 따라 미군 철수 시점이 확정되자 전쟁의 끝이 보이기 시작했으며 새로운 대통령은 자신의 역량을 펼칠 탄탄한 기초를 다졌다.

그해 늦여름 이라크를 찾은 것이 마지막 방문이었다. 나는 뭐라 표현할 수 없는 격렬한 감정을 느꼈다. 처음으로 안보 상황이 개선되어 레드 존을 방문해서 그곳의 이라크 지도층 인사를 만났다. 1년 전에는 상상도 못 할 일이었다. 당시 이라크 주둔 다국적군 책임자였던 데이비드 퍼트레이어스와 이라크 대사이자 미 국무부의 자랑인 라이언 크로커의 피나는 노력이 맺은 결실이었다. 나는 두 사람에게 국무부 공로상을 수여했다. 내가 해줄 수 있는 최고의 보상이었다.

바그다드 내의 레드 존 대로에 진입히지 이이들이 공을 치며 노는 곳에 혼자 서 있는 남자아이가 보였다. 역시 1년 전에는 꿈도 못 꾸었을 일이다. 여덟 살쯤 되어 보이는 그 아이는 거수경례를 했다. 미군 호송 차량을 자주 보았는지 우리 차를 향해 경례하는 모습이 아주 자연스러웠다. 주변 상황이나 우리를 보고도 겁먹는 기색이 없었다. 이미 아이가 있던 자리를 지났지만 나도 손을 들어 인사를 받아주었다.

러시아가 그루지야를 침공하기 전에는 9월쯤 사퇴하는 것을 진지하게 생각하고 있었다. 베이징 올림픽 폐막식 참석만 끝내면 된다고 생각하니 마음이 편했다. 심신이 지칠 대로 지쳐 있었다.

'드디어 숨통이 트이는구나!'

남은 임기는 존 네그로폰테에게 맡기면 걱정할 것이 없었다. 국무부 내에 그만한 인재가 없었고 존의 경력에도 도움이 될 거라고 확신했다. 이런 생각을 털어놓자 스티븐 해들리는 코웃음을 쳤다.

"대통령께서 절대 허락하지 않으실 겁니다."

"일단 말씀드려볼 겁니다."

그렇지만 이야기를 꺼낼 적절한 기회를 찾을 수 없었다. 그러다가 그루지야에 전쟁이 터졌고 내 계획을 조용히 접어야 했다.

그것 외에도 손볼 문제가 많았다. 특히 인도 핵 기술 거래만 생각하면 마음이 편하지 않았다. 2005년 7월에 부시 대통령과 만모한 싱 총리가 핵 협정을 발표한 것은 시작에 불과했으며 최종 확정까지 3년이 걸렸다. 양국 수반이 공식적인 지지를 표명한 경우라 하더라도 주요 외교 정책을 바꾸는 것이 얼마나 어려운지를 제대로 보여주는 사례였다. 2005년 여름, 협정을 발표한 이후로 몇 가지 복잡한 단계를 거쳐야 했다. 인도와 원전 수주를 하려면 (1954년 원자력법을 포함해) 미 국내법을 개정해야 했다. 또한 인도의 권리와 의무를 자세히 규정한 '123협정'을 확정하고 인도-IAEA(국제원자력기구) 안전 협정을 마련해야 하며, 당시 수출 통제를 관할하는 45개국으로 이루어진 핵공급그룹에서 인도를 위해 면제 허가를 받는 등 할 일이 태산 같았다. 그리고 나서 최종적으로 미 의회가 123협정 승인 여부를 투표로 결정해야 했다.

단계마다 어려움이 도사리고 있었다. 정무 차관보 닉 번스는 협상 책임자로서 인도 측 핵 전문가 애슐리 텔리스와 공동으로 이 일을 맡았다. 두 사람이 2006년 초에 협상 초안을 마련하느라 고생한 것은 이루 말로 설명할 수 없을 정도였다. 나는 그해 4월 상원과 하원 의회를 직접 찾아가서 증언했다. 닉은 보좌관 안야 마누엘을 대동하고 상, 하원 의원들을 일일이 찾아다니며 인도 핵 협력을 위해 국내법을 수정하는 것이 왜 필요한지를 설명하는 데 많은 시간을 쏟았다. 다행히 환경 친화적이라는 것이 큰 이점으로 작용했다. 특히 민주당은 이번 협정을 통해 미국 정부와 국내 기업들이 인도의 무공해 에너지 자원 개발을 도울 수 있으므로 공해가 심한 석탄 사용을 줄일 수 있다는 점에 반색했다. 2006년 7월과 11월에 하원과 상원에서 차례로 국내법 수정안이 통과되었다. 그동안 안야는 123협정의 세부 사항을 확정하느라 국무부 직원 몇 사람을 데리고 인도를 대여섯 번이나 드나들었다. 협정 문서는 2007년 8월 3일자로 확정되었다.

그러나 마라톤은 아직 끝날 기미가 보이지 않았다. 만모한 싱 총리는 인도 내의 비판 세력을 잠재워야 했고 불신임 투표로 인해 그가 이끄는 연립 정부가 무너지면 살아남을 가능성이 희박했다. 인도가 IAEA와 협상을 끝내면 IAEA 이사회의 승인을 받는 것은 우리 정부의 몫이었다. 다행히 인도가 IAEA 사찰단에게 원전 시설을 전격 공개하기로 동의한 덕분에 2008년 8월 이사회 승인을 쉽게 받아냈다. 그보다 핵공급그룹의 동의를 얻어내는 것이 훨씬 힘겨웠다.

러시아, 중국, 프랑스, 영국, 미국 등 주요 핵공급그룹 국가들은 모두 이 협상을 지지했다. 하지만 오스트리아, 아일랜드, 북유럽 국가들은 핵 확산 방지 제재에 큰 사명감을 느낀다며 강하게 반발했다. 국무부의 대표적 협상 전문가이자 무기 제어 및 국제 안보 차관보 대행을 맡은 존 루드가 애썼지만 큰 효과가 없었다. 요나스 가르 스퇴레 노르웨이 외무장관은 반대하는 나라들을 설득하기 위해 내가 동의할 수 있는 범위 내에서 협상 내용을 수정하는 등 많은 도움을 주었다. 협상이 진행될 때 나는 알제*알제리 수도에 머물렀는데 전화에 매달려 밤을 새웠다(이미 워싱턴을 떠나기 전에 20시간 이상 수화기를 붙잡고 있던 피로가 가시기 전이었다). 마지막 설득 대상은 브뤼셀에서 열리는 유럽연합회의에 참석한 우르술라 플라스니크 오스트리아 외무장관이었다. 나는 프랑크발터 슈타인마이어 독일 외무장관에게 우르술라를 찾아내 동의를 얻으라고 부탁했다. 아마 우르술라는 눈에 띄지 않으려고 잔꾀를 부렸을 것이다. 프랑크발터의 집념도 만만치 않았다. 결국 우르술라는 오스트리아 측 협상 담당자에게 동의하라고 지시했다. 이튿날 아침 존을 통해서 핵공급그룹이 마침내 국제적으로 동의했다는 반가운 소식을 들었다.

다음 단계는 입법 절차가 끝나기 전에 의회 승인을 얻는 것이었다. 아쉽게도 시간이 많지 않았다. 입법부 담당 차관보 제프 베르그너는 우리가 불리하다고 했지만 막판에 뉴욕 주 하원의원 게리 애커먼이 찬성을 표명하자 민주당 지지 세력이 늘어났다. 결국 298대117로 승인을 얻어냈다.

의회의 특이한 규칙 때문에 상원보다 하원에서 표를 얻기가 훨씬 쉬웠다. 그런데 어처구니없게도 백악관의 실수로 상황이 꼬여 있었다. 백악관이 상원 대표에게 주요 사안을 논의할 때 원전 수주 문제는 빠져 있었다. 그로 인해 부시 대통령의 업적에서 가장 중요한 사안 하나가 거의 날아갈 뻔한 것이었다. 나는 국무부 관계자를 통해 그 소식을 듣고 스티븐 해들리와 조시 볼턴에게 차례로 전화를 걸었다. 조시는 얼굴을 붉히며 실수를 인정했고 자신이 알아서 처리하겠다고 했다. 상원 원내 총무 해리 레이드에게도 연락해 보았다. 그는 만장일치의 동의가 있어야 상원의회에 안건을 상정할 수 있으며, 그렇게 하더라도 익명 표결 보류 동의 때문에 사실상 처리가 불가능하다고 했다. 익명 표결 보류 동의가 해제되지 않으면 만장일치는 기대할 수 없었다. 난감하기 짝이 없는 상황이었다. 부시 대통령에게 전화를 걸었다.

"무슨 일이요? 문제가 생긴 것 같은데."

스티븐에게 보고받은 것인지 내 목소리만 듣고 낌새를 알아챈 것인지 구분할 수 없었다. 나는 떨리는 마음을 억누르며 말문을 열었다.

"대통령 각하, 백악관 측의 실수 때문에 각하께서 추진하신 인도 조약은 버락 오바마 또는 존 매케인이 서명하게 될 것 같습니다."

그러고 나서 사정을 상세히 보고했다. 대통령과 전화를 끊은 지 몇 분 만에 조시에게 전화가 왔다.

"해결했습니다, 장관님."

조시가 어떻게 그 문제를 해결했는지 지금도 모르지만 아무튼 고비는 그렇게 지나갔다. 상원에서는 86대13으로 통과되었고 대통령은 10월 8일에 미-인도 핵 협력 승인 및 확산 방지 촉진법을 승인했다. 의회 승인이 난 지 이틀 만에 프라납 무커지 인도 외무장관이 국무부를 공식 방문해 서명했다. 이로써 미 정부는 인도와 핵 기술을 교류하고 더 나아가 인도 정부와 새로운 전략적 파트너십을 누릴 기초를 다지게 되었다. 참으로 가슴 뿌듯한 일이었다. 특히 우여곡절을 겪으면서도 포기하지 않았던 관계자들이 매우 자랑스러웠다.

행정부와 의회의 협력 관계가 변화에 대한 강한 거부감을 극복했다는 점에서도 큰 의의가 있었다. 대통령이 이스트 룸에서 법안에 서명할 때 그 자리에 모인 입법 관계자들을 보니 그런 생각이 들었다. 이번 일의 견인차 역할을 해준 두 사람이 보이지 않았다. 일리노이 주 출신의 전 공화당 의원 헨리 하이드의 멋이지 하원 외교위원회 대표를 역임한 톰 랜도스는 지난해에 세상을 떠났기 때문이다. 특히 톰의 빈자리는 시간이 가도 채워지지 않았다. 그는 나치와 공산주의 정부의 압제를 피하려고 미국으로 건너온 헝가리 출신 난민이었다. 노스캐롤라이나 주 출신 하원 의원이자 국회의원 중에서는 유일한 유태인 대학살 사건의 생존자였다. 톰은 인권과 자유 보장을 위해 피눈물 나는 사투를 벌였다. 세상을 떠나기 두 해 전에는 다르푸르 민간인 대학살 사건이 발생했을 때 수단 대사관 앞에서 항의 시위를 하다 체포된 적도 있었다.

그를 자주 만나서 이야기꽃을 피웠다. 나와 의견이 다를 때도 있었지만 언제나 잘 들어주었다. 그의 가족들도 나를 잘 챙겨주었다. 한번은 회의 중에 톰이 갑자기 눈물을 보였다. 알고 보니 갓 스무 살이 된 꽃다운 손녀가 특발성폐동맥고혈압이라는 희귀성 난치병에 걸린 것이었다. 손녀의 이름은 채리티 선샤인이었다. 그는 오페라 가수인 채리티가 '천상의 목소리'를 가진 소프라노라며 자랑스러워했다. 그 말에 나는 케네디센터에서 열릴 채리티의 공연에 참석해서 청중에게 희귀병에 관심을 가져 달라고 촉구하기로 마음먹었다. 예상대로 아주 훌륭한 공연이었다. 의사, 연구원, 희귀병 환자들은 물론 국무부 직원들과 상, 하원 의원들도 대거 참석했다. 채리티가 등장해 노래를 부르자 톰 부부의 얼굴에 화색이 돌았다. 그녀가 양쪽 폐 이식 수술을 받고도 오페라 공연을 지금까지 계속하고 있으니 정말 놀랍고도 감사할 일이다. 그날 공연을 계기로 나를 포함해 많은 사람들이 채리티의 희귀병을 잘 알게 된 것은 매우 큰 성과였다.

 톰이 세상을 떠났을 때 내가 느낀 상실감은 말로 다 표현할 수 없을 정도였다. 그의 따뜻한 품성과 지혜가 한없이 그리웠다. 나는 장례식사에서 그가 인권과 자유를 옹호하기 위해 의회의 양심 역할을 자청했다고 말했다. 가끔 집무실을 방문할 때면 항상 화분이나 꽃다발을 들고 나타난 사람이었다. 마지막으로 찾아왔을 때 난초 하나를 가져왔는데 이상하게도 오랫동안 꽃이 피지 않았다. 그러다가 톰의 장례식 날 아침 하얀 꽃이 수줍게 피었다. 마치 톰이 앞으로도 옆에 있어줄 테니 걱정하지 말라고 다독이는 것처럼 느껴졌다.

54

카다피를 만나다

임기를 마치는 날까지 하루도 조용한 적이 없었다. 그중에서도 가장 기억에 남는 일은 무아마르 카다피를 만나러 리비아를 방문한 일이다. 당연히 기대에 잔뜩 부풀어 있었다. 2003년, 리비아가 대량 살상 무기를 포기함에 따라 우리 정부는 리비아가 국제사회에 복귀하도록 도와주어야 했다. 카다피가 오랫동안 만행을 저지른 탓도 있었고 그 밖의 여러 이유 때문에 쉽지 않은 일이었다.

리비아 정부는 수년 전에 불가리아 출신 간호사 다섯 명과 팔레스타인 의사 한 명을 체포했다. 죄명은 무고한 리비아 어린이 400명에게 고의로 HIV 바이러스를 주입했다는 것이었다. 체포된 의료진은 터무니없는 주장이라고 항변했으나 리비아 법원은 사형을 선고했다. 우리 정부는 그들을 석방하라고 수없이 권고했으며 고맙게도 베니타 페레로 발드너 유럽연합 대외담당집행위원이 나서 열성적으로 도와주었다. 그녀가 아니었다면 리비아가 2007년에 판결을 철회하고 그들을 본국으로 돌려보내지 않았을 것이다.

그 밖에도 수십 년에 걸친 테러 정치에 희생된 가족들의 고통과 필요에 충분한 관심을 보일 의무도 있었다. 1988년 스코틀랜드 로커비의 판 아메리칸 항공 103기 폭파 사건을 비롯해서 리비아가 저지른 테러 사건 희생자 가족에 대한 보상을 받을 때까지 방문을 연기했다. 카다피는 나를 오매불망 기다렸기 때문에 방문 여부를 내세워 협상을 유리한 방향으로 이끌어갈 수 있었다.

카다피가 나를 기다린 데에는 그만한 이유가 있었다. 첫째, 1953년 이후로 미 국무장관의 첫 방문이었기에 리비아가 국제사회로 복귀하는 데 큰 의미가 있었다. 둘째, 그는 개인적으로 나에게 이상한 환상을 품고 국빈들에게 왜 '아프리카 공주'가 리비아에 올 생각을 하지 않는지 모르겠다며 푸념을 늘어놓았다.

그의 행동에 개의치 않고 첫 번째 이유에만 집중하기로 마음먹었다. 방문 일정을 잡는 것도 쉽지 않았다. 카다피의 천막에 가서 그를 만나야 한다는 등 리비아가 이상한 조건을 내걸었기 때문이다. 물론 나는 단칼에 거절하고 공식 관저에서 만나겠다고 통보했다.

리비아에 가기 전에 친구 부부를 만나러 포르투갈에 잠깐 들렀다. 토머스 스티븐슨 대사와 그의 아내 바버라는 리비아와 카다피를 잘 아는 루이스 아마도 포르투갈 외무장관에게 카다피에 대한 조언을 구할 기회를 만들어주었다. 그는 아프리카 문제로 대화를 시작하라고 제안했다.

"카다피가 말도 안 되는 소리를 해도 놀라지 마십시오. 얼마 안 가서 제정신으로 돌아올 겁니다."

트리폴리에 도착해 도심지의 서구식 호텔에서 기다리라는 통보를 받았다. 암울하고 보잘것없는 도시였지만 한때 찬란한 아름다움을 자랑하던 수도였다는 것을 한눈에 알아차릴 수 있었다. 어디를 봐도 카다피의 얼굴과 그가 남긴 '특별한' 명언을 담은 광고판만 환하게 빛나고 있었다. 리비아 사람들과 이야기를 나누어보니 세대 구분이 정말 확실했다. 나이가 많은 고위 관료들은 영어가 유창했고 유럽식 매너가 몸에 배어 있었지만 젊은 사람들은 서방 세계를 접한 경험이 없고 교육 자체도 많이 받지 못한 것 같았다. 카다피의 잔인함이 낳은 또 하나의 슬픈 산물이었다.

몇 시간을 기다린 후에야 카다피의 관저로 오라는 연락이 왔다. 그곳에 모여 있던 수백 명의 기자들은 나를 보자마자 플래시를 마구 터뜨렸다. 그가 먼저 간단하게 인사말을 하고 나도 정중하게 인사한 다음 기자들을 돌려보냈다. 아마도가 일러준 대로 아프리카 문제로 대화를 시작했다. 나는 수단 문제를 가장 부각시켰다. 그는 피난민들에게 인도주의 차원에서 보급품을 공급하겠다고 약속했다. '예상보다 나쁘지 않군.'이라고 생각했는데 아니나 다를까 카다피는 갑자기 고개를 뒤로 젖혔다가 앞으로 숙이기를 반복하더니 갑자기 언성을 높였다.

"부시 대통령에게 이스라엘과 팔레스타인의 두 국가 해결안을 더 이상 입 밖에 꺼내지 말라고 전하시오! 그게 무슨 해결안이오? 하나로 합쳐야 하오. 이름도 이스라엘틴이라고 하면 되잖소!"

내 반응이 마음에 들지 않았는지 그는 버럭 화를 냈고 분풀이로 옆에 있던 통역관을 그 자리에서 해고해버렸다.

'그럼 그렇지. 이제야 본성이 나오는군.'

그때는 마침 라마단이었다. 해가 떨어지자 저녁을 같이 먹자며 나를 초대했다. 이번 방문의 총괄 책임자인 콜비 쿠퍼는 예정에 없던 일이라며 항변했다. 경호원들도 밖에서 기다리라는 말에 깜짝 놀라 만류했지만 괜찮을 거라고 다독인 뒤에 안으로 들어갔다. 저녁 식사를 끝낼 무렵 카다피는 나를 위해 직접 만든 비디오테이프를 보여주겠다고 했다.

'이 작자가 또 무슨 짓을 하려는 거지?'

머릿속에 별별 생각이 떠올랐다. 다행히 부시 대통령, 푸틴, 후진타오 등 주요 국가수반들과 찍은 사진이 전부였다. 그는 어느 국내 작곡가에게 나를 위한 노래를 부탁한 것이라며 '백악관의 흑장미'라는 곡을 배경 음악으로 들려주었다. 민망하고 어색했지만 내가 우려했던 선정적인 내용은 없었다.

이번 방문은 언론사에게 초미의 관심사였다. CNN 기자 제인 버지(그녀는 엘리즈 라봇 PD와 국무부 관련 기사를 주로 다루었다)와 인터뷰를 하게 되었는데 카다피의 첫인상이 어땠냐는 질문을 받았다. 나는 카다피가 현실과 동떨어져 자기가 만든 세계에 사는 것 같았다고 대답했다. 2011년 전반기 사건 동향을 지켜보면서 카다피가 자기 주변 상황을 제대로 이해했는지 의아스러웠다. 어쨌든 그가 대량 살상 무기를 포기하게 만든 것은 천만다행이었다. 그러지 않았다면 종국에는 자신의 벙커에서 그 무기를 사용해 스스로 목숨을 끊었을 것이다.

55

북한에게 마지막 기회를 주다

협상을 통해 리비아가 대량 살상 무기를 포기하게 만든 것은 적절한 인센티브를 제시하면 악당 국가를 얼마든지 설득할 수 있다는 증거가 되었다. 부시 대통령은 종종 "독재자가 제 손에 있는 무기를 포기하는 일은 상상할 수 없어. 하지만 리비아는 그렇게 했지."라며 혀를 내둘렀다. 흔히 독재 정권은 전성기가 끝나면 자신을 보호할 수단이 대량 살상 무기밖에 없다고 판단했기에 한시라도 빨리 무기를 포기하게 만들어야 했다. 막다른 골목에 다다르거나 자금이 급하게 필요할 경우 독재자가 선택할 수 있는 방법은 두 가지였다. 핵폭탄을 터트리거나 거액을 받고 파는 것이었다.

바로 이런 우려 때문에 북한 핵무기를 중단하는 계획에 박차를 기했다. 북한과 협상하면서 돌파구가 마련된 적은 세 번이었다. 첫 번째는 2005년 9월, 6자 회담에서 공동 성명을 발표해 한반도 비핵화 협약의 기본 틀을 마련한 것이었다. (중유 등을 비롯한) 다양한 혜택을 제공하며 시간이 흐를수록 혜택을 더욱 확장하고 미국, 일본, 한국과 외교 관계를 정상화하겠다고 제안하자 북한은 이를 수용하며 핵시설 포기를 선언했다. 앞서 말했듯 북한이 먼저 핵 선언을 하고, 핵시설 가동 중단 및 폐기라는 단계를 실제 밟을 경우에만 혜택을 주기로 했다.

2007년 2월과 10월에 열린 6자 회담에서 2005년 공동 성명의 조건을 실행하기 위한 구체적인 단계가 정해졌다. 우리는 북한에게 영변 핵반응기를 중단하고 핵 사찰을 다시 수용하며 '하나도 빠짐없이 모든 핵 프로그램 포기를 선언'하라고 요구했다. 이는 크리스 힐이 김계관과 먼저 논의한 후 6자 회담에 제출한 계획이었다. 북한이 이 조건을 수용할 경우, 미국은 2,500만 달러의 동결 자산을 되돌려주고 테러리즘 후원국이라는 블랙리스트에서 북한을 제외할 예정이었다. 이렇게 구체적인 사항을 정하는 데 중국의 역할이 컸다.

전반적인 과정을 돌아보면 우여곡절이 많았다. 2005년에 외교 협상이 큰 전환점을 이루려나 했는데 2006년에 북한이 미사일과 핵실험을 하는 바람에 상황은 원점으로 돌아갔다. 2007년에 다시 협상이 급물살을 타면서 기대가 고조되었지만 연말에 모든 것이 원점으로 돌아갔다. 북한은 해가 바뀌기 전에 핵 선언을 하고 영변의 핵시설 3곳을 폐쇄하기로 약속해놓고 보란 듯이 기대를 저버렸다.

그러나 2008년이 되자 한 가닥 희망이 보였다. 약속대로 핵시설을 폐쇄하지는 않았으나 주요 인프라 시설을 거의 봉쇄하거나 분해했다. 또한 사찰단 입국을 다시 허용해 미국에서 보낸 핵 전문가들은 핵 기지를 '샅샅이 둘러보고' 가동 중단을 확인했다. 재가동 불능 상태가 된 플루토늄 생산 설비를 철거한 것은 역사에 길이 남을 순간이었다. 이로써 플루토늄을 제3의 악당 국가나 테러 집단에 양도할 위험성이 사라졌다.

연초에는 북한의 핵 선언 유도에 온 힘을 기울였다. 우리는 북한이 플루토늄 처리에 대한 모든 점을 공개하기를 기대했다. 어차피 핵 프로그램의 존재를 이미 부인할 수 없는 단계이므로 북한의 핵 선언은 비교적 수긍할 만한 정도로 구체적이었다. 북한이 꼼수를 부려도 우리는 관련 정보를 손에 넣을 방법이 따로 있었기에 크게 걱정하지 않았다.

플루토늄 문제는 이렇게 해결되었지만 우라늄 농축을 통해 핵무기를 개발할 또 다른 방법을 이미 확보했을지 모른다는 의혹은 완전히 해결할 수 없었다. 부시 행정부가 출범할 때부터 북한이 우라늄 고농축 설비를 만든다는 정보가 입수되었으며, 그 때문에 20여 년 만에 계획된 짐 켈리 차관보의 평양 방문이 연기된 적도 있었다. 짐 켈리가 평양을 방문하자 북한 정부는 처음에 핵 개발 프로그램을 인정했다가 금세 말을 바꿔 그런 것이 없다며 잡아뗐다. 궁지에 몰리자 북한은 2002년에 핵 사찰단을 모두 출국시키고 이듬해에 핵확산금지조약에서 탈퇴해버렸다. 따라서 핵 선언에 우라늄 농축 설비를 인정하는 부분이 반드시 포함되어야 했다. 그래야 관련 사항을 조사한다는 항목을 협약에 넣을 수 있었기 때문이다. 이 문제는 북한 핵 문제의 핵심이었기에 우리도 배짱을 부릴 수 없었다.

크리스 힐과 김계관은 여러 달 동안 핵 선언 준비에 매달렸다. 국무부는 물론이고 정부 부처의 모든 직원이 이 문제에 촉각을 곤두세웠다. 스티븐 해들리는 정부 관계자들에게 상황을 자세히 알려주기 위해 관계 부처 모임을 마련하고 크리스를 불러들였다. 그런데 크리스는 종종 나 때문에 대통령이 부여한 재량권이 방해받는다는 식으로 말해서 오해를 일으켰다. 모든 질문에 신경질적으로 건방지게 대답하는 태도는 펜타곤과 부통령실의 반감을 샀고 결국 NSC 장관들의 눈 밖에 나는 지경에 이르렀다.

게다가 워싱턴 기자단은 새로운 돌파구가 마련될 때마다 협상에 노련한 크리스의 공으로 추켜세웠다. 이로 인해 국무부가 반대 의견을 표명한 정부 기관들의 코를 납작하게 만들었다는 이미지가 강해졌다. 봄이 다 가도록 그런 보도가 끊이지 않자 크리스와 나의 입장이 난처해졌다. 우리는 머리를 맞대고 한참 고민한 끝에, 앞으로 크리스는 기자들 앞에서 협상 문제를 논하지 않으며 국회의사당이나 워싱턴 내에서 발생하는 모든 질문은 내가 직접 답하기로 했다. 북한 협상도 크리스 대신 한국어가 유창한 국무부 과장 성 김과 NSC의 폴 헨리에게 맡겼다. 폴은 백악관과 스티븐 해들리를 직접 대변하고 부처 간 협조를 공고히 할 인물이었기에 예전과 같은 문제는 확실히 차단한 셈이었다. 크리스는 단 한 번도 정해진 선을 넘지 않았지만 언론이 호들갑을 떠는 것이 문제였다. 언론은 그가 배짱을 부리며 멋대로 행동하는 것으로 보이게 만들었으나 그에게 득이 될 것은 하나도 없었다. 개성이 너무 강하면 어려운 문제를 해결하기는커녕 더 어렵게 만드는 것 같다.

2008년 6월 24일, 북한이 마침내 핵 선언을 발표했다. 며칠 뒤에 영변 핵 시설의 냉각탑이 폭파되었다. CNN은 폭파 장면을 대대적으로 보도해 축제 분위기를 유도했다. 그렇지만 허술하기 짝이 없는 북한 핵 선언 보고서를 보니 냉각탑 폭파를 축하할 기분이 나지 않았다. 플루토늄 프로그램은 꽤 자세히 다루고 있으나 우라늄에 대한 언급은 전혀 없었다. 우리는 북한에서 플루토늄이 얼마나 생산되었는지 알고 있었지만 보고서에는 플루토늄으로 북한이 만들어냈을 '핵 관련 장치'의 규모나 수량이 나와 있지 않았다. 이렇게 북한이 감추려 해도 우리는 플루토늄 투입량을 기준으로 이를 추론할 수 있었다.

사전에 합의된 대로 핵 선언을 한 이상 북한에 대한 적성국교역법 제재를 취소하고 테러 지원국이라는 오명도 벗겨주어야 했다. 테러 지원국 취소는 부시 대통령이 의회의 승인을 받아야 하므로 45일을 기다려야 했다.

북한의 핵 선언이 허술할 것이라는 예측은 오래전부터 제기된 것이었다. 그래서 워싱턴 내에서는 북한을 테러 지원국 명단에서 제외할 것인지를 두고 심각한 토론이 벌어졌다. 테러 지원국이란, 테러 집단에게 군사 훈련, 군수 물자, 기타 물질적, 재정적 지원을 베푼 나라들을 가려낸 것이었다. 엄밀히 따지자면, 지난 20년 동안 북한 정부가 관련된 테러 사건은 단 한 건도 없었기에 북한은 이미 오래전에 테러 지원국 명단에서 빠졌어야 했다. 그런데 북한을 제외하는 것이 국제사회에 미칠 파장이 너무 걱정스러웠다. 그것은 곧 국제사회에서 북한 체제의 합법성을 인정한다는 뜻이었다.

일본은 오랫동안 테러 지원국 취소를 막으려고 동분서주했다. 앞서 말했듯 일본은 납치 사건을 해결할 목적으로 어떻게든 북한의 목을 더욱 죄려고 했다. 우리 정부도 일본 정부의 노력을 그동안 많이 지원해주었고 북한도 납치 사건 조사단에게 재입국을 허가하고 희생자의 현 상태에 대한 질문에 답하겠다고 발표하는 등 달라진 모습을 보였지만 일본의 성에 차지 않았던 것 같다.

부통령은 북한을 테러 지원국 명단에서 제외하는 것을 필사적으로 반대했다. 그는 북한이 핵 선언 의무를 충실하게 수행하지 않았으므로 그들을 제외하는 것은 벌 받아 마땅한 행동에 상을 주는 것이라고 주장했다. 이 문제를 논하는 NSC에서 누군가가 이렇게 말했다.

"우리가 할 일은 북한이 진실을 털어놓도록 만드는 겁니다."

내가 보기에 그것은 북한을 너무 모르고 하는 소리였다. 북한은 자신들의 나라가 지상낙원이며 남한은 수용소와 같다고 주장했다. 그들은 무엇이 진실인지를 아예 모르고 있었지만 그들의 말을 무조건 무시할 수는 없었다. 우라늄 농축 문제에 관해서는 어떻게든 북한의 입을 열 방도가 필요했다.

우리는 이 문제를 다른 각도에서 접근하기로 했다. 북한은 핵 프로그램의 모든 부면을 직접 방문해서 조사한다는 내용의 검증 의정서에 동의하게 되어 있었다. 이 의정서를 잘만 만들면 핵 선언에 포함된 곳과 그렇기 않은 곳에 모두 접근할 기회가 있었다. 다시 말해 북한이 핵 선언에서 제외한 건물이나 핵시설을 사찰할 권리를 주장하는 것이었다. 그러면 우라늄 농축과 연관된 것으로 보이는 곳을 전부 둘러볼 수 있었다.

그뿐만 아니라 핵 기술 및 관련 노하우를 해외로 확산시켰다는 자백을 받아내기 위해 총력을 기울였다. 이 문제는 매우 심각한 의미를 담고 있었다. 1년 전에 시리아에서 무허가 핵반응기를 제작하는 데 북한이 도움을 주었다는 증거가 여기저기에서 발견되었기 때문이었다.

이 비밀 기지는 이스라엘의 공습으로 파괴되었다. 이스라엘은 미군이 직접 공격할 것을 요청했지만 부시 대통령이 거절하자 직접 나섰다. 우리 정부의 국가안보팀은 꼬박 두 달 동안 이 문제에 매달렸다. 부통령은 우리가 직접 나서야 한다고 생각했지만 로버트 게이츠와 나는 결사 반대였다. 마이크 헤이든 CIA 국장이 그 시설이 핵무기 프로그램의 일환이라고 확신할 근거가 충분하지 않다고 하자 부시 대통령은 공습을 거부하기로 결정하는 대신 올메르트 이스라엘 총리에게 외교 협상으로 문제를 해결하자고 제안했다. 올메르트는 우리 정부의 관심과 제안에 감사를 표했으나 정작 우리의 조언을 받아들이지 않았다. 그들은 직접 나서서 보란 듯이 핵시설을 날려버렸다.

상황이 이렇게 되자 북한을 대하는 것이 더욱 어려워졌다. 우리가 우려한 점은 바로 이것이었다. 2008년 4월, CIA가 가져온 시리아 핵반응기 사진을 보니 북한 영변 핵시설에 있는 것과 판박이였다. 북한과의 외교 협상을 반대하는 세력은 사진을 보고 이렇게 반문했다.

"핵 선언에서 버젓이 거짓말을 늘어놓고 아직도 핵무기를 만드는 데다 한술 더 떠 시리아에 핵 기술을 전해주었을 가능성까지 제기된 마당에 북한과 외교 협상을 하는 것이 더 이상 무슨 의미가 있습니까?"

구구절절 옳은 말이었다. 그렇지만 나는 북한이 핵무기를 완전히 포기하게 하려면 한 번 더 외교 협상을 시도해야 한다고 생각했다. 노련하고 믿을 만한 전문가로 사찰단을 구성해서 북한에 보낼 기회를 포기할 수 없었다. 지구상에서 가장 위험하고 철저히 고립된 북한 내부를 들여다볼 기회는 이번이 마지막이었다.

'테러 지원국' 여부를 결정하는 45일은 쏜살같이 지나가버렸다. 우리는 북한을 명단에서 제외하기 전에 검증 의정서의 내용을 보완, 확정하는 데 총력을 기울였다. 이번에는 중국이 북한 정부가 협조하도록 보이지 않게 압력을 주었다는 확신도 있었다. 세계를 통틀어 북한 정부에 실질적인 영향을 줄 수 있는 국가는 중국뿐이었다. 그렇다고 해서 중국이 북한을 좌지우지하는 것은 아니었다. 때로는 중국도 김정일 때문에 한숨을 푹푹 내쉬었으며 그런 모습을 지켜보는 것만으로도 머리가 아플 지경이었다.

한 가지 잊지 못할 사건도 있었다. 말레이시아에서 열린 아세안회담에서 나는 핵 확산 방지에 관심이 있는 외무장관들을 따로 한자리에 불러 모았다. 6자 회담은 또다시 보류된 상황이었으므로 이를 재개하려면 국제사회의 힘을 빌려 중국과 북한을 설득하는 수밖에 없었다. 리자오싱 중국 외교부장도 참석하겠다고 했으나 정작 회의장에 나타나지 않았다. 그냥 회의를 시작했다. 다른 참석자들은 중국이 나와 그들을 우롱한 것이라며 웅성거렸다. 회의가 반쯤 진행될 무렵 리자오싱이 들어왔다. 그는 몹시 격앙된 얼굴로 한마디도 하지 않았다. 회의가 끝나자 그는 나에게 늦어서 미안하다고 말했다. 북한 관계자들을 만나고 오는 길이라며 "내 평생 이렇게 불쾌한 적은 없었습니다!"라며 울분을 터트렸다. 화가 머리끝까지 나서 온몸을 부들부들 떨고 있었다. 나중에 알고 보니 북한 외무상을 함께 데려오려고 하다가 북한 관계자에게 모욕을 당한 모양이었다. 믿기 어렵지만 중국도 북한의 고집을 꺾지 못할 때가 있었다.

8월 말이 되어서야 북한은 테러 지원국 명단 문제에 대한 결의를 얻어내려고 적극적으로 움직이기 시작했다. 그들도 날짜 정도는 셀 수 있을 테니 우리 정부가 의회에 통보한 지 45일이 넘게 지났다는 것을 알았을 것이다. 북한은 미국이 약속을 제대로 지키지 않았기 때문에 영변 핵시설 불능화를 보류한다고 선언했다. 우리는 돌파구를 찾기 위해 크리스를 평양에 보내기로 했다. 10월 초 정도면 해결책이 생길 것 같았다. 양측은 핵 사찰단이 플루토늄 생산과 관련이 있으며 핵 선언에 포함된 장소를 모두 방문한다는 조건을 확정하고 '상호 합의 아래' 핵 선언에 포함되지 않은 장소도 방문하기로 했다. 크리스가 말한 대로 우리가 총을 쏘며 밀고 들어가지 않는 한 북한의 동의를 얻어야 했다. 핵 사찰단은 샘플 채취 및 법리적 실험과 같은 '과학 절차'도 수행할 계획이었다. 이는 그곳에서 사용되는 재료 및 화학 물질을 확인하고 어떤 장치나 무기를 생산했는지 파악하는 데 필수적이었다. 무엇보다 중요한 것으로 북한 협상 책임자인 김계관은 주요 사안을 따로 문서화하겠다고 구두로 약속했다. 여기서 말하는 주요 사안이란 북한이 우라늄 농축을 시행했으며 대량 살상 무기 확산에 기여했다는 추측에 대한 답변이었다.

검증 절차는 기대에 전혀 못 미치는 수준에 머물렀다. 우리는 무려 8일에 걸쳐 이 절차를 마무리한 뒤에 북한을 테러 지원국 명단에서 삭제할 것인지를 논의했다. 이번에도 의견 대립이 팽팽했다. 부통령은 안 된다고 잘라 말했고 나는 이번이 마지막 기회라고 맞섰다. 이제 6자 회담에서 북한이 크리스에게 구두로 약속한 것을 문서로 확증하는 데 주력할 차례였다. 이렇게 완성된 검증 의정서에는 우리에게 허용된 범위가 명확히 정해져 있어야 했다. 내가 북한 정부를 믿지 말라고 오래전부터 신신당부한 데에는 그만한 이유가 있었다. 이 방법 외에는 북한 내에서 무슨 일이 벌어지는지 확인할 길이 없다고 힘주어 말했다. 지난봄 북한이 제출한 8,000페이지 분량의 보고서를 통해 북한 핵시설에 대해서 많은 정보를 얻은 것은 부인할 수 없는 사실이었다. 보고서 내용 중에는 1986년까지 거슬러 올라간 것도 있었다. 이런 결과라면 한번쯤 시도할 가치가 충분했다. 어차피 북한을 테러 지원국 명단에서 삭제해도 우리가 북한 정권에 가하는 제재에는 거의 영향이 없었다. 이미 의회의 결정 사항이나 행정 명령, UN안전보장이사회 결의에 정해진 것이므로 바꾸려 해도 바꿀 수 없는 것이었다. 만족할 만한 검증 의정서 없이는 북한에 아무것도 양보하지 않겠다고 다짐했다. 북한이 의정서를 내주지 않으면 6자 회담 당사국들도 기존에 약속한 에너지 지원을 잠정 중단할 계획이었다.

이만하면 우리 입장이 충분히 전달되었다고 생각했다. 나는 10월 9일 저녁 워싱턴 근교에서 열린 국무부 모임에 참석했다. 그 전에 대통령과 나는 이 문제를 놓고 여러 차례 머리를 맞대며 논의했다. 한번은 북한이 수용할 만한 다른 방법이 있냐고 대통령이 물었다. 크리스 힐에게 대통령의 말을 전하자 그는 "라이스 장관이 직접 방문한다면 아마 수용할 겁니다."라고 했다. 크리스의 말을 전하자 대통령은 "그건 안 됩니다! 국무장관이 방문하는 것은 북한을 합법적인 체제로 인정하는 꼴이 되는 거요!"라며 펄쩍 뛰었다. 대통령은 매들린 올브라이트 전 국무장관이 평양을 방문했다가 두고두고 후회한 것을 알고 있었다. 매들린은 문화 행사에 참석했다가 북한 국민 수십만 명이 동원되어 카드섹션으로 선전 문구를 만들어내는 것을 지켜보느라고 혼쭐이 났다.

그날 밤 대통령은 여러 번 전화를 했다. 스티븐 해들리에게 연락해보니 그도 머리를 싸매고 있었다. 스티븐은 이미 내 생각에 동의한다고 말한 적이 있었다. 대통령도 어느 정도 마음을 정한 것 같았다. 나는 당장 워싱턴으로 돌아가기로 했다. 나는 국무부 관계자들에게 사과의 뜻을 전하고 곧장 출발했다. 대통령이 마음을 확실히 정한 것을 보고 몇몇 의원들에게 연락해보았다. 다들 괜찮다는 분위기였으나 존 카일 상원의원, 존 엔사인 상원의원, 일리애나 로스 레티넌 플로리다 주 하원의원은 굉장히 걱정스러워했다. 믿고 존경하는 사람들이 이렇게 우려하는 것을 보니 마음이 몹시 무거웠다.

이번에 마지막으로 북한과 협상을 시도하려는 결정은 번복할 수 없었다. 외교란 원래 그런 것이었다. 내가 부시 대통령에게 큰 위험 부담을 안겼다는 것을 모르는 바는 아니었다. 이번에 북한이 뒤통수를 치면 대통령은 엄청난 비난에 시달릴 것이 분명했다. 아쉽게도 우려는 현실이 되고 말았다.

우리 정부가 최선을 다해 설득해보았지만 북한은 끝내 반기를 내리지 않고 예전에 구두로 협상한 내용을 문서화하지 않았다. 12월 11일 열린 마지막 6자 회담은 실패로 끝나버렸다. 우리는 12일에 검증 의정서에 아무 진전이 없으면 에너지 지원도 중단할 수밖에 없다고 밝혔다. 중국과 러시아도 우리 입장을 지지하리라고 기대했지만 그들은 각자 맡은 에너지 지원을 그대로 추진하겠다는 의사를 전했다. 우리의 발등을 찍지 않은 것은 한국뿐이었다.

한 달 후에 북한은 미국이 '북한에 대한 적대적인 정책과 핵 위협을 근본적으로 그만두지 않으면' 핵 사찰단을 받아들일 수 없다고 발표했다. 협조할 생각이 없을 때마다 북한 정부가 내세우던 진부한 핑계였다. 6자 회담은 중단되고 말았다.

한참 세월이 흘러 2010년에 로스앨러모스 국립핵연구소 소장을 지낸 핵물리학자 지그프리드 헤커가 북한의 초청을 받아 농축 우라늄을 생산하는 산업 시설 규모의 설비를 둘러보았다. 그는 시설의 상태를 볼 때 북한이 오랫동안 우라늄 농축을 추진했다는 사실을 '추호도 의심하지 않는다.'고 전했다. 우라늄 농축에 대한 우리 정부의 생각이 옳았다는 것이 증명되었으나 외교 협상을 통해 이를 확인할 길이 없었다.

북한 문제를 논할 때는 몇 가지 제약을 반드시 고려해야 했다. 나는 부통령에게 그 점을 분명히 설명해준 다음 생각을 말해보라고 했다. 하지만 부통령의 제안은 현실 가능성이 전혀 없었다. 그와 이야기를 하면 할수록 이 문제에 딱 맞는 해결책을 찾기란 불가능하다는 생각만 들었다.

군사력을 동원하는 방법은 추천할 만한 것이 아니었다. 무력을 동원하면 의도하지 않은 부작용이 많은 데다 한국에 돌이키지 못할 상처를 입힐 것이 분명했다. 김정일은 단시간에 한국의 수도인 서울을 초토화할 수 있는 미사일 장비를 갖추고 있었다. 전 국방장관 윌리엄 페리를 비롯한 강경파 세력들은 북한이 2006년 7월에 핵실험을 하기 전부터 북한의 장거리 미사일 기지를 공격하겠다는 으름장을 놓자고 했지만 부시 대통령은 그 방법을 심각하게 생각해보지 않았다. 펜타곤은 지금도 북한 전쟁에 대비한 군사 작전을 보유하고 있다. 언젠가 미 대통령이 그 작전을 승인할 날이 올지도 모른다. 하지만 가능하다면 그 방법을 사용하지 않는 것이 모두의 소망일 것이다.

두 번째 방법은 제재를 계속 강화하는 것이다. 이는 북한 체제가 몰락하거나 스스로 방침을 바꿀 때까지 계속 목을 죄는 것이라고 생각하면 된다. 북한 체제가 몰락할 가능성에는 기대를 걸지 않았다. 미국과 국제사회로부터 반세기 이상 고립된 채로 잘 버텨왔기 때문이다.

북한이 스스로 무릎을 꿇을 때까지 계속 목을 죄는 방법에 구미가 당겼지만 이 또한 실패할 가능성이 컸다. 북한은 강력한 제재를 받는 와중에도 핵무기를 개발하고 시리아에 핵 기술을 전수했다. 제재만으로는 북한 정부의 행보를 바꾸거나 핵 기술 발전 속도를 늦추기에 역부족이었다.

이미 시행 중인 처벌적 조치는 가끔이나마 북한의 협조를 얻어내는 데 유용했다. 반면, 진지하게 협상하려는 의지가 없는 상태에서 계속 제재만 가하는 것은 동맹국들이 미국에게 등을 돌리는 역효과를 낳았다. 김정일을 억

누르는 연합 체제를 유지하려면 북한의 위법 행위에 대한 책임을 확실히 물어야 했다. 사실 다른 국가의 적극적인 협조 없이 미 정부가 단독으로 제재를 가하는 것만으로는 북한의 야심을 꺾을 수 없었다. 중국은 북한에 압력을 가하는 정도로만 협조하기로 했다. 중국도 북한의 핵 보유를 못마땅하게 여겼지만 북한 정부가 무너지면 국경을 맞대고 있는 중국에 끼칠 여파가 너무 컸다. 2008년 김정일이 한 차례 심장 발작을 일으켜 북한 정부의 몰락에 대한 우려가 더욱 커진 것도 무시할 수 없는 일이었다.

여러 방안이 있었지만 우리는 다각 외교를 시도하기로 했다. 물론 기존의 처벌 제재에 이를 추가하는 방식이었다. 중국, 러시아, 일본, 한국, 미국은 각각 북한에 대한 요구 사항을 준비해서 하나로 통합했다. 이 방법은 꽤 효과가 좋은 편이었다. 북한이 자신의 의무를 다하면—우리가 그동안 확보할 수 없었던 정보를 제공하고, 핵시설의 주요 부분을 모두 불능화하고, 미국 핵 사찰단의 입국을 허가하면 우리도 그에 상응하는 단계를 취하기로 했다. 단, 북한이 의무 수행을 거부하면 우리 역시 한 치의 양보도 없다는 방침이었다.

우리는 북한이 (핵물질을 처리해 해외로 빼돌리거나 매각하는 등) 핵시설을 계속 확장하는 것을 감시하지 않고 내버려 둘 것인지, 아니면 중국을 종용해 이를 막을 것인지를 선택해야 했다. 정보가 불확실하지만 핵 확산 방지의 필요성을 강조하기 위해 시리아 핵시설을 폭파하자는 제안은 아무리 좋게 표현해도 무모하기 짝이 없는 것이었다. 나는 북한이 돈에 눈이 멀어서 어리석게도 시리아에 손을 내민 것이므로 이제 중국이 나서야 한다고 요구했다. 북한은 물론 다른 나라들도 부통령이 제안한 무력 응징을 참아줄 리 없었다. 우리는 임기 만료를 코앞에 두고 한 번 더 이 문제에 대한 외교 협상을 시도하기로 했다. 그렇게 하면 북한이 계속 고립된 상태가 되고 후임 대통령이 첫날부터 한반도 위기에 맞닥뜨릴 필요가 없었다.

적어도 외교 정책에서는 최선을 다했으므로 북한의 행동에 대해 미국이 비난받을 이유는 사라졌다. 그래도 핵을 보유한 악당 정권이 완전히 사라지지 않는 한 마음을 놓을 수 없다는 점은 부인할 수 없었다.

56

2008년에 찾아온 금융 위기

대통령은 나를 워싱턴으로 불러들였다. 우리는 북한에 대한 성명 발표를 언론에 미리 알리지 않으려 했지만 국무부만 해도 나를 지켜보는 눈이 많았다. 게다가 내가 갑자기 귀국한 것은 의심을 사기에 충분했다. 대통령은 "금융 위기에 관한 문제를 처리하려고 귀국한 걸로 합시다."라고 말했다.

"알겠습니다, 각하."

가만히 따져보면 틀린 말도 아니었다. 2008년 여름, 세계 경제는 여러 문제로 몸살을 앓았다. 원유 가격이 배럴당 140달러까지 치솟는 바람에 경제 성장률이 크게 둔화되고, 식품 가격은 크게 폭등했으며, 세계 곳곳에서 폭동이 발생했다.

한편, 우고 차베스의 베네수엘라나 이란과 같은 미 정부의 주요 적국은 유가 폭등을 계기로 기세가 등등해졌다. 나는 셰브론*미국의 국제 석유 기업 이사를 지낼 때 원유 문제는 지정학 중에서도 엄연히 독립된 하나의 분야로 봐야 한다고 말한 적이 있었다. 실제로 원유 문제에 맞닥뜨리니 그때 한 말이 하나도 틀리지 않았다는 확신이 들었다. 실제로 차베스는 남아도는 수익으로 라틴아메리카 전 지역의 선거를 자신이 원하는 방식으로 유도했다.

에너지 문제를 국제사회의 기준에 맞추어 처리하기란 매우 어려운 문제였지만 우리는 수많은 에너지 협력 관계를 하나로 통합해냈다. 이번 일은 내가 국무부로 스카우트한 그레고리 마누엘의 활약이 컸다. 그는 스탠퍼드 대학에서 내가 가르쳤던 학생이며 NSC에서 경제 담당자로 호흡을 맞춘 적이 있었다. 어떤 어려움에도 흔들리지 않고 우직하게 국무부의 업무 분야를 모두 활용해 에너지 문제를 추진할 사람이 필요했다. 그레고리는 루벤 제프리와 손잡고 저돌적으로 일을 추진했으며 관계 국가와 원활한 의사소통이 이루어지도록 관리했다.

우리의 노력은 효과가 있었다. 한 가지 예를 들자면, 우리는 대체 에너지 자원인 바이오 연료 분야에서 브라질과 대규모 협력 관계를 수립했다. 각 나라의 원유 의존도만 낮추더라도 에너지 정책에 숨통이 트일 수 있었기에 가능한 한 많은 나라가 우리의 뒤를 이었다면 좋았을 것이다. 사실 나는 중앙아시아 국가들, 그중에서도 카자흐스탄을 설득해 중앙아시아 전체와 세계의 에너지 안보 문제를 논하고 싶었지만 생각처럼 쉽지 않았다. 시간 여유만 있었더라면 설득에 성공했을지도 모른다는 생각에 아쉬움이 남는다. 바이오 연료는 경제 대국이 나서지 않고서는 발전시키기 어려운 분야였다.

국무부는 업무가 마비될 정도로 다른 업무가 많은 상태라서 원유 문제와 같이 장기적으로 처리해야 할 경제 사항에 지속적으로 관심을 기울일 수 없었다. 하지만 2008년 가을에 갑자기 금융 위기가 크게 부각되어 북한, 이란, 중동 지역 평화 협정, 이라크 문제를 압도했다.

나의 주된 역할은 행크 폴슨을 돕는 것이었다. 당시 분위기는 9.11테러 직후를 방불케 할 만큼 혼란스러웠다. 시간이 흐를수록 예상치 못한 불확실성 문제가 계속 터져 나와서 대공황 이후로 유례없는 규모의 금융-경제 자원을 동원해야 했다. 행크의 요청대로 재무부 국제 차관보 데이비드 매코맥을 도와주도록 루벤 제프리를 파견했다. 그는 날마다 아침저녁으로 내 사무실에 들러 최신 뉴스를 간단히 전해주었다. 금융 위기가 급격히 진전됨에 따라 행크와 나는 거의 하루도 빼놓지 않고 아침마다 대통령을 찾아가서 금융 위기를 논했다. 평소라면 대통령은 그 시간에 정보 브리핑을 받았겠지만 이 문제가 더 시급했다. 행크는 은행이 파산했다거나 사실상 대출이 중단되었다는 소식을 자주 가져왔다. 알면 알수록 경제 위기는 매우 심각했다. 하루는 이스트 룸 접대실에서 조시 볼튼이 나를 따로 부르더니 이렇게 속삭였다.

"골드먼과 모건 스탠리가 내일이면 무너질 것 같습니다."

"뭐라고요?"

너무 놀라서 나도 모르게 소리를 질렀다. 거의 매일 이런 비보가 날아들었지만 좀처럼 적응되지 않았다.

경제 문제에 대해서는 내가 할 수 있는 것이 거의 없었지만 각국 수반들이 나서거나 외교 활동에 박차를 가하면 분명 달라지는 것이 보였다. 주요 국가와의 외교 관계는 행크가 직접 처리하고 시간이 부족해 그가 처리할 수 없는 국가는 내가 맡기로 했다. 외부 사람들에게 우리가 이 문제를 능숙하게 처리할 수 있다는 것을 보여주고 싶은 마음뿐이었다. 그래서 아침마다 행크의 비서실장이자 한때 나의 오른팔과 같은 존재였던 짐 윌킨슨에게 전화를 걸어 상황을 확인했다. 내 인생에서 그때처럼 정신없고 힘든 적도 없었을 것이다.

금융 위기가 극에 달한 와중에 대통령은 캠프 데이비드로 니콜라 사르코지 프랑스 대통령과 조제 바호주 유럽연합 집행위원장을 불러들였다. 두 사람은 이번 위기를 효과적으로 해결하지 못한 것은 자신들의 능력 부족 탓이라며 가슴을 쳤다. 경제 정책은 내가 지금까지 해오던 여러 복잡한 외교 문제와는 비교할 수 없을 정도로 변수가 많았다. 부시 대통령과 사르코지는

G20 국가수반들을 격려하기 위해 모임을 열기로 했다. 바로 우리 눈앞에서 국제사회의 새로운 장이 열리고 있었다. 아무도 G7이나 G8 회담을 거론하지 않았다. 중국, 브라질, 인도 등 반드시 불러야 할 나라가 한둘이 아니었다. 그때 갑자기 사르코지가 "뉴욕에서 합시다. 뉴욕에서 시작된 위기이니 거기서 해결합시다!"라고 말했다.

자리를 옮겨 앉으려는데, 대통령이 "라이스 장관, 할 말이 있는 거요?"라고 물었다. 살짝 놀랐지만 아무렇지 않은 것처럼 대답했다.

"뉴욕이 미국 경제의 전체를 대변한다고 여겨질까 봐 걱정됩니다. 위기가 피부에 와 닿지 않는 다른 장소가 좋겠습니다."

그러고 나서 재빨리 대통령에게 귓속말을 건넸다.

"뉴욕에서 모이면 세계 기자들이 실업자들이나 파업 중인 노동자와 인터뷰를 할 겁니다."

"그건 안 되지!"

대통령은 저녁 식사 전에 프랑스 대통령에게 그 점을 설명하라고 지시했다. 칵테일을 마시는 틈을 타 프랑스 대통령에게 다가가 세계 언론에 미칠 영향을 설명했다. 부시 대통령이 거들어준 덕에 워싱턴에서 회의를 열기로 결정했다.

이번 위기는 곧 시작될 대선과 맞물렸다. 대통령은 존 매케인과 버락 오바마에게 동일한 내용을 전달하려고 신경을 곤두세웠다. 이번 위기는 대선 전에 마무리될 가능성이 없었다. 곧 대통령이 바뀐다는 생각이 크고 작은 결정을 내릴 때 큰 부담으로 작용했다. 내가 지금 내리는 결정이 차기 국무장관의 업무 환경에 지대한 영향을 준다는 생각이 나를 죄어왔다. 국민의 한 사람이자 정치광인 내가 선거에 관심이 없었다면 새빨간 거짓말일 것이다. 하지만 국무장관답게 상황에 너무 감정적으로 대응할 수 없었다. 8년 전에 조지 W. 부시 대통령과 겪은 일이 아닌가? 게다가 이제는 너무 지쳐 쉬고 싶은 마음이 굴뚝같았다.

선거 다음 날 평소대로 직원 회의에 참석했다. 숀 매코맥이 "선거에 대해 한 말씀 하셔야요."라고 말을 꺼냈다.

"누구에게 무슨 말을 하란 말입니까?"

"기자들 말입니다. 최초의 흑인 대통령이 나타났으니 장관님의 소감이 궁금하지 않겠습니까?"

"아주 자랑스럽게 생각합니다."

나는 숀 매코맥이 오전 브리핑을 시작하기 전 몇 분간 기자들에게 선거에 대한 개인적 느낌을 전했다. 국민의 한 사람, 특히 흑인계 미국인으로서 매우 뿌듯하다고 말했다. 인종 차별로 인한 상처를 극복하기까지 오랜 세월이 흘렀지만 기다린 보람이 있었다. 말할 내용을 미리 생각해보지 않았기에 즉흥적으로 소감을 이었다.

"이 나라의 정치가로서 조국이 무척 자랑스럽습니다. 바로 이 순간처럼 미국은 언제나 우리를 놀라게 한다는 점도 자랑스럽습니다. 모두의 예상과 기대를 뒤엎는 놀라운 결과라고 생각합니다. 하지만 이것이 끝이 아닙니다. 우리는 모든 인종과 민족의 완벽한 연합을 향해 계속 발전할 것입니다."

차기 장관을 맞이할 준비를 하다

우리가 물러나고 새로운 팀이 지휘권을 넘겨받을 날이 성큼 다가왔다. 최대한 업무 인계를 질서 정연하게 처리하고 싶었다. 백악관에 비하면 국무부 업무 인계는 쉬운 편이었다. 대통령이 바뀌면 집권 여당이 달라지지 않아도 백악관이 한 차례 물갈이를 겪는다. 하지만 각 부처에서는 기존 직원 대다수가 자리를 지킨다. 사실 기존 인력을 그대로 유지하는 것이 국정 업무에 훨씬 유리하다. 일례로, 빌 번스는 국무부 내에서 3인자 자리를 그대로 고수하며 부시 정권과 오바마 정권의 가교 역할을 수행했다.

힐러리 클린턴이 신속하게 업무를 파악할 수 있도록 내가 아는 것을 모두 전해주기로 마음먹고 여러 차례 만나서 많은 이야기를 나누었다. 우리 집에 초대해서 저녁 식사를 같이 한 적도 많았다. 사실 힐러리와 오래 전부터 가깝게 지내던 사이였다. 내가 스탠퍼드대학 교무처장으로 근무할 때 힐러리가 입학을 앞둔 딸 첼시를 데리고 찾아온 것이 첫 만남이었다. 또한 전통적으로 국무장관은 대대로 후임자에게 끈끈한 동료애를 보여왔다. 업무 성격과 그에 따르는 스트레스와 어려움을 누구보다도 잘 알기에 가족보다 더 아끼고 응원했다. 어려운 시기에는 그런 애착이 더욱 강해졌다. 최근에는 매들린, 나, 힐러리 클린턴에 이르기까지 여자 국무장관이 연이어 등장했기에 서로에 대한 마음이 더욱 애틋했다. 클린턴 장관이 임기를 마치면 무려 16년간 백인 남성이 국무장관에 오르지 못하는 진기록이 수립될 것이다.

업무 인계는 일사천리로 진행되었지만 선거가 끝나고 취임식을 하기까지 10주간 기다리는 동안 어색한 느낌을 떨칠 수 없었다. 한 나라에 대통령이 둘이 될 수는 없는 법이다. 그러므로 곧 대통령이 될 사람에게 중대한 문제에 대한 최신 정보를 제대로 전달하는 것만큼 중요한 일은 없었다.

'중대한' 외교 문제가 산더미처럼 쌓여 있었다. 부시 대통령과 상의한 끝에 오바마 대통령 당선인에게 내가 직접 보고하기로 했다. 각료가 인준받기 전에 '대행'으로 활동하는 것을 상원의회에서 좋아하지 않았기 때문에 힐러리에게는 아무 말도 할 수 없었다. 그래서 나는 대통령 당선인과 북한 협상, 가자 문제, 11월 말 동남아시아 위기 등에 관해서 여러 차례 이야기를 나누었다. 취임식 며칠 전에 그를 마지막으로 찾아갔을 때는 이렇게 말했다.

"이렇게 찾아뵙는 것도 오늘이 마지막입니다. 이제 며칠 후면 대통령 집무실에 계시겠군요. 대통령 당선을 진심으로 축하드립니다. 신의 인도와 축복이 함께하기를 바랍니다."

57

뭄바이 테러

11월 26일, 추수감사절을 맞이해 가족들이 방문하기로 했다. 나는 평소보다 조금 일찍 퇴근했다. 그런데 집에 도착하자마자 전화가 울렸다. 작전 센터였다. 인도에 대사로 나가 있는 데이비드 멀포드와 파키스탄에 있는 앤 패터슨이 나를 찾는다는 것이었다. 작전 센터 장교가 말한 대로 텔레비전을 켰다. 뭄바이 전역에 이슬람계 테러 집단이 열 차례의 연쇄 공격을 가해서 도시 전체에 유혈 사태가 벌어지고 있었다. 불과 사흘 만에 150명 이상 살해되고 부상자는 300명을 웃돌았다.

부시 대통령 부부는 친절하게도 우리 가족과 친구들이 캠프 데이비드에서 마지막 추수감사절 식사를 하도록 초대해주었다. 마리앤 부부, 진 워싱턴, 지 고모 할 것 없이 모두가 크게 기뻐했다. 일단 가족들을 실망시키고 싶지 않았다. 그리고 새로운 위기에 대처하려면 대통령 옆을 지키는 것이 좋겠다는 생각이 들어 아무 말도 하지 않았다.

"인도에는 전운이 감돌고 있습니다. 인도 총리가 과연 이 상황을 그냥 넘길지 모르겠습니다. 파키스탄에서 온 테러 집단의 소행이라는 것을 모르는 사람이 없으니까요."

멀포드의 목소리는 매우 무거웠다. 나는 그 말을 듣고 앤에게 전화를 걸었다. 인도와는 매우 대조적인 소식이었다.

"파키스탄은 시치미를 뚝 떼고 있습니다."

추수감사절 분위기에 흠뻑 젖어들고 싶은 마음이 싹 사라졌다. 식사만 간단히 하고 자리를 떠났다. 우선 인도에 우리 정부의 지원 의사를 전하고 앤을 통해서 파키스탄 정부의 입을 열기 위해 압력을 가하기 시작했다. 그렇게 시간이 흘러 토요일이 되었다. 그날 나는 인도와 파키스탄의 의사소통이 얼마나 한심한 수준인지 제대로 알았다.

사람들이 간디밭에 나와서 골프를 치고 있었다. 나도 그곳으로 가려는데 캠프 데이비드 직원이 달려와서 NSC의 주디 앤슬리에게 전화가 왔다고 했다. 주디는 스티븐 해들리의 차관보였다. 수화기를 집어 들자 주디가 긴장된 목소리로 말했다.

"인도가 파키스탄에게 선전포고하겠다고 으름장을 놓았답니다. 파키스탄에서 들어온 소식입니다."

"뭐라고요? 나한테는 그런 말이 없었는데 어떻게 된 일이죠?"

지난 이틀 동안 인도와 수차례 통화했지만 전쟁에 대한 언급은 없었다. 이 사태를 하루빨리 수습하고 파키스탄 정부가 나서 이번 사건의 주범을 찾아내도록 압력을 가해야 한다는 말이 전부였다.

작전 센터를 통해 인도 외무장관을 연결하려 했으나 쉽지 않았다. 갑자기 두려움이 엄습해왔다. '전쟁을 하려고 마음먹고 일부러 내 전화를 피하는 건가?'라는 생각도 들었다. 상식적으로 말도 안 되는 추측이었지만 인도와 파키스탄이라면 장담할 수 없는 일이었다.

다시 전화를 걸었지만 여전히 응답이 없었다. 국제선은 모두 불통이었다.

파키스탄이 사우디아라비아, 아랍에미리트, 중국 등 닥치는 대로 전화를 걸고 있었다. 한참 후에야 무커르지에게서 전화가 왔다. 나는 선전포고가 사실이냐고 다그쳤다.

"무슨 말씀입니까? 저는 지금 제 선거구에 나와 있는데요(인도는 선거를 코앞에 두고 있었으며 국회의원인 무커르지도 선거 운동으로 한창 바쁜 시기였다). 우리가 전쟁을 벌일 계획이라면 제가 뉴델리를 벗어날 리 있겠습니까?"

그는 얼마 전 파키스탄 외무장관과 통화했는데 자신이 단호하게 말한 것을 상대방이 오해한 것 같다고 털어놓았다.

"그런 식으로 나오면 우리에게 남은 방안은 전쟁밖에 없지 않으냐고 쏘아붙였거든요."

그 말을 듣자 나는 '상황이 점점 위험해진다는' 느낌이 들었다.

며칠 후에는 NATO 정상회담 때문에 유럽에 가야 했다. NATO 회담도 이제 마지막이었다. 대통령은 나에게 인도와 파키스탄에 먼저 가지 않겠냐고 제안했다. 그러겠다고 대답하면서 런던을 잠깐 들러보기로 마음먹었다. 런던에 도착하니 데자뷔 현상이 심하게 나타났다.

'2001년에도 동남아시아 전쟁을 막으려고 영국과 이곳에서 머리를 맞댄 것 같아.'

임기 첫해에 해결할 수 있다고 생각했던 문제가 6년 만에 재발한다면 그때는 내가 물러나는 게 맞다고 말했던 것도 기억났다.

'또 아시아에서 탈이 났군. 진저리가 날 지경이야.'

하지만 인도에 도착한 뒤로 생각이 달라졌다. 2001년을 기점으로 많은 것이 달라져 있었다. 무엇보다 이제 인도는 미국을 온전히 신뢰하고 있었다. 언론과 국민이 보복을 강하게 요구하고 있었지만 사실 그들은 전쟁할 마음이 없었다. 인도 총리 관저에 가보니 그가 엄청난 압력을 받는 것이 피부로 느껴졌다. 총리는 전쟁만은 안 된다는 입장을 굽히지 않았다. 외무장관도 총리와 같은 생각이었다. 나는 "그렇지만 파키스탄이 조처하도록 설득해야 합니다."라고 강조했다. 하필 선거가 코앞으로 다가와 상황이 더욱 어려워진 것이 분명했다.

이슬라마바드에 도착해보니 이곳도 예전의 모습을 거의 찾을 수 없을 정도로 달라져 있었다. 무샤라프는 국가수반으로 부족한 점이 많았지만 언제나 자신만만했다. 다른 건 몰라도 육군은 그에게 무조건 충성을 약속하며 든든한 힘이 돼주고 있었다. 이제 내가 할 일은 고 베나지르 부토의 남편 아시프 알리 자르다니가 이끄는 정부와 맞대결하는 것이었다. 아직 출범한 지 얼마 되지 않은 데다 아무 힘이 없는 정부였다. 그들이 잔뜩 겁을 먹은 것처럼 굴다가 언제 그랬냐는 듯 인도를 무시하는 발언을 쏟아내는 통에 머릿속이 복잡해졌다. 사르나이 내동링은 전쟁만은 피하고 싶다는 말을 계속했지만 파키스탄이 공격에 가담했을 가능성을 인정하지 못했다. 유수프 라자 길라니 파키스탄 총리는 나를 보더니 파키스탄이 극단주의자들을 제압하기 위해 어떤 사투를 벌였는지 장황하게 이야기했다. 두 사람은 이번 사건을 벌인 테러범들이 파키스탄과 무관하다고 확신하는 듯했다.

"총리 각하, 지금 제게 거짓말하시는 것이 아니라면 각하의 주변 인물들이 각하를 속이고 있는 겁니다."

그러고 나서 미 정부는 공격의 근원을 알고 있다고 덧붙였다. 파키스탄 정부의 연관성은 문제의 핵심이 아니므로 언급하지 않았다. 그렇지만 정부 내에 분명히 테러 집단을 돕는 악의 무리가 존재할 가능성을 배제할 수 없었다. 이제는 그 점을 인정하고 제대로 수사에 착수할 시기였다. 마지막으로 나는 파키스탄 군 참모총장 아슈파크 페르베즈 카야니를 만나보았다. 펜타곤은 그가 신뢰할 만하고 정직하고 능력 있는 장교라고 평가했다. 지금까지 벌어진 상황에 대해 책임을 인정하는 것은 기대할 수 없겠지만 적어도 이 사람이라면 앞으로 파키스탄 정부가 뒷감당해야 한다는 현실을 받아들일 것 같았다. 이 모든 상황은 시작에 불과했다.

내 몫을 다했다는 확신도 없이 워싱턴으로 돌아왔다. 시간이 흐르자 상황은 호전되었다. 약 한 달 뒤인 12월 27일 자르다니는 파키스탄 국내에 '무국적 행동주의자'들이 존재하며 이들을 남김없이 축출해야 한다고 인정했다. 사실 당연한 말이었지만 앞서 뭄바이 사건을 조사하겠다고 약속한 상태라서 그만하면 충분했다. 만모한 싱 총리가 이끄는 당은 몇 주 전 지방 선거에서 대승을 거둔 터라 총리가 반대 세력의 눈치를 볼 이유도 말끔히 사라졌다.

동남아시아와 유럽을 순방하고 돌아온 지 며칠 안 되어 케네디센터 시상식에 참석했다. 국무장관 자격으로 참석하는 게 마지막이라서 몹시 아쉬웠다. 여러 분야에서 두각을 드러낸 훌륭한 예술가들을 격려하는 자리인 만큼 의미 있고 행복한 행사였다. 토요일 저녁은 으레 국무장관이 국무부의 벤저민 프랭클린 룸에서 예술가들을 축하하는 연회를 마련했다. 1년 중 손꼽아 기다리는 날이기도 했다. 이자크 펄먼, 조슈아 벨, 로버트 레드포드, 엘튼 존, 다이애나 로스, 아레사 프랭클린 등 세계적으로 유명한 사람들을 한자리에서 만날 수 있다는 것만으로도 가슴이 설레었다.

일요일 저녁에 부시 대통령은 케네디센터 공연에 앞서 수상자들을 연회에 초청했다. 그는 수상자 한 사람 한 사람을 자세히 소개했다. 명배우 모건 프리먼이 그해 마지막 수상자가 되었다. 대통령은 〈딥 임팩트〉라는 영화에서 혜성 충돌이라는 대재앙에 대처하는 흑인 대통령으로 열연한 배우라고 그를 소개했다.

"지난 8년간 저도 별의별 일을 겪었지만 혜성 충돌을 겪은 적은 없었습니다. 그 방법은 이 분에게 한 수 배워야겠습니다."

대통령이 돌아와서 자리에 앉자 나도 장난기가 발동했다.

"각하, 아직 몇 주 남아 있으니 마음을 놓으시면 안 됩니다. 진짜 혜성이 날아올지 누가 압니까?"

58

팔레스타인 국가를 건설할
단 한 번의 마지막 기회

임기가 막을 내릴 시간이 다가왔지만 우리는 두 나라 해결안을 공고히 하기 위해 마지막으로 총력을 기울였다. 대통령과 나는 올메르트의 제안을 머리에서 떨칠 수 없었다. 지난 9월, 그는 압바스에게 팔레스타인 국가 영토를 대략적으로 표시한 지도를 건넸다. 이스라엘은 웨스트 뱅크의 6.3퍼센트를 합병할 심산이었다(올메르트는 압바스에게 그 수치를 5.8퍼센트까지 줄일 의향이 있다는 점을 따로 이야기했다). 그것 외에는 모든 게 여전히 미지수로 남아 있었다. 예루살렘 분할 문제도 마찬가지였다. 올메르트는 압바스에게 당장 서명하라고 했다. 압바스가 상의해봐야 한다며 주저하자 올메르트는 지도를 아예 넘겨주지도 않았다. 그는 나에게 다음 날 압바스의 측근을 다시 만나서 논의하겠다고 말했다. 하지만 그런 회의는 처음부터 계획되지 않았고 나는 올메르트의 협상 제안을 알아내 국무부 법률 담당 고문으로서 이런 일에 경험이 많은 조나단 슈워츠에게 검토해보라고 지시했다. 아무래도 올메르트의 제안을 받아들이는 것이 유리해 보였다.

나는 대통령에게 마지막으로 올메르트와 압바스를 불러들일 의향이 있는지 알아보았다. 두 사람을 불러 협상의 세부 사항을 조정, 합의하게 한다면 어떨지를 생각해보았다. 물론 성공할 가능성은 많지 않았다. 올메르트는 지난여름 총리직에서 물러날 의사를 밝혔고, 이스라엘은 이듬해 초반 총리 선거를 실시할 예정이었다. 올메르트도 부시 대통령처럼 레임덕 상태였다.

하지만 두 번 다시 이런 기회가 오지 않을 것 같았다. 치피 리브니는 "올메르트는 이스라엘 국내에서 더 이상 힘을 쓰지 못합니다."라며 그의 제안을 귀담아듣지 말라고 했다(모르긴 해도 압바스에게도 동일한 말로 설득했을 것이다). 그녀의 말도 일리가 있지만 이스라엘 총리가 공식적으로 이처럼 파격적인 제안을 하고 팔레스타인 수반이 이를 수용한다면 평화 협상 과정이 한 걸음 크게 진보할 수 있었다. 하지만 압바스는 올메르트를 만나지 않겠다고 잘라 말했다.

이제 남은 방법은 하나였다. 두 사람은 11월과 12월에 걸쳐 따로 워싱턴을 방문해서 부시 대통령에게 작별 인사를 전했다. 대통령은 압바스를 집무실로 따로 데려가 올메르트의 제안을 다시 생각해보라고 얘기했지만 막무가내였다.

2011년에 와서 그 시절을 돌이켜봐도 아직 모든 것이 생생하게 느껴진다. 팔레스타인은 여전히 UN 총회에서 국가 수립을 일방적으로 외치고 있다. 이스라엘 정착 활동에도 비슷한 문제가 있다. 그들은 아직 논쟁이 끝나지 않은 지역에 주택 건설 계획을 발표하고, 국무장관이 다녀간 후에는 보란 듯이 건설 계획을 줄줄이 발표했다. 실제로 내가 방문한 뒤 몇 차례 그런 적이 있었다. 나라면 올메르트와 치피 리브니에게 당장 그만두라고 촉구하는 동시에 공식적으로 이스라엘의 행동을 규탄할 것이다. 협상 중에 임의로 현 상태를 변경하는 행위를 미 정부가 용납하지 않는다는 점을 모두에게 알려야 한다. 하지만 정착 문제가 어떻게 진전되느냐는 미국 정부의 협상 전제 조건이 될 수 없다. 일단 협상이 이루어지면 정착 여부는 더 이상 고려할 가치가 없다고 본다.

결국 팔레스타인은 협상을 중단했다. 새로 이스라엘 총리로 선출되는 사람도 그렇게 할 것이다. 올메르트의 최측근 고문을 비롯해 수많은 이스라엘 관계자들은 압바스에게 임기 말의 총리는 그런 협상을 이행할 힘이 없다고 압바스에게 귀에 못이 박히도록 이야기했다. 그렇긴 해도 압바스가 믿기 어려울 정도로 파격적인 협상 제안을 받아들이려 했다면 두 나라의 오랜 갈등은 새로운 전환점을 맞이했을지 모른다. 새로운 이스라엘 총리가 그처럼 파격적인 제안을 내놓으리라고 기대하는 것은 무리일 것이다. 나는 모든 협상 자료를 후임 장관에게 넘겨주었다. 협상 조건은 거의 완성 단계에 접어들었지만 아직 손 볼 것이 많이 남아 있다. 하지만 조만간 두 국가 해결안이 완성되리라고 믿는다. 그것 외에는 평화로운 해결책이 없기 때문이다.

가자에 또다시 총성이 울리다

2008년이 저물어갈 무렵 또다시 갈등이 불거졌다. 11월 내내 가자 지구에 긴장감이 감돌더니 12월에는 하마스가 남쪽 이스라엘 사람들의 거주 지역에 로켓을 발사했다. 이는 여름에 맺은 휴전 협정을 보란 듯이 무시한 행동이었다. 올메르트는 지난번 워싱턴을 방문했을 때 현지 상황이 참을 수 없는 지경에 이르렀다고 밝혔다. 그는 부시 대통령에게 더 이상 이스라엘의 적국이 선거를 앞둔 정치 공백을 이용하게 내버려 둘 수 없다고 했다.

크리스마스 당일에 치피 리브니에게 연락이 와서 이스라엘이 본격적인 행동을 취하겠다고 했다. 허락을 구하는 것이 아니라 일종의 통보였다. 허락을 구한다고 해서 우리 정부가 허락할 리도 없었다. 미리 연락받은 덕에 12월 27일에 이스라엘이 가자 대규모 공습을 시작했다는 소식을 듣고도 큰 충격을 받지 않았다. 이스라엘은 미리 정해 둔 수백 개의 표적을 불과 220초 만에 초토화했다. 폭탄이 비 오듯 쏟아지더니 1월 3일 본격적인 지상 공세가 시작되었다. 나의 마지막 휴가는 계획과 달리 엉망이 되어버렸다. 나는 친척 집에서 전화로 이스라엘, 이집트, 아랍 국가들에 번갈아 전화하며 휴전 협상을 시도하느라고 진땀을 뻘뻘 흘렸다.

이스라엘의 반격에 대한 처리 절차는 이미 정해져 있었다. 우선 테러 집단의 만행을 지적해서 크게 규탄하고, 그로 인한 인명 손실을 지적한 다음 이스라엘의 반격을 탓해야 했다. 아랍 국가들의 강력한 요구에 못 이겨 UN안전보장이사회는 가자 상황에 대한 긴급 회의를 소집했다. 나는 뉴욕으로 가면서 공식 결의만은 채택하지 않기를 바랐다. 전쟁을 끝내자는 결의가 나오면 우리는 거부권을 행사할 수밖에 없었고 그런 상황만큼은 피하고 싶었다.

나는 올메르트에게 연락해서 언제쯤 군사 작전을 끝낼 것인지 물어보았다. 그는 아무것도 약속할 수 없다는 식이었다. 민간인을 두 번 다시 위협하지 못하도록 해야 한다는 말만 되풀이했다. 나는 어떻게 해서든 안전보장이사회의 결의 채택을 막아보겠다고 했다. 사르코지도 나와 같은 생각이라는 말을 듣자 한결 마음이 편해졌다. 프랑스와 영국이 도와준다면 결의 채택을 막는 것은 어렵지 않았다. 외교적 위기를 미리 차단했다고 생각하니 뿌듯했다. 이튿날 안전보장이사회 회의가 끝나면 곧바로 워싱턴으로 돌아갈 예정이었다.

그런데 상황은 이상하게 돌아갔다. 아랍 국가들은 한데 모여 P5 당사국을 만나게 해 달라고 했다. 라브로프와 장제츠 중국 외교부장은 이번 회의에 참석하지 않았으므로 베르나르 쿠슈네르 프랑스 외무장관, 데이비드 밀리밴드 영국 외무장관과 함께 갔다. 나는 우리 세 사람이 같은 생각을 한다고 여겼으나 쿠슈네르는 아랍 국가 관계자들의 격앙된 이야기를 듣더니 "옳은 말씀입니다. 결의를 채택해 이 전쟁을 즉시 중단해야 합니다."라고 말했다. 예기치 못한 발언에 깜짝 놀라 데이비드를 쳐다보니 그도 난색을 표했다. 나는 두 사람을 따로 불러냈다.

"지금 뭐하는 겁니까? 프랑스 대통령께서 올메르트에게 결의를 채택하는 일은 없을 거라고 약속한 것을 모르십니까?"

내가 이렇게 다그치자 베르나르는 변명을 늘어놓았다.

"아랍 국가들은 결의를 채택하지 않으면 물러나지 않을 겁니다. 저는 그들과 같은 생각입니다."

눈앞이 캄캄해졌다. 어떻게 해야 좋을지 아무 생각도 나지 않았다. 서둘러 다른 곳으로 가서 스티븐 해들리에게 전화로 상황을 전했다. 스티븐은 프랑스에 연락해보았지만 정부와 국무부 사이에 의견 충돌이 생긴 것이 분명했다. 나는 다시 회의장으로 가서 아랍 국가 대표자들에게 함께 결의를 추진해보자고 말했다.

"오늘 밤 이곳에 머물면서 함께 해결책을 논의해보시지요."

압바스가 결의를 추진해달라고 간곡히 부탁한 탓에 마음이 흔들리고 있었다. 압바스는 나를 이렇게 설득했다.

"내일이면 '분노의 날'이 닥칠 겁니다. 웨스트 뱅크가 과연 조용할지 아무도 장담할 수 없습니다. 살람(파야드)은 이만저만 걱정하는 게 아닙니다."

밤 9시까지 머리를 맞대어 결의문 협상을 끝냈다. 완벽한 해결책이라고 보기에는 부족한 점이 많았다. 하마스를 규탄하는 부분은 너무 약했고, 이스라엘의 잘못을 지적하는 부분은 아예 없었으며, 테러 행위를 중단할 필요성도 언급되지 않았다.

올메르트는 뉴욕에 있는 나에게 바로 연락을 취해서 불같이 화를 냈다. 내가 자신을 배신하고 결의 채택에 동의했다는 것이었다.

"그건 아닙니다. 문제의 시작은 프랑스입니다. 저에게 사르코지 대통령이 저와 같은 생각이라고 하지 않으셨습니까?"

치피 리브니도 나를 찾았다. 몇 주 후면 총리 선거를 앞둔 상태였으므로 그녀의 목소리는 침통하기까지 했다.

"이런 법이 어디 있습니까? 정말 실망스럽습니다."

나는 어떻게든 그녀를 달래주고 싶었다.

"결의문을 읽어보지도 않고 벌써 이럴 필요가 있습니까? 좋습니다. 미국이 기권하면 어떻겠습니까?"

"그러면 정말 좋지요."

나는 대통령에게 연락해보았다. 그는 백악관 관저에 있었다. 올메르트가 노발대발하며 부시 대통령에게도 전화했던 모양이다.

안전보장이사회 회의실에 외무장관들이 다 모여 있었다. 다들 결의를 지지할 것이 확실했다. 그리고 내가 나서 결의문 협상을 진행해야 할 상황이었다.

"대통령 각하, 제가 투표에서 어떻게 하면 좋겠습니까?"

"라이스 장관은 어느 쪽을 원합니까?"

"크게 생각하면 동의해야겠지요. 그러나 대통령께서는 제가 기권하기를 바라시지 않습니까?"

"맞습니다. 그렇게 해야 합니다."

결국 나는 반대표를 던졌다. 반대는 단 한 표뿐이었다. 회의장을 떠나려는데 사우디아라비아 외무장관과 아랍에미리트 외무장관은 차를 막아서더니 "도와주셔서 감사합니다."라고 말했다.

두 사람은 결의가 성사된 것에 연신 고마워했다.

"우리에게 얼마나 큰 도움이 되는지 모르실 겁니다. 감사합니다."

하필이면 UN에서 내가 마지막으로 참여한 투표에서 이스라엘에 등을 돌려야 하는 상황이 야속했다. 따지고 보면 속상할 이유는 그것만이 아니다. 이번에 반대표를 던진 것은 누구를 지지하는 것도 반대하는 것도 아니었다.

상황상 그것이 최선이라는 것은 알았지만 왠지 허무한 느낌을 떨칠 수 없었다. 이튿날 올메르트는 기자들 앞에서 부시 대통령이 내 의견을 기각했다고 발표했다.

'비열한 작자 같으니라고!'

나는 분해서 견딜 수 없었다. 그에게 전화를 걸어 따진 후에도 분이 풀리지 않았다. 나는 부시 대통령에게 두 번 다시 올메르트를 믿지 않겠다고 선언했다. 그런데 나중에 생각해보니 그를 신임할 것인지는 더 이상 중요한 문제가 아니었다.

'이제 볼 일도 없는데 무슨 상관이람.'

그러나 아직 끝난 것이 아니었다. 이스라엘은 공습을 멈추지 않았고 치피 리브니와 올메르트에게는 공습을 중단할 이유나 근거를 마련하는 데 우리 도움이 필요했다. 예전에 그랬듯 이번에도 이집트, 이스라엘, 팔레스타인에 수없이 전화해서 해결책을 강구하려 온갖 애를 썼다. 문제는 하마스가 가자로 무기를 밀반입하는 경로를 봉쇄할 확실한 방법이 있느냐 하는 점이었다. 이스라엘 국민들에게 그 점만 약속하면 군사 작전을 끝낼 수 있었다.

며칠이 지나자 일이 마무리될 기미가 보였다. 이집트가 적극 나서고 우리가 군수 물자 차단에 필요한 전략과 기술 지원을 했다.

1월 15일 목요일이 되었다. 이제 내일이면 국무부를 영원히 떠나야 했다. 치피 리브니는 "제가 직접 가서 서명하겠습니다. 미국이 이번 계획을 보장한다는 가시적인 증거가 필요합니다."라고 설명했다.

"시간이 없습니다. 저는 내일이면 국무부에서 물러납니다. 워싱턴과 이스라엘에서 각자 발표하면 안 되겠습니까?"

그러나 치피 리브니는 단호했다.

"오늘 밤 비행기로 가겠습니다. 내일 아침이면 도착합니다."

이스라엘이 이번에 미 정부의 지지를 얼마나 간절하게 원하는지를 엿볼 수 있었다. 특히 치피 리브니는 총리 선거에 출마한 탓에 가장 절실한 입장이었다.

'그래, 지금까지 도와줬는데 한 번 더 못 할 이유가 없지.'

그래서 퇴임 한 시간 전에 회의실에서 가자 지역의 최근 무력 분쟁을 끝내기 위한 조건 협상에 서명했다.

나는 7층 엘리베이터에서 치피 리브니에게 작별 인사를 했다.

"그동안 이스라엘을 지지해주어 고맙습니다. 그간의 우정도 잊지 않겠습니다. 한번 놀러 오십시오. 언제든 환영합니다."

나는 그녀를 얼싸안고 그동안 함께 손발을 맞추어준 것에 고마움을 전했다. 또 곧 있을 선거에서 행운이 함께하기를 빌어주었다.

그러고 나서 집무실로 돌아와 힐러리 클린턴에게 작은 메모를 남겼다. 전임 국무장관으로서 간단한 인사말을 남기는 것은 국무부의 전통이었다. 복잡한 사안을 언급하거나 거창한 표현을 쓰지 않았다. 메모 내용은 비밀로 남겨 둘 것이다. 집무실을 나서자 온몸이 하늘로 날아갈 것 같았다. 나는 브라이언에게 "이제 갈 시간입니다."라고 말했다. 그와 함께 국무부 직원들이 모여 있는 로비로 내려갔다. 정든 얼굴도 보였고 낯선 얼굴도 많았다. 나는 모두에게 진심으로 고마움을 전한 뒤 밖으로 나와서 차에 올라탔다. 'S'라고 불리는 것도 이제 끝났다. 내가 탄 차는 캠프 데이비드를 향해 달렸다. 그곳에서 대통령과 그의 최측근 인사들이 나를 기다리고 있었다. 주말 내내 가자 협정에 대한 수많은 세부 사항을 논의하느라고 시간이 쏜살같이 흘러갔다. 주말이 지나면 모든 일이 끝난다고 생각하니 절로 콧노래가 나왔다.

캠프 데이비드에 처음 왔을 때를 떠올려보았다. 그때 대통령과 함께 체육관에 가려고 나섰다가 눈보라 때문에 길을 잃어 헤매기 시작했고, 나는 "아무도 우리를 못 찾을지 모릅니다."라며 두려움에 떨었다. 그러자 대통령은 껄껄 웃기 시작했다.

"1면 기사 제목이 아주 멋지겠군. 대통령과 국가안보보좌관이 눈보라 때문에 미아가 되다!"

일요일 오전 대통령과 함께 교회 예배에 참석했다. 좋을 때나 나쁠 때나 늘 하던 일이었다. 그리고 나서 캠프 데이비드 직원들의 배웅을 받으며 대통령 전용 헬기에 올랐다. 캠프 데이비드에는 재미있는 전통이 있었다. 대통령이 도착하면 깃발이 올라가고 그가 떠나면 곧바로 내려갔다. 대통령이 다시 올 때까지 깃발은 내려간 상태로 있었다. 이번에 깃발이 내려가는 것을 보니 '다시는 저 깃발이 올라오는 모습을 볼 수 없겠구나.'라는 생각이 들었다. 대통령은 말없이 창밖을 응시하고 있었다. 하고 싶은 말이 많았지만 조용히 있는 편이 나을 것 같았다. 눈을 감으니 지난 8년의 기억이 주마등처럼 지나갔다. 김히 나 같은 사람이 이곳에 올 수 있게 해주신 것에 대해 하느님께 감사드렸다. 내 인생 최고의 영예였다.

| 에필로그

역사의 틈으로 걸어가다

　냉전이 끝날 무렵 백악관의 구 소련 전문가였던 나는 동유럽의 해방, 독일 통일, 구 소련의 붕괴를 직접 목격했다. 구 소련이 동유럽에 어둠의 그림자를 짙게 드리운 것을 생각하면 당시에는 그런 일이 일어날 거라고 상상조차 하지 못했다. 지금까지 1956년 헝가리 혁명이나 1948년 베를린 위기를 기억하는 사람은 거의 없을지 모른다. 2009년에 스탠퍼드대학에서 다시 교편을 잡았는데 학생 대다수가 베를린 장벽이 무너진 지 여러 해 뒤에 태어났다는 사실에 깜짝 놀라고 말았다. 크렘린 궁전 위로 망치와 낫이 날아다니는 광경을 보았다는 학생은 거의 없었다.
　이렇게 냉전 시대의 어두운 기억은 서서히 역사의 뒤안길로 사라지고 있다. 한때 절대 불가능하다고 생각했던 일이 이제는 현실로 자리 잡은 것이다. 냉전이 평화롭게 끝난 것은 불확실성이 판을 치던 시기에 먼 미래를 내다보고 결정을 내렸기에 가능한 일이었다. 2차대전이 끝난 후 미국은 동맹국과 힘을 합쳐 '기나긴 여명의 투쟁'을 끝내려는 원대한 목표를 세웠다. 그들의 성공 배후에는 자유 국가가 반드시 성공하며 국민의 자유를 박탈한 국가보다 분명 장수한다는 굳은 믿음이 있었다.
　퇴임 전 〈미트 더 프레스〉라는 텔레비전 프로그램에 출연했다. 데이비드 그레고리는 그동안 인터뷰에 충실히 응해주어 고맙다고 했다. 그날 출연한 것이 벌써 스무 번째라고 했다.

'세상에, 내가 스무 번이나 이 프로그램에 출연했구나. 일요일 아침마다 이 프로그램이 생각나겠군.'

그날 데이비드는 '부시 행정부가 남긴 유산은 무엇인가?'라는 질문을 했다. 그 후로도 이 질문은 자주 접했다. 종종 이 질문 뒤에는 9.11테러, 아프가니스탄 전쟁, 이라크 전쟁, 중동 지역 사태 등이 8년이라는 지난 세월에 지울 수 없는 상처를 남겼다는 말이 숨어 있었다. 내 경험으로 볼 때 '역사는 커다란 호를 그리며 결국 정의를 향해 나아가는 것'이라고 답했다. 그것이 솔직한 느낌이었다.

지난 10년을 돌이켜보며 내 말이 맞는지 따져보았다. 그 세월은 각 나라의 운명을 책임지고 있는 국가수반들에게 시련과 고난의 시기였다. 2001년 이후로 국제사회는 세 차례나 충격적인 사건을 겪었다. 그중에서 9.11테러와 국제 금융 위기는 조지 W. 부시 대통령의 임기와 맞물려 국가 안보와 번영이라는 가장 중요한 가치관을 뒤흔들어놓았다. 세 번째 사건은 바로 아랍의 봄이었다.

역사적인 새해가 시작되자 아랍 세계는 전제주의 국가에 대한 반기를 들었다. 무려 6개국에서 동시에 이러한 반란이 시작된 것은 매우 흥미로운 일이었다. 그 중 몇몇은 실패로 끝났고, 일부는 아직 비틀거리고 있으며, 나머지는 다시 균형을 찾은 상태이다. 나머지 아랍 국가들도 아직 겉으로 드러내지 않았을 뿐 분기탱천할 날이 올 것이다. 자유를 향한 갈망은 자유를 손에 넣을 때까지 결코 사라지지 않기 때문이다.

우리는 이런 변화를 결코 의아하게 생각하지 않는다. 미국은 인류 역사가 어떤 식으로 전개될 것인지 남다른 안목을 갖고 있다. 우리는 이미 1776년에 인간의 기본권을 인식하고 기본권의 보편성을 널리 알렸다. 미국이 순식간에 강대국 반열에 합류하고 곧이어 세계 최대 권력을 얻은 후로 자유와 독재 정권의 갈등 사이에서 한 번도 중립에 머문 적이 없다.

아랍의 봄은 자유민주주의 가치관의 보편성을 재확인하는 계기가 되었다. 튀니스와 카이로에서 거리를 점령하고 농성하는 이유가 경제적인 빈곤이라고 일축하는 평론가들은 자기 얼굴에 침을 뱉는 것이다. 모든 인간은 더 나은 삶을 원한다. 그들이 지도자를 바꿀 권리가 있다면 이를 당연히 행사할 수 있으며 정부는 그들의 요구에 귀를 기울여야 한다. 평화로운 방법으로 정부를 바꿀 수 없는 경우에는 폭력을 동원해서 목표를 이루려 할지 모른다.

9.11테러는 이 점이 여실하게 드러난 대표적인 사례이다. 압제적인 정부가 정치 개혁의 가능성을 모두 차단해 사람들을 폭력적인 극단주의로 내몬 나라는 이처럼 극악무도한 테러범들을 열렬히 환호했다. 테러범들은 정부의 힘이 약하거나 무정부 상태와 다름없는 국가를 골라서 아무 제재 없이 사람을 모집, 훈련하며 이 사건을 준비했다. 부시 대통령과 국무부는 문제의 원인을 파악해 이를 즉시 수정했다. 우리가 자유 의제를 추진하는 이유는 그것이 정당한 일이며 더 나아가 인류에게 꼭 필요한 것이기 때문이다. 남녀노소를 불문하고 그 누구도 독재 정치를 참으며 살아갈 이유가 없다. 이는 도덕적으로 보나 현실적으로 보나 마땅히 요구할 수 있는 권리이다. 따라서 자유 의제의 현실성을 운운하며 비판하는 사람들은 요점을 전혀 파악하지 못한 것이다. 장기적으로 볼 때 현실성과 안정성이 부족한 것은 바로 독재주의이다. 2002년에 부시 대통령이 부쿠레슈티를 방문했을 때 루마니아 사람들이 '차우셰스쿠의 운명'을 설명해주었다. 모든 독재자가 차우셰스쿠의 운명을 두려워하는 것만 봐도 독재는 결코 오래가지 못한다는 결론이 나온다.

1989년 당시 루마니아 공산당 서기로서 압제 정권을 펼친 니콜라에 차우셰스쿠는 국내의 불만 세력을 충분히 잠재웠다고 생각하며 부쿠레슈티 광장에 나타났다. 조국을 위해 자신이 한 일을 자랑하며 연설을 시작했다. 하지만 그 순간 폴란드, 체코슬로바키아, 헝가리, 동독 등 동유럽 전체는 혁명에 휘말렸다.

차우셰스쿠가 한창 연설하고 있는데 어느 노부인이 갑자기 '다 거짓말이야!'라고 외쳤다. 그러자 다른 사람들도 '거짓말쟁이'라고 소리치기 시작했다. 소리치는 무리는 열 명, 백 명, 천 명으로 계속 늘어났다. 겁에 질린 차우셰스쿠는 달아나려 했지만 군대에 잡혀 혁명 세력에게 넘겨졌다. 압제 정치로 단단히 미움을 산 대통령 부부는 그 자리에서 처형되었다.

이 사건을 두고 차우셰스쿠의 운명이라고 한다. 독재자와 국민들 사이에 유일하게 남은 두려움마저 무너지면 독재자는 용암보다 더 뜨거운 민중의 분노를 맛보게 된다. 노부인이 당당하게 '거짓말'이라고 지적하고, 경찰이 베를린 장벽에서 발포를 거부하고, 군인이 탱크 회전 포탑을 광장 반대편으로 돌려버린 순간, 주도권은 오랜 압제를 참아온 국민들에게 넘어갔다. 우리는 중동 지역의 독재 국가들, 특히 우리의 우방 국가들이 차우셰스쿠의 운명을 맛보기 전에 태도를 바꾸었으면 하고 기대했다. 하지만 그들 모두가 우리의 기대에 부응한 것은 아니었다. 지금 이 글을 쓰는 순간에도 중동 지역 곳곳에서 자유를 부르짖으며 정권 변화를 요구하는 외침이 터져 나오고 있다.

자유와 민주주의가 서로 세워주고 지지해주지만 두 가지가 동일한 개념이라고 말할 수 없다. 민주주의는 일련의 과정이자 자유를 보호하는 통치 체제를 뜻한다. 이 과정은 선거를 통해 시작된다. 선거야말로 안정된 민주주의를 향한 첫걸음이다. 이보다 더 어려운 일은 국가의 권력과 개인의 권리의 관계를 명확하게 정하고 세월이 지나도 이를 꾸준히 지킬 수 있는 제도적 장치를 마련하는 것이다.

자유에서 안정된 민주주의에 이르는 여정은 길고 힘든 일이며 결코 끝에 이르지 않는 일이다. 미국은 그 어떤 나라보다 이 점을 잘 알고 있다. 따지고 보면 미국 헌법을 제정할 때 '우리 국민들'이라는 표현에 나 같은 흑인은 포함되지 않았을 것이다. 당시 흑인은 이 나라의 토대를 놓을 무렵 인격체로 전혀 대우받지 못했다. 1952년에 앨라배마에 사시던 아버지는 흑인 유권자에 대한 탄압 때문에 유권자 등록에 어려움을 겪으셨다. 나도 열두 살에 덴버로 이사하기 전까지 버밍엄에서 유일한 흑인 학생이었다.

그렇긴 해도 미국은 정의 구현에서 사회적 제도가 중요하다는 점을 보여주는 나라라고 할 수 있다. 마틴 루터 킹은 유명한 지도자였고 로사 파크는 평범한 시민이었지만 두 사람 모두 변화의 필요성을 깊이 인식했고 그 점을 미국의 근본적 가치관에 비추어 강력히 주장했다. 그들이 요구한 것은 거창한 변화가 아니라 국가 기본 이념에 충실하라는 것이었다. 여기에서 민주주의 제도가 빛을 발하는 것이다. 당장 민주주의의 약속이 실현되지 않아도 실망할 필요 없다. 헌법이나 권리장전도 처음에는 종잇조각에 불과했다. 하지만 그것이 없었다면 오늘날의 미국도 없을 것이다. 사람들이 헌법에 호소하고, 법적 권리를 주장하고, 권위를 가진 사람들에게 법을 존중하도록 촉구하면서 민주주의 제도가 법적 정당성을 얻고 오늘날처럼 발전한 것이다.

정치적 변화도 필요하지만 그것만으로는 민주주의의 성공을 보장해주지 못한다. 사람들은 지도자를 선택할 때 경제 번영이나 사회 정의 실현에 치중하는 경향이 있다. 민주주의를 보급할 때 발전 가능성도 반드시 고려하는 이유가 여기에 있다. 새천년도전공사도 그런 취지로 세운 것이었다. 민주주의 정신에 입각해서 현명하게 정치하는 지도자는 해외 원조를 받아 복지, 의료, 교육, 고용 확대 등 국민들에게 필요한 부분을 제대로 돌볼 수 있다. 더 나아가 경제 체제와 시장을 개방하고 민영 투자를 확대할 것이다. 처음에는 누구에게나 도움이 필요하다. 우리 정부는 이들에게 투자하면 훗날 몇 배로 되돌아온다는 것을 잘 알고 있다. 그들을 돕는 것이야말로 책임감 있고 안정된 민주주의 국가를 늘리는 방법이다.

아프가니스탄과 이라크의 자유를 위해 도움을 줄 때도 겨우 걸음마를 시작한 정부와 사회 제도가 조속히 발전할 필요성을 누누이 강조했다. 각 정부가 국민들과 맺은 약속을 충실히 이행한다면 시간이 지날수록 민주주의가 안정되고 발전할 것이다. 국민들은 민주주의 정부 기관에 어려움을 토로하고 정부의 도움으로 해결책을 강구할 것이다. 무엇보다도 국민들은 가장 큰 무기가 바로 자신들의 손에 있다는 사실에 만족할 것이다. 그것은 바로 무력을 사용하지 않는 평화로운 분위기에서 국가수반을 바꿀 수 있다는 점이다. 세월이 흐르면 테러 집단이나 적대적인 이웃 국가들은 이러한 기반 위에 세워진 정부를 제멋대로 휘어잡을 수 없음을 깨달을 것이다.

아랍의 봄을 통해 수백만 명이 자유의 몸을 찾은 중동 지역에서 이 사실은 유감없이 입증되었다. 미국 정부는 이곳의 변화된 모습을 사례로 내세워 다른 지역에서도 동일한 변화를 유도하려고 노력할 것이다. 우리는 이집트와 튀니지 군 당국과 긴밀한 관계를 맺고 있으며 미국의 비정부 기관을 통해 민간 단체와 정치 활동가들에게 필요한 도움과 훈련을 지원하고 있다. 또한 국제 시장에 진출할 방법을 찾는 기업을 도와 일자리를 창출하고 경제 발전에 기여하는 데 노력을 아끼지 않을 것이다.

다른 국가, 특히 아직 군주제를 고집하는 나라들은 너무 늦기 전에 개혁을 시도해야 할 것이다. 미국은 이들이 헌법을 마련하고 개혁을 단행해 국민들의 권리를 보장하도록 계속 설득할 것이다. 이러한 변화는 팔레스타인을 비롯한 중동 전역에서 온건파에게 큰 힘을 보태줄 것이다. 팔레스타인 사람들은 민주주의 정부를 수립하고 자치 통치 체제를 수립하는 등 파란만장한 삶을 살고 있다. 정식 국가도 없는 상태에서 이만큼 해내기란 결코 쉬운 일이 아니다. 미국과 국제사회, 특히 이스라엘과 아랍계 국가들은 그토록 어렵게 해낸 개혁이 뿌리를 내리고 열매를 맺을 수 있는 평화의 틀을 마련하는 데 지대한 관심을 보일 것이다.

시리아와 이란은 여전히 적성국이다. 그들에게 할 말은 이것뿐이다.

"당신들의 시대는 이제 끝났습니다. 앞으로 당신들의 편에 서는 나라는 지금보다 더 비참한 결과를 얻을 것입니다. 이것은 분명한 사실입니다."

민주주의는 결국 안정을 찾기 마련이다. 하지만 안정을 이루기까지 모든 일이 평탄하고, 실수가 없으며, 폭력 사태를 겪지 않으리라는 보장은 없다. 중동 지역 개혁이 비교적 늦게 시작된 탓에 극단주의자들은 회교 사원과 교육 기관 등을 통해 조직적인 군대를 설립했다. 그동안 전제주의 정권은 쓸 만한 정치 세력을 광장으로 몰아내버렸다. 아마 선거를 치르면 급진파 이슬람주의자들이 승리할 것이다. 어쩌면 그렇게 되도록 내버려 두는 게 나을지 모른다. 세월이 흐르면 그들은 개인의 권리, 종교의 자유, 여성의 인권이라는 중대한 문제에 답해야 할 것이다. 또한 국민들의 삶을 개선하기 위해 어떤 노력을 기울였는지 증명해야 할 시기도 반드시 올 것이다. 그들이 남긴 게 압제와 파괴뿐이라면 반드시 무너질 수밖에 없다. 그들이 무너지면 압제에 시달리던 자국민만 안도의 한숨을 내쉬는 것이 아니다. 세계인들이 함께 기뻐하고 안도할 것이다.

너무 힘들고 어려운 일처럼 들릴지 모르겠다. 장관 임기를 마친 후에 해외여행을 가보면 이런 질문을 자주 받는다.

"미국은 지금도 민주주의 변화의 촉매 역할을 하거나 민주주의를 갈구하는 사람들의 손을 잡아줄 의향이 있습니까?"

최근에 금융 위기가 시작되고 그로 인한 강력한 여파가 경제를 뒤흔들자 이런 질문을 하는 사람이 많아졌다. 이런 식으로 국제사회 전체가 큰 충격을 받는 사건이 생길 때마다 같은 질문을 받을 것 같다. 미국의 열정, 자신감, 낙천주의는 아직 그대로라고 할 수 있을까? 확실히 그렇다고 말할 수는 없지만 그렇다고 해서 미국이 이제 옆으로 물러날 선택권을 가진 것도 아닌 것 같다.

퇴임을 몇 달 앞두고 부시 대통령에게 사람들이 우리를 지겨워한다고 말해버렸다. 9.11테러 이후 우리는 안정과 안보에 대한 과거의 기준이 대부분 더 이상 맞지 않다고 생각해서 대대적인 개혁을 감행했다. 돌이켜보니 그런 행보는 국내외의 많은 사람들을 불안하게 만들 수도 있었다는 생각이 든다. 하지만 9.11테러를 계기로 국익과 가치관은 떼려야 뗄 수 없는 것이라는 점을 확실히 배운 것 같다. 중동 지역의 자유 부재가 바로 이곳 국내에 끔찍한 테러를 유발한 것은 잊지 못할 교훈을 남겼다.

국무장관으로서 나는 세계 곳곳의 분쟁을 속속들이 파악하고 가능성의 미학을 최대한 적용하려고 노력했다. 그와 동시에 현실을 있는 그대로 직시하며 현실적인 방안을 우선적으로 선택했다. 이것은 수년간 외교 업무를 지휘해온 나의 업무 원칙이었다. 이제 평가는 역사에 맡겨 두어야 한다. 나는 역사의 판단을 기꺼이 받아들일 것이다. 적어도 내게 소신껏 행동할 수 있는 기회가 주어진 것에 감사할 따름이다.

참고자료

백악관과 국무부에서 겪은 주요 사건에 대한 내 기억을 보완하기 위해서 다양한 자료를 참조했다. 내 수첩과 공식 여행 기록을 토대로 지난 8년간 참석했던 여러 회의 및 해외 순방 일정을 소개했다. 관련 자료를 꼼꼼하게 정리, 보관한 것에 대해 리즈 라인베리에게 진심으로 감사드린다.

또한 조지 W. 부시 대통령의 임기 중에 발간된 주요 일간지와 2005년부터 2009년에 걸친 국무부 발표 자료도 모두 반영했다. 여기에는 각종 연설 자료, 공식 선언문, 보고서, 국무부 간행물, 브리핑 자료, 의회 증언, 인터뷰, 기자 회견 자료가 포함된다. 해당 자료는 조지 W. 부시 백악관(http://georgewbush-whitehouse.archives.gov/) 및 국무부 공식 웹사이트(http://2001.2009.state.gov)에서 누구나 확인할 수 있다.

조지 W. 부시 대통령 도서관에 보관된 서류와 국무부에 보관된 각종 자료도 모두 검토했다. NSC 자료를 확인하러 텍사스 주 루이스 빌에 있는 도서관 임시 자료실을 찾을 때마다 피터 핼리거스가 많이 도와주었다. 피터는 물론이고 섀넌 자레트, 데이비드 사보도 자료 신청 및 열람 과정에 적극적인 도움을 주었다. 국무부 서신 및 문서 자료 담당자인 클라렌스 피니는 캘리포니아에 보관된 관련 자료를 충분히 검토할 수 있도록 해주었다. 미국 역사의 중요한 기록을 관리하는 데 힘쓰는 국립문서기록보관청 관계자에게 깊이 감사드린다. 그들이 아니었다면 나는 이 자서전을 완성하지 못했을 것이며 훗날 많은 학자들도 크게 아쉬워했을 것이다.

정부 내 여러 관계자들과 옛 동료들이 인터뷰에 적극적으로 응해주었으며 주요 사건에 대한 나의 기억을 한층 날카롭게 해주었다. 버지니아대학 밀러 센터의 대통령 구전 역사 프로그램에서는 국무부 주요 관계자들을 초대해서 원탁 토의 시간을 마련해주었다. 프로그램 감독자인 러셀 릴리, 프로그램 준비에 참여한 브라이언 크레이크, 카트리나 쿤, 바버라 페리, 마크 셀버스턴, 세염 브라운에게 고마움을 전하고 싶다. 그 밖에도 프로그램 전후로 나의 여러 가지 요구 사항에 적극 응해준 관계자 전원에게 인사를 전한다.

이에 덧붙여 확인 차원에서 각종 언론 보도 자료를 검토, 비교했다. 뉴욕타임스, 워싱턴포스트, 월스트리트저널에 관련 기사 검토를 의뢰했으며 CNN, 폭스 뉴스, ABC 뉴스, CBS 뉴스, NBC 뉴스 등의 방송사에도 도움을 구했다. 온라인 구독형 데이터 베이스 검색은 스탠퍼드대학 도서관 및 학술 자료 프로그램을 통해 확인했다. 그 밖에 참조한 자료는 아래와 같다.

Bush, George W. 2001. "Statement by the President in His Address to the Nation." Oval Office, White House, Washington, D.C., September 11.

———. 2001. "Address to a Joint Session of Congress and the American People." United States Capitol, Washington, D.C., September 20.

———. 2001. "Remarks by the President to the United Nations General Assembly." United Nations Headquarters, New York, N.Y., November 10.

———. 2002. "State of the Union Address." United States Capitol, Washington, D.C., January 29.

———. 2002. "President Bush Delivers Graduation Speech at West Point." United States Military Academy, West Point, N.Y., June 1.

———. 2002. "President Bush Calls for New Palestinian Leadership." Rose Garden, White House, Washington, D.C., June 24.

———. 2002. "Remarks by the President to the United Nations General Assembly." United Nations Headquarters, New York, N.Y., September 12.

———. 2003. "Address to the Nation." Cross Hall, White House, March 17.

———. 2003. "Address to the Nation." Oval Office, White House, March 19.

———. 2004. "Letter from President Bush to Prime Minister Sharon," April 14.

———. 2005. "Second Inaugural Address." United States Capitol, Washington, D.C., January 20.

———. 2007. "Address to the Nation." Library, White House, January 10.

Commission on Intelligence Capabilities of the United States Regarding Weapons of Mass Destruction. "Report to the President of the United States." March 31, 2005.

Director of Central Intelligence. "Iraq's Weapons of Mass Destruction Programs." October 2002.

Iraq Study Group. *The Iraq Study Group Report: The Way Forward—New Approach*. New York: Vintage Books, 2006.

Joseph, Robert G. *Countering WMD: The Libyan Experience*. Fairfax, Va.: National Institute Press, 2009.

National Commission on Terrorist Attacks Upon the United States. T*he 9/11 Commission Report*. 2004.

National Security Strategy of the United States of America. September 2002.

Office of the Director of National Intelligence. "Iran: Nuclear Intentions and Capabilities." National Intelligence Estimate. November 2007.

Performance-Based Road Map to a Permanent Two-State Solution to the Israeli-Palestinian Conflict. United Nations Security Council Document S/2003/529.

Rice, Condoleezza. "Promoting the National Interest." *Foreign Affairs*. January/February 2000.

———. 2004. Testimony at the Ninth Public Hearing of the National Commission on Terrorist Attacks Upon the United States. Hart Senate Office Building, Washington, D.C., April 8.

———. 2005. "Remarks at the American University in Cairo." Cairo, Egypt, June 20.

———. 2005. Testimony before the Senate Foreign Relations Committee. "Iraq in United States Foreign Policy." 109th Cong., 2nd sess., October 19.

———. 2006. "Transformational Diplomacy." Georgetown University, Washington, D.C., January 18.

———. 2007. "Remarks at the Centennial Dinner for the Economic Club of New York." New York, N.Y., June 7.

———. "Rethinking the National Interest." *Foreign Affairs*. March/April 2008.

United Nations Development Programme, Regional Bureau for Arab States/Arab Fund for Economic and Social Development. *Arab Human Development Report 2002: Creating Opportunities for Future Generations*. New York:

United Nations Publications, 2002.

U.S. Army/Marine Corps Counterinsurgency Field Manual. U.S. Army Field Manual No. 3-4/Marine Corps Warfighting Publication No. 3-3.5. Chicago: University of Chicago Press, 2007.

U.S. Senate Select Committee on Intelligence and U.S. House Permanent Select Committee on Intelligence. "Joint Inquiry into Intelligence Community Activities Before and After the Terrorist Attacks of September 11, 2001." 107th Cong., 2nd sess., S. Report No. 107-51, H. Report No. 107-92, December 2002.

역자후기

책을 마치며

이 책은 8년간의 백악관 생활을 집중적으로 다룬다. 콘돌리자 라이스가 이 책에서 말하고 싶은 의도는 살아온 인생을 모두 정리해서 한 권의 책에 담아내려는 것이 아닌 것 같다. 앞으로도 할 일이 많으며 도전할 목표가 남아 있기 때문이다. 어쨌든 국가안보보좌관과 국무장관을 거치면서 하루하루 치열하게 살아온 나날들은 그녀에게 특별하고 소중하다. 때로는 분 단위로 쪼개가며 상황을 설명하고 주변 관계자들이 했던 말은 물론 그들의 표정과 몸짓까지도 섬세하게 그려내고 있다. 또한 순간적으로 스쳐간 수많은 생각과 감정도 일목요연하게 보여준다. 수년 전의 일을 낱낱이 되짚어가야 하는 일인데다 손에 땀을 쥐게 하는 긴박한 순간이 꼬리를 무는 상황에 대해 독자를 실망시키지 않고 치밀하고 생생하게 묘사하는 것을 보면 혀를 내두를 지경이다. 이 또한 그녀의 성격과 일 처리 방식을 고스란히 대변하는 증거일 듯싶다. 그녀는 지극히 냉철하고, 분석적이며, 상황 판단이 빠르고, 결단력이 뛰어나다. 그뿐만 아니라 매사에 철두철미하며, 절대 서두르는 법이 없고, 스트레스가 극에 달하는 순간에서조차도 믿기 어려울 만큼 침착하다. 과연 이러한 힘은 어디에서 나오는 것인지 궁금하다는 생각이 자주 들었다.

이 책에서 그녀가 여러 차례 강조했듯 8년간의 백악관 생활은 가히 살인적인 스케줄로 가득 채워졌다. 어떻게 여자의 몸으로 다 감당해냈을까? 이렇게 생각하면 콘돌리자 라이스를 우러러보던 마음은 온데간데없고 측은한 생각만 들 지경이다. 이 책에서는 그녀의 개인적인 측면이 두드러지게 강조되지 않았다. 하지만 어떠한 상황에서도 흐트러지지 않으며 철저한 자기 관리를 이어가는 모습은, 많은 여성들이 콘돌리자 라이스를 역할 모델로 '선택하는' 이유 혹은 '선택해야 하는' 이유일 것이다. 그동안 수많은 경제, 경영서를 번역하면서 성공과 부를 얻으려면 얼마나 피나는 노력이 요구되는지를 뼈저리게 느꼈다. 그래서 과연 콘돌리자 라이스는 누구를 위해, 혹은 무엇을 얻기 위해 이렇게 치열하게 달려왔는지 궁금했다. 명예와 권력이 따르겠지만 그녀가 치른 희생-자신의 모든 열정, 젊음, 시간, 활력을 쏟아넣는 것-에는 분명히 더 큰 대의명분이 있다는 결론으로 이어진다. 무엇보다도 민주주의에 대한 절대적 확신과 국제 사회의 안정 및 번영에 대한 강한 책임감은 높이 사야 할 것이다. 그런가 하면 그녀는 눈코 뜰 새 없이 바쁜 와중에도 전쟁 부상병, 난민 캠프, 억압과 차별로 상처 받은 사람들을 그냥 지나치는 법이 없다. 비뚤어진 편견을 안고 있거나 눈에 거슬릴 정도로 으스대는 사람들, 약소국 수반, 아랫사람을 대할 때도 권위적이거나 거드름을 피우지도 않는다. 자신도 어린 시절에 차별을 경험했으며, 더 나아가 수백 년 전으로 거슬러 올라가 미국이라는 나라가 등장할 때는 흑인 전체가 차별의 희생자였다는 사실은 그녀의 마음 깊숙한 곳에 아물지 않은 상처로 남아 있다. 그 상흔은 자신이 대범함과 포용력을 키우고, 나쁜 전통을 깨뜨리기 위해 꾸준한 노력을 기울여야 한다는 교훈을 주었다. 요즘 흔히 말하는 '엄친딸'이라 할 만한 사람이지만 라이스가 거기에 머물지 않고, 정계의 거물이자 국제사회의 이목을 한몸에 받은 독보적 위치에 오른 데에는 그만한 이유가 있을 것이다. 그런 의미에서 이 책은 인생의 나침반을 찾지 못해서 고민하는 학생들에게 교육적인 가치가 크다고 할 수 있다.

이 책의 초반부는 아무래도 세계인 모두가 두 번 다시 떠올리고 싶지 않은 충격적인 사건, 곧 9.11테러 사건 이후의 이야기가 두드러진다. 비난의 화살을 온몸으로 막아내야 했던 콘돌리자 라이스는 과연 어떤 심경이었을까?

9.11테러 사건을 수습하면서 가장 중점을 두었던 것은 무엇일까? 아마 많은 사람들이 이런 점을 궁금하게 여겼을 것이다. 세상사가 내 마음 같으면 얼마나 좋겠는가? 아마 콘돌리자 라이스는 이런 생각을 수십 번, 수백 번, 아니 수천 번 했을지도 모른다. 극한의 긴장감, 분노, 충격, 두려움 등이 한꺼번에 그녀를 덮쳤을 때 속으로는 흔들렸지만 넘어지지 않았다. 테러 집단을 응징하고 국가를 지키려면 더 강해질 수밖에 없었다. 이라크 전쟁 후로도 중동 지역은 좀처럼 안정되지 않았다. 이를 둘러싼 갖가지 역사적 사건에 대한 판단은 독자마다 다르겠지만 물러설 줄 모르는 용기와 지칠 줄 모르는 끈기만큼은 높이 살 만하다.

자서전을 한 장 한 장 넘기다 보면 세계 곳곳을 그녀와 함께 여행하는 느낌이 든다. 우리는 뉴스를 통해 세계 각국의 소식을 듣지만 시간이 흐르면 쉽게 잊어버리고 우리 주변에서 일어나는 사건에 눈길을 빼앗기기 쉽다. 하지만 이 책에 등장하는 사건들은 그리 오래 전 이야기가 아니다. 게다가 상당수는 지금도 계속 진행 중이다. 콘돌리자 라이스의 눈을 통해 현대사를 잠깐 정리해본다는 느낌으로 이 책을 펼쳐도 좋을 것이다. 풋볼 이야기가 나오면 열성 스포츠 팬으로 둔갑하지만 감미로운 피아노 연주자로 변모할 때는 부드러운 여성미가 물씬 풍기는 감성에 마음의 귀를 기울일 만하다.

CONDOLEEZZA RICE

**사진으로 만나는
콘돌리자 라이스**

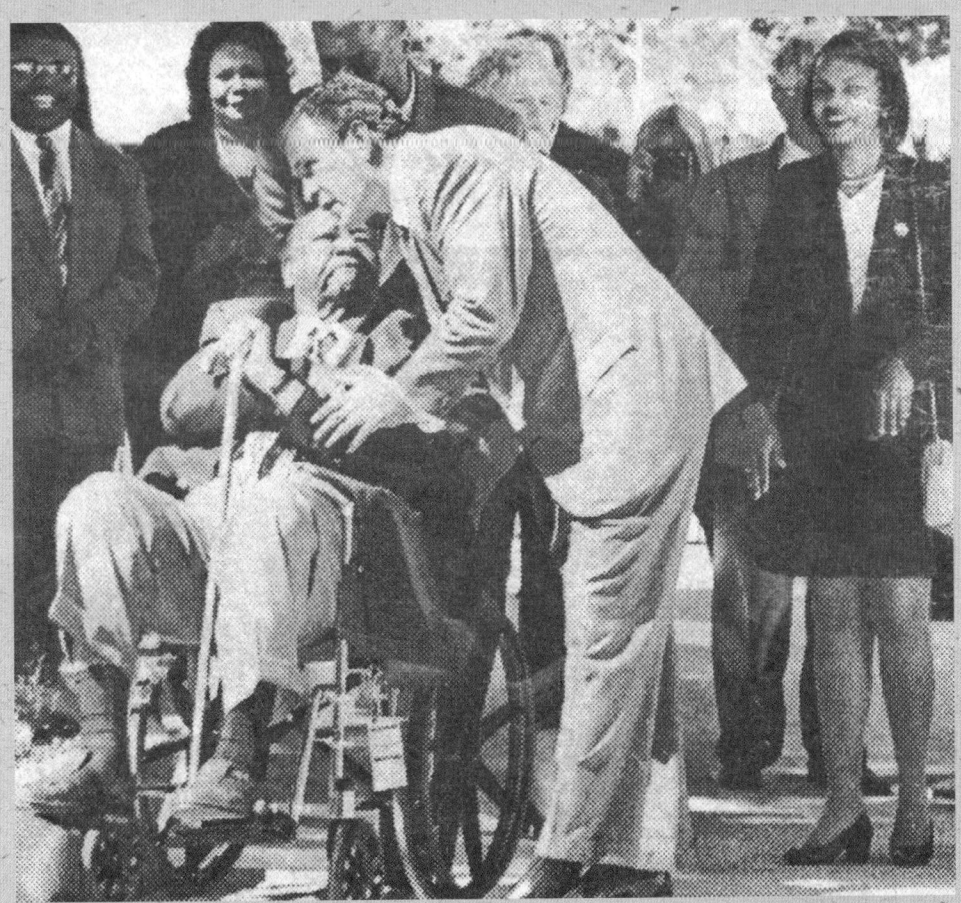

1999년 7월, 선거 운동 중에 부시 주지사와 나의 아버지 존 웨슬리 라이스 주니어가 팔로 알토에서 만났을 때. 아버지는 평생 나를 지지하셨다.

2

3

1

1 1999년 3월, 조지 W. 부시 텍사스 주지사의 대선준비위원회.
2 캠프 데이비드에서 CIA 국장 조지 테닛이 대통령, 백악관 비서실장 앤디 카드, 나에게 아프가니스탄의 CIA 활동에 대해 브리핑하는 장면.
3 하미드 카르자이 아프가니스탄 대통령이 백악관을 방문했을 때 웨스트 윙에서 찍은 사진.

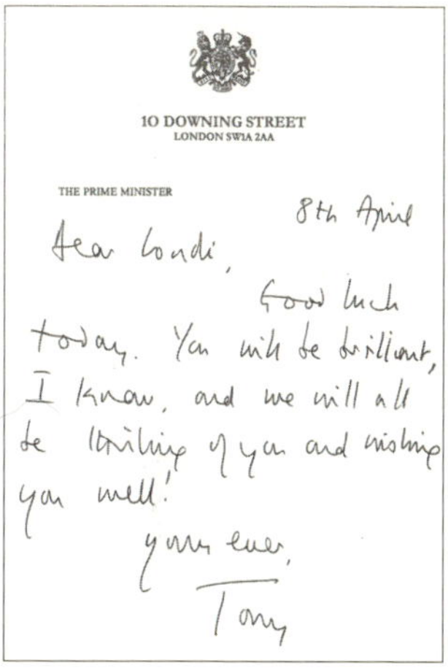
10 DOWNING STREET
LONDON SW1A 2AA

THE PRIME MINISTER

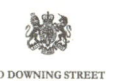

8th April

Dear Condi,

Good luck today. You will be brilliant, I know, and we will all be thinking of you and wishing you well!

Yours ever,

Tony

7

4 2006년 6월, 미 공군이 알카에다 수장 알-자르카위를 사살한 지 5일 만에 캠프 데이비드에서 열린 국가안전보장회의 장면.

5 잘랄 탈라바니 이라크 대통령과 반갑게 인사를 나누는 모습. 쿠르드 출신의 이라크 대통령은 자유 국가가 된 이라크를 통합하는 데 큰 공을 세웠다.

6 2004년 4월, 9.11대책위원회 앞에서 서약하는 장면. 내 뒤편에는 왼쪽부터 NSC 대변인 숀 매코맥, 나의 보좌관 젠 이스터리, 짐 윌킨슨, NSC 법률 고문 존 벨링거가 앉아 있다.

7 내가 증언하기 전에 토니 블레어 수상이 자필로 써서 보내준 메모. 더할 나위 없이 큰 격려가 되었다.

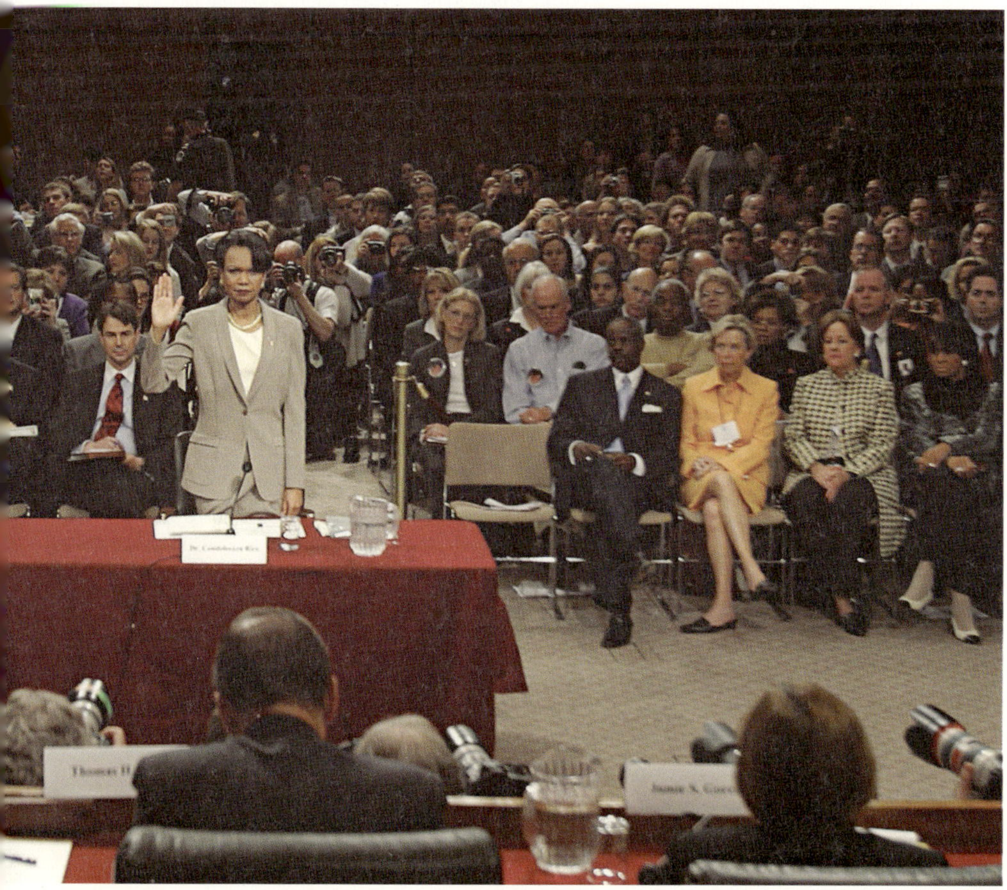

8 2005년, 독일 비스바덴 군사 기지 방문 때 찍은 사진. 긴 코트에 무릎까지 오는 부츠를 신은 모습이 《워싱턴포스트》 1면을 장식해 뜨거운 반응을 일으켰다. 하지만 눈이 내려서 그렇게 입은 것일 뿐 다른 뜻은 없었다.

9 텍사스 크로포드의 목장에서 로라 부시와 편안한 휴식을 보내는 모습.

10 영국 외무장관 잭 스트로와 함께 고향 버밍엄에서 열린 1963년 16번가 침례교회 폭파 사건 희생자들을 추모하는 행사에 참석했다.

11 2002년 4월에 요요마와 함께 브람스 곡을 협연하는 영예를 누렸다.

12 쉰이 되던 생일에 가족들과 친구들이 영국 대사관에서 깜짝 파티를 열어주었다.

13 깜짝 파티에서 나의 멘토이나 친구이며 전 국무장관을 지낸 조지 슐츠와 춤추는 모습.

14

14 반기문 유엔 사무총장과 전 영국 수상 토니 블레어와 함께한 모습이다. 토니 블레어는 중동 콰르텟 공식 대표를 맡았다.
15 주요 외교 문제를 처리할 때마다 전 국무장관 헨리 키신저에게 자주 조언을 구했다.
16 전 파키스탄 총리 베나지르 부토가 암살당했을 때 워싱턴의 파키스탄 대사관을 방문해서 애도를 표했다.
17 국방장관 로버트 게이츠, 재무장관 행크 폴슨, 노동장관 일레인 차오와 함께 2007년 국회의사당에서 열린 대통령 연두교서 발표에 참석한 모습.
18 2007년 2월, 이라크 침공 초반에 데이비드 페트레이어스 장관, 잘메이 칼릴자드 대사와 한자리에 모였다.

15

17

18

16

19

20

21

22

23

19 버킹엄 궁에서 피아노 리사이틀을 하던 날, 영국 여왕 엘리자베스 2세와 인사를 나누는 모습.
20 2005년 앙겔라 메르켈 총리의 당선을 축하하는 모습.
앙겔라는 동독 정치인 출신으로 독일의 체제 전환을 적극적으로 이끌었다.
21 러시아 대통령 블라디미르 푸틴과 마주 앉은 모습.
22 내가 개인적으로 매우 존경하는 넬슨 만델라와 대통령 집무실에서 인사를 나누는 모습.
뒤에서 지켜보는 사람은 남아프리카 대사 쉴라 시술루이다.
23 UN 사무총장 코피 아난과 나는 이라크 문제에 대해 의견이 대립했지만 차차 대책과
중동 지역 전반에 걸친 논의에서 누구보다도 밀접하게 협력했다.

24

25

26

27

24 압둘라 2세 요르단 국왕과 인사를 나누는 모습. 그는 중동 국가들 중에서 미국과 가장 긴밀한 동맹 관계를 구축했다.
25 피터 매케이 캐나다 외무장관과 함께 노바스코샤 핼리팩스에서 열린 9.11테러 추모행사에 참석했다.
사고 당시 캐나다는 미 영공의 모든 항공기 운항 금지 명령에 따라 갈 곳을 잃은 비행기 탑승객들을 모두 맞이해주었다.
26 아리엘 샤론 이스라엘 총리가 남부 지역에 있는 개인 농장에서 양을 구경시켜주었다.
그는 강인한 지도자답게 팔레스타인 국가 건설에 대한 약속을 저버리지 않았다.
27 아랍에미리트공화국의 셰이크 압둘라 빈 자이드 알 나흐얀 외교부 장관, 왕족 일원과 두바이에서
즐거운 시간을 보내는 모습. 내가 들고 있는 것은 딸기 주스다.
28 2006년 8월에 열린 UN 안전보장이사회. 한 달 동안 지속된 레바논 전쟁의 마침표를 찍는 결의에 찬성표를 던졌다.
29 여러 달의 준비를 거쳐 2007년 11월 열린 중동 평화를 위한 아나폴리스 콘퍼런스.
이 자리에서 이스라엘과 팔레스타인은 공식적인 양자 협상을 시작하기로 약속했다.

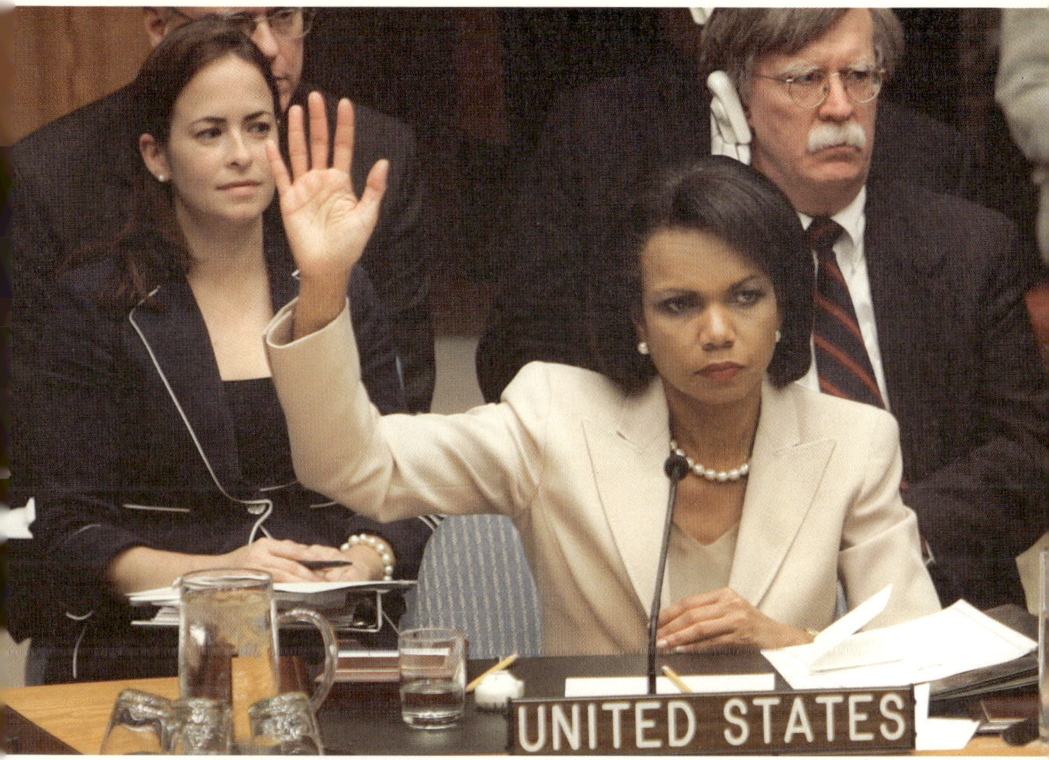
UNITED STATES

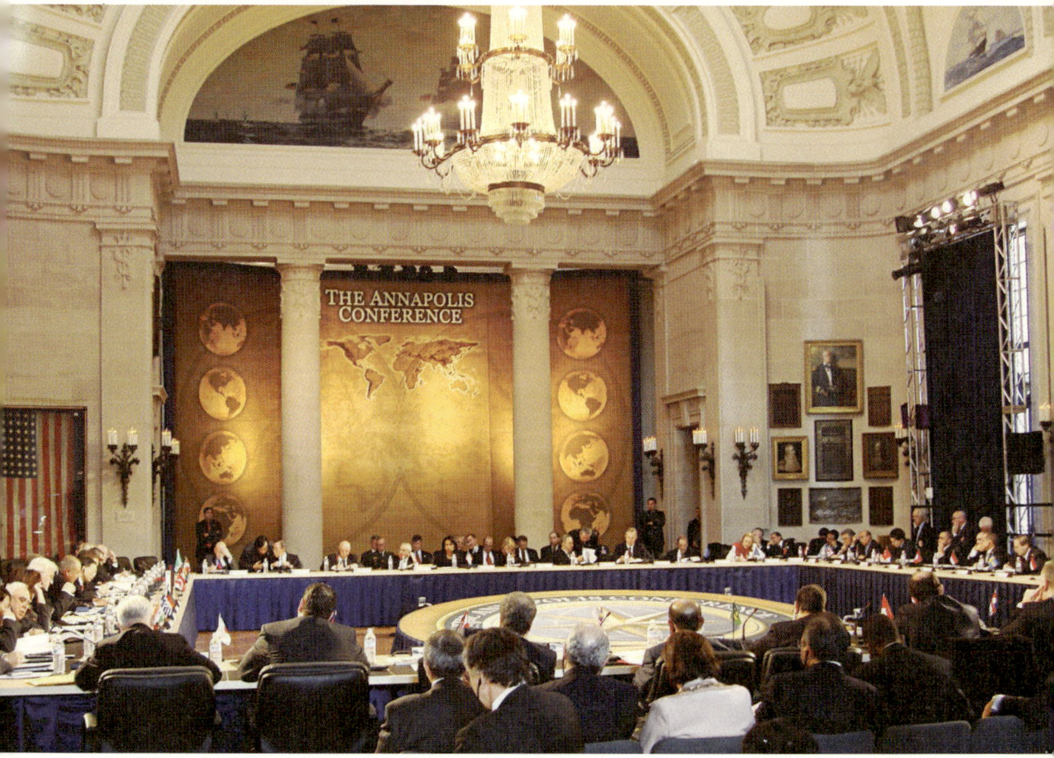
THE ANNAPOLIS
CONFERENCE

30

31

32

33 34

30 2006년 이스라엘과 레바논 사이에 벌어진 전쟁에 대해 푸아드 시니오라 레바논 총리와 로마에서 기자 회견을 가졌다.
31 이라크를 방문해 미 대사관에서 도널드 럼즈펠드 국방장관, 조지 케이시 육군참모총장, 잘메이 칼릴자드 대사와 함께 기자 회견을 하는 장면.
32 백악관 상황실에서 도널드 럼즈펠드와 내가 이라크 파병 문제를 논의하는 장면. 리처드 마이어스와 토미 프랭크스 등 군 고위 관계자들이 회의에 참석했다.
33 콜린 파월은 워싱턴에서 가장 명망 높은 인물이었다. 부시 대통령이 그를 국무장관으로 임명한 것은 탁월한 선택이었다. 파월은 지금도 나와 아주 가까운 친구이다.
34 카이로의 아메리카대학에서 연설하는 모습. 지난 60년간 미국이 민주주의를 희생해가며 중동 지역의 안정을 추진했지만 이제는 다른 방향으로 나아갈 것이라고 밝혔다.

35

36

37

38

39

35 2008년 5월, 쓰촨성 지진 희생자들을 만난 후 인민대회당에서 후진타오 주석과 회동을 가졌다.
36 2007년 후반기에 펜타곤 관계자 레이먼드 오디에르노, 안보 총책임자인 마티 크라우스와 함께 바그다드 공항에 내리자마자 찍은 사진.
37 2007년에 누리 알-말리키 이라크 수상과 함께 찍은 사진이다. 말리키는 이라크의 새로운 헌법에 의거, 민주주의적 절차에 따라 처음으로 선출된 총리이다. 그를 알면 알수록 존경하고 의지하게 되었다.
38 호스니 무바라크 이집트 대통령과 함께한 모습.
민주주의를 통해 국민들이 제 목소리를 낼 기회를 주라고 권했지만 끝내 나의 제안을 거절했다.
39 2007년 7월, 블라디미르 푸틴 러시아 대통령이 메인주 케네벙크포트에 있는 부시 대통령의 사저를 방문했다.

40

41

42

43

40 캘리포니아 주 다이앤 페인스타인 상원의원이 국무장관 인준식에서 나를 상원의원들에게 소개해주었다.
41 가족들이 지켜보는 가운데 국무장관 취임 서약서에 서명했다. 루스 베이더 긴스버그 대법관이 서약서의 증인이 되어주었다.
42 2007년에 오스트레일리아 외교부 장관 알렉산더 다우너를 대동하고 캘리포니아를 방문했다. 우리는 로널드 레이건 대통령 박물관에서 전 영부인 낸시 레이건을 만났다. 사진 속의 사무실은 낸시 레이건 여사의 개인 사무실이다.
43 다르푸르 아부 쇼크 난민 캠프에서 만난 아이들. 이곳에서 성폭행 피해 여성들도 만났는데 평생 기억에서 지우기 어려운 비통함을 맛보았다.

44

45

46

44 2007년 2월에 예루살렘의 데이비드 시타델 호텔에서 마흐무드 압바스 팔레스타인 대통령, 에후드 올메르트 이스라엘 총리와 함께 3자 회담을 열었다.

45 2008년 3월, 예루살렘의 킹 데이비드 호텔에서 살람 파야드, 에후드 바라크 이스라엘 국방장관을 만났다. 파야드는 팔레스타인 국가 수립에 필요한 믿을 만한 통치 기구 설립에 적극적인 지지를 표명했다.

46 국무장관 마지막 날, 사임하기 1시간 전에 치피 리브니 이스라엘 외무 장관이 방문해서 가자의 분쟁을 끝내기 위한 조건문에 서명했다.

47

48

47 제다에서 열린 합동 기자회견 장면. 사우드 알-파이살 사우디아라비아 외무장관과 의논하고 있다.
48 국무부 7층에 있는 집무실에서 브라이언 건드슨과 함께 서류를 검토하는 장면.
49 폴 월포비츠와 나는 외교정책특별위원회의 공동 의장을 맡았으며(이 위원회를 내 고향 앨러배마 주 버밍엄을 상징하는 '벌컨'이라고 명명했다), 대선 기간 내내 부시 주지사의 고문 역할을 충실히 수행했다.
50 2008년 4월, 루마니아 부쿠레슈티에서 열린 NATO 정상 회담에 부시 대통령과 함께 참석했다.
51 국무장관이 되어 가장 잘한 일 중 하나가 바로 리즈 라인베리를 가까이 둔 것이다.

52

53

54

52 속마음을 터놓을 수 있는 친구이자 동료인 스티븐 해들리와 대통령 집무실에서 이야기하는 모습.
그는 훗날 국가안보보좌관이 되었다.

53 9월 12일의 펜타곤. 이곳을 방문하고 백악관으로 돌아와보니 온몸이 검댕이투성이였다.

54 리야드에서 압둘라 사우디아라비아 국왕을 만났다. 압둘라를 비롯한 아랍계 지도자들은 비공식석상에서
안보 상황이 갈수록 나빠지는 와중에도 우리가 이라크 파병을 늘리기로 결정한 것에 대해서 매우 고맙게 여겼다.

55 2008년 5월에 P5+1 대표자들과 한자리에 모였다(P5+1은 유엔안전보장이사회 상임이사국 5개국과 독일을 뜻한다).
왼쪽부터 허안페이 중국 외무차관보, 베르나르 쿠시네 프랑스 외무장관, 데이비드 밀리밴드 영국 외무장관,
프랑크발터 슈타인마이어 독일 외무장관, 세르게이 라브로프 러시아 외무장관, 유럽연합 외교 정책 담당 하비에르 솔라나.
P5+1은 이란 핵 문제를 책임지는 국제 기구로 자리잡았다.

56 2006년 카르자이와 파키스탄 대통령 페르베즈 무샤라프를 백악관에 초대해 만찬을 함께하는 모습.
두 사람이 가시 돋친 말을 주고받는 통에 우리는 식사 내내 어색한 미소를 지어야 했다.

55

56

57

58

59

60

57 2008년 9월, 리비아를 방문해 무아마르 카다피 대통령을 만났다. 1953년 이후 미 국무장관이 리비아를 처음 방문했으나 카다피는 두서없는 발언으로 나를 계속 당혹스럽게 했다.
58 2008년 10월 10일, 프라나브 무케르지 인도 외무장관을 만나서 핵 협상에 서명했다.
59 2011년 9월 11일, 백악관 벙커 내에서 체니 부통령과 의논하는 모습.
60 프랑스 남부에 있는 사르코지 대통령의 별장에서 2008년 러시아-그루지야 분쟁을 끝낼 휴전 협상을 논의했다.